四川省志

Sichuan Shengzhi

方 言 志

1986—2005

【第七十九卷】

四川省地方志编纂委员会 编

方志出版社
Publishing House of Local Records

图书在版编目（CIP）数据

四川省志. 方言志 ：1986－2005 / 四川省地方志编纂委员会编. — 北京 ：方志出版社，2013.12
ISBN 978-7-5144-1111-9

Ⅰ. ①四… Ⅱ. ①四… Ⅲ. ①四川省－地方志②西南官话－方言研究－四川省－1986－2005 Ⅳ. ①K297.1

中国版本图书馆CIP数据核字(2013)第293517号

四川省志·方言志（1986－2005）

编　　者：	四川省地方志编纂委员会
责任编辑：	王笃银
出 版 人：	冀祥德
出 版 者：	方志出版社
	地址　北京市朝阳区潘家园东里9号（国家方志馆四层）
	邮编　100021
	网址　http://www.fzph.org
发　　行：	方志出版社发行中心
	（010）67110500
经　　销：	各地新华书店
法律顾问：	北京高文律师事务所
印　　刷：	成都市前智印务有限责任公司
设计制作：	成都蓝月星空文化传播有限公司
开　　本：	889×1194　1/16
正文印张：	37.75
字　　数：	958千
版　　次：	2013年 12 月第 1 版　2013年 12月第 1 次印刷
印　　数：	0001～2000 册

ISBN 978-7-5144-1111-9/K·903　定价：453.00 元

四川省地方志编纂委员会成员

主任委员	魏　宏			
副主任委员	薛　康	张为人	马小彬	吕　华
	陈继宁	罗亚夫		
委　　员	向怀树	殷建中	徐　立	雷开平
	张玉山	何晓平	李卓明	周孟林
	陈克福	李登全	李泽远	王卫南
	杨占昌	胡　云	傅志康	谢开华
	李兆权	王　伟	张　新	史志伦
	李明昌	李明泉	段　渝	傅勇林
	陈吉明	沈　钧	梁伟华	邓国建
	李　炜	王　菲	赵洪武	王　猛
	徐建群	向　东	徐　进	庭继岗
	何　平	陈延荣	李伊林	宋朝华
	蒋　林	秦大林	王怀林	仰　协

四川省地方志编纂委员会成员

（2007 年 8 月—2009 年 12 月）

主任委员	魏　宏			
副主任委员	齐国生	秦安禄	张为人	李清禾
	刘仁勇	罗亚夫		
委　　员	向怀树	殷建中	鲁国铁	李亚平
	张玉山	何晓平	李卓明	周孟林
	陈克福	李登全	魏阿庆	王卫南
	杨占昌	胡　云	傅志康	谢开华
	李兆泉	王　伟	张　新	史志伦
	李明昌	罗　鸣	段　渝	赵小维
	黄昌明	邵革军	梁伟华	张金明
	左代富	王　菲	赵洪武	郑光伟
	夏代荣	向　东	刘晓晨	庭继岗
	邓宏志	陈延荣	李伊林	黄　跃
	苟正礼	秦大林	香根·巴登多吉	
	蒲　波			

四川省地方志编纂委员会成员

（2004 年 7 月—2007 年 7 月）

主任委员	蒋巨峰			
副主任委员	黄启国	王东洲	秦安禄	李尚志
	陈宏志	罗亚夫		
委　　员	王福海	郑晓幸	鲁国铁	李亚平
	张玉山	德尔基彭错	李卓明	谭开林
	李　钢	李登全	魏阿庆	王卫南
	杨占昌	陈荣仲	滕彩元	谢开华
	张在德	周国良	张　新	史志伦
	李明昌	陈焕仁	段　渝	蒋显伦
	侍　俊	张祖芸（女）	余小平（女）	刘　哲
	黄正良	何启书	翟义仲	刘国强
	何　健	蒋辅义	闻光源	夏代荣
	马　波	梁治辉	李伊林	徐爱婷（女）
	罗勤宏	谷运龙	香根·巴登多吉	
	杨朝波			

《四川省志（1986—2005）》
审核委员会成员

主　　任	魏　宏		
顾　　问	蒋先继		
副 主 任	薛　康		
委　　员	马小彬	何晓平	冯宝运
	胡品生	罗亚夫	谭继和
	陈世松	陈廷湘	

《四川省志(1986—2005)》
总编、副总编

《四川省志(1986—2005)》
总编、副总编
(2010 年 3 月—2010 年 12 月)

总　　编	马小彬			
副 总 编	罗亚夫(常务)	曾新苗	王友平	何瑞明
	陶利辉	汪　毅	叶　红	熊　倩
	张兆法			

《四川省志（1986—2005）》
总编、副总编

（2006 年 1 月—2010 年 2 月）

总　　编	秦安禄
副 总 编	马小彬（2009 年 1 月—2010 年 2 月）
	罗亚夫　　曾新苗　　何瑞明
	王友平　　陶利辉　　张兆法

《四川省志·方言志（1986—2005）》
责任总编、责任编辑

责任总编　　马小彬

责任编辑　　杨宗义

《四川省志·方言志（1986—2005）》
编纂委员会成员

《四川省志·方言志（1986—2005）》初评审核小组成员

负 责 人　张清源　张振德

成　　员（以姓氏笔画为序）

马小彬　李　凯　陶利辉　赵振铎

聂敏熙　杨宗义　周永惠　杨绍林

张清源　张振德

《四川省志·方言志（1986—2005）》
主编、副主编、撰稿

主　　编　张一舟　邓英树
副 主 编　袁雪梅　兰玉英　肖娅曼

西南官话部分
主　　编　袁雪梅
副 主 编　陈　颖　黄晓冬
客家方言部分
主　　编　兰玉英
副 主 编　曾为志
湘方言部分
主　　编　肖娅曼
副 主 编　曾晓舸
撰　　稿（以姓氏笔画为序）

陈　颖　邓英树　杜合明　黄晓冬
兰玉英　舒治军　肖娅曼　幸文静
袁莉容　袁雪梅　曾为志　曾晓舸
张　爽　张一舟　郑　伟

《四川省志·方言志(1986—2005)》
编 务 人 员

文献梳理

舒治军　王　浩

方言调查与整理

敖开惠	蔡　斌	陈俐冰	陈凌川	陈　颖
陈颖彦	陈　应	邓英树	董红明	杜思颐
范冬青	郭爱芳	胡倩琳	胡　玲	胡　卫
黄晓冬	江灵玲	兰玉英	李　航	李林欣
李　强	刘　佳	林　莎	吕　游	罗吉宏
罗　静	毛海蓉	毛　睿	荣智慧	商　拓
舒治军	王　浩	王钧蓉	王玉清	王籽郦
向　兰	向　梅	肖娅曼	幸文静	徐　茂
晏国英	杨彩云	杨　容	杨月婷	易　波
易莉莎	袁雪梅	曾为志	曾晓舸	赵　澜
张　莉	张　蕾	张　涛	张文君	张喜红
张一舟	郑　岚	郑　伟	朱　燕	

《四川省志（1986—2005）》

凡　例

一、本书编纂工作以马克思列宁主义、毛泽东思想、邓小平理论和“三个代表”重要思想为指导，全面贯彻落实科学发展观，坚持辩证唯物主义和历史唯物主义的立场、观点和方法，全面客观地记述四川省行政区域内自然、政治、经济、文化和社会的历史与现状。

二、本书系中华人民共和国成立后首部《四川省志》续编，总名《四川省志（1986—2005）》，由总类、大事纪述、专志、人物、市（州）概况、附录共计93卷构成。各分卷名称为《四川省志·××志（1986—2005）》或《四川省志·××志》（后者为特色志志名），设中英文目录。

三、本书上限一般起自1986年，下限一般截至2005年。对前志未设之分卷或篇章从事物发端写起；对前志漏载、误载的某些事项进行补载、更正；对前志记载后变化不大的某些事项进行简要复载；升格详载具有地方特色的某些事项。

四、本书记述的地域范围以1986—2005年四川省行政区划为准。

五、本书采用述、记、志、传、图、表、录等体裁，以志为主。

六、本书总类卷设序言、凡例、总述、卷目等，为各卷之首，全书之纲。关于自然环境、建置沿革、经济与社会历史发展状况等基本省情在总述中作简要复载或反映。各专志（分卷）根据社会分工和学科分类的实际，按照“以类相从”或“突出地方特色”的原则设立，以篇、章、节横分类别，节、目以下纵述史实，立足反映四川省行政区域某一事物（事业、行业）断限期内历史与现状的全貌。人物志卷采用传、录、表诸种表述形式，坚持“生不立传”原则，在世人物的突出事迹以事系人载入相关分卷。人物传统一收入人物志。本书大事记以编年体为主，辅以纪事本末体。为完整记述一些重要事物，保存有价值史料，有些分卷设置了专记。

七、本书使用规范的现代语体文记述，行文严谨、朴实、简洁、流畅。使用规范汉字，用词概念准确，符合现代汉语语法规范。使用的标点符号、数字、计量单位等均按国家规定的统一标准书写。

八、本书使用公元纪年，各卷正文（除引文外）采用第三人称表述；行文涉及机构、会议、文件、职衔、地名等，均按当时称谓；除涉及人名、地名、纪年和简称等项采用括注外，其余采用页下脚注。

九、本书资料来源于文献、档案、报刊、书摘、口碑及实地调查等，所用资料均经各修志部门考证、核实。各分卷数据一般采用省统计局公布的数据，省统计局缺乏的，采用有关部门正式提供的数据。

十、各分卷图片分为前置图片和随文插图，随文插图和表格均以篇为单位依次排序编号；所用地图均以省测绘局审定者为准。

十一、各分卷需要特别说明的事项，均在各分卷的《编辑说明》中注明。

《四川省志·方言志（1986—2005）》
编辑说明

本书叙述、描写对象是四川境内的汉语方言，即广义的四川方言，包括三个部分：一是狭义的四川方言①，即通行于四川境内的汉语西南官话方言；二是通行于境内的客家方言；三是通行于境内的湘方言。

由于四川境内的汉语方言，占主导地位的是官话方言，尤其是西南官话方言，即四川话，所以，本书的主体部分是对境内西南官话方言的叙述和描写。

同时，由于四川话通行于1997年重庆成为直辖市之前的四川全省，所以本书关于四川境内官话方言形成、发展、演变的叙述、分析和对于其语音、词汇、语法面貌的描写，不可避免地要涉及到今重庆地区的西南官话方言。

根据《四川省志》本次编纂的统一规定，本书涉及到的资料截至2006年为止。

下面是关于本书体例的几点说明。

1. 本书方言词语书写一般采用通行的书写形式，不刻意考求本字。如四川方言“浇铸”义普遍说 tau^{213}，通常写作“倒”，而一般认为其本字应是“铸”。“铸”念 tau^{213} 是上古音舌头、舌上不分的语音现象残留。本书从众，写作“倒”。

本字不明，以同音字代替者，在该字下加下横线表示，如成都话表示“不干脆；不痛快”意思的“然瓦 $zan^{21}ua^{53}$”；有音无字者用方框□表示，如成都话表示“滑落”意思的“□nia^{21}”。词目之间的斜线表示该词语的不同写法或说法，如【偧/奓/氽 tsa^{55}】，【先后/前后】。

2. 词缀“儿”儿化时，写作下标；独立成音节时，本书称儿尾，字号不变。如

---

① 按照习惯的说法，也为了行文方便，本书下文以“四川方言”或“四川话”指称狭义的四川方言，即通行于原四川省境内的汉语西南官话方言；以“四川境内的汉语方言”指称广义的四川方言。

“猫$_{儿}$”表示儿化，“猫儿”表示“儿”自成音节。

3. 方言项目下的例子主要采自口语；采自书面语料的例子，其出处一般只列作者及作品名或报刊名。例中的“~”代表该方言项目。

4. 行文或例句中需要注释的方言词语，随文作释。释文和需要翻译成普通话的例句的译文，用比正文小一号的字体表示。

5. 随文引例不止一个者，例间用竖线“|”隔开。引例提行而又不止一个者，所编番号各章节在所论述的问题下自成起讫，不统一编号。例句前面加※号者，表示没有这种说法。

6. 方言字或方言词语的读音用国际音标标注，为使行文简洁，国际音标未加方括号“[ ]”。凡指明方言点者，以该方言点读音为准；未指明方言点者，以成都话读音为准。除描写实际音值或说明语音变化的情况外，注音一般用宽式标音法，不细致描写元音、辅音及声调音位在语流中的变体。所标音标，通常是标注音类，而不一定是表示实际音值。如韵母 ai、au 中的 a，前一个实际是国际音标舌面前、低、不圆唇元音 a，后一个实际是舌面后、低、不圆唇元音 ɑ，本书一般都标作 a。

又读音用斜线“/”表示，斜线“/”前的音表示常用读音或旧读，斜线“/”后的读音表示非常用读音或新读。如“老窖”的“窖”kau^{213}/$tɕiau^{213}$，“荣”yn/yoŋ/zoŋ。

声调调值用数码加在音节右上角表示，如成都话“嬢”标为$ȵiaŋ^{55}$。如是有规律的变调，则本调（调类或调值）标在前，变调标在后。如成都话“瓶瓶”读如“瓶拼”，标为$p‘in^{21}p‘in^{21-55}$。轻声音节不标调。轻声、非轻声两读的音节，既标调又在该音节前加圆点。如第五篇祖母下湘方言安仁话“姆妈m^{33}·mo^{33}”。

儿化韵用原韵母之后加 r 表示，不细致描写儿化韵母的实际读音变化。如成都话“猫$_{儿}$”标作$maur^{55}$。

7. 本书的表格用“表目”表明其名称，标在表格的上方，如第35页的“简阳移民原籍情况统计表”；用“表序”表明该表格在全书中的“位序”，标在表格左上方，格式为“表 a-b”（a、b 分别表明本书“篇”和本表在该篇中的序号）。如第35页“简阳移民原籍情况统计表”表格左上方的“表 1-1”即为表序，表明该表格是“第一篇”的第一个表格。

目　　录

Contents

概　述

四川位于中国西南地区、长江上游，地理坐标为北纬26°03′—34°19′，东经92°21′—108°12′。东西长1075余公里，南北宽900余公里，总面积约48.5万多平方公里。截至2010年年底，四川省辖18个地级市、3个自治州；43个市辖区、14个县级市、120个县、4个自治县；4544个乡镇、239个街道。基层群众自治组织中，社区居民委员会4822个，村民委员会50182个。

四川概况可涉及历史、地理、政治、经济、文化等各方面，本概述仅就跟方言形成、演变、分布等关系较密切的内容作简要介绍。

一、四川历史沿革简说

四川省今简称"川"或"蜀"。据考古发现，200多万年前的旧石器人类起源时代，在今重庆所辖巫山县、四川所辖资阳市、筠连县就有早期人类在这一带繁衍生息。20世纪和21世纪考古发现的古蜀国三星堆和金沙遗址充分显示，距今4000年前，人类文明诞生的初期，巴蜀地区就创造了独特的宝墩文化①、三星堆文化和金沙文化，形成了以三星堆和金沙遗址为代表的高度发达的古蜀文明。

蜀是一个历史悠远的文明古国，早在四五千年以前就见称于世；"巴"的概念内涵虽然复杂，但是作为国家的指称，早在殷商时代，巴国已见称于世。西周、东周之际，形成巴国与蜀国并列的局面，它们成为华夏文明中长江上游的文明中心。

公元前316年，秦惠王遣大军伐蜀，10月平蜀，遂移师东进，灭巴。秦置巴郡，仍保留蜀国名称以封贵族。前285年，去蜀国名号置蜀郡。巴蜀两郡成为华夏族在四川地区最早设立的政区，也是中原华夏族直接管理四川的开始，此后巴蜀地区实行秦国制度，逐步融入中原文化。

公元前206年，刘邦统一天下，登基称帝。次年，割巴、蜀各一部分地分置广汉郡。公元前135年，汉武帝始通西南夷，到元鼎末，在巴蜀西南地带置犍为郡（今宜宾市）、沈黎郡（今汉源县）、越巂郡（今西昌市东南），分蜀郡北部，置汶山郡（今汶川县西南）。元封五年（前106年），汉武帝在全国设置十三刺史部，在四川置益州刺史部，此后四川又称益州。

西汉末年，公孙述占据益州，国号"成家"，建都成都。

东汉末年，益州为刘焉、刘璋父子割据（189—214年）。公元221年，刘备在成都称帝，至后主，历时43年，史称"蜀汉"（221—263年），形成魏、蜀、吴三国鼎立局面。

曹魏元帝景元四年（263年），魏平蜀。同年分益州地置梁州，首府设于汉中南郑，与首府设于成都的益州并立。梁州大致相当于古巴国，辖今川东、重庆一带，含今陕西汉中地；益州大致相当于古蜀国及西南夷部分地区。此后，四川始有"梁益"的实称。

西晋武帝立国，巴蜀地区仍分属梁、益二州。西晋末年，永兴三年（306年），李雄在成都称

① 有学者主张宝墩文化应纳入三星堆遗址文化第一期的范畴，本书依据陈世松、贾大全主编《四川通史》（四川人民出版社，2010年3月）采用宝墩文化概念。

帝，国号“大成”；至东晋咸康四年（338年），李雄之侄李寿改国号为“汉”，历史上合称为“成汉”。成汉是十六国中最早建立的国家，疆土覆盖巴蜀和南中部分地区。

东晋永和三年（347年），桓温征蜀，四川地区重归晋朝。自此至隋开皇元年（581年），隋文帝杨坚遣第四子杨秀镇蜀，在长达230多年的岁月中，四川地区先后历经东晋，前秦，谯纵时期，南朝的宋、齐、梁，北朝的西魏、北周共8个政权的统治，社会长期处于动荡战乱中。

唐统一天下，分天下为十道，四川地区原梁州置山南道（含荆州以北地面），益州置剑南道。后玄宗再分天下为十五道，原山南道又分为山南东道和山南西道，将原属荆州之地划出归山南东道，剩下川东地设置山南西道。安史之乱后，唐肃宗又分剑南道为剑南东道、剑南西道，两道又可称为剑南东川、剑南西川。唐人因而将剑南两道与山南西道合称“剑南三川”，简称“三川”。

唐朝灭亡后，于五代时期，王建、孟知祥先后在四川地区建立起前蜀（907—925年）、后蜀政权（934—965年），分别历时18年、31年。

宋太祖乾德三年（965年），宋军灭后蜀，于旧梁益之地置西川路，开宝四年（971年）分西川路置峡西路，其后又合并为川峡路。真宗咸平四年（1001年）川峡路分为益州路①、梓州路②、利州路、夔州路，合称川峡四路，简称四川，“四川”之名即见于记载③。据北宋王存《元丰九域志》（文海出版社影印清乾隆四十九年冯集梧校刻本），宋代“四川”大致相当于今四川和重庆全境、贵州大部，另外还包括了今甘肃、陕西、湖北等相邻省份的一部分地区。

13世纪的宋元战争，使四川地区的经济文化遭受严重破坏。蒙古军从太祖22年（1227年）开始入蜀征伐，1230年正式攻入四川，到至元16年（1279年）合州钓鱼城陷落，蒙元尽取巴蜀的战争持续了半个世纪。中统元年（1260年），元成立秦蜀行省，又称陕西四川行省，此后20余年间，经多次分合演变，到至元23年（1286年），陕西四川行省分为两省，“始置四川行省，署成都”④。

明洪武九年（1376年），明王朝废除元代以来的行中书省，改设承宣布政使司。四川行省废除，置四川布政使司，辖区内还包括云南东北部及贵州西北部。

1644年（明崇祯十七年、清顺治元年），张献忠率军从湖北入川，八月破成都，十一月在四川建立“大西”政权（1644—1646年），以成都为西京。顺治三年（1646年），大西军队在凤凰山迎击清军，张献忠阵前身亡，结束了四川地区为时两年的大西政权。此后，直至康熙三年（1664年）清王朝才最后平定大西军队及四川各地抗清势力。

清代仿明制，实行行省制，前期建18行省，置四川行省。四川巡抚衙门初建保宁，顺治十六年（1659年），四川总督衙门迁往成都，仅留部分办事机构在保宁，至康熙四年（1665年），原设保宁的政权机构全部迁往成都。清代四川行省的疆域亦因承明制，但多次对川、滇、黔及陕西、湖广等省的辖区进行调整。雍正年间（1723—1735年），先后将属四川的东川府、镇雄府、乌蒙府隶云南，将遵义、桐梓、绥阳、仁怀四县及正安一州改隶贵州，将夔州府的建始县划归湖北，而向西、西南、西北的政区辖域则进行了大幅扩展。上述调整基本确定了现在四川的省界。清初的30多年间，四川一直处于战乱之中，直至康熙二十年（1681年）才进入稳定时期。

---

① 仁宗嘉佑四年（1059年）改为成都府路。

② 徽宗重和元年（1118年）改为潼川府路。

③ 川峡四路的地域范围大于今川渝地区，包括陕南、陇西等地区。

④ ［明］宋濂，王祎．元史．卷九十一．百官志．北京：中华书局，1976.

在四川爆发的保路运动成为辛亥革命的导火索。1911 年 11 月 27 日，四川宣布独立，成立大汉四川军政府，颠覆了清王朝在四川的统治。1912 年 1 月 1 日，中华民国临时政府在南京成立，1912 年 2 月 12 日，溥仪退位，清朝灭亡。

民国元年（1912 年），地方政权中的道一级建置被撤销，改为省直辖府、州、厅、县。1913 年袁世凯企图恢复帝制，实行“军民分治”，废省改道，将四川地区分为川西、上川南、下川南、川北、川东和边东、边西 7 道，后改盆地 5 道名为西川、建昌、永宁、嘉陵、东川。同时废府、州、厅建置，将县直隶于道，分为府、道、县三级。1914 年，裁去边东、边西两道，划康定县以西 30 个县为川边特别区（包括金沙江以西的昌都地区），受四川省节制。

1935 年，国民政府中央军入川，仿效在鄂、豫、皖等省缩小政区的办法，把四川划分为 18 个行政督察区及西康行政督察区（原川边特别区），另设成都市（1928 年）和重庆市（1929 年）。1939 年实行新县制，编组保甲，划分乡镇。同年，又将原西康行政督察区和四川所属第十七、十八行政督察区合并，设立西康省，实行川、康分治。同年，增设自贡市。

中华人民共和国成立之初，四川隶属西南区，分设川东、川南、川西、川北四行署和重庆市，1952 年合并恢复四川省，省名保持至今。1955 年撤西康省，原属西康省的康定、雅安、西昌等 3 个专区划入四川，昌都地区划入西藏。1997 年 3 月 14 日，八届全国人大五次会议批准设立重庆直辖市。川渝分治后，直辖市重庆辖原重庆市、万县市、涪陵市和黔江地区。四川辖域重新划定，保持至今。

二、四川地理地貌和交通概况

（一）四川的地理地貌

四川居中国西南内陆，地跨青藏高原、横断山脉、云贵高原、秦巴山地、四川盆地等几大地貌单元，地势西高东低，由西北向东南倾斜，相对高差显著。四川地形复杂多样，西有青藏高原，东有三峡险峰，北有巴山秦岭，南有云贵高原，形成了著名的四川盆地。四川山地、高原和丘陵约占全省土地面积的 97.46%，除四川盆地底部的平原和丘陵外，大部分地区岭谷高差均在 500 米以上。

四川全省地形以龙门山——大凉山一线为界分为东、西两个部分，东部为四川盆地及盆周山区，西部为川西高山高原及川西南山地。

四川盆地海拔一般 250—750 米，四周为海拔 1000—4000 米的山地环绕。盆地内又分两个小的地貌单元，龙泉山以西为川西平原区，由成都平原、眉山一峨眉平原组成。其中，成都平原面积约 8000 平方公里，位于盆地西部，是四川省最大的平原，也是川西平原的主体部分。龙泉山以东地区为盆地丘陵地貌区，由川中方山丘陵地区和川东平行岭谷区两个部分构成。华蓥山主峰海拔 1704 米，是盆地内最高峰。

盆周山区山地面积占总面积的 93%，区域内主要以海拔 1500—3000 米的中低山地为主，约占山地面积的 96%，形成四川盆地的边缘地带。区内丘陵和平原较少，零星分布于山地之间，通常是当地的农业中心。东北有大巴山、米仓山；东南有七曜山、巫山、大娄山；西北、西南有龙门山、邛崃山、大相岭等。盆周山区最高峰是岷山主峰雪宝顶，海拔 5588 米。

川西高原属于青藏高原的一部分，海拔 4000—4900 米，由北向南倾斜，是青藏高原向四川盆地的过渡地带。其西北部仍保持着高原面貌，南部多为岭谷高差达 2000—3000 米的深切河谷。南北走向，相间排列的金沙江、沙鲁里山、雅砻江、大雪山、大渡河、邛崃山、岷江、岷山，构成了川西高原的主体。

四川的地理地貌见下图：

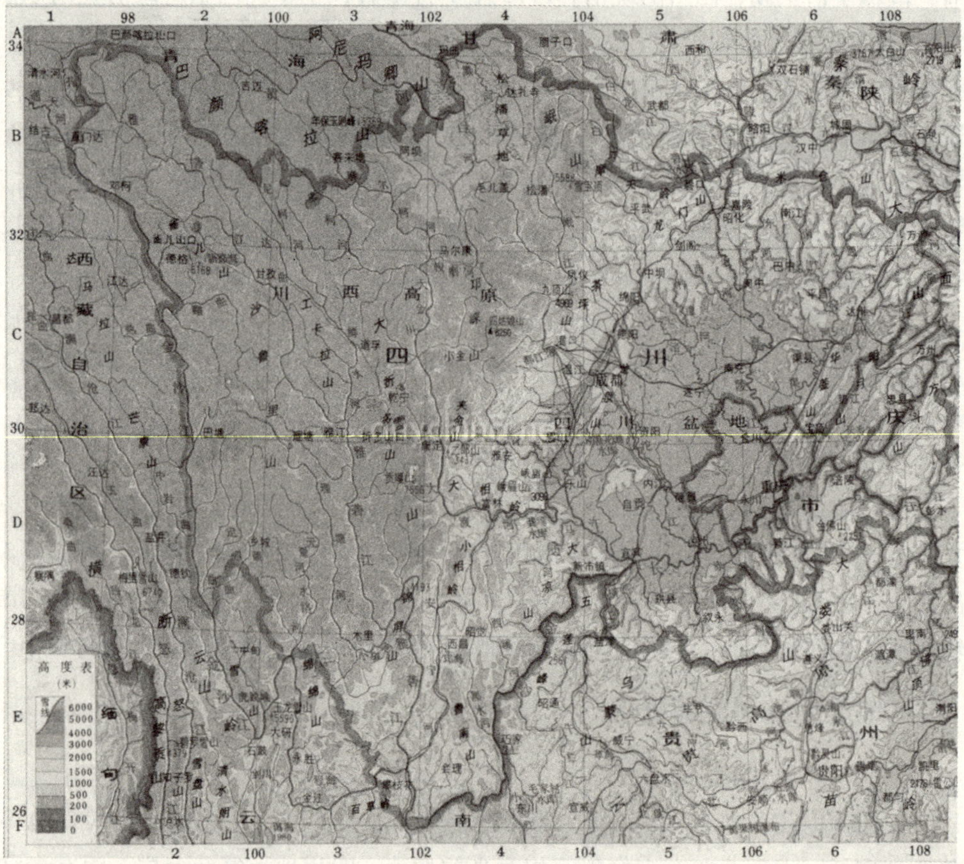

四川的河流基本属于长江水系，按流域水系划分，四川省水系区域内部可分为金沙江、岷江、嘉陵江、沱江、长江上游干流等区域。

四川水系见下图：

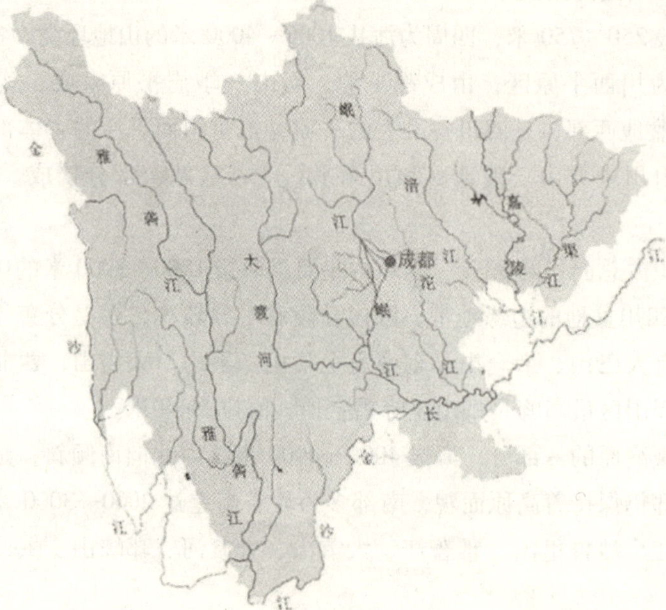

（二）四川的交通

旧时四川交通状况极不理想，西面雪域青藏高原难以逾越，北面秦岭巴山重崖叠嶂，东面三峡地区崇山突起，南面云贵高原地势险峻，去往川外的通道极为稀少，故有“蜀道之难，难于上青天”之说。同时，川内各地之间的交通也同样困难。遍布在川内山间的大小河道和盆地周围的高原、山地形成一道道天然屏障。从川西南山地到四川盆地要渡大渡河，翻大相岭，越清溪关，沿途的深谷峭崖号称“气死猴子吓死鹰”；从川西南山地到川西北高原，雪峰绵延，路途遥远，人烟稀少；从四川盆地到川西北高原，只能在山间河谷穿行，松（潘）茂（县）古道上“三堍九坪十八关，一锣一鼓到松潘”。山水相间的地貌系统使得许多地区都流传着“上山入云间，下山到河边；两山能对话，相逢走半天”的民谚①。

比较而言，旧时四川的水路运输在内、外交通上起着重要作用。地形上唯一的对外通道是长江三峡，长江水系的大小河流承担起了运输之责，方便内部交流，同时经长江走出四川。长江、嘉陵江、岷江“一横两纵”水运出川主通道，以及涪江、渠江、沱江、金沙江、赤水河等支线河流，与泸州、宜宾、乐山、广元、南充等节点，构建起贯通南北、连接东西、通江达海的水运网络雏形。

四川的地形地貌和旧时不便的交通状况，给四川的语言和汉语方言带来了极大的影响。例如，在地势相对平坦、交通相对便利的四川盆地，西起成都，东至重庆，相距上千里，区内汉语方言比较一致，同属汉语北方方言西南官话成渝片。又如，由于大相岭的阻隔，其南面的汉源话和石棉话，与同属西南官话岷江片雅棉小片的雅安等其他县区的语音形成一定差异。而在川西岷江流域（以西）的都江堰、温江、崇州、大邑、邛崃、蒲江、新津等地，入声独立，语音内部有很大的一致性，许多特征随岷江南下直入长江，沿岸区域的彭山、眉山、洪雅、青神、丹棱、夹江、峨眉山、乐山、犍为、沐川、屏山、宜宾、南溪、江安、长宁、兴文、珙县、高县、纳溪、泸州、合江、叙永、古蔺，直至重庆市的江津、綦江，都保持着一些同类特征。都江堰市内岷江穿流而过，岷江东西两岸口音不同，当地人称“河东话”和“河西话”，河西话接近崇州、邛崃一带口音，没有舌尖后音声母；河东话接近郫县口音，有4个舌尖后音声母构成音节ʦʂɚ、ʦʂʻɚ、ʂɚ、ʐɚ。

中华人民共和国成立以后，四川的交通得到极大的发展，出川通道和川内交通网络已成系统。铁路是四川沟通省内外运输的大动脉，宝（鸡）成（都）、达（州）成（都）、成渝、成昆等铁路干线和众多铁路支线以及地方铁路组成了铁路网，内江至昆明、遂宁至重庆、达州至万州、达州至巴中的铁路也正在修建之中。公路以成都为中心，干、支线公路相互交织，川藏、川青、川陇、川陕、川渝、川滇等公路干线极大方便了川内川外的来往，并建成成渝、成（都）绵（阳）等多条高速公路。日益发达的交通网络大大扩展了四川人的活动空间，也给语言带来了重要的影响，省内各地方言向以省会成都为代表的各级中心城市方言靠拢的趋势已经出现。四川与全国其他地方交往的增多和普通话的强势推广，也使四川地区的方言接受了不少来自普通话的特点。

① 类似谣谚四川各地都有，例如，“两岸山头声相闻，见面相逢走半天”，“山高石头多，出门就爬坡；隔山能讲话，走拢要半天”，“看到在对面，走拢要半天”，“看到的屋，走得哭”。

三、四川人口组成概况

（一）四川人口组成和人口分布[①]

截至2005年底，四川全省总人口约8750万人，常住人口约8208万人。

四川是一个多民族大省，全省居民56个民族成分齐全。

四川常住人口中汉族人口为7748万人，占常住人口总数的94.39%。汉族居住在四川全省各市、区、县。

四川各少数民族人口为460万人，占常住人口总数的5.61%。彝族、藏族、羌族居四川少数民族人口前三位[②]。少数民族人口在2万人以上的还有回族、土家族、蒙古族、傈僳族。其中彝族、藏族、羌族、苗族、回族、蒙古族、土家族、傈僳族、满族、纳西族、布依族、白族、壮族、傣族等14个为世居少数民族。四川少数民族聚居地多在川西高原和大小凉山地区，省内有18个市为少数民族散杂居地区。

彝族是四川人口最多的少数民族，主要聚居在大小凉山和安宁河地区的凉山彝族自治州和乐山市的马边彝族自治县、峨边彝族自治县。全省其他地市散居着数量不等的彝族同胞，人数较多的有攀枝花市郊区和米易、盐边，甘孜藏族自治州的九龙、泸定，雅安市的汉源、石棉，宜宾市的屏山，泸州市的古蔺、叙永等地。

四川是中国第二大藏区，四川藏族主要聚居在位于四川省西部、青藏高原东南部的甘孜藏族自治州、阿坝藏族羌族自治州，以及凉山彝族自治州木里藏族自治县境内。全省各市地也散居着数量不等的藏族同胞。

四川是中国唯一的羌族聚集区，羌族集中居住在地处青藏高原东部边缘的阿坝藏族羌族自治州的茂县、汶川、理县，绵阳市北川羌族自治县，其余散居在阿坝州松潘、黑水、九寨沟等县，甘孜藏族自治州的丹巴县，绵阳市平武县，成都市都江堰以及雅安等地。

四川苗族主要分布在川南的宜宾市，市内各区县都有苗族同胞，又以叙永、古蔺等县最多。此外，凉山彝族自治州、乐山市、攀枝花市等地也有少量散居。

四川回族的先民最早可上溯到唐代，元代以后直至清代，成为四川回族大发展的时期，他们随着屯兵、移民的进程迁入四川，并扎下根来，足迹遍布全川，成为世居四川的少数民族。回族的主要散居地有广元市的青川县、苍溪县，广安市的武胜县，南充市的阆中市，成都市的新都区、崇州市，宜宾市，凉山州的西昌市、德昌县、会理县，阿坝州的松潘县、阿坝县以及绵阳、内江、泸州、自贡等市。

四川其他世居少数民族的分布情况大致是：

蒙古族主要分布在成都市和盐源、木里两县。

土家族散居在四川各市、州。

傈僳族，自称傈僳扒，主要在雅砻江、金沙江流域活动，在德昌、盐边、米易三县呈小聚居分布，在会理、会东、木里、攀枝花市郊与汉、彝、纳西、苗、藏等族交错杂居。

---

① 本部分数据综合采自四川省统计局2006年2月12日发布的《四川人口与就业形势简析报告》、四川省统计局网站《统计年鉴》、四川省人民政府2006年3月17日发布的《四川省2005年1%人口抽样调查数据公报》等。

② 根据《2010年第六次全国人口普查主要数据公报》，截至2010年底，四川彝族、藏族、羌族人口数量分别达到264.4万人、149.7万人和29.7万人。

满族以成都市居住最为集中，其余分散在省内各市地，多为城市人口。

纳西族主要分布在凉山州的盐源、木里两县和攀枝花市的盐边县。

布依族自称“布越”，分布在凉山州的宁南、会东、普格、木里等县，与汉、彝、傈僳等民族杂居。

白族主要分布在凉山州和攀枝花市。

壮族分布在凉山州宁南、会东、木里等县，与汉、彝、藏族杂居。

傣族分布在凉山州会理、盐边两县和攀枝花市郊，与汉、彝、傈僳等族杂居。

四川人口分布极不平衡。从自然地理来看，大致以青川—北川—都江堰—雅安—马边—屏山为界，界东以盆地为主体的东部地区，土地面积占全省三分之一以上，集中了全省90%的人口；界西以高山高原为主体地区，土地面积占全省三分之一，却只居住着不到全省10%的人口。无论西部和东部，人口受地形地貌的制约，大多居住在平原、丘陵、低山、河谷地带，随山势的拔升，自然环境的恶劣，人口呈递降趋势。全省各市、区、州中，以成都市的人口最多，达1221万人，占全省人口的14.87%；最少的是阿坝藏族羌族自治州，仅85.1万人，占全省人口的0.97%。人口密度最大的是成都市，达1018人/平方公里；最小的是甘孜藏族自治州，人口密度为6人/平方公里。人口密度在500人/平方公里以上的有自贡市、德阳市、遂宁市、内江市、南充市、广安市。从交通和经济方面来看，人口除集中在各大、中城市外，在铁路、公路、水路等交通沿线居多。

四川人口的分布还受四川经济建设发展的影响。如攀枝花市原本是人烟稀少地区，由于经济建设的发展，人口递增极快，现有人口已高达108万人，人口密度为154人/平方公里。

（二）城市化进程中的四川人口走向

随着四川和全国经济的发展，以及城市化进程步伐的加快，四川人口走向近年来出现了新的变化。截至2005年年底，在全省常住人口中，居住在城镇的人口2709万人，占常住总人口的33.00%；居住在乡村的人口5499万人，占总人口的67%。与第五次全国人口普查相比，城镇人口占总人口的比重上升了6.30个百分点。[①] 如果考虑到非常住人口的因素，这个比例还会更高。这表明，近年来，四川城镇人口迅速增加，城镇化率不断提升。

人口流动也出现了新的态势。通过对2000年和2005年四川各市州常住人口数量的比较可以看出，多数市（州）都略有下降，尤其是南充、达州、资阳、广元、宜宾等劳务外出人口较多的地区，人口减少的幅度更大。2005年四川全省外出民工突破800万人。成都市常住人口为1221万人，与2000年第五次全国人口普查的常住人口1110万人相比，增加了111万人，增长率为9.09%。成都市人口占全省人口的比重也从2000年的13.47%提高到14.87%，增加1.4个百分点。大城市吸纳和聚集人口的作用十分突出，经济发展水平和人口流动的流向比较紧密。

城镇化进程快速推进和人口流向中心城市的趋势，导致了大量城市新移民的诞生，使得四川地区的汉语方言呈现出新的发展态势，导致不同地点方言特征的相互渗透和融合，一些旧有方言成分在新移民的口语中逐渐消失。

---

① 这种趋势目前仍在加剧，据2011年公布的第六次全国人口普查数据，四川全省常住人口中，城镇人口为3231.2033万人，占40.18%，乡村人口为4810.6167万人，占59.82%。同2000年第五次全国人口普查相比，城镇人口增加1008.1682万人，乡村人口减少1295.4417万人，城镇人口比重上升13.94个百分点。

四、四川的语言和汉语方言概况

四川境内的语言资源丰富，除汉语以外，汉藏语系的诸多语言在四川都能找到样本。

（一）四川境内的民族语言概况

四川的14个世居少数民族中，除回族、满族、蒙古族外都使用本民族语言，这些民族语言主要分布在川西地区。

川西高原位于青藏高原东南部，也是岷江、大渡河、雅砻江、金沙江、澜沧江、怒江等六条由北而南的大河形成六江流域的一部分。这个区域以其独特的地理位置和地形地貌特征，历史上形成天然的民族活动地带。今四川甘孜藏族自治州、阿坝藏族羌族自治州、凉山彝族自治州就处于这个区域。此区地理位置偏僻，交通极为不便，历史上不同部族和民族长期接触交往，形成了众多的语言；另一方面，这里长期以来的封闭环境，使得众多古老的民族语言得以保存，成为多种语言并存的一块宝地。据研究，这一地区“存在着近20个族群和20种语言，这些语言长期交融：除了本地区使用的藏、彝、羌语和族际共同语——汉语以外，本地还零星分布着一些底层民族语言，当地居民称为‘地脚话’”①。

四川境内少数民族语言主要是汉藏语系藏缅语族的藏语支、羌语支、彝语支以及其他少数民族语言。

藏语支语言，在中国主要分布在西藏自治区及青海、四川、甘肃、云南等省部分地区；在国外，主要分布在印度、尼泊尔、不丹和锡金。藏语支语言有丰富的复辅音声母和复辅音韵尾，保留着比较丰富的屈折形态变化，如动词的时、体、人称、语态等。

羌语支②语言全部分布在中国境内，羌语支语言本身可以分为北支和南支，前者受藏语支的影响大，后者受彝语支的影响大。四川是羌语支语言的集中分布地。

彝语支语言在中国主要分布在云南、四川、贵州、广西等省区。此外，缅甸、泰国、老挝、越南等国境内也有分布。彝语支多数语言元音有松紧对立，并和声调有一定制约关系。语序是主宾谓。

四川境内民族语言分布状况：

藏语。四川藏语分属藏语康方言、安多方言两个方言区。甘孜藏族自治州大部分农区和木里藏族自治县属康方言区，其中德格为北路康方言的代表，巴塘为南路康方言的代表。甘孜藏族自治州石渠、色达和阿坝藏族羌族自治州阿坝、红原、若尔盖等县和松潘、壤塘县部分地区属安多方言区。安多方言的突出特点是没有能区别意义的声调。四川藏族人口中95%使用藏语，其中有40%左右的人兼通汉语。

白马语③。部分藏族使用。分布在四川和甘肃接壤地带七千多平方公里的土地上，在平武县、九寨沟县以及甘肃陇南武都地区的25个乡使用，使用人口呈大杂居小聚居分布状态。其中平武的白马乡和甘肃文县的铁楼乡是使用白马语人群最大的聚居区。居民多兼通汉语。白马语内部有一定的差异，但基本上彼此可以通话。

羌语。羌族和部分藏族使用。分布在四川省阿坝藏族羌族自治州的茂县、汶川、理县、松潘、

① 宋伶俐．川西民族走廊濒危语言概况．暨南学报，2006（5）．本节关于“地脚话”的描述主要参考此文。
② 羌语支语言状况参孙宏开．论藏缅语族中的羌语支语言．语言暨语言学．第二卷．2001（1）．
③ 关于白马语的性质，目前尚有分歧，部分学者认为它是藏语方言。

黑水，极少部分分布在绵阳市北川羌族自治县西北部和甘孜藏族自治州的丹巴县，使用总人口约13万。操这种语言的羌族居民自称“日麦”“麦”“尔咩”“尔玛”“玛”。羌族人口中70%使用羌语，其中70%兼通汉语。羌语分南北两大方言，北部方言主要分布在茂县北部的赤不苏区、较场区、中部的沙坝区、黑虎乡、永和乡，黑水县的大部分地区，松潘县的镇江区、热务区，以及北川羌族自治县的部分地区，其余羌区均为南部方言。北部方言区靠近藏区，南部方言区靠近汉区。南部方言地区通用羌汉两种语言。现在，在北部方言地区和偏僻山区，羌语还广泛使用，而公路沿线的青少年中会讲羌语的越来越少。羌族没有本民族的文字，长期通用汉文。1990年，四川省政府为羌语创制了拉丁字母形式的拼音文字。

嘉绒语。部分藏族使用。分布在阿坝藏族羌族自治州的马尔康、金川、黑水、汶川、小金、壤塘、理县以及甘孜藏族自治州的丹巴、道孚、炉霍和雅安市的宝兴县等地。使用总人口约9.5万人。居民呈聚居状态，多兼通汉语。嘉绒语分东部、北部和西北部3个方言，方言彼此差别较大。嘉绒语保留了原始汉藏语的一些语音形式，例如复杂的复辅音和构词手段。

普米语。普米族和部分藏族使用。主要分布在木里藏族自治县、盐源县，九龙县的部分藏族也使用普米语。使用总人口约3.5万人。普米语分南部和北部2个方言，方言之间语音差别较大。四川境内是普米语北部方言的集中分布地。居民兼通汉语。

尔苏语。分布在大渡河下游雅安地区的石棉、汉源，凉山彝族自治州的甘洛、越西、冕宁、木里以及甘孜藏族自治州的九龙等县，有东部、西部和中部三大方言，方言间有较大差别。约2万人使用。操东部方言的居民自称“尔苏”或“鲁苏”。操中部方言的居民自称“多续”。西部方言划分为呷尔土语（说这种语的人自称为“普”“鲁日”或“普鲁日”）、里汝土语（操这种语言的人自称“里汝”）两个土语群。居民分布呈大杂居小聚居状态。甘洛县则拉乡和蓼平乡是尔苏语的主要集中地。居民兼通汉语。

纳木依语。凉山彝族自治州的冕宁县、木里县、西昌县、盐源县的居民自称为“纳木依”，甘孜州九龙等县居民自称为“纳木兹”。约有5000人使用。分为东部和西部两个方言。居民与普米、汉族和彝族杂居分布。

史兴语。又称“虚糜语”或“虚糜藏语”，分布在凉山彝族自治州木里藏族自治县瓦厂区金沙江分支水洛河下游冲天河两岸的台地上。居民自称“史兴”，约2000人，和他们杂居的有普米族、纳西族、彝族等。

木雅语。部分藏族使用。分布在甘孜藏族自治州的康定、九龙以及雅安市的石棉等县，基本上环贡嘎山主峰的东、南、西三面而居，约有1.5万人使用。分为东部和西部方言，方言间差别较大。人口呈杂居分布，集中在康定县沙德区。东部方言区居民自称“木勒”，兼通藏语康方言，受汉语影响较大；西部方言区居民自称“木雅”，语言受藏语影响较大，兼通汉语。

贵琼语。又称“鱼通话”，分布在甘孜州康定县境内大渡河两岸台地以及泸定县、天全县西北，其分布范围和元以后明清以前鱼通土司的辖域大致重合。人口约7000人。呈大杂居小聚居分布，康定县麦崩乡和前溪乡是贵琼语人口的主要聚居地。居民多兼通汉语。

道孚语。部分藏族使用。分布在甘孜州丹巴、道孚、炉霍、新龙等县和阿坝州的金川、马尔康、壤塘等县，和当地农牧区人口使用的两种藏语方言——康方言和安多方言通话有困难。语言内部分为道孚、革什扎、观音桥三个方言。居民兼通汉语。

扎巴语。部分藏族使用。主要分布在甘孜州道孚县，雅江县扎麦区，操这种语言的人自称“博子”，周围藏族居民称他们“扎巴”，约有1.5万人。人口呈小聚居分布。居民兼通藏语康方言。各地扎巴语在语音上差别较大。

却域语。分布在甘孜藏族自治州的新龙、雅江、理塘等县的六个乡，约1.5万人使用。人口呈散居状态。说这种话的居民多是讲却域语、康巴藏语和汉语的多语人。

尔龚语。部分藏族使用。分布在甘孜藏族自治州的丹巴、道孚、炉霍、新龙等县部分地区以及阿坝藏族羌族自治州壤塘和金川县的观音桥一带。当地藏族居民自称“布”或“布巴”，藏语称之为“道坞格”，约有4万人，呈大杂居、小聚居状态。尔龚语分道孚、金川、丹巴和壤塘4个方言，方言间交际有困难。

拉坞戎语。部分藏族使用。分布在阿坝藏族羌族自治州的金川、壤塘、马尔康等地。使用人口约1万人。

彝语。旧称罗罗语。分为北部、东部、南部、东南部、西部、中部6个方言，方言下又分次方言、土语，土语间通话有困难。四川彝语主要为其北部方言。四川彝族以本民族语言为主要交际工具，现讲彝语的约有400万人。彝族人口中95%使用彝语，其中约60%的人兼通汉语。

傈僳语。傈僳族使用。四川境内零星分布在川西地区凉山州的德昌、会东和攀枝花的盐边等地。

纳西语。纳西族使用。四川境内主要分布在凉山州的木里、盐源，攀枝花的盐边等地，部分纳西人与彝族、藏族杂居。甘孜州巴塘县的两个村寨也有零星分布。

四川境内原来还有藏缅语族中语支未定的白语和土家语。白语与汉语关系密切，四川绝大部分白族操本族语言，通用汉语文；土家语则随着土家族与汉族的杂居，在四川已逐渐消失。

除汉藏语系藏缅语族诸语支的这些语言外，四川境内还有不同民族使用的汉藏语系壮侗语族壮傣语支的壮语、布依语、傣语，苗瑶语族苗语支的苗语，但使用人口都不多。

随着对外交流的频繁，一些语言使用人口数量日益减少、年龄趋向高龄，双语人和多语人不断增多，通行区域和使用范围日趋缩小，部分语言已呈现濒危状态。同时，随着与其他民族交往的加深，语言间的相互影响也日渐深入。

（二）四川境内汉语方言概况

四川境内汉语方言，指通行于四川省境内的所有汉语方言，主要包括三个部分，一是官话方言，其主体是通常意义上狭义的四川方言，即通行于今四川省境内的汉语西南官话方言，它又称“四川话”或“四川官话”，本地区的客家人称它为“湖广话”或“四邻话”；四川境内的九寨沟方言则带有兰银官话和中原官话的特征。二是今四川省境内的客家方言。三是今四川省境内的湘方言。[①] 此外，四川境内还有一些带有其他方言底层的地点方言。

四川境内汉语方言格局以官话方言尤其是西南官话为主，同时存在一些非官话方言的情况，这与四川地区的历史发展过程中若干次大的人口迁徙活动密切相关。

1. 四川境内的官话方言

四川境内的汉语方言，占主导地位是官话方言，尤其是西南官话方言，分布在除九寨沟县以外的四川省全境，包括民族杂居地区，使用人口超过一亿。其最重要的特点是古入声归阳平，这是判

---

① 本书就是以四川境内的汉语官话方言、客家方言和湘方言作为叙述对象。

断地点方言是否西南官话的基本条件。此外还有保留古入声和入声读阴平、去声的地区，其阴平、阳平、上声、去声调值与西南官话的常见调值相近的，也是西南官话①。按黄雪贞《西南官话的分区》（稿），四川境内官话主要属于西南官话的成渝片区，少数属灌赤片区，个别点属于贵昆片区和黔北片区；按入声的分类，则分为入声归阳、入声归阴、入声归去和入声独立4个片区。

本书的主要叙述对象西南官话方言通行于四川全省。1997年重庆成为中央直辖市，之前曾长期隶属四川，同时从方言分区来看，重庆话属于西南官话成渝片，因此，本书西南官话的叙述部分有时也会涉及到重庆话。

2. 四川境内的非官话方言

四川境内的非官话方言主要是客家方言和湘方言。

（1）四川境内的客家方言

四川客家人多源自闽粤赣，但以广东为主。因此四川客家方言与广东客家方言有着较强的一致性，四川的客家话也通常被称为“广东话”或“广东腔”。四川境内客家方言分布点众多，其分布的格局是大分散、小集中。大分散是指广泛而分散地分布在全省众多的县市，小集中是指在分布地以家族、村庄、区乡等为单位的集中分布。集中分布的四川客家方言呈方言岛形态。目前客家方言分布在全省49个区市县，分川西、川东南、川西南和川北4个小片。

（2）四川境内的湘方言

四川境内的湘方言主要是明清两代尤其是清朝早期“湖广填四川”入川的湖南籍移民带来的。湘方言主要分布在四川盆地中部、东北部，散布在沱江、涪江、嘉陵江和长江沿岸的40余个区市县。旧时四川境内的湖南话名目繁多，有“老湖广”“辰州腔”“安化腔”“永州腔”“靖州腔”“长沙话”“麻阳话”等，其中的“老湖广”还有“宝老馆话”“邵腔”“苕腔”“死湖广”多种名称。这些名称一般以原籍县名或府名为依据。入川的湖南话大致形成了三种类型：老派湘语、新派湘语和川派湘语②。

3. 四川境内带有其他方言底层的地点方言

四川境内除占主体地位的西南官话方言和分布在各地的客家方言岛和湘方言岛以外，还有不少带有其他方言底层的地点方言，例如四川人所称的江西话、福建话、安徽话，它们多零星分布在四川中部一带。这些地点方言的形成，与今四川地区的历史和人口来源有直接关系。移民入川的潮流中，有大量来自于江西、福建、安徽等地的移民。傅崇矩《成都通览》统计当时的成都人，江西籍占15%，仅次于湖广籍。安徽籍占5%。有学者估计，清代入川福建移民在30万左右③。这些移民在四川多呈大分散、小聚居分布，其所携带来的原居地方言，在入川初期以方言岛的面貌存在。但是随着时间的推移，由于当地强势方言西南官话的影响，其来源地方言的特征已经不成系统，有的已经非常模糊，甚至只有一些零星的语料。例如，民国16年（1927年）《简阳县志》共记载方言词语902条，明确指出福建话15条，如“祖父曰多多”“祖母曰麻麻”等；明确指出江西话20条，如“父曰爷（音牙）爷（读雅）”“凡同乡旧谊同辈皆曰老表”等。崔荣昌在一系列论文中均提及西昌

① 参黄雪贞．西南官话的分区（稿）．方言，1986（4）．

② 参崔荣昌．四川湘语记略．方言，1993（4）278—283．另，有观点认为川派湘语是带有湘方言底层的四川话，因此本书重点讨论老派湘语和新派湘语。

③ 刘正刚．清前期闽粤移民四川数量之我见．清史研究，1994（3）．

川兴乡的大渔村、小渔村有“安徽话”，仪陇县磨盘乡的“安话”，还有喜德、冕宁、广元、巴中、南部、西充等县市的一些土话也带有安徽话的色彩①。

这些方言有着特殊的来源，其语音系统也有着一些独有特点。例如西昌大渔村话：“我们这里是大日（渔）村，对面是小日（渔）村。我的大儿子不在家，同痴（区）上的小吃（祁）下海打日（鱼）次（去）了。你们死（喜）欢吃（祁）日（鱼）吗？我们邛海边日（一）年四字（季）都有日（鱼）吃（祁）。”

这些地点方言的使用范围不大，使用人口也不多，有的甚至只在某些乡镇、某个村使用。其声韵调系统多数与西南官话保持着相当大的一致性，因此仍然把它们归属于西南官话。

① 见崔荣昌．四川省西南官话以外的汉语方言．方言，1986（3）：186—187；崔荣昌．四川境内的“安徽话”．文史杂志，1989（6）；崔荣昌．四川方言的类别．文史杂志，1987（1）；王春林．西充方言中的安徽语音成分探源．四川三峡学院学报，2000（4）．

第一篇　四川境内汉语方言的形成与发展

四川境内的汉语方言以官话方言为主体，同时分布着数量不等的客家方言岛，以及湘方言岛，它们的形成及发展经历了不同的历史过程。

第一章　四川西南官话方言的形成与发展

第一节　西南官话方言的形成

宋元之交是四川境内方言形成和发展的一个重要分水岭。直至宋代，上古和中古时期的四川境内方言可称为古蜀方言，古蜀方言的形成发展跟社会因素密切相关，它沿着自身的道路发展，具有自己独立的传承关系。（南）宋元以来长时期的战乱、饥馑，导致四川荒野万里、人烟稀少。屯兵移民、政府强制移民、民间自动移民，形成大规模的移民潮，这一社会因素极大地冲击了蜀方言独立发展的道路，逐步形成当代四川境内方言的格局和面貌。

一、古蜀方言的发展线索

先秦时期，地处西南的今四川地区基本上是少数民族聚居地。区域内的巴和蜀既是两个方国，也是两个民族的称谓，并且他们各自还统率多个部族①。蜀国早期的发展，与黄帝、颛顼、大禹等我国古代历史传说中的英雄人物密切相关，相传蜀人嫘祖是黄帝元妃，而生于蜀的大禹则是夏朝的建立者。古巴国主要分布在今四川东部，甲骨文中即有商王武丁派兵征伐巴方的记载，而巴国亦曾助武王伐纣，被周封为姬姓诸侯，《华阳国志·巴志》载："周武王伐封，实得巴蜀之师。"其时，巴蜀地区的语言已无法详考。晋刘逵注左思《蜀都赋》引扬雄《蜀王本纪》："蜀王之先名蚕丛、柏濩、鱼凫、蒲泽、开明，是时人萌椎髻左言，不晓文字，未有礼乐。"②"左言"的记载，说明当时的巴蜀语言与地处中原的华夏语言有很大差别。赵振铎指出："扬雄《蜀王本纪》说蜀人左言，说明他们在语言上和中土不同。"③ 崔荣昌进一步指出，古巴蜀语言是一种与今四川境内的羌语、嘉戎语、彝语、纳西语等有着血缘关系的语言④。

远古时期形成的巴蜀文化固然有其独特性，但这并不意味着巴蜀地区完全与世隔绝，相反，它与中原地区长期保持着密切的联系和接触，中原与蜀地之间也早有人员往来。《庄子·外物》："苌弘死于蜀，藏其血，三年而化为碧。"苌弘，周人。又如秦国卫鞅之门客尸子，据《史记·孟子荀卿列传·集释》引刘向《别录》载："……晋人也，名佼……商君被刑，佼恐并诛，乃亡逃入蜀。"中原与蜀地之间的人员往来，必然带来先进的中原华夏文化。与此同时，华夏语必然随着华夏文化的传

① 详见［晋］常璩《华阳国志·巴志》、《华阳国志·蜀志》。本书所引《华阳国志》皆本刘琳．华阳国志校注．成都：巴蜀书社，1984．后文不再出注。

② 另有记载为"椎髻左衽"者，参见谭红．巴蜀移民史．成都：巴蜀书社，2006：8．

③ 赵振铎．古蜀语词汇论纲．云南师范大学学报，2009（1）．

④ 参崔荣昌．巴蜀语言的分化、融合与发展．四川师范大学学报，1997（1）．

播而渗透到巴蜀地区，并与巴蜀原有的语言产生接触、融合。

最终导致古代巴蜀方言形成的重要事件是始于秦惠文王时期的大规模移民运动。

秦汉向巴蜀地区的移徙运动，起于秦入巴蜀（前316），迄于西汉晚期，长达300年，为我国历史上最早、持续时间最长、规模浩大的移民运动，对巴蜀历史有极为深远的影响，对古代巴蜀方言的形成具有极为重要的影响。

秦惠王更元后九年（公元前316年），秦灭巴蜀，置巴郡、蜀郡。此后，从秦惠文王到秦始皇时期，秦长期地、大量地向巴蜀地区移民，持续百余年。这一时期的移徙运动主要有移民、徙徒、迁虏三种方式①。

移民，包括移居一般百姓和豪户。被迁者并非完全自愿，政府采取了种种强制措施，同时配以优惠政策。据常璩《华阳国志·蜀志》："戎伯尚强，乃移秦民万家实之。"这是最早成批大量迁徙入蜀的秦民。

徙徒，指秦政府流放罪人。《史记·秦始皇本纪》载："及其（嫪毐）舍人，轻者为鬼薪，及夺爵迁蜀四千余家，家房陵。"《正义》引《括地志》："房陵，今房州房陵县，古楚汉中郡地也，是巴蜀之境。"

迁虏，指强制迁徙俘虏。秦翦灭六国后，不断地将战俘、六国统治者及其宗室、富商大贾、豪强地主，乃至手工业实业家等迁离故土，大量迁往巴蜀。公元前229年至公元前222年，秦军先后灭掉赵及楚，赵、楚二国王族、宗室皆被迁蜀。据《华阳国志·蜀志》："秦惠文、始皇克定六国，辄徙其豪侠于蜀，资我丰土。"

这些移民带入巴蜀的语言主要是战国时期的秦方言，外来语言在同古代巴蜀语言的接触过程中成为胜利者，从而奠定了古蜀方言的基础。刘君惠等《扬雄方言研究》引唐卢求《成都记·序》说秦惠王移民是要"皆使能秦言"，具有推行包括语言在内的"车同轨，书同文"的同化政策目的，其结果导致巴蜀地区逐渐改说华夏语了②。刘逵注左思《蜀都赋》引《地理志》："是时，蜀人始通中国，言语颇与华同。"③ 远古时期巴蜀地域的"左言"，至秦发生了很大变化，开始融入华夏语言，成为古蜀方言的源头。

汉以后，偏居西南一隅的巴蜀之地，以其优越的自然条件不断吸引着外来移民，因而规模不等的移民活动仍在进行。迁徙的线路也不止于秦代开通的由北方入川的通道。例如峡江地区先秦时期尚主要为巴族占据，至西汉中期以后，中原文化逐渐取代了巴文化，这便是在此期间大规模移民的结果④。这种局面一直延续到西汉晚期。

中原人持续不断的迁入，使秦汉之际短短三百年间四川人口增加近200万人，大大改变了巴蜀地区原有的人口结构，形成了民族、部族的一次大整合。民族的接触和融合，必然引起语言的接触与融合，这给巴蜀地区的语言带来了深刻的影响。西汉扬雄《方言》辑录了当时各地的方言词，从中可以获得一些当时巴蜀方言的信息。按古代区域划分，巴蜀地处梁益。《方言》中多以"梁益"并举，如："梁益之间，……其肥腻谓之臁"（卷二），汉代梁、益一带的方言已比较接近，应该是

① 参见贾大泉、陈世松主编. 四川通史. 成都：四川人民出版社，2010：29—32.

② 参见刘君惠等. 扬雄方言研究. 成都：巴蜀书社，1992：143.

③ 此《地理志》非通常所说《汉书·地理志》，而是一部今天已经亡佚的著作。

④ 参索德洁. 峡江地区汉代移民初步研究. 中华文化论坛，2008（2）.

同属一个方言①。但是，另一方面，《方言》又多以梁益与秦晋并举，如“自关而西秦晋梁益之间，凡物长谓之寻”（卷一）。秦晋方言以都城长安为中心，是“通语”的基础方言，可见，汉代蜀地方言跟当时的“通语”也有很大的一致性。扬雄乃蜀地成都人，四十岁前一直生活在蜀地，对蜀地方言所知甚多，但是，在其洋洋十三卷的《方言》中，单独指明梁益以及代表梁益的地方仅16处。刘君惠据此推断：这只能解释为当时的梁益方言与秦方言非常接近，是秦晋方言下面的一支次方言②。当时巴蜀地区的方言是以华夏语言为主体，兼有巴蜀土著语言底层的一支地域方言，后世称为古巴蜀方言，或“蜀语”③。

“蜀语”一词最早见于东晋葛洪《抱朴子·内篇·道意》：“吴大帝时，蜀中有李阿者，穴居不食，传世见之，号为八百岁公。……后一旦忽去，不知所在。后有一人姓李名宽，到吴而蜀语，能祝水治病颇愈。于是远近翕然，谓宽为李阿，因共呼之为李八百，而实非也。”“到吴而蜀语”，说明其时蜀语与长江下游的吴语有明显差异，是汉语的不同方言④。

秦汉以后，直至宋代，古蜀方言作为一个独立的方言系统而缓慢地发展演变。按照一般规律，这种发展演变必定受语言内部各要素之间的相互制约；融入华夏语的古蜀方言还必定受共同语发展规律的制约；无疑，不同方言区人员的交往，不同地域文化的交流，也必然带来方言之间的交流和影响。今天尚无法详述古蜀方言分合流变的具体情况，但仍可从古代文献的零星记载中窥见其冰山一角。

南北朝时期，北齐颜之推《颜氏家训·勉学》有如下记载：

> 吾在益州，与数人同坐，初晴日晃见地上小光，问左右：“此是何物?”有一蜀竖就视，答云：“是豆逼耳。”相顾愕然，不知所谓。命取将来，乃小豆也。穷访蜀士，呼粒为逼，时莫之解。吾云：“《三苍》、《说文》，此字白下为匕，皆训粒，《通俗文》音方力反。”众皆欢悟。

当时人们已不知所云的“豆逼”并非古蜀语方言，而是承自中原雅言。《史记·扁鹊仓公列传》：“出血，血如豆比五六枚。”徐复认为“豆比”训豆粒，“比”即《说文》“皀”，训“一粒也”。北齐蜀人所言“豆逼”即此⑤。六朝时代蜀方言保留着古老的秦晋方言特征，这正是移民涌入过程中所携入的古代通语。

著名语言学家罗常培、周祖谟曾对汉魏晋南北朝的音韵进行研究，并详细考察司马相如、扬雄、王褒的诗文用韵。他们认为：秦方言和梁益方言在汉代有若干共同之处，至魏晋，两种方言仍有一些共同特征，但两种方言也有差异⑥。西晋郭璞注《尔雅·释器》：“蜀人呼笔为不律也，语之变转。”这直接反映了古蜀方言跟其他方言之间的差异。隋陆法言《切韵》：“秦陇则去声为入，梁益则平声似去。”这一陈述直接反映了当时秦陇和梁益方言声调的差异，同时直接描述了古蜀方言的声调特征。

---

① 参赵振铎．古蜀语词汇论纲．云南师范大学学报，2009（1）；李恕豪．扬雄《方言》与方言地理学研究．成都：巴蜀书社，2003.

② 参见刘君惠等．扬雄方言研究．成都：巴蜀书社，1992：141.

③ 参汪启明．“蜀语”名义阐微．云南师范大学学报，2009（1）.

④ 参汪启明．“蜀语”名义阐微．云南师范大学学报，2009（1）.

⑤ 此说转引自刘晓南．从历史文献看宋代四川方言．四川大学学报，2008（2）。徐复之说见《广史记订补·序》，李笠《广史记订补》，上海：复旦大学出版社，2001.

⑥ 参见罗常培、周祖谟．汉魏晋南北朝韵部研究．北京：科学出版社，1958.

陆法言“梁益平声似去”的古蜀方言特征一直延续到唐宋时期。唐代诗人李白《醉后赠从甥高镇》以“人、春、贫、巾、鬓、蔺”叶韵。“人、春、贫、巾、鬓”，真谆韵，平声；“蔺”，震韵，去声。这里去声与平声混押，正是“平声似去”的表现。这种情况鲍明炜在李白诗中考得7例，并非孤证[①]。至宋代，孙奕《履斋示儿编》卷二十二引《杨文公谈苑》[②]：“今之姓胥、姓雍者皆平声，春秋胥臣、汉雍齿、唐雍陶皆是也。蜀中作上声、去声呼之，盖蜀人率以平为去。”宋人的这条记录表明，古蜀方言的发展既有一贯性，也有独立性。宋范成大旅居蜀地时在《石湖诗集》卷十七《丙申元日安福寺礼塔》诗注中有如下记载：“蜀人乡音极难解，其为京洛音，辄谓之‘虏语’。”可见至宋代古蜀方言与中原雅音有较大差异。

秦汉之前的远古时期，是巴蜀语言的“左言”阶段；秦汉时期，是巴蜀语言跟华夏语融合并形成古蜀方言的阶段；汉以后，直至宋代，是古蜀方言的发展阶段。这里的阶段划分跟通常的汉语史分期不同，因为古蜀方言的形成和发展本来就跟“通语”不一样，对古蜀方言作出明确的分期，需要以语言特征，尤其是语音系统的演变为依据。

二、现代四川境内官话方言的形成

元末明初和明末清初的两次大规模移民改变了古蜀方言的发展历程，是形成现代四川方言基本面貌和内部格局的最重要的社会动因。

（一）始于元代末年的移民潮与四川地区的“湖广话”

“湖广话”是自清代以来四川地区民间世代因袭的一种说法，它指明清以来从“湖广”[③]迁徙入川的移民带来的方言，它广泛分布在今四川和重庆。肇始于元代的移民运动是其形成发展的直接社会动因。

宋、元之交是进入封建社会以后中国历史上出现的第一个民族矛盾最为尖锐、阶级斗争最为激烈的历史时期。南宋时，元蒙军队进攻四川，受到四川军民的顽强抵抗，历时半个世纪方才平定全川，惨烈而长期的激战致使四川人口锐减，元初“四川民仅余12万户”[④] 约59万口，较之南宋嘉定十六年（1223年）四川地区259万户，约1200万人，减少了约95%，[⑤] 以至不得不裁撤官府机构[⑥]。明诗人杨升庵《杨升庵遗集》：“宋宣和中，成都杨景盛[⑦]一家，同科登进士第十二人，经元师之惨，民靡孑遗，以百八十年间犹未能复宋世之半也！”旧《成都县志》引明人赵防《程氏传》，该传引元人贺清权《成都录》曰：“城中骸骨一百四十万，城外者不计。”又引元人《三卯录》曰：“蜀民就死，率五十人为一聚，以刀悉刺之，乃积其尸，至暮，疑不死，复刺之。”

宋末元初四川人口的巨大损失，为此后源源不断的移民入川留下了巨大空间。实际上，元代中后期即有大量外省移民迁川落户，其迁出地遍及湖广（今湖北、湖南）、江西、河南、山东等地。

---

① 鲍明炜．李白诗的韵系．南京大学学报，1957（2）．

② 杨文公，北宋杨亿，字大年，《杨文公谈苑》今亡佚。

③ “湖广”为“湖广行中书省”或“湖广行省”的简称，元明辖今湖北、湖南及广西部分地域。

④ 《元史》卷12《世祖纪》，同书卷161《刘整传》载潼川路15郡有“户30万”，虽有出入，但均大大少于南宋四川260万的总户数。

⑤ 贾大泉．宋代四川经济述论．成都：四川省社会科学院出版社，1985．

⑥ 《元史·世祖本纪》记载，元世祖至元十九年，“以四川民仅十二万户，所设官府二百五十余，令四川行省议减之”。

⑦ 即杨升庵的祖先。

元朝末年明玉珍率军入蜀，从人口迁徙的角度来看，这是一次大规模的军事移民。

元王朝至顺帝即位已进入衰亡时期，长期的民族压迫和阶级压迫导致社会矛盾公开与激化，在此背景之下爆发红巾军起义。明玉珍，红巾军将领，湖北随州人。至正十七年（1357 年）明玉珍率大军从巫峡出发，沿江而上，克夔州、万州，取重庆，四方归附。元至正二十三年（1363 年），明玉珍建立以重庆为国都的大夏政权，尽有川蜀之地，并据汉中、遵义。当初，明玉珍入蜀，自称二十万人马，合计眷属，当有 40 万之众。随其入蜀的军队及家属多为湖北随州或江汉平原的人。明玉珍称帝后，颇具政声，民心归附，曾在楚地大事推行招民政策，招抚乡里。期间招募民籍移民约 10 万人左右。大夏时期，四川共计 80 万人口，减去移民 50 万人，土著居民仅 30 万人左右。这意味着，自明玉珍入蜀之后，四川以湖广籍为主体的移民人口开始超过土著人口。

元末明玉珍的军事大移民及之后的招募移民，数量巨大，人口来源地集中，短时间内超过土著居民人口。这种大规模的移民必然给川东地区方言带来深刻影响。

明初洪武年间形成大规模的移民潮，洪武大移民分为军籍移民和民籍移民，民籍移民又分为民间自愿移民和政府组织移民、强制移民。移民主要落籍川东、川中。移民虽来源地有所不同，但仍以湖广行省移民为主流。

洪武初年，朱元璋下“徙民之令”，以调整全国人口，四川亦在其中，当时，曾“移麻城孝感之民，以实富、荣二邑”①，这是明初最早的政府移民入蜀，并且，移民开始进入川南。

洪武四年（1371 年），明王朝军队灭大夏，遂规定“诸将所部兵，既定其地，因以留戍”，② 留戍士卒一部分为湖北人。

洪武二十年（1387 年），明政府两度组织移民入川垦田，正月“徙民垦成都田”，三月，再度移民“垦成都田”③。

据《明太祖实录》，明洪武五年四川人口户数为 8.4 万户，至洪武十四年（1381 年）达 21.49 万户，10 年间人口户数净增长 13.09 万户，人口达 146.45 万。这种超速增长一直持续到十年以后，至洪武二十四年（1391 年）四川人口已恢复至 156.76 万之多。

洪武移民过程中，移民主要集中在以重庆为代表的川东地区和以叙州（今宜宾地区）、泸州为代表的川南地区，还有一部分到达成都、顺庆（今南充地区）。此后，据四川的方志族谱记载，从明代中叶的成化、弘治、正德、嘉靖年间直至明末均有大批家族移民入川，至万历八年（1600 年）四川总人口达到约 500 万之众④。《四川通史》指出：“移民来自四方，而客籍超过土著，这就是明代四川人口社会构成的基本特征。”⑤

元末明初的军籍移民和中央政府组织的民籍移民，时间集中，来源地一致，很快填补了四川人口锐减留下的空间，并超过土著居民的数量。移民的主体部分来自湖北，这种独特的社会动因，使得当时的移民有条件将自己的方言带到落籍地，形成从四川东部向成都一线扩散的“湖广话”方言社会，这一特殊的社会现象导致移民方言和古蜀方言融合演变，以至改变了从秦汉至宋代古蜀方言

① 民国二十七年（1938 年）. 泸县志. 卷七. 艺文志.
② ［清］张廷玉等. 明史. 卷九十. 兵志. 北京：中华书局，1974.
③ ［清］谈迁. 国榷. 卷八. 北京：中华书局，1958.
④ 葛剑雄主编. 中国移民史. 曹树基著. 第六卷. 福州：福建人民出版社，1997：69.
⑤ 贾大全、陈世松主编. 四川通史. 卷五. 成都：四川人民出版社，2010：278.

独立发展的道路，成为今天四川地区所谓“湖广话”的源头。

明末清初，四川再次经历兵燹之灾，从崇祯六年（1633 年）张献忠首次入川，到康熙二十年（1681 年）清军在川平定吴三桂叛乱部将，四川战火连绵，达半个世纪之久。民国《重修丰都县志》卷十一载：“甲申一变，祸乱踵于蜀。献贼贼其半，姚黄贼其半，兵乱贼其半。”民国《苍溪县志》载：“自献贼乱后，土著几空。”顺治二年（1645 年）至顺治七年（1650 年）四川又先后遭遇瘟疫、大旱、水灾。顺治三年到五年，四川大饥，清沈荀蔚《蜀难叙略》载：“山深处，升米价二三两……荒残甚者，虽万金无所得食。”此外，还有旷世罕见的虎患。由于“数年断绝人烟，虎豹生殖转盛”，以致“遍地皆虎”,①川北、川西“死于瘟虎者十一二”，川东、川南“死于瘟虎者十二三”②。战乱、饥荒、瘟疫、虎患，加上大规模的避乱逃亡，造成四川人口锐减。光绪三十二年（1906 年）《乐至县乡土志》：“本境自明季荡版，鞠为茂草，至康熙三十三年，仅有 27 户。”据同治九年（1870 年）《营山县志》载，清康熙六十一年（1722 年）存粮花户仅 143 户，819 人。《四川通志》：“蜀自汉唐以来，生齿颇繁，烟火相望。及明末兵燹之后，丁口稀若晨星。”据考证，清初四川人口除开老、幼和妇女，仅余 76980 丁③。

“湖广填四川”的大移民运动正是在上述历史背景之下展开的。顺治年间（1644—1661 年），清廷即采取招抚流亡和鼓励屯田的举措，准四川荒地，官给牛种，听人开垦，凡抛荒田地，无论有主无主，任人尽力开垦，永给为业。这一时期，虽移民不多，却揭开了复业兴川的序幕。几乎与招抚流亡同时，清政府采取了移民填川的政策。大移民的浪潮从康熙中期开始，延续至乾隆中期，至乾隆四十年（1775 年）后逐渐限制，主体阶段约达一个世纪④，形成中国人口史上规模最大、时间最长的一次移民运动。据不完全统计，四川人口从顺治十八年（1661 年）的 16096 丁（8 万多人）猛增至康熙六十一年（1722 年）的 57 万户，285 万口⑤，整个“湖广填四川”的过程中，移民人口超过 500 万⑥。这次移民分东路、北路、南路入川，来源涉及今湖北、湖南、广东、广西、江西、福建等十余个省。移民的定居选择，跟移民路线有非常直接的关系，沿江、沿路的一批重要口岸，如万县、涪州、重庆、江津、泸州、宜宾、内江、成都等枢纽地，当年既是南来北往的交汇点，又是移民栖息定居或“二次迁徙”辐射的中心区。

清代大移民中，迁徙人口尤以湖广人、特别是湖北人为最多，所以有“湖广填四川”之说。以成都为例，清末傅崇矩《成都通览》记录：“现今之成都人，原籍皆外省也。”其中湖广占 25%，河南、山东 5%，陕西 10%，云南、贵州 15%，江西 15%，安徽 5%，江苏、浙江 10%，广东、广西 10%，福建、山西、甘肃 5%。这次移民浪潮规模空前，同时，移民主要来自经济较为发达的地区，较少安土重迁的传统思想，重农轻商的思想也较为淡薄。入川以后，许多人除了从事农耕外，也挖药、烧碱，储积小本，转而经商，甚至一些士人也弃儒学贾，促进了商品经济的发展⑦。这种情况要

---

① ［明］欧阳直．蜀乱．何锐等点校．张献忠剿四川实录．成都：巴蜀书社，2002.

② ［清］刘石溪．蜀龟鉴．卷三．何锐等点校．张献忠剿四川实录．成都：巴蜀书社，2002.

③ 蒙墨等．四川古代史稿．成都：四川人民出版社，1989.

④ 一般以康熙二十年（1681 年）平息“三藩之乱”算起，到乾隆四十一年（1776）四川人口基本恢复自然增长状态为止。参见李世平．四川人口史．成都：四川大学出版社，1987.

⑤ 贾大全、陈世松主编．四川通史．卷六．成都：四川人民出版社，2010：82.

⑥ 参王炎．“湖广填四川”的移民浪潮与清政府的行政调控．社会科学研究，1998（6）.

⑦ 参林成西．论清代入川移民的基本特点．四川大学学报丛刊．第四十五辑，1989.

求有流行地域广泛的语言作为交际工具，以适应社会需要，从而也就加强了已在四川地区形成，并在人口数量、分布地域方面占有优势的湖广籍移民所使用的"湖广话"的地位，以致成了今天本地区占主导地位的汉语方言。

肇始于元末，直至清初的几次大移民，极大地改变了四川的人口结构，以至今天四川汉族地区不少家族均称自己祖籍"湖广"，同时，称自己所讲方言为"湖广话"。移民运动成为今四川汉语方言面貌及其内部格局的最重要的社会动因。

（二）四川方言岷江小片的"南路话"探源[①]

"岷江小片"按黄雪贞观点，指西南官话灌赤片入声独立的方言，"南路人"和"南路话"则是成都地区民间普遍认同的概念，"南路话"主要分布在岷江西部，地域范围小于今方言学所指的岷江小片。

"南路话"，指岷江以西及以南，特别是成都西北至西南的都江堰（旧称灌县）、温江、崇州、大邑、邛崃、蒲江和新津一带的土话。它的音系明显区别于成都话，比如：声调方面入声独立，自成一类；韵母方面有成系统的入声韵类；声母方面有翘舌音声母。入声独立这一特征沿岷江而下，达长江上游，从岷江西部延伸至川南的宜宾、南溪、江安、泸州、合江的沿江地带。南去的岷江在宜宾汇入长江，是古代岷江流域经长江进出四川盆地的主要通道，商旅必经，故有"南路"之称；成都的"湖广人"称沿岷江居住而口音有别于"湖广话"的人为"南路人"。

"南路话"的来源跟"湖广话"不同。

移民入川并不是在同一时段均衡地出现在四川全境，这是导致四川官话内部差异的重要原因。

首先，从移民迁徙的规律和时间、空间看。肇始于元末的移民，其地域分布从东向西呈递减性规律，入川的湖广移民是由东到西逐渐推进的，他们首先进入川东，达到一定饱和度之后才逐渐向西推进[②]，因此，重庆、川东、川中成为大量移民的聚居地。移民进入盆地西部的时间相对滞后，到达时间整体偏晚、数量相对较少。待移民到达川西时，已没有川东、川中那样广阔的剩余耕地，移民只能插占耕地，难以形成移民方言优势。

其二，从战乱的破坏程度和土著人口的恢复看。在明末清初的战乱中，岷江流域及川南地区虽同样经历战乱、饥馑，但所遭受的破坏程度相对较小。当时还有大量成渝一线和川北的四川土著居民，逃到川南及与川南毗邻的滇黔北部地区躲避战乱[③]。社会一旦稳定，避兵避乱外逃的土著又重新回归。此外，入蜀移民由东到西的渐进模式，也给川西南土著人口的自然恢复留下了时间，从康熙初年到乾隆末年约100年的时间段，土著人口得到恢复。其结果，从局部看，岷江流域及长江上游的川南地区土著人数可能较移民仍占优势，其中尤以岷江以西为最[④]。

曹树基《中国移民史》第六卷指出："清代的'湖广填四川'是一场以湖广移民为主，广东、江西、陕西等省移民为辅的规模浩大的人口迁移。湖广移民沿长江由东向西分布，愈往西、往南、往北，分布愈稀。"按乾隆四十一年（1776年）的人口统计，成都府移民迁入达90万户，而邛州、眉州、雅州府、嘉定府、叙州府、泸州和叙永厅等地的移民均不到5万户，[⑤] 而上述州府恰好均处于

---

① 本节内容参见周及徐四川省哲学社会科学规划项目成果"四川西南官话方言研究"的观点。

② 参蓝勇．清代四川土著和移民分布的地理特征研究．中国历史地理论丛．1995（2）．

③ 胡昭曦．张献忠屠蜀考辨．成都：四川人民出版社，1980．

④ 任乃强．张献忠屠蜀记．收入《社会科学研究丛刊（第二期）·张献忠在四川》，题目改为《张献忠屠蜀辨》，1981年。

⑤ 葛剑雄主编．中国移民史．曹树基著．第六卷．福州：福建人民出版社，1997：69．

岷江流域和长江上游的川南地区。

上述自然、历史等原因导致一个必然的结局：晚期移民要形成“同一移出地成批移民”和“同一移入地集中居住”这两个条件几乎不可能。一旦岷江流域，尤其是岷江以西的土著人口恢复到一定数量，就会形成以土著方言为交际工具的强势方言社会，从而使以古蜀方言为基础传承下来的四川话在该地区得到存留①。正因为如此，以川西岷江流域为主体的地区中，迄今保留着更为古老的语言面貌，集中反映在以“南路话”为代表的有入声地区。“南路话”的直接源头是古蜀方言，今天，有入声地区的方言更能体现与元代以前古蜀方言的传承性②。

今天四川境内方言的无入声区，是以移民方言为基础，同时融合了古蜀方言和其他方言要素、具有古蜀方言和其他方言底层的官话方言；今天，岷江流域、长江上游有入声的方言，以“南路话”为典型代表，是以古蜀方言为基础，融合了移民方言要素、具有移民方言底层的方言。这里提到有无入声，仅指现代四川官话方言的的语音特征。

此外，在“湖广填四川”的历史背景下，大批来自广东、福建和江西的客家移民入川，散居在今四川的40多个县市，形成大小不等的四川客家方言岛。明清两代尤其是清代“湖广填四川”的湖南籍移民，则是形成四川境内湘方言的主要原因。

今天的四川方言是湖广大移民的产物，大批外省籍移民落业四川，孕育并形成了现代四川方言。

三、文献记载的四川官话方言

四川方言在明末已具备现在的基本格局。明末四川遂宁人李实所撰《蜀语》，收录了570多条蜀中流行的方言词语。

《蜀语》的注音材料反映出来的当时遂宁话的语音框架和某些语音特点，跟今天的遂宁话基本一致。如：有20个声类，39个韵类；中古全浊声母已经清化，微母影母相混，知照组声母合并为一类；-m尾韵并入-n尾韵，塞音韵尾消失；平声分阴阳两类等③。

《蜀语》所收录的方言词语大部分至今仍然通用。如“有所碍曰隐〇隐，恩上声”，“凡戏玩曰耍”，“铺垫曰㰏〇㰏音霸”，“漉器曰筲箕”，“村市曰场〇入市交易曰赶场”，“言语忤人曰触人〇触音杵”等等④。

从语法方面看，《蜀语》所收录的方言词语所反映出来的某些词法特点，也跟今天相同。如今天四川方言普遍使用的重叠式构词方式及形容词的某些生动形式，在《蜀语》中即已出现。例如“小子曰偠偠”，“凡苗实聚多曰篡篡”，“凡言人物小谓之蔑蔑”，“少曰丁丁，又曰点点，又曰些些”，其中的“偠偠”“篡篡”“蔑蔑”“丁丁”“点点”“些些”等都是重叠式构成的词。而“老曰老革革”中的“老革革”，“谓人形短曰矮矬矬”中的“矮矬矬”，均为词根加叠音词缀的形容词生动形式。“物臭曰膖醜”，作者说：“膖音滂，醜音抽去声”，“膖醜”今读 $p^{\text{‘}}a\eta^{55}ts^{\text{‘}}\partial u^{213}$，多写作“滂臭”，

① 杨波．四川官话入声现象的历史文化透视——论合江方言的形成与发展．西南师范大学学报（哲学社会科学版），1997（5）．

② 川南、川中以及重庆的少数地方也有保留入声的地点，据研究，这些地方也都是受战乱影响小、土著人口较多的地方。参注释①。

③ 参甄尚灵，张一舟．《蜀语》词语的记录方式．方言，1992（1）．

④ 语料引自［明］李实著．黄仁寿，刘家和等校注．蜀语．成都：巴蜀书社，1990。本书凡引《蜀语》，均见于此书，下文引用不再出注。

意为“很臭”；“月半明曰肼肼亮”中的“肼肼亮”都是词缀加词根的形容词生动形式。

以后，四川方言进一步发展，1900年出版的［英］Adam Grainger（钟秀芝）编撰的《西蜀方言》、1909—1910年间出版的傅崇矩编撰的《成都通览》和1900年出版的四川中江人刘省三编纂的《跻春台》,[①] 分别反映了一百年前成都话、中江话的面貌，跟今天的成都话、中江话具有很强的一致性。四川方言在一个世纪以前就已经形成了今天的基本面貌[②]。

考察文献，追朔历史，可以发现一些四川方言词语的发展线索。

一些方言词源于古代书面语，或原型保留，或词形改造，或意义引申，一直传承，保留在今四川官话方言中。例如：

【马】许慎《说文解字》：“马，怒也，武也。”今四川方言说“马起脸”，指人面带愠怒之色。共同语中“马”已失去“怒”“武”的意义。

【涷雨】《楚辞·九歌·大司命》：“令飘风兮先驱，使涷雨兮洒尘。”王逸注：“暴雨为涷雨。”又，《淮南子·览冥训》：“若乃至於玄云之素朝，阴阳交争，降扶风，杂涷雨。”高诱注：“涷雨，暴雨也。”至宋代，“涷雨”仍见于文献，宋代司马光《和昌言官舍十题石榴花》：“畏日助殷红，涷雨涤浓翠。”“涷雨”是否源自楚地，不详，从其使用情况看，它已经成为古代通语词。但今共同语不存，而四川方言以“偏东雨”指夏日突如其来的暴雨。“偏东雨”与方位“东”无涉，当为“涷”字之误。

一些反映地域文化的词，传承至今，保留在川渝个别地点方言中。例如：

【百丈】杜甫《秋风二首》：“吴樯楚舵牵百丈，暖向神都寒未还。”又，《祠南夕望》：“百丈牵江色，孤舟泛日斜。”清人张乃孚《巴渝竹枝词》：“谁言蜀道青天上，百丈牵船自在游。”“百丈”，拉船的纤索，该指称今仍留存在川东长江流域的个别方言点。

【蔎】陆羽《茶经·一之源》：“茶者，南方之嘉木也，一尺二尺，乃至数十尺……其名一曰茶，二曰槚，三曰蔎，四曰茗。”“蔎”今共同语不存，四川方言中，仍存于都江堰，书面往往记为“涩”。

一些反应巴蜀地理历史的古蜀语词，流传至今，仍具有很强的生命力。例如：

【坝】平原、平地。《玉篇·土部》：“蜀人谓平川曰坝。”《广韵·祃韵》：“坝，蜀人谓平川为坝。”《龙龛手镜·土部》：“坝，必嫁反，蜀人谓平川为平坝。”民国《乐山县志》：“地之宽平者曰坝坝。在人家曰院坝，曰天坝。”“坝”“坝坝”在今天的四川方言中仍有很高的使用频率。

【乡巴佬】明李实《蜀语》：“谓人村曰山巴土獠。獠音老。巴州以西，旧獠人所居，故云。”崔荣昌考证，“西晋末年巴氏李氏在巴蜀地区建立成汉政权，到李寿时因‘郊甸未实，都邑空虚’，曾从牂牁引僚人入蜀境，自象山以北尽为僚居，布在山谷达十余万家。以后僚人在巴蜀逐渐消失，但在‘山巴土獠’及今口语中的‘乡巴佬’‘乡坝佬’等词语里保留下来了。[③]”

一些词是在不同地域文化的交流中进入四川方言的，可能其他方言反而不存。例如：

【老革】《三国志·蜀书·彭羕传》：“老革荒悖，可复道邪!”“革”本有老义。《方言》卷十：“悈鳃，乾都、耇（音垢）、革、老也，皆南楚江湘之代语也。”郭璞注：“皆老者皮色枯瘁之形也。”

---

① 参［英］Adam Grainger（钟秀芝）. 西蜀方言，上海：American Presbyterian Mission Press190；傅崇矩. 成都通览. 成都：巴蜀书社，1985；刘省三. 跻春台. 南京：江苏古籍出版社，1994。本书所参考或所引用的以上三种书，均见上述版本，下文不再出注。

② 参甄尚灵. 《西蜀方言》与成都语音. 方言，1988（3）；张一舟. 《跻春台》与四川中江话. 方言，1998（3）；《成都通览》所反映的一百年前的成都话. 四川师范大学学报（社会科学版），2008 增刊.

③ 崔荣昌. 四川方言与巴蜀文化. 成都：四川大学出版社，1996.

又“老革”同义连文。当代学者崔荣昌提出“老革革”源于仡佬族，即古“獠族”。今四川方言中重叠作“老革革”，用以指人年老或蔬菜过了适口时期。还可将“革革”作形容词词尾，如“麻革革”（形容表面粗糙不平）、“生革革”（形容生疏、不熟练或未成熟），带消极意义①。

【痨】扬雄《方言》：“凡饮药傅药而毒”，“北燕朝鲜之间谓之痨”。今四川说“毒人”为“痨人”，“毒药”为“痨药”，“痨”音 nau^{213}。

不同地区的人员往来和文化交流，在今天的四川方言中留下了诸多痕迹，也是四川方言中不断渗入其他方言成分的见证。

今四川方言词语中有相当多近代以后的通语词。

【行 $xaŋ^{21}$】用长的针脚将棉絮、布等连缀起来。清黄六鸿《福惠全书·保甲·简验壮丁》：“其伍长壮丁，须各备行绵撞帽一顶。上缀号带，傍垂遮耳护项，内缀兜颏帽绳，身置重绵迭布密行。”今四川方言仍说“行棉絮”“行棉袄”。

【鎄】磨光，磨平。明杨慎《俗言·磨鎄》：“《五音谱》：‘磨礲渐销曰鎄。’今俗谓磨光曰磨鎄是也。”清曹寅《唐县开元寺》诗：“开元古寺北平西，石子峣峣鎄马蹄。”今四川方言仍有“磨鎄”之说。

正如任何方言词汇一样，古蜀语词汇不是静止的、封闭的，而是一个发展的、开放的系统。它的成员都有自己的历史，有自己的来源。虽然时代久远，文献难征，考察起来已经非常困难，但是也不是完全不可以考论的。另一方面，古蜀语的词汇往往和其他地方方言的词有共同的渊源，如前面举出的词，有的跟其他方言有联系。此外，从历时的层面看，有些蜀语词会逐渐失去自己的地位而从语言的词汇中消失，而另外一些词却会继续被使用，甚至进入全民语言。这一切都以社会历史条件为转移。

四、观察和解剖移民方言发展演变的独特样本——攀枝花方言

攀枝花市（原名渡口）位于四川省西南角金沙江和雅砻江交汇处，是一个独特的移民城市。

20 世纪 60 年代中期，中央十个部委派出的干部和来自全国各地的 5 万余名职工来到此地，1965 年 3 月 4 日正式建置渡口市，成为中国新兴的重要钢铁工业基地之一。1987 年更名为攀枝花市。现在的攀枝花市包括两县三区（东区、西区、仁和区），面积 7514 平方公里。据梁德曼研究②，1982 年渡口市 82 万人口中，外来人员 33 万多人，占人口总数的 40.4%，主要分布在市内东区和西区。其中东北籍的有 3.7 万余人（最多的是辽宁人近 3 万人），40 岁以上的东北人仍说家乡话。在一些东北人聚居的住宅区、单位以及东北籍教师比较多的学校里，父母非东北人的少年儿童和一些年轻人，也会说东北话。此外，还有来自山东的 1.56 万余人，河北 9500 多人，河南 7800 多人，说东北、华北话的共 7 万余人。云南 1.21 万余人，湖北 1.07 万余人，湖南 6400 多人，江苏 7700 多人，上海 2800 多人，浙江 2600 多人。20 世纪 80 年代，在渡口市可听到各种不同的方言。外地人和四川人进行交谈尽量地带上一点四川话的色彩，四川人和外地人说话尽量地避免使用太土的方音和词汇。来自南方方言区的人和同乡说家乡话，和非同乡说不纯粹的普通话或不地道的四川话。虽然来自外省的有 12.26 万余人，除去说西南官话的云南、贵州、湖北等地的人，说非西南官话的不到 10 万人。他们居住地点分散，处于说西南官话的人的包围之中。

① 参毛远民. 释四川方言词“老革”，方言，2001（3）.

② 本部分相关内容见梁德曼. 四川省渡口市方言的现状和未来. 方言，1985（4）.

来自四川省内的人员约有21万人。其中来自南充、乐至、遂宁、资中、重庆、成都、南部、西充、武胜等市县的人数最多。其中40岁以上的人方音较重，30岁、特别是20岁以下的人，自觉或不自觉地逐渐在改变自己的家乡土音，说一种与成都话、重庆话相近的"四川普通话"。儿童大多数都能说这种"四川普通话"，而且，在各个不同的生活环境里，他们还会说居民点或学校里通用的方言。如东北人较多的地方，四川孩子也会说东北话；在湖北人占多数的地方，外地孩子也会湖北腔。

随着时间的推移，此后又源源不断地有移民进入，到现在攀枝花已成为中国西部最大的移民城市，80%以上的居民为外来人口。今天，20世纪60年代移民的第二代已进入成年，第三代也成长起来。而今天攀枝花市区的方言，语音系统是与成都话和重庆话接近的"四川话"，同时受到普通话和当地东北、华北移民影响。

第二节 西南官话方言的发展

随着时间的推移，四川境内官话方言的语音、词汇、语法诸系统也在不断地发展变化。前面谈到，从显示四川方言框架基本形成的明末《蜀语》到19世纪末，已经有许多变化，而近一百年来的四川话的发展变化最为突出。

一、语音的发展变化①

在对外交流不太频繁的年代，语音系统的稳定性是比较强的，变化速度不快。但是随着四川地区与外界接触的增加，语音方面有了一些明显的变化。

（一）音系外部的原因所引起的变异

音系外部原因主要是指强势方言的影响带来的语音变化。大致有两种情况。

1．普通话推广的影响

普通话推广对四川方言语音的变化有重要作用。半个世纪以来，随着推普工作的开展，普通话的影响越来越大。当今40岁以下的人差不多都接受过普通话训练。普通话的标准音——北京音，深入人心，使得方言区的人说方言时，也受到干扰，引起音变。

最突出的是古入声字的读音变化。四川方言跟北京话相比，有不少古入声字都有声、韵、调的不同。而其中相当一批字，今天的声、韵、调都在向北京话靠近。声调方面，古入声字在四川方言中的演变本来跟普通话很不一样，不是"入派三声"，而是基本上整类齐步走：要么自成一类，保留入声调类；要么消失，整类归入舒声中的某一调中：其中大部分地区归入阳平，少数地区归入阴平或去声。而现在，四川各地的官话方言中不少古入声字的调类都变得跟普通话一致了。如"巴蜀"的"蜀"，"探索""索取"的"索"，在入声消失的各个小片，很多年轻人说四川话的时候都变得跟普通话一样读上声了。他们说的"巴蜀""索取"，年纪大的人听起来像是"巴鼠""所取"。

入声字的声母、韵母方面也有同样性质的变化。如中古梗、曾、深摄开口三、四等的精、见组入声字"积击激迹即籍脊级集"等，其韵母四川各地有的读i（如重庆），有的读ie（如南充），有的有i、ie两读（如成都）。而现在，在各地年轻人的口里，几乎都向普通话看齐，读成i韵母。其

① 参张一舟、杨黼．成都话语音的共时变异及相关思考．汉语学报，2010（3）．

他入声字韵母与普通话趋同者也不乏其例，如成都“劈辟僻”p‘ie^{21}→p‘i^{21}，“育”yo^{21}→y^{21}等。“律”“学”成都、重庆 nu^{21}→ny^{21}、ɕyo^{21}→ɕyɛ^{21}。也有很多古入声字声韵一起变化，例如“族”，成都 ʨ‘yo^{21}→ʦ‘u^{21}，重庆 ʨ‘yu^{21}→ʦ‘u^{21}，“俗”，成都 ɕyo^{21}→su^{21}，重庆 ɕyu^{21}→su^{21}。

一些原本与普通话声母、韵母和声调有差异的非古入声字也有向普通话靠近的趋势。四川方言有舌面后鼻音声母 ŋ，如“安爱硬樱我熬欧”等，不少年轻人发音时丢掉 ŋ，像普通话一样读成零声母。中古疑母细音字，如“仪宜艺义议严研砚毅”等，四川方言大部分地区本来都带有鼻音声母，以重庆为代表的川东地区多是 n，以成都为代表的川西地区多是 ȵ，今天也有很多年轻人说四川话时像普通话一样读成零声母。一些古见系二等字，其声母四川方言原读舌面后音，韵母读洪音，因受普通话影响，现很多也可以声母读舌面音、韵母读细音，从而在不少地区形成新旧异读。例如“（房）间 ka^{n55}/ʨia^{n55}”，“解（疙瘩）kai^{53}/ʨiai^{53}/ʨie^{53}”，“（老）窖 kau^{213}/ʨiau^{213}”，“敲（打）k‘au^{55}/ʨ‘iau^{55}”，“衔（接）xa^{n21}/ɕia^{n21}”，“陷（落）xa^{n213}/ɕiɛ^{n213}”。因普通话影响而形成新旧异读的情况还相当多，又如“择、泽、造”的声母 ʦ‘/ʦ，“导、堤”的声母 t‘/t；“村、存”的韵母ən/uən，“雷、累、垒”的韵母 uei/ei；“帆、微、危”的声调有阳平和阴平两读；“皖 k‘uan/uan”，“院 uan/yan”，“虽、遂，ɕy/suei”；“荣 yn/yoŋ/zoŋ”，“营 yn/in”等。

中小学生中这种现象更加突出，比如成都中小学生里这样的说法已不少见：“科学 k‘ɤ^{55} ɕye^{21}”，“个别 kɤ^{213} pie^{21}”，“核心 xo^{21} ɕin^{55}”，“合格 xo^{21} ko^{21}”，“场面 ʦ‘aŋ^{53} mia^{n213}”（听起来像是“厂面”），“适合 sɿ^{213} xo^{21}”（听起来像是“试合”）。他们按照自己的语言经验把一些词的普通话读音在成都话中进行类推。一些不见于口语的词更是直接根据语音对应关系把普通话读音变成四川话，例如：“虱子 sɿ^{55} ʦɿ^{53}”①、“窠臼 k‘ɤ^{55} ʨiəu^{213}”。

这种音变主要发生在中青年人尤其是青年人身上，明显受普通话的影响，是北京音干扰的结果，年纪大一些的四川人还不认同它们属四川音。这种音变，改革开放以来最突出，最明显。这是因为从那时起，由于社会经济的发展，推普力度的加大，特别由于有声传媒和电视剧的影响，普通话在四川也空前普及，北京音影响空前增大。北京音对四川人有很强的吸引力，以至北京人的某些误读也被一些四川人接受。如“潜”读如“浅”，“几乎”的“几”读如“几个”的“几”，“因为”的“为”读如“作为”的“为”等等，都出现在不少中青年四川人说四川话的时候。

2. 四川官话方言区内部强势方言的影响

强势方言的影响不限于普通话的影响。在四川，成都话、重庆话相对于川内各地的方言来说是强势方言，它们干扰各地方音，从而引起语音变异。如内江话本有舌尖前音和舌尖后音两套声母，而且舌尖后音声母的结合范围广。但现在，内江城区人的口语中，舌尖后音声母字已明显减少，“初”=“粗”，“昌”=“仓”。汉源话“敦”本读 tuən^{55}，受四川方言中的强势方言影响丢失介音 u，产生新读 tən^{55}。又如四川方言无入声的区域分为入声归阳、入声归阴和入声归去三个片区，其中成都、重庆都属入声归阳区，由于它们在四川方言中的强势地位，其他两个片区的入声字在年青一代的读音中也出现一些变异的端倪，例如在典型的入声归阴区雅安就不时能听到“数学 su^{214} ɕyo^{21}”（“学”原为 ɕyo^{55}）、“骆驼 no^{21} t‘o^{21}”（“骆”原为 no^{55}）一类发音；在典型的入声归去区荣县也会听到“说话 so^{31} xua^{214}”（“说”原为 so^{214}）、“下雪 ɕia^{214} ɕye^{31}”（“雪”原为 ɕye^{214}）的发音。甚至在入

---

① 四川话原本有“虱子”se^{21} ʦɿ^{53}，随着卫生条件的改善，虱子在城镇已很少见到，居住在城镇的青少年口语中也很少听到这个词。

声独立区，也有人受成都话、重庆话等强势方言影响，而改变某些入声字的读法的。如入声独立的宜宾话中，“喝 $xə^{33}$”“压 $iæ^{33}$”“茉 mU^{33}”，分别产生了跟成都话、重庆话差不多的新读法 xo^{55}、ia^{13}、mo^{31}，显然是受了这些强势方言点影响。①

这种音变有以下特点：

第一，音变以词为单位，而不是以音位为单位发生。相同的音位，即使在相同的语音条件下，甚至是同一个字，在不同的词中不一定发生同样的音变。比如同样是“闲”，“闲天不逢集的日子”里保留了原有念法，声母为舌面后擦音 x，韵母跟“寒”一样读洪音，有人直接写作“寒天”；在“休闲”“闲适”里声母变读舌面前擦音 ɕ 韵母跟“贤”一样读细音。又如“解”在“解放、解放军、解决、解除、分解、瓦解”等中变读为 tɕiai 或 tɕie，而“解手”和“解扣子”等中的“解”仍保留方言原来念法 kai。

第二，从语音层面看，演变方式是突变的，从原音值变到目标值，一步到位，没有经过逐渐变化、积累的过程。

第三，从词汇层面看，发生音变的词，是单个的、零散的变化，并不是具有同样音韵条件的词，同时发生同样的音变。而是先由某些词开始，然后逐步扩散到其他词去。如“驿”成都话本读阳平，但年轻人先在“驿路梨花”（中学语文课文名）、“驿站”中多读去声，然后在“龙泉驿”（成都地名）中也开始有读去声的情况。

第四，从社会层面看，这种音变一般从年轻人向中老年人扩散。如“帆”“薇”四川话本读阳平（如“帆布”“蔷薇”），年轻人先变读阴平，一些中老年人在普通话影响下也像年轻人一样把“帆”“薇”读成了阴平。

造成上面诸种音变特点的因素主要有下面几个：

第一，词的使用频率。音变首先在非常用词上发生，由此向常用词扩散。例如成渝片区入声字“一七八黑白别匹笔渴月客药”，口语常用，就仍读阳平，未随普通话而分别改读阴平、上声、去声。又如“叔、蜀”“各、阁”分别为同音字组，其中“叔、各”本身是常用词，也可组成常用词（如“各”有“各人自己，方言代词”），所以保持原有念法；而“蜀、阁”组成的词口语不常用，“魏蜀吴”“巴蜀”，“阁楼”“内阁”等都从书面语来，产生了音变。“蜀”随普通话而变读上声，“阁”的韵母受普通话影响由 o 在一部分人口中变为 e。因为不少普通话韵母为 ɤ 的字，在四川话中韵母念 e，如“格隔革客克刻核赫”等。“阁”非常用字，年轻人一般只知道其普通话读音，所以在他们说四川话时，就被类推为 e 了。前面所举的“闲”，在“闲天”里保留原来读法，也是因为“闲天”在口语里、尤其是乡村的口语里使用频率高；而“休闲”“闲适”是书面语词，易受普通话影响。“驿”在“驿路梨花”“驿站”先变读为去声，后扩散到“龙泉驿”中，也是因“龙泉驿”是成都地名，较常用，而前两者不常用。

口语中的常用词在高频使用过程中方言语音形式不断得到强化，容易抗拒外来影响，抗变能力强。而非常用词的方言读音年轻人不熟悉，有的字音本来就来自于书面语，所以容易受普通话影响。另一方面，高频词功能负荷重，不允许随便改换其语音形式；而低频词功能负荷轻，语音形式的改变对交际影响相对较弱，容易产生变异。

---

① 参看张玺乾. 宜宾方言入声研究. 四川大学中文系硕士论文，1994.

第二，词的来源。四川方言中发生这种音变的词，大多来自共同语和书面语，如“解放、解放军、解决、解除、分解、瓦解”，“休闲、闲适”。四川方言固有词的读音则不容易发生变异，如“解交调解纠纷、解手、解扣子”，“闲天、闲场”。

第三，词进入四川方言的时间。同样来自书面语的词，进入时间越晚，越易发生音变。如“翻译”和“译林”，都来源于书面语，在入声不归去声的地区的年轻人口中，“译”在“翻译”中保留原本的阳平调，在“译林”中变读去声。这是因为前者早已进入四川方言，后者是《译林》创刊以后才有，才进入四川方言的。

第四，四川方言的语音结构模式。一般说来，这种音变只能在四川方言原有的音系框架内进行。也就是说变异形成的语音模式如符合四川方言固有的语音结构模式，则此种变异有可能产生；反之，则不易发生音变。比如古入声字“雪、北、铁”如果随普通话而变读上声，则会产生一般四川方言所没有的上声音节 ɕye、pe、tʻie，“灭”若随普通话而变读去声，则会在入声不归去声的地区产生当地方言音系中所没有的去声音节 miɛ，所以这种变异至今没有发生。同样四川方言也没有把“主、锄、树、然”之类字的声母由 ts、tsʻ、s、z 变为 tʂ、tʂʻ、ʂ、ʐ，因为四川方言大部分方言点的音系结构中只有 ts、tsʻ、s、z 一类，没有 tʂ、tʂʻ、ʂ、ʐ 一类。

除强势方言的影响之外，其他非语言因素也可影响方音的变异。如成都的地名“沙河堡”的“堡”本念 $pʻu^{213}$，今天很多人念 pau^{53}；“黉门街、黉门铺”的“黉”本念 $xoŋ^{21}$，今天很多人念 $xuaŋ^{21}$ 了。前者是受“堡垒”的“堡”读音的影响，后者是受“黉”字偏旁“黄”的影响。又如“武侯祠”的“祠”，一部分成都人读 $sɿ^{213}$，听起来就像是“武侯寺”，这当是受“草堂寺”“昭觉寺”“大慈寺”等的影响，误以为“武侯祠”是“武侯寺”。不过这类音变在四川方言中不是主要的。

（二）音系内部的结构调整所引起的变异

音系内部的结构调整可以引起语音变异。四川方言的这类音变，以 an、ian、uan、yan 韵尾的变化最为突出。四川方言 an、ian、uan、yan 的韵尾 -n，有从川东（指原川东地区，含今重庆地区，下同）向川北、川西、川南逐渐弱化的趋势。甄尚灵指出，“四川方言的 an　iɛn　uan　yɛn 四个韵母，-n 有三种情况：A. 舌尖着实抵齿龈；B. 舌尖作势不抵齿龈；C. 元音鼻化。大体说来，A 组主要分布在川东地区，B 组主要分布在川北、川西地区，C 组主要分布在川西、川南地区”。“我们从这三组的地区分布也可以看出语音的逐渐变化”。① 也就是说，四川方言 an、ian、uan、yan 韵尾 -n 的共时地区差异，体现了 -n 由川东向川北、川西、川南逐渐弱化的趋势。以成都话为例，中古咸、山两摄的字，近代成都话读为 an、ian、uan、yan。《西蜀方言》把当时成都话的“丹天川渊”诸字韵母记作 an、ien、uan、yen。② 而今天的成都话，上述诸韵的韵尾 -n 同时存在着几种不同程度弱化甚至脱落的变异形式：a^n、ia^n、ua^n、ya^n、ã、iã、uã、yã 和 æ、iæ、uæ、yæ。其中第一种念法主要见于 40 岁以上的人，第二、三两种主要见于 40 岁以下的人，第三种只见于 40 岁以下的人，它甚至成了大家普遍认同的成都话语音标志性特征，凡是具有这种语音特点的，都被认为说的是成都话。一些外地来成都工作的年轻人，也不惜刻意模仿这种语音特点，以掩饰自己的外地口音。

其他方言点也有这类音变。如原川东垫江话（今属重庆市），据 20 世纪 60 年代初的方言调查材料，有声母 ȵ，如“泥尼牛”等。而今天的垫江话 ȵ 声母已消失，并入 n 声母了。“二耳”类字，原本念单

---

① 甄尚灵. 四川方言的鼻尾韵. 方言，1983（4）.

② 参甄尚灵.《西蜀方言》与成都语音. 方言，1988（3）.

元音 ɚ，有时候也可念复合音：卷舌元音加舌尖后边音加舌面前、半低不圆唇元音，即 ɚɭɛ 不过限于单念或无后续音节时才是这种情况。而现在，在有后续音节时也这样念了，如“二哥”说 ɚɭɛ^{213}ko^{55}，“耳朵”说 ɚɭɛ^{42}to^{55}。这些变化，也非强势方言影响的结果，是音系内部的结构调整引起的。①

这种音变的特点，从语音层面看，是渐变的。成都话从 an、ian、uan、yan→a^{n}、ia^{n}、ua^{n}、ya^{n}→ã、iã、uã、yã→æ、iæ、uæ、yæ，是一个 -n 逐步弱化，乃至完全脱落的连续的过程。这一过程的完成，是很多细微变化积累的结果。至今这一过程尚未完全完成，所以 an、ian、uan、yan 在成都话中才存在着多种共时变异，即使是在二三十岁的年轻人中，也有仍带鼻化色彩，甚至仍念 a^{n}、ia^{n}、ua^{n}、ya^{n}的。

从词汇层面看，这种音变具有突变的性质。因为它是一种成系统的变异，在成都具有 -n 逐步弱化，乃至完全脱落这种音变特点的人的口中，凡是原韵母为 an、ian、uan、yan 的字，要变则一齐变，没有例外。垫江话的 ȵ、ɚ 的变化也一样。因此，可以从一个字的音变推出跟它同音的其他字的音变。

这种音变可以影响音系结构模式的变化。如成都话音系产生了新的元音音位/æ/，与/a/对立。成都话中下列各组字就是对立的：pa^{55}巴—pæ^{55}搬，p‘a^{213}怕—pæ^{213}盼，ma^{213}骂—mæ^{213}慢，发 fa^{21}—凡 fæ^{21}，ta^{53}打—tæ^{53}胆，t‘a^{55}他—t‘æ^{55}摊，na^{21}拿—næ^{21}难，ʦa^{55}渣—ʦæ^{55}沾，ʦ‘a^{21}茶—ʦ‘æ^{21}蚕，sa^{55}沙—sæ^{55}三，ka^{53}嘎—kæ^{53}赶，k‘a^{53}卡—k‘æ^{53}砍，哈 xa^{55}—酣 xæ^{55}。

二、词汇的发展②

在语言的各个子系统中，词汇同社会的联系最为密切。其发展变化速度也最快。即以《蜀语》而论，它所收录的某些方言词语或某些方言用法，不少在今四川方言中已难觅踪影。例如“单身曰轻身”③，今天的四川方言中已很难听到了这种说法了；“铸铧曰写”，今天的“写”已无浇铸义，浇铸义的方言说法变为“倒 tau^{213}”④ 了；“馄饨曰扁食”，而今天多称“抄手”。再如“女许字曰女〇下女，尼虑切，读若御。”⑤“女”的这种用法直到百年余前出版的《西蜀方言》还有记载：“你的姑娘女了人没有？”⑥ 今天也已经听不到了。

近百年来，特别是近 60 年来，四川方言词汇发生了巨大变化，这种变化总体来说有两种情况：一是由于时代和社会的剧变，与此密切相关的四川方言词汇内部产生的变化；二是由于普通话大力推广导致的四川方言词汇变化。

四川方言词汇的发展变化主要体现在旧词的消亡、新词的产生和词义的变化三个方面。

（一）旧词的消亡

反映旧事物、旧现象、旧观念的的词语随着旧事物、旧现象、旧观念的消亡而消亡，是词汇发展的重要现象。

---

① 参四川大学方言调查工作组．四川方言音系．四川大学学报（社会科学版），1960（3）；张爽．从垫江话半个世纪以来的语音变化看汉语方言语音演变规律．四川大学硕士学位论文，2006.

② 参邓英树、张一舟主编．四川方言词汇研究．北京：中国社会科学出版社，2009.

③ 参［明］四川人杨慎《丹铅总录》：“今人谓单身曰轻身。”

④ “倒 tau^{213}” 实际是“铸”的古音的保留，今人多以音求字，写作“倒”。

⑤ 参《玉篇·女部》“女，……又尼虑切，以女妻人曰女”；《广韵·去声·御韵》“女，以女妻人也，尼据切。”

⑥ 见《西蜀方言》123 页。这种用法的“女”，该书特别说明读“ü^{4}”，即 y 的去声。

前面提到的《西蜀方言》和《成都通览》，都记录了当时成都话的很多词语[①]，《跻春台》收录了当时中江话的大量词语。如果把今天的四川方言词语同一百年以前的四川方言词语对比，甚至同更近一点的四川乡土作家李劼人、沙汀、艾芜等人作品中的方言词语相比，就会发现，四川方言中旧词消亡在近五十年来，尤其是近三四十年来正在加速进行。不少方言词语，只在老年人口中还能听到，年轻人已经不说，甚至不懂了。旧词消亡的原因大体有三种。

第一，因旧事物、旧现象的消亡而引起方言词语的消亡。

一些词语因其所指称事物或现象消失而消亡，例如“斗息旧时买卖粮食过斗时的税”“锅巴盐铁锅熬制的块状盐”“挂表怀表”“火树旧时乡间传信装置，作用同烽火台”等。

又如，由于四川境内过去袍哥（哥老会）组织人员众多，江湖黑话隐语在四川方言中颇具特色，有一些词语进入到四川的通用语中，新中国成立前能经常听到，也见于李劼人、沙汀、艾芜等老一辈川籍乡土作家的作品中。如“剪眉毛相互调戏妻子”“入牌加入袍哥组织的凭证”“拜山见山主”“帽顶黑帮首领”“丢海誓赌大咒”“放棚子安置土匪棚子拦路打劫”“开武差事抢”“划盘子以刀划脸使破相”“花包袱破坏自己人的生意”。新中国成立后，随着袍哥等江湖组织的消失，这些词语也消失了。

第二，词语的替换导致旧词消亡。

有的事物或现象仍然存在，但在今天的四川方言中改变了说法，也可引起旧词语的消亡。这类词语在消亡的旧词语中所占比例最大。

例如《跻春台》把帮结婚人家挑抬东西的人称为“行郎”，地痞流氓叫“和而流”，妇女卖淫叫“卖千家”，妓院叫“龟房”，赌场老板叫“片官”，通融叫做“方圆”，事情做得稳妥就叫“做方圆”，今天已基本听不到这些说法。前面说到《西蜀方言》还保留有《蜀语》中“女许字曰女”，“女”用作动词，读去声的说法，而今天“女”只有上声一读，作名词，“女许字”则改称“说人户”了。

过去常用的“车笔刀刨笔刀”“号钱旅馆住宿费”“大样大气”“打流生活无着、游荡谋生”“摆干完全撇开”等，现在年轻人一般都改用普通话的说法了。

一些四川方言词语在和普通话词语的竞争中退出了历史舞台。例如，四川话原来把幕布叫“挡子”，一般而言，放坝坝电影时挂在户外的只能叫“挡子”，挂在电影院的则又可以叫“银幕”或“幕布”。随着坝坝电影的渐渐淡出和普通话的强势推广，“挡子”基本上为“银幕”取代，今天的青年人一般都不知其为何物了。

亲属称谓词语有的变化也很显著。20世纪40年代，“中央研究院”历史语言研究所杨时逢曾调查过四川136个地点，包括成都、巴县、巫溪、内江、仁寿、名山、宜宾、乐山、灌县、眉山等地的25个常用词，其中10个是亲属称谓。当时四川方言“‘爸爸’（父亲）——大都叫‘爹’（tie，ti，tia，等音），或叫‘爸爸’、‘伯伯’，也有少数地方叫‘爷’（ie，ia），还有‘爹；爸’，‘爹；爷’，‘爸；爷’等两读。”“‘妈’（母亲）——大都叫‘妈’，‘妈妈’，‘meme’，或叫‘娘’，也有叫‘母’，‘婶婶’，还有少数一二处叫‘阿 tɕi’，‘大大’，‘mai’或‘妈，娘’两 z。”[②] 而今天四川各地年轻人都跟普通话一样叫“爸爸”“妈妈”了。

第三，社会制度和观念习俗的变化也可以引起方言词语的变化。

---

① 参甄尚灵.《西蜀方言》与成都语音. 方言，1988（3）.

② 杨时逢. 四川方言中几个常用的语汇. 台北：“中央研究院”历史语言研究所集刊，第53本，第1分册. 1982：126.

社会制度和人们的观念习俗变化对四川方言词语变化产生很大影响。例如：

“待诏”过去曾用来称理发师。李劼人《大波》第三卷：“帽根[1]是清朝入关才兴起的制度……那时节，剃头匠都带有圣旨在担子上，违旨者斩！所以剃头匠才叫待诏。”随着时代的变迁，“待诏”一词不再使用。

以前四川话称汗毛为“苦毛子”，旧时认为汗毛重的人命苦，随着人们认识的改变，这种说法渐渐不为人知，“苦毛子”也为“汗毛”取代。

又如，“毫毫”原指银质硬币，后指小面额的硬币，以分币为常。随着人民币使用面额越来越大，分这个单位在实际的交易中已经被忽略，硬币中的分币也基本不再使用，“毫毫”逐渐退出了历史舞台。

一些跟民俗密切相关的方言词语，也随民俗的变化而变化。《跻春台》卷一《十年鸡》：“夫离家七八载未回原郡，二叔叔苦逼奴另嫁高门。奴念在夫妻情誓不改姓，叔因此未得钱怀恨在心。”“改姓”为改嫁，因过去女子出嫁即随夫姓，故改嫁就要改姓，随着社会制度和民俗的改变，今天已无“改姓”之说。

一些方言词语的使用范围在渐渐缩小。例如“敷汤药$_{\text{付医药费}}$”“项巾$_{\text{围巾}}$”等。过去四川常见的“打乱撮$_{\text{一种纸牌的打法}}$”“分关$_{\text{旧时分家的文书}}$”基本上只在乡间流行。随着燃料的改变，城市里的年青人对“桴炭$_{\text{普通木炭}}$”[2]“桴渣$_{\text{儿}}$ $_{\text{小而碎的桴炭}}$”“炭花$_{\text{儿}}$ $_{\text{煤炭烧过之后残余物}}$”“二炭$_{\text{从烧过的炭花儿中挑选出的还可燃烧的部分}}$”“锅烟墨$_{\text{柴锅底的粉状黑色附着物}}$”“洗煤炭$_{\text{做劳而无功的事}}$”等也渐渐不了解了。

又如，关于农民，四川方言同其他汉语方言一样，本来有一些带有贬义的称呼。如新中国成立前多称“乡巴佬”“黄泥巴脚杆”，20世纪六七十年代成都话、重庆话称“农二哥”“豁皮”“农豁皮”，而今天，随着农村经济的发展，农民生活条件的改变，这些称呼也逐渐消失。跟随着改革开放的步伐，不少农民进城务工，开始城里人在称呼他们时往往用“老乡”。随着城市建设的发展，越来越多的农民参与到其中，与工人一样从事相关的各类工作，现在城里人通常以“师傅”称他们，而且他们也十分乐于接受这种称呼。

（二）新词的产生

新词的产生在任何时代都是词汇发展变化的普遍现象，四川方言也不例外。四川方言新词产生的原因大致有两种。

第一，新事物、新现象、新概念不断涌现，导致新方言词语的产生。

随着社会的发展变化，新事物、新现象、新概念不断涌现，一些新的方言词语也应运而生。另外，旧有事物、现象的新说法，也是新词，如上面提到的某些旧有的方言词所换用的新的说法。

四川方言中新的方言词语产生的现象以改革开放以来的三十年最为明显。这些新方言词语主要跟经济活动有关。例如从20世纪80年代开始，从事异地贩运、转手买卖的人多了起来，“穿穿$_{\text{儿}}$”一词应运而生，指专门从事这种活动的人。现在也用来泛指从事一般的中介活动，以收取费用的人，“票穿穿$_{\text{儿}}$”倒卖票据，“房穿穿$_{\text{儿}}$”捣鼓房屋，“钱穿穿$_{\text{儿}}$”倒卖外汇。“穿穿$_{\text{儿}}$”意义近乎商业掮客。

又如，随着经济活动的增加，交通工具的重要性日益突出，新方言词语中关于交通工具的词语数量不少。有的词语是已有交通工具的新说法，有的词语则是对新出现的交通工具的称呼。比如人

① 四川话称辫子为“帽根儿”。

② 四川农村很多集镇都有的“炭市坝子”，实际就是专卖煤炭的地方。普通木炭四川话则称“桴炭”。

们出行，坐出租车的越来越多，关于出租车的方言说法也不止一种。重庆话称之为“拓儿车”to^{21} ɚ^{21} ʦʻe^{55}，“拓儿车”本是奥拓车的别称，因为20世纪80年代重庆的出租车多是奥拓车。成都话则称之为“猪儿 ʦu^{55} ɚ^{21}”。“猪儿”本指“猪”，“猪”谐“租”，成都话二字同音。对于非正规运营的出租车，成都话称之为“野的”或“野猪儿”。因为出租车又称“的士”，所以其司机，成都话称“的哥$_{\text{男司机}}$”“的姐$_{\text{女司机}}$”“的嫂$_{\text{年龄较大的已婚女司机}}$”。20世纪80年代的成都街头出现了“边斗车”：即在衣架①一旁安装上坐人的边斗的自行车。其更带方言色彩的说法是“炽 pʻa^{55} 耳朵（车）”，意思是“炽耳朵$_{\text{惧内的人}}$”所用的车，因为丈夫往往骑着它带妻子出门。有人在人力三轮车上装上马达改装成机动三轮车，“火三轮”的说法又随之产生。炽耳朵车、火三轮经常在街头巷尾载客，成都人仿照出租车称“的”的说法，把载客的炽耳朵车、火三轮叫做“炽的”“火的”，把载客的摩托车叫“摩的”，乘坐“炽的”“火的”“摩的”，叫“打炽的”“打火的”“打摩的”。现在，把经常坐飞机叫“打飞的”的说法也逐渐流行起来了。还有人把普通的人力三轮称“三的”，颇为幽默。重庆一些区县允许腿脚不便的残疾人开机动三轮车运货、载客，于是重庆话中出现了“跰的 pai^{55} ti^{21}”②。

80年代还出现了电动自行车。最早的电动自行车是在普通的自行车上装上电瓶。因为四川方言中自行车叫“洋马儿”，所以电动自行车就叫“电马儿”。尽管今天的电动车已跟自行车很不一样了，但仍然可以叫“电马儿”。

第二，新的观念的产生也可以引起新的方言词语的产生。

如前面说到过去把当兵的称为“粮子”，这是一个中性词。新中国成立后有了新型的军民关系，于是四川方言中对当兵的就产生了新的说法“解哥子”或“兵哥子”。“哥子”本是四川方言中带有尊敬、亲切意味的称呼，有时也有些许谐谑味。

随着社会的发展，通讯、交通的日益便捷，四川与其他地区的联系越来越频繁和紧密，获取新信息的渠道更加畅通，因此无论是指称新事物、新现象还是新概念，人们都更倾向于直接使用共同语中的新词语，总的来看，纯粹的新方言词的数量不大。

从构词法的角度看，四川新方言词语大都是复合词，用现成的语素组合而成。也有由自由短语固定化或词汇化而形成的新方言词语。如“洗澡泡菜$_{\text{泡制时间短的新鲜泡菜}}$”“不存在$_{\text{没关系，不客气}}$”。

（三）新义的产生

方言词语产生新义项的现象在四川话中十分普遍。例如：

【要家】本指袍哥成员，《跻春台》卷三《南乡井》：“他那里是劝你？分明是咒你！我们要家极其忌讳。”今四川话仍说“要家”，主要指不务正业的人。

【甩/不甩】“甩”本来有丢弃、摆动、不安稳等几个义项，后引申指理睬，如四川话常常说“甩都不甩”，指完全不放在眼里。又如“我们想咋个做就咋个做，甩他做啥子”。

【打摔手/打甩手】“摔手/甩手”原指定额以外备调换的轿夫，如李劼人《死水微澜》：“明天一早，给我喊一乘肩舆，多喊两个摔手。”“摔手/甩手”不用干活，“打摔手/打甩手”引申出空手的意思。

【洗脑壳】原指洗头，引申指用言语讽谕以使对方改变看法，有比较浓厚的戏谑意味。

【弄】由摆弄义引申指整、收拾，如“我弄死你娃”。

【颜色】现在四川话中也用来指人，比如“看那几副颜色”，带厌恶义。

① 四川话称自行车后架为“衣架”。

② “跰”即跛，四川方言把“跛子”称为“跰子”。

【洗白】“白”有空义，“洗白”指“搞光”。如“身上带的几百块钱，才打半天麻将，就洗白~输光~了丨今天的菜好卖，几百斤菜一下就洗白~卖光~了。”现在进一步引申，指人死了，如“他才住了一个礼拜的院，就着洗白了”。

【打倒 ta^{53}tau^{213}】本有两个意思。一指“（车辆）倒车”，一指器物倾斜，里面的东西出来了。在重庆一带由后一个意思比喻生意折本了，产生了新义。

【踩扁】本也是自由短语，指踩得扁了。引申指彻底制服，如“我们这回好生打，把他们队踩扁”。

四川方言词语中这种旧瓶装新酒的现象相当常见，其中有的词语如“雄起~比喻强硬起来；争斗、争吵~”“下课~不情愿地离开岗位~”“勾兑~比喻打点，疏通关系~”等的新义甚至具有全国影响，进入了共同语。

这些新义往往以一种具有极强表现力的姿态出现，很快推广开来。这种现象的产生，与四川方言词语固有的形象性有直接关系。

另外，语言内部的原因也可引起四川方言词语的变化。如四川方言中通行极广的形容词“歪 uai^{53}”就是四川方言词语内部词义分化而成的。“歪 uai^{53}”有两个义项：

①假冒的；质量差劲的：歪阿迪达斯丨这凉鞋好歪，穿一个礼拜就坏了。

②非正规的；不讲原则，不讲规矩的：歪中介公司丨这次考试才歪，监考老师都没得。

它大约在20世纪80年代开始在成都出现并流行。最初人们不知道这个词该如何书写。因为如果写成“歪”，音 uai^{55}、义（不正）都不一样，似乎不合适。所以当时的《成都商报》把它写作 y，因为它读成都话的上声，跟英文字母 y 的发音很相近。其实它就是“歪 uai^{55}”的“不正”义分化而成的新词。由于它跟“歪 uai^{55}”都可出现在相同的语境之中，所以人们把它读成上声 uai^{53}，以使二者有区别。现在通常写成“歪”。

三、语法的发展

语法系统是语言内部各子系统中相当稳定的部分，四川方言的语法变化比较小。《西蜀方言》《跻春台》中的语法特点，在今天的老年人和年轻一代嘴里，基本上都能听到，只不过某些方言语法现象，在年轻一代嘴里出现频率有所下降。此外某些词法、句法现象也有一些变化。如词缀“子”在一百年前的四川方言中使用范围比今天大。《西蜀方言》中记录的成都话有“樱桃子”“板栗子”“图章子”“指甲子”等说法，在今天的成都话中很难听到，其中的词缀“子”丢失了。《跻春台》中某些带词缀“子”的说法，在今天的中江话中也难听到了，如“锄子”今天说“锄头”。在句法方面，有的格式消失了，例如《跻春台》中有“如何担得水起”的说法，把宾语放在单音节趋向补语之前，而现在按现代西南官话的语序应当是“如何担得起水”；产生了一些新的格式，如用“只有那么＋形容词”表示程度极高。但总起来看，语法方面的变化远远不如语音、词汇方面明显。

第二章　四川境内客家方言的形成与发展

第一节　客家方言的形成

一、客家人和客家方言

客家人是汉民族的一个支系，又称客家民系[①]、客家族群。客家人广泛分布在中国南方地区，其中闽粤赣最为集中，同时有不少客家人散居在广西南部和湖南、四川及台湾地区；在国外，东南亚的印度尼西亚、马来西亚、新加坡，以及泰国、越南、菲律宾等国客家人也为数不少，此外，东亚、北美、欧洲也有客家人的足迹。

近代学者围绕客家的来源、迁徙及其分布做了大量研究。罗香林《客家研究导论》（1933）指出：客家人来自北方中原地区，大概北起并州上党，西届司州弘农，东达扬州淮南，中至豫州新蔡安丰。罗香林又在《客家源流考》中指出："客家先民自中原迁居南方，迁居南方后又尝再度迁移，总计大迁移五次……而其先世，则多居于黄河流域以南，长江流域以北，淮水流域以西，汉水流域以东等，即所谓中原旧地。"[②]

中原移民南迁是形成客家民系的特殊历史条件和背景。根据历史记载，从晋代末年起，客家先民大规模南迁有五次[③]。第一次是东晋末永嘉年间的五胡乱华；第二次唐朝僖宗乾符二年的黄巢起义；第三次是宋代金人入侵，建炎南渡和宋末元军大举南下，宋王朝濒于灭亡之际。这三次迁徙皆因躲避战乱，南迁的中原移民，大都定居在闭塞的闽粤赣山区。第四次是康熙中叶到乾嘉之际，客家人口增长，山多田少，致使部分客家人另谋出路，进入湖南、四川等地，或向东迁徙至台湾；第五次是清朝中期乾嘉以后，广东客家地区田寡人稠情况日趋严重，土客不睦，械斗迭起，经调解之后，一部分客家人迁到雷州半岛一带，甚至越过琼州海峡，到达海南岛崖县一带定居[④]。

避乱南迁的中原移民，大都定居在闭塞的闽粤赣山区。由于山川阻隔，交通不便，不易接受外来的影响，客家人固有的文化传统不易受到冲击；另一方面，加上客家人本身强烈的宗族观念和长期形成的文化礼数，使得他们不论是在江西，还是福建、广东，都形成了自己独特的生活集团，保存了自己独特的风土人情和语言面貌。

客家方言是客家民系的标志，通常称为客家话、客家语、客语、客话，在广西也叫作"涯话"

---

① 罗香林最早提出"民系"概念，见罗香林．客家研究导论（影印本）．上海：上海文艺出版社，1992.

② 罗香林．客家源流考（影印本）．北京：中国华侨出版公司，1989.

③ 还有六次中原迁徙说，认为客家先民迁徙可追述到秦代。

④ 参见罗香林．客家研究导论（影印本）．上海：上海文艺出版社，1992.

“新民话”“麻介话”“艾话”，在四川则被称作“土广东话”。客家方言在客家族群认同上具有着很重要的作用。据考证，客家方言与中州词语、音韵具有更为深厚的关系。清代著名学者陈澧的门生温仲和《光绪嘉应州志》卷七《方言》中，列举客家方言称人、述事、说物词语及谚语近300条，皆可从古籍、古语及其古韵、古义中得到例证，说明“嘉应之话，多隋唐以前古音”。清代学者黄遵宪也做过有趣的考证，他说：“此客人者，来自河、洛，由闽入粤。传世三十，历年七百，而守其语言不少（稍，编者注）变。有《方言》《尔雅》之字，训诂家失其义，而客人犹识古义者，有沈约、刘渊之韵，词章家误其音，而客人犹存古音者。乃至市井诟谇之声，儿女嘤咻之语，考其由来，无不可笔之于书。余闻之陈兰甫先生，谓客人语言，证之周德清《中原音韵》无不合。”[①] 这段话充分说明客家方言与中原音韵的关系非常密切。

二、客家移民入蜀和四川客家方言的形成

四川客家方言是在清初“湖广填四川”的历史背景下由闽粤赣客家移民入川而形成的。

客家人大量入川是在清朝前期，即俗称“湖广填四川”时期。地方志中对这一时期的移民情况记载较多，道光《巴州志·风俗》：“国朝康熙、雍正间，秦、楚江右、闽粤之民著籍插占。”光绪《新繁县乡土志》卷五：“康熙时招徕他省民以实四川，湖广之人首先麇至，于是，江西、福建、广东继之。”同治《仪陇县志》卷三：“邑人湖南、湖北人最多，江西、广东次之，率皆康熙、雍正间入籍。”按照罗香林的“客家五次大迁移”说，四川客家人是在“客家第四次大迁移”时期入川的。

客家人移民入川的原因主要有两个：一是移入地的拉力，一是移出地的推力。从迁入地来看，历经数十年战乱的四川，荒无人烟，正好腾出了大量的土地；康熙十年以后政府对移民在户籍、土地垦殖、税收等方面实行优惠政策，甚至还提供耕牛、种子、口粮等经济援助措施，这对于生活在闽粤赣山区的客家人来说，具有一种拉力。从迁出地来看，当时闽粤赣边人口膨胀、土客械斗、大旱侵袭等天灾人祸使得客家人的生存面临了很大的问题，现实的生活困境形成了一种推力，逼迫他们寻找生存的新家园。此外，闽粤客家人一向重利求富，较少安土重迁的思想，为生存发展不惜离乡背井。

今成都龙泉驿区同安街道办事处客家老人江志彬珍藏的《江氏族谱》对其先祖迁蜀的原因、经历做了生动的描述：

> 我江氏者，广东惠州府永安县世族也。清康熙年时，两广大饥，草叶树皮皆食尽。日死者无数，尸积道上如丘焉。而广东濒海，民性刚毅喜远游，故当是时，皆相属外出焉。西蜀之地，沃野千里，仓廪殷实，居民豪富，自明季受献忠蹂躏、杀掠迨尽。斯时清方收入版图而数里无人烟矣。清廷一面徙湖广囚犯于彼耕种，一面诏两广居民自愿入蜀者弗禁，故当时两广皆相属入蜀焉。斯时吾海清、玉清公等亦随之入蜀。因无资斧，路上停留多，前进缓，至蜀时已无无主之田矣，而归不得。公等忍苦耐劳，为人佣工，勤俭异常，稍有余资则佃业于金堂牛头庙附近。又回粤同二兄迎慈母及父骸上川。斯时父子一堂，天伦无乖矣。

客家民系是汉民族中一个很特殊的支系。汉族中的江浙人、广府人、闽南人等支系皆以地域命名，客家民系不以地域命名，是由这个民系漫长的迁徙历史，以及广阔而分散的分布特点决定的[②]。

散居四川的客家人，其来源地和落籍地跟四川客家方言的性质和分布密切相关。

---

① 转引自詹伯慧．现代汉语方言．武汉：湖北人民出版社，1981：149.

② 谢重光．闽西客家．北京：生活·读书·新知三联书店，2002：前言.

闽粤赣三省交界地是中国客家民系集中居住的地方。据考证，四川客家人正是源自闽粤赣，而又以广东为主。

崔荣昌在《四川方言与巴蜀文化》中引用60份客家族谱，揭示了四川客家详细的来源地，其统计显示60部族谱包含61宗支，其中有43宗支由广东入蜀，其余则由福建、江西入蜀[①]。刘义章、陈世松的研究显示，族谱上记载的四川客家人祖籍详细迁出地有广东的长乐（今五华）、梅州、惠州、兴宁、河源、连平、翁源、和平、永安、龙川、程乡、海丰、陆丰，还有江西的龙泉、龙南、崇义、上犹、安远等，另有一些迁出地只载广东或粤东，而广东籍的则以长乐居多[②]。

刘正刚根据民国时期的《简阳县志》对清代各省入籍简阳的闽粤客家移民的原籍情况进行了统计，详见下表[③]：

简阳移民原籍情况统计表

表1－1

广东	原籍	长乐	兴宁	龙川	和平	归善	大埔	河源	永安	新宁	海丰	博罗	西宁	连平	广州府	嘉应州	不详
	支数	73	29	9	6	3	1	3	1	2	1	1	1	2	1	2	26
福建	原籍	上杭	龙岩	武平	龙溪	宁化	南靖	莆田	汀州	不详							
	支数	19	4	1	1	1	1	1	1	3							

从上表可以看出客家入籍简阳的两个重要信息：第一是广东籍客家人的支数远远多于福建籍客家人，第二是广东客家人中长乐客家的支数居多。

黄友良据四川方志所载会馆资料的统计，也得到“四川客家人多来自广东”[④]的结论。

以籍贯来称呼人，古今一贯，直至二十世纪末，四川客家人只称“广东人”或“土广东”。成都客家人自称为“广东人”或“土广东”，隆昌客家人也自称为“广东人”，西昌黄联客家人称为“假广东”，这说明这些地区的客家人多来自广东。因此“广东人”这个称谓既反映了“湖广填四川”中广东客家移民四川的历史，又隐含了广东客家人同化了江西客家人和福建客家人的事实。因此在四川客家地区，“广东人”这个称谓就有这样两个含义：其一是指祖籍为广东省的人，其二是指说客家话的人。第一个含义区别于江西籍和福建籍的客家人；第二个含义则包含了来自江西和福建的客家人。在成都客家聚居区有“江西的广东人”和“广东的广东人”的说法，这个说法是对成都客家人内部的细分。

四川客家人的落籍，最早研究见于罗香林《客家源流考》（1950），共13个县市。从1985至2001年，崔荣昌根据相关资料和田野调查，将四川客家人的分布点确定为54个县市，即成都市市郊东山地区、新都、金堂、双流、彭县、新津、温江、简阳、资阳、乐至、安岳、资中、威远、内江、隆昌、仁寿、井研、彭山、富顺、南溪、宜宾、高县、泸县、叙永、合江、荣昌、永川、巴县、江津、南川、蓬安、广安、南部、仪陇、巴中、通江、广元、德阳、广汉、绵竹、什邡、中江、安县、

① 崔荣昌．四川方言与巴蜀文化．成都：四川的大学出版社，1996：163—168.

② 刘义章，陈世松．成都东山客家氏族志．成都：四川人民出版社，2001：341—349.

③ 刘正刚．闽粤客家人在四川．南宁：广西教育出版社，1997：52.

④ 黄友良．四川客家人的来源、移入及分布．四川师范大学学报，1992（1）：84.

三台、梓潼、西昌、盐源、纳溪、江安、长宁、筠连、珙县、兴文、古蔺。除去今重庆所辖的荣昌、永川、巴县、江津、南川5个区县之外，新四川客家方言分布点总数为49个。“若继续进行艰苦细致的调查，这个数字可能还将扩大。”①

四川客家方言分布的地域很广泛，分布的格局是大分散，小集中。大分散是指广泛而分散地分布在全省众多的县市，小集中是指在分布地以家族、村庄、区乡等为单位的集中分布。

四川的客家方言主要是历史上第四次客家大移民带入四川的。崔荣昌认为四川客家方言是在康熙末年到乾隆中期100多年间逐步形成的，支持这个观点的主要材料是四川客家人的族谱，他统计了前文所述的60份客家族谱，其中康熙末年以后迁入的，所占比例为81.58%。刘义章，陈世松《成都东山客家氏族志》中辑录了34部成都客家人族谱②，其中26部族谱载其祖上是在康熙末年至乾隆年间到成都的，所占比例达81.25%。两组数据十分接近，可以互相支持。因此四川客家方言是在康熙末年到乾隆中期100多年间逐步形成的观点是符合历史事实的。

广东客家人移民四川的人口优势决定了广东客家方言在四川客家方言形成过程中的优势地位，四川客家方言就是在广东客家方言的基础上形成的。四川客家方言在各地都冠以“广东”省名，或称为“广东话”，或称为“广东腔”，直接反映了广东客家方言在四川客家方言形成过程的主导地位，这决定了四川客家方言的基本面貌。从语言的三要素语音、词汇、语法三方面来看，四川客家方言与粤东北客家话有极大的一致性。”③

四川客家人集中定居的地方，形成了客家方言岛，这些客家方言岛保存至今。

四川的客家方言岛主要分布在四个片区：川西成都客家方言、川东南内江客家方言、川西南西昌黄联客家方言和川北仪陇片客家方言。

川西成都客家方言岛是四川境内最大的客家方言岛，位于成都市东、北方向的浅山和近山地带，在地理上连续分布，涉及成都龙泉驿区及与其接壤的成华区、锦江区、新都区、青白江区、金堂县几个区县的26个乡镇范围，其边界大体是东至龙泉山，北至川陕公路东侧，南至老成渝公路北侧，西至沙河；其面积估计达500平方公里，客家人口总数约50万。④ 其中，客家人比例占90%以上的乡镇多达14个⑤。成都客家人的大面积集中居住，是这个客家方言岛形成、保存的决定性原因。成都客家主要居住在东边的浅丘和台地，在成都一般称之为东山客家。成都客家人的祖籍主要是粤东五华、梅县、兴宁一带，当地人把客家话称为“广东话”，把四川官话称为“湖广话”。龙泉驿所辖洛带镇被称为西部客家第一镇，85%以上的居民都是客家人，普遍使用客家话和成都话两种方言进行交际。成都客家话根据其靠近龙泉山与否分为近山客话和近城客话两个小类，以洛带为代表的是近山客话，以凉水井为代表的是近城客话⑥。从声调的某些特征来看，近山客话跟广东梅县话声调有共同的分派规律；近城客话跟广东五华话有相同的分派规律。这个差异印证了成都客家人族谱上记载和口传的两大来源：一是梅县，一是五华。

川东南内江客家方言集中分布在内江市东南郭北区的永东乡、永西乡、太华乡和隆昌县的界市

① 崔荣昌．四川方言与巴蜀文化．成都：四川大学出版社，1996：173.
② 刘义章，陈世松．成都东山客家氏族志．成都：四川人民出版社，2001：1—354.
③ 参崔荣昌．四川方言与巴蜀文化·成都：四川大学出版社，1996：181.
④ 刘义章，陈世松．四川客家历史与现状调查．成都：四川人民出版社，2001：5.
⑤ 刘义章，陈世松．四川客家历史与现状调查．成都：四川人民出版社，2001：6—7.
⑥ 陈世松主编．四川客家．桂林：广西师范大学出版社，2005：241.

镇、普润乡、周兴镇，基本呈连续分布（其东面的重庆市荣昌县盘龙客家话也属这一区域）。隆昌是川东最大的客家人聚居地，人口约20多万[①]，今天隆昌大多数客家人已经不会说客家话了[②]。近年由于政府和媒体对客家文化的积极宣传，当地客家人对客家身份的认同感明显增强，说客家话的人数有增加趋势。此外，威远石坪乡过去是客家方言岛，现在只有个别老年人还能说客家话，方言岛已呈消亡状态。跟石坪相邻的资中铁佛场至今还有较多的人能说客家话，同时他们还使用资中话进行交际。内江片内客家人的祖籍主要是粤东梅县、五华，石坪的客家人则主要来自河源、龙川。此片内普遍把客家话称为"广东话"，把四川官话称为"湖广话"，唯石坪把客家话称为"广东腔"。

川西南西昌黄联客家方言分布在西昌境内的南宁区黄联关镇和盐中区中坝乡，共计6000人左右[③]。黄联关镇大德村被称为凉山客家第一村，居民80%以上是客家人，普遍会说客家话和被当地人称为"四外话"的西南官话。西昌客家人的祖籍主要为粤东梅县、兴宁、龙川等地，当地人称客家话为"广东话"，把两种相邻的官话分别称为"四外话"和"保十三话"。

川北仪陇片客家方言集中分布在仪陇中部丘陵地区，包括永乐区的乐兴乡和武棚乡，日兴区的凤仪乡（部分）和大风乡（部分），马鞍区的旭日乡（部分）、周河乡（部分）和马鞍乡（部分），人口约5万[④]。乐兴乡是仪陇客家方言使用的核心地带，乐兴乡总人口1万余人，约有5000人会说客家方言，他们也操双方言交际。仪陇客家人的祖籍主要是粤北韶州府乳源县一带，当地人把客家话称作"广东话"或"土广东话"，把仪陇官话称作"四邻话"或"四里话"。

第二节　客家方言的发展

在四川客家方言的发展过程中起主导作用的是广东客家方言，福建和江西客家方言在四川客家方言发展过程中的影响力则比较小。

一、四川客家方言的传承和融合

四川客家方言在近三百年的发展过程中始终面临着传承与演变两个问题，这也是所有移民方言都面临的问题。

四川客家方言顽强地保留了客家方言的基本特点，比如"大柱皮鼻耷斜扶袋坠白读"，四川客家话读为送气声母，传承了古全浊声母字不论平仄，逢今塞音、塞擦音仍读为送气清音的语音特点；又如存在"鸡春鸡蛋""倈子儿子""心舅儿媳""婿郎女婿""驰公外公""娭子母亲"等大量客家方言特征词；又如量词"只"跟名词广泛搭配，用"嘿、哩"作体貌标记，用"个"作结构助词，用内部曲折的手段来表示人称代词单数形式的领属格等，这些都是对客家方言语法特点的传承。

四川客家方言对客家方言特点的传承主要由语言外部因素导致。首先跟四川客家人的语言态度有关系。学界曾有关于客家人"宁卖祖宗田，不卖祖宗言"的说法，客家人普遍存在不能丢掉祖宗

---

① 崔荣昌．四川方言的形成．方言，1985（1）：6—14．

② 据陈若愚的调查报告，内江郭北区二十世纪九十年代初还有有一、两千人讲客家话。见四川省内江市东兴区志编纂委员会编纂．内江县志．成都：巴蜀书社，1994：762．

③ 四川省西昌市志编纂委员会．西昌市志．成都：四川人民出版社，1996：985．

④ 崔荣昌．四川境内的客方言，成都：四川客家研究中心，2006：234．

言的观念。年轻人不讲客家话，会被老年人指责为“卖祖宗”。在成都客家人中有“唔讲广东话冇得发变”的说法，不讲广东话，就是忘了祖宗，而忘了祖宗就得不到祖宗的庇佑，就只会受苦受穷。这种强烈的文化心态和母语情结反映了客家移民对母语的忠诚态度，这对客家方言的传承具有积极作用。第二，四川客家人的聚居方式对于客家方言的传承有决定性作用。今天成都、西昌、仪陇、隆昌的客家方言岛，都是四川客家人的聚居地，这些地方形成独特的客家文化生活圈，客家方言成了维系这个文化生活圈的纽带，具有贴近母语情感和满足交际需要的双重便利。在聚居状态下，客家人形成一种封闭的语言生态环境，在这种环境中，说自己的母语便是一种很自然的语言习惯，因而，代代相袭，世世相传，三百年一贯。

与传承的结果相反是融合，客家方言也有最终融入当地方言成为方言底层，仅留下个别语言要素的情况。究其原因，主要还是客家人的散居方式，其中，三台县客家人就是一个客家散居的典型个案。当初客家人移民三台时已无可耕之地插占，要耕种土地，只有向湖广人租佃或买入，由此形成了三台客家人的散居方式。这种方式使客家方言处于当地方言的汪洋之中，在跟周围的湖广人长期而频繁的交往过程中，三台客家人渐渐失掉了自己的母语。今天，只在三台客家人的亲属称谓中还保存着一点客家方言的痕迹。

需要指出的是，即使客家人集中居住而形成的客家方言岛也不是铁板一块。由于各种因素的影响，较小的方言岛可能被完全融合而消亡，如上文提到的威远石萍乡客家方言岛；也可能从周边开始被渐次侵蚀融合而缩小范围，如成都东郊的客家方言。20 世纪 80 年代，成都出城往东，跨过沙河，沙河堡、狮子山（四川师大周边）、高店子、大面铺都曾居住着大量客家人，直至 90 年代，高店子仍是客家人集中居住的乡镇，满耳可闻客话交流。随着城市逐渐扩张，客家小镇高店子最终在 90 年代末被整体拆迁，传承了几百年的高店子客家方言也随之消失。

四川客家方言得以传承，跟客家人的聚居方式有关，跟客家人强烈的独特文化心态和语言态度有关，跟中国社会长期的小农经济导致的社会封闭有关。客家方言的融合消逝，则跟客家人的散居方式有关，跟强势方言和普通话的影响有关，也跟城市化进程有关。

二、四川客家方言的演变

四川客家方言的演变包括自身演变和跟四川官话的接触导致的演变两种基本情况。就前者言，四川客家方言在发展过程中，由于长期跟祖籍方言隔离，在没有母体的制约以后，沿着自身发展演变的道路发展变化。跟四川官话接触而发生的演变是指因强势方言四川官话的渗透而导致的变化。四川各地的客家方言都被四川官话汪洋大海般地包围着，这种状况决定了四川客家方言的弱势地位，也决定了它必将接受四川官话的影响以适应新的生活和交际的需要。崔荣昌（1996）：“……另一方面又表现出它同客家方言的差异性，具有一些西南官话的特色，表明其入川以后所受四川官话的影响。”① 把两种演变结合起来观察，四川客家方言在语音、词汇和语法方面都发生了很多变化。其中，词汇的发展变化最快，语音和语法发展变化也很明显。在词汇系统中，发展变化最快的是一般词汇，客家方言的特征词相对比较稳固。

（一）语音的发展演变

四川客家方言在语音方面产生的规律性的变化主要有以下四点：

① 崔荣昌．四川方言与巴蜀文化．成都：四川大学出版社，1996：181．

第一，古舒声鼻音尾 -m 消失。今梅县和五华客家话咸深二摄收 -m 尾，山臻二摄收 -n 尾，四川客家方言古咸深二摄跟山臻二摄合流收 -n 尾。如“三”（咸摄）字，梅县、五华客家话读为 am 韵母，四川各地客家话则都读 an 韵母；又如“心”（深摄）字，梅县、五华客家话读为 im 韵母，四川各地客家话则都读 in 韵母。

第二，入声韵尾 -p、-t、-k 普遍消失。今梅县、五华客家话塞音韵尾 -p、-t、-k 齐全，分布对应于舒声鼻音尾 -m、-n、-ŋ，四川客家方言入声韵尾 -p、-t、-k 消失，一律收喉塞音韵尾 -ʔ。见下表①。

韵尾对照表

表 1-2

	鸭$_{\text{咸开二}}$	日$_{\text{臻开三}}$	石$_{\text{梗开三}}$
梅县	ap^{1}	ŋit^{1}	sak^{5}
五华	ap^{1}	ŋit^{1}	ʂak^{5}
成都$_{\text{洛带}}$	æ^{2}	ȵiʔ^{2}	sæʔ^{5}
成都$_{\text{凉水井}}$	aʔ^{32}	ȵiʔ^{32}	saʔ^{5}
成都$_{\text{泰兴}}$	aʔ^{32}	ȵieʔ^{32}	saʔ^{5}
隆昌	aʔ^{3}	ȵiɛʔ^{3}	saʔ^{5}
西昌	aʔ^{3}	lieʔ^{3}	ʂeʔ^{5}
仪陇	aʔ^{5}	ieʔ^{3}	saʔ^{5}
威远	aʔ^{5}	ȵiɛʔ^{3}	saʔ^{5}

第三，不分尖团。在梅县、五华客家方言中，古精组声母拼细音读 ʦ、ʦʻ、s，古见组拼细音读 k、kʻ、h、ŋ，梅县、五华客家话无舌面前音 ʨ、ʨʻ、ȵ、ɕ。四川客家话尖团合流，古精组声母逢细音读 ʨ、ʨʻ、ɕ，古见组声母拼细音除了成都客家话稍有特殊之外，其余一律腭化成舌面前音 ʨ、ʨʻ、ȵ、ɕ。见下表。

精组、见组拼细音对照表

表 1-3

	挤$_{\text{精}}$	娶$_{\text{清}}$	新$_{\text{心}}$	肩$_{\text{见}}$	棋$_{\text{群}}$	月$_{\text{疑}}$
梅县	ʦi^{44}	ʦʻi^{31}	sin^{44}	kin^{44}	kʻi^{11}	ŋiat^{5}
五华	ʦi^{44}	ʦʻi^{31}	sin^{44}	ken^{44}	kʻi^{13}	ŋiet^{5}
成都$_{\text{洛带}}$	ʨi^{45}	ʨʻy^{31}	ɕin^{45}	ʨiɛn^{45}	ʨʻi^{13}	ȵieʔ^{5}
成都$_{\text{凉水井}}$	ʨi^{45}	ʨʻy^{31}	ɕin^{45}	ʨiɛn^{45}	ʨʻi^{13}	ȵieʔ^{5}
成都$_{\text{泰兴}}$	ʨi^{45}	ʨʻi^{31}	ɕin^{45}	ʨiɛn^{45}	ʨʻi^{13}	ȵieʔ^{5}

---

① 梅县客家话参考黄雪贞. 梅县方言词典. 南京：江苏教育出版社，1998；五华客家话参考魏宇文. 五华方言同音字汇. 方言，1997（3）；威远客家话参考崔荣昌. 四川境内的客方言. 成都：四川客家研究中心，2006.

续表1－3

	挤$_{\text{精}}$	娶$_{\text{清}}$	新$_{\text{心}}$	肩$_{\text{见}}$	棋$_{\text{群}}$	月$_{\text{疑}}$
隆昌	tɕi^{45}	tɕ'i^{31}	ɕin^{45}	tɕiɛn^{45}	tɕ'i^{13}	ȵiɛ^{5}
西昌	tɕi^{45}	tɕ'i^{31}	ɕin^{45}	tɕiɛn^{45}	tɕ'i^{13}	nieʔ^{5}
仪陇	tɕi^{33}	tɕ'y^{53}	ɕin^{33}	tɕiɛn^{33}	tɕ'i^{21}	ieʔ^{5}
威远	tɕi^{53}	tɕ'i^{53}	ɕin^{13}	tɕiɛn^{13}	tɕ'i^{31}	ȵiɛ^{5}

第四，出现了一些新的语音成分，如 ɕ、y、z 等成分，这些语音成分并不是闽粤赣客家方言普遍具有的，它们直接来自于四川官话。其中 ɚ 这个语音成分，更是广泛存在于四川各地客家话中，或者单独作韵母，或者用作儿化韵尾。见下表。

ɚ 与儿化对照表

表1－4

成都$_{\text{洛带}}$	屁儿黑 p'i^{53} ɚ^{31} xeʔ^{2}$_{\text{心肠太坏，骂人用语}}$	佛儿瓜 fu^{53} ɚ^{31} kua^{45}$_{\text{佛手瓜}}$
	凌包$_{\text{儿}}$ lin^{53} pɚ^{45}$_{\text{地上结的冰}}$	摸哥$_{\text{儿}}$ mo^{45} kɚ^{45}$_{\text{扒手}}$
仪陇	瓢儿菜 p'iau^{21} ɚ^{33} ts'o^{13}	旋儿风 ɕyɛn^{13} ɚ^{21} fuŋ^{33}$_{\text{旋风}}$
	枇杷$_{\text{儿}}$ p'i^{21} p'ɚ^{33}	樱桃$_{\text{儿}}$ in^{33} t'ɚ^{21}
西昌	瓢儿白 p'iau^{13} ɚ^{45} p'aʔ^{5}$_{\text{一种白菜}}$	雀儿 tɕ'ioʔ^{3} ɚ^{45}$_{\text{鸟儿}}$
	樱桃$_{\text{儿}}$ ŋən^{45} t'ɚ^{45}	男猫$_{\text{儿}}$ nan^{13} mɚ^{45}$_{\text{公猫}}$
隆昌	娃儿书 ua^{13} ɚ^{45} su^{45}$_{\text{小人书}}$	毛儿梗 mau^{13} ɚ^{45} kuaŋ^{31}$_{\text{箸竹}}$
	老者$_{\text{儿}}$ lau^{31} tsɚ^{45}$_{\text{老头}}$	大泡汉$_{\text{儿}}$ t'ai^{31} p'au^{45} xɚ^{31}$_{\text{身材魁梧的男子}}$

z 这个新的语音成分，使成都等地客家话中出现了 zu^{13}（如）、zan^{13}（然）、zau^{13}（桡）这样的音节，同时还给"绒 iuŋ^{13}/zuŋ^{13}/zuŋ^{31}"字带来了异读音（"绒"字在五华客家方言中读 iuŋ^{13}，没有异读）。

这类语音成分一般是通过借词的途径产生的。董同龢在谈到凉水井客家话中的 z 时说："在我所得的材料之中，只有两个字是用舌尖浊擦音起头的。'绒'作 zuŋ^{13}；船上用的'桨'叫 zau^{13} p'ien^{31}，但是这两个字也可以说是普通四川话的借字。"① 上面谈到的元音 ɚ 也是通过系列的借词产生的。

四川客家方言作为弱势方言跟官话方言发生接触，受官话方言的影响，在语音上还出现了下面这些情况。第一是个别声母所辖字的范围开始减少，有些字的声母开始脱落，如声母 v 已发生脱落，"禾 vo^{13}"，声母脱落后读为"禾 o^{13}"。第二是韵母发生变化，其中一个重要的现象是在成都客家方言中，许多撮口呼字往往都可以读为齐齿呼，特别是老年人。如在新都泰兴和成都凉水井"居 tɕy^{45}、锯 tɕy^{53}、雨$_{\text{雨水节}}$y^{31}、裙 tɕ'yn^{13}、群 tɕ'yn^{13}、云 yn^{13}、运 yn^{53}、靴 ɕye^{45}、全 tɕ'yɛn^{13}、泉 tɕ'yɛn^{13}、雪 ɕyeʔ^{32}"可以读为"居 tɕi^{45}、锯 tɕi^{53}、雨$_{\text{雨水节}}$i^{31}、裙 tɕ'in^{13}、群 tɕ'in^{13}、云 in^{13}、运 in^{53}、靴 ɕie^{45}、全 tɕ'iɛn^{13}、泉 tɕ'iɛn^{13}、雪 ɕieʔ^{32}"。这是因为成都东山客家话原本跟原乡广东客家话一样没有撮口呼，后来受到成都官话的影响，渐渐分化出撮口呼，这种分化发生的时间不会太久，大概发生在清末，至今仍然没有完全完成，一些字仍然可以两读，且不区别意义。第三是某些入声字的塞音韵尾－ʔ开始脱落，这种情况是在新派读音中尤其明显。

① 董同龢. 华阳凉水井客家话记音. 北京：科学出版社，1956：85.

在语音方面发生的这些变化，引起了音位系统和声韵拼合关系的变化，相应地带来了字音的变化。就音位系统来说，除了西昌客家话之外，i 和 y 在其他地点的客家话中一般具有区别意义的作用，是两个音位（少数例外）；喉塞音 ʔ 也是一个音位，像凉水井客家话中，“爸 pɑ^{31}”“八 pɑʔ^{32}”的意义主要是靠 ʔ 来区别的。就声韵拼合关系来说，由于尖团合流，在四川客家方言中，舌尖前音只能跟开口呼和合口呼相拼而不能跟齐齿呼和撮口呼相拼，舌面前音 tɕ、tɕʻ、ȵ、ɕ 则只能跟齐齿呼和撮口呼相拼。就字音变化来说，四川客家方言中有相当数量的汉字读音跟来源地不一样，其中声调的差异甚小，声母的差异较大，韵母的差异则很大。

（二）词汇的发展演变

词汇方面发生的变化主要有以下四点：

第一，特征词的叠置。四川客家方言中的特征词有多个词语叠置的现象。比如“下午”在成都客家话中说“下昼”“下晡”，这两个都是客家方言特征词，考梅县、五华、兴宁等地各自都不兼有而只具其一：梅县、五华有“下昼”无“下晡”，兴宁有“下晡”无“下昼”。成都客家话将多个源地点的特征词叠置，这种现象是原乡多个地点的客家方言到达成都经过交混和整合以后而产生的。

第二，西南官话词语的借用。在跟四川官话的接触中，四川客家方言出现了不少借词。借词在四川客家方言中的存在有两种方式：替代式和叠置式。替代式是指借词代替了客家方言原词的方式，如配种用的公猪，五华说“猪哥”，梅县说“猪哥”和“猪牯”，在四川客家方言说“脚猪”；又如“屁股”在梅县、五华等地说“屎窖、屎窖坜”，四川客家话一般都说“沟子”。“脚猪”和“沟子”借自四川官话。叠置式是指传承词与借词相重叠的演变方式。如成都客家话中，“头”有“头那 tʻiəu^{13}la^{45}”和“脑壳”两个说法；“公牛”有“牛公”和“牯牛”两个说法；“睡觉”有“睡目”和“睡瞌睡”两个说法，在这些例子中，前者是客家方言的特征词，是底层词，后者则是来自四川官话的借词，是上层词。

第三，特征词或特色词的流失。一些客家方言特征词已无人能说，如说“雹$_{\text{冰雹}}$、火蛇$_{\text{闪电}}$、天光日$_{\text{明天}}$、豹虎$_{\text{豹子}}$、马牯$_{\text{公马}}$、驴牯$_{\text{公驴}}$、猪哥$_{\text{公猪}}$、蟾蜍罗$_{\text{癞蛤蟆}}$、细螺哥$_{\text{蜗牛}}$、火炎虫$_{\text{萤火虫}}$、鲁粟$_{\text{高粱}}$、云吞$_{\text{馄饨}}$、瀓丫$_{\text{围嘴儿}}$、遮哩$_{\text{伞}}$”等，在四川客家方言中已无从寻觅；有一些词，一般只有七、八十岁的老年人才知道，如“老蟹$_{\text{螃蟹}}$、田塍$_{\text{田埂}}$、睡目$_{\text{睡觉}}$、簝婆$_{\text{笆篓}}$”等说法。

第四，词义的变化。有的是词义扩大，即扩大了词所概括的对象范围。如“索嫲”在五华、梅县客家话中指“粗绳子”，绳子的统称为“索”，细绳子梅县称为“索欸”；在成都客家方言中，绳子不论粗细，可通称为“索嫲”，粗绳子称“粗索嫲”，也说“大 tʻai^{53}索嫲”，细绳子称“幼索嫲”，搓绳子不管搓的是粗绳子还是细绳子都说“捋 lo^{13}索嫲”。西昌客家话单说绳子时不说“索嫲”而说“索索”，但在“搓绳子”的组合中说“捋索嫲”，“跳绳”的组合中说“跳索嫲”。有的是词义缩小，即缩小了词所概括的对象范围。如“豆”，在梅县、五华客家话中所指的对象范围大，除了指蚕豆、豌豆、绿豆等通常所说的豆类植物及其种子之外，花生也可以称“豆”，梅县把花生称为“番豆”，五华称之为“地豆”；四川客家话中，“豆”的表义范围不包括“花生”，成都客家话说 fa^{45}ɕiɛn^{45}，隆昌和西昌说 fa^{45}sən^{45}。

（三）语法的发展演变

跟四川官话的接触带给四川客家方言的语法变化也是很明显的。董同龢（1956）说凉水井客家方言语法跟国语的差别极少，跟国语差别极少，跟西南官话的差别当然就更加少。主要的变化有以下四个方面：

第一，某些特色词缀的消失。e，是梅县客家话中运用很广泛的小称，写作“儿”或“欸”；五华客家话中相对应的小称是“li”，写作“里”或“哩”①，这两个小称受前面音素的影响会发生很多种读音变化。四川一般都用词缀“子”代替，个别词是直接丢掉小称。见下表。

词缀对照表

表1－5

	儿子	女儿	碗	桃儿
梅县	赖②儿	妹儿	碗儿	桃儿
五华	赖里	妹里	碗里	桃里
成都、隆昌、西昌、仪陇	赖子	妹子	碗	桃子

词缀“哥”，梅县和五华客家话里可用来指动物和其他事物，如“猴哥$_{\text{猴子}}$”“猪哥$_{\text{公猪}}$”“乌鹩哥$_{\text{八哥}}$”“黸哥”$_{\text{锈}}$。四川目前只在隆昌发现“猴哥”和“乌鹩哥”的说法。

第二，西南官话语法规则和语法成分的借用。在语法规则的借用方面，最突出的是四川各地客家方言都广泛运用重叠式来构成重叠式名词，即构成AA式名词，并以AA式为基础构成BAA式/BCAA式等名词。而闽粤赣客家方言普遍没有这种构词方式。见下表③。

部分名词对照表

表1－6

	灰尘	小水坑	稻茬儿	树枝	（果）核儿
广东$_{\text{梅县}}$	尘灰	水湖	禾头	树□p‘a^{31}	核 fut^{5}
广东$_{\text{五华}}$	尘灰	坑坜	谷粲	树椏哩	核□fuk^{5}ti^{53}
福建$_{\text{武平}}$	尘灰	水湖	禾头	树□p‘a^{31}	核 k‘veiʔ^{5}
江西$_{\text{赣县}}$	灰尘	沟坑	禾稿□tɕi^{31}	树杈	仁
成都	灰灰	水凼凼	谷桩桩	树子椏椏	核$_{\text{儿}}$核$_{\text{儿}}$fɚ^{45}fɚ^{45}心心　箍箍
隆昌	灰灰	凼凼	禾桩	树椏椏　树杈杈	心心
西昌	灰灰	细凼凼	谷桩桩	树枝枝　树椏椏	核核 fuʔ^{5}fuʔ^{5}　核$_{\text{儿}}$核$_{\text{儿}}$fɚ^{45} fɚ^{4}

在语法成分的借用上面也是比较明显的。如普遍用“倒”来表示持续体，“坐倒$_{\text{坐着}}$”“徛倒$_{\text{站着}}$”“拿倒$_{\text{拿着}}$”“讲倒讲倒$_{\text{说着说着}}$”这类说法在四川客家方言中很常见而在原乡客家方言中则难见到。又如普遍用语气词“哆”来表示先行体，像“唔爱忙给钱，食嘿哆$_{\text{不要急着给钱，吃完了再给}}$”这种句子中先行体的表示法在原乡客家方言中更是没有的。

第三，句式的变化。四川客家方言在句式的变化也是比较明显的。“再吃一碗”，梅县客家话说

① 侯精一主编．现代汉语方言概论．上海：上海教育出版社，2002：169—170；温昌衍．客家方言．广州：华南理工大学出版社，2006：172.

② “赖”也作“倈”。

③ 表中梅县和武平、赣县用例来自李如龙主编．客赣方言调查报告．厦门：厦门大学出版社，1992；五华话用例由嘉应学院魏宇文博士提供。

“（再）食一碗添”①，五华客家话“再食多一碗”②，从语序看，“添”和“多”都是状语后置，四川客家方言中已经无这种用法，都说成“再食一碗”或“再多食一碗”。其他被动句，双宾句的句式也都跟梅县、五华客家话有区别。

四川客家方言演变具有不平衡性，在各地的演变并不是整齐划一的。其主要表现有：

第一，某些要素的演变方向不同。比如山开一、山合一等字舒声韵读 n/on，是客家方言的一个重要语言特点，四川客家方言也具有这个特点，但情况在变化之中，并且所涉及的字音演变的方向有别。1984 年崔荣昌调查西昌客家话时，山合一的字如“端短断暖团算酸”等已读成 uan，山开一的“碗看安汉汗”等字还读 ɔn 韵，2010 年笔者赴西昌调查时山开一的字已经全部读为 uan。也就是说，山摄一等舒声韵在西昌客家话中的演变方向是跟二等字合流读 uan，收 - n 尾。1946 年董同龢调查凉水井客家话时，上述山摄字统读为 on，60 多年后，有的字老派还保留 on/ɔn 的读音，如“暖 nɔn^{45}”，但有的字也已读成 ɔŋ 了，如“换 vɔŋ^{31}”，新派已经全读成了 ɔŋ 韵。也就是说，山摄一等舒声韵在凉水井客家话中的演变方向是跟宕摄合流读 ɔŋ，收 - ŋ 尾。

第二，演变的速度不同。再以山摄一等舒声韵字的读音来说，泰兴客家话跟凉水井客家话演变的方向是一致的，但在泰兴，无论老派新派，都已不读 ɔn 韵，这样 ɔn 这个韵母就从泰兴客家话中消失了，在这项演变中泰兴客家话走到了凉水井的前面。再以舌面前音 ʨ、ʨ‘、ɕ 来说，这是客家方言迁移到四川以后才发生的历史音变。四川客家方言中的 ʨ、ʨ‘、ɕ 有三个来源：一是精组字的舌面化，二是见组字的舌面化，三是少数知系字的舌面化，在这项演变中成都客家话和隆昌客家话走在了最前列。见下表。

精见组、知系字舌面化情况对照表

表 1 - 7

	死$_{\text{心}}$	四$_{\text{心}}$	姊$_{\text{精}}$	餈$_{\text{从}}$	贼$_{\text{从}}$	荽$_{\text{心}}$	肫$_{\text{章}}$	虱$_{\text{生}}$
成都	ɕi^{31}	ɕi^{53}	ʨi^{31}	ʨ‘i^{13}	ʨ‘ieʔ^{5}	ɕi^{45}	ʨ‘yn^{45}	ɕiʔ^{2}
隆昌	ɕi^{31}	ɕi^{53}	ʨi^{31}	ʨ‘i^{13}	ʨ‘ieʔ^{5}	ɕi^{45}	ʨ‘in^{45}	ɕiʔ^{3}
西昌	ɕi^{31}	ɕi^{53}	ʨi^{31}	ʦ‘ɿ^{13}	ʦ‘eʔ^{5}	ɕi^{45}	ʨ‘in^{45}	ɕiʔ^{3}
仪陇	ɕi^{53}	ɕi^{13}	ʨi^{53}	ʨ‘i^{21}	ʦ‘eʔ^{3}	ɕy^{33}	ʨ‘in^{33}	seʔ^{5}

再以古来母和泥母的分合来说，在成都、隆昌和仪陇，泥母字逢洪音跟来母字相混，拼细音读 ȵ，而在西昌，泥母字无论逢洪细音都跟来母相混读 n。在这项演变中西昌客家话又走到了前列。

四川客家方言的发展变化，语言外部的社会动因是一个条件，此外，语言系统自身的变化和调整也是一个重要的因素。四川客家方言是在跟西南官话的深刻接触中而发展变化的。语言学上有一种现象叫做“语言靠拢”，指的是两种语言在接触过程中，参与者一方接纳或使用甚至改用对方语言的现象。语言靠拢是语言接触的重要结果，其形成受社会、政治、经济、地域及参与者之间的融合程度等复杂因素的影响。方言之间的接触也表现出类似现象，四川客家方言的演变就是语言靠拢的一个生动的实例。

---

① 李如龙主编．客赣方言调查报告．厦门：厦门大学出版社，1992：448．

② 五华话的例句由嘉应学院魏宇文博士提供。

第三章　四川境内湘方言的形成与发展

第一节　湘方言的形成

四川境内存在多种类型的湘方言，这些湘方言是几百年前湘籍移民带来的。

根据徐中舒《古代楚蜀的关系》① 考证，古代的巴蜀同楚国就有着密切的关系，巴蜀多楚人。楚悼王时，巴蜀已在楚人统治之下，因其地广人稀，楚国曾迁徙楚国贵族“往实广虚之地”。《汉书·扬雄传》说，扬雄的先人原为晋人，因避祸逃至楚巫山，而后辗转经巴县来到岷山之阳的郫县定居。岷山庄王和夜郎庄王，也都来自荆楚，都是楚庄王的后裔。1980 年发现的新都战国土坑木椁墓，从墓葬形制直到腰坑出土的铜器，都明显地受楚国的影响。墓中出土铜器上的铭文表明，这些铜器是楚国贵族昭氏之器。他们就是楚国贵族率领其部属移居蜀土的②。古代楚人入蜀定居，使得巴蜀多楚人。崔荣昌认为，古代的巴蜀同楚国的密切关系，表明“那时在语言上彼此是相通的”③。无论古代巴蜀语与楚语相通与否，今天四川境内的湘方言，与古代的楚语应该没有什么直接关系。

四川境内的湘方言，主要是明清两代尤其是清朝早期“湖广填四川”入川的湖南籍移民带来的。据史料看，四川的人口在明末清初时土著不多，例如，据清初合川县的户口统计，全县当时总户数为 168 户，清朝以前的土著为 61 户，其中土著古户 40，明朝以前由外地迁入的 4 户，明朝时迁入的 16 户，时间不明的 1 户。可见大多数住户都是元末明初和清朝前期移入的。这是四川近几百年人口形成的普遍现象。

湖南籍移民主要也是在明清两代尤其是清朝早期“湖广填四川”时进入四川的，今天四川境内的湘方言也就是这些湘籍移民带来的。

崔荣昌的《四川境内的湘方言》④ 所引 56 份族谱（共 63 支）记载，其中 4 支为明代移来四川，一支移居四川时间不详，其他入川时间为清康熙、雍正和乾隆年间。从族谱反映出，入川湘籍移民的祖居地包括湖南今属于新湘语区（湘语北片或长益片）的长沙、湘潭、宁乡、衡阳（衡州）、衡山、黔阳、会同等；也包括属于老湘语区的（湘语南片或茗娄片）的湘乡、新化、安化、邵阳（宝庆）、武冈、新宁、祁阳等；还包括属于新老湘语之间的吉溆片的溆浦、沅陵；以及东安、零陵（永州）等邻近四川的地方。

仅从这 56 份族谱反映的所涉范围看，这些湘籍移民入川后分别落业于四川的 41 个县市，分别

---

① 徐中舒，唐嘉弘．古代楚蜀的关系．文物，1981（6）．

② 徐中舒．古代都江堰情况探源．四川文物，1984（1）．

③ 崔荣昌．四川方言的形成．方言，1985（1）．

④ 崔荣昌．四川境内的湘方言．台北：“中央研究院”历史语言研究所，1996．

是：成都、金堂、新都、邛州（邛崃）、巴县、永川、合川、富顺、合江、德阳、广汉、中江、什邡、绵州（绵阳）、遂宁、蓬溪、内江、乐至、安岳、简阳、仁寿、丹稜、垫江、万县、开县、梁山（梁平）、南充、阆中、仪陇、南部、营山、蓬州（蓬安）、广安、岳池、定远（武胜）、达县、开江、南江、大竹、渠县、邻水。

从族谱看，移民四川的湖南零陵籍移民比例较大，例如在63支中，湖南零陵籍移民就有18支。今仪陇、达县和开江各地的“永州腔”，是保存较好的湘语之一，这应该与移民人数较多，比较集中，占据区域较广有关系。

这56份族谱虽然不能全面反映湘籍移民入川落业的完整情况，但是仍可以让人们大概了解湘方言生根四川的缘由。当然历史的变迁使得湘方言不一定都在当初湘籍移民落业的地方得以保留。根据始自20世纪80年代直至近年的调查，发现湘方言在江油、安县、绵阳、绵竹、三台、德阳、广汉、什邡、中江、金堂、简阳、仁寿、乐至、安岳、资阳、资中、威远、内江、隆昌、宜宾、南溪、纳溪、合江、古蔺、雅安、荣昌、永川、大足、潼南、遂宁、蓬溪、南充、仪陇、南部、西充、营山、蓬安、广安、邻水、达州、开江、开县、梁平、犍为、天全等县市均有分布。

湘籍移民入川的时间比较早，他们大多是因为躲避兵患、灾荒才来四川的，入川后祖祖辈辈居住在远离城市的边远山区和丘陵地区，这使得他们的湘语特点能保留到今天①。来自不同湘语区的湘籍移民一般聚族而居，由于湘语自身的差异，在四川境内形成了分散的星星点点、大大小小的湘方言岛。

不同湘语区的湘籍移民带来了不同的湘方言，今天四川境内有关湘方言的名目众多，例如：老湖广、辰州腔、永州腔、安化腔、靖州腔、长沙话、邵阳话、麻阳话、沅州话等等，这些不同名目大致反映了四川湘语形成的不同来源，例如营山的“安化腔”是由湖南省安化县入川的移民流传下来的，其在营山的聚居地也被命名为安化乡。② 据营山石垮村严姓家族之《严氏续修族谱》（光绪十七年），严姓原籍湖南安化温塘，来营山已经280多年，而今天湖南温塘的严氏家族也持有相同版本的《严氏续修族谱》。除“老湖广”外，上述其他四川湘语名称也都得名于湘籍移民原籍所属县名或府名。

这些不同的名目也反映了几百年后已经在周围四川方言影响下发生了变化的不同湘语的底层。例如今天四川新派湘语中的“靖州腔”，古全浊声母清化，一般读不送气音，与今湖南湘语长益片的特点相一致；但是其中的一些使用频率不高的古全浊声母字又依“平送仄不送”的规律变化，表现出了和四川方言一致的特点。

四川湘语名称中的“老湖广”是说四川方言的人对湘方言的统称，还有“死湖广”“宝老倌话”“苕腔”等多种名称。“老湖广”包含不同来源地的湘方言，例如中江的“老湖广”就至少有来自湖南零陵县（永州府）、邵阳县（宝庆府）、新宁县（宝庆府）和麻阳县（辰州府）等地的湘语。

上述不同名目的四川湘方言大致依据今天湖南新老湘语的基本语音特征分为老派湘语和新派湘语两派③。老派湘语包括老湖广（死湖广、宝老倌话、苕腔）、永州腔、安化腔、麻阳话、辰州腔、

---

① 崔荣昌．四川方言与巴蜀文化．成都：四川大学出版社，1996：220—223.

② 营山县地名领导小组．四川省营山县地名录．1986.

③ 四川湘方言的问题涉及非湘方言和湘方言内部两种关系，“湘方言”和“湘语”两个术语即分别针对外部和内部两种关系而言。

宝老倌话、邵阳话等，新派湘语包括长沙话、靖州腔、沅州话等。从使用人数和地域分布来看，以老派湘语为主，新派次之。四川的老派湘语、新派湘语的分布情况如下：

老派湘语中的“老湖广”分布的地域最广，使用的人数最多，比较集中的地区有两个：一是分布于中江、金堂、简阳和乐至四地连成一片的浅丘地带；二是分布于安岳、乐至、资阳及资中相连的浅丘地带。老派湘语的“永州腔”主要分布于仪陇、达县、开江、广安、邻水，隆昌等地也有分布。老派湘语中的“安化腔”集中在营山县。新派湘语中的“长沙话”集中在达县、开江、开县和梁平，以达县安仁为中心。“靖州腔”一是分布于南充高坪区的长乐、南江、隆兴、斑竹、胜关、鄢家、皇溪等乡镇和紧邻的广安岳池县的黄龙、高升、双鄢、高桥、东板、长田、顾县、观桥、石城、苟角、玉峰等乡镇等连成一片的地区；二是分布于乐至县中部一带。“沅州话”主要分布在蓬安县的龙蚕、天成、兴旺、凤石等乡的部分村社。

分布于四川境内的湘方言，有的是整片都说湘方言，如金堂、简阳、乐至、中江四地相连的地区都是老湘语区，中江县大部份地区都说老湘语。有的是分散开来的一个个湘方言孤岛，例如营山的“安化腔”、达县的“长沙话”“永州腔”。有的地方可能老派和新派相邻而并存，例如达县的“长沙话”“永州腔”“麻阳话”并存，乐至的“老湖广”与“靖州腔”并存。有的湘语点可能新老湘语的底层均有，如达县新胜的“长沙话”。

第二节　湘方言的发展

湘籍移民在四川境内形成的大大小小的不同湘语岛，处在四川方言的汪洋大海包围之中。在这种状况下，湖南移民入川后一般对外讲四川方言，对内讲湘方言。民国34年（1945年）《大足县志》卷三记载：“清初移民实川，来者各从其俗。本县语言，旧极复杂，凡一般人率能操两种语言，平时家人聚谈或同籍交谈，曰打乡谈；与外人交接则用普通话，远近无殊。”湘方言一直受到强势方言四川方言的影响。几百年过去了，这些原来的湘方言岛，大多已经在四川方言的影响下消失或几近消失了，变成了带有湘方言底层的四川话。但还是有一些湘方言岛由于地处偏僻，交通不便，以及湘语族群有意识的坚守保持，相对较多地保存其湘语特征至今，即便如此由于其身处使用人口最多、分布最广、最有势力的四川话的包围之中，加之这些年来交通的日渐便利，所以也受四川方言的影响在发生变化，带上了四川话的特点，显现出不同于其原居地语言系统的一些特点。

一、语音的发展演变

四川湘方言语音的发展演变主要表现在六个方面。

（一）全浊声母清化

全浊声母清化是四川老湘语受四川方言影响发生的重要变化之一。近几十年在四川境内发现的老湘语，其中一个重要的不同于四川方言的语音特征是有全浊声母，即有着一整套浊塞音、浊塞擦音和浊擦音声母，而全浊声母不是四川方言原有的语音特征。根据甄尚灵、张一舟对成书于明末清初的《蜀语》的语音系统的研究[①]，发现在明末清初时四川方言的古全浊声母已经清化。既然四川

① 甄尚灵，张一舟.《蜀语》词语的记录方式. 方言，1992（1）.

方言早就没有了全浊声母，而全浊声母是四川老湘语的来源地湖南老湘语的主要语音特征，这说明全浊声母是湘籍移民从湖南原居住地带来、由他们的后人历经数百年保存下来的。

四川湘方言保留的浊音声母包括塞音 b、bʻ、d、dʻ、g、gʻ，塞擦音 ʣ、ʣʻ、dʐ、dʐʻ、ʥ、ʥʻ和擦音 v、z、ʐ、ʑ、ɣ。几乎所有保留浊音声母的湘语点都有浊塞音、浊塞擦音和浊擦音，只是保留的完整程度有不同。根据塞音、塞擦音的送气和不送气，各点保留浊音声母的情况分为两种：第一种保留的浊音声母为送气音，如中江的中兴话和遂宁的拦江话为 bʻ、dʻ、ʣʻ、ʥʻ、gʻ；第二种保留的浊音声母为不送气音，如南充的新城话为 b、d、ʣ、dʐ、ʥ、z、ʑ、ɣ，营山石垴话为 b、d、ʣ、ʥ、g。崔荣昌 20 世纪的调查研究认为，中江县永兴乡和金堂竹篙镇保留的浊音声母“兼有送气与不送气两套”，中江永兴话为 b、bʻ、d、dʻ、ʣ、ʣʻ、dʐ、dʐʻ、ʥ、ʥʻ、g、gʻ，竹篙话为 b、bʻ、d、ʣ、ʥʻ、ʥ。① 近两年的调查证实，永兴话和竹篙话确实有送气浊音声母和不送气浊音声母，但以送气音为主，没有发现送气浊声母与不送气浊声母的对立。鉴于此，将这两个点也归入了第一种浊音送气声母类。

四川保存浊音声母的湘语点，浊音声母已经在清化过程中。从保留全浊声母的程度看，有的点还成套保存着全浊声母，有的点全浊声母已经不太成套，有的点仅是残留了一些甚至个别古全浊声母字。老派湘语大多属于前两种情况，新派湘语则属于第三种情况。属于前两种情况的，例如：中江永兴话保存了 bʻ、v、dʻ、ʣʻ、z、ʐ 、dʐʻ、ʥʻ、gʻ、ɣ 一套 10 个全浊声母，中江中兴话保存了 bʻ、v、dʻ、ʣʻ、z、ʥ、gʻ、ɣ 一套 8 个全浊声母，仪陇新城保存了 b、d、ʣ、z、dʐ、ʥ、ʑ、ɣ 一套 8 个全浊声母，营山石垴保存了 b、v、d、ʣ、z、ʥ、g 一套 7 个全浊声母。属于第三种情况的，例如：乐至“靖州腔”还保存“田 dian^{53}”“钱 ʥian^{53}”等少数浊声母字；安仁“长沙话”只保存了“时 zɿ^{13}”“是 zɿ^{24}”“事 zɿ^{21}”“迟 zɿ^{13}”“字 zɿ^{21}”等几个浊声母字。

浊音声母的清化还表现在全浊声母字百分之六十左右已经清化，跟周边的四川方言同音了。多数保存较好的湘语点保存的浊音声母字在 500 左右，例如中江县的永兴话（老湖广话）保留浊音声母字 552 个，中江中兴话保留古全浊声母字 397 个，南充新城话（永州腔）保留全浊声母字 390 个，营山县的石垴话（安化腔）保留全浊声母字 319 个。保存不好的湘语点浊声母字已经不足 200 个，例如安岳大平话保存 179 个。而其他浊音清化接近尾声的湘语点保存的浊声母字大多不足 100 个，例如金堂县竹篙话和转龙话（老湖广话）、达县东兴话（永州腔）、乐至新乐话（靖州腔）。②

保存浊声母的老湘语点各自保存的浊声母字各有不同，但又有一些浊声母字各点保存的情况比较一致，例如“锄”字，竹篙话读 ʣu^{31}、永兴话 ʣʻu^{31}、中兴话 ʣu^{31}、石垴话 ʣəu^{213}、东兴话 ʣu^{31}、新城话 ʣu^{31}。

四川湘方言的浊音声母清化趋势在 20 世纪 80 年代已经十分明显，例如中江中兴话 bʻ、v、dʻ、ʣʻ、z、ʥʻ、gʻ、ɣ 一套 8 个浊声母的每个浊音声母都有相当大一部分字已经读成清音声母了。例如“代、袋”和“待”三个字的声母本来都是浊音 d，但当时只有“代、袋”保持 dʻ声母，“待”的声母已经清化，跟中江话一样读为 t 了。与 20 年前相比，浊音清化的进程还在加速进行。这表现为：第一，浊音声母字进一步减少。例如永兴话的“现”，20 多年前读 ʐan^{14}，今天老中青都读 ɕian^{14}；

---

① 崔荣昌. 四川境内的湘方言. 台北 ：“中央研究院”历史语言研究所，1996.

② 调查数据根据《方言调查字表》（第一版）的调查范围统计。中国科学院语言研究所. 方言调查字表（第一版）. 北京：科学出版社. 1955.

"时"原读 ʐʅ^{31}，今天在"时间""时候"等词里读 sɿ^{31}；"提"原读 d'i^{31}，今读 tia^{55}（提水、提起来）或 t'i^{31}（提到）；"华"原读 va^{31}，今都读 fa^{31}。"事"竹篙话 20 多年前还读 zɿ^{14}，现在已经读清声 sɿ^{14}了。第二，老年人和年轻人的清浊读音有差异。例如，永兴话"究"老年人读 ʥ'iəu^{14}，年轻人读 ʨiəu^{55}；"顺"老年人读 ʥ̨uən^{14}，年轻人读 suən^{14}。

四川湘方言全浊声母的清化，除表现为全浊声母的成套与否和全浊声母字的减少外，还表现为浊音特征的减弱、浊音声母在交际中实际已经不使用等特征。例如，以永兴话为代表的中江县老湘语保存的浊音声母虽然是最成套的，但却不是实际保存浊音声母程度最高的。因为：第一，它保存浊音声母的基本现状是，浊音声母与同部位的清声母已经不区别意义，而且基本发清声母；全浊声母字可以读浊音声母，也可以读清音声母（但清声母字却绝不读浊音声母）。第二，永兴片区的人虽然会发浊音，但基本不发浊音，发浊音时浊音特征也不够明显（声带不震动，仅有浊气流），听起来已经与四川方言没有多大区别。第三，以永兴话为代表的中江县老湘语区，在实际生活中已经很少采用湘方言进行交流。四川境内发展较快、交通便利的老湘语区，浊音声母的保存情况大多是这样。

比较而言，属于老派湘语的"永州腔"由于大多保存于比"老湖广"话更为偏远的地方，如仪陇、营山、蓬安三县境内的"永州腔"，达县的黄庭乡、大树镇、东兴乡的"永州腔"。这些地方的"永州腔"发浊音声母时，声带振动，浊音特点更为明显。当地人将"永州腔"与四川话视为两种不同的话的意识也十分明确。说四川方言的人要想与说"永州腔"的人交流，会比较吃力。

2008 年到 2010 年的调查发现，除四川的老派湘语有浊音声母外，新派也发现有浊音声母残留的痕迹。例如，乐至县天池镇新乐乡（说"靖州腔"）一位 80 岁的老人，还保留 b、d、ʣ、ʥ̨、v 等几个浊音声母。保存的全浊声母字例如：田 dian^{53}、钱 ʥian^{53}、平 bin^{53}、唐 daŋ^{53}、陈 ʣən^{53}、床 ʣaŋ^{53}、才 ʣai^{53}、穷 ʥioŋ^{53}、话 va^{13}等。同样属于新湘语的达县安仁"长沙话"，全浊音声母也尚未完全消失。2008 年和 2010 年两次到达县安仁镇调查"长沙话"，都发现调查人有些字浊音与清音混读，如"时 sɿ^{13}/zɿ^{13}"，"是 sɿ^{24}/zɿ^{24}"，"事 sɿ^{21}/zɿ^{21}"，"迟 sɿ^{13}/zɿ^{13}"，"字" sɿ^{21}/zɿ^{21}。这种混读只见于 60 岁以上的老年人中。据研究，湖南长沙话在 19 世纪已经没有浊音声母了①，今天达县安仁"长沙话"的浊音残留，是否是湘籍移民几百年前带来的长沙话的遗存，需要进一步研究。

四川湘方言全浊声母的清化，是受没有浊音声母的四川方言影响的结果。据张一舟对中江中兴话（老湖广话）的研究，浊音清化的规律，也跟一般的四川方言一样，平声送气，仄声不送气。至于浊音声母中，哪些字容易清化，哪些字比较稳定则跟该字声母的发音方法、声调、字的使用频率有密切关系。从发音方法来看，一般说来，浊音字如果读擦音声母，则比较容易变成清音声母；读塞音、塞擦音声母的，则较为稳定。如"像"和"象"在古代同音，都念浊音声母，但今天的中兴话，"像"念塞擦音声母 ʥ'iaŋ^{213}，保留了浊音；"象"读 ɕiaŋ^{213}，声母变成清音了。同时声调是仄声的浊音声母字，容易变成清音声母字；是平声的则较为稳定。如"臣""慎"，都是古浊音声母禅母字，"臣"读平声阳平，今天声母仍读浊音 ds'ən^{21}，"慎"读仄声去声，今天声母已经清化读 ʦ'ən^{213}了②。

从声调与保存全浊声母字的关系看，各声调全浊声母字保存的多寡依次是：阳平、去声、阴平、上声。例如，南充新城"永州腔"共保存全浊声母字 392 个，在各声调中的分派情况为：阴平字 22

① 田范芳. 近代长沙话声母特点及演变. 语言研究，2008（3）.

② 张一舟. 从中兴话古全浊声母字的读音看全浊声母的演变. 四川大学学报，1987（1）.

个，占全部全浊声母字的5.61%；阳平字257个，占65.56%；上声字12个，占3.06%；去声字101个，占25.77%。但是实际上，除南充“永州腔”四个调类均有全浊声母字保存外，其他湘语点只有阳平调和去声调有全浊声母字，阴平调和上声调一般均无全浊声母字保存。例如，永兴话共保存全浊声母字407个（1985年），其中阳平字290个，占全部浊音字的71.25%，去声字117个，占28.75%。其他保存全浊声母字较少的湘语点，差不多也是这种情况。浊音清化更严重或仅是最后残留浊音声母的湘方言点，则基本只有阳平调浊音字保存。竹篙话20世纪80年代中期保存的全浊声母字，除阳平字外，还有一部分去声字，但2008年调查时，原来读浊音的去声字除“是”还读ʐʅ^{14}外，基本都已清化。如“树”原读ʐu^{14}，现在已经读tʂu^{14}了。而仅残留不多浊声母字的达县东兴乡的“永州腔”则只有阳平浊声母字。

字的使用频率也影响浊音声母的清化。口语常用字容易保留浊音声母，不常用的浊音声母字则容易清化。前面说到擦音字、阴平字和上声字较易清化，阳平字、去声字较易保留浊音声母。而古代浊音声母禅母，平声字清化了的绝大多数是非常用字，如“纯、醇、禅、蝉”等，仄声字保留浊音声母的，绝大多数都是常用字，如“上、是、社、受、树”等等。

不仅全浊声母在四川方言的强大影响下严重清化，随着近几十年交通的日渐便利，四川湘方言受四川方言的影响，其他湘方言特点也已经逐渐磨损，以至慢慢消失。特别是老派湘语，除了川北某些较为闭塞的深丘地区，一般所称的“老湖广”话，与其说是湘方言，不如说是带有某些湘方言底层的四川话，因为其语言结构成分基本上已经是四川方言的框架。

（二）舌面音和舌尖音发音与官话趋于一致

四川湘方言无论老派、新派，读舌面音dʑ、dʑ、ʑ或tɕ、tɕʻ、ɕ与读舌尖音tʂ、tʂʻ、ʐ、ʂ或ts、tsʻ、z、s不少字刚好与四川方言的代表成都话相反。例如，“赵”成都话读舌尖音tsau^{213}，永兴话读dʑʻiau^{14}；“丈、仗”成都话读tsaŋ^{213}，永兴话读dʑʻiaŋ^{14}。“车”成都话读tsʻe^{55}，安仁“长沙话”读tɕʻio^{33}；“吃、扯、尺”成都话读tsʻɿ^{213}、tsʻe^{53}、tsʻɿ^{213}，安仁“长沙话”读tsʻio^{55}、tsʻio^{41}、tsʻio^{55}。反过来，“救、舅、旧”成都话读舌面音tɕʻiəu^{213}，金堂竹篙话读tzəu^{14}。这是四川湘方言的一大重要特点。但湘方言的这一特点，在周围的四川方言的影响下正在迅速趋同于四川话。如“全”永兴话过去读dʐ ʻuan^{31}，今天开始读dʑʻyan^{31}或tɕʻyan^{31}。如果这些与四川话刚好相反的舌面音和舌尖音同时又是浊音声母时，它往往先变为与四川话发音部位相同的浊音，然后再清化。第一步变化例如：“朝”永兴的老年人读舌面浊塞擦音dʑʻiau^{31}，年轻人读舌尖浊塞擦音dzʻau^{31}；“绸”老年人读舌面浊塞擦音dʑʻiəu^{31}，年轻人读舌尖浊塞擦音dzʻəu^{31}。“权”老年人读舌尖浊塞擦音dʐʻuan^{31}，年轻人读舌面浊塞擦音dʑʻyan^{31}；“程”老年人读舌面浊塞擦音dʑʻin^{31}，年轻人读舌尖浊塞擦音dzʻən^{31}。第二步变化例如：愁dʑʻiəu^{31}→dzʻəu^{31}→tsʻəu^{31}。

（三）舌尖前后音的混同与舌尖后音的趋于消失

20世纪80年代在四川境内发现湘方言时，老派湘语大多与周围的四川话不同，有着舌尖后音声母，这与湖南老派湘语的情况相同。不过，当时舌尖后音声母的保存已经分为三种情况：第一，保存较好。即一些老湘语点ts、tʂ二组声母还清楚区分，例如中江永兴话、金堂竹篙话（老湖广）。第二，ts、tʂ混用。即一些老湘语点ts、tʂ两组声母已混用不区别意义了，例如中江中兴话（老湖广）。第三，tʂ组消失。即一些老湘语点已经只有ts组声母，没有tʂ组声母了，如营山石垭话（安化腔）。

近20多年来，舌尖后音混同于舌尖前音以至消失的进程正在加速。原来区分舌尖前后音声母的湘语点，现在只在老年人中还严格区分，中年及以下人群舌尖前后音已经不区分意义，甚至没有舌尖后音声母了。例如“时”，25 年前永兴话读 ʐʅ^{31}，现在基本读 sɿ^{31}（“亥时”“卯时”的“时”还可以读 ʐʅ^{31}）；竹篙话过去读 tʂʅ^{31}，现在读 sɿ^{31}。

从近年调查的情况看，凡属老派湘语的湘语点都曾有着舌尖前后音的对立。现在四川湘语区真正还有舌尖前后音对立的湘语点不多了，多数情况是 ts、tʂ 二组已经混同或仅是残存舌尖后音声母了。目前还区分 ts、tʂ 二组声母的湘语点如南充新城话、德阳黄许话、安岳大平话等；目前 ts、tʂ 二组声母相混的湘语点如金堂竹篙话、营山子槽话（虽然 20 年前营山石垮话没有发现 tʂ 组声母，但近两年调查发现，与营山石垮紧邻的子槽村，55 岁以上的老人至今舌尖前后音混读，以平舌音居多，但有的字只读舌尖后音，例如日 ʐʅ^{45}、溪 ʂʅ^{45}、启 tʂʅ^{53} 等）；目前仅残存很少的 tʂ 组声母字的湘语点，例如中江永兴话、中兴话等。总体看来，舌尖前后音声母相混，舌尖后音声母的消失已经是四川湘方言的发展趋势。

（四）双唇清擦音 ɸ 声母趋于消失

四川境内有的湘语点有双唇清擦音 ɸ 声母，例如达县安仁的“长沙话”和达县东兴的“永州腔”。现在达县安仁乡的“长沙话”的 ɸ 声母保存还比较好，与唇齿音 f 声母区别意义，例如“胡”读 ɸu^{14}，“浮”读 fu^{14}。但在发音部位上已经与唇齿音 f 较为接近，并且过去 ɸ、f 严格区分的词，有的也开始相混，不严格区别意义了。而达县东兴乡的“永州腔”ɸ 声母已经与 f 声母相混，不区别意义了，东兴话的双唇清擦音 ɸ 声母正处于消亡中。

双唇清擦音 ɸ 声母的消失，还有一种途径是与喉清擦音 h 声母相混。例如：20 世纪 80 年代，安仁“长沙话”“化生子”（夭折）读 ɸo^{55}sən^{33}tsɿ，而 20 多年后的现在则说成 ho$^{55/41}$sən$^{33/31}$tsɿ。喉清擦音 h 开始出现舌位前移，x 声母开始出现。保存湘语特征较好的湘语点大多有喉清擦音 h 声母，没有舌面后清擦音 x 声母，但在四川方言的影响下，喉清擦音 h 声母开始出现舌位前移，读作舌面后清擦音 x 声母。上述“化生子”一词，今天 50 岁以上的安仁镇人读 ho$^{55/41}$sən$^{33/31}$tsɿ，而 30 岁以下的年轻人则读 xo^{55}sən^{33}tsɿ。这样，由 ɸ 声母并入 h 声母，h 声母进而变为 x 声母，也是四川湘方言声母演变的一种趋势。

（五）部分韵母向官话靠拢

四川湘方言的韵母受四川方言影响很大，不少湘语点的韵母基本都跟当地的四川话相同了。例如，四川的新老湘语原本都有鼻化韵，但现在大多数湘语点已经没有鼻化韵了。今天鼻化韵保存较好的，有新派的安仁“长沙话”还保存 ã、õ、ĩ、uã、uõ、ỹ、yẽ 等 7 个鼻化音，老派的竹篙话还保存 ɛ̃n、iɛ̃n、uɛ̃n、yɛ̃n 等 4 个鼻化韵母。但即使是鼻化韵保存较好的安仁“长沙话”，也有鼻化色彩开始消失的迹象，例如“更加”安仁话说“愈见骨哩 y^{24}tɕĩ^{24}ku^{13}ni”，但这个词中的“见 tɕĩ^{24}”很多时候已经读成“济 tɕi^{24}”了。

四川的湘方言本保留了丰富的撮口韵，有些是四川方言没有的撮口韵，如 yu ya yai yei ỹyẽ 等。但受周边四川方言的影响，湘方言中的这些撮口韵现在已经开始逐步向四川方言的韵母靠拢，部分已改读为合口呼。如南充长乐话、中江永兴话撮口韵所辖的字的范围较之从前已缩小了范围，这在年轻人中尤为突出。新老湘方言没有 ɚ 韵，四川方言读 ɚ 韵的词，有的湘语点原本读 o，如长乐话的“耳、二、贰”；而安仁“长沙话”里，“二”读 ie。另外，四川的一些湘语点无论新派老派都有自成音节的鼻韵母 n、m，老派如竹篙话（老湖广）、石垮“安化腔”，新派如安仁“长沙话”。

（六）声调产生系统变化

四川湘方言的声调系统受四川方言的影响最大。湖南湘方言的声调数目一般为5—6个，而四川湘方言除达县安仁“长沙话”有6个调类外，其他各点的声调均为4个。四川湘方言不但调类数目大多同四川方言一样，即也分阴平、阳平、上声、去声四个调类，并且调值也基本与周围的四川方言相同，有的连读变调情况也跟当地的四川话大致相同，例如中兴话。但新派湘语的安仁“长沙话”、新乐“靖州腔”和长乐“靖州腔”和老派湘语的营山石垭“安化腔”却较好地保存了一些湘语的原有声调特征。乐至新乐“靖州腔”平声不分阴阳，平声音值为21调（实际音值从听感上觉得比成都话阳平21调更低）。平声区分阴阳的湘语点的阴平调均非55调。去声调差异更大，“长沙话”去声分甲乙丙三个声调，新乐“靖州腔”去声分阴去、阳去，长乐“靖州腔”的去声调为中升调，石垭“安化腔”的去声只有阳去，且为中降调31调。这些都与四川方言的声调非常不同。

就入声调的情况来看，湖南湘方言各点今天半数还保留入声调，但四川境内的湘方言无论老派还是新派，入声全部归入其他调。一般变化的情况是，古入声大多归入阳平，和周围四川话的归属相同，显然是受四川方言影响所致。但达县安仁“长沙话”古入声的变化却另有特点。湖南长沙话今天仍然保留古入声，而达县安仁“长沙话”的古入声字，今天多数归去声甲与阳平，少数归去声乙与去声丙。安仁“长沙话”同样处于周围四川方言的包围之中，入声的变化却有着不同于周围四川方言的特点，并且也不同于它的来源地（湖南长沙话保留古入声），是很有特点、很值得研究的。

不过，保留湘语声调特征的湘语点，也开始表现出与四川方言趋同的迹象。例如达县安仁“长沙话”有6个调类（阴平33、阳平13、上声41、去声甲55、去声乙21、去声丙24），是四川湘方言中唯一一个超出4个调类的湘语。但它的阴平调33调和去声甲调55调，有时已经不好区分，似乎表现出两调合并的趋势。此外，安仁“长沙话”一字多调的现象很普遍，这是四川各湘语点没有的现象。例如：壳 k‘u^{41}/k‘o^{55}；是 sɿ^{24}/ zɿ^{24}；迹 ɕi^{55}/tɕi^{21}；节 tɕi^{55}/tɕie^{13}/tɕie^{24}；切 tɕie^{13}/tɕ‘i^{55}；膝 ɕi^{13}/tɕ‘i^{55}；叶 i^{55}/ie^{21}；卓 tsu^{55}/tso^{13}。这似乎显示出安仁“长沙话”声调归并的迹象。

湖南湘方言的不少地方有轻声，四川湘方言的老派、新派都有轻声，应该是对湖南来源地轻声的保留。已经发现有轻声的老派湘语点为中江永兴话（老湖广）、仪陇新城话（永州腔），新派湘语点有达县安仁话（长沙话）、乐至新乐话（靖州腔）。四川湘方言的轻声与普通话轻声的特点不同，普通话轻声的特点是“轻而短”，四川湘方言轻声的特点是向下滑落。以安仁话为例，如果前一音节是去声甲55调，轻声的“子”缀或轻声词的后一音节就从55调向下滑落，比41调（上声调）轻，如前一音节是其他调，“子”缀或轻声词的后一音节向下滑落，比21调轻，并且有下滑弧度。轻声主要表现在“子”缀①和一些常用词上，例如：子 tsɿ^{53}→椅子 i^{53}tsɿ、灯 tən^{55}→台灯 d‘ai^{31}tən（永兴话）；子 tsɿ^{41}→星子 ɕiã^{33}tsɿ、刀 te^{33}→菜刀 ts‘ai^{24}te（安仁话）；啦 na^{55}→走啦 tsəu^{53}na（新乐话）道 te^{13}→味道 uei^{44}te（新城话）。比较而言，安仁“长沙话”保留轻声的情况较好，“子”缀一般读轻声；中江永兴话轻声的保留主要体现在“阳平 + 非阳平”的常用词中。但即使是保留轻声较好的安仁话，轻声也已经处在消失中，很多时候与上声调41调和去声乙21调很接近，轻声调已经处于并入上声调和去声乙调的过程中。

---

① 实际上，四川湘方言的“子”基本只作缀，“儿子”之“子”的意思，用“崽”不用“子”，只是单念时按读书音读上声调。

二、词汇和语法的发展演变

比起语音系统的发展变化来，四川湘方言的词汇、语法的变化相对较小，但也在发生着变化。例如一些农事、动物、植物、身体、衣着、称谓、指代等方面的词汇，50—60 岁以上的老年人往往采用湘语词汇，而年轻人则基本都采用四川方言或普通话的书面语词汇了。例如，表达“水稻孕穗”意思的词汇，达县安仁（长沙话）的老年人说“怀胎 ɸa^{13} t‘ai^{33}”，年轻人不说；“狐狸”老年人说“毛狗 me^{13} tɕie^{41}”，年轻人说“狐狸 ɸu^{13} ni^{41}”；“公狗”老年人说“牙狗 io^{13} tɕie^{41}”，年轻人说“公狗 koŋ^{33} tɕie^{41}”；“小孩”老年人说“细家基 ɕi^{55} ka^{21} tɕi^{33}”，年轻人说“细娃儿 ɕi^{55} ua^{13} ɚ^{21}”；“扒手”老年人说“夹夹匠 ka^{55}ka^{55} tɕiaŋ^{21}”，年轻人说“偷儿 t‘ie^{33} ɚ^{21}”。又如“这里”“那里”，竹篙话老年人有的还说“果里 ko^{53} ni^{53}”“没里 mei^{55} ni^{53}”，但中青年人平时已经只说“这里 tse^{14} ni^{53}”“那里 na^{14}ni^{53}”或“这儿 tser^{55}”“那儿 nar^{55}”，只是问起时，才肯定“果里 ko^{53}ni^{53}”“没里 mei^{55} ni^{53}”等词是家乡话。又如在南充长乐一带，老年人称“膝盖”为“磕膝波罗 k‘o^{21} ɕi^{21} po^{44} no^{21}”，年轻人说“磕膝盖 k‘o^{21} ɕi^{21} kai^{35}”；老年人称“衬衫”为“里肉衣 ni^{53} ŋou^{35} i^{44}”，年轻人多说“衬衣 ts‘ən^{35} i^{44}”。

湘方言原本没有“儿”尾，而有“子”尾，并且“子”尾的使用范围比四川方言大很多。如南充长乐话称“星星”为“星子 ɕin^{44} tsɿ^{53}”，“辣椒”为“辣子 na^{35} tsɿ^{53}”“谜语”为“谜子 mi^{53} tsɿ^{53}”，乐至“靖州腔”称“锄头”为“锄子 tsəu^{31} tsɿ^{53}”。但在四川方言的影响下，儿尾词已经出现在年轻人的词汇中，并且这种情况开始向中老年扩展。如“妹妹”，安仁“长沙话”老年人说“妹妹 mai^{21} mai^{33}”，年轻人开始说“妹儿 mai^{21} ɚ^{21}”；“男孩子”老年人说“伢基咯哩 io^{13} tɕi^{41} ke^{33} ni^{55}”，年轻人开始说“男娃儿 nã^{13} ua^{13} ɚ^{21}”。

湘方言原本基本没有“儿化”现象，但在四川方言的影响下，开始出现儿化现象。就儿化发展的现状可以分三种情况：第一，基本无儿化词。例如金堂转龙乡无论老年人、青年人一般不儿化，只发现“汤圆儿”一例儿化词。第二，有少数儿化词。老年人有个别儿化词，年轻人多一些。例如仪陇新城乡的年轻人有下面这些儿化词：窝窝儿、小孩儿、红包儿、吊吊儿、豌豆儿、小九九儿、羊肉串儿、张军儿、一张儿、将将儿、桩桩儿、蛊蛊儿，而这些词老年人均不儿化。第三，儿化词极多。四川的湘方言中，达县东兴乡的“永州腔”的儿化现象十分突出，除韵母 y 外（须须 ɕy^{44} ɕy^{44}），其他韵母都能儿化，有些儿化词甚至是四川方言没有的。如“猪”，四川方言一般说“猪儿 tsu^{55} ɚ^{21}”，而东兴乡年轻人说“猪儿 ɕyr^{55}”。

儿化词进入湘语区的一种方式是四川方言的说法随一些新出现的生活用品进入湘语区。例如安仁“长沙话”本无儿化音，随着“高跟鞋”进入安仁居民的生活，他们按四川方言的说法，也说成“高蹬蹬儿鞋”（ke^{33} tən^{33} tər^{31} ha^{13}）。总体说来，湘方言的“儿尾”比“儿化”多，“儿化”比较罕见。

四川的湘语区和湘语点由于受到周围强势方言四川话的影响，在迅速向四川话靠拢。这一般首先表现为老年人和年轻人语言上的差异，例如在南充新城话里，“舌”老年人还读“永州腔”ʐe^{31}，年轻人则读作与四川话读法相同的 se^{31}。有的时候，湘方言的变化也可能不是来自周围四川话的影响，而是来自普通话的影响。与四川方言最为接近的达县东兴乡的“永州腔”，“连”读 lian^{31}，“年”读 ȵian^{31}，“严”读 ian^{31}。“连”“年”二字的发音同邻近的四川话，但“严”的发音同普通话。这大概是因为“严”不是日常生活的高频率用语，“严”大都是伴随传媒中出现的“严打”“严厉”“严防”“严肃”等用语而出现的结果。

总体上看，四川境内的湘方言发展到今天，除使用人数很少的“长沙话”“靖州腔”外，多数湘语点尤其是老派湘语跟四川方言相比，已经是同大于异；跟它所移民而来原住地的湘语相比，则异大于同。

比较而言，四川的老派湘方言中的“老湖广”片与周围地区的交通要便利一些，因而受四川方言的影响很大。这些老湘语全浊声母普遍在很大程度上已经弱化，很多全浊声母字需要仔细听辨才能识别，真正明显的全浊声母字已经不多。老湘语的舌尖后音声母与舌尖前音声母很多已经混同，不具有对立性了。韵母与四川方言差异也很小了，尤其是声调基本与四川方言一样。在听感上，除“安化腔”以外的老派湘语已经与四川方言没有太大的差别，正如崔荣昌所说：“历史上是湘方言”，“现在已经被四川话同化了。”① 张一舟则认为这些四川湘方言是具有湘方言底层的四川话。至于老派中的“安化腔”，20 年前就已经“行将消亡”，这与今天的现实情况是相符的。

四川湘方言发展变化的方向和保留湘语特征的程度，主要取决于多种外部因素。湘语特征保存较好的，一般是偏僻而交通不便，地域较广，使用人数较多的地方。就老派湘语而言，南充的“永州腔”分布在南充东北部的仪陇、营山、蓬安三县相连的区、乡、村社，这些湘语点虽然没有连成一片，但因地处偏僻，交通不便，相对封闭，日常生活打交道的主要是当地人，因而日常用语采用“永州腔”。这一湘语区相对受四川方言影响小一些，就全浊声母的保存而言，也就保存相对较好，至今保留着 b、d、ʣ、ʤ、z、ʥ、ʑ、ɣ8 个全浊声母，保留全浊音声母字近 400 个，这与它所处的地理位置关系很大。中江县南部的大部地区、西部以及西南部沿龙泉山余脉及附近一带的区乡，以及城关镇附近的中兴乡等大片区域都是老湘语区（老湖广），是地域较广、人数较多的湘语区。但因为这一湘语区地处浅丘地带，地势较南充“永州腔”区平缓，加之近几十年发展很快，交通已经相当便利，虽然这一湘语区保存浊音声母数量比较多，保存全浊音声母字也不少，但它基本已经不用“老湖广”话交际，而用四川话交际。与南充“永州腔”还是交际用语比较起来，它的实际保存程度较差。

散布在四川境内偏远地区的新湘语在有的地方至今保存较好，例如达县安仁乡的”长沙话”，南充长乐的“靖州腔”等。达县“长沙话”的声韵调均与四川方言迥然有别，而南充长乐一带的“靖州腔”则因韵、调尤其是调与四川方言的声调迥异，听起来“像唱歌”。南充的“靖州腔”地处偏僻而交通不便，地域较广而使用人数较多。它分布在南充高坪区的长乐、南江、隆兴、斑竹、胜关、鄢家、皇溪等乡镇和广安岳池县的黄龙、高升、双鄢、高桥、东板、长田、顾县、观桥、石城、苟角、玉峰等乡镇。这些乡镇连成一片，形成了一个相对封闭的“靖州腔”湘语区。达县的“长沙话”，处在达县和开江县的“永州腔”和四川方言的包围之中，使用人数也远不及“永州腔”，但它却比“永州腔”保存得好。由于安仁“长沙话”的声韵调均与四川方言差异极大，长乐“靖州腔”的韵、调尤其是调也与四川方言迥异，走进这两个湘语区，如果当地人不说四川话，外地人根本无法听懂。安仁“长沙话”和长乐“靖州腔”是今天真正能称得上湘方言岛的两个湘语点。从地理位置和使用人数上看，它们并不比有的湘语点更利于保存，但却比其他湘语点保存湘语特征更好。

四川境内的湘方言点，大都地处偏远的丘陵地带。这些地方交通不便，经济落后，与外界比较隔绝。正是这些自然地理条件使得来自湖南湘语区的湘方言在几百年中得以保留。20 世纪 80 年代中

① 崔荣昌．四川境内的湘方言．台北：“中央研究院”历史语言研究所，1996：47.

期发现湘方言时，各种湘语还在湘语区的各年龄段的人群中不同程度地保留着。随着三十年来改革开放及四川农村经济的发展，山区和丘陵地区公路的兴建，这些地方与外界的交流已经变得越来越便利，四川方言对湘方言的影响也日益强大，使得绝大多数的湘方言已经很接近四川方言了。2008年以来进行方言调查时发现，湘方言一般只在60—70岁以上的留守老人和留守儿童中还有不同程度的保存。而占人口比例最大的中青年由于外出打工，外出求学（在对各个湘方言点进行调查时，寻找40岁以下的中青年调查对象已经相当困难）而采用四川方言、普通话或其他方言，他们原有的湘方言特征基本消失。而留守小学生从小学开始说普通话，留守老人和留守儿童，也因社会的巨大变化带来的交通的便利、电视的普及、与外部的频繁交流等原因，保留的湘方言特征正在迅速消失。四川的湘方言不仅正在迅速向四川方言靠拢，而且有的湘语点已经濒临消亡或者实际上已经消亡。例如20世纪80年代中期，乐至县城周围的南塔区一带，年近半百的人之间还流行“靖州腔”，今天这一带已经很难寻觅到保留“靖州腔”的人了。湘方言面临缺乏延续下去的整整几代人，四川各地的各种类型的湘方言正处在迅速消亡中。

第二篇 四川西南官话方言

四川境内的官话方言，最主要的是西南官话方言。四川省绝大部分县市区，包括甘孜藏族自治州、阿坝藏族羌族自治州和凉山彝族自治州等少数民族聚居区的县城，也都使用西南官话①。重庆市的40个市区县全部使用西南官话。

西南官话的最大特点是古入声归阳平，这也是判断地点方言是否是西南官话的基本条件。此外，“古入声读入声或阴平、去声的方言，阴平、阳平、上声、去声调值与西南官话的常见调值相近的，即调值与成都、昆明、贵阳等六处的调值相近的，也算是西南官话。”②

① 参黄雪贞．西南官话的分区（稿）．方言，1986（4）．

② 黄雪贞．西南官话的分区（稿）．方言，1986（4）．

第一章　官话片区的划分

四川地区的西南官话分布地域广，使用人口多，但却是官话方言中内部一致性最高的方言。从下川东的万州到川西的雅安，从川北的广元到川南的泸州，通话基本没有问题。不过，其内部还是有一些差异，可以根据不同标准进行分区。通常以语音为标准，主要是根据声调，特别是古入声字在今音中的读音情况进行分区；也可根据声母的情况进行分类。

第一节　按声调总体情况分区

1987 年《中国语言地图集》由黄雪贞绘制并撰文，根据古入声字的今读和韵母的某些特点，把整个西南官话分为成渝、滇西、黔北、昆贵、灌赤、鄂北、武天、岑江、黔南、湘南、桂柳、常鹤等 12 片[①]。四川的西南官话分属其中的 4 个片区，主要是成渝片和灌赤片，另有个别地方属昆贵片和黔北片[②]。

一、成渝片区

成渝片区在西南官话中占绝对优势，分布在四川省和今重庆市的大部分地区，包括四川省中部、北部、东部、南部和重庆市的 80 余个县市。四川省成都、安县、安岳、巴中、北川、苍溪、达州、达县、大英、大竹、德阳、广安、广汉、广元、华蓥山、简阳、剑阁、江油、金堂、开江、阆中、乐至、邻水、罗江、绵阳、绵竹、南部、南充、南江、蓬安、蓬溪、平昌、平武、青川、渠县、三台、遂宁、通江、万源、旺苍、武胜、宣汉、仪陇、营山、岳池、中江、资阳、资中、梓潼等，重庆市城区、璧山、城口、大足、垫江、丰都、奉节、合川、忠县、开县、梁平、南川、彭水、荣昌、石柱、铜梁、潼南、万州、黔江、巫山、巫溪、武隆、永川、酉阳、云阳等，均属成渝片区。

成渝片区的语音特点是古入声字如“一、六、七、八、十”等字，一般读成阳平，如成都、重庆、万州、广元、遂宁等地“一” = “移”，“七” = “其”，“十” = “时”。古入声整体归阳平通常也被认为是西南官话最基本的语音特征[③]。

成渝片在四川的西南官话中分布区域最广，使用人口最多，影响也最大，尤其是作为强势方言

---

① 参中国社会科学院，澳大利亚人文社会科学院．中国语言地图集（稿）．香港：香港郎文（远东）有限公司，1987.

② 今属重庆市的秀山，属黔北片。

③ 参李荣．官话方言的分区．方言，1985（1）；黄雪贞．西南官话的分区（稿）．方言，1986（4）；李蓝．西南官话的分区（稿）．方言，2009（1）.

的成都和重庆两个地点方言对四川官话区有重要影响。

语音上，成渝片内部也有一定差异。主要是以成都为代表的川西和以重庆为代表的老川东地区的区别，这里以成都话和重庆话为例对照说明川西和川东的主要差别。声母方面，成都话有舌尖鼻音 n，也有舌面鼻音 ȵ，“年” ȵian≠“连” nian，“业” ȵie≠“列” nie，重庆话只有舌尖鼻音 n，“凝” = “林” nin，“凉” = “娘” niaŋ。韵母方面比较明显的差别是前鼻韵尾 an、ian、uan、yan，成都话通常只作势，不抵齿龈，如“山” sa^{n}、“帘” nia^{n}、“乱” nua^{n}、“员” ya^{n}，而且在年轻一代成都人的口音中，韵尾脱落的倾向已非常明显；重庆话则发音到位，舌尖抵达齿龈收尾。此外，与湖北连界的地区，有受湖北话影响的情况。如万州的阳平念降升调 213，与其他四川方言点通常为降调不同，应该是受湖北话的影响。①

川北的方音也有一些特征，比如南江、巴中、仪陇等地有翘舌音，但发音部位靠前，气流较弱，四川人普遍能感受到其翘舌状态，但北方人听感上通常认为与平舌没有区别。与陕西接壤的地区，有受陕西话影响的情况，如广元有的地方把“水”的声母发成唇齿音 f。

川中一些地方把普通话卷舌韵母 ɚ 读作 ə，如南充、遂宁。x、f 相混的情况，除了四川方言普遍存在的 xu 读为 fu 外，在川中一些地区如遂宁、中江、资中等地，“昏” = “分” fən，“黄” = “房” faŋ，“回” = “肥” fei。

此外，中江等地没有撮口呼，“鱼” = “移” i，“泉” = “钱” tɕʻiɛn，“均” = “今” tɕin。青川没有前鼻韵母 an、uan，“三” = “桑” saŋ，“关” = “光” kuaŋ。

四川常用语气词“嘛”，成都话作 ma，绵阳一带作 ma^{n}；助词“的”，成都、重庆声母为 n，而绵阳等地为 t。

还有一些地方前鼻韵母 ən 的元音靠前，近于 en，如遂宁、绵阳的一些地区。

种种不同的语音特征，使成渝片区各个方言点在整体一致性的状态中也呈现出不同面貌。

二、灌赤片区

灌赤片“是全省方言中较为复杂的一个区域”②，主要分布在四川省西部的数十个县市。本片区的共同语音特点，是古入声字今天都不读阳平。前鼻韵尾 an、iɛn、uan、yɛn 多数地方体现为元音鼻化，如眉山“山” sã、“帘” niɛ̃、“乱” nuã、“员” yɛ̃。

灌赤片内部按古入声的归属特点又分为四个小片，四川地区有其中的 3 个小片。

（一）岷江小片

主要分布在岷江中下游地区和赤水河流域。四川境内的都江堰市、郫县、彭州、邛崃、崇州、大邑、温江、新都、蒲江、双流、新津、什邡、射洪、盐亭、西充、荥经、宜宾、高县、珙县、南溪、屏山、兴文、长宁、江安、泸州、泸县、古蔺、叙永、合江、乐山、沐川、峨边、马边、峨眉山、夹江、丹棱、犍为、眉山、彭山、青神、洪雅、黑水、松潘、汶川、茂县，以及今属重庆的江津、綦江，均属本小片。

岷江小片的语音特点是古入声字如“一、六、七、八、十，黑、白、绿，力、立、力、历、笠、

① 武汉话的阳平即为 213 调。参北京大学中文系语言学教研室. 汉语方音字汇. 第二版重排本. 北京：语文出版社，2003.

② 杨时逢. 四川方言调查报告. 台北：“中央研究院”历史语言研究所专刊之 82，1984.

雳”等，独立成类。

岷江小片内部各方言点也存在语音差异。例如：

都江堰、郫县等地有舌尖后音 tʂ、tʂʻ、ʂ，但能够拼合的韵母有限。都江堰、郫县、彭州、邛崃、崇州、大邑、温江、新都只与韵母 ɚ 相拼，这些字都属于《广韵》缉、质、职、昔等几个入声韵。西充的 tʂ、tʂʻ、ʂ则只与韵母 ʅ 相拼。峨眉山话中的 tʂ、tʂʻ、ʂ、ʐ 与 ts、tsʻ、s、z 自由变读，不构成对立，新派则已经没有翘舌音声母了。

在古入声字中存在 æ、iæ、uæ 这几个韵母，例如大邑、崇州、邛崃等地的“踏、特”，“恰、夹”，“刮”等。

此外，有的点鼻音尾韵较少。如长宁没有后鼻韵母 aŋ、uaŋ，“桑”＝“三”sã，“光”＝“关”kuã，合江没有韵母 uən，“昏”＝“轰”xoŋ。屏山没有韵母 uən、yn、aŋ、iaŋ、uaŋ，“桑”＝“三”sa^{n}，“羊”＝“盐”$iɛ^{n}$，“光”＝“关”kua^{n}，“昏”＝“轰”xoŋ，“均、兄”的韵母都是 yoŋ。乐山、洪雅，其他点读为 iɛn、yɛn 两韵的字韵尾脱落，主要元音鼻化，分别归入 iɛ̃、yɛ̃，有时鼻化色彩不浓，分别混同于 ie、ye，它们来自于山咸两摄舒声字，例如“盐 iɛ̃/ie”，“泉 tɕyɛ̃/tɕʻye”。

（二）仁富小片

主要分布在原四川境内的岷江、沱江下游地区，包括内江、隆昌、威远、自贡、富顺、荣县、仁寿、井研、筠连、冕宁县以及今重庆市的荣昌县。

仁富小片总体语音特点是声母有舌尖前音 ts、tsʻ、s，也有舌尖后音 tʂ、tʂʻ、ʂ，如内江“租”tsu^{55}≠“猪”$tʂu^{55}$、“粗”$tsʻu^{55}$≠“初”$tʂʻu^{55}$、“苏”su^{55}≠“书”$ʂu^{55}$。只是自贡、内江等地的舌尖后音发音部位比北京音稍前。古入声字今读去声，如自贡话“一”＝“意”i^{214}，“七”＝“气”$tɕʻi^{214}$，“八”＝“罢”pa^{214}，“力立力历笠雳”＝“利”ni^{214}。

仁富小片内部也有差别和变化。一部分地方的翘舌音正在消失，比如内江城区已开始有 ts、tsʻ、s 和 tʂ、tʂʻ、ʂ混读的倾向。荣县话则随着 2005 年 8 月章佳等乡镇划入自贡贡井区①，县境内原来存在的翘舌音声母也随之消失。

此外，跟岷江小片一样，一些点鼻音尾韵较少。如冕宁没有韵母 yan、yn，“泉”＝“钱”$tɕʻian^{41}$，“均”＝“今”$tɕin^{55}$；荣县没有韵母 yan、aŋ、iaŋ、uaŋ，“员”＝“云”yn^{31}，“桑”＝“山”san^{55}，“样”念 ian^{214}，“王”＝“完”uan^{31}。其他点为 ian 韵母的字荣县话读为 in，“盐”＝“银”in^{31}，“面”＝“命”min^{214}。

（三）雅棉小片

雅棉小片的方言点主要是雅安、芦山、名山、汉源、石棉、天全、宝兴和泸定八个县区（除名山外的其他县区均为旧西康属地）。这一地区大山环绕，境内山高谷深，旧时与外界交往不便。这又是四川境内唯一与甘孜、阿坝、凉山三个民族自治州接壤的地区，与藏、彝等民族的接触比较频繁。

雅棉小片最重要的语音特点是古入声字今读阴平。如雅安“一”＝“衣”i^{55}，“七”＝“欺”$tɕʻi^{55}$，“八”＝“巴”pa^{55}，“熟”＝“书”su^{55}等。声母中比较特殊的是天全、芦山、宝兴三县 t、tʻ、l 不与齐齿呼 i－类韵母相拼，普通话 t、tʻ、l 与齐齿呼相拼时对应地读为 tɕ、tɕʻ、ȵ，“低头”＝“鸡头”

① 这几个乡镇属荣县东路话，分平翘舌。

tɕi^{55}t'əu^{21}，“梯子”=“妻子”tɕi^{55}tsʅ^{42}，“了解”=“鸟解”ȵiau^{42}tɕie^{42}，“连”=“年”=“严”ȵiɛ̃，“天全天天下雨天天溜”听来如同“千全千千下雨千千妞”。这些都是来源于细音前的古端组字和来母、泥母以及部分疑母字。

石棉、汉源中古假开三麻韵①中的章、昌、船、书、禅、日母字，曾开一德韵字，梗开二陌、麦韵字，韵母均读为 ai。“泊”=“北”pai，“德”=“呆”tai，“特”=“胎”t'ai，“哲蜇浙折则贼窄责”=“灾栽”tsai，“厕彻撤侧测拆择宅策”=“猜”ts'ai，“涉涩舌设折虱塞色”=“筛”sai，“额扼”=“哀埃挨”ŋai。

三、昆贵片区

属于本片区的只有凉山州的宁南。语音特点是古入声字今读阳平，没有撮口呼，普通话的撮口呼一般读成齐齿呼。宁南县没有韵母 æ、iæ、uæ、yæ、ɔ、ie、ye、y、iɛi、yɛn、yn，只有31类。

四、黔北片

属于本片区的只有今重庆的秀山。本片的语音特点是古入声字今读阳平，但把普通话的 i、ie 都读成 i，“姐”=“己”tɕi；把 y、ye 都读成 y，“靴”=“虚”ɕy。

第二节　按入声的有无及读音分区

根据古入声字是否独立成类可以划分为两个大的片区②。

一、无入声区

本区入声消失，大体上是分别整体归并到舒声中的某一调类中。分布在原川东、川北，除个别县市外的川中、川西南角等地，约占汉族聚居区的三分之二。又可根据古入声字在今天的调类归并情况，分为三个小片。

（一）入声归阳平区

本小片约占无入声区全部县市的五分之四，大部分分布在原川东的长江流域、乌江两岸，川北的嘉陵江、渠江、涪江流域，以及川中地区，即原成都、重庆、万县、涪陵、黔江、达州、巴中、广元、南充、广安、绵阳等市、地，以及川西南角的盐源、盐边、德昌、米易、会理、宁南等地。本区大致与前一种分类的成渝片对应。

（二）入声归去声区

本小片主要集中在沱江下游的自贡、内江、仁寿、井研、威远、荣县、隆昌、富顺及川西南角的冕宁、川南的筠连等市、县，本区大致与前一种分类灌赤片的仁富小片对应。

---

① 假开三麻韵：假开三，分别指中古韵类的摄、开合、等，即假摄、开口、三等。麻韵，本书举平以赅上去，举入声韵则只限该韵本身。下文仿此，不再出注。

② 参看四川大学方言调查工作组. 四川方言音系. 四川大学学报（社会科学版），1960（3）；翟时雨. 汉语方言与方言调查. 重庆：西南师范大学出版社，1986.

（三）入声归阴平区

集中分布在雅安、名山、宝兴、天全、芦山、汉源、石棉、泸定等市、县，本区大致与前一种分类灌赤片的雅棉小片对应。

二、入声独立区

本区占汉族聚居区的1/3左右。主要分布在川西岷江流域和川南长江上游两岸。如原温江地区、乐山地区、宜宾地区、泸州市，还有射洪、盐亭、西充、西昌等地及今属重庆的江津、綦江，大致与前一种分类中灌赤片的岷江小片对应，本区共有阴平、阳平、上声、去声、入声5类声调，且入声字韵母多独立成类，尽管没有塞音韵尾，但也同舒声字韵母有别。其内部又可根据入声的调值，分为4个小片。

（一）入声中平调区

入声字念33或22调。大部分入声独立地区都属于这一小片。其中，绝大多数地区是33调，如都江堰、新津、双流、郫县、彭州、邛崃、崇州、大邑、温江、新都、蒲江、乐山市的五通桥、犍为、沐川、屏山、宜宾、泸州、合江、射洪、西充及綦江等地，江津则是22调。

（二）入声高平调区

入声字念55或44调。如峨眉山、夹江、洪雅等地是55，乐山44。

（三）入声中升或低升调区

入声字念34或24调。如古蔺、长宁、江安、高县、珙县34，眉山、彭山24、青神23，盐亭13。

（四）入声中降调区

入声字念31调，只有西昌一地。

除以上分区外，位于四川西部的川西高原和大小凉山的阿坝藏族羌族自治州、甘孜藏族自治州和凉山彝族自治州，这一广大区域居住着藏、羌、彝等少数民族，过去他们主要说本民族语言。随着与汉人和其他民族交往频繁，杂居区中的少数民族有相当一部分人能说汉语，这些地区的汉语体现为受到当地民族语言影响的西南官话，被当地人称为"团结话"，并且已有部分当地居民以此为自己的母语。这是西南官话的一种新类型，在语音、词汇、语法等方面都有自己的特点，与纯汉区的西南官话在语感上明显不同。例如甘孜藏族自治州境内，康定一带把受到当地藏话影响的汉话称为"康巴话"，在道孚、雅江一带则称"倒倒话"，都有混合语的一些特征。语法方面，宾语常常放在动词前，如"一箱东西给你带起来$_{给你带来一箱东西}$"，"街一个上$_{上街}$"，"饭一个吃$_{吃饭}$"；修饰语有时在中心语之后，如"饭一满满$_{一满碗饭}$"；"倒倒话"有体、态等语法范畴，如"你 kʻe－ʂʅ^{332}做起在$_{你在做啥}$"，kʻe－ʂʅ^{332}就表示一种进行体。语音方面，"倒倒话"有与清音对立的浊塞音声母和成套鼻冠音声母。在阿坝藏族羌族自治州境内的"土汉语"受当地没有声调的藏话影响声调消失，基本没有复元音，有复辅音，有塞音韵尾。凉山汉彝杂居区所说的西南官话受到彝语影响，没有鼻音韵尾，宾语常常在动词前，例如"共产党没有，新中国没有$_{没有共产党，就没有新中国}$"。对这类在语言接触中产生的新形式还需要进一步研究。

还有以攀枝花为代表的移民城市的方言特征也呈现出独特之处。自20世纪60年代起从东北、上海等地内迁入一批"三线厂"，这些厂矿的迁入地一般是川、渝的偏僻山区。其内部第二代、第三代成员大多放弃迁入时带来的外地话，但又拒绝说当地土话，一般接受他们认为的中心城市的方言，但又与之有别。攀枝花市就是这样的一个范例，其城区方言更趋近于成都话。

第二章　官话方言的语音特点[①]

第一节　官话方言的声母

一、声母的类别

官话方言各地的声母系统不完全相同，下面的声母总表是各地方言声母的汇总。

官话方言声母总表

表2－1

发音方法＼发音部位			双唇	唇齿	舌尖前	舌尖中	舌尖后	舌面	舌面后
塞音	清	不送气	p			t			k
		送气	p‘			t‘			k‘
塞擦音	清	不送气			ts		tʂ	tɕ	
		送气			ts‘		tʂ‘	tɕ‘	
擦音	清			f	s		ʂ	ɕ	x
	浊				z		ʐ		
鼻音	浊		m			n		ȵ	ŋ
零声母						ø			

二、声母描写

（一）声母使用情况简述

从总体上看，四川方言有辅音声母23个，连同零声母共计24个。在不同的方言点中，声母系统情况不一。大部分方言点声母是20类或19类，如成渝片区的绝大部分方言点。其中，以成都话为代表的成渝片区的成都、绵阳、江油、资阳等及灌赤片区的眉山、泸州、长宁、汉源，昆贵片区的宁南等，超过四川方言三分之一的方言点，只缺舌尖后音声母一组，有声母20类；以重庆话为代

① 本章主要参考四川大学方言调查工作组．四川方言音系．四川大学学报（社会科学版），1960（3）．

表的成渝片区的重庆、万州、达州、广元等及灌赤片区的乐山、峨眉山、宜宾、雅安等方言点，还缺 ȵ 声母，只有 19 类。声母较多的方言点，多分布在灌赤片区，如岷江小片的都江堰、彭州、郫县、新都、西充等地既有舌尖前音声母 ts、tsʻ、s、z，也有舌尖后音声母 tʂ、tʂʻ、ʂ、ʐ，还有 n、ȵ 的对立，有声母 24 类；仁富小片的自贡、内江、仁寿、威远、荣县和成渝片区的南江、仪陇、巴中等地只比前述的都江堰、彭州等地少舌尖前音声母 z，有声母 23 类；岷江小片的西昌及仁富小片的筠连、冕宁，还有成渝片区的会理、盐源、盐边、米易等地，又比都江堰、彭州等地少舌尖前音 z 和舌面鼻音 ȵ，有声母 22 类。今属重庆的奉节缺 tʂ、tʂʻ、ʂ、ʐ、f、ȵ，巫溪缺 tʂ、tʂʻ、ʂ、z、f、ȵ，是成渝片区声母最少的地点，都只有 18 类。

（二）声母音值描写

声母总表中的国际音标主要表示音类，各地的实际读音不一定完全相同。

各点使用情况基本相同、音值与普通话基本一致的声母有/p/、/pʻ/、/f/、/ts/、/tsʻ/、/s/、/t/、/tʻ/、/k/、/kʻ/、/x/等。以下声母发音跟普通话有差异或各地使用情况不完全相同。

/m/：鼻腔气流较弱，不如普通话 m 鼻音色彩浓，多带同部位浊塞音成分。如“妈、米、木”。

/z/：摩擦成分较轻，浊音气流较弱。如“人、日、热”等。

/n/：发 n 时，鼻腔气流较弱，鼻音色彩不浓，并多带同部位的浊塞音成分。在四川方言中有舌尖中鼻音 n、舌尖中边音 l、带鼻化色彩的舌尖中边音 l̃ 三种读法。这些读法可以出现在同一个方言点内不同个体的口中，也可以出现在同一人口中。一般情况是开合两呼韵母前 n、l、l̃ 自由变读。至于齐撮两呼韵母前，在没有 ȵ 声母的方言点多读 n；在有 ȵ 声母的方言点，除中古泥母及部分疑母字读 ȵ 外，来母细音字仍多读 n，如成都、南充、绵阳、自贡、泸州、巴中等地。另有少数地区细音前全读 ȵ，如天全、宝兴、芦山。

/tʂ/、/tʂʻ/、/ʂ/、/ʐ/：都江堰、郫县等地发音部位较北京音靠后，听感上觉得翘舌较重；自贡、内江等地比北京音稍前；川北南江、巴中等地，发音部位更为靠前，听起来与 ts、tsʻ、s 非常接近。

/tɕ/、/tɕʻ/、/ɕ/：发音部位较普通话略微靠后，如“教、节、前、腔、现、席”。

/ȵ/：舌面前、浊鼻音，略带同部位的擦音成分。如成都话“你、年、娘、严”。

/ŋ/：发音时鼻腔气流较弱，鼻音色彩不太浓，多带同部位浊塞音成分，如“昂、爱、我”。

零声母：开口呼零声母发音有时略带喉塞音 ʔ，如“阿、儿”；齐齿呼零声母发音时略带半元音 j，如“衣、牙”；合口呼零声母发音时略带唇齿浊擦音 v 或半元音 w，如“五、娃”；撮口呼零声母发音时略带半元音 ɥ，如“鱼、圆”。

第二节　官话方言的韵母

一、韵母的类别

各地韵母系统互有差异，下面的韵母总表是各地韵母的汇总。

官话方言韵母总表

表2－2

ɿ，ʅ	i	u	y
a	ia	ua	
æ	iæ	uæ	yæ
o			yo
ɔ			
e	ie	ue	ye
ɚ			yu
ai	iai	uai	
ei		uei	
au	iau		
əu	iəu		
an	ian	uan	yan
ən	in	uən	yn
aŋ	iaŋ	uaŋ	
oŋ			yoŋ

二、韵母描写

（一）韵母分布情况简述

从总体上看，四川方言韵母共计43类。在不同的方言点中，各韵母的使用情况不一。没有一个点全部具备这43类。大多数地区是36类。韵母数目最多的是今属重庆的黔江，只没有ʅ、ɔ、yæ，共有韵母40类。最少的是30来类，如宁南、屏山，都只有31类。

（二）韵母音值描写

韵母总表中的国际音标只表示韵类。各类韵母在各方言点的实际音值不一定相同。

/a/：主要包括a、ɑ、ɐ三种音值。a舌位比标准元音a偏央，接近于ᴀ，是大多数方言点的音值。如成都的"大ta、八ba"。ɑ有时略带圆唇色彩，a和ɐ主要出现在有入声的少数地点，如峨眉山、泸州、洪雅等地的"爸pɑ、怕pʻɑ、大tɑ、他tʻɑ"等，邛崃"八pɐ"。

/ia/、/ua/：其中的a同/a/一样，主要包括三种音值a、ɑ、ɐ。大多数地点是接近于ᴀ的a，如成都、达州、雅安等地"家、下、洼、瓜"。ɑ和ɐ也主要出现在有入声的少数地点，前者如峨嵋、古蔺的"架、夏、挂、夸"；后者如邛崃的"甲、刷"。

/æ/、/iæ/、/uæ/、/yæ/：只作入声独立成类地点中入声字的韵母。其中，/æ/和/uæ/中的æ偏央，如邛崃、崇庆、乐山、泸州等地的"踏、特、恰、刷、国、阅"等。

/ɔ/：主要分布在川西有入声的地点，如温江、大邑、双流、彭山、夹江的"哥"。川东北一些地点也有分布。如巴中、宣汉、平昌、南江的"哥"。少数有入声的地点舌位略前，音值在ɔ、ə之间，如邛崃的"各"。

/o/：主要包括o、ʊ、ɵ三种音值。o在零声母音节中唇圆而口略闭，并常带有轻微的喉塞音ʔ，如成都"窝、屙"。在辅音声母之后唇略展，如成都"多"。少数地点在非唇音声母之后带过渡音u。如广元"左$ts^{u}o$、果$k^{u}o$"。ʊ、ɵ只出现在有入声的地点，如新津"说、叔sʊ"，温江"骨kɵ"。

/yo/：主要包括 yo、yʊ、yɵ、io，其中 yo 分布最广，如成都、绵阳“学 ɕyo、脚 tɕyo”；yʊ、yɵ 只出现在有入声的地点，如温江“药欲 yʊ”，夹江“药 yɵ”。io 出现在没有撮口呼的地点，如中江、西昌“药 io”。

/e/、/ie/、/ue/、/ye/：其中的 e 有时略开，接近于 ɛ。如成都“车 tsʻe、得 te、借 tɕie、郭 kue、越 ye”。

/i/：单独成音节时，前面往往带半元音 j，如成都“移 ji”。有的地点 i 舌位较高，带有明显的舌面前浊擦色彩，如西昌“衣 ji、其 tɕʻji”。

/ɿ/：主要包括 ɿ、ɘ 两种变体。ɿ 分布最广，一般只同 ts、tsʻ、s 结合。个别地点，可以同 ts、tsʻ、s 之外的声母结合，如平昌、西昌小渔村“米 mɿ、皮 pʻɿ”。ɘ 是较 ə 略关的音，只在入声独立地点的入声字中出现，如新津“直 tsɘ”。

/ʅ/：有的地点比北京话 ʅ 略靠前。如川北巴中、南江“是 ʂʅ”。

/u/：单独成音节时，有不同情况，一是前面有摩擦色彩，有时发自成音节的唇齿浊擦音 v；另一种是前面带半元音 w，发 wu；与 f 相拼时往往是 v，如成都“福 fv”。

/yu/：主要包括 yu、iu 两种音值。yu 通行最广，尤以川东常见，如重庆“欲”。iu 主要见于无撮口呼的地点，如西昌“欲”。

/y/：主要包括两种音值 y、yi。前者通行较广，如成都“鱼、居、区、需”；后者如自贡“鱼”。y、yi 在零声元音节中往往带半元音 ɥ。

/ɚ/：主要包括 ɚ、ə、ɭ 三种音值。ɚ 分布最广，一般是自成音节，如成都“儿、耳、二”；灌赤片的都江堰、郫县、彭州等地可以同 tʂ、tʂʻ、ʂ、ʐ 相拼，如“直 tʂɚ、吃 tʂʻɚ、食 ʂɚ、日 ʐɚ”。川东一些地方 ɚ 往往发成同舌尖后边音 ɭ 及 ə 结合点复合音 ɚɭə，尤其是在没有后续音节的时候如涪陵、垫江“幺儿排行最小的儿子的“儿 ɚɭə”。ə 主要分布在川中一些地点，如南充“儿、耳、二”。ɭ 是边音自成音节，如犍为“二 ɭ̩”。

/ai/、/uai /：韵尾 i 较开。如成都“在 tsai”“怪 kuai”。

/iai/：主要元音受介音 i 和韵尾 i 的影响，舌位变高，接近于 ɛ，如成都“延 iɛi、解 tɕiɛi、谐 ɕiɛi”。

/ei/、/uei/：韵尾 i 较开，如达州“背 pei、归 kuei”。

/au/、iau/：主要元音靠后，近于 ɑ。如成都“高 kɑu、要 iɑu”。有的地点韵尾唇较展，近于舌面后、高不圆唇元音 ɯ。如中江“桃 tʻaɯ、叫 tɕiaɯ”。

/əu/、iəu/：一些地点韵尾圆唇程度不够，实际发音更接近 ɯ，如中江“狗 kəɯ、酒 tɕiəɯ”，南江“休 ɕiəɯ”。

/an/、/ian/、/uan/、/yan/：就主要元音 a 而言，an、uan 是一类，接近于 a，如达州“三 san、关 kuan”；少数地点是 æ，如夹江“三 sæ̃、关 kuæ̃”。ian、yan 是一类，接近于 ɛ，如达州“盐 iɛn、全 tɕʻyɛn”，少数地点近于 e，如夹江“盐 iẽ、全 tɕʻyẽ”。就韵尾而言，-n 有三种情况：A. 舌尖着实抵齿龈[①]；B. 舌尖作势不抵齿龈；C. 元音鼻化，有的地点韵尾也脱落 。大体说来，A 组主要分布在川东地区，如邻水、达州“三 san、盐 iɛn、关 kuan、全 tɕʻyɛn”。B 组主要分布在川北、川西地

① 这里发音“着实”指发 -n 韵尾时，舌尖抵达上齿龈，并完成发音全过程，有典型的舌尖鼻音韵尾色彩；“作势”指舌尖有向上齿龈移动的倾向，但未到位，未形成典型的舌尖鼻音韵尾色彩。后同。

区，如南江、成都“三 sa^n、盐 $iε^n$、关 kua^n、全 $tɕ'yε^n$”。C 组主要分布在川西、川南地区，如眉山“三 sã、盐 iε̃、关 kuã、全 tɕ'yε̃”，又如上举的夹江。①

/ən/、/in/、/uən/ 、/yn/：/ən/、/uən/主要元音一般都是 ə，个别地点是 e，如峨眉山“跟 ken、婚 xuen”。这四个韵类韵尾都着实。

/aŋ/、/iaŋ/、/uaŋ/：主要元音 a 靠后，实际是 ɑ。如成都“张 tsɑŋ、江 iɑŋ、光 kuɑŋ”。

/oŋ/：主要包括 oŋ、ʊŋ、uŋ、əŋ 四种音值。如“朋”，成都 p'oŋ、广元 p'ʊŋ、屏山 p'uŋ、通江 p'əŋ。əŋ 只出现在个别地点的唇音声母之后。

/yoŋ/：主要包括 yoŋ、yʊŋ、yŋ、ioŋ 四种变体，如“用”，成都 yoŋ、广元 yʊŋ、屏山 yŋ、西昌 ioŋ。ioŋ 主要出现在没有撮口呼的地点。

第三节 官话方言的声调

一、调类及代表点调值

各方言点调类及调值不完全一样，各地调类总汇及代表点调值见下面的声调总表。

官话方言声调总表

表 2－3

调类 / 调值 / 代表点	阴平	阳平	上声	去声	入声
成都	衣 55	鱼学 21	海 53	素 213	
雅安	衣学 55	鱼 21	海 42	素 214	
自贡	衣 55	鱼 31	海 53	素学 214	
乐山	衣 55	鱼 21	海 43	素 213	学 44

调类总计 5 类。全省约三分之一的地点有 5 类，三分之二的地点只有阴平、阳平、上声、去声 4 类。

二、调值描写

（一）阴平

一般是高平调55，如成都、达州、内江、南充等的“钢知专飞”；有的是44 调，如江油、宝兴、蓬溪、峨眉山、西昌等地。有的地点有微升趋势，实际读为45，如梓潼、旺昌、仁和等地。

（二）阳平

一般是低降调。比较多的是21，如成都、遂宁、南充等的“阳陈元鱼”，也有念31 的，如自贡、

① 见甄尚灵．四川方言的鼻尾韵．方言，1983（4）．

新都、射洪、泸定等地。还有念高降调，如西昌话52，冕宁41，高县42。川东少数地点是降升调或低升调，如达州是12，今属重庆的万州是213。

（三）上声

一般是高降调。比较多的是42，如达州、内江、宜宾、雅安等的“马走短讲”。有的方言点是53，如成都、邛崃、广安、剑阁等地。有的方言点是52，如温江、绵阳、南部等地。个别方言点是中升调，如西昌为34，冕宁为35。

（四）去声

一般分降升调和升调两种类型。降升调有的是213，如成都、平昌、邻水、天全等的“就盖万动”；有的是214，如巴中、南江、盐亭、安岳等地。还有其他降升调的，如昭觉312。升调调值通常为13，如绵阳、眉山、峨眉山、汉源。也有为14、24的，如简阳等地是14，资中等地是24。此外，西昌话去声为低平调11。

（五）入声

入声独立成为一类的地区，多数读为中平调33，如温江、新津、邛崃“读学一接”。部分地区为高平调，如峨眉山、夹江为55，乐山44。还有读中升调或低升调的，如眉山24、古蔺34，盐亭13。西昌一地读为中降调31。

第四节　官话方言的语流音变[①]

一、变调

较为突出的变调现象有以下几种。

（一）阳平的变调

最常见、最突出的是阳平重叠变调。四川方言阳平调值各地并不完全一样，但不论原本念何调值，阳平字重叠大都可产生变调现象。其规律大部分地区是后一字变读阴平。如：

	盆盆$_{\text{盆子}}$	瓶瓶$_{\text{瓶子}}$	台台$_{\text{台子}}$	核核$_{\text{核儿}}$	盒盒$_{\text{盒子}}$
成　都	pʻən^{21} pʻən$^{21-55}$	pʻin^{21} pʻin$^{21-55}$	tʻai^{21} tʻai$^{21-55}$	fu^{21} fu$^{21-55}$	ho^{21} ho$^{21-55}$
仁　寿	pʻən^{21} pʻən$^{21-55}$	pʻin^{21} pʻin$^{21-55}$	tʻai^{21} tʻai$^{21-55}$	fu^{21} fur$^{21-55}$	ho^{21} hor$^{21-55}$
雅　安	pʻən^{21} pʻən$^{21-55}$	pʻin^{21} pʻin$^{21-55}$	tʻai^{21} tʻai$^{21-55}$		
彭　州	pʻən^{21} pʻən$^{21-55}$	pʻin^{21} pʻin$^{21-55}$	tʻai^{21} tʻai$^{21-55}$		
峨眉山	pʻən^{21} pʻən$^{21-44}$	pʻin^{21} pʻin$^{21-44}$	tʻai^{21} tʻai$^{21-44}$		
西　昌	pʻən^{52} pʻən$^{52-44}$	pʻin^{52} pʻin$^{52-44}$	tʻai^{52} tʻai$^{52-44}$		

以上各点中，成都属入声归阳平的地区，所以“核核$_{\text{核儿}}$”“盒盒$_{\text{盒子}}$”跟普通阳平字重叠一样变调；仁寿属入声归去声的地区，但是去声相连，前一音节变半去，同阳平，部分这样的叠音词，如“核核$_{\text{儿}}$”“盒盒$_{\text{儿}}$”也跟普通阳平字重叠一样变调；雅安属入声归阴平的地区，彭州、峨眉山、西昌属入声独立的地区，“核核”$_{\text{核儿}}$、“盒盒”$_{\text{盒子}}$不按阳平字重叠变调的规律变调。不过，在某些入声归

① 参张一舟．四川方言几种连读音变现象研究．语言研究，2011，(3)．

阳平的地区，古入声字变来的阳平字重叠构成名词时可变调，也可不变调。如成都话的“壳壳$_{\text{壳}}$k‘o^{21}k‘o^{21}”“角角$_{\text{角}}$ko^{21}ko^{21}”“叔叔 su^{21}su^{21}”“伯伯 be^{21}be^{21}”等。

有的地区阳平字重叠构成名词时后一字变读上声。如都江堰市河西话①：

婆婆 po^{31}po$^{31-53}$	娃娃 ua^{31}ua$^{31-53}$	苗苗$_{\text{苗儿}}$miau^{31}miau$^{31-53}$
皮皮$_{\text{皮}}$ p‘i^{31}p‘i$^{31-53}$	林林$_{\text{林子}}$nin^{31}nin$^{31-53}$	笼笼$_{\text{笼状物}}$noŋ^{31}noŋ$^{31-53}$

阳平叠字变调通常只发生在重叠构成名词时，其他情况的阳平字叠用都念本调，阳平重叠变调可以说是四川方言名词的一种构词手段。

阳平字重叠构成名词时后字变阴平，是四川方言中非常普遍的现象，以至于感染了一些由两个不同的阳平字组成的合成名词，使其后一音节也变读阴平，如上举各点中，“锄头、龙门子$_{\text{院子的大门}}$、裁缝（名词）、眉毛、前头”等的第二个音节由阳平变读阴平。

（二）上声的变调

部分地区上声字重叠构成名词有变调现象。其规律是后一字变读阳平，如成都“桶桶$_{\text{桶}}$ t‘oŋ^{53}t‘oŋ^{53}”读如“桶同 t‘oŋ^{53}t‘oŋ^{21}”。又如：

	恍恍$_{\text{粗心大意的人}}$	米米$_{\text{植物种子；米粒状的东西}}$	果果$_{\text{水果}}$	蹬蹬$_{\text{鞋跟儿}}$
成都	xuaŋ^{53}xuaŋ$^{53-21}$	mi^{53}mi$^{53-21}$	ko^{53}ko$^{53-21}$	tən^{53} tən$^{53-21}$
雅安	xuaŋ^{42}xuaŋ$^{42-21}$	mi^{42}mi$^{42-21}$	ko^{42}ko$^{42-21}$	tən^{42} tən$^{42-21}$
彭州	xuaŋ^{53}xuaŋ$^{53-21}$	mi^{53}mi$^{53-21}$	ko^{53}ko$^{53-21}$	tən^{53} tən$^{53-21}$

同阳平字的变调一样，上声的变调只出现在重叠构成名词时。叠用而不构成名词则不变调。具有这种变调现象的地区较少，大部分地区上声字重叠构成名词时不变调。

（三）去声的变调

在去声念降升调或低升调的地方，一般都有变调现象。比如读降升调的去声字在非去声之前，如果不重读的话，往往读得不完整，近乎半去。总起来看，去声的变调情况比阳平、上声复杂。这里主要谈以下两种变调现象。

1．去声字重叠变调

这是去声最普遍的变调现象。主要有两种情况。

（1）后一音节变读阴平

去声重叠后一音节变读阴平，前一音节有两种情况，一种是前字读原调，“洞洞$_{\text{洞}}$”读如“洞东”。另一种是前一字读半去，即只降不升。如：

	豆豆$_{\text{豆子}}$	架架$_{\text{架子}}$	棍棍$_{\text{棍子}}$	凼凼$_{\text{坑}}$	缝缝$_{\text{缝儿}}$
成都	təu^{213}təu$^{213-55}$	tɕia^{213}tɕia$^{213-55}$	kuən^{213}kuən$^{213-55}$	taŋ^{213}taŋ$^{213-55}$	foŋ^{213}foŋ$^{213-55}$
重庆	təu^{214}təu$^{213-55}$	tɕia^{214}tɕia$^{214-55}$	kuən^{214}kuən$^{214-55}$	taŋ^{214}taŋ$^{214-55}$	foŋ^{214}foŋ$^{214-55}$
彭州②	təu$^{213-21}$təu$^{213-55}$	tɕia$^{213-21}$tɕia$^{213-55}$	kuən$^{213-21}$kuən$^{213-55}$	taŋ$^{213-21}$taŋ$^{213-55}$	foŋ$^{213-21}$foŋ$^{213-55}$

① 都江堰市河西话接近于崇州话，另有河东话，接近于彭州话，通常以河东话作为都江堰市方言的代表。

② 据杨绍林．彭州方言研究．成都：巴蜀书社，2005．

西昌一地去声单念是11调，重叠时前一音节变读14，后一音节变读阴平。如："豆豆 tәu$^{11-14}$ tәu$^{11-44}$""架架 ȶɕia$^{11-14}$ ȶɕia$^{11-44}$""棍棍 kuәn$^{11-14}$ kuәn$^{11-44}$""凼凼 taŋ$^{11-14}$ taŋ$^{11-44}$""缝缝 fuŋ$^{11-14}$ fuŋ$^{11-44}$"。

这些地区的去声重叠变调也只出现在重叠构成名词时，叠用而不构成名词时也不变调。如"罐罐"后一音节变读阴平是罐子的意思：买个罐罐装白糖。不变读则是量词"罐"的重叠形式是每一罐的意思：一共五罐，罐罐都装满了。又如"样样"，后一音节变读阴平是"模样"的意思；不变读阴平是"每一样"的意思。

跟阳平重叠变调不同，某些地区去声叠用不构成名词时也可变调。在原川东万县、涪陵的某些地区就是这样，去声叠用变调可以跟成都、重庆一样出现在构成名词时，也可出现在非名词（包括非词结构）中。非名词的去声叠用若第二音节不重读，就可变读阴平。如今属重庆的涪陵、垫江，下列例句中带下横线的都可变读阴平：

①天气渐渐凉了/他正正在气头上他正在生气。

②个个都来了/样样都能干。

③二二得四/四四一十六。

④上上下下/前前后后。

⑤慢慢说/痛痛快快/随随便便。

⑥文绉绉

（2）前一音节变读半去，后一音节不变

由于去声的前一半多是低降调，与阳平接近，所以也有人说是变为阳平。这主要是川西、川南部分地区。如仁寿的"架架 ȶɕia$^{213-21}$ ȶɕia^{213}""棍棍 kuәn$^{213-21}$ kuәn^{213}""凼凼 taŋ$^{213-21}$ taŋ^{213}""刷刷 sua$^{213-21}$ sua^{213}"。

在仁寿话里古入声字归去声，所以"刷"也跟一般的去声字一样变化。

这种去声重叠变调也只发生在构成名词时，重叠而不构成名词，则不变调。如前述作为量词重叠的"罐罐""样样"。

雅安话去声字重叠构成名词，前一字变半去，调值近21；后一字调值为14。例如"路路条状痕迹 nu$^{214-21}$ nu$^{214-14}$""架架架子 ȶɕia$^{214-21}$ ȶɕia$^{214-14}$""揍揍塞子 ʦәu$^{214-21}$ ʦәu$^{214-14}$""豆豆豆子 tәu$^{214-21}$ tәu$^{214-14}$"。

2. 非重叠的去声连读变调①

非重叠的去声连读变调也有两种情况。

（1）后一音节变读阴平

在去声重叠后一音节变读阴平的地区，部分方言点，主要是原川东万县、涪陵的一些地区，一般的两个去声字连用，凡后一字不重读的，也要变读阴平，不管整个组合是不是名词，甚至是不是词，如："万县、社会、榨菜、二妹、硬是、背上、电棒电筒、电线、电话、大树、这个、那个、饭菜、快慢、重要、进去、坐下、浪漫、印度、去过、唱看"看"表尝试、画看"看"表尝试"等。例中各组合多是偏正式，"饭菜、快慢、重要"为联合式，"进去、坐下"为动趋式，"浪漫、印度"为单纯词，它们的第二音节通常不重读，所以要变读阴平。至于"去过、唱看、画看"这类组合中的"过、

① 参张一舟．垫江话的连读变调，四川大学学报丛刊·汉语论丛，1984．

看”是助词，不重读，所以也要变读阴平。

动宾式、主谓式、非动趋式的补充式的组合，附加式中的前加式的词单用或在句末，第二音节往往重读，读本调。如下列例子中带短横线的音节：

散会！｜问路。｜他自负。｜念快了。｜他第一，我第二。

比较“线段”和“线断”，从语音层面看都是去声＋去声，但前者是偏正式，第二音节不重读，变读阴平；后者是主谓式，第二音节重读，不变调。

如果是 ABC 三个去声字连读，那么 AB＋C 是一种变调情况，A＋BC 是另一种变调情况：

a. AB＋C　不论 AB 是什么结构关系（即便是单纯词），B 变阴平，C 不变。如：

豆瓣酱｜万县市｜挂面铺｜电话线｜大路上｜外面卖｜地震带

运气坏｜富裕户｜算账派｜快去卖｜另外弄｜浪漫派｜印度教

b. A＋BC　看 BC 是否重读。若重读，则不论 BC 是什么结构类型，C 皆变读阴平。如：

订计划｜看电视｜卖大蒜｜去印度｜站外面｜大半寸｜快坐下｜太浪漫

以上例子是动宾短语或状中短语，BC 往往重读。若 BC 不重读，则 BC 都变读阴平。如：

大电视｜下半夜｜坐下去｜站进去

“坐下去｜站进去”之类带趋向补语的组合，补语通常不重读；也可特意强调补语，让“下去”“进去”重读，那么“坐下去｜站进去”就跟“站外面”之类动宾式组合一样变调。

“背靠背、面对面、硬碰硬、自顾自”之类主动宾式组合，按结构应切分为 A＋BC。但因为 BC 是动宾式，通常 C 重读，不变调，所以实际是像 AB＋C 一样，B 变读阴平。

由此可见，非去声重叠变调，受组合的重音分布的制约。

三个以上的去声字连读可以分别切分成两个或三个去声字的组合按前述规律变调。

（2）前一音节变读半去，后一音节不变

在去声重叠前一字变读半去，后一音节不变的地区，一般的去声字连用，也这样变调。如：

	豆瓣	笑话	灌县	正在	味道
仁　寿	tәu$^{214-21}$ pan^{214}	ɕiau$^{214-21}$ xua^{214}	kuan$^{214-21}$ ɕiɑau^{214}	tsәn$^{214-21}$ tsai^{214}	uei$^{214-21}$ tәu^{214}
都江堰	tәu$^{23-11}$ tәu^{23}	ɕiau$^{23-11}$ xua^{23}	kuan$^{23-11}$ ɕian^{23}	tsәn$^{23-11}$ tsai^{23}	uei$^{23-11}$ ttәu^{23}
峨眉山	tәu$^{13-11}$ tәu^{13}	ɕiau$^{13-11}$ xua^{11}	kuan$^{13-11}$ ɕian^{13}	tsәn$^{13-11}$ tsai^{13}	uei$^{13-11}$ tәu^{13}

这种变化跟组合的结构关系没有关系。

（四）入声的变调

四川方言入声的变调主要见于西昌，入声单念为 31 调，重叠构成名词时，后一音节变读阴平。如：

壳壳外壳　ko^{31} ko$^{31-44}$　　索索绳子 so^{31} so$^{31-44}$　　盒盒盒子 xo^{31} xo$^{31-44}$

刷刷刷子　sua^{31} sua$^{31-44}$　　叶叶叶子 ie^{31} ie$^{31-44}$　　核核核儿 fu^{31} fu$^{31-44}$

在西昌，入声和阳平都读降调，所以变调规律也都一样：重叠构成名词时，后一音节变读阴平，并且也跟阳平一样，重叠而不构成名词则不变调。

从前面的分析可以看出，从语音层面看，四川方言变调一般发生在非平调调型上，调值是降调或曲折调的容易发生音变。主要是相同调值的字连读时容易发生声调的异化。但它不是单纯的语音现象，跟词汇、语法都有一定关系。特别是重叠变调往往与名词的重叠式构词同现，可以说是名词的一种构成方式。同时，四川方言中的变调一般只是声调的异化，不涉及声母、韵母的改变。

二、儿化

“儿”在四川方言中大部分地区念 ɚ，少数地区（主要是川中某些地区）念 ə（有人记为 ɐ），个别地方如犍为是舌尖中边音 l̩ 自成音节①，川东一些地方发完 ɚ 紧接着舌头平伸发 ə，所以实际发的是个复合音 ɚɭə。不过犍为没有儿化韵，“儿”发 ɚɭə 的地方儿化时还是发 ɚ，所以四川方言儿化实际上有 ɚ 化和 ə 化两种。例如“妹儿”，成都读 mɚ^{213}，南充读 mə^{14}。

（一）儿化韵的语音形式

就儿化韵的音值而言，有两种情况②。

1. 儿化韵只有四类的地区

这类地区只有四种儿化韵类。在“儿”读 ɚ 的地区是 ɚ、iɚ、uɚ、yɚ 四类；在“儿”读 ə 的地区是 ə、iə、uə、yə 四类。

属于这一类的地区主要分布在川西、川南、川中、川北一带。如新都、崇州、彭州、都江堰、郫县、金堂、彭山、雅安、天全、泸州、宜宾、仁寿、简阳、遂宁、乐至、安岳、蓬溪、南充、阆中、巴中、通江等地，而以成都话为代表。其儿化韵主要采取直接由 ɚ（在儿读 ə 的地区则是由 ə）代替原韵母的主要元音和韵尾（如果有韵尾的话）的方法构成。如果原韵母主要元音是 i、u、y，则 ɚ（或 ə）加在它们之后，归并为了 ɚ、iɚ、uɚ、yɚ 四类。如成都③：

（油）渣 tsa$_{\text{儿肥膘肉去除脂肪后的剩余物}}$ =（醪）糟 tsau$_{\text{儿}}$ = tsɚ，即 a、au→ɚ

（踑）踑 pai$_{\text{儿瘸子}}$ =（杯）杯 pei$_{\text{儿}}$ = pɚ，即 ai、ei→ɚ

（老）板 pan$_{\text{儿}}$ =（老）本$_{\text{儿}}$pən = pɚ，即 an、ən→ɚ

（眼）眼 ian$_{\text{儿}}$ =（缨）缨 in$_{\text{儿}}$ = iɚ，即 ian、in→iɚ

（蚂）蚁 i$_{\text{儿}}$ =（豆）芽 ia$_{\text{儿}}$ = iɚ，即 i、ia→iɚ

（管）管 kuan$_{\text{儿}}$ =（滚）滚 kuən$_{\text{儿轮子}}$ = uɚ，即 uan、uən→uɚ

（小）褂 kua$_{\text{儿}}$ =（小）罐 kuan$_{\text{儿}}$ = uɚ，即 ua、uan→uɚ

（裙）裙 yn$_{\text{儿}}$ =（圈）圈 tɕʻyan$_{\text{儿}}$ = yɚ，即 yn、yan→yɚ

属于这类地区的还有西昌。其儿化韵的构成与成都差不多，但由于其韵母系统本来就缺少撮口呼一类，所构成的儿化韵实际只有 ɚ、iɚ、uɚ 三类。

2. 儿化韵超过四类的地区

主要分布在川东、川东北一带，以重庆话为代表。这类地区儿化韵的构成方式不单一，儿化韵类不

---

① 参四川大学方言调查工作组．四川方言音系．四川大学学报（社会科学版），1960（3）．

② 参张磊．四川方言儿化研究．//王文虎主编．对外汉语教学论丛．第一辑．成都：四川大学出版社，1998．

③ 参甄尚灵．成都语音的初步研究．四川大学学报（哲社版），1958（1）；袁家骅等著．汉语方言概要．第二版．北京：语文出版社，2001．

限于ɚ、iɚ、uɚ、yɚ（或ə、iə、uə、yə）四类。若原韵母主要元音为高元音i、u、y、o等的，则同前一类地区一样用ɚ代替，形成ɚ、iɚ、uɚ、yɚ四类。原韵母主要元音为低元音a、ᴀ、ɑ、æ的，儿化时，主要元音央化，韵尾是i、n的，则脱落，是u、ŋ的，则合并为u，与此同时伴以卷舌动作。

如重庆话：

（老）板$_{\text{儿}}$pɐr——（老）本$_{\text{儿}}$pɚ　（哨）哨$_{\text{儿}}$sɐ^{u}r——（手）手$_{\text{儿}}$sɚ

（眼）眼$_{\text{儿}}$iɐr——（缨）缨$_{\text{儿}}$iɚ　（样）样$_{\text{儿}}$iɐ^{u}r——（影）影$_{\text{儿}}$iɚ

重庆话的儿化韵一共有十个：

ɚ（←ei、ou、an），iɚ（i、ia、ie、iəu、in）

uɚ（←u、o、uai、uei、uan、oŋ），yɚ（←yo、yn）

ɐr（←a、ai、an），iɐr（←ian），uɐr（←ua、uan），yɐr（←yan）

ɐ^{u}r（←au、aŋ），iɐ^{u}r（←iau、iaŋ）

垫江、大竹、云阳、达川、平昌、武胜、苍溪等地情况与重庆类似，都多于四类，但儿化韵的具体数目不完全一样。

另有一些地方，儿化韵类基本上是四类，但有时候又有多于四类的某些发音特点。例如广安、西充等地，在某些主要元音为a的音节里，a没有完全为ɚ替代，而有ɐ的色彩。这反映出这些地区儿化韵由繁趋简的发展过程尚未完成。

（二）儿化韵的使用情况

四川方言各地儿化韵的使用情况并不完全一样。上文说到，个别地方儿化韵至今仍基本没有，主要是岷江流域的五通桥、犍为一带。其余各地，总起来看，川东用得比川西多。如重庆，原万县、涪陵一带儿化韵类较多的方言点，量词可以儿化，如“一百斤$_{\text{儿}}$、四吨$_{\text{儿}}$”，数词十以内常儿化以指属某个排行的人，如“三$_{\text{儿}}$、五$_{\text{儿}}$”之类；人名普遍可以儿化，如“李智贤$_{\text{儿}}$、曾文海$_{\text{儿}}$”之类；称长辈的亲属称谓也可儿化，如“幺爸$_{\text{儿}}$、三叔$_{\text{儿}}$、大舅$_{\text{儿}}$”之类①。儿化韵在不同的地点方言存在差别。就具体的词而言，也有不少差异。如动词“要”，重庆一带儿化，成都不儿化。当然，也有成都儿化，重庆不儿化的。如“这$_{\text{儿}}$、那$_{\text{儿}}$、哪$_{\text{儿}}$”的说法在重庆就很难听到。因此，从儿化韵的使用情况可大体判断某人是川东人还是川西的人。

三、合音

四川方言各地普遍存在合音现象。大体上有两种类型②。

（一）二合一型

AB两个音节融合为一个音节，如几乎各地都说成合音的“做啥子”，成都话本是ʦu^{213}sa^{213}ʦɿ^{53}，语流中说成ʦua^{213} ʦɿ^{53}，重庆话ʦu^{214}sa^{214} ʦɿ^{42}→ʦua^{214} ʦɿ^{42}。“做啥”中AB的B声母脱落，与A合成一个音节。

也有A韵母脱落，与B合成一个音节的。如成都话“不要pu^{21}iau^{213}→piau^{213}”，“没有mei^{55}iəu^{53}→miəu$^{213/55}$”。“快点$_{\text{儿}}$k‘uai^{213}diɚ^{53}→k‘uɚ^{253}”；重庆的“没得$_{\text{没有}}$mei^{55}de^{21}→me^{5511}”。峨眉山“不要

① 参看洪流. 涪陵市方言志. 四川大学中文系硕士学位论文，1989.

② 参看张清源. 成都口语的某些连读音变形式的语法分析——兼说汉语语素的语音形式.（未刊稿），1986；杨绍林. 四川彭州方言合音词研究. 方言，2007（3）.

$pu^{55}iau^{13} \rightarrow piau^{552}$”。

第三是A韵母与B声母脱落，然后合音。如成都“明天 $min^{21}tian^{55} \rightarrow mian^{215}$”。“跟前 $kən^{55}$ $tɕ'ian^{21} \rightarrow kan^{53}$”。峨眉山“不怕得 $pu^{55}p'a^{13}tæ^{55} \rightarrow pa^{552}$ $tæ^{55}$”。

（二）二去一型

两个音节去掉一个音节。通常是AB中，B失落。如成都、重庆“晓得 $ɕiau^{53/42}te^{21} \rightarrow ɕiau^{51/41}$”，“管得 $kuan^{53/42}te^{21} \rightarrow kuan^{51/41}$”。重庆“唧个怎么 $naŋ^{42}ko^{214} \rightarrow naŋ^{442}$”。

从上面例子可以看出合音以后声调也有改变。有的似乎还是原来的调值，如“做啥”的合音 $tsua^{213}$，但实际发音的时候，时长方面有所加强。即使是二去一型的合音，声调方面仍可残留原音节的影响，在音高上、或时长上与单念该音节时有所不同。

四川方言中的合音现象，一百年前就引起人们关注。如傅崇矩《成都通览》就记录了当时的成都话中的合音现象，如《成都通览·成都之土语方言》有“你表去”“抓子”。“表”是“莫”的意思，即是“不要”的合音，“抓”即“做啥”的意思，是“做啥”的合音。①

就词类而言，今天四川方言指示代词和语气词普遍存在合音现象。如表程度的“这么”，夹江、蒲江、泸州、名山、汉源等地念tsoŋ；富顺、荣县、井研等地念tʂoŋ，其实就是“这么”的读音tsɛ mo或tʂɛmo的合音。②“那么”在上述地区多念naŋ，也是“那么”的读音na mo的合音。并且合音后往往以音求字，改变代词的书写形式。如成都、彭州等地的“这儿赶”“哪儿赶”中的“赶”，其实就是“跟前”合音变来的。又如重庆话的“唧个 $naŋ^{42}ko^{213}$”中的“唧”，“浪个 $naŋ^{213}ko^{213}$”中的“浪”其实也就是“哪么 $naŋ^{42}mo^{55}$”，“那么 $naŋ^{213}mo^{55}$”的合音。

第五节　官话方言的语音特点

四川方言音系同普通话音系相比，同大于异，但仍有不少自己的特点。

一、声母方面

（一）中古泥母、来母字的合流

四川方言中，中古泥母、来母字在与开口呼、合口呼韵母相拼时，n、l自由变读，如成都、重庆、广元、遂宁、自贡等地，“南”=“兰”nan/lan，“怒＝路”nu/lu。n、l不分是四川方言音系的突出特点之一。这类字声母也可读为鼻化的边音l̃。即使是发n，鼻腔气流也比普通话弱，鼻音色彩不如普通话浓。

中古泥母、来母字在与齐齿呼、撮口呼韵母相拼时，主要有两种情况：川东不少地方和川西少数地方也是混为一体，n、l、l̃自由变读，如重庆、达州、乐山等地“年＝连”，都念nian/lian/l̃ian，“女＝吕”，都念ny/ly/l̃y。有超过三分之一的方言点有区别，大体是泥母字读ȵ，来母字n、l、l̃自由变读。如成都话、绵阳话“你ȵi”≠“里ni/li”，“女ȵy”≠“吕ny/ly”。

① 参看张一舟.《成都通览》所反映的一百年前的成都话．四川师范大学学报（社会科学版）增刊，2008.

② 参看甄尚灵．四川方言代词初探．方言，1983（1）.

（二）中古知、庄、章组字和精组字的分混

四川方言中，中古知、庄、章组字普遍与精组字相混，即没有翘舌音。把普通话 tʂ、tʂʻ、ʂ、ʐ 读为 ts、tsʻ、s、z 也是四川方言普遍具有的突出特点之一。少数地方能区分知、庄、章组字与精组字，主要分布在岷江小片部分地区和仁富小片。仁富小片除了部分庄初崇生二三等字读为平舌，如“初锄础蔬数师士眨窄虱撑生省”等外，其余知、庄、章组字基本读翘舌音。岷江小片如都江堰、郫县等地部分古知、庄、章组字读翘舌音，但仅限于中古缉、质、职、昔诸韵开口字，从今音看，这些地方 tʂ、tʂʻ、ʂ、ʐ 只与 ɚ 韵母相拼，如“直 tʂɚ、吃 tʂʻə、食 ʂɚ、日 ʐɚ”。

（三）中古非组字和晓、匣母字的分混

四川方言中大多数方言点将中古晓母、匣母字与 u 相拼时读同非组字，即将 xu 读为 fu，“胡”=“符”fu，“虎”=“府”fu，“户”=“副”fu。只有少数地区能区分，主要在川北，如巴中、广元、阆中等地，“胡”xu≠“符”fu。川中一些地区，还不限于将 xu 读为 fu，xu－也读为 f，如中江、三台、安岳、乐至、遂宁等地“滑＝发 fa，会＝费 fei，昏＝分 fən，换＝饭 fan，黄＝房 xuaŋ”，“怀淮坏”读 fai。

（四）中古疑母和影母字在开口呼前读为 ŋ 声母

四川方言普遍有 ŋ 声母，来源于中古疑母和影母今读开口呼的字。如“哀 ŋai、袄 ŋau、欧 ŋəu、恩、樱 ŋən”（以上影母），“岩 ŋai、我 ŋo、藕 ŋəu、昂 ŋaŋ”（以上疑母）。四川方言 ŋ 声母字，普通话一般读零声母。

（五）部分中古见母、匣母开口二等字声母读舌面后音

四川方言中一部分中古见系、匣母开口二等字声母不腭化，韵母保留了洪音的读法。蟹摄字声母不腭化的情况较多，如“解解扣子街 kai”，“敲 kʻau”，“蟹 xai”。

与见系、匣母相拼的其他各摄也有部分字不腭化，如咸摄匣母“衔咸陷”，山摄匣母“限苋闲闲天，不逢集的日子”都念 xan，江摄见母“角 ko、觉 kau(睡了一觉)”，匣母“项、巷 xaŋ”，梗摄匣母“杏 xən、鞋 xai”，等等。

（六）部分中古全浊声母仄声字送气与否与普通话不同

中古全浊声母字的清化规律四川方言跟北京话基本一致，都是浊塞音、塞擦音清化后平声送气，仄声不送气。但一部分中古全浊声母仄声字，在四川方言中归属送气声母或不送气声母的情况与普通话有区别。较多的是普通话不送气而四川方言不少地方送气，如“跋拔 pʻa、弼 pʻi、勃 pʻo、泽择 tsʻe、宅 tsʻe（或 tʂʻe）、造 tsʻau、凿浊 tsʻo、骤 tsʻəu、辙 tsʻe、导 tʻau、铎 tʻo、截 tɕʻie、掘 tɕʻyo、族 tɕʻyu（或 tɕʻyo 或 tsʻo）”等。当然这类字并不一定全部在某一地点出现。也有普通话送气而四川方言不送气的，如“杞 tɕi、翅 tsɿ、触 tsu”等。

二、韵母方面

（一）中古曾、梗摄舒声字韵尾读为前鼻音 n

在普通话中，中古曾摄、梗摄舒声字韵尾为－ŋ，而其中绝大部分字韵尾在四川方言中都读为－n。如曾摄登开一（举平以赅上去，举入即指本韵，下同）端系、见系“登腾能楞曾增层亘恒”等字，蒸开三帮组、来母、知系、见系“冰凭陵惩称承仍兢兴应”等字，梗摄庚开二帮组、来母、知系、见系“烹彭冷撑生庚坑亨行”等字，耕开二知系、见系“橙争耕茎樱莺”等字，庚开三帮

系、见系“兵平明京卿英”等字，清开三帮系、端系、知系、见系“饼名领精清性呈征声成轻盈”等字，青开四帮系、端系、见系“瓶铭顶听宁青星经形”等字，庚合二匣母的“横”，庚合三云母的“荣、永”等字，清合三见系“倾琼营颖”等字，青合四匣母“萤迥”等字，韵尾为都为 -n。因此，四川方言普遍没有 əŋ、iŋ，北京话的 əŋ、iŋ 通常读为 ən、in，成为四川话韵母的突出特点之一。

（二）中古止摄开口三等知、庄、章组字和精组字相混，深、臻、曾、梗摄中普通话读 ʅ 韵母的入声字读为 ɿ 韵母

除仁富小片和岷江小片部分地区以外的大部分四川方言，中古止摄开口三等知、庄、章组字混入精组字中，如知组“知置智痴耻治稚”，庄组“士事师驶”，章组“支脂之纸至侈示”等字声母分别是舌尖前音 ʦ、ʦʻ、s，它们的韵母也相应地是舌尖前元音 ɿ，和精组“咨紫刺此次自字私四死”等字的韵母无别。与此相似的是深摄侵开三缉韵知系“汁湿十”等字，臻摄真开三质韵知系“侄质实日”等字，曾摄曾开三职韵知、章组“直织食式”等字，梗摄清开三昔韵知、章组“掷炙赤尺释适”等字，韵母也都是 ɿ。这就使得大部分四川方言点把普通话的韵母 ʅ 读为 ɿ。这是四川方言不同于普通话的又一突出特点。

（三）中古流摄部分字读阳声韵

中古流摄侯开一明母字“某亩牡茂贸”等字，尤开三明母“谋”字在四川方言中普遍读为阳声韵 moŋ，不限于某地。由于受到普通话影响，这一特点已渐少见于年轻人的方言口语中。

（四）中古入声字韵母多不与非入声字合流

有入声地区中古入声字韵母多独立成类，有的韵母专拼入声字，有的只在入声独立区才有，如 æ、iæ、uæ、yæ 等韵母，温江、新津、乐山、峨嵋、宜宾、泸州等地，“踏 æ”≠“他 a”，“夹 iæ”≠“家 ia”，“刷 uæ”≠“耍 ua”。有的韵母只在少数入声独立区通行，并且只拼入声字，不拼非入声字，如乐山“各 ɔ”≠“哥 o”，温江、新津等地“尺 ɘ”≠“持 ɿ”。在入声消失的地区，也有一些韵母专拼古入声字，如四川方言普遍存在的 yu、yo、ue 三个韵母，只作“欲域浴族宿速曲郭国扩”等古入声字的韵母。

（五）中古咸、山摄阳声韵鼻音韵尾弱化或脱落

跟普通话一样，中古咸、山摄阳声韵在四川方言中一般演变为以 a 为韵腹的四个前鼻音韵尾韵母 an、ian、uan、yan。但四川方言只有一部分地区鼻音韵尾较着实，和普通话发音相近，主要是川东，如万州、重庆及自贡、遂宁等地。一部分地区鼻音韵尾收音较弱，只是舌尖轻轻靠向上齿背，发为 a^n、ia^n、ua^n、ya^n，如成都、绵阳、广元和汉源等地。另有一部分地区鼻音韵尾完全脱落，韵腹元音的鼻化，如雅安æ̃、iɛ̃、uæ̃、yɛ̃，峨眉山 ã、iẽ、uã、yẽ，眉山 ã、iɛ̃、uã、yɛ̃。

三、声调方面

（一）调类特点

四川方言大多数地区与普通话调类一致，分阴平、阳平、上声和去声四类。另有三分之一的地区还有入声一类，共 5 类。从中古音与今音的对比看，四川方言调类方面的最大特点是，古入声字不像普通话“入派四声（阴、阳、上、去）”，而是整体行动：或者独立成类，或者整体派入阳平（最多）、去声、阴平中的某一类。

（二）调型特点

总的看来，普通话调型较为齐全，有平调、升调、曲折调、降调四种调型。四川方言普遍只有三种调型：多数是平、降、曲三种，其次是平、降、升三种，绝大部分地区有两个降调。具体说来，阴平多跟普通话一致，是高平调，阳平则多与普通话相反，是低降调，不像普通话是中升调。上声多为高降调，去声多为曲折调，跟普通话刚好颠倒，以致有人认为四川人把上声与去声搞颠倒了。

四、语流音变方面

（一）变调特点

四川方言和普通话都有变调，主要是声调异化的现象。但普通话最突出的是上声的异化，即上声在上声前的异化，而四川方言中阳平、上声、去声重叠都有声调异化的现象。不仅如此，在声调异化的模式、异化的条件方面，也有不同。

1. 声调异化的模式

普通话上声相连中的异化是逆异化，即前一音节变读成非上声。如“领导 liŋ$^{214-35}$tau^{214}”。四川方言阳平、上声、去声重叠中的异化通常是顺异化，即后一音节变读非阳平、上声、去声。如成都、重庆“盆盆$_{\text{盆子}}$p‘ən^{21}p‘ən$^{21-55}$”，成都“眼眼$_{\text{眼儿}}$ian^{53}ian$^{53-21}$”，重庆“豆豆$_{\text{豆子}}$təu^{214}təu$^{214-55}$”。当然也有逆异化的，不过多限于去声，如仁寿“豆豆$_{\text{豆子}}$təu$^{214-21}$təu^{214}”。

2. 声调异化的条件

普通话中上声在上声前要异化，主要是语音条件的影响造成的，四川方言阳平、上声、去声重叠的声调异化不是单纯的语音现象。一般说来，重叠构成名词的才有声调异化现象，重叠不构成名词的则没有。上一节曾经指出，四川方言重叠变调往往与名词的重叠式构词同现，可以说是名词的一种构成方式。这一点也跟普通话不一样。

（二）儿化特点

四川方言儿化韵的特点主要表现在两个方面：

一是儿化韵类比普通话少，不少地方只有四类，多于四类的地方，最多也不足 20 类，而普通话有 26 类儿化韵①。

二是音值主要有两类。在“儿”读 ɚ 的地区，跟普通话一样，儿化即 ɚ 化，这是四川方言的主流；在“儿”读 ə 的地区，儿化其实是 ə 化。参看上一节谈儿化的部分。

① 见林焘、王理嘉．语音学教程．北京：北京大学出版社，1992：170.

第三章　官话方言的词汇特点

第一节　官话方言的词汇系统

一、四川方言词汇的界定

四川方言词汇系统可以做广义和狭义两种不同的界定。广义的四川方言词汇指四川方言中词和固定短语的总汇，包括四川方言所使用的全部的词和固定短语。换句话说，在广义的四川方言词汇系统中，既包括与普通话不同的词，也包括和普通话相同的词。狭义的四川方言词汇主要指历史上传承下来的方言固有词。主要包括两部分：一个部分是与普通话说法一致的词，但它们不能算是从共同语中转借过来的，而是四川方言中古已有之，代代相传下来的词语。如“天、地、人、水、火、花、雨、雪、风、雷”。另一部分是方言特征词，“方言特征词是一定地域里一定批量的、区内大体一致、区外相对殊异的方言词。方言特征词是方言之间的词汇区别特征。……如果没有共同的词汇特征，各个相关的方言点也不能成为同一的方言区。”① 四川方言特征词是其词汇系统的精髓所在，体现了四川方言的质感。经调查，四川方言内部基本词中，方言词汇的一致性体现得非常充分，完全相同的词语达90%以上。例如：

背 pei^{55} $_{耗费}$ | 杵 ʦʻu^{53} $_{接触到}$

凭 pʻən^{55} $_{靠}$ | 奓 kʻa^{21}/tɕʻia^{21} $_{迈步}$

趿 pa^{n53} $_{用力蹬或挣扎}$ □ʦuang^{53} $_{添}$ | □toŋ^{21} $_{在液体中略醮一下}$

嘱 tɕy^{21} $_{吮吸}$ | 潽 pʻu^{55} $_{液体因沸腾而溢出}$ | 㩼 pa^{213} $_{铺;垫}$

四川方言特征词有一部分是和共同语转借词并存使用的。比如“明年子”“二天”，与之同义的共同语说法“明年”“以后”在四川方言中也普遍使用。这说明共同语词汇对四川方言词汇的构成有重要影响。另一方面，方言词汇又是共同语词汇的重要来源之一，有的四川方言特征词也进入了共同语的词汇体系，例如“龙门阵”“打牙祭”“雄起”等，为全民所熟知。

除此之外，还有些只在小范围内使用的地点土语词，这些词跟其他特征词或通用词在构词理据方面完全不同，具有很强的地方特色。这类词在方言内部的一致性不高，但它们也是四川方言词汇系统的重要成员。如：

① 见李如龙．汉语方言学．北京：高等教育出版社，2001：105.

官话方言局部区域土语词示例表

表2-4

方言词	意义	通行区域举例
抱蛋儿	过继的子女	川东部分地点
抚来娃	过继来的孩子	川西北部分地点
寡母子	不生孩子的女人①	荣昌等地
谷桩	黄花，金针菜	夹江等地
梳柑儿	橘子	仁寿等地
黄果	广柑	金堂等地点
鲫壳儿	鲫鱼	川东部分地点
鲫夹子	鲫鱼	川北部分地点
巴郎子	蜻蜓	川西部分地点
马尔叮	蜻蜓	川南部分地点
撑花儿	伞	川东及泸州等地
发虚	发呕（只做“吃”的补语）	川西部分地点
看外	解手	彝汉杂居地
嚼治	药物灵验，见效	川西部分地点
扯长	经常；久久	川东、川北部分地点
把连	全部	川东部分地点

根据董绍克在《汉语方言词汇差异比较研究》一书中列出基本词汇千词表，将共同语和四川方言词语进行对比，这1000个基本词大致可以分为三类情况②。

第一类是使用率和使用面占优势的四川方言特征词，共346个，约占总量的34.5%。如：

扯火闪打闪丨巷子胡同丨毛根儿辫子丨老挑连襟

它们作为四川方言特征词，为区域内全体社会成员普遍使用。

第二类是四川方言特征词与共同语转借词共存使用的词，有154个，约占总量的15.4%。如：

今年子——今年丨热天——夏天丨声气——声音

在城市或有知识的年轻人当中更倾向说共同语转借词，在农村或文化较低或年龄较大的人当中更倾向于说固有的四川方言特征词。

第三类是与共同语说法完全一致的词，有498个，约占总量的49.8%。如：

金子丨萝卜丨麻雀丨房子丨桌子丨水缸丨针丨哭丨说丨看丨听丨跑丨指纹

它们有的转借自共同语，如“指纹”③。也还有相当部分是四川方言固有的词。

---

① 还有寡妇义，但通行地域较广，不是本处所指的地点土语词。

② 以下内容引自邓英树、张一舟主编. 四川方言词汇研究. 北京：中国社会科学出版社，2009：30.

③ 四川方言里原本只有指纹的下位词“箩箩”和“筲箕”。四川俗语：“一箩穷，二箩富。”“九箩一筲箕，睏倒睡着都有吃。”“十箩全，当状元。”四川人很关注指纹，但是四川方言的固有词中没有相应的上位词“指纹”，这个词来自共同语。

二、四川方言词汇中的基本词汇和一般词汇

（一）基本词汇

四川方言词汇中的基本词汇是区内全民常用的词汇，一致性很高，比较稳定，是四川方言词汇系统的核心。基本词汇多是基本范畴词，它们所指的事物、所表达的概念，都是方言区人们日常生活中反复接触到的，其使用范围不受使用者阶层、行业、文化程度、年龄、性别等因素的限制。这些词主要包括天文、地理、时间时令、农业、植物、动物、房舍建筑、器具用品、亲属、称谓、婚丧、身体、疾病医疗、饮食起居、服饰、交际、商业、交通、宗教文化、方位指代等义类，多数是全民常用的比较稳定的一般动词、名词、形容词，还有平常交际中出现频率很高的语气词、介词、连词、助词等。例如：

星宿$_{\text{儿星星}}$ | 火闪$_{\text{闪电}}$ | 凼凼$_{\text{水坑}}$ | 二天$_{\text{以后}}$ | 啥子$_{\text{什么}}$ | 团转$_{\text{周围}}$ | 苦毛子$_{\text{汗毛}}$ | 箩兜 |
酒米$_{\text{糯米}}$ | 灰面$_{\text{面粉}}$ | 摇裤$_{\text{短裤}}$ | 白墨$_{\text{粉笔}}$ | 划子$_{\text{轮船}}$ | 鸭青$_{\text{公鸭}}$ | 抽抽$_{\text{抽屉}}$ | 揍揍$_{\text{塞子}}$ |
老挑$_{\text{连襟}}$ | 前后$_{\text{妯娌}}$ | 上山$_{\text{出殡,下葬}}$ | 不好$_{\text{生病}}$ | 相因$_{\text{便宜}}$ | 巴适$_{\text{好,令人满意}}$ | 默倒$_{\text{以为}}$

这类词相当一部分是古语词，它们经历了漫长的时间岁月，至今仍然保持着旺盛的生命力。例如：

【晏 ŋa^{n213}】晚，迟。《论语·子路》："冉子退朝。子曰：'何晏也？'"《国语·越语下》："孰使我蚤朝而晏罢者，非吴乎？与我争三江、五湖之利者，非吴耶？夫十年谋之，一朝而弃之，其可乎？王姑勿许，其事将易冀已。"《楚辞·山鬼》："留灵修兮憺忘归，岁既晏兮孰华予？"唐韩愈《崔十六少府摄伊阳以诗及书见投因酬三十韵》："有时未朝餐，得米日已晏。"今四川方言常用，巴金《家》："还早嘞！爷爷吩咐过今天饭开晏一点，昨晚上大家吃多了酒，今天起得晏些。"

【侈/奓/吞 ʦa^{55}】开，张开。《庄子·知北游》："神农隐几阖户昼瞑，妸荷甘日中奓户而入。"陆德明释文引司马彪云："奓，开也。"宋范成大《秋日杂兴》诗之一："奓户劝之起，怀宝善自珍。"今四川方言常用，如"不要吞起嘴巴乱说"，"鞋子都吞开了"。

【槽 tʂʻau^{213}】搅动、翻动、翻寻。《广韵·号韵》："槽，手搅也。在到切。"明李实《蜀语》："搅曰槽○槽，音潮去声。"清顾炎武《天下郡国利病书·云南五·种人》："食无箸，以手槽，曹去声，《集韵》：'手搅也。'"今仍常用，如"你咋个把抽屉槽得这么乱呢"。

【敥 ian^{213}】均匀地撒。《集韵·艳韵》："敥，以手散物。"俗作"掞"。《蜀语》："散物曰掞。"民国23年《乐山县志·方言》："以手散物曰掞，音燕。"今仍常用，如"再敥点儿花椒面在碗里头"。

【趯/飚 piau^{55}】快跑，快逃。《说文·走部》："趯，轻行也，从走票声。"《玉篇·走部》："芳消切，轻行也。"《广韵·宵韵》："趯，甫遥切，轻行也。"元代杂剧《西厢记·寺警》："飚了僧帽，袒了偏衫。"今仍常用："那条蛇一下就趯不见了。"也指液体喷射或迅猛流出，如"水管破了个口子，自来水到处趯"。

【跍 ku^{55}/kʻu^{21}】蹲。黄侃《蕲春语》："《广韵》上平声十一模：跍，蹲；苦胡切。今吾乡谓蹲曰跍，亦曰蹲。"清张慎仪《蜀方言》卷上："踞地曰蹲，曰跍。"川剧《五台会兄》："远望桥头高垒垒，涧下溪水吼如雷。手攀栏杆过桥嘴，但见乌鸦跍几堆。"也把呆在某处称为"跍"。清刘省三《跻春台·南山井》（卷三）："饮酒唱的纱窗曲，燕语莺声句句苏。这样风流才有趣，不枉人生世上跍。"又如，"天天在屋头家里跍起，不出去做活路干活儿，看二天以后吃啥子"。

【敦笃 tən^{55}tu^{21}】身体壮实。"敦笃"古指敦厚笃实。《左传·成公十三年》："君子勤礼，小人尽

力。勤礼莫如致敬，尽力莫如敦笃。”宋苏舜钦《杜谊孝子传》：“谊性敦笃不苟，惟信义所在，事父母极其孝。”清曾国藩《李忠武公神道碑铭》：“公端凝敦笃，爱人不尚美言。”今四川话一般用指身体外形壮实，如“那个小伙子长得好敦笃”。

【戽 fu^{213}】用手或器具向外泼水。“戽”本指戽斗，《玉篇·斗部》：“戽，抒水器也。”宋沈与求《次韵宏父喜雨》：“四郊戽尾开新渎，一雨苗根长旧科。”清田雯《翠微寺》诗：“一僧出汲水，竹戽行相从。”也作动词，《广雅·释诂二》：“戽，抒也。”前蜀贯休《宿深村》诗：“黄泉见客合家喜，月下取鱼戽塘水。”《宋史·食货志上一》：“有水则无地可潴，有旱则无水可戽。”今仍常用，如“戽水灌田”。

（二）一般词汇

四川方言一般词汇不是区内全民常用的词汇，除了方言区内大体通用的固有词外，大致还包括两种类型。

1．通行于局部区域和特定行业的词语

通行于局部区域的词语只在四川方言区内的部分或个别方言点内使用，方言区内其他地域的社会成员一般不使用、甚至不太懂得这些词语的含义。从色彩方面看，这些词显得更为土俗。例见下表。

官话方言局部区域通行词语示例表

表2－5

方言词词例	意义	通行区域举例
舌儿粮	向日葵	汉源县
富实郎	富人	川东部分地区
斩扎	请人吃饭以求人办事	宜宾、自贡地区
临时丙$_{儿}$	开始时间	南部县①
落时丙$_{儿}$	结束时间	南部县②

行业词在一定行业中使用，不一定为群体中全部成员所了解。例见下表。

官话方言行业词示例表

表2－6

行业词	意义	使用行业
壅脚（子）	在农作物的根部挖坑，填进草木灰或家禽家畜粪便混合成的肥料	农业
素活路	加工蔬菜的活儿	餐饮业
墩子	切菜师傅	餐饮业
观花	由专门女巫替人到阴间观看某人在阴间的花树	巫术
退煞	驱邪仪式	巫术

2．古旧词和新生方言词

古旧词和新生方言词根据产生时间先后区分。

① 见曾晓舸．南充方言研究．成都：四川人民出版社，2009.

② 见曾晓舸．南充方言研究．成都：四川人民出版社，2009.

古旧词是受时间限制的一般词汇，可以进一步分为两个类别。

第一类古旧词随着所指事物和现象的消失而消失，没有相应的现代词。如：

【绅粮】有土地有势力的退职官吏或有势力的地主。姚雪垠《李自成》：“有一天你们把毛驴儿拴在一家绅粮大门外，绅粮出来看见地上的驴屎蛋儿，逼着叫老伯捧起来吃下肚去。”自注：绅粮——四川人把大一点的地主称做绅粮。

【皮】袍哥通称。李劼人《死水微澜》：“就只说到嫁人，没力量的，不说了，娶不起我们。有力量的，还要通皮，还要有点势力，那才能把我们保护得住，安稳过下去。但是这种人有良心的又太少，我们又不敢相信。”

【监视户】清末在成都各娼家门前钉上“监视户”的木牌，以示与良民有别。巴金《春》：“他骂道：‘你这个妖精，你这个监视户。四老爷欢喜你，我老子倒不高兴嫖你。’”

【课升】旧指磨坊向使用者征收报酬时使用的升子。邓仪中《沙汀评传》：“碾房的原主十分狡诈，卖了碾房，却死乞百赖不交课升。母亲思忖再三，为不致因小失大，付出许多银元，交了课升。”

这些词所代表的事物或现象，相对而言产生历史不长，反映历史上曾经存在、现在已经消亡了的事物或现象，只有在反映历史事件或事物时才会使用到，它们是历史词。

第二类古旧词产生的历史不太长，所指事物现象也未消失，但已被新的词语所取代，一般只在描述历史现象时才使用，一些老人对这些词还比较熟悉，年轻人则较为陌生、甚至不知其义，可以称之为旧词，例见下表。

官话方言古旧词示例表

表2－7

旧词	新词	旧词	新词	旧词	新词
交头	订金	打店	住店	粉脸子	妓女
口案	伙食钱	字白	告示	干鸡子	乞丐
栈房	旅馆	洋马儿	自行车	守法	坐牢/坐班房/服刑
门房	门卫	老梭	女流氓	出姓	改嫁→再婚（指女性）

这些词只有老年人偶尔使用，现大都被其他词代替。

新生方言词四川方言区人们在长期的社会生活中根据交际的需要不断创造出来的，例见下表。

官话方言新生方言词示例表

表2－8

新生方言词语	意义
粑的 $p^{h}a^{55}ti^{21}$	用于载客的、衣架上安装了可坐人的边斗的自行车。
摩的 $mo^{55}ti^{21}$	载客的摩托车。
火三轮	机动三轮车。
冷啖杯$_{儿}$	夏夜消暑小吃，主要是啤酒佐花生米、豆腐干等。也指经营此种食品的小店或摊点。
刹一脚	刹一下车，停一下车。

第二节　官话方言词汇来源

四川方言词汇的来源大体上可以分为以下两个大的部分。

一、传承古语词部分

四川方言词汇传承古语词的部分主要包括来自通语词和古方言语词两大部分，这在四川方言的形成一节中已经涉及，这里再作简要介绍。

（一）来自古通语的词语

这一部分包括来自上古、中古及近代的通语词，它们是四川方言词汇的重要组成部分。这些词的大量存在，显示出四川方言词汇的历史来源和北方方言、乃至整个汉语词汇系统保持着相当强的一致性。同时，在其发展的历史过程中，又具有了自己的鲜明特点。例如：

【涷 toŋ^{55}】暴雨。《尔雅·释天》：“暴雨谓之涷。”《楚辞·九歌·大司命》：“令飘风兮先驱，使涷雨兮洒尘。”王逸注：“暴雨为涷雨。”《淮南子·览冥训》：“若乃至于玄云之素朝，阴阳交争，降扶风，杂涷雨。”高诱注：“涷雨，暴雨也。”后来“涷雨”成为方言词，郭璞注《尔雅·释天》：“今江东人呼夏月暴雨为涷雨。”《文选·张衡〈思玄赋〉》：“云师䨴以交集兮，涷雨沛其洒途。”李善注：“涷雨，暴雨也。巴郡谓暴雨为涷雨。”今天四川方言称夏日暴雨为“偏涷雨”。

【殡 pin^{213}】本义指停柩待葬，《礼记·檀弓上》：“夏后氏殡于东阶之上，则犹在阼也；殷人殡于两楹之间，则与宾主夹之也；周人殡于西阶之上，则犹宾之也。”后引申指植物的一种繁殖法，先将种子埋入泥土中，待其发芽后再移栽。四川话口语中仍说“殡海椒秧”①。

【饮 in^{213}】为植物浇水、浇粪。“饮”本是给人、畜喝水。《诗·小雅·绵蛮》：“饮之食之，教之诲之。”《楚辞·离骚》：“饮余马于咸池兮，揔余辔乎扶桑。”杨沫《青春之歌》第二部第十三章：“满屯不在家，郑德富代替了他的工作——打水饮牲口。”今四川方言仍说“饮水”“饮粪”，词义缩小。②

【瞀 u^{213}】眼花目眩。《玉篇·目部》：“瞀，目不明皃。”《国语·吴语》：“明日徇于军，曰：‘有眩瞀之疾者，以告。’王亲命之曰：‘我有大事，子有眩瞀之疾，其归若已。后若有事，吾与子图之。’”《庄子·徐无鬼》：“予适有瞀病，有长者教予曰：‘若乘日之车而游于襄城之野。’今予病少痊，予又且复游于六合之外。”今四川方言称看不清东西为“瞀”。

【謇 tɕia^{n53}】口吃。《玉篇·言部》：“謇，吃也。”三国吴支谦译《菩萨本缘经》卷中：“持是恶心往迦尸城月光王所，示现如是本习恶相：身体战动，口言謇吃，行不直路，手卷撩捩，眉发迅丽，头发刺竖覆手五指如五龙头，心中毒盛犹如恶蛇，瞋气烰郁烟炎俱起。”《世说新语·排调》：“此数子者，或謇吃无宫商，或尫陋希言语，或淹伊多姿态，或讙哗少智谞，或口如含胶饴，或头如巾齑杵。而犹以文采可观，意思详序，攀龙附凤，并登天府。”今四川方言称口吃者为“謇巴郎”或

---

① 见黄尚军．四川方言与民俗．成都：四川人民出版社，1996：291．

② “为植物浇水、浇粪”，今也写作“㧢”。

“謇巴$_{儿}$”。

【跐 tsɿ^{55}】用手擦拭或用脚掌在地上前后蹂擦，或贴着物体表面移动为“跐”。《释名·释姿容》：“跐，弭也，足践之使弭服也。”《庄子·秋水》：“且彼方跐黄泉而登大皇。”陆德明释文引《广雅》：“跐，蹋也，蹈也，履也。”直到近代仍然使用，《三侠五义》第五一回：“（张爷）心内一慌，脚下一跐，也就溜下去了。”扬州评话《武松》第二回：“忽然火又朝起一烘，棺材盖子朝旁边一跐。”《蜀语》：“足蹂曰跐。”《蜀方言》卷上：“足蹂曰跐。”

【百叶】牛羊的重瓣胃。《说文·肉部》：“膍，牛百叶也。”《周礼·天官·醢人》“脾析”郑玄注引汉郑司农曰：“脾析，牛百叶也。”《仪礼·既夕礼》“脾析”汉郑玄注：“脾析，百叶也。”贾公彦疏：“此用少牢，无牛，当是羊百叶。”明李时珍《本草纲目·兽一·牛》：“百叶曰膍。”章炳麟《新方言·岭外三州语》：“（广东）三州谓牛胃为肱纲，其下端曰百叶。”

【剺/刕 ni^{55}】割；划开。《说文·刀部》：“剺，剥也，划也。”《文选·扬雄〈长杨赋〉》：“分刕单于，磔裂属国。”李善注引韦昭曰：“刕，割也。”《尸子》卷下：“弓人剺筋，则知牛长少。”明沈德符《野获编·内阁三·貂帽腰舆》：“朔风剺面，不啻霜刀。”今四川方言仍谓（用刀）划开为“剺”。

【揙 pian^{53}】打。《说文·手部》：“揙，抚也。”王筠《说文句读》卷二十三：“今本皆作搏也。”《玉篇·手部》：“揙，甫善、甫延二切，搏也，击也。”《广韵·仙韵》：“揙，击也。”清史梦兰《燕说》卷二：“以夏楚扑人曰揙。揙音扁，又音辫，又音鞭。《唐韵》：‘击也’。按：北音于此字平上为多。”傅崇矩《成都通览·成都之江湖言词·生死类》：“打死——扁（揙）川①。”民国33年《彭山县志·方言》：“相搏曰揙（音扁）。”今四川方言“揙”往往有看不起受事一方之义，如“那个娃儿不落教，遭我们痛揙了一顿”。

【壅 oŋ^{55}】堆积物品以遮盖。本指在植物根部培土或施肥。《管子·轻重甲》：“次日大雨且至，趣芸壅培。”三国魏曹冏《六代论》：“虽壅之以黑坟，暖之以春日，犹不救于枯槁，何暇繁育哉！”元王祯《农书》卷三：“第一次撮苗曰镞，第二次平垄曰布，第三次培根曰壅。”四川方言今称“壅脚子”。今四川话“壅”词义扩大，凡堆积物品覆盖均可称“壅”。《成都民间文学集成·民间故事·狗饿鸟》：“老婆子爱吃独食子，有一天她买了几个猪脚脚，装进砂罐，放在灶门前灰槽头用灰壅好，就出门冲壳子去了。”用土掩埋棺材叫“壅丧”。又如“不要把脑壳壅在铺盖头，空气不好”。

【冱 fu^{213}】《文选·张衡〈思玄赋〉》：“行积冰之硙硙兮，清泉冱而不流。”晋左思《魏都赋》：“上累栋而重溜，下冰室而冱冥。”今四川方言称物体浓稠凝结、不易流动为“冱”，如“吃了牛油火锅，嘴巴冱起冱起的”，“面冱了就不好吃了”。

【行 ɕin^{21}】器物品质差、不坚实。《周礼·地官·胥师》：“察其诈伪饰行儥慝者而诛罚之。”王引之《经义述闻·周官上》：“古人谓物脆薄曰行。”汉王符《潜夫论·浮侈》：“以完为破，以牢为行。”汪继培笺：“古者谓物不牢为‘行’。”今四川方言称质量不好的东西为“行货”。

【先后/前后】妯娌。《史记·孝武本纪》：“神君者，长陵女子，以子死悲哀，故见神于先后宛若。”裴骃集解引孟康曰：“兄弟妻相谓‘先后’。”司马贞索隐：“即今妯娌也。”唐韩愈《南山诗》：“或齐若友朋，或随若先后。”《尔雅·释亲》：“长妇谓稚妇为娣妇，娣妇谓长妇为姒妇。”郭璞

① 川，“死”的江湖隐语。

注："今相呼先后，或云妯娌。"今四川大部分地方称妯娌为"（两）先后"或"（两）前后"。

【草】动物的雌性。《三国志·魏志·杜畿传》："渐课民畜牸牛、草马，下逮鸡豚犬豕，皆有章程。"《尔雅·释畜》"牝曰騇"下郭璞注："牝为草马。"《晋书·凉武昭王李玄盛传》："李君有国土之分，家有騧草马生白额驹，此其时也。"《隋书·许善心传》："勑以本官直门下省，赐物千段，草马二十匹。"章炳麟《新方言·释动物》："今北方通谓牝马曰草马。"元关汉卿《鲁斋郎》第三折："鲁斋郎，你夺了我的浑家，草鸡也不曾与我一个。"今四川话仍用以组词，如"草狗""草马"等。

【谙 ŋa^{n21}】料想，猜想。宋《圆悟佛果禅师语录》卷第二："天寒人寒，大家在个里，滴水滴冻，无这闲工夫。庭际之人，蓦地觅心不得，衲衣下事，谁谙野火烧山，千重百匝没遮栏。"今四川话仍用，艾芜《都市的忧郁》："'我不会病的！''那咋个谙得到！''就是病了我也不吃药的！'"克非《春潮急》三三："张福林不谙女儿会有这个态度，碰到了橡皮似的，顿时一楞，视线不觉随着女儿的手指转去。"

【搒 p'aŋ^{53}】碰撞。唐韩愈、孟郊《城南联句》："逗翳翅相筑，摆幽尾交搒。"四川话将触碰称为"搒"。李劼人《大波》第三部第四章："只是用两肘把坐在身边的工兵排长贾雄搒了一下。"

【亸 t'o^{53}】下垂。唐岑参《送郭乂杂言》诗："朝歌城边柳亸地，邯郸道上花扑人。"宋周邦彦《浣溪纱慢》词："灯尽酒醒时，晓窗明，钗横鬓亸。"清洪昇《长生殿·惊变》："软咍咍柳亸花欹，困腾腾莺娇燕懒。"姜亮夫《昭通方言疏证》："今西南方俗凡言物下垂音皆近拖。"今四川方言常称（过长而）下垂为"亸"，一般带贬义，如"衣服亸到地上了"。又称游手好闲、不正经做事者为"亸神"。《蜀籁》卷一："别个男人像男人，我的男人像亸神。"巴金《家》："刚才到学堂来，一路上被一些学生同流氓、亸神跟着。"

【跶 ta^{21}】跌倒。《玉篇·足部》："跶，足跌也。"《广韵·曷韵》："跶，足跌。"《虚堂和尚语录》卷之五："石头路崄人难到。到者方知滑似苔。两度三回虽跶倒。满身泥水又归来。"《景德传灯录》卷第十四："马云：'石头路滑，还跶倒汝么？'师曰：'若跶倒即不来。'"《水浒传》第六十回："正走之间，忽然地雷大振一声，两个在阵叫苦不迭，一齐跶了双脚，翻筋斗颠下陷马坑里去。"今四川方言仍称跌为"跶"，《中国歌谣集成·重庆市卷·胖嫂嫂回家》（合川县）："我的崽，我的娃，老娘跶了一扑爬。"

【耍】玩耍。唐张祜《耍娘歌》："宜春花夜雪千枝，妃子偷行上密随。便唤耍娘歌一曲，六宫生老是蛾眉。""耍娘"即是当时的歌女。宋柳永《促拍满路花》词："起来贪颠耍，只恁残却黛眉，不整花钿。"蒋捷《元夕》："而今灯漫挂。不是暗尘明月，那时元夜。况年来、心懒意怯。羞与蛾儿争耍。"明凌濛初《二刻拍案惊奇》卷三十八："却说莫大姐同了一班女伴到庙里烧过了香，各处去游耍，挑了酒盒，野地上随着好坐处，即便摆着吃酒。"今四川方言常用，李劼人《死水微澜》："邓么姐的儿子？我像记得。……在那里？我们找他耍去。"

【坌 pən^{213}】蘸（调料）。"坌"中古指尘埃等粉状物粘着于他物。唐玄奘《大唐西域记·瞿萨旦那国》："王乃下令，宜以沙土坌此异人。时阿罗汉身蒙沙土，糊口绝粮。"唐元稹《说剑》诗："君今困泥滓，我亦坌尘垢。"《旧五代史·梁书·高劭传》："劭伺守者稍惰，佯为乞食者，过危垣，取殍者衣，坌身易服，得佗儿抱之行，出东郊门。"今四川方言中"坌"词义范围缩小，仅指吃东西时蘸调料。《中国歌谣集成·重庆市卷·舂糍粑》："两姑嫂，舂糍粑，你一棒，我一棒，糯米舂成烂酱酱。拿点红糖来坌起，又巴嘴，又还烫。嫂嫂抢嘴吃了亏，幺妹老实没上当。”又如，“海椒辣，坌点醋就对了”。

【靸 sa[21]】把鞋后帮踩在脚跟下；穿（拖鞋）。《释名·释衣服》：“靸，韦履深头者之名也。靸，袭也，以其深袭覆足也。”本是古代小儿穿的鞋子，前帮深而覆脚，无后帮。后亦指形制与之类似的拖鞋。唐杜荀鹤《山寺老僧》诗：“草靸无尘心地闲，静随猿鸟过寒暄。”薛能《舞者》：“慢靸轻裾行欲近，待调诸曲起来迟。”亦称“靸鞋”。杨玢《遣歌妓》：“垂老无端用意乖，谁知道侣厌清斋。如今又采蘼芜去，辜负张君绣靸鞋。”谭峭《大言诗》：“线作长江扇作天，靸鞋抛向海东边。蓬莱通道无多路，只在谭生拄杖前。”今四川方言称穿鞋未提上鞋帮为“靸”，称拖鞋为“靸鞋”“靸板儿鞋”。

【蔽 tɕ'iau[21]】（东西）不平，不妥帖①。本指因变形而不平。《周礼·考工记·轮人》：“是故以火养其阴，而齐诸其阳，则毂虽敝，不蔽。”清黄遵宪《哭威海》诗：“船蔽裂，龙见血。”《新方言·释言》：“今谓物不妥贴，偏颇暴起篇蔽。”今四川方言凡物体不平、不妥帖皆称“蔽”。如“桌子蔽起在，没放平”。又指人头脑不清、不合常人思维，如“那个人脑壳是蔽的”。

【襻 p'a[n213]】①扣住纽子的套或器物上用来结系或攀手的带。《说郛》卷三引宋李昉《谈录》：“照袋以乌皮为之，四方有盖并襻，五代士人用之。”今四川方言还说“襻襻”。克非《春潮急》二：“徐元菊没再跟去，弯腰弄鞋子，大概是襻襻断了。”

②用绳子、线等绕住或套住，使分开的东西连在一起。元关汉卿《救风尘》第三折：“好人家将那篦梳儿慢慢地铺鬓，那里像咱解了那襻胸带下颏上勒一道深痕。”今四川亦有此语，如“纽子要掉了，用线襻一下”。

四川话“襻”还引申指被外物阻拦。如“出门就拿跟石头襻了一下”；又指有牵连，如“他们说是要分手，结果一直扯扯襻襻的断不了纤断不了联系。”

【写】立约租赁。《醒世恒言·蔡瑞虹忍辱报仇》：“蔡武次日即教家人蔡勇，在淮关写了一只民座船。”清严如熤《三省边防备览·艺文下》：“至山内垦荒之户，写地耕种。”《儒林外史》第六回：“过了十朝，叫来富同四斗子去写了两只高要船。”今四川方言还说“写旅馆”“写门面”。

【短】拦截；阻拦，阻挡。近代“短”产生了拦路抢劫义，《儒林外史》第五回：“严乡绅执意不肯，把小的的驴和米同稍袋都叫人短了家去。”有双音词“短路”，《西游记》第七四回：“端的是什么妖精，他敢这般短路！”今四川方言“短”又有拦截、阻拦义，如“我紧赶慢赶，好歹在路上把他短倒了”，“他想去报仇，但是被他妈短下来了”。

【各人】自己。《西游记》第八十四回：“正思忖处，只见那小二走向前，吩咐：‘列位官人仔细些，我这里君子小人不同，各人的衣物行李都要小心着。’”《小五义》第三十九回：“武国北无奈，跪在地上说：‘过往神衹在上，保着我家公子小姐逃难，如若改变心肠，我哥哥怎么样，我也怎么样。’武国南说：‘不像话，你各人单起你的誓。’”《红楼梦》第四十二回：“姑奶奶定依我这名字，必长命百岁，日后大了，各人成家立业。”

根据考证，在近代四川方言词汇系统中，最大量的是来自于古代通语的词汇②，这是四川方言词汇与北方方言词汇具有极大一致性的重要原因。

---

① 参蒋宗福．四川方言词语考释．成都：巴蜀书社，2002：557．

② 参向学春．《蜀语》与四川方言词汇研究．四川大学硕士学位论文，2007．

（二）来自古方俗语的词语

包括来自古代其他方言的词语和古巴蜀语的词语。

1. 来自古代其他方言的词语

由于历史的因素，四川方言在形成过程中不断与其他方言发生交融，因此，在今天的四川方言词汇中有相当一部分来自于不同历史时期的其他方言词汇。这里主要以汉扬雄《方言》标明古方俗语地域的部分词语略作说明。

【疲 fa^{n55}】恶心发呕。《方言》卷十："钳、疲，憋，恶也。南楚凡人残骂谓之钳，又谓之疲。"《广雅·释诂》："疲，恶也。"《玉篇·疒部》："疲，吐也。"《广韵·愿韵》："疲，吐也。"《集韵·愿韵》："疲，心恶病。"《字汇·疒部》："疲，心恶吐疾也。"清范寅《越谚》卷中："心疲，恶之欲吐。"今四川人仍将"恶心欲吐"称作"疲"。

【崽】儿子、小孩子。《方言》卷十："崽者，子也。湘沅之会凡言是子者谓之崽，若东齐言子矣。"《广韵·皆韵》："江湘之间凡言是子谓之崽，自高而诲人也。"明焦竑《俗书刊误·俗用杂字》："江、湘、吴、越呼子日崽。音宰。"今四川方言也称儿子或小孩为"崽（儿）""崽崽"，也用以称动物幼崽。

【搴/攓/揵 $tɕ'ia^{n55}$】采摘。《方言》卷一："捋，攓，摭，挻，取也。南楚日攓。"又卷十："攓，取也。楚谓之攓。"《说文·手部》："揵，拔取也。南楚语。从手，寒声。《楚词》曰：'朝揵阰之木兰。'"后使用范围扩大，宋苏轼《〈攓云篇〉引》："余自城中还道中，云气自山中来，如羣马奔突，以手掇开，笼收其中。归家，云盈笼，开而放之，作《攓云篇》。"清赵翼《子才过访草堂见示近年游天台雁荡黄山匡庐罗浮诸诗流连竟夕喜赋》之二："攓云黄海深，看桃台洞灼。"今四川方言称采摘果实或用手挑选为"搴"，如"搴棉花""把衣服上粘的毛毛搴出来"。又称手脚随时没规矩的小孩为"千手观音"，"千"亦谐"搴"。

【蘸 $zaŋ^{53}/zaŋ^{21}$】柔软。《方言》卷三："苏、芥，草也……沅湘之南或谓之蘸。其小者渭之蘸葇。"今四川方言称细小柔软者为"蘸"，如"蘸毛毛""头发蘸"。引申也称不结实者为"蘸"，如"这种布蘸得很"。

【菢 pau^{214}】孵卵。《方言》卷八："……北燕朝鲜冽水之间谓伏鸡曰抱。"玄应《一切经音义》卷四十四："今江北通谓伏卵为菢，江南曰蓝，音央富反。"《通俗文》："鸡伏卵，北燕谓之菢，江东呼蓝。"今四川方言"菢鸡婆"就是指正在孵小鸡的母鸡，指人则常称不能干的人，一般是妇女。

【揞 $ŋa^{n53}$】掩藏，隐瞒。《方言》卷六："揞，藏也。荆楚曰揞。"《广雅·释诂四》："揞，藏也。"王念孙疏证："揞犹揜也。方俗语有侈敛耳。《玉篇·手部》：'揞，于感切，藏也。'《广韵》：'揞，手覆也。'覆亦藏也。今俗语犹谓覆物为揞矣。"《集韵·感韵》："揞，《博雅》：'藏也，于感切'。"元乔吉《一枝花·私情》套曲："风声儿惹起如何揞?"《燕说》卷三："以手掩物曰揞，乌感切，庵上声。"民国 35 年《新繁县志·方言》："今谓藏匿不令不知曰揞，古语也。"四川方言今指隐瞒，如"他把奖金揞起来，存了些私房钱"。

2. 来自古巴蜀语的词语

今天的四川方言词汇中还保存着许多古巴蜀语的词语，这里仅就文献中明确标明为古巴蜀语的词语举例说明。

【姐】母亲。《说文解字·女部》："姐，蜀谓母曰姐，淮南谓之社。"段玉裁注："方言也，其字当蜀人所制。”明陈士元《俚语解》卷一：“蜀人呼母为姐，而呼姊亦曰姐。”今四川方言有称母亲为“姐”“姐姐”“哎姐”“歪姐”的。

【篾条】竹篾。清张慎仪《续方言新校补》引三国李登《声类》：“蔑，篾也，今蜀土及关中皆谓竹篾为蔑。音弥。”① 字又作“蔑”，一直通行于四川地区。唐枢（林皋）编《蜀籁》卷四中“高得一篾片”②，指略胜一筹。清刘省三辑《跻春台》卷一《哑女配》：“砍些竹子，空时划些篾片，编成篆子，挖些虫线冲烂，涂在门上，放在田边流水之处，到次日一早去解。”今四川的广大地区仍称竹篾为“篾条”，取自竹子不同部位的篾条有“青篾”“黄篾篾”“二黄篾”之分。

总的说来，有确切证据证明是来自于古巴蜀语的词语在今天的四川话中占有的份额已不多。“秦灭巴蜀以前，巴蜀语言既是巴人、蜀人的语言，又是巴国、蜀国或巴蜀地区的语言，这是与华夏语言（或汉语）不同的一种民族语言。秦灭巴蜀以后，由于秦汉时期大批华夏移民进入四川，巴蜀语言开始分化，一是部分巴民、蜀民避居山野，继续保留巴蜀语言；二是多数巴民、蜀民受华夏族同化，与华夏族融合，其巴蜀语言逐步形成古汉语的一支——巴蜀方言。尔后的蜀语或蜀方言，以至明朝、清朝所形成的四川方言，正是沿着巴蜀语言或巴蜀方言的轨道发展变化的。”③ 因此遗留在今四川方言中的古巴蜀语词汇有限，不是偶然。

四川方言词汇对古语词的传承情况，与前面讨论的四川方言的形成过程正相呼应，显示出今天的四川方言与其他方言的密切关系，也为四川地区移民迁入的历史作了最好的注脚。

二、新词语

随着社会和时代的发展，进入近现代社会后，四川话的词汇也出现了许多新的成分，有新词新语，也有新义。前面讲四川方言词汇的发展变化时已有例子。再如：

【硬/硬是】确实；真正。沙汀《淘金记》四：“你硬一点主不能作吗？”

【摸哥$_{儿}$】扒手。《华西都市报》2005 年 11 月 19 日：“摸哥诈车贼：拿五千放你回家。”

【经事】顶事；耐用。李劼人《天魔舞》第八章：“这对于她，已是第三只手表，真经事，足足带了七个月，尚未被她弄坏。”

【横顺】①无论如何。《四川十人短篇小说选》：“这女人第一难惹，横顺不讲道理”。②反正。巴金《寒夜》：“‘你的话不错。可是他给你吃饱没有？你应该记得你过的是些什么日子！你甘心受他那种人欺负，太不值得！’妻说。‘记住有什么用？过去的横顺已经过去了’，他叹口气说。”

【爱好 xau^{53}】讲究，爱整洁。例如，“这个女儿从小就爱好，把自己收拾得伸伸展展的”。

【不存在】四川话中“不存在”有着丰富的内涵。例如，“A：对不起，踩倒你了哇？B：不存在，没得事!”这是对答谢、致歉的宽容性答语。“A：雨那么大，走不成了。B：不存在!”这表示不以为意。

【不摆了】不用说了。极言程度之高。《成都商报》2008 年 8 月 27 日：“和家人朋友围着一口火锅吹壳子，这麻辣鲜香的日子用一个词来形容——那就是不摆了!”《重庆商报》2009 年 4 月 30 日：“大剧院测试演出，效果好得不摆了。”

总的说来，产生时间晚的四川方言新词语以合成词和词组为主。

---

① ［清］张慎仪．蜀方言．成都：四川人民出版社，1987：37．

② 唐枢．蜀籁．成都：四川人民出版社，1962：453．

③ 崔荣昌．巴蜀语言的分化、融合与发展．四川师范大学学报，1997（1）．

第三节　官话方言词汇的同实异名现象

四川方言的词汇在北方方言中极富特色，虽然内部一致性较强，但差异性也比较明显，同实异名现象普遍存在，同时也有同名异实现象。

一、四川方言词汇中的同实异名现象

四川方言的方言词中有大量同实异名的词语，有的与普通话不同，有的在四川方言内部就有差异。例见下表。

官话方言同名异实方言词示例表

表2－9

普通话	成都	广元	荣县	雅安	乐山
冰雹	雪弹子	冷子	雪弹子	雪弹子	雪弹子
吝啬	抠	狗/狗夹夹	小家巴式	啬/抠/老坎	狗/抠
老鼠	耗子/老鼠	老鼠子/高客/耗子	耗子/耗婆	老水子/耗子/高客	耗子/耗马儿
蛇	梭老二/长虫/躰巴颈$_{儿}$	长虫	梭老二/长虫	蛇	干黄鳝/长虫
蝉	蝉/哩啦子	马蝉子	呢□$_{儿}$ ȵi^{55} ŋə˞^{55}	懒懒阳	懒懒 næ^{55} næ^{55}
骂	骂	噘	叨	啳	噘
木偶	斤肘肘$_{儿}$/木偶偶$_{儿}$	木脑壳$_{儿}$	木偶偶$_{儿}$	木走走	木偶儿

二、四川方言同实异名现象产生的原因

相同的对象用不同的指称，这是由多方面原因造成的。

（一）构词理据的差异

这是造成同实异名词语的最主要原因。由于对同一事物的认知方式或观察角度不同，在给事物命名时强调的重点也不同，这就会影响到对造词理据的选择不同，从而直接影响对构词单位的选择。

例如“荨麻”，四川大部分地方叫“藿麻”，又称“青麻”，民国37年（1948年）《郫县志》①记为“藿草”“蝎子草”。寻其得名不同的原因，正在于构词理据有差异。

“荨”，通“燂”（古侵、覃通韵），有火烧义，《淮南子·天文训》：“火上荨，水下流。”高诱注：“读为‘葛覃’之覃”。《说文·火部》：“燂，火热也。”字或作“焊”。被荨麻蛰着，人会有一种疼痛感，如火烧一样，故以“荨麻”为名者，即取此意。这个名称注意到荨麻带给人的刺痛感。北宋宋祁《益部方物略记》说荨麻“自剑以南处处有之，或触其叶如蜂螫人，以溺灌之即解”。明李实《蜀语》：“藿草曰薮麻，薮音涎，苗似苎麻，芒刺螫人，痛不可忍，又名藿麻。”

① 李之青等修，戴朝纪等纂．郫县志．铅印本，民国37年（1948年）．

荨麻有毒，被蛰之后人皮肤红肿，痒痛难耐，感觉类似被剧毒的蝎子蛰咬，故又名“蝎子草”。

“蠚”，义为毒虫咬刺，螫痛。《汉书·魏豹田儋韩信传》：“蝮蠚手则斩手，蠚足则斩足。何者？为害于身也。”唐颜师古《汉书》注引应劭曰：“蠚，螫也。”《史记·田儋列传》即作：“蝮螫手则斩手，螫足则斩足。”又《史记·刺客列传》：“秦皇帝惜其善击筑，重赦之，乃矐其目。”经本植认为“矐”就是刺，秦始皇把刺客荆轲的朋友高渐离留下为自己击筑奏乐，为防备其暗害而刺瞎其双眼。上古正有刺瞎人双眼的刑罚。今四川话“蠚”即是《史记》中的“矐”。“蠚”，《广韵》呵各切；“矐”，《史记》的《集解》、《索隐》皆海各反，音义皆合①。这说明“蠚麻”命名着眼于其刺人的特性。

“青麻”得名于其颜色。

“荨麻”得名于人的心理感受，“蠚麻、蠚草”得名于其刺人的特性，“蝎子草”则强调其毒性，“青麻”以来源于其颜色。正是由于构词理据的差异导致了同实异名出现。同类例子见下表。

官话方言构词理据不同方言词示例表 1

表 2－10

学名	使用范围	词目	命名理据
旋覆花	郫县	滴滴金	生长特性：花梢露珠滴入土中即生新根。
		金钱菊	外形特征：小如铜钱，花为金黄，形似菊。
	长寿	金钱花	外形特征：小如铜钱，花为金黄。
		盗庚花	生长特性：《本草纲目·草四·旋覆花》：“盖庚者，金也，谓其夏开黄花，盗窃金气也。”
	新繁	艾　菊	外形特征：其叶似艾，其花似菊。
		夏菊花	生长特性/外形特征：夏天开花/形似菊花。
		金钱花	外形特征：小如铜钱，花为金黄。

艾菊将其外形特征作为图形，其他特征作为背景；滴滴金、夏菊花、盗庚将其生长习性作为图形，其他特征作为背景；金钱菊和金钱花将其外形和颜色作为图形，其他特征作为背景。由此可见，有些名称只突出了旋覆花的一个特征，有些名称则突出其多个特征，这主要是不同的人对它的认识不同造成的，有些人注意它的外形特征，有些人注意它的习性特征，因此造成了多种名称的存在。

如果对这些名称综合起来考察就可以形成对特定对象特征的比较全面的认识，以旋覆花为例，不同的名称从不同角度展示出其特点：叶似艾叶，花似菊，色金黄，外形小如铜钱，花瓣为伞房状，外层为细针形，夏天开花。

类似的例子还有很多，见下表。

① 见经本植．四川方言与民俗·序．//黄尚军．四川方言与民俗．增订本．成都：四川人民出版社，2002.

官话方言构词理据不同方言词示例表2

表2－11

	通行地举例	词目	命名理据
花生	安岳、江油	落花生	生长特性
	合江	番豆	来源
	长寿	落花生、地豆	生长特性
		长生果	功效
	新繁	落花生、花生	生长特性
		长生果	功效
扒手	成都	扒手	动作特点：从别人身上摸窃财物。
		三只手	比喻：比常人多出一只手。
	广元	摸哥儿	行为特点：用手摸。
	遂宁	钳工	模拟：钳工以锉、钻、铰刀、老虎钳等手工工具为主进行机器的装配和零件、部件修整工作。
	泸州	捞哥儿	动作特点：从他人身上捞取财物。
吊在灶前热水的壶	成都	茶壶	功用：可烧水泡茶。
		吊壶	使用方式：吊在灶门前。
	崇州	煪壶①	使用方式：用火烧。
	温江	茶壶	同前
		吊壶	同前
		炊壶	使用方式：用火烧。
猴子	成都	猴狲	相似特征：狲为猕猴的一种，亦以泛称猴子。
	双流	山娃儿	生活地：猴子生活于山林中。
	温江	孙悟空	文化理据：《西游记》中的孙悟空为猴王。
	都江堰	毛脸狗儿	外形特征：猴子面部多毛。
雀	成都	麻雀	外形特征：身有麻斑。
	长寿（今属重庆）	黄雀	外形特征：小者毛黄。
		瓦雀	生活习性：明李时珍《本草纲目·禽二·雀》“栖宿檐瓦之间……故曰瓦雀。”
蛇	成都	梭老二	行为特征：蛇身体扭曲、蜿蜒前行，四川话称为“梭”。
		长虫	外形特征：蛇身长。
		躲巴颈儿	外形特征：四川话称身体细小为“躲”。
	乐山	干黄鳝	外形特征＋生活习性：蛇形似黄鳝，生活在旱地。
	泸州	金串子	外形特征

① 煪 tɕʻiəu^{55}，烟熏。壶吊在灶前，经常受烟熏，故名煪壶。

构词理据的不同，往往造成构词成分部分或全部不同，例见下表。

官话方言构词理据不同方言词示例表 3

表 2－12

意义	方言词例
打架	打锤/打碇子
雀斑	苍蝇儿屎/土印子/土痣子/麻子点点儿
青春痘	火米籽/骚籽籽/青春籽/骚疙瘩
独眼龙	边花儿/半头房子/偏花儿/半边眼
浇水	灌田/放水/⿰扌焉 in^{213}水
施肥	淋粪/⿰扌焉粪
西红柿	洋海淑/洋鸡椒
结球甘蓝	莲花白/包包菜/包包白/坨坨菜
蝙蝠	燕老鼠儿/夜白飞儿/檐老鼠儿/夜老鼠/飞老鼠
开玩笑	涮坛子/说笑/说耍/扮灯儿
巴结，讨好	舔肥沟子/舔肥/拍马屁/捧大脚杆
吵架	扯筋/闹场伙/吵嘴/闹架
丢脸	臊皮/丧德
揭老底	抽底火/抽老底子/抽老窑/挖根根儿
木偶	木脑壳/木头人/木走走/斤肘肘儿
吝啬	抠/夹/小气/狗/狗夹夹/狗保邪/老坎/狠夹夹儿
爱吹牛的人	日白匠/日白客/壳子虫/壳子客/话口袋/牛皮大王
讲歪道理的人	扯客/扯筋客/嚼筋客/扯扯儿

（二）构词方式的差异

构词方式的差异也是同实异名现象产生的原因。例如“连襟”在四川方言中有不同说法，“老挑”是派生词，“挑担”则是合成词。见下表。

官话方言构词方式不同方言词示例表

表 2－13

单纯词	合成词					
	复合词		派生词			
		重叠式	“老”缀词	“儿”缀词	儿化词	“子”缀词
	小娃儿	娃娃		娃儿	细娃儿	碎娃子/青沟子
	辣椒/海椒					辣子
		绳绳/索索				绳子/索子
	高客/耗婆		老鼠			耗子
	风筝				风筝儿	风车子

续表 2－13

单纯词	合成词					
	复合词		派生词			
		重叠式	“老”缀词	“儿”缀词	儿化词	“子”缀词
抠/夹/狗/啬	狗保邪/狗夹夹/指甲深		老坎		狠夹夹儿	
费/烦/匪/皂/欠/肇	迁翻/旋皮/调皮					
	黄师傅/黄棒/外行		老外			
	宝器/憨包	憨憨/莽莽			哈包儿/憨包儿/闷墩儿	瓜娃子/憨子

（三）其他原因

同实异名产生还有一些其他原因，其中由四川文化习俗原因产生的同实异名现象尤其值得注意。

1. 语言禁忌产生异名

语言禁忌在四川各地方言中都有不同程度的反映，例如泸州等地把豆腐叫“灰毛”，成都等地把老虎叫“大猫儿、猫猫”，就是因避说“虎”而产生的异名（四川方言“虎”“腐”同音）。见下表。

官话方言反映不同语言禁忌的方言词示例表

表 2－14

词目	异名	禁忌
猪舌	脷子	忌“蚀”蚀财、“蛇”。“舌”“蚀”“蛇”同音。
伞	撑子，撑花儿	忌“散”分散，散落；船家忌“闪”，“伞”“散”“闪”同音。
做媒	做红	忌“霉”。“媒”“霉”同音。
病	不好，不舒服	忌病。

类似现象在四川旧方志中也屡有记载①。例如：

光绪三十三年（1908 年）《新繁县乡土志·方言》：

讳做媒，曰做红。注：以媒音近霉也。

讳做梦，曰扯诨。注：以梦者空也。

棺曰材子。

民国 22 年（1933 年）《安县志·方言》“俗忌”：

每晨起，忌说梦、鬼、龟、蛇、虎、豹。船夫忌说翻、沈，各厂工人忌说饭，烧瓦窑忌说红，推药者忌说鬼，普通人忌说霉等字。

2. 四川民俗导致异名产生

方言与民俗有着极为密切的关系，四川方言的形成和发展都与其自身的文化背景和历史背景有

① 以下方志材料转引自黄尚军. 四川方言与民俗. 增订版. 成都：四川人民出版社，2002.

直接关系。各方风俗民情的不同导致了大量同实异名现象的产生。

比如许多地方忌讳说死，由此产生了很多关于死的不同说法，如“老了、不在了、归天、落气”等，有一些说法就是因丧俗而产生的，例如：

【拌药罐子】成都民俗，人死出丧时则由孝子摔碎死者生前用过的药罐。后借称人死。成都口语：“在随无论你有好凶厉害，还不是要拌药罐子。”

【打瓦片儿】成都民俗，发丧时，发丧主持者念完《起丧词》后，将手中的瓦片用斧子打破，并燃放鞭炮作发丧信号。故“打瓦片儿”一词可作为人死亡的代称。

下表是因婚俗差异产生的异名举例。

官话方言反映不同婚俗的方言词示例表

表2－15

词目	异名	婚俗
媒人	媒（猪）脑壳	结婚日以猪脑壳答谢媒人。
	吃肘子的	大邑等地做媒成功要以猪肘谢媒。
	吃三百杯的	川西民俗，婚宴上新婚夫妇敬媒人三百杯。
结婚	点大蜡	拜堂后新人由童子手捧燃烧着的大红蜡烛引导入洞房。
舅子	多吃三碗菜的	双流等地将送亲的新娘兄弟奉为上宾，婚宴上特意为其多做三碗菜。
	吃双膀的	彭山等地新娘兄弟桌上放两碗膀肘子，一般人桌上只有一碗。
订婚酒	插香酒	订婚时男方置办的聘礼中除财物之外，还有三柱香。
见人	拜客	新娘离开娘家前，意在与亲友拜别；到男家拜堂后、合卺前，或在当日午宴后拜客。

四川方言词汇中也有同名异实现象，例如“胡豆”在不同的地方分别可以指称蚕豆、豌豆和豇豆，“蚊子”在不少地区是蚊子和苍蝇的总名。

第四节　官话方言词汇的语义分析

四川方言词汇的语义系统特征具备词汇语义系统的一般特征，例如词义的概括性、模糊性等等。同时，由于词义是人们对现实现象的概括反映，因此在特定的地域环境中，外部世界具体对象特殊性的客观存在和不同地域人们对其生存环境认识的差异，必然会带来某一特定语言或方言词汇语义系统不同于其他语言或方言的特点。例如前面提到，四川方言中一般把“冰雹”称为“雪弹子”“冷子”，这与四川盆地冬季气温相对偏高、少有冰冻的气候特征有直接关系。本节主要就四川方言词汇语义成分所呈现的独特性作简要介绍。

对于现代汉语词义的构成有不同的认识，曹炜（2001）将其分解为五种意义成分：理性义、色彩义、结构义、文化义和联想义①。四川方言词汇的语义构成同样包括这些成分。

① 曹炜．现代汉语词义学．上海：学林出版社，2001（15）．

一、理性意义特征

词的理性意义是词义的核心部分，反映客观对象的主要特征，这是词的理性意义的共性。四川方言词语的理性意义反映出四川地区人民对外部世界的基本认识和概括，这是与他们长期的生活生产密不可分的，因此其中既有与其他方言区人民相同的概括，也必然存在一些差异。例如：

【椒盐 tɕiau^{55} ia^{n21}】形容不纯正的口音。《华西都市报》2007 年 11 月 5 日：“‘要得、要得’‘我们去逛街’‘我们要好生要一哈’，《色·戒》中那位说着一口四川椒盐普通话的梁太太给观众留下了深刻的印象。”

四川人偏爱盐味，据说这是因为潮湿闷热的气候使味蕾变得迟钝，同时体内盐分更易流失有关。四川自古盛产井盐，由此成为全国重要的产盐地和食盐消费地。把盐炒热呈金黄，加四川盛产的花椒粉就成了四川人见人爱的“椒盐”①，“椒盐茄饼”“椒盐排骨”“椒盐锅盔”“椒盐核桃”，甚至来自海边的大虾都可以“椒盐”。至此，“椒盐普通话”大意也就明白了，那是带着浓浓川音的普通话，味道绵长，别有情致。

理性意义又可以进一步区分为科学义和通俗义。科学义又被称为术语义、专门义、学科义等，反映科学概念的内涵。通俗义则是一种经验义，是人们通过自己的经验感知而获得的意义，因此又被称为普通意义或日常意义。例如上面提到的“盐”，其科学义是氯化纳，是酸中的氢原子被金属原子置换所成的化合物；通俗义是食盐的通称，一种白色带咸味的调味品。一部分词只有科学义，例如“音位”“三聚氰胺”“蛋白质”等；也有一些词只有通俗义，例如“板凳”“饭”。

从理性意义的构成考虑，通俗意义在四川方言中占据优势，这同科学义和通俗义产生的时间与途径以及人们对狭义的四川方言词汇界定和其口语特征有直接关系。

狭义的四川方言词汇包括方言特征词和四川方言中古已有之、今与共同语说法一致的词，这些词往往有着悠久的历史，从古代一直流传下来，为四川地区人民广泛使用。它们的意义大多是通过人们对客观世界的感知、体验积累而形成的，这种意义正是通俗义。相对而言，科学义则专属于各个专门的学科，反映经过科学研究才能发现的事物的本质或特有的属性，这种认识不是普通人群仅靠经验就可以获得的，必须建立在相关学科相对完善的基础上，而这是较为晚近事情。从产生的时间先后来看，科学义大大晚于通俗义，因此在狭义的四川方言词汇理性意义系统中基本不涉及科学义。

从适用的范围来看，科学义通常使用于书面语体中，口语中甚少出现。而方言词汇往往以口语的面貌出现，口语词的理性意义则以通俗义作为主体。

这样，科学义在四川方言词汇理性意义中的缺位就成为一种必然，这种特征也应该是方言词汇理性意义的共同特点。

二、附加意义特征

词的附加意义是附着在其理性意义之上的人们对客观现实现象的主观态度、联想内容、风格色彩等方面的内容。

附加意义可以游离于理性意义之外，也可以由理性意义本身呈现。例如四川话“教咕咕”教师

---

① “椒盐”作调味品古已有之，［唐］寒山《诗》之二〇六：“蒸豚揾蒜酱，炙鸭点椒盐。”

的蔑称，理性意义并无褒贬，但附加色彩却与“教书先生”完全不同。而“落教”通情达理、讲交情守信用、“栽害”诬陷在其理性意义中就包含了人的主观态度。因此我们这里所讨论的附加意义包含了上面这两种类型。

通常情况下，附加意义包括感情色彩、形象色彩、语体色彩等主要方面，由于狭义的四川方言词汇基本上已被界定在口语范围中，所以我们主要从感情色彩和形象色彩两个方面讨论其附加意义，此外四川方言词汇语义系统中浓厚的地域文化色彩义也颇具特色。

（一）感情色彩义

感情色彩义附着在词的理性意义上，体现说话人对事物的褒贬态度或主观评价，如喜爱、亲热、谦虚、尊敬、厌恶、轻蔑、讥讽、戏谑、斥责、骄傲、詈骂等。四川方言含感情色彩义词汇有如下一些特点①。

1. 贬义词和褒义词在数量上的不平衡

四川方言词汇中贬义词的数量远远大于褒义词。在王文虎、张一舟等《四川方言词典》中收录的贬义词有500多个，而褒义词不到30个；同时惯用语和歇后语也是贬义多于褒义。这可能跟四川方言词汇语义体现的谐趣和幽默有关。

2. 部分叠音后缀能够表达特定的感情色彩

四川方言词汇中一部分词语利用四川方言特有的生动形式表达特定的感情色彩，例如：

【～生生】白生生｜翠生生

【～真真】黄真真｜漂真真｜活真真

【～嘟嘟】肥嘟嘟｜胖嘟嘟｜肉嘟嘟｜粉嘟嘟

【～酥酥】黄酥酥｜泡酥酥｜干酥酥｜软酥酥｜痒酥酥

【～崭崭】新崭崭｜齐崭崭

【～甩甩】长甩甩｜活甩甩｜吊甩甩

【～扎扎】白扎扎｜汗扎扎｜湿扎扎｜咸扎扎｜旧扎扎｜烂扎扎｜蔫扎扎

【～垮垮】白垮垮｜偻垮垮｜松垮垮

【～歪歪】洋歪歪｜腻歪歪

【～翻翻】白翻翻｜喳翻翻

【～焦焦】黄焦焦｜干焦焦｜糊焦焦｜焦焦

【～普普】白普普｜灰普普｜旧普普

【～扯扯】红扯扯｜肉扯扯｜绵扯扯｜笑扯扯

【～希希】扯希希｜瓜希希｜脏希希｜哭希希｜宝希希｜风希希｜霉希希

【～董董】大董董｜浑董董｜肥董董

【～叉叉】飞叉叉｜野叉叉｜翻叉叉

【～革革】老革革｜麻革革｜蛮革革｜沙革革

这类词语主要是由形容词性的词根语素（也有少量的动词和名词词根语素）带上表示褒贬的叠音后缀构成，尤其以贬义词为多。

---

① 本论点以下内容参考邓英树、张一舟主编. 四川方言词汇研究. 北京：中国社会科学出版社，2009.

3．一些固定格式能够表达特定的感情色彩

四川方言词汇中的一些固定格式带有明显的感情色彩，例如：

【倒～不～】倒大不小｜倒多不少｜倒干不稀｜倒文不武｜倒早不晏晚｜倒男不女｜倒长不长｜倒红不红｜倒早不早｜倒懂不懂｜倒像不像｜倒理不理爱理不理

“倒～不～”格式中主要嵌入反义形容词，也可以嵌入同一个形容词，表示处于两个反义形容词A和B或同一个词A和非A的中间状态，不符合说者的预期心理，有“说它A，它不A；说它B，它又不B”之意。

动词也可以进入“倒～不～”，形成“倒V不V”格式，语义上是V和“不V”形成对立。

【二～二～】二恍二恍｜二通二通｜二麻二麻微醉｜二晕二晕｜二像二像｜二醒二醒

“二～二～”格式一般嵌入两个相同的形容词，其格式语义表示某种状态不充分不完全，多有贬义。

【要～不～】要说不说｜要笑不笑｜要走不走｜要买不买｜要听不听｜要跑不跑

“要～不～”格式中主要嵌入同一个动词，表示一种想V而又不V令人难以琢磨的状态，多带贬义。

【～眉～眼】白眉白眼｜绿眉绿眼｜狂眉狂眼｜瓜眉瓜眼｜偻眉偻眼｜鲊眉鲊眼｜偢眉偢眼｜秋眉秋眼｜诧眉诧眼｜痴眉痴眼｜焦眉烂眼｜眍眉凹眼｜怪眉怪眼｜憨眉憨眼｜恨眉恨眼｜花眉花眼｜挤眉眨眼｜懒眉懒眼｜烂眉烂眼｜立眉竖眼｜死眉钝眼｜颤眉颤眼｜皱眉凹眼

“～眉～眼”具有比较明显的形象意义，通过眉眼状态表达某种情状，通常为贬义。

【～声～气】恶声恶气｜怪声怪气｜粗声粗气｜莽声莽气｜拖声卖气｜大声武气｜扯声卖气

“～声～气”形容人说话时的情态，多为贬义。

【飞～八～】飞歪八歪｜飞热八热｜飞累八累

“飞～八～”描述超过人能忍受的某种限度的感觉。

【～头～脑】狗头狗脑｜怪头怪脑｜憨头憨脑｜莽头莽脑｜昏头昏脑｜傻头傻脑｜木头木脑

“～头～脑”多形容头脑不清醒或不正常的状态。

【～不～～】瓜不稀稀｜憨不痴痴｜黑不拢耸

在上述格式中，嵌入的词本身不一定有贬义，但进入这个格式后，整个结构就具有了贬义，这是一种构式形成的感情色彩意义。

（二）形象色彩义

形象色彩义指词义带给人对事物视觉、听觉形象等方面的联想，表达上给人以生动之感。四川方言词汇在语义提取中对形象义的把握非常在意，这既是四川方言词汇理性意义中通俗义占据主导地位的重要原因，也是其口语特征和幽默个性的体现。这种特点在合成词（语）中体现得特别充分，通过词语的理据和内部形式给人以丰富的联想。其中主要有两种类型：

1．复合词的理据和内部形式体现形象色彩义

四川方言词汇中复合词的理据和内部形式体现形象色彩义的特点十分突出，这里我们仅以部分植物名为例列表说明①。

① 参廖玮婧．清末民初巴蜀方志植物名研究．四川师范大学硕士学位论文，2008．

官话方言词语形象色彩示例表

表 2－16

词语	理据	内部形式	词义	形象色彩义类
扁豆	特征理据	豆荚扁平的豆。	一年生草本植物，茎蔓生，小叶披针形，花白色或紫色，荚果长椭圆形，扁平，微弯。种子白色或紫黑色。	形态形象
青蒿		青色的蒿草。	二年生草本植物；叶子互生，细裂如丝，有特殊气味。	颜色形象
爬壁草		爬在墙壁上的草。	落叶藤本植物，叶子互生，叶柄细长，花浅绿色。结浆果，球形。茎上有卷须，能附着在岩石或墙壁上。	动态形象
谜谜响		能吹出“谜谜”的响声。	巢菜的通称。一年生或二年生草本植物，羽状复叶，开紫红色花，结荚果。嫩茎和叶可做蔬菜，种了可以吃。	声音形象
七里香		香飘七里之外。	蔓生，叶互生有缺刻，花白，小四瓣。	嗅觉形象
酸酸草		味道酸的草。	酢浆草，多年生草本植物，匍匐茎，掌状复叶，小叶三片，花黄色，蒴果圆柱形。全草可以入药，内服有解热、利尿等作用，外用可以治疥癣等皮肤病。	味觉形象
子午莲		子时开、午时谢，或午时开、子时谢的莲花。	即睡莲，多年生草本植物。生在浅水中，根茎短，长在水底，叶子有长柄，叶片马蹄形，浮在水面，花白色，也有黄、红等色的。供观赏。	生长形象
老少年	相似理据	如人老后方如少年般朝气蓬勃。	即雁来红，一年生草本植物，叶子长卵圆形，表面黄色、红色相错杂，秋天开花，黄绿色。供观赏。	
和事草	功能理据	能调和百味。	即葱。	

从上表可以看出，以特征理据命名的植物名形象色彩义最为明显，其内部形式显豁；相对而言，以相似理据和功能理据命名的植物名称，由于语义表达上经历比喻环节，形象色彩义略显迂曲，但依然可以感知。

2. 通过特有的生动形式表达形象色彩义

四川方言中特有的生动形式不仅能表达感情色彩意义，也能表达形象色彩意义①。

一部分生动形式由有特定色彩义的词缀和词根构成。有的是单音前缀加词根，例如：

飞红丨飞咸丨飞烫丨飞快丨飞薄丨飞恶丨飞辣丨飞笨‖梆硬丨梆重丨梆紧‖

焦咸丨焦干丨焦湿‖溜粑丨溜酸丨溜圆丨溜伸丨溜尖‖昂苦‖刮苦丨刮清

稀脏丨稀烂丨稀孬 pʻie^{213}‖捞轻丨捞清‖黢 tɕʻyo^{21}黑丨黢湿‖滂臭‖曲青/迅白‖精痛‖

有的是叠音前缀加词根，例如：

粉粉亮丨蜜蜜甜丨梆梆硬丨捞捞轻丨喷喷香丨蜜蜜甜

有的是词根加叠音后缀，例如：

绵扯扯丨疯扯扯丨干沙沙丨矮趴趴丨阴悄悄丨蔫耷耷丨憨痴痴丨泡酥酥丨悬吊吊丨

① 可参看本篇第四章第一节四川方言的构词特点。

黄焦焦丨黄桑桑丨干耸耸丨干虾虾丨干筋筋丨灰扑扑丨旺翘翘丨满秋秋丨蔫秋秋丨
新崭崭丨大董董丨肥鲁鲁丨苦茵茵丨宝篩篩丨肉叽叽丨贼呵呵丨风篙篙丨心慊慊丨
筋暴暴丨水匝匝丨鬼戳戳丨汗巴巴丨笔端端丨嘴喳喳丨嘴括括丨眼鼓鼓丨涎打打丨
扯稀稀丨怕稀稀丨惊抓抓丨怄粗粗丨吊甩甩丨活甩甩丨活鲜鲜

有的是词根加单音后缀，例如：

甜蜜（了）丨圆溜（了）丨哭稀（了）丨闹麻（了）丨蔫揪（了）丨呕粗（了）

有的是词根和词缀结合后的重叠形式，例如：

苦茵苦茵丨苦乍苦乍丨垮稀垮稀丨绵扯绵扯丨笑扯笑扯

还有一部分生动形式采用词根重叠、构词重叠或其他构词方式构成，这一类形式大多是四字格形式，例如：

礼礼信信丨兴兴头头丨打打扮扮丨收收拾拾丨邀邀约约丨阴痛阴痛丨长梭长梭丨
气齁气齁丨痒酥痒酥丨木痴木痴丨做脸做色丨甩手甩脚丨巴心巴干丨开花开朵丨
白眉白眼丨楞眉楞眼丨诧眉诧眼丨鬼眉鬼眼丨绿眉绿眼丨诳眉诳眼丨哈声哈气丨
莽头莽脑丨宝头宝脑丨狗头狗脑丨黄手黄脚丨硬肢硬杆丨苕头苕脑丨活摇活甩丨
清醒白醒丨水流水滴丨气鼓气胀丨神戳鬼戳丨丢心落肠丨淘神费力丨磨皮擦痒丨
挨邻接近丨扯声卖气丨涎皮搭脸丨死眉秋眼丨花眉日眼丨焦眉愁眼丨怪眉实眼丨
焦眉烂眼丨懒眉实眼丨冷眉秋眼丨忙天慌地丨正南齐北丨大声武气丨淡心冷肠丨
红头花色丨清汤寡水丨秋风黑脸丨估吃霸赊丨东编西逗丨生拉活扯丨码干吃净丨
喊明叫响丨毛焦火辣丨脸红筋胀丨皮泡脸肿丨牙尖舌怪丨肝精火旺丨脚粑手软丨
眼浅皮薄丨脸青面黑丨鼻塌嘴歪丨假巴意思丨胡子八叉丨男人八叉丨老远八远丨
上好八好丨老早八早丨清早八晨丨稀脏八脏丨花二麻遢丨花二古兮丨可怜巴兮丨
血古淋当丨花古淋当丨灰巴拢耸丨圆不拢耸丨黑不拢耸丨浑不拢耸丨软不塌塌丨
软不稀稀丨死不秋秋丨死木呆呆丨神木楞吞丨二麻二麻丨二昏二昏丨二冲二冲丨
二甩二甩丨二通二通丨二恍二恍丨七拱八翘丨七老八十丨梗起梗起丨傲起傲起丨
欧起欧起丨恍二惚兮丨花二古兮丨稀脏八脏丨稀烂八烂丨正二八经

三、文化意义特征

语言和文化有着密切的关系，语言不仅是人类交际的工具，也是人类文化的承载者，是人类生存和发展历史的见证者。地域方言是使用于一方的语言，任何一种语言首先都是以方言的形式存在的。方言就是地方历史文化的记载者，承载着极为丰富的历史文化信息。

一些四川方言词语在其理性意义之外还包含着文化意义，对这种蕴藏在“语言背后的东西”的了解程度，往往可以作为判断人们是否了解一种语言或方言的全部精髓的标准。例如：

【敲棒棒】相当于“敲竹杠”。四川产竹，四川方言中与竹相关的词语俯拾皆是，但是“敲竹杠”在四川大部分地区却被称作“敲棒棒”，这与“棒客”有关。四川人称土匪为“棒客”。巴金《春》：“后来才晓得他们因为害怕棒客抢，又怕军队清乡要钱，都躲起来了，不晓得躲在哪儿去了。”《康輶纪行》卷一：“往者四川南路，多种罂粟花为鸦片烟。近时英夷烟土，由哲孟雄经后藏入云南而至宁远，水路至嘉定沿江而下，旱路则由清溪而至成都。故邛州大邑及雅安匪民，所在邀截，贩烟奸民，亦聚众行以御之，亦蜀中大患也。余小坡云：贩烟者曰泥客，抢烟者曰棒客。棒客作俑，始于邛州某刺史。当时烟禁初严，洋烟不至。建昌一带，所产烟泥盛行，烟贩如云，号为泥客。官虑兵役之不胜捕也，则大张晓谕，谓泥客本犯法民，能逐捕者听，于是所在游民蜂起，截劫泥客以为利，自称棒客，盖其初固以客自居也。……既而内地烟泥不甚行，泥客稍衰，而棒客反日众，既无所得泥，则害及行旅，以搜泥为名，无所不至，于是客之名遂变而为匪，今新津、琼州一带，所患固在棒匪，而不在泥客。"① 像土匪一样明目张胆地宰人就叫做"敲棒棒"了。今天四川人说别人"敲棒棒"，往往就有指责对方活抢人的意思。

【盖不倒脚背】指做事有头无尾，要别人来收拾残局。这个意义的来源与丧俗有关。双流、巴县等地人死后有"盖铺盖"的习俗，即"闭殓"（盖棺）前夕，由亲友将特制的丧被盖在死者身上，有的多达十几床。被子一定要上齐胸部，下一直盖到脚背的脚趾尖处。这是死者入殓前最后的一道程序，做得好不好，直接关系到对故去者的态度和在生后辈行事的准则，份量极重。如果没有盖住脚背，则对死者大为不敬，死后连脚背都盖不倒，这是何等让人难堪！用来做骂人的话，便相当重了，言下之意是：将来你死了寿被连脚背都盖不倒。

【吆鸭子/吆鸭娃儿】指比赛、评比等活动的最后一名。四川职业养鸭人一般每个人负责放养大群的鸭子，因此都得"吆鸭子/吆鸭娃儿"②。为了不至造成损失，养鸭人拿着长竹竿，跟在鸭群最后，驱赶鸭子并防止丢失。吆鸭子的人总是走在鸭群的最后，久之，"吆鸭子/吆鸭娃儿"便成了最后一名的代称，既可以用于学生考试，也可以用于一切有比赛性质的活动。

【魌头】指"便宜"，四川人称"占便宜"为"捡魌头、吃魌头、占魌头"。"魌头"本是古时打鬼驱疫时扮神者所戴面具，至迟东汉已出现，《周礼·夏官·方相氏》："方相氏掌蒙熊皮。"郑玄注："蒙，冒也。冒熊皮者，以惊驱疫疠之鬼，如今魌头也。"后代丧礼中亦用，宋高承《事物纪原·吉凶典制·魌头》："宋朝《丧葬令》有方相、魌头之别，皆是其品所当用，而世以四目为方相，两目为魌头。按：汉世逐疫用魌头，亦《周礼》方相之比也。"古人出丧时，用一具纸扎大鬼方相导引于前，还要用米麦粉做成一些鬼头模样称为"魌头"的东西，撒于道上，使人捡食，谓能避邪。

【装舅子】四川话讥讽别人穿戴讲究、整齐的说法。四川地区姐妹出嫁时，哥哥、弟弟一定要穿戴得十分整洁去送亲。送亲者的形象代表娘家人的社会、经济地位，也代表娘家对出嫁新娘的重视程度，这对新娘在夫家的地位有重要影响。因此送亲者都尽量打扮得体面，衣服全新，因家贫无新衣者也大多要借他人新衣换上，此称为"装舅子"。又因舅子在当送亲客时，一般较少说话，故此词引伸指"装聋作哑"或"假装正经"。

【广】指"孤陋寡闻、土气"之类意思，与此相关的还有"广广""土广东"等。这与近代四川移民的构成有直接关系。"湖广填四川"时期，大量移民涌入四川，其中最多的是来自于包括湖南、湖北及周围地区的湖广省，另有广东、江西等地之移民。一时间"广"成为外乡人的代称，叠音为"广广"。在安土重迁的原住民眼中，这些初来乍到的外来户，言谈、习惯均异于本乡人，对当地风物一无所知。久之，"广"也就有了上面的意思。至今，四川人还说"麻广广"，指哄骗傻子。

这种文化意义常常位于词义深层，如果不了解词语产生背景，很难透彻理解词语的全部内涵。

---

① 转引自王宝红．清代笔记小说俗语词研究．四川大学博士学位论文，2005.

② 吆：大声喊，引申指"大声驱赶（牲畜）"等。四川话可以说"吆鸡、吆鹅、吆猪儿、吆牛沟子"。

第四章　官话方言的语法特点

跟共同语作横向的共时对比可以发现，四川方言语法跟共同语有很强的一致性，很多情况是同中有异，或者异中有同。因此，本章不全面描述四川方言的语法面貌，而是从跟普通话语法对比的角度，说明四川方言语法的构词特点、虚词特点、动词体貌、特殊结构格式和特殊句式。

第一节　官话方言的构词特点

四川方言的构词手段跟普通话有很强的一致性，参看下表。

四川方言与普通话构词方式对比表

表2－17

构词方式 \ 词例 \ 系统			普通话	四川方言
单纯词	双声		伶俐	啰连 不果断
单纯词	叠韵		哆嗦	叉巴 女性言语随便、不庄重
单纯词	非双声叠韵		妯娌	利边 故意
单纯词	叠音		猩猩	榤榤 角落
合成词	复合式	主谓	心狠	面浅 腼腆
合成词	复合式	述宾	丢脸	烧锅 做饭
合成词	复合式	偏正	密植	小见 小气，吝啬
合成词	复合式	中补	玩儿完	出脱 丢掉，断送
合成词	复合式	并列	聪明	团转 周围
合成词	附加	词根＋词缀	苦头	魌头（占）便宜
合成词	附加	词缀＋词根	老乡	老坎 乡下人，显得土气的人，含贬义
合成词	重叠		偏偏	广广 湖广人；泛指外地人、外行

四川方言和普通话都有通过语音构词手段造出的单纯词，都有通过句法构词手段造出的复合式合成词和重叠式合成词，都有通过形态构词手段造出的附加式合成词，四川方言和普通话构词的基本规则一致。不过，四川方言在构词方面还是有一些独特之处。

一、重叠式是非常能产的构词方式

四川方言和普通话都有重叠式的构词方式，但是普通话中主要见于某些亲属称谓和少数副词、形容词，如“爸爸、奶奶”，“刚刚、渐渐”，“皑皑、茫茫”等，其能产性不强。在四川方言中，重叠式则是一种非常能产的构词方式。其重叠格式主要有AA式和AABB式两种，第一种最为能产。

（一）AA式

主要是构成名词，不管A是什么性质的语素，一经重叠就构成名词。如“杯杯$_{\text{杯子}}$、盘盘$_{\text{盘子}}$、眼眼$_{\text{眼儿}}$、洞洞$_{\text{洞}}$”，以上是名词性语素重叠。“吹吹$_{\text{哨子}}$、刷刷$_{\text{刷子}}$、数数$_{\text{数,动词,查点数目。数数,供查点的东西,指钱}}$”，以上是动词性语素重叠。“方方$_{\text{方形的东西}}$、尖尖$_{\text{尖儿}}$、恍恍$_{\text{恍,粗心大意。恍恍,粗心大意的人}}$”，以上是形容词语素重叠。“块块$_{\text{块状物}}$、颗颗$_{\text{颗粒状的东西}}$”，以上是量词性语素重叠。

如果该方言点有阳平、上声、去声重叠变调，那么，阳平、上声、去声重叠，要与变调同现。如成都话“盘盘 p‘a^{n21} p‘a^{n21-55}、个个 ko^{213}ko$^{213-55}$、眼眼 ia^{n53}ia^{n53-21}”，如果后一音节不变调，就成了量词的构形重叠，表逐指，是“每一盘、每一个、每一眼”的意思。所以，量词性语素重叠式是否变调，是成都话区分构词与构形重叠的区别性语音特征。

重叠往往同儿化结合：有的重叠式儿化不儿化所指相同，但儿化后有表小的色彩。如“洞洞—洞洞$_{\text{儿}}$”“弯弯—弯弯$_{\text{儿}}$”；有的儿化后可以区别词汇意义，如“头头$_{\text{植物根部;物体顶端}}$—头头$_{\text{儿 头儿}}$”。

（二）AABB式

主要是构成形容词，不管A、B原本是什么性质的语素。如“筋筋吊吊$_{\text{形容多个长条物悬挂的样子}}$、高高长长$_{\text{身材瘦长的样子}}$、花花搭搭$_{\text{颜色、样式不单一的样子}}$、皮皮翻翻$_{\text{多处表皮翻起的样子}}$、指指戳戳 to^{21}$_{\text{形容背后议论人的样子}}$”“呵呵哄哄$_{\text{呵、哄,骗。形容欺骗、糊弄}}$”。以上例中，“筋、皮”是名词性语素，“高、长、花”是形容词性语素，“吊、搭、翻、指、戳、呵、哄”是动词性语素。上述例子并非构形重叠，因为没有相应的原形词，四川方言中没有“筋吊”“高长”“花搭”“皮翻”“指夺”“呵哄”等说法。

也有重叠构成名词的，如“梂梂角角$_{\text{角落}}$”“坛坛罐罐$_{\text{坛子、罐子一类东西}}$”之类。不过这也可以理解为两个AA式名词的组合，因为AA可以独立成词。

（三）其他重叠式

四川方言中还有三音节的重叠式构词，主要有AAB式和ABB式。四川方言中用AAB和ABB的重叠方式构成大量名词，这是四川方言跟普通话不同的地方，如“绞绞肉、绵绵雨、背背裤”等。

四川方言常见的AAB式、ABB式重叠词例见下表。

四川方言AAB式、ABB式重叠词示例表

表2－18

格式	内部成分	词 例
AAB式	名名/名	叉叉裤$_{\text{开裆裤}}$ ǀ 藤藤菜 ǀ 棒棒鸡$_{\text{鸡肉加工的食品}}$ ǀ 毛毛汗$_{\text{微汗}}$ ǀ 毛毛菜$_{\text{较便宜的普通蔬菜}}$ ǀ 丁丁猫$_{\text{儿蜻蜓}}$ ǀ 板板鞋$_{\text{木板拖鞋}}$ ǀ 板板车$_{\text{人力车}}$ ǀ 棒棒军 ǀ 婆婆嘴$_{\text{喜欢唠叨的人}}$ ǀ 婆婆娘$_{\text{婆母}}$ ǀ 娃娃书$_{\text{小人书}}$
AAB式	动动/名	担担面$_{\text{成都的一种传统名小吃}}$ ǀ 拖拖鞋$_{\text{拖鞋}}$ ǀ 冲冲力$_{\text{间歇爆发的力}}$ ǀ 打打药$_{\text{打药}}$ ǀ 绞绞肉$_{\text{肉末}}$ ǀ 折折伞$_{\text{折叠伞}}$ ǀ 钩钩$_{\text{儿}}$针$_{\text{钩针}}$ ǀ 眯眯眼$_{\text{眯缝眼}}$ ǀ 扯扯客$_{\text{喜说吊话或讲横道理的人}}$ ǀ 甩甩话$_{\text{不落实的话}}$
	形形/名	尖尖帽 ǀ 尖尖脚$_{\text{旧时妇女缠过的小脚}}$ ǀ 长长脸 ǀ 泡泡肉$_{\text{赘肉}}$ ǀ 绵绵雨$_{\text{连阴雨}}$ ǀ 酸酸草 ǀ 光光头
	动动/形	包包白$_{\text{卷心菜}}$
	量量/名	分分钱$_{\text{零钱,指分币}}$ ǀ 节节布$_{\text{成段的布头}}$ ǀ 砣砣肉$_{\text{一种肉食}}$ ǀ 节节草
	含拟声成分	梆梆糕$_{\text{一种点心}}$ ǀ 嗬嗬嗨$_{\text{乐观、随和的人}}$

续表 2－18

格式	内部成分	词　例
ABB 式	名/名名	手爪爪$_{\text{手,贬义}}$｜病壳壳$_{\text{一身是病的人}}$｜人花花$_{\text{儿　人影儿}}$｜草笼笼｜手膀膀$_{\text{儿　手臂}}$｜坟包包$_{\text{坟头}}$｜花苞苞$_{\text{儿　花骨朵儿}}$｜鬼崽崽$_{\text{小孩,带贬斥色彩}}$
	形/名名	独丁丁$_{\text{儿独自一人}}$｜清汤汤｜光杆杆｜瘦筋筋｜犟拐拐$_{\text{性格很倔的人}}$｜光胴胴$_{\text{上身裸露}}$｜光条条$_{\text{裸体}}$｜薄飞飞$_{\text{单薄的物件}}$
	动/名名	剩脚脚$_{\text{吃剩的食物或挑选后剩下的蔬菜、果品等}}$
	名/形形	人尖尖$_{\text{儿　人中的尖子,常用作反语,含贬义}}$
	名/动动	木走走$_{\text{儿　木偶}}$｜雨飞飞$_{\text{儿　微雨}}$｜膀箍箍$_{\text{蹄髈}}$｜鱼摆摆$_{\text{鱼}}$｜粪舀舀$_{\text{儿　浇粪的瓢}}$
	名/量量	祸砣砣$_{\text{专门惹祸事的人}}$｜银角角$_{\text{儿　硬币}}$
	形/量量	零分分$_{\text{儿　零钱}}$｜零天天$_{\text{儿}}$
	含拟声成分	鸡咯咯$_{\text{鸡}}$｜叫咕咕$_{\text{蟋蟀}}$

二、不同于普通话的形容词生动形式

与普通话相比，四川方言形容词生动形式类型多样是一个非常突出的特征。四川话形容词的生动形式主要由词根与各种前加或后加成分构成。常见的形式有以下几类：

（一）ABB 式

A 为词根，BB 为叠音的词缀或类词缀，如“干筋筋、神戳戳、瓜兮兮、肉扯扯、风蒿蒿、飞叉叉、哭兮兮”。其中，A 表示基本意义，多为形容词性语素，也有个别名词性和动词性语素；BB 主要是给词根 A 添加某种色彩意义。例如：较之“胀”，“胀鼓鼓”有形象色彩；较之“红”，“红东东”有褒义色彩，“红扯扯”“红扎扎”有贬义色彩。

部分带贬义的 ABB 式形容词，可以在词根和词缀之间嵌入否定词“不”，强化主观贬斥态度。如：瓜兮兮——瓜不兮兮，神戳戳——神不戳戳，憨痴痴——憨不痴痴。

有的 ABB 式形容词可以变为 ABAB 式，ABAB 式的程度比 ABB 轻。如：扯兮兮——扯兮扯兮，粉都都——粉都粉都，长梭梭——长梭长梭。

有的 ABB 式形容词可以变为“AB 了”，重音落在 B 上。“AB 了”式的程度比 ABB 式重，具有较强的主观感情色彩。如：瓜兮兮——瓜兮了，粑噜噜——粑噜了，矮础础——矮础了。

（二）BA 式

A 为词根，B 多为词缀或类词缀，如“纠酸、刮苦、捞轻、蕣 poŋ^{55}香、滂臭、溜伸$_{\text{伸,直的意思}}$、溜圆、溜粑、梆硬、梆重、梆紧、焦干、焦湿、滚烫、滚圆、飞快”等。在 BA 式形容词中，词缀 B 表示程度加深，整个词均可作“非常 A”理解。有的 B 已经彻底虚化，只表程度义，如：“纠酸”就是“非常酸”，“刮苦”就是“非常苦”，“捞轻”就是“非常轻”；有的 B 没有完全虚化，兼表程度和形象色彩，如：“飞快”，除了有“非常快”的含义之外，还给人以“飞“的动态联想。

（三）ABCD 式

A 为词根，整个词的理性意义由 A 负载，BCD 是词缀，其作用主要是添加色彩义，整个词常常含有贬义色彩。如“黑不溜秋、花二古董、弯二八拱、湿古淋当、灰巴拢耸”等，这些词在参与造句时，一般要在后面加上“的”，如“长得黑不溜秋的，还说帅”。

（四）ABAC 式

A为词根，整个词的理性意义由A负载，B和C是词缀，常见格式为“A眉A眼”“A头A脑”，“眉、眼、头、脑”已经虚化。有的词根A既可组成“A眉A眼”，又可组成“A头A脑”，如：瓜眉瓜眼——瓜头瓜脑瓜,傻，鬼眉鬼眼——鬼头鬼脑，苕眉苕眼——苕头苕脑苕,土气；有的词根A只能组成“A眉A眼”，具有约定俗成性，如“白眉白眼、烂眉烂眼、懒眉懒眼、花眉花眼、脏眉脏眼”等。这类词常有贬义色彩。参与造句时，后面通常要加“的”，如“到处都脏眉脏眼的”。

（五）二A二A式

A是词根，“二”的意义与数量无关，其作用是使词根意义程度减弱，如“二通二通、二麻二麻、二恍二恍”等，“二通二通”即半通不通，“二麻二麻”指酒后微醉，也指神智不完全清醒。

三、词缀“子”“儿”的特殊意义和用法

（一）词缀“子”

词缀“子”的使用范围普遍比普通话大。

一些普通话不带“子”的名词，四川方言可带“子”。如表“年”的时间名词普遍可带“子”，如“今年子、去年子、明年子、往年子”。有些一般名词普通话不带“子”，四川话可带“子”，如“树子、羊子、蚕子蚕,不指蚕卵、蜂子、虾子虾,不指虾卵”。有的地方还有“学生子、媳妇子”等说法。

量词（包括借用量词）重叠加后缀“子”，构成名词，这更是普通话没有的。如钱币单位重叠后加“子”，“元元子10元以下,面额为元的钱钞、角角子角票、分分子分币”；重量单位重叠后加“子”，“斤斤子成斤重的东西、两两子、钱钱子”；个体量词重叠后加“子”，“条条子条状东西、块块子块状东西;也同“元元子”、颗颗子颗粒状的东西”；借用量词重叠后加“子”，“堆堆子堆状的东西”。这类词有时是多义的，如“角角子”：

①一抽屉的钱，尽是角角子。

②角角子，何必算得那么清楚哦？

例①中的“角角子”指角票；例②中的“角角子”指钱的数量，有主观上认为量少的含义。

（二）词缀“儿”

词缀“儿”在四川方言中普遍有两种语音形式。一是“儿尾”，独立成音节；一是儿化，不独立成音节。如“猫儿”一词，成都等地可以说成两个音节 mau^{55} ɚ^{21}，也可以儿化成一个音节 mɚ^{55}；南充等地可以说成两个音节 mau^{55} ə^{21}，也可儿化成一个音节 mə^{55}①。

儿尾只附加在单音节语素之后，儿化没有这种限制。也就是说，单音节语素之后可以附加儿尾，也可以直接儿化，如上文所说的“猫儿 mau^{55} ɚ^{21}”和“猫儿 maur^{55}”；非单音节语素或合成词只能儿化，如“猫猫儿”“毛根儿”。虽然“花猫儿”，也可以说成“花猫儿”，但后者是“花”加“猫儿”组成的短语。此外，有的单音节语素只能附加儿尾，如“帽儿”“裤儿”；有的单音节语素只能儿化，如“官儿”“毽儿”。

此外，岷江流域的一些地方，如五通桥，只有儿尾一种形式，没有儿化形式。“帽儿”“帽帽儿”中的“儿”都只能是儿尾，独立成为一个音节②。

---

① 参看汪坤玉．南充方言的“儿”和“咪”．四川大学学报丛刊第七十辑．语言学论丛，1995．

② 参看叶南．五通桥城区方言的儿尾．四川大学硕士学位论文，1994．

四、特殊的复合式合成词

（一）“形＋量”式形容词

四川方言中，量词可以单独用在形容词“大、小”之后，组成新的形容词。如：“大根、小根、大个、小个”等。这种合成词结构和语义都很特殊，是普通话所没有的。整个词的语义核心是前面的词根“大”“小”，后面的词根是计量事物的单位。这类合成词中的“大”“小”用于概括事物的性状，加上量词性语素构成的新词仍为形容词，主要做作谓语、定语，能受程度副词修饰。如：这筐苹果大个些；大根的甘蔗都挑完了。

这类形容词可以重叠为 ABAB 的形式，进入组合，ABAB 后面必加“的”。如：红烧肉大块大块的；大个大个的汤圆$_{\text{儿}}$都浮到水面上了；他把纸裁得小张小张的。

反义聚合“长—短”“粗—细”也有“形＋量”的组合形式，但不如“大—小”用得普遍。如：那些银针好长根哦；指拇$_{\text{儿}}$长得细根细根的。

不是所有的量词都能构成这种“形＋量”式合成词，具有这种组合功能的量词需要具备两个条件：量词的搭配选择对象具有一维、二维或三维的空间特征；其语义搭配选择能跟“大”“小”“粗”“细”等形容词组合。常见的量词有“颗、片、块、砣、墩、张、把、瓣、堆、捆、根、挑、捧、间、朵、个、套”等。

（二）跟普通话同素异序的复合式合成词

四川方言和普通话的复合词存在同义、同素而异序的情况。如：

普通话	四川方言	普通话	四川方言
公鸡	鸡公	力气	气力
母鸡	鸡母	塘堰	堰塘
客人	人客	热闹	闹热

上述例词在四川方言中存在一定的差异。四川各方言点普遍说“堰塘”，而不说“塘堰”；受普通话的影响，“热闹”一词的影响逐渐扩大；而“人客”“鸡公”“鸡母”的说法只存在于部分方言点，很多方言点也说“客人”“公鸡、叫鸡”“母鸡、鸡婆”。

上述词根异序的词在湘方言、粤方言、闽方言、客家方言等南方汉语方言中也存在。四川方言中的这类词涉及面很小，数量有限，其构造简单，理解也不难。但是这些词为什么跟普通话异序，其组合是否超出了现代汉语的基本结构规则，学界尚有不同看法。

第二节　官话方言的虚词特点

根据虚词的语法功能，可以把汉语虚词分为介词、助词、连词、语气词四类。四川方言虚词也包括四个类别，而且，每个类别的基本功能跟普通话一致。但是，四川方言中有些虚词是普通话所没有的，其功能和意义都较为独特，需要专门说明。如普通话“走了吧”，四川方言可以用不同的语气词表示略有差异的语气：“走了嘛 ma^{21}（表请求）”，“走了哘 sæ$^{55/213}$（有人写作“噻”，表催促，有时略带不耐烦意）”，“走了哈 xa^{53}（表提出建议，征询意见；有时表提醒）”，“走了嗦 so^{53}？（表求得证实，是否真的“走了”）”。由于虚词涉及的问题较零散，所以下面的说明具有举例的性质。

一、特殊的助词

（一）用助词“些”表名词复数

普通话表人的名词，可以带“们”表示复数。四川方言很多地方的名词，都可在后面加上“些”表示复数，而且不限于表人的名词。如：把人些表不止一个人都得罪完了。| 老师学生些表不止一个老师、学生都安排好了。| 臭袜子些表不止一双袜子拿去洗了。

以上例子中的“些”都表示名词所指的人或事物不止一个，这样的复数是所谓真性复数。又如：得了这个病，海椒花椒些表辣椒、花椒一类东西吃不得。| 助人为乐的雷锋些表雷锋一类人还不少呢。

“海椒花椒”后面加“些”表示“海椒花椒一类的东西”；“雷锋”是专名，后面加“些”表示“雷锋一类的人”，这样的复数是所谓连类复数。

四川方言中的“些”附加在名词后面表复数有以下特点：

第一，能带“些”表复数的名词，可以是表人的，也可以是表物的；可以是表具体事物的，也可以是表抽象事物的。

第二，名词性词语后面加“些”表复数不是一种强制手段，所以上述例句中的“些”都可以省掉，但是，加上“些”能更加突出名词性词语所指的非单一性。

第三，名词后面加“些”表示的复数不是一种确定量，所以前面可以加上表非确定量的修饰语，如“这些人些”“那几个老师学生些”，但是，没有“两个人些”“五个老师学生些”的说法。

也有用“伙”加在名词之后表示复数的，但限于表人名词，如“娃儿伙小孩子们还不懂事。”还可以在“伙”之后再加“些”：“娃儿伙些小孩儿一类的人不能进网吧。”①

（二）用助词“过”表示动作行为的方式

四川方言可在动词或动词短语之前加助词“过”，表示以动词性词语所表示的方式来作某事。如：排骨过炖用炖的方法加工，不过烧用烧的方法加工。| 事情不是光过嘴巴说用嘴说就能做完的。| 教育娃儿要过讲道理，哪个过打呢？教育小孩儿要用讲道理的方法，怎么用打的方法呢？| 我问你，是过比拄子拳头，还是过比道理？

二、特殊的介词

（一）用“着”表示被动关系②

四川方言被动关系，普遍用“着”（读 tsau[21]，“着”为本字，今也有人按训读写作“遭”）表示。“着”本是动词，是“遭遇到（不好或不如意的事情）”的意思，四川方言中的“着”现在仍有动词用法。如：地震的时候，他们家的人都没有着，只有房子着了。| 今天遇到骗子，着了 100 块钱。| 着了，我的车票掉了。

“着”虚化后表被动，跟普通话中“被”的功能有相同之处，可以用作介词，引进动作行为的施事，如：“杯子着他打烂了”，“今天又着老师批评了”；“着”也可以直接用在谓语动词之前表被动，如：“杯子着打烂了”，“房子着烧光了”。句中的“着”都可以用“被”替换，但是，四川方言中的“着”跟普通话的“被”不完全相同：

① 详见张一舟、张清源、邓英树. 成都方言语法研究. 成都：巴蜀书社，2001：51—53.

② 参郑宏. 近代汉语“着（著）”字被动句及其在现代汉语方言中的分布. 语文研究，2006（2）.

第一，四川方言中的“着”没有完全虚化，还有动词用法，“被”已经完全虚化了。

第二，跟“着”没有完全虚化相关，“着”只用来表示不如意的事情，这一条件很严格，“被”的使用没有这一严格限制。如普通话可以说“他被北京大学录取了”，四川话不说“他着北京大学录取了”，除非说话人认为“被北京大学录取”是自己不喜欢的事情。

四川方言中也用“拿给”（有人写作“拿跟”）表示被动关系，不过，“拿给”只能用来引进动作行为的施事，不能直接用在谓语动词之前。如“你良心拿给$_{被}$狗吃了哇？”

（二）用“按倒”引进动作行为针对的对象

“按倒”可以是动词“按”加“倒$_{着}$”，表示“用力压着”，如：“三个人才把歹徒按倒”“他死死地按倒保险柜不松手”。“按倒”也作介词，引进动作行为针对的对象。如：那么多人迟到，就按倒我一个人批评。| 你咋按倒人家的伤疤揭哦？| 天天按倒垃圾食品吃，这种饮食习惯不好哈。| 做广告嘛，是要按倒优点说叫$_{表肯定的语气词}$。

“按倒”跟普通话介词“拿”的功能相近，但是“按倒”有针对某特定对象的意思，所以，使用介词“按倒”引进对象时，前面都可以加上修饰语“专门”。

三、特殊的语气词

（一）表疑问语气的“哈^1”

“哈^1”，读 xa^{53}，附着于句末时，有时受句调影响念作高平调。“哈^1”的疑问语气较弱，常用来提出建议，征询听话人的意见，或提出看法，征询听话人的认同。如：我们歇一下$_{休息休息}$哈？| 你慢慢吃，我们不等你了哈？| 他不是成都人哈？| 今天是星期二哈？

“哈^1”前面往往可以出现停顿，其疑问的语气因停顿而加强。如：“今天是星期二，哈？”句末语气词前面出现停顿，这是普通话没有的。

（二）表示祈使语气的“哈^2”

“哈^2”，读 xa^{53}，跟“哈^1”有所不同的是“哈^2”不能读高平调。“哈^2”用于祈使语气，用来向听话人提出建议或请求。如：我去打一下篮球哈。| 我晚上不做作业了哈。| 不要给我们妈$_{我妈妈}$说这件事情哈。

“哈^2”还可以表示说话人提醒、告诫甚至威胁的态度。如：钱揣好，不要着$_{被}$偷了哈。| 开车？你是喝了酒的哈。| 你给老子小心点哈！

（三）表示推测语气的“嗦”

“嗦”，读 so^{53}（或读 so^{21}）。“嗦”附着在疑问句末，表示疑问语气，如：没有人管了嗦？乱得一塌糊涂。| 你是重庆人嗦？一口的重庆话。| 约好了的车咋还不来喃？黄了嗦？| 搞了半天是你嗦？

“嗦”表示信而有疑、信多疑少的语气。使用“嗦”煞尾的问句，实际上说话人已有相当肯定的答案，并含有恍然大悟的意思。如“你是重庆人嗦？”其语义相当于“原来你是重庆人呀？”这种恍然大悟的语义在“搞了半天是你嗦？”中尤为明显。

由于“嗦”表示的语气是信而有疑、信多疑少，因此，用“嗦”煞尾的句子常常没有真正的询问功能，而表示其他交际意图。

1. 表示礼节性的打招呼，如：取钱嗦？（看见对方在银行取钱）| 吃面嗦？（看见对方在吃面条）

2. 构成反问句，表示责难、质问或威胁的语气，如：不说话害怕人家把你当成哑巴了嗦？｜借钱炒股，你脑壳有包嗦？｜要打架嗦？不得$_{不会}$怕你娃。

语气词“嗦”的来源和形成值得探讨。有的方言点如仁富小片的仁寿话就没有语气词“嗦”，类似的语义是在句末添加“是哦 ʂʅ^{55}o^{53}”，构成追加问来表达的，如：

没有人管了嗦？乱得一塌糊涂。———→仁寿话：没得人管了，是哦？乱得一塌糊涂。

取钱嗦？———→仁寿话：取钱，是哦？

要打架嗦？不得$_{不会}$怕你娃。———→仁寿话：要打架，是哦？不得$_{不会}$怕你娃娃。

“嗦 so^{53}”似为“是哦 ʂʅ^{55}o^{53}”的合音，不过还需要进一步论证。

（四）可用于多种句类的“嘛”

“嘛”，读 ma^{21}，可用于陈述句、祈使句和疑问句。

1. 附着在陈述句末的“嘛”，如：你们是该分手了嘛。｜我说了不会下雨嘛。

2. 附着在祈使句末的“嘛”，如：老板，把工钱发给我们嘛。｜拿给我看一下嘛。

3. 附着在疑问句末的“嘛”，如：我们明年子不出去打工了要得$_{可以}$不嘛？｜你还要好多$_{多少}$钱嘛？

有一种带语气词“嘛”的反问句，结构很特殊，是普通话没有的，如：

闹啥子嘛，闹？｜跳啥子舞嘛，跳？｜炒啥子股嘛，炒？

这种反问句表示说话人强烈的否定态度。

语气词“嘛”可用于不同句类，但通常有一种共同的语用条件，即说话人跟听话人的看法、意见不一致。如“我说了不会下雨嘛。”去掉“嘛”，只表明说话人的看法，带上“嘛”就一定蕴含“有人认为会下雨”的意思。又如“我们明年子不出去打工了要得$_{可以}$不嘛？”句末用不用“嘛”都表询问，但是加上“嘛”，通常是因为听话人持有不同意见。

（五）表示征询、求证的“嘎”

“嘎”，读 ka^{53}。向听话人证实自己的看法，表示求证、征询的交际意图。如：你今天下午没得事嘎？｜这个月的钱都花光了嘎？｜你们爸$_{你爸爸}$都满过五十了嘎？｜要涨工资了嘎？

用“嘎”刹尾的句子，口气平和，疑问语气很弱，有时甚至基本没有询问意味，如：这种人，太不要脸了嘎？｜呵呵，今天太阳从西边出来了嘎？

从来源和形成看，“嘎”是“该是哈”的合音。有的方言点如仁寿话“嘎”和“该是哈”至今并存，在同一语境中可以自由选择使用；此外，“嘎”还保留着一定的独立性，前面可有停顿，构成类似追加问的句式，还可以将“嘎”置于句首，类似独立语，如：你以为我们害怕你，嘎？｜嘎，我说了他不得来嘛。

上述现象表明，“嘎”的语法化还没有最后完成，它跟一般语气词的黏附特征不完全相同。

第三节　官话方言动词体貌的特殊表达形式

任何动作行为的发生，一定伴随着时间和状况，如已然、将然、进行、完成、持续等。动词体貌就是对这类意义的概括。四川方言有多种表示动词体貌的手段，包括虚词、重叠、组合等。

一、用虚词表示动词体貌

（一）用助词“过”表示重复体

普通话和四川方言都有一个表示完毕义或经历体的“过”，如“去过北京”“吃过肯德基”。但是，四川方言还有一个表示重复体的“过”，重复体指发生过的动作行为再次重复。如：衣服没洗干净，洗过重洗就是了。｜这次没有招待好，二天以后来过重来。｜刚才没解释清楚，我给大家解释过重新解释。

这种句式中，动作行为的对象往往是同一个，如上面3个例子分别针对同一件（批）衣服、同一个（些）人、同一个（组）问题而言。

（二）用助词“倒”或“起”表持续体

普通话用“动词＋着”表示动作或状态的持续，四川方言不用“着”而用助词“倒”或“起”。表示动作行为持续或进行多用“动词＋倒”。如：老师站倒站着讲，学生坐倒坐着听。｜我们喝倒喝着茶等他。

表示动作行为结束后，其状态的持续多用“起”。如：大门关起关着的。｜人些横一个竖一个地在地上倒起躺着。｜不要一天到晚都把灯开起开着。

“动词＋倒”常可重叠，再加上后续动词，表示动作行为正在进行或持续中出现了新的情况，如“说倒说倒就哭起来了”“这娃儿要倒要倒就不见了”。“动词＋起”也可以重叠，但重叠以后多做附加成分：“笑起笑起地骂人”“撵起撵起追着地要债”。

（三）用语气词“哆”表示先行体

语气词“哆”附在句末表示先行体。所谓“先行体”，指一个行为、事件的发生，须以另一行为、事件为先决条件或须在另一行为、事件完成之后，有“先做完某事再说”的意思。在交际中，带句末语气词“哆”的句子表示须先做的事情，通常做后续句。如：

①——兰兰，吃饭了。　　——把电视剧看完了哆把电视剧看完再吃饭。

②——医生，我要出院了。　　——观察一天哆再观察一天再出院。

③——爸爸，我问你一个问题。　　——弟弟问了哆弟弟问了你再问。

上述句子，去掉句末的“哆”，就没有“先做完某事再说”的意思了。

二、用重叠表示动词体貌

（一）用“要V要V的”的格式表示将然体

所谓“将然体”，指某种动作或状态快要发生而尚未发生。如：

①房子要倒要倒的，咋还能住人哦？

②她都要哭要哭的了，你还在说风凉话。

③还不快走，天都要黑要黑的了。

普通话和四川方言都可以在动词之前加“要”表示将然：“房子要倒了”“她要哭了”“天要黑了”。但是，把“要V”重叠之后，增加了“近时”义，表示动作即将发生，或状况即将出现。

（二）用“V一V的”的格式表反复体

反复体指某一动作反复发生。四川方言中有的单音动词可以用“V一V的”形式表动作反复。如：脚抖一抖的做啥子？｜眼睛都闭一闭的了，还说不困。｜有个人影子在门口晃一晃的。｜电灯又在闪一闪的了。

普通话的动词有“V一V”的重叠形式，如“看一看”“想一想”。不过，普通话的这种动词重叠形式不能加“的”，表达的意义是短暂或尝试，跟四川方言“V一V的”形式和意义都不相同。

三、用动词加补语“一下”表尝试、短暂

这一组合中的“下”四川方言多念 xa²¹³，仁富片多念 xa⁵⁵，有人因声求字，将这个补语写成“一哈”。动词加补语“一下”表示动作短暂。严格的说，用这种方式表示短暂义是一种词汇手段。但是为了跟普通话动词的短暂义比较，我们将这种形式放在此处说明。例如：我还要学习一下。|大家再等一下。|你尝一下嘛。

“一”有时可以省略，例如：他每天都要打下太极拳。|帮我关下窗子。

普通话表示尝试、短暂的动作行为常用动词的重叠式 AA 或 ABAB 式，如“我还要学习学习”“我们再等等”“你尝尝”，这种重叠形式表示的体貌义跟四川方言“动词+一下”有相似之处。

第四节　官话方言的特殊格式

特殊结构格式指不同于普通话的特殊固定格式，这些格式都有独特的格式意义。

一、表示主观量范畴的特殊格式

所谓主观量，指说话人主观感受到的数量，这种主观感受跟客观实在的数量大小并不对应。主观量是客观世界的量范畴在语言中的一种表现，是一种含有说话人主观评价的量①。四川方言有两种表示主观量的特殊格式。②

（一）在数词、量词的重叠式中间插入助词“打”表示主观量大

①他回老家耍了三打三天。

②跑趟重庆，过路费就花了差不多一百打百。

③多准备点东西，客人有一桌打桌。

上面三例分别为基数重叠、位数重叠、量词重叠。例中的“打”成都话念 ta⁵³，有的地方念ᶜna，因而书面上写作“啦”。这类格式中，当基数为“一”时，可以出现，也可以不出现：“过路费就花了差不多百打百”“客人有桌打桌”。

（二）在量词的重叠式中间插入助词“把”表示主观量小

①桌把桌客人吃不了好多多少。

②块把块钱，掉在地上都没得没有人捡。

③加个把个人还是完不成任务的哈。

这种重叠格式前面隐含数词“一”，有时可以添加出来：“加一个把个人还是完不成任务的哈。”但是，这种格式排斥“一”以上的其他数词。

---

① 李宇明．数量词语与主观量．华中师范大学学报，1999（6）．

② 张一舟．成都话主观量范畴的特殊表达形式．四川大学学报，2001（5）．

二、用“只有那么+A+了”表示程度最高

凡是可以受程度副词修饰的词语，包括形容词性词语、表心理活动的动词等，都可以作为A进入该格式，“了”是必有的构成要素。“只有那么+A+了”，表示没有更A的了，强调程度很高、难以言说的主观评价。如：九寨沟只有那么漂亮了。| 心头只有那么不舒服了。| 这个娃娃只有那么逗人爱讨人喜欢了。| 这几天我们耍得只有那么安逸了。

这种格式只作谓语（如前3例）和补语（如后1例），不作其他成分。

在一些话语中，似乎动作性动词也可以进入该格式。如：只有那么教了，还是教不会。

该例句法意义有所不同，“那么”在句中主要表方式。

此外，成都等地还用“之A”的格式表示程度高，如：那个娃娃之乖。| 他们哥他哥哥之有钱。| 他的街舞跳得之好。

三、用“A+一个家的”表示遍指

A主要是状态形容词，也可以是某些带程度量的短语；“个”为量词，有时也用其他量词；在一些方言点，“的”不是必有要素。“A+一个家的”表示遍指，即形容词A指向的对象没有例外。如：她喂养的鸡泡酥酥一个家的。| 晒了几天太阳，变得黢黑一个家的。| 娃娃些打扮得伸伸展展齐整漂亮一个家的。| 衣服多贵一件家的，哪个买的起哦？

第1例的主语本身单复数不明确，第2例主语没有出现，但是一旦进入这种格式，“泡酥酥”“黢黑”指向的对象就必为复数，且复数群体中的个体无一例外具有形容词A的性质，这就是该格式的“遍指”意义。第1例的意思是“她养的鸡只只都泡酥酥的”，第2例的意思是“晒了几天太阳，个个都变得黢黑”。

四、复杂多样的半拷贝结构

汉语中有各种重叠形式，如：词法范围内的重叠“干干净净”“休息休息”，句法范围内的重叠“漂亮不漂亮”“学习不学习”等。“拷贝”即复制，这里借“拷贝”指词或短语在句法范围内的重叠，是一种形象化说法。

四川方言的拷贝结构形式复杂，功能多样，使用频率高。其中“半拷贝结构”很有特色。“半拷贝结构”指双音节或多音节词语（以下主要以双音节为例）叠用时，只重叠一个音节，是不完全的拷贝现象。下面分别说明。

（一）半拷贝结构“A不AB”“A没AB”

形容词只能进入半拷贝结构“A不AB”，如：贤不贤惠| 安不安逸| 邋不邋遢；动词可以进入“A不AB”，也可以进入“A没AB”，如：喜不喜欢| 相不相信| 完没完成| 复没复习| 喝没喝酒。

这种结构常作谓语，构成正反问句。如：这种款式的手表你喜不喜欢？| 第三单元大家复没复习？

这种结构也可以做其他成分。如：打没打听与我无关。| 这不是质量合不合格的问题。

（二）半拷贝结构“A都AB了”

进入这种半拷贝结构的主要是动词，强调已成事实。如：搞都搞忘了| 完都完成了| 公都公布了| 晒都晒干了| 老王退都退休了| 商店关都关门了。

半拷贝结构“A都AB了”还可表示推论因果中的原因，后面可以添加表示结果的后续句。如：

我晓都晓得了，(你不必说了。)

（三）半拷贝结构“A 都不 AB”“A 都没 AB”

进入半拷贝结构“A 都不 AB”的主要是褒义形容词，如：干都不干净丨好都不好听；动词可以进入“A 都不 AB”，也可以进入“A 都没 AB”，如：通都不通知丨选都不选举丨调都没调查丨处都没处理。

半拷贝结构“A 都不 AB”“A 都没 AB”强化否定意义，表示不满意、不如意的主观评价：教室扫得干都不干净。丨唱得好都不好听，还想当领唱。丨通都不通知就执行了。丨调都没调查，凭啥子处理？

（四）半拷贝结构“A 就 AB”

半拷贝结构“A 就 AB”表示容忍或不在乎，进入“A 就 AB”格式的全是形容词和动词性词语。如：邋就邋遢，我不嫌弃。丨处就处分，我是死猪不怕开水烫。丨调就调查，我行得端，坐得正，怕啥子？

一些结构松散的动宾式离合词和动宾短语反而不能进入半拷贝结构“A 就 AB”，习惯上往往采用全拷贝形式，是何原因目前尚不清楚。如：离婚就离婚，我怕哪个？丨喝酒就喝酒，反正今天不开车。

第五节 官话方言的特殊句式

一、双宾语句的“动词 + 直接宾语 + 间接宾语”式

普通话和四川方言都有双宾句，双宾结构的基本模式通常是“动词 + 间接宾语 + 直接宾语”。如：小王送女朋友一枝玫瑰花。丨我每月还银行 1000 元房贷。丨你要还我 100 元钱。丨请你给我一本书。

当动词表给予义，并且间接宾语由代词充当时，四川某些方言点如广元等地的双宾句还有“动词 + 直接宾语 + 间接宾语”的结构模式。如后两例：广元话还可以说“你要还 100 元钱我”和“请你给一本书我”。

有些动词既可以表“取”义，也可以表“予”义，如“借”。这样的动词在普通话里组成双宾语句会形成歧义，往往需要靠语境才能区分是借进还是借出。如“我借他一百块钱”，这句话的意思可以是“我借给他 100 块钱”，也可以是“我向他借 100 块钱”。这种情况四川广元等地的方言可以用间接宾语“他”的位置来区分，如：我借他 100 块钱。丨我借 100 块钱他。

“我借他 100 块钱”间接宾语在前，是“我向他借 100 块钱”，“我借 100 块钱他”间接宾语在后，是“我借给他 100 块钱”。

与此类似，动词“拿”组成双宾句也有相同的结构和理解模式，如：他拿我 100 块钱。丨他拿 100 块钱我。

“他拿我 100 块钱”是“他从我这儿拿走 100 块钱”，“他拿 100 块钱我”的意思是“他拿 100 块钱给我”。

二、特殊的分指句

这类句式普通话和四川方言都有，下面是普通话的用例，如：同学们挖坑的挖坑，浇水的浇水，

很快就完成了植树任务。| 敲锣的敲锣，打鼓的打鼓，气氛非常热烈。

这种句子具有共同的句式义，即一个群体同时做有关联的不同事情，有的人实施这个行为，有的人实施另一行为，如“敲锣的敲锣，打鼓的打鼓”，意思就是“有的人敲锣，有的人打鼓”。这种句式义是由一组动宾式词语全拷贝、中间插入“的”、构成并列格式来表达的。

四川方言也有这种分指句式，但采用用的是半拷贝形式，上面两例四川方言表达为：“同学们挖的挖坑，浇的浇水，很快就完成了植树的任务。”“敲的敲锣，打的打鼓，气氛非常热烈。”还可多项并列，如：睡的睡觉，打的打牌，冲的冲壳子闲聊，没有一个人干活。

三、用“动词+得有”构成的存在句

存在句表示某地存在某人或某物，普通话存在句的典型格式是“处所词/方位短语+动词+数量名短语”。如：瓶子里插着一束花。| 墙上挂着一幅画。

四川方言的存在句跟普通话有所不同，差异主要体现在结构格式的中段。如：地上睡得有两个人。| 名片上印得有手机号。| 地上挖得有一个坑。

“睡得有”表示动作开始并持续，相当于“睡着”；“印得有”表示动作实现后的状态持续，也可用“印着”替换；“挖得有”表动作实现，相当于“挖了”。

四川方言的存在句中，“有”保留着实在的存在意义。“V得”只表存在的方式，正因为如此，删去句中的“V得”，句子仍然成立，但是，原句中表达的存在方式和动作的持续义、实现义就随之消失了。

“动词+得有”也可用于一般的领属句。如：我们买得有买了水果。

“买得有”表示买的动作已经实现。

四、一种类似兼语句的特殊句式

兼语句的词类序列是“动词性词语$_1$+名词性词语+动词性词语$_2$”，其中，名词性词语既是“动词性词语$_1$”的宾语，又是“动词性词语$_2$”的主语，所以称为兼语，如“让他先走!”普通话和四川方言都有兼语句，都可以说“让他先走”。但是，四川方言的“等”可以表示“让”的意思，因此，“让他先走”在四川方言中也可以说成“等他先走”。除第一动词“等”具有方言色彩之外，这两种说法的结构形式、句法语义都相同；二者都用祈使语气，都表示提议或允许的交际意图，语用价值也相同。比较特殊的是下面这样的句子：

①——房子要垮了！　——等它垮。　②——弟弟又哭了。　——等他哭。

上述句子中的“等它垮”“等他哭”跟“等他先走”具有相同的基本句法结构和语义关系，但是，其第一动词在句中有明显的强调重音，结果，其语用价值完全不同，它们表示一种“听之任之”的交际态度，有听凭行为或事件发生的意思。“等它垮”相当于普通话“垮就垮吧”，余可类推。我们把这样的句式称为“类兼语句”。类兼语句的第一动词在有的方言点也说“尽”（$t\c{c}in^{53}$）。

类兼语句中的第一动词不限于“等”，第二动词可前加否定词，但意仍然相同：

③——他又在闹意见了。　——等他莫闹。（遂宁）/ 叫他嫑（音 $piau^{213}$）闹。（仁寿）

第一动词用“叫”时，第二动词必为否定形式。“等他莫闹”“叫他嫑（音 $piau^{213}$）闹”都表示“闹就闹吧”，或“由他闹去吧”。

第五章　官话方言代表方言点的语音系统

第一节　无入声区代表方言点语音系统

一、入声归阳平区代表方言点语音系统

（一）成都话音系①

成都话指通行于成都市区的汉语西南官话方言，通常把成都话作为四川方言的代表，尤其是作为川西四川方言的代表。根据黄雪贞《西南官话的分区（稿）》（1986）的划分，成都话属于西南官话成渝片，李蓝将其归入川黔片成渝小片②，成都是川黔片成渝小片的最重要方言点之一。就语音系统而言，成都话跟同属于成渝片的原川东其他方言点（例如重庆话）相比，主要差异是：有舌面前鼻音声母 ȵ，“里”“你”不同音，分别念 ni 和 ȵi，重庆话等这两个字则都念 ni；普通话韵母 an、iɛn、uan、yɛn 的鼻音韵尾在成都话中已经弱化，重庆等地鼻音韵尾发音着实。成都话上声起点较高，是 5；重庆话等上声起点略低，是 4。成都话上声音节重叠构成名词时，后一音节变读阳平，成渝片的其他许多方言点上声重叠构成名词一般不变调。成都话的儿化韵只有 ɚ、iɚ、uɚ、yɚ 四类，成渝片川东其他方言点儿化韵多不止四类。

成都话音系可以作为成渝片区川西地区方言的代表，本节描写的绵阳、遂宁等地方言音系跟成都话有比较大的一致性。

1. 声韵调系统③

声母：20 个。其中辅音声母 19 个，零声母 1 个，见下表。

成都话声母表

表 2－19

p 包波比帮	pʻ排普偏朋	m 买门米忙	f 饭冯费胡	
t 到德迭多	tʻ套题同图	n 路吕难良		
k 该工姑贵	kʻ开啃哭宽	ŋ 我暗欧硬	x 黑咸红晃	
tɕ 急精举觉	tɕʻ秋旗全趣	ȵ 你年严女	ɕ 修旋线虚	
ts 招章资猪	tsʻ仓超醋充		s 扇僧税师	z 绕然日如
ø 儿衣完鱼				

① 参甄尚灵．成都语音的初步研究．四川大学学报（社会科学版），1958（1）．

② 李蓝．西南官话的分区（稿）．方言，2009（1）．

③ 参四川大学方言调查工作组．四川方言音系．四川大学学报（社会科学版），1960（3）；赵振铎．《广韵》音系和成都话．四川大学学报学报丛刊第 22 辑，1984．

声母说明：

（1）鼻音声母 n 音值不太稳定，包含 n、l 等自由变体。普通话 n、l 两个声母开口呼、合口呼的字，和从中古来母来的齐、撮两呼字的声母，成都话可以自由发成 n 或 l，还可以发成带鼻音色彩的边音 l̃，n、l 和 l̃ 不区别意义。因此，成都话“男”“篮”同音，“路”“怒”同音；“里”可以念 li^{53}，也可以念成 ni^{53}或 l̃i^{53}。四川方言各点都有这个特点。

（2）鼻音声母 m、n、ŋ 的鼻音色彩不是很浓，往往有同部位的塞音色彩，如“马”“拿”“我”等。四川方言大部分地方都有这个特点。

（3）同普通话相比，有舌面鼻音声母 ȵ。发音时，ȵ 往往带上同部位的擦音，尤其是其后为单韵母 i、y 的时候。如“你”“女”实际发音是 ȵʑi^{53}、ȵʑy^{53}。从来源看，ȵ 声母字主要是中古泥母和疑母今天在成都话中念齐齿呼、撮口呼的字，如“女年念你娘宜腻”等。成都话中，ȵ 和 n 音位相对立，比如“呢子”ȵi^{21} tsɿ^{53} ≠ “梨子” ni^{21} tsɿ^{53}，“娘” ȵiaŋ^{21} ≠ “粮” niaŋ^{21}。成都话 ȵ 声母字，普通话一般读 n 声母或零声母。四川境内温江、双流、崇州、什邡、大邑、广汉、都江堰、金堂、彭州、邛崃、郫县、新都、新津、蒲江、绵阳、绵竹、剑阁、江油、梓潼、罗江、德阳、安县、三台、中江、旺苍、北川、青川、苍溪、眉山、井研、彭山、夹江、洪雅、丹棱、泸州、富顺、合江、古蔺、隆昌、纳溪、渠县、宣汉、巴中、大竹、平昌、通江、邻水、南江、内江、仁寿、自贡、荣县、资阳、威远、简阳、乐至、资中、南充、营山、西充、仪陇、阆中、蓬溪、盐亭、遂宁、射洪、天全、荥经、汉源、芦山、宝兴、石棉、名山、泸定、宁南、江安、长宁、兴文、南溪、康定、攀枝花等地，均有声母 ȵ。

（4）有舌面后鼻音声母 ŋ，主要来自中古疑母、影母同今开口呼韵母相拼字，如中古疑母字“昂 ŋaŋ^{21}、藕 ŋəu^{53}、我 ŋo^{53}、硬 ŋən^{213}、岸 ŋa^{n213}”，影母字“恩 ŋən^{55}、安 ŋa^{n55}、肮 ŋaŋ^{55}、欧 ŋəu^{55}、袄 ŋau^{53}”等。成都话 ŋ 声母字，普通话一般读零声母音节。四川方言几乎所有地点都有声母 ŋ。

（5）没有舌尖后音声母 tʂ、tʂʻ、ʂ、ʐ。普通话的声母为 tʂ、tʂʻ、ʂ、ʐ 的字成都话读成 ts、tsʻ、s、z，即中古知组、庄组、章组字成都话读同精组字，中古日母字成都话读 z 声母。如“诗人”跟“私人”“主力”跟“阻力”“张”跟“脏”分别同音，“仍然”读 zən^{21} za^{n21} 等。四川方言除自贡等少数地区外，其余大部分地区都有这个特点。

（6）音节为单韵母 u 时前面往往有唇齿浊擦音 v，如“无乌误舞屋”等。这种现象在四川各地方言中普遍存在。

（7）没有音节 xu，中古晓母、匣母今读 u 韵母的字，声母读为 f。如“呼 = 敷 fu^{55}”，“胡 = 福 fu^{21}”，“虎 = 府 fu^{53}”，“户 = 付 fu^{213}”。四川方言绝大部分地方都没有音节 xu。

（8）部分普通话中不送气声母字，绝大部分是中古全浊仄声字，读成送气声母。如“跋拔 pʻa、勃 pʻo、泊 pʻe、导 tʻau、铎 tʻo、造 tsʻau、泽择辙宅 tsʻe、浊凿 tsʻo、族 tɕʻyo、箍 kʻu”等。这种现象在四川各方言点中普遍存在，尽管这些字并不全部地见于某地，各地所读具体声母也不一定完全相同。

（9）零声母中开口呼少，主要是 ɚ 韵字和少数 o 韵字。如“而耳二”和“窝握卧”等。

韵母：36 个。其中单韵母 8 个，复韵母 15 个，鼻韵母 13 个，见下表。

成都话韵母表

表 2－20

ɿ 资支次是	i 皮第季以	u 布赌组故	y 鱼句区虚
a 爬大擦哈	ia 牙家恰夏	ua 娃抓夸花	
e 伯车黑刻	ie 叶姐列铁	ue 国扩廓或	ye 月绝缺靴
o 窝波左哥			yo 药略脚学
ɚ 而儿耳二			
ai 稗代鞋改	iai 延界介谐	uai 踹怪快衰	
ei 背披妹飞		uei 退雷贵会	
au 饱早烧搞	iau 要飘条笑		
əu 偶丑收口	iəu 有流酒休		
a^{n} 安胆站喊	ia^{n} 烟念连减	ua^{n} 弯钻短官	ya^{n} 愿倦权选
ən 恩闷程肯	in 音病灵紧	uən 温纯滚魂	yn 荣训军琼
aŋ 昂帮党长	iaŋ 央量讲强	uaŋ 枉撞广狂	
oŋ 翁朋总红			yoŋ 勇穷兄

韵母说明：

（1）a^{n}、ia^{n}、ua^{n}、ya^{n} 四个韵母韵尾的鼻音色彩很淡，发音不着实，舌尖只作势略略上举，正处于韵尾脱落的过程之中。ia^{n}和 ya^{n} 中的主要元音 a 由于韵头 i、y 和韵尾 n 的共同影响，实际舌位偏高，接近于 ε。温江、双流、崇州、什邡、大邑、广汉、都江堰、金堂、彭州、邛崃、郫县、新都、新津、蒲江、绵阳、绵竹、剑阁、江油、梓潼、罗江、德阳、安县、三台、中江、旺苍、北川、青神、丹棱、富顺、纳溪、开江、通江、南江等地方言也有类似特点。

（2）普通话唇音、舌尖中音与韵母 ɤ 相拼的中古入声字，成都话韵母读为 ie，如“特勒”等。只是这种现象在逐渐减少。达州、广元、旺苍、宣汉、巴中、大竹、平昌、通江、邻水、万源、资阳、南充、南部、岳池、广安、蓬安、武胜、仪陇等地方言也有这个特点。

（3）韵母 u 自成音节时，开头往往有摩擦色彩，有时甚至是唇齿浊擦音 v。这种现象在四川各地方言中普遍存在。

（4）中古梗摄合口三等字舒声的韵母在成都话中多为 yn，“荣”＝“云”，“永”＝“允”，“琼”＝“群”，韵母都为 yn。四川方言大部分地点都有这个特点。

（5）中古明母模韵开口一等字韵母多读为 o，如“摹墓暮慕募”。四川大部分方言点有这个特点。

（6）部分明母尤、侯韵开口字韵母为 oŋ，如“谋某亩茂贸”。四川大部分方言点有这个特点。

（7）韵母 ei 只与唇音声母 p、pʻ、m、f 相拼。成都话中，除叹词“诶（欸）”外，ei 韵母也不能自成音节。且“诶（欸）”语音不稳定，也可念成 e。四川大部分方言点有这个特点。

（8）一部分普通话 uən 韵母字失去介音 u 读 ən，如“顿盾论尊村存孙损皴”，它们是古臻摄合口一等舒声端系和合口三等舒声来精清母字。四川方言大部分地点都有这个特点。

（9）普通话舌尖鼻音 n、l 与 ei 相拼的音节，均加介音 u 读为 nuei，如“雷累妥类”，这些字为古蟹摄合口一等泥来母字和止摄合口三等来母字。四川方言大部分地点都有这个特点。

（10）有普通话所没有的韵母 ue、yo。

ue 主要来自中古曾合一德韵、宕合一铎韵、宕开三药韵精组和见系字、山合一末韵见系入声字，如“国或惑括阔郭扩”。自贡、什邡、广汉、金堂、彭州、新都、双流、绵阳、绵竹、剑阁、江油、梓潼、罗江、德阳、安县、广元、旺苍、北川、平武、青川、井研、泸州、富顺、合江、古蔺、隆昌、叙永、纳溪、达州、渠县、宣汉、巴中、大竹、开江、平昌、通江、邻水、南江、万源、内江、荣县、资阳、威远、简阳、资中、南部、南充、岳池、营山、广安、蓬安、武胜、仪陇、阆中、三台、安岳、蓬溪、乐至、盐亭、雅安、天全、荥经、芦山、宝兴、名山、泸定、西昌、德昌、冕宁、会理、盐源、盐边、米易、宁南、筠连等地，有相同特点。

yo 主要来自中古宕开三药韵精组和见系字，江开二觉韵的见系字，如“雀爵脚药确学岳”等；通合三屋韵、烛韵的精组和见系入声字，如“肃宿菊足俗欲”等。自贡、崇州、大邑、广汉、金堂、新都、绵阳、绵竹、剑阁、江油、梓潼、罗江、德阳、安县、广元、旺苍、北川、平武、峨眉山、井研、洪雅、富顺、合江、隆昌、达州、渠县、宣汉、巴中、大竹、开江、平昌、通江、邻水、南江、万源、资阳、威远、简阳、资中、南部、南充、岳池、营山、广安、蓬安、武胜、西充、仪陇、苍溪、阆中、三台、安岳、蓬溪、乐至、盐亭、雅安、天全、荥经、芦山、宝兴、石棉、泸定、高县、筠连等地，有相同特点。

（11）有普通话所没有的韵母 iai，主要来自中古蟹摄见母细音字，如“界械介谐”。韵母 iai 的主要元音由于韵头 i 和韵尾 i 的影响，舌位抬高，音色近于 ε。四川方言大部分地点有这个特点。

（12）与普通话相比，成都话没有后鼻韵母 əŋ、iŋ，中古梗摄、曾摄阳声韵字韵母读同深摄和臻摄阳声韵字。普通话韵母 əŋ、iŋ，成都话通常念成 ən、in，例如“灯”$tən^{55}$，“平”$p‘in^{21}$。成都话“陵”＝“林”nin^{21}，“仍”＝“人”$zən^{21}$，“成”＝“陈”$ts‘ən^{21}$。普通话双唇音和唇齿音声母之后的 əŋ，成都话读 oŋ，如“蹦朋风”。这种现象在四川方言中普遍存在。

（13）没有舌尖后元音 ʅ。中古止开三知、庄、章三组字韵母读同精组字，如“知池侈施脂师示”和“紫词思”等字的韵母读舌尖前元音 ɿ。中古深开三缉韵知组、章组字，山开三质韵知系字，曾开三职韵知组、章组字，梗开三昔韵知系字，普通话读 ʅ 韵母的，成都话也读 ɿ，如“汁十”，“质失日”，“直食”，“掷石”等。这种现象在四川方言大部分地点中存在。

（14）没有韵母 uo。中古果摄一等字无论开合，成都话几乎都读为 o 韵母，如“多拖罗左挪驼哥可鹅荷裸坐蓑过锅”等。这种现象在四川各地方言中普遍存在。

（15）没有韵母 ɤ。中古咸开一合韵、山摄入声、宕开一铎韵和江开二觉韵字，曾开一德韵字，梗开二陌韵、麦韵的知组、庄组、见系字，普通话多读 ɤ 韵母，成都话读 o 或 e 韵母，如“合盒鸽渴鹤恶$_{善恶}$各着”等韵母为 o，“得德则测额摄涉褶撤舌热格客额责策革核审核扼”等等韵母为 e。四川方言几乎所有地点都没有韵母 ɤ。

（16）没有韵母 uəŋ。普通话 uəŋ 韵母，成都话读 oŋ，如“翁蕹”。四川方言所有地点都有这个特点。

声调：有阴平、阳平、上声、去声四个调类，中古入声归阳平。各调类的调值见下表。

成都话声调及其与普通话声调对照表

表2－21

调类	普通话调值	成都话调值	例 字
阴平	55	55	衣天糟刚
阳平	35	21	移谈全一
上声	214	53	晚老稿厂
去声	51	213	饿未战帐

声调说明：

（1）从调型看，成都话只有三个调型：高平调（阴平）、降调（包括低降调阳平和高降上声）、曲折调（去声），比普通话少一个升调调型。同时，成都话上声为高降调，去声为降升调，而普通话刚好相反，上声为降升调，去声为高降调。

（2）从调值看，成都话的阴平有时尾部略微上扬，语感上接近于高升调45。

2．声韵配合关系

成都话声韵配合表

表2－22

	p	pʻ	m	f	t	tʻ	n	k	kʻ	ŋ	x	tɕ	tɕʻ	ȵ	ɕ	ts	tsʻ	s	z	ø
ɿ																知	此	丝	日	
a	坝	怕	马	发	打	他	拿	嘎	卡	①	哈					渣	查	杀		阿
o	波	剖	末		多	妥	乐	果	壳	我	喝					坐	错	梭	弱	屙
e	北	拍	麦		得	特	肋	隔	克	额	黑					者	扯	奢	热	
ɚ																				二
ai	摆	排	买		呆	台	来	街	凯	爱	鞋					灾	柴	赛		
ei	背	培	美	废																
au	包	袍	卯		刀	涛	脑	窖	靠	袄	豪					招	造	苕	扰	
əu					兜	抖	楼	沟	口	藕	喉					周	丑	寿	柔	
a^n	班	盘	满	饭	单	坦	滥	甘	看	安	汉					站	产	蝉	然	
ən	奔	盆	闷	粉	等	吞	嫩	更	肯	恩	恒					真	逞	孙	扔	
aŋ	帮	胖	莽	方	当	堂	浪	刚	抗	昂	航					章	仓	桑	让	
oŋ	崩	朋	亩	凤	东	同	拢	供	空		红					中	宠	耸	绒	壅
i	比	匹	眉		低	体	力					基	齐	你	习					遗
ia	瘪	②			③		④					家	恰	⑤	霞					鸭
ie	别	撇	灭		迭	贴	列					姐	切	捏	斜					也
iai												界			懈					
iau	标	瓢	妙		雕	条	了					交	巧	尿	笑					要
iəu					丢		刘					纠	求	纽	朽					右
ia^n	边	偏	面		点	田	连					见	前	年	先					言

续表 2－22

	p	pʻ	m	f	t	tʻ	n	k	kʻ	ŋ	x	tɕ	tɕʻ	ȵ	ɕ	ts	tsʻ	s	z	ø
in	宾	平	明		丁	听	林					镜	琴	拧	心					引
iaŋ							量					将	强	娘	想					样
u	不	铺	木	胡	毒	土	绿	谷	箍							祖	族	属	如	雾
ua								瓜	跨		华					抓	数	刷	挼	瓦
ue								国	阔		或									
uai								乖	快		坏					跩	揣	帅		歪
uei					堆	颓	内	归	奎		汇					贼	垂	虽	锐	伟
ua^n					端	团	乱	管	款		换					钻	铲	算	软	完
uən								滚	昆		横					准	蠢	顺	孕	文
uaŋ								光	狂		黄					装	床	双		王
y							虑					拒	屈	女	虚					鱼
ye												决	茄		雪					拐
yo												脚	确		学					约
yn												君	裙		寻					运
ya^n												卷	全		选					元
yoŋ													穷		兄					拥

说明：①□$ŋa^{55}$：压

②□$pʻia^{53}$：牵。如“这个衣服领子□$pʻia^{53}$起，一点都不好看”

③□tia^{55}：提。如“好重哦，我一个人□tia^{55}不动”

④□nia^{21}：逃脱。如“没得啥子好说的，这回一个都□nia^{21}不脱”

⑤□$ȵia^{55}$：（小孩儿）对某人亲近。如“这娃娃□$ȵia^{55}$他老汉$_{儿}$，不□$ȵia^{55}$他妈”

3．常见的语流音变现象

（1）变调

最突出的变调现象有三种。

①阳平字的变调

阳平字重叠构成名词时，后一字变读阴平。例如“盘盘$_{盘子}$ $pʻa^{n21}$ $pʻa^{n21-55}$”读如“盘攀”，“台台$_{台子;高出地面的器物}$ $tʻai^{21}$ $tʻai^{21-55}$”读如“台胎”。又如：

瓢瓢$_{瓢}$ $pʻiau^{21}$ $pʻiau^{21-55}$ ｜虫虫$_{虫子}$ $tsʻoŋ^{21}$ $tsʻoŋ^{21-55}$ ｜头头$_{顶端,末梢}$ $tʻəu^{21}$ $tʻəu^{21-55}$ ｜

盒盒$_{盒子}$ xo^{21} xo^{21-55} ｜壳壳$_{壳}$ $kʻo^{21}$ $kʻo^{21-55}$ ｜绳绳$_{绳子}$ $suən^{21}$ $suən^{21-55}$ ｜坛坛$_{坛子}$ $tʻa^{n21}$ $tʻa^{n21-55}$ ｜

砣砣$_{块状物}$ $tʻo^{21}$ $tʻo^{21-55}$ ｜婆婆 $pʻo^{21}$ $pʻo^{21-55}$ ｜筒筒$_{管状物}$ $tʻoŋ^{21}$ $tʻoŋ^{21-55}$ ｜刷刷$_{刷子}$ sua^{21} sua^{21-55} ｜

沉沉$_{沉淀物}$ $tsʻən^{21}$ $tsʻən^{21-55}$ ｜核核$_{核儿}$ fu^{21} fu^{21-55} ｜苗苗$_{初生的植物}$ $miau^{21}$ $miau^{21-55}$ ｜篮篮$_{篮子}$ na^{n21} na^{n21-55} ｜

毛毛$_{毛}$ mau^{21} mau^{21-55} ｜槽槽$_{槽,两边高中间凹下的器物}$ $tsʻau^{21}$ $tsʻau^{21-55}$

这种变调有一定强制性，阳平字重叠构成名词的后一字一定变调，只有少数重叠式亲属称谓、古入声字变来的阳平字构成的重叠式名词，有时候后一字可变调，也可以读本调。例如“爷爷 $ie^{21}ie^{21}$/$ie^{21}ie^{21-55}$”“角角$_{角;角落}$ $ko^{21}ko^{21}$/ $ko^{21}ko^{21-55}$”“脚脚$_{脚;器物的腿;残留物}$ $tɕyo^{21}$ $tɕyo^{21}$/$tɕyo^{21}$ $tɕyo^{21-55}$”。

阳平重叠词可以通过变调与否区别意义，例如：“他们单位头头 $tʻau^{21}$ $tʻau^{21-55}$说起话来头头

t'əu^{21}t'əu^{21}是道"，"过年的时候台台 t'ai^{21}t'ai$^{21-55}$上的戏啊台台 t'ai^{21}t'ai^{21}都好看"。某些重叠式亲属称谓词后字变调与否有时还有区别词义的作用，例如"婆婆"后字变读55调一般用来称呼没有血缘关系的老年妇女，读本调时一般用以称呼有血缘关系的外婆或奶奶。"爷爷"的情况与此类似。

一些阳平 + 阳平的非重叠式名词，后字也常变读阴平。如"锄头""壁头$_{\text{墙壁}}$""木头""前头"中的"头"，常读如"偷"。又如"裁缝$_{\text{(名词)}}$ ʦ'ai^{21}foŋ$^{21-55}$""龙门阵$_{\text{无关紧要的闲话；故事}}$ noŋ^{21}mən$^{21-55}$ʦən^{213}"中的第二个音节变阴平。

②上声字的变调

上声字重叠构成名词，后一字变读阳平。如"桶桶"读如"桶同"。又如：

嫂嫂 sau^{53}sau$^{53-21}$ | 嘎嘎$_{\text{肉，儿语}}$ka^{53}ka$^{53-21}$ | 本本$_{\text{本子}}$pən^{53}pən$^{53-21}$

板板$_{\text{板子}}$pa^{n53}pa^{n53-21} | 恍恍$_{\text{粗心大意的人}}$xuaŋ^{53}xuaŋ$^{53-21}$。

这种变调也有强制性，上声字重叠构成名词的后一字一定变调。

③去声的变调

去声在语流中很容易变调，只是单念或没有后续音节，或重读时才念本调。当它在别的字前面时，往往失去本来的曲折调型。去声最突出的变调是去声字重叠构成名词时，后字变阴平55。如：

舅舅 ʨiəu^{213} ʨiəu$^{213-55}$ | 弟弟 ti^{213} ti$^{213-55}$ | 妹妹 mei^{213} mei$^{213-55}$ | 棍棍$_{\text{棍子}}$ kuən^{213} kuən$^{213-55}$ | 串串$_{\text{串成一串的东西}}$ʦ'ua^{n213}ʦ'ua$^{n213-55}$ | 凳凳$_{\text{凳子}}$tən^{213}tən$^{213-55}$ | 罐罐$_{\text{罐子}}$kua^{n213}kua$^{n213-55}$ | 洞洞$_{\text{洞}}$ toŋ^{213}toŋ$^{213-55}$

（2）儿化

成都话绝大部分韵母都可以儿化，儿化规律比普通话简单，儿化韵只有 ɚ、iɚ、uɚ、yɚ 四类，是四川方言中儿化韵最少的方言点之一。如"猪肝$_{\text{儿}}$""鞋跟$_{\text{儿}}$"中的第二个音节都念 kɚ^{55}；"尖尖$_{\text{儿}}$""鬏鬏$_{\text{儿小发辫}}$"中的第二个音节都念 ʨiɚ^{55}；"蚊蚊$_{\text{儿}}$"和"网网$_{\text{儿}}$"，"窝窝$_{\text{儿}}$"和"盅盅$_{\text{儿杯子}}$"，它们的第二个音节韵母都念 uɚ；"圈圈$_{\text{儿 圈儿}}$"和"裙裙$_{\text{儿 小裙子}}$"的第二个音节儿化后都是ʨ'yɚ。同时，总的来看，成都话的儿化现象不如以重庆话为代表的川东一带方言普遍。

4. 特殊读音

成都话里有一些特殊的异读现象。见下表。

成都话异读字示例表 1

表 2－23

例字	异读音		例字	异读音	
戳	to^{21}用手～	ʦ'o^{21}邮～	逼	pie^{55}～倒做	pi^{21}～迫
胯	k'a^{213}～脚$_{\text{胯下}}$	k'ua^{213}～下之辱	严	ŋa^{n21}盖～	ȵia^{n21}～格
肉	zu^{21}猪～	zəu^{213}～麻	搅	k'au^{21}乱～	ʨiau^{53}～拌
慰	y^{213}～问	uei^{213}安～	解	kai^{53}～手	ʨiai^{53}/ʨia^{n53}～释
雁	ŋa^{n213}～鹅	ia^{n213}～南飞	敲	k'au^{55}～门	ʨ'iau^{55}推～
虽	ɕy^{55}～然	suei^{55}～然	蟹	xai^{53}螃～	ɕiɛi^{213}/ɕie^{213}～黄
欢	xuai^{55}～喜	xua^{n55}喜～	咬	ŋau^{53}～一口	ȵiau^{53}～合

5. 内部差异

当今成都话的语音情况与甄尚灵《成都语音的初步研究》（1958年）反映的状况基本一致，这显示出五十年来成都话语音有很强的稳定性。但是，其内部也存在着不少共时变异，这些变异主要同说话人的年龄有关。

成都话语音的内部共时变异主要有两种情况。一种是受普通话的影响而产生的变异。如有一批字有新旧两读，形成了新的异读字。例如："微、危"本读如"唯"，现又读如"威"，"虽"本读如"需"，现又读 suei^{55}（参看下表）。

成都话异读字示例表 2

表 2－24

例字	旧读	新读	例字	旧读	新读
肉	zu^{21}	zəu^{213}	及	tɕie^{21}	tɕi^{21}
像	tɕ'iaŋ^{213}	ɕiaŋ^{213}	学	ɕyo	ɕye
泳	yn^{213}	yoŋ^{53}	永	yn^{53}	yoŋ^{53}

这些异读现象，有的是同一个字，在同一人群中，有两种不同读法；有的是同一个字，在不同的人群中，有不同的读法。后一种情况主要存在于不同年龄的人群中。总的来看，新的读音主要存在于年轻人口中。特别是古入声字的声调，在年轻人中差不多已经突破了传统的统归阳平的规律，不少古入声字，其调类随普通话变化，如"薛"读阴平，"蜀、索"读上声，"霍元甲"的"霍"读去声等。

另一种情况是因成都话音系内部的自身调节而引起的变异。这主要体现在中古咸、山两摄阳声韵字韵尾－n 的读音上。成都话中－n 的发音，存在着不止一种变异，如"山""烟""酸""冤"的读音，分别有 an、ian、uan、yan，a^{n}、ia^{n}、ua^{n}、ya^{n}，ã、iã、uã、yã 等几种。大致是，在 50 岁以上的人的口中，年龄越大，－n 的发音越到位，越着实；在 50 岁以下的人的口中，越年轻，－n 的发音越弱化。在不少二三十岁的人的口中，－n 韵尾已接近脱落，发成了 æ、iæ、uæ、yæ，甚至形成音位/a/和/æ/的对立。

6. 注音材料①

（1）胖娃$_{儿}$胖嘟嘟

胖娃$_{儿}$胖嘟嘟，p'aŋ^{213}uɚ^{21}p'aŋ^{213}tu^{55}tu^{55}，骑马上成都。tɕ'i^{21}ma^{53}saŋ^{213}ts'ən^{21}tu^{55}。

成都又好耍，ts'ən^{21}tu^{55}iəu^{213}xau^{53}sua^{53}，胖娃$_{儿}$骑白马。p'aŋ^{213}uɚ^{21} tɕ'i^{21}pe^{21}ma^{53}。

白马骑得高，pe^{21}ma^{53} tɕ'i^{21}te^{21}kau^{55}，胖娃$_{儿}$舞关刀。p'aŋ^{213}uɚ^{21}u^{53}kua^{n55}tau^{55}。

关刀舞得圆，kua^{n55}tau^{55}u^{53}te^{21}ya^{n21}，胖娃$_{儿}$滚铁环。p'aŋ^{213}uɚ^{21}kuən^{53}t'ie^{21}xua^{n21}。

铁环滚得远，t'ie^{21}xua^{n21}kuən^{53}te^{21}ya^{n53}，胖娃$_{儿}$跟到撵。p'aŋ^{213}uə^{21}kən^{55}tau^{53}ȵia^{n53}。

（2）张打铁，李打铁

张打铁，李打铁，tsaŋ^{55}ta^{53}t'ie^{21}，ni^{53}ta^{53}t'ie^{21}，打把剪刀送姐姐，ta^{53}pa^{53}tɕia^{n53}tau^{55}soŋ^{213} tɕie^{53}tɕie$^{53-21}$。姐姐留我歇，tɕie^{53}tɕie$^{53-21}$niəu^{21}ŋo^{53}ɕie^{21}，我不歇。ŋo^{53}pu^{21}ɕie^{21}。我要回家打毛

① 本章选择注音材料时，充分考虑到材料的流行度和语音特点（如重叠、儿化、古入声归属）等重要因素，以便对比不同方言点的语音差异，选用了四川广为流传的童谣《胖娃儿胖嘟嘟》、《张打铁李打铁》和民歌《高高山上一树槐》。

铁。ŋo^{53} iau^{213} xuei^{21} tɕia^{55} ta^{53} mau^{21} tʻie^{21}。

(3) 高高山上一树槐

高高山上一树槐，kau^{55} kau^{55} sa^{n55} saŋ^{213} i^{21} su^{213} xuai^{21}，手把栏杆舍望郎来，səu^{53} pa^{53} na^{n21} ka^{n55} se^{53} uaŋ^{213} naŋ^{21} nai^{21}，娘问女儿舍你望啥子哟？ȵiaŋ^{21} uən^{213} ȵy^{53} ɚ^{21} se^{53} ȵi^{53} uaŋ^{213} sa^{213} tsɿ^{53} yo^{21}？我望槐花舍儿时开。ŋo^{53} uaŋ^{213} xuai^{21} xua^{55} se^{53} tɕi^{53} sɿ^{21} kʻai^{55}。

（二）达州话音系

达州话是通行于四川东北部大巴山南麓达州市的汉语西南官话方言，是川东北方言的代表。根据黄雪贞《西南官话的分区（稿）》（1986）的划分，达州话属于西南官话成渝片区，李蓝将其归入川黔片成渝小片①，其语音上的重要特点是中古入声字归阳平，边音 l 和鼻音 n 不区别意义；达州话没有成都话的 ȵ 声母；没有舌尖后音声母 tʂ、tʂʻ、ʂ、ʐ；韵母 an、ian、uan、yan 的鼻音韵尾 -n 发音着实。和其他四川方言点相比，达州话的声调颇具特色，四川方言的阳平一般是低降调 21 或中降调 31，达州话则是低升调 12，在语流中常常实际读为 212。

1. 声韵调系统

声母：19 个，其中辅音声母 18 个，零声母 1 个。见下表。

达州话声母表

表 2－25

p 爸比不帮	pʻ排魄普旁	m 满磨码忙	f 法虎佛房	
t 但电底东	tʻ探听吐汤	n 南令路绿		
k 该过甘光	kʻ开宽哭康	ŋ 暗欧硬我	x 孩狠航黑	
tɕ 继菊均江	tɕʻ去前群强		ɕ 西玄霞凶	
ts 灾指猪中	tsʻ菜闯出冲		s 三瘦四生	z 然人日如
		ø 阿衣温鱼		

声母说明：达州话声母系统中没有成都话的 ȵ 声母，成都话读 ȵ 声母的字，达州话读 n 声母。其他各声母的发音特点与成都话基本一致②。

韵母：36 个，其中单韵母 8 个，复韵母 15 个，鼻韵母 13 个。见下表。

达州话韵母表

表 2－26

ɿ 知耻思世	i 地系迷记	u 肚肉府绿	y 居旅鱼取
a 杀骂大拉	ia 家下恰压	ua 洼瓜抓要	
o 波多可落			yo 学脚却钥
e 客得摘蛇	ie 叶别接切	ue 国括扩阔	ye 月绝雪茄

① 李蓝．西南官话的分区（稿）．方言，2009（1）．

② 西南官话内部各方言点音系及发音特点有相当大的一致性，为了行文简洁，本书以下各方言点音系及发音特点描述均以四川境内西南官话代表方言成都话为参照点，对与成都话一致的特点不再重复描述，着重讨论各方言有代表性的特征。

续表 2－26

ɿ 知耻思世	i 地系迷记	u 肚肉府绿	y 居旅鱼取
ɚ 而二耳儿			
ai 爱还在带	iai 界械介谐	uai 歪怪坏快	
ei 批背妹飞		uei 推对雷退	
au 咬搞到找	iau 叫笑要吊		
əu 欧沟周豆	iəu 优久丢留		
an 但干慢站	ian 边面点脸	uan 弯官欢万	yan 原宣绢劝
ən 坑轮深程	in 心令丁情	uən 文滚混困	yn 营倾荣永
aŋ 当躺长赏	iaŋ 秧香江强	uaŋ 王装狂黄	
oŋ 瓮捧东茂			yoŋ 用雄涌穷

韵母说明：

达州话韵母系统和发音特征与成都话有较大的一致性，不同之处有：

（1）an、ian、uan、yan 四个韵母韵尾发音着实，ian 和 yan 中的主要元音 a 由于韵头 i、y 和韵尾 n 的共同影响，实际舌位偏高，接近于 ɛ。这是成渝片区川东方言的重要特征，渠县、宣汉、巴中、平昌、邻水、万源均属此区。此外平武、泸州、隆昌、内江、资阳、威远等地也有这个特点。

（2）中古匣母登韵合口入声字的韵母在达州话中为 ua，如“或惑”。

有阴平、阳平、上声、去声四个调类，中古入声归阳平。见下表。

达州话声调及其与普通话声调对照表

表 2－27

调类	普通话调值	达州话调值	例　字
阴平	55	55	欢 天 沾 关
阳平	35	12	婆 旁 一 冯
上声	214	42	跑 奶 假 米
去声	51	214	互 库 做 是

声调说明：

（1）从调型看，达州话有四个调型：高平调（阴平）、升调（阳平）、降调（上声）、曲折调（去声）。其中，阳平调读低升调 12，在四川方言中颇具特色。

（2）从调值看，达州话的阴平有时尾部略略上扬，接近于高升调 45。

2. 声韵配合关系

达州话声韵配合表

表2－28

	p	pʻ	m	f	t	tʻ	n	k	kʻ	ŋ	x	tɕ	tɕʻ	ɕ	ts	tsʻ	s	z	ø
ɿ															自	侈	丝	日	
a	坝	怕	马	发	打	他	拿	嘎	奆		和				渣	查	杀		阿
o	波		末		多	妥	乐	果	壳	我	喝				坐	错	梭	弱	屙
e							那	隔	克	额	黑				者	扯	奢	热	
ɚ																			二
ai	棑	排	买		呆	台	来	街	凯	爱	鞋				灾	柴	赛		
ei	背	培	美	废															
au	包	袍	卯		刀	涛	脑	窖	敲	咬	豪				招	造	苕	扰	
əu				否	兜	抖	楼	沟	口	沤	喉				周	丑	寿	柔	
an	班	盘	满	反	丹	坦	滥	甘	看	淹	含				毡	产	蝉	燃	
ən	奔	盆	闷	粉	等	吞	嫩	更	肯	恩	恒				真	逞	孙	扔	
aŋ	帮	旁	忙	放	当	汤	郎	港	抗	项	昂				张	长	赏	瓤	
oŋ	崩	朋	亩	凤	东	同	拢	供	空		红				中	宠	耸	绒	翁
i	逼	匹	眉		爹	提	力					基	齐	习					遗
ia			①									家	恰	霞					鸭
ie	鳖	撇	脉		迭	贴	列					皆	切	斜					也
iai												界		懈					
iau	标	瓢	妙		雕	条	了					交	巧	笑					跃
iəu					丢		刘					纠	求	朽					右
ian	边	偏	面		点	天	脸					尖	前	险					严
in	宾	平	明		丁	听	林					镜	琴	心					引
iaŋ							良					将	讲	象					央
uaŋ								光	筐		黄				装	创	爽		王
u	不	铺	木	胡	毒	土	绿	谷	箍						祖	族	属	如	乌
ua								瓜	跨		华				抓		刷	揉	瓦
ue								国	阔										
uai								乖	快		坏				跩	揣	帅		歪
uei					堆	颓	内	归	奎		汇				贼	垂	虽	锐	伟
uan					端	团	乱	官	款		欢				钻	铲	酸	软	完
uən								滚	昆		横				尊	蠢	顺	孕	文
y							虑					拒	屈	虚					役
ye												决	茄	穴					拐
yo							略					脚	确	学					约
yan												捐	圈	宣					圆
yn												君	裙	讯					运
yŋ													穷	兄					拥

说明：①□mia^{42}倒：认为，以为。如“你mia^{42}倒我不晓得哇？”

3．常见的语流音变现象

（1）变调

达州话变调主要是阳平、上声和去声的变调。

①阳平的变调

达州话阳平的变调有两种情况：

第一，阳平字重叠变调。

阳平字重叠构成名词，前字变读21调，后字变读阴平。同时，变调往往跟儿化同现。例如：

盒盒$_{\text{儿}}$xo$^{12-21}$xor$^{12-55}$｜篮篮$_{\text{儿}}$nan$^{12-21}$nanr$^{12-55}$｜瓢瓢$_{\text{儿}}$p‘iau$^{12-21}$p‘iaur$^{12-55}$。

例外的是一些阳平重叠构成的亲属称谓，来源于古入声字阳平字重叠式名词读原调，例如：

叔叔 su^{12}su^{12}

第二，阳平字处于别的音节前面，调值由12变为21。例如：

盘香 p‘an$^{12-21}$ɕiaŋ^{55}｜盘绕 p‘an$^{12-21}$zau^{42}｜盘问 p‘an$^{12-21}$uen^{214}（阳平在前）

包赔 pau^{55}p‘ei$^{12-21}$｜水壶 suei^{42}fu$^{12-21}$｜菜农 ʦ‘ai^{214}noŋ$^{12-21}$（阳平在后）

②去声的变调

去声字重叠构成名词的，后字变阴平55。变调也往往同儿化同现。例如：

坝坝 pa^{214}pa$^{214-55}$｜担担$_{\text{儿}}$tan^{214}tanr$^{214-55}$｜缝缝$_{\text{儿}}$foŋ^{214}foŋr$^{214-55}$｜罐罐$_{\text{儿}}$kuan^{214}kuanr$^{214-55}$

③上声字重叠构成名词，后字变为低降调21，如“桶桶$_{\text{儿}}$” t‘oŋ^{42}t‘oŋr$^{42-21}$。

（2）儿化

达州话儿化韵比成都话丰富，除 ɚ、iɚ、uɚ、yɚ 四类外，还有 ɐr、iɐr、uɐr、yɐr、ɐ^{u}r、iɐ^{u}r，它们主要来源于原韵母主要元音为低元音 a、ᴀ、ɑ 的音节，儿化时主要元音央化（若韵尾是 i、n，韵尾脱落；若韵尾是 u、ŋ，韵尾合并为 u），同时伴以卷舌动作，例如“翻盘$_{\text{儿}}$pɐr”。川东和川东北一些地方儿化韵均多于四类，例如大竹、云阳、达川、平昌、武胜、苍溪等地。

达州话的特殊异读现象，与成都话基本一致。

4．注音材料

（1）胖娃$_{\text{儿}}$胖嘟嘟

胖娃$_{\text{儿}}$胖嘟嘟，p‘aŋ$^{214-14}$uɚ^{12}p‘aŋ$^{214-14}$tu^{55}tu^{55}，骑马上成都。ʨ‘i^{12}ma^{42}saŋ$^{214-14}$ʦ‘ən^{12}tu^{55}。

成都又好耍，ʦ‘ən^{12}tu^{55}iəu$^{214-14}$xau^{42}sua^{42}，胖娃$_{\text{儿}}$骑白马。p‘aŋ$^{214-14}$uɚ^{12} ʨ‘i^{12}pe^{12}ma^{42}。

白马骑得高，pe^{12}ma^{42} ʨ‘i^{12}te^{12}kau^{55}，胖娃$_{\text{儿}}$舞关刀。p‘aŋ$^{214-14}$uɚ^{12}u^{42}kuan^{55}tau^{55}。

关刀舞得圆，kuan^{55}tau^{55}u^{42}te^{12}yan^{12}，胖娃$_{\text{儿}}$滚铁环。p‘aŋ$^{214-14}$uɚ^{12}kuən^{42}t‘ie^{12}xuan^{12}。

铁环滚得远，t‘ie^{12}xuan^{12}kuən^{42}te^{12}yan^{12}，胖娃$_{\text{儿}}$跟到撵。p‘aŋ$^{214-14}$uə^{12}kən^{55}tau$^{42-14}$ian^{42}。

（2）张打铁，李打铁

张打铁，李打铁，ʦaŋ^{55}ta^{42}t‘ie^{12}，ni^{42}ta^{42}t‘ie^{12}，打把剪刀送姐姐，ta^{42}pa^{42}ʨian^{42}tau^{55}soŋ$^{214-14}$ ʨie^{42}ʨie$^{42-21}$。姐姐留我歇，ʨie^{42}ʨie$^{42-21}$ niəu^{12}uo^{42}ɕie^{12}，ŋo^{42}pu^{12}ɕie^{12}，我不歇。ŋo^{42}pu^{12}ɕie^{12}，我要回家打毛铁。ŋo^{42}iau$^{214-14}$xuei^{12}ʨia^{55}ta^{42}mau^{12}t‘ie^{12}。

（3）高高山上一树槐

高高山上一树槐，kau^{55}kau^{55}san^{55}saŋ$^{214-14}$i^{12}su$^{214-14}$xuai^{12}，手把栏杆舍望郎来，səu^{42}pa^{42}nan^{12} kanr^{55}se$^{42-55}$uaŋ$^{214-14}$naŋ^{12}nai^{12}，娘问女儿舍你望啥子哟？niaŋ^{12}uən$^{214-14}$ny^{42}ɚ^{12}se$^{42-55}$ni^{42}uaŋ$^{214-14}$

xa^{12} tsɿ$^{42-44}$ yo^{42}，我望槐花舍儿时开。ŋo^{42} uaŋ$^{214-14}$ xuai^{12} xua^{55} se$^{42-55}$ tɕi^{42} sɿ^{12} k‘ai^{55}。

（三）绵阳话音系

绵阳市位于四川盆地西北部，绵阳话是川中四川西南官话代表点之一。根据黄雪贞《西南官话的分区（稿)》(1986）的划分，绵阳话属于西南官话成渝片，李蓝将其归入川黔片成渝小片①。绵阳话的主要特点有：有舌面前鼻音声母 ȵ，普通话 an、iɛn、uan、yɛn 韵尾的鼻音色彩较弱。绵阳话的去声较有特点，在曲折调 213 或 212 的下降部分音强较重，持续时间明显延长；阳平调起点为 3，较成都高，这些特点使之在听感上与成都等地方言有明显差异。市政府所在地涪城区话被视为绵阳话的代表。

1. 声韵调系统

声母：20 个。其中辅音声母 19 个，零声母 1 个。见下表。

绵阳话声母表

表 2－29

p 爸比布本	p‘排拼普捧	m 磨梦米木	f 发风虎胡	
t 但到电夺	t‘探听同土	n 难路吕良		
k 锅工姑光	k‘开空苦快	ŋ 袄欧岸硬	x 和海喊坏	
ts 灾只争猪	ts‘菜词虫处		s 丝生税桑	z 日绕孕如
tɕ 继精句决	tɕ‘旗清趣全	ȵ 你年女娘	ɕ 休线虚玄	
		ø 而以完荣		

声母说明：绵阳话声母的发音特点与成都话基本一致。

韵母：36 个。其中单韵母 8 个，复韵母 15 个，鼻韵母 13 个，见下表。

绵阳话韵母表

表 2－30

ɿ 资支次是	i 皮第骑一	u 布鹿故五	y 女居虚鱼
a 爬擦杀哈	ia 牙家恰夏	ua 娃抓刷挂	
e 白德车黑	ie 叶别列姐	ue 国扩廓或	ye 月绝缺靴
o 哦波多哥			yo 药略脚雀
ɚ 而儿二耳			
ai 稗代改害	iai 界介谐	uai 帅怪快坏	
ei 背披妹飞		uei 对岁雷归	
au 饱刀烧高	iau 飘条笑要		
əu 豆走丑够	iəu 丢流休有		
aⁿ 半胆三间	iaⁿ 变点减验	uaⁿ 端专官万	yaⁿ 捐权宣怨
ən 本等沉恩	in 兵灵紧因	uən 豚纯魂温	yn 军琼云永
aŋ 旁党上昂	iaŋ 央量讲向	uaŋ 床双广枉	
oŋ 朋冻总红			yoŋ 穷凶雄勇

① 李蓝，西南官话的分区（稿）．方言，2009（1）．

韵母说明：绵阳话韵母的发音特点与成都话基本一致。

声调：有阴平、阳平、上声、去声四个调类，中古入声归阳平。各调类的调值见下表。

绵阳话声调及其与普通话声调对照表

表2－31

调类	普通话调值	绵阳话调值	例　字
阴平	55	55	波天关刚
阳平	35	31	旁夺权填
上声	214	52	马懂女讲
去声	51	213	度痛棍抗

声调说明：

（1）从调型看，绵阳话有三个调型：高平调（阴平）、降调（包括低降阳平和高降上声）、曲折调（去声）。

（2）从调值看，阴平有时接近于44，有时尾部略微上扬，接近于45。

（3）去声调变体较多：单念、在语流末尾或语速缓慢时，是曲折调，近乎于212或213，并且在声调的下降部分特别强调，听感上与成都等地方言有明显差异；语速快时多为低升调13。

2．声韵配合关系

绵阳话声韵配合表

表2－32

	p	pʻ	m	f	t	tʻ	n	k	kʻ	ŋ	x	tɕ	tɕʻ	ȵ	ɕ	ts	tsʻ	s	z	ø
ɿ																自	侈	丝	日	
a	坝	怕	马	发	打	他	拿	嘎	卡	①	吓					渣	查	杀		阿
o	波	剖	末		多	妥	乐	果	壳	我	喝					坐	错	梭	弱	屙
e	北	拍	麦		得	特	肋	隔	克	额	很					者	扯	奢	热	
ɚ																				二
ai	派	排	买		呆	台	来	街	凯	爱	鞋					灾	柴	赛		
ei	背	培	美	废																
au	包	袍	卯		刀	涛	脑	窖	敲	咬	豪					招	造	苕	扰	
əu					兜	抖	楼	沟	口	沤	喉					周	丑	寿	柔	
a^n	班	旁	满	方	当	坦	滥	甘	抗	昂	项					张	产	蝉	让	
ən	奔	盆	闷	粉	等	吞	嫩	更	肯	恩	恒					真	逞	孙	扔	
aŋ	帮	胖	莽	方	当	堂	浪	刚	抗	昂	航					章	仓	桑	让	
oŋ	崩	朋	亩	凤	东	同	拢	供	空		红					中	宠	耸	绒	壅
i	比	匹	眉		爹	提	力					基	齐	你	习					遗
ia	瘪	②			③		④					家	恰		霞					鸭

续表 2－32

	p	pʻ	m	f	t	tʻ	n	k	kʻ	ŋ	x	tɕ	tɕʻ	ȵ	ɕ	ts	tsʻ	s	z	ø
ie	鳖	撇	灭		迭	贴	列					结	切	聂	斜					也
iai												界			懈					
iau	标	瓢	妙		雕	条	了					交	巧	尿	笑					跃
iəu					丢		刘					纠	求	纽	朽					右
ia^n	变	遍	绵		颠	田	脸					尖	千	年	仙					眼
in	宾	平	敏		丁	听	林					镜	禽		心					引
iaŋ							量					将	强	娘	想					样
u	不	铺	木	胡	毒	土	绿	谷	箍							祖	族	属	如	物
ua								瓜	跨		华					抓	欻	刷	挼	瓦
ue								国	阔		或									
uai								乖	快		坏					跩	揣	帅		歪
uei					堆	颓	内	归	奎		汇					贼	垂	虽	锐	伟
ua^n					端	团	乱	管	款		换					钻	铲	算	软	完
uən								滚	昆		横					准	蠢	顺	孕	文
uaŋ								光	狂		黄					装	床	双		王
y							虑					拒	屈	女	虚					鱼
ye												决	茄		雪					抈
yo												脚	确		学					约
yn												君	裙		寻					运
ya^n												卷	全		选					元
yoŋ													穷		兄					拥

说明：①□ŋa^{55}：压

②□pʻia^{53}：奔。如“这个衣服领子□pʻia^{53}起，一点都不好看”

③□tia^{55}：提。如“好重哦，我一个人□tia^{55}不动”

④□nia^{21}：逃脱。如“没得啥子好说的，这回一个都□nia^{21}不脱”

3．常见的语流音变现象

绵阳话语流音变中的变调、儿化与成都话特点基本一致。其中只有去声的变调有自己的特点。

绵阳话去声在语流中很容易变调，只是在单念或没有后续音节，或重读时才念213。其内部又有不同情况：

去声重叠构成的名词，后字变阴平55调，前字还常由曲折调213变成低降31调，例如：

舅舅 tɕiəu$^{213-31}$ tɕiəu$^{213-55}$ ｜弟弟 ti$^{213-31}$ ti$^{213-55}$ ｜妹妹 mei$^{213-31}$ mei$^{213-55}$ ｜洞洞 toŋ$^{213-31}$ toŋ$^{213-55}$ ｜蛋蛋ta$^{n213-31}$ta$^{n213-55}$ ｜罐罐 kua$^{n213-31}$ kua$^{n213-55}$ ｜串串 tsʻua$^{n213-31}$ tsʻua$^{n213-55}$

去声在其他声调（主要是阴平、上声）前的变调常变读为31调，例如：

菜刀 tsʻai$^{213-31}$tau^{55} ｜会风 xuei$^{213-31}$foŋ^{55} ｜动工 toŋ$^{213-31}$koŋ^{55} ｜万州 ua$^{n213-31}$tsəu^{55}（阴平前）

菜板 tsʻai$^{213-31}$pa^{n52} ｜会考 xuei$^{213-31}$kʻau^{52} ｜动武 toŋ$^{213-31}$u^{52} （上声前）

此外，绵阳话的特殊读音与成都话基本一致。

4．注音材料

（1）胖娃$_{儿}$胖嘟嘟

胖娃$_{儿}$胖嘟嘟，pʻaŋ^{213}uɚ^{31} pʻaŋ^{213}tu^{55}tu^{55}，骑马上成都。tɕʻi^{31}ma^{52}saŋ^{213}tsʻən^{31}tu^{55}。

成都又好耍，tsʻən^{31}tu^{55}iəu^{213}xau^{52}sua^{52}，胖娃$_{儿}$骑白马。pʻaŋ^{213}uɚ^{31}tɕʻi^{31}pe^{31}ma^{52}。

白马骑得高，pe^{31}ma^{52}tɕʻi^{31}te^{31}kau^{55}，胖娃$_{儿}$舞关刀。pʻaŋ^{213}uɚ^{31}u^{52}kua^{n55}tau^{55}。

关刀舞得圆，kua^{n55}tau^{55}u^{52}te^{31}ya^{n31}，胖娃$_{儿}$滚铁环。pʻaŋ^{213}uɚ^{31}kuən^{52}tʻie^{31}xua^{n31}。

铁环滚得远，tʻie^{31}xua^{n31}kuən^{52}te^{31}ya^{n52}，胖娃$_{儿}$跟到撵。pʻaŋ^{213}uɚ^{31}kən^{55}tau^{52}ȵia^{n52}。

（2）张打铁，李打铁

张打铁，李打铁，tsaŋ^{55}ta^{52}tʻie^{31}，ni^{52}ta^{52}tʻie^{31}，打把剪刀送姐姐。ta^{52}pa^{52}tɕia^{n52}tau^{55}soŋ^{213}tɕie^{52}tɕie$^{52-31}$。姐姐留我歇，tɕie^{52}tɕie$^{52-31}$niəu^{21}ŋo^{52}ɕie^{31}，我不歇。ŋo^{52}pu^{31}ɕie^{31}。我要回家打毛铁。ŋo^{52}iau^{213}xuei^{31}tɕia^{55}ta^{52}mau^{31}tʻie^{31}。

（3）高高山上一树槐

高高山上一树槐，kau^{55}kau^{55}sa^{n55}saŋ^{213}i^{31}su^{213}xuai^{31}，手把栏杆舍望郎来，səu^{52}pa^{52}na^{n31}ka^{n55}se^{52}uaŋ^{213}naŋ^{31}nai^{31}，娘问女儿舍你望啥子哟？ȵiaŋ^{31}uən^{213}ȵy^{52}ɚ^{31}se^{52}ȵi^{52}uaŋ^{213}sa^{213}tsɿ^{52}yo^{31}？我望槐花舍儿时开。ŋo^{52}uaŋ^{213}xuai^{31}xua^{55}se^{52}tɕi^{52}sɿ^{31}kʻai^{55}。

（四）遂宁话音系

遂宁位于四川盆地中部腹心，是川中西南官话的代表点之一。根据黄雪贞《西南官话的分区（稿）》（1986）的划分，遂宁话属于西南官话成渝片，李蓝称为川黔片成渝小片①。遂宁话没有舌面前鼻音声母 ȵ，声母 x、f 相混的情况较大多数四川方言点多。韵母 an、ian、uan、yan 的鼻音韵尾发音着实，四川方言其他点普遍具有的 ɚ，遂宁话念 ə。

1．声韵调系统

声母：19 个，其中辅音声母 18 个，零声母 1 个。见下表。

遂宁话声母表

表 2－33

p 爸比波不	pʻ排魄坡普	m 满磨码米	f 法虎佛飞		
t 但电底都	tʻ探听吐踢	n 南令路绿			
k 该光估过	kʻ开宽哭可	ŋ 暗欧硬我	x 孩狠哈黑		
tɕ 继借姐菊	tɕʻ去前齐		ɕ 西玄霞虚		
ts 灾只猪乍	tsʻ菜闯吃出		s 三瘦四书		z 然人日如
ø 阿衣温鱼					

声母说明：

① 李蓝．西南官话的分区（稿）．方言，2009（1）．

遂宁话声母大部分发音特征与成都话一致。个别地方存在差异，主要表现在：

（1）没有舌面前鼻音声母 ȵ。鼻音声母 n 有 n、l、l̃ 三个自由变体，与开口、合口、撮口韵母相拼时基本用鼻音 n，如“拉路女”等，与齐齿呼相拼时常读为边音 l 或鼻化边音 l̃，如“年念你”等。

（2）一部分普通话读为 x 声母的音节在遂宁话中读为 f 声母，如“或坏昏黄欢花会”，一部分普通话读为 f 声母的字在遂宁话中读为 x 声母，如“凤饭”等。这种情况也存在于川中的中江、大英、乐至、安岳、资中、三台、岳池等地。

韵母：37 个，其中单韵母 8 个，复韵母 16 个，鼻韵母 13 个。见下表。

遂宁话韵母表

表 2－34

ɿ 知耻思世	i 地披迷鼻	u 肚肉主绿	y 居旅鱼女
a 杀妈大拉	ia 家下恰压	ua 洼瓜抓耍	
o 波可可落	io 学脚却钥	iu 育欲遇曲	
e 客得摘蛇	ie 叶别接切	ue 国或扩阔	ye 月绝雪茄
ə 而二耳儿			
ai 爱盖在解	iai 界械介谐	uai 歪怪坏快	
ei 批背妹飞		uei 推对雷退	
au 咬搞好找	iau 叫笑要桥		
əu 欧沟周抽	iəu 优久秀秋		
an 但干慢安	ian 烟仙尖迁	uan 弯官欢万	yan 原宣劝捐
ən 坑针轮樱	in 心令今情	uən 文滚混困	yn 营倾荣永
aŋ 躺长赏刚	iaŋ 羊江香强	uaŋ 王光狂黄	
oŋ 瓮红猛茂	ioŋ 凶用雄涌		

韵母说明：

遂宁话声母大部分发音特征与成都话一致。个别地方存在差异，主要表现在：

（1）韵母 an、ian、uan、yan 的鼻音韵尾发音着实。

（2）韵母 y 圆唇程度由大到小略有变化，接近复韵母 yi。

（3）没有韵母 ɚ。普通话单韵母 ɚ，遂宁话读为不卷舌的央元音 ə。邻近的射洪、蓬溪、盐亭等地有类似特点。

（4）中古喉音舌音声母江韵开口二等、阳韵开口三等入声字韵母读为 io，如“略爵却学药”。在有撮口呼的内江、仁寿、荣县、汉源、名山、攀枝花等地也有这个特点。

（5）中古通摄合口部分精组和见组入声字韵母读为 iu，如“族宿速欲”。

声调：有阴平、阳平、上声、去声四个调类，中古入声归阳平。见下表。

遂宁话声调及其与普通话声调对照表

表2－35

调类	普通话调值	遂宁话调值	例　字
阴平	55	55	欢天沾关
阳平	35	21	婆旁一冯
上声	214	52	跑奶假米
去声	51	213	互库做是

声调说明：

（1）遂宁话有三个调型：高平调（阴平）、降调（阳平和上声）、曲折调（去声）。

（2）遂宁话的阴平有时语感上接近于高升调45，可作为变体处理。阳平为低降调21，有时为中低降调31，可视为变体。去声字在语流中常变化为低升调，调值接近24调。

2. 声韵配合关系

遂宁话声韵配合表

表2－36

	p	pʻ	m	f	t	tʻ	n	k	kʻ	ŋ	x	tɕ	tɕʻ	ɕ	ts	tsʻ	s	z	ø
ɿ															自	侈	丝	日	
a	坝	爬	马	发	打	他	拿	嘎	夻	轧	吓				渣	查	杀		阿
o	波	剖	末		多	妥	乐	果	壳	我	喝				坐	错	梭	弱	窝
e	北	拍	麦		得	特	肋	嗝	克	额	黑				者	扯	奢	热	
ə																			二
ai	摆	排	买	坏	呆	台	来	街	凯	爱	鞋				灾	柴	赛		
ei	背	培	美	回															
au	包	袍	卯		刀	涛	脑	窖	敲	咬	豪				招	造	苕	扰	
əu	褒			否		兜	抖	楼	沟	口	沤	喉				周	丑	寿	柔
an	班	盘	满	番	丹	坦	滥	甘	看	安	含				粘	产	蝉	燃	
ən	奔	盆	闷	粉	等	吞	嫩	更	肯	硬	恒				真	逞	孙	扔	
aŋ	帮	旁	忙	晃	当	堂	浪	港	扛	昂	航				张	长	赏	壤	
oŋ	崩	朋	亩	封	东	同	拢	供	空		风				中	宠	耸	绒	翁
i	逼	匹	眉		爹	提	力					基	齐	习					遗
ia	瘪	①					②					家	恰	霞					鸭
io							略					脚	确	学					约
ie	鳖	撇	篾		迭	贴	列					皆	切	斜					也
iu													屈	俗					役
iai												界		懈					

续表 2－36

	p	pʻ	m	f	t	tʻ	n	k	kʻ	ŋ	x	tɕ	tɕʻ	ɕ	ts	tsʻ	s	z	ø
iau	标	瓢	妙		雕	条	了					交	巧	笑					跃
iəu					丢		刘					纠	求	朽					右
ian	边	片	面		颠	田	严					尖	前	险					眼
in	宾	平	命		丁	听	令					镜	情	心					引
iaŋ							良					江	强	向					央
ioŋ													穷	兄					拥
u	不	铺	木	胡	毒	土	绿	谷	箍						祖	族	属	如	五
ua								瓜	跨						抓	数	刷	挼	瓦
ue								国	阔										
uai								乖	快						跩	揣	帅		歪
uei					堆	颓	内	归	奎						贼	垂	虽	锐	伟
uan					端	团	乱	管	款		饭				钻	铲	算	软	碗
uən								滚	昆						准	蠢	顺	孕	文
uaŋ								光	矿						装	床	爽		王
y							虑					拒	屈	虚					鱼
ye												决	茄	血					月
yn												军	裙	讯					永
yan												捐	全	选					圆

说明：①□pʻia^{53}：奓。如"这个衣服领子□pʻia^{53}起，一点都不好看"
②□nia^{21}：逃脱。如"没得啥子好说的，这回一个都□nia^{21}不脱"

3．常见的语流音变现象

（1）变调

①重叠词变调

遂宁话阳平重叠式名词后字变读为高平调55，与成都话一致。

去声重叠式名词时后字变读为高平调55，前字同时变为低升调24，例如：

坝坝 pa$^{213-24}$pa$^{213-55}$ ｜担担 tan$^{213-24}$tan$^{213-55}$ ｜洞洞 toŋ$^{213-24}$toŋ$^{213-55}$ ｜缝缝 xoŋ$^{213-24}$xoŋ$^{213-55}$

凼凼 taŋ$^{213-24}$taŋ$^{213-55}$ ｜豆豆 təu$^{213-24}$təu$^{213-55}$ ｜盖盖 kai$^{213-24}$kai$^{213-55}$ ｜架架 tɕia$^{213-24}$tɕia$^{213-55}$

片片 pian$^{213-24}$pian$^{213-55}$

阳平或去声的非重叠式名词后字仍读原调，比较：

伯伯 pe^{21}pe$^{21-55}$；白白 pe^{21}pe^{21}（白白跑了一趟）

盘盘$_{盘子}$pʻan^{21}pʻan$^{21-55}$；盘盘$_{每一盘}$pʻan^{21}pʻan^{21}（炒了两盘菜，盘盘都是肉）

棒棒$_{棍子}$paŋ$^{213-24}$paŋ$^{213-55}$；棒棒$_{每一棒}$paŋ$^{213-24}$paŋ^{213}（挨了几棒，棒棒都打得不轻）

样样$_{样子}$iaŋ$^{213-24}$iaŋ$^{213-55}$；样样$_{每一样}$iaŋ$^{213-24}$iaŋ^{213}（样样都吃一点）

②其他两字组变调

遂宁话其他两字组变调主要集中在两个上声音节相连时后字起音略低变42。例如：

敢写 kan^{52}ɕie$^{52-42}$ | 水表 suei^{52}piau$^{52-42}$ | 坎坎 k'an^{52}k'an$^{52-42}$ | 块块 kuai^{52}k'uai$^{52-42}$

指代词中两个去声音节相连时后字变高平调55。例如：

这个 tse^{213}ko$^{213-55}$ | 那个 ne^{213}ko$^{213-55}$

部分阳平字和去声字在音节末尾或中间变为高平调55。例如：

姑爷 ku^{55}ie$^{21-55}$ | 肚囊皮 tu^{213}naŋ$^{21-55}$p'i^{21}（阳平字变调）

谈人户 t'an^{21}zən^{21}fu$^{213-55}$ | 老汉$_{儿}$nau^{52}xanr$^{213-55}$（去声字变调）

（2）儿化

遂宁话中的词缀“儿”大多自成音节，发音为 ə，例如“妹儿 mei^{213}ə^{21}”。儿化韵只有四类，由于“儿”读 ə，遂宁的儿化韵实际是 ə 化，主要元音读成央元音 ə。例如：

哈哈$_{儿}$xa^{55}xə^{55} | 滴滴$_{儿}$ti^{55}tə^{55} | 小孩$_{儿}$ɕiau^{52}xə^{21} | 醪糟$_{儿}$nau^{21}tsə^{55} | 老汉$_{儿}$nau^{52}xə$^{213-24}$

圆圈$_{儿}$yan^{21}tɕyə^{55} | 漩$_{儿}$ɕyə^{213}

遂宁话也有一些字有异读现象，与成都话基本一致。

4．注音材料

（1）胖娃$_{儿}$胖嘟嘟

胖娃儿胖嘟嘟，p'aŋ$^{213-13}$uə^{21}p'aŋ$^{213-13}$tu^{55}tu^{55}，骑马上成都。tɕ'i^{21}ma^{52}saŋ$^{213-13}$ts'ən^{21}tu^{55}。

成都又好耍，ts'ən^{21}tu^{55}iəu$^{213-13}$xau^{52}sua^{52}，胖娃$_{儿}$骑白马。p'aŋ$^{213-13}$uə^{21}tɕ'i^{21}pe^{21}ma^{52}。

白马骑得高，pe^{21}ma^{52}tɕ'i^{21}te^{21}kau^{55}，胖娃$_{儿}$舞关刀。p'aŋ$^{213-13}$uə^{21}u^{52}kuan^{55}tau^{55}。

关刀舞得圆，kuan^{55}tau^{55}u^{52}te^{21}yan^{21}，胖娃$_{儿}$滚铁环。p'aŋ$^{213-13}$uə^{21}kuən^{52}t'ie^{21}xuan^{21}。

铁环滚得远，t'ie^{21}xuan^{21}kuən^{52}te^{21}yan^{52}，胖娃$_{儿}$跟到撵。p'aŋ$^{213-13}$uə^{21}kən^{55}tau^{52}nian^{52}。

（2）张打铁，李打铁

张打铁，李打铁，tsaŋ^{55}ta^{52}t'ie^{21}，ni^{52}ta^{52}t'ie^{21}，打把剪刀送姐姐。ta^{52}pa^{52}tɕian^{52}tau^{55}soŋ^{213}tɕie^{52}tɕie$^{52-21}$。姐姐留我歇，tɕie^{52}tɕie$^{52-21}$niəu^{21}ŋo^{52}ɕie^{21}，我不歇，ŋo^{52}pu^{21}ɕie^{21}，我要回家打毛铁。ŋo^{52}iau$^{213-13}$xuei^{21}tɕia^{55}ta^{52}mau^{21}t'ie^{21}。

（3）高高山上一树槐

高高山上一树槐，kau^{55}kau^{55}san^{55}saŋ^{213}i^{21}su^{213}xuai^{21}，手把栏杆舍望郎来，səu^{52}pa^{52}nan^{21}kan^{55}sə^{52}uaŋ^{213}naŋ^{21}nai^{21}。娘问女儿舍你望啥子哟？niaŋ^{21}uən^{213}ny^{52}ə^{21}sə^{52}ni^{52}uaŋ^{213}sa^{21}tsɿ^{52}io^{52}，我望槐花舍儿时开。ŋo^{52}uaŋ^{213}xuai^{21}xua^{55}se^{52}tɕi^{52}sɿ^{31}k'ai^{55}。

（五）广元话音系

广元市位于四川省北部川陕甘三省交汇处，广元话是川北西南官话的代表点。广元市政府所在地利州城区话是广元话的代表。根据黄雪贞《西南官话的分区（稿）》（1986）的划分，广元话属于西南官话成渝片区，李蓝将其归入川黔片成渝小片①。广元话边音 l 和鼻音 n 不区别意义。韵母 a^{n}、iɛ^{n}、ua^{n}、yɛ^{n} 的韵尾 -n 舌尖只作势，未到达齿龈。

1．声韵调系统

声母：19个，其中辅音声母18个，零声母1个。见下表。

① 李蓝．西南官话的分区（稿）．方言，2009（1）．

广元话声母表

表 2－37

p 布摆本兵	pʻ怕普碰平	m 门母某米	f 法虎佛飞	
t 但底都吨	tʻ太听吐踢	n 兰路吕连		
k 该光过滚	kʻ慨哭可跪	ŋ 暗硬我额	x 孩换灰红	
tɕ 继精借菊	tɕʻ去权齐枪		ɕ 西玄凶虚	
ts 灾猪乍糟中	tsʻ菜闯吃出		s 三瘦四书	z 然人日软
ø 阿夜温鱼儿				

声母说明：

广元话声母系统与成都话有较大一致性，只是没有舌面鼻音 ȵ。此外还有以下特点：

（1）声母 n 音值不固定，鼻腔气流弱，音质接近鼻化的边音 l̃。n 和 l 是一对自由变体。

（2）声母 x 可与 u 韵母相拼，如“胡”xu。

（3）s 在与合口呼韵母相拼的时候发音为 f（特别是常用词），这个现象在老广元人的发音中还比较明显，例如“喊你娃念夫（书）你娃要发（耍）匪（水），发（耍）了匪（水）还要爬付（树），爬到付（树）上还要一甩① fai 一甩 fai 的，滚下来范（算）肥（谁）的。”这是受到关中方言影响的结果。不过在青壮年中基本已不存在这种现象了。

韵母：36 个，其中单韵母 8 个，复韵母 15 个，鼻韵母 13 个。见下表。

广元话韵母表

表 2－38

ɿ 资池斯世	i 皮地艺希	u 补股住肚	y 女举玉旅
a 把妈塌差	ia 架掐恰压	ua 瓜刷瓦洼	
o 波可河落			yo 角却岳钥
e 克得墨蛇	ie 叶别捏写	ue 国或扩阔	ye 绝越薛茄
ɚ 而二耳儿			
ai 摆爱在解	iɛi 皆界械谐	uai 怪拽帅歪	
ei 陪费妹飞		uei 推贵为雷	
au 咬搞跑找	iau 秒掉教要		
əu 欧豆沟抽	iəu 丢牛酒有		
a^{n} 搬谈感然	iɛ^{n} 变连见演	ua^{n} 缎暖穿院	yɛ^{n} 卷全选园
ən 本坑针轮	in 心令今名	uən 春润文滚	yn 均倾荣永
aŋ 帮党夯昂	iaŋ 良将杨像	uaŋ 光黄装网	
oŋ 瓮龙蹦茂			yoŋ 穷凶雄涌

韵母说明：

广元话韵母发音与成都话基本一致，稍有不同的是：

① 方言中“甩”有摇晃义。

（1）广元话韵尾发音不完全到位的现象比较常见，－u 韵尾韵母 au、iau、əu、iəu 收尾的 u 实际发音为 ɯ，－i 韵尾韵母 ai、iɛi、uai、ei、uei 收尾的 i 实际发音为 ɪ。

（2）大部分零声母音节 u 前面有唇齿浊擦音 v，如“五无乌误舞”；只有少量读 u，如“屋物”。

（3）单韵母 o 在非唇音声母后带过渡音 u，如“桌” $ʦ^{u}o$。

声调：有阴平、阳平、上声、去声四个调类，中古入声归阳平。见下表。

广元话声调及其与普通话声调对照表

表 2－39

调类	普通话调值	广元话调值	例　字
阴平	55	55	欢天商中
阳平	35	21	婆祥钱雪
上声	214	42	奶假好迥
去声	51	214	互坐是杠

声调说明：

（1）广元话有三个调型：高平调（阴平）、降调（阳平和上声）、曲折调（去声）。

（2）广元话阴平的发音实际上略带降调，尤其是老广元人这个现象普遍存在。广元话的上声在语流中常常尾音上升，调值近似 424，可视为变体，这种调形也使广元话整体上感觉曲折调多于其他方言，语音面貌独具特色。

2．声韵配合关系。

广元话声韵配合表

表 2－40

	p	pʻ	m	f	t	tʻ	n	k	kʻ	ŋ	x	ʨ	ʨʻ	ɕ	ʦ	ʦʻ	s	z	ø
ɿ															支	此	死	日	
a	巴	爬	马	要	搭	獭	哪				傻				渣	茶	洒	热	阿
o	波	婆	抹		多	陀	诺	歌	扩	饿	火				桌	搓	所	若	哦
e	伯	撇	陌		得	踢	劣	割	克	额	吓				遮	拆	社	惹	
ɚ																			二
ai	摆	牌	卖	甩	呆	台	奶	街	概	矮	鞋				灾	豺	晒		
ei	杯	培	每	水															
au	包	袍	卯		刀	涛	老	高	考	咬	毫				招	曹	哨	绕	
əu			墓	否	兜	头	搂	勾	口	怄	猴				周	愁	守	柔	
a^n	班	盘	满	算	单	谈	览	甘	坎	暗	衔				沾	残	扇	染	
ən	奔	彭	闷	粉	灯	豚	论	耕	肯	硬	衡				针	成	损	认	
aŋ	帮	旁	蟒	放	当	堂	朗	刚	扛	昂	项				脏	场	赏	让	
oŋ	崩	朋	猛	凤	东	同	拢	工	孔		洪				宗	虫	宋	绒	翁
i	逼	匹	米		爹	堤	里					鸡	骑	喜					移

续表 2－40

	p	p‘	m	f	t	t‘	n	k	k‘	ŋ	x	tɕ	tɕ‘	ɕ	ʦ	ʦ‘	s	z	ø
ia												家	恰	下					牙
ie	北	迫	灭		碟	铁	列					接	劫	写					页
iɛi												阶		蟹					
iau	标	飘	苗		雕	条	撂					焦	乔	酵					跃
iəu					丢		流					纠	求	朽					友
iɛ^{n}	边	便	免		颠	田	脸					尖	钱	险					蔫
in	兵	频	命		丁	挺	林					斤	情	醒					应
iaŋ							良					将	墙	响					样
u	不	蒲	母	户	毒	吐	路	姑	窟					俗	租	出	暑	如	物
ua								瓜	垮		华				抓	欻	刷	挼	娃
ue								国	阔		或								
uai								乖	块		怀				踙	喘	摔		歪
uei					堆	腿	雷	归	魁		惠				贼	吹	水	锐	微
ua^{n}					端	团	卵	关	款		环				钻	传	酸	软	完
uən								滚	昆		横				准	春	绳	孕	闻
uaŋ								光	狂		晃				装	床	爽		王
y							绿					足	渠	宿					余
yo												角	却	削					药
ye							虐					决	缺	血					月
yɛ^{n}												捐	劝	弦					原
yn												均	琼	迅					营
yoŋ														兄					融

3．语流音变

广元话语流音变中的变调、儿化与成都话特点基本一致。其中只有去声的变调有自己的特点，两个去声相连时出现变调，有两种情况：

（1）前字变半去，调值为21，后字调值为55，例如：

坏蛋 xuai$^{214-21}$ta$^{n214-55}$｜态度 t‘ai$^{214-21}$tu$^{214-55}$｜顺便 suən$^{214-21}$piɛ$^{n214-55}$

硬是 ŋən$^{214-21}$sɿ$^{214-55}$｜外面 uai$^{214-21}$miɛ$^{n214-55}$。

（2）前字变半去，后字不变，例如：

下蛋 ɕia$^{214-21}$ta^{n214}｜散会 sa$^{n214-21}$xuei^{214}｜太贵 tai$^{214-21}$kuei^{214}｜问路 uən$^{214-21}$nu^{214}

变调方式的不同有时可以区别词义，例如：

泡菜 p‘au$^{214-21}$ʦ‘ai$^{214-55}$（名词：捞泡菜下饭）　　泡菜 p‘au$^{214-21}$ʦ‘ai^{214}（动词：他在泡菜）

运气 yn$^{214-21}$tɕ‘i$^{214-55}$（名词：碰运气）　　运气 yn$^{214-21}$tɕ‘i^{214}（动词：气功师在运气）

4．内部差异

广元话内部也存在着差异。就不同的社群而言，老年人和年青人的语音在某些方面呈现出不同的状态，例如前面提及 s 在与合口呼韵母相拼的时候发音为 f（尤其是常用字中）的状况，在老年人中很明显，而年青人则几乎没有这种说法。

广元话受强势方言影响的特征目前也表现得比较明显。例如广元过去古入声字散归阴平、阳平，一部分阴平和阳平自由变读，但现在一般归阳平，这是受强势方言影响的结果。上面所举新旧读音并存的情况中，新读一般也是受强势方言或普通话影响的结果。

一些字的韵母也受普通话影响，如“沃”uo^{214}，这使广元话中产生了原来没有的 uo 韵母，只是这种变化还不成系统，是否会在广元话音系中产生新的韵母还有待时日。

5. 注音材料

（1）胖娃$_{儿}$胖嘟嘟

胖娃$_{儿}$胖嘟嘟，p‘aŋ^{214}uɚ^{21}p‘aŋ^{214}tu^{55}tu^{55}，骑马上成都。ʨ‘i^{21}ma^{42}saŋ^{214}ʦ‘ən^{21}tu^{55}。

成都又好耍，ʦ‘ən^{21}tu^{55}iəu^{214}xau^{42}sua^{42}，胖娃$_{儿}$骑白马。p‘aŋ^{214}uɚ^{21}ʨ‘i^{21}pe^{21}ma^{42}。

白马骑得高，pe^{21}ma^{42}ʨ‘i^{21}te^{21}kau^{55}，胖娃$_{儿}$舞关刀。p‘aŋ^{214}uɚ^{21}u^{42}kua^{n55}tau^{55}。

关刀舞得圆，kua^{n55}tau^{55}u^{42}te^{21}yɛ^{n21}，胖娃$_{儿}$滚（儿）铁环。p‘aŋ^{214}uɚ^{21}kuən^{42}t‘ie^{21}xua^{n21}。

铁环滚（儿）得远，t‘ie^{21}xua^{n21}kuən^{42}te^{21}yɛ^{n42}，胖娃$_{儿}$跟到撵。p‘aŋ^{214}uɚ^{21}kən^{55}tau^{42}niɛ^{n42}。

（2）张打铁，李打铁

张打铁，李打铁，ʦaŋ^{55}ta^{42}t‘ie^{21}，ni^{42}ta^{42}t‘ie^{21}，打把剪刀送姐姐。ta^{42}pa^{42}ʨiɛ^{n42}tau^{55}soŋ^{214}ʨie^{42}ʨie$^{42-21}$。姐姐留我歇，ʨie^{42}ʨie$^{42-21}$niəu^{21}ŋo^{42}ɕie^{21}，我不歇。ŋo^{42}pu^{21}ɕie^{21}。我要回家打毛铁。ŋo^{42}iau^{214}xuei^{21}ʨia^{55}ta^{42}mau^{21}t‘ie^{21}。

（3）高高山上一树槐

高高山上一树槐，kau^{55}kau^{55}sa^{n55}saŋ^{214}i^{21}su^{214}xuai^{21}，手把栏杆舍望郎来，səu^{42}pa^{42}na^{n21}ka^{n55}se^{42}uaŋ^{214}naŋ^{21}nai^{21}。娘问女儿舍你望啥子哟？niaŋ^{21}uən^{214}ny^{42}ɚ^{21}se^{42}ni^{42}uaŋ^{214}sa^{214}zɿ^{42}yo^{21}？我望槐花舍儿时开。ŋo^{42}uaŋ^{214}xuai^{21}xua^{55}se^{42}ʨi^{42}sɿ^{21}kai^{55}。

（六）康定话音系

康定是甘孜藏族自治州州府所在地，位于甘孜州东部，是康巴地区与汉族和其他民族联系的门户，也是川藏青滇四省区周边山地重要的物资集散地。境内民族杂居，以藏族人数最多，其次是汉族，有一部分彝族、回族，另散居着极少蒙古、苗、壮、布依、满、瑶、白、土家、纳西等民族。甘孜州境内汉话受到当地藏语的影响，呈现出一些与四川其他地区官话不同的特征。比如宾语时常在动词之前，例如“藏话不会”$_{不会藏话}$，“碗一个洗”$_{洗碗}$。叹词和衬词明显受到藏语影响，如 oŋxoŋ、apopo（相当于“哎呀”），“你 aʦɿ 做起在”$_{你做啥}$。语流中时常按时长有规律地出现若干个重音，但这些重音并没有固定的语法作用，在听感上与纯汉区官话明显不同。李蓝称康定话属为川西片康藏小片①。康定人自述说“康巴话”。康定话古入声字归阳平，舌尖后音 ʈʂ、ʈʂ‘、ʂ、ʐ 和舌尖前音 ʦ、ʦ‘、s 两套声母同时存在，有舌面鼻音 ȵ。

1. 声韵调系统

声母：康定话有辅音声母 22 个，零声母 1 个，共 23 个，见下表。

---

① 李蓝．西南官话的分区（稿）．方言，2009（1）．

康定话声母表

表 2－41

p 爸比波不	pʻ排魄坡普	m 满磨码米	f 法虎佛凡		
t 但电底都	tʻ探听吐踢	n 浪雷宁怒			
k 该光估过	kʻ开宽哭可	ŋ 暗硬我淹	x 孩狠黑哈		
tɕ 继借姐菊	tɕʻ去前齐全	ȵ 年女牛娘	ɕ 西玄霞虚		
ts 资着灾藏	tsʻ池醋菜层		s 三桑四萨		
tʂ 猪招只乍	tʂʻ揣吵闯吃		ʂ 山神瘦书		ʐ 然软人日
ø 阿鱼衣夜温药丫移云碗					

声母说明：

康定话声母大部分发音与成都话一致，不同之处是：

（1）声母 n 发音时鼻腔气流很弱，接近 l，n 和 l 是一对自由变体。

（2）康定话有舌尖后音 tʂ、tʂʻ、ʂ、ʐ，但具体字要少于普通话，有相当一部分普通话的舌尖后音字发舌尖前音，如“雉志赤耻尸试”等声母都是舌尖前音。没有舌尖前音 z。

韵母：36 个，其中单韵母 9 个，复韵母 14 个，鼻韵母 13 个。见下表。

康定话韵母表

表 2－42

ɿ 师思此死	i 地替计皮	u 肚肉主绿	y 居旅鱼女
ʅ 日知迟史			
a 杀妈大发	ia 家下恰压	ua 洼瓜抓耍	
o 波饿火棵	io 学却钥略		
e 客得摘蛇	ie 叶接切逼	ue 国括或廓	ye 月绝茄雪
ɚ 而二个儿			
ai 爱盖害在		uai 歪怪坏快	
ei 批背妹飞		uei 危贵会愧	
au 倒搞好找	iau 叫笑要桥		
əu 欧沟周抽	iəu 优久秀秋		
an 但坦干慢	iɛn 烟仙尖迁	uan 弯官欢宽	yɛn 原宣绢劝
ən 根坑针深	in 心令今情	uən 文滚混困	yn 营荀永倾
aŋ 当躺长赏	iaŋ 秧香江亮	uaŋ 王广狂创	
oŋ 瓮捧肿宠	ioŋ 凶用雄涌		

韵母说明：

康定话韵母发音与成都话大部分一致，不同的是：

（1）康定话 an、uan 中 a 实际发音比 a 高，但比 ɛ 低。韵母 an、iɛn 、uan、yɛn 韵尾着实。

（2）有舌尖后元音 ʅ，如“知痴豉尺石始翅”等字；但有相当一部分普通话 ʅ 韵母字读舌尖前元音 ɿ，如“滞志持侈师事士”等。

声调：有阴平、阳平、上声、去声四个调类，中古入声归阳平。

康定话声调及其与普通话声调对照表

表 2－43

调类	普通话调值	康定话调值	例　字
阴平	55	55	波天张虚
阳平	35	21	旁绵然一
上声	214	52	懂马假只
去声	51	214	库是盖序

声调说明：

（1）康定话有三个调型：高平调（阴平）、降调（阳平和上声）、曲折调（去声）。

（2）康定话的阴平有时语感上接近于高升调 45，可作为变体处理。阳平为低降调 21，有时是中低降调 31，可视为变体。

2. 声韵配合关系

康定话声韵配合表

表 2－44

	p	pʻ	m	f	t	tʻ	n	k	kʻ	ŋ	x	tɕ	tɕʻ	ȵ	ɕ	ts	tsʻ	s	tʂ	tʂʻ	ʂ	ʐ	ø
ɿ																资	慈	士					
ʅ																			支	尺	史	日	
a	巴	拔	马	法	答	他	那				傻					杂	擦	萨	扎	差	杀		阿
o	波	婆	墓		多	脱	糯	锅	壳	我	货					捉	搓	所	桌	戳	芍	弱	鹅
e	百	拍	麦		德	特	肋	格	客	额	吓					遮	择	舍		车	涉	惹	
ɚ								个															而
ai	摆	派	埋		代	胎	奶	街	凯	爱	鞋					灾	材	赛	债	柴	筛		
ei	杯	培	每	肺																			
au	包	袍	卯		刀	涛	老	告	敲	袄	毫					糟	朝	扫	招	炒	哨	扰	
əu				否	兜	头	漏	勾	口	藕	猴					粥	愁	搜	周	酬	手	肉	
an	班	盼	馒	饭	单	谈	难	甘	坎	暗	陷					展	参	善	沾	产	山	染	
ən	奔	彭	闷	粉	敦	豚	论	耕	肯	硬	杏					尊	层	损	真	成	审	仍	
aŋ	帮	旁	莽	放	当	堂	朗	虹	扛	昂	项					赃	藏	嗓	张	场	上	壤	
oŋ	崩	篷	某	凤	冬	同	拢	工	孔		宏					宗	从	送	中	虫		绒	翁
i	笔	屁	米		低	提	里					基	漆	疑	徙								译
ia												加	恰		吓								压
ie	逼	撇	灭		爹	铁	例					揭	且	溺	卸								夜

续表 2－44

	p	pʻ	m	f	t	tʻ	n	k	kʻ	ŋ	x	tɕ	tɕʻ	ȵ	ɕ	ts	tsʻ	s	tʂ	tʂʻ	ʂ	ʐ	ø
io							掠					角	却		学								育
iau	标	瓢	谬		雕	条	料					焦	桥	咬	酵								跃
iəu					丢		留					纠	求	牛	朽								有
iɛn	边	片	棉		颠	田	脸					尖	钱	验	显								蔫
in	兵	贫	命		丁	挺	林					今	情		醒								影
iaŋ							两					将	抢	娘	详								阳
ioŋ													穷		兄								融
u	补	铺	目	胡	都	徒	努	姑	哭							租	雏	薯	朱	畜	树	入	务
ua								瓜	垮		华								抓		刷	揉	挖
ue								国	扩		或												
uai								乖	块		坏							率	拽	揣	帅		外
uei					堆	腿	雷	归	愧		毁					贼	碎	岁	追	垂	水	锐	微
uan					端	团	卵	关	款		环					钻	传	算	转	穿	拴	软	完
uən								滚	昆		魂							纯	准	春	顺	润	文
uaŋ								光	狂		晃								装	床	爽		王
y							吕					居	曲	女	许								玉
ye												决	茄		血								月
yɛn												捐	全		鲜								元
yn												均	琼		训								永

3. 常见的语流音变现象

康定话语流音变的儿化和成都话基本一致。较有特点的音变现象主要是变调。

（1）重叠式名词变调

康定话 4 个声调的重叠式名词均有变调。

阴平重叠式名词后字调值明显低于前字，但调型不变，为 33 调。例如：

缸缸 kaŋ^{55}kaŋ$^{55-33}$ ｜汤汤 tʻaŋ^{55}tʻaŋ$^{55-33}$ ｜珠珠 tsu^{55}tsu$^{55-33}$ ｜包包 pau^{55}pau$^{55-33}$

阳平重叠式名词后字变平调，调值为 22。例如：

钵钵 po^{21}po$^{21-22}$ ｜毛毛 mau^{21}mau$^{21-22}$ ｜房房 faŋ^{21}faŋ$^{21-22}$ ｜苗苗 mau^{21}mau$^{21-22}$

去声重叠式名词前字读阳平 21，后字调值变阴平 55，例如：

坝坝 pa$^{214-21}$pa$^{21-55}$ ｜担担 tan$^{214-21}$tan$^{21-55}$ ｜缝缝 foŋ$^{214-21}$foŋ$^{21-55}$

罐罐 kuan$^{214-21}$kuan$^{21-55}$ ｜帕帕 pa$^{214-21}$pa$^{21-55}$ ｜棒棒 paŋ$^{214-21}$paŋ$^{21-55}$

凼凼 taŋ$^{214-21}$taŋ$^{21-55}$ ｜盖盖 kai$^{214-21}$kai$^{21-55}$ ｜架架 tɕia$^{214-21}$tɕia$^{21-55}$

上声重叠式名词后字调值由高降调 52 变低降调阳平 21，与成都话规律一致。

重叠式与非重叠式相比，音长方面，重叠式名词前字短后字长，非重叠式名词后字短前字长。

（2）其他两字组变调

康定话其他两字组变调，主要是非重叠式去声的变调。

去声相连时前字下降不明显，调型为升调，调值近 24。例如：

菜市 tsʻai$^{214-24}$sɿ^{214} ｜会见 xuei$^{214-24}$tɕiɛn^{214} ｜动画 toŋ$^{214-24}$xua^{214} ｜万丈 uan$^{214-24}$tsaŋ^{214}

去声后接阳平字时，去声调值也变 24。例如：

会员 xuei$^{214-24}$yɛn^{21} ｜菜农 tsʻai$^{214-24}$noŋ^{21} ｜动笔 toŋ$^{214-24}$pi^{21} ｜万一 uan$^{214-24}$i^{21}

4. 注音材料

（1）胖娃儿胖嘟嘟

胖娃儿胖嘟嘟，pʻaŋ^{214}uɚ^{21}pʻaŋ^{214}tu^{55}tu^{55}，骑马上成都。tɕʻi^{21}ma^{52}saŋ^{214}tsʻən^{21}tu^{55}。

成都又好耍，tsʻən^{21}tu^{55}iəu^{214}xau^{52}sua^{52}，胖娃儿骑白马。pʻaŋ^{214}uɚ^{21}tɕʻi^{21}pe^{21}ma^{52}。

白马骑得高，pe^{21}ma^{42}tɕʻi^{21}te^{21}kau^{55}，胖娃儿舞关刀。pʻaŋ^{214}uɚ^{21}u^{52}kua^{n55}tau^{55}。

关刀舞得圆，kuan^{55}tau^{55}u^{52}te^{21}yɛn^{21}，胖娃儿滚（儿）铁环。pʻaŋ^{214}uɚ^{21}kuən^{52}tʻie^{21}xuan^{21}。

铁环滚（儿）得远，tʻie^{21}xuan^{21}kuən^{52}te^{21}yɛn^{42}，胖娃儿跟到撵。pʻaŋ^{214}uɚ^{21}kən^{55}tau^{52}ȵiɛn^{52}。

（2）张打铁，李打铁

张打铁，李打铁，tsaŋ^{55}ta^{52}tʻie^{21}，ni^{52}ta^{52}tʻie^{21}，打把剪刀送姐姐。ta^{52}pa^{52}tɕiɛn^{52}tau^{55}soŋ^{214}tɕie^{52}tɕie$^{52-21}$。姐姐留我歇，tɕie^{52}tɕie$^{52-21}$niəu^{21}ŋo^{52}ɕie^{21}，我不歇。ŋo^{52}pu^{21}ɕie^{21}。我要回家打毛铁。ŋo^{52}iau^{214}xuei^{21}tɕia^{55}ta^{52}mau^{21}tʻie^{21}。

（3）高高山上一树槐

高高山上一树槐，kau^{55}kau^{55}ʂan^{55}ʂaŋ^{214}i^{21}ʂu^{214}xuai^{21}，手把栏杆舍望郎来，ʂəu^{52}pa^{52}nan^{21}kan^{55}se^{52}uaŋ^{214}naŋ^{21}nai^{21}。娘问女儿舍你望啥子哟？ȵiaŋ^{21}uən^{214}ȵy^{52}ɚ^{21}se^{52}ȵi^{52}uaŋ^{214}sa^{214}tsɿ^{52}yo^{21}？我望槐花舍几时开。ŋo^{52}uaŋ^{214}xuai^{21}xua^{55}se^{52}tɕi^{52}ʂɿ^{21}kai^{55}。

（七）昭觉话音系

昭觉县位于四川西南部大凉山腹心地带，是全国最大的彝族聚居县。全县总人口有 21.3 万多人，其中彝族 19.89 万人，占 97.3%，该县其余人口主要为汉、回、藏、蒙古等族。李蓝认为昭觉话属于川西片的凉山小片。① 该地少数民族主要通过普通话来学习汉语，所以很多读音都向普通话靠拢，例如“努宿肃”韵母可读 o，受普通话影响大的人会读为 u 韵母。随着与周围地区汉人交际的日益增多，这些少数民族居民的语音又受到了西南官话的影响，例如“解械”韵母受西南官话影响读 iai。因此，昭觉城区内的居民（汉族人和非汉族人）所操的汉语，有与周围地区西南官话相同的特征，同时又受普通话和彝语两方面的影响。与周围地区的西南官话相同，昭觉话声母 n、l 不分，中古入声归阳平；受普通话影响，舌尖后声母 tʂ、tʂʻ、ʂ、ʐ 与舌尖前声母 ts、tsʻ、s 同时存在；受彝语影响，舌面前音声母 tɕ、tɕʻ、ɕ 有较强的舌叶音色彩，如“（苞谷）须须”音感上近于 ʃy^{45}ʃy^{45}；鼻音韵尾-n、-ŋ，元音韵尾-i、-u 有脱落现象，例如“本 p õ^{41}”“房 fã^{21}”，“块块 kʻuai^{41} kʻuai$^{41-31}$”，不少人念成脱落韵尾的 kʻua^{41}kʻua$^{41-31}$，“头”与“坨”同音，念 tʻo^{21}。昭觉话没有儿化韵。一些字音因受多种因素影响而产生异读，例如“坑”，受彝语影响读 kʻã^{45}，受西南官话影响又读 kʻə̃^{45}。

1. 声韵调系统

声母：23 个。其中辅音声母 22 个，零声母 1 个，见下表。

---

① 李蓝. 西南官话的分区（稿）. 方言，2009（1）.

昭觉话声母表

表 2－45

p 爸杯比布	pʻ排朋皮普	m 妈美明木	f 发飞冯虎	v 五雾
t 到但电读	tʻ太听同图	n 难兰路吕		
k 该根姑广	kʻ咔肯库快	ŋ 傲岸案硬	x 黑海喊黄	
ts 字灾增祖	tsʻ词菜层醋		s 丝瘦僧苏	
tʂ 知窄张主	tʂʻ迟吃长出		ʂ 是晒声数	ʐ 日人然如
tɕ 继借精决	tɕʻ旗枪趣全		ɕ 西修虚旋	
ø 阿盐约荣				

声母说明：

昭觉话声母系统和发音特点，与成都话的不同点是：

（1）有舌尖后声母 tʂ、tʂʻ、ʂ、ʐ 与舌尖前声母 ts、tsʻ、s 两套对立的声母。

（2）舌面前音声母 tɕ、tɕʻ、ɕ 有较强的舌叶音色彩，如“（苞谷）须须”音感上近于 ʃy^{45} ʃy^{45}。

韵母：34 个。其中单韵母 9 个，复韵母 12 个，带鼻化韵母 13 个，见下表。

昭觉话韵母表

表 2－46

ɿ 子词死资	i 你地计以	u 不土骨无	y 女吕绝阅
ʅ 直吃是日			
a 阿爬打擦	ia 家恰下压	ua 抓要瓜娃	
o 哦波多哥	io 脚雀学钥		
ɤ 特蛇			
ɚ 而二耳			
ai 爱台买排		uai 歪怪坏快	
ei 额肥黑责		uei 退雷回危	
	iɛ 别跌灭业		
au 饱老烧好	iau 表聊叫要		
əu 头漏狗丑	iəu 留求九有		
æ̃ 慢但干安	iɛ̃ 边点见烟	uæ̃ 短团官弯	yɛ̃ 卷劝宣原
ə̃ 本等根硬	ĩ 冰听紧音	uə̃ 吞纯困文	ỹ 君琼寻运
ã 帮当章航	iã 两讲抢央	uã 床广黄枉	
õ 风懂公翁	iõ 穷雄兄勇		

韵母说明：

（1）没有鼻音韵尾－n、－ŋ。普通话前鼻音韵母 an、iɛn、uan、yɛn、ən、in、uən、yn 在昭觉话念鼻化元音韵母 æ̃、iɛ̃、uæ̃、yɛ̃、ə̃、ĩ、uə̃、ỹ，如“担”tæ̃^{312}，“罐”kuæ̃^{312}，“跟”kə̃^{45}，“群”tɕʻỹ^{21}。跟周围地区的西南官话一样，昭觉县城的汉语，əŋ、iŋ 也并入 ən、in，ueng 并入 oŋ。受当地彝语影响，ən、in 又变成鼻化元音韵母，即普通话 əŋ、iŋ 韵母字在昭觉人说出来就变成了 ə̃、ĩ，oŋ 变成 õ。普通话后鼻音韵母 ɑŋ、iɑŋ、uɑŋ、ioŋ 在昭觉话中韵腹鼻化成为 ã、iã、uã、iõ 等韵母，例如“样样”iã^{31} iã$^{31-45}$。这是受当地彝语影响的结果。

（2）ai、ei、uai、uei、au、əu、iəu 的元音韵尾，部分人发音韵尾脱落，甚至有的韵腹还带有鼻化色彩，这也是受当地彝语影响的结果。如“袖”ɕiə̃^{45}、“妹妹”mə$^{312-31}$ mə$^{312-45}$、“块块”k‘ua^{41} k‘ua^{41}、“台台”t‘a^{21} t‘a$^{21-45}$，“头头”与“坨坨”同音，念 t‘o^{21} t‘o$^{21-45}$。

（3）普通话一部分 ie 韵母字，昭觉话读为 i 韵母，如“杰节夜液”等。

（4）普通话 ye 韵母字昭觉话都读为 y，如“绝掘决诀阅悦粤越”。

（5）昭觉话有开尾韵母 ʅ、ɤ，跟普通话一致。

有些字的发音，昭觉人会受说话对象的影响：如果是和汉族人说汉语，他们会根据汉族人的发音来调整。如“硬”字，发音合作人先读 ŋə̃，随即又读为 ĩ。事实上，他们两个读音混着用。

声调：有阴平、阳平、上声、去声四个调类，中古入声归阳平。各调类的调值见下表。

昭觉话声调及其与普通话声调对照表

表 2－47

调类	普通话调值	昭觉话调值	例　字
阴平	55	45	妈天资张
阳平	35	21	婆拿甲元
上声	214	41	马只果洗
去声	51	312	罢自是库

声调说明：

昭觉话有三个调型：高升调（阴平）、降调（包括低降阳平和高降上声）、曲折调（去声）。

2. 声韵配合关系

昭觉话声韵配合表

表 2－48

	p	p‘	m	f	v	t	t‘	n	k	k‘	ŋ	x	tɕ	tɕ‘	ɕ	ts	ts‘	s	tʂ	tʂ‘	ʂ	ʐ	ø
ɿ																自	此	丝					
ʅ																			指	吃	是	日	
a	坝	怕	马	发		打	他	拿	嘎	卡	轧	哈				杂	擦	撒	渣	查	杀		阿
o	波	婆	慕			多	拖	裸	果	壳	我	喝				坐	错	所	桌		说	弱	窝
ɤ						得	特		割									色			蛇		鹅
ɚ																							二
ai	摆	排	埋			呆	台	来	该	开	爱	孩				灾	猜	赛	窄	差	晒		哀
ei	背	配	眉	废					革	客	额	黑				责	侧	塞	宅	拆	社		
au	包	抛	猫			刀	涛	牢	高	考	袄	好				早	草	扫	照	抄	烧	扰	
əu				否		豆	头	楼	沟	口	呕	吼				走	凑	搜	周	丑	寿	柔	
æ̃	班	潘	满	饭		单	坦	滥	甘	看	案	汉				赞	惨	散	站	产	蝉	然	
ə̃	奔	盆	闷	粉		等	腾	能	更	肯	恩	恒				赠	层	森	真	逞	盛	扔	
ã	帮	胖	莽	方		当	堂	浪	刚	抗	昂	航				脏	仓	桑	章	昌	伤	让	

续表 2－48

	p	pʻ	m	f	v	t	tʻ	n	k	kʻ	ŋ	x	tɕ	tɕʻ	ɕ	ts	tsʻ	s	tʂ	tʂʻ	ʂ	ʐ	ø
õ		朋	梦	凤		东	同	弄	供	空		红				总	从	送	中	宠		绒	翁
i	比	匹	米			叠	铁	力					杰	七	谢								叶
ia	瘪												家	恰	虾								鸭
io													脚	确	学								约
iɛ	别	撇	灭			跌	贴	列					接	切	斜								业
iau	标	瓢	妙			雕	条	了					交	巧	消								要
iəu						丢		溜					纠	秋	朽								有
iɛ̃	边	偏	面			点	田	连					见	前	先								言
ĩ	宾	平	明			丁	听	林					镜	琴	心								引
iã								良					将	强	想								样
iõ													迥	穷	兄								拥
u	不	铺	木	胡	雾	毒	土	路	古	苦						祖	醋	苏	猪	初	书	如	
ua									瓜	夸		花							抓		刷		瓦
uai									乖	快		怀									衰		歪
uei						堆	颓	内	归	葵		回				贼	脆	虽	追	锤	水	锐	为
uæ̃						端	团	乱	管	款		换				钻	窜	算	专	穿	栓	软	完
uə̃						顿	吞	轮	滚	昆		魂				尊	存	损	准	蠢	顺	孕	文
uã									光	狂		黄							装	床	双		王
y								略					绝	缺	穴								雨
ỹ													君	裙	寻								运
yɛ̃													卷	全	选								元

3．常见的语流音变现象

昭觉话的语流音变主要是变调。变调集中在重叠式名词中，有四种情况：

（1）阴平重叠式名词前字变高平调，调值为 55，例如：

珠珠 $\text{tsu}^{45-55}\text{tsu}^{45}$ ｜边边 $\text{piɛ̃}^{45-55}\text{piɛ̃}^{45}$ ｜尖尖 $\text{tɕiɛ̃}^{45-55}\text{tɕiɛ̃}^{45}$

（2）上声重叠式名词后字调型不变，但是起点略低，近于 31，例如：

桶桶 tʻõ^{41} tʻõ^{41-31} ｜水水 ʂuei^{41} ʂuei^{41-31}（有人念成脱落韵尾的 ʂue^{41} ʂue^{41-31}）

滚滚 kuə̃^{41} kuə̃^{41-31} ｜块块 kʻuai^{41} kʻuai^{41-31}（有人念成脱落韵尾的 kʻua^{41} kʻua^{41-31}）

此外，阳平重叠式名词和去声重叠式名词后字调值变为阴平 45。

昭觉话没有儿化韵，受普通话和强势方言影响，个别词发音时略有卷舌色彩，如“滴滴儿”。

昭觉话中也存在异读现象，大致情况与成都话类似。

4．注音材料

（1）胖儿胖嘟嘟

胖儿胖嘟嘟，$\text{pʻã}^{312}\text{ɚ}^{21}$ $\text{pʻã}^{312}\text{tu}^{45-55}\text{tu}^{45}$，骑马上成都。$\text{tɕʻi}^{21}\text{ma}^{41}$ $\text{ʂaŋ}^{312}\text{tʂʻə̃}^{21}\text{tu}^{45}$。

成都又好耍，$\text{tʂʻə̃}^{21}\text{tu}^{45}\text{iəu}^{312}\text{xau}^{41}$ ʂua^{41}，胖儿骑白马。$\text{pʻã}^{312}\text{ɚ}^{21}$ tɕʻi^{21} $\text{pe}^{21}\text{ma}^{41}$。

白马骑得高，pe^{21}ma^{41} tɕʻi^{21}tɤ^{21}kau^{45}，胖儿舞关刀。pʻã^{312}ɚ^{21}u^{41}kuæ̃^{45}tau^{45}。

关刀舞得圆，kuæ̃^{45}tau^{45}u^{41}tɤ^{21}yɛ̃^{21}，胖儿滚铁环。pʻã^{312}ɚ^{21}kuə̃^{41}tʻiɛ^{21}xuæ̃^{21}。

铁环滚得远，tʻiɛ^{21}xuæ̃^{21}kuə̃^{41}tɤ^{21}yɛ̃^{41}，胖儿跟到撵。pʻã^{312}ɚ^{21}kə̃^{45}tau^{41}niɛ̃^{41}。

（2）张打铁，李打铁

张打铁，李打铁，tʂã^{45}ta^{41}tʻiɛ^{21}，ni^{41}ta^{41}tʻiɛ^{21}，打把剪刀送姐姐。ta^{41}pa^{41}tɕiɛ̃^{41}tau^{45}sõ^{312}tɕi^{41}tɕiɛ$^{41-31}$。姐姐留我歇，tɕiɛ^{41}tɕiɛ$^{41-31}$niəu^{21}ŋo^{41}ɕiɛ^{21}，我不歇。ŋo^{41}pu^{21}ɕiɛ^{21}。我要回家打毛铁。ŋo^{41}iau^{312}xue^{21}tɕia^{45}ta^{41}mau^{21}tʻiɛ^{21}。

（3）高高山上一树槐

高高山上一树槐，kau$^{45-55}$kau^{45} ʂæ̃^{45} ʂã^{312}i^{21} ʂu^{312}xua^{21}，手把栏杆舍望郎来，ʂə^{41}pa^{41}næ̃^{21}kæ̃^{45} ʂe^{41}uã^{312}nã^{21}nai^{21}，娘问女儿舍你望啥子哟？niã^{21}uə̃^{312}ny^{41}ɚ^{21} ʂe^{41}ni^{41}uã^{312} ʂa^{312}tsɿ^{41}io？我望槐花舍儿时开。ŋo^{41}uã^{312}xuai^{21}xua^{45} ʂe^{41}tɕi^{41} ʂʅ^{21}kʻai^{45}。

（八）仁和话音系

四川攀枝花市（1987 年以前叫做渡口市）辖 3 区 2 县，仁和是其中一区。仁和位于攀枝花东南部，处于四川省西南角，东临会理县，南接云南永仁县，西靠云南华坪县，北连四川盐边县。攀枝花是中国西部最大的移民城市，80% 以上的居民为外来人口，攀枝花本地人主要集中在仁和区、盐边县和米易县。仁和区人口 21.16 万人（2004 年），辖区内有啊喇彝族乡和大龙潭彝族乡 2 个民族乡。

黄雪贞《西南官话的分区（稿）》（1986）把仁和话划归西南官话的成渝片。李蓝《西南官话的分区（稿）》（2009）把攀枝花划归川西片的凉山小片，并将其确定为川西片凉山小片的重要方言点。仁和话虽然总体上属于西南官话，但在一定程度上受彝语影响。就语音系统而言，仁和语音的主要特点是有 4 个调类，中古入声归阳平，没有轻声，阳平、去声重叠词第二音节会变调，非重叠音节相连时，一般不变调；声母 n、l 不分，有舌面鼻音声母 ȵ，有 tʂ、tʂʻ、ʂ、ʐ 声母，但常常随意地把这四类声母的字念成对应的舌尖前声母 ts、tsʻ、s、z，如“张” = “脏”tsaŋ^{45}，“身” = “森”sən^{45}；韵母四呼俱全，没有后鼻韵 əŋ、iŋ、uəŋ，没有儿化韵，受普通话和强势方言的影响，年轻人中有个别儿化词，如“萝卜丝$_{儿}$”“滴滴$_{儿}$”。普通话韵母 an、iɛn、uan、yɛn 的鼻音韵尾在脱落过程中。仁和话上声起点较高，是 5。

1. 声韵调系统

声母：23 个。其中辅音声母 22 个，零声母 1 个，见下表。

仁和话声母表

表 2－49

p 八别布并	pʻ怕盆偏普	m 末门米木	f 飞饭冯胡	
t 夺到党肚	tʻ他套同兔	n 兰莲怒吕		
k 嘎给姑滚	kʻ喀开坑快	ŋ 我傲恩壅	x 哈海喊黄	
ts 资杂总嘴	tsʻ此仓从醋		s 丝散僧苏	
tʂ 直扎中抓	tʂʻ迟差虫出		ʂ 是杀上树	ʐ 日然荣乳
tɕ 鸡杰精举	tɕʻ七秋青权	ȵ 你尿年念	ɕ 希休醒虚	
ø 鹅移袜温				

声母说明：

（1）鼻音声母 n 音值不太稳定，包含 n、l、l̃ 等自由变体。与成都话特点一致。

（2）有舌面鼻音声母 ȵ，主要是中古泥母和疑母今天在仁和话中念齐齿呼、撮口呼的字，与成都话特点一致。

（3）有舌尖前音声母 ʦ、ʦʻ、s 和舌尖后音声母 tʂ、tʂʻ、ʂ、ʐ，但知、庄、章三组字声母常随意地念成精组声母，即普通话的翘舌音声母字，仁和话常随意地念成对应的平舌音 ʦ、ʦʻ、s 声母，如“张老师”可能读同“臧老司”；ʐ 母有时念成舌尖浊擦音 z，如“日子”可以念成 ʐʅ^{21} ʦɿ^{53} 或 zɿ^{21} ʦɿ^{53}（但念 ʐ 的时候更多）。这是受到四川境内西南官话和云南境内西南官话共同影响的结果。

韵母：38 个。其中单韵母 10 个，复韵母 19 个，鼻韵母 9 个，见下表。

仁和话韵母表

表 2－50

ɿ 资字词死	i 你皮地计	u 不土骨猪	y 女吕虚鱼
ʅ 知吃是日			
a 把大杂阿	ia 家恰下压	ua 抓夸花娃	
o 波多歌鹅	io 药脚学		
e 白拍蛇	ie 列结切写	ue 国扩或惑	ye 月雪绝茄
ɚ 而二耳儿			
ai 排台解爱	iɛi 界戒	uai 帅怪坏歪	
ei 批背妹飞		uei 雷水跪位	
au 饱倒搞烧	iau 表掉叫要		
əu 头丑欧沟	iəu 牛流酒有		
ã 班但站干	iɛ̃ 念边点烟	uã 团串官弯	yɛ̃ 卷劝选原
ən 本灯程根	in 冰停情隐	uən 吞纯困文	yn 军群训运
aŋ 棒当长抗	iaŋ 两将向羊	uaŋ 床广黄枉	
oŋ 风懂总公			yoŋ 穷凶用涌

韵母说明：

（1）普通话 an、iɛn、uan、yɛn 四个韵母的鼻辅音韵尾在仁和话中大致完成了脱落过程，韵腹成为鼻化元音，韵腹舌位偏后，成为 ã、iɛ̃、uã、yɛ̃。这与彝语的影响有关。

（2）aŋ、iaŋ、uaŋ 的韵尾发音部位在 n 和 ŋ 之间，如“将”音感上有“间”的迹象，“张”有“粘”的音感，“桩”有“专”的音感。

（3）有舌尖后元音 ʅ 韵母，但因知、庄、章三组字声母常同精组字声母混读，中古止摄开口三等字韵母读 ʅ 或 ɿ 就显得比较随性。如“知”常读如“资”，“齿”常读如“此”。

（4）有韵母 io，主要来自中古宕开三、宕合三药韵，江开二觉韵，曾合三职韵，通合三烛韵见系入声字，如“药脚角域欲”。

（5）有普通话所没有的韵母 iɛi，主要来自中古蟹摄见系声母细音字，如“皆介界芥谐械解”等。

（6）o 韵母有时圆唇度较差，比如“哥哥唱歌”ko^{45} ko^{45} tʂʻaŋ^{213} ko^{45}，甚至可以把“哥”记成 kɤ^{45}，“歌”的韵母发音是圆唇度跟普通话相同的 o。因为不成系统地区分意义，所以我们记为一个音位而把不同的圆唇度当做变体。

（7）仁和话韵母与普通话的差别，同成都话跟普通话的差别基本一致是，没有开尾韵母 uo、ɤ，没有后鼻韵母 əŋ、iŋ、uəŋ，比普通话多出韵母 ue，韵母 ei 只与唇音声母 p、p'、m、f 相拼。韵母 u 自成音节时，开头往往有摩擦色彩，有时甚至是唇齿浊擦音 v。

声调：有阴平、阳平、上声、去声四个调类，中古入声归阳平。各调类的调值见下表。

仁和话声调及其与普通话声调对照表

表 2－51

调类	普通话调值	仁和话调值	例　字
阴平	55	45	帮听猪高
阳平	35	21	一田锄魂
上声	214	53	子朵丑有
去声	51	213	破肚近过

声调说明：

（1）仁和话有三个调型：升调（阴平）、降调（包括低降阳平和高降上声）、曲折调（去声）。

（2）仁和话阴平调有变体 55。

2. 声韵配合关系

仁和话声韵配合表

表 2－52

	p	p'	m	f	t	t'	n	k	k'	ŋ	x	tɕ	tɕ'	ȵ	ɕ	ts	ts'	s	tʂ	tʂ'	ʂ	ʐ	ø
ɿ																自	侈	丝					
ʅ																			直	迟	是	日	
a	坝	怕	马	发	打	他	拿	嘎	卡	①	吓					渣	查	杀	渣	查	杀		阿
o	波	剖	末		多	妥	乐	果	壳	屙	喝					坐	错	梭	捉	戳	说	弱	屙
e	北	拍	麦		得	特	肋	隔	克	额	很					者	扯	奢			舍	热	
ɚ																							二
ai	𨂂	排	买		呆	台	来	街	凯	矮	鞋					灾	柴	赛	寨				
ei	背	培	美	废																			
au	包	袍	卯		刀	涛	脑	窖	敲	袄	豪					招	造	苕	找	朝	少	扰	
əu					兜	抖	楼	沟	口	藕	喉					周	丑	寿		愁	手	柔	
ã	班	旁	满	方	当	坦	滥	甘	抗	按	项					张	产	蝉		成	山	让	
ən	奔	盆	闷	粉	等	吞	嫩	更	肯	硬	恒					真	逞	孙			申	扔	
aŋ	帮	胖	莽	方	当	堂	浪	刚	抗	昂	航					章	仓	桑	胀	唱	上	让	
oŋ	崩	朋	亩	凤	东	同	拢	供	空	齆	红					宗	宠	耸	中	虫		绒	
i	比	匹	眉		爹	提	力					基	齐	你	习								遗
ia	瘪	②			③		④					家	恰		霞								鸭
io												脚	确		学								约
ie	鳖	撇			迭	贴	列					皆	切	聂	斜								也

续表 2－52

	p	pʻ	m	f	t	tʻ	n	k	kʻ	ŋ	x	tɕ	tɕʻ	ȵ	ɕ	ts	tsʻ	s	tʂ	tʂʻ	ʂ	ʐ	ø
iɛi												界			懈								
iau	标	瓢	妙		雕	条	了					交	巧	尿	笑								跃
iəu					丢		刘					纠	求	纽	朽								右
iɛ̃	扁	片	面		电	田	连					见	钱	年	先								盐
in	宾	平	敏		丁	听	脸					镜	晴	林	心								引
iaŋ							量					将	强	娘	想								样
u	不	铺	木	胡	毒	土	绿	谷	箍							祖	族	属	珠	出	树	如	物
ua								瓜	跨		华							刷	抓		耍	揉	瓦
ue								国	阔		或												
uai								乖	快		坏					跩	揣	帅			甩		歪
uei					堆	颓	内	归	奎		汇					贼	垂	虽	追	吹	睡	锐	伟
uã					端	团	乱	管	款		换					钻	铲	算	专	传	拴	软	完
uən								滚	昆		横					准	蠢	顺		春	纯	孕	文
uaŋ								光	狂		黄					装	床	双			爽		王
y							虑					拒	渠	女	虚								雨
ye												决	茄		雪								月
yɛ̃												卷	全		选								元
yn												君	裙		寻								运
yoŋ													穷		兄								拥

说明：①□ŋa^{45}，碾压。如“脚着 ŋa^{45}倒了”

②□pʻia^{53}，耷。如“这个衣服领子 pʻia^{53}起，一点都不好看”

③□tia^{45}，提。如“好重哦，我一个人 tia^{45}不动”

④□nia^{21}，逃脱。如“没得啥子好说的，这回一个都 nia^{21}不脱”

3．常见的语流音变现象

仁和话的语流音变主要是变调，变调集中在重叠式名词中，主要是去声重叠式名词后字和一部分阳平重叠式名词后字变阴平 45，变化规律与成都话一致。

仁和话也有部分阳平重叠式名词后字不变调，例如：

刷刷 sua^{21}sua^{21} ｜毛毛 mau^{21}mau^{21} ｜头头 tʻəu^{21}tʻəu^{21} ｜苗苗 miau^{21}miau^{21}

爷爷 ie^{21}ie^{21} ｜刮刮 kua^{21}kua^{21} ｜伯伯 pe^{21}pe^{21} ｜夹夹 tɕia^{21}tɕia^{21} ｜节节 tɕie^{21}tɕie^{21}

盘盘 pʻan^{21} pʻan^{21} ｜台台 tʻai^{21}tʻai^{21} ｜篮篮 nan^{21}nan^{21}

仁和话没有儿化韵，受普通话和强势方言的影响，年轻人口语中有个别儿化词，如“萝卜丝儿”“滴滴儿”。

仁和话中特殊读音情况与成都话基本一致。

4．注音材料

（1）胖儿胖嘟嘟

胖儿胖嘟嘟，pʻaŋ^{213}ɚ^{21} pʻŋ ^{213}tu^{45}tu^{45}，骑马上成都。tɕʻi^{21}ma^{53} ʂaŋ^{213}tʂʻən^{21}tu^{45}。

成都又好耍，tʂʻən^{21}tu^{45}iəu^{213}xau^{53} ʂua^{53}，胖儿骑白马。pʻaŋ^{213}ɚ^{21} tɕʻi^{21} pe^{21}ma^{53}。

白马骑得高，pe^{21}ma^{53} tɕʻi^{21}te^{21}kau^{45}，胖儿舞关刀。pʻaŋ^{213}ɚ^{21}u^{53}kuã^{45}tau^{45}。

关刀舞得圆，kuã^{45}tau^{45}u^{53}te^{21}yɛ̃^{21}，胖儿滚铁环。p‘aŋ^{213}ɚ^{21}kuən^{53}t‘ie^{21}xuã^{21}。

铁环滚得远，t‘ie^{21}xuã^{21}kuən^{53}te^{21}yɛ̃^{53}，胖儿跟到撵。p‘aŋ^{213}ɚ^{21}kən^{45}tau^{53}ȵiɛ̃^{53}。

（2）张打铁，李打铁

张打铁，李打铁，tʂɑŋ^{45}ta^{53}t‘ie^{21}，ni^{53}ta^{53}t‘ie^{21}，打把剪刀送姐姐。ta^{53}pa^{53}tɕiɛ̃^{53}tau^{45}soŋ^{213}tɕie^{53} tɕie^{53}。姐姐留我歇，tɕie^{53} tɕie^{53} niəu^{21} ŋo^{53} ɕie^{21}，我不歇。ŋo^{53} pu^{21} ɕie^{21}。我要回家打毛铁。ŋo^{53}iau^{213}xuei^{21}tɕia^{45}ta^{53}mau^{21}t‘ie^{21}。

（3）高高山上一树槐

高高山上一树槐，kau^{45}kau^{45} ʂã^{45} ʂãŋ^{213}i^{21} ʂu^{213}xuai^{21}，手把栏杆舍望郎来，ʂəu^{53}pa^{53}nã^{21}kã^{45} ʂe^{53}uaŋ^{213}naŋ^{21}nai^{21}，娘问女儿舍你望啥子哟？ȵiaŋ^{21}uən^{213}ȵy^{53}ɚ^{21} ʂe^{53}ȵi^{53}uaŋ^{213} ʂa^{213}tsɿ^{53}io？我望槐花舍儿时开。ŋo^{53}uaŋ^{213}xuai^{21}xua^{45} ʂe^{53}tɕi^{53} ʂʅ^{21}k‘ai^{45}。

二、入声归去声区

（一）自贡话音系

自贡位于四川盆地南部、长江上游的釜溪河畔。自贡话是入声归去区方言的典型代表。根据黄雪贞《西南官话的分区（稿）》（1986）的划分，自贡话属于灌赤片区仁富小片，李蓝将其归入为西蜀片江贡小片①。自贡话语音上的重要特点是：有舌面前鼻音声母 ȵ，有舌尖后音声母 tʂ、tʂ‘、ʂ、ʐ；韵母 an、ian、uan、yan 的鼻音韵尾发音着实；中古入声字归入去声；上声 53 起点较高，部分上声音节后面的音节变高平调，如“狡猾”tɕiau^{53}xua$^{31-55}$；儿化韵往往发生变调；表复数的人称代词“我们”“你们”“他们”第二音节“们”的声母常常脱落。

1. 声韵调系统

声母：23 个，其中辅音声母 22 个，零声母 1 个。见下表。

自贡话声母表

表 2－53

p 爸比波不	p‘排魄坡普	m 满磨码米	f 法虎佛飞	
t 但电底都	t‘探听吐踢	n 南令路绿		
k 该光估过	k‘开宽哭可	ŋ 暗欧硬我	x 孩狠哈黑	
tɕ 继借姐菊	tɕ‘去前齐	ȵ 尼女鸟业	ɕ 西玄霞虚	
ts 资杂眨摘	ts‘次挫产初		s 色所苏士	
tʂ 捉触翅颤	tʂ‘吃差车踩		ʂ 石沙耍储	ʐ 日热若孕
ø 阿衣温鱼				

声母说明：

自贡话声母系统与成都话最大的差别是同普通话一样区分平翘舌音，有舌尖后音声母 tʂ、tʂ‘ ʂ、ʐ，发音比普通话靠后，如“壮长商让”。舌尖前音声母没有 z，只有 ts、ts‘、s，如“资次色”。仁富小片的富顺、内江、威远、仁寿、井研、隆昌、筠连、冕宁等地均有舌尖后音声母。其他片区的巴

① 李蓝．西南官话的分区（稿）．方言，2009（1）．

中、南江、仪陇、德昌、攀枝花、会理、盐源、盐边等地有舌尖后音声母ʈʂ、ʈʂʻ、ʂ、ʐ。

自贡话声母其他发音特征与成都话有较大的一致性。

韵母：37个。其中单韵母9个，复韵母15个，鼻韵母13个。见下表。

自贡话韵母表

表2－54

ɿ 滋耻思世	i 地披迷鼻	u 肚肉主绿	y 居旅鱼女
ʅ 知吃是日			
a 杀妈大拉	ia 家下恰压	ua 洼瓜抓要	
o 波摸可落			yo 学脚却钥
e 客得摘蛇	ie 叶别接切	ue 国括扩阔	ye 月绝雪茄
ɚ 而二耳儿			
ai 爱盖在解	iɛi 界械介谐	uai 歪怪坏快	
ei 批背妹飞		uei 推对雷退	
au 咬搞好找	iau 叫笑要桥		
əu 欧沟周抽	iəu 优久秀秋		
an 但干慢站	iɛn 边面点脸	uan 弯官欢万	yɛn 原宣绢劝
ən 坑针轮深	in 心令今情	uən 文滚混困	yn 云荀荣永
aŋ 当躺长赏	iaŋ 秧香江强	uaŋ 王逛狂黄	
oŋ 否亩贸皱			yoŋ 用雄涌

韵母说明：

与成都话相比，自贡话韵母的特殊之处有：

（1）an、iɛn、uan、yɛn四个韵母前鼻音韵尾发音着实。

（2）有舌尖后元音韵母ʅ。舌尖后元音ʅ只存在于有舌尖后音声母ʈʂ、ʈʂʻ、ʂ、ʐ的自贡、富顺、内江、威远、仁寿、井研、隆昌、筠连、巴中、南江、西充、仪陇、西昌、德昌、冕宁、攀枝花、会理、盐源、盐边等地。

自贡话韵母的其他发音特征与成都话基本一致。

声调：有阴平、阳平、上声、去声四个调类，中古入声归去声。见下表。

自贡话声调及其与普通话声调对照表

表2－55

调类	普通话调值	自贡话调值	例　字
阴平	55	55	家天张秋
阳平	35	31	婆穷绵祥
上声	214	53	跑奶假米
去声	51	214	一做是盖

声调说明：

（1）自贡话有四个调型：高平调（阴平）、降调（阳平、上声）、曲折调（去声）。

（2）自贡话的阴平有时语感上接近于高升调 45，可作为变体处理。去声字在语流中常变化为低升调，调值接近 24 调。

2. 声韵配合关系

自贡话声韵配合表

表 2－56

	p	pʻ	m	f	t	tʻ	n	k	kʻ	ŋ	x	tɕ	tɕʻ	ȵ	ɕ	ts	tsʻ	s	tʂ	tʂʻ	ʂ	ʐ	ø
ɿ																自	傪	丝					
ʅ																			知	迟	史	日	
a	坝	耙	马	发	打	塔	拿	嘎	夻	轧	吓					咋	擦	洒	渣	查	杀		阿
o	波	剖	末		多	妥	乐	果	壳	我	喝					坐	错	梭	捉	浊	说	虐	饿
e	百	拍	麦		德	特	那	嗝	克	额	核					窄	泽	虱	者	扯	奢	热	
ɚ																							二
ai	跰	排	买		呆	台	来	街	凯	爱	鞋					灾	才	赛	斋	柴	晒		
ei	背	培	美	废			那													这			
au	包	袍	卯		刀	涛	脑	窖	敲	咬	豪					早	操	嫂	招	吵	绍	扰	
əu					兜	头	楼	沟	口	沤	喉					邹	凑	瘦	周	丑	寿	柔	
an	班	盘	满	反	丹	坦	滥	甘	看	淹	含					赞	参	三	斩	缠	山	燃	
ən	奔	盆	闷	粉	等	吞	嫩	更	肯	恩	恒					争	存	生	针	成	审	人	
aŋ	帮	旁	忙	放	当	汤	郎	港	抗	昂	项					脏	窗	丧	张	长	上	瓤	
oŋ	崩	朋	亩	风	东	同	拢	供	空		红					宗	从	送	中	虫		绒	翁
i	逼	匹	眉		爹	提	力					基	齐	泥	习								遗
ia	扁						撘					家	恰	移	霞								鸭
ie	别	撇	灭		迭	贴	列					结	切	业	斜								也
iɛi												皆			懈								
iau	标	瓢	妙		雕	条	了					交	巧	尿	笑								要
iəu					丢		刘					纠	求	牛	朽								右
iɛn	边	偏	面		点	天	脸					尖	前	年	险								烟
in	宾	平	明		丁	听	林					镜	琴	拧	心								引
iaŋ					叼		良					将	讲	娘	象								央
u	不	铺	木	胡	毒	土	绿	谷	箍							祖	族	数	朱	处	熟	肉	无
ua								瓜	跨		华								抓	爪	刷		瓦
ue								国	阔														
uai								乖	快		坏								跩	揣	帅		歪
uei					堆	颓	内	归	奎		汇					贼	碎	虽	追	捶	睡	锐	伟
uan					端	团	乱	官	款		欢					钻	氽	酸	砖	川	涮	软	万
uən								滚	昆		横						村		准	蠢	顺	孕	文
uaŋ								光	筐		黄								装	创	爽		王
y							虑					拒	渠	女	虚								鱼
ye												决	茄		穴								越
yo							略					脚	确		学								约
yɛn												捐	圈		宣								圆
yn												君	顷		迅								荣
yoŋ												①	穷		兄								拥

说明：①$tɕyoŋ^{55}$：弓身，蹲下

3. 常见的语流音变现象

自贡话重叠式名词变调和儿化与成都话基本一致，但也有部分音变为自贡话所特有。

（1）非重叠式两字组变调

自贡话两字组词语有后字变阴平的现象，这种情况在前字分别是阴、阳、上、去四声时均有，例如：

姑娘 ku^{55}niaŋ$^{31-55}$（前字阴平）

眉毛 mi^{31}mau$^{31-55}$ | 门前 mən^{31}tɕ‘iɛn$^{31-55}$ | 锄头 ʦ‘u^{31}t‘əu$^{31-55}$（前字阳平）

狡猾 tɕiau^{53}xua$^{31-55}$ | 打发 ta^{53}fa$^{214-55}$（前字上声）

外前 uai^{214}tɕ‘iɛn$^{31-55}$ | 向儿葵 ɕiaŋ^{214}ɚ$^{31-55}$k‘uei^{31} | 媳妇 ɕi^{214}fu$^{214-55}$（前字去声）

（2）特殊读音

自贡话的第三人称代词“他”，有声母类化的现象。由于第一人称代词“我 ŋo”和第二人称代词“你 ȵi”，声母都是鼻音，所以“他”的声母也类化为鼻音 n，读 na。

人称代词复数的第二音节有辅音脱落及元音变化的现象。如：“我们” ŋo^{53}mən^{31}→ŋu^{53}ən^{31}，“他们” na^{55}mən^{31}→na^{55}ən^{31}，“你们” ȵi^{53}mən^{31}→ȵi^{53}ən^{31}。同时，音节“我”的元音由 o 变为 u。类似现象也存在于荣县等地。

其他特殊读音情况与成都话基本一致。

4. 注音材料

（1）胖儿胖嘟嘟

胖儿胖嘟嘟，p‘aŋ$^{214-14}$uɚ^{31} p‘aŋ$^{214-14}$tu^{45}tu^{55}，骑马上成都。tɕ‘i^{31}ma^{53} ʂaŋ$^{214-14}$tʂ‘ən^{31}tu^{55}。

成都又好耍，tʂ‘ən^{31}tu^{55}iəu$^{214-14}$xau^{53} ʂuɚ^{53}，胖儿骑白马。p‘aŋ$^{214-14}$uɚ^{31}tɕ‘i^{31}pe$^{214-14}$mɚ^{53}。

白马骑得高，pe$^{214-14}$mɚ^{53} tɕ‘i^{31}te$^{214-14}$kau^{55}，胖儿舞关刀。p‘aŋ$^{214-14}$uɚ^{31}u^{53}kuan^{55}tau^{55}。

关刀舞得圆，kuan^{55}tau^{55}u^{53}te$^{214-14}$yɛn^{31}，胖儿滚铁环。p‘aŋ$^{214-14}$uɚ^{31}kuən^{53}t‘ie$^{214-14}$xuan^{31}。

铁环滚得远，t‘ie$^{214-14}$xuan^{31}kuən^{53}te$^{214-14}$yɛn^{53}，胖儿跟到撵。p‘aŋ$^{214-14}$uɚ^{31}kən^{55}təu^{53}ȵiɛn^{53}。

（2）张打铁，李打铁

张打铁，李打铁，tʂaŋ^{55}ta^{53}t‘ie$^{214-14}$，ni^{53}ta^{53}t‘ie$^{214-14}$，打把剪刀送姐姐。ta^{53}pa^{53}tɕiɛn^{53}tau^{55} soŋ$^{214-14}$ tɕie^{53} tɕie$^{53-42}$。姐姐留我歇，tɕie^{53} tɕie$^{53-42}$ niəu^{31} ŋo^{53} ɕie$^{214-14}$，我不歇。ŋo^{53} pu$^{214-21}$ ɕie$^{214-14}$。我要回家打毛铁。ŋo^{53}iau$^{214-14}$xuei^{31}tɕia^{55}ta^{53}mau^{31}t‘ie$^{214-14}$。

（3）高高山上一树槐

高高山上一树槐，kau^{55}kau^{55} ʂan^{55} ʂaŋ$^{214-14}$i^{214} ʂu$^{214-14}$xuai^{31}，手把栏杆舍望郎来，ʂəu^{53}pa^{53} nan^{31}kar^{55} ʂe$^{53-55}$uaŋ$^{214-14}$naŋ^{31}nai^{31}，娘问女儿舍你望啥子哟？ȵiaŋ^{31}uən^{214}ȵy^{53}ɚ^{31} ʂe^{53}ȵi^{53}uaŋ^{214} ʂa$^{214-14}$ʦɿ^{53}io^{53}？我望槐花舍儿时开。ŋo^{53}uaŋ$^{214-14}$xuai^{31}xua^{55} ʂe$^{53-55}$tɕi^{53} ʂɿ^{31}k‘ai^{55}。

（二）荣县话音系

荣县位于四川盆地南部，属自贡市管辖。根据黄雪贞《西南官话的分区（稿）》的划分，荣县话属于西南官话灌赤片中的仁富小片，李蓝将其归入为西蜀片江贡小片①。本书描写的是荣县县城所在地旭阳镇所代表的中路话，其语音上的特点是：有舌面前鼻音声母 ȵ，“里” li≠“你” ȵi；

① 李蓝．西南官话的分区（稿）．方言，2009（1）．

有翘舌声母；没有后鼻韵母 aŋ、iaŋ、uaŋ；韵母 an、ian、uan 的鼻音韵尾发音着实；中古入声字归去声。荣县话不同于四川其他方言的一个重要特点是，普通话 iɛn 韵母字读为 in，yɛn 韵母字读为 yn，“边” = “兵”，“电” = “定”，“连” = “林”，“盐” = “银”，“钱” = “情”，“娟” = “军”，“全” = “裙”。

1．声韵调系统

声母：20 个，其中辅音声母 19 个，零声母 1 个。见下表。

荣县话声母表

表 2－57

p 爸比波不	pʻ排魄坡普	m 满磨码米	f 法虎佛飞		
t 但电底都	tʻ探听吐踢	n 南令路绿			
k 该光估过	kʻ开宽哭可	ŋ 暗欧硬我	x 孩狠哈黑		
tɕ 继借姐菊	tɕʻ去前齐	ȵ 年女牛鸟	ɕ 西玄霞虚		
ts 灾只猪乍	tsʻ菜闯吃出		s 三瘦四书		z 然人日如
ø 阿鱼衣夜温娃药丫					

声母说明：

荣县话声母发音特征与同为仁富小片的自贡话有较强一致性，不同之处在于：

（1）荣县话声母 n 发音时鼻腔气流很弱，接近 l，n 和 l 是一对自由变体。年轻人有时将“她他它”读成 na^{55}。

（2）没有舌尖后音声母 tʂ、tʂʻ、ʂ、ʐ，普通话声母 tʂ、tʂʻ、ʂ、ʐ 荣县话对应地读为 ts、tsʻ、s、z，如“壮长商让”。

韵母：32 个，其中单韵母 8 个，开尾复韵母 15 个，鼻韵母 9 个。见下表。

荣县话韵母表

表 2－58

ɿ 知耻思世	i 地披迷鼻	u 肚肉主绿	y 居旅鱼女
a 杀妈大拉	ia 家下恰压	ua 洼瓜抓耍	
o 波摸可落	io 学脚却钥		
e 客得摘蛇	ie 叶别接切	ue 国或扩阔	ye 月绝雪茄
ɚ 而二耳儿			
ai 爱盖害解	iɛi 界械介谐	uai 歪怪坏快	
ei 批背妹飞		uei 推对雷退	
au 咬搞好找	iau 叫笑要桥		
əu 欧沟周抽	iəu 优久秀秋		
an 干慢躺长	ian 秧江讲像	uan 官欢院狂	
ən 坑针轮樱	in 心令今烟	uən 文滚混困	yn 云倾荣宣
oŋ 瓮肿蹦茂	ioŋ 凶用雄涌		

韵母说明：

荣县话韵母的发音特征部分与自贡话一致，但在仁富小片中荣县话韵母独有特点：

（1）没有舌尖后元音 ʅ，“知池侈施脂师示”等字的韵母读舌尖前元音 ɿ。

（2）普通话后鼻韵母 aŋ、iaŋ、uaŋ 在荣县话中分别对应为 an、ian、uan，如“帮旁榜脏藏糠浆庄光”等。荣县话中 ian 韵字来自中古宕摄开口三等字和江摄开口二等字，实际发音时韵腹是 a，如“秧香江”等。

（3）普通话 iɛn 韵母字读为 in，如“电演连减件”等，这些字多是中古咸山两摄的开口三、四等帮端见系舒声字。

（4）没有韵母 yɛn，普通话 yɛn 韵母字读为 yn，如“劝冤元宣袁援”等，多来自中古山摄合口三四等帮端见系舒声字。

（5）部分明母尤侯韵开口字的韵母为 oŋ，如“否浮谋某亩牡茂贸幕墓暮慕募”。

声调：有阴平、阳平、上声、去声四个调类，中古入声归去声。见下表。

荣县话声调及其与普通话声调对照表

表 2－59

调类	普通话调值	荣县话调值	例　字
阴平	55	55	天关帮砖
阳平	35	31	赔墙同然
上声	214	42	奶米举止
去声	51	214	互是月艺

声调说明：

（1）荣县话有三个调型：高平调（阴平）、降调（阳平和上声）、曲折调（去声）。

（2）荣县话的阴平有时语感上接近于高升调 45，可作为变体处理。去声字在语流中常变化为低升调，调值接近 24 调。

（3）一部分普通话为去声的字读为阴平，如“那路坐夜弄尿”；个别普通话为阴平的字又读为去声，如“听”。仁富小片中的仁寿话也有类似特征。

2．声韵配合关系

荣县话声韵配合表

表 2－60

	p	pʻ	m	f	t	tʻ	n	k	kʻ	ŋ	x	tɕ	tɕʻ	ȵ	ɕ	ts	tsʻ	s	z	ø
ɿ																自	侈	丝	日	
a	坝	怕	马	发	打	他	拿	嘎	奍	轧	吓					渣	查	杀		阿
o	波	剖	末		多	妥	乐	果	壳	我	喝					坐	错	梭	弱	屙
e	北	拍	麦		得	特	肋	嗝	克	额	很					者	扯	奢	热	
ɚ																				二
ai	蹿	排	买		呆	台	来	街	凯	爱	鞋					灾	柴	赛		
ei	背	培	美	废																

续表 2－60

	p	p'	m	f	t	t'	n	k	k'	ŋ	x	tɕ	tɕ'	ȵ	ɕ	ts	ts'	s	z	ø
au	包	袍	卯		刀	涛	脑	窖	敲	咬	豪					招	造	苕	扰	
əu					兜	抖	楼	沟	口	沤	喉					周	丑	寿	柔	
an	班	旁	满	方	当	坦	滥	甘	抗	昂	项					张	产	蝉	让	
ən	奔	盆	闷	粉	等	吞	嫩	更	肯	恩	恒					真	逞	孙	扔	
oŋ	崩	朋	亩	凤	东	同	拢	供	空		红					中	宠	耸	绒	翁
i	逼	匹	眉		爹	提	力					基	齐	你	习					遗
ia	瘪	①					②					家	恰	③	霞					鸭
io												脚	确		学					约
ie	鳖	撇	④		迭	贴	列					皆	切	聂	斜					也
iɛi												界			懈					
iau	标	瓢	妙		雕	条	了					交	巧	尿	笑					跃
iəu					丢		刘					纠	求	纽	朽					右
ian							良					姜	像	仰	响					杨
in	宾	平	面		丁	听	脸					镜	前	年	心					引
ioŋ												⑤	穷		兄					拥
u	不	铺	木	胡	毒	土	绿	谷	箍							祖	族	属	如	
ua								瓜	跨		华					抓	⑥	刷	揉	瓦
ue								国	阔		或									
uai								乖	快		坏					踀	揣	帅		歪
uei					堆	颓	内	归	奎		汇					贼	垂	虽	锐	伟
uan					端	团	乱	光	款		黄					钻	铲	爽	软	王
uən								滚	昆		横					尊	蠢	顺	孕	文
y							虑					拒	屈	女	虚					役
ye												决	茄		穴					拐
yn												捐	裙		选					运

说明：①□p'ia^{42}：奓。如“这个衣服领子～起，点都不好看”
②□lia^{31}：脱身。如“看他这回咋个～得脱”
③□nia^{55}：嗲，也指小孩粘大人。如“他么女～他得很”
④□mie^{55}：用手掰开。如“～点馒头跟弟弟吃”
⑤□tɕioŋ^{55}：形容弯的样子，如“弯～～”
⑥□tsua^{31}：指刷下来、取掉。如“报上去的人就他被～下来了”

3．常见的语流音变现象

荣县话语流音变的变调和儿化与成都话基本一致，其中也有部分音变为荣县话所特有。

（1）重叠词变调

荣县话一部分重叠式称谓词、名物词和儿语词中后字变阴平，主要集中在去声重叠和阳平重叠词中，其变调规律与成都话一致。

称谓词中有的变调还有区别词义的作用，例如：

爷爷 iɛ^{31} iɛ^{31}（可指父亲）　　爷爷 iɛ^{31} iɛ$^{31-55}$（祖父）

娘娘 ȵian^{31} ȵian^{31}（可指母亲）　　娘娘 ȵian^{31} ȵian$^{31-55}$（祖母）

婆婆 po^{31}po^{31}（外婆或老年妇女）　　　婆婆 po^{31} po$^{31-55}$（丈夫的母亲）

（2）一部分阳平音节相连时后字变阴平。例如：

眉毛 mi^{31}mau$^{31-55}$｜扬尘 ian^{31}ʦʻәn$^{31-55}$｜裁缝 ʦʻai^{31}foŋ$^{31-55}$｜衙门 ia^{31}mәn$^{31-55}$

篾条 mi^{31}tʻiau$^{31-55}$｜前头 ʨʻin^{31}tʻәu$^{31-55}$｜门前 mәn^{31}tʻin$^{31-55}$｜锄头 ʦʻu^{31}tʻәu$^{31-55}$

（3）儿化韵变调

荣县话儿化韵有 ɚ、iɚ、uɚ、yɚ 四类，语流中往往发生变调，主要是上声的儿化，其他声调字儿化后也有少数类似情况。变化后主要是阴平，也有个别其他情况。例见下表。

荣县话儿化韵变调示例表

表 2－61

例词	不儿化	儿化	例词	不儿化	儿化
抄手	ʦʻau^{55}sәu^{42}	ʦʻau^{55}sɚ^{55}	女	ȵy^{42}	ȵyɚ^{55}
凉粉	nian^{31}fәn^{42}	nian^{31}fɚ^{55}	朵朵	to^{42}to^{42}	to^{42}tɚ^{55}
颗颗	kʻo^{42}kʻo^{42}	kʻo^{42}kʻɚ^{55}	米米	mi^{42}mi^{42}	mi^{42}miɚ^{55}
眼眼	in^{42}in^{42}	in^{42}iɚ^{55}	媳妇	ɕi^{214}fu^{214}	ɕi^{214}fɚ^{55}
娃儿	ua^{31}ɚ^{31}	uɚ^{214}	姑娘	ku^{55}ȵian^{31}	ku^{55}ȵiɚ^{55}

此外还有少量其他类型的变调，如：背后 pei^{214}xәu$^{214-55}$。

有一些字在语流中有变调。第一，“十”本是去声，表示整数一十时变阴平 55。第二，“一”“不”单念为去声 214，语流中后接去声字时常变为阳平 31（要强调“一”和“不”时不变调）。第三，“上”单字为去声，方位短语中多变为阴平，如“角角上”“边边上”“对门上”“后边上”“面上”①。第四，“下”在方位结构末尾时有两种变调，一种变为阴平，如“地下”；另一种变为阳平，如“底下”。

4．特殊语音现象

（1）合音

荣县话有不少合音现象，在合音中往往带有声调的变化，例如：

荣县话合音示例表

表 2－62

例词	合音词	合音前	例词	合音词	合音前
这么	ʦәn^{55}/ʦәn^{214}	ʦe^{214}mәn^{55}	我们	ŋoŋ^{42}	ŋo^{42}mәn^{31}
那么	nәn^{55}/nәn^{214}	na^{214}mәn^{55}	你们	ȵin^{42}	ȵi^{42}mәn^{31}
这样（子）	ʦoŋ^{55}	ʦe^{214}ian^{214}（ʦɿ^{42}）	他们	nan^{552}	na^{55}mәn^{31}
那样（子）	noŋ^{55}	na^{214}ian^{214}（ʦɿ^{42}）	不要	piau^{214}	pu^{214}iau^{214}
是那样（子）	soŋ^{55}（ʦɿ^{42}）	sɿ^{214}na^{214}ian^{214}（ʦɿ^{42}）	莫要	mau^{214}	mo^{214}iau^{214}

① “面上”有两读，旧读变调为 min^{214}san^{55}，新读不变调 min^{214}san^{214}，这是普通话和强势方言模式影响的结果。

（2）异读

荣县不少字存在异读现象，有的是文白异读，有是受强势方言或普通话影响而形成的新旧异读，大体情况与成都话类似。这表明，荣县人的语音正在发生变化，总体趋势是向普通话和强势方言读音靠近，旧读越来越少见，可以预见在不远的将来旧读可能消失。

（3）第三人称代词的声母类化

第三人称代词“他她它”受第一、二人称代词都是鼻音声母的影响，类化为鼻音 n，读 na。

5. 内部差异

荣县境内 27 个乡镇，按语音特点可分为西路、中路两个片区①。

县政府所在地旭阳镇语音被当地人视为荣县话代表，也是中路话的代表。中路话片区包括铁厂、度佳、过水、双石、望佳、墨林、东兴、乐德、古文、旭阳等 10 个乡镇。西路话片区包括长山、双古、留佳、于佳、观山、来牟、复兴、新桥、保华、正紫、古佳、金花、雷音、东佳、河口等 15 个乡镇，以长山、双古、新桥语音为代表。另有鼎新、高山两个乡镇介于中路话和自贡话（原东路话）过渡地带，语音特点是声母分平翘舌，韵母没有 iɛn，yɛn、aŋ、iaŋ，uaŋ，兼有荣县话和自贡话的特征，不过总体上仍归属于荣县话。

西路话与中路话的区别主要在语音上。声母的差异主要在 n 和 ȵ 的分布上。中路话中古泥母字在洪音前读 n，细音前读 ȵ；中古来母字一律读 l；疑母开口三等字声母读 ȵ。声调方面的差异总体上是西路话阴平调值较中路话略高，力度也稍强。西路话与中路话在词汇上也有一些差异，如表示方位中路话说“在……上”，西路话说“在……高/高头/高底”；中路话“吃饭”，西路话说“干饭”。

6. 注音材料

（1）胖儿胖嘟嘟

胖儿胖嘟嘟，p‘an^{214} ɚ^{31} p‘an^{214} tu^{55} tu^{55}，骑马上成都。tɕ‘i^{31} ma^{42} san^{214} ʦ‘ən^{31} tu^{55}。

成都又好耍，ʦ‘ən^{31} tu^{55} iəu^{214} xau^{42} sua^{42}，胖儿骑白马。p‘an^{214} ɚ^{31} tɕ‘i^{31} pe^{214} ma^{42}。

白马骑得高，pe$^{214-14}$ ma^{42} tɕ‘i^{31} te^{214} kau^{55}，胖儿舞关刀。p‘an^{214} ɚ^{31} u^{42} kuan^{55} tau^{55}。

关刀舞得圆，kuan^{55} tau^{55} u^{42} te^{214} yn^{31}，胖儿滚铁环。p‘an^{214} ɚ^{31} kuən^{42} t‘ie^{214} xuan^{31}。

铁环滚得远，t‘ie^{214} xuan^{31} kuən^{42} te^{214} yn^{42}，胖儿跟到撵。p‘an^{214} ɚ^{31} kən^{55} tau^{42} ȵin^{42}。

（2）张打铁，李打铁

张打铁，李打铁，ʦan^{55} ta^{42} t‘ie^{214}，ni^{42} ta^{42} t‘ie^{214}，打把剪刀送姐姐。ta^{42} pa^{42} tɕin^{42} tau^{55} soŋ^{214} tɕie^{42} tɕie^{42}。姐姐留我歇，tɕie^{42} tɕie^{42} niəu^{31} ŋo^{42} ɕie^{214}，我不歇。ŋo^{42} pu^{214} ɕie^{214}。我要回家打毛铁。ŋo^{42} iau^{214} xuei^{31} tɕia^{55} ta^{42} mau^{31} t‘ie^{214}。

（3）高高山上一树槐

高高山上一树槐，kau^{55} kau^{55} san^{55} san^{214} i$^{\cdot 214}$ su^{214} xuai$^{\cdot 31}$，手把栏杆舍望郎来，səu^{42} pa^{55} nan^{31} kan^{55} se^{55} uan^{214} nan^{31} nai$^{\cdot 31}$，娘问女儿舍你望啥子哟？ȵian^{31} uən^{214} ȵy^{42} ɚ^{31} se^{55} ni$^{\cdot 42}$ uan^{214} sa^{214} ʦɿ^{42} io^{42}？我望槐花舍儿时开。ŋo^{42} uan^{214} xuai$^{\cdot 31}$ xua^{55} se^{55} tɕi$^{\cdot 214}$ sɿ^{31} kai$^{\cdot 55}$。

---

① 荣县原还有章佳、白庙、成佳、龙潭、五宝、莲花、牛尾、桥头等 8 个乡镇，属东路话。它们 2005 年 8 月划归自贡贡井区，但习惯上仍把今荣县境内方言区分为中路话和西路话。

三、入声归阴平区

（一）雅安话音系

雅安市位于川藏、川滇公路交会处，曾为西康省省会，是四川盆地与青藏高原的结合过渡地带、汉文化与少数民族文化结合过渡地带，市政府所在地雨城区话被视为雅安话的代表。根据黄雪贞《西南官话的分区（稿）》的划分，雅安话属于西南官话灌赤片中的雅棉小片。李蓝归为西蜀片雅甘小片①，其语音上的特点是中古入声字归阴平，使其阴平字远远多于其他方言点，在听感上形成说话声音较其他片区更高的印象，这是其不同于西南官话其他地区方言最重要的特征。雅安话边音 l 和鼻音 n 不区别意义，没有舌面前鼻音声母 ȵ，没有舌尖后音声母 tʂ、tʂ‘、ʂ、ʐ，普通话韵母 an、ian、uan、yan 的鼻音韵尾脱落，主要元音鼻化。

1. 声韵调系统

声母：19 个，其中辅音声母 18 个，零声母 1 个。见下表。

雅安话声母表

表 2－63

p 爸比波不	p‘排魄坡普	m 满磨码米	f 法虎佛飞	
t 但电底都	t‘探听吐踢	n 南令绿年		
k 该光估过	k‘开宽哭可	ŋ 暗欧硬我	x 海狠航黑	
tɕ 继借姐菊	tɕ‘去前齐		ɕ 西玄霞虚	
ts 灾只猪乍	ts‘菜闯吃出		s 三瘦四书	z 然人日如
ø 阿衣丫夜温娃药鱼				

声母说明：

雅安话声母系统和发音特点与成都话极为接近，仅缺乏成都话的 ȵ 声母。声母 n 实际发音更接近 l，n 和 l 是一对自由变体。

韵母：36 个，其中单韵母 8 个，开尾复韵母 15 个，鼻韵母 13 个。见下表。

雅安话韵母表

表 2－64

ɿ 资池斯世	i 地艺希鼻	u 补股住肚	y 女举取玉
a 把妈踏差	ia 架下掐鸭	ua 瓜刷瓦跨	
o 波可河落			yo 角却学钥
e 克得墨蛇	ie 姐灭捏接	ue 国或扩阔	ye 月绝薛茄
ɚ 而二耳儿			
ai 摆盖呆在	iai 解懈	uai 怪块拽外	

① 李蓝．西南官话的分区（稿）．方言，2009（1）．

续表 2－64

ei 陪费妹飞		uei 推贵追雷	
au 咬跑老找	iau 秒掉教要		
əu 欧豆沟抽	iəu 丢牛酒有		
æ̃ 搬谈感站	iɛ̃ 变连见演	uæ̃ 暖管穿院	yɛ̃ 卷全选园
ən 本冷针轮	in 心令今情	uən 春润温滚	yn 均群荣永
aŋ 帮党狼昂	iaŋ 良将杨像	uaŋ 光狂装网	
oŋ 瓮碰龙宠			yoŋ 穷凶用涌

韵母说明：

雅安话韵母大部分发音特点与成都话一致，不同的是：

（1）普通话韵母 an、uan 雅安话为鼻化的æ̃和 uæ̃，如“班盘慢烦兰展甘”“端乱转灌”等，夹江、荥经等地有类似特点。普通话韵母 iɛn、yɛn 雅安话为鼻化的 iɛ̃、yɛ̃，如“电演连减件”“卷宣权元”等，天全、荥经、芦山、泸定、西昌、德昌、会理、盐源、盐边、米易、宜宾、长宁、珙县、高县、兴文、南溪、筠连、夹江、犍为、眉山、青神、富顺、合江、古蔺、叙永、大竹、南部、西充、仪陇、苍溪、阆中、射洪等地有类似特点。宁南、冕宁也有韵母 iɛ̃。

（2）蟹摄来母一、二等字韵母高化，今普通话韵母 ai 在雅安话中发音接近 e，如“来崃”等。年青人中这种现象正在消失。名山、天全等地有类似特点。

（3）韵母 ən、uən 主要元音实际发音略靠前，接近 e。天全、名山、石棉等地有类似特点。

声调：有阴平、阳平、上声、去声四个调类，中古入声归阴平。见下表。

雅安话声调及其与普通话声调对照表

表 2－65

调类	普通话调值	雅安话调值	例　字
阴平	55	55	高天一东
阳平	35	21	糖玄赔然
上声	214	42	跑假女喊
去声	51	214	互是盖劝

声调说明：

（1）雅安话有三个调型：高平调（阴平）、降调（阳平和上声）、曲折调（去声）。

（2）去声调值有 14 和 214 两个变体。

（3）雅安话中古入声归阴平，但实际发音中与阴平略有区别，稍往下降。

2．声韵配合关系

雅安话声韵配合表

表2-66

	p	pʻ	m	f	t	tʻ	n	k	kʻ	ŋ	x	tɕ	tɕʻ	ɕ	ts	tsʻ	s	z	ø
ɿ															支	此	死	日	
a	巴	爬	马	耍	搭	獭	哪	①	卡		哈				渣	茶	洒	热	阿
o	波	婆	抹		多	陀	诺	歌	扩	饿	火				桌	搓	所	若	哦
e	伯	拍	麦		得	特	呢	革	克	额	黑				遮	拆	社	惹	呃
ɚ																			二
ɒi	摆	牌	卖		代	台	奶	街	概	矮	鞋				灾	豺	晒		哎
ei	杯	培	每	费															
ɒu	包	袍	卯		刀	涛	老	高	敲	咬	毫				招	曹	哨	绕	嗷
əu					兜	头	楼	勾	口	怄	猴				周	愁	守	柔	
æ̃	班	盘	满	算	单	谈	览	甘	坎	暗	衔				沾	残	扇	染	咹
ən	奔	彭	闷	粉	灯	豚	论	耕	肯	硬	衡				针	村	省	认	嗯
ɒŋ	帮	旁	莽	放	当	堂	浪	虹	扛	昂	项				脏	场	赏	让	
oŋ	崩	朋	猛	凤	东	同	拢	工	孔		洪				宗	虫	宋	绒	翁
i	逼	匹	米		低	堤	里					积	骑	喜					移
ia							②					家	恰	下					牙
ie	别	③	灭		碟	铁	列					接	劫	写					页
iai												解		懈					
iɒu	标	飘	苗		雕	条	辽					焦	乔	酵					跃
iəu					丢		流					纠	求	朽					友
iɛ̃	边	便	免		颠	田	脸					尖	钱	险					焉
in	兵	频	命		丁	挺	林					斤	情	醒					应
iɒŋ							良					刚	像	响					样
u	不	蒲	母	户	毒	吐	路	姑	窟						租	出	暑	如	务
ua								瓜	垮		华				抓	欻	刷	揉	娃
ue								国	阔		或								
uai								乖	块		怀				跩	喘	甩		歪
uei					堆	退	雷	归	魁		惠				贼	吹	水	锐	微
uæ̃					端	团	卵	关	款		横				钻	传	酸	软	完
uən								滚	捆		混				准	春	绳	润	闻
uɒŋ								光	狂		晃				装	床	爽		王
y							虑					菊	渠	续					余
yo												脚	确	学					药
ye												决	缺	血					月
yɛ̃												捐	劝	鲜					原
yn												均	琼	迅					永
yoŋ														兄					融

说明：①□ka^{42}：压制住、挡住。多用于竞赛中

②□nia^{55}：撒娇

③□pʻie^{42}：折断

3. 常见的语流音变现象

雅安话语流音变中的儿化与成都话基本一致，其变调有自己的特点。

（1）重叠式名词变调

雅安话重叠式名词变调中，阳平重叠式名词和上声重叠式名词后字变阴平，与成都话规律一致。去声重叠式名词前一字变半去，调值为21；后一字调值为55。例如：

路路 $nu^{214-21}nu^{21-55}$ | 架架 $tɕia^{214-21}tɕia^{214-55}$ | 揍揍 $tsəu^{214-21}tsəu^{214-55}$ | 豆豆 $təu^{214-21}təu^{214-55}$

（2）两个去声字相连变升调，调值接近24。例如：

菜市 $ts'ai^{214-24}sɿ^{214-24}$ | 乱动 $nuæ̃^{214-24}toŋ^{214-24}$ | 万万 $uæ̃^{214-24}uæ̃^{214-24}$

语流中去声常常只升不降读14调。

（3）“儿”的变调

雅安话在动物名后加“儿子”表小称和爱称，如果前面是非阴平字，“儿”变阴平。例如：

虫儿子 $tsoŋ^{21}ɚ^{21-55}tsɿ^{21}$ | 羊儿子 $iaŋ^{21}ɚ^{21-55}tsɿ^{21}$ | 牛儿子 $niəu^{21}ɚ^{21-55}tsɿ^{21}$

4. 特殊语音现象

（1）合音

雅安话中有一些合音现象，合音过程中常常伴随着声韵调的变化，例见下表。

雅安话合音词示例表

表2－67

例词	合音词	合音前	例词	合音词	合音前
不要	$piau^{45}$	$pu^{55}iau^{14}$	做啥子	$tsua^{214}tsɿ^{42}$	$tsu^{14}sa^{14}tsɿ^{42}$
没有	$miəu^{55}$	$mei^{55}iəu^{55}$	我家	$ŋua^{55}$	$ŋo^{42}tɕia^{55}$
这样子	$tsoŋ^{214}tɕi^{42}$	$tse^{55}iaŋ^{214}zɿ^{42}$	你家	nia^{55}	$ni^{42}tɕia^{55}$
那样子	$noŋ^{214}tɕi^{42}$	$na^{55}iaŋ^{214}tsɿ^{42}$	他家	$t'ia^{55}$	$t'a^{55}tɕia^{55}$

（2）异读

雅安话异读现象与成都话情况基本一致。

5. 内部差异

雅安话的内部一致性比较强，内部差异主要体现在城乡人员不成系统的差别上，城镇人员受到强势方言的影响比较大，语音上有一些变化，例如一部分入声归阴的字时有向成都话靠近而归阳的倾向，而在相对封闭的农村这种现象则比较少见。

6. 注音材料

（1）胖儿胖嘟嘟

胖儿胖嘟嘟，$p'aŋ^{214}ɚ^{21}p'aŋ^{214-14}tu^{55}tu^{55}$，骑马上成都。$tɕ'i^{21}ma^{42}saŋ^{214-14}ts'ən^{21}tu^{55}$。

成都又好耍，$ts'ən^{21}tu^{55}iəu^{214}xau^{42}sua^{42}$，胖儿骑白马。$p'aŋ^{214}ɚ^{21}tɕ'i^{21}pe^{55}ma^{42}$。

白马骑得高，$pe^{55}ma^{42}tɕ'i^{21}te^{55}kau^{55}$，胖儿舞关刀。$p'aŋ^{214}ɚ^{21}u^{42}kuæ̃^{55}tau^{55}$。

关刀舞得圆，$kuæ̃^{55}tau^{55}u^{42}te^{55}yɛ̃^{21}$，胖儿滚铁环。$p'aŋ^{214}ɚ^{21}kuən^{42}t'ie^{55}xuæ̃^{21}$。

铁环滚得远，$t'ie^{55}xuæ̃^{21}kuən^{42}te^{55}yɛ̃^{42}$，胖儿跟到撵。$p'aŋ^{214}ɚ^{21}kən^{55}tau^{42}niæ̃^{42}$。

（2）张打铁，李打铁

张打铁，李打铁，tsaŋ^{55}ta^{42}t'ie^{55}，ni^{42}ta^{42}t'ie^{55}，打把剪刀送姐姐。ta^{42}pa^{42}tɕiɛ̃^{42}tau^{55}soŋ^{214}tɕie^{42}tɕie$^{42-21}$。姐姐留我歇，tɕie^{42}tɕie$^{42-21}$niəu^{21}ŋo^{42}ɕie^{55}，我不歇。ŋo^{42}pu^{55}ɕie^{55}。我要回家打毛铁。ŋo^{42}iau^{214}xuei^{21}tɕia^{55}ta^{42}mau^{21}t'ie^{55}。

（3）高高山上一树槐

高高山上一树槐，kau^{55}kau^{55}sæ̃^{55}saŋ$^{214-14}$i^{55}su^{214}xuai^{21}，手把栏杆舍望郎来，səu^{42}pa^{55}næ̃^{21}kæ̃^{55}se^{55}uaŋ^{214}naŋ^{21}nai^{21}，娘问女儿舍你望啥子哟？niaŋ^{31}uən^{214}ny^{42}ɚ^{21}se^{55}ni^{42}uaŋ^{214}sa^{214}tsɿ^{42}yo^{42}？我望槐花舍儿时开。ŋo^{42}uaŋ^{214}xuai^{21}xua^{55}se^{55}tɕi^{214}sɿ^{21}kai^{55}。

（二）汉源话音系

汉源县位于大渡河中游两岸、四川盆地与西藏高原之间的攀西河谷地带。东邻乐山市金口河工农区和眉山市洪雅县，南连凉山州甘洛县，西靠甘孜州泸定县和雅安市石棉县，北接荥经县。县城所在地富林镇，是旧石器时代文化遗址，这里即以富林话为汉源话的代表音系。汉源境内有汉、彝、藏、回等17个民族，其中少数民族人口约占10%，主要是彝族和藏族。汉源话根据黄雪贞《西南官话的分区（稿）》的划分，属于西南官话灌赤片中的雅棉小片，李蓝将其归为西蜀片雅甘小片①。其语音的特点是中古入声字归阴平。同本区代表雅安话相比，汉源话有舌面鼻音 ȵ，韵母 a^{n}、iɛ^{n}、ua^{n}、yɛ^{n} 的韵尾 -n 舌尖只作势，未到达齿龈。合口呼韵母与声母的配合较雅棉小片其他地点齐备。蟹开一等字中的见、溪、疑、晓、匣、影母字韵母读为 e，如"该概开凯盖碍哀"；假开三麻中的章、昌、船、书、禅、日母字，曾开一德韵字，梗开二陌麦韵字，韵母读为 ai，例如"北迫麦德特责策色热格黑蛇"等；宕、梗、曾合见、溪、晓母部分入声字韵母混入蟹摄读为 uai，如"括阔扩廓或惑"。这些特点使汉源话在听感上和同小片的雅安话有明显区别。雅棉小片内石棉话音系与汉源话接近。

1. 声韵调系统

声母：20个，其中辅音声母19个，零声母1个。见下表。

汉源话声母表

表2－68

p 爸比波不	p' 排魄坡普	m 满磨码米	f 法虎佛飞	
t 但电底都	t' 探听吐踢	n 南令路绿		
k 该光估过	k' 开宽哭可	ŋ 暗欧硬我	x 孩狠哈黑	
tɕ 继借姐菊	tɕ' 枪前气请	ȵ 年女牛鸟	ɕ 西玄霞虚	
ts 灾只猪乍	ts' 菜闯吃出		s 三瘦四书	z 然人日如
ø 阿鱼衣夜温娃药丫				

声母说明：

汉源话声母系统与成都话一致，比雅安话多舌面鼻音 ȵ。

① 李蓝．西南官话的分区（稿）．方言，2009（1）．

韵母：34 个，其中单韵母 8 个，开尾复韵母 13 个，鼻韵母 13 个。见下表。

汉源话韵母表

表 2－69

ʅ 知耻思世	i 地披迷鼻	u 肚土主绿	y 居旅鱼女
a 阿沙发辣	ia 家下恰哑	ua 洼瓜抓耍	
o 波可河棵	io 学脚却钥		
e 该凯碍客	ie 叶别切阶		ye 月绝雪茄
ɚ 而二耳儿			
ai 蛇爱鞋在		uai 歪坏快国	
ei 批背妹飞		uei 推对雷退	
au 倒搞好找	iau 叫笑要桥		
əu 欧沟周抽	iəu 优久秀秋		
a^{n} 搬感站然	iɛ^{n} 变见先演	ua^{n} 缎管穿弯	yɛ^{n} 卷全选元
ən 本针轮等	in 心令情林	uən 春润文滚	yn 均寻倾荣
aŋ 方党夯昂	iaŋ 良相杨讲	uaŋ 黄装创网	
oŋ 瓮龙宠猛	ioŋ 穷凶用涌		

韵母说明：

汉源话韵母系统和发音特征大部分与同一小片的雅安话一致，不同之处在于：

（1）韵母 a^{n}、iɛ^{n}、ua^{n}、yɛ^{n} 的韵尾－n 舌尖只作势，未到达齿龈。

（2）合口呼韵母与声母的配合较齐备，如精清从心来的臻摄合口呼字韵母今汉源话保持合口，“村尊敦孙损”韵母都读 uen。井研、内江、仁寿、荣县、资阳、威远、资中、天全、芦山、宝兴、德昌、会理等地也有类似特点。

（3）蟹开一等字中的见、溪、疑、晓、匣、影母字，韵母过去均读为 e，如“该概开凯盖碍哀”；但新派读法中，疑、晓、匣、影母字的，已开始变成 ai，如“碍爱艾蔼隘”等；部分见、溪母字韵母也变为 ai，如“海改鞋”等。

（4）假开三麻中的章、昌、船、书、禅、日母字，曾开一德韵字，梗开二陌麦韵字，韵母均读为 ai。例如“北迫麦德特责策色热格黑蛇”等。其中的部分入声字中 ai 如“格咳”类有向 e 过渡的迹象，这种变化从牙音开始，齿音相对稳定。石棉、荥经等地有类似特点。

（5）宕、梗、曾合见、溪、晓母部分入声字韵母混入蟹摄读为 uai，如“括阔扩廓或惑”。石棉、苍溪、眉山、丹棱等地有类似特点。

（6）部分字韵母比较特别，如“否浮埠”韵母为 o。有的字读音相当古老，例如“去”有 3 种读法，tɕʻi^{213}、kʻe^{213}、kʻa^{55}，最后一个音保留了上古鱼部字的特征。

声调：有阴平、阳平、上声、去声四个调类，中古入声归去声。见下表。

汉源话声调及其与普通话声调对照表

表2－70

调类	普通话调值	汉源话调值	例 字
阴平	55	55	八天沾雪汤砖
阳平	35	21	婆旁赔冯绵然
上声	214	42	跑奶假米女好
去声	51	213	互库做是盖望

声调说明：

（1）汉源话中有三个调型：高平调、降调、曲折调。高平调是阴平，调值55，降调包括阳平和上声，调值分别为21和42，曲折调是去声，调值为213。

（2）阴平调调值在语流中时有上扬现象，类似45。

（3）有一部分阳平字单说时尾音略升，调型与去声接近，如“鱼”。

（4）一部分字以不同的调值区别意义。例如“团”，读阳平作名词、量词，如“一团糟”；读上声作动词，义为讨好，如“他最会团人了”。

2．声韵配合关系

汉源话声韵配合表

表2－71

	p	pʻ	m	f	t	tʻ	n	k	kʻ	ŋ	x	tɕ	tɕʻ	ȵ	ɕ	ts	tsʻ	s	z	ø
ɿ																支	此	死	日	
a	八	爬	马	筏	搭	獭	拉	尬			傻					渣	茶	洒		阿
o	剥	婆	抹	浮	多	陀	糯	角	搁	恶	火					桌	浊	率	诺	饿
e								该	凯		吓							摄		
ɚ																				二
ai	陌	魄	默		德	台	肋	格	楷	额	蟹					贼	车	社	热	
ei	杯	培	每	废																
au	孵	袍	卯		刀	导	老	窖	敲	袄	毫					招	曹	少	绕	
əu					兜	抖	屡	勾	口	怄	猴					周	骤	守	柔	
a^n	班	螃	满	饭	单	谈	难	甘	坎	雁	衔					沾	残	扇	染	
ən	奔	彭	闷	粉	敦	腾	论	龈	坑	樱	杏					针	成	晨	仍	
aŋ	帮	旁	忙	放	当	堂	浪	虹	康	昂	项					脏	场	赏	酿	
oŋ	蚌	朋	亩	凤	东	同	拢	工	孔		洪					宗	虫	宋	绒	翁
i	逼	鄙	米		敌	堤	里					急	其	疑	席					移
ia												夹	恰		下					牙
ie	别	弼	灭		碟	铁	列					阶	茄	业	写					页
io							略					脚	雀		学					虐
iau	标	飘	谬		雕	条	料					焦	乔	咬	酵					跃
iəu					丢		流					纠	求	牛	朽					友
$i\varepsilon^n$	边	遍	免		臀	田	脸					尖	钱	验	险					蔫

续表 2－71

	p	pʻ	m	f	t	tʻ	n	k	kʻ	ŋ	x	tɕ	tɕʻ	ȵ	ɕ	ts	tsʻ	s	z	ø
in	兵	频	命		丁	挺	林					斤	情		醒					应
iaŋ							良					将	墙	娘	响					样
ioŋ													穷		兄					融
u	不	蒲	瞀	虎	毒	吐	努	骨	箍							主	出	肃	如	
ua								刮	垮		华					抓		刷		娃
uai								国	阔		或					跩	喘	衰		歪
uei					堆	退	雷	归	魁		惠					嘴	碎	絮	锐	微
ua^n					端	团	卵	关	款		环					钻	铲	删	软	完
uən					敦		论	滚	昆		荤					尊	春	纯	孕	闻
uaŋ								光	狂		晃					装	窗	爽		王
y												局	渠	女	遂					余
ye												决	缺		血					月
$yɛ^n$												捐	劝		鲜					原
yn												均	琼		迅					营

3. 常见的语流音变现象

汉源话语流音变中的儿化与成都话基本一致，其变调有自己的特点。

（1）重叠词变调

汉源话重叠式名词变调中，阳平重叠式名词后字变阴平，与成都话规律一致。

此外，阴平重叠词前字音长明显长于后字，后字调值也略低于前字。

（2）去声字连读变调

去声重叠词中两字同时变升调，调值接近 23。例如：

坝坝 pa$^{213-23}$ pa$^{213-23}$ ｜担担 ta$^{n213-23}$ ta$^{n213-23}$ ｜缝缝 foŋ$^{213-23}$ foŋ$^{213-23}$

豆豆 təu$^{213-23}$ təu$^{213-23}$ ｜样样 iaŋ$^{213-23}$ iaŋ$^{213-23}$ ｜慢慢 ma$^{n213-23}$ ma$^{n213-231}$

凼凼 taŋ$^{213-23}$ taŋ$^{213-23}$ ｜棒棒 paŋ$^{213-23}$ paŋ$^{213-23}$ ｜盖盖 ke$^{213-23}$ ke$^{213-23}$

非重叠的两个去声相连也变升调，调值接近 23，例如：

菜市 tsʻai$^{213-23}$ sɿ$^{213-23}$ ｜菜饭 tsʻai$^{213-23}$ fa$^{n213-23}$ ｜会战 xuei$^{213-23}$ tsa$^{n213-23}$

会面 xuei$^{213-23}$ miɛ$^{n213-23}$ ｜万众 ua$^{n213-23}$ tsoŋ$^{213-23}$ ｜万县 uan$^{213-23}$ ɕiɛ$^{n213-23}$

动画 toŋ$^{213-23}$ xua$^{213-23}$ ｜动静 toŋ$^{213-23}$ tɕin$^{213-23}$

语流中去声变读升调的现象较多。

（3）儿化音节的变调

汉源话儿化韵的变调主要是阳平重叠词儿化后儿化音节变阴平，与阳平重叠词变调一致。例如：

匣匣$_{\text{儿}}$ ɕia^{21} ɕiɚ^{55} ｜ 壶壶$_{\text{儿}}$ fu^{21} fɚ^{55}

此外，韵母 o 儿化常有增音现象，例如：

窝儿窝$_{\text{儿}}$ o^{55} o^{55} →uɚ^{55} uɚ^{55} ｜蛋壳$_{\text{儿}}$ ta^{n213} kʻo^{55} →ta^{n213} kʻuɚ^{55}

锅锅$_{\text{儿}}$ ko^{55} ko^{55} →ko^{55} kuɚ^{55} ｜桌桌$_{\text{儿}}$ tso^{55} tso^{55} →tso^{55} tsuɚ^{55}

4. 特殊语音现象

汉源话特殊语音主要是一部分字存在异读，情况与成都话基本一致。在新旧异读中，新读通常是受普通话或强势方言影响，有时强势方言的影响甚至超过普通话，例如“敦”tən^{55}，受到四川大部分地方方言的影响，新读失去介音 u。

5．内部差异

汉源话内部存在一些差异，大致可以分为三个小区，一个以九襄为代表，一个以瀑布沟工程建设前的县城富林镇为代表，一个以皇木为代表。九襄镇位于流沙河畔，古称汉源街、汉源场，是汉源旧县治所在，建制历史 1800 多年，南丝路和茶马古道在此交汇，物产丰富，商贸繁荣。戊戌变法时，因九襄下辖九个乡镇，民众互助友爱，因而得名九襄。过去一般把九襄话视为汉源话的代表。富林镇为代表的片区，阴平比九襄略低。皇木为代表的片区位于汉源县东南部的高寒地区，有永利、顺河、片马、坭美等彝族自治乡，区内官话也受到彝语等少数民族语言的影响。

6．注音材料

（1）胖儿胖嘟嘟

胖儿胖嘟嘟，p‘aŋ^{213} ɚ^{21} p‘aŋ$^{213-23}$ tu^{55}tu^{55}，骑马上成都。tɕ‘i^{21} ma^{42} saŋ^{213} ʦ‘ən^{21} tu^{55}。

成都又好耍，ʦ‘ən^{21} tu^{55} iəu^{213} xau^{42} sua^{42}，胖儿骑白马。p‘aŋ^{213} ɚ^{21} tɕ‘i^{21} pe^{55} ma^{42}。

白马骑得高，pe^{55} ma^{42} tɕ‘i^{21} te^{55} kau^{55}，胖儿舞关刀。p‘aŋ^{213} ɚ^{21} u^{42} kua^{n55} tau^{55}。

关刀舞得圆，kua^{n55} tau^{55} u^{42} te^{55} yɛ^{n21}，胖儿滚铁环。p‘aŋ^{213} ɚ^{21} kuən^{42} t‘ie^{55} xua^{n21}。

铁环滚得远，t‘ie^{55} xua^{n21} kuən^{42} te^{55} ya^{n42}，胖儿跟到撵。p‘aŋ^{213} ɚ^{21} kən^{55} tau^{42} ȵiɛ^{n42}。

（2）张打铁，李打铁

张打铁，李打铁，ʦaŋ^{55} ta^{42} t‘ie^{55}，ni^{42} ta^{42} t‘ie^{55}，打把剪刀送姐姐。ta^{42} pa^{42} tɕiɛ^{n42} tau^{55} soŋ^{213} tɕie^{42} tɕie$^{42-21}$。姐姐留我歇，tɕie^{42} tɕie$^{42-21}$ niəu^{21} ŋo^{42} ɕie^{55}，我不歇。ŋo^{42} pu^{55} ɕie^{55}。我要回家打毛铁。ŋo^{42} iau^{213} xuei^{21} tɕia^{55} ta^{42} mau^{21} t‘ie^{55}。

（3）高高山上一树槐

高高山上一树槐，kau^{55} kau^{55} sa^{n55} saŋ$^{213-23}$ i^{55} su^{213} xuai^{21}，手把栏杆舍望郎来，səu^{42} pa^{55} na^{n21} ka^{n55} se^{55} uaŋ^{213} naŋ^{21} nai^{21}，娘问女儿舍你望啥子哟？ȵiaŋ^{21} uən^{213} ȵy^{42} ɚ^{21} se^{55} ȵi^{42} uaŋ^{213} sa^{213} ʦɿ^{42} yo^{42}？我望槐花舍儿时开。ŋo^{42} uaŋ^{213} xuai^{21} xua^{55} se^{55} tɕi^{42} sɿ^{21} kai^{55}。

第二节　入声独立区代表方言点语音系统

一、入声中平调区

（一）都江堰话音系

都江堰旧称灌县，1988 年撤县设市。位于四川盆地西部，成都平原西北边缘，介于北纬 30°44′54″—31°22′9″，东经 103°25′42″—103°47′之间。属成都市管辖，距市区 48 公里。根据黄雪贞《西南官话的分区（稿）》的划分，都江堰话属于西南官话灌赤片中的岷江小片。但在都江堰话内部，以岷江为界，分为“河东话”和“河西话”①。通常以其政府所在地灌口镇的河东话作为都江堰话的代表，其语音上的重要特点是中古入声独立成类，有与韵母 ɚ 相拼的翘舌音声母 ʈʂ、ʈʂ‘、ʂ、ʐ。

---

① 河西话没有翘舌音声母 ʈʂ、ʈʂ‘、ʂ、ʐ。声调调值也河东话也有差别，两种话在听感上明显不同。

1．声韵调系统

声母：有辅音声母 23 个，零声母 1 个，共 24 个。见下表。

都江堰话声母表

表 2－72

p 爸包比不	pʻ排魄屁普	m 妈摸米母		f 发非方虎	
t 大刀底肚	tʻ他体听吐	n 拿李路虑			
k 街工估归	kʻ卡概哭宽	ŋ 额暗欧硬		x 傻黑欢回	
ts 渣支猪专	tsʻ差痴楚闯			s 沙时书岁	z 热然如软
tʂ 直质执汁	tʂʻ 吃尺赤斥			ʂ食实石室	ʐ 日
tɕ 基间居军	tɕʻ齐前区裙	ȵ 你牛年女		ɕ 细霞虚训	
ø 阿夜温鱼					

声母说明：

都江堰话声母发音特征与成都话基本一致，不同的是：

都江堰话有翘舌音声母 tʂ、tʂʻ、ʂ、ʐ，但只与 ɚ 韵母相拼。来自中古缉、质、职、昔四个开口三等韵的知、章组入声字，都江堰话念 tʂɚ、tʂʻɚ、ʂɚ、ʐɚ，如“直”tʂɚ^{33}、“尺”tʂʻɚ^{33}、“食”ʂɚ^{33}。少数来自见组，如“吃”tʂʻɚ^{33}；日母“日”ʐɚ^{33}。来自其余各韵母的知庄章组字，都江堰话基本都读为 ts、tsʻ、s、z 声母，如“壮长商让”等。彭州、郫县、新都等地有类似特点。

韵母：都江堰话中有单韵母 9 个，复韵母 15 个，鼻韵母 13 个，共 37 个。见下表。

都江堰话韵母表

表 2－73

ɿ 知耻思世	i 比迷地茄	u 补肚处库	y 吕女居鱼
a 妈大沙哈	ia 瘪下家压	ua 瓜花抓蛙	
o 多可不出			yo 脚却学绝
æ 北得摘刻	iæ 夹恰瞎押	uæ 国或啄袜	
	ie 别列接叶		ye 月橘
ə 各鸽割哥			
ɚ 二耳尺日			
ai 拜呆者盖		uai 怪快跩歪	
ei 背妹废蛇		uei 对归最伟	
au 包刀搞咬	iau 表调叫摇		
əu 斗沟周欧	iəu 谬丢旧优		
a^{n} 班蛋三干	ia^{n} 边垫坚盐	ua^{n} 端官专院	ya^{n} 绢劝宣原
ən 本轮根樱	in 宾丁心应	uən 滚混春文	yn 军荀永晕
aŋ 帮当刚长	iaŋ 亮娘讲秧	uaŋ 逛黄装王	
oŋ 蹦东红瓮	ioŋ 窘穷雄用		

韵母说明：

除独立成类的入声韵之外，都江堰话韵母的发音特点与成都话基本一致。但具体字的韵母读音与成都话不完全一致，例如老派的河东话“我 ŋu”“姐 tɕi”“写 ɕi”“蔗者 tsai”。

中古入声字在都江堰话中韵母独立成类，主要有以下几类①：

韵母 æ、iæ、uæ：部分中古咸山开口一二三等帮端知系、曾一梗二开口帮端知见系、深臻曾梗二三等开口庄组入声字，韵腹读 æ，如“蜡插八德擦泽虱策勒则测”韵母为 æ，“夹恰”韵母为 iæ，“括刷”韵母为 uæ。这类字受强势的成渝小片方言影响，有的韵母发生了变化，如“答”ta^{33}；一些字出现两读，如“辣”$næ^{33}$/na^{33}。

韵母 ə：中古咸山宕摄一等开口见系字，多数读 ə，如“各鸽割渴”等。

韵母 o：中古臻合口一三等、通摄帮端知系字多读 o，如“不突物屋出木绿毒竹”。

韵母 yo：中古山摄合口三四等精见系字、臻合口三等精见系字、曾梗合口三等见系字、通摄三等精见系字，多数读 yo，如“绝学脚戌屈域局肃疫”。

韵母 ye：少数中古山摄合口三四等、臻合口三等精见系字，读 ye，如“月橘”。

韵母 ie：中古咸深山臻曾梗三四等开口帮端见系字，读 ie，如“笔积力席集贴切”。

韵母 ɚ：中古深臻梗开口三等知章组（缉质职昔）字，日母字，读 ɚ，如“直石吃侄日”。

声调：有阴平、阳平、上声、去声和入声五个调类，中古入声保留，且入声韵独立成类。见下表。

都江堰话声调及其与普通话声调对照表

表 2－74

调类	普通话调值	都江堰话调值	例　字
阴平	55	55	班天坚关
阳平	35	31	婆冯绵然
上声	214	42	跑奶假好
去声	51	23	互是盖望
入声	—	33	割缺月合

声调说明：

（1）都江堰话有四个调型：平调（阴平、入声）、降调（阳平和上声）、升调（去声）。

（2）都江堰话保留了古入声，调值和韵母独立为一类，没有塞音韵尾。

2. 声韵配合关系

① 这里只就各韵母中古入声字在方言中的情况进行说明，某些韵母中也包含非入声字，在此不作特别说明。后同。

都江堰话声韵配合表

表 2－75

	p	pʻ	m	f	t	tʻ	n	k	kʻ	ŋ	x	tɕ	tɕʻ	ȵ	ɕ	ts	tsʻ	s	z	tʂ	tʂʻ	ʂ	ʐ	ø
ɿ																自	次	丝						
a	坝	怕	马	发	打	他	拿	嘎	卡		哈					渣	查	沙						阿
o	波	剖	磨	佛	多	妥	罗	果	可	我①	喝					坐	错	梭	弱					屙
æ	北	拍	麦		得	特	肋	隔	刻	额	黑					摘	择	洒	热					
ə								葛	磕	恶	合													
ɚ																				直	尺	实	日	二
ai	摆	排	买		呆	台	来	街	凯	爱	鞋					灾	柴	赛						
ei	背	批	美	废												贼								
au	包	袍	猫		刀	涛	脑	窖	敲	咬	豪					招	造	苕	扰					
əu					兜	抖	楼	沟	口	藕	喉					周	丑	寿	柔					
a^{n}	班	绊	满	犯	蛋	坦	滥	甘	看	暗	汉					站	产	蝉	然					
ən	奔	盆	闷	粉	等	吞	轮	更	坑	硬	恒					真	逞	晨	扔					
aŋ	帮	胖	莽	方	党	汤	浪	刚	抗	①	巷					胀	窗	桑	让					
oŋ	蹦	嘣	亩	凤	东	同	拢	供	空		红					中	宠	耸	绒					壅
i	比	屁	米		底	体	里					基	齐	你	些									遗
ia	瘪	②					③					家		④	霞									哑
ie	别	别	没		迭	贴	列					集	且	聂	血									也
iæ							⑤					夹	恰		瞎									押
iau	标	瓢	谬		雕	调	辽					交	巧	尿	笑									要
iəu					丢		刘					纠	求	牛	朽									右
ia^{n}	边	偏	面		点	田	连					坚	千	年	先									盐
in	宾	平	命		丁	听	宁					镜	浸		心									英
iaŋ							两					姜	像	娘	相									样
ioŋ												窘	穷		雄									用
u	补	铺	母	胡	都	土	奴	跍	库	我						祖	楚	书	如					午
ua								瓜	跨		华					抓	⑥	要	揉					瓦
uæ								国	扩		或					啄	欻	刷						袜
uai								乖	快		坏					跩	揣	帅						歪
uei					堆	颓	内	归	奎		灰					最	垂	水	锐					伟
ua^{n}					端	团	暖	管	宽		还					专	穿	蒜	软					玩
uən								滚	昆		混					准	蠢	顺	润					文
uaŋ								光	狂		黄					装	床	双						王
y							吕					居	区	女	需									余
yo												脚	确		学									域
ye												橘												月
ya^{n}												卷	劝		弦									远
yn												军	裙		训									允

说明：①□ŋaŋ^{55}：声音大的样子。如“大喇叭放起，ŋɑŋ^{55}声 ŋɑŋ^{55}气的”

②□pʻia^{42}：耷。如“这个衣服领子 pʻia^{42}起，点都不好看”

③□nia^{33}：不端正，歪的。如“你咋个把字写来歪起 nia^{33}起的哦”

④□ȵia^{55}：嗲，也指小孩粘大人。如“他幺女 ȵia^{55}他得很”

⑤□niæ^{33}：跑脱。如“那条大鱼又 niæ^{33}脱了”

⑥□tsʻua^{33}：指骂。如“遭老板 tsʻua^{33}得绿眉绿眼的”

① “我”在河东话中有两读，老派读 ŋu^{42}，新派读 ŋo^{42}。

3．语流音变

都江堰话的语流音变中儿化现象与成都话基本一致。变调主要表现为重叠式称谓词、名物词和儿语词变调。除上声字重叠构成名词，后字变阳平，与成都话该类变调规律一致外，都江堰话变调有很多自身的特点：

①阳平的变调

阳平变调分为阳平字重叠变调和非重叠式变调两类。

阳平字重叠后字通常变上声。例如：

爸爸 pa^{31}pa$^{31-42}$ ｜皮皮 pʻi^{31}pʻi$^{31-42}$ ｜条条 tʻiau^{31}tʻiau$^{31-42}$ ｜娃娃 ua^{31}ua$^{31-42}$

围围 uei^{31}uei$^{31-42}$ ｜瓢瓢 piau^{31}piau$^{31-42}$ ｜虫虫 tsʻoŋ^{31}tsʻoŋ$^{31-42}$ ｜笼笼 noŋ^{31}noŋ$^{31-42}$

另外，受到成都话影响有一部分阳平字重叠，后字变阴平，且前字调值接近21。例如：

坛坛 tʻa^{n31-21}tʻa^{n21-55} ｜盘盘 pʻa^{n31-21}pʻa^{n21-55}

非重叠式阳平字相连时后字变上声。例如：

眉毛 mi^{31}mau$^{31-42}$ ｜扬尘 iaŋ^{31}tsʻən$^{31-42}$ ｜裁缝 tsʻai^{31}foŋ$^{31-42}$ ｜篾条 mi^{31}tʻiau$^{31-42}$

前头 tɕʻin^{31}təu$^{31-42}$ ｜锄头 tsʻu^{31}tʻəu$^{31-42}$

②去声的变调

去声变调主要是去声重叠的变调，通常是后字变降调，调值接近21，例如：

舅舅 tɕiəu^{23}tɕiəu$^{23-21}$ ｜罐罐 kua^{n23} kua^{n23-21} ｜蘸蘸 tsa^{n23}tsa^{n23-21}

受到成都话影响有一部分去声字重叠，后字变成阴平。例如：

筷筷 kʻuai^{23}kʻuai$^{23-55}$ ｜蛋蛋 ta^{n23}ta^{n23-55} ｜尿尿 ȵiau^{23}ȵiau$^{23-55}$ ｜弟弟 ti^{23}ti$^{23-55}$

此外，也还有少部分重叠后不变。例如：

奏奏 tsəu^{23} tsəu^{23} ｜棒棒 paŋ^{23} paŋ^{23} ｜盖盖 kai^{23}kai^{23}

从都江堰话的语音情况来看，与《四川方言音系》反映的状况基本一致，显示出很强的稳定性。但是，随着普通话和强势方言如成都话的影响，相当一批数量的字的读音正在发生变化，这些字主要是入声字；两字连读变调中后字读阴平的渐趋丰富。

4．特殊读音

都江堰话的特殊读音主要是异读和合音，其中异读情况与成都话基本一致。

都江堰话合音现象例见下表。

都江堰话合音示例表

表2－76

例词	合音词	合音前	例句
这样（子）	tsaŋ^{23}	tse^{23}iaŋ^{23} （tsɿ^{42}）	～我就不好说了。
那样（子）	naŋ^{23}	na^{23}iaŋ^{23} （tsɿ^{42}）	你～咋个整嘛？
不要	piau^{42}	pə^{33}iau^{23}	大家都～说了，都有不对的地方。
就要	tɕiau^{23}	tɕiəu^{23} iau^{23}	我～去。
做啥子	tsua^{23} tsɿ^{42}	tsu^{23}sa^{23} （tsɿ^{42}）	你这一阵在～？
明天	mia^{n55}	min^{31}tʻia^{n55}	巴不得～就过年了。
今天	tɕia^{n55}	tɕin^{55}tʻia^{n55}	～要出去做活路了。
没有	miəu^{42}	mə^{33}iəu^{42}	还～做好啊，快点。

5. 内部差异

都江堰话语音的内部差异主要有两种情况。

第一种情况是由地理位置引起的变异。按语音特点，都江堰话以岷江河为界，分为河西话和河东话。河西和河东话声韵调系统的差异主要集中在卷舌音声母。河西话接近崇州、邛崃一带口音，没有卷舌音声母；河东话接近郫县口音，有四个卷舌音声母构成四个卷舌音音节 tʂɚ、tʂ'ɚ、ʂɚ、ʐɚ。它们的共同特点是有独立成类的入声韵和入声调。

第二种是异读现象。其中有文白异读，也有受普通话的影响而产生的新读和旧读，例见下表。

都江堰话异读字示例表

表 2－77

例字	旧读	新读	例字	旧读	新读
去	tɕie^{23}	tɕ'ie^{23}	姐①	tɕi^{42}	tɕie^{42}
解	kai^{42} ～手	tɕiɛi^{42} ～手	永②	yn^{42}	ioŋ^{42}
像	tɕ'iaŋ^{23}	ɕiaŋ^{23}	泳	yn^{23}	ioŋ^{42}
月	yə^{33}	ye^{33}	德	tæ^{33}	te^{33}
塔	t'æ^{33}	t'a^{33}	白	pæ^{33}	pe^{33}
刷	suæ^{33}	sua^{33}	挖	uæ^{33}	ua^{55}

这些异读字有相当部分是年青一代口语中才出现的。这种情况表明，都江堰人的语音正在发生变化，总体趋势是向普通话和强势方言读音靠拢，旧读越来越少见，可以预见在不远的将来旧读可能消失。

6. 注音材料

（1）胖儿胖嘟嘟

胖儿胖嘟嘟，p'aŋ^{23} uɚ^{31} p'aŋ ^{23}tu^{55}tu^{55}，骑马上成都。tɕ'i$^{\cdot 31}$ ma^{42} saŋ^{23} ts'ən^{31} tu^{55}。

成都又好耍，ts'ən^{31} tu^{55} iəu^{23} xau^{42} sua^{42}，胖儿骑白马。p'aŋ^{23} uɚ^{31} tɕ'^{31} pæ^{33} ma^{42}。

白马骑得高，pæ^{33}ma^{42} tɕ'i$^{\cdot 31}$ tæ^{33} kau^{55}，胖儿舞关刀。p'aŋ^{23} uɚ^{31} u^{42} kua^{n55} tau^{55}。

关刀舞得圆，kua^{n55} tau^{55} u^{42} tæ^{33} ya^{n31}，胖儿滚铁环。p'aŋ^{23} uɚ^{31} kuən^{42} t'ie^{33} xua^{n31}。

铁环滚得远，t'ie^{33} xua^{n31} kuən^{42} tæ^{33} ya^{n42}，胖儿跟到撵。p'aŋ^{23} uɚ^{31} kən^{55} tau^{42} ȵia^{n42}。

（2）张打铁，李打铁

张打铁，李打铁，tsaŋ^{55} ta^{42} t'ie^{33}，ni$^{\cdot 42}$ ta^{42} t'ie^{33}，打把剪刀送姐姐。ta^{42} pa^{42} tɕia^{n42} tau^{55} soŋ^{23} tɕie^{42} tɕie^{42}。姐姐留我歇，tɕi^{42} tɕi^{42} niəu^{31} ŋo^{42} ɕie^{33}，我不歇。ŋo^{42} po^{33} ɕie^{33}。我要回家打毛铁。ŋo^{42} iau^{23} xuei$^{\cdot 31}$ tɕia^{55} ta^{42} mau^{31} t'ie^{33}。

（3）高高山上一树槐

高高山上一树槐，kau^{55} kau^{55} sa^{n55} saŋ^{23} i$^{\cdot 33}$ su^{23} xuai$^{\cdot 31}$，手把栏杆舍望郎来，səu^{42} pa^{42} na^{n31} ka^{n55} sei$^{\cdot 42}$ uaŋ^{23} naŋ^{31} nai$^{\cdot 31}$，娘问女儿舍你望啥子哟？ȵiaŋ^{31} uən^{23} ȵy^{42} ɚ$^{\cdot 31}$ sei$^{\cdot 42}$ ȵi$^{\cdot 42}$ uaŋ^{23} sa^{23} tsɿ^{42} io？我望槐花舍儿时开。ŋo^{42} uaŋ^{23} xuai$^{\cdot 31}$ xua^{55} sei$^{\cdot 55}$ tɕi$^{\cdot 42}$ sɿ^{31} k'ai^{55}。

---

① 一般情况是河东读 tɕie^{42}，河西读 tɕi^{42}。

② 以“永”为声符的“咏”只有 ioŋ^{42} 一读，与此词不是口语词有关。

（二）泸州话音系

泸州市位于四川省东南部川渝黔滇结合部，辖区内有40个民族，汉族占总人口的98.47%。根据黄雪贞《西南官话的分区（稿）》（1986）的划分，泸州话属于西南官话的灌赤片岷江小片；李蓝《西南官话分区（稿）》（2009）把泸州话归入西蜀片岷赤小片，认为泸州是这一小片的重要方言点。泸州语音的主要特点是有5个调类，阴平、阳平、上声、去声调值都接近西南官话的常见调值，古入声保留，自成调类；阳平、上声、去声重叠词第二音节会变调；重叠词有不少都念成儿化韵，比如"条条儿""颈颈儿""子子儿"。鼻音声母n和边音声母l不能区别意义；有舌面鼻音ȵ；有翘舌音声母tʂ、tʂ‘、ʂ、ʐ，主要保存在入声字中。韵母an、iɛn、uan、yɛn的鼻音韵尾发音着实；没有后鼻韵əŋ、iŋ、uəŋ；大部分古入声字韵母独立成类，古山、臻、宕、江、曾、梗等摄入声字韵母多念ɵ、yɵ、æ、iæ、uæ等，这跟周围方言点多有不同。

1. 声韵调系统

声母：24个。其中辅音声母23个，零声母1个，见下表。

泸州话声母表

表2－78

p 八摆兵布	p‘怕配偏普	m 么买民母	f 佛飞冯胡	
t 大等顶短	t‘它太听推	n 拉礼怒吕		
k 胳刚姑贵	k‘咔开空快	ŋ 我安恩昂	x 河海喊横	
ts 自糟争猪	ts‘次昌虫醋		s 丝师声岁	z 让绒燃如
tʂ 直竹桌质	tʂ‘出拆尺插		ʂ实说属失	ʐ 肉入日弱
tɕ 几节精倦	tɕ‘起秋枪权	ȵ 你尿年严	ɕ 洗歇线虚	
ø 阿移袜远				

声母说明：

泸州话保留翘舌音声母tʂ、tʂ‘、ʂ、ʐ，主要存在于古入声字声母，也有个别非入声字如"耍"ʂua[42]。这些翘舌音发音时舌尖较普通话靠前，有时甚至只感觉有翘舌音色彩。泸州话声母系统和发音特征的其他方面与成都话基本一致。

韵母：42个。其中单韵母11个，复韵母18个，鼻韵母13个，见下表。

泸州话韵母表

表2－79

ɿ 资词支是	i 皮地你计	u 布土骨鹿	y 女吕句鱼
ʅ 直食吃执			yu 橘足俗曲
a 阿马大茶	ia 家假下牙	ua 抓瓜夸娃	
e 特蛇北泽	ie 别铁歇叶	ue 国或获廓	ye 绝茄越削
o 波多哥哦			
ɵ 薄各说叔			yɵ 药欲脚学

续表 2－79

ɚ 而二耳儿			
æ 八发踏擦	iæ 夹恰狭鸭	uæ 刷滑刮挖	
ai 排台改爱	iɛi 皆介械懈	uai 帅怪快歪	
ei 被黑妹飞		uei 雷水贵危	
au 饱倒好烧	iau 表料叫要		
əu 头丑口欧	iəu 牛流酒油		
an 般单参敢	iɛn 界闲前盐	uan 端乱钻关	yɛn 卷泉选元
ən 本灯程根	in 冰邻情音	uən 吞纯魂文	yn 君琼群永
aŋ 方当长抗	iaŋ 两讲呛央	uaŋ 床广黄枉	
oŋ 风懂总公			yoŋ 穷雄用涌

韵母说明：

泸州话部分韵母发音与成都话一致，不同之处有：

（1）泸州话 an、iɛn、uan、yɛn 四个韵母前鼻音韵尾发音着实。

（2）泸州话部分字韵母读音与普通话不同。例如麻三精见系字“姐且茄锲些邪斜写泻契亵榭卸”等韵母为 i。“界解”韵母为 iɛn。

（3）u 韵母有两个变体，非入声字读 u，如“铺都初胡”；入声字读 ʉ，为央高圆唇元音，如“木屋族”等。

（4）韵母 ei 可与舌尖前音声母相拼，如“车” tsʻei 、“蛇社” sei。

（5）泸州话古入声字除声调独立外，韵母独立成类，主要有以下类型：

ue 韵母：主要来自中古曾合一德韵、宕合一铎韵、宕开三药韵入声字，如“国或惑、括阔郭扩”。普通话读为 uo 韵母。

e 韵母：主要来自中古曾一梗二开口帮端知系字、山摄入声、咸开一合韵、宕开一铎韵和江开二觉韵入声字，曾开一德韵入声字，梗开二陌、麦韵的知组、庄组、见系入声字，如“着得德勒则测额摄涉褶撤舌热格客额责策革核审核扼”等。泸州话没有普通话的 ɤ 韵母。

ie 韵母：主要来自中古深臻曾梗三四等开口帮端见系字，如“七力席历”。

ɵ 韵母：主要来自中古山合一末韵、三等薛韵，臻合一没韵、三等物韵，宕摄铎韵、药韵，江开二等觉韵和通摄屋韵、烛韵入声字，如“夺托各恶善恶说弱博薄幕泊莫佛捉撮戳读族谷屋六宿叔育烛曲”等。这部分字普通话多读 o、uo、u 韵母，泸州话没有 uo 韵母。

yɵ 韵母：主要来自中古宕开三药韵字（除知系声母字外），如“略掠雀鹊削脚虐曰药钥”等。

ye 韵母：主要来自中古山摄合口三四等、宕摄开口二三等精见系字，如“绝月”。

yu 韵母：主要来自中古臻摄合口三等、通三精见系字，如“橘屈局”等。

ʅ 韵母：主要是与翘舌音声母 tʂ、tʂʻ、ʂ、ʐ 相拼的入声字，如“质织吃实室日汁十尺直石”等，主要来自深开三缉韵、臻开三质韵、梗开三等昔韵章组入声字。

æ 韵母：主要来自中古咸山开口一二三等帮端知系字、深致曾梗二三等开口庄组字，如“答踏杂蜡法达辣擦撒撒手八拔抹札察杀”等。

iæ 韵母：主要来自咸开二等见系入声字，山开二辖韵晓组入声字，如“夹恰掐狭峡洽甲匣鸭压押瞎辖”等。

uæ 韵母：主要来自山合二等入声字，如“滑挖刷刮”等。

声调：有阴平、阳平、上声、去声、入声五个调类。各调类的调值见下表。

泸州话声调及其与普通话声调对照表

表 2－80

调类	普通话调值	泸州话调值	例 字
阴平	55	55	波天沾关
阳平	35	21	婆台然元
上声	214	42	米懂整假
去声	51	13	变做是盖
入声	无	33	八刷夹渴

声调说明：

（1）泸州话共有三种调型：平调、升调和降调。平调包括阴平 55 和入声，升调主要是去声 13，降调包括阳平 21 和上声 42。

（2）泸州话保留了古入声，入声自成调类，大部分入声字韵母独立成类。

2．声韵配合关系

泸州话声韵配合表

表 2－81

	p	pʻ	m	f	t	tʻ	n	k	kʻ	ŋ	x	tɕ	tɕʻ	ȵ	ɕ	ts	tsʻ	s	z	tʂ	tʂʻ	ʂ	ʐ	ø
ɿ																自	此	施						
ʅ																				质	吃	实	日	
a	坝	怕	马		打	他	拉	嘎	卡	轧	吓					渣	查	沙						阿
æ	八	拔	抹	法	答	踏	腊									杂	擦	撒						
o	波	剖	磨		多	妥	罗	果	可	我	和					坐	错	梭						屙
ɵ	薄	泊	莫	佛	夺	脱	落	各	渴	恶	获					捉	撮	缩	弱					
e	陌	拍	麦		得	特	肋	隔	克	额	黑					者	泽	色	惹					
ɚ																								二
ai	摆	排	买		呆	台	来	街	凯	爱	鞋					灾	柴	赛						
ei	背	培	美	废													车	社						
au	包	袍	卯		刀	涛	脑	窖	敲	咬	豪					招	造	苕	扰					
əu					兜	抖	楼	沟	口	沤	喉					周	丑	寿	柔					
an	班	盘	满	饭	单	坦	滥	甘	看	安	汉					站	产	蝉	然					
ən	奔	盆	闷	粉	等	吞	嫩	更	肯	恩	恒					真	逞	孙	扔					
aŋ	帮	胖	莽	方	当	堂	浪	刚	抗	昂	航					章	仓	桑	让					

续表2－81

	p	pʻ	m	f	t	tʻ	n	k	kʻ	ŋ	x	tɕ	tɕʻ	ȵ	ɕ	ts	tsʻ	s	z	tʂ	tʂʻ	ʂ	ʐ	ø
oŋ	崩	朋	亩	凤	东	同	拢	供	空		红					中	宠	耸	绒					
i	比	匹	眉		爹	体	里					基	齐	你	习									遗
ia	瘪	①			②							家	卡		霞									牙
iæ												夹	恰		瞎									鸭
ie	别	撇	灭		迭	贴	列					接	切	捏	歇									叶
iɛi												皆			偕									延
iau	标	瓢	妙		雕	条	了					交	巧	尿	笑									要
iəu					丢		刘					纠	求	纽	朽									右
iɛn	边	偏	面		点	田	连					界	前	年	先									言
in	宾	平	明		丁	听	林					镜	琴		心									引
iaŋ							量					将	强	娘	想									样
u	不	铺	木	胡	毒	土	绿	谷	箍							祖	族	树	如	筑	出	属	肉	雾
ua								瓜	跨		华					抓			挼			耍		瓦
uæ								刮			滑							刷						袜
ue								国	阔		或													
uai								乖	快		坏					踹	揣	帅						歪
uei					堆	颓	内	归	奎		汇					贼	垂	虽	锐					伟
uan					端	团	乱	管	款		换					钻	铲	算	软					完
uən								滚	昆		横					准	蠢	顺	孕					文
uaŋ								光	狂		黄					装	床	双						王
y							虑					拒	区	女	虚									余
yu												橘	屈		俗									
ye												决	茄		雪									月
yө												脚	确		学									约
yɛn												卷	全		选									元
yn												君	裙		寻									运
yoŋ												③	穷		兄									拥

说明：①□pʻia53：夆。如“这个衣服领子□pʻia53起，一点都不好看”

②□tia55：提

③□tɕyoŋ55：弯

3．常见的语流音变现象

（1）变调

泸州话最突出的变调现象是阳平重叠式名词和去声重叠式名词后字变阴平，与成都话变化规律一致。泸州话上述两类重叠式名词后字变调具有强制性，且不少重叠词都念作儿化韵，例如“条条儿” tʻiau21 tʻiaur21－55。

泸州话阴平重叠、上声重叠、入声重叠，以及非重叠音节相连时，均不变调。

（2）儿化

泸州话大部分韵母都可以儿化，儿化韵只有 ɚ、iɚ、uɚ、yɚ 四类，与成都话变化规律一致。

泸州话的异读情况与成都话类似。

4. 注音材料

（1）胖儿胖嘟嘟

胖儿胖嘟嘟，pʻaŋ^{13}uɚ^{21} pʻaŋ^{13}tu^{55}tu^{55}，骑马上成都。tɕʻi^{21} ma^{42}saŋ^{13}tsʻən^{21}tu^{55}。

成都又好耍，tsʻən^{21}tu^{55}iəu^{13}xau^{42} ʂua^{42}，胖儿骑白马。pʻaŋ^{13}uɚ^{21}tɕʻ^{21} pæ^{33}ma^{42}。

白马骑得高，pæ^{33}ma^{42} tɕʻi^{21}te^{33}kau^{55}，胖儿舞关刀。pʻaŋ^{13}uɚ^{21}u^{42}kuan^{55}tau^{55}。

关刀舞得圆，kuan^{55}tau^{55}u^{42}te^{33}yɛn^{21}，胖儿滚铁环。pʻaŋ^{13}uɚ^{21}kuən^{42}tʻie^{33}xuan^{21}。

铁环滚得远，tʻie^{33}xuan^{21}kuən^{42}te^{33}yɛn^{42}，胖儿跟到撵。pʻaŋ^{13}uɚ^{21}kən^{55}tau^{42}ȵiɛn^{42}。

（2）张打铁，李打铁

张打铁，李打铁，tsaŋ^{55}ta^{42}tʻie^{33}，ni^{42}ta^{42}tʻie^{33}，打把剪刀送姐姐。ta^{42}pa^{42}tɕiɛn^{42}tau^{55}soŋ^{13}tɕi^{42} tɕi^{42}。姐姐留我歇，tɕi^{42}tɕi^{42}niəu^{21}ŋo^{42}ɕie^{33}，我不歇。ŋo^{42}po^{33}ɕie^{33}。我要回家打毛铁。ŋo^{42}iau^{13} xuei^{21}tɕia^{55}ta^{42}mau^{21}tʻie^{33}。

（3）高高山上一树槐

高高山上一树槐，kau^{55}kau^{55}san^{55}saŋ^{13}i^{33}su^{13}xuai^{21}，手把栏杆舍望郎来，səu^{42}pa^{42}nan^{21}kan^{55} se^{42}uaŋ^{13}naŋ^{21}nai^{21}，娘问女儿舍你望啥子哟？ȵiaŋ^{21}uən^{13}ȵy^{42}ɚ^{21}se^{42}ȵi^{42}uaŋ^{13}sa^{13}tsɿ^{42}iɵ？我望槐花舍儿时开。ŋo^{42}uaŋ^{13}xuai^{21}xua^{55}se^{42}tɕi^{42}sɿ^{21}kʻai^{55}。

二、入声高平调区

（一）乐山话音系

乐山位于四川省西南部，处于岷江、大渡河和青衣江交汇处。根据黄雪贞《西南官话的分区（稿）》（1986）的划分，乐山话属于灌赤片区岷江小片。李蓝将其归为西蜀片岷赤小片①。乐山话语音上的重要特点是独立成类的入声念高平调。乐山话没有舌面鼻音声母 ȵ，没有边音声母 l，没有舌尖后音声母 tʂ、tʂʻ、ʂ、ʐ。韵母 a^{n}、ua^{n} 的鼻音韵尾收音较弱，韵母 iɛ̃、yɛ̃ 鼻音韵尾脱落、元音鼻化。儿化韵极少，儿尾独立成音节，如“桌桌儿”tsʊ^{44}tsʊ^{44}ɚ^{21}。

1. 声韵调系统

声母：19 个，其中辅音声母 18 个，零声母 1 个。见下表。

乐山话声母表

表 2－82

p 爸比波不	pʻ排魄坡普	m 满磨码米	f 法虎佛飞	
t 但电底都	tʻ探听吐踢	n 南令路绿		
k 该光估过	kʻ开宽哭可	ŋ 暗欧硬我	x 孩狠哈黑	
tɕ 继借姐菊	tɕʻ去前齐		ɕ 西玄霞虚	
ts 灾只猪乍	tsʻ菜闯吃出		s 三瘦四书	z 然人日如
ø 阿衣温鱼				

① 李蓝. 西南官话的分区（稿）. 方言，2009（1）.

声母说明：

乐山话声母系统和发音特征与成都话有较大的一致性，差别只在于鼻音声母 n 发音时口腔时有弱气流。n 和 l 是一对自由变体，不具有区别意义的作用，实际发音 n 例字较多，纯粹发 l 的字极少。鼻音声母与齐齿呼、撮口呼韵母相拼时，带有舌面摩擦色彩，音近 ȵ，但普通话中的“年连”发音在乐山话中不区别意义，因此仍记为 n。

韵母：39 个，其中单韵母 11 个，复韵母 15 个，鼻韵母 13 个。见下表。

乐山话韵母表

表 2－83

ʅ 知耻思世	i 地披迷鼻	u 肚肉主路	y 居旅鱼女
ɘ 直尺食日		ʊ 不木忽桌	
a 杀妈大拉	ia 家假下霞	ua 洼瓜抓要	
æ 百拍答则	iæ 夹恰瞎鸭	uæ 刮滑啄袜	yu 学脚却钥
o 波末果我			
ɚ 而二耳儿			
e 各克额黑	ie 别灭列切		
ai 爱盖害在	iɛi 界解	uai 歪怪坏快	
ei 批背妹飞		uei 推对雷退	
au 咬搞好找	iau 叫笑要桥		
əu 欧沟周抽	iəu 优久秀秋		
a^n 但干慢站	iɛ̃ 边面点脸	ua^n 弯官欢万	yɛ̃ 原宣绢劝
ən 坑针轮深程等	in 心令今情	uən 文滚混困	yn 营倾荣永
aŋ 当躺长赏	iaŋ 秧香江强	uaŋ 王逛狂黄	
oŋ 瓮红猛茂			yoŋ 用雄涌穷

韵母说明：

乐山话韵母系统除入声字韵母外，与成都话一致性较大，不同之处为：

（1）普通话韵母 iɛn、yɛn 的主要元音开口略小，鼻音韵尾不实在，主要元音鼻化，但鼻化音很弱，实际发音为 iɛ̃、yɛ̃，有的甚至失去鼻化色彩。犍为、沐川等地有此特点。

（2）韵母 ei 可以与唇音声母 p、p‘、m、f 及舌尖前音声母 ʦ、ʦ‘、s、z 相拼。

（3）乐山话古入声字除声调独立外，韵母独立成类，主要有以下类型：

æ 韵母：普通话唇音、舌尖中音与韵母 ɤ 相拼的中古入声字，乐山话多读为 æ，如“白百麦默得德特勒”等。温江、崇州、什邡、大邑、都江堰、彭州、邛崃、郫县、新津、蒲江、犍为、沐川、峨眉山、屏山、彭山、青神、泸州、合江、古蔺、叙永、纳溪、西充、苍溪、射洪、荥经、宜宾、江安、长宁、珙县、高县、兴文、南溪等地均有 æ 韵母。

e 韵母：普通话舌面后音与韵母 ɤ 相拼的中古入声字，如“割克额德勒则测热”，它们多来自中古咸开一合韵、山摄入声、宕开一铎韵和江开二觉韵字，曾开一德韵字，梗开二陌韵、麦韵的知组、庄组和见系字。

iæ 韵母：普通话舌面前音、零声母与韵母 ia 相拼的中古入声字，如“夹恰瞎鸭”。温江、崇州、什邡、大邑、都江堰、彭州、郫县、新津、蒲江、犍为、沐川、峨眉山、屏山、青神、泸州、合江、叙永、纳溪、西充、射洪、荥经、宜宾、江安、长宁、珙县、高县、兴文、南溪等地均有 iæ 韵母。

yu 韵母：普通话大多为韵母 ye，如“学脚却”，主要是来自中古宕开三、宕合三药韵，江开二觉韵，曾合三职韵的中古入声字。合江、夹江、洪雅、盐源、盐边、米易等地有类似特点。

uæ 韵母：普通话舌面后音、舌尖前音与韵母 ua、uo 相拼的中古入声字，如“刮括滑啄刷袜”。温江、崇州、什邡、大邑、都江堰、彭州、邛崃、郫县、新津、蒲江、犍为、沐川、峨眉山、屏山、彭山、青神、泸州、合江、古蔺、纳溪、西充、苍溪、射洪、荥经、宜宾、江安、长宁、珙县、高县、兴文、南溪等地均有 uæ 韵母。

ʊ 韵母：普通话唇音、舌尖中音、舌尖前音和舌面后音与韵母 u 相拼的中古入声字，如“不扑木复毒突六竹出速入骨哭忽屋”等。犍为、沐川、屏山、古蔺等地有类似特点。

声调：有阴平、阳平、上声、去声四个调类，中古入声独立成为高平调。见下表。

乐山话声调及其与普通话声调对照表

表 2－84

调类	普通话调值	乐山话调值	例　字
阴平	55	55	波天沾关
阳平	35	21	婆旁赔冯
上声	214	43	懂马假米
去声	51	13	互太唱是
入声		44	八割月突

声调说明：

（1）乐山话有四个调型：高平调（阴平和入声）、升调（去声）、降调（上声和阳平）。

（2）乐山话的阴平有时语感上接近于高升调 45，可作为变体处理。古入声字独立成调。

2. 声韵配合关系

乐山话声韵配合表

表 2－85

	p	pʻ	m	f	t	tʻ	n	k	kʻ	ŋ	x	tɕ	tɕʻ	ɕ	ts	tsʻ	s	z	ø
ɿ															自	齿	丝		
ə															直	尺	食	日	
a	坝	爬	马		打	他	拿	尬	奓	轧	吓				渣	查	杀		阿
æ	百	拍	墨	发	答	踏	蜡								则	拆	塞	热	
o	波	剖	末		多	妥	罗	果	科	我	喝				坐	错	梭		窝
e								各	克	额	黑								
ɚ																			二
ai	摆	排	买		呆	台	来	街	凯	爱	鞋				灾	柴	赛		
ei	背	培	美	废	堆										遮	车	奢	惹	

续表 2－85

	p	p‘	m	f	t	t‘	n	k	k‘	ŋ	x	tɕ	tɕ‘	ɕ	ts	ts‘	s	z	ø
au	包	袍	卯		刀	涛	脑	窖	敲	咬	豪				招	造	苕	扰	
əu					兜	抖	楼	沟	口	沤	喉				周	丑	寿	肉	
a^n	班	盘	慢	反	丹	探	男	甘	看	淹	咸				毡	产	蝉	燃	
ən	奔	盆	闷	粉	等	吞	嫩	更	肯	恩	恒				真	逞	孙	扔	
aŋ	帮	旁	忙	放	当	汤	郎	港	抗	昂	项				张	长	赏	瓤	
oŋ		朋	亩	凤	东	同	拢	供	空		红				中	宠	耸	绒	翁
i	逼	匹	篾		爹	提	李					姐	齐	写					爷
ia												家		霞					牙
iæ												夹	恰	瞎					鸭
ie	别	撇	灭		敌	贴	列					接	切	席					一
iɛi												界							
iau	标	瓢	妙		雕	条	了					交	巧	笑					舀
iəu					丢		刘					纠	求	朽					右
iɛ̃	边	偏	面		点	天	脸					尖	前	险					眼
in	宾	平	明		丁	听	林					镜	琴	心					引
iaŋ							良					将	抢	象					央
u	布	谱	母	胡	肚	土	努	古	箍						祖	除	苏	如	乌
ʊ	不	瀑	木	缚	毒	秃	乐	骨	哭		忽				桌	出	速	弱	屋
ua								瓜	跨		华				抓		耍		瓦
uæ								刮	括		滑				啄		刷		袜
uai								乖	快		坏				跩	揣	帅		歪
uei					队	颓	内	归	奎		汇				追	垂	水	锐	伟
ua^n					端	团	乱	官	款		欢				赚	川	算	软	完
uən								滚	昆		横				准	蠢	顺	孕	文
uaŋ								光	筐		黄				装	创	双		王
y							虑					拒	去	虚					鱼
yu							略					脚	确	学					约
yɛ̃												捐	圈	宣					圆
yn												君	裙	迅					运
yoŋ												①	穷	兄					拥

说明：①□$tɕyoŋ^{44}$："弓"（动词）的口语音

3. 常见的语流音变现象

（1）变调

①重叠式名词变调

乐山话阳平重叠式名词，绝大部分后字变阴平调；上声重叠式名词，后字变为阳平调，这两种变化与成都话变调规律一致。

乐山话去声字重叠式名词，大多数连读不变调，例如"坝坝"$pa^{13}pa^{13}$。只有个别后字变高平调，例如"舅舅"$tɕiəu^{13}tɕiəu^{13-55}$。

②其他两字组变调

非重叠去声字连读，后字变低降调21，例如：

费用 fei^{13}yoŋ$^{13-21}$ | 态度 tʻai^{13}tu$^{13-21}$ | 硬是 ŋən^{13}sɿ$^{13-21}$ | 大路 ta^{13}nu$^{13-21}$

技术 tɕi^{13}su$^{13-21}$ | 厉害 ni^{13}xai$^{13-21}$ | 顺便 suən^{13}piɛ̃$^{13-21}$ | 故事 ku^{13}sɿ$^{13-21}$

部分非重叠两字组后字为阳平时，变为高平调，例如：

姑娘 ku^{55}niaŋ$^{21-55}$ | 外前 uai^{13}tɕiɛ̃$^{21-55}$

（2）儿化与儿尾

乐山话儿化韵极少，儿尾独立成音节。儿尾有两种语音形式，一种是高平调 ɚ^{55}，一种是低降调 ɚ^{21}。使用规律大致为与前字声调调型交错。

前字为入声，儿尾用低降调 ɚ^{21}，例如：

小盒盒儿 ɕiau^{43}xe^{44}xe^{44}ɚ^{21} | 蛋壳儿 ta^{n213}ke^{44}ɚ^{21} | 桌桌儿 tsʊ^{44}tsʊ^{44}ɚ^{21} | 节节儿 tɕie^{44}tɕie^{44}ɚ^{21}

前字为降调阳平，儿尾用高平调 ɚ^{55}，例如：

小娃儿 ɕiau^{43}ua^{21}ɚ^{55} | 小刘儿 ɕiau^{43}niəu^{21}ɚ^{55} | 汤圆儿 tʻaŋ^{55}yɛ̃^{21}ɚ^{55} | 张琼儿 tsaŋ^{55}tɕʻyn^{21}ɚ^{55}

前字为高降调上声，儿尾多用低降调 ɚ^{21}，例如：

水水儿 suei^{43}suei^{43}ɚ^{21} | 鸡腿儿 tɕi^{55}tʻuei^{43}ɚ^{21} | 手儿 səu^{43}ɚ^{21}”

也有用 ɚ^{55}的，例如：

嘴嘴儿 tsuei^{43}tsuei^{43}ɚ^{55} | 花卷儿 xua^{55}tɕyɛ̃^{43}ɚ^{55}

前字为高平调阴平，儿尾多数用降调 ɚ^{21}，例如：

窝窝儿 o^{55}o^{55}ɚ^{21} | 车车儿 tsʻei^{55}tsʻei^{55}ɚ^{21} | 钢珠儿 kaŋ^{55}tsu^{55}ɚ^{21}

红包儿 xoŋ^{21}pau^{55}ɚ^{21} | 张军儿 tsaŋ^{55}tɕyn^{55}ɚ^{21}

也有个别用高平调 ɚ^{55}的，例如：

苦瓜儿 kʻu^{43}kua^{55}ɚ^{55} | 醪糟儿 nau^{21}tsau^{55}ɚ^{55} | 圆圈儿 yɛ̃^{n21}tɕʻyɛ̃^{n55}ɚ^{55}

乐山话一些字有异读现象，情况大致与成都话一致。

4. 注音材料

（1）胖儿胖嘟嘟

胖儿胖嘟嘟，pʻaŋ^{13}ɚ^{21} pʻaŋ ^{13}tu^{55}tu^{55}，骑马上成都。tɕʻi^{21}ma^{43}saŋ^{13}tsʻən^{21}tu^{55}。

成都又好耍，tsʻən^{21}tu^{55}iəu^{13}xau^{43}sua^{43}，胖儿骑白马。pʻaŋ^{13}ɚ^{21}tɕʻ^{21}pæ^{44}ma^{43}。

白马骑得高，pæ^{44}ma^{43} tɕʻi^{44}te^{21}kau^{55}，胖儿舞关刀。pʻaŋ^{13}ɚ^{21}u^{43}kua^{n55}tau^{55}。

关刀舞得圆，kua^{n55}tau^{55}u^{43}te^{44}yɛ̃^{43}，胖儿滚铁环。pʻaŋ^{13}ɚ^{44}kuən^{42}tʻie^{44}xua^{n21}。

铁环滚得远，tʻie^{44}xua^{n21}kuən^{42}te^{44}yɛ̃^{43}，胖儿跟到撵。pʻaŋ^{13}ɚ^{44}kən^{55}tau^{42}ȵiɛ̃^{43}。

（2）张打铁，李打铁

张打铁，李打铁，tsaŋ^{55}ta^{43}tʻie^{44}，ni^{43}ta^{43}tʻie^{44}，打把剪刀送姐姐。ta^{43}pa^{43}tɕiɛ̃^{43}tau^{55}soŋ^{13}tɕi^{43}tɕi^{43}。姐姐留我歇，tɕi^{43}tɕi^{43}niəu^{21}ŋo^{43}ɕi^{44}，我不歇。ŋo^{43}po^{44}ɕi^{44}。我要回家打毛铁。ŋo^{43}iau^{13}xuei^{21}tɕia^{55}ta^{43}mau^{21}tʻie^{44}。

（3）高高山上一树槐

高高山上一树槐，kau^{55}kau^{55}sa^{n55}saŋ^{13}i^{44}su^{13}xuai^{21}，手把栏杆舍望郎来，səu^{43}pa^{43}nan^{n21}ka^{n55}se^{21}uaŋ^{13}naŋ^{21}nai^{21}，娘问女儿舍你望啥子哟？niaŋ^{21}uən^{13}ny^{43}ɚ^{44}se^{21}ni^{43}uaŋ^{13}sa^{44}tsɿ^{43}yu^{44}？我望槐

花舍几时开。ŋo^{43}uaŋ^{13}xuai^{21}xua^{55}se^{21}tɕi^{43}sɿ^{21}k‘ai^{55}。

（二）峨眉山话音系①

峨眉山市位于四川盆地西南边缘川南峨眉山麓，在大渡、青衣两水的中间，西南连接大小凉山。峨眉话属于灌赤片区岷江小片。其语音上的重要特点是中古入声字独立成类，念高平调，古入声字韵母也独立成类。普通话 an、iɛn、uan、yɛn 四个韵母的鼻音韵尾在峨眉山话中脱落，主要元音鼻化，实际发音为 ã、iẽ、uã、yẽ。中古果摄字韵母多读为 o、ɔ。峨眉山话一些变调也颇具特色，如去声字“上”在方位短语中多变为阴平，如“角角上”“后边上”。这些特点使之在听感上与邻近的乐山等地方言有明显区别。

1. 声韵调系统

声母：19 个，其中有辅音声母 18 个，零声母 1 个。见下表。

峨眉山话声母表

表 2－86

p 爸比波不	p‘排魄坡普	m 满磨码米	f 法虎佛飞	
t 但电底都	t‘探听吐踢	n 南令路绿		
k 街光估过	k‘概宽哭可	ŋ 暗欧硬我	x 孩狠傻黑	
tɕ 继借姐菊	tɕ‘去前齐强		ɕ 西玄霞虚	
ts 灾只猪乍	ts‘菜闯吃出		s 三瘦四书	z 然人日如
ø 阿衣温鱼				

声母说明：

峨眉山话声母系统与乐山话较为一致，不同之处在于：

（1）普通话声母 tʂ、tʂ‘、ʂ、ʐ 峨眉话对应地读为 ts、ts‘、s、z，如“壮长商让”，部分人也发 tʂ、tʂ‘、ʂ、ʐ，但舌尖轻触上齿龈，比普通话 tʂ、tʂ‘、ʂ、ʐ 发音部位更靠前，而且不起区别意义的作用，因此不单独列出。

（2）有音节 xu，如“胡忽”，这与四川大部分地点方言不同。此外，南江、天全也有 xu，但有逐渐减少倾向。

韵母：39 个，其中单韵母 10 个，复韵母 16 个，鼻韵母 13 个。见下表。

峨眉山话韵母表

表 2－87

ɿ 知耻思世	i 地披迷细	u 肚如主路	y 居鱼女屈
a 沙妈大拉	ia 家下霞雅	ua 洼瓜抓耍	
æ 白德炸格	iæ 恰瞎鸭	uæ 刷国扩挖	
o 波可罗磨			yo 学脚月越

① 参看陈绍龄，郝锡炯．峨眉音系．四川大学学报，1959（1）．

续表 2－87

e 客得摘蛇	ie 且别接切		ye 绝雪茄
ɔ 哥贺割恶			
ɚ 而二耳儿			
ai 爱害在解	iɛi 械介谐界①	uai 歪怪坏快	
ei 批背妹飞		uei 推对雷退	
au 咬搞好找	iau 叫笑要桥		
əu 欧沟周抽	iəu 优久秀秋		
ã 但干慢站	iẽ 边面点脸	uã 弯官欢万	yẽ 原宣绢劝
ən 坑针轮深	in 心令今情	uən 文滚混困	yn 营倾荣永
aŋ 当躺长赏	iaŋ 秧香江强	uaŋ 王逛狂黄	
oŋ 瓮疯蹦茂			yoŋ 用雄涌穷

韵母说明：

峨眉山话韵母系统跟乐山话接近，不同之处在于：

（1）普通话 an、iɛn、uan、yɛn 四个韵母的鼻音韵尾脱落，主要元音鼻化。普通话 an、uan 实际发音为 ã、uã，鼻化色彩较重。眉山、沐川、洪雅、叙永、合江、古蔺、西充、仪陇、苍溪、阆中、射洪、天全、芦山、泸定、德昌、会理、冕宁、盐源、盐边、米易、宁南、宜宾、长宁、高县、兴文、筠连、南溪等地有类似特点。普通话 iɛn、yɛn 实际发音为 iẽ、yẽ，鼻化较轻。夹江有类似特点。

（2）中古果摄字多读为 o、ɔ，如“多拖罗左挪驼”“哥可各鹅呵”等，没有韵母 uo、ɤ。

（3）韵母 ei 可与舌尖前音声母 ʦ、ʦʻ、s、z 相拼，如“者扯舍惹”，主要是假摄舒声开口三等精组和知系字，实际发音韵腹开口略大接近 ɛ。

（4）部分蟹山摄舒声合口一等端泥组字失去介音，如“队”tei、“内”nei、“端短”tã、“乱”nã。

（5）峨眉山话古入声字除声调独立外，韵母独立成类，有以下类型：

æ 韵母：主要来自中古咸山开口一二三等帮端知系字、曾一梗二开口帮端知系字、深臻曾梗开口二三等庄组字，如“辣腊舌北择客涩色策”。

iæ 韵母：主要来自咸开二等见系入声字，山开二辖韵晓组入声字，普通话舌面前音、零声母与韵母 ia 相拼的中古入声字，如“夹恰瞎鸭”。

uæ 韵母：主要来自山合一二等入声字，如“刮括滑啄刷袜”。

e 韵母：来自中古咸开一合韵、山摄入声、宕开一铎韵和江开二觉韵字，曾开一德韵字，梗开二陌韵、麦韵的知组、庄组和见系字，如“得摘蛇”。

ɔ 韵母：主要来自中古咸山宕开口一等见系字，如“葛阁恶”。

ie 韵母：咸山三四等开口帮见端系字，如“灭切揭”。

u 韵母：今读 u 的中古入声字实际发音接近 ʊ，如“我爸我妈我奶奶一屋住”在峨眉山话中听感上像“我爸我妈我奶奶一窝猪”。

---

① 峨眉山“界”类字有几读，旧读 kai，新读有 ʨiɛi、ʨie、ʨiẽ。

ye 和 yo 韵母：主要来自山摄合口三四等、宕江开口二三等精见系字，如“绝雪茄 ye”“却钥月越 yo”。

声调：有阴平、阳平、上声、去声四个调类，中古入声独立成为一类。见下表。

峨眉山话声调及其与普通话声调对照表

表 2－88

调类	普通话调值	峨眉话调值	例 字
阴平	55	44	欢天沾关汤砖
阳平	35	21	婆旁赔冯绵然
上声	214	42	跑奶假米女好
去声	51	13	互库做是盖望
入声		55	革雪夺却约六

声调说明：

（1）峨眉山话有三个调型：高平调（阴平和入声）、升调（去声）、降调（阳平和上声）。

（2）古去声字为低升调 13，语流中也存在变体 23 调。部分古去声字峨眉山话读为高平调 44，如“过据卸坐记世贺”。

（3）古入声字一般独立成 55 调，语流中也可念作 45 调，部分入声字混入阴平，如“说祝括”，少数变去声如“八直”。

2. 声韵配合关系

峨眉山话声韵配合表

表 2－89

	p	pʻ	m	f	t	tʻ	n	k	kʻ	ŋ	x	tɕ	tɕʻ	ɕ	ʦ	ʦʻ	s	z	ø
ɿ															自	侈	丝	日	
a	坝	怕	马	发	打	他	拿	嘎	奓	轧	吓				渣	查	杀		
æ	百	拍	墨	法	得	塔	蜡	格	刻	额	黑				扎	厕	社	热	
o	波	剖	末		多	妥	乐	果	廓	我	获				坐	错	梭	弱	饿
e					德										摘		蛇		
ɔ								各	磕	恶	贺								
ɚ																			二
ai	摆	排	买		呆	台	来	街	凯	爱	鞋				灾	柴	赛		
ei	背	培	美	废											者	扯	奢	惹	
au	包	袍	卯		刀	涛	脑	窖	敲	咬	豪				招	造	苕	扰	
əu					兜	抖	楼	沟	口	沤	喉				周	丑	寿	柔	
ã	班	盘	满	反	丹	坦	滥	甘	看	淹	含				毡	产	蝉	燃	
ən	奔	盆	闷	粉	等	吞	嫩	更	肯	恩	恒				真	逞	孙	扔	
aŋ	帮	旁	忙	放	当	汤	郎	港	抗	昂	项				张	长	赏	瓤	
oŋ	崩	朋	亩	凤	东	同	拢	供	空		红				中	宠	耸	绒	翁

续表 2－89

	p	pʻ	m	f	t	tʻ	n	k	kʻ	ŋ	x	tɕ	tɕʻ	ɕ	ts	tsʻ	s	z	ø
i	逼	匹	眉		爹	提	力					基	齐	习					遗
ia												家		霞					
iæ												夹	恰	瞎					鸭
ie	别	撇	灭		迭	贴	列					姐	切	斜					也
iɛi												界		懈					
iau	标	瓢	妙		雕	条	了					交	巧	笑					跃
iəu			谬		丢		刘					纠	求	朽					右
iẽ	边	偏	面		点	天	脸					尖	前	险					眼
in	宾	平	明		丁	听	林					镜	琴	心					引
iaŋ							良					将	讲	象					央
u	布	铺	母	夫	堵	土	路	古	箍		胡				祖	醋	叔	如	五
ua								瓜	跨		华				抓			挼	瓦
uæ								国	刮		滑						刷		挖
uai								乖	快		坏				踹	揣	帅		歪
uei					堆	颓	内	归	奎		汇				贼	垂	虽	锐	伟
uã					端	团	乱	官	款		欢				钻	铲	酸	软	完
uən								滚	昆		横				准	蠢	顺	孕	文
uaŋ								光	筐		黄				装	创	爽		王
y							虑					拒	屈	虚					役
ye												决	茄	雪					
yo							略					脚	确	学					月
yẽ												捐	圈	宣					圆
yn												君	裙	讯					运
yoŋ													穷	兄					拥

3．常见的语流音变现象

①变调

峨眉山话变调主要有去声字的连读变调。两个去声字相连，无论重叠与否，前字变读为阳平，后字不变调。例如：

帕帕 pʻa$^{13-21}$pʻa^{13} | 盖盖 kai$^{13-21}$kai^{13} | 蛋蛋 tã$^{13-21}$tã^{13} | 甑甑 tsən$^{13-21}$tsən^{13}（去声重叠）

大灶 ta$^{13-21}$tsau^{13} | 笑话 ɕiau$^{13-21}$xua^{13} | 电棒 tiã$^{13-21}$paŋ^{13} | 豆瓣 təu$^{13-21}$pã^{13}（去声相连）

②儿化

峨眉山话儿化韵有 ɚ、iɚ、uɚ、yɚ 四类。儿化韵有时还会变调。例见下表。

峨眉山话儿化韵示例表

表 2－90

例词	不儿化	儿化	例词	不儿化	儿化
这	tse^{13}	tsɚ^{44}	披衫	p‘ei^{44} sã^{44}	p‘ei^{44} sɚ^{44}
梨	ni^{21}	niɚ^{21}	钉锤	tin^{44} ts‘uei^{21}	tin^{44} ts‘uɚ^{21}
鱼	y^{21}	yɚ^{21}	老虎	nau^{42} xu^{42}	nau^{42} xuɚ^{42}
南瓜	nã^{21} kua^{44}	nãn^{21} kuɚ^{44}	桑泡	suaŋ^{44} p‘au^{13}	suaŋ^{44} p‘ɚ^{44}
豆瓣	təu^{13} pã^{13}	təu$^{13-21}$ pɚ^{13}	油炸粑	iəu^{21} tsæ^{55} pa^{44}	iəu^{21} tsæ^{55} pɚ^{44}

还有一些字在语流中有变调。第一，“十”本是去声，表示整数一十时变阴平 44。第二，“一”“不”单念为去声 13，语流中后接去声字时常变为阳平 21（要强调“一”和“不”时不变调）。第三，“上”单字为去声，方位短语中多变为阴平，如“角角上”“边边上”“对门上”“后边上”“面上”①。第四，“下”在方位结构末尾时有两种变调，一种变为阴平，如“地下”；另一种变为阳平，如“底下”。

峨眉山话的异读情况与成都话类似，新旧异读主要是受普通话和强势方言的影响而产生。

4．注音材料

（1）胖儿胖嘟嘟

胖儿胖嘟嘟，p‘aŋ^{13}uɚ^{21} p‘aŋ ^{13}tu^{44}tu^{44}，骑马上成都。tɕ‘i^{21} ma^{42}saŋ^{13}ts‘ən^{21}tu^{44}。

成都又好耍，ts‘ən^{21}tu^{44}iəu^{13}xau^{42}sua^{42}，胖儿骑白马。p‘aŋ^{13}uɚ^{21}tɕ‘^{21}pæ^{55}ma^{42}。

白马骑得高，pæ^{55}ma^{42} tɕ‘i^{21}te^{55}kau^{44}，胖儿舞关刀。p‘aŋ^{13}uɚ^{21}u^{42}kuã^{44}tau^{44}。

关刀舞得圆，kuã^{44}tau^{44}u^{42}te^{55}yẽ^{21}，胖儿滚铁环。p‘aŋ^{13}uɚ^{21}kuən^{42}t‘ie^{55}xuã^{21}。

铁环滚得远，t‘ie^{55}xuã^{21}kuən^{42}te^{55}yẽ^{42}，胖儿跟到撵。p‘aŋ^{13}uɚ^{21}kən^{44}tau^{42}niẽ^{42}。

（2）张打铁，李打铁

张打铁，李打铁，tsaŋ^{44}ta^{42}t‘ie^{55}，ni^{42}ta^{42}t‘ie^{55}，打把剪刀送姐姐。ta^{42}pa^{42}tɕiẽ^{42}tau^{44}soŋ^{13}tɕie^{42}tɕie$^{42-21}$。姐姐留我歇，tɕie^{42}tɕie$^{42-21}$ niəu^{21} ŋo^{42} ɕie^{55}，我不歇。ŋo^{42} po^{55} ɕie^{55}。我要回家打毛铁。ŋo^{42}iau^{13}xuei^{21}tɕia^{44}ta^{42}mau^{21}t‘ie^{55}。

（3）高高山上一树槐

高高山上一树槐，kau^{44}kau^{44}sã^{44}saŋ^{13}i^{55}su^{44}xuai^{21}，手把栏杆舍望郎来，səu^{42}pa^{42}nã^{21}kã^{44}se$^{42-44}$uaŋ^{13}naŋ^{21}nai^{21}，娘问女儿舍你望啥子哟？niaŋ^{21} uən^{13} ny^{42} ɚ^{21} se$^{42-44}$ ni^{42} uaŋ^{13} sa$^{21-13}$ tsɿ^{42} yo^{42}？我望槐花舍儿时开。ŋo^{42}uaŋ^{13}xuai^{21}xua^{44}se$^{42-44}$tɕi^{42}sɿ^{21}k‘ai^{44}。

三、入声中升调区

眉山话音系

根据黄雪贞《西南官话的分区（稿）》（1986）的划分，眉山话属于西南官话的灌赤片岷江小片；李蓝把眉山话归入西蜀片岷赤小片②。眉山话语音主要特点是有 5 个调类，古入声独立成调，调型为中升 24 调，阴平、阳平、上声、去声调值都接近西南官话的常见调值。声母 n、l 不分，有舌面

① “面上”有两读，旧读变调为 miẽ^{13}saŋ^{44}，新读不变调 miẽ^{13}saŋ^{13}，这是受普通话和强势方言模式影响的结果。

② 李蓝．西南官话的分区（稿）．方言，2009（1）．

鼻音声母 ȵ，没有舌尖后音声母 tʂ、tʂʻ、ʂ、ʐ。一部分古入声字韵母独立成类。普通话 an、iɛn、uan、yɛn 韵尾丢失，韵腹成为鼻化元音 ã、iɛ̃、uã、yɛ̃；中古假开三麻韵章组声母字韵母念 ei，如“扯 ʦʻei^{53}、射 sei^{13}、惹 zei^{53}”等；中古果摄一等帮组、端组字如“波婆多裸罗”等，果摄一等少数精组、见组字如“左锅锁”部分，眉山话多读 u 韵母；中古曾开一德韵的端系入声字、曾开三职韵的庄组声母字韵母念 ai，如“得 tai^{24}”“特 tʻai^{24}、勒 nai^{24}、折 ʦai^{24}”，“厕 ʦʻai^{24}、色 sai^{24}、热^{24}zai”等。阴平字重叠构成名词后字调值稍降，如“妈妈 ma^{55}ma$^{55-44}$”。这些特点使之与邻近地点方言有明显不同。非入声字中，如古麻韵见系字韵母，眉山话几乎都念 i，如“姐 ʨi^{53}、且 ʨʻi^{53}、爷 i^{31}”。

1．声韵调系统

声母：20 个。其中辅音声母 19 个，零声母 1 个，见下表。

眉山话声母表

表 2－91

p 爸比本补	pʻ怕漂盘普	m 麻米门母	f 发冯父虎	
t 大地定堆	tʻ塔梯同图	n 难莲路吕		
k 个跟姑光	kʻ搁开空快	ŋ 我欧安恩	x 河海咸黄	
ʦ 知糟中主	ʦʻ吃擦层揣		s 师沙声税	z 日热绒如
ʨ 节精举军	ʨʻ千秋权去	ȵ 你年严女	ɕ 休线虚旋	
ø 阿移温云				

声母说明：

眉山话声母系统与成都话基本一致。

韵母：共 33 个。其中单韵母 7 个，复韵母 16 个，鼻韵母 9 个，见下表。

眉山话韵母表

表 2－92

ɿ 知吃死是	i 你皮地计	u 不土做波①	y 吕女句鱼
a 阿爬擦哈	ia 家恰辖压	ua 抓要跨娃	
	ie 灭别切叶		ye 绝茄雪月②
o 哦科作	io 略脚雀药		
ɚ 而儿耳二			
ai 排厕改爱		uai 衰怪怀歪	
ei 扯蛇被惹		uei 退雷贵危	
au 饱倒烧好	iau 表条叫要		
əu 头丑口欧	iəu 牛流酒油		
ã 班慢但安	iɛ̃ 边点见烟	uã 短钻官弯	yɛ̃ 卷劝旋远
ən 本等根程	in 冰听情印	uən 准纯困文	yn 君琼训永
aŋ 方当长抗	iaŋ 两讲呛央	uaŋ 床广黄枉	
oŋ 风懂总公			yŋ 穷凶用允

① 眉山话“波多哥”等字韵母有两读，老派读作 u，新派受成渝小片方言影响读作 o。

② 眉山话“雪月”等字韵母有两读，老派读作 io，新派受成渝小片方言影响读作 ye。

韵母说明：

眉山话韵母系统和发音特征与成都话有较大的一致性，不同之处在于：

（1）普通话韵母 an、iɛn、uan、yɛn，在眉山话中鼻音韵尾脱落，主要元音鼻化，分别念 ã、iɛ̃、uã、yɛ̃，如“贪参监减弹看间官玩圈倦元”等。

（2）眉山话没四川方言大多数点都有的 iai/iɛi 韵，“界介”等字韵母同“盐”iɛ̃①。沐川、井研、犍为、屏山、青川、夹江、青神、丹棱、纳溪、仁寿、资中等地有这个特点。

（3）没有韵母 uo，中古果摄一等帮组、端组字，眉山话多数读 u 韵母，如“波婆多裸罗”等，果摄一等少数精组、见组字如“左锅锁”等也读 u 韵母；一部分果摄一等精组、见组字，眉山话读 o 韵母，如“课火搓作”。此外，中古山、咸、宕、江摄的曷、末、铎、觉、屋等入声韵（普通话多读 uo 韵母、少数读 ɤ 韵母），眉山话也读 o 韵母，如“渴夺活寞落穫浊桌说”等。眉山话 u 和 o 有时自由变化，如“素”so^{13}/su^{13}，“录”no^{24}/nu^{24}，“坐”tsu^{13}/tso^{13}，“躲”tu^{53}/to^{53}，但这种韵母自由变化情况并不普遍存在于各音节。

（4）中古入声字声调独立成类，同时韵母归属也与成都话不同：

o 韵母：主要来自中古山开一曷韵见组字、咸开一合韵、盍韵的见、晓组字、宕开一铎韵的见系声母字，如“割鸽盒磕各鹤恶善恶”。

ai 韵母：主要来自山开三薛韵知系声母字，曾摄德韵、职韵的端系、知组庄组、见组声母字，梗开二陌、麦两韵的知系、见系声母字，如“撤舌热得则黑拆客”。

ei 韵母：主要来自假开三章组声母字、咸开三叶韵的庄组声母字，如“遮蛇社舍射赦折摄”。

io 韵母：主要来自宕开三、宕合三药韵，江开二觉韵，曾合三职韵，通合三烛韵见系入声字，如“药”“脚”“角”“域”“欲”。彭山、西昌等地也有这个特点。

（5）眉山话的韵母 ən，同 k、ŋ 拼合时，主要元音舌位较高，听起来近似于 in，如“根 kin^{55}”“硬 $ŋin^{13}$”等。

（6）眉山话 ie 韵母字和普通话 ie 韵母字不完全对应。古入声字，如山摄薛韵、屑韵的帮系、端系、见系字，咸摄三、四等业韵、叶韵、帖韵的端系、见系字眉山话多读为 ie 韵母，如“聂猎接捷页叶业胁怯劫跌帖贴迭蝶碟谍协”“灭别裂泄孽撇铁节噎”等。而麻韵精组、以母等非入声字则多读为 i 韵母，如“姐且写些借谢夜爷”等。

声调：有阴平、阳平、上声、去声、入声五个调类。各调类的调值见下表。

眉山话声调及其与普通话声调对照表

表 2－93

调类	普通话调值	眉山话调值	例　字
阴平	55	55	飞梯诗关
阳平	35	31	房题河来
上声	214	53	比体使碗
去声	51	13	胖弟是晒
入声	无	24	笔得识叶

声调说明：

（1）眉山话共有三种调型：平调、升调和降调。平调为阴平 55，升调包括去声 13 和入声 24，

① 眉山话中“界介”有新旧两读，老派读 tɕiɛ̃，新派读 tɕie。

降调包括阳平 31 和上声 53。

（2）眉山话保留了古入声，入声自成调类。

2. 声韵配合关系。

眉山话声韵配合表

表 2－94

	p	pʻ	m	f	t	tʻ	n	k	kʻ	ŋ	x	tɕ	tɕʻ	ȵ	ɕ	ts	tsʻ	s	z	ø
ɿ																自	此	施		
a	坝	怕	马	发	打	他		嘎	卡	轧	吓					渣	查	沙		阿
ã	班	盘	满	饭	单	坦	滥	甘	看	安	汉					站	产	蝉	然	
o	薄	泼	寞		夺		落	果	可	我①	和					作	错	说	若	握
ɚ																				二
ai	摆	排	买		呆	台	来	街	凯	爱	鞋					灾	柴	赛		
ei	背	培	美	废												遮	扯	蛇	惹	
au	包	袍	卯		刀	涛	脑	窖	敲	咬	豪					招	造	苕	扰	
əu					兜	抖	楼	沟	口	沤	喉					周	丑	寿	柔	
ən	奔	盆	闷	粉	等	吞	嫩	更	肯	恩	恒					真	逞	孙	扔	
aŋ	帮	胖	莽	方	当	堂	浪	刚	抗	昂	航					章	仓	桑	让	
oŋ	崩	朋	亩	凤	东	同	拢	供	空		红					中	宠	耸	绒	瓮
i	比	匹	米		爹	体	力					基	齐	你	习					遗
ia	瘪	①			②		③					家	卡		霞					牙
iɛ̃	边	偏	面		点	田	连					见	前	年	先					言
ie	别	撇	灭		迭	贴	列					皆	切	捏	斜					也
io												脚	确		学					约
iau	标	瓢	妙		雕	条	了					交	巧	尿	笑					要
iəu					丢		刘					纠	求	纽	朽					右
in	宾	平	明		丁	听	林					镜	琴		心					引
iaŋ							量					将	强	娘	想					样
u	不	铺	木	胡	多	土	罗	谷	箍	我						左	族	属	如	雾
ua								瓜	跨		华					抓		要	挼	瓦
uã					端	团	乱	管	款		换					钻	铲	算	软	完
uai								乖	快		坏					跩	揣	帅		歪
uei					堆	颓	内	归	奎		汇					贼	垂	虽	锐	伟
uən								滚	昆		横					准	蠢	顺	孕	文
uaŋ								光	狂		黄					装	床	双		王
y							虑					拒	屈	女	虚					鱼
ye												决	茄		穴					抈
yɛ̃												卷	全		选					元
yn												君	裙		寻					运
yŋ													穷		兄					拥

说明：①□pʻia^{53}：耷拉。如“衣领 pʻia^{53}起不好看”

②□tia^{55}：提。如“太重了，tia^{55}不动”

③□ȵia^{55}：粘人。如“他家女儿 ȵia^{55}得很”

---

① 眉山话“我”有两读，旧读 ŋu^{53}，新读 ŋo^{53}。

3．常见的语流音变现象

（1）变调

眉山话变调主要是重叠式名词的变调，其中阳平重叠式名词后字变阴平，与成都话一致。最有特色的是阴平重叠式名词的变调，前字不变，后字调值稍降，但仍是平调，例如：

缸缸 kaŋ^{55}kaŋ$^{55-44}$ ｜ 妈妈 ma^{55}ma$^{55-44}$ ｜珠珠$_{\text{珠子}}$ʦu^{55}ʦu$^{55-44}$ ｜边边 piɛ̃^{55} piɛ̃$^{55-44}$

香香 ɕiaŋ^{55}ɕiaŋ$^{55-44}$ ｜帮帮 paŋ^{55}paŋ$^{55-44}$ ｜风风$_{\text{风声}}$foŋ^{55}foŋ$^{55-44}$｜尖尖 ʨiɛ̃^{55}ʨiɛ̃$^{55-44}$

方方$_{\text{方形的东西}}$faŋ^{55}faŋ$^{55-44}$ ｜巅巅$_{\text{尖端}}$tiɛ̃^{55}tiɛ̃$^{55-44}$ ｜抽抽$_{\text{抽屉}}$ʦʻu^{55} ʦʻu$^{55-44}$

盅盅 ʦoŋ^{55} ʦoŋ$^{55-44}$ ｜渣渣 ʦa^{55} ʦa$^{55-44}$ ｜箍箍 kʻu^{55}kʻu$^{55-44}$

眉山话上声、去声、入声重叠以及双音节非重叠词都不变调。

（2）儿化

眉山话几乎没有儿化韵，只有极少一些儿化词，比如“蹬蹬$_{\text{儿}}$鞋”。

眉山话的异读情况与成都话类似。

4．注音材料

（1）胖儿胖嘟嘟

胖儿胖嘟嘟，pʻaŋ^{13}ɚ^{31} pʻaŋ ^{13}tu^{55}tu$^{55-44}$，骑马上成都。ʨʻi^{31} ma^{53} saŋ^{13}ʦʻən^{31}tu^{55}。

成都又好耍，ʦʻən^{31}tu^{55}iəu^{13}xau^{53}sua^{53}，胖儿骑白马。pʻaŋ^{13}ɚ^{31}ʨʻ^{31}pe^{24}ma^{53}。

白马骑得高，pe^{24}ma^{53} ʨʻi^{31}te^{24}kau^{55}，胖儿舞关刀。pʻaŋ^{13}ɚ^{31}u^{53}kuã^{55}tau^{55}。

关刀舞得圆，kuã^{55}tau^{55}u^{53}te^{24}yẽ^{31}，胖儿滚铁环。pʻaŋ^{13}ɚ^{31}kuən^{53}tʻie^{24}xuã^{31}。

铁环滚得远，tʻie^{24}xuã^{31}kuən^{53}te^{24}yẽ^{53}，胖儿跟到撵。pʻaŋ^{13}ɚ^{31}kən^{55}tau^{53}ȵiẽ^{53}。

（2）张打铁，李打铁

张打铁，李打铁，ʦaŋ^{55}ta^{53}tʻie^{24}，ni^{53}ta^{53}tʻie^{24}，打把剪刀送姐姐。ta^{53}pa^{53}ʨiɛ̃^{53}tau^{55}soŋ^{13}ʨi^{53} ʨi^{53}。姐姐留我歇，ʨi^{53}ʨi^{53} niəu^{31} ŋo^{53} ɕie^{24}，我不歇。ŋo^{53} pu^{24} ɕie^{24}。我要回家打毛铁。ŋo^{53} iau^{13} xuei^{31}ʨia^{55}ta^{53}mau^{31}tʻie^{24}。

（3）高高山上一树槐

高高山上一树槐，kau^{55}kau$^{55-44}$ sã^{55} saŋ^{13}i^{24} su^{13} xuai^{31}，手把栏杆舍望郎来，səu^{53} pa^{53} nã^{31} kã^{55} sei^{53}uaŋ^{13}naŋ^{31}nai^{31}，娘问女儿舍你望啥子哟？ȵiaŋ^{31} uən^{13} ȵy^{53} ɚ^{31} sei^{53} ȵi^{53} uaŋ^{13} sa^{13} ʦɿ^{53} io^{31}？我望槐花舍儿时开。ŋo^{53} uaŋ^{13}xuai^{31}xua^{55} sei^{53} ʨi^{53} sɿ^{31} kʻai^{55}。

四、入声中降调区

西昌话音系①

西昌位于四川省西南部川西高原安宁河平原腹地。西昌话指主要通行于西昌城区的汉语方言，黄雪贞《西南官话的分区（稿）》把它划归西南官话的灌赤片，因为它的古入声字不读阳平。李蓝归入川西片凉山小片②。从其入声字独立成类来看，它属于灌赤片中的岷江小片。但它的声母有 ʦ、ʦʻ、s 与 ʂ、ʂʻ、ʂ的对立，韵母没有撮口呼，具有昆贵片的一些特点。其中没有撮口呼的特点，也使得它不同于岷江小片的其他方言点。不仅如此，在整个四川方言中西昌话也颇具特色：

① 参看西昌市志编委会．西昌市志·方言．成都：四川人民出版社，1996．

② 李蓝．西南官话的分区（稿）．方言，2009（1）．

这主要表现在声调调型和调值方面。四川方言的阴平，一般是高平调55或高升调45，少数地区是44调，西昌话即是如此；阳平一般是低降调21或中降调31，个别地方是高降调41或42，西昌话则是52，近乎全降调；上声一般是高降调53或42，个别地方是中升调，西昌话即是34；去声一般是曲折调213或214，有的是低升调13或14，西昌话是低平调11；有入声的四川方言，入声一般是中平调33或高平调55，少数地方是升调，西昌话一地则是中降调31。

此外，部分中古合口呼端系字，西昌话读开口呼，如“对腿内罪”等字韵母是ei，“端酸”等字韵母是an；从声韵配合关系看，ei韵可以拼声母t、tʻ、n。这些都跟一般的四川方言不相同。

1. 声韵调系统

声母：22个，其中21个辅音声母，1个零声母。见下表。

西昌话声母表

表2－95

p 把布边帮	pʻ怕普盘旁	m 麻米门忙	f 飞胡冯法	
t 大度定东	tʻ太梯台同	n 怒路年凉		
ʦ 糟祖宗增	ʦʻ仓曹醋从		s 苏师三宋	
ʈʂ 朱招站中	ʈʂʻ初潮虫昌		ʂ 是书蛇生	ʐ 入绕然闰
ʨ 杰家见精	ʨʻ去秋前穷		ɕ 修虚玄线	
k 贵姑竿光	kʻ开葵看空	ŋ 岸案硬袄	x 海和咸慌	
ø 儿衣鱼碗王				

声母说明：

西昌话的声母系统与自贡话比较一致，有ʦ、ʦʻ、s与ʈʂ、ʈʂʻ、ʂ的对立，只是ʈʂ、ʈʂʻ、ʂ、ʐ的发音部位较普通话靠前。此外，ʨ、ʨʻ、ɕ同i相拼的时候，有时候读得像ʦ、ʦʻ、s。

韵母：33个，其中单韵母8个，复元音韵母14个，鼻音韵母11个。见下表。

西昌话韵母表

表2－96

ɿ 资紫词自	i 皮基鱼力	u 布故鹿主
ʅ 支知持是	iu 局曲速欲	
a 他爬炸八	ia 家夏恰鸭	ua 耍抓花刮
ɛ 特则黑格	iɛ 姐靴月叶	uɛ 国扩或
o 多脱河过	io 略却学脚	
ɚ 而儿耳二		
ai 稗宰开蛇		uai 揣帅怪快

续表 2－96

ei 背非堆罪		uei 税规灰卫
au 饱烧桃早	iau 条笑叫腰	
əu 丑收斗瘦	iəu 流休九秋	
an 般三衔团	ian 减连现圆	uan 栓转换湾
ən 沉程硬彭	in 紧京星群	uən 春问纯昏
aŋ 党桑刚航	iaŋ 羊讲相两	uaŋ 光床双装
oŋ 棚东中翁	ioŋ 兄穷胸勇	

韵母说明：

（1）韵母 i 往往带较明显的摩擦，有时还发成带有摩擦色彩的舌尖前高不圆唇元音。如“一”发 jɿ，“皮”发 p‘jɿ。i 同 tɕ、tɕ‘、ɕ 拼合时，有时候读成 ɿ，tɕ、tɕ‘、ɕ 也相应变得像 ts、ts‘、s。

（2）充当韵尾的 u 圆唇度较低，有时候有展唇色彩，音色近乎舌面后、高不圆唇元音 ɯ。尤其是在 əu、iəu 之中。如“狗”读 kəɯ，“九”读 tɕiəɯ。

（3）与普通话相比，西昌话没有撮口呼。普通话的撮口呼字，在西昌话中一般读成相应的齐齿呼。如“雨”“以”韵母都是 i，“月”读同“叶”，“圆”读同“盐”。

声调：有阴平、阳平、上声、去声、入声 5 个调类，各调类及相应调值见下表。

西昌话声调及其与普通话声调对照表

表 2－97

调类	普通话调值	西昌话调值	例　字
阴平	55	44	梯高弯工
阳平	35	52	提才南床
上声	214	34	体伟展党
去声	51	11	替未挺洞
入声		31	滴八窄月

声调说明：

（1）西昌话共 3 个调型：平调，包括高平调（阴平）和低平调（去声）；降调（阳平和入声）；升调（上声），缺少普通话中的曲折调。

（2）去声调值不太稳定，有时念成低降调 21。

2. 声韵配合关系

西昌话声韵配合表

表2－98

	p	pʻ	m	f	t	tʻ	n	k	kʻ	ŋ	x	tɕ	tɕʻ	ɕ	tʂ	tʂʻ	ʂ	ʐ	ts	tsʻ	s	ø
ɿ																			资	次	四	
ʅ															指	持	是	日				
a	把	怕	马	发	大	他	拿	①	卡	②	哈				渣	茶	沙		杂	擦	洒	
o	波	婆	磨		多	脱	落			我					捉	戳	说	弱	作	撮	锁	饿
oŋ	绷	捧	梦	封				工	空		红				中	虫		绒	宗	聪	送	翁
ɛ	北	迫	墨		得	特	勒	格	克	额	黑				这	车	社	热	则	泽	色	
ɚ																						二
ai	摆	牌	买					该	开	爱	害				债	柴	晒		在	才	赛	
ei	杯	陪	美	肥	堆	推	内												嘴	脆	随	
au	包	抛	毛		刀	掏	闹	高	靠						找	超	烧	绕	早	操	扫	
əu					陡	偷	楼	沟	口	藕	后				周	抽	收	肉	走	凑	馊	
an	班	盘	满	凡	单	谈	难	竿	看	安	汉				占	产	山	然	赞	惨	三	
ən	本	盆	门	分	等	藤	能	跟	肯	硬	很				真	陈	神	人	怎	村	森	
aŋ	帮	旁	忙	放	当	汤	郎	刚	康	昂	航				张	长	上	让	脏	仓	桑	
i	比	皮	米		地	梯	你					鸡	起	洗								一
iu												菊	曲	俗								欲
ia	扁③				④							加	恰	霞								压
iɛ	扁⑤	撇			碟	铁	列					姐	切	写								爷
io							略					脚	确	学								药
iau	表	飘	庙		吊	条	料					叫	桥	小								妖
iəu			谬		丢		留					九	秋	修								又
ian	边	偏	面		点	添	年					件	前	现								烟
in	兵	瓶	民		定	听	临					今	庆	星								音
iaŋ							亮					将	强	向								羊
ioŋ													穷	凶								用
u	布	铺	母	扶	度	土	路	古	苦													吴
ua								瓜	夸		花				抓		耍	挼				瓦
uɛ								国	扩		或											
uai								怪	快		坏				拽⑥	揣	甩					外
uei								归	葵		回				追	吹	税	锐				为
uan								管	宽		还				转	穿	拴	软				碗
uən								滚	昆		昏				准	春	纯					文
uaŋ								光	况		慌				装	疮	双					王

说明：①□ka^{34}：小儿语称肉为"□ka^{34}□ka^{34}"

②□ŋa^{44}：压

③⑤均是口语音

④□tia^{44}：提

⑥拽 tʂuai^{44}硬卖给别人：我不想买，你偏要拽给我

3. 常见的语流音变现象

（1）变调

西昌话阳平和去声重叠变调与成都话基本一致。其他有特点的语流音变现象有：

①去声非重叠变调

去声字在别的字前面时，变读曲折调213，而不管其后的字是什么声调。如：

凌冰$_{冰}$ nin$^{11-213}$pin^{44} | “碓窝$_{舂米用的石臼}$ tuei$^{11-213}$o^{44} | 剃头 t'i$^{11-213}$t'əu^{52}

大鱼 ta$^{11-213}$i^{52} | 臭水” tʂ'əu$^{11-213}$ʂuei^{34} | 下雨 ɕia$^{11-213}$i^{34} | 院坝$_{院子}$ ian$^{11-213}$pa^{11}

上课 ʂaŋ$^{11-213}$k'o^{11} | 化雪 xua$^{11-213}$ɕiɛ^{31} | 坐月 tso$^{11-213}$iɛ^{31}

②入声的变调

入声字重叠构成名词时，后一音节变读阴平。如：

壳壳 k'o^{31}k'o$^{31-44}$ | 索索 so^{31}so$^{31-44}$ | 盒盒 xo^{31}xo$^{31-44}$ | 刷刷 sua^{31}sua$^{31-44}$

入声和阳平变调规律相同：重叠构成名词时，后一音节变读阴平；重叠而不构成名词则不变调。

（2）儿化

西昌话中儿化现象很常见，在四川方言中属于儿化韵类较少的一类。由于西昌话没有撮口呼，所以实际只有ɚ、iɚ、uɚ三类，是四川方言中儿化韵最少的地方之一。如“猫$_{儿}$”和“老妈$_{儿}$ $_{老太婆}$”第二个音节都读mɚ^{44}，“孙$_{儿}$、猴$_{儿}$”韵母都是ɚ；“眼$_{儿}$、影$_{儿}$、鱼$_{儿}$、女$_{儿}$”韵母都读iɚ；“裤$_{儿}$、筷$_{儿}$”都读k'uɚ^{11}。

西昌话单音节儿化词较多，如上举的“裤$_{儿}$、筷$_{儿}$”和“桃$_{儿}$、谷$_{儿}$ $_{稻粒}$、位$_{儿}$ $_{座位}$、虱$_{儿}$ $_{虱子}$”等，一般四川方言较少使用。

4. 特殊语音现象

（1）部分中古合口呼字，今读开口呼

这主要是中古的一些合口端系字。如蟹摄合口一等端组字“堆对”，“推腿退蜕”，“队兑”；泥组字“内雷”；精组字“催最”，“罪”；蟹摄合口三等精组字“脆岁”；止摄合口三等来母字“累类”“泪”，精组字“嘴醉翠虽”等，韵母都是ei。而在普通话中除了上述泥组字外，韵母一律是合口呼uei。至于上述泥组字在一般四川方言中，韵母也是uei。又如山摄合口一等端系字韵母几乎全念开口，如“端团暖乱钻窜酸”等字，韵母全是an。而这类字普通话和一般四川方言，韵母都是合口呼uan。此外臻摄合口一等和三等端系舒声字，西昌话也跟一般四川方言一样变成开口呼了。如臻摄合口一等“敦盾论尊村存损”，三等的“轮遵 笋”等字，韵母都是ən，而在普通话它们的韵母都是合口呼uən。由于上述情况，就使得西昌话中合口呼字比普通话和大部分四川方言都少，并且也使得西昌话的ei韵母可以同t、t'、n相拼合，跟一般四川方言也有所不同。

（2）异读现象

一些字有异读现象，如“解”，在“解疙瘩”中读kai^{34}，在“解放军”中读tɕiɛ^{34}。

西昌话异读字示例表

表2－99

窖	老窖 kau^{11}，地窖 tɕiau^{11}	街	街 kai^{44}，街道 tɕiɛ^{44}
角	牛角 ko^{31}，角落 tɕiau^{31}	敲	敲棒棒 k'au^{44}，推敲 tɕ'iau^{44}
陷	陷下去 xan^{11}，沦陷 ɕian^{11}	堂	堂屋 t'au^{52}，课堂 t'aŋ^{52}
宁	宁静 nin^{52}，宁远桥$_{西昌市内地名}$ ni^{52}		

这种异读，有的可以说是文白异读，如“堂”的 t‘au^{52}是白读音，t‘aŋ^{52}是文读音；“宁”的 ni^{52}是白读音，nin^{52}是文读音。有的是新旧读音并存造成的。如“解、街、窖、角、陷”的前一种读法是传统读音，后一种读法往往是受强势方言，主要是受普通话影响而产生的新读音。这种新读音正不断产生。如“足”“促”“肃”，本来分别读 ʨiu^{31}、ʨ‘iu^{31}、ɕiu^{31}，现在也分别读 ʦu^{31}、ʦ‘u^{31}、su^{31}，形成了新的异读现象。

5. 内部差异

西昌话内部存在一些地域差异和不同社会群体之间的差异。以安宁河为界，河两岸的话存在某些不同。靠近邛海的郊区，韵母 i 念得近乎带明显摩擦色彩的舌尖前元音 ɿ，如“皮”读 p‘jɿ^{52}，“米”读 mjɿ^{34}，“移、鱼”同音，都念 jɿ^{52}。这跟邛海边小渔村话的情况类似。小渔村话元音 ɿ 结合能力很强，不限于同 ʦ、ʦ‘、s 拼合，还可以同其他汉语方言中跟 i 拼合的声母拼合，如“皮”p‘ɿ，“米”mɿ。

市区话有受成都话影响的情况。如去声字城区人往往念成曲折调，近乎 213 调。这是成都话去声的调值，因为对于西昌话而言，成都话是强势方言，容易对它产生影响。又如 ʦ、ʦ‘、s 与 ʈʂ、ʈʂ‘、ʂ 的对立，城区不如农村保存得好；西昌话本无 iai 韵母，成都话念 iai 韵母的“界、械、懈”等字，西昌话本读 ai 韵母，而现在也有人把它们读成 iai 韵母了。这些也都跟成都话的影响不无关系。

从年龄角度看，年轻人的口中，i 的发音不大像小渔村话，而较多受成都话影响。ʦ、ʦ‘、s 与 ʈʂ、ʈʂ‘、ʂ 对立的保留情况，年轻人也跟老年人不同。城区的老年人比年轻人保存较好，很多年轻人已经把不少本读 ʈʂ、ʈʂ‘、ʂ、ʐ 声母的字读成 ʦ、ʦ‘、s、z 声母了。

前面谈到的因受普通话影响而产生的新读音，也是在城区，在年轻人口中更为常见。

6. 注音材料

（1）胖儿胖嘟嘟

胖娃儿胖嘟嘟，p‘aŋ$^{11-213}$uɚ^{52} p‘aŋ$^{11-213}$tu^{44}tu^{44}，骑马上成都。ʨ‘i^{52}ma^{34} ʂaŋ$^{11-213}$ʈʂ‘ən^{52}tu^{44}。

成都又好耍，ʈʂ‘ən^{52}tu^{44}iəu$^{11-213}$xau^{34} ʂua^{34}，胖娃儿骑白马。p‘aŋ^{213}uɚ^{52} ʨ‘i^{52}pe^{31}ma^{34}。

白马骑得高，pe^{31}ma^{34} ʨ‘i^{52}te^{31}kau^{44}，胖娃儿舞关刀。p‘aŋ^{213}uɚ^{52}u^{34}kuan^{44}tau^{44}。

关刀舞得圆，kuan^{44}tau^{44}u^{34}te^{31}ian^{52}，胖娃儿滚铁环。p‘aŋ^{213}uɚ^{52}kuən^{34}t‘ie^{31}xuan^{52}。

铁环滚得远，t‘ie^{31}xuan^{52}kuən^{34}te^{31}te^{31}ian^{34}，胖娃儿跟到撵。p‘aŋ^{213}uɚ^{52}kən^{44}tau^{34}nian^{34}。

（2）张打铁，李打铁

张打铁，李打铁，ʈʂaŋ^{44}ta^{34}t‘ie^{31}，ni^{34}ta^{34}t‘ie^{31}，打把剪刀送姐姐。ta^{34}pa^{34}ʨian^{34}tau^{44}soŋ^{11} ʨie^{34}ʨie^{34}。姐姐留我歇，ʨie^{34}ʨie^{34}niəu^{52}ŋo^{34}ɕie^{31}，我不歇。ŋo^{34}pu^{31}ɕie^{31}。我要回家打毛铁。ŋo^{34}iau$^{11-213}$xuei^{52}ʨia^{44}ta^{34}mau^{52}t‘ie^{31}。

（3）高高山上一树槐

高高山上一树槐，kau^{44}kau^{44} ʂan^{44} ʂaŋ$^{11-213}$i^{31} ʂu^{11}xuai^{52}，手把栏杆舍望郎来，ʂəu^{34}pa^{34}nan^{52} kan^{44} ʂe^{34}uaŋ$^{11-213}$naŋ^{52}nai^{52}，娘问女儿舍你望啥子哟？niaŋ^{52}uən$^{11-213}$ni^{34}ɚ^{52} ʂe^{34}ni^{34}uaŋ^{11} ʂa^{11}ʦɿ^{34}io^{34}？我望槐花舍几时开。ŋo^{34}uaŋ$^{11-213}$xuai^{52}xua^{44} ʂe^{34}ʨi^{34} ʂʅ^{52}k‘ai^{44}。

四川省志·方言志

第三篇　四川客家方言

就四川各客家方言岛所处的位置和目前所掌握的材料，参照《中国语言地图集》对汉语方言分区所采用的“大区——区——片——小片——点”的层次，四川客家方言可分成两大片、四小片：

1. 四川粤东片客家方言
   - （1）川西成都小片
   - （2）川东南内江小片
   - （3）川西南黄联小片

2. 四川粤北片客家方言——川北仪陇片

把四川境内集中分布的客家方言分为四川粤东片和四川粤北片，主要基于来源、落籍地和语言特点三个方面的理由：

第一，从来源地看，四川客家方言的祖籍方言有别。客家人的迁徙具有同籍同族同迁一地落业定居的特点。四川粤东片的客家人主要来自粤东长乐（今五华）、梅县、龙川、河源、惠州、兴宁等地。成都客家人的祖籍以粤东长乐、梅县居多，西昌客家人多来自梅县、兴宁、龙川。隆昌客家人多来自长乐（五华）、龙川、惠州、兴宁。四川粤东片各客家方言点之间一致性很强，互相对话没有什么障碍，其共同的来源是三地客家人能用客家话比较顺利沟通的主要原因。仪陇客家人的祖籍以粤北韶关乳源县为主。由于粤东和粤北客家方言存在着比较明显的差别，致使今天四川粤东片和四川粤北片也有很大的差别，两片客家方言之间较难沟通。

第二，从落籍地看，四川各地的客家方言还受到落籍地官话方言的影响。如成都、内江、西昌三地客家方言同属粤东片，其内部又有差异，这也是受到不同四川官话影响的结果，以致形成粤东片的川西成都小片、川东南内江小片和川西南黄联小片。

第三，从语言特点看，四川粤东片和四川粤北片客家方言都保存了客家方言的重要特点。前者在声母、韵母方面全面具有粤东客家方言，甚至客家方言的一般特点，在声调方面也具有跟梅县、五华客家方言很一致的特点；后者则具有粤北客家方言的重要特点，而对客家方言的一般特点的保存相对来讲稍弱，在声调方面跟四川粤东片的差异也比较大。两片的声韵调特点详见后文，此处仅就韵母和声调作简单的比较：

客家方言粤东片和粤北片声韵比较表

表3－1

地点 \ 比较项目		韵母		声调		
		哥果开一平歌见	狗流开一上厚见	阴平	阴入	阳入
梅县	粤东客方言①	ko^{44}	keu^{31}	44	1	5
五华		ko^{44}	keu^{31}	44	1	5
成都洛带		ko^{45}	$kiəu^{31}$	45	2	5
内江隆昌		ko^{45}	$kəu^{31}$	45	3	5
西昌黄联		ko^{45}	$kəu^{31}$	45	3	5
乳源	粤北客方言②	$kɔu^{44}$	$kɛu^{31}$	44	2	5
翁源		kou^{23}	$kɛu^{31}$	23	2	5
乐昌		$kɔu^{44}$	$kɛu^{41}$	44	4	2
英德		kou^{33}	$kɛɪ^{31}$	33	2	4
仪陇		$kəu^{33}$	$kɛ^{53}$	33	5	3

从上表可看出，果开一等的“哥”字在洛带、隆昌、黄联各点的读音高度统一，都读单韵母o，而在仪陇则读复韵母əu。读为o，跟五华、梅县相同而跟粤北乳源等几个地点相异；读为əu跟英德、翁源等地点十分接近，跟乳源、乐昌也相近而跟粤东五华、梅县相异。流开一的“狗”字，洛带读$kiəu^{31}$、隆昌、黄联一致读为$kəu^{31}$，跟梅县、五华读音keu^{31}比较接近并能建立对应关系；仪陇读为$kə^{53}$，韵腹跟粤北各点相同，应当是əu或əi脱落韵尾所致。在声调方面，洛带、隆昌、黄联一致性也很强，阴平读为次高升调，跟五华、梅县客家话相近；阴入低，阳入高的特点也跟五华、梅县话一致。仪陇客家话的阴平是33，为中调，跟英德客家话一致，跟翁源也很接近；阴入高，阳入低是仪陇客家方言入声的读音特点，这跟粤北的乐昌客家话是相同的。阴入高，阳入低这个特点在粤北的始兴县还可以找到。

仪陇客家话跟成都、隆昌、黄联客家话之间在语言特点上的重要差异是四川客家方言分片的重要依据，这也能够解释成都、内江、西昌几地客家话沟通度高以及它们跟仪陇客家方言之间的沟通度低的原因。

① 黄雪贞．梅县方言词典．南京：江苏教育出版社，1997：5；魏宇文．五华话同音字汇．方言，1997（3）．

② 粤北客家方言据中山大学庄初升教授提供。

第一章　客家方言的语言特点

四川境内的客家方言，可以看成是客家方言的一个特殊的次方言，其特殊性在于它是闽粤赣客家人移民到四川而形成的。讨论四川客家方言的语言特点需立足于跟原乡客家方言与四川官话的关系。从跟闽粤赣客家方言的关系来看，四川客家方言与粤东北客家方言有很大的一致性，其中仪陇客家方言跟粤北客家方言的关系很密切，成都、西昌、内江各点的客家方言则跟粤东五华、梅县等地的客家方言关系密切。尽管四川境内的客家方言可以分成两个大片，但它们也有很多共同之处：保留了闽粤赣客家方言基本的语音、词汇和语法特点，如语音上具有的古全浊声母字不论平仄，逢今塞音、塞擦音读为送气清音；古次浊上声与古全浊上声字部分读阴平的特点跟闽粤赣客家方言完全相同，这些特点是确定四川客家方言跟闽粤赣客家方言具有亲缘关系的语言学证据。从跟四川官话的关系看，由于在跟四川官话的接触中处于弱势地位而受到了四川官话的深刻影响，四川客家方言具有了鲜明的西南官话特色，体现出跟闽粤赣客家方言之间的明显差异，比如在语音上具有撮口呼韵母、词汇上有儿化词、语法上名词普遍用 AA 式构成新词等。

第一节　客家方言的语音特点

跟中古音比较，四川客家方言在声母和韵母方面都简化了很多，在声调方面则都保留了中古的入声，包括阴入和阳入。下文表中关于仪陇和西昌两个点材料参考了《四川境内的客方言》[①]，成都洛带的材料参考了《洛带客家方言研究》[②]，成都凉水井的材料主要参考了《华阳凉水井客家话记音》[③]，部分材料来自兰玉英、史德英对凉水井客家方言的调查，成都泰兴的材料参考了《泰兴客家方言研究》[④]，隆昌的材料来自曾为志、兰玉英对隆昌客家方言的调查；威远的材料来自《四川境内的客方言》[⑤]。表中客家话成都各点、隆昌、西昌属于四川粤东片，仪陇属于四川粤北片，威远点归属待定。

一、声母特点

（一）古全浊声母字不论平仄，逢今塞音、塞擦音读为送气清音，保留了客家方言语音的重要特点。见下表。

① 崔荣昌．四川境内的客方言．成都：四川客家研究中心，2006.

② 兰玉英．洛带客家方言研究．成都：四川人民出版社，2005.

③ 董同龢．华阳凉水井客家话记音．北京：科学出版社，1956：85.

④ 兰玉英，曾为志，李瑞禾．泰兴客家方言研究．北京：中国社会科学出版社，2007.

⑤ 崔荣昌．四川境内的客方言．成都：四川客家研究中心，2006.

四川客家方言古全浊声母字今读音表

表 3－2

	菩并	大定	坐从	谢邪	柱澄	愁崇	跪群
成都洛带	pʻu^{13}	tʻai^{53}	ʦʻo^{45}	tɕʻia^{53}	ʦʻu^{45}	ʦʻə^{13}	kʻuei^{31}
成都凉水井	pʻu^{13}	tʻai^{31}	ʦʻo^{45}	tɕʻia^{31}	ʦʻu^{45}	ʦʻəu^{13}	kʻuei^{31}
成都泰兴	pʻu^{13}	tʻai^{31}	ʦʻo^{45}	tɕʻia^{31}	ʦʻu^{45}	ʦʻəu^{13}	kʻuei^{31}
隆昌	pʻu^{13}	tʻai^{53}	ʦʻo^{45}	tɕʻia^{53}	ʦu^{53}	ʦʻəu^{13}	kʻuei^{31}
西昌	pʻu^{13}	tʻai^{53}	ʦʻo^{45}	tɕʻia^{53}	tʂʻu^{45}	tʂʻəu^{13}	kʻuei^{31}
仪陇	pʻu^{21}	tʻai^{53}	ʦʻəu^{33}	tɕʻia^{53}	ʦʻu^{53}	ʦʻəu^{21}	kʻuei^{53}
威远	pʻu^{31}	tʻai^{55}	ʦʻo^{13}	tɕʻia^{55}	ʦʻu^{55}	ʦʻəu^{31}	kʻuei^{55}

（二）古非组声母字四川客家方言多读唇齿音 f、v，部分字保留重唇音读 p、pʻ、m，这也是保留了客家方言的语音特点。见下表。

四川客家方言古非组声母字今读音表

表 3－3

	方非	麸敷	饭奉	文微	斧非	肥奉	尾微	蚊微
成都洛带	fɔŋ^{45}	fu^{45}	fan^{53}	vən^{13}	pu^{31}	pʻei^{13}	mei^{45}	mən^{45}
成都凉水井	fɔŋ^{45}	fu^{45}	fan^{31}	vən^{13}	pu^{31}	pʻei^{13}	mei^{45}	mən^{45}
成都泰兴	fɔŋ^{45}	fu^{45}	fan^{31}	vən^{13}	pu^{31}	pʻei^{13}	mei^{45}	mən^{45}
隆昌	fɔŋ^{45}	fu^{45}	fan^{53}	vən^{13}	pu^{31}/fu^{31}	pʻei^{13}	mei^{45}	mən^{45}
西昌	fɔŋ^{45}	fu^{45}	fan^{53}	vən^{13}	fu^{31}	pʻei^{13}	mei^{45}	mən^{45}
仪陇	fɔŋ^{33}	fu^{33}	fan^{13}	uən^{21}	fu^{53}	pʻei^{21}	mei^{33}	uən^{21}
威远	fɔŋ^{13}	fu^{13}	fan^{55}	vən^{31}	pʻu^{53}	fei^{31}	mei^{13}	mən^{13}

（三）晓匣二母逢一二等开口今多读 x 或 h，逢合口晓母字多读 f，匣母字有 f、v、x/h 几读；几地客家方言逢三四等开口、合口今多读 ɕ。见下表。

四川客家方言古晓匣两母字今读音表

表 3－4

	河	火	花	孝	胡	灰	换	喜
成都洛带	xo^{13}	fo^{31}	fa^{45}	xau^{53}	fu^{13}	foi^{45}	vɔn^{53}	ɕi^{31}
成都凉水井	xo^{13}	fo^{31}	fa^{45}	xau^{53}	fu^{13}	foi^{45}	vɔŋ^{31}	ɕi^{31}
成都泰兴	xo^{13}	fo^{31}	fa^{45}	xau^{53}	fu^{13}	foi^{45}	vɔŋ^{31}	ɕi^{31}
隆昌	xo^{13}	fo^{31}	fa^{45}	xau^{53}	fu^{13}	foi^{45}	uɔn^{53}	ɕi^{31}
西昌	ho^{13}	fo^{31}	fa^{45}	ɕiau^{53}	fu^{13}	hoi^{45}	vɔn^{53}	ɕi^{31}
仪陇	xəu^{21}	fəu^{53}	fa^{33}	xau^{13}	fu^{21}	fo^{33}	fan^{13}	ɕi^{53}
威远	ho^{31}	fo^{53}	fa^{13}	ɕiau^{55}	fu^{31}	foi^{13}/hoi^{13}		ɕi^{31}

（四）古泥来二母的分合情况基本为相混型，具体情形有两种：

1. 成都、隆昌、威远客家话泥母字拼洪音跟来母字相混，读 n 读 l 都不区别意义，泥母拼细音读 ȵ；

2．西昌客家话泥母字不论洪细跟来母字合流，读 n 读 l 都不区别意义，西昌客家话无 ȵ。见下表。

客家方言古泥、来两母字今读音表

表 3－5

	暖	漏	闹	年	连	女	吕	嫩
成都洛带	lɔn^{45}	liəu^{53}	lau^{53}	ȵiɛn^{13}	liɛn^{13}	ȵy^{31}	ly^{45}	lən^{53}
成都凉水井	nɔn^{45}	niəu^{31}	nau^{53}	ȵiɛn^{13}	niɛn^{13}	ȵy^{31}	ny^{45}	nən^{31}
成都泰兴	lɔn^{45}	liəu^{53}	lau^{53}	ȵiɛn^{13}	liɛn^{13}	ȵy^{31}	ly^{45}	lən^{31}
隆昌	lɔn^{45}	ləu^{53}	lau^{53}	ȵiɛn^{13}	liɛn^{13}	ȵi^{31}	li^{45}	luən^{53}
西昌	nuan^{45}	ləu^{53}	nau^{53}	niɛn^{13}	liɛn^{13}	ni^{31}	li^{13}	lən^{53}
仪陇	lɔn^{33}	lau^{53}	lau^{53}	iɛn^{21}	liɛn^{21}	ȵy^{53}	ly^{53}	luən^{53}
威远	lɔn^{13}	ləu^{55}	nau^{55}	ȵiɛn^{31}	niɛn^{31}	ȵy^{53}	li^{53}	nuən^{55}

（五）古疑母、影母字的读音比较复杂，大部分合流读为 ŋ、v，有的读为零声母，其中疑母字拼细音在成都、隆昌多读为 ȵ，西昌客话无 ȵ，古疑母字读为 l 或 n。见下表。

客家方言古疑、影两母字今读音表

表 3－6

	鹅	樱	魏	碗	元	影	牛	五
成都洛带	ŋo^{13}	ŋiɛn^{45}	vei^{53}	vɔn^{31}	yɛn^{13}	iaŋ^{31}	ȵiəu^{13}	m̩^{31}
成都凉水井	ŋo^{13}	ŋiɛn^{45}	vei^{31}	vɔn^{31}	yɛn^{13}	iaŋ^{31}	ȵiəu^{13}	m̩^{31}
成都泰兴	ŋo^{13}	ŋiɛn^{45}	vei^{31}	vɔn^{31}	yɛn^{13}	iaŋ^{31}	ȵiəu^{13}	m̩^{31}
隆昌	ŋo^{13}	ŋən^{45}	uei^{53}	uɔn^{31}	iɛn^{13}	iaŋ^{31}	ȵiəu^{13}	m̩^{31}
西昌	ŋo^{13}	ŋən^{45}	vei^{53}	vɔn^{31}	iɛn^{13}	iaŋ^{31}	niəu^{13}	m̩^{31}
仪陇	ŋəu^{21}	ŋan^{33}	uei^{53}	uɔn^{53}	yɛn^{21}	iaŋ^{53}	ŋiɛ^{21}	n̩^{53}
威远	ŋo^{31}	ŋiɛn^{45}	vei^{55}	van^{53}	iɛn^{31}	iaŋ^{53}	ȵiəu^{31}	n̩^{53}

（六）古精组字与知庄章组字在四川各地客话的分合有两种情况：

1．在无翘舌声母的成都多数地点、威远古精组字跟知庄章组字合流，大都读 ts、ts‘、s，有少数字腭化为 tɕ、t‘、ɕ。

2．在有翘舌音的西昌和隆昌两地有 tɕ、tɕ‘、ɕ 与 tʂ、tʂ‘、ʂ 的分别，辖字范围各不相同，基本情形是西昌＞隆昌。成都泰兴客家话中也有完整的声母 tʂ、tʂ‘、ʂ，跟西昌、隆昌不同的是 tʂ 组声母所辖字非常少，仅限于曾摄开口三等职韵字和臻摄开口三等质韵字以及深摄开口三等缉韵字，且全都是入声字，如“直、值、织、职、识、殖、植、食、蚀、质、实、失、室、侄、汁、湿、拾、十、日”等。另外，仪陇客家话里个别精组字与知庄章组字以及个别古心母字也略带翘舌音色彩，不过这种现象仅出现在部分老年人口中，40 岁以下的年轻人则无翘舌音，精组字和知系字在仪陇客家话中也有读 tɕ、tʂ‘、ɕ 的。见下表。

客家方言古精组字和知系声母字今读音表

表3－7

	思	诗	从	虫	早	找	四	肫
成都洛带	sɿ^{45}	sɿ^{45}	ts'uŋ^{13}	ts'uŋ^{13}	tsau^{31}	tsau^{31}	ɕi^{53}	t'yn^{45}
成都凉水井	sɿ^{45}	sɿ^{45}	ts'uŋ^{13}	ts'uŋ^{13}	tsau^{31}	tsau^{31}	ɕi^{53}	tɕ'yn^{45}
成都泰兴	sɿ^{45}	sɿ^{45}	ts'uŋ^{13}	ts'uŋ^{13}	tsau^{31}	tsau^{31}	ɕi^{53}	tɕ'in^{45}
隆昌	sɿ^{45}	ʂʅ^{45}	ts'uŋ^{13}	tʂ'uŋ^{13}	tsau^{31}	tʂau^{31}	ɕi^{53}	tɕ'in^{45}
西昌	sɿ^{45}	ʂʅ^{45}	ts'uŋ^{13}	tʂ'uŋ^{13}	tsau^{31}	tʂau^{31}	ɕi^{53}	tɕ'in^{45}
仪陇	sɿ^{33}	sɿ^{33}	ts'uŋ^{21}	ts'uŋ^{21}	tsəu^{53}	tsau^{53}	ɕi^{13}	tɕ'in^{33}
威远	sɿ^{13}	sɿ^{13}	ts'uŋ^{31}	ts'uŋ^{31}	tsau^{53}	tsau^{53}	ɕi^{55}	

（七）见系二等字基本没有发生腭化变化，仍然读舌根音声母，韵母读洪音，个别字例外。见下表。

四川客家方言古见系二等字今读音表

表3－8

	牙	街	解	间	鞋	咸	讲	巧
成都洛带	ŋa^{13}	kai^{45}	kai^{31}	kan^{45}	xai^{13}	xan^{13}	kɔŋ^{31}	tɕ'iau^{31}
成都凉水井	ŋa^{13}	kai^{45}	kai^{31}	kan^{45}	xai^{13}	xan^{13}	kɔŋ^{31}	tɕ'iau^{31}
成都泰兴	ŋa^{13}	kai^{45}	kai^{31}	kan^{45}	xai^{13}	xan^{13}	kɔŋ^{31}	tɕ'iau^{31}
隆昌	ŋa^{13}	kai^{45}	kai^{31}	kan^{45}	xai^{13}	xan^{13}	kɔŋ^{31}	tɕ'iau^{31}
西昌	ŋa^{13}	kai^{45}	kai^{31}	kan^{45}	hai^{13}	han^{13}	kɔŋ^{31}	tɕ'iau^{31}
仪陇	ŋa^{21}	kai^{33}	kai^{53}	kan^{33}	xai^{21}	xan^{21}	kɔŋ^{53}	tɕ'iau^{53}
威远	ŋa^{31}	kai^{13}	kai^{53}	kan^{13}	hai^{31}	han^{31}	kɔŋ^{53}	tɕ'iau^{53}

（八）古精、见系声母不分尖团，精组细音一律读 tɕ、tɕ'、ɕ，跟见系细音相混，这一特点跟原乡客家方言不同而跟四川官话相同。见下表。

四川客家方言古精组、见系细音今读音表

表3－9

	酒精组 九见系	秋精组 邱见系	全精组 权见系	枪精组 腔见系	想精组 响见系
成都洛带	tɕiəu^{31}	tɕ'iəu^{45}	tɕ'yɛn^{13}	tɕ'iɔŋ^{45}	ɕiɔŋ^{31}
成都凉水井	tɕiəu^{31}	tɕ'iəu^{45}	tɕ'yɛn^{13}	tɕ'iɔŋ^{45}	ɕiɔŋ^{31}
成都泰兴	tɕiəu^{31}	tɕ'iəu^{45}	tɕ'yɛn^{13}	tɕ'iɔŋ^{45}	ɕiɔŋ^{31}
隆昌	tɕiəu^{31}	tɕ'iəu^{45}	tɕ'iɛn^{13}	tɕ'iɔŋ^{45}	ɕiɔŋ^{31}
西昌	tɕiəu^{31}	tɕ'iəu^{45}	tɕ'iɛn^{13}	tɕ'iɔŋ^{45}	ɕiɔŋ^{31}
仪陇	tɕiəu^{53}	tɕ'iəu^{33}	tɕ'yɛn^{21}	tɕ'iɔŋ^{33}	ɕiɔŋ^{53}
威远	tɕiəu^{53}	tɕ'iəu^{13}	tɕ'iɛn^{31}	tɕ'iɔŋ^{13}	ɕiɔŋ^{53}

二、韵母特点

（一）山摄一、二等舒声韵基本有 ɔn/on 与 an 的分别，蟹摄一、二等有 oi 与 ai/uai 的分别，这也是保留了客家方言重要的语音特点。见下表。

四川客家方言古山、蟹摄一、二等字今读音表

表 3－10

	看 山开一	间 山开二	官 山合一	关 山合二	抬 蟹开一	街 蟹开二	灰 蟹合一	怀 蟹合二
成都 洛带	kʻɔn^{53}	kan^{45}	kɔn^{45}	kuan^{45}	tʻoi^{13}	kai^{45}	foi^{45}	fai^{13}
成都 凉水井	kʻɔn^{53}	kan^{45}	kɔn^{45}	kuan^{45}	tʻoi^{13}	kai^{45}	foi^{45}	fai^{13}
成都 泰兴	kʻɔn^{53}	kan^{45}	kɔn^{45}	kuan^{45}	tʻoi^{13}	kai^{45}	foi^{45}	fai^{13}
西昌①	kʻɔn^{53}	kan^{45}	kuan^{45}	kuan^{45}	tʻoi^{13}	kai^{45}	hoi^{45}	huai^{13}
隆昌	kʻɔn^{53}	kan^{45}	kɔn^{45}	kuan^{45}	tʻoi^{13}	kai^{45}	foi^{45}	fai^{13}
仪陇	kʻɔn^{13}	kan^{33}	kɔn^{33}	kuan^{33}	tʻo^{21}	kai^{33}	fo^{33}	xuai^{21}
威远	kʻon^{55}	kan^{13}	kon^{13}	kuan^{13}	tʻoi^{31}	kai^{13}	hoi^{13}/fei^{13}	fai^{31}

（二）曾摄舒声字混同臻、深二摄读 ən/ɛn、in，有个别曾摄字在成都客话中读 iɛn，在仪陇客话中读 an；梗摄舒声字部分混同臻、深二摄读 ən、in，大部分读 aŋ、iaŋ。见下表。

四川客家方言古曾、梗与深、臻四摄舒声字今读音表

表 3－11

	林 深 邻 臻 陵 曾 灵 梗	针 深 珍 臻 蒸 曾 贞 梗	曾 曾	牲 梗	井 梗
成都 洛带	lin^{13}	tsən^{45}	tɕiɛn^{45}	saŋ^{45}	tɕiaŋ^{31}
成都 凉水井	nin^{13}	tsən^{45}	tɕiɛn^{45}	saŋ^{45}	tɕiaŋ^{31}
成都 泰兴	lin^{13}	tsən^{45}	tɕiɛn^{45}	saŋ^{45}	tɕiaŋ^{31}
西昌	lin^{13}	tʂən^{45}	tsən^{45}	ʂaŋ^{45}	tɕiaŋ^{31}
隆昌	lin^{13}	tsən^{45}	tsən^{45}	ʂaŋ^{45}	tɕiaŋ^{31}
仪陇	lin^{21}	tsən^{33}	tsan^{33}	saŋ^{33}	tɕiaŋ^{53}
威远	nin^{31}	tsən^{13}	tsən^{13}	saŋ^{13}/sən^{13}	tɕiaŋ^{53}

（三）果开一、果合一、效开一、流开三与遇摄的部分字，在成都、西昌、威远和隆昌读为 o、au、əu 三个韵母，仪陇客话则合流读为 əu，显示仪陇客话跟四川省内其他地点的客话有不同的来源。见下表。

---

① 西昌点“看”读 kʻɔn^{53}用的是崔荣昌 1984 年的调查材料。崔荣昌．四川境内的客方言．成都：四川客家研究中心，2006：329.

四川客家方言古果、效、流摄部分字今读音表

表 3－12

	哥 果开一	婆 果合一	火 果合一	刀 效开一	老 效开一	袄 效开一	手 流开三	所 遇合三
成都 洛带	ko^{45}	p‘o^{13}	fo^{31}	tau^{45}	lau^{31}	au^{31}	səu^{31}	so^{31}
成都 凉水井	ko^{45}	p‘o^{13}	fo^{31}	tau^{45}	nau^{31}	au^{31}	səu^{31}	so^{31}
成都 泰兴	ko^{45}	p‘o^{13}	fo^{31}	tau^{45}	lau^{31}	au^{31}	səu^{31}	so^{31}
隆昌	ko^{45}	p‘o^{13}	fo^{31}	tau^{45}	lau^{31}	au^{31}	səu^{31}	so^{31}
西昌	ko^{45}	p‘o^{13}	fo^{31}	tau^{45}	lau^{31}	ŋau^{31}	səu^{31}	so^{31}
仪陇	kəu^{33}	p‘əu^{21}	fəu^{53}	təu^{33}	ləu^{33}	əu^{53}	səu^{53}	səu^{53}
威远	ko^{13}	p‘o^{31}	fo^{53}	tau^{13}	nau^{31}	au^{53}／ŋau^{31}	səu^{53}	

（四）止摄开口三等拼知组、庄组、章组的字，其韵母在成都、仪陇、威远等没有翘舌音声母的地点，跟精组相混读 ɿ，在西昌、隆昌等有翘舌音的地点，则跟精组读音不混，读为 ʅ。其中精组中因有声母腭化而韵母变读为 i 的。见下表。

四川客家方言古止开三拼知、庄、章组字今读音表

表 3－13

	雌 清	池 澄	资 精	脂 章	字 从	事 崇	姊 精	死 心
成都 洛带	ʦ‘ɿ^{13}	ʦ‘ɿ^{13}	ʦɿ^{45}	ʦɿ^{45}	sɿ^{53}	sɿ^{53}	ʨi^{31}	ɕi^{31}
成都 凉水井	ʦ‘ɿ^{13}	ʦ‘ɿ^{13}	ʦɿ^{45}	ʦɿ^{45}	sɿ^{31}	sɿ^{31}	ʨi^{31}	ɕi^{31}
成都 泰兴	ʦ‘ɿ^{13}	ʦ‘ɿ^{13}	ʦɿ^{45}	ʦɿ^{45}	sɿ^{53}	sɿ^{31}	ʨi^{31}	ɕi^{31}
隆昌	ʦ‘ɿ^{13}	tʂ‘ʅ^{13}	ʦɿ^{45}	tʂ‘ʅ^{45}	sɿ^{53}	sɿ^{53}	ʨi^{31}／ʦɿ^{13}	ɕi^{31}
西昌	ʦ‘ɿ^{13}	tʂ‘ʅ^{13}	ʦɿ^{45}	tʂ‘ʅ^{45}	sɿ^{53}	ʂʅ^{53}	ʨi^{31}	ɕi^{31}
仪陇	ʦ‘ɿ^{21}	ʦ‘ɿ^{21}	ʦɿ^{33}	ʦɿ^{33}	sɿ^{53}	sɿ^{53}	ʨi^{53}	ɕi^{53}
威远	ʦ‘ɿ^{31}	ʦ‘ɿ^{31}	ʦɿ^{13}	ʦɿ^{13}	sɿ^{55}	sɿ^{55}	ʨi^{53}／ʦɿ^{53}	ɕi^{53}

（五）流摄部分字读阳声韵，“亩某谋茂贸”在四川各客家方言点一般读 uŋ 韵。

（六）从韵头来看，四川客家方言四呼俱全。客家方言普遍无撮口呼，而四川客家方言普遍有撮口韵母，但各地撮口呼的数量多寡不等。西昌仅有 1 个，威远、隆昌有 3 个，成都合兴有 5 个，洛带有 8 个，凉水井有 7 个，泰兴有 5 个，仪陇有 7 个。

（七）从韵尾看，四川客家方言阳声韵已无－m 尾，只有－n 和－ŋ 尾。其中山摄开口一等舒声韵字、合口一、三等字的分派规律有别，在凉水井和泰兴客家方言中山摄一等舒声韵字逢见系声母跟合口一等字逢端系、见系声母以及合口三等逢知系声母与宕摄合流读 ɔŋ，而在其他地点的客家方言中这些韵母字则仍收－n 尾。四川各地客家方言入声韵尾－p、－t、－k 已经全部脱落，统收－ʔ 尾。

（八）客家方言本无 ɚ 的地位，而四川客家方言普遍有 ɚ 韵，成都、西昌、仪陇、隆昌都既有 ɚ 韵又有儿化现象，威远则只有 ɚ 韵而无儿化。

三、声调特点

（一）四川的客家方言声调数十分统一，都为 6 个，即：阴平、阳平、上声、去声、阴入、阳入。平声和入声分阴阳，基本以古声母的清浊为依据，古入声中的清声母字归阴入，古入声中的浊声母字归阳入。在各声调的调型上，成都各点跟西昌、隆昌一致性很强，仪陇和威远跟前三地不同，相互间也各异。总的说来四川粤东片声调入声阴入调值低，阳入调值高；四川粤北片仪陇客家话入声则刚好相反，阴入调值高，阳入调值低。见下表。

四川客家方言声调表

表 3－14

方言点＼声调		阴 平	阳平	上声	去声	阴入	阳入
成都	合 兴	45	13	31	53	3	5
	凉水井	45	13	31	53	32	5
	洛 带	45	13	31	53	2	5
	泰 兴	45	13	31	53	32	5
西 昌		45	13	31	53	3	5
隆 昌		45	13	31	53	3	5
仪 陇		33	21	53	13	5	3
威 远		13	31	53	55	3	5

（二）古次浊平声字、古次浊上声字中的部分字与全浊上声字白读音今在四川各地的客家方言中一般归阴平，这也是对客家方言语音特点的保留。见下表。

四川客家方言古次浊平声字，古次浊、全浊上声部分字今读音表

表 3－15

	毛	蚊	尾	忍	淡	坐	舅	弟
成都 洛带	mau^{45}	mən^{45}	mei^{45}	ȵyn^{45}	tʻan^{45}	ʦʻo^{45}	tɕʻiəu^{45}	tʻai^{45}
成都 凉水井	mau^{45}	mən^{45}	mei^{45}	ȵyn^{45}	tʻan^{45}	ʦʻo^{45}	tɕʻiəu^{45}	tʻai^{45}
成都 凉水井	mau^{45}	mən^{45}	mei^{45}	ȵin^{45}	tʻan^{45}	ʦʻo^{45}	tɕʻiəu^{45}	tʻai^{45}
隆昌	mau^{45}	mən^{45}	mei^{45}	ȵyn^{45}	tʻan^{45}	ʦʻo^{45}	tɕʻiəu^{45}	tʻai^{45}
西昌	mau^{45}	mən^{45}	mei^{45}	ȵyn^{45}	tʻan^{45}	ʦʻo^{45}	tɕʻiəu^{45}	tʻai^{45}
仪陇	məu^{33}	mən^{33}	mei^{33}	in^{53}	tʻan^{33}	ʦʻəu^{33}	tʻiəu^{33}	tʻai^{33}
威远	mau^{13}／mau^{31}	mən^{31}	mei^{13}	ȵin^{53}	tʻan^{13}	ʦʻo^{13}	tɕʻiəu^{55}	tʻai^{13}／ti^{55}

（三）古全浊上声字（除白读音）、古全浊去声字、次浊去声字在四川客家方言中的归属有别。在洛带、威远、隆昌周兴、西昌几个点，今归去声，在凉水井归上声，在泰兴多归为上声，有少数归去声，在仪陇基本归上声，个别字归去声。见下表。

四川客家方言古上声、去声浊音声母字今读音表

表 3－16

	饭	豆	罪	谢	字	鼻	梦	夜
成都$_{\text{洛带}}$	fan^{53}	tʻiəu^{53}	ʦʻuei^{53}	ʨʻia^{53}	sɿ^{53}	pʻi^{53}	muŋ^{53}	ia^{53}
成都$_{\text{凉水井}}$	fan^{31}	tʻiəu^{31}	ʦʻuei^{31}	ʨʻia^{31}	sɿ^{31}	pʻi^{31}	muŋ^{31}	ia^{31}
成都$_{\text{泰兴}}$	fan^{31}	tʻiəu^{31}	ʦʻuei^{31}	ʨʻia^{31}	sɿ^{53}	pʻi^{31}	muŋ^{53}	ia^{31}
隆昌	fan^{53}	tʻəu^{53}	ʦ̡ʻuei^{53}	ʨʻia^{53}	sɿ^{53}	pʻi^{53}	muŋ^{31}	ia^{53}
西昌	fan^{53}	tʻəu^{53}	ʦʻuei^{53}	ʨʻia^{53}	sɿ^{53}	pʻi^{53}	muŋ^{53}	ia^{53}
仪陇	fan^{13}	tʻai^{53}	ʦʻuei^{53}	ʨʻia^{53}	sɿ^{53}	pʻi^{53}	muŋ^{53}	ia^{53}
威远	fan^{55}	tʻiəu^{55}	ʦʻuei^{55}	ʨʻia^{55}	sɿ^{55}	pʻi^{55}	muŋ^{53}	ia^{53}

第二节　客家方言的词汇特点

一、音节特点

从音节上看，四川客家方言的一些单音节词和三音节词，在普通话中要用双音节词来对应。见下表。

四川客家方言词汇音节特点表

表 3－17

普 通 话	知道	房子	衣服	匣子	声音	房间	早饭	疼爱	疲倦
四川客话	知	屋	衫	匣	声	间	朝	惜	跽
普 通 话	男人	妇人	芫荽	雀斑	拇指	痱子	昨天	去年	继父
四川客话	男子人	妇娘子	芫荽子	乌蝇屎	手指公	热痱子	昨晡日	旧年子	继父爷

二、词汇来源

从来源看，四川客家方言保留了批量的客家方言特色词（包括客家方言特征词），具有一定量的西南官话借词。需要进一步说明的是，所传承的客家方言特色词语中，沿用古语词，或者以古语词作为构词材料的特点比较突出。如：

逐　《说文·辵部》："逐，追也。"今四川客家话言"追"曰"逐"。

髀　《说文·骨部》："髀，股也。"今四川客家话言"大腿"曰"大髀"。

搉　《集韵·觉韵》："搉，敲击也。"今四川客家话言"敲门"曰"搉门"。

雺露　雺，《广韵·东韵》："天气下地不应曰雺。"《集韵·东韵》："雺，或作蠓。"今四川客家话说"雾"曰"雺露"，或"露雺"。

田塍　塍，《说文·土部》："塍，田中畦也。从土，朕声。"今四川客家话言"田埂"曰"田塍"，或曰"田坎"。

羹　《广韵·庚韵》古行切。今四川客家话言"米糊"曰"米羹"，"羹"表示"糊糊"的意思。

罂头　《说文·缶部》："罂，缶也。"《广韵·耕韵》："甖，瓦器，乌茎切。罂，上同。"今四川客家话言"泡菜坛子"曰"浸菜罂"，"罂头"，表示"坛子"的意思。

中晡日　"晡"原指"申时"，《广韵·模韵》："晡，申时。"今四川客家话言"今天"曰"中晡日"或"今晡日"，说"下午"曰"下晡"。

食　四川客家方言一般不用"吃"，普通话和四川官话中用"吃"的地方，都用"食"（"吃亏"除外）。"食"可以作为动词单独运用，也可以作为语素构词，意义或具体或抽象。如"食喜酒""食奶""食朝$_{吃早饭}$""食昼$_{吃午饭}$""食夜$_{吃晚饭}$""食得开$_{吃得开}$"等。

同时，由于四川各片客家方言的来源并不单一，并且由于原乡客家方言词汇本身也存在着差异，四川客家方言词汇在自身整合的过程中便保留了不同地点的客家方言特征词，出现了特征词叠置的情况。比如在成都客家话中，"下午"有"下昼"和"下晡"两个说法，今梅县、五华都只有"下昼"而无"下晡"的说法，兴宁则只有"下晡"而无"下昼"的说法；"雾"有"雺 muŋ^{13}沙"和"雺露 "的说法，今梅县和五华都只有"雺沙"而无"雺露"的说法，赣县则只有"雺露"而无"雺沙"的说法。因此可以说四川客家方言比较集中地传承了客家方言特色词。

再有，四川客家方言词汇在纵的方面要顽强地传承客家方言词语，在横的方面要从四川官话中借用自己需要的词语，为了保持一定的平衡，就出现了特征词和借词相叠置的情况。比如在成都客家话中，"头"有"头那 tʻiəu^{13}la^{45}"和"脑壳"两个说法；"公牛"有"牛公"和"牯牛"两个说法；"睡觉"有"睡目"和"睡瞌睡"两个说法，在这些例子中，前者是客家方言的特色词，是底层词，后者则是来自四川官话的借用词，是上层词。

三、词形与词义之间的关系

从词形与词义之间的关系看，四川客家方言与普通话主要有以下差异：

（一）词形完全不同。见下表。

四川客家方言词汇词形特点表

表 3－18

普通话	藏	站	玩	哭	杀	钝	黑	追
四川客话	屏	徛	嫽	噭	㓾	㾜	乌	逐
普通话	夜盲症	抽屉	喉结	跳蚤	走亲戚	吵架	父母	爷爷
四川客话	鸡嫲眼	拖箱	鹅公包	狗虱	过家	扯筋	爷娭	阿公

（二）词形部分相同。见下表。

四川客家方言词汇词形特点表

表 3－19

普通话	端午节	扁担	儿子	弟弟	女婿	外婆	外公	牛圈
四川客话	五月节	担竿	倈子	老弟	婿郎	毑婆	毑公	牛栏
普通话	月亮	鸡圈	米酒	喜鹊	苍蝇	舌头	斗笠	放牛
四川客话	月光	鸡栖	酒娘	阿鹊	乌蝇	舌嫲	笠嫲	掌牛

（三）相同的词形不同的词义。见下表。

四川客家方言词汇词义特点表

表3－20

词义 所属 词语	四川客话	普通话
光	亮；光线	光线
间	房间	量词，表示房间的单位
细	年龄小，跟“大”相对	形状小，跟“粗”相对
幼	形状小，跟“粗”相对	年龄小，跟“老”相对
惜	疼爱	爱惜；珍惜；吝啬
爱	要，表示意愿	热爱；爱恋，表示感情
鼻	闻；鼻涕	鼻子
眼珠	眼睛	眼球
乌	黑；暗；阴沉；熄灭	黑

第三节　客家方言的语法特点

一、名词词缀丰富

四川客家方言名词的词缀丰富表现在两个方面：一方面是有比较多的词缀，另一方面是有一些词缀的能产性很强。前缀“老”既可用于姓氏之前，如“老张”“老王”；又可用于对平辈的称谓上，如“老同同庚的人”“老庚同庚的人”“老妹妹妹”“老弟弟弟”“老表表兄弟”；还可以用于其他人或事物名称，如“老鸦乌鸦”“老嗷疯子”。“阿”可用于亲属称谓，如“阿公”“阿婆”“阿爸”“阿娘”“阿哥”“阿嫂”“阿姐”“阿幺最小的儿子”；加在名字（多为小名）前，如“阿文”“阿根”“阿英”；还可以加在某些动物名称前，如“阿秋燕燕子”“阿鹊喜鹊”。

后缀有“子、头、巴、公、嫲、婆、崽子、儿、晡”等，如“刀崽子小刀子”“耳巴耳光”“鼻公鼻子”“舌嫲舌头”“鹞婆老鹰”“袄婆棉袄”“老倌儿姘夫”“下晡下午”等，其中“子”和“头”十分活跃，它们作为后缀所构成的词形，有好些是四川官话和普通话中都没有的，如“学生子学生”“脚背子脚背”“鸟子鸟儿”“鹅子鹅”“马子马”“鱼子鱼”“老鼠子老鼠”“蚂蚁子蚂蚁”“洋芋子土豆儿”“樱桃子樱桃”这些词中“子”尾不可缺少。跟“子”尾对应的后缀，梅县客家方言是“欸”尾、五华和兴宁客家方言是“哩”尾，今四川各地客家方言已普遍无这两个后缀，通用“子”尾。“老汉头老头儿”“日头太阳”“地头地点”“罂头坛子”“柱头柱子”“墙头墙”“镬头锅”这些词中的“头”尾也不可缺少。

中缀主要有“晡”。“晡”用于构成时间名词，是客家方言中很有特色的一个词缀。如“今晡日今日”“中晡日今日”“中晡昼今天中午”“昨晡日昨日”“定晡日明日”。

二、人称代词单数领属格变化

在成都、西昌、威远、隆昌几地，第一、第二、第三人称代词单数有领属格变化。“偓”“你”“佢（他）”三个代词，本念阳平，在主语、宾语的位置上不会发生读音变化，但是在定语位置表示领属意义的时候，声调的读音由阳平变成阴平。仪陇客家话则例外，“偓”“你”“佢（他）”这三个代词不管做主语、宾语还是定语均不变调，仍读作本调。见下表。

四川客家方言人称代词领属格表

表3－21

方言点人 称单数		成都　隆昌	西昌	威远	仪陇
第一人称	非领格	偓 ŋai^{13}	偓 ŋaiˑ^{13}	偓 ŋaiˑ^{31}	偓 ŋaiˑ^{21}
	领格	偓阿姐 ŋa^{45} a^{45} tɕia^{31}	偓阿姐 ŋa^{45} a^{45} tɕia^{31}	偓阿姐 ŋa^{13} a^{13} tɕia^{53}	偓个姊姊 ŋaiˑ^{21} kɛ^{33} tɕiˑ^{53} tɕiˑ^{21}
第二人称	非领格	你 ȵiˑ^{13}	你 li^{13}	你 ȵiˑ^{31}	你n̩^{21}
	领格	你阿姐 ȵiˑ^{45} a^{45} tɕia^{31}	你阿姐 liˑ^{45} a^{45} tɕia^{31}	你阿姐 ȵiˑ^{13} a^{13} tɕia^{53}	你个姊姊 n̩^{21} kɛ^{33} tɕiˑ^{53} tɕiˑ^{21}
第三人称	非领格	佢 tɕiˑ^{13}	佢 tɕiˑ^{13}	佢 tɕiˑ^{31}	佢 tɕiˑ^{21}
	领格	佢阿姐 tɕiˑ^{45} a^{45} tɕia^{31}	佢阿姐 tɕiˑ^{45} a^{45} tɕia^{31}	佢阿姐 tɕiˑ^{13} a^{13} tɕia^{53}	佢个姊姊 tɕiˑ^{21} kɛ^{33} tɕiˑ^{53} tɕiˑ^{21}

三、特殊量词和名量搭配现象

客家方言有一些特殊的量词和名量搭配现象。“兜”为不定量词，表示少量，相当于普通话中的“些”，可用在指示代词“底”“样”“个”后面构成“样兜$_{这些}$”“底兜$_{这些}$”“个兜$_{那些}$”表示复数；还加“子”，构成另外一个意义基本相同的量词“兜子”；还可以把“兜”加以重叠，变成“兜兜子”，其量比“兜”和“兜子”更少，相当于普通话中的“一点点”。“兜兜子”还可以说成“滴滴子”，二者意思相同，不过“滴滴子”在年轻人中的使用范围和使用频率要高很多。

“匹 p'i^{13}”除了用于马、骡子及整卷的绸或布等跟普通话相同的用法，还可用于其他事物，如：

一～门 ｜ 一～墙 ｜ 一～山

“荷$_{挑}$k'ai^{45}”兼动词和量词，作为量词，用于成挑的物和装物的工具，如：

一～水 ｜ 一～煤炭 ｜ 一～谷子 ｜ 两～包粟 ｜ 一～箩篼 ｜ 一～桶

“餐$_{顿}$”专门跟“饭”搭配。

“□$_{瓣}$min^{31}”，用于橘子、柚子等瓣类水果。

“掖$_{把}$ia^{31}”，一只手能抓取的量，如：

一～沙子 ｜ 一～米 ｜ 一～灰

“挂”用于成串或成套的东西，多用于交通工具，跟“辆”“架”“座”等对应，如：

一～火车 ｜ 一～船 ｜ 一～汽车 ｜ 一～自行车 ｜ 一～桥 ｜ 一～纺车

“眼”用作衣服的单位，如：

一～袄婆 ｜ 一～衫

“□ɕiɔŋ^{31}”，相当于普通话中的“节”，用于甘蔗、竹子等自然长成的有节的植物，如：

一～甘蔗 ｜ 一～竹子

“只”在四川客家方言里，是一个专用量词，可以跟很多名词搭配，大致可以跟普通话的“只”“个”“口”“块”等量词对应。

“只”在四川客家方言里可以跟指人的名词搭配，如：

一～人 ｜ 头～老公 ｜ 一～老师 ｜ 三～妹子

可以跟指禽类动物名称的名词搭配，如：

一～鸡 ｜ 一～鸭子 ｜ 几～鸟子 ｜ 一～鹞婆

还可广泛用于其他事物，如：

一～脚 ｜ 一～手 ｜ 一～钟 ｜ 一～提兜 ｜ 一～池塘 ｜ 一～屋 ｜ 一～肥皂 ｜
一～馒头 ｜ 安～名字 ｜ 一～坟包 ｜ 一～古井

四、名词的重叠式构词规则

通过语素重叠的方式来构成名词，是四川客家方言具有的重要语法特点，这与梅县、福建、江西等地的客家方言迥异。四川各客家方言点都有相当数量的重叠式名词，有些名词甚至还是客家方言的特色语素构成的。用特征语素重叠起来构成新的名词，这说明名词重叠式的规则已经进入到四川客家方言中了。下面以成都客家话为例来观察。

客家方言特色语素（包括读音方面的特色）构成的名词如：

瘭瘭 p‘iau^{53}p‘iau$^{53}_{\text{身上长的小疱}}$ ｜ 痡痡 p‘u^{45}p‘u$^{45}_{\text{蚊虫等咬起的小疱}}$ ｜ 柺柺 k‘ua^{31}k‘ua$^{31}_{\text{树枝}}$ ｜ 梗梗$_{\text{植物的杆}}$ ｜ 屎屎$_{\text{器物的底部}}$ ｜ 尾尾 mei^{45} mei$^{45}_{\text{末尾}}$ ｜ 崀崀 kiɛn^{53} kiɛn$^{53}_{\text{山脊}}$ ｜ 坼坼$_{\text{裂口}}$ ｜ 崠崠 tuŋ^{53} tuŋ$^{53}_{\text{山顶}}$ ｜ （山）岭岭$_{\text{成片的山}}$ ｜ （花）苞苞$_{\text{花蕾}}$ ｜ 凭凭 p‘iɛn^{53}p‘iɛn$^{53}_{\text{靠背}}$（鱼）泡泡 p‘iau^{53} p‘iau$^{53}_{\text{鱼气囊}}$ ｜ 核$_{\text{儿}}$核$_{\text{儿}}$fər^{45}fər$^{45}_{\text{核儿}}$ ｜ （兔）崽崽 tɕie^{45} tɕie$^{45}_{\text{小兔}}$ 黄黄$_{\text{蛋黄}}$ ｜ 白白$_{\text{蛋白}}$

其他重叠式名词如：

坝坝 ｜ （山）尖尖 ｜（水）沟沟 ｜ 包包 ｜ 凼凼 ｜ 棒棒 ｜ 槌槌 ｜ 篮篮 ｜ 根根 ｜
（艾）蒿蒿 ｜ 雀雀 ｜ 蛾蛾 ｜ 脚脚 ｜ 箍箍 ｜ 壳壳 ｜ 藤藤 ｜ 蒂蒂 ｜ （蒜）瓣瓣 ｜
竿竿 ｜ 钩钩 ｜ 杯杯 ｜ 揍揍塞子 ｜ 敞敞漏斗 ｜ 锤锤 ｜ 疤疤 ｜ 皱皱 ｜ 滚滚轮子 ｜ 篷篷
盒盒 ｜ 角角 ｜ 楸楸 ｜ 拱拱

尽管这是来自对西南官话构词规则的借用，但跟四川官话的重叠式词语并不能完全对应，在读音和词形上也并非完全照搬。

第一，有些词四川官话重叠，而四川客家方言没有重叠，如四川官话有“椅椅儿”“桥桥儿”“线线儿”“瓶瓶儿”“索索”“绳绳儿”等重叠式词语，四川客家方言中相对应的词语普遍都不用重叠式；

第二，四川客家方言中的有些词语是用客家方言固有的语素构成的，如“痡痡 p‘iau^{53}p‘iau$^{53}_{\text{蚊虫等咬起的小疱}}$”“崠崠 tuŋ^{53} tuŋ$^{53}_{\text{山顶}}$”“树柺柺$_{\text{树枝}}$”；

第三，在四川官话中 AA 式词语大都可以儿化，变成“AA$_{\text{儿}}$”，而四川粤东片客家方言则不能儿化，如“杯杯”“封封”“缝缝”，不能说成“杯杯$_{\text{儿}}$”“封封$_{\text{儿}}$”“缝缝$_{\text{儿}}$”。仪陇客家方言则正好相反，绝大多数 AA 式名词都存在儿化现象，如“杯杯$_{\text{儿}}$、封封$_{\text{儿}}$、缝缝$_{\text{儿}}$、车车$_{\text{儿}}$、手手$_{\text{儿}}$、节节$_{\text{儿}}$、窝窝$_{\text{儿}}$、锅锅$_{\text{儿}}$、桌桌$_{\text{儿}}$、铺铺$_{\text{儿}}$（小商铺）、壶壶$_{\text{儿}}$”，儿化的范围还不仅局限于此，如“钢珠$_{\text{儿}}$、醪糟$_{\text{儿}}$、豌豆$_{\text{儿}}$、豆腐干$_{\text{儿}}$、花卷$_{\text{儿}}$、圆圈$_{\text{儿}}$、汤圆$_{\text{儿}}$、蛋壳$_{\text{儿}}$细旦$_{\text{儿}}$（小旦）”等；

第四，在四川官话中，阳平和去声的重叠式词语，后字要变读阴平，四川客家方言中与之相应调类和相似调值的重叠式词语都不发生这种音变。

五、四川客家方言的代词

客家方言中有一些特殊的代词，像“什么”作“脉个”，“我”读作“侄 ŋai”，“他”作“佢”等，在四川客家方言中都得到了较好的传承。见下表。

四川客家方言代词对照表

表 3－22

普通话 / 地点	我	我们	什么	谁	哪些
梅县	侄 ŋai^{11}	侄等人 ŋai^{11}ten$^{44-53}$ŋin^{11}	脉/么个 mak^{1}ke^{53}	瞒人 man^{31}ŋin^{11}	哪兜 lai^{31}təu^{44}
五华	侄 ŋai^{13}	侄兜人 ŋai^{13}teu^{44}ŋin^{13}	脉个 mak^{1}ke^{31}	哪侪 lai^{31}sa^{11}	哪兜 lai^{31}teu^{44}
成都	侄 ŋai^{13}	侄们 ŋan^{13}lin^{45}	么个 moʔ^{2} ke^{53} 脉个 maʔ^{31} ke^{53}	哪个 lai^{31}ke^{53} 哪侪 lai^{31}sa^{13}	哪兜 lai^{31}tiəu^{45}
隆昌	侄 ŋai^{13}	侄等 ŋai^{13} tən^{45}	脉个 meʔ^{3}ke^{53}	哪只 lai^{31}ʦaʔ^{3} 哪人 la^{31}ȵin^{13} 哪侪 la^{31}sa^{13} 脉个人 meʔ^{3}ke^{53}ȵin^{13}	哪兜 lai^{31}təu^{45}
西昌	侄 ŋai^{13}	侄登 ŋai^{13}tən^{45}	么个 moʔ^{3}ke^{31}	哪侪 la^{53}xa^{13} 哪个 lai^{53}ke^{53}	哪兜 lai^{53}təu^{45}
仪陇	侄 ŋai^{21}	侄等 ŋan^{21} tan^{33}	脉个 maʔ^{5}kɛ^{53}	瞒人 man^{33} in^{21}	哪兜 lai^{53}tai^{13}

六、动态助词“等”“倒”

动作的持续主要用动态助词“等”“倒”表示，其中“倒”使用的频率比“等”高得多，还可以用副词“正在”“正正”表示。“等”，在客家方言里是由动词“等”意义虚化变来的动态助词，梅县、五华客家话一般用“等”表示动作的持续态。见下表。

四川客家方言持续体对照表

表 3－23

普通话	站着，别动。	他们说着话。	说着说着。
梅县①	徛等，莫动。	佢登人讲等话。	讲等讲等。
五华②	徛等来，唔有动。	佢兜讲等话。	讲等讲等。

① 本节梅县客家话语法例句见李如龙主编. 客赣方言调查报告. 厦门：厦门大学出版社，1992.

② 本节五华客家话语法例句由嘉应学院魏宇文博士提供。

续表 3－23

成都	徛倒，唔爱动。 徛等，唔爱蛐。	佢们讲等话。 佢们得讲等话	讲等讲等。 讲倒讲倒。
隆昌	徛倒，唔爱蛐。	佢等正正讲话。	讲等讲等。
西昌	徛倒，唔爱动。 徛倒，唔爱蛐。	佢兜正在讲话。	讲倒讲倒。
仪陇	徛倒，莫动。	佢们正在讲话。	讲倒讲倒。

七、句式特点

在句式上部分保留了客家方言的特点，大多数情况都发生了变化，跟四川官话的相同点比较多

第一，四川客家方言的否定句多用否定词“唔m̩^{13}”“无得”“唔系”“唔曾”表示否定，这是客家方言的否定词。

唔：成都、西昌、隆昌读m̩^{13}，仪陇读n̩^{21}；

无得：成都读 mau^{13}tieʔ^{5}/teʔ^{5}，隆昌、西昌读 mau^{13} teʔ^{3}，仪陇读 mo^{21}te^{13}；

唔曾：成都读m̩^{13} liɛn^{13}，西昌读m̩^{13} tɕ‘iɛn^{13}，仪陇读n̩^{21} tɕ‘iɛn^{21}；

唔系：成都读m̩^{13} xe^{53}/p‘ie^{53}，隆昌、西昌读m̩^{13} xe^{53}；仪陇读n̩^{21} p‘ɛ^{53}。

由于成都各点在句法上很统一，在后面的比较表中，成都客家方言一般不再标示具体地点。见下表。

四川客家方言否定句对照表

表 3－24

普通话	他不知。	没有人。	还没有吃。	我不是成都人。
成都	佢唔晓得。 佢唔知 ti^{45}。	无得人。	还唔曾食。	倨唔系成都人。
隆昌	佢唔晓得。 佢唔知 ti^{45} 得。	无得人。	还盲 maŋ^{13} 曾食。	倨唔系成都人。
西昌	佢唔晓得。	无得人。	还唔曾食。	倨唔系成都人。
仪陇	佢唔晓得。	无得人。	还唔曾食。	倨唔系成都人。

第二，正反问句的肯定部分如果是多音节，一般只出现第一个音节，这跟梅县和五华客家话不同，其中隆昌、西昌客家话正反问的否定部分还可以只出现“不”。见下表。

四川客家方言正反问句对照表

表 3－25

普通话	这个字你认得不认得？	你还记得不记得？
梅县	欸 e[31] 只字你识得唔识得？	你还记得无？
五华	嘞 lei[13] 只字你识得唔识得？	你还记得唔记得？
成都洛带、泰兴	底 i[31]/样 liaŋ[13] 只字你认唔认得倒？	你还记唔记得倒？ 你还记得到唔曾？
成都凉水井	样 liaŋ[13] 只字你认唔认得倒？	你还记唔记得倒？
隆昌	底 i[31] 只字你认唔认得倒？ 底 i[31] 只字你认得到不？	你还记得倒唔？ 你还记得唔记得？
西昌	底 i[31] 个字你认唔认得倒？ 底 i[31] 只字你认得倒不？	你还记唔记得倒？ 你还记得倒不？
仪陇	底 ti[53] 字你认唔认得？	你还记唔记得？ 你还记得莫？

第三，处置式一般用介词“把”字把受处置的宾语提前，这跟梅县、五华客家话也不同。见下表。

四川客家方言“把”字句对照表

表 3－26

普通话	把饭吃了。	不要把茶杯打烂了。
梅　县	食撇饭□ti。	茶杯唔冇打撇了。| 唔冇打撇茶杯。
五　华	饭食得几去嗷。	唔冇把茶杯打烂呢。
成　都	把饭食嘿。| 把饭食嘿佢。	唔爱把茶杯打烂嘿了。
隆　昌	把饭食欸佢。	唔爱把茶杯打烂哩。
西　昌	把饭食了。	唔爱把茶杯打烂了。
仪　陇	把饭食不了。	莫把茶杯打烂了。| 唔爱把茶杯打烂了。

第四，双宾句中指人的宾语在前，指物的宾语在后，这跟梅县客家话有别。梅县客家话中，指人的宾语可以放在指物的宾语之后。给予意义的动词，四川客家方言用“分 pən[45]”“拿”“分”“给”等动词，梅县、五华客家话一般用“分”，亦作“畀”，读为 pun[44]。可见四川客家方言中的“分”是来自源方言的语言成分。普通话中的“给我一本书”，在四川客家方言中可以用双宾句，也可以用连谓句。见下表。

四川客家方言双宾句对照表

表 3－27

普通话	给我一本书。
梅县话	分 pun44 一本书倕。丨 分本书分倕。丨 同倕拿一本书。
五华话	分 pun44 一本书分倕。丨 拿本书分倕。
成　都	给倕一本书。丨 拿分倕一本书。丨 分一本书分倕。丨 拿本书分我。丨 拿本书给倕。
隆　昌	给倕一本书。丨 拿本书给倕。丨 给倕拿本书。
西　昌	给倕一本书。丨 拿本书给我。丨 给本书给我。丨 拿给倕 一本书。
仪　陇	给倕一本书。

第五，被动句中表示被动的词语有“拿分”“拿给”“遭”“跟”等，其中“分”也是来自源方言的语言成分，“分”，梅县、五华客家话也读 pun44。见下表。

四川客家方言被动句对照表

表 3－28

普通话	给他猜着了。
梅县话	分渠断着哩。①
五华话	分渠□nuk1 嗷哩。
成都	拿分佢猜到了。丨 拿给佢猜到了。丨 遭佢猜到了。
隆昌	跟佢估倒哩。丨 拿给佢估倒哩。
西昌	拿给佢猜倒了丨 给佢猜倒了。
仪陇	遭佢猜对了。

① 李如龙主编．客赣方言调查报告．厦门：厦门大学出版社，1992：448。“他”，客家方言写作“渠”或“佢”。

第二章　客家方言代表方言点的语音系统

四川客家方言分为四川粤东片和四川粤北片两个大片，两大片客家方言分别传承了粤东和粤北客家方言的主要特点，在与四川官话的接触中它们又受到了官话方言的影响，形成了自身的语言特点。尽管如此，川西成都、川东南内江、川西南黄联三个小片之间的内部一致性仍然很强，沟通度高，通话没有多大障碍。四川粤东片与四川粤北片客家方言之间则存在较大的语言差异，沟通度低，通话较为困难。

第一节　四川粤东片客家方言代表点——洛带客家话

洛带位于成都东面，成都平原与龙泉山脉的交接处，地理坐标为北纬30°39′，东经104°20′。洛带是成都市龙泉驿区所管辖的一个镇，南距龙泉驿区治地8公里，西距成都18公里，东边与万兴乡交界，西边与西平镇为邻，南边与同安街道办事处毗连，北边与洪安镇相接。

洛带客家话跟客家方言的代表话梅县话相比较，有很多共同的语音特点，也有一些差异。主要的相同点是：古全浊声母不论平仄，逢今塞音、塞擦音读送气清音；古全浊上声除了部分字白读层归阴平之外，全浊上声跟全浊去声合流归为去声；入声分阴入和阳入。主要的不同点是：有撮口呼韵母，例如“吕、全、均”三字洛带客家话的韵母分别读为y、yɛn、yn；不分尖团，精组逢细音读tɕ、tɕ‘、ɕ，跟见系细音合流，逢洪音读ts、ts‘、s，跟知组、庄组、章组合流。洛带客家话语音受到了强势方言四川官话的深刻影响。具体表现是增加了原乡客家话没有的语音成分或特点。比如z在客家话的声母系统中普遍没有地位，可是在四川官话的影响下，这个声母已经进入到洛带客家话的声母系统中，其管辖的字还不止个别。就洛带客家话声韵调的配合关系来看，有些字的读音直接照搬四川官话，如“而”（～且）、“儿”（刀～匠：屠户）、“羽”（～毛球）。同时，洛带客家话也受到了普通话的影响，在普通话和四川官话的双重影响下，有一些字在不同的词里存在着不同层次的异读现象，如“妇”字在“妇娘子”中读pu^{45}，在“妇女”中读fu^{53}，“肺”在“心肺”中$p‘ei^{53}$，在“肺炎”中读fei^{53}。

一、声韵调系统

（一）声母

洛带客家话一共有辅音声母20个，零声母1个，共21个声母，见下表。

洛带客家话声母表

表 3－29

p	布别部粪	pʻ	平冯薄肥	m	门蚊网尾	f	飞灰化红	v	王黄猾乌
t	到肚得丁	tʻ	通同大读	l	难懒暖兰				
k	家贵价过	kʻ	敲跪柜考	ŋ	牙硬藕挨	x	壳河咸合		
tɕ	精节结借	tɕʻ	秋丘舅娶	ȵ	女月软牛	ɕ	休线去西		
ts	糟祖主支	tsʻ	仓醋虫尺			s	税散声三	z	如然绕桡
ø	暗袄闰音								

声母说明：

1. 跟普通话相比，洛带客家话没有舌尖后音 tʂ、tʂʻ、ʂ、ʐ，有唇齿浊擦音声母 v，有舌尖前浊擦音 z，有舌根鼻音声母 ŋ 和舌面鼻音声母 ȵ。

2. n、l 不形成音位的对立，l 的实际发音有时是舌尖中边音，有时是鼻化的边音，有时是舌尖中鼻音，它们是 l 音位的自由变体，无区别意义的作用，本文一律记作 l。

3. ŋ 在普通话里只作韵尾，不作声母，在洛带客家话中既作声母，也作韵尾；ȵ 在洛带客家话跟齐齿呼和撮口呼韵母相拼，跟普通话的 n、ʐ 和零声母对应。

4. 普通话声母 tʂ、tʂʻ、ʂ，洛带客家话一般对应为 ts、tsʻ、s，如“知”“尺”“事”等；ʐ 对应为 ȵ、l、z、ø，如“热”“人”“如”“容”等。

5. 普通话声母 ts、tsʻ、s，洛带客家话一般对应为 ts、tsʻ、s，少数对应为 tɕ、tɕʻ、ɕ，如“姊”“脆”“四”等。

6. 古全浊声母在普通话里平声读为送气音，仄声读为不送气音，在洛带客家话中不论平仄都读为送气音，如“团”“同”“舅”“柱”“大”“柜”等。

（二）韵母

洛带客家话有单韵母 9 个，包括自成音节的 m̩；复韵母 16 个；鼻韵母 17 个；喉塞音尾韵母 15 个，一共 57 个，见下表。

洛带客家话韵母表

表 3－30

ɿ	资知醋齿	i	耳地第基	u	故赌母布	y	居雨须蛆	m̩	吴鱼五唔
a	爬蛇花家	ia	姐惹写谢	ua	瓜寡夸垮				
o	波河过多	io	雀茄嗦						
e	个嗝诶者	ie	逼憋茾婿			ye	靴拐越迂		
ɚ	而尔饵儿								
ai	介蹄泥鸡	iai	延谐	uai	怪緉拐块				
au	饱烧拗泡	iau	猋猫鸟叫						
ei	费每伟尾			uei	桂内葵吹				
oi	妹灰来菜					yoi	脆艾		

续表 3－30

əu	收丑咒走	iəu	斗舅兜流						
an	胆三蛋占	iɛn	根廉灯减	uan	关疝纂惯	yɛn	圆泉蜷远		
ən	魂温蚊门	in	琼人星紧	uən	困损笋滚	yn	群云忍勋		
ɔn	碗寒卵乱					yɔn	软阮崊		
aŋ	争羹硬盲	iaŋ	请井颈醒	uaŋ	梗筐晃				
ɔŋ	党讲光	iɔŋ	娘姜犟	uŋ	东亩朋动				
		iuŋ	穷胸荣						
		iʔ	日一笠七						
		iuʔ	粟俗肉逐						
ʅʔ	舌直食急	əʔ	侄质织汁	uʔ	木屋骨出	yʔ	局橘焗菊		
eʔ	革疙客泽	ieʔ	北月热铁	ueʔ	国扩获郭	yeʔ	缺决雪阅		
oʔ	落镬学盒	ioʔ	药脚弱确						
æʔ	百夹魄八	iæʔ	壁席锡狭	uæʔ	刮刷欻啄				

韵母说明：

1．跟普通话相比，从数量上看，洛带客家话多出 20 个韵母。最大的差别是有 15 个 －ʔ 尾韵母，它们是：ʅʔ、æʔ、eʔ、oʔ、əʔ、iʔ、iæʔ、ieʔ、ioʔ、iuʔ、uʔ、uæʔ、ueʔ、yʔ、yeʔ；另外还多出 m̩、e、iai、io、oi、yoi、ɔn、ɔŋ、iɔŋ 9 个韵母。

2．洛带客家话没有舌尖后音韵母 ʅ，还没有 ɤ、uo、iŋ、əŋ、uəŋ 5 个韵母。

3．洛带客家话的-ŋ 尾韵母比普通话少，普通话的 iŋ、əŋ 韵字，在洛带客家话中有相当部分读成了-n 尾韵母。

4．洛带客家话跟普通话音系中韵母的对应关系比较复杂，总体情况是一对多的关系，如 æʔ 韵母跟普通话的 a、ɤ、ai、ʅ、ia、i、uo、o 对应；相同韵母所辖的字也有区别。

5．m̩ 是双唇鼻辅音作韵母，有时它被 n̩ 和 ŋ̍ 自由替换，今记为 m̩。

6．oi 中主要元音的实际音质介于 o 与 ɔ 之间，为书写和排版方便，记为 o。

7．在韵母 iɛn 中的 n 尾发音不着实，为方便不记为 $iɛ^{n}$ 而记为 iɛn。

8．iuʔ 韵跟 l 声母相拼时，实际发音读 iəuʔ 韵，仅“六、绿”两个字读为 liəuʔ。因另无 liuʔ 音节的字相对立，故不单立 iəuʔ，但为方便认读，在后面的字、词表中，“绿、六”两字仍按实际发音来记音。

9．从韵尾来看，中古咸摄、深摄舒声韵的-m 尾与山臻二摄的韵尾合流收-n 尾；宕江曾梗通几摄舒声韵的-ŋ 尾保留，但曾开一的大部分字收-n 尾，入声韵尾 p、t、k 消失，所有的入声韵都收－ʔ尾。

10．从洪细来看，流摄一等、臻摄一等和曾摄一等今多读细音，“兜”“狗”“呕”几字韵母为 iəu，“跟”“很”“恩”“灯”几字韵母为 iɛn。

（三）声调

洛带客家话一共有阴平、阳平、上声、去声、阴入、阳入 6 个声调，没有轻声。各调类的调值与阴阳上去四声跟普通话四声的对应关系见下表。

洛带客家话声调表

表 3－31

调类	普通话调值	洛带客家话调值	例字
阴平	55	45	婚三坐马舅每
阳平	35	13	穷床寒来文麻
上声	214	31	展纸手死跪女
去声	51	53	变汉罪谢饭赖
阴入		2	一急百惜竹虱
阳入		5	麦读白学食侄

声调说明：

1. 跟普通话相比，洛带客家话除了阴平、阳平、上声和去声之外，还有阴入和阳入，多出两个入声调类。

2. 除开阴入和阳入两个入声调，洛带客家话阴阳上去四声的调型跟普通话相同点较多。洛带音阴平为45，阳平为13，上声为31，去声为53；普通话阴平55，阳平35，上声214（常变读为低降调21），去声51。

3. 洛带客家话跟普通话阴阳上去四声的辖字范围不一致，其中以阴平类最为突出。洛带客家话的阴平字，除了古平声清声母字以外，还包括少数古平声次浊字，如“拿”“毛”“蚊”等，还包括少数古上声次浊声母字，如“马”“尾”“每”“买”“暖”等，还包括部分古上声全浊声母字，如“近”“柱”“坐”“淡”等。

4. 阴入多念2，但收音时略有下降，近似21，有的字念1，因为几种调值不区别意义，今一并记为2。

二、声韵配合表

洛带客家方言声韵配合表

表 3－32

	p	pʻ	m	f	v	t	tʻ	l	k	kʻ	ŋ	x	tɕ	tɕʻ	ȵ	ɕ	ts	tsʻ	s	z	ø
ɿ																	子	齿	字		
a	坝	爬	马	花	话	打	它	拿	家	胯	瓦	虾					遮	扯	蛇		阿
o	波	婆	摸		禾	多	拖	罗	果	可	鹅	喝					左	坐	梭		屙
e	北	拍	麦			得	特	肋	嗝	克	额	系					者	彻	奢		欸
ə																					而
m̩																					鱼
ai	蹁	败	买	坏	歪	逮	蹄	泥	街	凯	倕	鞋					灾	柴	筛		矮
ei	杯	批	美	回																	

续表 3－32

	p	pʻ	m	f	v	t	tʻ	l	k	kʻ	ŋ	x	tɕ	tɕʻ	ȵ	ɕ	ts	tsʻ	s	z	ø
oi	背	赔	妹	灰	煨	堆	台	来	盖	开	外	害					朘	菜	岁		爱
au	包	龅	毛			刀	桃	脑	窖	摧	熬	好					招	造	少	饶	袄
əu											偶						周	丑	手	柔	
an	班	办	满	翻	弯	胆	蛋	兰	间	坎	眼	咸					展	赚	蝉	冉	暗
ən	笨	盆	问	粉	文	炖	吞	嫩				恒					真	伸	辰	纫	
ɔn				欢	换	短	断	暖	竿	看		寒					转	川	算		安
aŋ	浜	冇	虻		横	顶	听	冷	羹	康	硬	行					争	撑	声	①	罂
ɔŋ	帮	胖	忙	方	黄	凼	糖	狼	讲	康	仰	糠					张	仓	桑	壤	婴
ʅʔ																	植	直	十		
æʔ	八	魄	麦	阔	滑	答	塔	蜡	夹	客	啮	瞎					炙	杂	石		鸭
oʔ	拨	薄	么		镬	夺	择	落	割	瞌		活					着	戳	索		握
əʔ																	织	侄	涉		
eʔ									疙	克	扼	赫						泽			
i	比	匹	眉			低	地	李					机	娶	你	死					椅
ia	扁							②					姐	谢	惹	写					爷
io													③	茄		嗦					哟
ie	逼	苤						例					崽	齐	捏	细					椰
iai																					延
iau	标	瓢	猫			鸟	条	了					焦	巧	尿	笑					腰
iəu						篼	豆	纽	狗	抠	藕	后	纠	舅	蚴	修					右
iɛn	辫	偏	面			灯	邓	连	跟	坑	恩	很	等	钱	年	先					烟
in	冰	贫	抿			盯	定	林					今	勤	人	心					蝇
iaŋ	丙	病	名					领					井	青	孃	姓					影
iɔŋ		纺						亮					姜	枪	娘	香					秧
iuŋ								垄					弓	穷		兄					容
iʔ	笔	僻	秘			敌		笠					集	七	日	虱					一
iæʔ	壁												迹	狭		锡					咽
ieʔ	北	撇	灭			得	铁	猎					接	贼	月	歇					枼
ioʔ								掠					脚	确	弱	削					药
iuʔ								六					逐		肉	粟					
u	斧	铺	母	胡	乌	肚	土	露	孤	箍							猪	鼠	书	如	
ua									瓜	夸							抓		厦	揉	瓦
uai									乖	快							粗		衰		
uei						对	推	内	归	跪							醉	罪	水	瑞	
uan									关	款							撰	铲	疝		
uən							臀		滚	坤							准	蠢	顺	孕	
uaŋ									梗	筐		晃									

续表 3－32

	p	pʻ	m	f	v	t	tʻ	l	k	kʻ	ŋ	x	tɕ	tɕʻ	ȵ	ɕ	ts	tsʻ	s	z	ø
uŋ	绷	朋	亩	红	壅	东	通	聋	公	空		轰					中	虫	松		翁
uʔ	卜	覆	木	伏	屋	独	毒	熝	谷	酷							竹	出	叔		戎
uæʔ									刮								啄	欻	刷		
ueʔ									国	扩		获									
y								吕					举	区	女	虚					羽
ye																④					抈
yoi													脆		艾						
yɛn													蔍	全		选					冤
yɔn													啈		软						
yn													均	菌	忍	旬					润
yʔ													局								
yeʔ													决	缺		雪					越

说明：①zaŋ^{13} 植物长得没有骨力
②lia^{45} ～肥：巴结有钱有势的人
③tɕio^{45} ～草秸：绾草把
④ɕye^{45} （器物）不扎实；酒席不丰盛

三、常见的语流音变现象

（一）变调

1. 人称代词的"倨、你、佢"的变调

"倨、你、佢"三个第一、第二、第三人称代词的单数形式，单念的读音分别是倨 ŋai^{13}、你 ȵi^{13}、佢 tɕi^{13}。它们作主语和宾语不会发生读音变化，但作定语时一律变读为阴平，不管后面有无定语标记"个"，也不管后字的声调是什么，变化非常整齐。① 这种变化不是受语音环境的制约而形成的，不是典型的语流音变。

洛带客家方言人称代词变读表

表 3－33

倨阿公 ŋa^{45}a^{45}kuŋ^{45}	倨个阿公 ŋa^{45}ke^{53}a^{45}kuŋ^{45}
你阿公 ȵi^{45}a^{45}kuŋ^{45}	你个阿公 ȵi^{45}ke^{53}a^{45}kuŋ^{45}
佢阿公 tɕi^{45}a^{45}kuŋ^{45}	佢个阿公 tɕi^{45} ke^{53}a^{45}kuŋ^{45}
倨毑婆 ŋa^{45}tɕia^{31}pʻo^{13}	倨个毑婆 ŋa^{45}ke^{53}tɕia^{31}pʻo^{13}
你毑婆 ȵi^{45}tɕia^{31}pʻo^{13}	你个毑婆 ȵi^{45}ke^{53}tɕia^{31}pʻo^{13}
佢毑婆 tɕi^{45}tɕia^{31}pʻo^{13}	佢个毑婆 tɕi^{45}ke^{53}tɕia^{31}pʻo^{13}

① 代词的这种变化不是受语音环境的制约而形成的，不是典型的语流音变，似乎跟代词的功能有关，姑记于此。

这种表示领属意义的读音变化，应该说不是一种纯粹的语音现象，因为这还是一种语法现象，所表示的领属格意义，属于语法上的形态变化。

2. 其他连读变调

洛带客家话中的其他连读变调现象并不突出，只有一些零星的变调用例。“篮”本读 lan^{13}、“笼”字本读 luŋ^{13}，重叠以后读为“篮篮” lan$^{13-45}$lan$^{13-45}$，笼笼 luŋ$^{13-45}$luŋ$^{13-45}$。但这种现象并不具有普遍性，不能类推，比如“槽槽” tsʻau^{13} tsʻau^{13}中的两个“槽”字都不会变读为阴平。

洛带客家话没有轻声，但后缀“子”有读轻声的趋势。“子”字本读 tsɿ^{31}，单念和表示“子女”“种子”等实在意义的“子”都念 tsɿ^{31}，“子”作为后缀放在词根后面，如果轻读，调值由 31 变为 11。这个变化跟前面的声调无关，即不管前一音节是什么声调，轻读时它都可能读为 11，如“秧子”“梨子”“毛芋子”“日子”“麦子”中的“子”的读音，这些词语中的“子”仍可重读为 31，因此后缀“子”轻读的变化还没有定型。

“里”字在洛带客家话中单念有两读：一读 ti^{45}，如“里背”（里面）中的读音，一读 li^{45}，如“铺盖里子”中的读音。两读的声调都是阴平，“里”是古次浊上声字，这类字在洛带客家话中有部分字今读阴平，“里”字读的正是阴平，符合这条规律。“里”作为方位词，附在表示时间或处所的名词后面，声调由阴平 45 变为阳平 13，不论前面的声调是什么，一律读阳平。如：

边边里 piɛn^{45}piɛn^{45}li$^{45-13}$（边沿）

洞洞里 tuŋ^{53}tuŋ^{53}li$^{45-13}$

乡坝里 ɕiɔŋ^{45}pa^{53}li$^{45-13}$ 乡下

正月里 tsaŋ^{45}ȵieʔ^{5}li$^{45-13}$

“了”字在洛带客家话中的本调为 liau^{31}，作为语气词用在句末，其调值一般要由 31 变 13。如：“唔着急，马上就到了。”“日头出来了。”“月光下去了。”

（二）同化

两个原来不同的音素在语流中变得相同或者相近，就是发生了同化音变。洛带客家话语音有一些同化现象，在声母和韵母方面的同化比较明显，既有顺同化，又有逆同化。发生同化的词语也是常用词。例见下表。

洛带客家方言语音同化现象示例表

表 3－34

例　词	同化后	同化前	例　词	同化后	同化前
外背[外面]	moi^{53} poi^{53}	ŋoi^{53} poi^{53}	唔系[不是]	m̩^{13} pʻie^{53}	m̩^{13} xe^{53}
人家[别人]	ŋ^{13} ka^{45} ŋ^{13} ŋa^{45}	ȵin^{13} ka^{45}	唔曾[没有]	m̩^{13} niɛn^{13}	m̩^{13} tɕiɛn^{13}

其中人家 ȵin^{13}ka^{45}读为 ŋ^{13}ŋa^{45}，是发生了同化和脱落的音变。“人”字的韵母 in 先脱落，其声母受后字声母 k 的影响，由舌面鼻音 ȵ 变成跟 k 同部位的舌根鼻音 ŋ，即读为 ŋ^{13}ka^{45}。ŋ^{13}ka^{45}中前音节舌根鼻音 ŋ 再反过来同化后音节的塞音声母 k，即读成 ŋ^{13}ŋa^{45}。“人家”一词的两个读音变化步骤图示为：

本音		脱落		逆同化		顺同化
ȵin[13]ka[45]	>	ȵ[13]ka[45]	>	ŋ[13]ka[45]	>	ŋ[13]ŋa[45]

四、特殊语音现象

1. 声调类化

在洛带客家话中，“偓、你、佢”三个表示单数的人称代词，其声调都读阳平，在这里“偓”“你”的声调发生了声调类化的语音变化。“偓”是个客家方言俗体字，单念 ŋai[13]。据考证：“客家方言第一人称代词，俗写作‘偓’，其实就是‘我’字。《广韵》：‘我，五可切，己称。’此字上古音归歌部，韵母为 ai。客家方言有‘我’‘个’‘大’‘哪’‘跛’等《广韵》果摄字的韵母都是 ai，这恰恰是一种上古音的遗留。”① 从《广韵》的反切看，“我”字的声调是上声，今读阳平不符合规律。“你”就是本字，读 ȵi[13]。你：《广韵》乃里切，上止泥。今洛带客家话古次浊声母上声字一般归上声，少数归阴平，可是不读阳平，“你”字读阳平也不符合规律。“佢”同“渠”，读 tɕi[13]。渠：《广韵》强鱼切，平鱼群。“鱼”是疑母鱼韵平声，今在洛带客家话念为阳平，所以“佢”读阳平符合声调的演变规律。“偓（我）”和“你”的声调受“佢”字阳平调的吸引而变成阳平。

2. 文白异读

洛带客家话中的文白异读现象比较突出。文读音一般用于具有书面语色彩的词语，白读音一般用于具有口语色彩的词语中，白读音是客家方言固有的，文读音则是成都官话和普通话影响的结果。例见下表。

洛带客家方言文白异读示例表

表 3－35

例字	白	文	例字	白	文
步	pʻu[53] 走一～	pʻu[53] ～伐	平	pʻiaŋ[13] 唔～	pʻin[13] 和～
肺	pʻei[53] 心～	fei[53] ～炎	命	miaŋ[53] 算～	min[53] ～令
深	tsʻən[45] 水很～	sən[45] ～厚	领	liaŋ[45] 衫～	lin[53] ～袖
苦	fu[31] ～瓜	kʻu[31] 辛～	醋	tsʻɿ[53] 酱油～	tsʻu[53] 食～：妒忌
暗	an[53] ～了	ŋan[53] 黑～	声	saŋ[45] ～气	sən[45] ～明
毛	mau[45] ～虫	羽～ mau[31] 球	缩	suʔ[2] ～手	soʔ[2] 压～
饮	in[45] ～食	in[31] ～料	动	tʻuŋ[45] ～手术	tuŋ[53] 活～
养	iɔŋ[45] ～鸡	iɔŋ[31] 培～	狭	tʻiæʔ[5] 很～	ɕia[31] ～窄

3. 合音

合音是指两个或三个音节合为一音（一个音节）。洛带客家话的合音只有两个音节合为一音的，还未发现三个音节合为一音的，并且目前只发现“爱要”“系是”“你”“佢”几个高频词有合音现象。见下表。

① 刘纶鑫．江西客家方言概况．南昌：江西人民出版社，2001：281.

洛带客家方言合音现象示例表

表 3－36

例词	合音	合音前	例词	合音	合音前
唔爱 不要	moi$^{\cdot 45}$	m̩^{13} oi$^{\cdot 53}$	系唔系 是不是	xe^{53} mie^{53}	xe^{53} m̩^{13} pʻie^{53}
还爱 还要	xoi^{13}	xai$^{\cdot 13}$ oi$^{\cdot 53}$	你阿婆 你妈妈	ȵia^{45} mi$^{\cdot 45}$	ȵia^{45} a^{45} ma^{45}
爱唔爱 要不要	oi$^{\cdot 53}$ moi$^{\cdot 45}$	oi$^{\cdot 53}$ m̩^{13} oi$^{\cdot 45}$	佢阿哥 他/她哥哥	ʨia^{45} ko^{45}	ʨia^{45} a^{45} ko^{45}

五、内部差异

洛带镇今辖 15 个行政村，3 个社区居委会。洛带客家话内部很统一，差异甚小。洛带客家话语音上的内部差异可从三个方面来看：一是从年龄层次看，中古来母和泥母的分合问题有差别，老年人基本上处于半混状态，来泥母字大都读 l 声母，但有的字还读 n 声母，而年轻人基本上处于全混状态，不读 n 声母；二是从不同的地点看，翘舌音声母的有无情况不同，洛带镇街上和长铁、宝胜、岐山等村的居民完全没有翘舌音声母，洛带南面的镇心村居民在 əʔ、ʅʔ 两个入声韵上有翘舌音声母与之相拼；第三，从来源看，祖籍来自广东的客家人和来自江西的客家人对某些字的读音有别，有的读音差别还反映出声母不同的拼合关系。见下表。

洛带客家方言语音内部差异示例表

表 3－37

词　语	广东籍客家人读音	江西籍客家人读音
泥巴	lai$^{\cdot 13}$ pa^{45}	lie^{13} pa^{45}
鸡公	kai$^{\cdot 45}$ kuŋ^{45}	ke^{45} kuŋ^{45}
厅下（客厅）	tʻaŋ^{45} xa^{45}	tʻiaŋ^{45} xa^{45}
箩篼	lo^{13} tiəu^{45}	lo^{13} təu^{45}
伞	san^{53}	san^{31}
中晡日	ʦuŋ^{45} pu^{45} ȵiʔ^{2}	ʦuŋ^{45} mu^{45} ȵiʔ^{2}
菊花	ʨyʔ^{2}/tʻioʔ^{2} fa^{45}	tʻio^{13} fa^{45}

洛带客家话在词汇方面主要有两个差别。一是不同年龄的人用词有差别：称呼相同的事物，老年人用客家话特征词或读白读音，年轻人则用四川官话的词或读文读音。见下表。

洛带客家方言词汇内部差异示例表

表 3－38

普通话	老年人	年轻人
田埂	田塍 tʻiɛn^{13} sən^{13}	田坎 tʻiɛn^{13} kʻan^{53}
螃蟹	老蟹 lau^{31} xai$^{\cdot 31}$	螃蟹 pʻan^{13} xai$^{\cdot 53}$
虾	虾公 xa^{13} kuŋ^{45}	虾子 xa^{45} ʦɿ^{31}
咸菜	擦菜 ʦʻæʔ^{2} ʦʻoi$^{\cdot 53}$	盐菜 iɛn^{13} ʦʻoi$^{\cdot 53}$
菊花	菊花 ʨʻioʔ^{2} fa^{45}	菊花 ʨyʔ^{2} fa^{45}
水沟	沟圳 kiəu^{45} læʔ^{2}	水沟沟 suei$^{\cdot 31}$ kiəu^{45} kiəu^{45}
睡觉	睡目 soi$^{\cdot 53}$ muʔ^{2}	睡瞌睡 soi$^{\cdot 53}$ kʻoʔ^{2} soi$^{\cdot 53}$
现在	底阵子 i$^{\cdot 31}$ ʦʻən^{53} ʦɿ^{31}	现在 ɕiɛn^{53} ʦai$^{\cdot 53}$

二是江西籍客家人与广东籍客家人的用词有差别。江西客家人说“回家”不像广东客家人说“转去”而说“归去”，亲属称谓中不用前缀“阿”，如“爷爷”不称“阿公”而称“公公”。

在语法上的差别主要表现在老年人和年轻人对句式的选择有别。如“给我一本书”的说法，老年人一般说“拿分倨一本书”或“分倨一本书”，年轻人一般则说“给倨一本书”。又如“越来越好”的说法，老年人一般说“紧来紧好”，年轻人则说“越来越好”。

六、洛带客家方言标音举例①

（一）劝孝顺

桃花红，李花白，红红白开无数。

t‘au^{13} fa^{45} fuŋ^{13}，li^{31} fa^{45} p‘æʔ^{5}，fuŋ^{13} fuŋ^{13} p‘æʔ^{5} p‘æʔ^{5} xoi^{13} m̩^{13} su^{53}。

一番$_{\text{场}}$大水$_{\text{大雨}}$一 番风，千花万花 一 夜 空。

iʔ^{2}fan^{45}t‘ai^{53}suei^{31}iʔ^{2}fan^{45}fuŋ^{45}，ʨ‘iɛn^{45} fa^{45}van^{53}fa^{45}iʔ^{2}ia^{53}k‘uŋ^{45}。

昨晡$_{\text{昨天}}$看花花正好，今晡$_{\text{今天}}$看花只有草。

ʦ‘u^{45} pu^{45}k‘ən^{53}fa^{45} fa^{45} ʦən^{53}xau^{31}，ʨin^{45}pu^{45}k‘ən^{45}fa^{45}ʦɿ^{31} iəu^{45}ʦ‘au^{31}。

细子$_{\text{小孩儿}}$大了大人老，孝 顺 爷娭$_{\text{父母}}$爱$_{\text{要；应该}}$趁早。

ɕie^{53}ʦɿ^{31}t‘ai^{53}liau^{31}t‘ai^{53}ȵin^{13}lau^{31}，xau^{53} suən^{53}ia^{13}oi^{45}oi^{53} ʦ‘ən^{53} ʦau^{31}。

（二）劝妇女孝友

张大嫂，李大嫂，朝朝$_{\text{每天早上}}$跷床$_{\text{起床}}$你爱早，服侍公婆你爱晓$_{\text{懂得，明白}}$。

ʦɔŋ^{45}t‘ai^{53}sau^{31}，li^{31}t‘ai^{53}sau^{31}，ʦau^{45}ʦau^{45}xɔŋ^{53}ʦ‘ɔŋ^{13}ȵi^{13} oi^{53} ʦau^{31}，fuʔ^{2}sɿ^{53} kuŋ^{45}p‘o^{13}ȵi^{31} oi^{53} ɕiau^{31}。

饭爱软，菜爱好，公婆餐餐$_{\text{每顿，每餐}}$食得饱。

fan^{53}oi^{53}ȵyən^{45}，ʦ‘oi^{53} oi^{53} xau^{31}，kuŋ^{45}p‘o^{13} ʦ‘ɔn^{45}ʦ‘ɔn^{45}sɿʔ^{5}teʔ^{2}pau^{31}。

床爱炟，多铺草，公婆晡晡$_{\text{每晚}}$睡得好。

ʦ‘ɔŋ^{13}oi^{53}p‘a^{45}，to^{45}p‘u^{45}ʦ‘au^{31}，kuŋ^{45}p‘o^{13}pu^{45}pu^{45}soi^{53}teʔ^{2}xau^{31}。

纺棉花，经$_{\text{织}}$布草$_{\text{一般的布料}}$，拿畀$_{\text{给}}$公婆做棉袄。

p‘iɔŋ^{31} miɛn^{13}fa^{45}，kaŋ^{45}pu^{53}ʦ‘au^{31}，la^{45}pən^{45}kuŋ^{45}p‘o^{13}ʦo^{53} miɛn^{13}au^{31}。

家娘$_{\text{婆婆}}$讲$_{\text{责怪}}$你唔爱$_{\text{不要}}$应嘴，子嫂$_{\text{妯娌}}$当成亲姊妹。

ka^{45}ȵiɔŋ^{31}kɔŋ^{31}ȵi^{13}moi^{45}in^{53}ʦoi^{53}，ʦɿ^{31}sau^{31}tɔŋ^{53}saŋ^{13}ʨ‘in^{45}ʨi^{31}moi^{53}。

侄子外甥真心待，蒸酒腌菜样样会。

ʦ‘əʔ^{5}ʦɿ^{31} ŋoi^{53}saŋ^{45} ʦən^{45}ɕin^{45}tai^{53}，ʦən^{45}ʨiəu^{31}iæ/^{2} ʦ‘oi^{53}iɔŋ^{53}iɔŋ^{53} voi^{53}。

又勤又俭又耐烦，唔讲闲话唔讨嫌。

iəu^{31}ʨ‘in^{13} iəu^{31}ʨiaŋ^{53}iəu^{31} lai^{53}fan^{13}，m̩^{13} kɔŋ^{13}ɕiɛn^{13}va^{53} m̩^{13}t‘au^{31}ɕiɛn^{13}。

老个面前少过错，心舅$_{\text{儿媳}}$照你样子做。

lau^{31}ke^{53}miɛn^{53}ʨ‘iɛn^{13}sau^{31}ko^{53}ʦ‘o^{53}，ɕin^{45}ʨ‘iəu^{45}ʦau^{53}ȵi^{13}iɔŋ^{53}ʦɿ^{31}ʦo^{53}。

---

① 材料选自《东山小儿歌》，用字上有改动。［清］佚名. 东山小儿歌. 陈世松，邓运佳，黄尚军，曾为志校注. 成都：四川客家研究中心，2004.

第二节 四川粤北片客家方言代表点——仪陇客家话

仪陇县境内的方言十分复杂。旧县政府驻地金城镇及周围大部分地区通行西南官话，当地客家人称之为“四里话”或“四邻话”。中部以乐兴乡为中心的几个乡通行客家方言。新县政府新政一带通行的“永州腔”，属于湘方言，是湘南“永州腔”在仪陇境内的陈迹。此外，在磨盘乡还流行一种“安话”，带有安徽话的痕迹①。

仪陇县客家话主要分布在乐兴乡、武棚乡、凤仪乡、大风乡、石佛乡、周河乡、马鞍镇，人口约5万。仪陇客家人是在明末清初“湖广填四川”的移民运动中进入四川的，原籍主要是粤北韶关一带，距今已有200多年的时间。

据乐兴乡镇上郑上炯保存的光绪《郑氏宗谱》和2004年郑上炯主编的印刷本《郑氏宗谱》记载：“原在福建省……迁与广东任居数世，祖元厚公康熙三十二年自粤东临川，弃祖地而迁西蜀川北道顺庆府仪陇县南阳里，地名李家沟山吊石落业。……次年，曾祖公郑弘仕置业新丰里，地名罗村溪长沟里。”乐兴乡饶勋义《饶氏族谱·序》记载其祖上自粤韶州云门迁于西蜀置业繁衍。乐兴乡杨显文《杨氏族谱》记载：其祖上清顺治十八年，从广东韶州府乳源县大坪寨迁至四川仪陇。崔荣昌根据朱德纪念馆提供的资料推算，仪陇马鞍的朱姓客家人是乾隆33年前后从广东韶关入川的。先居广安县华蓥山，于嘉庆15前后移居到仪陇马鞍山。

至今，仪陇县的客家话同粤北一带的客家话仍保持相当的一致。

一、声韵调系统

（一）声母

声母共20个，其中辅音声母19个，零声母1个。见下表。

仪陇客家方言声母表

表3－39

p 布把背饼	pʻ步怕盘病	m 门尾米帽	f 饭飞灰火	
t 到夺底斗	tʻ道大毒听	l 难兰怒冷		
ʦ 糟招猪曾	ʦʻ齐仓醋村		s 税散扇三	z 绕然绒茸
ʨ 杰精酒井	ʨʻ秋旗权青	ȵ 惹尿让女	ɕ 修休旋姓	
k 家贵姑光	kʻ跪苦快看	ŋ 岸牙硬昂	x 河和下咸	
ø 医盐人约				

声母说明：

1. l的实际发音有时是舌尖中边音l，有时是鼻化的边音 n。它们是l音位的自由变体，二者不形成音位上的对立，不区别意义，今一律记作l。

① 崔荣昌．四川境内的客方言．成都：四川客家研究中心，2006：236.

2. 古晓匣母字今多读为舌根清擦音 x，有个别字实际发音为喉清擦音 h，因 x 与 h 不区别意义，也不形成音位上的对立，今一律记为 x。

3. 在实地调查中，我们发现有个别老人在发少数庄、章组字时带有翘舌动作，但这种 tʂ、tʂ‘、ʂ 翘舌音不稳定，没有和 ts、ts‘、s 形成对立，不成系统。而 40 岁以下年轻人在发庄、章组字时已完全没有翘舌音色彩了。故未将其作为声母单独列出。

（二）韵母

韵母共 56 个，包括自成音节的 n̩。见下表。

仪陇客家方言韵母表

表 3－40

ɿ 资支知字	i 皮耳第二	u 布故古母	y 鱼虚区居
a 爬蛇架嫲	ia 野写谢借	ua 挂夸抓话	
ɛ 狗沟口齐	iɛ 牛藕柩		yɛ 靴迁越
o 莫盖妹睡			
ɚ 而儿尔			
ai 稗改斗买	iai 解谐	uai 怪帅快歪	
ei 鸡弟批贝		uei 贵退雷吹	
au 饱烧教劳	iau 条饶猫笑		
əu 河过多老	iəu 茄流休右	uəu 莴窝	
an 胆三间根	iɛn 减连县片	uan 官关弯算	yɛn 权圆软怨
ən 魂陈问分	in 紧邻心星	uən 温纯孙蹲	yn 云群勋永
aŋ 硬撑荞庚	iaŋ 明平瓶青	uaŋ 杆壮装梗	
ɔn 短端		uɔn 赶安碗	
ɔŋ 党讲光商	iɔŋ 姜良让两	uɔŋ 船光	
		uŋ 红翁东捧	yŋ 胸荣融勇
iʔ 力日急七	uʔ 谷屋		yʔ 菊局
aʔ 尺辣百夹	iaʔ 踢锡惜	uaʔ 刮	
oʔ 割落各活	ioʔ 欲药脚		
eʔ 直舌北特	ieʔ 接铁月灭	ueʔ 国括阔	yeʔ 缺诀决雪
		ueiʔ 出骨窟	
əuʔ 合绿竹木	iəuʔ 肉		
n̩ 五唔你武			

韵母说明：

1. n̩ 是鼻辅音作韵母，有时发音为 ŋ̍，n̩、ŋ̍ 有时候可以自由替换，不区别意义，故一律记为 n̩。

2. iɛn、yɛn 两个韵母有时发为鼻化音 iɛ̃、yɛ̃。

3．ɚ 只有“而、儿”等极少数字发这个音，借自仪陇官话。

4．据崔荣昌 20 世纪 80 年代初的调查，《四川境内的客方言》中记录了客家话中典型的韵母 oi，曾为志、兰玉英 2008、2010 年实地调查时发现其中的 i 已脱落，如“妹、梯、胎、台、才、菜、海”等字，韵母为 o。

（三）声调

有阴平、阳平、上声、去声和入声五个调类。古入声字在仪陇客家话中分为阴入、阳入两调。阴入的调值高，阳入的调值低。各声调的具体调值见下表。

仪陇客家话声调表

表 3－41

阴平 33	诗梯弟灯方	阳平 21	时题房田魂
上声 53	使矢体事第	去声 13	士试世替侍
阴入 5	石得浊湿削	阳入 3	日雀落墨药

二、声韵配合表

仪陇客家方言声韵配合表

表 3－42

	p	pʻ	m	f	t	tʻ	l	k	kʻ	ŋ	x	tɕ	tɕʻ	ȵ	ɕ	ts	tsʻ	s	z	ø
ɿ																之	耻	丝		
i	比	皮	米		知	锑	里					几	其		西					医
u	哺	铺	母	孵	杜	毒	奴	古	枯							猪	初	书		
y						铝					局	蛆		需						玉
a	巴	爬	妈	花	打	大	拿	家	楙	牙	虾									鸦
ia					①							姐	斜	惹	峡					丫
ua								瓜	夸							抓			挼	
ɛ								沟	抠								齐	洗		
iɛ		②								牛										也
yɛ															靴					抈
o	背		媒	灰	哆		罗	果		外										要
ɚ																				儿
ai	摆	败	买	坏	呆	太	耐	街	揩	挨	后					灾	猜	腮		矮
iai											谐									
uai								乖	块									甩		
ei	杯	批	美	飞	底	弟	尼	鸡												
uei					堆	推	雷	归	龟							最	罪	水	锐	
au	包	泡	矛		刀	涛	老	交	敲	咬	薅					遭	操	少	绕	
iau	标	漂	猫		鸟	条	聊					焦	乔		肖					幺
əu	波	婆	魔	火	多	拖	搂	哥	科	鹅	和					周	坐	手	揉	屙
iəu							溜					九	秋		休					有

续表 3－42

	p	p‘	m	f	t	t‘	l	k	k‘	ŋ	x	tɕ	tɕ‘	ȵ	ɕ	ts	ts‘	s	z	ø
uəu																				萵
an	班	盘	满	饭	丹	摊	奶	间	刊	眼	含					沾	掺	三	然	咹
iɛn	变	骗	面		电	天	连					尖	欠		先					盐
uan								关	款											
yɛn												捐	犬		选					愿
ən	分	③	闷	婚			论			樱						真	伸	身		
in	彬	品	民		掟	停	林					斤	亲		心					人
uən					墩	吞	嫩	滚	昆							准	春	孙		
yən												军	近		熏					云
aŋ	④	滂	莽		钉	厅	躲	更	扛	硬	夯									罂
iaŋ	丙	病	名				岭					井	请		腥					赢
uaŋ								梗	况											
ɔn					短	团	暖	干			汗					砖	川	酸		
uɔn								赶	看											安
ɔŋ	帮	旁	忙	放	当	糖	狼	光		昂	康					张	长	常		
iɔŋ							良					将	枪		想					羊
uɔŋ																	船			
uŋ	绷	捧	梦	缝	东	同	笼	公	空		轰					中	虫	送	绒	嗡
yŋ												弓	穷		胸	穷				融
iʔ	笔	辟			敌		力					急	七		息					一
uʔ																		叔		
yʔ												局								
aʔ	八	魄	脉	发	搭	塌	辣	圿	掐		瞎					眨	擦	杀		鸭
iaʔ															锡					
uaʔ								刮												
oʔ	拨	泼	没			脱		各	磕	恶	盒					着	浊	索		
ioʔ							略					角	确		削					药
eʔ	北	迫	墨		得	特	肋		克		黑					责	泽	十		
ieʔ	别	别	篾		跌	铁	猎					接	切		歇					叶
ueʔ								国	扩											
yeʔ												诀	缺		雪					
ueiʔ								骨	窟							出				
əuʔ			木	福	读	毒	六	谷								竹	族			
iəuʔ																				肉
n̩																				五

说明：①tia[33]：提
②p‘ie[53]：山坡
③p‘ən[33]：厚
④paŋ[33]：程度副词，如～硬

三、常见的语流音变现象

1. 重叠词变调

仪陇客家话一部分重叠式称谓词、名物词中后字变调。例如：

上声重叠词，后字变阳平，如：

康康①指宝盖头②盖子 kʻaŋ^{53} kʻaŋ$^{53-21}$ | 水水 suei^{53} suei$^{53-21}$ | 桶桶桶 tʻuŋ^{53} tʻuŋ$^{53-21}$

蹬蹬 tuən^{53}tuən$^{53-21}$鞋跟：底个鞋蹬蹬tuən^{53}tuən^{21}太高了 | 秆秆秆子 kuaŋ^{53} kuaŋ$^{53-21}$

滚滚滚子 kuən^{53} kuən$^{53-21}$ | 坎坎坎儿 kʻan^{53} kʻan$^{53-21}$ | 款款数儿；限度 kʻuan^{53} kʻuan$^{53-21}$

眼眼眼儿 ŋan^{53} ŋan$^{53-21}$ | 舀舀舀取液体的瓢类用具 iau^{53} iau$^{53-21}$

去声重叠词，后字变阴平，如：

坝坝 pa^{13}pa$^{13-33}$ | 洞洞 tuŋ^{13}tuŋ$^{13-33}$ | 缝缝缝儿 pʻuŋ^{13}pʻuŋ$^{13-33}$ | 盖盖 ko^{13}ko$^{13-33}$

罐罐罐子 kuan^{13}kuan$^{13-33}$ | 架架 ka^{13}ka$^{13-33}$ | 帕帕帕子 pʻa^{13} pʻa$^{13-33}$ | 片片 pʻiɛn^{13} pʻiɛn$^{13-33}$

入声阴入重叠词，后字变阳入，如：

角角角落 koʔ^{5} koʔ$^{5-3}$ | 撮撮撮箕 tsʻoʔ^{5} tsʻoʔ$^{5-3}$ | 夹夹 kaʔ^{5} kaʔ$^{5-3}$ | 壳壳 kʻo^{5} kʻo$^{5-3}$ |

盒盒 xoʔ^{5} xoʔ$^{5-3}$ | 夹夹 kaʔ^{5} kaʔ$^{5-3}$ | 索索绳子 soʔ^{5} soʔ$^{5-3}$ | 白白副词：白白跑了一趟 pʻaʔ^{5} pʻaʔ$^{5-3}$。

2. 儿化

仪陇客家方言与四川其他各地客家方言一个显著的不同点是，儿化词特别多，儿化韵有“ɚ、iɚ、uɚ、yɚ”四类。儿化韵为 ɚ 的如：

番粟粑儿 玉米饼 fan^{33} ɕiu^{45} pɚ^{33} | 窝窝儿 vəu^{33} vɚ^{33} | 萝苤丝儿 ləu^{21} pʻieʔ^{5} sɚ^{33} | 妹儿 mo^{13} mɚ^{33} |

嘴嘴儿 tso^{13}ts ɚ^{33} | 壶壶儿 fu^{21} f ɚ^{33} | 架架儿贴身穿的背心 ka^{13} kɚ^{33} | 醪糟儿 lau^{21} tsɚ^{33} | 头头儿 tʻai^{21} tʻɚ^{33} |

手手儿 səu^{53} sɚ^{33} | 豆腐干儿 tʻai^{53} fu^{53} kɚ^{33} | 坎坎儿 kʻan^{53} kʻɚ^{33} | 空空儿 kʻɔŋ^{13} kɚ^{33} |

盅盅儿 tsuŋ^{33} tsɚ^{33} | 车车儿 tsʻa^{33} tsʻɚ^{33} | 褂褂儿褂子 kua^{13} kɚ^{33} | 刀刀儿 təu^{33} tɚ^{33}

儿化韵为 iɚ 的如：

悄悄儿 tɕʻiau^{33}tɕʻiɚ^{33} | 麦吊儿 maʔ^{3} tiɚ^{33} | 破烂筋筋儿 pʻəu^{13} lan^{13} tɕin^{33} tɕiɚ^{33} | 椅椅儿 i^{53} iɚ^{33} |

对门襟儿 tuei^{13} mən^{21} tɕiɚ^{33} | 将将儿 刚才 tɕiɔŋ^{33} tɕiɚ^{33} | 尖尖儿 tɕiɛn^{33} tɕiɚ^{33} | 汤粑儿汤圆 tʻɔŋ^{13} iɚ^{53}

儿化韵为 uɚ 的如：

钢珠儿 kɔŋ^{33} tsuɚ^{33} | 麻芝官儿 ma^{21} tsɿ^{33} kuɚ^{33} | 外孙儿 o^{13} suɚ^{33} | 桩桩儿 tsuaŋ^{33} tsuɚ^{33}

儿化韵为 yɚ 的如：

须须儿 穗 ɕy^{33} ɕyɚ^{33} | 汤圆儿 tʻɔŋ^{13} yɚ^{33} | 张军儿 tsaŋ^{33} tɕyɚ^{33} | 张琼儿 tsaŋ^{33} tɕʻyɚ^{33}

上述这些儿化词跟官话方言的说法往往是一致的。考粤东客家方言中并无儿化现象，而西南官话中儿化现象十分普遍，仪陇客家方言中的儿化现象是受到西南官话的影响产生的。

3. 儿化变调

仪陇客家方言中的儿化词特别多，此外，儿化韵在词组中还往往发生变调，最后一字如果不是阴平，大多变为阴平调，只有极少数不变调，如：“长了两个漩儿 tsɔŋ^{21} lɛ^{21} liɔŋ^{21} kɛ^{53} ɕyɚ^{13}”。如果后字为入声字则读为非入声韵，声调也变为非入声调。例见下表。

仪陇客家方言儿化变调示例表

表 3－43

哈哈$_{\text{儿}}$ $_{\text{一会儿}}$xa^{21} xɚ$^{21-33}$	花卷$_{\text{儿}}$fa^{33} tɕyɚ$^{21-33}$
水水$_{\text{儿}}$ suei^{53} suɚ$^{53-33}$	鸡腿$_{\text{儿}}$kei^{33} tuɚ$^{21-33}$
头头$_{\text{儿}}$t'ai^{21} t'ɚ$^{21-33}$	豌豆$_{\text{儿}}$van^{33} t'ɚ$^{53-33}$
棍棍$_{\text{儿}}$kuən^{13} kuɚ$^{13-33}$	羊肉串$_{\text{儿}}$iɔŋ^{21} iəuʔ^{5} ts'uɚ$^{53-33}$
洞洞$_{\text{儿}}$tuŋ^{13} tuɚ$^{13-33}$	桌桌$_{\text{儿}}$t'o^{21} t'ɚ$^{21-33}$
滚滚$_{\text{儿}}$kuən^{53} kuɚ$^{53-33}$	节节$_{\text{儿}}$tɕieʔ^{5} tɕiɚ$^{5-33}$

四、文白异读现象

仪陇客家话的文白异读比较多，文读音一般用于具有书面语色彩的词语，白读音一般用于具有口语色彩的词语。见下表。

仪陇客家方言文白异读示例表

表 3－44

例字	白	文	例字	白	文
肺	p'ei^{53}心～	fei^{53}～炎	知	ti^{33}唔～	tsɿ^{33}～识
苦	fu^{21}～瓜	k'u^{53}辛～	饮	in^{33}～食	in^{53}～料
平	p'iaŋ^{21}唔～	p'in^{21}和～	粗	ts'ɿ^{33}～幼	ts'u^{33}粗心
惜	ɕiaʔ^{3}最～	ɕieʔ^{3}可～	生	saŋ^{33}生活	sən^{33}～产
声	saŋ^{33}～气	sən^{33}～明	动	t'uŋ^{33}～手	tuŋ^{13}活～
轻	tɕ'iaŋ^{33}～重	tɕ'in^{33}～视	味	mei^{53}～道	uei^{13}～精
步	p'u^{53}走一～	pu^{13}～调	重	ts'uŋ^{33}轻～	tsuŋ^{13}严～
命	miaŋ^{53}算～	min^{53}～令	泥	nei^{21}～巴	ȵi^{21}水～
梯	t'o^{33}～子	t'i^{33}～子	成	saŋ^{21}～功	ts'ən^{21}～立
江	kɔŋ^{33}姓	tɕiɔŋ^{33}长～	近	tɕ'in^{33}远～	tɕin^{13}亲～

客家话梗摄字文白异读普遍，仪陇客家话的这个特点也很突出。例见下表。

仪陇客家方言梗摄字文白异读示例表

表 3－45

例字	白	文
明	miaŋ	min
名	miaŋ	min
平	p'iaŋ	p'in
瓶	p'iaŋ	p'in

这些例字，年轻人多读文读音，老年人则多读白读音。年轻人文读音较老年人多。

五、新老派读音

仪陇客家人入川已经有近300年的历史，随着和外界的交往日渐频繁，客家话已经悄然发生了许多变化。特别是近年来，客家话渐渐向仪陇官话靠拢。主要表现为年轻人的发音受到官话的影响，新老派的读音呈现出较大差异，新派声韵母往往跟官话保持一致。如以下这些字，新派一般读作“弟 ti^{13}，暖 luan^{53}，淡 tan^{13}，助 ʦu^{13}，谢 ɕie^{13}（用于礼貌语谢谢，作为姓氏仍读 ʨ‘ia^{53}），漏 ləu^{13}，红 xuŋ^{21}，扶 fu^{21}，话 fa^{213}，武 vu^{53}，午 vu^{53}，齐 ʨi^{21}，桃 t‘au^{21}，竿 kan^{33}，根 kən^{33}”。而这些字老派多读为：“弟 t‘ei^{33}，淡 t‘an^{33}，暖 lɔn^{33}，助 ʦəu^{13}，谢 ʨ‘ia^{53}，漏 nai^{53}，红 fuŋ^{21}，扶 p‘u^{21}，话 va^{53}，武 n̩^{53}，午 n̩^{53}，齐 ʦ‘ɛ^{21}，桃 t‘əu^{21}，竿 kuɔn^{33}，根 kan^{33}”。除此之外，新老派的差异还表现在：

1．鼻化韵

老派读 iɛn 的一些字，新派有读作 iɛ̃ 的，如“天、边、偏、连”等几个字，老派多读为 iɛn，新派多读为 iɛ̃，“年、减、捡”等字老派新派一般都读为 iɛn。

2．翘舌音

根据崔荣昌1983年的调查①，当时30周岁的发音合作人乐兴乡的张刚口音中有全套的 ʈʂ、ʈʂ‘、ʂ、ʐ，而另外一发音合作人则没有翘舌音。2008年8月乐兴乡发现部分50岁以上的合作人发“手、仓、昌、苏、书、税、生、声、丑、帅、朱、珠、尸、柿、士、事、使”等少数庄、章组字时仍带有轻微的翘舌动作。而有些发音合作人则完全无翘舌音。此外，40岁以下年轻人在发这些字时已完全没有翘舌色彩了，全部发成了平舌音。

3．入声

仪陇客家话跟四川境内的其他客家话一样，入声韵尾为［ʔ］。近年来，喉塞音［ʔ］在年轻人群中有开始脱落的迹象。如下列入声字，老派读法为“锡 ɕiaʔ^{5}、麦 maʔ^{5}、读 t‘əuʔ^{3}、合 xəuʔ^{5}、舌 seʔ^{5}、绿 ləuʔ^{5}、木 məuʔ^{5}”，新派读法为：“锡 ɕi^{21}、麦 mɛ^{21}、读 t‘əu^{33}、合 xo^{21}、舌 se^{21}、绿 lu^{21}、木 mu^{21}”。另外，我们发现部分字，如“失 sɿ^{21}、栗 li^{21}、力 li^{21}、职 ʦɿ^{21}、辣 la^{21}、桌 t‘o^{21}、俗 ɕy^{21}”等老派新派都不读入声，入声韵尾 ʔ 丢失，其语音演变的趋势跟仪陇官话方言保持一致，入声归入阳平调。

新老派的读音表明仪陇客家话正受到来自官话方言的强烈冲击，客家话的某些典型特征正在渐渐消失。如今，青少年一代能说流利的客家话的已经非常少了，仪陇客家话正处于加速变化、日益萎缩的境地。

六、仪陇客家方言标音举例

八十公公接个十八岁个妹子（八十岁的公公娶个十八岁的姑娘）

标音（以下简称音）：yɛn^{21} lo^{21}，paʔ^{5} seʔ^{3} kuŋ^{33} kuŋ^{33} faʔ^{5} lo^{21} ʦ‘o^{21}，ʨi^{21} ʨ‘iəu^{53} ɕiɔŋ^{21} ʨieʔ^{5} kɛ^{21} ɕiau^{53}，

客家话以下简称客：原 来，八 十 公 公 发 了 财，佢 就 想 接 个 小，

普通话以下简称普：从前，有个八十岁的公公发了财，他就想娶个小老婆，

音：teʔ^{5} ʨi^{21} kɛ^{21} ka^{33} ʦ‘an^{53}，ʨ‘iəu^{53} ʨieʔ^{5} lo^{21} ko^{13} seʔ^{3} paʔ^{5} so^{13} kɛ^{21} mo^{13} ʦɿ^{53}。

① 崔荣昌．四川境内的客方言．成都：四川客家研究中心，2006：236.

客：得佢 个 家 产，就 接 了个 十 八 岁个 妹 子。

普：（生个孩子）继承他的家产（因为他没有子嗣），于是他就娶了个十八岁的姑娘。

音：tɕieʔ^{5} kəu^{13} ɕi^{53} so^{13} lo^{21} ieʔ^{3} pu^{33} ia^{53}，t'i^{53} i^{53} ieʔ^{3}，paʔ^{5} seʔ^{3} kuŋ^{33} kuŋ^{33} tɕ'iəu^{53} ɕi^{53} pu^{33} lɛ^{21}。

客：接 过 去 睡 了一晡 夜，第二日，八 十 公 公 就 死 不 了。

普：娶过门睡了一晚，第二天，八十公公就死了。

音：（mo^{13} tsɿ^{53}）ieʔ^{3} ts'eʔ^{5} ts'o^{13} tɕi^{13} vuʔ^{3} k'ua^{33} tsan^{13} təu^{53}，tɕ'iəu^{53} iəu^{33} t'ai^{33} sɿ^{13} tsɿ^{53} lo^{21}。

客：（妹 子）一直 在 佢屋 下 占 到，就 有 大 细子 了，

普：姑娘就一直呆在他家里，突然有了身孕，

音：ieʔ^{3} tseʔ^{3} tan^{53} təu^{21} iɔŋ^{33} pu^{33} le^{21}，iɔn^{33} xa^{33} lo^{21} tɕt'iəu^{53} xɛ^{53} ieʔ^{3} tsaʔ^{3} lai^{13} tsɿ^{53}。tsən^{53} ko^{13}

客：一直 等 到 养 不 了，养下来 就 系 一 只倈 子。整 个

普：等到生下来，生了个儿子。

音：t'uɔn^{21} ts'uɔn^{53} n̩^{21} ɕiɔŋ^{33} ɕin^{13}，mo^{21} teʔ^{5} kan^{13} tɕ'i^{21} kuai^{13}，t'ai^{53} pɛ^{33} ieʔ^{3} pu^{33} ia^{53} tɕ'iəu^{53} iəu^{33}

客：团 转 唔 相 信，莫 得 咁 奇 怪，歇 不了 一晡 夜 就 有

普：周围邻居都不相信，说没有那么奇怪，歇了一晚上就有

音：t'ai^{53} sɿ^{21} tsɿ^{53} lo^{21}。kai^{13} kai^{13} t'ai^{53} ləu^{53} ia^{21} ie^{53} mo^{21} faʔ^{5}，kai^{13} t əu^{33} t əu^{33} i^{53} uei^{21} teʔ^{5} tɕi^{21} kɛ^{21}

客：大细子了。个 个 太 老 爷也 莫 法，个 兜 都以 为 得佢 个

普：孩子了。县太老爷也没法，大家都认为姑娘是图人的

音：ka^{33} ts'an^{53}。in^{33} uei^{21} tɕi^{21} kɛ^{21} ka^{33} ts'an^{53} xəu^{53}。mo^{21} faʔ^{5} lan^{33} tɕ'iəu^{53} kan^{13} tsɿ^{21} lo^{13}，

客：家 产。因为 佢 个 家 产 好。莫 法 喃 就 咁 子 来，

普：家产。因为他（八十公公）的家产好。（这下大老爷没法了）怎么办呢？

音：san^{33} seʔ^{3} laŋ^{13} iɔŋ^{33} kɛ^{21} t'ai^{33} sɿ^{13} tsɿ^{53} lau^{33} paʔ^{5} seʔ^{3} so^{13} iɔŋ^{33} kɛ^{21} t'ai^{33} sɿ^{13} tsɿ^{53}，

客：三 十 零 养 个 太 细 子 摎 八 十 岁 养 个 太 细子，

普：（大老爷叫人）领来一个三十岁的女人生的孩子和这个八十公公的孩子，

音：təu^{33} t'oʔ^{3} kɛ^{21} kɔŋ^{33} pa^{33} tsɿ^{53}，la^{33} tau^{21} t'iɛn^{33} pa^{53} pa^{53} li^{13} ɕi^{53} lan^{33}，paʔ^{5} ʂeʔ^{3} kuŋ^{33} kuŋ^{33}

客：都 脱 个 光 巴 子，拿 到 天 坝 坝 里 去 冷，八 十 公 公

普：都脱成赤膊，到露天里冻，八十公公

音：iɔŋ^{33} kɛ^{21} t'ai^{33} sɿ^{13} tsɿ^{53} tɕ'iəu^{53} tseʔ^{3} tɕiɛn^{53} tai^{53}，san^{33} seʔ^{3} so^{13} iɔŋ^{33} kɛ^{21} t'ai^{33} sɿ^{13} tsɿ^{53} n̩^{21}

客：养 个 太 细 子 就 直 见 抖，三 十 岁养 个 太 细子唔

普：的孩子冷得不停发抖，而三十岁养的那个孩子就不同，

音：t'uŋ^{21}，n̩^{21} tai^{53} tɕ'iəu^{53} kai^{13} kɛ^{21} ɔn^{13} tsɿ^{53} tɕ'iəu^{53} tɔn^{13} ts'ueiʔ^{5} lo^{21}，so^{53} i^{21} kai^{13} kɛ^{21} ka^{33}

客：同，恩 抖。就 个 个 案 子 就 断 出 来，所 以个 个 家

普：不发抖（因为他的父母都当壮年，所以孩子也壮实）。就这样，案子就断出来了，所以

音：ts'an^{21} xai^{21} ko^{33} paʔ^{5} seʔ^{3} kuŋ^{33} kuŋ^{33} kɛ^{21} y^{53} kɛ^{21} teʔ^{5}。

客：产 还 该 八 十 公 公 个 女个 得。

普：家产还该八十公公的小老婆得。

四川省志·方言志

第四篇　四川湘方言

四川境内的湘方言，主要分布在四川的中部、南部、东部（含今重庆所辖地），以老派湘语为主。老派湘语主要分布于广汉、什邡、绵竹、安县、德阳、中江、金堂、简阳、资阳、资中、乐至、仁寿、威远、内江、隆昌、犍为、宜宾、南溪、纳溪、合江、古蔺、江油、绵阳、三台、遂宁、蓬溪、安岳、潼南、大足、荣昌、永川、西充、南充、南部、仪陇、营山、蓬安、广安、邻水、达川、梁平、天全、雅安等县市区。新派湘语主要分布于乐至、达县、开江、开县、梁平、南充、广安、岳池等县市区。

第一章　湘方言的语言特点

四川境内的各种湘方言在数百年前与其来源地的湖南湘方言分离后，即开始在四川方言的包围中发展变化。今天它们一方面保留着湖南湘方言的某些特征，又有了不少四川方言的因素，还发展出一些既非湖南湘方言，也非四川方言的特征，成为既异于其湖南来源地，也异于其周围四川方言的四川湘方言。

四川湘方言在语音、词汇、语法上与四川方言和湖南湘方言都有相当的差异，尤以语音上的差异最大。四川湘方言内部的新老两派，各自又有较大的差异，也以语音上的差异最为突出。

语音上，老派湘语的基本特征有两个：一是保留了一整套或一定数量的全浊声母；二是有一整套舌尖后音声母，与舌尖前音声母形成对立。与此相对，新派湘语的基本特征也有两个：一是基本没有全浊声母；二是基本没有舌尖后音声母。保留全浊声母的四川老湘语，又分两种不同类型：一种是全浊塞音、塞擦音今读送气浊声母；二是全浊塞音、塞擦音今读不送气浊声母。

至今保留全浊声母的老派湘语，浊音声母已经严重清化，这表现为：

（一）有些湘语点发全浊音声母时，声带振动已经不明显，实际音质为处在浊音和清音之间的浊气流。

（二）保留的浊音声母字一般只有几百个（如中江县的永兴话和中兴话、南充新城话），有的不足一百个（如成都金堂的竹篙话）。①

老派湘语的声调类型和调值与四川方言基本相同，从听感上说，老湘语中的“老湖广”与四川方言的区别不明显。四川新湘语的声、韵、调均与四川方言有差异，因而最具湘方言特征。从听感上说，新湘语与周围的四川话迥异。

无论新派还是老派，都有一些湘方言特有的词汇、语法特征，只是与语音特征比起来，词汇、语法特征比较零散。

第一节　湘方言的语音特点

四川境内的湘方言，因为来源于湖南湘方言，因而其语音系统有着湖南湘语的语音特征；又因为长期受到四川方言的影响，也具有四川方言的语音特征。四川湘方言的语音系统与中古音韵系统的关系也表明了这一点。

---

① 调查数据根据《方言调查字表》（第一版）的调查范围统计。中国科学院语言研究所. 方言调查字表. 第一版. 北京：科学出版社，1955.

一、声母特点

与四川方言和湖南湘方言相比，声母方面的异同，表现在以下几个方面：

（一）全浊声母的保留与清化

普通话和四川方言没有全浊声母，而湖南的老派湘语（南片或茗娄片）则普遍有着浊音声母。四川境内的老派湘语也大多有着全浊声母，比普通话和四川方言多出 b、b‘、d、d‘、ʣ、ʣ‘、dʐ、dʐ‘、ʐ、ʥ、ʥ‘、g、ɣ 等全浊声母，保留了一批全浊声母字。

古全浊並、定、从、澄、崇、船、群母的字在四川境内的老派湘语和新派湘语中发展演化情况存在差异，四川老派湘语仍然保存着浊音声母，新派湘语“长沙话”和“靖州腔”则已清化为不送气音。四川老派湘语的发展变化与湖南老湘语（南片或茗娄片）一致；四川新派湘语（例如安仁“长沙话”）与湖南新湘语（北片或长益片）“受官话影响而古浊音清化，不论平仄声都读为不送气清音声母”① 是基本一致的，但是其中一部分使用频率不太高的平声字受四川方言的影响而改读为送气清音（例如长乐“靖州腔”）。见下表。

湘方言古全浊声母字今读表

表 4－1

	共	婆	徒	琴	朋	题
永兴	koŋ^{14}	b‘o^{31}	d‘u^{31}	ʥ‘in^{31}	b‘oŋ^{31}	d‘i^{31}
新城	kuŋ^{13}	bo^{21}	du^{21}	ʨ‘in^{21}	buŋ^{21}	di^{21}
石塆		bo^{213}	du^{213}	ʥin^{213}	baŋ^{213}	di^{213}
安仁	koŋ^{24}	pu^{13}	tɤu^{13}	ʨin^{13}	pəŋ^{13}	ti^{13}
长乐	kuŋ^{35}	po^{21}	tou^{21}	ʨ‘in^{21}	p‘uŋ^{21}	t‘i^{21}

（二）古非敷奉晓母与 f、ɸ、h 声母的分混

古轻唇音非、敷、奉三母的字和晓匣母合口韵的字相混在湖南湘语区是普遍现象，多数情况下读唇齿音 f,② 在四川湘语区大部分地方亦是如此。通摄东、钟韵非、敷、奉三母的字在四川湘语区多读舌面后音 x。

四川新派湘语安仁“长沙话”，依韵摄的不同，古非敷奉今分别读 f、ɸ、h，即：凡遇、蟹、咸三摄的合口三等字、流摄开口三等字及通摄合口三等的入声字，今一律读唇齿音 f 声母；止摄、山摄、臻摄和通摄（入声字除外）的合口三等字，今一律读双唇清擦音 ɸ 声母；宕摄合口三等字今一律读喉清擦音 h。而达县东兴乡“永州腔”一部分非敷奉晓母字，实际读音为 ɸ，但已经与 f 不区分意义。见下表。

① 詹伯慧．汉语方言及方言调查．武汉：湖北教育出版社，2001：79．

② 侯精一．现代汉语方言概论．上海：上海教育出版社，2002：124．

湘方言古非敷奉母字和晓匣母合口韵字今读表

表4－2

	飞	灰	访	谎	符	胡	风	冯
永兴	fei^{55}	fei^{55}	faŋ^{53}	faŋ^{53}	fu^{31}	vu^{31}	xoŋ^{55}	ɣoŋ^{31}
新城	fei^{55}	fei^{55}	fɑŋ^{13}	fɑŋ^{53}	fu^{21}	fu^{21}	xuŋ^{55}	ɣuŋ^{21}
石塆	fei^{44}	fɛ^{44}	xuŋ^{213}	xuŋ^{213}	fu^{213}	fu^{213}	xuŋ^{44}	xuŋ^{213}
安仁	ɸei^{33}	ɸai^{33}	hoŋ^{41}	hoŋ^{41}	fu^{13}	ɸu^{13}	ɸoŋ^{33}	ɸoŋ^{13}
长乐	fei^{44}	fei^{44}	fɑŋ^{53}	fɑŋ^{53}	fu^{21}	fu^{21}	xuŋ^{44}	xuŋ^{21}

（三）舌尖音与舌面前音的交错

读舌面前音的字比普通话和四川方言多，这是四川湘方言的一个共同特点。不少普通话读舌尖后音 tʂ 组、四川方言读舌尖前音 ts 组的字，四川新派湘语和老派湘语中的金堂竹篙话（老湖广）、达县东兴话（永州腔）读舌面前音 tɕ、tɕʻ、ɕ。例如，达县安仁话（长沙话）、南充长乐话（靖州腔）、达县东兴话（永州腔），“猪”都读“居”，“书”都读“虚”，“出”都读“曲”。这与湖南湘方言一致。

这些四川湘语点之所以读舌面前音的字多，是因为古知、庄、章组的许多字不是念舌尖音 ts、tsʻ、s；tʂ、tʂʻ、ʂ或 dz、dzʻ、z；dʐ、dʐʻ、ʐ，而是念 tɕ、tɕʻ、ɕ 或 dʑ、dʑʻ、ʑ。其中新湘语长乐“靖州腔”逢古舌上音知、彻、澄三母和古正齿音庄、初、崇、生、章、昌、船、书、禅九母的遇合三、臻合三和山合三的字，读为舌面前音 tɕ、tɕʻ、ɕ。这与湖南新湘语古“照系”开口韵的字都念为 ts、tsʻ、s，但与合口韵母相拼的字却转念为舌面声母 tɕ、tɕʻ、ɕ① 的特点相吻合。而达县安仁“长沙话”则是无论古知、庄、章的开口、合口绝大多数都念 tɕ、tɕʻ、ɕ；金堂竹篙话则是古知组、章组的部分开口、合口三等字和庄母的部分一二等字念 tɕ、tɕʻ、ɕ；营山石塆话逢古照系的一些字读舌面前音 tɕ、tɕʻ、ɕ，如：“战”读 tɕi^{44}，“舌”读 ɕi^{44}。这些四川湘语点的特点与湖南方言今天逢古“照系”的开口韵念舌尖音 ts、tsʻ、s，而与合口韵母相拼念舌面前音 tɕ、tɕʻ、ɕ 的规律同中有异。

有的老湘语点如中江永兴话有特殊之处，它虽然也有一些普通话读翘舌音 tʂ 组、四川方言读平舌音 ts 组的字读舌面前音 tɕ、tɕʻ、ɕ，例如：“找”读“饺”（tɕiau^{53}），“掌”读“讲”（tɕiaŋ^{53}），“抽”读“秋”（tɕʻiəu^{55}）；但反过来也有一些普通话、成都话读舌面前音的字读舌尖音，例如“行”读“神”（ʂən^{31}），“捐”读“砖”（tʂuan^{55}）。见下表。

湘方言古遇合三、臻合三和山合三韵的知组、庄组字今读表

表4－3

	猪	椿	住	柱	准	船	书	暑
永兴	tʂu^{55}	tsʻuən^{55}	tʂu^{14}	tʂu^{14}	tsuən^{53}	dʐʻuan^{31}	ʂu^{55}	ʂu^{53}
新城	tɕy^{55}	tɕʻyn^{55}	dʑy^{13}	dʑy^{13}	tɕyn^{53}	dʑyan^{21}	ɕy^{55}	ɕy^{53}
石塆	tsu^{44}	tsʻun^{44}	dzu^{31}	dzu^{31}	tsun^{42}		su^{44}	su^{42}
安仁	tɕy^{33}	tɕʻyn^{33}	tɕy^{21}	tɕy^{21}	tɕyn^{41}	tɕyẽ^{13}	ɕy^{33}	ɕy^{41}
长乐	tɕy^{44}	tɕʻyn^{44}	tɕy^{35}	tɕy^{35}	tɕyn^{53}	tɕʻyan^{21}	ɕy^{44}	ɕy^{53}

① 詹伯慧．汉语方言及方言调查．武汉：湖北教育出版社，2001：80.

四川湘方言读舌面前音的字和读舌尖音的字与四川方言不相同，成为四川湘方言与四川方言相区别的一个重要特征。

（四）舌尖后音声母的保留与消失

20 世纪 30 年代，湖南湘方言还区分 ʦ、ʦ‘、z、s 和 ʈʂ、ʈʂ‘、ʐ、ʂ，[①] 但到 90 年代时，大多只有 ʦ 组声母，而没有 ʈʂ 组声母了，而还有 ʈʂ 组声母的都是老湘语（南片）。四川的老湘语与湖南老湘语情况类似，即大多与周围的四川话不同，一般还保存或残存着 ʈʂ 组声母。

依据舌尖后 ʈʂ 组声母与韵母拼合情况，四川湘方言的舌尖后音声母大致可以分为三类，第一类舌尖后音声母与韵母的组合面宽，例如中江永兴话、德阳黄许话（老湖广）；第二类，舌尖后音声母与韵母的组合较窄，只拼开音节韵母，例如安岳大平话（老湖广）；第三类，舌尖后音声母不拼其他韵母，只拼舌尖后高不圆唇元音 ʅ，例如南充新城话（永州腔）。

（五）鼻音 n、ȵ 和边音 l 的分混与泥来二母的关系

四川方言的代表成都话区分 n、ȵ，例如：连≠年；但不区分 n 、l，例如：男 = 兰。古泥、来两母的字在四川境内的湘方言中，一般是在洪音前混，在细音前不混。这与湖南湘方言古泥（娘）母字和来母字洪音前相混而细音前不混的规律一致。老派湘语中的永兴话和竹篙话、新派湘语中的乐至新乐话（靖州腔）与成都话相同，都是洪音不分 n 、l，例如“男”“兰”读音相同；细音分 n 和 ȵ，例如“连”不同于“年”。

而属于老派湘语点的营山安化乡的石垭、铁顶等镇，凡今韵母为洪音时，n、l 为自由变体，如“男”na^{213} = “兰” la^{213}。今韵母为细音时，n、l 有别，即古疑、日、泥三母读 n，如“人” nin^{213}；来母读 l，如“林” lin^{213}。新派湘语中的达县安仁话（长沙话）则是古泥来二母都读 n，仅有“嬢、娘、逆、捏、业、孽、惹”等几字读舌面前鼻音 ȵ。而南充长乐话无论洪音细音都不区分 n、l，都读 n。见下表。

湘方言古泥来两母字今读表

表 4－4

	脑	老	努	炉	你	黎	娘	良
永兴	nau^{53}	nau^{53}	nu^{53}	nu^{31}	ȵi$^{·53}$	ni$^{·31}$	ȵiaŋ^{31}	niaŋ^{31}
新城	nɑu^{53}	nɑu^{53}	nu^{53}	nu^{21}	ȵi$^{·53}$	ni$^{·21}$	ȵiaŋ^{21}	niaŋ^{21}
石垭		nai$^{·42}$			ni$^{·42}$	li$^{·213}$	niuŋ^{213}	liuŋ^{213}
安仁	ne^{41}	ne^{41}	nɤu^{41}	nɤu^{13}	n̩^{41}	ni$^{·13}$	ȵioŋ^{13}	niaŋ^{13}
长乐	nɑu^{53}	nɑu^{53}	nou^{53}	nou^{21}	ni$^{·53}$	ni$^{·21}$	niaŋ^{21}	niaŋ^{21}

（六）鼻音声母与古影、疑二母的关系

与普通话不同，四川方言保留有舌面后鼻音声母 ŋ，但四川湘方言比四川方言保留了更多的舌面后鼻音声母字。例如“眼”四川方言一般读零声母，但四川湘语点多数读为 ŋ 声母。四川湘方言逢古影、疑二母开口一二等字声母一般念舌面后鼻音 ŋ，部分齐齿呼的疑母字声母为鼻音 n 或 ȵ。见下表。

---

① 杨时逢. 湖南方言调查报告. 台北：“中央研究院”历史语言研究所，1974.

湘方言古影、疑二母开口一二等字今读表

表4－5

	爱	安	偶	眼	岩	饿	义
永兴	ŋai^{14}	ŋan^{55}	ŋiəu^{53}	ŋan^{53}	ŋai^{31}	ŋo^{14}	ȵi^{14}
新城	ŋai^{14}	ŋan^{55}	ŋou^{53}	ian^{53}	ȵian^{21}	ŋo^{13}	ȵi^{13}
石塆	ŋɛ^{44}	ŋa^{44}		ŋan^{42}	ŋa^{31}	ŋo^{31}	ni^{31}
安仁	ŋai^{55}	ŋã^{33}	ŋɤu^{41}	ŋã^{41}	ŋa^{13}	ŋo^{21}	ni^{55}
长乐	ŋai^{35}	ŋan^{44}	ou^{53}	nian^{53}	ŋai^{21}	ŋo^{35}	ni^{35}

（七）古日母字的今读

古半齿音日母字，在四川方言中一般读舌尖前浊擦音 z 或者是零声母，而在四川境内的湘方言中多读为鼻音声母或零声母，少数读为舌尖浊擦音。由于这些字在口语中使用频率不高，而且老年人的话语中仍可以见到它们读舌面后鼻音 ŋ 或零声母的踪迹，所以这个舌尖浊擦音可能是受周边四川话的影响而出现的。但是老派湘语中永兴话日母的字一般读为舌尖后浊擦音 ʐ。见下表。

湘方言古日母字今读表

表4－6

	惹	肉	燃	人	如	瓤	二
永兴	ʐe^{53}	ʐəu^{14}	ʐan^{31}	ʐən^{31}	ʐu^{31}	ʐɑŋ^{31}	ɚ^{14}
新城	ʑɛ^{53}	zu^{21}	ʑian^{21}	ʑin^{21}	y^{21}	ʑiɑŋ^{21}	ɚ^{13}
石塆		niəu^{33}	ni^{213}	nin^{213}	zu^{213}	iuŋ^{42}	e^{31}
安仁	ȵia^{41}	niɤu^{55}	nĩ^{13}	nin^{13}	y^{13}	ioŋ^{13}	ie^{24}
长乐	ŋe^{53}	ŋou^{21}	ŋan^{21}	ŋən^{21}	y^{21}	ŋɑŋ^{53}	o^{35}

（八）舌面前后音与古见系二等字的关系

中古见系二等字在今天的四川方言中一部分读舌面后音 k、k'、x，另一部分则读为了舌面前音 ʨ、ʨ'、ɕ。在四川湘语中，中古见系二等字一般读作舌面后音 k、k'、x，但受四川方言的影响，也有一些古见系二等字今腭化为舌面前音 ʨ、ʨ'、ɕ 了。见下表。

湘方言古见系二等字今读音表

表4－7

	家	阶	鞋	街	解	教	敲	豇
永兴	ʨia^{55}	kai^{55}	ɤai^{31}	kai^{55}	kai^{53}	ʨiau^{55}	k'au^{55}	ʨiaŋ^{55}
新城	ʨia^{55}	kai^{55}	xai^{21}	kai^{55}	kai^{55}	ʨiɑu^{55}	k'ɑu^{55}	kɑŋ^{55}
石塆	kɔ^{44}	kɛ^{44}				ʨiai^{44}		ʨiuŋ^{44}
安仁	ka^{33}	kai^{33}	ha^{13}	ka^{33}	ʨiai^{41}	ʨie^{55}	k'e^{33}	ʨioŋ^{33}
长乐	ka^{44}	kai^{44}	xai^{21}	kai^{44}	kai^{53}	ʨiɑu^{44}	k'ɑu^{44}	kɑŋ^{44}

（九）尖团音的区别与否

四川方言的代表成都话没有尖音，而湖南老湘语有尖音和团音的区分。四川的各类湘语中，一般没有尖团音的区别，“细戏”大都读 ɕi，“精经”大都读 tɕin，但个别老派湘语点，如安岳大平话和金堂竹篙话、转龙话却保留尖团对立的遗迹。大平话清声母和浊声母都存在尖团对立，浊声母的尖音更为明显。例如：趋 ts‘uei^{45} ≠ 区 tɕ‘ye^{45}，全 dzuan^{21} ≠ 权 dʑyan^{21}。转龙话“精” tɕin^{14} ≠ “经” dʑin^{14}。

（十）声母数量的多少

成都话有声母 20 个（含零声母），而四川境内湘方言的声母从 19 个到 32 个不等①。由于老派湘语一般有浊音声母和舌尖后音声母，而新派湘语则没有浊音声母和舌尖后音声母，所以老派湘语的声母一般在 26 个以上，新派湘语一般在 20 个左右。老湘语中，中江永兴话的声母为 32 个，南充新城话 30 个，遂宁拦江话 28 个，中江中兴话 27 个，营山石垮话 26 个，达县东兴话 26 个；新派湘语中，达县安仁话 21 个，乐至新乐话 20 个，南充长乐话 19 个。总体说来，新湘语没有浊音声母和舌尖后音声母，与成都话的声母数量十分接近。见下表。

湘方言 9 个方言点声母系统表（不含零声母）

表 4－8

成都 19	p p‘ m f，t t‘ n，ts ts‘s z，tɕ tɕ‘ ȵ ɕ，k k‘ ŋ x	
中兴 26	p b‘ p‘m f v，t d‘ t‘ n，ts dz‘ ts‘ s z，tɕ dʑ‘ tɕ‘ ȵ ɕ，k g‘ k‘ ŋ x ɣ	老派
永兴 31	p b‘ p‘ m f v，t d‘ t‘ n，ts dz‘ ts‘ s z，tʂ dʐ‘ tʂ‘ ʂ ʐ，tɕ dʑ‘ ȵ ɕ‘，k g‘ k‘ ŋ x ɣ	
竹篙 29	p b p‘ b‘m f，t d t‘ n，ts dz ts‘ dz‘ s z，tʂ tʂ‘ ʂ ʐ，tɕ dʑ tɕ‘ ȵ ɕ，k k‘ ŋ x	
石垮 25	p b p‘ m f v，t d t‘ n l，ts dz ts‘ s z，tɕ dʑ tɕ‘ ɕ，k g k‘ ŋ x	
新城 29	p b p‘ m f，t d t‘ n，ts dz ts‘ s z，tʂ dʐ tʂ‘ ʂ，tɕ dʑ tɕ‘ ȵ ɕ ʑ，k k‘ ŋ x ɣ	
东兴 25	p b p‘ m f，t d t‘ n，ts dz ts‘ s z，tɕ dʑ tɕ‘ ȵ ɕ ʑ，k g k‘ ŋ x	
安仁 20	p p‘ m ɸf，t t‘ n，ts ts‘ s z，tɕ tɕ‘ ȵ ɕ，k k‘ ŋ h	新派
长乐 18	p p‘ m f，t t‘ n，ts ts‘ s z，tɕ tɕ‘ ɕ，k k‘ ŋ x	
新乐 19	p p‘ m f，t t‘ n，ts ts‘ s z，tɕ tɕ‘ ȵ ɕ，k k‘ ŋ x	

二、韵母特点

四川湘方言的韵母系统，今天多数与四川方言的韵母系统大同小异，体现出长期受周围四川方言影响的结果。但有的湘语点的韵母却较好地保持着原有的韵母特征，体现着与来源地的关系。总体说来，老派湘语除石垮的“安化腔”外，韵母类别和韵母数量大体与四川方言的代表成都话相同，而新派湘语的安仁“长沙话”和长乐“靖州腔”的韵母系统则与四川方言的韵母系统的差异较大。

① 崔荣昌《四川境内的湘方言》认为中江永兴话浊音声母“兼有送气与不送气两套”，即 b b‘ d d‘ dz dz‘ dʑ dʑ‘ dʐ dʐ‘ g g‘，这样永兴话的声母就达到 38 个。根据近几年的调查，永兴话虽有不送气浊音声母，但并未发现送气浊声母与不送气浊声母形成对立，并且以送气浊音声母为主，故将“两套”归并为送气浊音声母一套，这样永兴话的声母数为 32 个。见崔荣昌．四川境内的湘方言．台北：“中央研究院”历史语言研究所．1996：40.

（一）鼻化元音的存在

湖南新老湘语的鼻化元音相当普遍，而鼻化韵也是四川新老湘语韵母的重要特点，这与它们周围的四川话迥然不同。四川的一些湘方言点尚保存着 ã、õ、ɛ̃、ĩ、ỹ、iɛ̃ 、uã、u、ɛ̃ 、uõ、yẽ、yɛ̃ 等鼻化韵，但保存鼻化韵的湘语点已经不多，这些保存鼻化韵的湘语点各自保存鼻化韵的情况也有不同。四川新湘语“长沙话”有鼻化韵，其中安仁“长沙话”有 ã、õ、ĩ、uã、uõ、ỹ、yẽ 等 7 个鼻化韵。老派湘方言中，金堂竹篙、转龙一带有 ɛ̃n、iɛ̃n、uɛ̃n、yɛ̃n 等 4 个鼻化韵，营山铁顶乡子槽话也有鼻化韵的残迹。

（二）合口呼与撮口呼读法的不同

四川方言读合口呼 u 韵的不少字，在湖南湘方言中读撮口呼 y 韵，四川境内的不少湘语点也读 y 韵。这些与湖南湘方言读法相同，与四川方言读法不同的字，是中古遇摄合口三等的知、章组字。这些字在四川的一些湘语点也有读 u 韵的，这些字读 u 韵明显是受四川方言影响的结果。例如，四川营山石塆话这一类字读 u 韵，但是在其原居地湖南温塘话中多读 y 韵。见下表。

湘方言古遇摄合口三等的知、章组字的读法示例表

表 4－9

	树	猪	书	煮	厨	主	输	住
永兴	ʐu^{14}	ʈʂu^{55}	ʂu^{55}	ʈʂu^{53}	ʣʻu^{31}	ʈʂu^{53}	su^{55}	ʈʂu^{14}
新城	ʑy^{13}	ʨy^{55}	ɕy^{55}	ʨy^{53}	ʥy^{55}	ʨy^{53}	ɕy^{55}	ʥy^{13}
石塆	su^{31}	ʦu^{44}	su^{44}	ʦu^{42}	ʦʻu^{213}		su^{44}	ʣu^{31}
安仁	ɕy^{21}	ʨy^{33}	ɕy^{33}	ʨy^{41}	ʨy^{13}	ʈʂɤu^{41}	ɕy^{33}	ʨy^{21}
长乐	ɕy^{35}	ʨy^{44}	ɕy^{44}	ʨy^{53}	ʨy^{21}	ʨy^{53}	ɕy^{44}	ʨy^{35}

（三）撮口呼韵母的差异

四川湘方言中，除中江的中兴话可能是受周围无撮口呼的西南官话方言中江话的影响没有撮口呼外，其他新老湘语都有撮口呼 y，但撮口韵的多少以及与韵腹的组合却不相同。在有撮口呼的湘方言中，中江永兴话和达县新胜“长沙话”的撮口韵最少，只有三个撮口韵，永兴为 yo、yu、yoŋ，新胜话为 y、yɛ、yɛn。其他湘语点一般在 5 个或 5 个以上，最多的达到 9 个，如南充长乐“靖州腔“有 y、ya、yo、ye、yai、yei、yan、yn、yŋ 等 9 个撮口韵。

与周围的四川方言相比，属于老派湘语的营山石塆“安化腔”缺少四川方言所有的 yo、ye、yan、yoŋ 等撮口韵；新派湘语中，达县新胜“长沙话”没有四川方言所有的 yo、yan、yoŋ 等撮口韵，达县安仁“长沙话”没有四川方言所有的 yan、yoŋ 两个撮口韵。

没有撮口韵 yoŋ 是四川湘方言的一个普遍特征，老湘语的中江中兴话、转龙话、德阳黄许话、安岳大平话、营山石塆话、营山子槽话、仪陇新城话、达县东兴话，新湘语的达县安仁话、达县新胜话、南充长乐话、乐至新乐话等都没有 yoŋ 韵。其中，中兴话、大平话、黄许话、转龙话、新城话、安仁话、长乐话、新乐话、东兴话无 yoŋ 韵，有 ioŋ 韵。

虽然四川湘方言缺少四川方言的一些撮口韵，但却有一些四川方言没有的撮口韵，如 ya、yai、yei、ỹ、yẽ 等。撮口韵 ya 韵见于长乐话、大平话；yai 韵见于长乐话、转龙话、大平话；yei 韵见于长乐话；ỹ、yẽ 见于安仁话。

（四）鼻辅音自成音节

浊鼻辅音 m̩、n̩、ŋ̍ 自成音节也是四川湘方言的一个重要特征，这与湖南湘方言普遍存在的的浊鼻辅音自成音节一致。老湘语中，金堂竹篙话有“唔”n̩^{21}、“你”n̩^{53}；营山石垮话有“这”m̩^{31}、“那”n̩^{44}；营山子槽话有“你”n̩^{53}、“我”ŋ̍^{53}、“这”n̩^{213}、“那”n̩^{45}；德阳黄许话“你”n̩^{51}、“既”m̩^{44}；达县安仁话有“不”n̩^{13}、“你”n̩^{41}、“碗”n̩^{41}、“那”n̩^{55}和“祖母”m̩^{31}（m̩^{31}mo），达县新胜话有你“你”n̩^{51}、“碗”n̩^{51}、“那”n̩^{55}。

（五）鼻音尾的分混

老派湘方言中，竹篙话无前鼻韵 an、ian、uan、yan，这四个韵母分别读为鼻化韵 ɛ̃、iɛ̃、u ɛ̃、yɛ̃。新派湘语中，an、ian、uan、yan 等韵母安仁话分别读为鼻化 ã、õ、ĩ、uã、uõ、ỹ 。石垮话也无 an、ian、uan、yan 等韵母，但分别并入了开尾韵 a、ɔ、i、ua、y 等韵母中。

（六）元音韵尾和鼻音韵尾的多少

中古流摄的部分字在今四川湘方言的新城话和石垮话中读鼻音韵尾（阳声韵），其余各湘语点多读元音韵尾（阴声韵）。而湖南湘方言流摄的字一般读阴声韵（元音韵尾），不读阳声韵（鼻音韵尾）①，看来四川湘语中流摄部分字读阳声韵的现象是受四川方言的影响而出现的。见下表。

湘方言古流摄部分字今读表

表 4－10

	某	亩	牡	茂	贸	谋
永兴	məu^{53}	məu^{53}	mu^{53}	məu^{14}	məu^{14}	moŋ^{31}
新城	muŋ^{53}	muŋ^{53}	mɑu^{53}	muŋ^{13}	muŋ^{13}	muŋ^{21}
石垮	muŋ^{42}	muŋ^{42}		muŋ^{31}	muŋ^{31}	mai^{213}
安仁	mɤu^{41}	mɤu^{41}	mu^{41}	mɤu^{55}	mɤu^{55}	mɤu^{13}
长乐	mou^{53}	mu^{53}	mu^{53}	mɑu^{35}	mɑu^{35}	

（七）后鼻音韵尾的多少

湖南湘方言总体上说前鼻音韵尾－n 多，后鼻音韵尾－ŋ 少，老派有 oŋ、ioŋ 两个后鼻韵，新派如湖南长沙话没有－ŋ 韵尾，只有 8 个－n 韵尾。四川湘方言一般都有后鼻音韵尾 5 个左右，大致与四川方言相同。

（八）央元音 ɚ 的出现

中古止摄开口三等的日母字在四川方言中读卷舌、央、中、不圆唇元音 ɚ，四川的湘方言无论新派老派虽然都有央元音 ɚ，但应该是受周围四川话长期影响的结果。因为“二”在安仁“长沙话”里不读 ɚ 而读 ie^{24}；在南充长乐话、营山石垮话里，“耳、二、日、贰”等词读 e 或 o，也可以读 ɚ，这种音值的不稳定，表现出中古止摄开口三等日母字，在四川方言的影响下正处于演变之中。见下表。

① 北京大学中国语言文学系语言学教研室．汉语方音字汇．第二版重排本．北京：语文出版社，2003.

湘方言古止摄开口三等的日母字今读表

表 4－11

	儿	尔	二	贰	而	耳	饵
永兴	$ɚ^{31}$	$ɚ^{53}$	$ɚ^{14}$	$ɚ^{14}$	$ɚ^{31}$	$ɚ^{53}$	$ɚ^{53}$
新城	$ɚ^{21}$	$ɚ^{53}$	$ɚ^{13}$	$ɚ^{13}$	$ɚ^{21}$	$ɚ^{53}$	$ɚ^{53}$
石塆	$ɚ^{213}$		o^{31}	o^{31}		$ɚ^{42}$	
安仁	$ɚ^{21}$后缀	$ɚ^{41}$	ie^{24}	ie^{24}	$ɚ^{13}$	$ɚ^{41}$	$ɚ^{41}$
长乐	o^{21}	$ɚ^{53}$	o^{35}	o^{35}	$ɚ^{21}$	o^{53}	$ɚ^{53}$

四川湘方言 ɚ 韵的出现，使原本没有“儿”尾的四川湘方言，在有的湘语点开始有“儿”尾词出现。不过，除个别点外，四川湘方言普遍没有儿化韵。这与湖南湘方言没有儿化现象，也普遍缺乏儿尾的情况一致。

（九）ou 韵与 u 韵分读的不同

ou 韵与 u 韵虽然四川方言和四川湘方言都有，但来源不同，因而具体读 ou 韵还是 u 韵的字也不同。中古遇摄合口一等的端、泥、精组的字，遇合三的泥、庄组的字在今天的四川新湘语中多读 ou 韵或 ɤu 韵，湖南长沙话的遇合一的端、泥、精组的字，遇合三的庄组字也读 ou 韵，[①] 而四川方言的这些字读 u 韵，四川新湘语与湖南长沙话一致，与四川方言不同。四川老派湘语的这些字多读 u 韵。见下表。

湘方言古遇摄合口一等端、泥、精组字和遇合三泥、庄组字今读表

表 4－12

	徒	肚	奴	初	梳	炉	锄	苏
永兴	$dʻu^{31}$	tu^{14}	nu^{31}	$ʦʻu^{55}$	su^{55}	nu^{31}	$ʣʻu^{31}$	su^{55}
新城	du^{21}	du^{13}	nu^{21}	$ʦʻu^{55}$	su^{55}	nu^{21}	$ʣu^{21}$	su^{55}
石塆	du^{213}	$dəu^{31}$	nu^{213}	$ʦʻəu^{44}$	su^{44}		$ʣəu^{213}$	$səu^{44}$
安仁	$tɤu^{13}$	$tɤu^{41}$	$nɤu^{13}$	$ʦʻɤu^{33}$	$sɤu^{33}$	$nɤu^{13}$	$ʦɤu^{13}$	$sɤu^{33}$
长乐	tou^{21}	tou^{53}	nou^{21}	$ʦou^{44}$	sou^{44}	nou^{21}	$ʦou^{21}$	sou^{44}

四川境内各种不同类型的湘方言 u 韵的发音部位大都唇形较展，较密闭。

（十）鼻韵尾 in、ən 的来源与分混

在四川方言中，古曾梗两摄的舒声字与臻摄舒声字混同，韵尾一般为舌尖中鼻音 n 尾或鼻化音，四川湘语也混同，不过曾梗两摄开口三等章组字多读为 in 韵，和舌面前音 ʨ、ʨʻ、ɕ 相拼合。南充长乐话的曾梗两摄开口三等章组字同四川方言，仍混同为 ən 韵。见下表。

① 李永明．长沙方言辞典．长沙：湖南出版社，1991：176—177.

湘方言古曾梗两摄鼻韵尾字与臻摄字今读表

表 4－13

	蒸	争	珍	鹰	英	因	井	进
永兴	tɕin^{55}	tsən^{55}	tɕin^{55}	in^{55}	in^{55}	in^{55}	tɕin^{53}	tɕin^{14}
新城	tɕin^{55}	tsən^{55}	tɕin^{55}	in^{21}	in^{55}	in^{55}	tɕin^{53}	tɕin^{13}
石垮	tɕin^{44}	tsən^{44}		in^{44}	in^{44}	in^{44}	tɕin^{42}	tɕin^{44}
安仁	tɕin^{33}	tsən^{33}	tsən^{33}	in^{33}	in^{33}	in^{33}	tɕiaŋ^{41}	tɕin^{55}
长乐	tsən^{44}	tsən^{44}	tsən^{44}	in^{44}	in^{44}	in^{44}	tɕin^{53}	tɕin^{35}

（十一）韵母数量的多少

四川湘方言的韵母数量从 32 个到 42 个不等，但以 36 个左右的居多。韵母数量最多的和韵母数量最少的，就是与成都话差异最大的；韵母数量为 36 或 37 个的，就是与成都话韵母相同或接近的。四川湘语点韵母数量最多的是达县的安仁话（42 个）、安岳的大平话（42 个），韵母数量最少的是营山的石垮话（32 个）、达县的新胜话（32 个）。

老派湘语中，“老湖广”的韵母基本与四川方言一致，一般为 36 个或 37 个。有 37 个韵母的，一般比四川方言的代表点成都话多一个 ɿ 或 yu 韵母。老派湘语中的营山石垮“安化腔”只有 32 个韵母，比成都话少 ye、uai、ao、iao、an、ian、uan、yan 等 8 个韵母，多 ɔ、ɛ、m̩、n̩ 等 4 个韵母。新派湘语中，达县安仁的“长沙话”有韵母 43 个，主要是多出 ã、õ、ɛ̃、ĩ、ỹ、iɛ̃、uã 等一系列鼻化韵和 2 个自成音节的鼻韵母 n̩、m̩，少一些相应的前鼻音韵母；南充长乐的“靖州腔”有 38 个韵母，比成都话多出 ya、yai 两个韵母。

韵母数量较多的湘方言点，有两种情况：一种情况是，湘方言原有韵母系统的韵母较多而又保留较好，例如达县安仁的“长沙话”。另一种情况是，处于演变过程中的湘方言因为既留存原湘语韵母，又有来自四川方言的韵母，韵母数量也就比较多。例如，1988 年调查营山的石垮村“安化腔”时，只有韵母 32 个，而 2008 年在紧邻的子槽村调查时，子槽村的“安化腔”韵母有 42 个。子槽村的“安化腔”主要是多出了受四川方言影响新产生的前鼻韵 an、ian、uan、yan 系列，保存湘语原有的舌尖后元音 ɿ 及自成音节的鼻韵母“你”n̩^{53}、“我”ŋ̍^{53}、“这”n̩^{213}、“那”n̩^{45}等。

三、声调特点

（一）声调数量和类型

四川湘方言声调的调类为 4 个调和 6 个调两类。“长沙话”为 6 个调，其他各点的新老湘方言都是 4 个声调。

根据调类特征可分为四川方言类和湘方言类。声调属于四川方言类的都是 4 个调，它们的中古声调的分合与四川方言的代表点成都话一致，都分为阴平、阳平、上声、去声 4 个调类，只是调值可能不同。具体调值情况见下表。

声调属四川方言类的湘方言点调值表

表 4－14

方言点 \ 调类		阴平	阳平	上声	去声
四川方言	成都话	55	21	53	213
湘方言（老派）	中兴话	55	31	53	214
	永兴话	55	31	53	14
	竹篙话	55	31	53	14
	大平话	45	21	52	213
	黄许话	44	21	51	24
	新城话	55	21	53	13
	东兴话	44	31	53	13
不明	龙形话	44	21	42	214

湘方言类声调有 6 个调类和 4 个调类两种，它们都反映出湘方言特有的声调特征。具有湘方言声调特征的共有 5 个方言点，其中 6 个调类的湘语点两个：达县安仁乡的“长沙话”、达县新胜乡的“长沙话”（两个“长沙话”点的韵母、词汇系统、听感都有所不同）；四个调类的湘语点 3 个：营山石埫“安化腔”、南充长乐“靖州腔”、乐至新乐“靖州腔”。具体调值见下表。

声调属湘方言类的湘方言点调值表

表 4－15

方言点 \ 声调	平		上		去		
	阴平	阳平	阴上	阳上			
安仁（长沙话）	33	13	41		55 甲	21 乙	24 丙
新胜（长沙话）	44	13	51		55 阴	21 阳	24 次阴
石埫（安化腔）	44	213	42				31（阳）
新乐（靖州腔）	21		53		55（阴）		13（阳）
长乐（靖州腔）	44	21	53		35		

总体说来，湘语类声调的调类、调值和来源都不同。

四川老湘语除“安化腔”外，都为 4 个调类，都属四川方言声调类型。四川新湘语 4 个调类（靖州腔）和 6 个调类的都有（“长沙话”），但都属于湘语声调类型。不过，达县安仁“长沙话”的 6 个声调中，中平调 33 调（阴平）和高平调 55 调（去声甲）有时界限已经有些模糊，实际读音更接近中高平调（44 调）。

（二）入声

湖南湘方言今天半数保留入声调，而且分阴入阳入。四川方言有些方言点还有入声调保留，但四川境内的各类湘语均未发现有入声保留。

四川湘方言的古入声字已经归入其他调类，多数湘语点入声的归类同周围的四川方言一致，即归入阳平调。例如中江永兴话、中江中兴话和南充长乐话、南充新城话的入声字都归入阳平调。也有一些湘语点的古入声字归入了其他调，例如中江李都话的古入声分别归入了阴平和阳平两个调；营山石塆话（安化腔）的古入声字绝大多数归入了阴平调，也有一部分读阳平调；达县安仁话（长沙话）的古入声字多数归去声甲和阳平调，也有少数归入去声乙和去声丙。而营山石塆话（安化腔）的来源地湖南温塘话今天仍然保留阴入调，其他古入声主要并入了阴去调。湖南长沙话也保留了入声调。四川湘语点入声调的变化既不同于其来源地，有的点也不同于周围的四川方言，很有特点。见下表。

湘方言古入声字今读表

表 4－16

	桌	百	尺	铁	说	月	局	舌
永兴	ʦo^{31}	pe^{31}	ʈʂʻʅ^{31}	tʻie^{31}	ʂo^{31}	ie^{31}	ʦu^{31}	ʐe^{31}
新城	ʦo^{21}	pɛ^{21}	ʦʻʅ^{21}	tʻiɛ^{21}	ɕyo^{21}	yɛ^{21}	ʨy^{21}	ʑiɛ^{21}
石塆	ʦo^{44}	pe^{44}	ʦʻʅ^{213}	tʻi^{44}		y^{44}		
安仁	ʦu^{55}	pai^{55}	ʨʻio^{55}	tʻi^{55}		y^{55}	ʨy^{55}	ɕi^{55}
长乐	ʦo^{21}	pe^{21}	ʦʻʅ^{21}	tʻie^{21}	so^{21}	ye^{21}	ʨy^{21}	se^{21}

（三）去声

四川湘方言的去声调有独特之处。达县安仁“长沙话”有 3 个去声调，与周围的四川方言（只有一个去声调）差异很大，也与湖南长沙话相去甚远。湖南长沙话的去声分阴去、阳去，而达县安仁“长沙话”的去声则分去声甲、去声乙、去声丙。南充长乐话的去声来源和四川方言相似，但是从调型来看是高升调，关于这一点，刘光亚在《贵州省汉语方言的分区》一文中曾指出：贵州天柱县所在方言片的去声调值和贵州许多县市不同，去声都是高升调①。而长乐一带的移民大多刚好来自这个地方，在入川后经过两三百年的发展仍然保留了这个语音特点。② 达县安仁话的三个去声调的来源情况是：去声甲主要来自古清音声母去声字和古入声字；去声乙主要来自古全浊上声字和部分入声字；去声丙主要来自全浊上声字和古去声字及部分古入声字。见下表。

湘方言去声字读音表

表 4－17

	试	事	骂	第	二
永兴	ʂʅ^{14}	zʅ^{14}	ma^{14}	dʻi^{14}	ɚ^{14}
新城	ʂʅ^{13}	ʣʅ^{13}	mʌ^{13}	di^{13}	ɚ^{13}
石塆	sʅ^{44}	sʅ^{31}	mɔ^{31}	di^{44}	o^{31}
安仁	sʅ^{55}	zʅ^{21}　sʅ^{21}	mo^{21}	ti^{24}	ie^{24}
长乐	sʅ^{35}	sʅ^{35}	ma^{35}	ti^{35}	o^{35}

① 刘光亚．贵州省汉语方言的分区．北京：方言，1986（3）．

② 据 1993 年的《南充县志》记载：“长乐区移民来自湖南古靖州（今属贵州天柱县）一带的汉侗杂居地。从长乐话与湘方言及侗语的某些语言特点的对比中，也可得出：长乐话的底层即为受侗语影响的湘方言。”见四川省南充县志编纂委员会．南充县志．成都：四川人民出版社，1993：860．

四、常见的语流音变现象

（一）语流中常见的声调变化

四川湘方言中，除乐至“靖州腔”有比较复杂的连读音变外，其他四川湘方言点的变调大都比较简单，即除重叠名词外，基本没有连读变调。

就重叠名词的变调言，除达县安仁的“长沙话”、达县东兴的“永州腔”外，其他湘语点的重叠名词都是阴平调重叠不变调，阳平调和去声调的重叠名词后字变阴平调，上声调重叠名词的后字变阳平调。这些变调规律与四川方言一致。

达县安仁“长沙话”的重叠名词中，阴平调（33－33）和去声甲调（55－55）不变调，其余调的重叠名词后字变阴平调。

达县东兴的“永州腔”阴平调名词重叠（44－44）、上声调名词重叠（53－53）不变调；阳平调重叠名词（31－31）后一字由阳平调31变为上声调53调，去声调重叠名词（13－13）后一字由去声调13变为阴平调44调。

乐至新乐“靖州腔”的音变情况比较复杂，重叠名词有时变调，有时不变调，不是很有规律。变调时，后字由非阴去调（非55调）变为阴去调（55调），即与成都话的变调方式一致，只是成都话的55调是阴平调。新乐话保持原调是其旧貌，变调是新乐话在四川方言的影响下，开始向着变调的方向发展。新乐话其他重叠式的变调，也基本与四川方言一致，但也有其特点，例如，四川方言的重叠式变调一般是前字不变调，后字变调。乐至新乐“靖州腔”的重叠式除后字变调外，也有前字变调的，例如：“慢慢”由13－13变为31－13。新乐“靖州腔”非重叠式也有音变现象，而且情况比较复杂。前后字声调相同后字可以变调，例如平声（21调）有两种变调：东西21－21→21－55、花生21－21→21－13；上声（53调）的变调如：好点53－53→53－55；前后字不同调时，上声后字可以变调，如：还有21－53→21－13。阳去（13调）的后字可以变为阴去55调，如：老二、老弟53－13→53－55、果里$_{\text{这里}}$53－13→53－55。此外，新乐“靖州腔”非重叠式的前字也有一些与单念时声调不同，它们属于文字或词汇的历史音变还是语流音变尚不确定。

（二）语流中常见的声母、韵母音变现象

四川的湘方言中，达县安仁的“长沙话”有些字单念和连读时，字音有变化，既可以韵母发生变化，也可以声母发生变化。这与字的文白异读不同。例见下表。

湘方言安仁话声母、韵母语流音变示例表

表4－18

方言点＼音变	例字	不变	音变	音变类型
安仁话	得 te^{55}	认得 çin^{21} te^{55}	没得 me^{21} pe^{55}	声母变
	豆 tie^{21}	豆豉 tie^{21} zɿ^{21}	豌豆子 uõ^{33} nie^{21} tsɿ	声母变
	去 tɕ‘y^{24}/tɕ‘ie^{24}	我去 ŋɤ^{41} tɕ‘y^{24}/tɕ‘ie^{24}	去年子 tɕ‘in^{24} n ĩ^{13} tsɿ	韵母变

安仁“长沙话”这些特殊的变音现象，可能是它的声韵调系统在四川方言的影响下，正在发生演变的系统调整。

（三）儿化

四川方言的代表点成都话儿化较多，尤其是重叠名词后一字重叠的同时一般伴有儿化。但四川境内的湘方言一般没有儿化，重叠名词也不儿化，这是四川湘方言与四川方言区别的一个显著特征。不过，四川湘方言却有一个表示极少的量的儿化词“滴口$_{\text{儿}}$”，永兴话读 tia^{14} kər^{55}，安仁话读 tia^{55}kər^{55}。

与其他各湘语点不同，达县东兴乡的“永州腔”却有突出的儿化特征。发音特征是，舌位更靠后，卷舌动作更大，儿化范围也比成都话更大，除韵母 y 不儿化外（如：须须 ɕy^{44}ɕy^{44}），其他韵母都能儿化。仪陇新城“永州腔”明显也比其他湘语点儿化词多。此外，乐至新乐“靖州腔”有极少数词语可以儿化，例如：波$_{\text{儿}}$ $_{\text{晌午、午饭}}$por^{55}、老汉$_{\text{儿}}$nao^{53} far^{55}、明儿$_{\text{明天}}$mer$^{31/13}$。

（四）轻声

四川方言一般没有轻声，四川湘方言的来源地湖南湘方言的不少地方有轻声（例如：长沙、娄底、泸溪、长乐、邵阳、湘潭、湘乡、湘阴、耒阳等），① 近几年的调查发现，四川境内的湘方言中，新老湘语均发现有轻声或轻声残迹。四川湘方言的轻声与普通话不同，普通话轻声的特点是轻而短，四川湘方言轻声的特点一般是顺着前一音节的声调向下滑落，失去本来调值，有时接近 21 调或41 调。四川湘方言的轻声主要体现在“子”缀和一些词语上。老湘语中已经发现有轻声的湘语点有中江永兴话（老湖广）、仪陇新城话（永州腔）。新湘语中已经发现有轻声的湘语点有达县安仁话（长沙话）、乐至新乐话（靖州腔）。② 中江永兴话的轻声主要体现为某些“阳平字 + 非阳平字”的双音节词的后一音节上，后一音节的非阳平字变轻声（近于 21 调），以及“子”缀上。例如：灯 tən^{55}→台灯 dʻai^{31} · tən、绕 ʐau^{53}→盘绕 bʻan^{31} · ʐau、在 ʥʻai^{14}→实在 ʂʅ^{31} · ʥʻai、长 ʦaŋ^{53}→局长 ʨyu^{31} · ʦaŋ、子 ʦɿ^{53}→椅子 i^{53} · ʦɿ。比较而言，安仁“长沙话”的轻声词比较多，轻声明显一些，例如：刀 te^{33}→菜刀 ʦʻai^{24} · te、丝 sɿ^{33}→螺丝 no^{13} · sɿ、卜 pu^{13}→萝卜 no^{21} · pu、粑 po^{33}→糍粑 zɿ^{13} · po。安仁“长沙话”的“子”缀轻声特点尤其突出。安仁“长沙话”表达“儿子”之“子”一般用“崽 ʦai^{41}”，有时也读 ʨi^{41}，如“伢子咯哩$_{\text{男孩子}}$io^{13} ʨi^{41} ke^{33} ni^{55}”，读 ʦɿ 的“子”只作后缀，读轻声，例如：明年子 mã^{13}n ĩ^{13} · ʦɿ、星子 ɕiã^{33} · ʦɿ。安仁“长沙话”的重叠名词的后一音节有读轻声的痕迹，例如“公公老汉”（统称）的“公公”读不是按重叠名词阴平不变调的规律读为 koŋ^{33}koŋ^{33}，而是读为 koŋ^{33}koŋ^{21}，与轻声下滑近 21 调的规律相同。仪陇新城话发现有个别的词残留轻声，如：道 te^{13}→味道 uei^{44} · te；新乐话也发现个别的词残留轻声，例如：啦 na^{55}→走啦 ʦəu^{53} · na。比较而言，安仁“长沙话”的轻声保留好一些，成类一些。不过，总体说来，四川湘方言的轻声都已经是残留，永兴话和安仁话的轻声词都可以读原调，“子”尾的轻声也已经不稳定，不少时候实际读的是 21 调或41 调，四川湘方言的轻声已经趋于消失。

五、文白异读

四川的湘方言中，有的湘语点有比较普遍的文白异读现象。营山县石塆“安化腔”的文白异读

---

① 相关湘语点的专著或文章在调类处注“轻声除外”，例如：鲍厚星．湖南城步（儒林）方言音系．方言，1993（1）；应雨田．湖南安乡方言记略．方言，1988（1）．

② 崔荣昌 20 世纪 80—90 年代发表的四川湘方言研究成果中，安仁话的词汇表中有一些轻声词汇，新城话、新乐话也有个别轻声词。

还有明显的文白对应规律，尤其是中古梗摄字和假摄字，如下表。

湘方言石埼“安化腔”文白异读示例表

表4－19

例字	文读	白读	例字	文读	白读	例字	文读	白读
病	bin^{31}	bia^{31}	钉	tin^{44}	tia^{44}	井	ʨin^{42}	ʨia^{42}
尺	ʦ‘ʅ^{213}	ʨ‘ia^{44}	白	pe^{213}	p‘ɔ^{213}	客	ke^{213}	k‘ə^{213}
劈	p‘i^{44}	p‘ia^{44}	家	ʨia^{44}	kɔ^{44}	鸦	ia^{44}	ŋɔ^{44}

安仁“长沙话”往往一字有两三种读音，以文白异读为主。崔荣昌认为达县安仁“长沙话”的文白异读类似客家话。①尹蔚认为，达县新胜“长沙话”的文白异读有两个文读音的，往往一个来源于普通话，另一个来源于西南官话；有两个白读音的，则反映着长益片（新湘语）和娄邵片（老湘语）不同的白读底层。② 这反映出四川达县安仁、新胜两地的“长沙话”，既带有湖南南北湘语的底层，又长期受四川方言、客家话、普通话影响。安仁“长沙话”的异读既可以是声母、韵母的异读，也可以是声调的异读。安仁“长沙话”异读举例见下表。

湘方言安仁“长沙话”文白异读示例表

表4－20

例字	文读	白读	例字	文读	白读	例字	文读	白读
慈	ʦɿ^{13}	sɿ^{13}	二	ɚ^{24} ɚ^{55}	ie^{24} ie^{55}	骨	ku^{13}	kuei^{55}
直	ʦɿ^{13}	ʨ‘i^{24} ʦ‘ɿ^{13}	母	mu^{41}	me^{41}	角	ʨio^{13}	ka^{41} ku^{21}
落	no^{55}	na^{55} nu^{55}	猫	mau^{33}	me^{13} me^{55} mie^{13}	家	ka^{33}	ʨio^{33} ko^{33}
爷	ie^{13}	i^{13} io$^{13}_{\text{少爷}}$	日	zɿ$^{13}_{\text{日记}}$	ni$^{55}_{\text{日光}}$ ɕi$^{13}_{\text{日本}}$	中	ʦoŋ^{33}	ʨioŋ^{33} toŋ$^{33}_{\text{中间}}$

语音特点小结：

四川湘方言语音的发展变化，多始于非日常用语，并往往与词汇的发展变化交织在一起。例如永兴话“时”的声母本读舌尖后浊擦音 ʐʅ^{31}（今天在“亥时”“卯时”等词里还多读 ʐʅ^{31}），但随着“时间”“时候”这些湘方言原来没有的词汇的进入，说这些词时就开始读舌尖前清擦音 sɿ^{31}，并慢慢向其他词扩展。又如“丈”的声母在永兴话中原读舌尖后送气浊塞擦音 ʥ‘aŋ^{14}，随着“丈夫”这样的词语进入永兴话，“丈”的声母开始读舌尖前清塞擦音 ʦaŋ^{14}。故词汇的发展变化，是引起湘方言语音向四川方言靠拢的一个重要原因。

四川湘方言在数百年中由于受到四川方言的影响，不少湘语点的语音系统已经很接近周围的四川方言了，但仍然有一些湘语点在相当程度上保持了原有的湘语特征。还有一些湘语点的语音系统

① 崔荣昌．四川境内的湘方言．台北：“中央研究院”历史语言研究所，1996：100.

② 尹蔚．四川达州新胜“长沙话”语音研究．湖南师范大学博士论文，2005：12－21.

在声韵调方面独具特色，既有湖南原居地的语音特点，又有周围四川方言的语音特点，还有既不同于湖南原居地又不同于周围四川方言的独特的语音特点。

第二节　湘方言的词汇特点

一、构词特点

（一）构词语素不同

1. 词形部分相同，即部分构成语素相同，部分构成语素不同的词。如：①

星子——星星	今日——今天	头年——去年	锄锄——锄头
牙狗——公狗	草狗——母狗	发风——刮风	番瓜——南瓜
藕花——荷花	男方——男家	火闪——闪电	耐水——热水
扁挑——扁担	舌条——舌头	扎慌——着慌	

2. 词形完全不同，即构成语素完全不同的词。如：

颈骨——脖子	风壳——头屑	颈牯——脖子	纱羊——蜻蜓
土蟮——蚯蚓	毛狗——狐狸	擦黑——傍晚	地土——田地
家爷——公公	眼浅——羡慕	罩子——蚊帐	底脚——下面
萝卜——甘薯	细家子——小孩	浸水——泉	天螺狮——蜗牛
擂搅棒——蒜杵	烧家婆——蟑螂	玻丝——蜘蛛网	凝钩子——冰
倒拐子——胳膊肘			

（二）构词语素顺序不同。如：

鸡公——公鸡	箩筛——筛箩	指拇——拇指	闹热——热闹

（三）音节数目不同

四川湘方言的一些复合词，音节数目比普通话词要多。如：

雪子子——雪珠	老鼠子——老鼠	秧猴子——螳螂	滚开水——开水
前年子——前年	床脑壳——床头	云南瓜——葫芦	公鸭婆——公鸭
手指壳——指甲	尖嘴巴——老鼠	绿蚊子——苍蝇	额勒盖——额
磕膝波罗——膝盖			

四川湘方言词语的音节数量也可能少于普通话词语的音节数量，如：

臭蛋——樟脑丸	孃——姑妈	禾——稻子	屋——房子

（四）构词方式的不同

从构词方式看，如普通话带性别标志的家禽类动物名称，其性别标志一般是前置的，如“公鸡、母鸡、公鸭 、母鸭”，而四川湘语多数则是性别标志后置的，如“鸡公、鸡婆、鸭青$_{公鸭}$、鸭婆$_{母鸭}$”，这和湖南湘方言的表现形式是一致的②；四川湘语带性别标志的家禽类动物名称，其性别标志也有前

① 所对比的词汇形式，前一个是湘语的例词，后一个是普通话的例词，下面同。

② 袁家骅. 汉语方言概要. 北京：文字改革出版社，1989：122.

置的，如："牯牛$_{公牛}$、沙牛$_{母牛}$、牙狗$_{公狗}$、草狗$_{母狗}$"，前置的情况应该是湘语区移民到四川后才出现的。例见下表。

湘方言动物名称性别标志前置示例表

表4－21

普通话	公　牛	母　牛	公　猪	母　猪	公　狗	母　狗	公　鸡	母　鸡
长沙话	牛公子	牛婆子	猪　公	猪　婆	狗公子	狗婆子	鸡公子	鸡婆子
安仁话	牯　牛	沙　牛	牙　猪	母　猪 猪婆子	牙　狗	草　狗 狗婆子	鸡　公	鸡　婆
永兴话	牯　牛	沙　牛	牙　猪	母　猪 母猪婆	牙　狗	草　狗	鸡　公	鸡　婆
长乐话	牯　牛	沙　牛	脚　猪	母　猪	牙　狗	草　狗	鸡　公	鸡　婆
李都话	水牯牛	沙　牛	公　猪 脚　猪	母　猪	牙　狗	草　狗	鸡　公	鸡　婆
新乐话	大牯牛	沙　牛	脚　猪	母　猪	牙　狗	草　狗	鸡　公	鸡　婆

又如普通话中的附加式构词在四川湘方言中可以是重叠式，如"锄头→锄锄""绳子→索索""口哨→叫叫"等，而四川湘方言中的附加式构词在普通话中也可以是重叠式，如"星子→星星"。

二、词语意义的差异

这部分主要针对南充湘语和普通话名异实同的部分词语进行比较。

1．构词语素完全一样，所指意义基本不同。即湘语的部分词语和普通话的词语构词语素相同，但所表示的意义范围却不一样，例如：

词语	湘语的意义	普通话意义
活路	各种体力劳动	能够生活下去的办法
鼻子	鼻涕	人和高等动物的嗅觉器官
鼻孔	鼻子	呼吸通道
伪装	装扮	假装，采取措施隐蔽真相；用来伪装的东西

2．构词语素不相同，但所指意义相同。例如：

肚皮脐——肚脐	丝猫——母猫	麻栎果——橡树	箩兜——箩筐
粽粑——粽子	纱羊——蜻蜓	蛤蚂——青蛙	表纽子——贼
颈骨——脖子	风壳——头屑	癫狗——疯狗	守丧——守灵
嗨 —— 玩耍	把人——大家	毁——吐	

3．构词语素相同，所指意义范围大小不同。又可分为以下两种情况：

其一，湘方言所指的词义范围大于普通话所指的词义范围。如：

蚊子：湘语中的该词语除了指"蚊子"，还指"苍蝇"，其使用范围大于普通话。如："绿蚊子$_{苍蝇}$"。

飞蛾：普通话中该词一般指"灯蛾""蛾子"等；而湘语使用该词除了和普通话一样的意义，

还指“蝴蝶”。

打：尽管普通话的“打”也有很多义项，但湘语中的一些搭配，如“打席子铺凉席，俏皮话、打广子、打锤、打三澡”等，显然是普通话中没有的，因而使得“打”在湘语中增添了新的义项：“铺、说、洗”等，词义所指范围扩大了。

其二，湘方言所指的词义范围小于普通话所指的词义范围。如：

格外：该词在普通话中有两个常用义项，即“副词，超乎寻常”和“另外”，在湘语中只一个义项“另外”。

青菜：该词在普通话中有两个义项，即“跟白菜相近的一种植物”和“素菜、蔬菜”，在湘语中就指“蔬菜”。

发火：该词在普通话中有两个义项，即“发脾气”和“生火”，在湘语中仅指“生火”。

另外，四川湘方言在口语中喜用一些生动活泼的话语，如“锅子头在骂架了锅里的水开了”“走江湖打工”“架起雾势跑飞奔”，因此其词语搭配也便有了自己的特点。

三、造词理据

造词理据是指词语的得名之由。由于不同人群的认识差异，最终形成了不同语言或方言中词语理据的差别。而理据的不同，又形成了构词语素的不同，或者是相同的构词语素指称的意义范围大小的不一致。下面对湘方言的构词理据简要分析如下：

第一，加“洋、番”等语素，表示词语来自其他语言。例如：

洋铲——铁锹　　洋马儿——自行车　　洋槐树——槐树

胡豆——蚕豆　　洋芋——土豆

第二，由于避讳或委婉而形成的词语，例如：

料——棺材　　装料——入殓　　四眼人——孕妇

对于一些表示生老病死的词语，湘方言常常采用避讳、委婉的方式生成词语。如上例的“料”指称“棺材”，就是以材料委婉指代成品，因为“死、棺材”一类词在当地百姓心中是有所忌讳的，所以换用别的词语指称。

第三，根据事物的功用或特征而形成的词语。例如：

六手指——六指　　左刮子——左撇子　　翠雀——翠鸟　　当面骨——胫面骨

向阳地——太阳地　　擦黑——傍晚　　地扫把——笤帚　　朝阳花——向日葵

把棍——拐杖　　兜子①——驼背　　少年白——少白头　　土鳝——蚯蚓

第四，由于修辞而形成的词语

1. 由于比喻而造成的词：

床脑壳——床头　　蛇鱼——带鱼　　雾罩——雾

洋马儿——自行车　　土鳝——蚯蚓　　夜猫子——鹰

2. 由于借代而造成的词：

尖嘴巴——老鼠　　兜子——驼背　　料——棺材　　鼻孔——鼻子

---

① “背篓”在四川方言中称“背篼”，四川湘语称“兜子”，驼背的人好像背上背了个背篓，所以据这个特征，湘语区的人称“驼背”为“兜子”。

3．由于夸张而造成的词：

四眼人——孕妇

4．由于拟人而造成的词：

（雷）抓了——（雷）劈了

四、词汇中的古语词和方言特征词

（一）古语词的沿用

古语词指的是从古代汉语直接承传下来、词义未发生明显变异的词语，包括从古代通用语和古代方言中承传下来的词语，而其中的古代通用语包含了上古汉语、中古汉语和近代汉语。湘方言中的一些词语承传自古汉语，和普通话的发展是不同步的。如：

菢 pɑu^{35}：孵。(《广韵》薄报切，去声，並。）唐韩愈有《荐士》诗曰：“鹤翎不天生，变化在啄菢。”明徐光启的《农政全书》卷四一也记载了：“养鸡不菢法：母鸡下卵时，日逐食内夹以麻子喂之，则常生卵不菢。”今天湘语仍然沿用了“菢”这个词，没用普通话语词“孵”。如：“菢小鸡$_{孵小鸡}$、菢鸡婆$_{孵蛋的母鸡}$”。

务 y^{35}：种，管理。(《广韵》亡遇切，去遇，微。）今天的普通话“务”通常作为一个构词语素出现，可是在南充湘语中，它却可以单独用作动词，和古汉语一样，如《金瓶梅词话》第九三回有：“掇不的轻，负不的重，做不的佣，务不的农”的用例，湘语也有“务庄稼”一类的用例。

栈房：旅店。《汉语大词典》解释为：“住宿旅客或储存货物的房屋。”如《二十年目睹之怪现状》第五七回：“到了午饭时候，便回栈吃饭。吃过饭，便算清房饭钱，叫人来搬东西。”“栈”的意思是客栈、货栈。新城话保留了汉语较早的用法。

爷爷：老湘语中指父亲。在古汉语中，“爷”就指父亲，如古乐府《木兰诗》：“军书十二卷，卷卷有爷名。”唐杜牧《别家》诗：“初岁娇儿未识爷，别爷不拜手吒叉。”其中的“爷”皆指父亲。新城话中用“爷”指父亲一义，当是对古汉语用法的一种沿用。

（二）方言特征词

每种方言都有自己的词汇特征，方言特征词是表现该方言词汇特征的最重要的方言词，它“是不同方言之间的词汇上的区别特征，即一定批量的本区方言共有的而在外区方言少见的方言词”，有的特征词“在区内未必完全一致，外区方言也可能有交叉”，① 有的则具有极强的内部一致性与对外排他性。方言特征词或者是在承传了古语词之后意义、用法发生变异而形成的，或者是在长期的社会生活中由方言区的人们根据日常交际的需要而创造的。四川湘方言有一些四川方言没有的特色词，一般湘语语音特征保持较好的湘语点，保存的湘语特色词汇也较多。如南充新城永州腔的方言特征词：

骚：指雄性的牲畜。在仪陇新城永州腔中这个词可以表示动物的雄性身份，相当于“公”。如“骚马”$_{公马}$、“骚驴子”$_{公驴}$、“骚羊儿”$_{公羊}$。这在其周边的方言中很难见到。

儿：小。(《广韵》汝移切，平支，日。）其本义是婴孩。《老子》：“专气致柔，能婴儿。”《老子》：“若婴儿未孩。”由“婴孩”这个意义引伸出了“小”和“儿子”的意义。仪陇新城永州腔中

① 李如龙．汉语方言特征词研究．厦门：厦门大学出版社，2002：1.

引申、保留了这个意义和用法。如“儿牛$_{\text{小牛}}$”“儿切蚂儿$_{\text{蝌蚪}}$”“儿指姆儿$_{\text{小指}}$”。

爹爹：老湘语中指父亲或祖父。该词原本指父亲，如陆游《避暑漫抄》：“太后回銮，上设龙涎沈脑屑烛。后曰：‘尔爹爹每夜常设数百枝。’上微谓宪圣曰：‘如何比得爹爹富贵。’”后来引申表示对老年男子的尊称，如：元郑廷玉《看钱奴》第三折：“长街市上可有那等舍贫的爹爹妳妳呵。”四川的老湘语以“爹爹”指祖父，或许是从这个意义演化而来的。四川的湘语移民说：“之所以有这样的叫法，是因为由湘入川的途中，父子同儿媳一家三口同行，后儿子病故，父亲与儿媳相依为命，结为夫妻，所以他们的孩子称呼‘祖父’与‘父亲’同为‘爹爹’或‘爷爷’。”① 只是在表示“祖父”“父亲”义时，虽字形相同，但是读音却不一样。“父亲”义为 tiɛ^{33} tiɛ^{33}，“祖父”义为 tiʌ^{44}tiʌ^{44}。

仪陇新城“永州腔”中还有看似动词性词语，实际是名词的现象，如：

落雪$_{\text{雪}}$ | 打凝冰$_{\text{冰}}$ | 打凝子$_{\text{冰雹}}$ | 出虹$_{\text{虹}}$ | 打秋$_{\text{秋千}}$ | 扯闪$_{\text{闪电}}$

再以指示代词“这个”“那个”“这些”“那些”“这么”“那么”“这样”“那样”等为例，在湖南长沙话里，这些指代词有的读音已经接近普通话或湖北话了，而四川湘方言却还保存着湘方言古老的读音。例如“那个”，湖南长沙话读 lai^{55} ko^{55}，四川李都话（老湘语）读 mei^{44} ko^{44}、新乐话（靖州腔）读 ko^{55}/ko^{55}、安仁（长沙话）读 n̩^{55}kɤ^{55}；“那么”，湖南长沙已经读 la^{55}ian，四川李都话（老湖广）读 mei^{44}ka^{31}、新乐话（靖州腔）读 ko^{55}/^{31}men^{31}tsɿ、安仁话（长沙话）读 n̩^{55}ioŋ^{21}。“（幺）叔叔”永兴话读 man^{53}man^{31}，新乐话读 man^{55}man^{55}。

四川湘方言保存着一部分湘语特色词语，举例如下：

永兴“老湖广话”：

半夜秦嘎$_{\text{深夜}}$pan^{14}ie^{14}dʑ‘in^{31}ka^{31} | 石头米米$_{\text{小石粒}}$ ʂʅ^{31} d‘əu^{31} mi^{53} mi^{53} | 口口贼$_{\text{晚上进屋的小偷}}$b‘ən^{14} b‘ən^{14} dʑ‘uei^{31} | 地灯笼$_{\text{蒲公英}}$d‘i^{14}tən^{55} noŋ^{31} | 跑安徽$_{\text{离家出走(多指女性)}}$p‘au^{53} ŋan^{55} fei^{55} | 充军$_{\text{匆忙去做某事(贬义)}}$ts‘oŋ^{55} dʐ‘uən^{55}

竹篙“老湖广话”：

盐糖$_{\text{白糖}}$iɛ̃^{21} daŋ^{21} | 困眼闭$_{\text{睡觉}}$k‘uən^{14} ŋɛ̃^{53} pi^{55}

石塆“安化腔”：

佳月间$_{\text{正月}}$tɕio^{44} y^{44}ka^{44} | 内头$_{\text{里面}}$nɛ^{213} diai^{213} | 猫哭头$_{\text{猫头鹰}}$mai^{213} k‘u^{44} diai^{213} | 送情$_{\text{送礼}}$saŋ^{44} dʑin^{213}

新乐“靖州腔”：

猫儿$_{\text{斧头}}$mau^{13} ɚ^{13} | 翼夹$_{\text{翅膀}}$ie^{55} ka^{55}

安仁“长沙话”：

发风$_{\text{刮风}}$ɸa^{55} ɸoŋ^{33} | 发霞$_{\text{变天}}$ɸa^{55}/^{21} ɕia^{13} | 麻麻光$_{\text{麻麻亮}}$mo^{13} mo^{13} koŋ^{33} | 口口$_{\text{祖母}}$m̩^{33} ·mo | 口口$_{\text{母亲}}$i^{55}ia^{21} | 瓦涩高离$_{\text{已婚中年妇女}}$o^{41} se^{21} ke^{33} ni^{13} | 中年般子$_{\text{中年人}}$tɕ‘iaŋ^{33} n ĩ^{13} põ^{33} tɕi^{41} | 奶布$_{\text{乳房}}$nã^{55} pu^{55} | 化生子$_{\text{夭折}}$ɸo^{55} sən^{33} ·tsɿ | 口西$_{\text{东西}}$niaŋ^{13} ɕin^{21} | 扫牯$_{\text{扫帚}}$se^{55} ·ku | 钵公$_{\text{钵子}}$po^{13} koŋ^{33} | 石口牯$_{\text{石头}}$ɕyo^{55} nie^{55} ku^{33} | 番瓜$_{\text{南瓜}}$ɸã^{33} ·ko | 芽儿$_{\text{毽子}}$ia^{13} ɚ^{13}/^{41} | 壁口$_{\text{墙壁}}$pia^{55} nie^{55} | 儿啰$_{\text{萤火虫}}$ɚ^{55} no^{21} | 罗公子$_{\text{配种的公猪}}$no^{21} koŋ^{33} ·tsɿ | 土蛇蚣$_{\text{蚯蚓}}$t‘ɤu^{41} ɕio^{13} koŋ^{33} | 叫屋$_{\text{抱窝}}$tɕie^{55} u^{55} | 口啦$_{\text{煨热}}$tɕio^{41} na^{55} | 口$_{\text{丢失}}$tɕ‘yo^{24} | 鼻口$_{\text{用鼻嗅}}$pi^{13} nie^{55} | 打背哽$_{\text{临时顶替}}$ ta^{13} pe^{55} kəŋ^{41} | 假儿口$_{\text{讲究、挑剔、讲排场}}$ tɕio^{41} ɚ^{13} ·ku | 挑动拨火$_{\text{挑拨}}$tie^{33} toŋ^{24} po^{13}

---

① 崔荣昌. 四川方言与巴蜀文化. 成都：四川大学出版社，1996：234.

ho^{41}/^{21} | 沙特$_{\text{制服、教训}}$ sa^{33} t'ie^{13} | 嗯哪$_{\text{可以}}$ ṇ^{21} na^{21} | 当望天狮子$_{\text{不专心读书}}$ toŋ^{33} oŋ^{55} t'ĩ^{33} sɿ^{33} · tsɿ | 乖太$_{\text{漂亮}}$ kua^{33} t'a^{24}/kua^{33} · t'a | 愈见骨哩$_{\text{更加}}$ y^{24} tɕ ĩ^{24} ku^{13} · ni

长乐“靖州腔”：

浸水$_{\text{泉源}}$ tɕin^{35} ɕyei^{53} | 二口$_{\text{秕谷}}$ o^{35} k'ou^{53} | 颈骨$_{\text{脖子}}$ tɕiaŋ^{53} ku^{21} | 风壳$_{\text{头屑}}$ xuŋ^{44} k'o^{21} | 四眼人$_{\text{孕妇}}$ sɿ^{35} ian^{53} ŋən^{21} | 嗨$_{\text{玩耍}}$ xai^{44}

第三节 湘方言的语法特点

四川湘方言有着一些不同于四川方言的共同语法特点，这里只简要介绍湘方言的一些主要语法特点。

一、“子”缀和“儿”缀

李永明在其《长沙方言》一书中曾指出：“是否只有子尾，没有儿尾，这一特点可作为判别湖南西部、北部的一些方言究竟是湘语还是西南官话的重要标准之一。”① 就四川湘方言的情况看，四川湘方言普遍有“子”缀，但“儿”缀却普遍缺乏。

四川湘方言不仅有“子”缀，而且“子”缀比四川方言使用范围广。一些词语四川方言不用“子”缀，四川湘方言却使用“子”缀。“子”缀在安仁“长沙话”中一般读轻声，在其他地点多轻读。例如：

四川方言	湘方言	四川方言	湘方言
乌鸦/老鸹	老鸹子	阴天	阴天子
粪坑	粪坑子	板栗	板栗子
手腕/手颈颈$_{\text{儿}}$	手腕子		

一些四川方言用“儿”缀或儿化的词，四川湘方言用“子”缀，例如：

四川方言	湘方言	四川方言	湘方言
单身汉$_{\text{儿}}$	光棍子	火炮$_{\text{儿}}$	火炮子
窗帘$_{\text{儿}}$	窗帘子	锅儿	锅子

一些四川方言用重叠式表达的，四川湘方言用“子”缀表达。例如成都话“疤疤”（疤痕），湘方言说“疤子”。

“儿”缀是构成名词的词缀，普通话和成都话都有“儿”缀。湖南湘方言只有“子”缀，基本不用“儿”缀，就四川湘方言的情况看，四川湘方言普遍有“子”缀，“儿”缀却普遍缺乏。例如永兴话只有极少的词带有儿缀，并且“儿”字一般不读轻声。如：小娃儿 ɕiau^{53} va^{31} ɚ^{31}、哈儿 xa^{53} ɚ^{31}、女儿 ȵyu^{53} ɚ^{31}、屁儿 p'i^{14} ɚ^{31}、猪儿 tʂu^{55} ɚ^{31}。南充长乐话亦是如此。

虽然与四川方言比较，四川湘方言普遍缺乏“儿”缀，但“儿”缀开始出现，并开始扩展，并使一些在湖南原住地无“子”或有“子”缀的词，在四川湘方言里已经带上“儿”缀。

① 李永明. 长沙方言. 长沙：湖南出版社，1991：6.

例如：

湖南温塘（安化腔）	四川石塆（安化腔）	湖南温塘（安化腔）	四川石塆（安化腔）
姐姐	姐儿	贼牯子	偷儿
妹妹	妹儿	绿豆子	绿豆儿
老弟	弟儿		

就四川湘方言自身而言，老派湘语的“儿”缀要比新派湘语的“儿”缀多。四川湘方言的“儿”缀与四川方言一样，主要与单音节词和双音节词语构成“儿”缀词。例如：

1. 单音节词 +“儿”缀，此类形式的组合中，“儿”缀一般单独发音，不形成儿化。例如：

猴儿 | 羊儿 | 猫儿 | 鸽儿 | 桃儿 | 筷儿 | 衣儿 | 笛儿 | 雀儿 | 摸儿$_{\text{小偷}}$

2. 双音节词 +“儿”缀，此类形式的组合中，“儿”缀一般不单独发音，形成儿化。

“儿”化现象主要见于四川湘方言中的“永州腔”和“靖州腔”，并且主要见于年轻人。例如：

双双$_{\text{儿}}$ | 麻雀$_{\text{儿}}$ | 老鼠$_{\text{儿}}$ | 小马$_{\text{儿}}$ | 味道$_{\text{儿}}$ | 公猫$_{\text{儿}}$ | 舌头$_{\text{儿}}$ | 指姆$_{\text{儿}}$

口水$_{\text{儿}}$ | 驼背$_{\text{儿}}$ | 眼珠$_{\text{儿}}$ | 手板$_{\text{儿}}$ | 侄娃$_{\text{儿}}$ | 新媳妇$_{\text{儿}}$ | 老汉$_{\text{儿 老头}}$ | 小娃$_{\text{儿 小孩}}$

风灯$_{\text{儿 风筝}}$ | 儿牛$_{\text{儿 小牛}}$ | 盐老鼠$_{\text{儿 蝙蝠}}$ | 慈姑$_{\text{儿 荸荠}}$ | 曲线$_{\text{儿 蚯蚓}}$ | 切蚂$_{\text{儿 蝌蚪}}$

除上述两种主要形式外，四川湘方言有与多音节词构成“儿”缀词的，例如“苞谷粑儿”。

二、特色词缀

安仁“长沙话”有一些四川方言没有的名词词缀，例如：

口 nie^{55}：螺丝拐口、壁口$_{\text{壁头}}$、日口$_{\text{日头}}$

口 ku^{41}：扫口$_{\text{扫帚}}$

口口 nie^{55}ku^{41}：日口口$_{\text{日头}}$、膝口口$_{\text{膝盖}}$、石口口$_{\text{石头}}$

咯哩 ke^{33}ni^{55}：伢子咯哩$_{\text{男孩子}}$io^{13} tɕi^{41} ke^{33} ni^{55}、妹子咯哩$_{\text{女孩子}}$mai^{21} tɕi^{41} ke^{33} ni^{55}

安仁“长沙话”还有非名词词缀，例如：

骨哩 ku^{13}ni：愈见骨哩 y^{24} tɕ ĩ^{24} ku^{13} ni$_{\text{更加}}$

三、量词

四川湘方言的量词有一些自己的特点，主要有两种情况，一是有一些四川方言没有的特殊量词，二是使用频率极高的量词“只”的适用范围远远大于四川方言。

（一）四川湘方言特色量词

四川湘方言中有一些四川方言没有的量词，物量词、动量词都有。

1. 物量词

甩：一～鱼　　坨：一～火炮子（或一连火炮子）　　炸：一～雷

2. 动量词

道：去一～（去一趟）

（二）量词“只”的普适性

“只”是营山石塆话（安化腔）使用频率极高的量词，这个量词相当于普通话和四川方言量词“个、只、口、条、张、件、头、棵、顶、匹、尾、幢、把”等的功能。例如：

普通话	成都话	石塆话	普通话	成都话	石塆话
一个水桶	一个水桶	一只水桶	一只鞋	一只鞋	一只鞋
一件棉衣	一件棉衣	一只夹衣	一条船	一条船	一只船
一张桌子	一张桌子	一只桌子	一头猪	一条猪	一只猪
一顶帽子	一顶帽子	一只帽子	一颗树	一根树	一只树
一个碗	一个碗	一只碗	一匹马	一匹马	一只马

四、语气词

四川方言有丰富的表达各种语气的语气词，四川湘方言各种类型中，老派湘语的语气词比较接近四川方言，语气词相对比较丰富，而新湘语的语气词却比较少。很多四川方言用语气词的，老湘语有的也用，四川新湘语却都不用。例如：

1. 得/嘞　表示确认事实或事理。

成都话：他的川戏才唱得好得。

永兴话（老湖广）：他的川戏才唱得好嘞。

安仁话（长沙话）：佢咯川戏唱得好。

2. 哈　有申辩意。

成都话：这话我没说过哈，你不要怪倒我头上。

永兴话（老湖广）：这话我没说过哈，你莫怪倒我脑壳高头。

安仁话（长沙话）：咦这个话我没说过，莫怪倒我脑壳高口（ni55）。

3. 咝 sæ55 表示确认事实或事理。

成都话：钱给够了的咝。

永兴话（老湖广）：钱给够寡的。

安仁话（长沙话）：钱口给 sa55 够过哩。

4. 嘎 ka53 表示求得证实，有“该是这样的吧”的意思。

成都话：他是四川人，嘎？

永兴话（老湖广）：他是四川人，嘎？

安仁话（长沙话）：佢是唔是四川人？

五、动词完成体

四川湘方言中动词有完成体形式，表示动作行为已经完成，与普通话的动态助词“了”的功能相当。这个动词完成体在不同湘语点读法不同，实际是一个词。以“屋里的人走了”和“吃饭没有”两句为例。见下表。

湘方言动词完成体示例表

表 4－22

永兴话（老湖广）	安仁话（长沙话）	长乐话（靖州腔）
屋里的人走寡了。	屋里咯人走过哩。	屋头的人走嘎了。
吃寡饭没得？	吃过饭没得？	吃嘎饭没？

第二章　湘方言代表点的语音系统

四川新老两派的湘方言中，虽然老派湘语保存湖南湘方言特征相对较差，已经是保存着老湘语底层的四川方言了，但它也是通行地域最广、使用人数最多、最具四川湘方言代表性的四川湘方言类型，这里以永兴话作为老派湘方言的代表点反映其现状。新派湘方言保存湖南湘方言特征较好，属于新湘语的“长沙话”和“靖州腔”都有保存较好的真正的湘方言岛，鉴于它们保存完好，并且各具特色，所以分别各立一个代表点反映。

第一节　老派湘语点——中江永兴话

老派湘语又称“老湖广话”，通行于远离县城的乡间，遍布于涪江和沱江中下游广大地区，集中在中江、金堂、简阳和乐至四县相连的丘陵地带。中江永兴话主要分布在中江县，包括永兴区的永兴、石笋等6个乡，广福区的广福、兴发等9个乡，冯店区的冯店、积金4个乡，万福区的2个乡，永安区的2个乡，辑庆区的2个乡，集凤区的1个乡。另外在金堂县高板区的6个乡和福兴区的1个乡也通行永兴话。使用永兴话的共计两县11区38乡的50余万人。

这里以永兴区民主乡的语音系统为代表。民主乡位于中江县的东南方向，离县城50公里左右，周围毗邻永兴、兴发、广福、冯店、积金等几个乡镇。乡内交通要道永菊路横贯东西、东至罗桂公路6公里，西至永兴镇14公里。全乡有9个行政村，113个农业合作社，共有耕地12845亩，面积为31平方公里，总人口为16439人。

一、声韵调系统

永兴话音系的主要特点是：一、比较完整地保留了全浊声母，例如：“台 d‘ai^{31}” “跪 g‘uei^{14}” “白 b‘e^{31}” “穷 ȡ‘yoŋ^{31}”；二、存在舌尖前音与舌尖后音的对立，例如：“租 ʦu^{55}” “猪 ʈʂu^{55}” “吃 ʈʂ‘ʅ^{31}” “磁 ʣ‘ɿ^{31}”。

（一）声母

有辅音声母31个，零声母1个。① 见下表。

---

① 中江永兴话的浊塞和浊塞擦音的送气色彩很明显，阳平调尤其明显。虽然有一些浊声母字送气色彩不太明显，但送气和不送气不区别意义，故归为一个音位。这与崔荣昌《四川境内的“老湖广话”》一文有所不同。

湘方言永兴话声母表

表 4－23

p 逼背班禀	pʻ普抛盼品	bʻ葡嫖盆朋	m 谜猫满命	
f 飞灰反缓	v 乌怀豌妄			
t 低逮到挡	tʻ兔推套汤	dʻ提桃田同	n 吕雷捞脸	
ʦ 租宰准脏	ʦʻ粗揣餐春	ʣʻ才愁缠床	s 苏甩隋爽	z 四仕事是
ʈʂ 朱卷真张	ʈʂʻ川劝慎吃	ɖʐʻ船权椽权	ʂ 书搜神尚	ʐ 时树晨瓤
ʨ 急皆今几	ʨʻ妻取去浅	ʥʻ瞧钱情穷	ȵ 你女鸟研	ɕ 许懈洗夏
k 姑归官刚	kʻ枯亏宽康	gʻ葵逵狂柜	ŋ 哑哀安昂	
x 海好很喝	ɣ 活毫寒洪			
		ø 衣雨阴翁		

声母说明：

（1）永兴话的声母比四川方言的代表成都话多 9 个浊音声母，即 bʻ、dʻ、ʣʻ、ɖʐʻ、ʥʻ、gʻ、v、ɣ、ʐ。浊塞音和浊塞擦音的送气色彩很明显，阳平调更为明显，例如：葡 bʻu^{31}、ʣʻuei^{31}、船 ɖʐʻuan^{31}、桥 ʥʻiau^{31}。也有一些浊塞音或塞擦音声母的字送气色彩不太明显，例如：瓷 ʣɿ^{31}、坐 ʣo^{14}，但送气与不送气不区别意义。永兴话虽然保留了古全浊声母，但保留的浊声母字的范围少于中古浊声母字。此外，中古少数清音声母字在今永兴话中读浊音声母，例如：朴 bʻu^{31}、挖 va^{55}。

（2）与成都话相比，永兴话有舌尖前音与舌尖后音的对立，例如：

租 ʦu^{55}—猪 ʈʂu^{55}　　粗 ʦʻu^{55}—吃 ʈʂʻʅ^{31}　　床 ʣʻuaŋ^{31}—船 ɖʐʻuan^{31}

苏 su^{55}—书 ʂu^{55}　　是 zɿ^{14}—时 ʐʅ^{31}

但是，永兴话的舌尖前音与舌尖后音区别已经不十分明显。语感上永兴话舌尖前音 ʦ、ʦʻ的发音部位比普通话的 ʦ、ʦʻ稍微靠后；而舌尖后音 ʈʂ、ʈʂʻ比普通话的舌尖后音 ʈʂ、ʈʂʻ要稍微靠前一点。

（3）中古晓、匣母字和邪母的个别字，在合口韵前读唇齿清擦音 f；非敷奉三母的通摄合口三等的字一般读舌面后清擦音 x 或舌面后浊擦音 ɣ。例如："呼 fu^{55}" "忽 fu^{31}" "挥 fei^{55}" "欢 fan^{55}" "晃 fɑŋ^{53}" "封 xoŋ^{55}" "冯 ɣoŋ^{31}" "缝 ɣoŋ^{14}"。

（4）中古匣母、晓母、奉母、敷母的部分字，读唇齿浊擦音 v 和 ɣ。例如："狐 vu^{31}" "话 va^{14}" "回 vei^{31}" "还 van^{31}" "下 ia^{14}" "祸 ɣo^{14}" "汗 ɣan^{14}" "红 ɣoŋ^{31}"。

（5）中古知、庄、章组的一些字不读舌尖音，而读舌面前音 ʨ、ʨʻʥʻ、ɕ。例如："招 ʨiau^{55}" "照 ʨiau^{14}" "周 ʨiəu^{55}" "枕 ʨin^{53}" "丑 ʨʻiəu^{53}" "唱 ʨʻiaŋ^{14}" "成 ʥʻin^{31}"。

（6）中古见组、晓组二三四等和精组三四等的部分字，不读 ʨ、ʨʻ、ɕ，而读 ʦ、ʦʻ或 ʈʂ、ʈʂʻ、ʂ、ʐ。例如："区 ʦʻu^{55}" "需 ʂu^{55}" "决 ʈʂue^{31}" "孝 ʂau^{14}" "劝 ʈʂʻuan^{14}" "行 ʂən^{31}"。

（7）与四川方言一样，永兴话中的 n 和 l 不区别意义，是一对自由变体。n 与 ȵ 形成对立。例如："你 ȵi^{53}" ≠ "里 ni^{53}"，"娘 ȵiaŋ^{31}" ≠ "凉 niaŋ^{31}"，"尿 ȵiau^{14}" ≠ "撂 niau^{14}"。

（8）舌面后音 k、kʻ、ŋ 均可与齐齿乎相拼，但仅限于 ie、iəu、in 三个韵母。例如："割 kie^{14}①" "沟 kiəu^{55}" "根 kin^{55}" "坑 kʻin^{55}" "抠 kʻiəu^{55}" "呕 ŋiəu^{53}" "硬 ŋin^{14}"。

---

① "割"也读 ko^{31}。"割" kie^{14} 表示用刀割肉或绳子等。如：割肉 kie^{14}ʐəu^{14}、割手 kie^{14}səu^{53}。

（二）韵母

有单韵母 8 个，复韵母 15 个，鼻韵母 11 个，共有韵母 34 个①。见下表。

湘方言永兴话韵母表

表 4－24

ɿ 资智瓷斯	i 脾体欺医	u 斧独竹库	
ʅ 知吃日诗			
ɚ 而儿尔二			
a 花他岔牙	ia 滴家霞夏	ua 抓耍寡夸	
o 泼裸若可			yo 乐足确药
e 百特舌黑	ie 逼篾这车	ue 国扩阔血	
			yu 鱼雨女遇
ai 奶灾街害	iai 皆械谐懈	uai 甩块拐快	
ei 妹非毁威		uei 对推随桂	
ɑu 岛澡包跑	iɑu 苗料桥妖		
əu 否偷走侯	iəu 酒舅抠藕		
an 缓贪赞喊	ian 边点远员	uan 短酸穿关	
ən 盆昏冷森	in 兵亲井定	uən 准滚顺问	
ɑŋ 胖脏长上	iɑŋ 墙良央强	uɑŋ 状疮光旺	
oŋ 绷聋总空			yoŋ 用穷邛容

韵母说明：

（1）永兴话与普通话和成都话的韵母系统有一定差别。与普通话相比，永兴话少 iŋ、uo、əŋ、uəŋ、yn、y、ye、yan、ê 等 9 个韵母，多 iai、ue、yo 、yu 等 5 个韵母。与成都话相比，永兴话少 y、ye、yn、yan 等 4 个韵母，多 ʅ、yu 等 2 个韵母。

（2）与普通话相比，永兴话的后鼻音韵母系统不齐全，普通话发后鼻音 iŋ、əŋ、uəŋ 的字都读成前鼻音 in 和后鼻音 oŋ。例如："经过 $\mathrm{tɕin^{55}ko^{14}}$""朋友 $\mathrm{b'oŋ^{31}iəu^{53}}$""嗡 $\mathrm{oŋ^{55}}$"。

（3）u 不能自成音节，例如，"五、午、屋"等普通话中的零声母音节在永兴话中往往要与唇齿浊擦音 v 相拼。

（4）没有韵母 uo，"多、拖、陀、驼、歌、科"等中古果摄的一些字，在永兴话中基本读成 o。

（5）与成都话相比，永兴话有舌尖后元音 ʅ。中古止摄的一些字，如："时、市"等字的韵母在

① 崔荣昌《四川境内的"老湖广话"》记录的韵母为 y、ye、yn、yan 等撮口呼的一些例字，如："取、旅、女、局、绝、血、菌、群、寻、卷、劝、玄"等字的韵母还可以读成 u、yu、in、uən、ian、uan、ie、ue 等。这次调查也发现永兴话中仍然还存在不少这样的异读字，根据调查，老年人更倾向读 u、yu、in、uən、ian、uan 等韵母，而年轻人更倾向读 y、ye、yn、yan、ie、ue 等韵母，所以 u、yu、in、uən、ian、uan、ie、ue 等是更为古老的读法。本文把两 y、ye、yn、yan 这四个韵母归并入 u、yu、in、uən、ian、uan、ie、ue 等韵母之中，故永兴话的韵母比《四川境内的"老湖广话"》的 38 个少 4 个。

永兴话中都读为 ʅ。

（6）与成都话相比，a、an、ian、uan 等韵母中的韵腹 a 的发音要稍低且靠后一些。

（7）与普通话相比，永兴话撮口呼韵母缺少 y、yn、yan、ye 等四个韵母。中古臻摄、遇摄、果摄、山摄等韵摄的一些字在普通话和成都话中读为 y、yn、yan、ye；而在永兴话中一般读为 u、yu、in、uən、ian、uan、ie、ue。例如：

元 ian^{31}　　袁 ian^{31}　　月 ie^{31}　　员 ian^{31}　　娟 ʈʂuan^{55}

圈 ʈʂuan^{14}　　玄 ɕian^{31}　　均 ʈʂuən^{31}　　橘 ʨyu^{31}　　女 ȵyu^{53}

区 ʈʂ'u^{55}　　匀 in^{31}　　瞿 ʥ'u^{31}　　血 ʂue^{31}　　缺 ʈʂ'ue^{31}

另外，永兴话中的撮口呼 yo、yu、yoŋ 等韵母只保留了撮口的嘴形，听感上这些韵母中的 y 发音非常接近 i。

（三）声调

中江“永兴话”共有阴平、阳平、上声、去声 4 个声调，中古入声主要归入阳平。见下表。

湘方言永兴话声调及其与普通话声调表

表 4－25

调类	普通话调值	永兴话调值	例　字
阴平	55	55	猪夫天遮威弯汪
阳平	35	31	雌时扶局肥力北
上声	214	53	煮府举奶考晚往
去声	51	14	住付嫁未靠万旺

声调说明：

（1）有 4 个调型：高平调（阴平）、中降调（阳平）、高降调（上声）、升调（去声）。

（2）这 4 个调类的来源为：阴平调主要来自中古平声中的清声母字，阳平调主要来自中古平声中的浊声母字和入声字，上声调主要来自中古上声中的清声母字和次浊声母字，去声主要来自于中古去声字和全浊上声字。

二、声韵配合关系

湘方言永兴话声韵配合表 1

表 4－26

韵 声	ɿ	ʅ	ɚ	a	o	e	ai	ei	au	əu	i	ia	ie	iai	iau	iəu
p				爸	波	伯	摆	杯	包		比	扁	逼		表	
p'				怕	坡	拍	派	批	跑		屁	啪	撇		票	
b'				扒	婆	白	牌	培	抱		皮		别		瓢	

续表 4－26

韵 声	ɿ	ʅ	ɚ	a	o	e	ai	ei	au	əu	i	ia	ie	iai	iau	iəu
m				妈	馍	麦	买	妹	猫	亩	米		篾		苗	谬
t				打	多	得	逮		刀	陡	底	提	跌		吊	丢
tʻ				他	脱	特	太		讨	抖	踢		铁		跳	
dʻ				大	坨		台		桃	头	题				条	
ts	子			渣	作	窄	栽		爪	走						
tsʻ	此			查	错	侧	菜		吵	凑						
dzʻ	瓷			茶	坐	择①	才		曹	仇						
n				那	落	勒	来		脑	楼	里	②	列		聊	留
s	丝			沙	所	色	赛		扫	瘦						
z	四															
f				花		或		非		否						
v				话		喂	歪	肥								
tʂ		支														
tʂʻ		吃														
dʐʻ																
ʂ		十		瞎	说	舍			少	手						
ʐ		时		下	弱	热			苕	肉						
tɕ											记	加	这	戒	教	酒
tɕʻ											起	拤③	车		巧	丑
dʑʻ											其		茄		桥	求
ȵ											你	粘	捏		鸟	牛
ɕ											西	夏	谢	谐	小	修
k				夹	哥	给	改		高				割			沟
kʻ				掐	课	客	开		敲							抠
gʻ						嗝④			搅⑤	扣⑥						
ŋ				牙	饿	额	爱		熬							呕
x				哈	喝	黑	海		好	吼						
ɣ					活		还		号	喉						
ø			儿	阿	窝						衣	压	叶		要	有

湘方言永兴话声韵配合表 2

表 4－27

韵 声	u	ua	ue	uai	uei	yu	yo	an	ən	aŋ	oŋ	ian	in	iaŋ	uan	uən	uaŋ	yoŋ
p	不							班	本	帮	崩	变	兵					
p‘	铺							判	喷	胖	碰	片	品					
b‘	葡							盘	盆	旁	朋	便	平					
m	木							慢	门	忙	梦	面	明					
t	都				对			单	等	当	冬	点	钉		端			
t‘	土				退			贪	吞	汤	通	天	听					
d‘	图				颓			谈	藤	唐	同	田	停		团			
ts	竹	抓		跩	追			站	曾	藏	中				钻	准	状	
ts‘	粗			揣	吹			惨	村		葱				串	春	窗	
dz‘	锄				垂			惭	橙		虫					存	床	
n	努				累	旅	略	难	冷	浪	农	脸	林	亮	乱			
s	素			甩	睡			三	生	伤	松				算		霜	
z																		
f	佛							反	分	放								
v	五							饭	文	王								
tʂ	猪		绝						正	张					圈	军		
tʂ‘			缺						慎	唱					川			
dʐ‘									成	场					船	裙		
ʂ	书	要	血					扇	身	享	兄				阮	唇		
ʐ	树	挼						嫌	人	尝	绒				软	润		
tɕ						举	脚					间	今	张				
tɕ‘						蛆	确					千	亲	唱				
dʑ‘							着					前	成	强				穷
ȵ						女						年	凝	嬢				
ɕ						需	学					先	心	想				凶
k	谷	瓜	国	乖	贵			干		刚	工		根		关	滚	光	
k‘	哭	夸	括	快	亏			看		糠	空		坑		宽	困	筐	
g‘	跍⑧				葵					扛						⑦	狂	
ŋ								安		昂			硬					
x								喊	很	夯	蜂							
ɣ								咸	恒	行	红							
ø						雨	药	汗			嗡	眼	因	样				容

说明：表中加编号的，是崔荣昌《四川境内的“老湖广话”》中没有的声韵配合，这些声韵配合只见于永兴话的特色字词。以下是对它们的注释和说明：

①择：dz‘e[31]，动词，见于“择菜”

②口 nia[55]：动词，表示用脚擦或用脚把东西弄到旁边。如：“我把它 nia[55]到一边”

③抃：tɕ‘ia[55]，动词，如：“把报纸抃到墙缝缝里”

④嗝：g‘e[31]，拟声词，见于“饱嗝”

⑤搅：g‘au[31]，见于“乱搅”“搅搅”

⑥扣：g‘əu[31]，动词，如：“把碗扣到”

⑦□g‘uən[31]，形容词，完整的，整个。如：“打 g‘uən[31]吞”

⑧跍：g‘u[31]，动词，与“蹲”同义。如：“跍到 g‘u[31]tau[53]”

三、常见的语流音变现象

（一）变调

永兴话的AA式重叠名词，阴平、阳平的后一字一般不变调，上声、去声的后一字一般会变调。

1. 上声字的变调

永兴话中，上声字重叠构成名词，后一字的调值一般会变成阳平调。例如：

水水 $suei^{53}suei^{53-31}$　　桶桶 $t'oŋ^{53}t'oŋ^{53-31}$　　秆秆 $kan^{53}kan^{53-31}$

坎坎 $k'an^{53}k'an^{53-31}$　　款款 $k'uan^{53}k'uan^{53-31}$　　块块 $k'uai^{53}k'uai^{53-31}$

滚滚 $kuən^{53}kuən^{53-31}$　　盖盖 $k'aŋ^{53}k'aŋ^{53-31}$　　蹬蹬 $tən^{53}tən^{53-31}$

眼眼 $ian^{53}ian^{53-31}$/$ŋan^{53}ŋan^{53-31}$

2. 去声字的变调

永兴话中，去声字重叠构成名词，后一字往往会变成阴平。这与成都话去声字重叠的变调情况类似，但没有成都话的后一字调值高，而且后一字的音也没有成都话拖得那样长，其实际调值标为44调。例如：

洞洞 $d'oŋ^{14}d'oŋ^{14-44}$　　豆豆 $d'əu^{14}d'əu^{14-44}$　　缝缝 $xoŋ^{14}xoŋ^{14-44}$　　盖盖 $kai^{14}kai^{14-44}$

罐罐 $kuan^{14}kuan^{14-44}$　　架架 $tɕia^{14}tɕia^{14-44}$　　帕帕 $p'a^{14}p'a^{14-44}$　　坝坝 $pa^{14}pa^{14-44}$

片片 $p'ian^{14}p'ian^{14-44}$　　棒棒 $b'aŋ^{14}b'aŋ^{14-44}$　　担担 $tan^{14}tan^{14-44}$　　样样 $iaŋ^{14}iaŋ^{14-44}$

慢慢 $man^{14}man^{14-44}$　　凼凼 $d'aŋ^{14}d'aŋ^{14-44}$

（二）儿化

永兴话基本没有儿化音，调查过程中仅发现一例儿化现象，读为“$tia^{14}kər^{55}$”，表示“极少的量”。普通话和成都话的儿化音常有表示细、小、轻、少或亲切等意思的作用，而永兴话涉及到此类表达时，往往采用叠音来表示，如：萝卜丝丝 $no^{31}pu^{31}sɿ^{31}sɿ^{31}$，蛋壳壳 $d'an^{14}k'o^{31}k'o^{31}$，一角角钱 $i^{31}tɕyo^{31}tɕyo^{31}dʑ'ian^{31}$，一只只线 $i^{31}tsɿ^{53}tsɿ^{31}ɕian^{14}$。近年来由于受四川方言和普通话的影响，年轻人有时也会发一些儿化韵，例如：哈哈儿 $xa^{14}xaə^{55}$，哈包儿 $xa^{53}pauə^{55}$。

（三）轻声

永兴话的阳平字与非阳平字组合，第二字有的读轻声；词缀“子”也可以读成轻声。但是永兴话的轻声与北京话的轻声有所不同，北京话的轻声“轻而短”；而永兴话的轻声一般顺着前一个音节的声调向下滑落，听感低而短，非常接近21调，这与安仁“长沙话”的轻声特点很相似。例如：

香 $ʂaŋ^{55}$→盘香 $b'an^{31}$ · ʂaŋ　　灯 $tən^{55}$→台灯 $d'ai^{31}$ · tən

绕 $ʐau^{53}$→盘绕 $b'an^{31}$ · ʐau　　问 $vən^{14}$→盘问 $b'an^{31}$ · vən

子 $tsɿ^{53}$→ 台子 $d'ai^{31}$ · tsɿ　　布 pu^{14}→ 台布 $d'ai^{31}$ · pu

碗 van^{53}→ 瓷碗 $dz'ɿ^{31}$ · van　　在 $dz'ai^{14}$→实在 $ʂɿ^{31}$ · dz'ai

气 $tɕ'i^{14}$→ 脾气 $b'i^{31}$ · tɕ'i　　巴 pa^{55}→泥巴 $ȵi^{31}$ · pa

长 $tsaŋ^{53}$→ 局长 tsu^{31}/$tɕyu^{31}$ · tsaŋ　　子 $tsɿ^{53}$→椅子 i^{53} · tsɿ

但是永兴话的轻声非常不稳定，很多读轻声的音节也可以读原调。

四、异读举例

永兴话中存在一些文白异读字，例见下表。

湘方言永兴话文白异读示例表

表4－28

例字	文读	白读	例字	文读	白读
去	tɕ'yu^{14}去年子	tɕ'ie^{14}去那里	丈	tsaŋ^{14}丈夫	dz'aŋ^{14}一丈
道	tau^{14}做两道	d'au^{14}一道题	滴	tie^{31}十滴水	tia^{14}一滴水
时	ʂʅ^{31}时间	ʐʅ^{31}亥时	晌	ʂaŋ^{53}晌午	ʂau^{53}晌午
拖	t'o^{55}拖拉机	nia^{55}拖拖鞋	兄	ɕyoŋ^{55}弟兄	ʂoŋ^{55}兄弟
张	tʂaŋ^{55}一张纸	ŋa^{55}张开嘴 tɕiaŋ^{55}一张纸	喜	ɕi^{53}喜糖	ʂʅ^{53}喜欢
折	tse^{31}折磨	mie^{53}折断	下	ɕia^{14}下课	ʐa^{14}底下
木	mu^{31}木头	mu^{14}木脑壳	解	tɕiai^{53}解放	kai^{53}解手

五、内部差异

近年来，由于大量农民外出打工以及年轻人文化水平的提高，永兴话受成都话和普通话的影响特别大。这主要体现在老年人和年轻人的声韵调发音以及词汇的选择等方面，即虽然老年人和年轻人的声韵调系统保持着一致，但是关于具体字词的声韵调选择，老年人与年轻人之间存在着一些差异。主要表现在以下几方面：

舌尖前后音的差异。永兴话存在着舌尖前音与舌尖后音的对立。永兴话片区没有长期离开过家乡的中年人和老年人的发音还保留着舌尖后音 tʂ、tʂ'、ʂ、dʐ、dʐ 等，但是文化水平较高的年轻人和外出打工的村民的发音就逐渐与成都话靠拢，在他们的发音中，舌尖后音逐渐消失。例如：“吃”“时”，老年人读 tʂ'ʅ^{31}、ʐʅ^{31}或 ʂʅ^{31}；而年轻人读 ts'ɿ^{31}、sɿ^{31}。

浊音声母字的保存与清化。现在中老年人还较好地保存着浊音声母，但是由于受四川方言和普通话的影响，年轻人的发音清化比较明显。如：“搽、其、床、坐、脾、头、柜”等字老年人分别读为 dz'a^{31}、dʑ'i^{31}、dz'uaŋ^{31}、dz'o^{14}、b'i^{31}、d'əu^{31}、g'uei^{14}；而年轻人则一般分别读为 ts'a^{31}、tɕ'i^{31}、ts'uaŋ^{31}、tso^{14}、p'i^{31}、t'əu^{31}、kuei^{14}。另外，舌尖前浊擦音 z 的发音，中老年人和年轻人之间也存在着差异，例如：“事”“是”“四”等字，中老年人均读为“zɿ^{14}”；而年轻人则读为“sɿ^{14}”。

舌面音和舌尖音的差异。永兴话中，中古的知、庄、章等组的一些字声母本读舌面音 tɕ、tɕ'、ɕ；而中古见组、晓组二三四等和精组三四等的字，有的本读舌尖音 ts、ts'和 tʂ、tʂ'、ʐ、ʂ。老年人的发音基本保持了这一规律，而年轻人的发音就逐渐与成都话接近。例如“找”“臭”二字老年人还读 tɕiau^{53}、tɕ'iəu^{14}，而年轻人读 tsau^{53}、ts'əu^{14}；“下”“孝”老年人还读 ʐa^{14}、ʂau^{14}，年轻人则读 ɕia^{14}、ɕiau^{14}了。

撮口呼和合口呼、齐齿呼的差异。韵母的内部差异主要体现在撮口呼这一系列的韵母上。老年人缺少 y、ye、yn、yan 等四个韵母，一般把 y、ye、yn、yan 等读成合口呼 u、yu、in、uən、ian、uan、ie、ue。而年轻人的撮口呼的韵母更为齐全，基本与成都话的撮口呼韵母一致了。如：“取、女、血、菌、卷、劝、玄”等字老年人读成 ts'u^{53}、ȵyu^{53}、ʂue^{31}、dʐ'uən^{14}、tʂuan^{14}、tʂ'uan^{14}、ɕian^{31}；而年轻人多读为 tɕ'yu^{53}/tɕ'y^{53}、ȵyu^{53}/ȵy^{53}、ɕye^{31}、tɕyn^{14}、tɕyan^{14}、tɕ'yan^{14}、ɕyan^{31}。

另外，韵母 iəu 与舌面后音 k、k'、ŋ 等相拼时，中老年人与年轻人的发音也不一致。如：“沟”

“抠”“呕”等字，中老年人一般读为 kiəu^{55}、k‘iəu^{55}、ŋiəu^{53}；而在年轻人的介音 i 脱落，读为 kəu^{55}、k‘əu^{55}、ŋəu^{53}，读音与成都话趋同了。

永兴话在词汇和语法方面也存在着内部差异。词汇方面，冰雹、闪电、早晨、固执己见或死心眼儿的人（贬称）、哥哥等词，老年人说“雪弹子 ɕye^{31}／ʂue^{31} d‘an^{31} tsɿ^{53}”“扯霍闪 tɕ‘ian^{53} xo^{53} ʂan^{31}”“清早八晨 tɕ‘in^{55} tsɑu^{53} pa^{31} ʐən^{31}／ʂən^{31}”“咬卵犟 ŋau^{53} nuan^{53} dʑ‘iaŋ^{14}”“哥老倌 ko^{55} nɑu^{53} kuan^{55}”；年轻人则不这样说。

语法方面的内部差异主要表现在动态助词（动作或者事件已完成）“寡”的运用与否上。例如，要表达“吃饭没有？”这个意思，老年人一般会说“吃寡饭没得？tʂ‘ʅ^{31} kua^{31} van^{14} mei$^{\cdot 31}$ te^{31}？”；而年轻人的说法基本跟成都话一样，不用助词“寡”而用“了”了。

六、永兴话（老湖广话）民谣3首

1. 大月亮，小月亮，哥哥起床学木匠，嫂嫂起床舂糯米，舂起糯米喷喷香，打起马锣接姑娘，姑娘一碗，我一碗。

d‘a^{14}$^{\cdot}$ie^{31} niɑŋ^{55}，ɕiau^{53} ie^{31} niɑŋ^{55}，ko^{55} ko^{55} tɕ‘i$^{\cdot 53}$ dʐ‘uɑŋ^{31} ɕyo^{31} mu^{31} dʑ‘iaŋ^{14}，sau^{53} sau^{53} tɕ‘i$^{\cdot 53}$ dʐ‘uɑŋ^{31} ts‘oŋ^{55} no^{14} mi$^{\cdot 53}$，ts‘oŋ^{55} tɕ‘i$^{\cdot 53}$ no^{14} mi$^{\cdot 53}$ p‘ən^{14} p‘ən^{14} ɕiɑŋ^{55}，ta^{53} tɕ‘i$^{\cdot 53}$ ma^{53} no^{31} tɕie^{31} ku^{55} ȵiɑŋ^{55}，ku^{55} ȵiɑŋ^{55} i$^{\cdot 31}$ van^{53}，ŋo^{53} i$^{\cdot 31}$ van^{53}。

2. 田爆拆（裂缝），土爆拆（裂缝），干到娃娃好造孽；田也干，土也干，干到娃娃喊黄天。

d‘ian^{31} pau^{14} ts‘e^{31}，t‘u^{53} pau^{14} ts‘e^{31}，kan^{55} tau^{53} va^{31} va^{31} xau^{53} dz‘au^{14} ȵie^{31}；d‘ian^{31} ie^{53} kan^{55}，t‘u^{53} ie^{53} kan^{55}，kan^{55} tau^{53} va^{31} va^{31} xan^{53} vɑŋ^{31} t‘ian^{55}。

3. 小娃儿小得很，背起机枪打日本，日本投了降，小娃儿得表扬，表扬得到多，麻子扭秧歌。

ɕiau^{53} va^{31} ɚ^{31} ɕiau^{53} te^{31} xən^{53}，pei$^{\cdot 55}$ tɕ‘i$^{\cdot 53}$ tɕi$^{\cdot 55}$ tɕ‘iɑŋ^{55} ta^{53} ʐi$^{\cdot 31}$ pən^{53}，ʐi$^{\cdot 31}$ pən^{53} d‘əu^{31} niau^{53} ɕiɑŋ^{31}，ɕiau^{53} va^{31} ɚ^{31} te^{31} piau^{53} iɑŋ^{31}，piau^{53} iɑŋ^{31} te^{31} tau^{31} to^{55}，ma^{31} tsɿ^{53} ȵiəu^{53} iɑŋ^{55} ko^{55}。

第二节　新派湘语点——安仁“长沙话”

四川境内的新湘语“长沙话”以达县的安仁乡为中心，分布在达县、开江、开县、梁平等县。达县的“长沙话”处在达县和开江县的“永州腔”包围之中，以达县麻柳区的安仁乡为中心，包括安仁乡（绝大部分）、新胜乡（大部分）、葫芦乡（少数）、檀木乡（部分）和大滩乡（部分）。说“长沙话”的人口占达县（含现达县市）总人口的1.6%。另外，开江县普安区的杨柳乡、明月坝乡和讲治区的白杨乡也有部分人讲“长沙话”。开县的临江镇和梁平县的新盛乡、龙门乡也有讲“长沙话”的。这里以达县安仁乡的“长沙话”为代表。

安仁乡位于达县南部，南与开江县接壤，北与本县的大滩、新胜、胡芦、麻柳等乡镇为邻，距县城65公里，面积29.2平方公里，人口12167人（2004年末统计数）。

一、声韵调系统

达县安仁“长沙话”语音的重要特点：

（1）有6个声调：阴平、阳平、上声、去声甲、去声乙、去声丙，中古入声分别归入去声甲和

阳平，也有一些归入去声乙、去声丙。

（2）有 ã、õ、ĩ、uã、uõ、ỹ、yẽ 等7个鼻化韵和自成音节的鼻韵母 n̩和m̩。

（3）有双唇清擦音 ɸ 和喉清擦音 h，没有舌尖后音声母。

（4）有轻声。

（5）异读现象普遍。

（一）声母

达县安仁“长沙话”有声母21个，其中辅音声母20个，零声母1个。见下表。

湘方言安仁“长沙话”声母表

表4－29

p 卑标菠步	pʻ派品迫配	m 毛迷牡妈	f 夫法废凡	ɸ 化昏湖灰	
t 耽低端刀	tʻ塔体拖套	n 泥落驴鸟			
ts 知才左锄	tsʻ操丑吹产		s 师迟锁酸		z 忍饶揉是
tɕ 鸡朱狗姐	tɕʻ欺区丑春	ȵ 业娘惹逆	ɕ 稀岁蛇收		
k 骨街关家	kʻ开苦筐空	ŋ 熬鹅压岩	h 河瞎棵县		
ø 阿鱼衣夜温娃二话					

声母说明：

（1）与普通话相比，安仁“长沙话”比普通话少 tʂ、tʂʻ、ʂ、l、x 等5个声母，多 ɸ、ȵ、ŋ、h 等4个声母。与成都话相比，安“长沙话”比成都话多 ɸ、h 等2个声母，少1个 x 声母。

（2）f、ɸ、h 三个声母来源于中古非敷奉三个声母，并且同韵摄有关系。凡遇、蟹、咸三摄的合口三等字，以及通摄合口三等的入声字，今天一律读 f 声母。止摄、山摄、臻摄和通摄（入声字除外）的合口三等字，今天一律读 ɸ 声母。宕摄合口三等字今天一律读 h 声母。不过，安仁话的 f 和 ɸ已经开始出现混读的情况。

（3）普通话区分 n 与 l，安仁“长沙话”与成都话一样，n 与 l 不具有区别意义的作用，是一对自由变体。古泥来二母今天一般读 n 声母，但“业、娘、嬢、惹、逆、捏、孽”等字读 ȵ 声母。

（4）古全浊塞音及塞擦音不论平仄，一般念不送气音，例如：治 $tsɿ^{24}$、鼻 pi^{13}、蹄 ti^{13}、弟 ti^{21}、骑 $tɕi^{13}$、技 $tɕi^{55}$、茶 tso^{13}、坐 tso^{21}、葵 $kuei^{13}$、柜 $tɕy^{21}$；少数字念送气音，例如：跪 $kʻuei^{41}$、读 $tʻɤu^{13}$、挺 $tʻin^{41}$。

（5）安仁“长沙话”读舌面前音的字比普通话和成都话多很多。普通话和成都话的 tɕ、tɕʻ、ɕ 主要来源于中古精系的精组和见系的见组、晓组，安仁“长沙话”的舌面前音除来源于中古精系和见系外，还来源于中古的知系。中古知系的知组、庄组、尤其是章组有相当多的字在安仁“长沙话”中读舌面前音。此外，安仁“长沙话”还与普通话和成都话有舌面前音分读不同的差异，例如普通话和成都话来源于中古群母的字都读送气音 tɕʻ，而安仁“长沙话”都读不送气音 tɕ。

（6）不分尖团音，“细”＝“戏”都读 ɕi，“精”＝“经”都读 tɕin。

（7）保留中古舌面后鼻音声母 ŋ，例如：握 $ŋo^{13}$、哑 $ŋo^{41}$、额 $ŋo^{55}$、饿 $ŋo^{21}$。

（8）k、kʻ、ŋ、h 都能与齐齿呼相拼。其中 k、kʻ只与 in 相拼，例如“跟根耕” kin^{33}，“恳垦”

kʻin^{41}。ŋ 基本只拼 in 韵。例如“恩”ŋin^{33}。h 只拼ĩ、in 两个韵，例如：“县”h ĩ ^{21}，“很”hin^{41}。舌面后音 ŋ、h 与齐齿呼相拼时，实际音值是舌面中音 ç。

（9）中古日母和疑母、影母与普通话和成都话的读音不同。中古日母在安仁“长沙话”中今读 z 、n、ȵ、ɕ 和零声母，例如：若 zo^{13}、绕 ze^{41}；热 ni^{55}、人 nin^{13}、肉 niɤu^{55}；惹 ȵia^{41}；日 ɕi^{13}、认 ɕin^{21}；二 ie^{24}、弱 io^{13}、然 ĩ^{13}、壤 ioŋ^{41}、软ỹ ^{41}、闰 yn^{55}。影母开口一二等字均读 ŋ，例如：矮 ŋa^{41}、押 ŋa^{55}、握 ŋo^{13}、恩 ŋin^{33}。疑母开口一二等字基本上读 ŋ，例如：岩 ŋa^{13}、额 ŋo^{55}、眼 ŋã^{41}。另外，疑母开口三四等字的一部分读 n，例如：宜 ni^{13}、义 ni^{55}、研 n ĩ^{33}；还有几字读 ȵ，例如逆 ȵi^{13}、惹 ȵia^{41}、业捏 ȵie^{13}、孽 ȵie^{55}、娘孃 ȵioŋ^{13}；影母和疑母也有字读 o，例如：瓦 o^{41}、话 o^{21}。

（10）基本没有浊音声母，但有个别字浊音与清音混读，例如：时 sɿ^{13}/ zɿ^{13}、是 sɿ^{24}/zɿ^{24}、事 sɿ^{21}/zɿ^{21}、迟 sɿ^{13}/zɿ^{13}、字 sɿ^{21}/zɿ^{21}、扶 fu^{13}/vu^{13}。

（二）韵母

达县安仁“长沙话”有单韵母 9 个，复韵母 16 个，鼻韵母 18 个，其中只能自成音节的鼻韵母 2 个，共有韵母共 43 个。见下表。

湘方言安仁“长沙话”韵母表

表 4－30

ɿ 知池私字	i 脾低梯鸡	u 布穆夫忽	y 女居区须
ɚ 而耳饵			
a 拉猾辣杀	ia 壁爹姐匣	ua 乖快挖袜	
o 薄磨花硬	io 家车蛇野		yo 略鹊石射
ɤ 波多哥我			
e 冒倒墨教	ie 吊尿二走	ue 阔扩廓括	ye 决缺穴粤
ai 宰魄代蔼	iai 解介界戒	uai 桧帅割回	
ei 卑废每费		uei 累锥脆诡	
au 猫灶后号			
ɤu 谋都努醋	iɤu 谬留周有		yu 脚觉
	ĩ编遍面验		ỹ 军软券宣
			yẽ 专川传穿
ã 班攀反展		uã 晚挽万	
õ 潘瞒幻		uõ 端暖钻灌	
ən 吞惩省更	in 针侵婶隐	uən 昏昆滚问	yn 琼蠢顺永
aŋ 庞众崇奉	iaŋ 平命听相		
əŋ 朋萌孟哽			
oŋ 蒙党桶抗	ioŋ 张厂娘上		
n̩ 不你那碗			
m̩ 母(祖母)			

韵母说明：

（1）自成音节的鼻韵母m̩见于“祖母” m̩^{33}mo、“伯母” m̩^{33}ma^{33}。

（2）安仁“长沙话”与普通话和成都话的韵母系统差别很大。与普通话相比，安仁“长沙话”少ʅ、əu、an、iɑu、iou、ian、iŋ、uo、uan、uɑŋ、uəŋ、yan、uŋ、yŋ等14个韵母，多ɤu、iɤu、io、iai、ioŋ、ue、yo、yu、ã、õ、ĩ、uã、uõ、ỹ、yẽ、oŋ、n̩、m̩等18个韵母。与成都话相比，安仁“长沙话”少əu、an、iɑu、iou、ian、uan、yan、uɑŋ、yoŋ等9个韵母，多ɤ、ɤu、əŋ、io、iɤu、ioŋ、yu、ã、õ、ĩ、uã、uõ、ỹ、yẽ、n̩、m̩等16个韵母。

（3）有ã、õ、ĩ、uã、uõ、ỹ、yẽ等7个鼻化韵母，主要来自中古咸、山两摄。

（4）单韵母较多，共13个。比普通话少1个ʅ韵母，多ã、õ、ĩ、ỹ等4个韵母；比成都话多ɤ、ã、õ、ĩ、ỹ等5个韵母。

（5）有自成音节的鼻辅音韵母n̩和m̩，读n̩的“不”“你”“那”“碗”四个词并无明显的声调区别，它们在与后面的音节组合时，不会发生混淆。

（6）yu、ue、au、ua四个韵母管的字少，又分两种情况，只有一读和有两读。一读类：ue韵仅4个字：阔扩廓括，都读k‘ue^{13}；uã韵仅3字：晚挽uã^{41}，万uã^{21}。两读类：yu韵仅2个字：脚tɕyu^{55}（又读tɕyo^{55}）、觉$_{悟}$tɕyu^{55}（又读tɕio^{13}）；au韵仅4个字：猫mau^{33}（又读me^{13}/me^{55}/mie^{13}），灶tsau^{55}（又读tse^{55}），号hau^{24}（又读he^{21}）。一读类中与成都话韵母相同的，应是受四川方言影响新出现的韵母（即ue韵母）；一读类中与成都话韵母不同的，应该湘语的遗留（即uã韵母）。两读类反映着新旧韵母共存的实际，如读au韵的4个字都有另读，au韵为四川方言所有，另读为四川方言所无，即au韵为受四川方言影响新出现的韵母，另读为湘语遗留。

（7）有ɚ韵母，但“二”在安仁话“长沙话”里读ie^{24}。基本没有儿化韵。ɚ韵应该是受四川方言影响新出现的韵母。

（三）声调

安仁“长沙话”共有阴平、阳平、上声、去声甲、去声乙、去声丙6个声调，中古入声主要分别派入了阳平和去声甲。调类及相应调值见下表。

湘方言安仁“长沙话”声调及其与普通话声调对照表

表4－31

调类	普通话调值	安仁话调值	例 字
阴平	55	33	波戈租皆资欧
阳平	35	13	才些摔驼荷蛇
上声	214	41	扛病躲假祖轨
去声	51	55（甲）	债墨蟹绍幸锯
		21（乙）	跑鼓舅桶自命
		24（丙）	歉惰育旱愤动

声调说明：

（1）有4个调型：中平调（阴平）、高平调（去声甲）、升调（阳平和去声丙）、降调（上声和去声乙）。

（2）6个调类的来源为：阴平调主要来自中古平声中的清声母字，阳平调主要来自中古平声中的浊声母字和部分入声字，上声调主要来自中古上声中的清声母字和次浊声母字，去声甲主要来自于中古去声字和入声清声母字、全浊上声字，去声乙主要来自于中古去声浊声母字和入声浊声母字、全浊上声字，去声丙主要来自于中古去声字、全浊上声字和少部分入声字。

（3）阴平（中平调）与去声甲（高平调）的有些字有时界限比较模糊，近于44调，这两个平调似有合流的迹象。

（4）有轻声调。安仁“长沙话”的轻声调不似普通话那样“轻而短”，而是顺着前一音节的声调向下滑落，有一个滑落弧度。“子”基本只作词缀，一般读轻声。

二、声韵配合关系

湘方言安仁“长沙话”声韵配合表[①]

表4－32

	p	pʻ	m	ɸ	f	t	tʻ	n	k	kʻ	ŋ	h	tɕ	tɕʻ	ȵ	ɕ	ts	tsʻ	s	z	ø
ɿ																	知	此	师	自	
i	皮	匹	米			地	体	里					鸡	起	逆	失					衣
u	补	剖	母	湖	福	躲		烙	各	苦							左		熟	蕊	五
y								女					猪	处		水					入
yu													脚		①						
a	爸	②	买	发	法	打	踏	蜡	甲	掐	鸭	瞎					柴	擦	杀		
ia	壁					爹	踢	舔					姐	洽	惹	写					鸦
ua									乖	快											挖
o	爬	怕	吗	花		夺	托	罗	嫁	客	牙	河					查	差	洒	若	话
io													加	吃		蛇					夜
yo								略					脚	雀		石					
ɤ	坡		么			多	拖		锅	科	我	货					搓	所			窝
e	宝	雹	毛			逃	盗	脑	高	刻	袄	侯					曹	吵	扫	饶	
ie	瓢	漂	妙			吊	桃	楼			怄		结	巧	业	些					妖
ue										阔											
ye													绝	缺		穴					月
ai	赔	泼	煤	怀		台	推	雷	该	揩	爱	黑					财	择	塞		
iai													界								
uai									割	快							③	揣	甩		回

① 自成音节的鼻韵母 m̩见于“祖母”$m̩^{33}mo$、“伯母”$m̩^{33}ma^{33}$，表中未单列。

续表 4－32

	p	pʻ	m	ɸ	f	t	tʻ	n	k	kʻ	ŋ	h	tɕ	tɕʻ	ȵ	ɕ	ts	tsʻ	s	z	ø
ei	碑	批	美	飞	肺																
uei								累	桂	亏							最	吹	随	瑞	尾
au			猫									号					灶				
ɤu	豹	泡	亩	否		肚	吐	绿	沟	抠	呕						祖	初	苏	揉	后
iɤu			谬			丢		留					酒	秋		守					友
ɚ																					耳
n̩																					碗
ĩ	变	偏	绵			甜	天	严				县	尖	牵		先					烟
ỹ													泉	圈		鲜					云
yẽ																	砖	穿			
ã	办	盼	蛮	翻	犯	谈	摊	兰	敢	看	眼	汗					蚕	惨	山		
uã																					晚
õ	盘	叛	满	换																	
uõ						断		卵	关	宽							钻	窜	酸		弯
ən	盆	傍	门	坟	喷	藤	吞	轮	更	坑	樱	恨					存	衬	胜	仁	
in	瓶	拼	民			灯	厅	人	耕	恳	恩	痕	陈	青		深					阴
uən				婚		敦			滚	坤									唇		纹
yn													准	春		绳					营
aŋ	膀	胖						龙	干		昂	风					仗		裳		
iaŋ	病		命			钉	听	粮					井	请		醒					酿
əŋ	朋	孟							梗												
oŋ	蓬	碰	忙	疯		童	汤	农	光	空		房					庄	窗	双		忘
ioŋ													肠	厂	孃	兄					阳

说明：① □，仅见于“猫儿□”，猫
② □，动词，扇
③ □，动词，见于“□瞌睡”

三、常见的语流音变现象

安仁“长沙话”的音变比较复杂，常见的除有6个声调的变调外，还有轻声、特殊语流音变。

（一）变调

安仁“长沙话”的变调情况与四川方言的代表成都话相比，有相似之处，即重叠名词要变调，并且大致是后字变为阴平调，但又有其特殊之处，即去声丙（24调）的后字变为去声甲（55调）。具体情况如下：

1．阴平字的变调

阴平字（33 调）构成重叠名词时，后一字变为 32 调，即后字声调略有下降。这与成都话阴平调重叠名词后字变调后略有上扬不同。例如：

方方 $hoŋ^{33}hoŋ^{33-32}$　　尖尖 $tɕĩ^{33}tɕĩ^{33-32}$　　抽抽 $tɕiɤu^{33}tɕiɤu^{33-32}$　　渣渣 $tso^{33}tso^{33-32}$

2．阳平字的变调

阳平字（13 调）构成重叠名词时，后一字变为阴平调（33 调）。例如“钵钵” $po^{13}po^{13}$，变为 $po^{13}po^{33}$，读如“钵坝”；“槽槽” $tse^{13}tse^{13}$，变为 $tse^{13}tse^{33}$，读如“槽糟”。即使有的音节没有 33 调，阳平字仍然变为 33 调。例如“篮篮” $nã^{13}nã^{13}$，变为 $nã^{13}nã^{33}$，而安仁“长沙话”并无 $nã^{33}$ 这样的音节。除重叠名词要变调外，有的非重叠式名词的后字也要变 33 调，例如“头头是道”的“头头”读 $tie^{13}tie^{33}$。

3．上声字的变调

上声字（41 调）构成重叠名词时，后一字变为阴平（33）调，例如：恍恍 $hoŋ^{41}hoŋ^{41}$ 变为 $hoŋ^{41}hoŋ^{33}$，读如“恍荒”；水水 $ɕy^{41}ɕy^{41}$ 变为 $ɕy^{41}ɕy^{33}$，读如“水书”。

4．去声字的变调

安仁“长沙话”的去声分为去声甲（55 调）、去声乙（21 调）、去声丙（24 调）三个调，三个去声的重叠名词均有变调，分别为：

（1）去声甲（55 调）字的变调

去声甲调字构成重叠名词时，后一字由 55 调变为阴平 33 调，例如：坝坝 $po^{55}po^{55}$ 变为 $po^{55}po^{33}$，读如“坝巴”；担担 $tã^{55}tã^{55}$ 变为 $tã^{55}tã^{33}$，读如“担丹”；罐罐 $kuõ^{55}kuõ^{55}$ 变为 $kuõ^{55}kuõ^{33}$，读如“罐官”；盖盖 $kai^{55}kai^{55}$ 变为 $kai^{55}kai^{33}$，读如“盖该”；架架 $tɕio^{55}tɕio^{55}$ 变为 $tɕio^{55}tɕio^{33}$，读如“架加”。

（2）去声乙（21 调）字的变调

去声乙构成重叠名词时，后一字由 21 调也变为阴平 33 调。例如：洞洞 $toŋ^{21}toŋ^{21}$ 变为 $toŋ^{21}toŋ^{33}$，读如“洞东”；豆豆 $tie^{21}tie^{21}$ 变为 $tie^{21}tie^{33}$，读如“豆兜”。

（3）去声丙（24 调）字的变调

去声丙构成重叠名词时，后一字变为阴平调（33 调）。例如“凼凼” $toŋ^{24}toŋ^{24}$，变为 $toŋ^{24}toŋ^{33}$，“片片” $p'ĩ^{24}p'ĩ^{24}$，变为 $p'ĩ^{24}p'ĩ^{33}$。不过，有的去声丙构成重叠式名词却不变调，例如“帕帕” $p'o^{24}p'o^{24}$，重叠后不变调。

安仁话的亲属称谓词重叠大多不变调，例如：爷爷 $ia^{13}ia^{13}/io^{13}io^{13}$、姐姐 $tɕia^{41}tɕia^{41}$、妹妹 $mai^{21}mai^{21}$。

大约因为安仁“长沙话”的声调正在朝着归并的方向演变，有时变调的音节近似阴平 33 调和去声甲 55 调之间的 44 调。

（二）轻声

安仁“长沙话”的词缀“子”和一些常用名词的后一音节读轻声。与北京话的轻声特点有所不同，北京话轻声的特点是“轻而短”，安仁“长沙话”的轻声特点不是“轻而短”，而是向下滑落。如果前一音节是去声甲 55 调，“子”缀或轻声词的后一音节就从 55 调向下滑落，比 41 调（上声调）轻；如前一音节是其他调，“子”缀或轻声词的后一音节向下滑落，比 21 调轻，并且有下滑弧度。

安仁“长沙话”没有“子孙”之“子”这个词，“子”一般作后缀，读轻声，有 tɕi、tsɿ 两个读音，

tsɿ 较常见。例如：星子 ɕiã^{33} · tsɿ、豆角子 tie^{21}ka^{41} · tsɿ、辣子 na^{55} · tɕi/na^{55} · tsɿ、火尾子 ɸu^{41}uei^{41} · tsɿ。轻声词举例如下：刀 te^{33}→菜刀 ts‘ai^{24} · te、丝 sɿ^{33}→螺丝 no^{13} · sɿ、屋 u^{55}→灶屋 tse^{55} · u。

不过，如果“子”缀前一音节的读音已由“长沙话”变为接近四川方音，或该词是四川方言词时，“子”缀则往往不读轻声，而读 41 调或 21 调。例如：“下肢”在“脚瓜子 tɕyu^{55}kua^{33}tsɿ^{41}”中，“瓜”（kua^{33}）实际是“长沙话”的“瓜”（ko^{33}，“爪”读 tse^{41}）受四川方言“爪”（tsua^{53}）的影响的读音，“子”缀可以不读轻声，而读 tsɿ^{41}或 tsɿ^{21}。

安仁“长沙话”的重叠名词的后一音节有读轻声的痕迹，例如“公公$_{\text{老汉}}$”的“公公”“双双儿”的“双双”不是按重叠名词阴平不变调的规律分别读为 koŋ^{33}koŋ^{33}、soŋ^{33}soŋ^{23}，而是读为 koŋ^{33}koŋ、soŋ^{33}soŋ，只是轻声下滑近 21 调。

（三）儿化

“儿化”现象比较少见，见于韵母为 o、oŋ、ỹ 、e、in 的少数词，一般是受四川方言影响的词汇。例如：哈哈$_{\text{儿}}$ho^{41}hor^{33}，空空$_{\text{儿}}$k‘oŋ^{24} k‘or^{33}，洞洞$_{\text{儿}}$toŋ^{21}tor^{33}，汤圆$_{\text{儿}}$t‘oŋ^{33}ỹ ^{13}，花卷$_{\text{儿}}$ɸo^{33}tɕ ỹ r^{55}，凌冰$_{\text{儿}}$nin^{13}pɤr^{41}，醪糟$_{\text{儿}}$ne^{13}tser^{33}。有的词儿化时，韵母的读音不是“长沙话，而是四川方言，例如“小九九$_{\text{儿}}$”不是读为“长沙话” ɕie^{41}tɕiɤu^{41}tɕiɤur^{41}，而是读 ɕie^{41}tɕiəu^{41}tɕiəur^{41}。不过，安仁“长沙话”却有一个表示极少的量的儿化词“滴口$_{\text{儿}}$tia^{55}kər^{55}”。

（四）特殊的语流音变

在语流中，安仁话有的字的声母或韵母会发生语流音变。例见下表。

湘方言安仁“长沙话”语流音变示例表

表 4－33

单念读音	不变	语流音变	音变类型
得 te^{55}	认得 ɕin^{21}te^{55}	没得 me^{21}pe^{55}	声母变
豆 tie^{21}	豆豉 tie^{21}zɿ^{21}	豌豆子 uõ^{33}nie^{21}tsɿ	声母变
去 tɕ‘y^{24}/tɕ‘ie^{24}	我去 ŋɤ^{41}tɕ‘y^{24}/ tɕ‘ie^{24}	去年子 tɕ‘in^{24} n ĩ^{13} tsɿ	韵母变

四、异读

达县“长沙话”的不少字往往有两三种甚至四种读音，这是四川方言和其他湘语点都没有的语言现象。示例如下：

湘方言安仁“长沙话”异读字示例表

表 4－34

声母类型 / 方言类型	成都话	安仁话	声母类型 / 方言类型	成都话	安仁话
花	xua^{55}	ɸo^{33} ɸa^{33}	日	zɿ^{21}	zɿ^{21} ni^{55} ɕi^{13}
射	se^{213}	tɕio^{21} ɕyo^{55} ɕyo^{21}	爹	tie^{55}	tia^{33} tie^{33} ti^{33}
头	təu^{21}	tie^{13} tɤu^{13} te^{13}	家	tɕia^{55}	ko^{13} ka^{33} tɕio^{33}
猫	mau^{55}	me^{13} me^{55} mie^{13} au^{33}	猾	xua^{21}	ɸa^{13} ho^{24} ua^{55}

普遍的一字多读现象，是安仁“长沙话”声韵调系统因受周围四川方言影响，正处在演变中的表现。

五、内部差异

安仁的老年人和年轻人在语言上存在着差异，这主要表现在用字的声韵调上和词汇的差异上。

虽然新老安仁人在声韵调系统上相同，但就具体字词的读音，老年人和年轻人在声、韵、调上均存在一些差异。声母方面，安仁话的舌面后鼻音 ŋ 声母字，在年轻人那里有不少 ŋ 声母脱落，例如“鹅”“握”，老年人读 ŋo^{13}，年轻人读 o^{13}。一些老年人读双唇清擦音 ɸ 声母的字，年轻人读唇齿音 f，例如“护”，老年人读 ɸu^{55}，年轻人读 fu^{55}。安仁老年人读舌面前音的字，年轻人往往读舌尖音，例如“善”老年人读 ɕĩ^{24}，年轻人读 sã^{24}，接近周围的四川话。老年人和年轻人语音的差异，也表现在韵母上，例如“鲜”，老年人读 ɕ ỹ^{33}，年轻人读 ɕyan^{33}；“挪”老年人读 nu^{13}，年轻人读 nuo^{13}。老年人和年轻人语音的差异，也表现在声调上，例如：“赚”老年人读去声甲调 tɕyẽ^{55}，年轻人读去声乙调 tɕyẽ^{24}，年轻人的声调接近周围的四川话。还有一些字词在新老安仁人那里可能声、韵读法都不同，例如“族”，老年人读 tɕ‘y^{13}，年轻人读 ts‘əu^{13}。也有声、韵、调新老读音都完全不的，例如“你”，老年人读自成音节的鼻韵母 n̩^{41}，年轻人很多时候读 ȵi^{53}，老年人保持着安仁“长沙话”的读音，年轻人的读音则与成都话完全相同了。

新老安仁人在词汇的选用上也存在差异，例如：“水稻孕穗”老年人说“怀胎 ɸa^{13}t‘ai^{33}”，年轻人不说。“狐狸”老年人说“毛狗 me^{13}tɕie^{41}”，年轻人说“狐狸 ɸu^{13}ni^{41}”；“公狗”老年人说“牙狗 io^{13}tɕie^{41}”，年轻人说“公狗 koŋ^{33} tɕie^{41}”；“小孩”老年人说“细家基 ɕi^{55}ka$^{33-31}$tɕi^{55}”，而年轻人则说“细娃儿 ɕi^{33}uar^{31}”；“扒手”老年人说“口口匠 ka^{33}ka^{33}tɕiaŋ^{31}”，年轻人则说“偷儿 t‘ie^{33} er^{13}”。

六、安仁话（长沙话）民谣3首

1．说日白（吹牛），就日白，五黄六月落大雪，寒冬腊月割大麦；丝线套牯牛，扭动都扭不得，牛栏关猫儿，气都出不得；碓窝煮饭，箩筐打水，毛铁发生火，瓢羹儿打米，忙得过不得。

ɕioŋ^{41} ɕi^{13} pai$^{\cdot 55}$，tɕiɤu^{21} ɕi^{13} pai$^{\cdot 55}$，u^{41} oŋ^{13} nɤu^{55} y^{55} nu^{55} ta^{21} ɕy^{55}，hã^{13} toŋ^{33} na^{55} y^{55} kuai$^{\cdot 55}$ ta^{21} mai$^{\cdot 55}$；sɿ^{33}ɕ ĩ^{55} t‘e^{24} ku^{41} niɤu^{13}，niɤu^{41} tɤu^{33} niɤu^{41} n̩^{55} tai$^{\cdot 55}$，niɤu^{13} nã^{13} kuõ^{33} me^{13} ɚ^{21}，tɕi^{24} tɤu^{33} tɕ‘y^{55} n̩^{55} tai$^{\cdot 55}$；tɤu^{24} kɤ^{33} tɕy^{41} ɸã^{21}，no^{13} koŋ^{33} ta^{41} ɕy^{41}，me^{13} t‘i$^{\cdot 55}$ ɸa^{55} ɸu^{41}，pie^{13} kin^{33} ɚ^{21} ta^{41} mi$^{\cdot 41}$，moŋ^{13} tai$^{\cdot 55}$ kɤ^{55} n̩^{55} tai$^{\cdot 55}$。

2．三十晚上大月亮，强盗出来偷水缸，聋子听到脚步响，瞎子看到翻院墙，跛子撵到田坎上，爪口儿（手指无力的人）逮到两耳光。

sã^{33} ɕi$^{\cdot 55}$ uã^{41} ɕioŋ^{21} ta^{21} y^{55} niaŋ^{55}，tɕioŋ^{13} t‘e^{33} tɕ‘y^{55} nai$^{\cdot 13}$ t‘ie^{33} ɕy^{41} koŋ^{33}，noŋ^{33} tsɿ^{21} t‘iaŋ^{24} te^{41} tɕyu^{55} pu^{21} ɕioŋ^{41}，ha^{55} tsɿ^{21} k‘ã^{24} te^{41} ɸã^{33} ỹ^{21} tɕiaŋ^{13}，pa^{33} tsɿ^{21} kã^{55} te^{41} tĩ^{13} k‘ã^{41} ɕioŋ^{21}，tso^{41} kə^{21} te^{55} te^{41} niaŋ^{41} ɚ^{41} koŋ^{33}。

3．狗儿跳到地坝边，你猫儿爬到树尖尖，你进财，我进财，我把你娶进来，你给我做双尖尖鞋。

tɕie^{41} ɚ^{21} tie^{24} te^{41} ti$^{\cdot 21}$ po^{55} pĩ^{33}，n̩^{41} me^{13} ɚ^{21} p‘o^{13} te^{41} ɕy^{21} tɕĩ^{33} tɕĩ^{33}，n̩^{41} tɕin^{55} tsai$^{\cdot 13}$，ŋɤ^{41} tɕin^{55} tsai$^{\cdot 13}$，ŋɤ^{41} po^{41} n̩^{41} tɕ‘y^{41} tɕin^{55} nai$^{\cdot 13}$，n̩^{41} sa^{55} ŋɤ^{41} tsɤu^{55} soŋ^{33} tɕ ĩ^{33} tɕ ĩ^{33} ha^{13}。

第三节　新派湘语点——长乐“靖州腔”

南充的“靖州腔”，主要分布在南充高坪区的长乐、南江、隆兴、斑竹、胜关、鄢家、皇溪等乡镇；广安岳池县的黄龙、高升、双鄢、高桥、东板、长田、顾县、观桥、石城、苟角、玉峰等乡镇；乐至县的南塔区文峰乡五村，新乐乡五村、六村、七村、八村，宝林区宝石乡五村、劳动乡八村，童家区放生乡二村、三村、四村等地。本次调查以南充高坪区长乐镇的语音系统为代表，长乐镇位于又名跳墩坝，位于高坪区东约30公里处，乾隆三十六年（1771年）建场兴市，1901年设乡，1984年建镇，位于岳池、蓬安、高坪三地交界处。长乐镇地处螺溪河南岸，北岸有古场原置的跳墩延伸至南岸，故又名跳墩坝。居住在这一带的湖南移民和赣、闽、鄂等地移民及土著居民长期共处，语言相互影响，形成了独具特色的新湘语长乐话。

一、声韵调系统

长乐“靖州腔”的主要特点是：

1. 古全浊声母並、定、从、澄、船、群各母的仄声一般读为不送气清音，而平声字则部分读为送气清音，部分读为不送气清音。如：甜 $tian^{21}$、唐 $taŋ^{21}$；

2. 古舌上音知、彻、澄三母遇合三、臻合三韵的字读舌面前音 ʨ、ʨʻ，遇合三、臻合三韵的章、昌、书三母的字和山合三韵的船母字今读舌面音 ʨ、ʨʻ、ɕ；

3. 古半齿音日母多读为舌面后鼻音 ŋ 或零声母；假摄合口二等的晓组字今读 a 韵；遇摄合口一等的端、泥、精组的字，遇合三的泥、庄组的字今读 ou 韵。

（一）声母

南充长乐话的辅音声母共18个，零声母1个，共19个声母。见下表。

湘方言长乐“靖州腔”声母表

表4－35

p 巴婆班兵	pʻ 怕派偏批	m 妈麦妹莽	f 花烦昏恢
t 打得弹糖	tʻ 他拖坦汤	n 罗女兰谊	
ʦ 茶捉张则	ʦʻ 错翅窗喘	s 沙舍史伤	z 乳柔锐忍
ʨ 猪酒钱桥	ʨʻ 旗出枪春	ɕ 舒闲术兄	
k 家个锯甘	kʻ 科去开炕	ŋ 哑窝染让	x 海黑航痕
ø 阿日外鱼			

声母说明：

1. 包括零声母在内，长乐话有声母19个，普通话则是22个声母，声母数量相差不大，但是相同的声母所包含的字有区别，两个音系的声母对应关系也比较复杂。主要的区别是：

①长乐话有辅音声母 z、ŋ，普通话没有；

②长乐话没有普通话所有的舌尖后音声母 ʈʂ、ʈʂʻ、ʂ、ʐ；

③长乐话的鼻音 n、边音 l 没有区别意义的作用，不形成对立，记作鼻音 n，而普通话要区分 n、l。

2. 长乐话的古全浊声母並、定、从、澄、船、群各母的仄声一般读为不送气清音，而平声字则部分读为送气清音，部分读为不送气清音。老年人话语中的古全浊声母的平声字读为不送气清音的明显多于年轻人，尤其是口语中的常用字一般读为不送气清音（如：甜 $tian^{21}$、唐 $taŋ^{21}$、桃 $tɑu^{21}$、婆 po^{21}），读送气清音的古全浊声母平声字多是一些非常用字。

3. 古轻唇音非、敷、奉三母，今长乐话发展为唇齿音 f、舌面后音 x 和零声母。其中通摄东、钟韵的字三母皆读舌面后音 x。

4. 古舌上音知、彻、澄三母的字今长乐话可读舌尖前音和舌面前音，其中遇合三、臻合三韵的知、彻、澄母的字读舌面前音 tɕ、tɕ‘。

5. 古正齿音庄、初、崇、生、章、昌、船、书、禅九母中，遇合三、臻合三韵的章、昌、书三母的字和山合三韵的船母字今长乐话读舌面音 tɕ、tɕ‘、ɕ。

6. 古半齿音日母，在长乐话中多读为舌面后鼻音 ŋ 或零声母；少数读为舌尖前浊擦音 z，如“人、茸、绒”等，但这些字在口语中很少使用，而且老年人的话语中仍可以见到它们读舌面后鼻音 ŋ 或零声母的踪迹。

7. 疑母今开口呼字长乐话读舌面后鼻音 ŋ；部分齐齿呼字读鼻音 n，其他的则为零声母。

8. 晓、匣二母的洪音长乐话今读唇齿音 f 或舌面后音 x，细音今读舌面音 ɕ。

9. 影母的开口呼一、二等字长乐话不少读舌面后鼻音 ŋ，其他读零声母。

（二）韵母

南充长乐话一共有 38 个韵母，其中单韵母 8 个，复韵母 17 个，鼻韵母 13 个。从韵头的情况看，长乐话四呼齐全，有开口呼 12 个，齐齿呼 8 个，合口呼 9 个，撮口呼 9 个。见下表。

湘方言长乐“靖州腔”韵母表

表 4－36

ɿ 知此事施	i 敌急泣戏	u 木故烛束	y 朱屈输署
ɚ 尔而			
a 疤发拿炸	ia 佳霞洽鸦	ua 瓜刷垮蛙	ya 抓爪
o 破驼课我			yo 脚削确略
e 迫脉刻蛇	ie 憋灭铁姐	ue 廓扩国	ye 绝屑悦虐
ai 败呆灾凯		uai 乖块摔歪	yai 衰
ei 赔匪眉回		uei 堆追锐鬼	yei 嘴水
ɑu 猫讨草敲	iɑu 瓢条娇销		
ou 堵剖徒锄	iou 丢舅球修		
an 满贪山喊	ian 片连眼嫌	uan 团乱传$_{-达}$珊	yan 专川船渊
ən 盆门藤更	in 平顶邻琴	uən 滚昆捆温	yn 裙春逊尹
ɑŋ 榜皇烫窗	iɑŋ 娘羌香羊	uɑŋ 庄桑黄广	
		uŋ 棚桐冯凤	yŋ 迥穷兄容

韵母说明：

1. 南充长乐话的韵母有38个，而普通话是39个。韵母数量相差不大，但是相同的韵母所包含的字有区别，两个音系的韵母母对应关系也比较复杂。主要的区别是：

①长乐话有韵母 ue、ya、yo、yai、yei，普通话没有；

②普通话所有的 ɤ、ʅ、əŋ、iŋ、uo、uəŋ 六个韵母，长乐话没有；

③普通话有丰富的儿化韵，长乐话中极少出现儿化韵。

2. 假摄合口二等的晓组字长乐话今读 a 韵。

3. 遇摄合口一等的端、泥、精组的字，遇合三的泥、庄组的字长乐话今读 ou 韵。

4. 蟹合一、合二、合四等的晓组字长乐话读为 ai、a、ei 韵，与唇齿音 f 相拼。

5. 止开三的日母长乐话今读 o 韵，只是这 o 的音值不太稳定，处于演变之中。

6. 山摄晓组的合口字长乐话读开口呼 an、a、ai；山摄合口三等的知、章组的舒声字今读 yan 韵。

7. 臻摄合口三等的知、章组的舒声韵的字，长乐话今多读 yn 韵；其促声韵的字多读 y 韵。

8. 通合一的端、精组促声韵字长乐话今多读作 ou 韵；合口三等的泥、章、知组的促声韵的字也多读为 ou 韵。

（三）声调

有阴平、阳平、上声、去声4个声调，中古入声主要分派入阳平。各调类及相应调值见下表。

湘方言长乐“靖州腔”声调及其与普通话声调对照表

表4－37

调类	普通话调值	长乐话调值	例　字
阴平	55	44	高初婚边飞
阳平	35	21	唐穷云局舌
上声	214	53	口女死老讲
去声	51	35	近厚抗害树

声调说明：

1. 长乐话有4个调型：高平调（阴平）、升调（去声）、低降调（阳平）和高降调（上声）。

2. 同古调类的关系大致是这样的：古平声的清音声母字今读阴平，浊音声母字今读阳平；古上声的清音声母和次浊声母的字今读上声，全浊声母的上声字今读去声；古去声今读去声。

二、声韵配合关系

湘方言长乐“靖州腔”声韵配合表

表4－38

	p	pʻ	m	f	t	tʻ	n	ʦ	ʦʻ	s	z	ȶ	ȶʻ	ɕ	k	kʻ	ŋ	x	ø
ʅ								兹	耻	事									
ɑ	疤	拔	马	化	打	他	哪	茶	叉	洒					家		哑	蛤	
ɚ																			而

续表 4－38

	p	pʻ	m	f	t	tʻ	n	ʦ	ʦʻ	s	z	ʨ	ʨʻ	ɕ	k	kʻ	ŋ	x	ø
o	婆	破	幕		多	驼	糯	作	错	所					鸽	科	窝	火	日
e	百	迫	陌		得		勒	遮	择	舌					锯	去	热	黑	
ai	摆	排	卖	坏	苔	台	来	灾	采	晒					介	凯	哀	孩	
ei	杯	配	美	肥			内												
ɑu	保	炮	猫		刀	讨	劳	曹	炒	缲					搞	敲	傲	豪	
ou		剖	某		毒	透	六	竹	粗	苏	柔				沟	口	肉	侯	藕
an	半	潘	馒	反	胆	坛	男	缠	参	闪	冉				感	堪	染	旱	
ən	彭	喷	门	婚	等	吞	论	针	层	孙	仁				跟	恳	人	衡	
ɑŋ	帮	旁	忙	皇	荡	堂	囊	葬	厂	偿	壤				豇	康	瓤	夯	
i	比	屁	米		低	体	仪					鸡	吃	习					医
ia		①					②					假		霞					亚
ie	憋	撇	灭		跌	铁	聂					节	且	些					爷
iɑu	瓢	飘	苗		刁	条	料					交	俏	小					要
iou			谬		丢		留					九	秋	秀					优
ian	扁	片	棉		田	天	研					尖	遣	先					燕
in	彬	平	命		顶	庭	邻					勤	寝	信					应
iɑŋ							娘					江	抢	像					扬
u	补	蒲	暮	夫	独	屠	录	租	除	竖	乳				孤	苦			误
ua								抓		刷					寡	夸			瓦
ue															国	扩			
uai									喘						怪	快			歪
uei					堆	退	屡	罪	吹	随	锐				归	亏		惠	委
uan					短	团	乱	赚	铲	酸	暖				管	款			万
uən					敦	豚		尊	村	唇					棍	困			温
uɑŋ								床	创	桑					光	筐			黄
uŋ	棚	捧	盟		懂	通	农	总	宠	宋					贡	空		风	翁
y							吕					猪	楚	许					语
ya												爪							
yo							略					脚	确	学					约
ye							虐					决	缺	雪					月
yai														衰					
yei												嘴		水					
yan												专	劝	宣					远
yn												俊	春	逊					尹
yŋ												窘	穷	熊					用

说明：① 口 pia[53]，扁，形容词

② 口 nia[53]，舔

三、常见语流音变现象

常见的语流音变现象主要是变调，有以下3种：

1．阳平字的变调

阳平字重叠构成名词时，后一字变读44调。如“婆婆 po^{21} po$^{21-44}$”，“刷刷 sua^{21} sua$^{21-44}$”，“核核$_{\text{核儿}}$fu^{21}fu$^{21-44}$”，“锄锄$_{\text{锄头}}$ʦou^{21}ʦou$^{21-44}$”等等。

2．上声字的变调

上声字重叠构成名词的，后一字变读情况稍复杂。后一字可以读21调，如：“嫂嫂 sau^{53}sau$^{53-21}$”，“本本$_{\text{本子}}$pən^{53}pən$^{53-21}$”等；也可以不变，如“本本$_{\text{本子}}$pən^{53}pən^{53}”；在和孩子讲话时又可以变为44，如“嘎嘎$_{\text{肉}}$ka^{53}ka^{44}”，“嫂嫂 sau^{53}sau^{44}”。

3．去声的变调

当它重叠构成名词时后一字变成44调。如：“舅舅 ʨiəu^{35} ʨiəu$^{35-44}$”，“妹妹 mei^{35} mei$^{35-44}$”，“洞洞$_{\text{洞}}$toŋ^{35}toŋ$^{35-44}$”等等。

南充“长乐话”的韵母一般不儿化，也少儿尾词语。但近些年受周边四川方言的影响也出现了一些儿尾词语，韵母未儿化。如：“娃儿 ua^{21}o^{21}（细娃儿、小娃儿、女娃儿）”“嘎儿 ka^{53}o^{21}”。

四、内部差异

南充“长乐话”根据1997年的调查材料和2009年调查材料分析比较，近十年来南充“长乐话”的语音表现出了较强的稳定性，但是受周边南充“长乐话”四川方言的影响和普通话的影响，语音也产生了一些变异现象，主要表现为湘语特征的减弱和词汇的变异。

古全浊声母的平声字读为不送气清音的明显减少，而向四川方言靠拢读送气音。如“瓶 pin^{21}”读 p‘in^{21}。日母的字也由舌面后鼻音声母 ŋ 或零声母而可读舌尖后浊擦音声母 ʐ，如“染”读 ʐan^{53}或 ŋan^{53}。

词汇的变化表现为在保留原有说法的基础上又有了周边四川方言的说法。如：“猪肉”可说“猪肉”ʨy^{44}ŋou^{35}，也可说“猪嘎嘎”ʨy^{44}ka^{53}ka^{53}；“衬衫”可说“里肉衣”ni^{53}ŋou^{35}i^{44}，也可说“衬衣”ʦ‘ən^{35}i^{44}；“辣椒”可说“辣子”na^{35}ʦɿ^{53}，也可说“海椒”xai^{53}ʨiɑu^{44}。

五、长乐话民谣2首（摘自《南充县志》）

1．好六叔好六舅，借我六斗六升好绿豆，收了秋收了豆，再还你六斗六升好绿豆。

xɑu^{53}nou^{21}ɕy^{21}xɑu^{53}nou^{21}ʨiou^{35}，ʨie^{35}ŋo^{53}nou^{21}tou^{35}nou^{35}sən^{44}xɑu^{53}nu^{21}tou^{35}，sou^{44}nɑu ʨ‘iou^{44}sou^{44}nɑu tou^{35}，ʦai^{35}fan^{21}ni^{53}nou^{21}tou^{35}nou^{35}sən^{44}xɑu^{53}nu^{21}tou^{35}。

2．菜籽花花辉辉黄，粉红墙上画凤凰，红凤凰蓝凤凰，粉红凤凰黄凤凰。

ʦ‘ai^{35}ʦɿ^{53}fa^{44}fa^{44}fei^{44}fei^{44}uɑŋ^{21}，fən^{53}xuŋ^{21}ʨiɑŋ^{21}sɑŋ^{35}fa^{35}xuŋ^{35}fɑŋ^{21}，xuŋ^{21}xuŋ^{35}fɑŋ^{21}nan^{21}xuŋ^{35}fɑŋ^{21}，fən^{53}xuŋ^{21}xuŋ^{35}fɑŋ^{21}uɑŋ^{21}xuŋ^{35}fɑŋ^{21}。

第五篇　各方言代表点语言特征比较

本篇结合字音、词例、语法项目对四川境内方言的语言特征加以比较。由于篇幅有限，本篇第一章“各方言代表点字音比较”和第二章“各方言代表点词语比较”选取四川方言 17 个点进行对比，其中西南官话点 12 个，包括入声归阳平片 4 个（成都、广元、达州、遂宁），入声归去声片两个（自贡、荣县），入声归阴平片两个（雅安、汉源），入声独立片 4 个（泸州、眉山、乐山、西昌）；客家方言点 2 个（洛带、仪陇），洛带为四川粤东片客家方言代表点，仪陇为四川粤北片客家方言代表点；湘方言点 3 个（永兴话、安仁长沙话、南充长乐话），中江永兴话是老湘语代表点，安仁长沙话是新派湘语代表点，南充长乐话是新湘语“靖州腔”代表点。第三章“方言代表点语法比较”，由于各方言点语法方面一致性最强，本章四川官话方言按照入声归阳、入声归去、入声归阴及入声独立的四种情况并结合方言点的地理位置选取成都、达州、自贡、广元、雅安、泸州六个点进行对比。同时，为显示移民方言语法的特点，列出了 2 个客家方言点和 3 个湘方言点进行比较。

第一章　各方言代表点字音比较

说明：

1. 参照《汉语方言调查字表》，并结合四川境内汉语方言语音从中古到今音的演变情况，选取862字，按中古十六摄的顺序排列。为便于比较入声字的读音，入声字单独排列。

2. 字头下读音不止一个的，字音之间加斜线“/”隔开。一般是旧读在“/”前，新读在“/”后。如成都“眉 mi^{21}/mei^{21}”。若不同读音有不同使用场合，则在该读音之后加括号注明。如安仁“牙 io^{13}（牙狗）”。

3. 字头下某方言点字音栏的空白，如洛带“那”下的空白，表示该方言点不用该字。

4. 考虑到排版的方便，声调只注调值，不标调类。下面列出各方言点调值与调类的对应情况，以方便读者了解各方言点调类之间的对应关系。

成　都　阴平 55，阳平 21，上声 53，去声 213；
广　元　阴平 55，阳平 21，上声 42，去声 214；
达　州　阴平 45，阳平 212，上声 53，去声 214；
遂　宁　阴平 45，阳平 21，上声 52，去声 213；
自　贡　阴平 55，阳平 31，上声 42，去声 214；
荣　县　阴平 55，阳平 31，上声 53，去声 213；
雅　安　阴平 55，阳平 21，上声 42，去声 214；
汉　源　阴平 55，阳平 21，上声 42，去声 213；
泸　州　阴平 55，阳平 21，上声 42，去声 13，入声 33；
眉　山　阴平 55，阳平 31，上声 53，去声 13，入声 24；
乐　山　阴平 55，阳平 21，上声 42，去声 213，入声 44；
西　昌　阴平 55，阳平 52，上声 34，去声 11，入声 31；
洛　带$_{客}$　阴平 45，阳平 13，上声 31，去声 53，阴入 2 阳入 5；
仪　陇$_{客}$　阴平 33，阳平 21，上声 53，去声 13，阴入 5 阳入 3；
永　兴$_{湘}$　阴平 55，阳平 31，上声 53，去声 14；
安　仁$_{湘}$　阴平 33，阳平 13，上声 41，去声甲 55，去声乙 21，去声丙 24；
长　乐$_{湘}$　阴平 44，阳平 21，上声 53，去声 35。

表5－1

	多 果开一平歌端	拖 果开一平歌透	他 果开一平歌透	陀 果开一平歌定	大 果开一去个定	那 果开一去泥泥	罗 果开一平歌来	左 果开一上歌精
成　都	to^{55}	tʻo^{55}	tʻa^{55}	tʻo^{21}	ta^{213}	na^{213}/ne^{213}	no^{21}	ʦo^{53}
广　元	to^{55}	tʻo^{55}	tʻa^{55}	tʻo^{21}	ta^{214}	na^{214}	no^{21}	ʦo^{42}
达　州	to^{55}	tʻo^{55}	tʻa^{55}	tʻo^{12}	ta^{214}	na^{214}	no^{12}	ʦo^{42}
遂　宁	to^{55}	tʻo^{55}	tʻa^{55}	tʻo^{21}	ta^{213}	na^{213}	no^{21}	ʦo^{52}
自　贡	to^{55}	tʻo^{55}	tʻa^{55}	tʻo^{31}	ta^{214}	na^{214}	no^{31}	ʦo^{53}
荣　县	to^{55}	tʻo^{55}	tʻa^{55}	tʻo^{31}	ta^{214}	na^{214}	no^{31}	ʦo^{42}
雅　安	to^{55}	tʻo^{55}	tʻa^{55}	tʻo^{21}	ta^{214}	na^{214}	no^{21}	ʦo^{42}
汉　源	to^{55}	tʻo^{55}	tʻa^{55}	tʻo^{21}	ta^{213}	na^{213}	no^{21}	ʦo^{42}
泸　州	to^{55}	tʻo^{55}	tʻa^{55}	tʻo^{21}	ta^{13}	na^{13}	no^{21}	ʦo^{42}
眉　山	tu^{55}	tʻo^{55}	tʻa^{55}	tʻo^{31}	ta^{13}	na^{13}	nu^{31}	ʦu^{53}
乐　山	to^{55}	tʻo^{55}	tʻa^{55}	tʻo^{21}	ta^{13}	na^{13}	no^{21}	ʦo^{43}
西　昌	to^{44}	tʻo^{44}	tʻa^{44}	tʻo^{52}	ta^{11}	nai^{11}	no^{52}	ʦo^{34}
洛　带$_{客}$	to^{45}	tʻo^{45}	tʻa^{45}	tʻo^{13}	tʻai^{53}		lo^{13}	ʦo^{31}
仪　陇$_{客}$	təu^{33}	tʻəu^{33}	tʻa^{33}	tʻəu^{21}	tʻai^{53}		ləu^{21}	ʦəu^{53}
永　兴$_{湘}$	to^{55}	tʻo^{55}	tʻa^{55}	dʻo^{31}	dʻa^{14}	na^{14}	no^{31}	ʦo^{53}
安　仁$_{湘}$	tɤ^{33}	tʻo^{33}	tɕʻi^{41} 佢	to^{13}	ta$^{21/24}$	n̩^{55}	no^{21}	ʦu^{41}
长　乐$_{湘}$	to^{44}	tʻo^{44}	tʻa^{44}	tʻo^{21}	ta^{35}	na^{35}	no^{21}	ʦo^{53}

续表5－1

	搓 果开一平歌清	哥 果开一平歌见	可 果开一上歌溪	我 果开一上歌疑	何 果开一平歌匣	茄 果开三平戈群	波 果合一平戈帮	婆 果合一平戈並
成　都	ʦʻo^{55}	ko^{55}	kʻo^{53}	ŋo^{53}	xo^{21}	tɕʻie^{21}	po^{55}	pʻo^{21}
广　元	ʦʻo^{55}	ko^{55}	kʻo^{42}	ŋo^{42}	xo^{21}	tɕʻye^{21}	po^{55}	pʻo^{21}
达　州	ʦʻo^{55}	ko^{55}	kʻo^{42}	o^{42}	xo^{12}	tɕʻie^{12}	po^{55}	pʻo^{12}
遂　宁	ʦʻo^{55}	ko^{55}	kʻo^{52}	ŋo^{52}	xo^{21}	tɕʻye^{21}	po^{55}	pʻo^{21}
自　贡	ʦʻo^{55}	ko^{55}	kʻo^{53}	ŋo^{53}	xo^{31}	tɕʻye^{31}	po^{55}	pʻo^{31}
荣　县	ʦʻo^{55}	ko^{55}	kʻo^{42}	ŋo^{42}	xo^{31}	tɕʻye^{31}	po^{55}	pʻo^{31}
雅　安	ʦʻo^{55}	ko^{55}	kʻo^{42}	ŋo^{42}	xo^{21}	tɕʻie^{21}	po^{55}	pʻo^{21}
汉　源	ʦʻo^{55}	ko^{55}	kʻo^{42}	ŋo^{42}	xo^{21}	tɕʻie^{21}	po^{55}	pʻo^{21}
泸　州	ʦʻo^{55}	ko^{55}	kʻo^{42}	ŋo^{42}	xo^{21}	tɕʻi^{21}	po^{55}	pʻo^{21}
眉　山	ʦʻo^{55}	ko^{55}	kʻo^{53}	ŋu^{53}	xo^{31}	tɕʻi^{31}	pu^{55}	pʻu^{31}
乐　山	ʦʻo^{44}	ko^{55}	kʻo^{43}	ŋo^{43}	xo^{21}	tɕʻi^{21}	po^{55}	pʻo^{21}
西　昌	ʦʻo^{44}	ko^{44}	kʻo^{34}	ŋo^{34}	xo^{52}	tɕʻie^{52}	po^{44}	pʻo^{52}
洛　带$_{客}$	ʦʻo^{45}	ko^{45}	kʻo^{31}	ŋai^{13}	xo^{13}	tɕʻio^{13}	po^{45}	pʻo^{13}
仪　陇$_{客}$	ʦʻəu^{33}	kəu^{33}	kʻo^{53}	ŋai^{21}	xo^{21}	tɕʻiəu^{21}	pəu^{33}	pʻəu^{21}
永　兴$_{湘}$	ʦʻo^{55}	ko^{55}	kʻo^{53}	ŋo^{53}	ɣo^{31}	dʑʻie^{31}	po^{55}	bʻo^{31}
安　仁$_{湘}$	ʦʻɤ^{33}	kɤ^{33}	kʻɤ^{41}	ŋɤ^{41}	ho^{13}	tɕio^{13}	pɤ^{33}	pu^{13}/po^{13}
长　乐$_{湘}$	ʦʻo^{44}	ko^{44}	kʻo^{53}	ŋo^{53}	xo^{21}	tɕʻie^{21}	po^{44}	po^{21}

续表 5－1

	魔 果合一平戈明	妥 果合一上戈透	惰 果合一上戈定	糯 果合一去戈泥	裸 果合一上戈来	坐 果合一上戈从	锁 果合一上戈心	果 果合一上戈见
成都	mo^{21}	t‘o^{53}	to^{213}	no^{213}	no^{53}	ʦo^{213}	so^{53}	ko^{53}
广元	mo^{21}	t‘o^{42}	to^{214}	no^{214}	no^{42}	ʦo^{214}	so^{42}	ko^{42}
达州	mo^{12}	t‘o^{42}	to^{214}	no^{214}	no^{42}	ʦo^{214}	so^{42}	ko^{42}
遂宁	mo^{21}	t‘o^{52}	to^{213}	no^{213}	no^{52}	ʦo^{213}	so^{52}	ko^{52}
自贡	mo^{31}	t‘o^{53}	to^{214}	no^{214}	no^{53}	ʦo^{214}	so^{53}	ko^{53}
荣县	mo^{31}	t‘o^{42}	to^{214}	no^{214}	no^{42}	ʦo^{214}	so^{42}	ko^{42}
雅安	mo^{21}	t‘o^{42}	to^{214}	no^{214}	no^{42}	ʦo^{214}	so^{42}	ko^{42}
汉源	mo^{21}	t‘o^{42}	to^{213}	no^{213}	no^{42}	ʦo^{213}	so^{42}	ko^{42}
泸州	mo^{21}	t‘o^{42}	to^{13}	no^{13}	no^{42}	ʦo^{13}	so^{42}	ko^{42}
眉山	mo^{31}	t‘o^{53}	to^{13}	no^{13}	nu^{53}	ʦo^{13}/ʦu^{13}	su^{53}	ko^{53}
乐山	mo^{21}	t‘o^{43}	to^{13}	no^{13}	no^{43}	ʦo^{13}	so^{43}	ko^{43}
西昌	mo^{52}	t‘o^{34}	to^{11}	no^{11}	no^{34}	ʦo^{11}	so^{34}	ko^{34}
洛带客	mo^{13}	t‘o^{31}	to^{53}	lo^{53}	lo^{53}	ʦ‘o^{45}	so^{31}	ko^{31}
仪陇客	mo^{21}	t‘əu^{53}	to^{13}	ləu^{53}	ləu^{53}	ʦ‘əu^{33}	səu^{53}	kəu^{53}
永兴湘	mo^{31}	t‘o^{53}	to^{14}	no^{14}	no^{53}	ʣ‘o^{14}	so^{53}	ko^{53}
安仁湘	mo^{13}	t‘o^{41}	to^{24}	no^{21}	nu^{41}	ʦo^{21}	sɤ^{41}	kɤ^{41}
长乐湘	mo^{21}	t‘o^{53}	to^{35}	no^{35}	no^{53}	ʦo^{21}	so^{53}	ko^{53}

续表 5－1

	卧 果合一去戈疑	火 果合一上戈晓	和（和气） 果合一平戈匣	窝 果合一平戈影	靴 果合三平戈晓	把（把握） 假开二上马帮	怕 假开二去禡滂	爬 假开二平麻並
成都	o^{213}	xo^{53}	xo^{21}	o^{55}	ɕye^{55}	pa^{53}	p‘a^{213}	p‘a^{21}
广元	o^{214}	xo^{42}	xo^{21}	o^{55}	ɕy^{55}	pa^{42}	p‘a^{214}	p‘a^{21}
达州	o^{214}	xo^{42}	xo^{12}	o^{55}	ɕye^{55}	pa^{42}	p‘a^{214}	pa^{55}
遂宁	ŋo^{213}	xo^{52}	xo^{21}	o^{55}	ɕye^{55}	pa^{52}	p‘a^{213}	p‘a^{21}
自贡	o^{214}	xo^{53}	xo^{31}	o^{55}	ɕye^{55}	pa^{53}	p‘a^{214}	p‘a^{31}
荣县	o^{214}	xo^{42}	xo^{31}	o^{55}	ɕye^{55}	pa^{42}	p‘a^{214}	p‘a^{31}
雅安	o^{214}	xo^{42}	xo^{21}	o^{55}	ɕye^{55}	pa^{42}	p‘a^{214}	p‘a^{21}
汉源	o^{213}	xo^{42}	xo^{21}	o^{55}	ɕye^{55}	pa^{42}	p‘a^{213}	p‘a^{21}
泸州	o^{13}	xo^{42}	xo^{21}	o^{55}	ɕy^{55}	pa^{42}	p‘a^{13}	p‘a^{21}
眉山	o^{13}	xo^{53}	xo^{31}	o^{55}	ɕy^{55}	pa^{53}	p‘a^{13}	p‘a^{31}
乐山	o^{13}	xo^{43}	xo^{21}	o^{55}	ɕy^{55}	pa^{43}	p‘a^{13}	p‘a^{21}
西昌	o^{11}	xo^{34}	xo^{52}	o^{44}	ɕie^{44}	pa^{34}	p‘a^{11}	p‘a^{52}
洛带客	o^{53}	fo^{31}	fo^{13}	vo^{45}	ɕye^{45}	pa^{31}	p‘a^{53}	p‘a^{13}
仪陇客	o^{13}	fəu^{53}	xəu^{21}	vəu^{33}	ɕye^{33}	pa^{53}	p‘a^{13}	p‘a^{21}
永兴湘	ɣo^{14}	xo^{53}	ɣo^{31}	o^{55}	ʂue^{55}	pa^{53}	p‘a^{14}	b‘a^{31}
安仁湘	o$^{55/24}$	ɸu^{41}/ɸo^{41}	ho^{13}	ɤ^{33}	ɕy^{33}	po^{41}	p‘o^{24}	p‘o^{13}
长乐湘	o^{35}	xo^{53}	xo^{21}	ŋo^{44}	ɕye^{44}	pa^{53}	p‘a^{35}	pa^{21}

续表 5－1

	麻 假开二平麻明	拿 假开二平麻泥	茶 假开二平麻澄	沙 假开二平麻生	家 假开二平麻见	牙 假开二平麻疑	虾 假开二平麻晓	霞 假开二平麻匣
成　都	ma^{21}	na^{21}	tsʻa^{21}	sa^{55}	tɕia^{55}	ia^{21}	ɕia^{55}	ɕia^{21}
广　元	ma^{21}	na^{21}	tsʻa^{21}	sa^{55}	tɕia^{55}	ia^{21}	ɕia^{55}	ɕia^{21}
达　州	ma^{12}	na^{12}	tsʻa^{12}	sa^{55}	tɕia^{55}	ia^{12}	ɕia^{55}	ɕia^{12}
遂　宁	ma^{21}	na^{21}	tsʻa^{21}	sa^{55}	tɕia^{55}	ia^{21}	ɕia^{55}	ɕia^{21}
自　贡	ma^{31}	na^{31}	tʂʻa^{31}	ʂa^{55}	tɕia^{55}	ia^{31}	ɕia^{55}	ɕia^{31}
荣　县	ma^{31}	na^{31}	tsʻa^{31}	sa^{55}	tɕia^{55}	ia^{31}	ɕia^{55}	ɕia^{31}
雅　安	ma^{21}	na^{21}	tsʻa^{21}	sa^{55}	tɕia^{55}	ia^{21}	ɕia^{55}	ɕia^{21}
汉　源	ma^{21}	na^{21}	tsʻa^{21}	sa^{55}	tɕia^{55}	ia^{21}	ɕia^{55}	ɕia^{21}
泸　州	ma^{21}	na^{21}	tsʻa^{21}	sa^{55}	tɕia^{55}	ia^{21}	ɕia^{55}	ɕia^{21}
眉　山	ma^{31}	na^{31}	tsʻa^{31}	sa^{55}	tɕia^{55}	ia^{31}	ɕia^{55}	ɕia^{31}
乐　山	ma^{21}	na^{21}	tsʻa^{21}	sa^{55}	tɕia^{55}	ia^{21}	ɕia^{55}	ɕia^{21}
西　昌	ma^{52}	na^{52}	tʂʻa^{52}	ʂa^{44}	tɕia^{44}	ia^{52}	ɕia^{44}	ɕia^{52}
洛　带客	ma^{13}	la^{45}	tsʻa^{13}	sa^{45}	ka^{45}	ŋa^{13}	xa^{45}	ɕia^{13}
仪　陇客	ma^{21}	la^{33}	tsʻa^{21}	sa^{33}	ka^{33}	ŋa^{21}	ɕia^{33}	ɕia^{21}
永　兴湘	ma^{31}	na^{31}	dzʻa^{31}	sa^{55}	tɕia^{55}	ia^{31} ŋa^{31}	ɕia^{55} ʂa^{55}	ɕia^{31}
安　仁湘	mo^{13}/me$^{13}_{\text{蔴麻}}$	nai^{55}	tso^{13}	so^{33}	ka^{33}/tɕio^{33} ko^{33}/ko^{13}	ŋo^{13}/io$^{13}_{\text{牙狗}}$	ɕia^{33}	ɕia^{13}
长　乐湘	ma^{21}	na^{21}	tsa^{21}	sa^{44}	ka^{21}	ŋa^{21}	ɕia^{44}	ɕia^{21}

续表 5－1

	下（底下） 假开二上马並	哑 假开二上马影	姐 假开三上马精	且 假开三上马清	写 假开三上马心	邪 假开三平麻邪	爹 假开三平麻端	遮 假开三平麻章
成　都	ɕia^{213}	ia^{53}	tɕie^{53}	tɕʻie^{53}	ɕie^{53}	ɕie^{21}	tie^{55}	tse^{55}
广　元	ɕia^{214}	ia^{42}	tɕie^{42}	tɕʻie^{42}	ɕie^{42}	ɕie^{21}	ti^{55}	tse^{55}
达　州	ɕia^{214}	ia^{42}	tɕie^{42}	tsʻe^{42}	ɕie^{42}	ɕie^{12}	tie^{55}	tse^{55}
遂　宁	ɕia^{213}	ia^{52}	tɕie^{52}	tɕʻie^{52}	ɕie^{52}	ɕie^{21}	ti^{55}	tse^{55}
自　贡	ɕia^{214}	ia^{53}	tɕie^{53}	tɕʻye^{53}	ɕie^{53}	ɕie^{31}	tie^{55}	tʂe^{55}
荣　县	ɕia^{214}	ia^{42}	tɕi^{42}	tɕʻie^{42}	ɕie^{42}	ɕie^{31}	ti^{55}	tse^{55}
雅　安	ɕia^{214}	ia^{42}	tɕie^{42}	tɕʻie^{42}	ɕie^{42}	ɕie^{21}	tie^{55}	tse^{55}
汉　源	ɕia^{213}	ia^{42}	tɕie^{42}	tɕʻie^{42}	ɕie^{42}	ɕie^{21}	tie^{55}	tsai^{55}
泸　州	ɕia^{13}	ia^{42}	tɕi^{42}	tɕʻi^{42}	ɕi^{42}	ɕi^{21}	ti^{55}	tsei^{55}
眉　山	ɕia^{13}	ia^{53}	tɕi^{53}	tɕʻi^{53}	ɕi^{53}	ɕi^{31}	ti^{55}	tsei^{55}
乐　山	ɕia^{13}	ia^{43}	tɕi^{43}	tɕʻi^{43}	ɕi^{43}	ɕi^{21}	ti^{55}	tsei^{55}
西　昌	ɕia^{11}	ia^{34}	tɕie^{34}	tɕiɛ^{34}	ɕi^{34}	ɕie^{52}	tie^{44}	tʂei^{44}
洛　带客	xa^{45}	a^{31}	tɕia^{31}	tɕʻie^{53}	ɕia^{31}	ɕie^{13}	ti^{45}	tsa^{45}
仪　陇客	xa^{33}	ŋa^{53}	tɕi^{21}	tɕʻie^{53}	ɕia^{53}	ɕia^{21}	tei^{33}	tsa^{33}
永　兴湘	ʐa^{14}/ia^{14}	ŋa^{53}	tɕie^{53}	tɕʻie^{53}	ɕie^{53}	ɕie^{31}	tia^{55}	tɕie^{55}
安　仁湘	ha$^{24}_{\text{下面}}$/ ho$^{24}_{\text{下午}}$	ŋo^{41}	tɕia^{41}	tɕʻie^{41}	tɕia^{41}	ɕie^{13}	ti^{33}/tie^{33}/tia^{33}	tɕio^{33}
长　乐湘	ɕia^{35}	ia^{53}	tɕie^{53}	tɕʻie^{53}	ɕie^{53}	ɕie^{21}	tie^{44}	tse^{44}

续表 5－1

	车 假开三平麻昌	蛇 假开三平麻船	社 假开三上马禅	惹 假开三上马日	夜 假开三去禡以	耍 假合二上马生	瓜 假合二平麻见	夸 假合二平麻溪
成 都	ts‘e^{55}	se^{21}	se^{213}	ze^{53}	ie^{213}	sua^{53}	kua^{55}	k‘ua^{55}
广 元	ts‘e^{55}	se^{21}	se^{214}	ze^{42}	ie^{214}	sua^{42}	ua^{55}	k‘ua^{55}
达 州	ts‘e^{55}	se^{12}	se^{214}	ze^{42}	ie^{214}	sua^{42}	kua^{55}	k‘ua^{55}
遂 宁	ts‘e^{55}	se^{21}	se^{213}	ze^{52}	ie^{213}	sua^{52}	kua^{55}	k‘ua^{55}
自 贡	tʂ‘e^{55}	ʂe^{31}	ʂe^{214}	ʐe^{53}	ie^{214}	ʂua^{53}	kua^{55}	k‘ua^{55}
荣 县	ts‘e^{55}	se^{31}	se^{214}	ze^{42}	ie^{214}	sua^{42}	ua^{55}	k‘ua^{55}
雅 安	ts‘e^{55}	se^{21}	se^{214}	ze^{42}	ie^{214}	sua^{42}	ua^{55}	k‘ua^{55}
汉 源	ts‘e^{55}	sai·^{21}	sai·^{213}	zai·^{42}	ie^{214}	sua^{42}	ua^{55}	k‘ua^{55}
泸 州	ts‘ei^{55}	sei·^{21}	sei·^{13}	zei·^{42}	i·^{13}	sua^{42}	kua^{55}	k‘ua^{55}
眉 山	ts‘ei^{55}	sei·^{31}	sei·^{13}	zei·^{53}	i·^{13}	sua^{53}	kua^{55}	k‘ua^{55}
乐 山	ts‘ei^{55}	sei·^{21}	sei·^{13}	zei·^{43}	i·^{13}	sua^{43}	kua^{55}	k‘ua^{55}
西 昌	tʂ‘ai^{44}	ʂai·^{52} / ʂe^{52}	ʂai·^{11} / ʂe^{11}	ʐe^{34}	ie^{11}	ʂua^{34}	kua^{44}	k‘ua^{44}
洛 带客	ts‘a^{45}	sa^{13}	sa^{53}	ȵia^{45}	ia^{53}	sua^{31}	kua^{45}	k‘ua^{45}
仪 陇客	ts‘a^{33}	sa^{21}	se^{13}	ia^{33}	ia^{53}	sua^{53}	kua^{33}	k‘ua^{33}
永 兴湘	tɕ‘ie^{55}	ʐe^{31}	ʂe^{14}	ʐe^{53} / ʂe^{53}	ie^{14}	ʂua^{53}	kua^{55}	k‘ua^{55}
安 仁湘	tɕ‘io^{33}	ɕio^{13}	se^{24}	ȵia^{41}	io^{21}	so^{41}	ko^{33}	k‘o^{33}
长 乐湘	ts‘e^{55}	se^{21}	se^{35}	ȵe^{53}	ie^{35}	sua^{53}	kua^{44}	k‘ua^{44}

续表 5－1

	瓦 假开三上马疑	花 假合二平麻晓	华 假合二平麻匣	补 遇合一上姥帮	蒲 遇合一平模並	部 遇合一上姥並	徒 遇合一平模定	杜 遇合一上姥定
成 都	ua^{53}	xua^{55}	xua^{21}	pu^{53}	p‘u^{21}	pu^{213}	t‘u^{21}	tu^{213}
广 元	ua^{42}	xua^{55}	xua^{21}	pu^{42}	p‘u^{21}	pu^{214}	t‘u^{21}	tu^{214}
达 州	ua^{42}	xua^{55}	xua^{12}	pu^{42}	p‘u^{12}	pu^{214}	t‘u^{12}	tu^{214}
遂 宁	ua^{52}	fa^{55}	fa^{21}	pu^{52}	p‘u^{21}	pu^{213}	t‘u^{21}	tu^{213}
自 贡	ua^{53}	xua^{55}	xua^{31}	pu^{53}	p‘u^{31}	pu^{214}	t‘u^{31}	tu^{214}
荣 县	ua^{42}	xua^{55}	xua^{31}	pu^{42}	p‘u^{31}	pu^{214}	t‘u^{31}	tu^{214}
雅 安	ua^{42}	xua^{55}	xua^{21}	pu^{42}	p‘u^{21}	pu^{214}	t‘u^{21}	tu^{214}
汉 源	ua^{42}	xua^{55}	xua^{21}	pu^{42}	p‘u^{21}	pu^{213}	t‘u^{21}	tu^{214}
泸 州	ua^{42}	xua^{55}	xua^{21}	pu^{42}	p‘u^{21}	pu^{13}	t‘u^{21}	tu^{13}
眉 山	ua^{53}	xua^{55}	xua^{31}	pu^{53}	p‘u^{31}	pu^{13}	t‘u^{31}	tu^{13}
乐 山	ua^{43}	xua^{55}	xua^{21}	pu^{43}	p‘u^{21}	pu^{13}	t‘u^{21}	tu^{13}
西 昌	ua^{34}	xua^{44}	xua^{52}	pu^{34}	p‘u^{52}	pu^{11}	t‘u^{52}	tu^{11}
洛 带客	ŋa^{31}	fa^{45}	fa^{13}	pu^{31}	p‘u^{13}	pu^{53}	t‘u^{13}	tu^{53}
仪 陇客	ŋa^{21}	fa^{33}	fa^{21}	pu^{53}	p‘u^{21}	pu^{13}	t‘u^{21}	tu^{13}
永 兴湘	va^{53}	fa^{55}	fa^{31}	pu^{53}	b‘u^{31}	b‘u^{14}	d‘u^{31}	d‘u^{14}
安 仁湘	o^{41}	ɸa^{33}/ɸo^{33}	ɸa^{13}	pu^{41}	pu^{13}/p‘u^{13}（姓）	pu^{24}	tɤu^{13}	tɤu^{24}
长 乐湘	ua^{53}	fa^{44}	fa^{21}	pu^{53}	p‘u^{21}	pu^{35}	t‘u^{21}	tu^{35}

续表5－1

	怒 遇合一去暮泥	路 遇合一去暮来	租 遇合一平模精	醋 遇合一去暮清	素 遇合一去暮心	鼓 遇合一上姥见	枯 遇合一平模溪	吴 遇合一平模疑
成　都	nu^{213}	nu^{213}	ʦu^{55}	ʦʻu^{213}	su^{213}	ku^{53}	kʻu^{55}	u^{21}
广　元	nu^{214}	nu^{214}	ʦu^{55}	ʦʻu^{214}	su^{214}	ku^{42}	kʻu^{55}	u^{21}
达　州	nu^{214}	nu^{214}	ʦu^{55}	ʦʻu^{214}	su^{214}	ku^{42}	kʻu^{55}	u^{12}
遂　宁	nu^{213}	nu^{213}	ʦu^{55}	ʦʻu^{213}	su^{213}	ku^{52}	kʻu^{55}	u^{21}
自　贡	nu^{214}	nu^{214}	tʂu^{55}	tʂʻu^{214}	su^{214}	ku^{53}	kʻu^{55}	u^{31}
荣　县	nu^{214}	nu^{214}	ʦu^{55}	ʦʻu^{214}	su^{214}	ku^{42}	kʻu^{55}	u^{31}
雅　安	nu^{214}	nu^{214}	ʦu^{55}	ʦʻu^{214}	su^{214}	ku^{42}	kʻu^{55}	u^{21}
汉　源	nu^{213}	nu^{213}	ʦu^{55}	ʦʻu^{213}	su^{213}	ku^{42}	kʻu^{55}	u^{21}
泸　州	nu^{13}	nu^{13}	ʦu^{55}	ʦʻu^{13}	su^{13}	ku^{42}	kʻu^{55}	u^{21}
眉　山	nu^{13}	nu^{13}	ʦu^{55}	ʦʻu^{13}	su^{13}	ku^{53}	kʻu^{55}	u^{31}
乐　山	nu^{13}	nu^{13}	ʦu^{55}	ʦʻu^{13}	su^{13}	ku^{43}	kʻu^{55}	u^{21}
西　昌	nu^{11}	nu^{11}	ʦu^{44}	ʦʻu^{11}	su^{11}	ku^{34}	kʻu^{44}	u^{52}
洛　带客	lu^{53}	lu^{53}	ʦu^{45}	ʦʻɿ^{53}	su^{53}	ku^{31}	kʻu^{45}	m^{13}
仪　陇客	lu^{13}	lu^{53}	ʦu^{33}	ʦʻu^{13}	su^{13}	ku^{53}	kʻu^{33}	vu^{21}
永　兴湘	nu^{14}	nu^{14}	ʦu^{55}	ʦʻu^{14}	su^{14}	ku^{53}	kʻu^{55}	vu^{31}
安　仁湘	nɤu^{24}	nɤu^{21}	ʦɤu^{33}	ʦʻɤu^{24}	sɤu^{24}	ku^{41}	kʻu^{33}	u^{13}
长　乐湘	nou^{35}	nou^{35}	ʦu^{44}	ʦʻou^{35}	su^{35}	ku^{53}	kʻu^{44}	u^{21}

续表5－1

	五 遇合一上姥疑	胡 遇合一平模匣	乌 遇合一平模影	女 遇合三上语泥	吕 遇合三上语来	徐 遇合三平鱼邪	除 遇合三平鱼澄	阻 遇合三上语庄
成　都	u^{53}	fu^{21}	u^{55}	ȵy^{53}	ny^{53}	ɕy^{21}	ʦʻu^{21}	ʦu^{53}
广　元	u^{42}	fu^{21}	u^{55}	ȵy^{42}	ny^{42}	ɕy^{21}	ʦʻu^{21}	ʦu^{42}
达　州	u^{42}	fu^{12}	u^{55}	ny^{42}	ny^{42}	ɕy^{12}	ʦʻu^{12}	ʦu^{42}
遂　宁	u^{52}	fu^{21}	u^{55}	ny^{52}	ny^{52}	ɕy^{21}	ʦʻu^{21}	ʦu^{52}
自　贡	u^{53}	fu^{31}	u^{55}	ȵy^{53}	ny^{53}	ɕy^{31}	tʂʻu^{31}	ʦu^{53}
荣　县	u^{42}	fu^{31}	u^{55}	ȵy^{42}	ny^{42}	ɕy^{31}	ʦʻu^{31}	ʦu^{42}
雅　安	u^{42}	fu^{21}	u^{55}	ny^{42}	ny^{42}	ɕy^{21}	ʦʻu^{21}	ʦu^{42}
汉　源	u^{42}	fu^{21}	u^{55}	ȵy^{42}	ny^{42}	ɕy^{21}	ʦʻu^{21}	ʦu^{42}
泸　州	u^{42}	fu^{21}	u^{55}	ȵy^{42}	ny^{42}	ɕy^{21}	ʦʻu^{21}	ʦu^{42}
眉　山	u^{53}	fu^{31}	u^{55}	ȵy^{53}	ny^{53}	ɕy^{31}	ʦʻu^{31}	ʦu^{53}
乐　山	u^{43}	fu^{21}	u^{55}	ny^{43}	ny^{43}	ɕy^{21}	ʦʻu^{21}	ʦu^{43}
西　昌	u^{34}	fu^{52}	u^{44}	ni·^{34}	nei·^{34}	ɕi·^{52}	tʂʻu^{52}	ʦu^{34}
洛　带客	m^{31}	fu^{13}	vu^{45}	ȵy^{31}	ly^{45}	ɕy^{13}	ʦʻu^{13}	ʦu^{31}
仪　陇客	n^{53}	fu^{21}	vu^{33}	ȵy^{53}	ly^{33}	ɕy^{21}	ʦʻu^{21}	ʦu^{53}
永　兴湘	vu^{53}	vu^{31}	vu^{55}	ȵyu^{53}/ȵy^{53}	nyu^{53}	ɕy^{31}/ɕyu^{31}	ʥʻu^{31}/ʦʻu^{31}	ʦu^{53}
安　仁湘	u^{41}	ɸu^{13}	u^{33}	ny^{41}	ny^{41}	ɕy^{13}	ʨy^{13}	ʦɤu^{41}
长　乐湘	u^{53}	fu^{21}	u^{44}	ny^{53}	ny^{53}	ɕy^{21}	ʦʻu^{21}	ʦu^{21}

续表 5－1

	初 遇合三平鱼初	锄 遇合三平鱼崇	助 遇合三去御床	梳 遇合三平鱼生	如 遇合三平鱼日	举 遇合三上语见	去 遇合三去御溪	渠 遇合三平鱼群
成 都	ʦʻu^{55}	ʦʻu^{21}	ʦu^{213}	su^{55}	zu^{21}	ʨy^{53}	ʨʻy^{213}	ʨʻy^{21}
广 元	ʦʻu^{55}	ʦʻu^{21}	ʦu^{214}	su^{55}	zu^{21}	ʨy^{42}	ʨʻy^{214}	ʨʻy^{21}
达 州	ʦʻu^{55}	ʦʻu^{12}	ʦu^{214}	su^{55}	zu^{12}	ʨy^{42}	ʨʻy^{214}	ʨʻy^{12}
遂 宁	ʦʻu^{55}	ʦʻu^{21}	ʦu^{213}	su^{55}	zu^{21}	ʨy^{52}	ʨʻy^{213}	ʨʻy^{21}
自 贡	tʂʻu^{55}	tʂʻu^{31}	tʂu^{214}	ʂu^{55}	ʐu^{31}	ʨy^{53}	ʨʻy^{214}	ʨʻy^{31}
荣 县	ʦʻu^{55}	ʦʻu^{31}	ʦu^{214}	su^{55}	zu^{31}	ʨy^{42}	ʨʻy^{214}／ʨʻi^{214}	ʨʻy^{31}
雅 安	ʦʻu^{55}	ʦʻu^{21}	ʦu^{214}	su^{55}	zu^{21}	ʨy^{42}	ʨʻy^{214}	ʨʻy^{21}
汉 源	ʦʻu^{55}	ʦʻu^{21}	ʦu^{213}	su^{55}	zu^{21}	ʨy^{42}	ʨi^{213}／kʻi^{213}	ʨʻy^{21}
泸 州	ʦʻu^{55}	ʦʻu^{21}	ʦu^{13}	su^{55}	zu^{21}	ʨy^{42}	ʨʻy^{13}	ʨʻy^{21}
眉 山	ʦʻu^{55}	ʦʻu^{31}	ʦu^{13}	su^{55}	zu^{31}	ʨy^{53}	ʨʻy^{13}	ʨʻy^{31}
乐 山	ʦʻu^{55}	ʦʻu^{21}	ʦu^{13}	su^{55}	zu^{21}	ʨy^{43}	ʨʻy^{13}	ʨʻy^{21}
西 昌	tʂʻu^{52}	tʂʻu^{52}	ʦu^{11}	su^{44}	ʐu^{52}	ʨi^{34}	ʨʻi^{11}	ʨʻi^{52}
洛 带客	ʦʻo^{45}	ʦʻo^{13}	ʦu^{53}	so^{45}	zu^{13}	ʨy^{31}	ɕi^{53}	ʨʻy^{31}
仪 陇客	ʦʻu^{33}	ʦʻo^{21}	ʦəu^{13}	su^{33}	zu^{21}	ʨy^{21}	ɕi^{13}	ʨʻy^{21}
永 兴湘	ʦʻu^{55}	ʥʻu^{31}	tʂu^{14}	su^{55}	ʐu^{31}	ʨyu^{53}／ʦu^{53}	ʨʻie^{14}／ʨʻyu^{14}	ʨʻyu^{31}
安 仁湘	ʦʻɤu^{33}	ʦɤu^{13}	ʦɤu^{55}	sɤu^{33}	y^{13}	ʨy^{41}	ʨʻie^{24}／ʨʻy$^{13/24}$／ʨʻie^{24}	ʨy^{13}
长 乐湘	ʦʻou^{44}	ʦou^{21}	ʦou^{35}	sou^{44}	zu^{21}	ʨy^{53}	kʻe^{35}	ʨʻy^{21}

续表 5－1

	距 遇合三上语群	鱼 遇合三平鱼疑	虚 遇合三平鱼晓	夫 遇合三平虞非	扶 遇合三平虞奉	屡 遇合三去遇来	须 遇合三平虞心	朱 遇合三平虞章
成 都	ʨy^{213}	y^{21}	ɕy^{55}	fu^{55}	fu^{21}	ny^{53}	ɕy^{55}	ʦu^{55}
广 元	ʨy^{214}	y^{21}	ɕy^{55}	fu^{55}	fu^{21}	nuei^{42}	ɕy^{55}	ʦu^{55}
达 州	ʨy^{214}	y^{12}	ɕy^{55}	fu^{55}	fu^{12}	nəu^{42}	ɕy^{55}	ʦu^{55}
遂 宁	ʨy^{213}	y^{21}	ɕy^{55}	fu^{55}	fu^{21}	nəu^{52}	ɕy^{55}	ʦu^{55}
自 贡	ʨy^{214}	y^{214}	ɕy^{55}	fu^{55}	fu^{31}	nəu^{53}	ɕy^{55}	tʂu^{55}
荣 县	ʨy^{214}	y^{31}	ɕy^{55}	fu^{55}	fu^{31}	nuei^{42}	ɕy^{55}	ʦu^{55}
雅 安	ʨy^{214}	y^{21}	ɕy^{55}	fu^{55}	fu^{21}	nəu^{42}	ɕy^{55}	ʦu^{55}
汉 源	ʨy^{213}	y^{21}	ɕy^{55}	fu^{55}	fu^{21}	nəu^{42}	ɕy^{55}	ʦu^{55}
泸 州	ʨy^{13}	y^{21}	ɕy^{55}	fu^{55}	fu^{21}	ny^{42}	ɕy^{55}	ʦu^{55}
眉 山	ʨy^{13}	y^{31}	ɕy^{55}	fu^{55}	fu^{31}	ny^{53}	ɕy^{55}	ʦu^{55}
乐 山	ʨy^{13}	y^{21}	ɕy^{55}	fu^{55}	fu^{21}	ny^{43}	ɕy^{55}	ʦu^{55}
西 昌	ʨi^{11}	i^{52}	ɕi^{44}	fu^{44}	fu^{52}	nei^{11}	ɕi^{44}	tʂu^{44}
洛 带客	ʨy^{53}	m̩^{13}	ɕy^{45}	fu^{45}	pʻu^{13}	luei^{53}	ɕy^{45}	ʦu^{45}
仪 陇客	ʨy^{13}	y^{21}	ɕy^{33}	fu^{33}	pʻu^{21}	ly^{53}	ɕy^{33}	ʦu^{33}
永 兴湘	ʨyu^{14}	yu^{31}	ɕy^{55}／ɕyu^{55}	fu^{55}	vu^{31}	nuei^{53}	ɕy^{55}／ɕyu^{55}	tʂu^{55}
安 仁湘	ʨy^{55}	y^{13}	ɕy^{33}	fu^{33}	fu^{13}	nɤu^{21}	ɕy^{33}	ʨy^{33}
长 乐湘	ʨy^{35}	y^{21}	ɕy^{44}	fu^{44}	fu^{21}	nuei^{53}	ɕy^{44}	ʨy^{44}

续表5－1

	殊 遇合三平虞禅	树 遇合三去遇禅	儒 遇合三平虞日	拘 遇合三平虞见	区 遇合三平虞溪	雨 遇合三上语云	台 蟹开一平咍定	袋 蟹开一去代定
成　都	su^{55}	su^{213}	zu^{21}	ʨy^{55}	ʨʻy^{55}	y^{53}	tʻai^{21}	tai^{213}
广　元	su^{55}	su^{214}	zu^{21}	ʨy^{55}	ʨʻy^{55}	y^{42}	tʻai^{21}	tai^{214}
达　州	su^{55}	su^{214}	zu^{12}	ʨy^{55}	ʨʻy^{55}	y^{42}	tʻai^{12}	tai^{214}
遂　宁	su^{55}	su^{213}	zu^{52}	ʨy^{55}	ʨʻy^{55}	y^{52}	tʻai^{21}	tai^{213}
自　贡	ʂu^{55}	ʂu^{214}	ʐu^{31}	ʨy^{55}	ʨʻy^{55}	y^{53}	tʻai^{31}	tai^{214}
荣　县	su^{55}	su^{214}	zu^{31}	ʨy^{55}	ʨʻy^{55}	y^{42}	tʻai^{31}	tai^{214}
雅　安	su^{55}	su^{214}	zu^{21}	ʨy^{55}	ʨʻy^{55}	y^{42}	tʻai^{21}	tai^{214}
汉　源	su^{55}	su^{213}	zu^{21}	ʨy^{55}	ʨʻy^{55}	y^{42}	tʻai^{21}	tai^{213}
泸　州	su^{55}	su^{13}	zu^{21}	ʨy^{55}	ʨʻy^{55}	y^{42}	tʻai^{21}	tai^{13}
眉　山	su^{55}	su^{13}	zu^{31}	ʨy^{55}	ʨʻy^{55}	y^{53}	tʻai^{31}	tai^{13}
乐　山	su^{55}	su^{13}	zu^{21}	ʨy^{55}	ʨʻy^{55}	y^{43}	tʻai^{21}	tai^{13}
西　昌	ʂu^{44}	ʂu^{11}	ʐu^{52}	ʨi^{44}	ʨʻi^{44}	i^{34}	tʻai^{52}	tai^{11}
洛　带$_{\text{客}}$	su^{45}	su^{53}	zu^{13}	ʨy^{45}	ʨʻy^{45}	y^{31}	tʻoi^{13}	tʻoi^{53}
仪　陇$_{\text{客}}$	su^{33}	su^{13}	zu^{21}	ʨy^{33}	ʨʻy^{33}	y^{53}	tʻo^{21}	tʻo^{53}
永　兴$_{\text{湘}}$	ʂu^{55}	ʐu^{14}	ʐu^{31}	ʨy^{55}／ʨyu^{55}	ʦʻu^{55}／ʻyu^{55}	y^{53}／yu^{53}	dʻai^{31}	dʻai^{14}
安　仁$_{\text{湘}}$	ɕy^{33}／sɤu^{33}	ɕy^{21}／sɤu^{55}	y^{13}	ʨy^{33}	ʨʻy^{33}	y^{41}	tʻai^{13}	tai^{24}
长　乐$_{\text{湘}}$	ɕy^{44}	ɕy^{35}	zu^{21}	ʨy^{44}	ʨʻy^{44}	y^{53}	tʻai^{1}	tai^{35}

续表5－1

	耐 蟹开一去代泥	来 蟹开一平咍来	栽 蟹开一平咍精	菜 蟹开一去代清	才 蟹开一平咍从	在 蟹开一上海从	赛 蟹开一去代心	该 蟹开一平咍见
成　都	nai^{213}	nai^{21}	ʦai^{55}	ʦʻai^{213}	ʦʻai^{21}	ʦai^{213}	sai^{213}	kai^{55}
广　元	nai^{214}	nai^{21}	ʦai^{55}	ʦʻai^{214}	ʦʻai^{21}	ʦai^{214}	sai^{214}	kai^{55}
达　州	nai^{214}	nai^{12}	ʦai^{55}	ʦʻai^{214}	ʦʻai^{12}	ʦai^{214}	sai^{214}	kai^{55}
遂　宁	nai^{213}	nai^{21}	ʦai^{55}	ʦʻai^{213}	ʦʻai^{21}	ʦai^{213}	sai^{213}	kai^{55}
自　贡	nai^{214}	nai^{31}	ʦai^{55}	ʦʻai^{214}	ʦʻai^{31}	ʦai^{214}	sai^{214}	kai^{55}
荣　县	lai^{214}	lai^{214}	ʦai^{55}	ʦʻai^{214}	ʦʻai^{31}	ʦai^{214}	sai^{214}	kai^{55}
雅　安	nai^{214}	nai^{214}	ʦai^{55}	ʦʻai^{214}	ʦʻai^{21}	ʦai^{214}	sai^{214}	kai^{55}
汉　源	nai^{213}	nai^{213}	ʦai^{55}	ʦʻai^{213}	ʦʻai^{21}	ʦai^{213}	sai^{213}	ke^{55}
泸　州	nai^{13}	nai^{21}	ʦai^{55}	ʦʻai^{13}	ʦʻai^{21}	ʦai^{13}	sai^{13}	kai^{55}
眉　山	nai^{13}	nai^{31}	ʦai^{55}	ʦʻai^{13}	ʦʻai^{31}	ʦai^{13}	sai^{13}	kai^{55}
乐　山	nai^{13}	nai^{21}	ʦai^{55}	ʦʻai^{13}	ʦʻai^{21}	ʦai^{13}	sai^{13}	kai^{55}
西　昌	nai^{11}	nai^{52}	ʦai^{44}	ʦʻai^{11}	ʦʻai^{52}	ʦai^{11}	sai^{11}	kai^{44}
洛　带$_{\text{客}}$	lai^{53}	loi^{13}	ʦai^{45}	ʦʻoi^{53}	ʦʻoi^{13}	ʦai^{53}	sai^{53}	koi^{45}
仪　陇$_{\text{客}}$	lai^{13}	lo^{21}	ʦai^{33}	ʦʻo^{13}	ʦʻai^{21}	ʦai^{13}	sai^{13}	ko^{33}
永　兴$_{\text{湘}}$	nai^{14}	nai^{31}	ʦai^{55}	ʦʻai^{14}	ʣʻai^{31}	ʣʻai^{14}	sai^{14}	kai^{55}
安　仁$_{\text{湘}}$	nai^{55}	nai^{13}	ʦai^{33}	ʦʻai^{24}	ʦai^{13}	ʦai$^{55/24/21}$	sai^{55}	kai^{33}
长　乐$_{\text{湘}}$	nai^{35}	nai^{21}	ʦai^{44}	ʦʻai^{35}	ʦʻai^{21}	ʦai^{35}	sai^{35}	kai^{44}

续表 5－1

	开 蟹开一平咍溪	碍 蟹开一去代疑	海 蟹开一上海晓	孩 蟹开一平咍匣	哀 蟹开一平咍影	带 蟹开一去泰端	太 蟹开一去代透	盖 蟹开一去代见
成都	kʻai^{55}	ŋai^{213}	xai^{53}	xai^{21}	ŋai^{55}	tai^{213}	tʻai^{213}	kai^{213}
广元	kʻai^{55}	ŋai^{214}	xai^{42}	xai^{21}	ŋai^{55}	tai^{214}	tʻai^{214}	kai^{214}
达州	kʻai^{55}	ŋai^{214}	xai^{42}	xai^{12}	ŋai^{55}	tai^{214}	tʻai^{214}	kai^{214}
遂宁	kʻai^{55}	ŋai^{213}	xai^{21}	xai^{21}	ŋai^{55}	tai^{213}	tʻai^{213}	kai^{213}
自贡	kʻai^{55}	ŋai^{214}	xai^{53}	xai^{31}	ŋai^{55}	tai^{214}	tʻai^{214}	kai^{214}
荣县	kʻai^{55}	ŋai^{214}	xai^{42}	xai^{31}	ŋai^{55}	tai^{214}	tʻai^{214}	kai^{214}
雅安	kʻai^{55}	ŋai^{214}	xai^{42}	xai^{21}	ŋai^{55}	tai^{214}	tʻai^{214}	kai^{214}
汉源	kʻe^{55}	ŋai^{213}	xai^{42}	xai^{21}	ŋai^{55}	tai^{213}	tʻai^{213}	ke^{213}
泸州	kʻai^{55}	ŋai^{13}	xai^{42}	xai^{21}	ŋai^{55}	tai^{13}	tʻai^{13}	kai^{13}
眉山	kʻai^{55}	ŋai^{13}	xai^{53}	xai^{31}	ŋai^{55}	tai^{13}	tʻai^{13}	kai^{13}
乐山	kʻai^{55}	ŋai^{13}	xai^{43}	xai^{21}	ŋai^{55}	tai^{13}	tʻai^{13}	kai^{13}
西昌	kʻai^{44}	ŋai^{11}	xai^{34}	xai^{52}	ŋai^{44}	tai^{11}	tʻai^{11}	kai^{11}
洛带客	kʻoi^{45}	ŋai^{53}	xoi^{31}	xai^{13}	ŋai^{45}	tai^{53}	tʻai^{53}	koi^{53}
仪陇客	kʻo^{33}	ŋai^{13}	fo^{53}	xai^{21}	ŋai^{33}	tai^{13}	tʻai^{53}	ko^{13}
永兴湘	kʻai^{55}	ŋai^{14}	xai^{53}	ɣai^{31}	ŋai^{55}	tai^{14}	tʻai^{14}	kai^{14}
安仁湘	kʻai^{33}	ŋai^{55}	hai^{41}	ha^{13}	ŋai^{33}	ta^{55}	tʻai^{24}	kai^{55}
长乐湘	kʻai^{44}	ŋai^{35}	xai^{53}	xai^{21}	ŋai^{44}	tai^{35}	tʻai^{35}	kai^{35}

续表 5－1

	拜 蟹开二去怪帮	排 蟹开二平皆並	豺 蟹开二平皆崇	皆 蟹开二平皆见	界 蟹开二去怪见	谐 蟹开二平皆匣	派 蟹开二去卦滂	罢 蟹开二上蟹並
成都	pai^{213}	pʻai^{21}	tsʻai^{21}	tɕiɛi^{55}	tɕiɛi^{213}	ɕiɛi^{21}	pʻai^{213}	pa^{213}
广元	pai^{214}	pʻai^{21}	tsʻai^{21}	tɕie^{55}	tɕie^{214}	ɕie^{21}	pʻai^{214}	pa^{214}
达州	pai^{12}	pʻai^{12}	tsʻai^{12}	tɕiɛi^{55}	tɕiɛi^{214}	ɕiɛi^{12}	pʻai^{214}	pa^{214}
遂宁	pai^{213}	pʻai^{21}	tsʻai^{21}	tɕiɛi^{55}	tɕiɛi^{213}	ɕiɛi^{21}	pʻai^{213}	pa^{213}
自贡	pai^{214}	pʻai^{31}	tsʻai^{31}	tɕiɛi^{55}	tɕiɛi^{214}	ɕiɛi^{31}	pʻai^{214}	pa^{214}
荣县	pai^{214}	pʻai^{31}	tsʻai^{31}	tɕie^{55}	tɕiɛi^{214}	ɕie^{31}	pʻai^{214}	pa^{214}
雅安	pai^{214}	pʻai^{21}	tsʻai^{21}	tɕie^{55}	tɕie^{214}	ɕie^{21}	pʻai^{214}	pa^{214}
汉源	pai^{213}	pʻai^{21}	tsʻai^{21}	tɕie^{55}	tɕie^{213}	ɕie^{21}	pʻai^{213}	pa^{213}
泸州	pai^{13}	pʻai^{21}	tsʻai^{21}	tɕiɛi^{55}	tɕiɛi^{13}	ɕiɛi^{21}	pʻai^{13}	pa^{13}
眉山	pai^{13}	pʻai^{31}	tsʻai^{31}	tɕiɛ̃^{55}	tɕiɛ̃^{13}	ɕiɛ̃^{31}	pʻai^{13}	pa^{13}
乐山	pai^{13}	pʻai^{21}	tsʻai^{21}	tɕiai^{55}	tɕiai^{13}	ɕiai^{21}	pʻai^{13}	pa^{13}
西昌	pai^{11}	pʻai^{52}	tʂʻai^{52}	kai^{44}	tɕie^{11}／tɕiai^{11}	xai^{52}／ɕiai^{52}	pʻai^{11}	pa^{11}
洛带客	pai^{53}	pʻai^{13}	tsʻai^{13}	kai^{45}	kai^{53}	ɕie^{31}	pʻai^{53}	pa^{53}
仪陇客	pai^{13}	pʻai^{21}	tsʻo^{21}	tɕiai^{33}	kai^{13}	ɕiai^{21}	pʻai^{13}	pa^{13}
永兴湘	pai^{14}	bʻai^{31}	dzʻai^{31}	tɕiai^{55}	tɕiai^{14}	ɕiai^{31}	pʻai^{14}	pa^{14}
安仁湘	pa^{55}	pa^{13}	tsa^{13}	kai^{33}	tɕiai^{55}	ɕie^{13}	pʻa^{24}	po^{24}／pa^{24}
长乐湘	pai^{35}	pʻai^{21}	tsʻai^{21}	kai^{44}	kan^{35}	ɕie^{21}	pʻai^{35}	pa^{35}

续表 5－1

	卖 蟹开二去卦明	奶 蟹开二上蟹泥	债 蟹开二去卦庄	柴 蟹开二平佳崇	筛 蟹开二平佳生	街 蟹开二平佳见	鞋 蟹开二平佳匣	矮 蟹开二上蟹影
成　都	mai^{213}	nai^{53}	tsai^{213}	tsʻai^{21}	sai^{55}	kai^{55}	xai^{21}	ŋai^{53}
广　元	mai^{214}	nai^{42}	tsai^{214}	tsʻai^{21}	sai^{55}	kai^{55}	xai^{21}	ŋai^{42}
达　州	mai^{12}	nai^{42}	tsai^{214}	tsʻai^{12}	sai^{55}	kai^{55}	xai^{12}	ŋai^{42}
遂　宁	mai^{213}	nai^{52}	tsai^{213}	tsʻai^{21}	sai^{55}	kai^{55}	xai^{21}	ŋai^{52}
自　贡	mai^{214}	nai^{53}	tʂai^{214}	tʂʻai^{31}	ʂai^{55}	kai^{55}	xai^{31}	ŋai^{53}
荣　县	mai^{214}	nai^{42}	tsai^{214}	tsʻai^{31}	sai^{55}	kai^{55}	xai^{31}	ŋai^{42}
雅　安	mai^{214}	nai^{42}	tsai^{214}	tsʻai^{21}	sai^{55}	kai^{55}	xai^{21}	ŋai^{42}
汉　源	mai^{213}	nai^{42}	tsai^{213}	tsʻai^{21}	sai^{55}	ke^{55}	xai^{21}	ŋai^{42}
泸　州	mai^{13}	nai^{42}	tsai^{13}	tsʻai^{21}	sai^{55}	kai^{55}	xai^{21}	ŋai^{42}
眉　山	mai^{13}	nai^{53}	tsai^{13}	tsʻai^{31}	sai^{55}	kai^{55}	xai^{31}	ŋai^{53}
乐　山	mai^{13}	nai^{43}	tsai^{13}	tsʻai^{21}	sai^{55}	kai^{55}	xai^{21}	ŋai^{43}
西　昌	mai^{11}	nai^{34}	tʂai^{11}	tʂʻai^{52}	ʂai^{44}	kai^{44}	xai^{52}	ŋai^{34}
洛　带客	mai^{53}	liɛn^{53}	tsai^{53}	tsʻai^{13}	sai^{45}	kai^{45}	xai^{13}	ai^{31}
仪　陇客	mai^{53}	lan^{33}	tsai^{13}	tsʻai^{21}	tsʻɛ^{33}	kai^{33}	xai^{21}	ɛ^{53}
永　兴湘	mai^{14}	nai^{53}	tsai^{14}	dzʻai^{31}	sai^{55}	kai^{55}	ɣai^{31}	ŋai^{53}
安　仁湘	ma^{55}	na^{55}／nai^{41}	tsai^{55}	tsa^{13}	sa^{33}	ka^{33}	ha^{13}	ŋa^{41}
长　乐湘	mai^{35}	nai^{53}	tsai^{35}	tsai^{21}	sai^{44}	kai^{44}	xai^{21}	ŋai^{53}

续表 5－1

	败 蟹开二去夬並	艺 蟹开三去祭疑	闭 蟹开四去霁帮	批 蟹开四平齐滂	米 蟹开四上霁明	题 蟹开四平齐定	妻 蟹开四平齐清	齐 蟹开四平齐从
成　都	pai^{213}	ȵi^{213}／i^{213}	pi^{213}	pʻei^{55}	mi^{53}	tʻi^{21}	tɕʻi^{55}	tɕʻi^{21}
广　元	pai^{214}	ni^{214}	pi^{214}	pʻei^{55}	mɿ^{42}	tʻi^{21}	tɕʻi^{55}	tɕʻi^{21}
达　州	pai^{214}	i^{214}	pi^{214}	pʻei^{55}	mi^{42}	tʻi^{12}	tɕʻi^{55}	tɕʻi^{12}
遂　宁	pai^{213}	i^{213}	pi^{213}	pʻi^{55}	mi^{52}	tʻi^{21}	tɕʻi^{55}	tɕʻi^{21}
自　贡	pai^{214}	ȵi^{214}	pi^{214}	pʻi^{55}	mi^{53}	tʻi^{31}	tɕʻi^{55}	tɕʻi^{31}
荣　县	pai^{214}	i^{214}	pi^{214}	pʻei^{55}	mɿ^{42}	tʻi^{31}	tɕʻi^{55}	tɕʻi^{31}
雅　安	pai^{214}	ni^{214}	pi^{214}	pʻei^{55}	mɿ^{42}	tʻi^{21}	tɕʻi^{55}	tɕʻi^{21}
汉　源	pai^{213}	i^{213}	pi^{213}	pʻei^{55}	mɿ^{42}	tʻi^{21}	tɕʻi^{55}	tɕʻi^{21}
泸　州	pai^{13}	ȵi^{13}／i^{13}	pi^{13}	pʻei^{55}	mi^{42}	tʻi^{21}	tɕʻi^{55}	tɕʻi^{21}
眉　山	pai^{13}	ȵi^{13}／i^{13}	pi^{13}	pʻei^{55}	mi^{53}	tʻi^{31}	tɕʻi^{55}	tɕʻi^{31}
乐　山	pai^{13}	ni^{13}	pi^{13}	pʻei^{55}	mi^{43}	tʻi^{21}	tɕʻi^{55}	tɕʻi^{21}
西　昌	pai^{11}	ni^{11}	pi^{11}	pʻei^{44}	mi^{34}	tʻi^{52}	tɕʻi^{44}	tɕʻi^{52}
洛　带客	pʻai^{53}	ȵi^{53}	pi^{53}	pʻei^{45}	mi^{31}	tʻi^{13}	tɕʻi^{45}	tɕʻi^{13}
仪　陇客	pai^{13}	i^{13}	pi^{13}	pʻei^{33}	mi^{53}	tʻi^{21}	tɕʻi^{33}	tsʻɛ^{21}
永　兴湘	bʻai^{14}	ȵi^{14}	pi^{14}	pʻei^{55}	mi^{53}	dʻi^{31}	tɕʻi^{55}	dʑʻi^{31}
安　仁湘	pa^{21}	ni^{55}	pi^{55}／pi^{24}	pʻei^{33}	mi^{41}	ti^{13}	tɕi^{33}	tɕʻi^{13}
长　乐湘	pai^{35}	ni^{35}	pi^{35}	pʻei^{44}	mi^{53}	tʻi^{21}	tɕʻi^{44}	tɕʻi^{21}

续表 5－1

	婿 蟹开四去霁心	倪 蟹开四平齐疑	杯 蟹合一平灰帮	培 蟹合一平灰並	梅 蟹合一平灰明	堆 蟹合一平灰端	推 蟹合一平灰透	队 蟹合一去队定
成　都	ɕi^{21}	ȵi^{21}	pei^{55}	pʻei^{21}	mei^{21}	tuei^{55}	tʻuei^{55}	tuei^{213}
广　元	ɕi^{214}	ni^{21}	pei^{55}	pʻei^{21}	mei^{21}	tuei^{55}	tʻuei^{55}	tuei^{214}
达　州	ɕi^{214}	ni^{12}	pei^{55}	pʻei^{12}	mei^{12}	tuei^{55}	tʻuei^{55}	tuei^{214}
遂　宁	ɕi^{21}	ni^{21}	pei^{55}	pʻei^{21}	mei^{21}	tuei^{55}	tʻuei^{55}	tuei^{213}
自　贡	ɕi^{214}	ȵi^{31}	pei^{55}	pʻei^{31}	mei^{31}	tuei^{55}	tʻuei^{55}	tuei^{214}
荣　县	ɕi^{214}	ȵi^{31}	pei^{55}	pʻei^{31}	mei^{31}	tuei^{55}	tʻuei^{55}	tuei^{214}
雅　安	ɕi^{214}	ni^{21}	pei^{55}	pʻei^{21}	mei^{21}	tuei^{55}	tʻuei^{55}	tuei^{214}
汉　源	ɕy^{213}	ȵi^{21}	pei^{55}	pʻei^{21}	mei^{21}	tuei^{55}	tʻuei^{55}	tuei^{213}
泸　州	ɕy^{13}	ȵi^{21}	pei^{55}	pʻei^{21}	mei^{21}	tuei^{55}	tʻuei^{55}	tuei^{13}
眉　山	ɕy^{13}	ȵi^{31}	pei^{55}	pʻei^{31}	mei^{31}	tuei^{55}	tʻuei^{55}	tuei^{13}
乐　山	ɕi^{13}	ni^{21}	pei^{55}	pʻei^{21}	mei^{21}	tei^{55}	tʻei^{55}	tuei^{13}
西　昌	ɕi^{11}	ni^{52}	pei^{44}	pʻei^{52}	mei^{52}	tei^{44}	tʻei^{44}	tei^{11}
洛　带客	ɕie^{53}	ȵi^{13}	pei^{45}	pʻei^{13}	mei^{13}	toi^{45}	tʻuei^{45}	tuei^{53}
仪　陇客	ɕi^{13}	ȵi^{21}	pei^{33}	pʻo^{21}	mei^{21}	to^{33}	tʻuei^{33}	tuei^{13}
永　兴湘	ɕi^{31}	ȵi^{31}	pei^{55}	bʻei^{31}	mei^{31}	tuei^{55}	tʻuei^{55}	tuei^{14}
安　仁湘	ɕi^{55}	ni^{13}	pai^{33}	pai^{13}	mai^{13}	tai^{33}	tʻai^{33}	tai^{55}
长　乐湘	ɕi^{35}	ni^{21}	pei^{44}	pʻei^{21}	mei^{21}	tuei^{44}	tʻuei^{44}	tuei^{35}

续表 5－1

	内 蟹合一去队泥	雷 蟹合一平灰来	催 蟹合一平灰清	罪 蟹合一去泰精	魁 蟹合一平灰溪	回 蟹合一平灰匣	兑 蟹合一去泰定	最 蟹合一去泰精
成　都	nuei^{213}	nuei^{21}	tsʻuei^{55}	tsuei^{213}	kʻuei^{21}	xuei^{21}	tuei^{213}	tsuei^{213}
广　元	nuei^{214}	nuei^{21}	tsʻuei^{55}	tsuei^{214}	kʻuei^{21}	xuei^{21}	tuei^{214}	tsuei^{214}
达　州	nuei^{214}	nuei^{12}	tsʻuei^{55}	tsuei^{214}	kʻuei^{12}	xuei^{12}	tuei^{214}	tsuei^{214}
遂　宁	nuei^{213}	nuei^{21}	tsʻuei^{55}	tsuei^{213}	kʻuei^{55}	fei^{21}	tuei^{213}	tsuei^{213}
自　贡	nuei^{214}	nuei^{31}	tʂʻuei^{55}	tsuei^{214}	kʻuei^{55}	xuei^{31}	tuei^{214}	tsuei^{214}
荣　县	nuei^{214}	nuei^{31}	tsʻuei^{55}	tsuei^{214}	kʻuei^{31}	xuei^{31}	tuei^{214}	tsuei^{214}
雅　安	nuei^{214}	nuei^{21}	tsʻuei^{55}	tsuei^{214}	kʻuei^{21}	xuei^{21}	tuei^{214}	tsuei^{214}
汉　源	nuei^{213}	nuei^{21}	tsʻuei^{55}	tsuei^{213}	kʻuei^{55}	xuei^{21}	tuei^{213}	tsuei^{213}
泸　州	nuei^{13}	nuei^{21}	tsʻuei^{55}	tsuei^{13}	kʻuei^{21}	xuei^{21}	tuei^{13}	tsuei^{13}
眉　山	nuei^{13}	nuei^{31}	tsʻuei^{55}	tsuei^{13}	kʻuei^{31}	xuei^{31}	tuei^{13}	tsuei^{13}
乐　山	nuei^{13}	nuei^{21}	tsʻuei^{55}	tsuei^{13}	kʻuei^{55}	xuei^{21}	tuei^{13}	tsuei^{13}
西　昌	nei^{11}	nei^{52}	tsʻei^{44}	tsei^{11}	kʻuei^{52}	xuei^{52}	tei^{11}	tsei^{11}
洛　带客	luei^{53}	luei^{13}	tsʻuei^{45}	tsʻuei^{53}	kʻuei^{13}	fei^{13}	tuei^{53}	tsuei^{53}
仪　陇客	luei^{13}	luei^{21}	tsʻuei^{33}	tsuei^{13}	kʻuei^{21}	fei^{21}	tuei^{13}	tsuei^{13}
永　兴湘	nuei^{14}	nuei^{31}	tsʻuei^{55}	dzʻuei^{14}	gʻuei^{31}	vei^{31}	tuei^{14}	tsuei^{14}
安　仁湘	nai^{21}／nuei^{24}	nai^{13}	tsʻuei^{33}	tsai^{21}	kʻuei^{33}	uai^{13}	tai^{55}	tsuei^{55}
长　乐湘	nuei^{35}	nuei^{21}	tsʻuei^{44}	tsuei^{35}	kʻuei^{44}	fei^{21}	tuei^{35}	tsuei^{35}

续表 5－1

	会（会计） 蟹合一去泰见	外 蟹合一去泰疑	会（开会） 蟹合一去泰匣	怪 蟹合二去怪见	怀 蟹合二平皆匣	歪 蟹合二平佳晓	快 蟹合二去怪溪	话 蟹合二去怪匣
成 都	k‘uai^{213}	uai^{213}	xuei^{213}	kuai^{213}	xuai^{21}	uai^{55}	k‘uai^{213}	xua^{213}
广 元	k‘uai^{214}	uai^{214}	xuei^{214}	kuai^{214}	xuai^{21}	uai^{55}	k‘uai^{214}	xua^{214}
达 州	k‘uai^{214}	uai^{214}	xuei^{214}	kuai^{214}	xuai^{12}	uai^{55}	k‘uai^{214}	xua^{214}
遂 宁	k‘uai^{213}	uai^{213}	fei^{213}	kuai^{213}	fai^{21}	uai^{55}	k‘uai^{213}	fa^{213}
自 贡	k‘uai^{214}	uai^{214}	xuei^{214}	kuai^{214}	xuai^{31}	uai^{55}	k‘uai^{214}	xua^{214}
荣 县	k‘uai^{214}	uai^{214}	xuei^{214}	kuai^{214}	xuai^{31}	uai^{55}	k‘uai^{214}	xua^{214}
雅 安	k‘uai^{214}	uai^{214}	xuei^{214}	kuai^{214}	xuai^{21}	uai^{55}	k‘uai^{214}	xua^{214}
汉 源	k‘uai^{213}	uai^{213}	xuei^{213}	kuai^{213}	xuai^{21}	uai^{55}	k‘uai^{213}	xua^{213}
泸 州	k‘uai^{13}	uai^{13}	xuei^{13}	kuai^{13}	xuai^{21}	uai^{55}	k‘uai^{13}	xua^{13}
眉 山	k‘uai^{13}	uai^{13}	xuei^{13}	kuai^{13}	xuai^{31}	uai^{55}	k‘uai^{13}	xua^{13}
乐 山	k‘uai^{13}	uai^{13}	xuei^{13}	kuai^{13}	xuai^{21}	uai^{55}	k‘uai^{13}	xua^{13}
西 昌	k‘uai^{11}	uai^{11}	xuei^{11}	kuai^{11}	xuai^{52}	uai^{44}	k‘uai^{11}	xua^{11}
洛 带$_{客}$	k‘uai^{53}	ŋoi^{53}	fei^{53}	kuai^{53}	fai^{13}	vai^{45}	k‘uai^{53}	va^{53}
仪 陇$_{客}$	k‘uai^{13}	o^{53}	fei^{53}	kuai^{13}	fai^{21}	uai^{33}	k‘uai^{13}	va^{53}
永 兴$_{湘}$	k‘uai^{14}	vai^{14}	vei^{14}	kuai^{14}	vai^{31}	vai^{55}／vai^{53}	k‘uai^{14}	va^{14}
安 仁$_{湘}$	k‘uai^{24}	uai^{24}	ɸei^{21}／ɸai^{21}	kua^{55}	ɸa^{13}／ɸai^{13}	uai^{33}	k‘ua^{24}	o^{21}
长 乐$_{湘}$	kuai^{35}	uai^{35}	fei^{35}	kuai^{35}	fai^{21}	uai^{44}	k‘uai^{53}	fa^{35}

续表 5－1

	脆 蟹合三去祭清	税 蟹合三去祭书	锐 蟹合三去祭以	肺 蟹合三去废敷	惠 蟹合四平齐匣	披 止开三平支滂	皮 止开三平支並	婢 止开三上纸並
成 都	ts‘uei^{213}	suei^{213}	zuei^{213}	fei^{213}	xuei^{213}	p‘ei^{55}	p‘i^{21}	pei^{213}
广 元	ts‘uei^{214}	suei^{214}	zuei^{214}	fei^{214}	xuei^{214}	p‘ei^{55}	p‘i^{21}	pi^{214}
达 州	ts‘uei^{214}	suei^{214}	zuei^{214}	fei^{214}	xuei^{214}	p‘ei^{55}	p‘i^{12}	pi^{214}
遂 宁	ts‘uei^{213}	suei^{213}	zuei^{213}	fei^{213}	fei^{213}	p‘ei^{55}	p‘i^{21}	pi^{213}
自 贡	ts‘uei^{214}	ʂuei^{214}	ʐuei^{214}	fei^{214}	xuei^{214}	p‘ei^{55}	p‘i^{31}	pi^{214}
荣 县	ts‘uei^{214}	suei^{214}	zuei^{214}	fei^{214}	xuei^{214}	p‘ei^{55}	p‘i^{31}	pi^{214}
雅 安	ts‘uei^{214}	suei^{214}	zuei^{214}	fei^{214}	xuei^{214}	p‘ei^{55}	p‘i^{21}	pi^{214}
汉 源	ts‘uei^{213}	suei^{213}	zuei^{213}	fei^{213}	xuei^{213}	p‘ei^{55}	p‘i^{21}	pi^{213}
泸 州	ts‘uei^{13}	suei^{13}	zuei^{13}	fei^{13}	xuei^{13}	p‘ei^{55}	p‘i^{21}	pei^{13}
眉 山	ts‘uei^{13}	suei^{13}	zuei^{13}	fei^{13}	xuei^{13}	p‘ei^{55}	p‘i^{31}	pei^{13}
乐 山	ts‘uei^{13}	suei^{13}	zuei^{13}	fei^{13}	xuei^{13}	p‘ei^{55}	p‘i^{21}	pei^{13}
西 昌	ts‘ei^{11}	ʂuei^{11}	ʐuei^{11}	fei^{11}	xuei^{11}	p‘ei^{44}	p‘i^{52}	pei^{11}
洛 带$_{客}$	tɕ‘yoi^{53}	soi^{53}	zuei^{53}	p‘ei^{53}／fei^{53}	fei^{53}	p‘ei^{45}	p‘i^{13}	pi^{53}
仪 陇$_{客}$	ts‘uei^{13}	suei^{13}	zuei^{13}	fei^{53}	fei^{13}	p‘ei^{33}	p‘i^{21}	pi^{13}
永 兴$_{湘}$	ts‘uei^{14}	suei^{14}	ʐuei^{14}	fei^{14}	fei^{14}	p‘ei^{55}	b‘i^{31}	bi^{14}
安 仁$_{湘}$	ts‘uei^{24}	suei^{55}	zuei$^{55/21}$	fei^{55}	ɸei^{24}	p‘ei^{33}	pi^{13}	pi^{24}
长 乐$_{湘}$	ts‘uei^{35}	suei^{35}	zuei^{35}	fei^{35}	xuei^{35}	p‘ei^{44}	p‘i^{21}	pei^{21}

续表 5－1

	紫 止开三上纸精	雌 止开三平支清	撕 止开三平支心	知 止开三平支知	池 止开三平支澄	是 止开三上纸禅	儿 止开三平支日	骑 止开三平支群
成都	tsɿ^{53}	tsʻɿ^{21}	sɿ^{55}	tsɿ^{55}	tsʻɿ^{21}	sɿ^{213}	ɚ^{21}	tɕʻi^{21}
广元	tsɿ^{42}	tsʻɿ^{21}	sɿ^{55}	tsɿ^{55}	tsʻɿ^{21}	sɿ^{214}	ɚ^{21}	tɕʻi^{21}
达州	tsɿ^{42}	tsʻɿ^{12}	sɿ^{55}	tsɿ^{55}	tsʻɿ^{12}	sɿ^{214}	ɚ^{12}	tɕʻi^{12}
遂宁	tsɿ^{52}	tsʻɿ^{21}	sɿ^{55}	tsɿ^{55}	tsʻɿ^{21}	sɿ^{213}	ɚ^{21}	tɕʻi^{21}
自贡	tsɿ^{53}	tsʻɿ^{31}	sɿ^{55}	tʂʅ^{55}	tʂʻʅ^{31}	ʂʅ^{214}	ɚ^{31}	tɕʻi^{31}
荣县	tsɿ^{42}	tsʻɿ^{31}	sɿ^{55}	tsɿ^{55}	tsʻɿ^{31}	sɿ^{214}	ɚ^{31}	tɕʻi^{31}
雅安	tsɿ^{42}	tsʻɿ^{21}	sɿ^{55}	tsɿ^{55}	tsʻɿ^{21}	sɿ^{214}	ɚ^{21}	tɕʻi^{21}
汉源	tsɿ^{42}	tsʻɿ^{21}	sɿ^{55}	tsɿ^{55}	tsʻɿ^{21}	sɿ^{213}	ɚ^{21}	tɕʻi^{21}
泸州	tsɿ^{42}	tsʻɿ^{21}	sɿ^{55}	tsɿ^{55}	tsʻɿ^{21}	sɿ^{13}	ɚ^{21}	tɕʻi^{21}
眉山	tsɿ^{53}	tsʻɿ^{31}	sɿ^{55}	tsɿ^{55}	tsʻɿ^{31}	sɿ^{13}	ɚ^{31}	tɕʻi^{31}
乐山	tsɿ^{43}	tsʻɿ^{21}	sɿ^{55}	tsɿ^{55}	tsʻɿ^{21}	sɿ^{13}	ɚ^{21}	tɕʻi^{21}
西昌	tsɿ^{34}	tsʻɿ^{52}	sɿ^{44}	tʂʅ^{44}	tʂʻʅ^{52}	ʂʅ^{11}	ɚ^{52}	tɕʻi^{52}
洛带客	tsɿ^{31}	tsʻɿ^{13}	ɕi^{45}	tsɿ^{45}	tsʻɿ^{13}	sɿ^{53}	ɚ^{31}	tɕʻi^{13}
仪陇客	tsɿ^{21}	tsʻɿ^{21}	sɿ^{33}	ti^{33}／tsɿ^{33}	tsʻɿ^{21}	sɿ^{13}	ɚ^{21}	tɕʻi^{21}
永兴湘	tsɿ^{53}	dzʻɿ^{31}	sɿ^{55}	tʂʅ^{55}	tʂʻʅ^{31}	zʅ^{14}	ɚ^{31}	dʑʻi^{31}
安仁湘	tsɿ^{41}	sɿ^{13}／tsʻɿ^{13}	sɿ^{33}	tsɿ^{33}	tsʻɿ^{13}	sɿ^{24}／sɿ^{21} sɿ^{55}／zɿ^{24}	ɚ^{21}（后缀） ／ɚ（后缀）	tɕi^{13}
长乐湘	tsɿ^{53}	tsʻɿ^{21}	sɿ^{44}	tsɿ^{44}	tsʻɿ^{21}	sɿ^{35}	o^{21}	tɕʻi^{21}

续表 5－1

	技 止开三上纸群	义 止开三去寘疑	椅 止开三上纸影	悲 止开三平脂帮	鼻 止开三去至并	眉 止开三平脂明	地 止开三去至定	尼 止开三平脂泥
成都	tɕi^{213}	ȵi^{213}	i^{53}	pei^{55}	pi^{21}	mi^{21}／mei^{21}	ti^{213}	ȵi^{21}
广元	tɕi^{214}	ni^{214}	i^{42}	pei^{55}	pi^{21}	mi^{21}	ti^{214}	ni^{21}
达州	tɕi^{214}	i^{12}	i^{214}	pei^{55}	pi^{12}	mi^{12}	ti^{214}	ni^{12}
遂宁	tɕi^{213}	ni^{213}	i^{52}	pei^{55}	pi^{213}	mi^{21}	ti^{213}	ni^{21}
自贡	tɕi^{214}	ȵi^{214}	i^{53}	pei^{55}	pi^{214}	mi^{31}	ti^{214}	ȵi^{31}
荣县	tɕi^{214}	ȵi^{214}	i^{42}	pei^{55}	pi^{31}	mi^{31}	ti^{214}	ȵi^{31}
雅安	tɕi^{214}	ni^{214}	i^{42}	pei^{55}	pi^{55}	mi^{21}	ti^{214}	ni^{21}
汉源	tɕi^{213}	ȵi^{213}	i^{42}	pei^{55}	pi^{55}	mi^{21}	ti^{213}	ȵi^{21}
泸州	tɕi^{13}	ȵi^{13}	i^{42}	pei^{55}	pi^{21}	mi^{21}／mei^{21}	ti^{13}	ȵi^{21}
眉山	tɕi^{13}	ȵi^{13}	i^{53}	pei^{55}	pi^{31}	mi^{31}／mei^{31}	ti^{13}	ȵi^{31}
乐山	tɕi^{13}	ni^{13}	i^{43}	pei^{55}	pie^{44}	mei^{21}	ti^{13}	ni^{21}
西昌	tɕi^{11}	i^{11}	i^{34}	pei^{44}	pi^{31}	mi^{52}	ti^{11}	ni^{52}
洛带客	tɕi^{53}	ȵi^{53}	i^{31}	pei^{45}	pʻi^{53}	mi^{13}	tʻi^{53}	ȵi^{13}
仪陇客	tɕi^{13}	i^{13}	i^{53}	pei^{33}	pʻi^{53}	mi^{21}	tʻi^{53}	lei^{21}
永兴湘	tɕi^{14}	ȵi^{14}	i^{53}	pei^{55}	bʻi^{31}	mi^{31}	dʻi^{14}	ȵi^{31}
安仁湘	tɕi^{55}	ni^{55}	i^{41}	pai^{33}	pi^{13}	mi^{13}	ti^{21}	ni^{13}
长乐湘	tɕi^{35}	ni^{35}	i^{53}	pei^{44}	pi^{21}	mei^{21}	ti^{35}	ni^{21}

续表5－1

	利 止开三去至来	迟 止开三平脂澄	师 止开三平脂生	示 止开三去至船	视 止开三去至禅	二 止开三去至日	你 止开三上止泥	里 止开三上止来
成都	ni^{213}	tsʻɿ^{21}	sɿ^{55}	sɿ^{213}	sɿ^{213}	ɚ^{213}	ȵi^{53}	ni^{53}
广元	ni^{214}	tsʻɿ^{21}	sɿ^{55}	sɿ^{214}	sɿ^{214}	ɚ^{214}	ȵi^{42}	ni^{42}
达州	ni^{214}	tsʻɿ^{12}	sɿ^{55}	sɿ^{214}	sɿ^{214}	ɚ^{214}	i^{42}	ni^{42}
遂宁	ni^{213}	tsʻɿ^{21}	sɿ^{55}	sɿ^{213}	sɿ^{213}	ɚ^{213}	ni^{52}	ni^{52}
自贡	ni^{214}	tʂʻʅ^{31}	ʂʅ^{55}	ʂʅ^{214}	ʂʅ^{214}	ɚ^{214}	ȵi^{53}	ni^{53}
荣县	li^{214}	tsʻɿ^{31}	sɿ^{55}	sɿ^{214}	sɿ^{214}	ɚ^{214}	ȵi^{42}	ni^{42}
雅安	ni^{214}	tsʻɿ^{21}	sɿ^{55}	sɿ^{214}	sɿ^{214}	ɚ^{214}	ni^{42}	ni^{42}
汉源	ni^{213}	tsʻɿ^{21}	sɿ^{55}	sɿ^{213}	sɿ^{213}	ɚ^{213}	ȵi^{42}	ni^{42}
泸州	ni^{13}	tsʻɿ^{21}	sɿ^{55}	sɿ^{13}	sɿ^{13}	ɚ^{13}	ȵi^{42}	ni^{42}
眉山	ni^{13}	tsʻɿ^{31}	sɿ^{55}	sɿ^{13}	sɿ^{13}	ɚ^{13}	ȵi^{53}	ni^{53}
乐山	ni^{13}	tsʻɿ^{21}	sɿ^{55}	sɿ^{13}	sɿ^{13}	ɚ^{13}	ni^{43}	ni^{43}
西昌	ni^{11}	tʂʻʅ^{52}	sɿ^{44}	ʂʅ^{11}	ʂʅ^{11}	ɚ^{11}	ni^{34}	ni^{34}
洛带$_{客}$	liʔ^{5}	tsʻɿ^{13}	sɿ^{45}	sɿ^{53}	sɿ^{53}	ȵi^{53}	ȵi^{13}	li^{45}/ti^{45}
仪陇$_{客}$	li^{13}	tsʻɿ^{21}	sɿ^{33}	sɿ^{13}	sɿ^{13}	i^{53}	n̩^{21}	li^{33}
永兴$_{湘}$	ni^{14}	dzʻɿ^{31}	sɿ^{55}	ʂʅ^{14}	ʂʅ^{14}	ɚ^{14}	ȵi^{53}	ni^{53}
安仁$_{湘}$	ni^{55}	sɿ^{14}/zɿ^{14}	sɿ^{33}	sɿ^{55}	sɿ^{55}	ie^{24}/ɚ^{55}	n̩^{41}	ni$^{41/55}$
长乐$_{湘}$	ni^{35}	tsʻɿ^{21}	sɿ^{44}	sɿ^{35}	sɿ^{35}	o^{35}	ni^{53}	ni^{53}

续表5－1

	字 止开三去志从	词 止开三平之邪	治 止开三去志澄	事 止开三去志崇	使 止开三上止生	之 止开三平之章	齿 止开三上止昌	诗 止开三平之书
成都	tsɿ^{213}	tsʻɿ^{21}	tsɿ^{213}	sɿ^{213}	sɿ^{53}	tsɿ^{55}	tsʻɿ^{53}	sɿ^{55}
广元	tsɿ^{214}	tsʻɿ^{21}	tsɿ^{214}	sɿ^{214}	sɿ^{42}	tsɿ^{55}	tsʻɿ^{42}	sɿ^{55}
达州	tsɿ^{214}	tsʻɿ^{12}	tsɿ^{214}	sɿ^{214}	sɿ^{42}	tsɿ^{55}	tsʻɿ^{42}	sɿ^{55}
遂宁	tsɿ^{213}	tsʻɿ^{21}	tsɿ^{213}	sɿ^{213}	sɿ^{52}	tsɿ^{55}	tsʻɿ^{52}	sɿ^{55}
自贡	tsɿ^{214}	tsʻɿ^{31}	tʂʅ^{214}	sɿ^{214}	ʂʅ^{53}	tʂʅ^{55}	tʂʻʅ^{53}	ʂʅ^{55}
荣县	tsɿ^{214}	tsʻɿ^{31}	tsɿ^{214}	sɿ^{214}	sɿ^{42}	tsɿ^{55}	tsʻɿ^{42}	sɿ^{55}
雅安	tsɿ^{214}	tsʻɿ^{21}	tsɿ^{214}	sɿ^{214}	sɿ^{42}	tsɿ^{55}	tsʻɿ^{42}	sɿ^{55}
汉源	tsɿ^{213}	tsʻɿ^{21}	tsɿ^{213}	sɿ^{213}	sɿ^{42}	tsɿ^{55}	tsʻɿ^{42}	sɿ^{55}
泸州	tsɿ^{13}	tsʻɿ^{21}	tsɿ^{13}	sɿ^{13}	sɿ^{42}	tsɿ^{55}	tsʻɿ^{42}	sɿ^{55}
眉山	tsɿ^{13}	tsʻɿ^{31}	tsɿ^{13}	sɿ^{13}	sɿ^{53}	tsɿ^{55}	tsʻɿ^{53}	sɿ^{55}
乐山	tsɿ^{13}	tsʻɿ^{21}	tsɿ^{13}	sɿ^{13}	sɿ^{43}	tsɿ^{55}	tsʻɿ^{43}	sɿ^{55}
西昌	tsɿ^{11}	tsʻɿ^{52}	tʂʻʅ	ʂʅ^{11}	ʂʅ^{34}	tʂʅ^{44}	tʂʻʅ^{34}	ʂʅ^{44}
洛带$_{客}$	sɿ^{53}	tsʻɿ^{13}	tsɿ^{53}	sɿ^{53}	sɿ^{31}	tsɿ^{45}	tsʻɿ^{31}	sɿ^{45}
仪陇$_{客}$	sɿ^{53}	tsʻɿ^{21}	tsɿ^{13}	sɿ^{13}	sɿ^{21}	tsɿ^{33}	tsʻɿ^{53}	sɿ^{33}
永兴$_{湘}$	tsɿ^{14}/zɿ^{14}	tsʻɿ^{31}	tsɿ^{14}	sɿ^{14}/zɿ^{14}	ʂʅ^{53}	tʂʅ^{55}	tʂʻʅ^{31}	ʂʅ^{55}
安仁$_{湘}$	zɿ^{21}/sɿ^{21}	tsʻɿ^{13}	tsɿ^{24}	zɿ^{21}/sɿ^{21}	sɿ^{41}	tsɿ^{33}	tsʻɿ^{41}/tsɿ^{41}	sɿ^{33}
长乐$_{湘}$	tsɿ^{35}	tsʻɿ^{21}	tsɿ^{35}	sɿ^{35}	sɿ^{53}	tsɿ^{44}	tsʻɿ^{53}	sɿ^{44}

续表 5－1

	时 止开三平之禅	欺 止开三平之溪	旗 止开三平之群	疑 止开三平之疑	喜 止开三上止晓	医 止开三平之影	以 止开三上止以	毅 止开三去未泥
成 都	sɿ^{21}	tɕʻi^{55}	tɕʻi^{21}	ȵi^{21}/i^{21}	ɕi^{53}	i^{55}	i^{53}	i^{213}
广 元	sɿ^{21}	tɕʻi^{55}	tɕʻi^{21}	ni^{21}	ɕi^{42}	i^{55}	i^{42}	ni^{214}
达 州	sɿ^{12}	tɕʻi^{55}	tɕʻi^{12}	i^{12}	ɕi^{42}	i^{55}	i^{42}	in^{214}
遂 宁	sɿ^{21}	tɕʻi^{55}	tɕʻi^{21}	ni^{21}	ɕi^{52}	i^{45}	i^{52}	nin^{213}
自 贡	ʂʅ^{31}	tɕʻi^{55}	tɕʻi^{31}	ȵi^{31}	ɕi^{53}	i^{55}	i^{53}	ȵi^{214}
荣 县	sɿ^{31}	tɕʻi^{55}	tɕʻi^{31}	i^{31}	ɕi^{42}	i^{55}	i^{42}	ȵin^{214}
雅 安	sɿ^{21}	tɕʻi^{55}	tɕʻi^{21}	ni^{21}	ɕi^{42}	i^{55}	i^{42}	i^{214}
汉 源	sɿ^{21}	tɕʻi^{55}	tɕʻi^{21}	ȵi^{21}	ɕi^{42}	i^{55}	i^{42}	i^{213}
泸 州	sɿ^{21}	tɕʻi^{55}	tɕʻi^{21}	ȵi^{21}	ɕi^{42}	i^{55}	i^{42}	i^{13}
眉 山	sɿ^{31}	tɕʻi^{55}	tɕʻi^{31}	ȵi^{31}	ɕi^{53}	i^{55}	i^{53}	i^{13}
乐 山	sɿ^{21}	tɕʻi^{55}	tɕʻi^{21}	ni^{43}	ɕi^{43}	i^{55}	i^{43}	i^{13}
西 昌	ʂʅ^{52}	tɕʻi^{44}	tɕʻi^{52}	ni^{52}	ɕi^{34}	i^{44}	i^{34}	i^{11}
洛 带客	sɿ^{13}	tɕʻi^{45}	tɕʻi^{13}	ȵi^{13}	ɕi^{31}	i^{45}	i^{31}	i^{53}
仪 陇客	sɿ^{21}	tɕʻi^{33}	tɕʻi^{21}	i^{21}	ɕi^{21}	i^{33}	i^{53}	in^{13}
永 兴湘	ʂʅ^{31}	tɕʻi^{55}	dʑʻi^{31}	ȵi^{31}	ɕi^{53}	i^{55}	i^{53}	ȵi^{14}
安 仁湘	sɿ^{13}/zɿ^{13}	tɕʻi^{33}	tɕi^{13}	ni^{13}	ɕi^{41}	i^{33}	i^{41}	nin^{55}
长 乐湘	sɿ^{21}	tɕʻi^{44}	tɕʻi^{21}	ni^{21}	ɕi^{53}	i^{44}	i^{53}	nin^{35}

续表 5－1

	衣 止开三平微影	累（积累） 止合三上纸来	嘴 止合三上纸精	随 止合三平支邪	揣 止合三上纸初	吹 止合三平支昌	垂 止合三平支禅	规 止合三平支见
成 都	i^{55}	nuei^{53}	tsuei^{53}	suei^{21}	tsʻuai^{55}	tsʻuei^{55}	tsʻuei^{21}	kuei^{55}
广 元	i^{55}	nuei^{42}	tsuei^{42}	suei^{21}	tsʻuai^{55}	tsʻuei^{55}	tsʻuei^{21}	kuei^{55}
达 州	i^{55}	nuei^{42}	tsuei^{42}	suei^{12}	tsʻuai^{55}	tsʻuei^{55}	tsʻuei^{12}	kuei^{55}
遂 宁	i^{55}	nuei^{52}	tsuei^{52}	suei^{21}	tsʻuai^{55}	tsʻuei^{55}	tsʻuei^{21}	kuei^{55}
自 贡	i^{55}	nuei^{53}	tsuei^{53}	suei^{31}	tʂʻuai^{55}	tsʻuei^{55}	tsʻuei^{31}	kuei^{55}
荣 县	i^{55}	nuei^{42}	tsuei^{42}	suei^{31}	tsʻuai^{55}	tsʻuei^{55}	tsʻuei^{31}	kuei^{55}
雅 安	i^{55}	nuei^{42}	tsuei^{42}	suei^{21}	tsʻuai^{55}	tsʻuei^{55}	tsʻuei^{21}	kuei^{55}
汉 源	i^{55}	nuei^{42}	tsuei^{42}	suei^{21}	tsʻuai^{55}	tsʻuei^{55}	tsʻuei^{21}	kuei^{55}
泸 州	i^{55}	nuei^{42}	tsuei^{42}	suei^{21}	tsʻuai^{55}	tsʻuei^{55}	tsʻuei^{21}	kuei^{55}
眉 山	i^{55}	nuei^{53}	tsuei^{53}	suei^{31}	tsʻuai^{55}	tsʻuei^{55}	tsʻuei^{31}	kuei^{55}
乐 山	i^{55}	nuei^{43}	tsuei^{43}	suei^{21}	tsʻuai^{55}	tsʻuei^{55}	tsʻuei^{21}	kuei^{55}
西 昌	i^{44}	nei^{34}	tsei^{34}	sei^{52}	tʂʻuai^{34}	tʂʻuei^{44}	tʂʻuei^{52}	kuei^{44}
洛 带客	i^{45}	luei^{53}	tsoi^{53}	suei^{13}	tʻoi^{45}	tsʻuei^{45}	tsʻuei^{13}	kuei^{45}
仪 陇客	i^{33}	luei^{53}	tso^{13}	suei^{21}	tsʻuai^{33}	tsʻuei^{33}	tsʻuei^{21}	kuei^{33}
永 兴湘	i^{55}	nuei^{53}	tsuei^{53}	suei^{31}	tsʻuai^{55}	tsʻuei^{55}	dzʻuei^{31}	kuei^{55}
安 仁湘	i$^{33/41}$	nuei^{41}	tɕy^{41}	suei^{13}	tsʻuai^{33}	tsʻuei^{33}	tsʻuei^{13}	kuei^{33}
长 乐湘	i^{44}	nuei^{53}	tɕyei^{53}/tsuei^{53}	suei^{21}	tsʻuai^{53}	tsʻuei^{44}	tsʻuei^{21}	kuei^{44}

续表 5－1

	亏 止合三平支溪	跪 止合三上纸群	为(作为) 止合三平支云	翠 止合三去至清	遂 止合三去至邪	追 止合三平脂知	衰 止合三平脂生	水 止合三上旨书
成　都	kʻuei^{55}	kuei^{213}	uei^{21}	ʦʻuei^{213}	ɕy^{213}/suei^{213}	ʦuei^{55}	suai^{55}	suei^{53}
广　元	kʻuei^{55}	kuei^{214}	uei^{21}	ʦʻuei^{214}	ɕy^{214}	ʦuei^{55}	suai^{55}	suei^{42}
达　州	kʻuei^{55}	kuei^{214}	uei^{12}	ʦʻuei^{214}	suei^{214}	ʦuei^{55}	suai^{55}	suei^{42}
遂　宁	kʻuei^{55}	kuei^{213}	uei^{21}	ʦʻuei^{213}	suei^{213}	ʦuei^{55}	suai^{55}	suei^{52}
自　贡	kʻuei^{55}	kuei^{214}	uei^{31}	ʦʻuei^{214}	ɕy^{214}	tʂuei^{55}	ʂuai^{55}	ʂuei^{53}
荣　县	kʻuei^{55}	kuei^{214}	uei^{31}	ʦʻuei^{214}	ɕy^{214}	ʦuei^{55}	suai^{55}	suei^{42}
雅　安	kʻuei^{55}	kuei^{214}	uei^{21}	ʦʻuei^{214}	ɕy^{214}	ʦuei^{55}	suai^{55}	suei^{42}
汉　源	kʻuei^{55}	kuei^{213}	uei^{21}	ʦʻuei^{213}	ɕy^{213}	ʦuei^{55}	suai^{55}	suei^{42}
泸　州	kʻuei^{55}	kuei^{13}	uei^{21}	ʦʻuei^{13}	ɕy^{13}/suei^{13}	ʦuei^{55}	suai^{55}	suei^{42}
眉　山	kʻuei^{55}	kuei^{13}	uei^{31}	ʦʻuei^{13}	ɕy^{13}/suei^{13}	ʦuei^{55}	suai^{55}	suei^{53}
乐　山	kʻuei^{55}	kuei^{13}	uei^{21}	ʦʻuei^{13}	ɕy^{13}	ʦuei^{55}	suai^{55}	suei^{43}
西　昌	kʻuei^{44}	kuei^{11}	uei^{52}	ʦʻei^{11}	ɕi^{11}	tʂuei^{44}	ʂuai^{44}	ʂuei^{34}
洛　带客	kʻuei^{45}	kʻuei^{31}	vei^{13}	ʦʻuei^{53}	ɕy^{53}	ʦuei^{45}	suai^{45}	suei^{31}
仪　陇客	kʻuei^{33}	kʻuei^{53}	uei^{21}	ʦʻuei^{13}	ɕy^{13}	ʦuei^{33}	suai^{33}	suei^{53}
永　兴湘	kʻuei^{55}	gʻuei^{14}	vei^{31}	ʦʻuei^{14}	suei^{14}	ʦuei^{55}	suai^{55}	suei^{53}
安　仁湘	kʻuei^{33}	kʻuei^{41}/kʻuei^{24}	uei^{13}	ʦʻuei^{24}	ɕy^{24}	ʦuei^{33}	suai^{33}	ɕy^{41}
长　乐湘	kʻuei^{44}	kuei^{35}	uei^{21}	ʦʻuei^{35}	ɕy^{35}	ʦuei^{44}	ɕyai^{44}	ɕyei^{53}

续表 5－1

	谁 止合三平脂禅	葵 止合三平脂群	费 止合三去未敷	肥 止合三平微奉	未 止合三去未微	抱 效开一上皓并	毛 效开一平豪明	刀 效开一平豪端
成　都	suei^{21}	kʻuei^{21}	fei^{213}	fei^{21}	uei^{213}	pau^{213}	mau^{21}	tau^{55}
广　元	suei^{21}	kʻuei^{21}	fei^{214}	fei^{21}	uei^{214}	pau^{214}	mau^{21}	tau^{55}
达　州	suei^{12}	kʻuei^{12}	fei^{214}	fei^{12}	uei^{214}	pau^{214}	mau^{12}	tau^{55}
遂　宁	suei^{21}	kʻuei^{21}	fei^{213}	fei^{21}	uei^{213}	pau^{213}	mau^{21}	tau^{55}
自　贡	ʂuei^{31}	kʻuei^{31}	fei^{214}	fei^{31}	uei^{214}	pau^{214}	mau^{31}	tau^{55}
荣　县	suei^{31}	kʻuei^{31}	fei^{214}	fei^{31}	uei^{214}	pau^{214}	mau^{31}	tau^{55}
雅　安	suei^{21}	kʻuei^{21}	fei^{214}	fei^{21}	uei^{214}	pau^{214}	mau^{21}	tau^{55}
汉　源	suei^{21}	kʻuei^{21}	fei^{213}	fei^{21}	uei^{213}	pau^{213}	mau^{21}	tau^{55}
泸　州	suei^{21}	kʻuei^{21}	fei^{13}	fei^{21}	uei^{13}	pau^{13}	mau^{21}	tau^{55}
眉　山	suei^{31}	kʻuei^{31}	fei^{13}	fei^{31}	uei^{13}	pau^{13}	mau^{31}	tau^{55}
乐　山	suei^{21}	kʻuei^{21}	fei^{13}	fei^{21}	uei^{13}	pau^{13}	mau^{21}	tau^{55}
西　昌	ʂuei^{52}	kʻuei^{52}	fei^{11}	fei^{52}	uei^{11}	pau^{11}	mau^{52}	tau^{44}
洛　带客		kʻuei^{13}	fei^{53}	pʻei^{13}/fei^{13}	vei^{53}	pau^{45}	mau^{45}	tau^{45}
仪　陇客		kʻuei^{21}	fei^{13}	fei^{21}	vei^{53}	pau^{13}	məu^{33}	təu^{33}
永　兴湘	suei^{31}	gʻuci^{31}	fci^{14}	vci^{31}	vci^{14}	bʻau^{14}	mau^{31}	tau^{55}
安　仁湘	suei^{13}	kuei^{13}	ɸei^{55}	ɸei^{13}	uei^{21}	pe^{21}	me^{13}	te^{33}
长　乐湘	suei^{21}	kʻuei^{21}	fei^{35}	fei^{21}	uei^{35}	pɑu^{35}	mɑu^{21}	tɑu^{44}

续表 5－1

	掏 效开一平豪透	桃 效开一平豪定	道 效开一上皓定	脑 效开一上皓泥	老 效开一上皓来	早 效开一上皓精	曹 效开一平豪从	造 效开一上皓从
成都	t‘au^{55}	t‘au^{21}	tau^{213}	nau^{53}	nau^{53}	ʦau^{53}	ʦ‘au^{21}	ʦ‘au^{213}
广元	t‘au^{55}	t‘au^{21}	tau^{214}	nau^{42}	nau^{42}	ʦau^{42}	ʦ‘au^{21}	ʦ‘au^{214}
达州	t‘au^{55}	t‘au^{12}	tau^{214}	nau^{42}	nau^{42}	ʦau^{42}	ʦ‘au^{12}	ʦ‘au^{214}
遂宁	t‘au^{55}/t‘au^{21}	t‘au^{21}	tau^{213}	nau^{21}	nau^{21}	ʦau^{52}	ʦ‘au^{21}	ʦ‘au^{213}
自贡	t‘au^{55}	t‘au^{31}	tau^{214}	nau^{53}	nau^{53}	ʈʂau^{53}	ʈʂ‘au^{31}	ʦ‘au^{214}
荣县	t‘au^{55}	t‘au^{31}	tau^{214}	nau^{42}	nau^{42}	ʦau^{42}	ʦ‘au^{31}	ʦ‘au^{214}
雅安	t‘au^{55}	t‘au^{21}	tau^{214}	nau^{42}	nau^{42}	ʦau^{42}	ʦ‘au^{21}	ʦ‘au^{214}
汉源	t‘au^{55}	t‘au^{21}	tau^{213}	nau^{42}	nau^{42}	ʦau^{42}	ʦ‘au^{21}	ʦ‘au^{213}
泸州	t‘au^{55}	t‘au^{21}	tau^{13}	nau^{42}	nau^{42}	ʦau^{42}	ʦ‘au^{21}	ʦ‘au^{13}
眉山	t‘au^{55}	t‘au^{31}	tau^{13}	nau^{53}	nau^{53}	ʦau^{53}	ʦ‘au^{31}	ʦ‘au^{13}
乐山	t‘au^{55}	t‘au^{21}	tau^{13}	nau^{43}	nau^{43}	ʦau^{43}	ʦ‘au^{21}	ʦ‘au^{13}
西昌	t‘au^{44}	t‘au^{52}	tau^{11}	nau^{34}	nau^{34}	ʦau^{34}	ʦ‘au^{52}	ʦ‘au^{11}
洛带$_{客}$	t‘au^{45}	t‘au^{13}	t‘au^{53}	lau^{31}	lau^{31}	ʦau^{31}	ʦ‘au^{13}	ʦ‘au^{53}
仪陇$_{客}$	t‘au^{33}	t‘au^{21}	t‘əu^{53}	ləu^{53}	ləu^{53}	ʦəu^{53}	ʦ‘əu^{21}	ʦ‘au^{13}
永兴$_{湘}$	t‘au^{55}	d‘au^{31}	d‘au^{14}/tau^{14}	nau^{53}	nau^{53}	ʦau^{53}	ʣ‘au^{31}	ʦ‘au^{14}
安仁$_{湘}$	t‘e^{33}	te^{13}	te$^{55/21}$	ne^{41}	ne^{41}	ʦe^{41}	ʦe^{13}	ʦe^{41}
长乐$_{湘}$	t‘ɑu^{44}	tɑu^{21}	tɑu^{35}	nɑu^{53}	nɑu^{53}	ʦɑu^{53}	ʦ‘ɑu^{21}	ʦ‘ɑu^{35}

续表 5－1

	嫂 效开一上皓心	高 效开一平豪见	靠 效开一去号溪	号(号码) 效开一去号匣	袄 效开一上皓影	饱 效开二上巧帮	抛 效开二平肴滂	抓 效开二平肴庄
成都	sau^{53}	kau^{55}	k‘au^{213}	xau^{213}	ŋau^{53}	pau^{53}	p‘au^{55}	ʦua^{55}
广元	sau^{42}	kau^{55}	k‘au^{214}	xau^{214}	ŋau^{42}	pau^{42}	p‘au^{55}	ʦua^{55}
达州	sau^{42}	kau^{55}	k‘au^{214}	xau^{214}	ŋau^{42}	pau^{42}	p‘au^{55}	ʦua^{55}
遂宁	sau^{52}	kau^{55}	k‘au^{213}	xau^{213}	ŋau^{52}	pau^{52}	p‘au^{55}	ʦua^{55}
自贡	ʂau^{53}	kau^{55}	k‘au^{214}	xau^{214}	ŋau^{53}	pau^{53}	p‘au^{55}	ʈʂua^{55}
荣县	sau^{42}	kau^{55}	k‘au^{214}	xau^{214}	ŋau^{42}	pau^{42}	p‘au^{55}	ʦua^{55}
雅安	sau^{42}	kau^{55}	k‘au^{214}	xau^{214}	ŋau^{42}	pau^{42}	p‘au^{55}	ʦua^{55}
汉源	sau^{42}	kau^{55}	k‘au^{213}	xau^{213}	ŋau^{42}	pau^{42}	p‘au^{55}	ʦua^{55}
泸州	sau^{42}	kau^{55}	k‘au^{13}	xau^{13}	ŋau^{42}	pau^{42}	p‘au^{55}	ʦua^{55}
眉山	sau^{53}	kau^{55}	k‘au^{13}	xau^{13}	ŋau^{53}	pau^{53}	p‘au^{55}	ʦua^{55}
乐山	sau^{43}	kau^{55}	k‘au^{13}	xau^{13}	ŋau^{43}	pau^{43}	p‘au^{55}	ʦua^{55}
西昌	sau^{34}	kau^{44}	k‘au^{11}	xau^{11}	ŋau^{34}	pau^{34}	p‘au^{44}	ʈʂua^{44}
洛带$_{客}$	sau^{31}	kau^{45}	k‘au^{53}	xau^{53}	au^{31}	pau^{31}	p‘au^{45}	ʦua^{45}
仪陇$_{客}$	səu^{53}	kau^{33}	k‘au^{53}	xau^{53}	ŋəu^{53}	pau^{53}	p‘au^{33}	ʦua^{33}
永兴$_{湘}$	sau^{53}	kau^{55}	k‘au^{14}	ɣau^{14}	ŋau^{53}	pau^{53}	p‘au^{55}	ʦua^{55}
安仁$_{湘}$	se^{41}	ke^{33}	k‘e^{24}	he^{21}/hau^{24}	ŋe^{41}	pe^{41}	p‘ɤu^{33}	ʦo^{33}
长乐$_{湘}$	sɑu^{53}	kɑu^{44}	k‘ɑu^{35}	xɑu^{35}	ŋau^{35}	pɑu^{53}	p‘ɑu^{21}	ʦua^{44}

续表 5－1

	巢 效开二平肴崇	窖 效开二去效见	敲 效开二平肴溪	咬 效开二上巧疑	校(学校) 效开二去效匣	标 效开三平宵帮	瓢 效开三平宵并	庙 效开三去笑明
成　都	tsʻau^{21}	kau^{213}	kʻau^{55}	ŋau^{53}	ɕiau^{213}	piau^{55}	pʻiau^{21}	miau^{213}
广　元	tsʻau^{21}	kau^{214}	kʻau^{55}	ȵiau^{42}	ɕiau^{214}	piau^{55}	pʻiau^{21}	miau^{214}
达　州	tsʻau^{12}	kau^{214}	kʻau^{55}	iau^{42}	ɕiau^{214}	piau^{55}	pʻiau^{12}	miau^{214}
遂　宁	tsʻau^{21}	kau^{213}	tɕʻiau^{55}	niau^{52}	ɕiau^{213}	piau^{55}	pʻiau^{21}	miau^{213}
自　贡	tʂʻau^{31}	kau^{214}	kʻau^{55}	ŋau^{53}	ɕiau^{214}	piau^{55}	pʻiau^{31}	miau^{214}
荣　县	tsʻau^{31}	kau^{214}	kʻau^{55}	ŋau^{42}	ɕiau^{214}	piau^{55}	pʻiau^{31}	miau^{214}
雅　安	tsʻau^{21}	kau^{214}	kʻau^{55}	ȵiau^{42}	ɕiau^{214}	piau^{55}	pʻiau^{21}	miau^{214}
汉　源	tsʻau^{21}	kau^{213}	kʻau^{55}	ȵiau^{42}	ɕiau^{213}	piau^{55}	pʻiau^{21}	miau^{213}
泸　州	tsʻau^{21}	kau^{13}	kʻau^{55}	ŋau^{42}/ȵiau^{42}	ɕiau^{13}	piau^{55}	pʻiau^{21}	miau^{13}
眉　山	tsʻau^{31}	kau^{13}	kʻau^{55}	ŋau^{42}/ȵiau^{42}	ɕiau^{13}	piau^{55}	pʻiau^{31}	miau^{13}
乐　山	tsʻau^{21}	kau^{13}	kʻau^{55}	ŋau^{43}	ɕiau^{13}	piau^{55}	pʻiau^{21}	miau^{13}
西　昌	tsʻau^{52}	kau^{11}	kʻau^{44}/tɕʻiau^{44}	iau^{34}	ɕiau^{11}	piau^{44}	pʻiau^{52}	miau^{11}
洛　带客	tsʻau^{13}	kau^{53}	kʻau^{45}		xau^{53}	piau^{45}	pʻiau^{13}	miau^{53}
仪　陇客	tai^{13}	kau^{13}	kʻau^{33}	ŋau^{33}	ɕiau^{13}	piau^{33}	pʻiau^{21}	miau^{53}
永　兴湘	dzʻau^{31}	kau^{14}	kʻau^{55}	ŋau^{53}	ʂau^{14}	piau^{55}	bʻiau^{31}	miau^{14}
安　仁湘	tsʻe^{21}	ke^{55}	kʻe^{33}	ŋa^{55}	ɕie^{55}/ɕie^{24}	pie^{33}	pie^{13}	mie^{21}
长　乐湘	tsʻɑu^{21}	kʻɑu^{35}	kʻɑu^{44}	ŋɑu^{53}	ɕiɑu^{35}	piɑu^{44}	piɑu^{21}	miɑu^{35}

续表 5－1

	焦 效开三平宵精	小 效开三上小心	潮 效开三平宵澄	招 效开三平宵章	烧 效开三平宵书	扰 效开三上小日	桥 效开三平宵群	轿 效开三去笑群
成　都	tɕiau^{55}	ɕiau^{53}	tsʻau^{21}	tsau^{55}	sau^{55}	zau^{53}	tɕʻiau^{21}	tɕiau^{213}
广　元	tɕiau^{55}	ɕiau^{42}	tsʻau^{21}	tsau^{55}	sau^{55}	zau^{42}	tɕʻiau^{21}	tɕiau^{214}
达　州	tɕiau^{55}	ɕiau^{42}	tsʻau^{12}	tsau^{55}	sau^{55}	zau^{42}	tɕʻiau^{12}	tɕiau^{214}
遂　宁	tɕiau^{55}	ɕiau^{52}	tsʻau^{21}	tsau^{55}	sau^{55}	zau^{52}	tɕʻiau^{21}	tɕiau^{213}
自　贡	tɕiau^{55}	ɕiau^{53}	tʂʻau^{31}	tʂau^{55}	ʂau^{55}	ʐau^{53}	tɕʻiau^{31}	tɕiau^{214}
荣　县	tɕiau^{55}	ɕiau^{42}	tsʻau^{31}	tsau^{55}	sau^{55}	zau^{42}	tɕʻiau^{31}	tɕiau^{214}
雅　安	tɕiau^{55}	ɕiau^{42}	tsʻau^{21}	tsau^{55}	sau^{55}	zau^{42}	tɕʻiau^{21}	tɕiau^{214}
汉　源	tɕiau^{55}	ɕiau^{42}	tsʻau^{21}	tsau^{55}	sau^{55}	zau^{42}	tɕʻiau^{21}	tɕiau^{213}
泸　州	tɕiau^{55}	ɕiau^{42}	tsʻau^{21}	tsau^{55}	sau^{55}	zau^{42}	tɕʻiau^{21}	tɕiau^{13}
眉　山	tɕiau^{55}	ɕiau^{53}	tsʻau^{31}	tsau^{55}	sau^{55}	zau^{53}	tɕʻiau^{31}	tɕiau^{13}
乐　山	tɕiau^{55}	ɕiau^{43}	tsʻau^{21}	tsau^{55}	sau^{55}	zau^{43}	tɕʻiau^{21}	tɕiau^{13}
西　昌	tɕiau^{44}	ɕiau^{34}	tʂʻau^{52}	tʂau^{44}	ʂau^{44}	ʐau^{34}	tɕʻiau^{52}	tɕiau^{11}
洛　带客	tɕiau^{45}	ɕiau^{31}	tsʻau^{13}	tsau^{45}	sau^{45}	zau^{31}	tɕʻiau^{13}	tɕʻiau^{53}
仪　陇客	tɕiau^{33}	ɕiau^{53}	tsʻau^{21}	tsau^{33}	sau^{33}	tɕiau^{53}	tɕʻiau^{21}	tɕʻiau^{53}
永　兴湘	tɕiau^{55}	ɕiau^{53}	dzʻau^{31}	tsau^{55}	ʂau^{55}	ʐau^{53}	dʑʻiau^{31}	dʑʻiau^{14}
安　仁湘	tɕie^{33}	ɕi^{55}ɕie^{41}	tse^{13}	tse^{33}	ɕie^{33}	ze^{41}	tɕie^{13}	tɕie^{21}
长　乐湘	tɕiɑu^{44}	ɕiɑu^{53}	tsʻɑu^{21}	tsɑu^{44}	sɑu^{44}	zɑu^{53}	tɕiɑu^{21}	tɕiɑu^{35}

续表 5－1

	遥 效开三平宵以	钓 效开三去啸端	挑 效开四平萧透	条 效开四平萧定	尿 效开三去啸泥	料 效开三去啸来	萧 效开四平萧心	窍 效开三去啸溪
成都	iau^{21}	tiau^{213}	tʻiau^{55}	tʻiau^{21}	ȵiau^{213}	niau^{213}	ɕiau^{55}	tɕʻiau^{213}
广元	iau^{21}	tiau^{214}	tʻiau^{55}	tʻiau^{21}	ȵiau^{214}	niau^{214}	ɕiau^{55}	tɕʻiau^{214}
达州	iau^{12}	tiau^{214}	tʻiau^{55}	tʻiau^{12}	iau^{214}	niau^{214}	ɕiau^{55}	tɕʻiau^{214}
遂宁	iau^{21}	tiau^{213}	tʻiau^{55}	tʻiau^{21}	niau^{213}	niau^{213}	ɕiau^{55}	tɕʻiau^{213}
自贡	iau^{31}	tiau^{214}	tʻiau^{55}	tʻiau^{31}	ȵiau^{214}	niau^{214}	ɕiau^{55}	tɕʻiau^{214}
荣县	iau^{31}	tiau^{214}	tʻiau^{55}	tʻiau^{31}	ȵiau^{214}	niau^{214}	ɕiau^{55}	tɕʻiau^{214}
雅安	iau^{21}	tiau^{214}	tʻiau^{55}	tʻiau^{21}	niau^{214}	niau^{214}	ɕiau^{55}	tɕʻiau^{214}
汉源	iau^{21}	tiau^{213}	tʻiau^{55}	tʻiau^{21}	ȵiau^{213}	niau^{213}	ɕiau^{55}	tɕʻiau^{213}
泸州	iau^{21}	tiau^{13}	tʻiau^{55}	tʻiau^{21}	ȵiau^{13}	niau^{13}	ɕiau^{55}	tɕʻiau^{13}
眉山	iau^{31}	tiau^{13}	tʻiau^{55}	tʻiau^{31}	ȵiau^{13}	niau^{13}	ɕiau^{55}	tɕʻiau^{13}
乐山	iau^{21}	tiau^{13}	tʻiau^{55}	tʻiau^{21}	niau^{13}	niau^{13}	ɕiau^{55}	tɕʻiau^{13}
西昌	iau^{52}	tiau^{11}	tʻiau^{44}	tʻiau^{52}	niau^{11}	niau^{11}	ɕiau^{44}	tɕʻiau^{11}
洛带客	iau^{13}	tiau^{53}	tʻiau^{45}	tʻiau^{13}	ȵiau^{53}	liau^{53}	ɕiau^{45}	tɕʻiau^{53}
仪陇客	iau^{21}	tiau^{13}	tʻiau^{33}	tʻiau^{21}	ȵiau^{53}	liau^{53}	ɕiau^{33}	tɕʻiau^{53}
永兴湘	iau^{31}	tiau^{14}	tʻiau^{55}	dʻiau^{31}	ȵiau^{14}	niau^{14}	ɕiau^{55}	tɕʻiau^{14}
安仁湘	ie^{13}	tie^{55}	tʻie^{33}	tie^{13}	nie^{21}	nie^{21}	ɕie^{33}	tɕʻie^{24}
长乐湘	iɑu^{21}	tiɑu^{35}	tʻiɑu^{44}	tʻiɑu^{21}	niɑu^{35}	niɑu^{35}	ɕiɑu^{44}	tɕʻiɑu^{35}

续表 5－1

	尧 效开四平萧疑	晓 效开三上筱晓	幺 效开四平萧影	某 流开一上厚明	母 流开一上厚明	茂 流开一去候明	抖 流开一上厚端	偷 流开一平侯透
成都	iau^{21}	ɕiau^{53}	iau^{55}	moŋ^{53}	mu^{53}	moŋ^{213}	tʻəu^{53}	tʻəu^{55}
广元	iau^{21}	ɕiau^{42}	iau^{55}	moŋ^{42}	mu^{42}	moŋ^{214}	tʻəu^{42}	tʻəu^{55}
达州	iau^{12}	ɕiau^{42}	iau^{55}	moŋ^{42}	mu^{42}	moŋ^{214}	tʻəu^{42}	tʻəu^{55}
遂宁	zau^{21}	ɕiau^{52}	iau^{55}	moŋ^{52}	mu^{52}	moŋ^{213}	tʻəu^{52}	tʻəu^{55}
自贡	ʐau^{31}	ɕiau^{53}	iau^{55}	məu^{53}	mu^{53}	moŋ^{214}	tʻəu^{53}	tʻəu^{55}
荣县	iau^{31}	ɕiau^{42}	iau^{55}	moŋ^{42}	mu^{42}	moŋ^{214}	tʻəu^{42}	tʻəu^{55}
雅安	iau^{21}	ɕiau^{42}	iau^{55}	moŋ^{42}	mu^{42}	moŋ^{214}	tʻəu^{42}	tʻəu^{55}
汉源	iau^{21}	ɕiau^{42}	iau^{55}	moŋ^{42}	mu^{42}	moŋ^{213}	tʻəu^{42}	tʻəu^{55}
泸州	iau^{21}	ɕiau^{42}	iau^{55}	moŋ^{42}	mu^{42}	moŋ^{13}	tʻəu^{42}	tʻəu^{55}
眉山	iau^{31}	ɕiau^{53}	iau^{55}	moŋ^{53}	mu^{53}	moŋ^{13}	tʻəu^{53}	tʻəu^{55}
乐山	zau^{21}	ɕiau^{43}	iau^{55}	moŋ^{43}	mu^{43}	moŋ^{13}	tʻəu^{43}	tʻəu^{55}
西昌	ʐau^{52}	ɕiau^{34}	iau^{44}	moŋ^{34}	mu^{34}	moŋ^{11}	tʻəu^{34}	tʻəu^{44}
洛带客	iau^{13}	ɕiau^{31}	iau^{45}	muŋ^{45}	mu^{45}	muŋ^{53}	tʻiəu^{31}	tʻiəu^{45}
仪陇客	iau^{21}	ɕiau^{53}	iau^{33}	muŋ^{53}	mu^{33}	muŋ^{13}	tai^{53}	tʻai^{33}
永兴湘	iau^{31}	ɕiɑu^{53}	iɑu^{55}	məu^{53}	mu^{53}	məu^{14}	tʻəu^{53}	tʻəu^{55}
安仁湘	ie^{13}	ɕie^{41}	ie^{33}	mɤu^{41}	mo^{41}/mu^{41}	mɤu^{55}	tʻie^{41}	tʻie^{33}
长乐湘	iɑu^{21}	ɕiɑu^{53}	iɑu^{44}	mou^{53}	mu^{53}	mɑu^{35}	tʻou^{53}	tʻou^{44}

续表 5－1

	头 流开一平侯定	楼 流开一平侯来	走 流开一上厚精	凑 流开一去候清	够 流开一去候见	口 流开一上厚溪	侯 流开一平侯匣	欧 流开一平侯影
成　都	tʻəu^{21}	nəu^{21}	tsəu^{53}	tsʻəu^{213}	kəu^{213}	kʻəu^{53}	xəu^{21}	ŋəu^{55}
广　元	tʻəu^{21}	nəu^{21}	tsəu^{42}	tsʻəu^{214}	kəu^{214}	kʻəu^{42}	xəu^{21}	ŋəu^{55}
达　州	tʻəu^{12}	nəu^{12}	tsəu^{42}	tsʻəu^{214}	kəu^{214}	kʻəu^{42}	xəu^{12}	ŋəu^{55}
遂　宁	tʻəu^{21}	nəu^{21}	tsəu^{52}	tsʻəu^{213}	kəu^{213}	kʻəu^{52}	xəu^{21}	ŋəu^{55}
自　贡	tʻəu^{31}	nəu^{31}	tʂəu^{53}	tʂʻəu^{214}	kəu^{214}	kʻəu^{53}	xəu^{31}	ŋəu^{55}
荣　县	tʻəu^{31}	nəu^{31}	tsəu^{42}	tsʻəu^{214}	kəu^{214}	kʻəu^{42}	xəu^{31}	ŋəu^{55}
雅　安	tʻəu^{21}	nəu^{21}	tsəu^{42}	tsʻəu^{214}	kəu^{214}	kʻəu^{42}	xəu^{21}	ŋəu^{55}
汉　源	tʻəu^{21}	nəu^{21}	tsəu^{42}	tsʻəu^{213}	kəu^{213}	kʻəu^{42}	xəu^{21}	ŋəu^{55}
泸　州	tʻəu^{21}	nəu^{21}	tsəu^{42}	tsʻəu^{13}	kəu^{13}	kʻəu^{42}	xəu^{21}	ŋəu^{55}
眉　山	tʻəu^{31}	nəu^{31}	tsəu^{53}	tsʻəu^{13}	kəu^{13}	kʻəu^{53}	xəu^{31}	ŋəu^{55}
乐　山	tʻəu^{21}	nəu^{21}	tsəu^{43}	tsʻəu^{13}	kəu^{13}	kʻəu^{43}	xəu^{21}	ŋəu^{55}
西　昌	tʻəu^{52}	nəu^{52}	tsəu^{34}	tsʻəu^{11}	kəu^{11}	kʻəu^{34}	xəu^{52}	ŋəu^{44}
洛　带客	tʻiəu^{13}	liəu^{13}	tsəu^{31}	tsʻəu^{53}	kiəu^{53}	xiəu^{31}	xiəu^{13}	ŋiəu^{45}
仪　陇客	tʻan^{21} / tʻai^{21}	lai^{21}	tsai^{53}	tsʻai^{13}	kiɛ^{13}	kʻɛ^{53}	xai^{21}	ŋiɛ^{33}
永　兴湘	dʻəu^{31}	nəu^{31}	tsəu^{53}	tsʻəu^{14}	kiəu^{14}	kʻiəu^{53}	ɣəu^{31}	ŋiəu^{55}
安　仁湘	tie^{13}/tɤu^{13}	nie^{13}	tɕie^{41}/tɕiɤu^{41}	tsʻɤu^{24}	kɤu^{55}	tɕʻie^{41}/kʻɤu^{41}	he^{13}	ŋɤu^{33}
长　乐湘	tou^{21}	nou^{21}	tsou^{53}	tsʻou^{35}	kou^{35}	kʻou^{53}	xou^{21}	ŋou^{44}

续表 5－1

	否 流开三上有非	浮 流开三平尤奉	妇 流开三上有奉	纽 流开三上有泥	流 流开三平尤来	酒 流开三上有精	秋 流开三平尤清	就 流开三去宥从
成　都	foŋ^{53}/fəu^{53}	fu^{21}	fu^{213}	ȵiəu^{53}	niəu^{21}	tɕiəu^{53}	tɕʻiəu^{55}	tɕiəu^{213}
广　元	fəu^{42}	fu^{21}	fu^{214}	ȵiəu^{42}	niəu^{21}	tɕiəu^{42}	tɕʻiəu^{55}	tɕiəu^{214}
达　州	fəu^{42}	fu^{12}	fu^{214}	niəu^{42}	niəu^{12}	tɕiəu^{42}	tɕʻiəu^{55}	tɕiəu^{214}
遂　宁	fəu^{52}	fu^{21}	fu^{213}	niəu^{52}	niəu^{21}	tɕiəu^{52}	tɕʻiəu^{55}	tɕiəu^{213}
自　贡	foŋ^{53}	fo^{31}	fu^{214}	ȵiəu^{53}	niəu^{31}	tɕiəu^{53}	tɕʻiəu^{55}	tɕiəu^{214}
荣　县	fəu^{42}	foŋ^{31}	fu^{214}	ȵiəu^{42}	niəu^{31}	tɕiəu^{42}	tɕʻiəu^{55}	tɕiəu^{214}
雅　安	fo^{42}	fu^{21}	fu^{214}	niəu^{42}	niəu^{21}	tɕiəu^{42}	tɕʻiəu^{55}	tɕiəu^{214}
汉　源	fo^{42}	fo^{21}	fu^{213}	ȵiəu^{42}	niəu^{21}	tɕiəu^{42}	tɕʻiəu^{55}	tɕiəu^{213}
泸　州	foŋ^{42}/fəu^{42}	fu^{21}	fu^{13}	ȵiəu^{42}	niəu^{21}	tɕiəu^{42}	tɕʻiəu^{55}	tɕiəu^{13}
眉　山	foŋ^{53}/fəu^{53}	fu^{31}	fu^{13}	ȵiəu^{53}	niəu^{31}	tɕiəu^{53}	tɕʻiəu^{55}	tɕiəu^{13}
乐　山	foŋ^{43}	foŋ^{21}	fu^{13}	niəu^{43}	niəu^{21}	tɕiəu^{43}	tɕʻiəu^{55}	tɕiəu^{13}
西　昌	fəu^{34}	fəu^{52}	fu^{11}	niəu^{34}	niəu^{52}	tɕiəu^{34}	tɕʻiəu^{44}	tɕiəu^{11}
洛　带客	fəu^{31}	fu^{13}	pu^{45}/fu^{53}	liəu^{31}	liəu^{13}	tɕiəu^{31}	tɕʻiəu^{45}	tɕʻiəu^{53}
仪　陇客	fəu^{53}	fu^{21}	fu^{13}	liəu^{53}	liəu^{21}	tɕiəu^{53}	tɕʻiəu^{33}	tɕʻiəu^{53}
永　兴湘	fəu^{53}	vu^{31}	vu^{14}	ȵiəu^{53}	niəu^{31}	tɕiəu^{53}	tɕʻiəu^{55}	tɕiəu^{14}/dʑʻiəu^{14}
安　仁湘	ɸɤu^{41}	fu^{13}	fu^{24}	niɤu^{41}	niɤu^{13}	tɕiɤu^{41}	tɕʻiɤu^{33}	tɕiɤu^{21}
长　乐湘	fou^{53}	fu^{21}	fu^{35}	niou^{53}	niou^{21}	tɕiou^{53}	tɕʻiou^{44}	tɕiou^{35}

续表5－1

	修 流开三平尤心	袖 流开三去宥邪	昼 流开三去宥知	绸 流开三平尤澄	邹 流开三平尤庄	皱 流开三去宥庄	愁 流开三平尤崇	舟 流开三平尤章
成　都	ɕiəu^{55}	ɕiəu^{213}	ʦəu^{213}	ʦʻəu^{21}	ʦəu^{55}	ʦəu^{213}	ʦʻəu^{21}	ʦəu^{55}
广　元	ɕiəu^{55}	ɕiəu^{214}	ʦəu^{214}	ʦʻəu^{21}	ʦəu^{55}	ʦoŋ^{214}	ʦʻəu^{21}	ʦəu^{55}
达　州	ɕiəu^{55}	ɕiəu^{214}	ʦəu^{214}	ʦʻəu^{12}	ʦəu^{55}	ʦoŋ^{214}	ʦʻəu^{12}	ʦəu^{55}
遂　宁	ɕiəu^{55}	ɕiəu^{213}	ʦəu^{213}	ʦʻəu^{21}	ʦəu^{55}	ʦəu^{213}	ʦʻəu^{21}	ʦəu^{55}
自　贡	ɕiəu^{55}	ɕiəu^{214}	tʂəu^{214}	tʂʻəu^{31}	tʂəu^{55}	tʂəu^{214}	tʂʻəu^{31}	tʂəu^{55}
荣　县	ɕiəu^{55}	ɕiəu^{214}	ʦəu^{214}	ʦʻəu^{31}	ʦəu^{55}	ʦoŋ^{214}	ʦʻəu^{31}	ʦəu^{55}
雅　安	ɕiəu^{55}	ɕiəu^{214}	ʦəu^{214}	ʦʻəu^{21}	ʦəu^{55}	ʦoŋ^{214}	ʦʻəu^{21}	ʦəu^{55}
汉　源	ɕiəu^{55}	ɕiəu^{213}	ʦəu^{213}	ʦʻəu^{21}	ʦəu^{55}	ʦoŋ^{213}	ʦʻəu^{21}	ʦəu^{55}
泸　州	ɕiəu^{55}	ɕiəu^{13}	ʦəu^{13}	ʦʻəu^{21}	ʦəu^{55}	ʦoŋ^{13}	ʦʻəu^{21}	ʦəu^{55}
眉　山	ɕiəu^{55}	ɕiəu^{13}	ʦəu^{13}	ʦʻəu^{31}	ʦəu^{55}	ʦoŋ^{13}	ʦʻəu^{31}	ʦəu^{55}
乐　山	ɕiəu^{55}	ɕiəu^{13}	ʦəu^{13}	ʦʻəu^{21}	ʦəu^{55}	ʦoŋ^{13}	ʦʻəu^{21}	ʦəu^{55}
西　昌	ɕiəu^{44}	ɕiəu^{11}	tʂəu^{11}	tʂʻəu^{52}	ʦəu^{34}	ʦoŋ^{11}	ʦʻəu^{52}	tʂəu^{52}
洛　带客	ɕiəu^{45}	ʨʻiəu^{53}	ʦəu^{53}	ʦʻəu^{13}	ʦəu^{45}	ʦuŋ^{53}	ʦʻəu^{13}	ʦəu^{45}
仪　陇客	ɕiəu^{33}	ʨʻiəu^{53}	ʦəu^{13}	ʦʻəu^{21}	ʦəu^{33}	ʦuŋ^{13}	ʦʻəu^{21}	ʦəu^{33}
永　兴湘	ɕiəu^{55}	ɕiəu^{14}	ʨiəu^{14}	ʥʻiəu^{31}	ʦəu^{55}	ʦoŋ^{14}	ʣʻəu^{31}/ʥʻiəu^{31}	ʨiəu^{55}
安　仁湘	ɕiɤu^{33}	ɕiɤu^{55}	ʦɤu^{55}	ʨiɤu^{13}	ʨiɤu^{33}	ʦən^{55}	ʨiɤu^{13}	ʦɤu^{33}
长　乐湘	ɕiou^{44}	ɕiou^{35}	ʦou^{35}	ʦʻou^{21}	ʦou^{44}	ʦuŋ^{35}	ʦou^{21}	ʦou^{44}

续表5－1

	收 流开三平尤书	仇 流开三平尤群	寿 流开三去宥禅	柔 流开三平尤日	阄（拈阄） 流开三平尤见	九 流开三上有见	旧 流开三去宥群	牛 流开三平尤疑
成　都	səu^{55}	ʦʻəu^{21}	səu^{213}	zəu^{21}	ʨiəu^{55}	ʨiəu^{53}	ʨiəu^{213}	ȵiəu^{21}
广　元	səu^{55}	ʦʻəu^{21}	səu^{214}	zəu^{21}	ʨiəu^{55}	ʨiəu^{42}	ʨiəu^{214}	ȵiəu^{21}
达　州	səu^{55}	ʦʻəu^{12}	səu^{214}	zəu^{12}	ʨiəu^{55}	ʨiəu^{42}	ʨiəu^{214}	iəu^{12}
遂　宁	səu^{55}	ʦʻəu^{21}	səu^{213}	zəu^{21}	ʨiəu^{55}	ʨiəu^{52}	ʨiəu^{213}	niəu^{21}
自　贡	ʂəu^{55}	tʂʻəu^{31}	ʂəu^{214}	ʐəu^{31}	ʨiəu^{55}	ʨiəu^{53}	ʨiəu^{214}	ȵiəu^{31}
荣　县	səu^{55}	ʦʻəu^{31}	səu^{214}	zəu^{31}	ʨiəu^{55}	ʨiəu^{42}	ʨiəu^{214}	niəu^{31}
雅　安	səu^{55}	ʦʻəu^{21}	səu^{214}	zəu^{21}	ʨiəu^{55}	ʨiəu^{42}	ʨiəu^{214}	niəu^{21}
汉　源	səu^{55}	ʦʻəu^{21}	səu^{213}	zəu^{21}	ʨiəu^{55}	ʨiəu^{42}	ʨiəu^{213}	ȵiəu^{21}
泸　州	səu^{55}	ʦʻəu^{21}	səu^{13}	zəu^{21}	ʨiəu^{55}	ʨiəu^{42}	ʨiəu^{13}	ȵiəu^{21}
眉　山	səu^{55}	ʦʻəu^{31}	səu^{13}	zəu^{31}	ʨiəu^{55}	ʨiəu^{53}	ʨiəu^{13}	ȵiəu^{31}
乐　山	səu^{55}	ʦʻəu^{21}	səu^{13}	zəu^{21}	ʨiəu^{55}	ʨiəu^{43}	ʨiəu^{13}	niəu^{21}
西　昌	ʂəu^{44}	tʂʻəu^{52}	ʂəu^{11}	ʐəu^{52}	kəu^{44}	ʨiəu^{34}	ʨiəu^{11}	niəu^{52}
洛　带客	səu^{45}	ʦʻəu^{13}	səu^{53}	zəu^{31}	kʻiəu^{45}	ʨiəu^{31}	ʨʻiəu^{53}	ȵiəu^{13}
仪　陇客	səu^{33}	ʦʻəu^{21}	səu^{13}	zəu^{21}	ʨiəu^{33}	ʨiəu^{53}	ʨiəu^{53}	ŋiɛ^{21}
永　兴湘	ʂəu^{55}	ʣʻəu^{31}/ʥʻiəu^{31}	ʂəu^{14}	ʐəu^{31}	ʨiəu^{55}	ʨiəu^{53}	ʥʻiəu^{14}	ȵiəu^{31}
安　仁湘	ɕiɤu^{33}	ʨiɤu^{13}	sɤu^{24}	zɤu^{13}	ʨiɤu^{33}	ʨiɤu^{41}	ʨiɤu^{21}	niɤu^{13}
长　乐湘	sou^{44}	ʦʻou^{21}	sou^{35}	zou^{21}	ʨiou^{44}	ʨiou^{53}	ʨiou^{35}	niou^{21}

续表 5－1

	休 流开三平尤晓	优 流开三平尤影	由 流开三平尤以	谬 流开三去幼明	丢 流开三平幽端	幼 流开三去幼影	贪 咸开一平覃透	谭 咸开一平覃定
成　都	ɕiəu^{55}	iəu^{55}	iəu^{21}	miau^{213}	tiəu^{55}	iəu^{213}	tʻa^{n55}	tʻa^{n21}
广　元	ɕiəu^{55}	iəu^{55}	iəu^{21}	miau^{214}	tiəu^{55}	iəu^{214}	tʻa^{n55}	tʻan^{21}
达　州	ɕiəu^{55}	iəu^{55}	iəu^{12}	miəu^{214}	tiəu^{55}	iəu^{214}	tʻan^{55}	tʻan^{12}
遂　宁	ɕiəu^{55}	iəu^{55}	iəu^{21}	miəu^{213}	tiəu^{55}	iəu^{213}	tʻan^{55}	tʻan^{21}
自　贡	ɕiəu^{55}	iəu^{55}	iəu^{31}	miəu^{214}	tiəu^{55}	iəu^{214}	tʻan^{55}	tʻan^{31}
荣　县	ɕiəu^{55}	iəu^{55}	iəu^{31}	miau^{214}	tiəu^{55}	iəu^{214}	tʻan^{55}	tʻan^{31}
雅　安	ɕiəu^{55}	iəu^{55}	iəu^{21}	miau^{214}	tiəu^{55}	iəu^{214}	tʻæ̃^{55}	tʻæ̃^{21}
汉　源	ɕiəu^{55}	iəu^{55}	iəu^{21}	miau^{213}	tiəu^{55}	iəu^{213}	tʻa^{n55}	tʻa^{n21}
泸　州	ɕiəu^{55}	iəu^{55}	iəu^{21}	miau^{13}	tiəu^{55}	iəu^{13}	tʻan^{55}	tʻan^{21}
眉　山	ɕiəu^{55}	iəu^{55}	iəu^{31}	miau^{13}	tiəu^{55}	iəu^{13}	tʻã^{55}	tʻã^{31}
乐　山	ɕiəu^{55}	iəu^{55}	iəu^{21}	miau^{13}	tiəu^{55}	iəu^{13}	tʻa^{n55}	tʻa^{n21}
西　昌	ɕiəu^{44}	iəu^{44}	iəu^{52}	miəu^{11}	tiəu^{44}	iəu^{11}	tʻan^{44}	tʻan^{52}
洛　带客	ɕiəu^{45}	iəu^{45}	iəu^{13}	miau^{53}	tiəu^{45}	iəu^{53}	tʻan^{45}	tʻan^{13}
仪　陇客	ɕiəu^{33}	iəu^{33}	iəu^{21}	miəu^{13}	tiəu^{33}	iəu^{13}	tʻan^{33}	tʻan^{21}
永　兴湘	ɕiəu^{55}	iəu^{55}	iəu^{31}	miəu^{14}	tiəu^{55}	iəu^{14}	tʻan^{55}	dʻan^{31}
安　仁湘	ɕiɤu^{33}	iɤu^{33}	iɤu^{13}	miɤu^{24}	tiɤu^{33}	iɤu^{55}	tʻã^{33}	tã^{13}
长　乐湘	ɕiou^{44}	iou^{44}	iou^{21}	miou^{44}	tiou^{44}	iou^{35}	tʻan^{44}	tʻan^{21}

续表 5－1

	南 咸开一平覃泥	惨 咸开一上感清	蚕 咸开一平覃从	坎 咸开一上感溪	暗 咸开一去堪影	胆 咸开一上敢端	毯 咸开一上敢透	蓝 咸开一平谈来
成　都	na^{n21}	ʦʻa^{n53}	ʦʻa^{n21}	kʻa^{n53}	ŋa^{n213}	ta^{n53}	tʻa^{n53}	na^{n21}
广　元	na^{n21}	ʦʻa^{n42}	ʦʻan^{21}	kʻan^{42}	ŋan^{214}	ta^{n42}	tʻan^{42}	na^{n21}
达　州	nan^{12}	ʦʻan^{42}	ʦʻan^{12}	kʻan^{42}	ŋan^{214}	tan^{42}	tʻan^{42}	nan^{12}
遂　宁	nan^{21}	ʦʻan^{52}	ʦʻan^{21}	kʻan^{52}	ŋai^{213}	tan^{52}	tʻan^{52}	nan^{21}
自　贡	nan^{31}	tʂʻan^{53}	ʦʻan^{31}	kʻan^{53}	ŋan^{214}	tan^{53}	tʻan^{53}	nan^{31}
荣　县	nan^{31}	ʦʻan^{42}	ʦʻan^{31}	kʻan^{42}	ŋan^{214}	tan^{42}	tʻan^{42}	nan^{31}
雅　安	næ̃^{21}	ʦʻæ̃^{42}	ʦʻæ̃^{21}	kʻæ̃^{42}	ŋæ̃^{214}	tæ̃^{42}	tʻæ̃^{42}	næ̃^{21}
汉　源	na^{n21}	ʦʻa^{n42}	ʦʻa^{n21}	kʻa^{n42}	ŋa^{n213}	ta^{n42}	tʻa^{n42}	na^{n21}
泸　州	nan^{21}	ʦʻan^{42}	ʦʻan^{21}	kʻan^{42}	ŋan^{13}	tan^{42}	tʻan^{42}	nan^{21}
眉　山	nã^{31}	ʦʻã^{53}	ʦʻã^{31}	kʻã^{53}	ŋã^{13}	tã^{53}	tʻã^{53}	nã^{31}
乐　山	na^{n21}	ʦʻa^{n43}	ʦʻa^{n21}	kʻa^{n43}	ŋa^{n13}	ta^{n43}	tʻa^{n43}	na^{n21}
西　昌	nan^{52}	ʦʻan^{34}	ʦʻan^{52}	kʻan^{34}	ŋan^{11}	tan^{34}	tʻan^{34}	nan^{52}
洛　带客	lan^{13}	ʦʻan^{31}	ʦʻan^{13}	kʻan^{53}	an^{53}	tan^{31}	tʻan^{31}	lan^{13}
仪　陇客	lan^{21}	ʦʻan^{53}	ʦʻan^{21}	kʻan^{53}	ŋan^{13}	tan^{53}	tʻan^{53}	lan^{21}
永　兴湘	nan^{31}	ʦʻan^{53}	ʣʻan^{31}	kʻan^{53}	ŋan^{14}	tan^{53}	tʻan^{53}	nan^{31}
安　仁湘	nã^{13}	ʦʻã^{41}	ʦã^{13}	kʻã^{41}	ŋã^{55}	tã^{41}	tʻã^{41}	nã^{13}
长　乐湘	nan^{21}	ʦʻan^{53}	ʦan^{21}	kʻan^{53}	ŋan^{35}	tan^{53}	tʻan^{21}	nan^{21}

续表 5－1

	暂 咸开一去阚从	三 咸开一平谈心	敢 咸开一上敢见	酣 咸开一平谈匣	站 咸开二去陷知	赚 咸开二去陷澄	馋 咸开二平咸崇	杉 咸开二平咸生
成都	ʦan^{213}	sa^{n55}	ka^{n53}	xa^{n55}	ʦa^{n213}	ʦua^{n213}	ʦ'a^{n21}	sa^{55}
广元	ʦan^{214}	sa^{n55}	ka^{n42}	xan^{55}	ʦa^{n214}	ʦuan^{214}	ʦ'an^{21}	san^{55}
达州	ʦan^{214}	san^{55}	kan^{42}	xan^{55}	ʦan^{214}	ʦuan^{214}	ʦ'an^{12}	san^{55}
遂宁	ʦan^{213}	san^{55}	kan^{52}	xan^{55}	ʦan^{213}	ʦuan^{213}	ʦ'an^{21}	san^{55}
自贡	tʂan^{214}	san^{55}	kan^{53}	xan^{55}	tʂan^{214}	tʂuan^{214}	tʂ'an^{31}	ʂan^{55}
荣县	ʦan^{214}	san^{55}	kan^{42}	xan^{55}	ʦan^{214}	ʦuan^{214}	ʦ'an^{31}	san^{55}
雅安	ʦæ̃^{214}	sæ̃^{55}	kæ̃^{42}	xæ̃^{55}	ʦæ̃^{214}	ʦuæ̃^{214}	ʦ'æ̃^{21}	sa^{55}
汉源	ʦa^{n213}	sa^{n55}	ka^{n42}	xa^{n55}	ʦa^{n213}	ʦua^{n213}	ʦ'a^{n21}	sa^{55}
泸州	ʦan^{13}	san^{55}	kan^{42}	xan^{55}	ʦan^{13}	ʦuan^{13}	ʦ'an^{21}	sa^{55}
眉山	ʦã^{13}	sã^{55}	kã^{53}	xã^{55}	ʦã^{13}	ʦuã^{13}	ʦ'ã^{31}	sã^{55}
乐山	ʦa^{n13}	sa^{n55}	ka^{n43}	xa^{n55}	ʦa^{n213}	ʦua^{n13}	ʦ'a^{n21}	sa^{n55}
西昌	ʦan^{11}	san^{44}	kan^{34}	xan^{44}	tʂan^{11}	tʂuan^{11}	ʦ'an^{52}	ʂa^{44}
洛带$_{客}$	ʦan^{53}	san^{45}	kan^{31}	xan^{45}	ʦan^{53}	ʦ'an^{53}	ʦ'an^{13}	sa^{45}
仪陇$_{客}$	ʦan^{13}	san^{33}	kan^{53}	xan^{33}	ʦan^{13}	ʦan^{13}	ʦ'an^{21}	sa^{33}
永兴$_{湘}$	ʦan^{14}	san^{55}	kan^{53}	xan^{55}	ʦan^{14}	tʂuan^{14}	ʣ'an^{31}	sa^{55}
安仁$_{湘}$	ʦã^{24}	sã^{33}	kã^{41}	hã^{33}	ʦã^{55}	ʨyẽ^{55}	ʦã^{13}	sã^{33}
长乐$_{湘}$	ʦan^{35}	san^{44}	kan^{53}	xan^{44}	ʦan^{35}	ʦuan^{35}	ʦ'an^{21}	san^{44}

续表 5－1

	咸 咸开二平咸匣	岩 咸开二平衔疑	贬 咸开三上琰帮	廉 咸开三平盐来	尖 咸开三平盐精	签 咸开三平盐清	闪 咸开三上琰书	染 咸开三上琰日
成都	xa^{n21}	ŋai^{21}/iɛ^{n21}	piɛ^{n53}	niɛ^{n21}	ʨiɛ^{n55}	ʨ'iɛ^{n55}	sa^{n53}	za^{n53}
广元	xan^{21}	ŋai^{21}	piɛn^{42}	niɛn^{21}	ʨiɛ^{n55}	ʨ'iɛn^{55}	sa^{n42}	zan^{42}
达州	xan^{12}	ŋai^{12}	piɛn^{42}	niɛn^{42}	ʨiɛn^{55}	ʨ'iɛn^{55}	san^{42}	zan^{42}
遂宁	xan^{21}	ŋai^{21}	piɛn^{52}	niɛn^{21}	ʨiɛn^{55}	ʨ'iɛn^{55}	san^{52}	zan^{52}
自贡	xan^{31}	ŋai^{31}	piɛn^{53}	niɛn^{31}	ʨiɛn^{55}	ʨ'iɛn^{55}	ʂan^{53}	ʐan^{53}
荣县	xan^{31}	ŋai^{31}	pin^{42}	lin^{31}	ʨin^{55}	ʨ'in^{55}	san^{55}	zan^{42}
雅安	xæ̃^{21}	ŋai^{21}	piɛ̃^{42}	niɛ̃^{21}	ʨiɛ̃^{55}	ʨ'iɛ̃^{55}	sæ̃^{55}	zæ̃^{42}
汉源	xa^{n21}	ŋai^{21}	piɛ^{n42}	niɛ^{n21}	ʨiɛ^{n55}	ʨ'iɛ^{n55}	sa^{n55}	za^{n42}
泸州	xan^{21}	ŋai^{21}	piɛn^{42}	niɛn^{21}	ʨiɛn^{55}	ʨ'iɛn^{55}	san^{42}	zan^{42}
眉山	xã^{31}	ŋai^{31}	piɛ̃^{53}	niɛ̃^{31}	ʨiɛ̃^{55}	ʨ'iɛ̃^{55}	sã^{53}	zã^{53}
乐山	xa^{n21}	ŋai^{21}	pia^{n43}	nia^{n21}	ʨiɛ̃^{55}	ʨ'ia^{n55}	sa^{n43}	za^{n43}
西昌	xan^{52}	ŋai^{52}	pian^{34}	nian^{52}	ʨian^{44}	ʨ'ian^{44}	ʂan^{34}	ʐan^{34}
洛带$_{客}$	xan^{13}	ŋai^{13}	piɛn^{31}	liɛn^{13}	ʨiɛn^{45}	ʨ'iɛn^{45}	san^{31}	ȵiɛn^{53}
仪陇$_{客}$	xan^{21}	ŋai^{21}	piɛn^{53}	liɛn^{21}	ʨian^{33}	ʨ'iɛn^{33}	san^{53}	iɛn^{53}
永兴$_{湘}$	ɤan^{31}	ŋai^{31}	pian^{53}	nian^{31}	ʨian^{55}	ʨ'ian^{55}	ʂan^{53}	ʐan^{53}
安仁$_{湘}$	hã^{13}	ŋa^{13}	pĩ^{41}	nĩ^{13}	ʨĩ^{33}	ʨ'ĩ^{33}	ɕĩ^{41}	nĩ^{41}
长乐$_{湘}$	xan^{21}	ŋai^{21}	pian^{53}	nian^{21}	ʨian^{44}	ʨ'ian^{44}	san^{53}	ŋan^{53}

续表 5－1

	钳 咸开三平盐群	俭 咸开三上琰群	险 咸开三上琰晓	淹 咸开三平盐影	盐 咸开三平盐以	剑 咸开三去酽见	欠 咸开三去酽溪	严 咸开三平严疑
成都	tɕʻiɛ^{n21}	tɕiɛ^{n53}	ɕiɛ^{n53}	iɛ^{n55}	iɛ^{n21}	tɕʻiɛ^{n213}	tɕʻiɛ^{n213}	ȵiɛ^{n21}
广元	tɕʻiɛn^{21}	tɕiɛn^{42}	ɕiɛ^{n42}	ŋan^{55}	iɛ^{n21}	tɕiɛn^{214}	tɕʻiɛ^{n214}	ȵiɛ^{n21}
达州	tɕʻiɛn^{12}	tɕiɛn^{42}	ɕiɛn^{42}	ŋan^{55}	iɛn^{12}	tɕiɛn^{214}	tɕʻiɛn^{214}	iɛn^{12}
遂宁	tɕʻiɛn^{21}	tɕiɛn^{52}	ɕiɛn^{52}	iɛn^{55}	iɛn^{21}	tɕiɛn^{213}	tɕʻiɛn^{213}	niɛn^{21}
自贡	tɕʻiɛn^{31}	tɕiɛn^{53}	ɕiɛn^{53}	iɛn^{55}	iɛn^{31}	tɕiɛn^{214}	tɕʻiɛn^{214}	ȵiɛn^{31}
荣县	tɕʻin^{31}	tɕin^{42}	ɕin^{42}	ŋan^{55}	in^{31}	tɕin^{214}	tɕʻin^{214}	ȵin^{31}
雅安	tɕʻiɛ̃^{21}	tɕiɛ̃^{42}	ɕiɛ̃^{42}	ŋæ̃^{55}	iɛ̃^{21}	tɕiɛ̃^{214}	tɕʻiɛ̃^{214}	niɛ̃^{21}
汉源	tɕʻiɛ^{n21}	tɕiɛ^{n42}	ɕiɛ^{n42}	ŋa^{n55}	iɛ^{n21}	tɕiɛ^{n213}	tɕʻiɛ^{n213}	ȵiɛ^{n21}／ŋa^{n21}
泸州	tɕʻiɛn^{21}	tɕiɛn^{42}	ɕiɛn^{42}	ŋan^{55}	iɛn^{21}	tɕiɛn^{13}	tɕʻiɛn^{13}	ȵiɛn^{21}
眉山	tɕʻiɛ̃^{31}	tɕiɛ̃^{53}	ɕiɛ̃^{53}	ŋã^{55}	iɛ̃^{31}	tɕiɛ̃^{13}	tɕʻiɛ̃^{13}	ȵiɛ̃^{31}
乐山	tɕʻia^{n21}	tɕia^{n43}	ɕiɛ̃^{43}	ŋa^{n55}	iɛ̃^{21}	tɕia^{n13}	tɕʻiɛ̃^{13}	niɛ̃^{21}
西昌	tɕʻian^{52}	tɕian^{34}	ɕian^{34}	ian^{44}	ian^{52}	tɕian^{11}	tɕʻian^{11}	nian^{52}
洛带$_{客}$	tɕʻiɛn^{13}	tɕʻiaŋ^{53}／tɕiɛn^{31}	ɕiɛn^{31}	ŋan^{45}	iɛn^{13}	tɕiɛn^{53}	tɕʻiɛn^{53}	ȵiɛn^{13}
仪陇$_{客}$	tɕʻiɛn^{21}	tɕiɛn^{21}	ɕɛn^{53}	ŋan^{33}	iɛn^{21}	tɕiɛn^{13}	tɕʻiɛn^{13}	iɛn^{21}
永兴$_{湘}$	dʑʻian^{31}	tɕian^{53}	ɕian^{53}	ŋan^{55}	ian^{31}	tɕian^{14}	tɕʻian^{14}	ȵian^{31}
安仁$_{湘}$	tɕĩ^{13}	tɕĩ^{41}	ɕĩ^{41}	ŋã^{33}	ĩ^{13}	tɕĩ^{55}	tɕʻĩ^{24}	nĩ^{13}
长乐$_{湘}$	tɕʻian^{21}	tɕian^{53}	ɕian^{53}	ŋan^{44}	ian^{21}	tɕian^{35}	tɕʻian^{35}	nian^{21}

续表 5－1

	点 咸开四上忝端	甜 咸开四平添定	嫌 咸开四平添匣	凡 咸合三平凡奉	禀 深开三上寝帮	林 深开三平侵来	浸 深开三去沁精	侵 深开三平侵清
成都	tiɛ^{n53}	tʻ iɛ^{n21}	ɕiɛ^{n21}	fa^{n21}	pin^{53}	nin^{21}	tɕʻin^{213}	tɕʻin^{213}
广元	tiɛ^{n42}	tʻiɛn^{21}	ɕiɛn^{21}	fa^{n21}	nin^{42}	nin^{21}	tɕʻin^{214}	tɕʻin^{214}
达州	tiɛn^{42}	tʻiɛn^{12}	ɕiɛn^{12}	fan^{12}	pin^{42}	nin^{12}	tɕʻin^{214}	tɕʻin^{214}
遂宁	tiɛn^{52}	tʻiɛn^{21}	ɕiɛn^{21}	fan^{21}	pin^{52}	nin^{21}	tɕʻin^{213}	tɕʻin^{213}
自贡	tiɛn^{53}	tʻiɛn^{31}	ɕiɛn^{31}	fan^{31}	pin^{53}	nin^{31}	tɕʻin^{214}	tɕʻin^{55}
荣县	tin^{42}	tʻin^{31}	ɕin^{31}	fan^{31}	nin^{42}	nin^{31}	tɕʻin^{214}	tɕʻin^{214}
雅安	tiɛ̃^{42}	tʻiɛ̃^{21}	ɕiɛ̃^{21}	fæ̃^{21}	nin^{42}	nin^{21}	tɕʻin^{214}	tɕʻin^{214}
汉源	tiɛ^{n42}	tʻiɛ^{n21}	ɕiɛ^{n21}	fa^{n21}	nin^{42}	nin^{21}	tɕʻin^{213}	tɕʻin^{213}
泸州	tiɛn^{42}	tʻiɛn^{21}	ɕiɛn^{21}	fan^{21}	pin^{42}	nin^{21}	tɕʻin^{13}	tɕʻin^{13}
眉山	tiɛ̃^{53}	tʻiɛ̃^{31}	ɕiɛ̃^{31}	fã^{31}	pin^{53}	nin^{31}	tɕʻin^{13}	tɕʻin^{13}
乐山	tiɛ̃^{43}	tʻia^{n21}	ɕia^{n21}	fa^{n21}	pin^{43}	nin^{21}	tɕin^{13}	tɕʻin^{55}
西昌	tian^{34}	tʻian^{52}	ɕian^{52}	fan^{52}	pin^{34}	nin^{52}	tɕʻin^{11}	tɕʻin^{44}
洛带$_{客}$	tiɛn^{31}	tʻiɛn^{13}	ɕiɛn^{13}	fan^{13}	pin^{31}	lin^{13}	tɕin^{53}／tɕʻin^{53}	tɕʻin^{53}
仪陇$_{客}$	tiɛn^{53}	tʻiɛn^{21}	ɕiɛn^{21}	fan^{21}	pin^{53}	lin^{21}	tɕʻin^{13}	tɕʻin^{13}
永兴$_{湘}$	tian^{53}	dʻian^{31}	ɕian^{31}／ʐan^{31}	van^{31}	pin^{53}	nin^{31}	tɕʻin^{14}	tɕʻin^{14}
安仁$_{湘}$	tĩ$^{41/33}$	tĩ^{13}	ɕĩ^{13}／hĩ^{13}	fã^{13}	pin^{41}	nin^{13}	tɕʻin^{24}	tɕʻin^{24}
长乐$_{湘}$	tian^{53}	tʻian^{21}	ɕian^{21}	fan^{21}	pin^{53}	nin^{21}	tɕʻin^{35}	tɕʻin^{35}

续表 5－1

	心 深开三平侵心	寻 深开三平侵邪	沉 深开三平侵澄	深 深开三平侵书	今 深开三平侵见	琴 深开三平侵群	音 深开三平侵影	单 山开一平寒端
成　都	ɕin^{55}	ɕyn^{21}	ʦʻən^{21}	sən^{55}	ʨin^{55}	ʨʻin^{21}	in^{55}	ta^{n55}
广　元	in^{55}	ɕyn^{21}	ʦʻən^{21}	sən^{55}	ʨin^{55}	ʨin^{21}	in^{55}	tan^{55}
达　州	ɕin^{55}	ɕyn^{12}	ʦʻən^{12}	sən^{55}	ʨin^{55}	ʨʻin^{12}	in^{55}	tan^{55}
遂　宁	ɕin^{55}	ɕyn^{21}	ʦʻən^{21}	sən^{55}	ʨin^{55}	ʨʻin^{21}	in^{55}	tan^{55}
自　贡	ɕin^{55}	ɕyn^{31}	tʂən^{31}	ʂən^{55}	ʨin^{55}	ʨʻin^{31}	in^{55}	tan^{55}
荣　县	in^{55}	ɕyn^{31}	ʦʻən^{31}	sən^{55}	ʨin^{55}	ʨin^{31}	in^{55}	tan^{55}
雅　安	in^{55}	ɕyn^{21}	ʦʻən^{21}	sən^{55}	ʨin^{55}	ʨin^{21}	in^{55}	tæ̃^{55}
汉　源	in^{55}	ɕyn^{21}	ʦʻən^{21}	sən^{55}	ʨin^{55}	ʨin^{21}	in^{55}	ta^{n55}
泸　州	ɕin^{55}	ɕyn^{21}	ʦʻən^{21}	sən^{55}	ʨin^{55}	ʨʻin^{21}	in^{55}	tan^{55}
眉　山	ɕin^{55}	ɕyn^{31}	ʦʻən^{31}	sən^{55}	ʨin^{55}	ʨʻin^{31}	in^{55}	tã^{55}
乐　山	ɕin^{55}	ɕn^{21}	ʨʻən^{21}	sən^{55}	ʨin^{55}	ʨʻin^{21}	in^{55}	ta^{n55}
西　昌	ɕin^{44}	ɕin^{52}	tʂʻən^{52}	ʂən^{44}	ʨin^{44}	ʨʻin^{52}	in^{44}	tan^{44}
洛　带$_{客}$	ɕin^{45}	ɕyn^{13}	ʦʻən^{13}	ʦʻən^{45}／sən^{45}	ʨin^{45}	ʨʻin^{13}	in^{45}	tan^{45}
仪　陇$_{客}$	ɕin^{33}	ɕyn^{21}	ʦʻən^{21}	sən^{33}	ʨin^{33}	ʨʻin^{21}	in^{33}	tan^{33}
永　兴$_{湘}$	ɕin^{55}	ɕyn^{31}／ʂuən^{31}	dʐʻən^{31}／ʥʻin^{31}	ʂən^{55}	ɕin^{55}	ʥʻin^{31}	in^{55}	tan^{55}
安　仁$_{湘}$	ɕin^{33}	ɕỹ^{13}	ʦən^{13}	ɕin^{33}	ʨin^{33}	ʨin^{13}	in^{33}	tã^{33}
长　乐$_{湘}$	ɕin^{44}	ɕyn^{21}	ʨʻən^{21}	sən^{44}	ʨin^{44}	ʨʻin^{21}	in^{44}	tan^{44}

续表 5－1

	滩 山开一平寒透	坛 山开一平寒定	赞 山开一去翰精	残 山开一平寒从	汉 山开一去翰晓	汗 山开一去翰匣	安 山开一平寒影	办 山开二去裥並
成　都	tʻa^{n55}	tʻa^{n21}	ʦa^{n213}	ʦʻa^{n21}	xa^{n213}	xa^{n213}	ŋa^{n55}	pa^{n213}
广　元	tʻan^{55}	tʻan^{21}	ʦa^{n214}	ʦʻan^{21}	xa^{n214}	xan^{214}	ŋa^{n55}	pan^{214}
达　州	tʻan^{55}	tʻan^{12}	ʦan^{214}	ʦʻan^{12}	xan^{214}	xan^{214}	ŋan^{55}	pan^{214}
遂　宁	tʻan^{55}	tʻan^{21}	ʦan^{213}	ʦʻan^{21}	xan^{213}	xan^{213}	ŋan^{55}	pan^{213}
自　贡	tʻan^{55}	tʻan^{31}	tʂan^{214}	ʦʻan^{31}	xan^{214}	xan^{214}	ŋan^{55}	pan^{214}
荣　县	tʻan^{55}	tʻan^{31}	ʦan^{214}	ʦʻan^{31}	xan^{214}	xan^{214}	ŋan^{55}	pan^{214}
雅　安	tʻæ̃^{55}	tʻæ̃^{21}	ʦæ̃^{213}	ʦʻæ̃^{21}	xæ̃^{214}	xæ̃^{214}	ŋæ̃^{55}	pæ̃^{214}
汉　源	tʻa^{n55}	tʻa^{n21}	ʦa^{n213}	ʦʻa^{n21}	xa^{n213}	xa^{n213}	ŋa^{n55}	pa^{n213}
泸　州	tʻan^{55}	tʻan^{21}	ʦan^{13}	ʦʻan^{21}	xan^{13}	xan^{13}	ŋan^{55}	pan^{13}
眉　山	tʻã^{55}	tʻã^{31}	ʦã^{13}	ʦʻã^{31}	xã^{13}	xã^{13}	ŋã^{55}	pã^{13}
乐　山	tʻa^{n55}	tʻa^{n21}	ʦa^{n13}	ʦʻa^{n21}	xa^{n13}	xa^{n13}	ŋa^{n55}	pa^{n13}
西　昌	tʻan^{44}	tʻan^{52}	ʦan^{11}	ʦʻan^{52}	xan^{11}	xan^{11}	ŋan^{44}	pan^{11}
洛　带$_{客}$	tʻan^{45}	tʻan^{13}	ʦan^{53}	ʦʻan^{13}	xɔn^{53}	xɔn^{53}	ɔn^{45}	pʻan^{53}
仪　陇$_{客}$	tʻan^{33}	tʻan^{21}	ʦan^{13}	ʦʻan^{21}	fuɔn^{53}	xuɔn^{53}	uɔn^{33}	pʻan^{53}
永　兴$_{湘}$	tʻan^{55}	dʻan^{31}	ʦan^{14}	ʣʻan^{31}	xan^{14}	ɣan^{14}	ŋan^{55}	bʻan^{14}
安　仁$_{湘}$	tʻã^{33}	tã^{13}	ʦã^{55}	ʦã^{13}	hã^{24}	hã^{24}	ŋã^{33}	pã^{24}
长　乐$_{湘}$	tʻan^{44}	tʻan^{21}	ʦan^{35}	ʦʻan^{21}	xan^{35}	xan^{35}	ŋan^{44}	pan^{35}

续表5－1

	绽 山开二去裥澄	产 山开二上产生	间（中间） 山开二平山见	眼 山开二上产疑	苋 山开二去裥匣	班 山开二平删帮	攀 山开二平删滂	栈 山开二去谏崇
成都	tsa^{n213}	ts'a^{n53}	tɕiɛ^{n55}	iɛ^{n53}	xa^{n213}	pa^{n55}	p'a^{n55}	tsa^{n213}
广元	tsan^{214}	ts'a^{n42}	tɕiɛn^{55}	iɛ^{n42}	xan^{214}	pa^{n55}	p'an^{55}	tsan^{214}
达州	tsan^{214}	ts'an^{42}	tɕiɛn^{55}	iɛn^{42}	xan^{214}	pan^{55}	p'an^{55}	tsan^{214}
遂宁	tsan^{213}	ts'an^{52}	tɕiɛn^{55}	iɛn^{52}	xan^{213}	pan^{55}	p'an^{55}	tsan^{213}
自贡	tʂan^{214}	tʂ'an^{53}	tɕiɛn^{55}	iɛn^{53}	ɕiɛn^{214}	pan^{55}	p'an^{55}	tʂan^{214}
荣县	tsan^{214}	ts'an^{42}	tɕin^{55}	in^{42}	xan^{214}	pan^{55}	p'an^{55}	tsan^{214}
雅安	tsæ̃^{214}	ts'æ̃^{42}	tɕiɛ̃^{55}	iɛ̃^{42}	xæ̃^{214}	pæ̃^{55}	p'æ̃^{55}	tsæ̃^{214}
汉源	tsa^{n213}	ts'a^{n42}	tɕiɛ^{n55}	iɛ^{n42}	xa^{n213}	pa^{n55}	p'a^{n55}	tsa^{n213}
泸州	tsan^{13}	ts'an^{42}	tɕiɛn^{55}	iɛn^{42}	xan^{13}	pan^{55}	p'an^{55}	tsan^{13}
眉山	tsã^{13}	ts'ã^{53}	tɕiɛ̃^{55}	iɛ̃^{53}	xã^{13}	pã^{55}	p'ã^{55}	tsã^{13}
乐山	tin^{13}	ts'a^{n43}	tɕia^{n55}	iɛ̃^{43}	ɕia^{n13}	pa^{n55}	p'a^{n55}	tsa^{n13}
西昌	tʂan^{11}	tʂ'an^{34}	tɕian^{44}	ian^{34}	xan^{11}	pan^{44}	p'an^{44}	t ʂan^{11}
洛带$_{客}$	tsan^{53}	ts'an^{31}	kan^{45}	ŋan^{31}	xan^{53}	pan^{45}	p'an^{45}	tsan^{53}
仪陇$_{客}$	tsan^{53}	ts'an^{53}	kan^{33}	ŋan^{53}	xan^{53}	pan^{33}	p'an^{33}	tsan^{53}
永兴$_{湘}$	tsan^{14}	ts'an^{53}	tɕian^{55}	ian^{53}	ɣan^{14}	pan^{55}	p'an^{55}	dʑ'ian^{14}
安仁$_{湘}$	tsã^{55}	ts'ã^{41}	kã^{33} tɕĩ^{33}	ŋã^{41}	hã^{24}	pã^{33}	p'ã^{33}	tsã^{55}
长乐$_{湘}$	tsan^{35}	ts'an^{53}	tɕian^{44}	ian^{53}	xan^{35}	pan^{44}	p'an^{44}	tsan^{35}

续表5－1

	雁 山开二去谏疑	晏（晚） 山开二去谏影	便（便宜） 山开三平仙并	面 山开三去线明	连 山开三平仙来	鲜 山开三平仙心	羡 山开三去线邪	缠 山开三平仙澄
成都	ŋa^{n213}/iɛ^{n213}	ŋa^{n213}	p'iɛ^{n21}	miɛ^{n213}	niɛ^{n21}	ɕyɛ^{n55}	ɕiɛ^{n213}	ts'a^{n21}
广元	ŋan^{214}	ŋan^{214}	p'iɛn^{21}	miɛ^{n214}	niɛ^{n21}	ɕyɛn^{55}	ɕiɛn^{214}	ts'an^{21}
达州	iɛn^{214}	iɛn^{214}	p'iɛn^{12}	miɛn^{214}	niɛn^{12}	ɕyɛn^{55}	ɕiɛn^{214}	ts'an^{12}
遂宁	iɛn^{213}	ŋan^{213}	pian^{213}	miɛn^{213}	niɛn^{21}	ɕyɛn^{55}	ɕiɛn^{213}	ts'an^{21}
自贡	iɛn^{214}	iɛn^{214}	piɛn^{214}	miɛn^{214}	niɛn^{31}	ɕyɛn^{55}	ɕiɛn^{214}	t ʂan^{31}
荣县	ŋan^{214}	ŋan^{214}	p'in^{31}	min^{214}	nin^{31}	ɕyn^{55}	ɕin^{214}	ts'an^{31}
雅安	ŋæ̃^{214}	ŋæ̃^{214}	piɛ̃^{21}	miɛ̃^{214}	niɛ̃^{21}	ɕyɛ̃^{55}	ɕiɛ̃^{214}	ts'æ̃^{21}
汉源	ŋa^{n213}	ŋa^{n213}	piɛ^{n21}	miɛ^{n213}	niɛ^{n21}	ɕyɛ^{n55}	ɕiɛ^{n213}	ts'a^{n21}
泸州	ŋan^{13}/iɛn^{13}	ŋan^{13}	p'iɛn^{21}	miɛn^{13}	niɛn^{21}	ɕyɛn^{55}	ɕiɛn^{13}	ts'an^{21}
眉山	ŋã^{13}/iɛ̃^{13}	ŋã^{13}	p'iɛ̃^{31}	miɛ̃^{13}	niɛ̃^{31}	ɕyɛ̃^{55}	ɕiɛ̃^{13}	ts'ã^{31}
乐山	ŋa^{n13}	ia^{n13}	pia^{n13}	miɛ̃^{13}	niɛ̃^{21}	ɕya^{n55}	ɕia^{n13}	ts'a^{n21}
西昌	ian^{11}	ŋan^{11}	p'ian^{52}	miɛn^{11}	niɛn^{52}	ɕian^{44}	ɕian^{11}	tʂ'an^{52}
洛带$_{客}$	ŋan^{53}	an^{53}	p'iɛn^{13}	miɛn^{53}	liɛn^{13}	ɕiɛn^{45}	ɕiɛn^{53}	ts'an^{13}
仪陇$_{客}$	ŋan^{13}	ŋan^{13}	p'iɛn^{21}	mian^{13}	liɛn^{21}	ɕyɛn^{33}	ɕiɛn^{53}	ts'an^{21}
永兴$_{湘}$	ian^{14}	ŋan^{14}	b'ian^{31}	mian^{14}	nian^{31}	ɕian^{55}	ɕian^{14}	dz'an^{31}/dʑ'ian^{31}
安仁$_{湘}$	ŋã^{55}	ŋã^{55}	pĩ^{13}	mĩ^{21}	nĩ^{13}	ɕỹ^{33}	ɕĩ^{55}	tɕĩ^{13}
长乐$_{湘}$	ŋan^{35}	ŋan^{35}	p'ian^{21}	mian^{35}	nian^{21}	ɕyan^{44}	ɕian^{35}	tsan^{21}

续表 5－1

	善 山开三上狝禅	乾 山开三平仙群	延 山开三平仙以	健 山开三去愿群	边 山开四平先帮	辫 山开四上铣並	天 山开四平先透	田 山开四平先定
成都	sa^{n213}	iɛi^{21}/tɕʻiɛ^{n21}	iɛ^{n21}	tɕiɛ^{n213}	piɛ^{n55}	piɛ^{n213}	tʻiɛ^{n55}	tʻiɛ^{n21}
广元	san^{214}	kan^{214}	iɛn^{21}	tɕiɛn^{214}	piɛn^{55}	piɛn^{214}	tʻiɛ^{n55}	tʻiɛn^{21}
达州	san^{214}	tɕʻiɛn^{12}	iɛn^{12}	tɕiɛn^{214}	piɛn^{55}	piɛn^{214}	tʻiɛn^{55}	tʻiɛn^{12}
遂宁	san^{213}	tɕʻiɛn^{21}	iɛn^{21}	tɕiɛn^{213}	piɛn^{55}	piɛn^{213}	tʻiɛn^{55}	tʻiɛn^{21}
自贡	ʂan^{214}	tɕʻiɛn^{31}	iɛn^{31}	tɕiɛn^{214}	piɛn^{55}	piɛn^{214}	tʻiɛn^{55}	tʻiɛn^{31}
荣县	san^{214}	kan^{214}	in^{31}	tɕin^{214}	pin^{55}	pin^{214}	tʻin^{55}	tʻin^{31}
雅安	sæ̃^{214}	kæ̃^{214}	iɛ̃^{21}	tɕiɛ̃^{214}	piɛ̃^{55}	piɛ̃^{214}	tʻiɛ̃^{55}	tʻiɛ̃^{21}
汉源	sa^{n213}	ka^{n213}	iɛ^{n21}	tɕiɛ^{n213}	piɛ^{n55}	piɛ^{n213}	tʻiɛ^{n55}	tʻiɛ^{n21}
泸州	san^{13}	tɕʻiɛn^{21}	iɛn^{21}	tɕiɛn^{13}	piɛn^{55}	piɛn^{13}	tʻiɛn^{55}	tʻiɛn^{21}
眉山	sã^{13}	tɕʻiɛ̃^{31}	iɛ̃^{31}	tɕiɛ̃^{13}	piɛ̃^{55}	piɛ̃^{13}	tʻiɛ̃^{55}	tʻiɛ̃^{31}
乐山	sa^{n13}	tɕʻia^{n21}	ia^{n21}	tɕia^{n13}	pia^{n55}	pia^{n13}	tʻiɛ̃^{55}	tʻia^{n21}
西昌	ʂan^{11}	tɕʻian^{52}	ian^{52}	tɕian^{11}	pian^{44}	pian^{11}	tʻiɛn^{44}	tʻian^{52}
洛带客	san^{53}	tɕiʻɛn^{13}	iai^{13}	tɕiɛn^{53}	piɛn^{45}	piɛn^{45}	tʻiɛn^{45}	tʻiɛn^{13}
仪陇客	san^{13}	tɕiʻɛn^{21}	iɛn^{21}	tɕiɛn^{13}	piɛn^{33}	piɛn^{53}	tʻiɛn^{33}	tʻiɛn^{21}
永兴湘	ʐan^{14}	kan^{55}	ian^{31}	tɕian^{14}	pian^{55}	pian^{14}	tʻian^{55}	dʻian^{31}
安仁湘	sã^{55}	kã^{33}（干燥） /kã^{55}（干部）	ĩ^{13}	tɕĩ^{55}	pĩ^{33}	pĩ^{41}	tĩ^{33}	tĩ^{13}
长乐湘	san^{35}	kan^{44}	ian^{21}	tɕian^{35}	pian^{44}	pian^{35}	tʻian^{44}	tian^{21}

续表 5－1

	年 山开四平先泥	笺 山开四平先精	前 山开四平先从	研 山开四平先疑	弦 山开四平先匣	烟 山开四平先影	盘 山合一平桓並	满 山合一上缓明
成都	ȵiɛ^{n21}	tɕʻiɛ^{n55}	tɕʻiɛ^{n21}	ȵiɛ^{n55}	ɕyɛ^{n21}	iɛ^{n55}	pʻa^{n21}	ma^{n53}
广元	ȵiɛ^{n21}	tɕʻiɛn^{55}	tɕʻiɛn^{21}	ȵiɛn^{55}	ɕyɛn^{21}	iɛn^{55}	pʻa^{n21}	ma^{n42}
达州	iɛn^{12}	tɕʻiɛn^{55}	tɕʻiɛn^{12}	iɛn^{55}	ɕyɛn^{12}	iɛn^{55}	pʻan^{12}	man^{42}
遂宁	niɛn^{21}	tɕʻiɛn^{55}	tɕʻiɛn^{21}	iɛn^{55}	ɕiɛn^{21}	iɛn^{55}	pʻan^{21}	man^{52}
自贡	ȵiɛn^{31}	tɕʻiɛn^{55}	tɕʻiɛn^{31}	ȵiɛn^{55}	ɕyɛn^{31}	iɛn^{55}	pʻan^{31}	man^{53}
荣县	ȵin^{31}	tɕʻin^{55}	tɕʻin^{31}	in^{55}	ɕyn^{31}	in^{55}	pʻan^{31}	man^{42}
雅安	niɛ̃^{21}	tɕʻiɛ̃^{55}	tɕʻiɛ̃^{21}	niɛ̃^{55}	ɕyɛ̃^{21}	iɛ̃^{55}	pʻæ̃^{21}	mæ̃^{42}
汉源	ȵiɛ^{n21}	tɕʻiɛ^{n55}	tɕʻiɛ^{n21}	ȵiɛ^{n55}	ɕyɛ^{n21}	iɛ^{n55}	pʻa^{n21}	ma^{n42}
泸州	ȵiɛn^{21}	tɕʻiɛn^{55}	tɕʻiɛn^{21}	ȵiɛn^{55}	ɕyɛn^{21}	iɛn^{55}	pʻan^{21}	man^{42}
眉山	ȵiɛ̃^{31}	tɕʻiɛ̃^{55}	tɕʻiɛ̃^{31}	ȵiɛ̃^{55}	ɕyɛ̃^{31}	iɛ̃^{55}	pʻã^{31}	mã^{53}
乐山	niɛ̃^{21}	tɕʻia^{n55}	tɕʻia^{n21}	nia^{n21}	ɕya^{n21}	ia^{n55}	pʻa^{n21}	ma^{n43}
西昌	niɛn^{52}	tɕʻian^{44}	tɕʻian^{52}	nian^{44}	ɕian^{52}	ian^{44}	pʻan^{52}	man^{34}
洛带客	ȵiɛn^{13}	tɕʻiɛn^{45}	tɕʻiɛn^{13}	ȵiɛn^{45}	ɕyɛn^{13}	iɛn^{45}	pʻan^{13}	man^{45}
仪陇客	iɛn^{21}	tɕʻiɛn^{33}	tɕʻiɛn^{21}	iɛn^{33}	ɕyɛn^{21}	iɛn^{33}	pʻan^{21}	man^{33}
永兴湘	ȵian^{31}	tɕʻian^{55}	dʑʻian^{31}	ȵian^{55}	ɕian^{31}	ian^{55}	bʻan^{31}	man^{53}
安仁湘	nĩ^{13}	tɕĩ^{33}	tɕĩ^{13}	nĩ^{33}	ɕỹ^{13}	ĩ^{33}	põ^{13}	mõ^{41}
长乐湘	nian^{21}	tɕʻian^{44}	tɕian^{53}	nian^{44}	ɕyan^{21}	ian^{44}	pʻan^{21}	man^{53}

续表 5－1

	短 山合一上缓端	团 山合一平桓定	暖 山合一上缓泥	乱 山合一去换来	酸 山合一平桓心	宽 山合一平桓溪	欢 山合一平桓晓	桓 山合一平桓匣
成都	tua^{n53}	tʻua^{n21}	nua^{n53}	nua^{n213}	sua^{n55}	kʻua^{n55}	xua^{n55}	xua^{n21}
广元	tua^{n42}	tʻuan^{21}	nuan^{42}	nua^{n214}	sua^{n55}	kʻua^{n55}	xuan^{55}	xuan^{21}
达州	tuan^{42}	tʻan^{12}	nuan^{42}	nuan^{214}	suan^{55}	kʻuan^{55}	xuan^{55}	xuan^{12}
遂宁	tuan^{52}	tʻuan^{21}	nuan^{52}	nuan^{213}	suan^{55}	kʻuan^{55}	fan^{55}	xuan^{21}
自贡	tuan^{53}	tʻuan^{31}	nuan^{53}	nuan^{214}	suan^{55}	kʻuan^{55}	xuan^{55}	xuan^{31}
荣县	tuan^{42}	tʻuan^{31}	nuan^{42}	nuan^{214}	suan^{55}	kʻuan^{55}	xuan^{55}	xua^{n31}
雅安	tuæ̃^{42}	tʻuæ̃^{21}	nuæ̃^{42}	nuæ̃^{214}	suæ̃^{55}	kʻuæ̃^{55}	xuæ̃^{55}	xuæ̃^{21}
汉源	tua^{n42}	tʻua^{n21}	nua^{n42}	nua^{n213}	sua^{n55}	kʻua^{n55}	xua^{n55}	xua^{n21}
泸州	tuan^{42}	tʻuan^{21}	nuan^{42}	nuan^{13}	suan^{55}	kʻuan^{55}	xuan^{55}	xuan^{21}
眉山	tuã^{53}	tʻuã^{31}	nuã^{53}	nuã^{13}	suã^{55}	kʻuã^{55}	xuã^{55}	xuã^{31}
乐山	tua^{n43}	tʻua^{n21}	nua^{n43}	nua^{n13}	sua^{n55}	kʻua^{n55}	xua^{n55}	xən^{21}
西昌	tan^{34}	tʻan^{52}	nan^{34}	nan^{11}	suan^{44}	kʻuan^{44}	xuan^{44}	xuan^{52}
洛带客	tɔn^{31}	tʻɔn^{13}	lɔn^{45}	lɔn^{53}	sɔn^{45}	kʻuan^{45}	fɔn^{45}	van^{13}
仪陇客	tuɔn^{53}	tʻuɔn^{21}	luɔn^{33}	luɔn^{13}	suɔn^{33}	kʻuan^{33}	fan^{33}	xuan^{21}
永兴湘	tuan^{53}	dʻuan^{31}	ʐuan^{53}	nuan^{14}	suan^{55}	kʻuan^{55}	fan^{55}	ɤən^{31}
安仁湘	tuõ^{41}	tuõ^{13}	nuõ^{41}	nuõ^{21}	suõ^{33}	kʻuõ^{33}	ɸõ^{33}	tuõ^{41}
长乐湘	tuan^{53}	tuan^{21}／ tʻuan^{21}	zuan^{21}	nuan^{35}	suan^{44}	kʻuan^{44}	fan^{44}	fan^{21}

续表 5－1

	豌 山合一平桓影	涮 山合二去谏生	关 山合二平删见	顽 山合二平删疑	还 山合二平删匣	恋 山合三去线来	泉 山合三平仙从	旋 山合三平仙邪
成都	ua^{n55}	sua^{n213}	kua^{n55}	ua^{n21}	xua^{n21}	niɛ^{n213}	tɕʻyɛ^{n21}	ɕyɛ^{n21}
广元	uan^{55}	sua^{n214}	kua^{n55}	uan^{21}	xua^{n21}	niɛn^{214}	tɕʻya^{n21}	ɕyɛn^{21}
达州	uan^{55}	suan^{214}	kuan^{55}	uan^{12}	xuan^{42}	niɛn^{214}	tɕʻyɛn^{12}	ɕyɛn^{12}
遂宁	uan^{55}	suan^{213}	kuan^{55}	uan^{21}	fan^{21}	niɛn^{213}	tɕʻyɛn^{21}	ɕyɛn^{213}
自贡	uan^{55}	ʂuan^{214}	kuan^{55}	uan^{31}	xuan^{31}	niɛn^{214}	tɕʻyɛn^{31}	ɕyɛn^{31}
荣县	ua^{n55}	suan^{214}	kuan^{55}	ua^{n31}	xuan^{31}	liɛ^{n214}	tɕʻyn^{31}	ɕyɛ^{n31}
雅安	uæ̃^{55}	suæ̃^{214}	kuæ̃^{55}	uæ̃^{21}	xuæ̃^{21}	niẽ^{214}	tɕʻyæ̃^{21}	ɕyẽ^{21}
汉源	ua^{n55}	sua^{n213}	kua^{n55}	ua^{n21}	xua^{n21}	niɛ^{n213}	tɕʻya^{n21}	ɕyɛ^{n21}／ɕyɛ^{n213}
泸州	uan^{55}	suan^{13}	kuan^{55}	uan^{21}	xuan^{21}	niɛn^{13}	tɕʻyɛn^{21}	ɕyɛn^{21}
眉山	uã^{55}	suã^{13}	kuã^{55}	uã^{31}	xuã^{31}	niẽ^{13}	tɕʻyẽ^{31}	ɕyẽ^{31}
乐山	ua^{n55}	suæ^{44}	kua^{n55}	ua^{n21}	xua^{n21}	nia^{n13}	tɕʻyẽ^{21}	ɕya^{n21}
西昌	uan^{44}	suan^{11}	kuan^{44}	uan^{52}	xuan^{52}	nian^{11}	tɕʻian^{52}	ɕian^{52}
洛带客	van^{45}		kuan^{45}	van^{13}	van^{13}	liɛn^{53}	tɕʻyɛn^{13}	ɕyɛn^{13}／tɕʻyɛn^{53}
仪陇客	uan^{33}		kuan^{33}	uan^{21}	uan^{21}	liɛn^{13}	tɕʻyɛn^{21}	ɕyɛn^{21}
永兴湘	van^{55}	suan^{14}	kuan^{55}	van^{31}	van^{31}	nian^{14}	dʐʻuan^{31}	ɕian^{14}
安仁湘	uõ^{33}	suõ^{55}	kuõ^{33}	uõ^{13}	õ^{13}(还原) ha^{21}(还有)	nĩ^{55}	tɕỹ^{13}	ɕỹ^{13}
长乐湘	uan^{44}	suan^{35}	kuan^{44}	uan^{21}	fan^{21}	nian^{35}	tɕʻyan^{21}	ɕyan^{21}

续表 5－1

	传（传达）山合三平仙澄	传（传记）山合三去线澄	砖 山合三平仙章	川 山合三平仙昌	软 山合三上狝日	绢 山合三去线见	拳 山合三平仙群	倦 山合三去线群
成都	tsʻua^{n21}	tsua^{n213}	tsua^{n55}	tsʻua^{n55}	zua^{n53}	tɕyɛ^{n55}	tɕʻyɛ^{n21}	tɕyɛ^{n213}
广元	tsʻuan^{21}	tsuan^{214}	tsua^{n55}	tsʻuan^{55}	zuan^{42}	tɕyɛn^{55}	tɕʻya^{n21}	tɕya^{n214}
达州	tsʻuan^{12}	tsuan^{214}	tsuan^{55}	tsʻuan^{55}	zuan^{42}	tɕyɛn^{55}	tɕʻyɛn^{12}	tɕyɛn^{214}
遂宁	tsʻuan^{21}	tsuan^{213}	tsuan^{55}	tsʻuan^{55}	zuan^{52}	tɕyɛn^{55}	tɕʻyɛn^{21}	tɕyɛn^{213}
自贡	tʂʻuan^{31}	tʂuan^{214}	tʂuan^{55}	tʂʻuan^{55}	ʐuan^{53}	tɕyɛn^{55}	tɕʻyɛn^{31}	tɕyɛn^{214}
荣县	tsʻua^{n31}	tsua^{n214}	tsuan^{55}	tsʻua^{n55}	zua^{n42}	tɕyn^{55}	tɕʻyn^{31}	tɕyn^{214}
雅安	tsʻuæ̃^{21}	tsuæ̃^{214}	tsuæ̃^{55}	tsʻuæ̃^{55}	zuæ̃^{42}	tɕyɛ̃^{55}	tɕʻyɛ̃^{21}	tɕyæ̃^{214}
汉源	tsʻua^{n21}	tsua^{n213}	tsua^{n55}	tsʻua^{n55}	zua^{n42}	tɕyɛ^{n55}	tɕʻya^{n21}	tɕya^{n213}
泸州	tsʻuan^{21}	tsuan^{13}	tsuan^{55}	tsʻuan^{55}	zuan^{42}	tɕyɛn^{55}	tɕʻyɛn^{21}	tɕyɛn^{13}
眉山	tsʻuã^{31}	tsuã^{13}	tsuã^{55}	tsʻuã^{55}	zuã^{53}	tɕyɛ̃^{55}	tɕʻyɛ̃^{31}	tɕyɛ̃^{13}
乐山	tsʻua^{n21}	tsua^{n13}	tsua^{n55}	tsʻua^{n55}	zua^{n43}	tɕya^{n55}	tɕʻyɛ̃^{21}	tɕyɛ̃^{13}
西昌	tʂʻuan^{52}	tʂuan^{11}	tʂuan^{44}	tʂʻuan^{44}	ʐuan^{34}	tɕian^{11}	tɕʻian^{52}	tɕian^{11}
洛带客	tsʻɔn^{13}	tsɔn^{53}	tsɔn^{45}	tsʻɔn^{45}	ȵyɔn^{45}	tɕyɛn^{45}	tɕʻyɛn^{13}	tɕyɛn^{53}
仪陇客	tsʻuɔn^{21}	tsuɔn^{13}	tsuɔn^{33}	tsʻuɔn^{33}	yɛn^{33}	tɕyɛn^{53}	tɕʻyɛn^{21}	tɕyɛn^{13}
永兴湘	dʐʻuan^{31}	tʂuan^{14}	tʂuan^{55}	tʂʻuan^{55}	ʐuan^{53}	tʂuan^{55}／tɕyan^{55}	dʑyan^{31}/dʐʻuan^{31}	tʂuan^{31}
安仁湘	tɕyẽ^{13}	tsyẽ^{24}	tɕyẽ^{33}	tɕʻyẽ^{33}	ỹ^{41}	tɕỹ^{55}	tɕỹ^{13}	tɕỹ^{55}
长乐湘	tsʻuan^{21}	tsuan^{35}	tɕyan^{44}	tɕʻyan^{44}	zuan^{53}	tɕyan^{21}	tɕʻyan^{21}	tɕyan^{35}

续表 5－1

	缘 山合三平仙以	藩 山合三平元非	翻 山合三平元敷	烦 山合三平元奉	劝 山合三去愿溪	愿 山合三去愿疑	喧 山合三平元晓	玄 山合四平先匣
成都	yɛ^{n21}	fa^{n55}	fa^{n55}	fa^{n21}	tɕʻyɛ^{n213}	yɛ^{n213}	ɕyɛ^{n55}	ɕyɛ^{n21}
广元	yɛn^{21}	fan^{21}	fan^{55}	fan^{21}	tɕʻyɛn^{214}	ɕya^{n214}	ɕyɛn^{55}	ɕya^{n21}
达州	yɛn^{12}	pʻan^{55}	fan^{55}	fan^{12}	tɕʻyɛn^{214}	yɛn^{214}	ɕyɛn^{55}	ɕyɛn^{12}
遂宁	yɛn^{21}	pʻan^{55}	fan^{55}	fan^{21}	tɕʻyɛn^{213}	yɛn^{213}	ɕyɛn^{55}	ɕyɛn^{21}
自贡	yɛn^{31}	fan^{55}	fan^{55}	fan^{31}	tɕʻyɛn^{214}	yɛn^{214}	ɕyɛn^{55}	ɕyɛn^{31}
荣县	yn^{31}	fan^{31}	fan^{55}	fan^{31}	tɕʻyn^{214}	yn^{214}	ɕyn^{55}	ɕyn^{31}
雅安	yɛ̃^{21}	fæ̃^{21}	fæ̃^{55}	fæ̃^{21}	tɕʻyɛ̃^{214}	ɕyæ̃^{214}	ɕyɛ̃^{55}	ɕyæ̃^{21}
汉源	yɛ^{n21}	fa^{n21}	fa^{n55}	fa^{n21}	tɕʻyɛ^{n213}	ɕya^{n213}	ɕyɛ^{n55}	ɕya^{n21}
泸州	yɛn^{21}	fan^{55}	fan^{55}	fan^{21}	tɕʻyɛn^{13}	yɛn^{13}	ɕyɛn^{55}	ɕyɛn^{21}
眉山	yɛ̃^{31}	fã^{55}	fã^{55}	fã^{31}	tɕʻyɛ̃^{13}	yɛ̃^{13}	ɕyɛ̃^{55}	ɕyɛ̃^{31}
乐山	ya^{n21}	fa^{n55}	fa^{n55}	fa^{n21}	tɕʻya^{n13}	yɛ̃^{13}	ɕya^{n55}	ɕyɛ̃^{21}
西昌	ian^{52}	fan^{52}	fan^{44}	fan^{52}	tɕʻian^{11}	ian^{11}	ɕian^{44}	ɕian^{52}
洛带客	iɛn^{13}	fan^{45}	fan^{45}	fan^{13}	tɕʻyɛn^{53}	yɛn^{53}	ɕyɛn^{45}	ɕyɛn^{13}
仪陇客	yɛn^{21}	fan^{33}	fan^{33}	fan^{21}	tɕʻyɛn^{13}	yɛn^{53}	ɕyɛn^{33}	ɕyɛn^{21}
永兴湘	ian^{31}	fan^{55}	fan^{55}	van^{31}	tʂʻuan^{14}	ian^{14}	ɕyan^{55}	ɕyan^{31}／ʂuan^{31}
安仁湘	ỹ^{13}	ɸã^{33}	ɸã^{33}	ɸã^{13}	tɕʻỹ^{24}	ỹ^{33}	ɕỹ^{33}	ɕỹ^{13}
长乐湘	yan^{21}	fan^{44}	fan^{44}	fan^{21}	tɕʻyan^{35}	yan^{35}	ɕyan^{44}	ɕyan^{21}

续表 5－1

	渊 山合四平先影	吞 臻开一平痕透	根 臻开一平痕见	痕 臻开一平痕匣	恩 臻开一平痕影	宾 臻开三平真帮	贫 臻开三平真並	秦 臻开三平真从
成　都	yɛ^{n55}	tʻən^{55}	kən^{55}	xən^{21}	ŋən^{55}	pin^{55}	pʻin^{21}	tɕʻin^{21}
广　元	yɛn^{55}	tʻən^{55}	kən^{55}	xən^{21}	ŋən^{55}	pin^{55}	pʻin^{21}	tɕʻin^{21}
达　州	yɛn^{55}	tʻən^{55}	kən^{55}	xən^{12}	ŋən^{55}	pin^{55}	pʻin^{12}	tɕʻin^{12}
遂　宁	yɛn^{55}	tʻən^{55}	kən^{55}	xən^{21}	ən^{55}	pin^{55}	pʻin^{21}	tɕʻin^{21}
自　贡	yɛn^{55}	tʻən^{55}	kən^{55}	xən^{31}	ŋən^{55}	pin^{55}	pʻin^{31}	tɕʻin^{31}
荣　县	yn^{55}	tʻən^{55}	kən^{55}	xən^{31}	ŋən^{55}	pin^{55}	pʻin^{31}	tɕʻin^{31}
雅　安	yɛ̃^{55}	tʻən^{55}	kən^{55}	xən^{21}	ŋən^{55}	pin^{55}	pʻin^{21}	tɕʻin^{21}
汉　源	yɛ^{n55}	tʻən^{55}	kən^{55}	xən^{21}	ŋən^{55}	pin^{55}	pʻin^{21}	tɕʻin^{21}
泸　州	yɛn^{55}	tʻən^{55}	kən^{55}	xən^{21}	ŋən^{55}	pin^{55}	pʻin^{21}	tɕʻin^{21}
眉　山	yɛ̃^{55}	tʻən^{55}	kən^{55}	xən^{31}	ŋən^{55}	pin^{55}	pʻin^{31}	tɕʻin^{31}
乐　山	ya^{n44}	tʻən^{55}	kən^{55}	xən^{21}	ŋən^{55}	pin^{55}	pʻin^{21}	tɕʻin^{21}
西　昌	ian^{44}	tʻən^{44}	kən^{44}	xən^{52}	ŋən^{44}	pin^{44}	pʻin^{52}	tɕʻin^{52}
洛　带客	yɛn^{45}	tʻən^{45}	kiɛn^{45}	xən^{13}	ŋiɛn^{45}	pin^{45}	pʻin^{13}	tɕʻin^{13}
仪　陇客	yɛn^{33}	tʻuən^{33}	kan^{33}	xan^{21}	ŋaŋ^{33}	pin^{33}	pʻin^{21}	tɕʻin^{21}
永　兴湘	ian^{55}	tʻən^{55}	kin^{55}	ɣən^{31}	ŋin^{55}	pin^{55}	bʻin^{31}	dʑʻin^{31}
安　仁湘	ỹ^{33}	tʻən^{33}	kin^{33}	hin^{13}	ŋin^{33}	pin^{33}	pin^{13}	tɕin^{13}
长　乐湘	yan^{44}	tʻən^{44}	kən^{44}	xən^{21}	ŋən^{44}	pin^{44}	pʻin^{21}	tɕʻin^{21}

续表 5－1

	陈 臻开三平真澄	真 臻开三平真章	神 臻开三平真船	身 臻开三平真书	晨 臻开三平真禅	人 臻开三平真日	仅 臻开三上轸精	银 臻开三平真以
成　都	tsʻən^{21}	tsən^{55}	sən^{21}	sən^{55}	sən^{21}	zən^{21}	tɕin^{53}	in^{21}
广　元	tsʻən^{21}	tsən^{55}	sən^{21}	sən^{55}	sən^{21}	zən^{21}	tɕin^{42}	in^{21}
达　州	tsʻən^{12}	tsən^{55}	sən^{12}	sən^{55}	sən^{12}	zən^{12}	tɕin^{42}	in^{12}
遂　宁	tsʻən^{21}	tsən^{55}	sən^{21}	sən^{55}	sən^{21}	zən^{21}	tɕin^{52}	in^{21}
自　贡	tʂʻən^{31}	tʂən^{55}	ʂən^{31}	ʂən^{55}	ʂən^{31}	ʐən^{31}	tɕin^{53}	in^{31}
荣　县	tsʻən^{31}	tsən^{55}	sən^{31}	sən^{55}	sən^{31}	zən^{31}	tɕin^{42}	in^{31}
雅　安	tsʻən^{21}	tsən^{55}	sən^{21}	sən^{55}	sən^{21}	zən^{21}	tɕin^{42}	in^{21}
汉　源	tsʻən^{21}	tsən^{55}	sən^{21}	sən^{55}	sən^{21}	zən^{21}	tɕin^{42}	in^{21}
泸　州	tsʻən^{21}	tsən^{55}	sən^{21}	sən^{55}	sən^{21}	zən^{21}	tɕin^{42}	in^{21}
眉　山	tsʻən^{31}	tsən^{55}	sən^{31}	sən^{55}	sən^{31}	zən^{31}	tɕin^{53}	in^{31}
乐　山	tsʻən^{21}	tsən^{55}	sən^{21}	sən^{55}	sən^{21}	zən^{21}	tɕin^{43}	in^{21}
西　昌	tʂʻən^{52}	tʂən^{44}	ʂən^{52}	ʂən^{44}	ʂən^{52}	ʐən^{52}	tɕin^{34}	in^{52}
洛　带客	tsʻən^{13}	tsən^{45}	sən^{13}	sən^{45}	sən^{13}	ȵin^{13}	tɕin^{31}	in^{13}
仪　陇客	tsʻən^{21}	tsən^{33}	sən^{21}	sən^{33}	sən^{21}	in^{21}	tɕin^{53}	in^{21}
永　兴湘	dʐʻən^{31}/dʑʻin^{31}	tʂən^{55}	ʂən^{31}	ʂən^{55}	ʂən^{31}/ʐən^{31}	ʐən^{31}	tɕin^{53}	in^{31}
安　仁湘	tɕin^{13}	tsən^{33}	ɕin^{13}	sən^{13}	ɕin^{13}	nin^{13}	tɕin^{41}	in^{13}
湘长乐	tsʻən^{21}	tsən^{44}	sən^{21}	sən^{44}	sən^{21}	ŋən^{21}	tɕin^{53}	in^{21}

续表5－1

	斤 臻开三平殷见	勤 臻开三平殷群	近 臻开三上隐群	奔 臻合一平魂帮	盆 臻合一平魂并	门 臻合一平魂明	敦 臻合一平魂端	臀 臻合一平魂定
成　都	tɕin^{55}	tɕʻin^{21}	tɕʻin^{213}	pən^{55}	pʻən^{21}	mən^{21}	tən^{55}	tʻən^{21}
广　元	tɕin^{55}	tɕʻin^{21}	tɕin^{214}	pən^{55}	pʻən^{21}	mən^{21}	tən^{55}	tiɛn^{214}
达　州	tɕin^{55}	tɕʻin^{12}	tɕin^{214}	pən^{55}	pʻən^{12}	mən^{12}	tən^{55}	tian^{214}
遂　宁	tɕin^{55}	tɕʻin^{21}	tɕin^{213}	pən^{55}	pʻən^{21}	mən^{21}	tuən^{55}	tian^{213}
自　贡	tɕin^{55}	tɕʻin^{31}	tɕin^{214}	pən^{55}	pʻən^{31}	mən^{31}	tuən^{55}	tiɛn^{214}
荣　县	tɕin^{55}	tɕʻin^{31}	tɕin^{214}	pən^{55}	pʻən^{31}	mən^{31}	tən^{55}	tin^{214}
雅　安	tɕin^{55}	tɕʻin^{21}	tɕin^{214}	pən^{55}	pʻən^{21}	mən^{21}	tən^{55}	tiɛ̃^{214}
汉　源	tɕin^{55}	tɕʻin^{21}	tɕin^{213}	pən^{55}	pʻən^{21}	mən^{21}	tən^{55}	tiɛ^{n213}
泸　州	tɕin^{55}	tɕʻin^{21}	tɕin^{13}	pən^{55}	pʻən^{21}	mən^{21}	tən^{55}	tʻən^{21}
眉　山	tɕin^{55}	tɕʻin^{31}	tɕin^{13}	pən^{55}	pʻən^{31}	mən^{31}	tən^{55}	tʻən^{31}
乐　山	tɕin^{55}	tɕʻin^{21}	tɕin^{13}	pən^{55}	pʻən^{21}	mən^{21}	tən^{55}	tia^{n13}
西　昌	tɕin^{44}	tɕʻin^{52}	tɕin^{11}	pən^{44}	pʻən^{52}	mən^{52}	tən^{44}	tʻən^{52}
洛　带客	tɕin^{45}	tɕʻin^{13}	tɕʻin^{45}	pən^{45}	pʻən^{13}	mən^{13}	tən^{45}	tʻuən^{13}
仪　陇客	tɕin^{33}	tɕʻin^{21}	tɕʻyn^{33}	pən^{33}	pʻən^{21}	mən^{21}	tuən^{33}	tʻuən^{21}
永　兴湘	tɕin^{55}	dʑʻin^{31}	dʑʻin^{14}	pən^{55}	bʻən^{31}	mən^{31}	tən^{55}	tian^{14}
安　仁湘	tɕin^{33}	tɕin^{13}	tɕin^{24}	pən^{33}	pʻən^{13}	mən^{13}	tən^{33}	tĩ^{21}
长　乐湘	tɕin^{44}	tɕin^{21}	tɕin^{35}	pən^{44}	pən^{21}	mən^{44}	tuən^{44}	tʻuən^{21}

续表5－1

	嫩 臻合一去慁泥	尊 臻合一平魂精	村 臻合一平魂清	存 臻合一平魂从	孙 臻合一平魂心	滚 臻合一上混见	坤 臻合一平魂溪	婚 臻合一平魂晓
成　都	nən^{213}	tsən^{55}	tsʻən^{55}	tsʻən^{21}	sən^{55}	kuən^{53}	kʻuən^{55}	xuən^{55}
广　元	nən^{214}	tsən^{55}	tsən^{55}	tsʻən^{21}	sən^{55}	kuən^{42}	kʻuən^{55}	xuən^{55}
达　州	nən^{12}	tsən^{55}	tsʻən^{55}	tsʻən^{12}	sən^{55}	kuən^{42}	kʻuən^{55}	xuən^{55}
遂　宁	nən^{213}	tsən^{55}	tsʻuən^{55}	tsʻən^{21}	sən^{55}	kuən^{52}	kʻuən^{55}	fən^{55}
自　贡	nən^{214}	tsuən^{55}	tsʻuən^{55}	tsʻən^{31}	suən^{55}	kuən^{53}	kʻuən^{55}	xuən^{55}
荣　县	lən^{214}	tsən^{55}	tsʻuən^{55}	tsʻən^{31}	sən^{55}	kuən^{42}	kʻuən^{55}	xuən^{55}
雅　安	nən^{214}	tsən^{55}	tsʻən^{55}	tsʻən^{21}	sən^{55}	kuən^{42}	kʻuən^{55}	xuən^{55}
汉　源	nən^{213}	tsuən^{55}	tsʻuən^{55}	tsʻuən^{21}	suən^{55}	kuən^{42}	kʻuən^{55}	xuən^{55}
泸　州	nən^{13}	tsən^{55}	tsʻən^{55}	tsʻən^{21}	sən^{55}	kuən^{42}	kʻuən^{55}	xuən^{55}
眉　山	nən^{13}	tsən^{55}	tsʻən^{55}	tsʻən^{31}	sən^{55}	kuən^{53}	kʻuən^{55}	xuən^{55}
乐　山	nən^{13}	tsuən^{55}	tsʻən^{55}	tsʻən^{21}	sən^{55}	kuən^{43}	kʻuən^{55}	xuən^{55}
西　昌	nən^{11}	tsən^{44}	tsʻən^{44}	tsʻən^{52}	sən^{44}	kuən^{34}	kʻuən^{44}	xuən^{44}
洛　带客	lən^{53}	tsuən^{45}	tsʻuən^{45}	tsʻən^{13}	suən^{45}	kuən^{31}	kʻuən^{45}	fən^{45}
仪　陇客	luən^{53}	tsuən^{33}	tsʻan^{33}	tsʻuən^{21}	suən^{33}	kuən^{53}	kʻuən^{33}	fən^{33}
永　兴湘	nən^{14}	tsən^{55}	tsʻən^{55}	dzʻən^{31}	sən^{55}	kuən^{53}	kʻuən^{55}	fən^{55}
安　仁湘	nən^{21}	tsən^{33}	tsʻən^{33}	tsən^{13}	sən^{33}	kuən^{41}	kʻuən^{33}	ɸuən^{33}
长　乐湘	nən^{35}	tsuən^{44}	tsʻuən^{44}	tsʻən^{21}	sən^{44}	kuən^{53}	kʻuən^{44}	fən^{44}

续表 5－1

	魂 臻合一平魂匣	温 臻合一平魂影	伦 臻合三平谆来	遵 臻合三平谆精	笋 臻合三上準心	旬 臻合三平谆邪	准 臻合三上準章	春 臻合三平谆昌
成 都	xuən^{21}	uən^{55}	nən^{21}	tsən^{55}	sən^{53}	ɕyn^{21}	tsuən^{53}	tsʻuən^{55}
广 元	xuən^{21}	uən^{55}	nən^{21}	tsən^{55}	sən^{42}	ɕyn^{21}	tsuən^{42}	tsʻuən^{55}
达 州	xuən^{12}	uən^{55}	nən^{12}	tsən^{55}	sən^{42}	ɕyn^{12}	tsuən^{42}	tsʻuən^{55}
遂 宁	fən^{21}	uən^{55}	nən^{21}	tsən^{55}	sən^{52}	ɕyn^{21}	tsuən^{52}	tsʻuən^{55}
自 贡	xuən^{31}	uən^{55}	nuən^{31}	tsən^{55}	suən^{53}	ɕyn^{31}	tʂuən^{53}	tʂʻuən^{55}
荣 县	xuən^{31}	uən^{55}	nən^{31}	tsən^{55}	sən^{42}	ɕyn^{31}	tsuən^{42}	tsʻuən^{55}
雅 安	xuən^{21}	uən^{55}	nən^{21}	tsən^{55}	sən^{42}	ɕyn^{21}	tsuən^{42}	tsʻuən^{55}
汉 源	xuən^{21}	uən^{55}	nuən^{21}	tsuən^{55}	sən^{42}	ɕyn^{21}	tsuən^{42}	tsʻuən^{55}
泸 州	xuən^{21}	uən^{55}	nən^{21}	tsən^{55}	sən^{42}	ɕyn^{21}	tsuən^{42}	tsʻuən^{55}
眉 山	xuən^{31}	uən^{55}	nən^{31}	tsən^{55}	sən^{53}	ɕyn^{31}	tsuən^{53}	tsʻuən^{55}
乐 山	xuən^{21}	uən^{55}	nən^{21}	tsuən^{55}	sən^{43}	ɕyn^{21}	tsuən^{43}	tsʻuən^{55}
西 昌	xuən^{52}	uən^{44}	nən^{52}	tsən^{44}	sən^{34}	ɕin^{52}	tʂuən^{34}	tʂʻuən^{44}
洛 带$_{客}$	vən^{13}	vən^{45}	lən^{13}	tsuən^{45}	suən^{31}	ɕyn^{13}	tsuən^{31}	tsʻuən^{45}
仪 陇$_{客}$	fən^{21}	vən^{33}	luən^{21}	tsuən^{33}	suən^{53}	ɕyn^{21}	tsuən^{53}	tsʻuən^{33}
永 兴$_{湘}$	vən^{31}	vən^{55}	nən^{31}	tsən^{55}	sən^{53}	ɕyn^{31}／ʂuən^{31}	tsuən^{53}	tsʻuən^{55}
安 仁$_{湘}$	ɸuən^{13}	uən^{33}	nən^{13}	tsən^{33}	sən^{41}	ɕỹ^{13}	tɕyn^{41}	tɕʻyn^{33}
长 乐$_{湘}$	fən^{21}	uən^{44}	nən^{21}	tsən^{44}	sən^{53}	ɕyn^{21}	tɕyn^{53}	tɕʻyn^{44}

续表 5－1

	唇 臻合三平谆船	顺 臻合三去稕船	纯 臻合三平谆禅	润 臻合三去稕日	均 臻合三平谆见	菌 臻合三去稕群	尹 臻合三上準以	粪 臻合三平文
成 都	suən^{21}	suən^{213}	suən^{21}	zuən^{213}	tɕyn^{55}	tɕyn^{213}	yn^{53}	fən^{213}
广 元	suən^{21}	suən^{214}	suən^{21}	zuən^{214}	tɕyn^{55}	tɕyn^{214}	yn^{42}	fən^{214}
达 州	suən^{12}	suən^{214}	suən^{12}	zuən^{214}	tɕyn^{55}	tɕyn^{214}	yn^{42}	fən^{214}
遂 宁	suən^{21}	suən^{213}	suən^{21}	zuən^{213}	tɕyn^{55}	tɕyn^{213}	yn^{52}	fən^{213}
自 贡	ʂuən^{31}	ʂuən^{214}	ʂuən^{31}	ʐuən^{214}	tɕyn^{55}	tɕyn^{214}	yn^{53}	fən^{214}
荣 县	suən^{31}	suən^{214}	suən^{31}	zuən^{214}	tɕyn^{55}	tɕyn^{214}	yn^{42}	fən^{214}
雅 安	suən^{21}	suən^{214}	suən^{21}	zuən^{214}	tɕyn^{55}	tɕyn^{214}	yn^{42}	fən^{214}
汉 源	suən^{21}	suən^{213}	suən^{21}	zuən^{213}	tɕyn^{55}	tɕyn^{213}	yn^{42}	fən^{213}
泸 州	suən^{21}	suən^{13}	suən^{21}	zuən^{13}	tɕyn^{55}	tɕyn^{13}	yn^{42}	fən^{13}
眉 山	suən^{31}	suən^{13}	suən^{31}	zuən^{13}	tɕyn^{55}	tɕyn^{13}	yn^{53}	fən^{13}
乐 山	suən^{21}	suən^{13}	suən^{21}	zuən^{13}	tɕyn^{55}	tɕyn^{13}	yn^{43}	fən^{13}
西 昌	ʂuən^{52}	ʂuən^{11}	ʂuən^{52}	ʐuən^{11}	tɕin^{44}	tɕin^{11}	in^{34}	fən^{11}
洛 带$_{客}$	sən^{13}	suən^{53}	suən^{13}	yn^{53}	tɕyn^{45}	tɕʻyn^{45}	in^{45}	pən^{53}
仪 陇$_{客}$	suən^{21}	suən^{53}	suən^{21}	yn^{53}	tɕyn^{33}	tɕyn^{13}	yn^{53}	pən^{13}
永 兴$_{湘}$	ʂuən^{31}	ʐuən^{14}	ʂuən^{31}	ʐuən^{14}	tsuən^{55}／tɕʻyn^{55}	dʐuən^{14}／dʑyən^{14}	i^{53}	fən^{14}
安 仁$_{湘}$	suən^{13}	ɕyn^{21}	suən^{13}	yn^{55}	tɕỹ^{33}	tɕỹ^{21}	ỹ^{41}	ɸən^{55}
长 乐$_{湘}$	suən^{21}	ɕyn^{35}	suən^{21}		tɕyn^{44}	tɕyn^{35}	yn^{53}	fən^{35}

续表 5－1

	坟 臻合三平文奉	文 臻合三平文微	军 臻合三平文见	群 臻合三平文群	熏 臻合三平文晓	运 臻合三平文云	帮 宕开一平唐帮	旁 宕开一平唐帮
成　都	fən^{21}	uən^{21}	tɕyn^{55}	tɕʻyn^{21}	ɕyn^{55}	yn^{213}	paŋ^{55}	pʻaŋ^{21}
广　元	fən^{21}	uən^{21}	tɕyn^{55}	tɕʻyn^{21}	ɕyn^{55}	yn^{214}	paŋ^{55}	pʻaŋ^{21}
达　州	fən^{12}	uən^{12}	tɕyn^{55}	tɕʻyn^{12}	ɕyn^{55}	yn^{214}	paŋ^{55}	pʻaŋ^{12}
遂　宁	fən^{21}	uən^{21}	tɕyn^{55}	tɕʻyn^{21}	ɕyn^{55}	yn^{213}	paŋ^{55}	pʻaŋ^{21}
自　贡	fən^{31}	uən^{31}	tɕyn^{55}	tɕʻyn^{31}	ɕyn^{55}	yn^{214}	paŋ^{55}	pʻaŋ^{31}
荣　县	fən^{31}	uən^{31}	tɕyn^{55}	tɕʻyn^{31}	ɕyn^{55}	yn^{214}	pan^{55}	pʻan^{31}
雅　安	fən^{21}	uən^{21}	tɕyn^{55}	tɕʻyn^{21}	ɕyn^{55}	yn^{214}	paŋ^{55}	pʻaŋ^{21}
汉　源	fən^{21}	uən^{21}	tɕyn^{55}	tɕʻyn^{21}	ɕyn^{55}	yn^{213}	paŋ^{55}	pʻaŋ^{21}
泸　州	fən^{21}	uən^{21}	tɕyn^{55}	tɕʻyn^{21}	ɕyn^{55}	yn^{13}	paŋ^{55}	pʻaŋ^{21}
眉　山	fən^{31}	uən^{31}	tɕyn^{55}	tɕʻyn^{31}	ɕyn^{55}	yn^{13}	paŋ^{55}	pʻaŋ^{31}
乐　山	fən^{21}	uən^{21}	tɕyn^{55}	tɕʻyn^{21}	ɕyn^{55}	yn^{13}	paŋ^{55}	pʻaŋ^{21}
西　昌	fən^{52}	uən^{52}	tɕin^{44}	tɕʻin^{52}	ɕin^{44}	in^{11}	paŋ^{44}	pʻaŋ^{52}
洛　带客	fən^{13}	vən^{13}	tɕyn^{45}	tɕʻyn^{13}	ɕyn^{45}	yn^{53}	pɔŋ^{45}	pʻɔŋ^{13}
仪　陇客	fən^{21}	uən^{21}	tɕyn^{33}	tɕʻyn^{21}	ɕyn^{33}	yn^{13}	pɔŋ^{33}	pʻɔŋ^{21}
永　兴湘	vən^{31}	vən^{31}	tɕyn^{55}／tʂuən^{55}	dʐʻuən^{31}	ɕin^{55}	in^{14}	paŋ^{55}	bʻaŋ^{31}
安　仁湘	ɸən^{13}	uən^{13}	tɕỹ^{33}	tɕỹ^{13}	ɕỹ^{33}	ỹ^{55}	poŋ^{33}	poŋ^{13}
长　乐湘	fən^{21}	uən^{21}	tɕyn^{44}	tɕʻyn^{21}	ɕyn^{44}	yn^{35}	pɑŋ^{44}	pʻɑŋ^{21}

续表 5－1

	傍 宕开一去宕并	莽 宕开一上荡明	党 宕开一上荡端	趟 宕开一去宕透	唐 宕开一平唐定	囊 宕开一平唐泥	浪 宕开一去宕来	葬 宕开一去宕精
成　都	paŋ^{213}	maŋ^{53}	taŋ^{53}	tʻaŋ^{213}	tʻaŋ^{21}	naŋ^{21}	naŋ^{213}	tsaŋ^{213}
广　元	paŋ^{214}	maŋ^{42}	taŋ^{42}	tʻaŋ^{214}	tʻaŋ^{21}	naŋ^{21}	naŋ^{214}	tsaŋ^{214}
达　州	pʻaŋ^{12}	maŋ^{42}	taŋ^{42}	tʻaŋ^{214}	tʻaŋ^{12}	naŋ^{12}	naŋ^{214}	tsaŋ^{214}
遂　宁	pʻaŋ^{21}	maŋ^{52}	taŋ^{52}	tʻaŋ^{213}	tʻaŋ^{21}	naŋ^{21}	naŋ^{213}	tsaŋ^{213}
自　贡	pʻaŋ^{31}	maŋ^{53}	taŋ^{53}	tʻaŋ^{214}	tʻaŋ^{31}	naŋ^{31}	naŋ^{214}	tsaŋ^{214}
荣　县	pan^{214}	man^{42}	tan^{42}	tʻan^{214}	tʻan^{31}	nan^{31}	nan^{214}	tsan^{214}
雅　安	pʻaŋ^{21}	maŋ^{42}	taŋ^{42}	tʻaŋ^{214}	tʻaŋ^{21}	naŋ^{21}	naŋ^{214}	tsaŋ^{214}
汉　源	pʻaŋ^{21}	maŋ^{42}	taŋ^{42}	tʻaŋ^{213}	tʻaŋ^{21}	naŋ^{21}	naŋ^{213}	tsaŋ^{213}
泸　州	paŋ^{13}	maŋ^{42}	taŋ^{42}	tʻaŋ^{13}	tʻaŋ	naŋ^{21}	naŋ^{13}	tsaŋ^{13}
眉　山	paŋ^{13}	maŋ^{53}	taŋ^{53}	tʻaŋ^{13}	tʻaŋ^{31}	naŋ^{31}	naŋ^{13}	tsaŋ^{13}
乐　山	pʻaŋ^{21}	maŋ^{43}	taŋ^{43}	tʻaŋ^{13}	tʻaŋ^{21}	naŋ^{21}	naŋ^{13}	tsaŋ^{13}
西　昌	paŋ^{11}	maŋ^{34}	taŋ^{34}	tʻaŋ^{11}	tʻaŋ^{52}	naŋ^{52}	naŋ^{11}	tsaŋ^{11}
洛　带客	pɔŋ^{31}	mɔŋ^{45}	tɔŋ^{31}	tʻɔŋ^{53}	tʻɔŋ^{13}	lɔŋ^{13}	lɔŋ^{53}	tsɔŋ^{53}
仪　陇客		maŋ^{33}	tɔŋ^{53}	tʻɔŋ^{13}	tʻɔŋ^{21}	lɔŋ^{21}	lɔŋ^{13}	tsɔŋ^{13}
永　兴湘	paŋ^{14}	maŋ^{53}／maŋ^{55}	taŋ^{53}	tʻaŋ^{14}	dʻaŋ^{31}	naŋ^{31}	naŋ^{14}	tsaŋ^{14}
安　仁湘	poŋ^{13}	moŋ^{41}	toŋ^{41}	tʻoŋ^{24}	toŋ^{13}	noŋ^{13}	noŋ^{24}	tsoŋ^{55}
长　乐湘	pɑŋ^{35}	mɑŋ^{53}	tɑŋ^{53}	tʻɑŋ^{35}	tɑŋ^{21}	nɑŋ^{21}	nɑŋ^{35}	tsɑŋ^{35}

续表 5－1

	仓 宕开一平唐清	藏（隐藏） 宕开一平唐从	桑 宕开一平唐心	缸 宕开一平唐见	抗 宕开一去宕溪	昂 宕开一平唐疑	航 宕开一平唐匣	肮 宕开一平唐影
成　都	tsʻaŋ^{55}	tsʻaŋ^{21}	saŋ^{55}	kaŋ^{55}	kʻaŋ^{213}	ŋaŋ^{21}	xaŋ^{21}	ŋaŋ^{55}
广　元	tsʻaŋ^{55}	tsʻaŋ^{21}	saŋ^{55}	kaŋ^{55}	kʻaŋ^{214}	ŋaŋ^{21}	xaŋ^{21}	ŋaŋ^{55}
达　州	tsʻaŋ^{55}	tsʻaŋ^{12}	saŋ^{55}	kaŋ^{55}	kʻaŋ^{214}	ŋaŋ^{12}	xaŋ^{12}	ŋaŋ^{55}
遂　宁	tsʻaŋ^{55}	tsʻaŋ^{21}	saŋ^{55}	kaŋ^{55}	kʻaŋ^{213}	ŋaŋ^{21}	xaŋ^{21}	ŋaŋ^{55}
自　贡	tʂʻaŋ^{55}	tsʻaŋ^{31}	saŋ^{55}	kaŋ^{55}	kʻaŋ^{214}	ŋaŋ^{31}	xaŋ^{31}	ŋaŋ^{55}
荣　县	tsʻan^{55}	tsʻan^{31}	san^{55}	kan^{55}	kʻan^{214}	ŋan^{31}	xan^{31}	ŋan^{55}
雅　安	tsʻaŋ^{55}	tɕʻiaŋ^{21}/tsʻaŋ^{21}	saŋ^{55}	kaŋ^{55}	kʻaŋ^{214}	ŋaŋ^{21}	xaŋ^{21}	ŋaŋ^{55}
汉　源	tsʻaŋ^{55}	tɕʻiaŋ^{21}/tsʻaŋ^{21}	saŋ^{55}	kaŋ^{55}	kʻaŋ^{213}	ŋaŋ^{21}	xaŋ^{21}	ŋaŋ^{55}
泸　州	tsʻaŋ^{55}	tsʻaŋ^{21}	saŋ^{55}	kaŋ^{55}	kʻaŋ^{13}	ŋaŋ^{21}	xaŋ^{21}	ŋaŋ^{55}
眉　山	tsʻaŋ^{55}	tsʻaŋ^{31}	saŋ^{55}	kaŋ^{55}	kʻaŋ^{13}	ŋaŋ^{31}	xaŋ^{31}	ŋaŋ^{55}
乐　山	tsʻaŋ^{55}	tsʻaŋ^{21}	saŋ^{55}	kaŋ^{55}	kʻaŋ^{13}	ŋaŋ^{21}	xaŋ^{21}	ŋaŋ^{55}
西　昌	tsʻaŋ^{44}	tsʻaŋ^{52}	saŋ^{44}	kaŋ^{44}	kʻaŋ^{11}	ŋaŋ^{52}	xaŋ^{52}	ŋaŋ^{44}
洛　带客	tsʻɔŋ^{45}		sɔŋ^{45}	kɔŋ^{45}	kʻɔŋ^{53}	ŋɔŋ^{13}	xɔŋ^{13}	ŋɔŋ^{45}
仪　陇客	tsʻɔŋ^{33}		sɔŋ^{33}	kɔŋ^{33}	kʻɔŋ^{13}	ŋɔŋ^{53}	xɔŋ^{21}	ŋɔŋ^{33}
永　兴湘	tsʻuaŋ^{55}	dzʻuaŋ^{31}	suaŋ^{55}	kaŋ^{55}	kʻaŋ^{14}	ŋaŋ^{31}	ɣaŋ^{31}	ŋaŋ^{55}
安　仁湘	tsʻoŋ^{33}	tsoŋ^{13}	soŋ^{33}	koŋ^{33}	kʻoŋ^{24}	ŋaŋ^{13}	hoŋ^{13}	ŋaŋ^{33}
长　乐湘	tsʻɑŋ^{44}	tsɑŋ^{21}	suɑŋ^{44}	kɑŋ^{55}	kʻɑŋ^{35}	ŋɑŋ^{21}	xɑŋ^{21}	ŋɑŋ^{44}

续表 5－1

	娘 宕开三平阳泥	粮 宕开三平阳来	抢 宕开三上养清	墙 宕开三平阳从	相（相互） 宕开三平阳心	祥 宕开三平阳邪	张 宕开三平阳知	唱 宕开三去漾昌
成　都	ȵiaŋ^{21}	niaŋ^{21}	tɕʻiaŋ^{53}	tɕʻiaŋ^{21}	ɕiaŋ^{55}	ɕiaŋ^{21}	tsaŋ^{55}	tsʻaŋ^{213}
广　元	ȵiaŋ^{21}	niaŋ^{21}	tɕʻiaŋ^{42}	tɕʻiaŋ^{21}	ɕiaŋ^{55}	ɕiaŋ^{21}	tsaŋ^{55}	tsʻaŋ^{214}
达　州	niaŋ^{12}	niaŋ^{12}	tɕʻiaŋ^{42}	tɕʻaŋ^{12}	ɕiaŋ^{55}	ɕiaŋ^{12}	tsaŋ^{55}	tsʻaŋ^{214}
遂　宁	niaŋ^{21}	niaŋ^{21}	tɕʻiaŋ^{52}	tɕʻiaŋ^{21}	ɕiaŋ^{55}	ɕiaŋ^{21}	tsaŋ^{55}	tsʻaŋ^{213}
自　贡	ȵiaŋ^{31}	niaŋ^{31}	tɕʻiaŋ^{53}	tɕʻiaŋ^{31}	ɕiaŋ^{55}	ɕiaŋ^{31}	tʂaŋ^{55}	tʂʻaŋ^{214}
荣　县	ȵian^{31}	nian^{31}	tɕʻian^{42}	tɕʻian^{31}	ɕian^{55}	ɕian^{31}	tsan^{55}	tsʻan^{214}
雅　安	niaŋ^{21}	niaŋ^{21}	tɕʻiaŋ^{42}	tɕʻiaŋ^{21}	ɕiaŋ^{55}	ɕiaŋ^{21}	tsaŋ^{55}	tsʻaŋ^{214}
汉　源	ȵiaŋ^{21}	niaŋ^{21}	tɕʻiaŋ^{42}	tɕʻiaŋ^{21}	ɕiaŋ^{55}	ɕiaŋ^{21}	tsaŋ^{55}	tsʻaŋ^{213}
泸　州	ȵiaŋ^{21}	niaŋ^{21}	tɕʻiaŋ^{42}	tɕʻiaŋ^{21}	ɕiaŋ^{55}	ɕiaŋ^{21}	tsaŋ^{55}	tsʻaŋ^{13}
眉　山	ȵiaŋ^{31}	niaŋ^{31}	tɕʻiaŋ^{53}	tɕʻiaŋ^{31}	ɕiaŋ^{55}	ɕiaŋ^{31}	tsaŋ^{55}	tsʻaŋ^{13}
乐　山	niaŋ^{55}	niaŋ^{21}	tɕʻiaŋ^{43}	tɕiaŋ^{21}	ɕiaŋ^{55}	ɕiaŋ^{21}	tsaŋ^{55}	tsʻaŋ^{13}
西　昌	niaŋ^{52}	niaŋ^{52}	tɕʻiaŋ^{34}	tɕʻiaŋ^{52}	ɕiaŋ^{44}	ɕiaŋ^{52}	tʂaŋ^{44}	tʂʻaŋ^{11}
洛　带客	ȵiɔŋ^{13}	liɔŋ^{13}	tɕʻiɔŋ^{31}	ɕiɔŋ^{13}	ɕiɔŋ^{45}	ɕiɔŋ^{13}	tsɔŋ^{45}	tsʻɔŋ^{53}
仪　陇客	iɔŋ^{21}	liɔŋ^{21}	tɕʻiɔŋ^{53}	tɕʻiɔŋ^{21}	ɕiɔŋ^{33}	ɕiɔŋ^{21}	tsɔŋ^{33}	tsʻɔŋ^{13}
永　兴湘	ȵiaŋ^{31}	niaŋ^{31}	tɕʻiaŋ^{53}	dʑʻiaŋ^{31}	ɕiaŋ^{55}	ɕiaŋ^{31}	tʂaŋ^{55}/tɕiaŋ^{55}	tʂʻaŋ^{14}/tɕʻiaŋ^{14}
安　仁湘	ȵioŋ^{13}	niaŋ^{13}	tɕʻiaŋ^{41}	tɕiaŋ^{13}	tɕʻiaŋ^{33}	ɕioŋ^{13}	tɕioŋ^{33}	tsʻoŋ^{24}
长　乐湘	niɑŋ^{21}	niɑŋ^{21}	tɕʻiɑŋ^{53}	tɕʻiɑŋ^{21}	ɕiɑŋ^{44}	ɕiɑŋ^{21}	tsɑŋ^{44}	tsʻɑŋ^{35}

续表 5－1

	场 宕开三平阳澄	装 宕开三平阳庄	床 宕开三平阳崇	爽 宕开三上养生	商 宕开三平阳书	常 宕开三平阳禅	让 宕开三去漾日	强 宕开三平阳群
成都	tsʻaŋ^{21}	tsuaŋ^{55}	tsʻuaŋ^{21}	suaŋ^{53}	saŋ^{55}	tsʻaŋ^{21}	zaŋ^{213}	tɕʻiaŋ^{21}
广元	tsʻaŋ^{21}	tsuaŋ^{55}	tsʻuaŋ^{21}	suaŋ^{42}	saŋ^{55}	saŋ^{21}	zaŋ^{214}	tɕʻiaŋ^{21}
达州	tsʻaŋ^{12}	tsuaŋ^{55}	tsʻuaŋ^{12}	suaŋ^{42}	saŋ^{55}	saŋ^{12}	zaŋ^{214}	tɕʻiaŋ^{12}
遂宁	tsʻaŋ^{21}	tsuaŋ^{55}	tsʻuaŋ^{21}	suaŋ^{52}	saŋ^{55}	saŋ^{21}	zaŋ^{213}	tɕʻiaŋ^{21}
自贡	tʂʻaŋ^{31}	tʂuaŋ^{55}	tʂʻuaŋ^{31}	ʂuaŋ^{53}	ʂaŋ^{55}	ʂaŋ^{31}	ʐaŋ^{214}	tɕʻiaŋ^{31}
荣县	tsʻan^{31}	tsuan^{55}	tsʻuan^{31}	suan^{42}	san^{55}	san^{31}	zan^{214}	tɕʻian^{31}
雅安	tsʻaŋ^{21}	tsuaŋ^{55}	tsʻuaŋ^{21}	suaŋ^{42}	saŋ^{55}	saŋ^{21}	zaŋ^{214}	tɕʻiaŋ^{21}
汉源	tsʻaŋ^{21}	tsuaŋ^{55}	tsʻuaŋ^{21}	suaŋ^{42}	saŋ^{55}	saŋ^{21}	zaŋ^{213}	tɕʻiaŋ^{21}
泸州	tsʻaŋ^{21}	tsuaŋ^{55}	tsʻuaŋ^{21}	suaŋ^{42}	saŋ^{55}	saŋ^{21}／tsʻaŋ^{21}	zaŋ^{13}	tɕʻiaŋ^{21}
眉山	tsʻaŋ^{31}	tsuaŋ^{55}	tsʻuaŋ^{31}	suaŋ^{53}	saŋ^{55}	saŋ^{31}／tsʻaŋ^{31}	zaŋ^{13}	tɕʻiaŋ^{31}
乐山	tsʻaŋ^{21}	tsuaŋ^{55}	tsʻuaŋ^{21}	saŋ^{43}	saŋ^{55}	tsʻaŋ^{21}	zaŋ^{13}	tɕʻiaŋ^{21}
西昌	tʂʻaŋ^{52}	tʂuaŋ^{44}	tʂʻuaŋ^{52}	ʂuaŋ^{34}	ʂaŋ^{44}	tʂʻaŋ^{52}	ʐaŋ^{11}	tɕʻiaŋ^{52}
洛带客	tsʻɔŋ^{31}	tsɔŋ^{45}	tsʻɔŋ^{13}	sɔŋ^{31}	sɔŋ^{45}	tsʻɔŋ^{13}	ȵiɔŋ^{53}	tɕʻiɔŋ^{13}
仪陇客	tsʻɔŋ^{21}	tsɔŋ^{33}	tsʻɔŋ^{21}	sɔŋ^{21}	sɔŋ^{33}	tsʻɔŋ^{21}	iɔŋ^{53}	tɕʻiɔŋ^{21}
永兴湘	dʐʻaŋ^{31}/dʑʻiaŋ^{31}	tsuaŋ^{55}	dzʻuaŋ^{31}	suaŋ^{53}	ʂaŋ^{55}	ʂaŋ^{31}／ʐaŋ^{31}	ʐaŋ^{14}	dʑʻiaŋ^{31}
安仁湘	tɕioŋ^{13}	tsoŋ^{33}	tsoŋ^{13}	soŋ^{41}	ɕioŋ^{33}	ɕioŋ^{13}	ioŋ^{21}	tɕioŋ^{13}
长乐湘	tsɑŋ^{21}	tsuɑŋ^{44}	tsuɑŋ^{21}	suɑŋ^{53}	sɑŋ^{44}	sɑŋ^{21}	ŋɑŋ^{35}	tɕʻiɑŋ^{21}

续表 5－1

	仰 宕开三上养疑	向 宕开三去漾晓	央 宕开三平阳影	羊 宕开三平阳以	光 宕合一平唐见	旷 宕合一去宕溪	荒 宕合一平唐晓	黄 宕合一平唐匣
成都	iaŋ^{53}	ɕiaŋ^{213}	iaŋ^{55}	iaŋ^{21}	kuaŋ^{55}	kʻuaŋ^{213}	xuaŋ^{55}	xuaŋ^{21}
广元	iaŋ^{42}	ɕiaŋ^{214}	iaŋ^{55}	iaŋ^{21}	kuaŋ^{55}	kʻuaŋ^{214}	xuaŋ^{55}	xuaŋ^{21}
达州	iaŋ^{42}	ɕiaŋ^{214}	iaŋ^{55}	iaŋ^{12}	kuaŋ^{55}	kʻuaŋ^{214}	xuaŋ^{55}	xuaŋ^{12}
遂宁	iaŋ^{52}	ɕiaŋ^{213}	iaŋ^{55}	iaŋ^{21}	kuaŋ^{55}	kʻuaŋ^{213}	faŋ^{55}	faŋ^{21}
自贡	iaŋ^{53}	ɕiaŋ^{214}	iaŋ^{55}	iaŋ^{31}	kuaŋ^{55}	kʻuaŋ^{214}	xuaŋ^{55}	xuaŋ^{31}
荣县	ian^{42}	ɕian^{214}	ian^{55}	ian^{31}	kuan^{55}	kʻuan^{214}	xuan^{55}	xuan^{31}
雅安	iaŋ^{42}	ɕiaŋ^{214}	iaŋ^{55}	iaŋ^{21}	kuaŋ^{55}	kʻuaŋ^{214}	xuaŋ^{55}	xuaŋ^{21}
汉源	iaŋ^{42}	ɕiaŋ^{213}	iaŋ^{55}	iaŋ^{21}	kuaŋ^{55}	kʻuaŋ^{213}	xuaŋ^{55}	xuaŋ^{21}
泸州	iaŋ^{42}	ɕiaŋ^{13}	iaŋ^{55}	iaŋ^{21}	kuaŋ^{55}	kʻuaŋ^{13}	xuaŋ^{55}	xuaŋ^{21}
眉山	iaŋ^{53}	ɕiaŋ^{13}	iaŋ^{55}	iaŋ^{31}	kuaŋ^{55}	kʻuaŋ^{13}	xuaŋ^{55}	xuaŋ^{31}
乐山	iaŋ^{43}	ɕiaŋ^{13}	iaŋ^{55}	iaŋ^{21}	kuaŋ^{55}	kʻuaŋ^{13}	xuaŋ^{55}	xuaŋ^{21}
西昌	niaŋ^{52}	ɕiaŋ^{11}	iaŋ^{44}	iaŋ^{52}	kuaŋ^{44}	kʻuaŋ^{11}	xuaŋ^{44}	xuaŋ^{52}
洛带客	ŋɔŋ^{45}	ɕiɔŋ^{53}	iɔŋ^{45}	iɔŋ^{13}	kɔŋ^{45}	kʻɔŋ^{53}	fɔŋ^{45}	vɔŋ^{13}
仪陇客	ŋɔŋ^{33}	ɕiɔŋ^{13}	iɔŋ^{33}	iɔŋ^{21}	kɔŋ^{33}	kʻɔŋ^{53}	fɔŋ^{33}	vɔŋ^{21}
永兴湘	ȵiaŋ^{53}	ɕiaŋ^{14}	iaŋ^{55}	iaŋ^{31}	kuaŋ^{55}	kʻuaŋ^{14}	faŋ^{55}	vaŋ^{31}
安仁湘	ioŋ^{41}	ɕioŋ^{55}／ɕiaŋ^{55}	ioŋ^{33}	ioŋ^{13}	koŋ^{33}	kʻoŋ^{24}	hoŋ^{33}	hoŋ^{13}／oŋ^{13}
长乐湘	iɑŋ^{53}	ɕiɑŋ^{35}	iɑŋ^{44}	iɑŋ^{21}	kuɑŋ^{44}	kʻuɑŋ^{35}	fɑŋ^{44}	uɑŋ^{21}

续表 5－1

	汪 宕合一平唐影	方 宕合三平阳非	房 宕合三平阳奉	亡 宕合三平阳微	逛 宕合一去漾见	筐 宕合三平阳溪	狂 宕合三平阳群	枉 宕合一上养影
成　都	uaŋ^{55}	faŋ^{55}	faŋ^{21}	uaŋ^{21}	kuaŋ^{213}	kʻuaŋ^{55}	kʻuaŋ^{21}	uaŋ^{53}
广　元	uaŋ^{55}	faŋ^{55}	pʻaŋ^{21}	uaŋ^{21}	kuaŋ^{214}	kʻuaŋ^{55}	kʻuaŋ^{21}	uaŋ^{42}
达　州	uaŋ^{55}	faŋ^{55}	faŋ^{12}	uaŋ^{12}	kuaŋ^{214}	kʻuaŋ^{55}	kʻuaŋ^{12}	uaŋ^{55}
遂　宁	uaŋ^{55}	faŋ^{55}	faŋ^{21}	uaŋ^{21}	kuaŋ^{213}	kʻuaŋ^{55}	kʻuaŋ^{21}	uaŋ^{52}
自　贡	uaŋ^{55}	faŋ^{55}	faŋ^{31}	uaŋ^{31}	kuaŋ^{214}	kʻuaŋ^{55}	kʻuaŋ^{31}	uaŋ^{53}
荣　县	uan^{55}	fan^{55}	pʻan^{31}	uan^{31}	kuan^{214}	kʻuaŋ^{55}	kʻuan^{31}	uan^{42}
雅　安	uaŋ^{55}	faŋ^{55}	pʻaŋ^{21}	uaŋ^{21}	kuaŋ^{214}	kʻuaŋ^{55}	kʻuaŋ^{21}	uaŋ^{42}
汉　源	uaŋ^{55}	faŋ^{55}	pʻaŋ^{21}	uaŋ^{21}	kuaŋ^{213}	kʻuaŋ^{55}	kʻuaŋ^{21}	uaŋ^{42}
泸　州	uaŋ^{55}	faŋ^{55}	faŋ^{21}	uaŋ^{21}	kuaŋ^{13}	kʻuaŋ^{55}	kʻuaŋ^{21}	uaŋ^{42}
眉　山	uaŋ^{55}	faŋ^{55}	faŋ^{31}	uaŋ^{31}	kuaŋ^{13}	kʻuaŋ^{55}	kʻuaŋ^{31}	uaŋ^{53}
乐　山	uaŋ^{55}	faŋ^{55}	faŋ^{21}	uaŋ^{21}	kuaŋ^{13}	kʻuaŋ^{55}	kʻuaŋ^{21}	uaŋ^{43}
西　昌	uaŋ^{44}	faŋ^{44}	faŋ^{52}	uaŋ^{52}	kuaŋ^{11}	kʻuaŋ^{44}	kʻuaŋ^{52}	uaŋ^{34}
洛　带$_{客}$	vɔŋ^{45}	fɔŋ^{45}	fɔŋ^{13}	vɔŋ^{13}	kɔŋ^{53}	kʻuaŋ^{45}	kʻɔŋ^{13}	vɔŋ^{31}
仪　陇$_{客}$	uɔŋ^{33}	fɔŋ^{33}	fɔŋ^{21}	uɔŋ^{21}	kuɔŋ^{53}	kʻuaŋ^{33}	kʻɔŋ^{21}	uɔŋ^{33}
永　兴$_{湘}$	vaŋ^{55}	faŋ^{55}	vaŋ^{31}	vaŋ^{31}	kuaŋ^{14}	kʻuaŋ^{55}	gʻuaŋ^{31}	vaŋ^{53}
安　仁$_{湘}$	oŋ^{33}	hoŋ^{33}	hoŋ^{13}	oŋ^{13}	koŋ^{55}	kʻoŋ^{33}	kʻoŋ^{13}	oŋ^{55}
长　乐$_{湘}$	uɑŋ^{44}	fɑŋ^{44}	fɑŋ^{21}	uɑŋ^{21}	kuɑŋ^{35}	kʻuaŋ^{44}	kʻuɑŋ^{21}	uɑŋ^{53}

续表 5－1

	王 宕合三平阳云	邦 江开二平江帮	胖 江开二去绛滂	庞 江开二平江并	窗 江开二平江初	双 江开二平江生	江 江开二平江见	降（投降） 江开二平江匣
成　都	uaŋ^{21}	paŋ^{55}	pʻaŋ^{213}	pʻaŋ^{21}	tsʻaŋ^{55}	suaŋ^{55}	tɕiaŋ^{55}	ɕiaŋ^{21}
广　元	uaŋ^{21}	paŋ^{55}	pʻaŋ^{214}	pʻaŋ^{21}	tsʻaŋ^{55}	suaŋ^{55}	tɕiaŋ^{55}	ɕiaŋ^{21}
达　州	uaŋ^{12}	paŋ^{55}	pʻaŋ^{214}	paŋ^{12}	tsʻaŋ^{55}	suaŋ^{55}	tɕiaŋ^{55}	ɕiaŋ^{12}
遂　宁	uaŋ^{21}	paŋ^{55}	pʻaŋ^{213}	pʻaŋ^{21}	tsʻuaŋ^{55}	suaŋ^{55}	tɕiaŋ^{55}	ɕiaŋ^{21}
自　贡	uaŋ^{31}	paŋ^{55}	pʻaŋ^{214}	pʻaŋ^{31}	tʂʻuaŋ^{55}	ʂuaŋ^{55}	tɕiaŋ^{55}	ɕiaŋ^{31}
荣　县	uan^{31}	pan^{55}	pʻan^{214}	pʻan^{31}	tsʻan^{55}	suan^{55}	tɕian^{55}	ɕian^{31}
雅　安	uaŋ^{21}	paŋ^{55}	pʻaŋ^{214}	pʻaŋ^{21}	tsʻaŋ^{55}	suaŋ^{55}	tɕiaŋ^{55}	ɕiaŋ^{21}
汉　源	uaŋ^{21}	paŋ^{55}	pʻaŋ^{213}	pʻaŋ^{21}	tsʻuaŋ^{55}	suaŋ^{55}	tɕiaŋ^{55}	ɕiaŋ^{21}
泸　州	uaŋ^{21}	paŋ^{55}	pʻaŋ^{13}	pʻaŋ^{21}	tsʻaŋ^{55}/tsʻuaŋ^{55}	suaŋ^{55}	tɕiaŋ^{55}	ɕiaŋ^{21}
眉　山	uaŋ^{31}	paŋ^{55}	pʻaŋ^{13}	pʻaŋ^{31}	tsʻaŋ^{55}/tsʻuaŋ^{55}	suaŋ^{55}	tɕiaŋ^{55}	ɕiaŋ^{31}
乐　山	uaŋ^{21}	paŋ^{55}	pʻaŋ^{13}	pʻaŋ^{21}	tsʻaŋ^{55}	suaŋ^{55}	tɕiaŋ^{55}	ɕiaŋ^{21}
西　昌	uaŋ^{52}	paŋ^{44}	pʻaŋ^{11}	pʻaŋ^{52}	tʂʻuaŋ^{44}	ʂuaŋ^{44}	tɕiaŋ^{44}	ɕiaŋ^{52}
洛　带$_{客}$	vɔŋ^{13}	pɔŋ^{45}	pʻɔŋ^{53}	pʻɔŋ^{13}	tsʻɔŋ^{45}	sɔŋ^{45}	kɔŋ^{45}	ɕiɔŋ^{13}
仪　陇$_{客}$	uɔŋ^{21}	pɔŋ^{33}	pʻɔŋ^{13}	pʻɔŋ^{21}	tsʻɔŋ^{33}	suŋ^{33}	tɕiɔŋ^{33}	ɕiɔŋ^{21}
永　兴$_{湘}$	vaŋ^{31}	paŋ^{55}	pʻaŋ^{14}	bʻaŋ^{31}	tsʻuaŋ^{55}	suaŋ^{55}	tɕiaŋ^{55}	ɕiaŋ^{31}
安　仁$_{湘}$	oŋ^{13}	poŋ^{33}	pʻaŋ^{24}	poŋ^{13}	tsʻoŋ^{33}	soŋ^{33}	tɕioŋ^{33}	ɕioŋ^{13}
长　乐$_{湘}$	uɑŋ^{21}	pɑŋ^{44}	pʻɑŋ^{35}	pʻɑŋ^{21}	tsʻɑŋ^{44}	suaŋ^{44}	tɕiɑŋ^{44}	ɕiɑŋ^{21}

续表 5－1

	巷 江开二去绛匣	崩 曾开一平登帮	朋 曾开一平登並	灯 曾开一平登端	腾 曾开一平登定	能 曾开一平登泥	楞 曾开一平登来	曾(姓) 曾开一平登精
成都	xaŋ^{213}	poŋ^{55}	pʻoŋ^{21}	tən^{55}	tʻən^{21}	nən^{21}	nən^{213}	tsən^{55}
广元	xaŋ^{214}	pən^{55}	pʻoŋ^{21}	tən^{55}	tən^{21}	nən^{21}	nən^{214}	tsən^{55}
达州	xaŋ^{214}	poŋ^{55}	pʻoŋ^{12}	tən^{55}	tʻən^{12}	nən^{12}	nən^{214}	tsen^{55}
遂宁	xaŋ^{213}	pən^{55}	pʻoŋ^{21}	tən^{55}	tʻən^{21}	nən^{21}	nən^{213}	tsən^{55}
自贡	xaŋ^{214}	pən^{55}	pʻoŋ^{31}	tən^{55}	tʻən^{31}	nən^{31}	nən^{214}	tsən^{55}
荣县	xan^{214}	pən^{55}	pʻoŋ^{31}	tən^{55}	tən^{31}	nən^{31}	nən^{214}	tsən^{55}
雅安	xaŋ^{214}	pən^{55}	pʻoŋ^{21}	tən^{55}	tən^{21}	nən^{21}	nən^{214}	tsən^{55}
汉源	xaŋ^{213}	pən^{55}	pʻoŋ^{21}	tən^{55}	tən^{21}	nən^{21}	nən^{213}	tsən^{55}
泸州	xaŋ^{13}	pən^{55}	pʻoŋ^{21}	tən^{55}	tʻən^{21}	nən^{21}	nən^{13}	tsən^{55}
眉山	xaŋ^{13}	pən^{55}	pʻoŋ^{31}	tən^{55}	tʻən^{31}	nən^{31}	nən^{13}	tsən^{55}
乐山	xaŋ^{13}	pən^{55}	pʻoŋ^{21}	tən^{55}	tʻən^{21}	nən^{21}	nən^{13}	tsən^{55}
西昌	xaŋ^{11}	pən^{44}	pʻoŋ^{52}	tən^{44}	tʻən^{52}	nən^{52}	nən^{52}	tsən^{44}
洛带客	xɔŋ^{53}	pən^{45}	pʻuŋ^{13}	tiɛn^{45}	tʻən^{13}	lən^{13}	lən^{13}	tɕiɛn^{45}
仪陇客	xɔŋ^{53}	pən^{33}	pʻuŋ^{21}	tan^{33}	tʻan^{21}	lən^{21}	lən^{21}	tsan^{33}
永兴湘	ɣaŋ^{14}	poŋ^{55}	bʻoŋ^{31}	tən^{55}	dʻən^{31}	nən^{31}	nən^{14}	tsən^{55}
安仁湘	hoŋ^{24}	pən^{33}	pəŋ^{13}	tin^{33}	tən^{13}	nən^{13}	nən^{13}	tsən^{33}
长乐湘	xaŋ^{35}	puŋ^{44}	pʻuŋ^{21}	tən^{44}	tʻən^{21}	nən^{21}	nən^{35}	tsən^{55}

续表 5－1

	层 曾开一平登从	僧 曾开一平登心	肯 曾开一上等溪	恒 曾开一平登匣	冰 曾开三平蒸帮	陵 曾开三平蒸来	蒸 曾开三平蒸章	称(称呼) 曾开三平蒸昌
成都	tsʻən^{21}	sən^{55}	kʻən^{53}	xən^{21}	pin^{55}	nin^{21}	tsən^{55}	tsʻən^{55}
广元	tsʻən^{21}	sən^{55}	kʻən^{42}	xən^{21}	pin^{55}	nin^{21}	tsən^{55}	tsʻən^{55}
达州	tsʻən^{12}	sən^{55}	kʻən^{42}	xən^{12}	pin^{55}	nin^{12}	tsən^{55}	tsʻən^{55}
遂宁	tsʻən^{21}	sən^{55}	kʻən^{52}	xən^{21}	pin^{55}	nin^{21}	tsən^{55}	tsʻən^{55}
自贡	tsʻən^{31}	sən^{55}	kʻən^{53}	xən^{31}	pin^{55}	nin^{31}	tʂən^{55}	tʂʻən^{55}
荣县	tsʻən^{31}	sən^{55}	kʻən^{42}	xən^{31}	pin^{55}	nin^{31}	tsən^{55}	tsʻən^{55}
雅安	tsʻən^{21}	sən^{55}	kʻən^{42}	xən^{21}	pin^{55}	nin^{21}	tsən^{55}	tsʻən^{55}
汉源	tsʻən^{21}	sən^{55}	kʻən^{42}	xən^{21}	pin^{55}	nin^{21}	tsən^{55}	tsʻən^{55}
泸州	tsʻən^{21}	sən^{55}	kʻən^{42}	xən^{21}	pin^{55}	nin^{21}	tsən^{55}	tsʻən^{55}
眉山	tsʻən^{31}	sən^{55}	kʻən^{53}	xən^{31}	pin^{55}	nin^{31}	tsən^{55}	tsʻən^{55}
乐山	tsʻən^{21}	tsən^{55}	kʻən^{43}	xən^{21}	pin^{55}	nin^{21}	tsən^{55}	tsʻən^{55}
西昌	tsʻən^{52}	sən^{44}	kʻən^{34}	xən^{52}	pin^{44}	nin^{52}	tʂən^{44}	tʂʻən^{44}
洛带客	tɕʻiɛn^{13}	sən^{45}/ɕiɛn^{45}	kʻiɛn^{31}	xən^{31}	pin^{45}	lin^{13}	tsən^{45}	tsʻən^{45}
仪陇客	tsʻan^{21}	sən^{33}	kʻan^{53}	xan^{21}	pin^{33}	lin^{21}	tsən^{33}	tsʻən^{33}
永兴湘	dzʻən^{31}	sən^{55}	kʻin^{53}	ɣən^{31}	pin^{55}	nin^{31}	tɕin^{55}	tɕʻin^{55}
安仁湘	tsən^{13}	sən^{33}	kʻən^{41}	hən^{13}	pin^{33}	nin^{13}	tɕin^{33}	tsʻən^{33}
长乐湘	tsʻən^{21}	sən^{44}	kʻən^{53}	xən^{21}	pin^{44}	nin^{21}	tsən^{44}	tsʻən^{44}

续表 5－1

	乘 曾开三平蒸船	承 曾开三平蒸禅	仍 曾开三平蒸日	凝 曾开三平蒸疑	蝇 曾开三平蒸以	烹 梗开二平庚滂	彭 梗开二平庚並	孟 梗开二去映明
成都	sən^{21}	tsʻən^{21}	zən^{213}	nin^{213}	in^{55}	pʻən^{55}	pʻən^{21}	moŋ^{213}
广元	sən^{21}	tsʻən^{21}	zən^{214}	nin^{21}	in^{55}	pən^{55}	pʻən^{21}	moŋ^{214}
达州	sən^{12}	tsʻən^{12}	zən^{12}	nin^{12}	in^{12}	pʻoŋ^{55}	pʻən^{12}	moŋ^{214}
遂宁	sən^{21}	tsʻən^{21}	zən^{213}	nin^{52}	in^{55}	pʻən^{55}	pʻən^{21}	moŋ^{213}
自贡	ʂən^{31}	tʂʻən^{31}	ʐən^{214}	nin^{31}	in^{55}	pʻoŋ^{55}	pʻən^{31}	moŋ^{214}
荣县	sən^{31}	tsʻən^{31}	zən^{214}	ȵin^{31}	in^{55}	pən^{55}	pʻən^{31}	moŋ^{214}
雅安	sən^{21}	tsʻən^{21}	zən^{214}	nin^{21}／nin^{214}	in^{55}	pən^{55}	pʻən^{21}	moŋ^{214}
汉源	sən^{21}	tsʻən^{21}	zən^{213}	ȵin^{21}	in^{55}	pən^{55}	pʻən^{21}	moŋ^{213}
泸州	sən^{21}	tsʻən^{21}	zən^{13}	nin^{13}	in^{55}	pʻən^{55}	pʻən^{21}	moŋ^{13}
眉山	sən^{31}	tsʻən^{31}	zən^{13}	nin^{13}	in^{55}	pʻən^{55}	pʻən^{31}	moŋ^{13}
乐山	sən^{21}	tsʻən^{21}	zən^{13}	ni^{21}	in^{55}	poŋ^{55}	pʻən^{21}	moŋ^{13}
西昌	tʂʻən^{52}	tʂʻən^{52}	ʐən^{52}	ni^{52}	in^{44}	pʻən^{44}	pʻən^{52}	moŋ^{11}
洛带客	sən^{13}	tsʻən^{13}	ȵin^{13}	lin^{53}	in^{13}	pʻən^{45}	pʻən^{13}	muŋ^{53}
仪陇客	sən^{21}	tsʻən^{21}	in^{21}	lin^{21}	in^{21}	pʻən^{33}	pʻən^{21}	muŋ^{53}
永兴湘	ʂən^{31}	ʥʻin^{31}	ʐən^{14}	ȵin^{31}	in^{55}	pʻən^{55}	bʻən^{31}	moŋ^{14}
安仁湘	ɕin^{13}	tsən^{13}	in^{13}	ni^{13}	in^{33}	pʻən^{33}	pən^{13}	məŋ^{24}
长乐湘	sən^{21}	tsʻən^{21}	zən^{21}	nin^{21}	in^{21}	pən^{44}	pən^{21}	muŋ^{35}

续表 5－1

	打 梗开二上梗端	冷 梗开二上梗来	生 梗开二平庚生	更（更加） 梗开二去映见	坑 梗开二平庚溪	硬 梗开二去映疑	杏 梗开二上梗匣	萌 梗开二平耕明
成都	ta^{53}	nən^{53}	sən^{55}	kən^{213}	kʻən^{55}	ŋən^{213}	xən^{213}	moŋ^{21}
广元	ta^{42}	nən^{42}	sən^{55}	kən^{214}	kʻən^{55}	ŋən^{214}	xən^{214}	moŋ^{21}
达州	ta^{42}	nən^{42}	sən^{55}	kən^{214}	kʻən^{55}	ŋən^{214}	xən^{214}	moŋ^{12}
遂宁	ta^{52}	nən^{52}	sən^{55}	kən^{213}	kʻən^{55}	ŋən^{213}	xən^{213}	moŋ^{21}
自贡	ta^{53}	nən^{53}	sən^{55}	kən^{214}	kʻən^{55}	ŋən^{214}	xən^{214}	moŋ^{31}
荣县	ta^{42}	nən^{42}	sən^{55}	kən^{214}	kʻən^{55}	ŋən^{214}	xən^{214}	moŋ^{31}
雅安	ta^{42}	nən^{42}	sən^{55}	kən^{214}	kʻən^{55}	ŋən^{214}	xən^{214}	moŋ^{21}
汉源	ta^{42}	nən^{42}	sən^{55}	kən^{213}	kʻən^{55}	ŋən^{213}	xən^{213}	moŋ^{21}
泸州	ta^{42}	nən^{42}	sən^{55}	kən^{13}	kʻən^{55}	ŋən^{13}	xən^{13}	moŋ^{21}
眉山	ta^{53}	nən^{53}	sən^{55}	kən^{13}	kʻən^{55}	ŋən^{13}	xən^{13}	moŋ^{31}
乐山	ta^{43}	nən^{43}	sən^{55}	kən^{13}	kʻən^{55}	ŋən^{13}	xən^{13}	moŋ^{21}
西昌	ta^{34}	nən^{34}	sən^{44}	kən^{11}	kʻən^{44}	ŋən^{11}	xən^{11}	moŋ^{52}
洛带客	ta^{31}	laŋ^{45}	saŋ^{45}	kiɛn^{53}	kʻiɛn^{45}	ŋaŋ^{53}	xiɛn^{53}	muŋ^{13}
仪陇客	ta^{21}	lan^{33}	saŋ^{33}	kən^{13}	kʻən^{33}	ŋaŋ^{53}	xan^{53}	muŋ^{21}
永兴湘	ta^{53}	nən^{53}	sən^{55}	kin^{14}	kʻin^{55}	ŋin^{14}	ɣən^{14}	moŋ^{31}
安仁湘	ta^{41}	niaŋ^{41}	sən^{33}／ɕin^{33}／soŋ^{33}	kən^{55}	kʻən^{33}	ŋo^{21}	hən^{24}	məŋ^{13}
长乐湘	ta^{53}	nən^{53}	sən^{55}	kən^{35}	kʻən^{44}	ŋən^{35}	xən^{35}	muŋ^{21}

续表5－1

	橙 梗开二平耕澄	争 梗开二平耕庄	耕 梗开二平耕见	茎 梗开二平耕匣	樱 梗开二平耕影	平 梗开三平庚並	病 梗开三去映並	京 梗开三平庚见
成都	ts‘ən^{21}	tsən^{55}	kən^{55}	tɕin^{55}	ŋən^{55}/in^{55}	p‘in^{21}	pin^{213}	tɕin^{55}
广元	ts‘ən^{21}	tsən^{55}	kən^{55}	xən^{21}	ŋən^{55}	p‘in^{21}	pin^{214}	tɕin^{55}
达州	ts‘ən^{12}	tsən^{55}	kən^{55}	tɕin^{55}	in^{55}	p‘in^{12}	pin^{214}	tɕin^{55}
遂宁	ts‘ən^{21}	tsən^{55}	kən^{55}	tɕin^{55}	in^{55}	p‘in^{21}	pin^{213}	tɕin^{55}
自贡	tʂ‘ən^{31}	tʂən^{55}	kən^{55}	tɕin^{55}	ŋən^{55}	p‘in^{31}	pin^{214}	tɕin^{55}
荣县	ts‘ən^{31}	tsən^{55}	kən^{55}	xən^{31}	ŋən^{55}/in^{55}	p‘in^{31}	pin^{214}	tɕin^{55}
雅安	ts‘ən^{21}	tsən^{55}	kən^{55}	xən^{21}	ŋən^{55}/in^{55}	p‘in^{21}	pin^{214}	tɕin^{55}
汉源	ts‘ən^{21}	tsən^{55}	kən^{55}	xən^{21}	ŋən^{55}/in^{55}	p‘in^{21}	pin^{213}	tɕin^{55}
泸州	ts‘ən^{21}	tsən^{55}	kən^{55}	tɕin^{55}	in^{55}	p‘in^{21}	pin^{13}	tɕin^{55}
眉山	ts‘ən^{31}	tsən^{55}	kən^{55}	tɕin^{55}	in^{55}	p‘in^{31}	pin^{13}	tɕin^{55}
乐山	ts‘ən^{21}	tsən^{55}	kən^{55}	tɕin^{55}	in^{55}	p‘in^{21}	pin^{13}	tɕin^{55}
西昌	tʂ‘ən^{52}	tsən^{44}	kən^{44}	xən^{52}	in^{44}	p‘in^{52}	pin^{11}	tɕin^{44}
洛带$_{客}$	ts‘ən^{13}	tsaŋ^{45}/tsən^{45}	kaŋ^{45}	tɕin^{45}	ŋiɛn^{45}	p‘iaŋ^{13}	p‘iaŋ^{53}	tɕin^{45}
仪陇$_{客}$	ts‘an^{21}	tsan^{33}	kən^{33}	tɕin^{33}	ŋən^{33}	p‘iaŋ^{21}	p‘iaŋ^{53}	tɕin^{33}
永兴$_{湘}$	dz‘ən^{31}	tsən^{55}	kin^{55}	tɕin^{55}	ŋin^{55}	b‘in^{31}	b‘in^{14}	tɕin^{55}
安仁$_{湘}$	tsən^{13}	tsən^{33}	kin^{33}	tɕin^{33}	ŋən^{33}	pin^{13}/piaŋ^{13}	piaŋ^{21}	tɕin^{33}
长乐$_{湘}$	tsən^{21}	tsən^{44}	kən^{44}	tɕin^{44}	ŋən^{44}	p‘in^{21}	pin^{35}	tɕin^{44}

续表5－1

	迎 梗开三平庚疑	英 梗开三平庚影	饼 梗开三上静帮	聘 梗开三去劲滂	名 梗开三平清明	领 梗开三上静来	井 梗开三上静精	请 梗开三上静清
成都	in^{21}	in^{55}	pin^{53}	p‘in^{213}	min^{21}	nin^{53}	tɕin^{53}	tɕ‘in^{53}
广元	in^{21}	in^{55}	p‘in^{42}	p‘in^{214}	min^{21}	nin^{42}	tɕin^{42}	tɕ‘in^{42}
达州	in^{12}	in^{55}	pin^{42}	p‘in^{214}	min^{12}	nin^{12}	tɕin^{42}	tɕ‘in^{42}
遂宁	in^{21}	in^{55}	pin^{52}	p‘in^{213}	min^{21}	nin^{52}	tɕin^{52}	tɕ‘in^{52}
自贡	in^{31}	in^{55}	pin^{53}	p‘in^{214}	min^{31}	nin^{53}	tɕin^{53}	tɕ‘in^{53}
荣县	in^{31}	in^{55}	p‘in^{42}	p‘in^{214}	min^{31}	nin^{42}	tɕin^{42}	tɕ‘in^{42}
雅安	in^{21}	in^{55}	p‘in^{42}	p‘in^{214}	min^{21}	nin^{42}	tɕin^{42}	tɕ‘in^{42}
汉源	in^{21}	in^{55}	p‘in^{42}	p‘in^{213}	min^{21}	nin^{42}	tɕin^{42}	tɕ‘in^{42}
泸州	in^{21}	in^{55}	pin^{42}	p‘in^{13}	min^{21}	nin^{42}	tɕin^{42}	tɕ‘in^{42}
眉山	in^{31}	in^{55}	pin^{53}	p‘in^{13}	min^{31}	nin^{53}	tɕin^{53}	tɕ‘in^{53}
乐山	in^{21}	in^{55}	pin^{43}	p‘in^{13}	min^{21}	nin^{43}	tɕin^{43}	tɕ‘in^{43}
西昌	in^{52}	in^{44}	pin^{34}	p‘in^{11}	min^{52}	nin^{34}	tɕin^{34}	tɕ‘in^{34}
洛带$_{客}$	in^{13}	in^{45}	piaŋ^{31}	p‘in^{53}	miaŋ^{13}	liaŋ^{45}	tɕiaŋ^{31}	tɕ‘iaŋ^{31}
仪陇$_{客}$	in^{21}	in^{33}	piaŋ^{21}	p‘in^{13}	miaŋ^{21}	liaŋ^{33}	tɕiaŋ^{21}	tɕ‘iaŋ^{21}
永兴$_{湘}$	in^{31}	in^{55}	pin^{53}	p‘in^{14}	min^{31}	nin^{53}	tɕin^{53}	tɕ‘in^{53}
安仁$_{湘}$	in^{13}	in^{33}	pin^{41}	p‘in^{24}	miaŋ^{13}	nin^{41}	tɕiaŋ^{41}	tɕ‘iaŋ^{41}
长乐$_{湘}$	in^{21}	in^{44}	pin^{53}	p‘in^{35}	min^{21}	nin^{53}	tɕin^{53}	tɕ‘in^{53}

续表5－1

	情 梗开三平清从	整 梗开三上静章	声 梗开三平清书	成 梗开三平清禅	颈 梗开三上静见	轻 梗开三平清溪	赢 梗开三平清以	并 梗开四上迥並
成　都	tɕʻin^{21}	tsən^{53}	sən^{55}	tsʻən^{21}	tɕin^{53}	tɕʻin^{55}	in^{21}	pin^{213}
广　元	tɕʻin^{21}	tsən^{42}	sən^{55}	tsʻən^{21}	tɕin^{42}	tɕʻin^{55}	in^{21}	pin^{214}
达　州	tɕʻin^{12}	tsən^{42}	sən^{55}	tsʻən^{12}	tɕin^{42}	tɕʻin^{55}	in^{12}	pin^{214}
遂　宁	tɕʻin^{21}	tsən^{52}	sən^{55}	tsʻən^{21}	tɕin^{52}	tɕʻin^{55}	in^{21}	pin^{213}
自　贡	tɕʻin^{31}	tʂən^{53}	ʂən^{55}	tʂʻən^{31}	tɕin^{53}	tɕʻin^{55}	in^{31}	pin^{214}
荣　县	tɕʻin^{31}	tsən^{42}	sən^{55}	tsʻən^{31}	tɕin^{42}	tɕʻin^{55}	in^{31}	pin^{214}
雅　安	tɕʻin^{21}	tsən^{42}	sən^{55}	tsʻən^{21}	tɕin^{42}	tɕʻin^{55}	in^{21}	pin^{214}
汉　源	tɕʻin^{21}	tsən^{42}	sən^{55}	tsʻən^{21}	tɕin^{42}	tɕʻin^{55}	in^{21}	pin^{213}
泸　州	tɕʻin^{21}	tsən^{42}	sən^{55}	tsʻən^{21}	tɕin^{42}	tɕʻin^{55}	in^{21}	pin^{13}
眉　山	tɕʻin^{31}	tsən^{53}	sən^{55}	tsʻən^{31}	tɕin^{53}	tɕʻin^{55}	in^{31}	pin^{13}
乐　山	tɕʻin^{21}	tsən^{43}	sən^{55}	tsʻən^{21}	tɕin^{43}	tɕʻin^{55}	in^{21}	pin^{13}
西　昌	tɕʻin^{52}	tʂən^{34}	ʂən^{44}	tʂʻən^{52}	tɕin^{34}	tɕʻin^{44}	in^{52}	pin^{11}
洛　带客	tɕʻin^{13}	tsən^{31}	saŋ^{45}	saŋ^{13}／tsʻən^{13}	tɕiaŋ^{31}	tɕʻiaŋ^{45}	iaŋ^{13}	pin^{53}
仪　陇客	tɕʻin^{21}	tsən^{21}	saŋ^{33}	tsʻaŋ^{21}	tɕiaŋ^{21}	tɕʻiaŋ^{33}	iaŋ^{21}	pin^{13}
永　兴湘	dʑʻin^{31}	tʂən^{53}	sən^{55}	dʐʻən^{31}／dʑʻin^{31}	tɕin^{53}	tɕʻin^{55}	in^{31}	pin^{14}
安　仁湘	tɕin^{13}	tsən^{41}	ɕiaŋ^{33}	tɕin^{13}／ tsən^{13}（成绩）	tɕiaŋ^{41}	tɕʻiaŋ^{33} tɕʻin^{33}	niaŋ^{13}	pin^{55}
长　乐湘	tɕʻin^{21}	tsən^{53}	sən^{44}	tsʻən^{21}	tɕiɑŋ^{53}	tɕʻin^{44}	in^{21}	pin^{35}

续表5－1

	丁 梗开四平青端	停 梗开四平青	挺 梗开四上迥定	宁（安宁） 梗开四平青泥	零 梗开四平青来	青 梗开四平青清	星 梗开四平青晓	经 梗开四平青见
成　都	tin^{55}	tʻin^{21}	tʻin^{53}	nin^{21}	nin^{21}	tɕʻin^{55}	ɕin^{55}	tɕin^{55}
广　元	tin^{55}	tʻin^{21}	tʻin^{42}	nin^{21}	nin^{21}	tɕʻin^{55}	ɕin^{55}	tɕin^{55}
达　州	tin^{55}	tʻin^{12}	tʻin^{42}	nin^{12}	nin^{12}	tɕʻin^{55}	ɕin^{55}	tɕin^{55}
遂　宁	tin^{55}	tʻin^{21}	tʻin^{52}	nin^{21}	nin^{21}	tɕʻin^{55}	ɕin^{55}	tɕin^{55}
自　贡	tin^{55}	tʻin^{31}	tʻin^{53}	nin^{31}	nin^{31}	tɕʻin^{55}	ɕin^{55}	tɕin^{55}
荣　县	tin^{55}	tʻin^{31}	tʻin^{42}	nin^{31}	nin^{31}	tɕʻin^{55}	ɕin^{55}	tɕin^{55}
雅　安	tin^{55}	tʻin^{21}	tʻin^{42}	nin^{21}	nin^{21}	tɕʻin^{55}	ɕin^{55}	tɕin^{55}
汉　源	tin^{55}	tʻin^{21}	tʻin^{42}	nin^{21}	nin^{21}	tɕʻin^{55}	ɕin^{55}	tɕin^{55}
泸州	tin^{55}	tʻin^{21}	tʻin^{42}	nin^{21}	nin^{21}	tɕʻin^{55}	ɕin^{55}	tɕin^{55}
眉　山	tin^{55}	tʻin^{31}	tʻin^{53}	nin^{31}	nin^{31}	tɕʻin^{55}	ɕin^{55}	tɕin^{55}
乐　山	tin^{55}	tʻin^{21}	tʻin^{43}	nin^{21}	nin^{21}	tɕʻin^{55}	ɕin^{55}	tɕin^{55}
西　昌	tin^{44}	tin^{52}	tʻin^{34}	nin^{52}	nin^{52}	tɕʻin^{44}	ɕin^{44}	tɕin^{44}
洛　带客	taŋ^{45}	tʻin^{13}	tʻin^{31}	lin^{13}	laŋ^{13}	tɕʻiaŋ^{45}	ɕin^{45}	tɕin^{45}
仪　陇客	tan^{33}	tʻin^{21}	tʻin^{53}	lin^{21}	laŋ^{21}	tɕʻiaŋ^{33}	ɕin^{33}	tɕin^{33}
永　兴湘	tin^{55}	dʻin^{31}	tʻin^{53}	nin^{31}	nin^{31}	tɕʻin^{55}	ɕin^{55}	tɕin^{55}
安　仁湘	tin^{33}	tin^{13}	tʻin^{41}	nin^{13}	nin^{13}	tɕʻin^{33}	ɕiã^{33}／ɕin^{33}	tɕin^{33}
长　乐湘	tin^{44}	tʻin^{21}	tʻin^{53}	nin^{21}	nin^{21}	tɕʻin^{44}	ɕin^{44}	tɕin^{44}

续表 5－1

	形 梗开四平青匣	矿 梗合二上梗见	横（横线） 梗合二平庚匣	横（蛮横） 梗合二去映匣	轰 梗合二平耕晓	宏 梗合二平耕匣	兄 梗合三平庚晓	荣 梗合三平庚云
成都	ɕin^{21}	k'uaŋ^{213}	xuən^{21}/xuan^{21}	xuən^{21}	xoŋ^{55}	xoŋ^{21}	ɕyoŋ^{55}	yoŋ^{21}
广元	ɕin^{21}	k'uaŋ^{214}	xuən^{21}	xuən^{21}	xoŋ^{55}	xoŋ^{21}	ɕioŋ^{55}	soŋ^{214}
达州	ɕin^{12}	k'uaŋ^{214}	xuən^{12}	xuən^{12}	xoŋ^{55}	xoŋ^{12}	ɕyŋ^{55}	soŋ^{214}
遂宁	ɕin^{21}	k'uaŋ^{213}	fən^{21}	fən^{21}	xoŋ^{55}	xoŋ^{21}	ɕioŋ^{55}	soŋ^{213}
自贡	ɕin^{31}	k'uaŋ^{214}	xən^{31}	xuan^{31}	xoŋ^{55}	xoŋ^{31}	ɕyoŋ^{55}	soŋ^{214}
荣县	ɕin^{31}	k'uaŋ^{214}	xuən^{31}	xuən^{31}	xoŋ^{55}	xoŋ^{31}	ɕioŋ^{55}	soŋ^{214}
雅安	ɕin^{21}	k'uaŋ^{214}	xuæ̃^{21}	xuæ̃^{21}	xoŋ^{55}	xoŋ^{21}	ɕyoŋ^{55}	soŋ^{214}
汉源	ɕin^{21}	k'uaŋ^{213}	xua^{n21}/xuən^{21}	xua^{n21}/xuən^{21}	xoŋ^{55}	xoŋ^{21}	ɕioŋ^{55}	soŋ^{213}
泸州	ɕin^{21}	k'uaŋ^{13}	xuən^{21}/xən^{21}	xuən^{21}/xən^{21}	xoŋ^{55}	xoŋ^{21}	ɕyoŋ^{55}	yoŋ^{21}
眉山	ɕin^{31}	k'uaŋ^{13}	xuən^{31}/xən^{31}	xuən^{31}/xən^{31}	xoŋ^{55}	xoŋ^{31}	ɕyŋ^{55}	yŋ^{31}
乐山	ɕin^{21}	k'uaŋ^{13}	xuən^{21}	xuən^{21}	xoŋ^{55}	xoŋ^{21}	ɕyŋ^{55}	soŋ^{13}
西昌	ɕin^{52}	k'uaŋ^{11}	xən^{52}	xuən^{52}	xoŋ^{44}	xoŋ^{52}	ɕioŋ^{44}	soŋ^{11}
洛带客	ɕin^{13}	k'ɔŋ^{53}	vaŋ^{13}	vaŋ^{13}/fən^{13}	xuŋ^{45}	xuŋ^{13}	ɕiuŋ^{45}	iuŋ^{13}
仪陇客	ɕin^{21}	k'uaŋ^{13}	uaŋ^{21}	fan^{21}	xuŋ^{33}	xuŋ^{21}	ɕiuŋ^{33}	yŋ^{21}
永兴湘	ɕin^{31}	k'uaŋ^{14}	vən^{31}	vən^{31}	xoŋ^{55}	ɣoŋ^{31}	ʂoŋ^{55}/ɕyoŋ^{55}	in^{31}/yoŋ^{31}
安仁湘	ɕin^{13}	koŋ^{41}	ɸən^{13}	ɸən^{13}	hoŋ^{41}	hoŋ^{13}	ɕioŋ^{33}	yŋ^{13}
长乐湘	ɕin^{21}	k'uɑŋ^{35}	fən^{21}	fən^{21}	xuŋ^{53}	xuŋ^{21}	ɕyŋ^{44}	yŋ^{21}

续表 5－1

	倾 梗合三平清溪	琼 梗合三平清群	营 梗合三平清以	萤 梗合四平青匣	篷 通合一平东並	蒙 通合一平东明	东 通合一平东端	通 通合一平东透
成都	tɕ'yn^{55}	tɕ'yn^{21}	yn^{21}	yn^{21}	p'oŋ^{21}	moŋ^{21}	toŋ^{55}	t'oŋ^{55}
广元	tɕ'yn^{55}	tɕ'yn^{21}	yn^{21}	yn^{21}	p'oŋ^{21}	moŋ^{21}	toŋ^{55}	t'oŋ^{55}
达州	tɕ'yn^{55}	tɕ'yn^{12}	yn^{12}	yn^{12}	p'oŋ^{12}	moŋ^{12}	toŋ^{55}	t'oŋ^{55}
遂宁	tɕ'yn^{55}	tɕ'yn^{21}	yn^{21}	yn^{21}	p'oŋ^{21}	moŋ^{21}	toŋ^{55}	t'oŋ^{55}
自贡	tɕ'yn^{55}	tɕyn^{31}/tɕyoŋ^{31}	yn^{31}	yn^{31}	p'oŋ^{31}	moŋ^{31}	toŋ^{55}	t'oŋ^{55}
荣县	tɕ'yn^{55}	tɕ'yn^{31}	yn^{31}	yn^{31}	p'oŋ^{31}	moŋ^{31}	toŋ^{55}	t'oŋ^{55}
雅安	tɕ'yn^{55}	tɕ'yn^{21}	yn^{21}	yn^{21}	p'oŋ^{21}	moŋ^{21}	toŋ^{55}	t'oŋ^{55}
汉源	tɕ'yn^{55}	tɕ'yn^{21}	yn^{21}	yn^{21}	p'oŋ^{21}	moŋ^{21}	toŋ^{55}	t'oŋ^{55}
泸州	tɕ'yn^{55}	tɕyn^{21}	yn^{21}	in^{21}	p'oŋ^{21}	moŋ^{21}	toŋ^{55}	t'oŋ^{55}
眉山	tɕ'yn^{55}	tɕ'yn^{31}	yn^{31}	in^{31}	p'oŋ^{31}	moŋ^{31}	toŋ^{55}	t'oŋ^{55}
乐山	tɕ'yn^{55}	tɕ'yn^{21}	yn^{21}	in^{21}	p'oŋ^{21}	moŋ^{21}	toŋ^{55}	t'oŋ^{55}
西昌	tɕ'in^{44}	tɕ'in^{52}	in^{52}	in^{52}	p'oŋ^{52}	moŋ^{52}	toŋ^{44}	t'oŋ^{44}
洛带客	tɕ'yn^{45}	tɕ'in^{13}	yn^{13}	in^{13}	p'uŋ^{13}	muŋ^{13}	tuŋ^{45}	t'uŋ^{45}
仪陇客	tɕ'yn^{33}	tɕ'yn^{21}	yn^{21}	in^{21}	p'uŋ^{21}	muŋ^{21}	tuŋ^{33}	t'uŋ^{33}
永兴湘	tɕ'in^{55}	dʑ'in^{31}	in^{31}	in^{31}	b'oŋ^{31}	moŋ^{31}	toŋ^{55}	t'oŋ^{55}
安仁湘	tɕ'yn^{33}	tɕyn^{13}	yn^{13}	yn^{13}	poŋ^{13}	moŋ^{13}	toŋ^{33}	t'oŋ^{33}
长乐湘	tɕ'yn^{44}	tɕ'yn^{21}	yn^{21}	yn^{21}	p'uŋ^{21}	muŋ^{21}	tuŋ^{44}	t'uŋ^{44}

续表 5－1

	同 通合一平东定	总 通合一上董精	聪 通合一平东清	从 通合一平东从	送 通合一去送心	工 通合一平东见	红 通合一平东匣	翁 通合一平东影
成　都	tʻoŋ^{21}	tsoŋ^{53}	tsʻoŋ^{55}	tsʻoŋ^{21}	soŋ^{213}	koŋ^{55}	xoŋ^{21}	oŋ^{55}
广　元	tʻoŋ^{21}	tsoŋ^{42}	tsʻoŋ^{55}	tsʻoŋ^{21}	soŋ^{214}	koŋ^{55}	xoŋ^{21}	oŋ^{55}
达　州	tʻoŋ^{12}	tsoŋ^{42}	tsʻoŋ^{55}	tsʻoŋ^{12}	soŋ^{214}	koŋ^{55}	xoŋ^{12}	oŋ^{55}
遂　宁	tʻoŋ^{21}	tsoŋ^{52}	tsʻoŋ^{55}	tsʻoŋ^{21}	soŋ^{213}	koŋ^{55}	xoŋ^{21}	oŋ^{55}
自　贡	tʻoŋ^{31}	tʂoŋ^{53}	tsʻoŋ^{55}	tsʻoŋ^{31}	soŋ^{214}	koŋ^{55}	xoŋ^{31}	oŋ^{55}
荣　县	tʻoŋ^{31}	tsoŋ^{42}	tsʻoŋ^{55}	tsʻoŋ^{31}	soŋ^{214}	koŋ^{55}	xoŋ^{31}	oŋ^{55}
雅　安	tʻoŋ^{21}	tsoŋ^{42}	tsʻoŋ^{55}	tsʻoŋ^{21}	soŋ^{214}	koŋ^{55}	xoŋ^{21}	oŋ^{55}
汉　源	tʻoŋ^{21}	tsoŋ^{42}	tsʻoŋ^{55}	tsʻoŋ^{21}	soŋ^{213}	koŋ^{55}	xoŋ^{21}	oŋ^{55}
泸　州	tʻoŋ^{21}	tsoŋ^{42}	tsʻoŋ^{55}	tsʻoŋ^{21}	soŋ^{13}	koŋ^{55}	xoŋ^{21}	oŋ^{55}
眉　山	tʻoŋ^{31}	tsoŋ^{53}	tsʻoŋ^{55}	tsʻoŋ^{31}	soŋ^{13}	koŋ^{55}	xoŋ^{31}	oŋ^{55}
乐　山	tʻoŋ^{21}	tsoŋ^{43}	tsʻoŋ^{55}	tsʻoŋ^{21}	soŋ^{13}	koŋ^{55}	xoŋ^{21}	oŋ^{55}
西　昌	tʻoŋ^{52}	tsoŋ^{34}	tsʻoŋ^{44}	tsʻoŋ^{52}	soŋ^{11}	koŋ^{44}	xoŋ^{52}	oŋ^{44}
洛　带$_{客}$	tʻuŋ^{13}	tsuŋ^{31}	tsʻuŋ^{45}	tsʻuŋ^{13}	suŋ^{53}	kuŋ^{45}	fuŋ^{13}	uŋ^{45}
仪　陇$_{客}$	tʻuŋ^{21}	tsuŋ^{53}	tsʻuŋ^{33}	tsʻuŋ^{21}	suŋ^{13}	kuŋ^{33}	fuŋ^{21}	uŋ^{33}
永　兴$_{湘}$	dʻoŋ^{31}	tsoŋ^{53}	tsʻoŋ^{55}	dzʻoŋ^{31}	soŋ^{14}	koŋ^{55}	ɣoŋ^{31}	oŋ^{55}
安　仁$_{湘}$	toŋ^{13}	tsoŋ^{41}	tsʻoŋ^{33}	tsoŋ^{13}	soŋ^{55}	koŋ^{33}	hoŋ^{13}	oŋ^{33}
长　乐$_{湘}$	tʻuŋ^{21}	tsuŋ^{53}	tsʻuŋ^{44}	tsʻuŋ^{21}	suŋ^{35}	kuŋ^{44}	xuŋ^{21}	uŋ^{44}

续表 5－1

	统 通合一平冬透	农 通合一平冬泥	宗 通合一平冬精	风 通合三平东非	冯 通合三平东奉	梦 通合三去送明	隆 通合三平东来	中 通合三平东知
成　都	tʻoŋ^{53}	noŋ^{21}	tsoŋ^{55}	foŋ^{55}	foŋ^{21}	moŋ^{213}	noŋ^{21}	tsoŋ^{55}
广　元	tʻoŋ^{42}	noŋ^{21}	tsoŋ^{55}	foŋ^{55}	foŋ^{21}	moŋ^{214}	noŋ^{21}	tsoŋ^{55}
达　州	tʻoŋ^{42}	noŋ^{12}	tsoŋ^{55}	foŋ^{55}	foŋ^{12}	moŋ^{214}	noŋ^{12}	tsoŋ^{55}
遂　宁	tʻoŋ^{52}	noŋ^{21}	tsoŋ^{55}	xoŋ^{55}	xoŋ^{21}	moŋ^{213}	noŋ^{21}	tsoŋ^{55}
自　贡	tʻoŋ^{53}	noŋ^{31}	tsoŋ^{55}	foŋ^{55}	foŋ^{31}	moŋ^{214}	noŋ^{31}	tʂoŋ^{55}
荣　县	tʻoŋ^{42}	noŋ^{31}	tsoŋ^{55}	foŋ^{55}	foŋ^{31}	moŋ^{214}	noŋ^{31}	tsoŋ^{55}
雅　安	tʻoŋ^{42}	noŋ^{21}	tsoŋ^{55}	foŋ^{55}	foŋ^{21}	moŋ^{214}	noŋ^{21}	tsoŋ^{55}
汉　源	tʻoŋ^{42}	noŋ^{21}	tsoŋ^{55}	foŋ^{55}	foŋ^{21}	moŋ^{213}	noŋ^{21}	tsoŋ^{55}
泸　州	tʻoŋ^{42}	noŋ^{21}	tsoŋ^{55}	foŋ^{55}	foŋ^{21}	moŋ^{13}	noŋ^{21}	tsoŋ^{55}
眉　山	tʻoŋ^{53}	noŋ^{31}	tsoŋ^{55}	foŋ^{55}	foŋ^{31}	moŋ^{13}	noŋ^{31}	tsoŋ^{55}
乐　山	tʻoŋ^{43}	noŋ^{21}	tsoŋ^{55}	foŋ^{55}	foŋ^{21}	moŋ^{13}	noŋ^{21}	tsoŋ^{55}
西　昌	tʻoŋ^{34}	noŋ^{52}	tsoŋ^{44}	foŋ^{44}	foŋ^{52}	moŋ^{11}	noŋ^{52}	tʂoŋ^{44}
洛　带$_{客}$	tʻuŋ^{31}	luŋ^{13}	tsuŋ^{45}	fuŋ^{45}	pʻuŋ^{13}	muŋ^{53}	luŋ^{13}	tsuŋ^{45}
仪　陇$_{客}$	tʻuŋ^{53}	luŋ^{21}	tsuŋ^{33}	fuŋ^{33}	fuŋ^{21}	muŋ^{13}	luŋ^{21}	tsuŋ^{33}
永　兴$_{湘}$	tʻoŋ^{53}	noŋ^{31}	tsoŋ^{55}	xoŋ^{55}	ɣoŋ^{31}	moŋ^{14}	noŋ^{31}	tsoŋ^{55}
安　仁$_{湘}$	tʻoŋ^{41}	noŋ^{13}	tsoŋ^{33}	ɸoŋ^{33}／haŋ^{33}	ɸoŋ^{13}	moŋ^{24}／moŋ^{21}	noŋ^{13}	tɕioŋ^{33}／tsoŋ^{33} toŋ^{33}中间
湘　长$_{乐}$	tʻuŋ^{53}	nuŋ^{21}	tsuŋ^{44}	xuŋ^{44}	xuŋ^{21}	muŋ^{35}	nuŋ^{21}	tsuŋ^{44}

续表5-1

	虫 通合三平东澄	绒 通合三平东日	弓 通合三平东见	穷 通合三平东群	雄 通合三平东云	融 通合三平东以	缝(缝隙) 通合三平钟並	踪 通合三平钟精
成　都	tsʻoŋ^{21}	zoŋ^{21}	koŋ^{55}	tɕʻyoŋ^{21}	ɕyoŋ^{21}	yoŋ^{21}	foŋ^{213}	tsoŋ^{55}
广　元	tsʻoŋ^{21}	zoŋ^{21}	koŋ^{55}	tɕʻyoŋ^{21}	ɕyoŋ^{21}	yoŋ^{21}	foŋ^{214}	tsoŋ^{55}
达　州	tsʻoŋ^{12}	zoŋ^{12}	koŋ^{55}	tɕʻyŋ^{12}	ɕyŋ^{12}	zoŋ^{12}	foŋ^{214}	tsoŋ^{55}
遂　宁	tsʻoŋ^{21}	zoŋ^{21}	koŋ^{55}	tɕʻioŋ^{21}	ɕioŋ^{21}	ioŋ^{21}	xoŋ^{21}	tsoŋ^{55}
自　贡	tʂʻoŋ^{31}	ʐoŋ^{31}	koŋ^{55}	tɕʻyoŋ^{31}	ɕyoŋ^{31}	yoŋ^{31}	foŋ^{31}	tsoŋ^{55}
荣　县	tsʻoŋ^{31}	zoŋ^{31}	koŋ^{55}	tɕʻioŋ^{31}	ɕioŋ^{31}	ioŋ^{31}	foŋ^{214}	tsoŋ^{55}
雅　安	tsʻoŋ^{21}	zoŋ^{21}	koŋ^{55}	tɕʻyoŋ^{21}	ɕyoŋ^{21}	yoŋ^{21}	foŋ^{214}	tsoŋ^{55}
汉　源	tsʻoŋ^{21}	zoŋ^{21}	koŋ^{55}	tɕʻioŋ^{21}	ɕioŋ^{21}	ioŋ^{21}	foŋ^{213}	tsoŋ^{55}
泸　州	tsʻoŋ^{21}	zoŋ^{21}	koŋ^{55}	tɕʻyoŋ^{21}	ɕyoŋ^{21}	zoŋ^{21}	foŋ^{21}	tsoŋ^{55}
眉　山	tsʻoŋ^{31}	zoŋ^{31}	koŋ^{55}	tɕʻyŋ^{31}	ɕyŋ^{31}	zoŋ^{31}	foŋ^{13}	tsoŋ^{55}
乐　山	tsʻoŋ^{21}	zoŋ^{21}	koŋ^{55}	tɕʻyŋ^{21}	ɕyoŋ^{21}	yoŋ^{21}	foŋ^{13}	tsoŋ^{55}
西　昌	tʂʻoŋ^{52}	ʐoŋ^{52}	koŋ^{44}	tɕʻioŋ^{52}	ɕioŋ^{52}	ʐoŋ^{52}	foŋ^{11}	tsoŋ^{44}
洛　带客	tsʻuŋ^{13}	zuŋ^{13}/iuŋ^{13}	tɕiuŋ^{45}/kuŋ^{45}	tɕʻiuŋ^{13}	ɕiuŋ^{13}	iuŋ^{13}	fuŋ^{53}	tsuŋ^{45}
仪　陇客	tsʻuŋ^{21}	zuŋ^{21}	kuŋ^{33}	tɕʻiuŋ^{21}	ɕiuŋ^{21}	iuŋ^{21}	fuŋ^{13}	tsuŋ^{33}
永　兴湘	dzʻoŋ^{31}	ʐoŋ^{31}	koŋ^{55}	dʑʻyoŋ^{31}	ɕyoŋ^{31}	yoŋ^{31}	ɣoŋ^{14}	tsoŋ^{55}
安　仁湘	tɕioŋ^{13}	ioŋ^{13}	koŋ^{33}	tɕioŋ^{13}	ɕioŋ^{13}	ioŋ^{13}	ɸoŋ^{13}	tsoŋ^{33}
长　乐湘	tsuŋ^{21}	yŋ^{21}	kuŋ^{44}	tɕʻyŋ^{21}	ɕyŋ^{44}	yŋ^{21}	xuŋ^{35}	tsuŋ^{44}

续表5-1

	从(从容) 通合三平钟清	从(跟从) 通合三平钟从	怂 通合三上肿心	宠 通合三上肿彻	重(重复) 通合三平钟澄	重(轻重) 通合三上肿澄	钟 通合三平钟章	冲 通合三平钟昌
成　都	tsʻoŋ^{21}	tsʻoŋ^{21}	soŋ^{53}	tsʻoŋ^{53}	tsʻoŋ^{21}	tsoŋ^{213}	tsoŋ^{55}	tsʻoŋ^{55}
广　元	tsʻoŋ^{21}	tsʻoŋ^{21}	soŋ^{42}	tsʻoŋ^{42}	tsʻoŋ^{21}	tsoŋ^{214}	tsoŋ^{55}	tsʻoŋ^{55}
达　州	tsʻoŋ^{12}	tsʻoŋ^{12}	soŋ^{42}	tsʻoŋ^{42}	tsʻoŋ^{12}	tsoŋ^{214}	tsoŋ^{55}	tsʻoŋ^{55}
遂　宁	tsʻoŋ^{21}	tsʻoŋ^{21}	soŋ^{52}	tsʻoŋ^{52}	tsʻoŋ^{21}	tsoŋ^{213}	tsoŋ^{55}	tsʻoŋ^{55}
自　贡	tsʻoŋ^{31}	tsʻoŋ^{31}	tsʻoŋ^{31}	tʂʻoŋ^{53}	tʂʻoŋ^{31}	tʂoŋ^{214}	tʂoŋ^{55}	tʂʻoŋ^{55}
荣　县	tsʻoŋ^{31}	tsʻoŋ^{31}	soŋ^{42}	tsʻoŋ^{42}	tsʻoŋ^{31}	tsoŋ^{214}	tsoŋ^{55}	tsʻoŋ^{55}
雅　安	tsʻoŋ^{21}	tsʻoŋ^{21}	soŋ^{42}	tsʻoŋ^{42}	tsʻoŋ^{21}	tsoŋ^{214}	tsoŋ^{55}	tsʻoŋ^{55}
汉　源	tsʻoŋ^{21}	tsʻoŋ^{21}	soŋ^{42}	tsʻoŋ^{42}	tsʻoŋ^{21}	tsoŋ^{213}	tsoŋ^{55}	tsʻoŋ^{55}
泸　州	tsʻoŋ^{21}	tsʻoŋ^{21}	soŋ^{42}	tsʻoŋ^{42}	tsʻoŋ^{21}	tsoŋ^{13}	tsoŋ^{55}	tsʻoŋ^{55}
眉　山	tsʻoŋ^{31}	tsʻoŋ^{31}	soŋ^{53}	tsʻoŋ^{53}	tsʻoŋ^{31}	tsoŋ^{13}	tsoŋ^{55}	tsʻoŋ^{55}
乐　山	tsʻoŋ^{21}	tsʻoŋ^{21}	soŋ^{43}	tsʻoŋ^{43}	tsʻoŋ^{21}	tsoŋ^{13}	tsoŋ^{55}	tsʻoŋ^{55}
西　昌	tsʻoŋ^{52}	tsʻoŋ^{52}	soŋ^{34}	tʂʻoŋ^{34}	tʂʻoŋ^{52}	tʂoŋ^{11}	tʂoŋ^{44}	tʂʻoŋ^{44}
洛　带客	tsʻuŋ^{13}	tsʻuŋ^{13}	suŋ^{31}	tsʻuŋ^{31}	tsʻuŋ^{13}	tsʻuŋ^{45}	tsuŋ^{45}	tsʻuŋ^{45}
仪　陇客	tsʻuŋ^{21}	tsʻuŋ^{21}	suŋ^{53}	tsʻuŋ^{53}	tsʻuŋ^{21}	tsʻuŋ^{33}	tsuŋ^{33}	tsʻuŋ^{13}
永　兴湘	dzʻoŋ^{31}	dzʻoŋ^{31}	soŋ^{53}	tsʻoŋ^{53}	dzʻoŋ^{31}	dzʻoŋ^{14}	tsoŋ^{55}	tsʻoŋ^{55}
安　仁湘	tsʻoŋ^{13}	tsoŋ^{13}	soŋ^{41}	tsʻoŋ^{41}	tsoŋ^{13}	tɕioŋ^{21}	tɕioŋ^{33}	tsʻoŋ^{33}
长　乐湘	tsʻuŋ^{21}	tsʻuŋ^{21}	suŋ^{53}	tsʻuŋ^{53}	tsʻuŋ^{21}	tsuŋ^{35}	tsuŋ^{44}	tsʻuŋ^{44}

续表 5－1

	春 通合三平钟书	恐 通合三上肿溪	共 通合三去用群	凶 通合三平钟晓	雍 通合三平钟影	容 通合三平钟以	用 通合三去用以	答 咸开一入合端
成都	ʦoŋ^{55}	k'oŋ^{53}	koŋ^{213}	ɕyoŋ^{55}	yoŋ^{55}	yoŋ^{21}	yoŋ^{213}	ta^{21}
广元	ʦoŋ^{55}	k'oŋ^{42}	koŋ^{214}	ɕyoŋ^{55}	yoŋ^{55}	yoŋ^{21}	yoŋ^{214}	ta^{21}
达州	ʦoŋ^{55}	k'oŋ^{42}	koŋ^{214}	ɕyŋ^{55}	yŋ^{55}	yŋ^{12}	yŋ^{214}	ta^{21}
遂宁	ʦoŋ^{55}	k'oŋ^{52}	koŋ^{213}	ɕioŋ^{55}	ioŋ^{55}	ioŋ^{21}	ioŋ^{213}	ta^{12}
自贡	tʂoŋ^{55}	k'oŋ^{53}	koŋ^{214}	ɕyoŋ^{55}	yoŋ^{55}	yoŋ^{31}	yoŋ^{214}	ta^{21}
荣县	ʦoŋ^{55}	k'oŋ^{42}	koŋ^{214}	ɕioŋ^{55}	ioŋ^{55}	ioŋ^{31}	ioŋ^{214}	ta^{214}
雅安	ʦoŋ^{55}	k'oŋ^{42}	koŋ^{214}	ɕyoŋ^{55}	yoŋ^{55}	yoŋ^{21}	yoŋ^{214}	ta^{214}
汉源	ʦoŋ^{55}	k'oŋ^{42}	koŋ^{213}	ɕioŋ^{55}	ioŋ^{55}	ioŋ^{21}	ioŋ^{213}	ta^{55}
泸州	ʦ'oŋ^{55}	k'oŋ^{42}	koŋ^{13}	ɕyoŋ^{55}	yoŋ^{55}	yoŋ^{21}	yoŋ^{13}	tæ^{33}
眉山	ʦ'oŋ^{55}	k'oŋ^{53}	koŋ^{13}	ɕyŋ^{55}	yŋ^{55}	yŋ^{31}	yŋ^{13}	ta^{24}
乐山	ʦoŋ^{55}	k'oŋ^{43}	koŋ^{13}	ɕyoŋ^{55}	yŋ^{55}	yŋ^{21}	yŋ^{13}	ta^{24}
西昌	tʂ'oŋ^{44}	k'oŋ^{34}	koŋ^{11}	ɕioŋ^{44}	ioŋ^{44}	ioŋ^{52}	ioŋ^{11}	ta^{44}
洛带客	ʦuŋ^{45}	k'uŋ^{31}	kuŋ^{53}	ɕiuŋ^{45}	iuŋ^{45}	iuŋ^{13}	iuŋ^{53}	tæʔ^{2}
仪陇客	ʦuŋ^{33}	k'uŋ^{53}	kuŋ^{13}	ɕiuŋ^{33}	yŋ^{33}	yŋ^{21}	yŋ^{13}	taʔ^{5}
永兴湘	ʦ'oŋ^{55}	k'oŋ^{53}	koŋ^{14}	ʂoŋ^{55}	yoŋ^{55}	yoŋ^{31}	yoŋ^{14}	ta^{31}
安仁湘	ʨioŋ^{33}	k'oŋ^{41}	koŋ^{24}	ɕioŋ^{33}	ioŋ^{33}	ioŋ^{13}	ioŋ^{24} ioŋ^{21}	ta^{55}
长乐湘	ʦ'uŋ^{44}	k'uŋ^{53}	kuŋ^{35}	ɕyŋ^{44}	yŋ^{44}	yŋ^{21}	yŋ^{35}	ta^{21}

续表 5－1

	踏 咸开一入合滂	纳 咸开一入合泥	拉 咸开一入合来	杂 咸开一入合从	盒 咸开一入合匣	腊 咸开一入盍来	眨 咸开二入洽帮	插 咸开二入洽初
成都	t'a^{21}	na^{213}	na^{55}	ʦa^{21}	xo^{21}	na^{21}	ʦa^{21}	ʦ'a^{21}
广元	t'a^{21}	na^{21}	na^{55}	ʦa^{21}	xo^{21}	na^{21}	ʦa^{21}	ʦ'a^{21}
达州	t'a^{12}	na^{12}	na^{55}	ʦa^{12}	xo^{12}	na^{12}	ʦa^{12}	ʦ'a^{12}
遂宁	t'a^{21}	na^{21}	na^{55}	ʦa^{21}	xo^{21}	na^{213}	ʦa^{21}	ʦ'a^{21}
自贡	t'a^{214}	na^{214}	na^{55}	ʦa^{214}	xo^{214}	na^{214}	ʦa^{214}	tʂ'a^{214}
荣县	t'a^{214}	na^{214}	na^{55}	ʦa^{214}	xo^{214}	na^{214}	ʦa^{214}	ʦ'a^{214}
雅安	t'a^{55}	na^{55}	na^{55}	ʦa^{55}	xo^{21}	na^{55}	ʦa^{55}	ʦ'a^{55}
汉源	t'a^{55}	na^{55}	na^{55}	ʦa^{55}	xo^{21}	na^{55}	ʦa^{55}	ʦ'a^{55}
泸州	t'æ^{33}	næ^{33}	næ^{33}	ʦæ^{33}	xɵ^{33}	næ^{33}	ʦæ^{33}	ʦ'æ^{33}
眉山	t'a^{24}	na^{24}	na^{24}	ʦa^{24}	xo^{24}	na^{24}	ʦa^{24}	ʦ'a^{24}
乐山	t'æ^{44}	næ^{44}	næ^{44}	ʦæ^{44}	xe^{44}	næ^{44}	ʦæ^{44}	ʦ'æ^{44}
西昌	t'a^{31}	na^{31}	na^{44}	ʦæ^{31}	xo^{31}	na^{31}	ʦa^{31}	tʂ'a^{31}
洛带客	t'æʔ^{2}	læʔ^{2}	la^{45}	ʦ'æʔ^{5}	xoʔ^{5}	læʔ^{5}	ʦæʔ^{2}	ʦ'æʔ^{2}
仪陇客	t'aʔ^{5}	la^{21}	ləu^{33}	ʦ'aʔ^{5}	xoʔ^{3}	laʔ^{5}	ʦaʔ^{5}	ʦ'aʔ^{5}
永兴湘	t'a^{31}	na^{31}	na^{55}	ʦa^{31}	ɤo^{31}	na^{31}	ʦa^{31}	ʦ'a^{31}
安仁湘	t'a^{13}	nai^{55}	na^{55}	ʦa^{55}	ho$^{13/55}$	na^{55}	ʦa^{55}	ʦ'a^{55}
长乐湘	t'a^{21}	na^{21}	na^{44}	ʦa^{21}	xo^{21}	na^{21}	ʦa^{21}	ʦ'a^{21}

续表 5－1

	夹 咸开二入洽见	恰 咸开二入洽溪	狭 咸开二入洽匣	鸭 咸开二入狎影	猎 咸开三入叶来	叶 咸开三入叶以	业 咸开三入业疑	贴 咸开四入帖透
成 都	tɕia^{21}	tɕʻia^{21}	ɕia^{21}	ia^{21}	nie^{21}	ie^{21}	ȵie^{21}/ie^{21}	tʻie^{21}
广 元	tɕia^{21}	tɕʻia^{21}	ɕia^{21}	ia^{21}	nie^{21}	ie^{21}	ȵie^{21}	tʻie^{21}
达 州	tɕia^{12}	tɕʻia^{12}	ɕia^{12}	ia^{12}	nie^{12}	ie^{12}	ie^{12}	tʻie^{12}
遂 宁	tɕia^{21}	tɕʻia^{21}	ɕia^{21}	ia^{21}	nie^{21}	ie^{21}	ie^{21}	tʻie^{21}
自 贡	tɕia^{214}	tɕʻia^{214}	ɕia^{31}	ia^{214}	nie^{214}	ie^{214}	ȵie^{214}	tʻie^{214}
荣 县	tɕia^{214}	tɕʻia^{214}	ɕia^{214}	ia^{214}	nie^{214}	ie^{214}	ie^{214}	tʻie^{214}
雅 安	tɕia^{55}	tɕʻia^{55}	ɕia^{55}	ia^{55}	nie^{55}	ie^{55}	nie^{55}	tʻie^{55}
汉 源	tɕia^{55}	tɕʻia^{55}	ɕia^{55}	ia^{55}	nie^{55}	ie^{55}	ȵnie^{55}	tʻie^{55}
泸 州	tɕiæ^{33}	tɕʻiæ^{33}	ɕiæ^{33}	iæ^{33}	nie^{33}	ie^{33}	ȵie^{33}	tʻie^{33}
眉 山	tɕia^{24}	tɕʻia^{24}	ɕia^{24}	ia^{24}	nie^{24}	ie^{24}	ȵie^{24}	tʻie^{24}
乐 山	tɕiæ^{44}	tɕʻiæ^{44}	ɕiæ^{44}	iæ^{44}	nie^{44}	ie^{44}	nie^{44}	tʻie^{44}
西 昌	tɕia^{31}	tɕʻia^{31}	ɕia^{31}	ia^{31}	ni^{31}	ie^{31}	niɛ^{31}	tʻiɛ^{31}
洛 带$_{客}$	kæʔ^{2}	kʻæʔ^{2}	tɕʻiæʔ^{5}	æʔ^{2}	lieʔ^{5}	ieʔ^{5}	ȵieʔ^{5}	tʻieʔ^{2}
仪 陇$_{客}$	kaʔ^{5}	tɕia^{21}	tɕʻiəʔ^{5}	aʔ^{5}	lieʔ^{5}	ieʔ^{5}	ieʔ^{5}	tʻieʔ^{5}
永 兴$_{湘}$	ka^{31}	tɕʻia^{31}	ɕia^{31}	ia^{55}	nie^{31}	ie^{31}	ȵie^{31}	tʻie^{31}
安 仁$_{湘}$	ka^{55}	kʻa^{55}	ɕia^{21}/ha^{21}	ŋa^{55}	nie^{21}	i$^{\cdot 55}$/ie^{21}	ȵie^{13}	tʻie^{13}
长 乐$_{湘}$	tɕia^{21}	tɕʻia^{21}	ɕia^{21}	ia^{21}	nie^{21}	ie^{21}	nie^{21}	tʻie^{21}

续表 5－1

	蝶 咸开四入帖定	协 咸开四入帖匣	法 咸合三入乏非	涩 深开三入缉生	汁 深开三入缉章	湿 深开三入缉书	十 深开三入缉禅	入 深开三入缉日
成 都	tie^{21}	ɕie^{21}	fa^{21}	se^{21}	ʦɿ^{21}	sɿ^{21}	sɿ^{21}	zu^{21}
广 元	tie^{21}	ɕie^{21}	fa^{21}	se^{21}	ʦɿ^{55}	sɿ^{21}	sɿ^{21}	zu^{21}
达 州	tie^{12}	ɕie^{12}	fa^{12}	se^{12}	ʦɿ^{55}	sɿ^{12}	sɿ^{12}	zu^{12}
遂 宁	tie^{21}	ɕie^{21}	fa^{21}	se^{21}	ʦɿ^{55}	sɿ^{21}	sɿ^{21}	zu^{21}
自 贡	tie^{214}	ɕie^{214}	fa^{214}	se^{214}	tʂʅ^{214}	ʂʅ^{214}	ʂʅ^{214}	ʐu^{214}
荣 县	tie^{214}	ɕie^{214}	fa^{214}	se^{214}	ʦɿ^{55}	sɿ^{214}	sɿ^{55}	zu^{214}
雅 安	tie^{55}	ɕie^{55}	fa^{55}	se^{55}	ʦɿ^{55}	sɿ^{55}	sɿ^{55}	zu^{55}
汉 源	tie^{55}	ɕie^{55}	fa^{55}	sai$^{\cdot 55}$	ʦɿ^{55}	sɿ^{55}	sɿ^{55}	zu^{55}
泸 州	tie^{13}	ɕie^{33}	fæ^{33}	se^{33}	ʦɘ^{33}	sɘ^{33}	sɘ^{33}	zu^{33}
眉 山	tie^{13}	ɕie^{24}	fa^{24}	se^{24}	ʦɿ^{24}	sɿ^{24}	sɿ^{24}	zu^{24}
乐 山	tie^{44}	ɕie^{44}	fæ^{44}	sæ^{44}	ʦɘ^{44}	sɘ^{44}	sɘ^{44}	zʊ^{44}
西 昌	tie^{31}	ɕiɛ^{31}	fa^{31}	sei$^{\cdot 31}$	tʂʅ^{31}	ʂʅ^{31}	ʂʅ^{31}	ʐu^{31}
洛 带$_{客}$	tieʔ^{2}	ɕieʔ^{2}	fæʔ^{2}	ɕieʔ^{2}	ʦɿʔ^{2}	sɿʔ^{2}	sɿʔ^{5}	loʔ^{5}
仪 陇$_{客}$	tieʔ^{5}	ɕieʔ^{5}	faʔ^{5}	seʔ^{5}	tseʔ^{5}	seʔ^{3}	seʔ^{5}	zu^{21}
永 兴$_{湘}$	tie^{31}	ɕiai$^{\cdot 31}$	fa^{31}	se^{31}	tʂʅ^{31}	ʂʅ^{31}	ʂʅ^{31}	ʐu^{31}
安 仁$_{湘}$	tie^{13}	ɕie^{13}	ɸa^{55}	ka^{55}(夹嘴)	ʦɿ^{44}	ɕi$^{\cdot 55}$	ɕi$^{\cdot 55}$	y^{13}
长 乐$_{湘}$	tie^{21}	ɕie^{21}	fa^{21}	se^{21}	ʦɿ^{21}	sɿ^{21}	sɿ^{21}	zu^{21}

续表 5－1

	及 深开三入缉群	吸 深开三入缉晓	揖 深开三入缉影	达 山开一入曷定	辣 山开一入曷来	擦 山开一入曷清	割 山开一入曷见	渴 山开一入曷溪
成都	tɕi^{21}	tɕi^{21}	i^{21}	ta^{21}	na^{21}	tsʻa^{21}	ke^{213}	kʻo^{21}
广元	tɕi^{21}	ɕi^{21}	i^{21}	ta^{21}	na^{21}	tsʻa^{21}	ko^{21}	kʻo^{21}
达州	tɕi^{12}	ɕi^{12}	i^{12}	ta^{12}	na^{12}	tsʻa^{12}	ko^{12}	kʻo^{12}
遂宁	tɕi^{21}	ɕi^{21}	i^{21}	ta^{21}	na^{21}	tsʻa^{21}	ko^{21}	kʻo^{21}
自贡	tɕi^{214}	ɕi^{214}	i^{214}	ta^{214}	na^{214}	tʂʻa^{214}	ko^{214}	kʻo^{214}
荣县	tɕi^{214}	ɕi^{214}	i^{214}	ta^{214}	na^{214}	tsʻa^{214}	ko^{214}	kʻo^{214}
雅安	tɕi^{55}	tɕi^{55}	i^{55}	ta^{55}	na^{55}	tsʻa^{55}	ko^{55}	kʻo^{55}
汉源	tɕi^{55}	tɕi^{55}	i^{55}	ta^{55}	na^{55}	tsʻa^{55}	ko^{55}	kʻo^{55}
泸州	tɕi^{33}	ɕi^{33}	i^{33}	tæ^{33}	næ^{33}	tsʻæ^{33}	kɵ^{33}	kʻɵ^{33}
眉山	tɕi^{24}	ɕi^{24}	i^{24}	ta^{24}	na^{24}	tsʻa^{24}	ko^{24}	kʻo^{24}
乐山	tɕie^{44}	tɕie^{44}	ie^{44}	tæ^{44}	næ^{44}	tsʻæ^{44}	ke^{44}	kʻe^{44}
西昌	tɕi^{31}	tɕi^{31}	i^{31}	ta^{31}	na^{31}	tsʻa^{31}	ko^{31}	kʻo^{31}
洛带客	tɕieʔ^{2}	tɕieʔ^{2}	iʔ^{2}	tæʔ^{2}	læʔ^{5}	tsʻæʔ^{2}	koʔ^{2}	xoʔ^{2}
仪陇客	tɕi^{21}	ɕi^{21}	ieʔ^{5}	taʔ^{5}	laʔ^{5}	tsʻaʔ^{5}	koʔ^{5}	kʻoʔ^{3}
永兴湘	tɕie^{31}	tɕie^{31}	i^{31}	ta^{31}	na^{31}	tsʻa^{31}	ko^{31}／kie^{14}	kʻo^{31}
安仁湘	tɕi^{55}	tɕi^{41}／tɕi^{21}	i^{55}	ta^{55}	na^{55}	tsʻa^{55}	kuai^{55}	kʻo^{13}
长乐湘	tɕi^{21}	tɕi^{21}	i^{21}	ta^{21}	na^{21}	tsʻa^{21}	ko^{21}	kʻo^{21}

续表 5－1

	八 山开二入黠帮	拔 山开二入黠並	察 山开二入黠初	杀 山开二入黠生	瞎 山开二入辖晓	别（区别） 山开三入薛並	别（离别） 山开三入薛並	灭 山开三入薛明
成都	pa^{21}	pʻa^{21}	tsʻa^{21}	sa^{21}	ɕia^{21}	pie^{21}	pie^{21}	mie^{21}
广元	pa^{21}	pʻa^{21}	tsʻa^{21}	sa^{21}	ɕia^{21}	pie^{21}	pie^{21}	mie^{21}
达州	pa^{12}	pa^{12}	tsʻa^{12}	sa^{12}	ɕia^{12}	pie^{12}	pie^{12}	mie^{12}
遂宁	pa^{21}	pa^{21}	tsʻa^{21}	sa^{21}	ɕia^{21}	pie^{21}	pie^{21}	mie^{21}
自贡	pa^{214}	pʻa^{214}	tʂʻa^{31}	ʂa^{214}	ɕia^{214}	pie^{214}	pie^{214}	mie^{214}
荣县	pa^{214}	pʻa^{214}	tsʻa^{214}	sa^{214}	ɕia^{214}	pie^{214}	pie^{214}	mie^{214}
雅安	pa^{55}	pʻa^{55}	tsʻa^{55}	sa^{55}	ɕia^{55}	pie^{55}	pie^{55}	mie^{55}
汉源	pa^{55}	pʻa^{55}	tsʻa^{55}	sa^{55}	ɕia^{55}	pie^{55}	pie^{55}	mie^{55}
泸州	pæ^{33}	pæ^{33}	tsʻæ^{33}	sæ^{33}	ɕiæ^{33}	pie^{33}	pie^{33}	mie^{33}
眉山	pa^{24}	pa^{24}	tsʻa^{24}	sa^{24}	ɕia^{24}	pie^{24}	pie^{24}	mie^{24}
乐山	pæ^{44}	pʻæ^{44}	tsʻa^{21}	sæ^{44}	ɕiæ^{44}	pie^{44}	pie^{44}	mie^{44}
西昌	pa^{31}	pa^{31}	tʂʻa^{31}	ʂa^{31}	ɕia^{31}	pi^{31}	pi^{31}	mie^{31}
洛带客	pæʔ^{2}	pʻa^{13}	tsʻa^{13}	sæʔ^{2}	xæʔ^{2}	pieʔ^{2}	pieʔ^{2}	mieʔ^{5}
仪陇客	paʔ^{5}	pʻa^{21}	tsʻa^{21}	saʔ^{5}	xaʔ^{5}	pieʔ^{5}	pieʔ^{5}	mieʔ^{5}
永兴湘	pa^{31}	bʻa^{31}	tsʻa^{31}	sa^{31}	ʂa^{31}	pie^{31}	pie^{31}	mie^{31}
安仁湘	pa^{55}	pa^{55}	tsʻa^{55}	sa^{55}	ha^{55}	pʻie^{24}	pe^{55}／pi^{55}	me^{55}
长乐湘	pa^{21}	pʻa^{21}	tsʻa^{21}	sa^{21}	ɕia^{21}	pie^{21}	pie^{21}	mie^{21}

续表 5－1

	列 山开三入薛来	舌 山开三入薛船	热 山开三入薛日	孽 山开三入薛疑	歇 山开三入月晓	铁 山开四入屑透	跌 山开四入屑定	捏 山开四入屑泥
成都	nie^{21}	se^{21}	ze^{21}	ȵie^{21}	ɕie^{21}	tʻie^{21}	tie^{21}	ȵie^{55}
广元	nie^{21}	se^{21}	ze^{21}	nie^{21}	ɕie^{21}	tʻie^{21}	tʻie^{21}	ȵie^{21}
达州	nie^{12}	se^{12}	ze^{12}	ie^{12}	ɕie^{12}	tʻie^{12}	tie^{12}	nie^{12}
遂宁	nie^{21}	se^{21}	ze^{213}	nie^{21}	ɕie^{21}	tʻie^{21}	tie^{21}	nie^{21}
自贡	nie^{214}	se^{214}	ʐe^{214}	ȵie^{214}	ɕie^{214}	tʻie^{214}	tie^{214}	ȵie^{55}
荣县	nie^{214}	se^{214}	ze^{214}	nie^{214}	ɕie^{214}	tʻie^{214}	tʻie^{214}	ȵie^{214}
雅安	nie^{55}	se^{55}	ze^{55}	nie^{55}	ɕie^{55}	tʻie^{55}	tʻie^{55}	nie^{55}
汉源	nie^{55}	sai^{55}	zai^{55}	ȵie^{55}	ɕie^{55}	tʻie^{55}	tie^{55}	ȵie^{55}
泸州	nie^{33}	sei^{33}	zei^{33}	ȵie^{33}	ɕie^{33}	tʻie^{33}	tie^{33}	ȵie^{33}
眉山	nie^{24}	sai^{24}	zai^{24}	ȵie^{24}	ɕie^{24}	tʻie^{24}	tie^{24}	ȵie^{24}
乐山	nie^{44}	sæ^{44}	zæ^{44}	nie^{44}	ɕie^{44}	tʻie^{44}	tie^{44}	nie^{44}
西昌	nie^{31}	ʂai^{52}	ʐe^{31}	niɛ^{31}	ɕie^{31}	tʻie^{31}	tiɛ^{31}	nie^{31}
洛带$_{客}$	lieʔ^{5}	sɿʔ^{5}	ȵieʔ^{5}	ȵieʔ^{5}	ɕieʔ^{2}	tʻieʔ^{2}	tʻieʔ^{2}	ȵieʔ^{2}
仪陇$_{客}$	lieʔ^{5}	seʔ^{5}	ieʔ^{5}	ieʔ^{5}	ɕieʔ^{5}	tʻieʔ^{5}	tieʔ^{5}	ieʔ^{5}
永兴$_{湘}$	nie^{31}	ʐe^{31}	ʐe^{31}	ȵie^{31}	ʂe^{31}	tʻie^{31}	tie^{31}	ȵie^{55}
安仁$_{湘}$	nie^{13}	ɕi^{55}	ni^{55}	ni^{55}／ȵie^{55}	ɕi^{55}	tʻi^{55}	tie^{21}	nie^{13}／ȵie^{13}
长乐$_{湘}$	nie^{21}	se^{21}	ŋe^{21}	nie^{21}	ɕie^{21}	tʻie^{21}	tie^{21}	nie^{21}

续表 5－1

	切（切开） 山开四入屑清	结 山开四入屑见	泼 山合一入末滂	末 山合一入末明	脱 山合一入末透	夺 山合一入末定	撮 山合一入末清	括 山合一入末见
成都	ʨʻie^{21}	ʨie^{21}	pʻo^{21}	mo^{21}	tʻo^{21}	to^{21}	ʦʻo^{21}	kʻue^{21}
广元	ʨʻie^{21}	ʨie^{21}	pʻo^{21}	mo^{21}	tʻo^{21}	to^{21}	ʦʻo^{21}	kʻua^{21}
达州	ʨʻie^{12}	ʨie^{12}	pʻo^{12}	mo^{12}	tʻo^{12}	to^{12}	ʦʻo^{12}	kʻue^{12}
遂宁	ʨʻie^{21}	ʨie^{21}	pʻo^{21}	mo^{21}	tʻo^{21}	to^{21}	ʦʻo^{21}	kʻue^{21}
自贡	ʨʻie^{214}	ʨie^{214}	pʻo^{214}	mo^{214}	tʻo^{214}	to^{214}	ʦʻo^{214}	kʻue^{214}
荣县	ʨʻie^{214}	ʨie^{214}	pʻo^{214}	mo^{214}	tʻo^{214}	to^{214}	ʦʻo^{214}	kʻue^{214}
雅安	ʨʻie^{55}	ʨie^{55}	pʻo^{55}	mo^{55}	tʻo^{55}	to^{55}	ʦʻo^{55}	kʻue^{55}
汉源	ʨʻie^{55}	ʨie^{55}	pʻo^{55}	mo^{55}	tʻo^{55}	to^{55}	ʦʻo^{55}	kʻuai^{55}
泸州	ʨʻie^{33}	ʨie^{33}	pʻɵ^{33}	mɵ^{33}	tʻɵ^{33}	tɵ^{33}	ʦʻɵ^{33}	kʻuæ^{33}
眉山	ʨʻie^{24}	ʨie^{24}	pʻo^{24}	mo^{24}	tʻu^{24}	to^{24}	ʦʻo^{24}	kʻuai^{24}
乐山	ʨʻie^{44}	ʨie^{44}	pʻʊ^{44}	mʊ^{44}	tʻo^{44}	tʊ^{44}	ʦʻʊ^{44}	kʻuæ^{44}
西昌	ʨʻie^{31}	ʨiɛ^{31}	pʻo^{31}	mo^{31}	tʻo^{31}	to^{31}	ʦo^{31}	kʻua^{31}
洛带$_{客}$	ʨʻieʔ^{2}	ʨieʔ^{2}	pʻoʔ^{2}	moʔ^{2}	tʻoʔ^{2}	toʔ^{2}	ʦʻoʔ^{2}	kʻueʔ^{2}
仪陇$_{客}$	ʨʻieʔ^{5}	ʨieʔ^{5}	pʻaʔ^{5}	mo^{21}	tʻoʔ^{5}	toʔ^{5}	ʦʻoʔ^{5}	kʻueʔ^{5}
永兴$_{湘}$	ʨʻie^{31}	ʨie^{31}	pʻo^{31}	mo^{31}	tʻo^{31}	to^{31}	ʦʻo^{55}	kʻue^{31}
安仁$_{湘}$	ʨʻie^{13}／ʨʻi^{55}	ʨie^{13}	pʻai^{55}／po^{55}	mo^{21}	tʻai^{55}	to^{13}	ʦʻai^{55}	kʻue^{13}／kʻua^{13}
长乐$_{湘}$	ʨʻie^{21}	ʨie^{21}	pʻo^{21}	mo^{21}	tʻo^{21}	to^{21}	ʦʻo^{21}	kʻue^{21}

续表5－1

	活 山合一入末匣	滑 山合二入黠匣	刷 山合二入辖生	刮 山合二入辖见	绝 山合三入薛从	雪 山合三入薛心	说 山合三入薛书	阅 山合三入薛以
成　都	xo^{21}	xua^{21}	sua^{21}	kua^{21}	tɕye^{21}	ɕye^{21}	so^{21}	ye^{21}
广　元	xo^{21}	xua^{21}	sua^{21}	kua^{21}	tɕye^{21}	ɕye^{21}	so^{21}	ye^{21}
达　州	xo^{12}	xua^{12}	sua^{12}	kua^{12}	tɕye^{12}	ɕye^{12}	so^{12}	ye^{12}
遂　宁	xo^{21}	fa^{21}	sua^{213}	kua^{21}	tɕye^{21}	ɕye^{21}	so^{21}	ye^{21}
自　贡	xo^{214}	xua^{214}	ʂua^{214}	kua^{214}	tɕye^{214}	ɕye^{214}	ʂo^{214}	ye^{214}
荣　县	xo^{214}	xua^{214}	sua^{214}	kua^{214}	tɕye^{214}	ɕye^{214}	so^{214}	ye^{214}
雅　安	xo^{55}	xua^{55}	sua^{55}	kua^{55}	tɕye^{55}	ɕye^{55}	so^{55}	ye^{55}
汉　源	xo^{55}	xua^{55}	sua^{55}	kua^{55}	tɕye^{55}	ɕye^{55}	so^{55}	ye^{55}
泸　州	xɵ^{33}	xuæ^{33}	suæ^{33}	kuæ^{33}	tɕye^{33}	ɕye^{33}	sɵ^{33}	yɵ^{33}
眉　山	xo^{24}	xua^{24}	sua^{24}	kua^{24}	tɕye^{24}	ɕye^{24}	so^{24}	io^{24}
乐　山	xʊ^{44}	xuæ^{44}	suæ^{44}	kuæ^{44}	tɕyu^{44}	ɕyu^{44}	sʊ^{44}	yu^{44}
西　昌	xo^{31}	xua^{31}	ʂua^{31}	kua^{31}	tɕie^{31}	ɕie^{31}	ʂo^{31}	ie^{31}
洛　带客	xoʔ^{5}	væʔ^{5}	suæʔ^{2}	kuæʔ^{2}	tɕʻyeʔ^{2}/tɕyeʔ^{2}	ɕyeʔ^{2}	soʔ^{2}	ye^{31}
仪　陇客	xoʔ^{3}	fa^{21}	suaʔ^{5}	kuaʔ^{5}	tɕʻyeʔ^{3}	ɕyeʔ^{5}	soʔ^{5}	yɛ^{53}
永　兴湘	ɤo^{31}	fa^{31}	sua^{31}	kua^{31}	tʂue^{31}/tɕye^{31}	ɕye^{31}/ʂue^{31}	ʂo^{31}	ie^{31}
安　仁湘	ho^{13}	ɸa^{13}	sua^{55}	kua^{55}	tɕye^{13}	ɕy^{55}	ɕioŋ^{41}/ ɕioŋ^{55}（讲）	ye^{13}
长　乐湘	xo^{21}	fa^{21}	sua^{21}	kua^{21}	tɕye^{21}	ɕye^{21}	so^{21}	ye^{21}

续表5－1

	发（发生） 山合三入月非	罚 山合三入月奉	袜 山合三入月微	月 山合三入月疑	决 山合四入屑见	缺 山合四入屑溪	血 山合四入屑晓	笔 臻开三入质帮
成　都	fa^{21}	fa^{21}	ua^{21}	ye^{21}	tɕye^{21}	tɕʻye^{21}	ɕye^{21}	pi$^{\cdot 21}$
广　元	fa^{21}	fa^{21}	ua^{21}	ye^{21}	tɕye^{21}	tɕʻye^{21}	ɕye^{21}	pi$^{\cdot 21}$
达　州	fa^{12}	fa^{12}	ua^{12}	ye^{12}	tɕye^{12}	tɕʻye^{12}	ɕye^{12}	pi$^{\cdot 12}$
遂　宁	fa^{21}	fa^{21}	ua^{21}	ye^{21}	tɕye^{21}	tɕʻye^{21}	ɕye^{21}	pi$^{\cdot 21}$
自　贡	fa^{214}	fa^{214}	ua^{214}	ye^{214}	tɕye^{214}	tɕʻye^{214}	ɕye^{214}	pi$^{\cdot 214}$
荣　县	fa^{214}	fa^{214}	ua^{214}	ye^{214}	tɕye^{214}	tɕʻye^{214}	ɕye^{214}	pi$^{\cdot 214}$
雅　安	fa^{55}	fa^{55}	ua^{55}	ye^{55}	tɕye^{55}	tɕʻye^{55}	ɕye^{55}	pi$^{\cdot 55}$
汉　源	fa^{55}	fa^{55}	ua^{55}	ye^{55}	tɕye^{55}	tɕʻye^{55}	ɕye^{55}	pi$^{\cdot 55}$
泸　州	fæ^{33}	fæ^{33}	uæ^{33}	ye^{33}	tɕye^{33}	tɕʻye^{33}	ɕie^{33}	pie^{33}
眉　山	fa^{24}	fa^{24}	ua^{24}	ye^{24}	tɕye^{24}	tɕʻye^{24}	ɕie^{24}	pi$^{\cdot 24}$
乐　山	fæ^{44}	fæ^{44}	uæ^{44}	yu^{44}	tɕyu^{44}	tɕʻyu^{44}	ɕie^{44}	pie^{44}
西　昌	fa^{31}	fa^{31}	ua^{31}	ie^{31}	tɕiɛ^{31}	tɕʻie^{31}	ɕie^{31}	pi$^{\cdot 31}$
洛　带客	fæʔ^{2}	fæʔ^{2}	mæʔ^{2}	ȵieʔ^{5}	tɕyeʔ^{2}	tɕʻyeʔ^{2}/kʻeʔ^{2}	ɕieʔ^{2}	piʔ^{2}
仪　陇客	faʔ^{5}	faʔ^{5}	maʔ^{5}	ieʔ^{5}	tɕyeʔ^{5}	tɕʻyeʔ^{5}	ɕieʔ^{5}	piʔ^{5}
永　兴湘	fa^{31}	va^{31}	va^{31}	ie^{31}	tʂue^{31}/tɕye^{31}	tʂʻue^{31}/tɕʻye^{31}	ʂue^{31}/ɕye^{31}	pi$^{\cdot 31}$
安　仁湘	ɸa^{55}	ɸa^{21}	ua^{55}	y^{55} ye^{55}	tɕye^{13}	tɕʻye^{13}	ɕy^{55}	pi$^{\cdot 55}$
长　乐湘	fa^{21}	fa^{21}	ua^{21}	ye^{21}	tɕye^{21}	tɕʻye^{21}	ɕye^{21}	pi$^{\cdot 21}$

续表5－1

	匹 臻开三入质滂	密 臻开三入质明	七 臻开三入质清	疾 臻开三入质从	膝 臻开三入质心	侄 臻开三入质澄	实 臻开三入质船	日 臻开三入质日
成都	pʻi^{21}	mi^{213}	tɕʻi^{21}	tɕi^{21}	ɕi^{21}	tsɿ^{21}	sɿ^{21}	zɿ^{21}
广元	pʻi^{21}	mi^{21}	tɕʻi^{21}	tɕi^{21}	ɕi^{55}	tsɿ^{21}	sɿ^{21}	zɿ^{21}
达州	pʻi^{12}	mi^{12}	tɕʻi^{12}	tɕi^{12}	tɕʻi^{12}	tsɿ^{12}	sɿ^{12}	zɿ^{12}
遂宁	pʻi^{21}	mi^{21}	tɕʻi^{21}	tɕi^{21}	ɕi^{21}	tsɿ^{21}	sɿ^{21}	zɿ^{21}
自贡	pʻi^{31}	mi^{214}	tɕʻi^{214}	tɕi^{31}	ɕi^{214}	tʂʅ^{214}	ʂʅ^{214}	ʐʅ^{214}
荣县	pʻi^{31}	mi^{214}	tɕʻi^{214}	tɕi^{214}	tɕʻi^{214}	tsɿ^{214}	sɿ^{214}	zɿ^{214}
雅安	pʻi^{21}	mi^{55}	tɕʻi^{55}	tɕi^{55}	tɕʻi^{55}	tsɿ^{55}	sɿ^{55}	zɿ^{55}
汉源	pʻi^{21}	mi^{55}	tɕʻi^{55}	tɕi^{55}	tɕʻi^{55}	tsɿ^{55}	sɿ^{55}	zɿ^{55}
泸州	pʻi^{21}	mie^{33}	tɕʻi^{33}	tɕi^{33}	ɕi^{33}	tsɘ^{33}	sɘ^{33}	zɘ^{33}
眉山	pʻi^{31}	mi^{13}	tɕʻi^{24}	tɕi^{24}	ɕi^{24}	tsɿ^{24}	sɿ^{24}	zɿ^{24}
乐山	pʻi^{21}	mie^{44}	tɕʻie^{44}	tɕie^{44}	ɕie^{44}	tsɘ^{44}	sɘ^{44}	zɘ^{44}
西昌	pʻi^{52}	mi^{31}	tɕʻi^{31}	tɕi^{31}	ɕi^{31}	tʂʅ^{31}	ʂʅ^{31}	ʐʅ^{31}
洛带客	pʻi^{13}	miʔ^{5}	tɕʻiʔ^{2}	tɕieʔ^{2}	tɕʻiʔ^{2}	tsʻəʔ^{5}	sɿʔ^{5}	ȵiʔ^{2}
仪陇客	pʻi^{21}	miʔ^{5}	tɕʻiʔ^{5}	tɕiʔ^{5}	tɕʻiʔ^{5}	tsʻeʔ^{3}	seʔ^{3}	ieʔ^{3}
永兴湘	bʻi^{31}	mi^{31}	tɕʻi^{31}	tɕi^{31}	ɕi^{31}	dʑʻi^{31}	ʂʅ^{31}	ʐʅ^{31}
安仁湘	pi^{13}／pʻi^{13}	mi^{13}	tɕʻi^{55}	tɕi^{13}	tɕʻi^{55}／ɕi^{13}	tɕʻi^{13}／tsɿ^{13}	ɕi^{55}	zɿ^{13}（日记）／ni^{55}（日光）／ɕi^{13}（日本）
长乐湘	pʻi^{21}	mi^{21}	tɕʻi^{21}	tɕi^{21}	ɕi^{21}	tsɿ^{21}	sɿ^{21}	o^{21}／zɿ^{21}

续表5－1

	吉 臻开三入质见	一 臻开三入质影	骨 臻合一入没见	忽 臻合一入没晓	律 臻合三入术来	黢（黢黑） 臻合三入术清	出 臻合三入术昌	橘 臻合三入术见
成都	tɕi^{21}	i^{21}	ku^{21}	fu^{21}	nu^{21}	tɕʻy^{55}／tɕʻyo^{21}	tsʻu^{21}	tɕy^{21}
广元	tɕie^{21}	i^{21}	ku^{21}	fu^{21}	nu^{21}	tɕʻy^{55}	tsʻu^{21}	tɕy^{21}
达州	tɕi^{12}	i^{12}	ku^{12}	fu^{12}	nu^{12}	tɕʻy^{55}	tsʻu^{12}	tɕy^{12}
遂宁	tɕi^{21}	i^{21}	ku^{21}	fu^{21}	nu^{21}	tɕʻy^{55}	tsʻu^{21}	y^{21}
自贡	tɕi^{214}	i^{214}	ku^{214}	fu^{55}	nu^{214}	tɕʻy^{55}	tʂʻu^{214}	tɕy^{214}
荣县	tɕie^{214}	i^{214}	ku^{214}	fu^{214}	nu^{214}	tɕʻy^{55}	tsʻu^{214}	tɕy^{214}
雅安	tɕi^{55}	i^{55}	ku^{55}	fu^{55}	nu^{55}	tɕʻy^{55}	tsʻu^{55}	tɕy^{55}
汉源	tɕi^{55}	i^{55}	ku^{55}	fu^{55}	nu^{55}	tɕʻy^{55}	tsʻu^{55}	tɕy^{55}
泸州	tɕi^{33}	ie^{33}	kɵ^{33}	xɵ^{33}	nu^{33}	tɕʻy^{33}	tsʻɵ^{33}	tɕy^{33}
眉山	tɕi^{24}	i^{24}	ku^{24}	xo^{24}	nu^{24}	tɕʻy^{24}	tsʻu^{24}	tɕy^{24}
乐山	tɕie^{44}	ie^{44}	kʊ^{44}	xʊ^{44}	nʊ^{44}	tɕʻyu^{44}	tsʻʊ^{44}	tɕyu^{44}
西昌	tɕʻi^{31}	i^{31}	ku^{31}	fu^{31}	nu^{31}	tɕʻio^{31}	tʂʻu^{31}	tɕiu^{31}
洛带客	tɕiʔ^{2}	iʔ^{2}	kuʔ^{2}	fʻuʔ^{2}	luʔ^{2}	tɕʻio^{45}	tsʻuʔ^{2}	tɕyʔ^{2}
仪陇客	tɕiʔ^{5}	ieʔ^{5}	kueiʔ^{5}	fu^{21}	lu^{21}	tɕʻy^{33}	tsʻu^{21}	tɕieʔ^{5}
永兴湘	tɕie^{31}	i^{31}	ku^{31}	fu^{31}	nu^{31}	tɕʻyu^{55}	tsʻu^{31}	tɕyu^{31}
安仁湘	tɕi^{55}	i^{55}	kuei^{55}／ku^{13}	ɸu^{13}	nɤu^{55}	tɕʻu^{55}	tɕʻy^{55}	tɕy^{55}
长乐湘	tɕi^{21}	i^{21}	ku^{21}	fu^{21}	nu^{21}	tɕʻy^{44}	tɕʻy^{21}	tɕy^{21}

续表 5－1

	不 臻合三入物帮	薄（厚薄） 宕开一入铎并	莫 宕开一入铎明	落 宕开一入铎来	作 宕开一入铎精	昨 宕开一入铎从	各 宕开一入铎见	恶（善恶） 宕开一入铎影
成　都	pu^{21}	po^{21}	mo^{21}	no^{21}	ʦo^{21}	ʦo^{21}	ko^{21}	ŋo^{21}
广　元	pu^{21}	po^{21}	mo^{21}	no^{21}	ʦo^{21}	ʦo^{21}	ko^{21}	ŋo^{21}
达　州	pu^{12}	po^{12}	mo^{12}	no^{12}	ʦo^{12}	ʦo^{12}	ko^{12}	ŋo^{12}
遂　宁	pu^{21}	po^{21}	mo^{21}	no^{21}	ʦo^{21}	ʦo^{21}	ko^{21}	ŋo^{21}
自　贡	pu^{214}	po^{214}	mo^{214}	no^{214}	ʦo^{214}	ʦo^{214}	ko^{214}	ŋo^{214}
荣　县	pu^{214}	po^{214}	mo^{214}	no^{214}	ʦo^{214}	ʦo^{31}	ko^{214}	ŋo^{214}
雅　安	pu^{55}	po^{55}	mo^{55}	no^{55}	ʦo^{55}	ʦo^{55}	ko^{55}	ŋo^{55}
汉　源	pu^{55}	po^{55}	mo^{55}	no^{55}	ʦo^{55}	ʦo^{55}	ko^{55}	ŋo^{55}
泸　州	pu^{33}	pɵ^{33}	mɵ^{33}	nɵ^{33}	ʦɵ^{33}	ʦɵ^{33}	kɵ^{33}	ŋɵ^{33}
眉　山	pu^{24}	po^{24}	mo^{24}	no^{24}	ʦo^{24}	ʦo^{24}	ko^{24}	ŋo^{24}
乐　山	pʊ^{44}	pʊ^{44}	mʊ^{44}	nʊ^{44}	ʦʊ^{44}	ʦʊ^{44}	ke^{44}	ŋe^{44}
西　昌	pu^{31}	po^{31}	mo^{31}	no^{31}	ʦo^{31}	ʦo^{31}	ko^{31}	ŋo^{31}
洛　带$_{客}$		p‘oʔ^{5}		loʔ^{5}	ʦoʔ^{2}	ʦ‘uʔ^{5}	koʔ^{2}	ŋo^{53}
仪　陇$_{客}$	pu^{21}	p‘əuʔ^{5}		loʔ^{3}	ʦoʔ^{5}	ʦ‘o^{21}	koʔ^{5}	ŋo^{53}
永　兴$_{湘}$	p‘u^{31}	b‘o^{31}	mo^{31}	no^{31}	ʦo^{31}	ʣ‘o^{31}／ʦo^{31}	ko^{31}	ŋo^{31}
安　仁$_{湘}$	n̩$^{55/13}$	p‘o^{13}	mo^{21}／mu^{55}	nu^{55}／no^{55}	ʦo^{24}	ʦ‘o^{24}	ku^{55}	o^{13}／ŋo^{13}
长　乐$_{湘}$	pu^{21}	po^{21}	mo^{21}	no^{21}	ʦo^{21}	ʦo^{21}	ko^{21}	ŋo^{21}

续表 5－1

	略 宕开三入药来	雀 宕开三入药精	弱 宕开三入药日	脚 宕开三入药见	约 宕开三入药影	药 宕开三入药以	郭 宕合一入铎见	扩 宕合一入铎溪
成　都	nyo^{21}	ʨ‘yo^{21}	zo^{21}	ʨyo^{21}	yo^{21}	yo^{21}	kue^{21}	k‘ue^{21}
广　元	no^{21}	ʨ‘yo^{21}	zo^{21}	ʨio^{21}	yo^{21}	yo^{21}	ko^{21}	k‘ue^{21}
达　州	nyo^{12}	ʨ‘yo^{12}	zo^{12}	ʨyo^{12}	yo^{12}	yo^{12}	ko^{12}	k‘ue^{12}
遂　宁	nio^{21}	ʨ‘io^{21}	zo^{21}	ʨio^{21}	io^{21}	io^{21}	ko^{21}	k‘ue^{21}
自　贡	nye^{214}	ʨ‘yo^{214}	ʐo^{214}	ʨyo^{214}	yo^{214}	yo^{214}	kue^{214}	k‘ue^{214}
荣　县	lio^{214}	ʨ‘io^{214}	zo^{214}	ʨio^{214}	io^{214}	io^{214}	ko^{214}	k‘o^{214}
雅　安	nyo^{55}	ʨ‘yo^{55}	zo^{55}	ʨyo^{55}	yo^{55}	yo^{55}	kue^{55}	k‘ue^{55}
汉　源	nio^{55}	ʨ‘io^{55}	zo^{55}	ʨio^{55}	io^{55}	io^{55}	kuai^{55}	k‘uai^{55}
泸　州	nyɵ^{33}	ʨ‘yɵ^{33}	zɵ^{33}	ʨyɵ^{33}	yɵ^{33}	yɵ^{33}	kue^{33}	k‘uæ^{33}
眉　山	nio^{24}	ʨ‘io^{24}	zo^{24}	ʨio^{24}	io^{24}	io^{24}	kuai^{24}	k‘uai^{24}
乐　山	nyu^{44}	ʨ‘yu^{44}	zʊ^{44}	ʨyu^{44}	yu^{44}	yu^{44}	kʊ^{44}	k‘uæ^{44}
西　昌	nio^{31}	ʨ‘io^{31}	ʐo^{31}	ʨio^{31}	io^{31}	io^{31}	kue^{31}	k‘ue^{31}
洛　带$_{客}$	lioʔ^{5}	ʨ‘io^{45}	ȵioʔ^{5}	ʨioʔ^{2}	ioʔ^{2}	ioʔ^{5}	kueʔ^{2}	k‘ueʔ^{2}
仪　陇$_{客}$	lioʔ^{5}	ʨ‘ioʔ^{3}	ioʔ^{5}	ʨioʔ^{5}	ioʔ^{5}	ioʔ^{3}	koʔ^{5}	k‘ueʔ^{5}
永　兴$_{湘}$	nyo^{31}	ʨ‘yo^{31}	ʐo^{31}	ʨyo^{31}	yo^{31}	yo^{31}	ko^{31}	k‘ue^{31}
安　仁$_{湘}$	nyo^{13}	ʨ‘yo^{55}	io^{13}	ʨyo^{55}／ʨyu^{55}	io^{13}	io^{55}	ko^{13}	k‘ue^{13}／k‘ua^{13}
长　乐$_{湘}$	nyo^{21}	ʨ‘yo^{21}	zo^{21}	ʨyo^{21}	yo^{21}	yo^{21}	ko^{21}	k‘ue^{21}

续表 5－1

	缚 宕合三入药奉	剥 江开二入觉帮	朴 江开二入觉滂	桌 江开二入觉知	戳 江开二入觉彻	浊 江开二入觉澄	角 江开二入觉见	确 江开二入觉溪
成　都	po^{21}/fu^{213}	bo^{21}	pʻu^{21}	tso^{21}	tsʻo^{21}	tsʻo^{21}	ko^{21}	tɕʻyo^{21}
广　元	fu^{21}	po^{21}	pu^{21}	tso^{21}	tsʻo^{21}	tsʻo^{21}	ko^{21}/tɕyo^{21}	tɕʻio^{21}
达　州	fu^{12}	po^{12}	pʻu^{12}	tso^{12}	tsʻo^{12}	tso^{12}	tɕyo^{12}	tɕʻyo^{12}
遂　宁	fu^{213}	po^{21}	pʻu^{21}	tso^{21}	tsʻo^{21}	tso^{21}	tɕio^{21}	tɕʻio^{21}
自　贡	pu^{214}	po^{214}	pʻu^{53}	tʂo^{214}	tʂʻo^{55}	tʂo^{214}	tɕyo^{214}	tɕʻyo^{214}
荣　县	fu^{214}	po^{214}	pu^{214}	tso^{214}	tsʻo^{214}	tsʻo^{214}	ko^{214}/tɕio^{214}	tɕʻio^{214}
雅　安	fu^{55}	po^{55}	pu^{55}	tso^{55}	tsʻo^{55}	tsʻo^{55}	ko^{55}/tɕyo^{55}	tɕʻyo^{55}
汉　源	fu^{55}	po^{55}	pu^{55}	tso^{55}	tsʻo^{55}	tsʻo^{55}	ko^{55}/tɕio^{55}	tɕʻio^{55}
泸　州	fu^{33}	pɵ^{33}	pʻu^{33}	tsɵ^{33}	tsʻɵ^{33}	tsʻɵ^{33}	tɕyɵ^{33}	tɕʻyɵ^{33}
眉　山	fu^{24}	po^{24}	pʻu^{24}	tso^{24}	tsʻo^{24}	tsʻo^{24}	ko^{24}	tɕʻio^{24}
乐　山	fʊ^{44}	pʊ^{44}	pʻʊ^{44}	tsʊ^{44}	tsʻʊ^{44}	tsʊ^{44}	tɕyu^{44}	tɕʻyu^{44}
西　昌	po^{31}	po^{31}	pʻu^{31}	tʂo^{31}	tʂʻo^{31}	tʂʻo^{31}	tɕio^{31}	tɕʻio^{31}
洛　带客		poʔ^{2}	pʻuʔ^{2}	tsoʔ^{2}	tuʔ^{2}/ tsʻoʔ^{2}	tsʻoʔ^{2}	koʔ^{2}	tɕʻioʔ^{2}
仪　陇客		paʔ^{5}	pʻu^{21}	tʻo^{21}	tsʻoʔ^{5}	tsʻoʔ^{5}	koʔ^{5}	tɕʻioʔ^{5}
永　兴湘	fu^{31}	po^{31}	bʻu^{31}	tso^{31}	tsʻo^{55}	tsʻo^{31}	ko^{31}	tɕʻyo^{31}
安　仁湘		po^{13}	pu^{13}	tsu^{55}	tsʻo^{13}/to^{13}	tsʻo^{13}	tɕio^{13}/ku^{21}/ka^{41}	tɕʻio^{13}
长　乐湘	fu^{35}	po^{21}	pʻu^{21}	tso^{21}	tsʻo^{21}	tsʻo^{21}	tɕyo^{21}	tɕʻyo^{21}

续表 5－1

	学 江开二入觉匣	握 江开二入觉影	北 曾开一入德帮	墨 曾开一入德明	得 曾开一入德端	特 曾开一入德定	贼 曾开一入德从	刻 曾开一入德溪
成　都	ɕyo^{21}	o^{21}	pe^{21}	me^{21}	te^{21}	tʻe^{21}	tse^{21}/tsuei^{21}	kʻe^{21}
广　元	ɕio^{21}	o^{21}	pe^{21}	me^{21}	te^{21}	tʻe^{21}	tse^{21}	kʻe^{21}
达　州	ɕyo^{12}	ŋo^{12}	pe^{12}	mie^{12}	tie^{12}	tʻie^{12}	tse^{12}	kʻe^{12}
遂　宁	ɕio^{21}	o^{213}	pe^{21}	me^{21}	te^{21}	tʻe^{21}	tsuei^{21}	kʻe^{21}
自　贡	ɕyo^{214}	uo^{214}	pe^{214}	me^{214}	te^{214}	tʻe^{214}	tsuei^{31}	kʻe^{214}
荣　县	ɕio^{214}	o^{214}	pe^{214}	me^{214}	te^{214}	tʻe^{214}	tse^{31}	kʻe^{214}
雅　安	ɕyo^{55}	o^{55}	pe^{55}	me^{55}	te^{55}	tʻe^{55}	tse^{55}	kʻe^{55}
汉　源	ɕio^{55}	o^{55}	pe^{55}	mai^{55}	tai^{55}	tʻai^{55}	tsai^{55}	kʻe^{55}
泸　州	ɕyɵ^{33}	ɵ^{33}	pe^{33}	mɵ^{33}	te^{33}	tʻe^{33}	tsuei^{21}	kʻe^{33}
眉　山	ɕio^{24}	u^{24}	pai^{24}	mo^{24}	tai^{24}	tʻai^{24}	tsuei^{31}	kʻai^{24}
乐　山	ɕyu^{44}	ʊ^{44}	pæ^{44}	mæ^{44}	tæ^{44}	tʻæ^{44}	tsæ^{44}	kʻe^{44}
西　昌	ɕio^{31}	ŋo^{31}	pe^{31}	mɛ^{31}	te^{31}	tʻe^{31}	tsei^{31}	kʻe^{31}
洛　带客	xoʔ^{5}	oʔ^{2}	pieʔ^{2}	mieʔ^{5}	tieʔ^{2}	tʻieʔ^{2}	tɕʻieʔ^{5}	kʻeʔ^{2}
仪　陇客	xoʔ^{5}	o^{21}	peʔ^{5}	mɵʔ^{5}	teʔ^{5}	tʻeʔ^{5}	tsʻɛ^{21}	kʻeʔ^{5}
永　兴湘	ɕyo^{31}/ ʂo^{31}	o^{31}	pe^{31}	me^{31}	te^{31}	tʻe^{31}	dzʻuei^{31}	kʻe^{31}
安　仁湘	ho^{55}/ɕyo^{13}	ŋo^{13}	pe^{55}	me^{55}	tai^{55}/te^{55}/te^{21}	tʻie^{13}	tsai^{55}/tsuei^{13}	kʻe^{13}
长　乐湘	ɕyo^{21}	ŋo^{21}	pe^{21}	me^{21}	te^{21}	tʻie^{21}	tsuei^{21}	kʻe^{21}

续表 5－1

	黑 曾开一入德晓	逼 曾开三入职帮	力 曾开三入职来	直 曾开三入职澄	色 曾开三入职生	织 曾开三入职章	食 曾开三入职船	国 曾合一入德见
成　都	xe^{21}	pi^{21} / pie^{55}	ni^{21}	ʦʅ^{21}	se^{21}	ʦʅ^{21}	sʅ^{21}	kue^{21}
广　元	xe^{21}	pi^{55}	ni^{21}	ʦʅ^{21}	se^{21}	ʦʅ^{21}	sʅ^{21}	
达　州	xe^{12}	pi^{55}	ni^{12}	ʦʅ^{12}	se^{12}	ʦʅ^{12}	sʅ^{12}	kue^{12}
遂　宁	xe^{21}	pi^{21}	ni^{21}	ʦʅ^{21}	se^{21}	ʦʅ^{21}	sʅ^{21}	kue^{21}
自　贡	xe^{214}	pi^{214}	ni^{214}	tʂʅ^{214}	se^{214}	tʂʅ^{214}	ʂʅ^{214}	kue^{214}
荣　县	xe^{214}	pi^{55}	ni^{214}	ʦʅ^{214}	se^{214}	ʦʅ^{214}	sʅ^{214}	kue^{214}
雅　安	xe^{55}	pi^{55}	ni^{55}	ʦʅ^{55}	se^{55}	ʦʅ^{55}	sʅ^{55}	kue^{55}
汉　源	xai^{55}	pi^{55}	ni^{55}	ʦʅ^{55}	sai^{55}	ʦʅ^{55}	sʅ^{55}	kuai^{55}
泸　州	xe^{33}	pie^{33}	nie^{33}	ʦɘ^{33}	se^{33}	ʦɘ^{33}	sɘ^{33}	kue^{33}
眉　山	xai^{24}	pie^{24}	ni^{24}	ʦʅ^{24}	sai^{24}	ʦʅ^{24}	sʅ^{24}	kue^{24}
乐　山	xe^{44}	pie^{44}	nie^{44}	ʦɘ^{44}	sæ^{44}	ʦɘ^{44}	sɘ^{44}	kʊ^{44}
西　昌	xe^{31}	piɛ^{31}	ni^{31}	tʂʅ^{31}	sɛ^{31}	tʂʅ^{31}	ʂʅ^{31}	kuɛ^{31}
洛　带客	xeʔ^{2}	pie^{45}	liʔ^{5}	ʦʻʅʔ^{5}	ɕieʔ^{2}	ʦəʔ^{2}	sʅʔ^{5}	kueʔ^{2}
仪　陇客	xeʔ^{5}	piʔ^{5}	liʔ^{5}	ʦʻeʔ^{5}	seʔ^{5}	ʦeʔ^{5}	seʔ^{5}	kueʔ^{5}
永　兴湘	xe^{31}	pie^{55}	ni^{31}	tʂʅ^{31}	se^{31}	tʂʅ^{31}	ʂʅ^{31}	kue^{31}
安　仁湘	hai^{55}	pi^{55}	ni^{55}	ʨʻi^{24} / ʦʻʅ^{13} / ʦʅ^{13}	sai^{55}	ʨi^{55}	ɕi^{55}	kuai^{55}
长　乐湘	xe^{21}	pi^{21}	ni^{21}	ʦʅ^{21}	se^{21}	ʦʅ^{21}	sʅ^{21}	kue^{21}

续表 5－1

	或 曾合一入德匣	域 曾合三入职云	百 梗开二入陌帮	拍 梗开二入陌滂	陌 梗开二入陌明	拆 梗开二入陌彻	窄 梗开二入陌庄	格 梗开二入陌见
成　都	xue^{21}	yo^{21}	pe^{21}	pʻe^{21}	me^{21}	ʦʻe^{21}	ʦe^{21}	ke^{21}
广　元	xue^{21}	yo^{21}	pe^{21}	pe^{21}	me^{21}	ʦʻe^{21}	ʦe^{21}	ke^{21}
达　州	xua^{12}	y^{12}	pie^{12}	pʻia^{12}	pe^{12} / mie^{12}	ʦʻe^{12}	ʦa^{12}	ke^{12}
遂　宁	fe^{21}	io^{21}	pe^{21}	pʻe^{21}	pe^{21}	ʦʻe^{21}	ʦe^{21}	ke^{21}
自　贡	xue^{214}	y^{214}	pe^{214}	pʻe^{14}	me^{214}	tʂʻe^{214}	tʂe^{214}	ke^{214}
荣　县	xue^{214}	y^{214}	pe^{214}	pe^{214}	me^{214}	ʦʻe^{214}	ʦe^{214}	ke^{214}
雅　安	xue^{55}	yo^{55}	pe^{55}	pe^{55}	pe^{55}	ʦʻe^{55}	ʦe^{55}	ke^{55}
汉　源	xuai^{55}	io^{55}	pai^{55}	pai^{55}	pai^{55}	ʦʻai^{55}	ʦai^{55}	kai^{55}
泸　州	xuai^{33} / xue^{33}	yɵ^{33}	pe^{33}	pʻe^{33}	mɵ^{33}	ʦʻe^{33}	ʦe^{33}	ke^{33}
眉　山	xuai^{24} / xue^{24}	io^{24}	pai^{24}	pʻai^{24}	me^{24}	ʦʻai^{24}	ʦai^{24}	kai^{24}
乐　山	xe^{44}	yu^{44}	pæ^{44}	pʻæ^{44}	pæ^{44}	ʦʻæ^{44}	ʦæ^{44}	ke^{44}
西　昌	xuɛ^{31}	iu^{31}	pe^{31}	pʻɛ^{31}	pɛ^{31}	ʦʻɛ^{31}	ʦe^{31}	ke^{31}
洛　带客	fei^{13}	ioʔ^{2}	pæʔ^{2}	pʻieʔ^{2}	mo^{31}	ʦʻæʔ^{2}		keʔ^{2}
仪　陇客	fe^{53}	y^{21}	paʔ^{5}	pʻeʔ^{5}	mo^{21}	ʦʻaʔ^{5}		kaʔ^{5}
永　兴湘	fe^{31}	yo^{31}	pe^{31}	pʻe^{31}	me^{31}	ʦʻe^{31}	ʦe^{31}	ke^{31}
安　仁湘	ɸai^{13}	y^{24}	pai^{55}	pʻai^{55}		ʦʻai^{55} / ʦʻai^{13}	ha^{13} / ha^{55}	ke^{13}
长　乐湘	fe^{21}	y^{21}	pe^{21}	pʻe^{21}	me^{21}	ʦʻe^{21}	ʦe^{21}	ke^{21}

续表 5－1

	客 梗开二入陌溪	额 梗开二入陌以	麦 梗开二入麦明	摘 梗开二入麦知	核（果核） 梗开二入麦匣	核（果子核） 梗开二入麦匣	逆 梗开三入陌疑	僻 梗开三入昔滂
成都	kʻe^{21}	ŋe^{21}	me^{21}	ʦe^{21}	fu^{21}/xe^{21}	fu^{21}/xe^{21}	ȵi$^{\cdot 21}$	pʻi$^{\cdot 213}$
广元	kʻe^{21}	ŋe^{21}	me^{21}	ʦe^{21}	fu^{21}/xe^{21}	fu^{21}/xe^{21}	ni$^{\cdot 21}$	pʻi$^{\cdot 21}$
达州	kʻe^{12}	ŋe^{12}	mie^{12}	ʦe^{12}	xe^{12}	xe^{12}	i$^{\cdot 12}$	pʻi$^{\cdot 12}$
遂宁	kʻe^{21}	ŋe^{21}	me^{21}	ʦe^{21}	xe^{21}	xe^{21}	ni$^{\cdot 21}$	pi$^{\cdot 213}$
自贡	kʻe^{214}	ŋe^{214}	me^{214}	tʂe^{214}	xe^{214}	xe^{214}	ȵi$^{\cdot 214}$	pʻi$^{\cdot 214}$
荣县	kʻe^{214}	ŋe^{214}	me^{214}	ʦe^{214}	fu^{31}/xe^{214}	fu^{31}/xe^{214}	ȵi$^{\cdot 214}$	pʻi$^{\cdot 214}$
雅安	kʻe^{55}	ŋe^{55}	me^{55}	ʦe^{55}	fu^{21}/xe^{55}	fu^{21}/xe^{55}	ni$^{\cdot 55}$	pʻi$^{\cdot 55}$
汉源	kʻe^{55}	ŋai$^{\cdot 55}$	mai$^{\cdot 55}$	ʦai$^{\cdot 55}$	fu^{21}/xe^{55}	fu^{21}/xe^{55}	ȵi$^{\cdot 55}$	pʻi$^{\cdot 55}$
泸州	kʻe^{33}	ŋe^{33}	me^{33}	ʦe^{33}	xe^{33}	xe^{33}	ȵi$^{\cdot 33}$	pʻi$^{\cdot 33}$
眉山	kʻai$^{\cdot 24}$	ŋai$^{\cdot 24}$	mai$^{\cdot 24}$	ʦai$^{\cdot 24}$	xai$^{\cdot 24}$	xai$^{\cdot 24}$	ȵi$^{\cdot 24}$	pʻi$^{\cdot 24}$
乐山	kʻe^{44}	ŋe^{44}	mæ^{44}	ʦæ^{44}	fu^{21}	fu^{21}	nie^{44}	pʻie^{44}
西昌	kʻɛ^{31}	ŋe^{31}	me^{31}	ʦɛ^{31}	fu^{31}	fu^{31}	ʨʻiɛ^{31}	pʻi$^{\cdot 11}$
洛带客	kʻæʔ^{2}	ȵieʔ^{5}	mæʔ^{5}	ʦæʔ^{2}	fərʔ^{5}	fərʔ^{5}	ȵieʔ^{5}	pʻiʔ^{2}
仪陇客	kʻaʔ^{5}	ŋaʔ^{5}	maʔ^{5}	ʦaʔ^{5}	xeʔ^{3}	xeʔ^{3}	i$^{\cdot 21}$	pʻi$^{\cdot 21}$
永兴湘	kʻe^{31}	ŋe^{31}	me^{31}	ʦe^{31}	xe^{31}	xe^{31}	ȵie^{31}	pʻi^{14}
安仁湘	kʻo^{55}/kʻe^{21}	ŋo^{55}	mai$^{\cdot 55}$	ʦo^{55}	hai$^{\cdot 13}$	hai$^{\cdot 13}$	ȵi$^{\cdot 13}$	pi$^{\cdot 13}$
长乐湘	kʻe^{21}	ŋe^{21}	me^{21}	ʦe^{21}	xe^{21}	xe^{21}	ni$^{\cdot 21}$	pʻi$^{\cdot 35}$

续表 5－1

	积 梗开三入昔精	席 梗开三入昔邪	尺 梗开三入昔昌	壁 梗开四入锡帮	滴 梗开四入锡端	踢 梗开四入锡透	吃 梗开四入锡溪	获 梗合二入麦匣
成都	ʨi$^{\cdot 21}$	ɕi$^{\cdot 21}$	ʦʻɿ^{21}	pi$^{\cdot 21}$	ti$^{\cdot 21}$	tʻi$^{\cdot 21}$	ʦʻɿ^{21}	xue^{21}
广元	ʨi$^{\cdot 21}$	ɕi$^{\cdot 21}$	ʦʻɿ^{21}	pi$^{\cdot 21}$	ti$^{\cdot 21}$	tʻi$^{\cdot 21}$	ʦɿ^{21}	xuai$^{\cdot 21}$
达州	ʨi$^{\cdot 12}$	ɕi$^{\cdot 12}$	ʦɿ^{12}	pi$^{\cdot 12}$	ti$^{\cdot 12}$	tʻi$^{\cdot 12}$	ʦʻɿ^{12}	xo^{12}
遂宁	ʨi$^{\cdot 21}$	ɕi$^{\cdot 21}$	ʦʻɿ^{21}	pi$^{\cdot 21}$	ti$^{\cdot 21}$	tʻi$^{\cdot 21}$	ʦʻɿ^{21}	xo^{21}
自贡	ʨi$^{\cdot 214}$	ɕi$^{\cdot 214}$	tʂʻʅ^{214}	pi$^{\cdot 214}$	ti$^{\cdot 214}$	tie^{214}	tʂʻʅ^{214}	xue^{214}
荣县	ʨi$^{\cdot 214}$	ɕi$^{\cdot 214}$	ʦʻɿ^{214}	pi$^{\cdot 214}$	ti$^{\cdot 214}$	tʻi$^{\cdot 214}$	ʦɿ^{214}	xo^{214}
雅安	ʨi$^{\cdot 55}$	ɕi$^{\cdot 55}$	ʦʻɿ^{55}	pi$^{\cdot 55}$	ti$^{\cdot 55}$	tʻi$^{\cdot 55}$	ʦɿ^{55}	xo^{55}
汉源	ʨi$^{\cdot 55}$	ɕi$^{\cdot 55}$	ʦʻɿ^{55}	pi$^{\cdot 55}$	ti$^{\cdot 55}$	tʻi$^{\cdot 55}$	ʦɿ^{55}	xo^{55}
泸州	ʨie^{33}	ɕie^{33}	ʦʻɔ^{33}	pi$^{\cdot 33}$	tie^{33}	tʻie^{33}	ʦʻɔ^{33}	xue^{33}
眉山	ʨi$^{\cdot 24}$	ɕi$^{\cdot 24}$	ʦʻɿ^{24}	pʻi$^{\cdot 24}$	ti$^{\cdot 24}$	tʻi$^{\cdot 24}$	ʦʻɿ^{24}	xue^{24}
乐山	ʨie^{44}	ɕie^{44}	ʦʻɔ^{44}	pie^{44}	tie^{44}	tʻie^{44}	ʦʻɔ^{44}	xe^{44}
西昌	ʨi$^{\cdot 31}$	ɕi$^{\cdot 31}$	tʂʻʅ^{44}	pi$^{\cdot 31}$	ti$^{\cdot 31}$	tʻie^{31}	tʂʻʅ^{31}	xo^{31}
洛带客	ʨieʔ^{2}	ʨʻiæʔ^{5}	ʦʻæʔ^{2}	piæʔ^{2}	tieʔ^{2}	tʻieʔ^{2}	ʦʻɿ^{31}	xueʔ^{2}
仪陇客	ʨieʔ^{5}	ʨʻiaʔ^{3}	ʦʻaʔ^{5}	piaʔ^{5}	teʔ^{5}	tʻi$^{\cdot 21}$	seʔ^{5}	xoʔ^{5}
永兴湘	ʨi$^{\cdot 31}$	ɕi$^{\cdot 31}$	tʂʻʅ^{31}	pi$^{\cdot 31}$	tia^{14}/tie^{31}	tʻi$^{\cdot 31}$	tʂʻʅ^{31}	fe^{31}
安仁湘	ʨi$^{\cdot 55}$	ɕi$^{\cdot 55}$	ʨʻio^{55}	pi^{55}/pia^{55}	tia^{55} ti^{13}	tia^{55}	ʨio^{55}	ho^{24}
长乐湘	ʨi$^{\cdot 21}$	ɕi$^{\cdot 21}$	ʦʻɿ^{21}	pi$^{\cdot 21}$	ti$^{\cdot 21}$	tʻi$^{\cdot 21}$	ʨʻi$^{\cdot 21}$	xo^{21}

续表 5－1

	疫 梗合三入昔以	扑 通合一入屋滂	木 通合一入屋明	秃 通合一入屋透	读 通合一入屋定	族 通合一入屋从	哭 通合一入屋溪	谷（山谷） 通合一入屋见
成　都	yo^{21}	pʻu^{55}	mu^{21}	tʻu^{21}	tu^{21}	ʨʻyo^{21}/ʦʻu^{21}	kʻu^{21}	ku^{21}
广　元	y^{21}	pʻu^{21}	mu^{21}	tʻu^{55}	tu^{21}	ʦʻu^{21}	kʻu^{21}	ku^{21}
达　州	y^{12}	pu^{12}	mu^{12}	tʻu^{12}	tu^{12}	ʨy^{12}	kʻu^{12}	ku^{12}
遂　宁	iu^{21}	pʻu^{21}	mu^{21}	tʻuei^{21}	tu^{21}	ʨʻiu^{21}	kʻu^{21}	ku^{21}
自　贡	y^{214}	pʻu^{55}	mu^{214}	tʻu^{214}	tu^{214}	ʦʻu^{214}	kʻu^{214}	ku^{214}
荣　县	y^{214}	pʻu^{214}	mu^{214}	tʻu^{214}	tu^{214}	ʦʻu^{214}	kʻu^{214}	ku^{214}
雅　安	y^{55}	pʻu^{55}	mu^{55}	tʻu^{55}	tu^{55}	ʦʻu^{55}	kʻu^{55}	ku^{55}
汉　源	i^{55}	pʻu^{55}	mu^{55}	tʻu^{55}	tu^{55}	ʦʻu^{55}	kʻu^{55}	ku^{55}
泸　州	y^{33}/i^{33}	pʻɵ^{33}	mɵ^{33}	tʻɵ^{33}	tɵ^{33}	ʦʻɵ^{33}	kʻɵ^{33}	kɵ^{33}
眉　山	y^{24}/i^{24}	pʻu^{24}	mu^{24}	tʻu^{24}	tu^{24}	ʦʻu^{24}	kʻu^{24}	ku^{24}
乐　山	ie^{44}	pʻʊ^{44}	mʊ^{44}	tʻʊ^{44}	tʊ^{44}	ʨʻyu^{44}	kʻʊ^{44}	kʊ^{44}
西　昌	i^{31}	pʻu^{31}	mu^{31}	tʻu^{31}	tu^{31}	ʨʻiu^{31}	kʻu^{31}	ku^{31}
洛　带$_{\text{客}}$	ioʔ^{5}	pʻuʔ^{2}	muʔ^{2}	tʻuʔ^{2}	tʻuʔ^{5}	ʨʻioʔ^{2}		kuʔ^{2}
仪　陇$_{\text{客}}$	y^{21}	pʻəuʔ^{5}	məuʔ^{5}	tʻu^{21}	tʻəuʔ^{5}	ʨʻiuʔ^{5}	kʻu^{21}	kuʔ^{5}
永　兴$_{\text{湘}}$	yo^{31}	pʻu^{31}	mu^{31}	tʻu^{31}	dʻu^{31}	ʨʻyo^{31}	kʻu^{31}	ku^{31}
安　仁$_{\text{湘}}$	y^{13}	pʻu^{13}	mu^{55}	tɤu^{13}	tʻɤu^{13}	ʨʻy^{13}	kʻu^{55}	ku^{55}
长　乐$_{\text{湘}}$	y^{21}	pu^{21}	mu^{21}	tʻu^{21}	tou^{21}	ʦou^{21}	kʻu^{21}	ku^{21}

续表 5－1

	屋 通合一入屋影	毒 通合一入沃定	福 通合三入屋非	六 通合三入屋来	宿 通合三入屋心	竹 通合三入屋知	轴 通合三入屋澄	缩 通合三入屋生
成　都	u^{21}	tu^{21}	fu^{21}	nu^{21}	su^{213}/ɕiəu^{53}	ʦu^{21}	ʦʻu^{21}	so^{21}
广　元	u^{21}	tu^{21}	fu^{21}	nu^{21}	ɕy^{21}	ʦu^{21}	ʦu^{21}	so^{21}
达　州	u^{12}	tu^{12}	fu^{12}	nu^{12}	ɕy^{12}	ʦu^{12}	ʦu^{12}	so^{12}
遂　宁	u^{21}	tu^{21}	fu^{21}	nu^{21}	ɕiu^{21}	ʦu^{21}	ʦu^{21}	so^{21}
自　贡	u^{214}	tu^{214}	fu^{214}	nu^{214}	su^{214}	tʂu^{214}	tʂu^{214}	ʂo^{214}
荣　县	u^{214}	tu^{214}	fu^{214}	nu^{214}	ɕy^{214}	ʦu^{214}	ʦu^{214}	so^{214}
雅　安	u^{55}	tu^{55}	fu^{55}	nu^{55}	su^{55}/ɕiəu^{214}	ʦu^{55}	ʦu^{55}	so^{55}
汉　源	u^{55}	tu^{55}	fu^{55}	nu^{55}	su^{55}/ɕiəu^{213}	ʦu^{55}	ʦu^{55}	so^{55}
泸　州	ɵ^{33}	tɵ^{33}	fɵ^{33}	nɵ^{33}	ɕɵ^{33}	ʦɵ^{33}	ʦɵ^{33}	sɵ^{33}
眉　山	u^{24}	tu^{24}	fu^{24}	nu^{24}	su^{24}	ʦu^{24}	ʦu^{24}	so^{24}
乐　山	ʊ^{44}	tʊ^{44}	fʊ^{44}	nʊ^{44}	sʊ^{44}	ʦʊ^{44}	ʦʊ^{44}	sʊ^{44}
西　昌	u^{31}	tu^{31}	fu^{31}	nu^{31}	ɕiu^{31}	tʂu^{31}	tʂu^{31}	so^{31}
洛　带$_{\text{客}}$	vuʔ^{2}	tʻuʔ^{5}	fuʔ^{2}	liəuʔ^{2}	ɕiuʔ^{2}	ʦuʔ^{2}	ʦuʔ^{2}	suʔ^{2}
仪　陇$_{\text{客}}$	vəuʔ^{5}	tʻəuʔ^{5}	fəuʔ^{5}	ləuʔ^{5}	ɕy^{21}	ʦəuʔ^{5}	ʦəuʔ^{5}	səuʔ^{5}
永　兴$_{\text{湘}}$	vu^{31}	dʻu^{31}	fu^{31}	nu^{31}	ɕyo^{31}	ʦu^{31}	ʦu^{31}	so^{31}
安　仁$_{\text{湘}}$	u^{55}	tɤu^{55}	fu^{55}	nɤu^{55}	ɕy^{24}	ʨiɤu^{55}	ʦu^{21}	ɕy^{13}
长　乐$_{\text{湘}}$	u^{21}	tou^{21}	fu^{21}	nou^{21}	ɕy^{21}	ʦou^{21}	ʦou^{21}	so^{21}

续表 5－1

	叔 通合三入屋书	熟 通合三入屋禅	肉 通合三入屋日	菊 通合三入屋见	蓄 通合三入屋晓	育 通合三入屋以	绿 通合三入烛来	足 通合三入烛精
成都	su^{21}	su^{21}	zu^{21}/zəu^{213}	tɕʻy^{21}/ tɕy^{21}	ɕyo^{21}	yo^{21}	nu^{21}	tsu^{21}
广元	su^{21}	su^{21}	zəu^{214}	tɕy^{21}	ɕy^{21}	y^{21}	nu^{21}	tɕio^{21}
达州	su^{12}	su^{12}	zu^{214}	tɕy^{12}	ɕy^{12}	y^{12}	nu^{12}	tɕy^{12}
遂宁	su^{21}	su^{21}	zəu^{213}	tɕy^{21}	ɕy^{21}	iu^{21}	nu^{21}	tsu^{21}
自贡	ʂu^{214}	ʂu^{214}	ʐu^{214}	tɕy^{214}	ɕy^{214}	y^{214}	nu^{214}	tʂu^{214}
荣县	su^{214}	su^{214}	zu^{214}/zəu^{214}	tɕye^{214}	ɕy^{214}	y^{214}	lu^{214}	tɕy^{214}
雅安	su^{55}	su^{55}	zu^{55}/zəu^{214}	tɕy^{55}	ɕy^{55}	yo^{55}	nu^{55}	tsu^{55}
汉源	su^{55}	su^{55}	zəu^{213}	tɕy^{55}	ɕy^{55}	io^{55}	nu^{55}	tsu^{55}
泸州	sɵ^{33}	sɵ^{33}	zu^{33}/zəu^{13}	tɕʻyɵ^{33}/tɕyɵ^{33}	ɕyɵ^{33}	yɵ^{33}	nɵ^{33}	tɕyɵ^{33}
眉山	su^{24}	su^{24}	zu^{24}/zəu^{13}	tɕʻy^{24}/tɕy^{24}	ɕy^{24}	io^{24}	nu^{24}	tsu^{24}
乐山	sʊ^{44}	sʊ^{44}	zəu^{13}	tɕyu^{44}	ɕyu^{44}	yu^{44}	nʊ^{44}	tɕyu^{44}
西昌	ʂu^{31}	ʂu^{31}	ʐu^{31}/ʐəu^{11}	tɕiu^{31}	ɕiu^{31}	iu^{31}	nu^{31}	tɕiu^{31}
洛带$_{\text{客}}$	suʔ^{2}	suʔ^{5}	ȵiuʔ^{2}	tɕʻioʔ^{2}/ tɕyʔ^{2}	ɕioʔ^{2}	ioʔ^{5}	liəuʔ^{2}	tɕioʔ^{2}
仪陇$_{\text{客}}$	səuʔ^{3}	səuʔ^{5}	iəuʔ^{5}	tɕyʔ^{5}	ɕyʔ^{5}	y^{21}	ləuʔ^{3}	tɕyʔ^{5}
永兴$_{\text{湘}}$	su^{31}	ʂu^{31}	ʐəu^{14}	tɕyu^{31}	ɕyo^{31}	yo^{31}	nu^{31}	tsu^{31}
安仁$_{\text{湘}}$	ɕiɤu^{55}	su^{55}	niɤu^{55}	tɕy^{55}	ɕy^{13}	y^{24}	nɤu^{55}	tɕy^{13}
长乐$_{\text{湘}}$	ɕy^{21}	su^{21}	ŋou^{21}	tɕy^{21}	ɕy^{21}	y^{21}	nu^{21}	tɕy^{21}

续表 5－1

	俗 通合三入烛邪	触 通合三入烛昌	曲$_{\text{弯曲}}$ 通合三入烛溪	曲$_{\text{歌曲}}$ 通合三入烛溪	玉 通合三入烛疑	欲 通合三入烛以
成都	ɕyo^{21}	tsu^{213}	tɕʻyo^{21}/tɕʻy^{21}	tɕʻyo^{21}/tɕʻy^{21}	y^{213}	yo^{21}
广元	ɕyo^{21}	tsu^{21}	tɕʻy^{21}	tɕʻy^{21}	y^{214}	yo^{21}
达州	ɕy^{12}	tsu^{12}	tɕʻy^{12}	tɕʻy^{12}	y^{214}	y^{12}
遂宁	ɕiu^{21}	tsʻu^{21}	tɕʻy^{21}	tɕʻy^{21}	y^{213}	iu^{21}
自贡	ʂu^{214}	tʂu^{214}	tɕʻy^{214}	tɕʻy^{214}	y^{214}	y^{214}
荣县	su^{214}	tsu^{214}	tɕʻy^{214}	tɕʻy^{214}	y^{214}	y^{214}
雅安	su^{55}	tsu^{55}	tɕʻy^{55}	tɕʻy^{55}	y^{214}	yo^{55}
汉源	su^{55}	tsu^{55}	tɕʻio^{55}/tɕʻy^{55}	tɕʻy^{55}/tɕʻio^{55}	y^{213}	io^{55}
泸州	ɕu^{33}	tsɵ^{33}/ tsʻɵ^{33}	tɕʻy^{33}	tɕʻy^{33}	yɵ^{33}	yɵ^{33}
眉山	su^{24}	tsʻu^{24}/tsu^{24}	tɕʻy^{24}	tɕʻy^{24}	y^{24}	y^{24}
乐山	sʊ^{44}	tʂʊ^{44}	tɕʻyu^{44}	tɕʻyu^{44}	y^{13}	yu^{44}
西昌	ɕiu^{31}	tʂu^{31}	tɕʻio^{31}	tɕʻio^{31}	i^{11}	iu^{31}
洛带$_{\text{客}}$	ɕiuʔ^{2}	tsuʔ^{2}	tɕʻioʔ^{2}	tɕʻioʔ^{2}	y^{53}	y^{53}
仪陇$_{\text{客}}$	ɕy^{21}	tsʻu^{21}	tɕʻy^{21}	tɕʻy^{21}	y^{13}	y^{21}
永兴$_{\text{湘}}$	ɕyo^{31}	tsu^{31}	tɕʻyu^{31}	tɕʻyo^{31}	yu^{14}	yo^{31}
安仁$_{\text{湘}}$	ɕy^{13}	tsɤu^{33}	tɕʻy^{13}	tɕʻy^{13}	y^{41}	y^{13}
长乐$_{\text{湘}}$	ɕy^{21}	tsu^{21}	tɕʻy^{21}	tɕʻy^{21}	y^{35}	y^{35}

第二章　各方言代表点词语比较

说明

1. 本篇选取常用词语 328 个，以义为类，共 21 类，并按一、天文、气象，二、地理，三、时间、节令，四、人品，五、一般称谓，六、亲属称谓，七、婚育，八、寿辰、丧葬、祭祀，九、人体，十、疾病、医药，十一、饮食，十二、房舍、服饰，十三、农事，十四、一般事物，十五、一般动物、植物，十六、动作行为，十七、性质、感觉、状态、颜色，十八、教育、交际、娱乐，十九、商业、交通、邮电，二十、指代，二十一、方位等顺序排列。

2. 词条以普通话词语标目，如“一、天文、气象”下的“太阳”；普通话无相应说法的，以方言词语的释义标目，如“一、天文、气象”下的“夏日阵雨”。词目之下列出 17 个代表点的说法。17 个点的选取原则及排列顺序同第一章。

3. 方言说法不止一个的，选取两个常见的、与词目最为对应的说法，并按常用程度排列，最常用的排在前面。

4. 表中方言点下的空白，表示该点无相应的说法。

5. 方言词语的书写一般采用通行的写法，不刻意考求本字。如四川方言“浇铸”义普遍说 tau^{ɔ}，通常写作“倒”，而一般认为其本字应是“铸”。“铸”念 tau^{ɔ} 是上古音舌头、舌上不分的残留。而本书从众，写作“倒”。

6. 注音用宽式音标，不细致描写元音、辅音及声调音位在语流中的变体。声调一般标注本调，明显的变调，则用 - 加在本调之后，变调之前表示。如成都话“凼凼$_{坑}$ taŋ^{213}taŋ$^{213-55}$”。

方言代表点词语对照表

表5－2

	一、天文、气象			
	太阳	月亮	星	冰雹
成　都	太阳 tʻai^{213}iaŋ^{21}	月亮 ye^{21}niaŋ^{213}	星宿$_{\text{儿}}$ɕin^{55}ɕiəur^{213}	雪弹子 ɕye^{21}ta^{n213}tsʅ^{53}
广　元	日头 zʅ^{21}tʻəu^{21}	月亮 ye^{21} niaŋ^{214}	星宿 ɕin^{55}ɕiəu^{214}	冷子 nən^{42}tsʅ^{42}
达　州	太阳 tʻai^{214}iaŋ^{21}	月亮 ye^{12}niaŋ^{214}	星宿子 ɕin^{55}ɕiəu^{214}tsʅ^{42}	雪弹子$_{\text{儿}}$ɕye^{12}tan^{214}tsʅr^{42} 冷子$_{\text{儿}}$nen^{42}tsʅr^{42}
遂　宁	日光 zʅ^{21}kuaŋ^{55}	月光 ye^{21}kuaŋ^{55}	星宿$_{\text{儿}}$ɕin^{55}ɕiəur^{213}	雪弹子 ɕye^{21}tan^{213}tsʅ^{52}
自　贡	太阳 tʻai^{214}iaŋ^{31}	月亮 ye^{214}niaŋ^{214}	星宿$_{\text{儿}}$ɕin^{55}ɕiəur^{214}	雪弹子 ɕye^{214}tan^{214}tsʅ^{53}
荣　县	太阳 tʻai^{214}ian^{31}	月亮 ye^{214}nian^{214} （pʻo^{31}pʻo^{31}）	星宿$_{\text{儿}}$ɕin^{55}ɕiəur^{214} 星星$_{\text{儿}}$ɕin^{55}ɕinr^{55}	雪弹子 ɕye^{214}tan^{214}tsʅ^{42} 冷子$_{\text{儿}}$lən^{42}tsʅr^{42}
雅　安	日光 zʅ^{55}kuaŋ^{55}	月光 ye^{55}kuaŋ^{55}	星宿子 ɕin^{55}ɕiəu^{214}tsʅ^{42} 星宿$_{\text{儿}}$ɕin^{55}ɕiəur^{214}	雪弹子 ɕye^{55}tæ^{214}tsʅ^{42} 冰雹 pin^{55}pau^{55}
汉　源	日光 zʅ^{55}kuaŋ^{55}	月光 ye^{55}kuaŋ^{55}	星宿$_{\text{儿}}$ɕin^{55}ɕiəur^{213} 星 ɕin^{55}	雪弹子 ɕye^{55}ta^{n213}tsʅ^{42} 冰雹 pin^{55}pau^{55}
泸　州	太阳宝$_{\text{儿}}$ tʻai^{13}iaŋ^{21}paur^{55} 太阳公公儿语 tʻai^{13}iaŋ^{21}koŋ^{55}koŋ^{55}	月亮公公 ye^{33}niaŋ^{13}koŋ^{55}koŋ^{55} 月亮婆婆 ye^{33}niaŋ^{13}pʻo^{21}pʻo$^{21-55}$	星宿$_{\text{儿}}$ɕin^{55}ɕiəur^{13}	雪弹子 ɕye^{33}tan^{13}tsʅ^{42} 冰雹 pin^{55}pau^{13}
眉　山	太阳包 tʻai^{13} iaŋ^{31} pau^{55}	月亮 yɛ^{24} niaŋ^{13}	星宿子 ɕin^{55}ɕiəu^{13} tsʅ^{53} 星星$_{\text{儿}}$ɕin^{55} ɕinr$^{55-44}$	雪弹子 ɕyɛ^{24}tã^{13}tsʅ^{53}
乐　山	太阳 tʻai^{13}iaŋ^{21}	月亮 yʊ^{44}niaŋ^{13}	星宿儿 ɕin^{55}ɕiəu^{13}ɚ$^{21-55}$	雪弹子 ɕyʊ^{44}ta^{n13}tsʅ^{53}
西　昌	热头$_{\text{儿}}$ʐe^{31}tʻəur^{52}	月亮 ie^{11}niaŋ^{11}	星宿$_{\text{儿}}$ɕin^{44} ɕiəur^{11}	雪弹子 ɕie^{31}tan^{11}tsʅ^{34}
洛　带$_{\text{客}}$	日头 ȵiʔ^{2}tʻiəu^{13}	月光 ȵieʔ^{5}kɔŋ^{45}	星宿 ɕin^{45}ɕiuʔ^{2}	雪弹子 ɕyeʔ^{2}tʻan^{53}tsʅ^{31}
仪　陇$_{\text{客}}$	日头 iʔ^{3}tʻai^{53} 日头公公 iʔ^{3}tʻai^{53}kuŋ^{33}kuŋ^{33}	月光 ieʔ^{5}kɔŋ^{33} 月光婆婆 ieʔ^{5}kɔŋ^{33}pʻəu^{21}pʻəu^{21}	闪子 san^{53}tsʅ^{53}	雪弹子 ɕyeʔ^{5}tʻan^{53}tsʅ^{21} 冷子 lan^{33}tsʅ^{53}
永　兴$_{\text{湘}}$	太阳公公 tʻai^{14}iɑŋ^{55}koŋ^{55}koŋ^{55} 太阳婆婆 tʻai^{14}iɑŋ^{55}bʻo^{31}bʻo^{31}	月亮 ie^{31}niɑŋ^{14} 月亮婆婆 ie^{31}niɑŋ^{14}bʻo^{31}bʻo^{31}	星子 ɕin^{55}tsʅ^{53}	雪弹子 ɕye^{31}／ʂue^{31}dʻan^{31}tsʅ^{53}
安　仁$_{\text{湘}}$	日口 ni^{55}nie^{55}， 日口牯 ni^{55}nie^{55}ku^{41}	月光 y^{55}koŋ^{33}	星子 ɕiã^{33} ·tsʅ	雪弹子 ɕy^{55}tɑŋ^{21} ·tsʅ
长　乐$_{\text{湘}}$	太阳 tʻai^{35}iɑŋ^{21}	月亮 ye^{21}niɑŋ^{35}	星子 ɕin^{44}tsʅ^{53}	雪弹子 ɕye^{21}tan^{35}tsʅ^{53}

续表 5－2

	一、天文、气象			二、地理
	闪电	夏日阵雨	冰	平地
成　都	霍闪 xo^{53} sa^{n53} 霍闪 xo^{53} sa^{n53}	偏东雨 pʻiɛ^{n55} toŋ^{55} y^{53}	凌冰$_{儿}$nin^{213} pinr^{55}	坝子 pa^{213} tsɿ^{53}
广　元	霍闪 xo^{55} sa^{n42}	白雨 piɛ^{21} y^{42}	凌冰 nin^{214} pin^{55}	平坝 pʻin^{21} pa^{214}
达　州	霍闪 xo^{12} san^{42} 闪 san^{42}	天东雨 tʻian^{55} toŋ^{55} y^{42}	凌冰 nin^{214} pin^{55}	坝子 pa^{214} tsɿ^{42} 坝坝 pa^{214} pa$^{214-55}$
遂　宁	霍闪 xo^{52} san^{52}	天东雨 tʻiɛn^{55} toŋ^{55} y^{52}	凌冰子 nin^{213} pin^{55} tsɿ^{52}	坝 pa^{213} 坝子 pa^{213} tsɿ^{52}
自　贡	火闪 xo^{214} ʂan^{53}	偏东雨 pʻiɛn^{55} toŋ^{55} y^{53}	凌冰 nin^{214} pin^{55}	坝子 pa^{214} tsɿ^{53} 平坝 pʻin^{31} pa^{214}
荣　县	霍闪 xo^{214} san^{42}	天东雨 tʻin^{55} toŋ^{55} y^{42} 偏东雨 pʻin^{55} toŋ^{55} y^{42}	冰 pin^{55}	坝坝$_{儿}$pa^{214} par$^{214-55}$ 坝子 pa^{214} tsɿ^{42}
雅　安	霍闪 xo^{55} sæ̃^{42} 火闪 xo^{42} sæ̃^{42}	白雨 pe^{55} y^{42}	凌冰 nin^{214} pin^{55}	坝 pa^{214} 坝坝 pa^{214} pa$^{214-21}$
汉　源	霍闪 xo^{55} sa^{n42} 火闪 xo^{42} sa^{n42}	白雨 pai^{55} y^{42}	凌冰 nin^{213} pin^{55}	坝 pa^{213} 坝坝 pa^{213} pa$^{213-21}$
泸　州	霍闪 xɵ^{33} san^{42} 金宿$_{儿}$tɕin^{55} ɕiəur^{13}	偏东雨 pʻiɛn^{55} toŋ^{55} y^{42}	凌条$_{儿}$nin^{13} tʻiaur^{21}	平地 pʻin^{21} ti^{13}
眉　山	霍闪 xo^{24} sã^{53}	偏多雨 pʻiɛ̃^{55} to^{55} y^{53} 白雨 pai^{24} y^{53}	冰 pin^{55}	平坝坝 pʻin^{31} pa^{13} pa^{13}
乐　山	霍闪 xo^{43} sa^{n43}	偏东雨 pʻiɛ̃^{55} toŋ^{55} y^{43} 天东雨 tʻiɛ̃^{55} toŋ^{55} y^{43}	凌冰儿 nin^{13} pin^{55} ɚ^{55}	坝坝 pa^{13} pa^{13}
西　昌	闪 ʂan^{34}	转山雨 tʂuan^{11} ʂan^{44} i^{34} 白雨 pe^{31} i^{34} 偏东雨 pʻian^{44} toŋ^{44} i^{34}	凌冰 nin^{11} pin^{44} 凌条子 nin^{11} tʻiau^{52} tsɿ^{34}	坝坝 pa^{11} pa$^{11-44}$
洛　带$_{客}$	火闪 fo^{31} san^{31}	偏东水 pʻiɛn^{45} tuŋ^{45} suei^{31}	凌冰 lin^{53} pin^{45}	坝子 pa^{53} tsɿ^{31} 坝坝 pa^{53} pa^{53}
仪　陇$_{客}$	（扯）闪（tsʻa^{53}） san^{53}	天东水 tʻiɛn^{33} tuŋ^{33} suei^{53} 白水 pʻaʔ^{3} suei^{53}	凌冰 lin^{13} pin^{13} 凌条子 lin^{13} tʻiau^{21} tsɿ^{53}	平地 pʻiaŋ^{21} tʻi^{53} 坝子 pa^{13} tsɿ^{53}
永　兴$_{湘}$	（扯）霍闪 （tɕie^{53}/tɕʻian^{53}） xo^{53} ʂan^{53}	天东雨 tʻian^{55} toŋ^{55} yu^{53}	凌冰子 nin^{14} pin^{55} tsɿ^{53} 冰块块 pin^{55} kʻuai^{53} kʻuai^{53}	坝子 pa^{14} tsɿ^{53} 操场坝 tsʻau^{55} dzʻiaŋ^{31} pa^{14}
安　仁$_{湘}$	（扯）闪 tɕʻio^{41} ɕĩ^{41}	偏东雨 pĩ^{33} toŋ^{33} y^{41}	凌冰$_{儿}$nin^{13} pɤr^{41}	平坝子 piɑŋ^{13} po^{55} · tsɿ^{21} 平地 piɑŋ^{13} ti^{21}
长　乐$_{湘}$	（扯）霍闪 tsʻe^{53} xo^{53} san^{53}	天懂雨 tʻian^{44} tuŋ^{53} y^{53}	凝勾子 nin^{21} kou^{44} tsɿ^{53}	平地 pʻin^{21} ti^{35}

续表 5－2

	二、地理			
	山口	坑	地方	乡下
成　都	垭口 ia^{55}k‘əu^{53}	凼凼 taŋ^{213}taŋ$^{213-55}$	塌塌 t‘a^{21}t‘a$^{21-55}$	乡坝头 ɕiaŋ^{55}pa^{213}t‘əu^{21}
广　元	山垭口 sa^{n55}ia^{55}k‘əu^{42}	水坑坑 suei^{42}k‘ən^{55}k‘ən^{55}	塌塌 t‘a^{21}t‘a^{21}	
达　州	垭口 ia^{55}k‘əu^{42}	凼凼 taŋ^{214}taŋ$^{214-33}$	地塌 ti^{21}t‘a$^{214-33}$	乡坝头 ɕiaŋ^{55}pa^{42}t‘əu^{12}
遂　宁	垭口 ia^{55}k‘əu^{52}	凼 taŋ^{213}	凼 taŋ^{213}	乡坝头 ɕiaŋ^{55}pa^{213}t‘əu^{21}
自　贡	垭口 ia^{31}k‘əu^{53}	凼凼儿 taŋ^{214}taŋr^{214}	地方 ti^{214}faŋ^{55}	乡坝头 ɕiaŋ^{55}pa^{214}t‘əu^{31} 农村头 noŋ^{31}ʦuən^{55}t‘əu^{31}
荣　县	垭口 ia^{55}k‘əu^{42}	凼凼儿 tan^{214}tanr^{214}	塌塌儿 t‘a^{214}t‘ar^{214}	乡坝头 ɕian^{55}pa^{214}t‘au^{31}
雅　安	垭口 ia^{55}k‘əu^{42}	凼 taŋ^{214}	地方 ti^{214}faŋ^{55}	乡坝头 ɕiaŋ^{55}pa^{214}t‘əu$^{21-55}$ 乡头 ɕiaŋ^{55}t‘əu^{21}
汉　源	垭口 ia^{55}k‘əu^{42}	凼 taŋ^{213} 牛滚凼 ȵiəu^{21}kuən^{42}taŋ^{213}	地方 ti^{213}faŋ^{55}	乡坝头 ɕiaŋ^{55}pa^{213}t‘əu^{21} 乡头 ɕiaŋ^{55}t‘əu^{21}
泸　州	岚告 nan^{21}kau^{13}	牛滚凼 ɕiəu^{21}kuən^{42}taŋ^{13}	旮旮儿 k‘a^{55}k‘ar^{55}	乡坝头 ɕiaŋ^{55}pa^{13}t‘əu^{21}
眉　山	冲口 ʦ‘oŋ^{55}k‘əu^{53}	凼 tã^{13} 凼凼 tã^{13}tã^{13}	塌塌 t‘a^{24}t‘a^{24}	乡坝头 ɕiaŋ^{55}pa^{13}t‘əu^{31}
乐　山	垭口 ia^{55}k‘əu^{43}	坑坑 kən^{55}k‘ən^{55} 凼凼 taŋ^{13}taŋ^{13}	塌塌 tæ^{44}tæ^{44}	乡坝头 ɕiaŋ^{55}pa^{13}t‘əu^{21} 农村头 noŋ^{21}ʦ‘ən^{55}t‘əu^{21}
西　昌	垭口 ia^{44}k‘əu^{34}	凼凼 taŋ^{11}taŋ$^{11-44}$	地块儿 ti^{11}k‘uair^{34}	乡坝头 ɕiaŋ^{44}pa^{11}t‘əu^{52}
洛　带客	垭口 ia^{45}xiəu^{31}	凼凼 toŋ^{53}toŋ^{53}	地头 t‘i^{53}t‘iəu^{13}	乡坝里 ɕioŋ^{45}pa^{53}li^{13}
仪　陇客	垭口 ia^{33}k‘ɛ^{53} 坳口 ŋau^{33}k‘ɛ^{53}	凼 toŋ^{13} 牛滚凼 ŋiɛ^{21}kuən^{21}toŋ^{13}	塌塌 t‘aʔ^{3}t‘aʔ^{3}	乡下 ɕioŋ^{33}xa^{33} 乡里 ɕioŋ^{33}li^{33}
永　兴湘	垭口 ia^{55}k‘iəu^{53}	凼凼 d‘aŋ^{14}d‘aŋ$^{14-44}$	凼 taŋ^{53}	农村 noŋ^{31}ʦ‘uən^{55} 乡坝头 ɕiaŋ^{55}pa^{14}d‘əu^{31}
安　仁湘	垭口 yo^{13}tɕ‘ie^{21}	凼凼 toŋ^{24}toŋ$^{24-33}$	地点 ti^{21}tĩ$^{41-33}$	乡里 ɕioŋ^{33}ni^{41}
长　乐湘	垭口 ia^{44}k‘ou^{53}	凼 tɑŋ^{21} 牛滚凼 niou^{21}kuən^{53}tɑŋ^{21}	地方 ti^{35}fɑŋ^{44}	农村 nuŋ^{21}ʦ‘uən^{44}

续表5－2

	三、时间、节令			
	早晨	上午	中午	下午
成　都	清早八晨 tɕ'in^{55} tsau^{53} pa^{21} sən^{21}	上午 saŋ^{213} u^{53}	晌午 sau^{53} u^{53}	下午 ɕia^{213} u^{53}
广　元	清早 tɕ'in^{55} tsau^{42}	上午 saŋ^{214} u^{42}	晌午 sau^{42} u^{42}	下午 ɕia^{214} u^{42}
达　州	清晨八早 ts'in^{55} ts'en^{12} pa$^{12-55}$ tsau^{42}	上午 saŋ^{214} u^{42}	晌午 sau^{42} u^{42}	下午 ɕia^{214} u^{42}
遂　宁	清早 tɕ'in^{55} tsau^{52}	上午 saŋ^{213} u^{52}	晌午 sau^{52} u^{52}	下午 ɕia^{213} u^{52}
自　贡	清早八晨 tɕ'in^{55} tsau^{53} pa$^{214-55}$ sən^{31}	早晨 tʂau^{53} ʂən^{31}	晌午 sau^{53} u^{53}	下午 ɕia^{214} u^{53}
荣　县	清早八晨 tɕin^{55} tsau^{31} pa^{214} sən^{31} 大清早 ta^{214} tɕin^{55} tsau^{42}	上午 san^{214} u^{42}	晌午 sau^{42} u^{42}	下午 ɕia^{214} u^{42}
雅　安	清早 tɕin^{55} tsau^{42}	上半天 saŋ$^{214-14}$ pæ̃$^{214-14}$ t'iæ̃^{55}	晌午 sau^{42} u^{42}	下半天 ɕia$^{214-14}$ pæ̃$^{214-14}$ t'iɛ̃^{55} 下午些 ɕia^{214} u^{42} ɕi^{55}
汉　源	清早 tɕin^{55} tsau^{42}	上半天 saŋ$^{213-13}$ pa$^{n213-13}$ t'iɛ^{n55}	晌午 sau^{42} u^{42} 晌午些 sau^{42} u^{42} ɕi^{55}	下半天 ɕia$^{213-13}$ pa$^{n213-13}$ t'iɛ^{n55} 下午些 ɕia^{213} u^{42} ɕi^{55}
泸　州	清晨八早 tɕ'in^{55} sən^{21} pæ^{33} tsau^{42}	上半天 saŋ^{13} pan^{13} t'iɛn^{55}	晌午 sau^{42} u^{42} 晌午些 sau^{42} u^{42} ɕi^{55}	下半天 ɕia^{13} pan^{13} t'iɛn^{55}
眉　山	清早八晨 tɕ'in^{55} tsau^{53} pa^{24} sən^{31}	上半天 saŋ^{13} pã^{13} t'iɛ̃^{55}	晌午 sau^{53} u^{53}	下半天 ɕia^{13} pã^{13} t'iɛ̃^{55}
乐　山	清早八晨 tɕ'in^{55} tsau^{43} pæ^{44} sən^{21} 大清八早 ta^{13} tɕ'in^{55} pæ^{44} tsau^{43}	上半天 saŋ^{13} pa^{n13} tiɛ̃^{55}	晌午 sau^{43} u^{43}	下半天 ɕia^{13} pa^{n13} tiɛ̃^{55}
西　昌	早晨 tsau^{34} ʂən^{52}	上午 saŋ^{11} u^{34}	晌午 sau^{34} u^{34}	下午 ɕia^{11} u^{34}
洛　带$_{客}$	清早晨 tɕ'in^{45} tsau^{53} sən^{13}	上昼 sɔŋ^{45} tsəu^{53}	昼边辰 tsəu^{53} piɛn^{45} sən^{13}	下昼 xa^{45} tsəu^{53}
仪　陇$_{客}$	清早八晨 tɕin^{33} tsau^{53} paʔ^{3} sən^{21} 天光 t'iɛn^{33} kɔŋ^{33}	昼边 tsəu^{13} piɛn^{33}	昼边 tsəu^{13} piɛn^{33}	下昼 xa^{33} tsəu^{13}
永　兴$_{湘}$	清早八晨 tɕin^{55} tsɑu^{53} pa^{31} ʐən^{31}／ʂən^{31}	上午些 ʐaŋ^{14} vu^{53} ɕi^{55}	晌午些 ʂau^{53} u^{53} ɕi^{55}	下午些 ʐa^{14} vu^{53} ɕi^{55}
安　仁$_{湘}$	早里 tse^{41} ni$^{41-55}$ 早里间 tse^{41} ni$^{41-55}$ tɕĩ^{33}	上口 ɕioŋ^{21} ka^{55} 上半日 ɕioŋ^{24} põ^{55} ni^{55}	晌午 ɕioŋ^{41} u^{41} 晌午间口 ɕioŋ^{41} u^{41} tɕĩ^{33} ka^{33}	下口 ho^{21} kã^{33}/ka^{33} 下半日 ho^{21} põ^{55} ni^{55}
长　乐$_{湘}$	清早 tɕ'in^{44} tsɑu^{53}	上午 sɑŋ^{35} u^{53}	晌午 sɑu^{53} u^{53}	下午 ɕia^{35} u^{53}

续表5－2

	三、时间、节令			
	傍晚	晚上	今天	昨天
成　都	擦黑 ʦʻa^{21}xe^{21}	黑了 xe^{21}no^{21}	今天 ʨin^{55}tʻiɛ^{n55}	昨天 ʦo^{21}tʻiɛ^{n55}
广　元	擦黑 ʦʻa^{21}xe^{21}	黑了(间)xe^{21}nau^{42}(ʨiɛ^{n55})	今天 ʨin^{55}tʻiɛ^{n55}	昨天 ʦo^{21}tʻiɛ^{n55}
达　州	擦黑 ʦʻa^{55}xe^{12}	黑了 xe^{12}niau^{55}	今天 ʨin^{55}tʻiɛn^{55}	昨天 ʦo^{12}tʻiɛn^{55}
遂　宁	擦黑 ʦʻa^{21}xe^{21}	晚黑 uan^{52}xe^{21} 黑了 xe^{21}no^{52}	今天 ʨin^{55}tʻiɛn^{55}	昨天 ʦo^{21}tʻiɛn^{55}
自　贡	擦黑 ʦʻa^{214}xe^{214}	黑了 xe^{214}no^{31}	今天 ʨin^{55}tʻiɛn^{55}	昨天 ʦ̢o^{214}tʻiɛn^{55}
荣　县	擦黑 ʦʻa^{31}xe^{214}	黑了 xe^{31}no^{214} 晚夕 uan^{42}ɕi^{31}	争朝天 ʦən^{55}ʦau^{55}tʻin^{55}	头天 tʻəu^{31}tʻin^{55}
雅　安	擦黑 ʦʻa^{55}xe^{55}	黑了 xe^{55}ta^{42}	今天 ʨin^{55}tʻiɛ̃^{55}	夜天 ie^{55}tʻiɛ̃^{55}
汉　源	擦黑 ʦʻa^{55}xai^{55}	黑了 xai^{55}no^{42}	今天 ʨin^{55}tʻiɛ^{n55}	夜$_{\text{儿}}$天 ier^{55}tʻiɛ^{n55}
泸　州	擦乌了 ʦʻæ^{33}u^{55}no^{42}	黑了 xe^{33}no^{42} 夜晚家 i^{13}uan^{42}ʨia^{55}	今朝 ʦən^{55}ʦau^{55}	昨天 ʦɵ^{33}tʻiɛn^{55}
眉　山	擦黑 ʦʻa^{24}xai^{55}	黑了 xai^{24}no^{53} 晚上 uã^{53}saŋ^{13}	今个 ʨin^{55}ko^{55}	昨天 ʦo^{24}tʻiɛ̃^{55}
乐　山	擦黑 ʦʻæ^{44}xe^{44}	黑了 xe^{44}no^{21} 黑晚 xe^{44}ua^{n43}	今天 ʨin^{55}tʻiɛ̃^{55}	昨天 ʦʊ^{44}tʻiɛ̃^{55}
西　昌	擦黑 ʦʻa^{31}xe^{31}	晚夕 uan^{34}ɕi^{31}	今天 ʨin^{44}tʻian^{44}	昨天 ʦo^{31}tʻian^{44}
洛　带$_{\text{客}}$	鸡入棲了 kai^{45}loʔ^{5}ʨi^{53}liau^{31}	暗晡辰 an^{53}pu^{45}sən^{13}	中晡日 ʦuŋ^{45}pu^{45}ȵiʔ^{2}	昨晡日 ʦʻu^{45}pu^{45}ȵiʔ^{2}
仪　陇$_{\text{客}}$	要夜了 o^{13}ia^{53}lɛ^{21} 鸡进棲了 kei^{33}ʨin^{13}ʨi^{13}lɛ^{21}	夜晡头 ia^{53}pu^{33}tʻai^{21}	今日 ʨin^{33}iʔ^{3}	昨晡日 ʦʻa^{21}pu^{33}iʔ^{3}
永　兴$_{\text{湘}}$	擦黑 ʦʻa^{31}xe^{31}	晚些 van^{53}ɕi^{55} 夜晚黑 ie^{14}van^{53}xe^{31}	今天 ʨin^{55}tʻian^{55}	昨天 ʥʻo^{31}tʻian^{55}
安　仁$_{\text{湘}}$	擦黑 ʦʻa^{55}hai^{55} 半口下口 põ^{55}ka^{21}ho^{21}ka^{33} 天要黑哩 t ĩ^{33}ie^{55}hai^{55}ni^{41}	夜里 io^{21}ni$^{41/55}$	今日 ʨin^{33}ni^{55}	昨日 ʦʻo^{24}ni^{55}
长　乐$_{\text{湘}}$	擦黑 ʦʻa^{21}xe^{21}	黑老 xe^{21}nɑu^{53}	今天 ʨin^{44}tʻian^{44}	昨天 ʦo^{21}tʻian^{44}

续表 5－2

	三、时间、节令			
	明天	大后天	去年	今年
成　都	明天 min^{21} t'iɛ^{n55}	万天 ua^{n213} t'iɛ^{n55} 万后天 ua^{n213} xəu^{213} t'iɛ^{n55}	去年子 tɕ'y^{213} niɛ^{n21} tsɿ^{53}	今年子 tɕin^{55} niɛ^{n21} tsɿ^{53}
广　元	明天 min^{21} t'iɛ^{n55}	外天 uai^{214} t'iɛ^{n55}	昨年 tso^{21} ȵiɛ^{n21}	今年子 tɕin^{55} ȵiɛ^{n21} tsɿ^{42}
达　州	门天 mən^{12} t'iɛn^{55}	下后天 ɕia^{12} xəu^{214} t'iɛn^{55}	昨年 tso^{12} iɛn^{12} 昨年子 tso^{12} iɛn^{12} tsɿ^{42}	今年 tɕin^{55} iɛn^{12}
遂　宁	门天 mən^{21} t'iɛn^{55}	外天 uai^{213} t'iɛn^{55}	去年 tɕ'y^{213} niɛn^{21}	今年子 tɕin^{55} niɛn^{21} tsɿ^{52}
自　贡	明天 min^{31} t'iɛn^{55}	大后天 ta^{214} xəu^{214} t'iɛn^{55} 外后天 uai^{214} xəu^{214} t'iɛn^{55}	去年子 tɕ'y^{214} ȵiɛn^{31} tsɿ^{53}	今年子 tɕin^{55} ȵiɛn^{31} tsɿ^{53}
荣　县	门天 mən^{31} t'in^{55} 门朝天 mən^{31} tsau^{55} t'in^{55}	万后天 uan^{31} xəu^{214} t'in^{55}	去年子 tɕ'y^{214} ȵin^{31} tsɿ^{42} 昨年 tso^{31} ȵin^{31}	今年子 tɕin^{55} ȵin^{31} tsɿ^{42}
雅　安	明天 min^{21} t'iɛ̃^{55}	万后天 uæ̃$^{214-14}$ xəu$^{214-14}$ t'iɛ̃^{55}	去年子 tɕ'y^{214} niɛ̃^{21} tsɿ^{42} 昨年子 tso^{214} niɛ̃^{21} tsɿ^{42}	今年 tɕin^{55} niɛ̃^{21} 今年子 tɕin^{55} niɛ̃^{21} tsɿ^{42}
汉　源	明天 min^{21} t'iɛ^{n55}	大后天 ta$^{213-13}$ xəu$^{213-13}$ t'ɛ^{n55}	昨年 tso^{213} ȵiɛ^{n21}	今年子 tɕin^{55} ȵiɛ^{n21} tsɿ^{42}
泸　州	明朝 mən^{21} tsau^{55}	万天 uan^{13} t'iɛn^{55}	去年子 tɕ'y^{13} ȵiɛn^{21} tsɿ^{42}	今年子 tɕin^{55} ȵiɛn^{21} tsɿ^{42}
眉　山	明天 mən^{31} t'iɛ̃^{55}	再后天 tsai^{13} xəu^{13} t'iɛ̃^{55}	去年子 tɕ'y^{13} ȵiɛ̃^{31} tsɿ^{53} 去年个$_{儿}$ tɕ'y^{13} ȵiɛ̃^{31} kor^{55}	今年子 tɕin^{55} ȵiɛ̃^{31} tsɿ^{53} 今年个$_{儿}$ tɕin^{55} ȵiɛ̃^{31} kor^{55}
乐　山	门天 mən^{21} t'iɛ̃^{55}	万后天 ua^{n13} xəu^{13} t'iɛ̃^{55}	去年子 tɕ'y^{13} niɛ̃^{43} tsɿ^{43}	今年子 tɕin^{55} niɛ̃^{43} tsɿ^{43}
西　昌	明天 min^{52} t'ian^{44}	大后天 ta^{11} xəu^{11} t'ian^{44}	去年子 tɕ'iəu^{11} nian^{52} tsɿ^{34}	今年子 tɕin^{44} nian^{52} tsɿ^{34}
洛　带$_{客}$	□到日 sa^{45} tau^{53} ȵiʔ^{2}	大后日 t'ai^{53} xiəu^{53} ȵiʔ^{2}	旧年子 tɕ'iəu^{53} ȵiɛn^{13} tsɿ^{31}	今年子 tɕin^{45} ȵiɛn^{13} tsɿ^{31}
仪　陇$_{客}$	明晡 miaŋ^{21} pu^{33}	大后日 t'ai^{53} xai^{53} iʔ^{3}	旧年（子） tɕ'iəu^{53} iɛn^{21} （tsɿ^{53}） 上年（子） sɔŋ^{53} iɛn^{21} （tsɿ^{53}）	今年（子） tɕin^{13} iɛn^{21} （tsɿ^{53}）
永　兴$_{湘}$	门天 mən^{31} t'ian^{55}	万后天 van^{14} ɤəu^{14} t'ian^{55}	昨年子 dz'o^{31} ȵian^{31} tsɿ^{53}	今年子 tɕin^{55} ȵian^{31} tsɿ^{53}
安　仁$_{湘}$	明天 mã^{13} t'ĩ$^{33/21}$	万后日 uã^{55} hɤu^{21}/he^{21} ni^{55} □后日 n̩^{55} he^{21} ni^{55}	去年子 tɕ'in^{24} nĩ^{13} · tsɿ	今年子 tɕin^{33} nĩ^{13} · tsɿ
长　乐$_{湘}$	明天 min^{21} t'ian^{44}	万后天 uan^{35} xou^{35} t'ian^{44}	□年子 kən^{35} nian^{21} tsɿ^{53}	今年子 tɕin^{44} nian^{21} tsɿ^{53}

续表 5－2

	三、时间、节令		四、人品	
	明年	以后	傻	调皮
成　都	明年 min^{21} niɛ^{n21} 明年子 min^{21} niɛ^{n21} tsɿ^{53}	二天 ɚ^{213} t'iɛ^{n55}	瓜 kua^{55} 傻 xa^{53}	费 fei^{213}
广　元	明年 min^{21} ȵiɛ^{n21}	二天 ɚ^{214} t'iɛ^{n55} 二回 ɚ^{214} xuei^{21}	哈 xa^{42}	费事 fei$^{214-21}$ sɿ$^{214-55}$ 匪 fei^{42}
达　州	明年 mən^{12} iɛn^{12}	二天 ɚ^{214} t'iɛn^{55} 二回 ɚ^{214} xuei^{12}	莽 maŋ^{55} 笨 pen^{214}	讨嫌 t'au^{42} ɕiɛn^{12} 枪翻儿 tɕ'iaŋ^{55} fanr^{12}
遂　宁	明年子 min^{21} niɛn^{21} tsɿ^{52}	二回 ə^{213} fei^{21}	哈 xa^{52} 莽 maŋ^{55}	迁翻 tɕ'iɛn^{55} fan^{55}
自　贡	明年子 min^{31} ȵiɛn$^{31-55}$ tsɿ^{53}	二天 ɚ^{214} t'iɛn^{55}	哈 xa^{53}	捣蛋 tau^{53} tan^{214} 顽皮 uan^{31} p'i^{31}
荣　县	明年子 min^{31} ȵin^{31} tsɿ^{42}	二天 ɚ^{31} t'in^{55} 下次 ɕia^{214} ts'ɿ^{214}	哈 xa^{42}	皂皮子 tsau^{214} p'i^{31} tsɿ^{42}
雅　安	明年子 min^{21} niɛ̃$^{21-55}$ tsɿ^{42}	二天 ɚ^{214} t'iɛ̃^{55} 二回 ɚ^{214} xuei^{21}	哈 xa^{42} 闷 mən^{55}	欠 tɕ'iɛ̃^{214} 迁翻 tɕ'iɛ̃^{55} fæ̃^{55}
汉　源	明年子 min^{21} ȵiɛ^{n21} tsɿ^{42}	二天 ɚ^{213} t'ɛ^{n55} 二回 ɚ^{213} xuei^{21}	哈 xa^{42} 闷 mən^{55}	迁翻 tɕ'iɛ^{n55} fa^{n55}
泸　州	明年子 min^{21} ȵiɛn$^{21-55}$ tsɿ^{42}	二回 ɚ^{13} xuei^{21} 二天 ɚ^{13} tiɛn^{55}	傻 sa^{42} 憨 xan^{55}	迁翻儿 tɕ'iɛn^{55} fanr^{55} 旋皮 ɕyɛn^{21} p'i^{21}
眉　山	明年子 mən^{31} ȵiɛ̃$^{31-55}$ tsɿ^{53} 明年个儿 mən^{31} ȵiɛ̃^{31} kor^{55}	二天 ɚ^{13} t'iɛ̃^{55} 二回 ɚ^{13} xuei^{31}	憨 xã^{55} 瓜 kua^{55}	费 fei^{13}
乐　山	明年子 min^{21} niɛ̃^{43} tsɿ^{43}	二天 ɚ^{13} t'iɛ̃^{55} 二回 ɚ^{13} xuei^{21}	哈 xa^{43}	费 fei^{13} 迁翻 tɕ'iɛ̃^{55} fa^{n55}
西　昌	明年子 min^{52} nian^{52} tsɿ^{34}	二天 ɚ^{11} t'ian^{44}	信 ɕin^{11}	造 tsau^{11} 迁翻 tɕ'ian^{44} fan^{44}
洛　带客	明年子 miaŋ^{13} ȵiɛn^{13} tsɿ^{31}	二晡日 ȵi^{53} pu^{45} ȵiʔ^{2}	瓜 kua^{45} 憨 xan^{45}	肇 ts'au^{53}
仪　陇客	明年（子） miaŋ^{21} iɛn^{21} （tsɿ^{53}）	明晡 miaŋ^{21} pu^{33} 颠转 t'in^{33} tsuən^{53}	瓜 kua^{33} 莽 maŋ^{33}	肇 ts'au^{53}
永　兴湘	明年子 min^{31} ȵian^{31} tsɿ^{53}	二回 ɚ^{14} vei^{31}	哈 xa^{53} 莽 maŋ^{55}	肇 dz'ɑu^{14} 迁翻 tɕ'ian^{55} fan^{55}
安　仁湘	明年子 ma^{13} nĩ^{13} ·tsɿ	二日 ie^{24} ni^{21}	哈 ho^{41} 莽 moŋ^{41}	□□儿 ie^{55} ie^{55} ɚ^{21} 愆翻 tɕ' ĩ^{55} ɸã$^{33-21}$
长　乐湘	门年子 mən^{21} nian^{21} tsɿ^{53}	二回子 o^{35} fei^{21} tsɿ^{53} 二道 o^{35} tɑu^{35}	哈 xa^{53}	□□tiʌ^{44} pi^{21} 寒贱 xan^{21} tɕian^{35}

续表 5－2

	四、人品			
	吝啬	精明，狡猾	粗心大意	办事不认真，不讲信用
成　都	抠 kʻəu^{55}	奸 tɕiɛ^{n55}	恍 xuaŋ^{53}	水 suei^{53} 里扯火 ni^{53} tsʻe^{53} xo^{53}
广　元	狗 kəu^{42} 狗夹夹 kəu^{42} tɕia^{21} tɕia^{21}	尖 tɕiɛ^{n55}	恍 xuaŋ^{42}	马虎 ma^{55} fu^{55}
达　州	狗板儿邪 kəu^{42} panr^{42} ɕie^{12}	尖巧巨滑 tɕiɛn^{55} tɕʻiau^{42} tɕy^{214} xua^{12}	大而划之 ta^{214} ɚ^{12} xua^{214} tsɿ^{55}	水 suei^{42}
遂　宁	抠 kʻəu^{55}	尖 tɕiɛn^{55}	恍 faŋ^{52}	水 suei^{52}
自　贡	夹 tɕia^{214} 啬 se^{214}	精灵 tɕin^{55} nin^{31} 狡猾 tɕiau^{53} xua$^{31-55}$	恍 xuaŋ^{53}	水 ʂuei^{53} 里扯火 ni^{53} tsʻe^{53} xo^{53}
荣　县	小家巴式 ɕiau^{42} tɕia^{55} pa^{55} sɿ^{214}	贼 tsuei^{31} 尖得很 tɕin^{55} te^{214} xən^{42}	大儿太太 ta^{31} ɚ^{42} tʻai^{31} tʻai^{31} 恍兮惚兮 xuan^{42} ɕi^{55} fu^{31} ɕi^{55}	里扯（火） ni^{42} tsʻe^{42}（xo^{42}） 水 suei^{42}
雅　安	啬 se^{55} 抠 kʻəu^{55}	尖 tɕiẽ^{55}	恍 xuaŋ^{42}	水 suei^{42} 里扯（火） ni^{42} tsʻe^{42}（xo^{42}）
汉　源	老坎 nau^{42} kʻa^{n42} 抠 kʻəu^{55}	尖 tɕie^{n55}	恍 xuaŋ42	里扯（火） ni^{42} tsʻai^{42}（xo^{42}） 水 suei^{42}
泸　州	狠夹夹儿 xən^{42} tɕiæ^{33} tɕiær^{33}	奸 tɕiɛn^{55}	恍 xuaŋ^{42}	翻口调舌儿的 fan^{55} kʻəu^{42} tʻiau^{42} seir^{21} ne^{55}
眉　山	啬 sai^{24} 夹 tɕia^{24}	奸 tɕiẽ^{55}	恍 xuaŋ^{53}	里扯火 ni^{53} tsei^{53} xo^{53} 水 suei^{53}
乐　山	狗 kəu^{43} 抠 kʻəu^{55}	狡猾 tɕiau^{43} xuæ^{44} 尖 tɕiẽ^{55}	大而化之 ta^{13} ɚ^{21} xua^{13} tsɿ^{55} 恍 xuaŋ^{43}	里扯火 ni^{43} tsʻei^{43} xo^{43}
西　昌	逗 təu^{11} 向 ɕiaŋ^{11}	奸诈 tɕiɛn^{44} tʂa^{11}	恍 xuaŋ^{34}	扯谎老白 tʂe^{34} xuaŋ^{34} nau^{34} pe^{31}
洛　带客	坎 kʻan^{31} 啬 ɕieʔ^{2}	猾 væʔ^{5}	恍 fɔŋ^{31}	水 ʂuei^{31} 里扯 li^{45} tsʻa^{31}
仪　陇客	狗 kɛ^{53} 抠 kʻɛ^{33}	头颅快 tʻan^{21} ŋa^{21} kʻuai^{13}	恍荡 fɔŋ^{53} tɔŋ^{13}	里扯（火） li^{33} tsʻa^{53}（fəu^{53}） 水 suei^{53}
永　兴湘	啬 se^{31} 狗（得很） kiəu^{53}（te^{31} xən^{31}）	精灵 tɕin^{55} nin^{31} 算计好 suan^{14} tɕi^{31} xau^{53}	恍得很 faŋ^{53} te^{31} xən^{31}	里扯火 ni^{53} tɕʻie^{53} xo^{53} 水 suei^{53}
安　仁湘	啬 sai^{55} 独 tɤu^{55}	狡猾 tɕie^{41} ua^{55} 猾 ua^{55}	宝口子 pe^{41} tʻoŋ^{55} · tsɿ 口筋包古 tã^{21} tɕin^{33} pe^{33} ku^{41}	不上趟 n^{13} ɕioŋ^{21} tʻoŋ^{24}
长　乐湘	啬（得很） （se^{35} te^{21} xən^{53}） 小气 ɕiau^{53} tɕʻi^{35}	尖 tɕian^{44}	恍恍 faŋ^{53} faŋ^{53}	不讲信用 pu^{35} tɕiaŋ^{53} ɕin^{35} yŋ^{35}

续表 5－2

	四、人品			
	不干脆，不痛快	好出风头	不能干，低能	排行最末的
成　都	肉唧唧的 zəu^{213} tɕi^{55} tɕi^{55} ni^{55}	颤花$_{\text{儿}}$ tsa^{n213} xuar^{55}	瘟 uən^{55}，拙 tsʻo^{21} 瘟症 uən^{55} tsən^{213}	老幺 nau^{53} iau^{55} 躲巴$_{\text{儿}}$ naŋ^{55} par^{55}
广　元	不干脆 pu^{21} ka^{n55} tsʻuei^{214}		瘟 uən^{55}	
达　州	扯筋廖皮 tsʻe^{42} tɕin^{55} niau^{214} pʻi^{12}	毛尖$_{\text{儿}}$ mau^{12} tɕianr^{55}	懒屁日屌 nan^{42} pʻi^{12} zɿ^{12} tiau^{42} 莽头拙脑 maŋ^{45} təu^{21} tsʻo^{21} nau^{42}	幺尾巴根$_{\text{儿}}$ iau^{55} uei^{12} pa^{55} kənr^{55}
遂　宁	绵扯扯 miɛn^{21} tsʻe^{52} tsʻe^{52}		瘟症 uən^{55} tsən^{213}	老幺 nau^{52} iau^{55}
自　贡	疲疲沓沓 pʻi^{31} pʻi^{31} tʻa^{31} tʻa^{31}	吹 tʂʻuei^{55}	瘟 uən^{55}	老幺 nau^{53} iau^{55}
荣　县	绵扯扯 min^{31} tsʻe^{42} tsʻe^{42} 绵揪揪 min^{32} tɕiəu^{214} tɕiəu^{214}	闸尖夺势 tsʻan^{42} tɕin^{55} to^{31} sɿ^{214}	瘟 uən^{55} 拙 tsʻo^{214}	幺 iau^{55}
雅　安	绵揪揪 miɛ̃^{21} tɕiəu^{55} tɕiəu^{55}	闸头 tsʻæ̃^{214} tʻəur^{21}	瘟 uən^{55}	幺 iau^{55}
汉　源	绵揪揪 miɛ^{n21} tɕiəu^{55} tɕiəu^{55}	闸头 tsʻa^{n213} tʻəu^{21}	瘟 uən^{55}	幺 iau^{55}
泸　州	弯弯酸酸 uan^{55} uan^{55} suan^{55} suan^{55}	显行八势的 ɕiɛn^{42} xaŋ^{21} pæ^{33} sɿ^{13} ne^{55}	瘟 uən^{55}	老幺 nau^{42} iau^{55} 老小 nau^{42} ɕiau^{42}
眉　山	绵扯扯 miɛ̃^{31} tsʻei^{53} tsʻei^{53}	颤 tsã^{13} 闸尖$_{\text{儿}}$ tsʻã^{13} tɕiɛ̃r^{55}	瘟症 uən^{55} tsən^{13}	老幺 nau^{53} iau^{55} 老小 nau^{53} ɕiau^{53}
乐　山	绵扯扯 miɛ̃^{21} tsʻei^{43} tsʻei^{43} 绵揪揪 miɛ̃^{21} tɕʻiəu^{55} tɕʻiəu^{55}	颤 tsan^{13}	瘟 uən^{55} 瘟症 uən^{55} tsən^{13}	幺 iau^{55}
西　昌	不撇脱 pu^{31} pʻie^{31} tʻo^{31}	颤 tʂan^{11}	信 ɕin^{11}	幺 iau^{44}？
洛　带$_{\text{客}}$	肉扯扯 ȵiuʔ^{2} tsʻa^{31} tsʻa^{31}	颤 tsan^{53}	瘟 vən^{45}	满 man^{45} 幺 iau^{45}
仪　陇$_{\text{客}}$	然瓦 zan^{21} ua^{53} 绵扯扯 miɛn^{21} tsʻa^{53} tsʻa^{53}	颤 tsan^{13} 戴尖尖帽 tai^{13} tɕian^{33} tɕian^{33} mau^{13}	瘟 vən^{33}	满 man^{33} 幺 iau^{33}
永　兴$_{\text{湘}}$	□得很 lia^{53} te^{31} xən^{31} 绵得很 mian^{31} te^{31} xən^{53}	洋盘 iɑŋ^{31} bʻan^{31} 爱出头 ŋai^{14} tsʻu^{55} dʻəu^{31}	瘟 vən^{55}	口巴$_{\text{儿}}$ nyo^{55} pɚ^{44} （老）幺（nau^{53}）iau^{55}
安　仁$_{\text{湘}}$	络儿稀口 no^{24} ɚ^{21} ɕi^{33} kʻua^{41}	出洋相 tɕʻy^{55} ioŋ^{13} tɕiaŋ^{24}	没得用 me^{21} te^{21} ioŋ^{41} 哈里口口咯 ho^{41} ni^{41} po^{41} tɕʻiɤu^{13} ke^{21}	满 mã^{41}（满崽） 幺 ie$^{33/41}$（幺舅舅）
长　乐$_{\text{湘}}$	绵扯扯 mian^{21} tsʻe^{53} tsʻe^{53} □连 o^{53} nian^{21}	出洋相 tɕʻy^{21} iɑŋ^{21} ɕiɑŋ^{35} 现宝 ɕian^{35} pɑu^{53}	杚包 ke^{21} pɑu^{44} 莫出板 mo^{35} tɕʻy^{21} pan^{53}	老幺 nɑu^{53} iɑu^{44}

续表 5－2

	五、一般称谓			
	婴儿	小孩	男孩子	女孩子
成　都	奶娃$_{儿}$ nai^{53} uar^{21}	娃娃 ua^{21} ua$^{21-55}$	儿娃子 ɚ^{21} ua^{21} tsɿ^{53} 男娃子 na^{n21} ua$^{21-55}$ tsɿ^{53}	女娃子 ny^{53} ua^{21} tsɿ^{53}
广　元	奶娃$_{儿}$ nai^{42} uar^{55} 奶娃子 nai^{42} ua^{21} tsɿ^{42}	小娃儿 ɕiau^{42} ua^{21} ɚ^{55} 娃儿 ua^{21} ɚ^{55}	儿子 ɚ^{21} tsɿ^{42}	女子 ȵy^{42} tsɿ^{42}
达　州	奶娃子 nai^{42} ua^{12} tsɿ^{42} 奶娃娃 nai^{42} ua^{12} ua^{12}	细娃$_{儿}$ ɕi^{214} uar^{12} 小娃儿 ɕiau^{42} ua^{12} ɚ^{12}	男娃儿 nan^{12} ua^{12} ɚ$^{12-55}$ 儿娃子 ɚ^{12} ua^{12} tsɿ^{42}	女娃子 y^{42} ua^{12} tsɿ^{42} 女娃儿 y^{42} ua^{12} ɚ$^{12-55}$
遂　宁	奶娃儿 nai^{52} ua^{21} ɚ$^{21-55}$	细娃儿 ɕi^{213} ua^{21} ɚ^{21} 小娃儿 ɕiau^{52} ua^{21} ɚ$^{21-55}$	男娃儿 nan^{21} ua^{21} ɚ$^{21-55}$	女娃儿 ny^{52} ua^{21} ɚ$^{21-55}$
自　贡	奶娃$_{儿}$ nai^{53} uar^{31} 奶泡泡 nai^{53} pʻau^{55} pʻau^{55}	小娃儿 ɕiau^{53} ua^{31} ɚ$^{31-55}$ 碎娃儿 suei^{214} ua^{31} ɚ$^{31-55}$	男娃儿 nan^{31} ua^{31} ɚ$^{31-55}$	女孩儿 ȵy^{53} ua^{31} ɚ$^{31-55}$
荣　县	奶娃$_{儿}$ nai^{42} uar^{31}	小娃$_{儿}$ ɕiau^{42} uar^{31}	男娃$_{儿}$ nan^{31} uar^{31} 儿娃子 ɚ^{31} ua^{31} tsɿ^{42}	女娃$_{儿}$ ȵy^{31} uar^{31}
雅　安	奶娃子 nai^{42} ua^{21} tsɿ^{42} 奶娃娃 nai^{42} ua^{21} ua$^{21-55}$	娃娃 ua^{21} ua$^{21-55}$	男娃子 næ̃^{21} ua^{21} tsɿ^{42} 男娃儿 næ̃^{21} ua^{21} ɚ^{55}	女子 ny^{42} tsɿ^{42} 幺姑$_{儿}$ iau^{55} kur^{55}
汉　源	奶娃子 nai^{42} ua^{21} tsɿ^{42} 奶娃娃 nai^{42} ua^{21} ua^{55}	娃娃 ua^{21} ua^{55} 小娃儿 ɕiau^{42} ua^{21} ɚ^{55}	男娃子 na^{n21} ua^{21} tsɿ^{42} 男娃儿 na^{n21} ua^{21} ɚ^{55}	女娃儿 ȵy^{42} ua^{21} ɚ^{55} 幺姑$_{儿}$ iau^{55} kur^{55}
泸　州	奶娃儿 nai^{42} ua^{21} ɚ^{55}	碎娃子 suei^{13} ua^{21} tsɿ^{42}	男娃儿 nan^{21} ua^{21} ɚ^{55} 儿娃子 ɚ^{21} ua^{21} tsɿ^{42}	女娃儿 ȵy^{42} ua^{21} ɚ^{55}
眉　山	奶娃$_{儿}$ nai^{53} uar$^{31-55}$	青尻子 tɕʻin^{55} kəu^{55} tsɿ^{53}	男娃$_{儿}$ nã^{31} uar^{31}	女娃$_{儿}$ ȵy^{53} uar^{31}
乐　山	奶娃儿 nai^{43} ua^{21} ɚ$^{21-55}$	娃娃 ua^{21} ua$^{21-55}$ 碎娃儿 suei^{13} ua^{21} ɚ$^{21-55}$	娃儿 ua^{21} ɚ$^{21-55}$	女儿 ny^{43} ɚ$^{21-55}$ 女娃儿 ny^{43} ua^{21} ɚ$^{21-55}$
西　昌	奶娃$_{儿}$ nai^{34} uar^{52}	娃娃 ua^{52} ua$^{52-44}$	男娃儿 nan^{52} ua^{52} er^{11} 小儿子 ɕiau^{34} ɚ^{52} tsɿ^{34}	女娃儿 ni^{34} ua^{52} ɚ^{11} 小女儿 ɕiau^{53} ni^{34} ɚ^{52}
洛　带$_{客}$	婴伢子 aŋ^{45} ŋa^{13} tsɿ^{31}	细崽子 ɕie^{53} tɕie^{31} tsɿ^{31}	倈崽子 lai^{53} tɕie^{31} tsɿ^{31}	妹崽子 moi^{53} tɕie^{31} tsɿ^{31}
仪　陇$_{客}$	月娃娃 ieʔ^{5} va^{21} va^{33}	娃娃 va^{21} va^{33} 细子 se^{13} tsɿ^{53}	倈子人 lai^{13} tsɿ^{53} in^{21} 倈大牯 lai^{13} tʻai^{53} ku^{21}	妹子姑 mo^{13} tsɿ^{53} ku^{33}
永　兴$_{湘}$	奶娃娃 nai^{53} va^{31} va^{31}	小娃儿 ɕiɑu^{53} va^{31} ɚ^{31} 细娃儿 ɕi^{14} va^{31} ɚ^{31}	崽 tsai^{53} 男娃子 nan^{31} va^{31} tsɿ^{53}	奶娃娃 nai^{53} va^{31} va^{31}
安　仁$_{湘}$	奶毛毛 nai^{41} me^{13} me$^{13-33}$	细家基 ɕi^{55} ka$^{33-31}$ tɕi^{55}	伢子咯哩 io^{13} tɕi^{41} ke^{33} ni^{55}	奶毛毛 nai^{41} me^{13} me$^{13-33}$
长　乐$_{湘}$	奶毛毛 nai^{53} mɑu^{21} mɑu^{21}	小娃儿 ɕiɑu^{53} ua^{21} o^{21} 细娃 ɕi^{35} ua^{21}	小伙子 ɕiɑu^{53} xo^{53} tsɿ^{53} 娃儿 ua^{21} o^{21}	奶毛毛 nai^{53} mɑu^{21} mɑu^{21}

续表5－2

五、一般称谓

	半大孩子	老头儿	老太婆	十分调皮的孩子
成都	半截子 pa^{n213} tɕie^{21} tsɿ^{53} 半截子幺爸$_{儿}$ pa^{n213} tɕie^{21} tsɿ^{53} iau^{55} par^{213}	老头$_{儿}$nau^{53} təur^{21} 老把子 nau^{53} pa^{53} tsɿ^{53}	太婆 t'ai^{213} p'o^{21} 老孃$_{儿}$nau^{53} niaŋr^{55}	费头子 fei^{213} t'əu^{21} tsɿ^{53}
广元	半大娃儿 pa^{n214} ta^{214} ua^{21} ɚ^{55}	老汉$_{儿}$nau^{42} xa^{n} r^{214}	老婆婆 nau^{42} p'o^{21} p'o^{21} 老婆子 nau^{42} p'o^{21} tsɿ^{42}	费头子 fei^{214} t'əu^{21} tsɿ^{42} 费师 fei^{214} sɿ^{55}
达州	半大娃儿 pan^{214} ta^{214} ua^{12} ɚ$^{12-55}$	老头子 nau^{42} t'əu^{12} tsɿ^{42}	老大娘 nau^{42} ta^{214} iaŋ^{12}	调皮鬼 t'iau^{12} p'i^{12} kuei^{42}
遂宁	半截子 pan^{213} tɕie^{21} tsɿ^{52} 小崽儿 ɕiau^{52} tsai^{52} ə^{21}	老汉$_{儿}$nau^{52} xanr$^{213-55}$	老太婆 nau^{52} t'ai^{213} p'o^{21}	嗥皮 tsau^{213} p'i^{21}
自贡	大娃儿 ta^{214} ua^{31} ɚ$^{31-55}$	老头子 nau^{53} t'əu^{31} tsɿ^{53} 老爷爷 nau^{53} ie^{31} ie$^{31-55}$	老婆婆 nau^{53} p'o^{31} p'o$^{31-55}$ 太婆 t'ai^{214} p'o^{31}	调皮娃$_{儿}$t'iau^{31} p'i^{31} uar^{31}
荣县	半截子 pan^{214} tɕiɛ^{31} tsɿ^{42}	老汉$_{儿}$nau^{42} xanr^{214} 老把子 nau^{42} pa^{31} tsɿ^{42}	老婆婆$_{儿}$nau^{42} po^{31} por$^{31-55}$	皂皮子 tsau^{214} p'i^{31} tsɿ^{42}
雅安	青屄子娃娃 tɕhin^{55} kəu^{55} tsɿ^{42} ua^{21} ua^{55}	老把子 nau^{42} pa^{42} tsɿ^{42}	老孃子 nau^{42} niaŋ^{55} tsɿ^{42} 老婆子 nau^{42} p'o^{21} tsɿ^{42}	欠儿子 tɕ'iɛ̃^{214} ɚ^{21} tsɿ^{42} 费头子 fei^{214} t'əu^{21} tsɿ^{42}
汉源	半截子 pan^{214} tɕiɛ^{31} tsɿ^{42}	老汉$_{儿}$nau^{42} xa^{n} r^{214} 老把子 nau^{42} pa^{21} tsɿ^{42}	老婆婆 nau^{42} po^{21} po^{55}	费头子 fei^{213} t'əu^{21} tsɿ^{42}
泸州	半大娃儿 pan^{13} ta^{13} ua^{21} ɚ^{55}	老头$_{儿}$nau^{42} t'əur^{21}	老太婆 nau^{42} t'ai^{13} p'o^{21}	千手观音 tɕ'iɛn^{55} səu^{42} kuan^{55} in^{55}
眉山	半截子娃$_{儿}$ pã^{13} tɕie^{24} tsɿ^{53} uar^{31}	老汉$_{儿}$nau^{53} xãr^{13}	老娘$_{儿}$nau^{53} ȵiaŋr$^{31-55}$ 老娘子 nau^{53} ȵiaŋ$^{31-55}$ tsɿ^{53}	费头子 fei^{13} t'əu^{31} tsɿ^{53} 肇八狗$_{儿}$tsau^{13} pa^{24} kəur^{55}
乐山	半截子 pa^{n13} tɕie^{44} tsɿ^{43} 半截子幺爸 pa^{n13} tɕie^{44} tsɿ^{43} iau^{55} pa^{21}	老汉$_{儿}$nau^{43} xanr^{13} 老把子 nau^{43} pa^{43} tsɿ^{43}	老孃$_{儿}$nau^{43} niaŋr^{55} 老孃子 nau^{43} niaŋ^{55} tsɿ^{43}	费头子 fei^{13} t'ou^{21} tsɿ^{43}
西昌	半大人 pan^{11} ta^{11} ʐən^{52}	老者 nau^{34} tʂe^{34} 男老者 nan^{52} nau^{34} tʂe^{34}	女老者 ni^{34} nau^{34} tʂe^{34}	造客 tsau^{11} k'e^{31}
洛带$_{客}$	半截子 pan^{53} tɕieʔ^{2} tsɿ^{31}	老汉头 lau^{31} xɔn^{53} t'iəu^{13}	老阿婆 lau^{31} a^{45} p'o^{13}	肇包子 ts'au^{53} pau^{45} tsɿ^{31}
仪陇$_{客}$	半截截大爷 pan^{53} tɕieʔ^{3} tɕieʔ^{3} t'ai^{53} ia^{21}	老渣渣 ləu^{53} tsa^{33} tsa^{33}	老孃$_{儿}$ləu^{53} ȵiaŋr^{33} 老婆婆 ləu^{53} p'əu^{21} p'əu^{21}	调皮匠 t'iau^{21} p'i^{21} tiɔŋ^{13}
永兴$_{湘}$	小娃儿 ɕiɑu^{53} va^{31} ɚ^{31} 细娃儿 ɕi^{14} va^{31} ɚ^{31}	崽 tsai^{53} 男娃子 nan^{31} va^{31} tsɿ^{53}	老太婆 nau^{53} t'ai^{14} b'o^{31} 老婆婆 nau^{53} b'o^{31} b'o^{31}	□王 dz'au^{14} vaŋ^{31}
安仁$_{湘}$	细家基 ɕi^{55} ka$^{33-31}$ tɕi^{55}	伢子咯哩 io^{13} tɕi^{41} ke^{33} ni^{55}	老嬷嬷 ne^{41} mo^{13} mo$^{13-33}$	叼□□□ tie^{41} tɕin^{41} nu^{33} su^{33} 淘气包 te^{13} tɕi^{24} pe^{33}
长乐$_{湘}$	小娃儿 ɕiɑu^{53} ua^{21} o^{21} 细娃 ɕi^{35} ua^{21}	小伙子 ɕiɑu^{53} xo^{53} tsɿ^{53} 娃儿 ua^{21} o^{21}	老婆婆 nɑu^{53} po^{21} po^{21} 老人家 nɑu^{53} ŋən^{21} ka^{44}	搞屎棒 kɑu^{53} sɿ^{53} pɑŋ^{35}

续表 5－2

	五、一般称谓			
	很瘦小的人或动物	吝啬鬼	外行，手艺不好的人	傻瓜
成　都	躴巴$_{儿}$naŋ^{55}par^{55}	啬家子 se^{21}tɕia^{55}tsɿ^{53}	黄师傅 xuaŋ^{21}sɿ^{55}fu^{213} 黄帮 xuaŋ^{21}paŋ^{55}	瓜娃子 kua^{55}ua^{21}tsɿ^{53} 瓜瓜 kua^{55}kua^{55}
广　元	躴巴$_{儿}$naŋ^{55}par^{55}	狗夹夹 kəu^{42}tɕia^{21}tɕia^{21}	老外 nau^{42}uai^{214}	莽子 maŋ^{55}tsɿ^{42}
达　州	剔骨豆 tʻi^{55}ku^{12}təu^{214}	狗板$_{儿}$邪 kəu^{42}panr^{42}ɕie^{12}	外行 uai^{214}xaŋ^{12}	闷头闷脑的 mən^{214}tʻəu^{12} mən^{214}nau^{42}ti^{55}
遂　宁	小巴儿 ɕiau^{52}pa^{55}ɚ^{21}	啬家子 se^{21}tɕia^{55}tsɿ^{52}	黄棒 xuaŋ^{21}paŋ^{213}	瓜娃子 kua^{55}ua^{21}tsɿ^{52}
自　贡	躴巴$_{儿}$naŋ^{55}par^{55}	夹夹客 tɕia^{214}tɕia^{214}kʻe^{214}	黄师傅 xuaŋ^{31}sɿ^{55}fu^{214}	哈包$_{儿}$xa^{53}paur^{53} 哈儿 xa^{53}ɚ^{31}
荣　县	躴巴$_{儿}$nan^{55}par^{55} 小躴巴$_{儿}$ɕiau^{42}nan^{55}par^{55}	啬家子 se^{214}tɕia^{55}tsɿ^{42}	黄师傅 xuan^{31}sɿ^{55}fu^{214}	哈包$_{儿}$xa^{42}paur^{55}
雅　安	躴巴$_{儿}$naŋ^{55}par^{55}	啬家子 se^{55}tɕia^{55}tsɿ^{42} 老坎 nau^{42}kʻæ̃^{42}	黄师傅 xuaŋ^{21}sɿ^{55}fu^{214}	瓜娃子 kua^{55}ua^{21}tsɿ^{42} 哈包$_{儿}$xa^{42}paur^{42}
汉　源	躴巴$_{儿}$naŋ^{55}par^{55}	啬家子 sai^{55}tɕia^{55}tsɿ^{42} 老坎 nau^{42}kʻa^{n42}	黄师傅 xuaŋ^{21}sɿ^{55}fu^{213} 黄帮 xuaŋ^{21}paŋ^{55}	瓜娃子 kua^{55}ua^{21}tsɿ^{42} 哈包$_{儿}$xa^{42}paur^{42}
泸　州	躴巴$_{儿}$naŋ^{55}par^{55}	狠夹夹$_{儿}$ xən^{42}tɕiæ^{33}tɕiær^{33}	黄师傅 xuaŋ^{21}sɿ^{55}fu^{13}	憨包 xan^{55}pau^{55}
眉　山	躴巴$_{儿}$naŋ^{55}par^{55}	啬家子 sei^{24}tɕia^{55}tsɿ^{53} 老坎 nau^{53}kʻã^{53}	黄师傅 xuaŋ^{31}sɿ^{55}fu^{13}	憨憨 xã^{55}xã$^{55-44}$ 憨包 xã^{55}pau^{55}
乐　山	躴巴儿 naŋ^{55}pa^{55}ɚ^{55}	啬家子 sə^{44}tɕia^{55}tɕɿ^{43} 狗夹夹 kəu^{43}tɕiæ^{44}tɕiæ^{44}	黄棒 xuaŋ^{21}paŋ^{13}	哈儿 xa^{43}ɚ^{21} 莽子 maŋ^{55}tsɿ^{43}
西　昌	躴巴儿 naŋ^{44}par^{44}	啬疙瘩 se^{31}ke^{31}ta^{44}	外行 uai^{11}xaŋ^{52}	信人 ɕin^{11}ʐən^{52} 信头$_{儿}$ɕin^{11}tʻəur^{52} 闷人 men^{44}ʐən^{52}
洛　带$_{客}$	躴巴子 laŋ^{45}pa^{45}tsɿ^{31}	啬家子 ɕieʔ^{2}ka^{45}tsɿ^{31} 狗夹夹 kiəu^{31}kæʔ^{2}kæʔ^{2}	黄帮 vɔŋ^{13}pɔŋ^{45}	瓜娃子 kua^{45}va^{13}tsɿ^{31}
仪　陇$_{客}$	躴巴$_{儿}$laŋ^{33}par^{33}	啬家子 seʔ^{3}ka^{33}tsɿ^{53} 狗夹夹 kɛ^{53}tɕiaʔ^{3}tɕiaʔ^{3}	黄帮 uɔŋ^{21}pɔŋ^{33} 外行 o^{13}xɔŋ^{21}	宝器 pau^{53}tɕʻi^{13} 闷头 mən^{33}tʻai^{21}
永　兴$_{湘}$	瘦筋筋 səu^{14}tɕin^{55}tɕin^{55}	啬家子 se^{31}ka^{31}tsɿ^{53}	黄棒 vɑŋ^{31}bʻɑŋ^{14}	哈包 xa^{55}pɑu^{55} 莽子 maŋ^{55}tsɿ^{53}
安　仁$_{湘}$	躴巴鸡儿 noŋ^{33}po^{21}tɕi$^{33/41}$ɚ^{21}	啬家子 se^{55}ka^{13}·tsɿ^{21} 独夹子 tɤu^{55}ka^{13}·tsɿ^{21}	口欺喝 ie^{13}tɕʻi^{33}ɸu^{33}	草包 tsʻe^{41}pe^{33} 哈包 xo^{41}pe^{33}
长　乐$_{湘}$	铁马鞭 tʻie^{21}ma^{53}pian^{44} 干猴子 kan^{44}xou^{21}tsɿ^{53}	小气鬼 ɕiɑu^{53}tɕʻi^{35}kuei^{53} 奏板 tsou^{35}pan^{53}	半瓶醋 pan^{25}pʻin^{21}tsʻou^{35}	哈子 xa^{53}tsɿ^{53} 哈脓包 xa^{53}nuŋ^{21}pɑu^{44}

续表 5－2

	五、一般称谓			
	总是把事情搞砸锅的人	爱闲聊、爱吹牛的人	固执己见、死心眼儿的人贬称	爱与人争吵或无理取闹的人
成　都	戳锅漏 tsʻo^{21} ko^{55} nəu^{213}	日白匠 zɿ^{21} pe^{21} tɕiaŋ^{213} 壳子客 kʻo^{21} tsɿ^{53} kʻe^{21}	牛黄丸 ȵiəu^{21} xuaŋ^{21} ua^{n21} 咬卵犟 ŋau^{53} nua^{n53} tɕiaŋ^{213}	扯客 tʂʻe^{53} kʻe^{21}
广　元		日白匠 zɿ^{21} pia^{21} tɕiaŋ^{214} 壳子虫 ko^{21} tsɿ^{42} tsʻoŋ^{21}	犟拐拐 tɕiaŋ^{214} kuai$^{·42}$ kuai$^{·42}$ 咬卵犟 ŋau^{42} nua^{n42} tɕiaŋ^{214}	扯筋客 tsʻe^{42} tɕin^{55} kʻe^{21}
达　州		话口袋 xua^{214} kʻəu^{42} tai^{214}	咬卵犟 iau^{42} nuan^{42} tɕiaŋ^{214} 犟拐拐 tɕiaŋ^{214} kuai^{42} kuai$^{·42-212}$	扯冤枉筋的 tsʻe^{42} yɛn^{55} uaŋ^{12} tɕin^{55} ti$^{·55}$
遂　宁	戳锅漏 tsʻo^{21} ko^{55} nəu^{213}	吹牛大王 tsʻuei^{55} niəu^{21} ta^{213} uaŋ^{21}	咬卵犟 ŋau^{52} nuan^{52} tɕiaŋ^{213}	扯筋客 tsʻe^{52} tɕin^{55} kʻe^{213}
自　贡	戳锅落 tsʻo^{214} ko^{55} no^{214}	牛皮大王 ȵiəu^{31} pʻi$^{·31}$ ta^{214} uaŋ^{31}	犟拐拐 tɕiaŋ^{214} kuai$^{·53}$ kuai$^{·53-31}$ 咬咬犟 ŋau^{53} ŋau^{53} tɕiaŋ^{214}	笨筋筋 pən^{214} tɕin^{55} tɕin^{55}
荣　县		牛皮大王 ȵiəu^{31} pʻi$^{·42}$ ta^{214} uan^{31}	犟拐拐 tɕiaŋ^{214} kuai$^{·42}$ kuai$^{·42}$	扯扯$_{儿}$ tsʻe^{42} tsʻer^{55}
雅　安	戳锅漏 tsʻo^{55} ko^{55} nəu^{214}	日白匠 zɿ^{55} pe^{55} tɕiaŋ^{214} 壳子客 kʻo^{55} tsɿ^{42} kʻe^{55}	犟拐拐 tɕiaŋ^{214} kuai$^{·42}$ kuai$^{·42}$	
汉　源	戳锅漏 tsʻo^{55} ko^{55} nəu^{213}	日白匠 zɿ^{55} pai$^{·55}$ tɕiaŋ^{213} 壳子客 kʻo^{55} tsɿ^{42} kʻe^{55}	蹦筋犟 poŋ^{213} tɕin^{55} tɕiaŋ^{213}	
泸　州	戳锅漏 tsʻɵ^{33} ko^{55} nəu^{13}	牛皮大王 ȵiəu^{21} pʻi$^{·21}$ ta^{13} uaŋ^{21} 壳子大王 kʻɵ^{33} tsɿ^{42} ta^{13} uaŋ^{21}	犟牛拐拐 tɕiaŋ^{13} ȵiəu^{21} kuai$^{·42}$ kuai$^{·42-21}$	爱搬牙巴劲的 ŋai$^{·13}$ pan$^{55·}$ ia^{21} pa^{55} tɕin^{13} ne^{55}
眉　山	戳锅漏 tsʻo^{24} ko^{55} nəu^{13}	呼白匠 fu^{55} pai^{24} tɕiaŋ^{13}	犟拐拐 tɕiaŋ^{13} kuai^{53} kuai^{53} 犟遭瘟 tɕiaŋ^{13} tsau^{55} uən^{55}	吵鸡子 tsʻau^{53} tɕi$^{·55}$ tsɿ^{53}
乐　山	戳锅漏 tsʻʊ^{44} ko^{55} nəu^{13}	日白客 zə^{44} pæ^{44} ke^{44} 冲壳子的 tsʻoŋ^{13} ke^{44} tsɿ^{43} ni$^{·55}$	咬卵犟 ŋau^{43} nua^{n43} tɕiaŋ^{13} 犟拐拐 tɕiaŋ^{13} kuai$^{·43}$ kuai$^{·43}$	嚼筋客 tɕiau^{13} tɕin^{55} ke^{44}
西　昌	夺客 to^{31} ke^{31}	日白匠 ʐʅ^{31} pe^{31} tɕiaŋ^{11}	犟拐拐 tɕiaŋ^{11} kuai$^{·34}$ kuai$^{·34}$	
洛　带$_{客}$	戳锅漏 tsʻoʔ^{2} ko^{45} liəu^{53}	□白匠 liæʔ^{2} pʻæʔ^{5} ɕiɔŋ^{53}	犟拐拐 tɕiɔŋ^{53} kuai$^{·31}$ kuai$^{·31}$	扯筋客 tsʻa^{31} tɕin^{45} kʻæʔ^{2}
仪　陇$_{客}$	戳锅漏 tsʻoʔ^{3} ko^{33} lau^{13}	冲壳佬 tsʻuŋ^{53} kʻoʔ^{5} ləu^{21}	咬卵犟 ŋau^{53} luan^{53} tɕiaŋ^{13}	扯筋客 tsʻa^{21} tɕin^{33} kʻaʔ^{3}
永　兴$_{湘}$		壳子大王 kʻo^{31} tsɿ^{53} dʻa^{14} vɑŋ^{31} 牛皮大王 ȵiəu^{31} bʻi$^{·31}$ dʻa^{14} vɑŋ^{31}	咬卵犟 ŋau^{53} nuan^{53} dʑʻiaŋ^{14} 犟拐拐 dʑʻiaŋ^{14} kuai^{53} kuai^{53}	横人 vən^{31} ʐən^{31} 扯横筋的人 tɕʻie^{53} van^{31} tɕin^{55} ti$^{·31}$ ʐen^{31}
安　仁$_{湘}$		牛皮大王 niɤu^{13} pi$^{·13}$ ta^{24} oŋ^{13} 冲壳子咯人 tɕʻioŋ^{24} ku^{55} tsɿ^{41} ke^{21} nin^{13}	扯死牛筋咯人 tɕʻio^{41} sɿ^{41} niɤu^{13} tɕin^{33} ke$^{41/21}$ nin^{13}	横扯板筋咯人 ɸuən^{13} tɕʻi$^{·21}$ pã^{41} tɕioŋ^{33} ke^{21} nin^{13}
长　乐$_{湘}$	戳锅漏 tsʻo^{21} ko^{44} nou^{35}	壳子客 kʻo^{21} tsɿ^{53} kʻe^{35}	笨卵经 pən^{35} nuan^{53} tɕin^{44}	犟拐拐 tɕiɑŋ^{35} kuai^{53} kuai^{53}

续表 5－2

	五、一般称谓			
	毛手毛脚的人	小偷	扒手	土匪
成　都	毛三教 mau^{21} sa^{n55} tɕiau^{213} 泡毛鬼 pʻau^{213} mau^{21} kuei^{53}	贼娃子 tsuei^{21} ua$^{21-55}$ tsɿ^{53}	扒手 pʻa^{21} səu^{53} 三只手 sa^{n55} tsɿ^{55} səu^{53}	棒老二 paŋ^{213} nau^{53} ɚ^{213} 棒客 paŋ^{213} kʻe^{21}
广　元	毛三匠 mau^{21} sa^{n55} tɕiaŋ^{214}	贼娃子 tsuei^{21} ua$^{21-55}$ tsɿ^{42}	摸哥$_{\text{儿}}$ mo^{55} kor^{55}	棒客 paŋ^{214} kʻe^{21} 棒老二 paŋ^{214} nau^{42} ɚ^{214}
达　州	毛三匠 mau^{12} san^{55} tɕiaŋ^{214}	贼娃子 tsuei^{12} ua^{12} tsɿ^{42}	二级钳工 ɚ^{214} tɕi^{12} tɕʻiɛn^{12} koŋ^{55}	棒老二 paŋ^{214} nau^{42} ɚ^{214}
遂　宁	毛三匠 mau^{21} san^{55} tɕiaŋ^{213}	偷儿 tʻəu^{55} ə$^{21-55}$	钳工 tɕʻiɛn^{21} koŋ^{55}	棒老二 paŋ^{213} nau^{52} ə^{213}
自　贡		贼娃$_{\text{儿}}$ tsuei^{31} uar^{31}	扒哥$_{\text{儿}}$ pʻa^{31} kor^{55} 摸哥$_{\text{儿}}$ mo^{55} kor^{55}	棒老二 paŋ^{214} nau^{53} ɚ^{214}
荣　县	毛躁躁的 mau^{31} tsau^{214} tsau^{214} le^{55}	黑脑壳 xe^{214} nau^{31} kʻo^{214} 偷哥$_{\text{儿}}$ tʻəu^{55} kor^{55}	三只手$_{\text{儿}}$ san^{55} tsɿ^{55} səur^{42} 偷哥$_{\text{儿}}$ tʻəu^{55} kor^{55}	棒老二 pan^{214} nau^{42} ɚ^{214}
雅　安	毛三匠 mau^{21} sæ̃^{55} tɕiaŋ^{214}	撬杆$_{\text{儿}}$ tɕʻau^{214} kæ̃r^{42} 贼娃子 tsuei^{21} ua^{55} tsɿ^{42}	三只手 sæ̃^{55} tsɿ^{42} səu^{42} 钳工 tɕʻiæ̃^{21} koŋ^{55}	棒客 paŋ^{214} kʻe^{55} 棒老二 paŋ^{214} nau^{42} ɚ^{214}
汉　源	毛三匠 mau^{21} sa^{n55} tɕiaŋ^{213} 毛日鬼 mau^{21} zɿ^{55} kuei^{42}	撬杆$_{\text{儿}}$ tɕʻau^{213} ka^{n}r^{42} 贼娃子 tsai^{21} ua^{55} tsɿ^{42}	三只手 sa^{n55} tsɿ^{55} səu^{42} 钳工 tɕʻiɛ^{n21} koŋ^{55}	棒老二 paŋ^{213} nau^{42} ɚ^{213} 棒客 paŋ^{213} kʻe^{55}
泸　州	毛毛泡泡的 mau^{21} mau$^{21-55}$ pʻau^{55} pʻau^{55} ne^{55}	偷儿 tʻəu^{55} ɚ^{21} 黑脑壳 xe^{33} nau^{42} kʻɵ^{33}	捞哥$_{\text{儿}}$ nau^{55} kor^{55} 三只手 san^{55} tsɿ^{55} səu^{42}	棒老二 paŋ^{13} nau^{42} ɚ^{13} 棒客 paŋ^{13} kʻe^{33}
眉　山	毛三匠 mau^{31} sã^{55} tɕiaŋ^{13} 毛日鬼 mau^{31} zɿ^{24} kuei^{53}	撬哥$_{\text{儿}}$ tɕʻiau^{13} kor^{55} 贼娃子 tsuei^{31} ua$^{31-55}$ tsɿ^{53}	三只手 sã^{55} tsɿ^{55} səu^{53} 摸哥$_{\text{儿}}$ mo^{55} kor^{55}	棒老二 paŋ^{13} nau^{53} ɚ^{13}
乐　山	泡毛鬼 pʻau^{13} mau^{21} kuei^{43}	贼娃子 tsuei^{21} ua^{21} tsɿ^{43}	摸哥$_{\text{儿}}$ mo^{55} kor^{55}	棒老二 paŋ^{13} nau^{43} ɚ^{13} 棒客 paŋ^{13} ke^{44}
西　昌	毛脚鸡 mau^{52} tɕio^{31} tɕi^{44}	贼 tsuei^{52}	小偷$_{\text{儿}}$ ɕiautʻəur^{44}	棒客 paŋ^{11} kʻe^{31}
洛　带$_{\text{客}}$	毛三匠 mau^{45} san^{45} ɕiɔŋ^{53}	贼娃子 tɕʻieʔ^{5} va^{13} tsɿ^{21}	摸哥$_{\text{儿}}$ mo^{45} kor^{45}	棒老二 pəŋ^{53} lau^{31} ȵi^{53}
仪　陇$_{\text{客}}$	毛三教 mau^{21} san^{33} kau^{53} 毛手毛脚个 mau^{33} səu^{21} mau^{33} tɕioʔ^{3} kɛ^{53}	溜表子 liəu^{53} piau^{53} tsɿ^{53}	钳工 tɕʻiɛn^{21} kuŋ^{33}	棒老二 pɔŋ^{53} ləu^{53} i^{53}
永　兴$_{\text{湘}}$	毛三匠 mɑu^{31} san^{55} dʑʻiaŋ^{14}	贼娃子 dzʻuei^{31} va^{31} tsɿ^{53} 摸摸匠 mo^{55} mo^{55} dʑʻiaŋ^{31}	拐子 kuai^{53} tsɿ^{53}	棒老二 bʻaŋ^{14} nau^{53} ɚ^{14} 棒客 bʻaŋ^{14} kʻe^{31}
安　仁$_{\text{湘}}$	弹筋巴骨咯人 tã^{21} tɕin^{33} pe^{33} ku^{21} ke^{21} nin^{13}	强盗 tɕioŋ^{13} tʻe^{33} 贼娃子 tsuei^{13} ua^{13} tsɿ^{41}	夹夹匠 ka^{55} ka^{55} tɕiaŋ^{21} 偷儿 tʻie^{33} ɚ^{21}	棒老二 poŋ^{55} ne^{41} ɚ^{24}
长　乐$_{\text{湘}}$	毛三叫 mɑu^{21} san^{44} tɕiɑu^{35} 毛弹 mɑu^{21} tan^{35}	表纽子 piɑu^{53} niou^{53} tsɿ^{53}	三只手 san^{44} tsɿ^{44} sou^{53} 偷 tʻou^{44}	土匪 tʻou^{53} fei^{53}

续表 5－2

	六、亲属称谓			
	祖父	祖母	外祖父	外祖母
成　都	爷爷 ie^{21} ie$^{21-55}$	婆婆 pʻo^{21} pʻo$^{21-55}$	家公 tɕia^{55} koŋ^{55} 外爷 uai^{213} ie^{21}	家婆 tɕia^{55} pʻo^{21} 外婆 uai^{213} pʻo^{21}
广　元	爷爷 ie^{21} ie^{21}	婆婆 pʻo^{21} pʻo^{21}	外爷 uai^{214} ie^{21}	外婆 uai^{214} pʻo^{21}
达　州	爷爷 ie^{12} ie^{12}	婆婆 pʻo^{12} pʻo^{12}	外爷 uei^{214} ie^{12}	家家 ka^{55} ka^{55}
遂　宁	公 koŋ^{55}	婆 pʻo^{21}	外公 uai^{213} koŋ^{55}	外婆 uai^{213} pʻo^{21}
自　贡	公 koŋ^{55}	婆婆 pʻo^{31} pʻo^{31} 娘娘 ȵiaŋ^{31} ȵiaŋ$^{31-55}$	家公 tɕia^{55} koŋ^{55} 公公 koŋ^{55} koŋ^{55}	家婆 tɕia^{55} pʻo^{31} 婆婆 pʻo^{31} pʻo^{31}
荣　县	爷爷 ie^{31} ie$^{31-55}$	娘娘 ȵian^{31} ȵian$^{31-55}$	家公 tɕia^{55} koŋ^{55} 公公 koŋ^{55} koŋ^{55}	家婆 tɕia^{55} pʻo^{31} 婆婆 pʻo^{31} pʻo^{31}
雅　安	爷爷 ie^{21} ie$^{21-55}$	婆婆 pʻo^{21} pʻo$^{21-55}$	家公 ka^{55} koŋ^{55}	家婆 tɕia^{55} pʻo^{21}
汉　源	爷爷 ie^{21} ie$^{21-55}$	婆婆 pʻo^{21} pʻo$^{21-55}$	家公 ka^{55} koŋ^{55}	家婆 ka^{55} pʻo^{21}
泸　州	公 koŋ^{55}	婆 pʻo^{21}	外公 uai^{13} koŋ^{55}	外婆 uai^{13} pʻo^{21}
眉　山	爷爷 i^{31} i^{31}	婆婆 pʻu^{31} pʻu^{31}	家公 ka^{55} koŋ^{55}	家婆 tɕia^{55} pʻu^{31} 婆婆 pʻu^{31} pʻu^{31}
乐　山	爷爷 i^{21} i$^{21-55}$	奶奶 nai^{43} nai$^{43-21}$	家公 tɕia^{55} koŋ^{55}	家婆 tɕia^{55} pʻo^{21} 家家 tɕia^{55} tɕia^{55}
西　昌	老爷 nau^{34} ie^{52}	老奶 nau^{34} nai^{44}	姥公 nau^{34} koŋ^{44} 阿公 a^{44} koŋ^{44}	姥婆 nau^{34} pʻo^{44}
洛　带客	阿公 a^{45} kuŋ^{45}	阿婆 a^{45} pʻo^{13}	毑公 tɕia^{31} kuŋ^{45}	毑婆 tɕia^{31} pʻo^{13}
仪　陇客	阿□a^{33} ta^{33}	奶奶 lan^{33} lan^{33}	毑公 tɕia^{53} kuŋ^{55}	毑婆 tɕia^{53} pʻəu^{21}
永　兴湘	爹爹 tia^{55} tia^{55} 爷爷 ie^{31} ie^{31}	婆婆 bʻo^{31} bʻo^{31} 奶奶 nai^{55} nai^{55}	外公 vai^{14} koŋ^{55}	外婆 vai^{14} bʻo^{31}
安　仁湘	阿公 o^{33} koŋ$^{33/41}$	姆妈 n̩^{33} · mo^{33}	外公 uai^{24} koŋ^{33}	外婆 uai^{24} pu^{55}/po^{13}
长　乐湘	公 kuŋ^{44}	婆婆 po^{21} po^{21}	家公 ka^{44} kuŋ^{44}	家婆 ka^{44} po^{21}

续表5－2

	六、亲属称谓			
	父亲	母亲	伯父	叔父
成　都	爸 pa^{21} 老把子 nau^{53} pa^{53} tsɿ^{53}	妈 ma^{55}	伯伯 pe^{21} pe^{21}	
广　元	爹爹 tie^{55} tie^{55}	娘 niaŋ^{21} 娘娘 niaŋ^{21} niaŋ^{21}	叔叔$_{\text{前加排行}}$ su^{21} su$^{21-55}$ 爸$_{\text{儿　前加排行}}$ par^{213}	爸$_{\text{儿　前加排行}}$ par^{21}
达　州	爹 tie^{55} 老汉$_{\text{儿　背称}}$ nau^{42} xanr^{214}	娘 iaŋ^{12}	爸$_{\text{前加排行}}$ pa^{12}	叔$_{\text{前加排行}}$ su^{12}
遂　宁	爸 pa^{21} 老汉$_{\text{儿}}$ nau^{52} xanr^{213}	妈 ma^{55}	伯伯 pe^{21} pe$^{21-55}$	爸$_{\text{前加排行}}$ pa^{21}
自　贡	老汉$_{\text{儿}}$ nau^{53} xanr^{214} 爹 ti^{55}	娘 ȵiaŋ^{31} 老母亲 nau^{53} mu^{53} tɕʻin^{55}	叔爷 ʂu^{214}·ie^{31}	叔爷 ʂu^{214}·ie^{31}
荣　县	老汉$_{\text{儿}}$背称 lau^{42} xanr^{214} 老把子 lau^{42} pa^{214} tsɿ^{42}	娘 ȵian^{31}	伯伯 pe^{31} pe$^{31-55}$ 爷$_{\text{前加排行}}$ ie^{31}	叔$_{\text{前加排行}}$ su^{55} 爸$_{\text{前加排行}}$ pa^{31}
雅　安	爹 tie^{55} 老汉$_{\text{儿(背称)}}$ nau^{42} xæ̃r^{214}	妈 ma^{55}	伯伯 pe^{55} pe^{55}	爸$_{\text{前加排行}}$ pa^{21}
汉　源	爹 tie^{55} 老把子 nau^{42} pa^{42} tsɿ^{42}	娘 ȵiaŋ^{21}	伯伯 pe^{55} pe^{55}	爸$_{\text{前加排行}}$ pa^{21}
泸　州	爸爸 pa^{13} pa$^{13-55}$ 老头$_{\text{儿}}$ nau^{42} tʻəur^{21}	妈 ma^{55} 老娘 nau^{42} ȵiaŋ^{21}	伯$_{\text{前加排行}}$ pe^{33}	幺叔 iau^{55} sɵ^{33}
眉　山	爸爸 pa^{13} pa^{13} 老汉$_{\text{儿(背称)}}$ nau^{53} xaãr^{13}	妈 ma^{55} 妈妈 ma^{55} ma$^{55-44}$	爸$_{\text{前加排行}}$ pa^{13} 老汉$_{\text{儿　前加排行}}$ nau^{53} xãr^{13}	爸$_{\text{前加排行}}$ pa^{13} 老汉$_{\text{儿　前加排行}}$ nau^{53} xãr^{13}
乐　山	老汉$_{\text{儿}}$ nau^{43} xanr^{13}	娘 niaŋ^{21}	爷$_{\text{前加排行}}$ i^{21}	爸爸$_{\text{前加排行}}$ pa^{21} pa$^{21-55}$
西　昌	爹 tie^{44} 爸 ba^{31}	妈 ma^{44}	爷$_{\text{前加排行}}$ ie^{44} 爹$_{\text{前加排行}}$ tiɛ^{44}	爸$_{\text{前加排行}}$ pa^{31}
洛　带$_{\text{客}}$	阿爸 a^{45} pa^{31}	阿娘 a^{45} ȵiɔŋ^{13} 阿婆 a^{45} mi45	阿爷 a^{45} ia^{13}	阿叔$_{\text{前加排行}}$ a^{45} suʔ^{2}
仪　陇$_{\text{客}}$	阿爸 a^{33} pa^{21} 爹爹 tei^{33} tei^{33}	娘□o^{33} ia^{33} 娘子 o^{33} tsɿ^{53}	大阿爸 tʻai^{53} a^{33} pa^{21} 大爹爹 tʻai^{53} tei^{33} tei^{33}	细阿爸 se^{13} a^{33} pa^{21} 细爹爹 se^{13} tei^{33} tei^{33}
永　兴$_{\text{湘}}$	老汉 nau^{53} xan^{31} 老子$_{\text{(背称)}}$ nɑu^{53} tsɿ^{53}	妈 ma^{55} 老婆婆$_{\text{(背称)}}$ nau^{53} bʻo^{31} bʻo^{31}	伯伯 pe^{31} pe^{31} 伯$_{\text{前加排行}}$ pe^{31}	爸$_{\text{前加排行}}$ pa^{31}
安　仁$_{\text{湘}}$	爷爷 ia^{13}·ia^{13}/io^{13}·io^{13} 老汉$_{\text{(统称)}}$ ne^{41} hã^{55}	□□ i$^{55/41}$·ia$^{55/-41}$ 奶儿 nai^{41} ɚ^{21}	大爷 ta^{24}·io^{13}	叔爷 ɕiɤu^{55}·i$^{13/21}$
长　乐$_{\text{湘}}$	爸爸 pa^{21} pa^{21} 老包谷 nɑu^{53} pɑu^{44} ku^{53}	妈妈 ma^{44} ma^{44}	伯伯 pe^{21} pe^{21}	满满 man^{53} man^{53}

续表 5－2

	六、亲属称谓			
	姑姑	伯母	婶母	姑父
成　都	孃孃 ȵiaŋ^{55} ȵiaŋ^{55}	伯妈 pe^{21} ma^{55} 伯娘 pe^{21} niaŋ^{21}	婶$_{\text{前加排行}}$ sən^{53} 婶娘 sən^{53} sən$^{53-21}$	姑爹 ku^{55} tie^{55} 姑爷 ku^{55} ie^{21}
广　元	姐姐 ta^{21} ta^{21}	妈$_{\text{前加排行}}$ ma^{55} 娘$_{\text{前加排行}}$ niaŋ^{21}	妈$_{\text{前加排行}}$ ma^{55} 娘 niaŋ^{21}	姨夫$_{\text{儿}}$ i^{21} fur^{55}
达　州	姥姥 nau^{42} nau$^{42-12}$	大娘 ta^{214} iaŋ^{12}	婶娘伯母 sən^{42} iaŋ^{12} pie^{12} mu^{42}	姑爷 ku^{55} ie^{55}
遂　宁	孃孃 niaŋ^{55} niaŋ^{55} 姑妈 ku^{55} ma^{55}	伯妈 pe^{21} ma^{55} 婶娘 sən^{52} niaŋ^{21}	婶娘 sən^{52} niaŋ^{21} 妈$_{\text{前加排行}}$ ma^{55}	姑爷 ku^{55} ie$^{21-55}$
自　贡	孃孃 ȵiaŋ^{55} ȵiaŋ^{55}	叔娘 ʂu^{214} ȵiaŋ^{31}	孃 ȵiaŋ^{55}	姑爷 ku^{55} ie^{31} 姑爹 ku^{55} tie^{55}
荣　县	孃孃 ȵian^{55} ȵian^{55}	伯娘 pe^{31} ȵian^{31} 娘$_{\text{前加排行}}$ ȵian^{31}	婶娘 sən^{42} ȵian^{31} 娘$_{\text{前加排行}}$ ȵian^{31}	姑爹 ku^{55} ti^{55} 姑爷 ku^{55} ie^{31}
雅　安	孃孃 niaŋ^{55} niaŋ^{55} 爹爹 ti^{55} ti^{55}	婶婶 sən^{42} sən^{21}	婶婶 sən^{42} sən$^{42-21}$ 婶$_{\text{前加排行}}$ sən^{42}	姑爷 ku^{55} i^{55}
汉　源	孃孃 ȵiaŋ^{55} ȵiaŋ^{55}	婶婶 sən^{42} sən^{21}	婶婶 sən^{42} sən$^{42-21}$ 婶$_{\text{前加排行}}$ sən^{42}	姑爷 ku^{55} ie^{55}
泸　州	孃孃 ȵiaŋ^{55} ȵiaŋ^{55}	伯妈 pe^{33} ma^{55} 伯娘 pe^{33} ȵiaŋ^{21}	叔娘 sə^{33} ȵiaŋ^{21}	姑爷 ku^{55} i^{21}
眉　山	孃孃 ȵiaŋ^{55} ȵiaŋ$^{55-44}$ 姥子 nau^{53} tsɿ^{53}	伯娘 pe^{24} ȵiaŋ^{31}	幺妈 iau^{55} ma^{55}	姑爷 ku^{55} i^{31}
乐　山	孃孃 niaŋ^{55} niaŋ^{55} 姥子 nau^{43} tsɿ^{43}	娘$_{\text{前加排行}}$ niaŋ^{21}	婶$_{\text{前加排行}}$ sən^{43}	姑爷 ku^{55} i^{21}
西　昌	孃孃 niaŋ^{44} niaŋ^{44} 孃$_{\text{前加排行}}$ niaŋ^{44}	妈$_{\text{前加排行}}$ ma^{44}	婶$_{\text{前加排行}}$ ʂən^{34}	姑爷 ku^{44} ie^{44}
洛　带$_{\text{客}}$	孃孃 ȵiaŋ^{45} ȵiaŋ^{45}	阿娘$_{\text{前加排行}}$ a^{45} ȵiɔŋ^{13}	阿娘$_{\text{前加排行}}$ a^{45} ȵiɔŋ^{13}	姑爷 ku^{45} ia^{13}
仪　陇$_{\text{客}}$	大姑 tʻai^{53} ku^{33} 幺姑 iau^{33} ku^{33}	伯娓 paʔ^{3} mei^{33}	幺娓 iau^{33} mei^{33}	姑爷 ku^{13} ia^{53}
永　兴$_{\text{湘}}$	孃孃 ȵiaŋ^{55} ȵiaŋ^{55} 孃$_{\text{前加排行}}$ ȵiaŋ^{55}	伯孃 pe^{31} ȵiaŋ^{31} 伯孃$_{\text{前加排行}}$ pe^{31} ȵiaŋ^{31}	婶婶$_{\text{前加排行/姓氏}}$ ʂən^{53} ʂən^{53}	姑爷 ku^{55} ie^{55} 姑爷$_{\text{前加排行}}$ ku^{55} ie^{55}
安　仁$_{\text{湘}}$	姑娘 ku^{33} ȵioŋ^{13}	大娘 ta^{24} ȵioŋ^{13}	婶娘 ɕin^{41} ȵioŋ^{13}	姑爷 ku^{33} io$^{13/21}$
长　乐$_{\text{湘}}$	孃 niaŋ^{44}	伯母 pe^{21} mu^{53}	满娘 man^{53} niaŋ^{21}	姑爷 ku^{44} ie^{21}

续表5－2

	六、亲属称谓			
	舅舅	姨妈	哥哥	弟弟
成　都	舅$_{\text{前加排行}}$ tɕiəu^{213}	姨 i^{21} 姨妈 i^{21} ma^{55}	哥 ko^{55} 哥老倌 ko^{55} nau^{53} kua^{n55}	弟娃$_{\text{儿}}$ ti^{213} uar^{21} 毛弟$_{\text{儿}}$ mau^{21} tir^{213}
广　元	舅$_{\text{前加排行}}$ tɕiəu^{214}	姨$_{\text{前加排行}}$ i^{21}	哥老倌 ko^{55} nau^{42} kua^{n55}	兄弟 ɕyoŋ^{55} ti^{214} 弟娃$_{\text{儿}}$ ti^{214} uar^{21}
达　州	舅舅 tɕiəu^{214} iɕiəu$^{214-33}$	姨$_{\text{前加排行}}$ i^{12}	哥 ko^{55}	兄弟 ɕioŋ^{55} ti^{214}
遂　宁	舅$_{\text{前加排行}}$ tɕiəu^{213}	姨孃 i^{21} niaŋ^{55}	哥 ko^{55}	弟娃$_{\text{儿}}$ ti^{213} uar^{21}
自　贡	舅爹 tɕiəu^{214} tie^{55} 母舅 mu^{53} tɕiəu^{214}	姨妈 i^{31} ma^{55}	哥哥 ko^{55} ko^{55}	弟弟 ti^{214} ti$^{214-55}$
荣　县	舅$_{\text{前加排行}}$ tɕiəu^{214} 母舅 mu^{42} tɕiəu^{214}	孃孃 ȵian^{55} ȵian^{55}	哥 ko^{55} 哥老倌 ko^{55} lau^{42} kuan^{55}	弟$_{\text{儿}}$ tir^{214} 兄弟 ɕioŋ^{55} ti^{214}
雅　安	舅$_{\text{前加排行}}$ tɕiəu^{214}	孃孃 niaŋ^{55} niaŋ^{55} 姨妈$_{\text{称母之姐}}$ i^{21} ma^{55} 姨孃$_{\text{称母之妹}}$ i^{21} niaŋ^{55}	哥 ko^{55} 哥 ko^{55} ko^{55}	兄弟 ɕyoŋ^{55} ti^{214} 弟娃$_{\text{儿}}$ ti^{214} uar^{21}
汉　源	舅$_{\text{前加排行}}$ tɕiəu^{213}	姨妈$_{\text{称母之姐}}$ i^{21} ma^{55} 姨孃$_{\text{称母之妹}}$ i^{21} ȵiaŋ^{55}	哥 ko^{55}	弟儿 ti^{213} ɚ^{21} 兄弟 ɕioŋ^{55} ti^{213}
泸　州	舅舅 tɕiəu^{13} tɕiəu$^{13-55}$	姨孃 i^{21} ȵiaŋ^{55}	哥哥 ko^{55} ko^{55}	弟儿 ti^{13} ɚ^{21}
眉　山	舅$_{\text{前加排行}}$ tɕiəu^{13}	姨妈 i^{31} ma^{55}	哥 ko^{55} 哥老倌 ko^{55} nau^{53} kuã^{55}	弟娃$_{\text{儿}}$ ti^{13} uar^{21} 兄弟 ɕyŋ^{55} ti^{13}
乐　山	舅舅$_{\text{前加排行}}$ tɕiəu^{13} tɕiəu$^{13-55}$	孃$_{\text{前加排行}}$ niaŋ^{55}	哥儿 ko^{55} ɚ^{55} 哥老倌 ko^{55} nau^{43} kua^{n55}	弟儿 ti^{13} ɚ^{55} 兄弟 ɕyŋ^{55} ti^{13}
西　昌	舅$_{\text{前加排行}}$ tɕiəu^{11}	姨孃$_{\text{前加排行}}$ i^{52} niaŋ^{44}	哥$_{\text{前加排行,排行最小的叫小哥}}$ ko^{44}	兄弟 ɕioŋ^{44} ti^{11}
洛　带$_{\text{客}}$	舅爷 tɕʻiəu^{45} ia^{13}	姨$_{\text{前加排行}}$ i^{13}	阿哥 a^{45} ko^{45}	老弟 lau^{31} tʻai^{45}
仪　陇$_{\text{客}}$	满舅 man^{33} tɕʻiəu^{33}	姨 i^{21}	哥哥 ko^{33} ko^{33} 阿哥 a^{33} ko^{33}	老弟 ləu^{53} tʻei^{33}
永　兴$_{\text{湘}}$	舅舅 ʥiəu^{14} ʥiəu^{44} 舅舅$_{\text{前加排行}}$ ʥiəu^{14} ʥiəu^{44}	姨孃$_{\text{前加排行}}$ i^{31} ȵiɑŋ^{31}	哥哥 ko^{55} ko^{55} 哥老倌 ko^{55} nɑu^{53} kuan^{55}	兄弟 ʂoŋ^{55} dʻi^{14} 老弟 nau^{53} dʻi^{14}
安　仁$_{\text{湘}}$	舅舅 tɕiɤu^{21} tɕiɤu$^{21-33}$	姨妈 i^{13} mo$^{33/21}$	哥哥 kɤ^{33} kɤ$^{33/21}$	老弟 ne^{41} ti^{21}
长　乐$_{\text{湘}}$	舅舅 tɕiou^{35} tɕiou^{35}	姨娘 i^{21} niɑŋ^{21}	大大 ta^{35} ta^{35}	弟娃 ti^{35} ua^{21}

续表 5－2

	六、亲属称谓			
	姐姐	妹妹	妯娌	连襟
成　都	姐姐 tɕie^{53} tɕie$^{53-21}$	妹$_{\text{儿}}$ meir^{213} 妹娃$_{\text{儿}}$ mei^{213} uar^{21}	前后 tɕʻie^{n21} xəu^{213}	老挑 nau^{53} tʻiau^{55}
广　元	姐 tɕie^{42}	妹$_{\text{儿}}$ meir^{214}	旋后 ɕyɛ^{n214} xəu^{214}	老挑 nau^{42} tʻiau^{55}
达　州	姐姐 tɕie^{42} tɕie$^{42-12}$	妹 mei^{214}	嫂子 sau^{42} tsɿ^{42}	老挑 nau^{42} tʻiau^{55}
遂　宁	姐姐 tɕie^{52} tɕie$^{52-21}$	妹 mei^{213}	妯娌 tsu^{21} ni^{52}	老挑 nau^{52} tʻiau^{55}
自　贡	姐姐 tɕie^{53} tɕie$^{53-31}$	妹妹 mei^{214} mei$^{214-55}$	姊妹 tsɿ^{53} mei^{214}	老挑 nau^{53} tʻiau^{55}
荣　县	姐姐 tɕie^{42} tɕie^{42}	妹$_{\text{儿}}$ meir^{214} 妹娃$_{\text{儿}}$ mei^{214} uar^{55}	妯娌 tsu^{31} ni^{42}	老挑 nau^{42} tʻiau^{55}
雅　安	姐姐 tɕie^{42} tɕie^{21}	妹儿 mei^{214} ɚ^{21}	两嫂子 niaŋ^{42} sau^{42} tsɿ^{42}	挑担 tʻiau^{55} tæ̃^{214} 老挑 nau^{42} tʻiau^{55}
汉　源	姐姐 tɕie^{42} tɕie^{42}	妹儿 mei^{213} ɚ^{21}	两嫂子 niaŋ^{42} sau^{42} tsɿ^{42}	挑担 tʻiau^{55} ta^{n213} 老挑 nau^{42} tʻiau^{55}
泸　州	姐姐 tɕi^{42} tsi$^{42-21}$	妹妹 mei^{13} mei$^{13-55}$	妯娌 tsʻu^{21} ni^{42}	姨太 i^{21} tʻai^{13}
眉　山	姐姐 tɕi^{53} tɕi^{53}	妹儿 mei^{13} ɚ^{31} 妹妹 mei^{13} mei^{13}	妯娌 tsʻu^{31} ni^{53}	老挑 nau^{53} tʻiau^{55}
乐　山	姐姐 tɕi^{43} tɕi^{43}	妹儿 mei^{13} ɚ^{55} 妹$_{\text{前加排行}}$ mei^{13}	先后 ɕiẽ^{55} xəu^{13}	老挑 nau^{43} tʻiau^{55}
西　昌	姐$_{\text{前加排行}}$ tɕiɛ^{34}	妹$_{\text{前加排行}}$ mei^{11}	妯娌 tʂu^{31} ni^{34}	挑担 tʻiau^{44} tan^{34}
洛　带$_{\text{客}}$	阿姐 a^{45} tɕia^{31}	老妹 lau^{31} moi^{53}	子嫂 tsɿ^{31} sau^{31}	老挑 lau^{31} tʻiau^{45}
仪　陇$_{\text{客}}$	姊姊 tɕi^{53} tɕi^{21}	老妹 ləu^{53} mo^{13}	子嫂 tsɿ^{53} səu^{53}	挑担伙 tʻiau^{33} tan^{13} fəu^{53}
永　兴$_{\text{湘}}$	姐姐 tɕie^{53} tɕie^{53}	妹妹 mei^{14} mei^{44}	兄弟媳妇 ʂoŋ^{55} dʻi^{14} ɕi^{31} vu^{14}	老姨 nau^{53} i^{31} 老挑 nau^{53} tʻiau^{55}
安　仁$_{\text{湘}}$	姐姐 tɕa^{41} tɕia^{41}	妹妹 mai^{21} mai^{21}	袖口口 ɕiɤu^{55} ko^{21} mo^{21}	老挑 ne^{41} tʻie^{33}
长　乐$_{\text{湘}}$	姐姐 tɕie^{53} tɕie^{53}	妹妹 mei^{35} mei^{35}	妯娌 tsou^{21} ni^{21}	老挑 nɑu^{53} tʻiɑu^{33}

续表 5－2

	六、亲属称谓			
	丈夫（背称）	妻子（背称）	岳父（背称）	岳母（背称）
成　都	男人 nan^{21} zən^{21} 当家的 taŋ^{55} tɕia^{55} ni^{55}	婆娘 p‘o^{21} niaŋ^{55} 屋头 u^{21} t‘əu^{21}	老丈人 nau^{53} ʦaŋ^{213} zən^{21}	老丈母 nau^{53} ʦaŋ^{213} mu^{42}
广　元	当家的 taŋ^{55} tɕia^{55} ne^{55}	婆娘 p‘o^{21} niaŋ^{55} 女人 ȵy^{42} zən^{21}	姨夫 i^{21} fu^{55} 老丈人 nau^{42} ʦaŋ^{214} zən^{21}	姨娘 i^{21} niaŋ^{21} 丈母娘 ʦaŋ^{214} mu^{42} niaŋ^{21}
达　州	男人 nan^{12} zen^{12} 当家人 taŋ^{55} tɕia^{55} zen^{12}	婆娘 p‘o^{12} iaŋ^{55} 屋头 u^{12} t‘əu^{12}	老丈人 nau^{42} ʦaŋ^{214} zen^{12}	干娘 kan^{55} iaŋ^{12}
遂　宁	老公 nau^{52} koŋ^{55}	老婆 nau^{52} p‘o^{21}	老丈人 nau^{52} ʦaŋ^{213} zən^{21}	老丈母 nau^{52} ʦaŋ^{213} mu^{52}
自　贡	当家的 taŋ^{55} tɕia^{55} ni^{55}	婆娘 p‘o^{31} ȵiaŋ^{55} 屋头的 u^{214} t‘əu^{31} ni^{55}	老丈人 nau^{53} ʦaŋ^{214} ʐən^{31} 娃儿他家公 ua^{31} ɚ^{55} t‘a^{55} tɕia^{55} koŋ^{55}	老丈母 nau^{53} ʦaŋ^{214} mu^{53} 娃儿他家婆 ua^{31} ɚ^{55} t‘a^{55} tɕia^{55} p‘o^{31}
荣　县	当家的 tan^{55} tɕia^{55} li^{55}	婆娘 po^{31} ȵian^{55} 屋头的 u^{214} t‘əu^{31} li^{55}	老丈人 nau^{42} ʦan^{214} zən^{31}	丈母娘 ʦan^{214} mu^{42} ȵian^{31} 老丈母 nau^{53} ʦan^{214} mu^{42}
雅　安	男的 næ̃^{21} ne^{55} 当家的 taŋ^{55} tɕia^{55} ne^{55}	屋头 u^{55} t‘əu^{21} 婆娘 p‘o^{21} niaŋ^{55}	老丈人 nau^{42} ʦaŋ^{214} zən^{21}	老丈母 nau^{42} ʦaŋ^{214} mu^{42} 岳母娘 yo^{55} mu^{42} niaŋ^{21}
汉　源	当家的 taŋ^{55} tɕia^{55} ne^{55}	婆娘 p‘o^{21} ȵiaŋ^{55} 屋头的 u^{55} t‘əu^{21} ne^{55}	老丈人 nau^{42} ʦaŋ^{213} zən^{21}	老丈母 nau^{42} ʦaŋ^{213} mu^{42} 岳母娘 io^{55} mu^{42} ȵiaŋ^{21}
泸　州	男娃儿 nan^{21} ua^{21} ɚ$^{21-55}$	舅子 tɕiəu^{13} tsɿ^{42} 弯儿疙 uan^{55} ɚ$^{21-55}$ ke^{33}	老丈人 nau^{42} ʦaŋ^{13} zən^{21}	老丈母 nau^{42} ʦaŋ^{13} mu^{42}
眉　山	当家的 taŋ^{55} tɕia^{55} ne^{55} 男人 nã^{31} zən^{31}	婆娘 p‘u^{31} ȵiaŋ$^{31-55}$ 屋头的 u^{24} t‘əu^{31} ne^{55}	老丈人 nau^{53} ʦaŋ^{13} zən^{31}	老丈母 nau^{53} ʦaŋ^{13}/ʦau^{13} mu^{53} 岳母娘 io^{24} mu^{53} ȵiaŋ^{31}
乐　山	老者儿 nau^{43} ʦei^{43} ɚ^{21}	老婆子 nau^{43} p‘o^{21} tsɿ^{43}	老丈人 nau^{43} ʦaŋ^{13} zən^{21}	老丈母 nau^{43} ʦaŋ^{13} mu^{43}
西　昌	当家的 taŋ^{44} tɕia^{44} ne^{34} 我男的 ŋa^{34} nan^{52} ni^{34}	婆娘 p‘o^{52} niaŋ^{44} 屋头的 u^{31} t‘əu^{52} ne^{34} 我女的 ŋa^{34} ni^{34} ne^{34}	老丈人 nau^{34} ʦaŋ^{11} ʐen^{44}	老丈母 nau^{34} ʦaŋ^{11} mu^{34}
洛　带客	老公 lau^{31} kuŋ^{45}	老婆 lau^{31} p‘o^{13}	丈人佬 ʦ‘ɔŋ^{45} in^{45} lau^{31}	丈人婆 ʦ‘ɔŋ^{45} in^{45} p‘o^{13}
仪　陇客	屋下 vuʔ^{3} k‘ua^{33} 老公 ləu^{53} kuŋ^{33}	屋下 vuʔ^{3} k‘ua^{33} 老婆 ləu^{53} p‘əu^{21}	丈佬 ʦ‘ɔŋ^{33} ləu^{53}	丈娘㜷 ʦ‘ɔŋ^{33} ȵiɔŋ^{21} o^{33}
永　兴湘	当家人 tɑŋ^{55} tɕia^{55} ʐən^{31} 男人 nan^{31} ʐən^{31}	屋里头 vu^{31} ni^{53} d‘əu^{31} 婆孃 b‘o^{31} ȵiaŋ^{31}	老丈人 nɑu^{53} ʥ‘iaŋ^{14} ʐən^{31}	老丈母 nɑu^{53} ʥ‘iaŋ^{14} mu^{53}
安　仁湘	男人家 nã^{13} nin^{13} ka^{33}	婆孃 po^{13} ȵioŋ$^{13/21}$	干爷 kã^{33} io^{13}	干孃 kã^{33} ȵioŋ^{13}
长　乐湘	男的 ny^{53} ti	女的 ny^{53} ti 婆娘 po^{21} niɑŋ^{21}	媬褓 pɑu^{53} pɑu^{53}	媬褓 pɑu^{53} pɑu^{53}

续表 5－2

	六、亲属称谓			
	公公（背称）	婆婆（背称）	舅子（背称）	儿子
成　都	老人公 nau^{53} zən^{21} koŋ^{55}	老人婆 nau^{53} zən^{21} p‘o^{21}	舅子 tɕiəu^{213} tsɿ^{53} 舅老倌 tɕiəu^{24} nau^{53} kuɚ^{55}	儿 ɚ^{21}
广　元	老人公 nau^{42} zən^{21} koŋ^{55}	老人婆 nau^{42} zən^{21} p‘o^{21}	舅老倌 tɕiəu^{214} nau^{42} kua^{n55} 坐上八位的 tso^{214} saŋ^{214} pa^{21} uei^{214} ne^{55}	看牛的 k‘a^{n55} ȵiəu^{21} ne^{55} 放牛的 faŋ^{214} ȵiəu^{21} ne^{55}
达　州	老人公 nau^{42} zen^{12} koŋ^{55}	老人婆 nau^{42} zen^{12} p‘o^{12}	舅老倌 tɕiəu^{214} nau^{42} kuan^{55}	儿 ɚ^{12}
遂　宁	老人公 nau^{52} zən^{21} koŋ^{55}	老人婆 nau^{52} zən^{21} p‘o^{21}	舅子 tɕiəu^{213} tsɿ^{52}	儿娃子 ɚ^{21} ua^{21} tsɿ^{52}
自　贡	老汉$_{儿}$ nau^{53} xanr^{214} 娃儿他爷爷 ua^{31} ɚ^{55} t‘a^{55} ie^{31} ie$^{31-55}$	娃儿他娘娘 ua^{31} ɚ^{55} t‘a^{55} ȵiaŋ^{31} ȵiaŋ$^{31-55}$	哥 ko^{55} 兄弟 ɕyoŋ^{55} ti^{214}	幺儿 iau^{55} ɚ^{31}
荣　县	老人公 nau^{42} zən^{31} koŋ^{55}	老人婆 nau^{42} zən^{31} p‘o^{31} 婆婆妈 p‘o^{31} p‘o$^{31-55}$ ma^{55}	舅老倌$_{儿}$ tɕiəu^{214} nau^{42} kuanr^{55} 舅子 tɕiəu^{214} tsɿ^{42}	儿 ɚ^{31} 儿娃子 ɚ^{31} ua^{31} tsɿ^{42}
雅　安	老人公 nau^{42} zən^{21} koŋ^{55}	婆婆娘 p‘o^{21} p‘o$^{21-55}$ niaŋ^{21}	舅子 tɕiəu^{214} tsɿ^{42}	儿 ɚ^{21} 儿子 ɚ^{21} tsɿ^{42}
汉　源	老人公 nau^{42} zən^{21} koŋ^{55}	婆婆娘 p‘o^{21} p‘o$^{21-55}$ ȵiaŋ^{21}	舅子 tɕiəu^{213} tsɿ^{42}	儿 ɚ^{21} 儿娃子 ɚ^{21} ua^{21} tsɿ^{42}
泸　州	老人公 nau^{42} zən^{21} koŋ^{55}	老人婆 nau^{42} zən^{21} p‘o^{21}	舅老倌 tɕiəu^{13} nau^{42} kuan^{55} 偷碗的 t‘əu^{55} uan^{42} ne^{55}	看田缺口的 k‘an^{13} t‘iɛn^{21} tɕ‘ye^{33} k‘əu^{42} ne^{55}
眉　山	老人公 nau^{53} zən^{31} koŋ^{55}	老人婆 nau^{53} zən^{31} p‘u^{31} 婆婆娘 p‘u^{31} p‘u$^{31-55}$ ȵiaŋ^{31}	舅老官 tɕiəu^{13} nau^{53} kuã^{55} 舅子 tɕiəu^{13} tsɿ^{53}	儿 ɚ^{31}
乐　山	公公老汉$_{儿}$ koŋ^{55} koŋ^{55} nau^{43} xanr^{13}	老人婆 nau^{43} zən^{21} p‘o^{21} 婆婆娘 p‘o^{21} p‘o$^{21-55}$ niaŋ^{21}	舅子 tɕiəu^{13} tsɿ^{43}	娃儿 ua^{21} ɚ^{55}
西　昌	老人公 nau^{34} ʐen^{52} koŋ^{44} 老公公 nau^{34} koŋ^{44} koŋ^{44}	婆婆 p‘o^{52} p‘o^{52} 老人婆 nau^{34} ʐen^{52} p‘o^{52}	舅子 tɕiəu^{11} tsɿ^{34}	男娃$_{儿}$ nan^{52} uar^{52} 儿子 ɚ^{52} tsɿ^{34}
洛　带$_{客}$	家官 ka^{45} kən^{45}	家娘 ka^{45} ȵiɔŋ^{13}	舅子 tɕ‘iəu^{45} tsɿ^{31}	倈子 lai^{53} tsɿ^{31}
仪　陇$_{客}$	老人公 ləu^{53} in^{21} kuŋ^{33}	老人婆 ləu^{53} in^{21} p‘əu^{21} 家娘 ka^{13} ȵiɔŋ^{53}	舅老倌 tɕ‘iəu^{33} ləu^{53} kuan^{33} 舅子 tɕ‘iəu^{33} tsɿ^{53}	倈子 lai^{13} tsɿ^{53} 掌牛佬 tsɔŋ^{53} ŋiɛ^{53} lɛu^{33}
永　兴$_{湘}$	老人公 nɑu^{53} ʐən^{31} koŋ^{55}	老人婆 nɑu^{53} ʐən^{31} b‘o^{31}	舅老倌 dʑ‘iəu^{14} nɑu^{53} kuan^{55} 舅子 dʑ‘iəu^{14} tsɿ^{53}	崽 tsai^{53} 儿娃子 ɚ^{31} va^{31} tsɿ^{53}
安　仁$_{湘}$	干爷 kã^{33} io^{13} 公爷 koŋ^{33} io^{13} 公公老汉$_{统称}$ koŋ^{33} koŋ$^{21-}$ ne^{41} hã^{24}	干娘 kã^{33} ȵioŋ^{13} 公娘 koŋ^{33} ȵioŋ^{13}	舅老倌 tɕiɤu^{21} ne^{41} kuõ^{33}	崽 tsai^{41}
长　乐$_{湘}$	公公 kuŋ^{44} kuŋ^{44}	婆婆 po^{21} po^{21}	舅子 tɕiou^{35} tsɿ^{53}	儿 o^{21}

续表 5－2

	六、亲属称谓			七、婚育
	女儿	女婿	媳妇	结交异性朋友；谈恋爱
成都	女儿 ȵy^{53} ɚ^{21} 女$_{\text{前加排行}}$ ȵy^{53}	半边儿 pa^{n21} piɛ^{n55} ɚ^{21} 女婿 ȵy^{53} ɕi^{213}	儿媳妇 ɚ^{21} ɕi^{21} fu^{213} 媳妇$_{\text{儿}}$ ɕi^{21} fur^{213}	耍朋友$_{\text{较正式}}$ sua^{53} p‘oŋ^{21} iəu^{53}
广元	女$_{\text{儿}}$ ȵyr^{42}	女婿 ȵy^{42} ɕi^{214}	儿媳妇 ɚ^{21} ɕi^{21} fu^{214} 媳妇$_{\text{儿}}$ ɕi^{21} fur^{214}	耍朋友 sua^{42} p‘oŋ^{21} iəu^{53}
达州	女$_{\text{儿}}$ nyr^{42} 女娃子 ny^{42} ua^{12} tsɿ^{42}	女婿 ny^{42} ɕi^{12}	儿媳妇 ɚ^{12} ɕi^{12} fu^{214}	耍朋友 sua^{42} p‘oŋ^{12} iəu^{42}
遂宁	女娃子 ny^{52} ua^{21} tsɿ^{52}	显客 ɕiɛn^{52} k‘e^{213}	儿媳妇 ə^{21} ɕi^{21} fu^{213}	耍朋友 sua^{52} p‘oŋ^{21} iəu^{52}
自贡	幺女 iau^{55} ȵy^{53} 女$_{\text{儿}}$ ȵyr^{53}	女婿 ȵy^{53} ɕy^{214}	儿媳妇 ɚ^{31} ɕi^{214} fu$^{214-55}$	耍朋友 ʂua^{53} p‘oŋ^{31} iəu^{53}
荣县	女$_{\text{儿}}$ ȵyr^{55} 幺女 iau^{55} ȵy^{42}	门客 mən^{31} k‘e^{214}	儿媳妇$_{\text{儿}}$ ɚ^{31} ɕi^{214} fur^{55} 媳妇$_{\text{儿}}$ ɕi^{214} fur^{55}	耍朋友 sua^{42} p‘oŋ^{31} iəu^{42}2 谈对象 t‘an^{31} tuei^{214} ɕian^{214}
雅安	女子 ny^{42} tsɿ^{42}	半边儿 piæ̃^{214} piæ̃^{55} ɚ^{21}	媳妇$_{\text{儿}}$ ɕi^{55} fur^{214} 媳妇子 ɕi^{55} fu^{214} tsɿ^{42}	耍起在 sua^{42} tɕi^{42} tsai^{214} 谈恋爱 t‘æ̃^{21} niɛ̃^{214} ŋai^{214}
汉源	女$_{\text{儿}}$ ȵyr^{42} 女娃子 ȵy^{42} ua^{21} tsɿ^{42}	半边儿 pa^{n213} piɛ^{n55} ɚ^{21}	媳妇$_{\text{儿}}$ ɕi^{55} fur^{213} 媳妇子 ɕi^{55} fu^{213} tsɿ^{42}	谈恋爱 t‘a^{n21} niɛ^{n213} ŋai^{213}
泸州	看甑脚水的 k‘an^{13} tsən^{13} tɕyɵ^{33} suei^{42} ne^{55}	半边儿 pan^{13} piɛn^{55} ɚ^{21}	媳妇$_{\text{儿}}$ ɕi^{33} fur^{13}	耍朋友 sua^{42} p‘oŋ^{21} iəu^{42} 耍对象 sua^{42} tuei^{13} ɕiaŋ^{13}
眉山	女 ȵy^{53} 幺女 iau^{55} ȵy^{53}	半子 pã^{13} tsɿ^{53} 门客 mən^{31} k‘ai^{24}	媳妇子 ɕi^{24} fu^{13} tsɿ^{53}	耍朋友 sua^{53} p‘oŋ^{31} iəu^{53}
乐山	女儿 ny^{43} ɚ^{55}	女婿 ny^{43} ɕie^{44}	娃儿媳妇 ua^{21} ɚ^{55} ɕie^{44} fu^{13} 媳妇$_{\text{儿}}$ ɕie^{44} fur^{13}	耍朋友 sua^{43} p‘oŋ^{21} iəu^{43}
西昌	女娃$_{\text{儿}}$ ni^{34} uar^{52} 女$_{\text{儿}}$ ȵir^{34}	相公 ɕiaŋ^{11} koŋ^{44}	媳妇$_{\text{儿}}$ ɕi^{31} fur^{11}	找对象 tʂau^{34} tei^{11} ɕiaŋ^{11}
洛带$_{\text{客}}$	妹子 moi^{53} tsɿ^{31}	婿郎 ɕie^{53} lɔŋ^{13}	新舅 ɕin^{45} tɕ‘iəu^{45}	嫽朋友 liau^{53} p‘uŋ^{13} iəu^{45}
仪陇$_{\text{客}}$	妹子 mo^{13} tsɿ^{53}	干儿子 kɔŋ^{13} ɚ^{21} tsɿ^{53}	□□san^{33} p‘ei^{33}	嫽朋友 liau^{53} p‘uŋ^{21} iəu^{33}
永兴$_{\text{湘}}$	女娃子 ȵyu^{53} va^{31} tsɿ^{53} 女儿 ȵyu^{53} ɚ^{31}	女婿 ȵyu^{53} ɕi^{31}	儿媳妇 ɚ^{31} ɕi^{31} vu^{31}	耍朋友 ʂua^{53} b‘oŋ^{31} iəu^{31}
安仁$_{\text{湘}}$	妹子 mai^{21} tsɿ^{21} 女 ȵy^{41}	干崽子 kã^{33} tsai^{41} tsɿ 女婿 ȵy^{41} ɕi^{55}	新妇 ɕin^{33} fu$^{24-21}$	耍朋友 so^{41} pəŋ^{13} iɤu^{41} 谈恋爱 tã^{13} nĩ^{55} ŋai^{55}
长乐$_{\text{湘}}$	女儿 ny^{53} o^{21}	女婿 ny^{53} ɕi^{35}	儿媳妇 o^{21} ɕi^{21} fu^{35}	要对象 sua^{21} tuei^{35} ɕiɑŋ^{35}

续表 5－2

	七、婚育			
	给女青年提亲	给男青年提亲	未婚女青年	再婚妇女
成　都	说媒 so^{21} mei^{21} 做媒 tsu^{213} mei^{21}	说媳妇$_{儿}$ so^{21} ɕi^{21} fur^{213}	黄花女$_{儿}$ xuaŋ^{21} xua^{55} ȵyr^{53} 黄花大闺女 xuaŋ^{21} xua^{55} ta^{213} kuei$^{·55}$ ȵy^{53}	二婚嫂 ɚ^{213} xuən^{55} sau^{53}
广　元	看门户 kʻa^{n214} mən^{21} fu^{55}	说媳妇$_{儿}$ so^{21} ɕi^{21} fur^{214} 说新媳妇$_{儿}$ so^{21} ɕin^{55} ɕi^{21} fur^{214}	大姑娘 ta^{214} ku^{55} ȵiaŋ^{55}	嫁二道的 tɕia^{214} ɚ^{214} tau^{214} ne^{55}
达　州	说人户 so^{12} zen^{12} fu^{12}	说媳妇 so^{12} ɕi^{12} fu^{12}	姑娘 ku^{55} iaŋ^{12}	过婚嫂 ko^{214} xuən^{55} sau^{42}
遂　宁	谈人户 tʻan^{21} zən^{21} fu$^{213-55}$	说媳妇 so^{21} ɕi^{21} fu^{21}		过婚嫂 ko^{213} fən^{55} sau^{52}
自　贡	找人户 tʂau^{53} ʐən^{31} fu^{214} 找婆家 tʂau^{53} pʻo^{31} tɕia^{55}	说媳妇 ʂo^{214} ɕi^{214} fu$^{214-55}$ 说新娘子 ʂo^{214} ɕin^{55} ȵiaŋ^{31} tsɿ^{53}	青头姑娘 tɕʻin^{55} tʻəu^{31} ku^{55} ȵiaŋ$^{31-55}$	嫁二嫁的 tɕia^{214} ɚ^{214} tɕia^{214} ni$^{·55}$ 二婚货 ɚ^{214} xuən^{55} xo^{214}
荣　县	说人户 so^{214} zən^{31} fu^{55}	说新姑娘$_{儿}$ so^{214} ɕin^{55} ku^{55} ȵianr^{55} 说媳妇$_{儿}$ so^{214} ɕi$^{·214}$ fur^{55}	姑娘$_{儿}$ ku^{55} ȵianr^{55} 小姑娘$_{儿}$ ɕiau^{42} ku^{55} ȵianr^{55}	二婚嫂 ɚ^{31} xuən^{55} sau^{214}
雅　安	放人户 faŋ^{214} zən^{21} fu^{214} 说人户 so^{55} zən^{21} fu^{214}	说媳妇$_{儿}$ so^{55} ɕi^{55} fur^{214} 说新人子 so^{55} ɕin^{55} zən^{21} tsɿ^{42}	青头姑娘 tɕin^{55} tʻəu^{21} ku^{55} niaŋ^{55}	二婚嫂 ɚ^{214} xuen^{55} sau^{42}
汉　源	放人户 faŋ^{213} zən^{21} fu^{213} 说人户 so^{55} zən^{21} fu^{213}	说媳妇$_{儿}$ so^{55} ɕi^{55} fur^{213} 说新人子 so^{55} ɕin^{55} zən^{21} tsɿ^{42}	青头姑娘 tɕin^{55} tʻəu^{21} ku^{55} ȵiaŋ^{55}	二婚嫂 ɚ^{213} xuen^{55} sau^{42}
泸　州	说亲 sɵ^{33} tɕʻin^{55} 放人户 faŋ^{13} zən^{21} fu^{13}	说女儿 sɵ^{33} ȵy^{42} ɚ^{21} 说姑娘 sɵ^{33} ku^{55} niaŋ^{55}	青头姑娘 tɕʻin^{55} tʻəu^{21} ku^{55} ȵiaŋ$^{21-55}$	过婚嫂 ko^{13} xuən^{55} sau^{42}
眉　山	说人户 so^{24} zən^{31} fu^{13}	说新媳妇$_{儿}$ so^{24} ɕin^{55} ɕi^{24} fur^{13} 说新大姐 so^{24} ɕin^{55} ta^{13} tɕi$^{·53}$	姑娘 ku^{55} ȵiaŋ$^{31-55}$	二婚嫂 ɚ^{13} xuən^{55} sau^{53}
乐　山	说人户 sʊ^{44} zən^{21} fu^{13}	说媳妇 sʊ^{44} ɕie^{44} fu^{13} 说新姑娘 sʊ^{44} ɕin^{55} ku^{55} niaŋ^{55}	青头姑娘 tɕʻin^{55} tʻəu^{21} ku^{55} niaŋ$^{21-55}$	二婚嫂 ɚ^{13} xuən^{55} sau^{43}
西　昌	放人户 faŋ^{11} ʐən^{52} fu^{11}	说媳妇 ʂo^{31} ɕi^{31} fu^{11}	青头娘$_{儿}$ tɕʻin^{44} tʻəu^{52} niaŋr^{44}	二婚嫂 ɚ^{11} xuən^{44} sau^{34}
洛　带$_{客}$	讲人户 kɔŋ^{31} ȵin^{13} fu^{53}	讲只妹子 kɔŋ^{31} tsæʔ^{2} moi$^{·53}$ tsɿ^{31}	大妹姐 tʻai$^{·53}$ moi^{53} tɕia^{31}	二婚嫂 ȵi$^{·53}$ fən^{45} sau^{31}
仪　陇$_{客}$	做媒 tsəu^{13} mo^{21} 讲个家娘□ kɔŋ^{21} kɛ^{53} ka^{33} ȵiɔŋ^{21} kʻua^{33}	做媒 tsəu^{13} mo^{21} 讲个妹子人 kɔŋ^{21} kɛ^{53} mo^{13} tsɿ^{53} in^{21}	妹子人 mo^{13} tsɿ^{53} in^{21}	过婚妹 kəu^{13} fən^{33} mo^{13}
永　兴$_{湘}$	放人户 fɑŋ^{14} ʐən^{31} vu^{31}	说媳妇 ʂo^{31} ɕi^{31} vu^{31} 说婆娘 ʂo^{31} bʻo^{31} ȵiɑŋ^{31}	黄花女娃子 vaŋ^{55} fa^{55} nyu^{53} va^{31} tsɿ^{53}	二婚嫂 ɚ^{14} fən^{55} sau^{53} 半路嫂 pan^{14} nu^{14} sau^{53}
安　仁$_{湘}$	放人家 hoŋ^{24} nin^{13} ka^{41}	说婆娘 ɕioŋ^{55} po^{13} ȵioŋ^{13}	黄花姑娘 hoŋ^{13} ɸo^{33} ku^{33} ȵioŋ^{13}	过婚嫂 kɤ^{55} ɸuən^{33} /huən^{33} se^{41}
长　乐$_{湘}$	做媒 tso^{21} mei^{21} 放人 fɑŋ^{35} ŋən^{21}	说媳妇 so^{21} ɕi^{21} fu^{35}	大姑娘 ta^{35} ku^{44} niɑŋ^{21}	二婚 o^{35} fən^{44} 过婚 ko^{35} fən^{44}

续表 5－2

	七、婚育			
	娶	嫁女	举行婚礼	新郎
成　都	接（媳妇儿）tɕie^{21}	打发（女）ta^{53}fa^{21}	办喜事 pa^{n213}ɕi^{53}sɿ^{213}	新郎倌儿cin^{55}naŋ^{21}kua^{n}r^{55} 新郎公 ɕin^{55}naŋ^{21}koŋ^{55}
广　元	接 tɕie^{21}	打发女 ta^{42}fa^{21}ȵy^{42}	过酒席 ko^{214}tɕiəu^{42}ɕi^{21}	新郎倌儿ɕin^{55}naŋ^{21}kua^{n}r^{55}
达　州	接 tɕie^{12}	打发 ta^{42}fa^{12}	办酒 pan^{214}tɕiəu^{42}	新郎公 ɕin^{55}naŋ^{12}koŋ^{55}
遂　宁	接（媳妇）tɕie^{21}(ɕi^{21}fu^{21})	打发 ta^{21}fa^{21}	过酒 ko^{213}tɕiəu^{52}	新郎倌 ɕin^{55}naŋ^{21}kuan^{55}
自　贡	接 tɕie^{55}	打发 ta^{53}fa$^{214-55}$	办喜事 pan^{214}ɕi^{53} ʂɿ^{214} 请客 tɕ'in^{53}k'e^{214}	新郎倌儿 ɕin^{55}naŋ^{31}kuanr^{55}
荣　县	接 tɕie^{214} 接（媳妇）tɕie^{214}ɕi^{214}fu^{55}	打发（女）ta^{42}fa^{214}ȵy^{42}	喝喜酒 xo^{55}ɕi^{42}tɕiəu^{42}	新郎官儿 ɕin^{55}nan^{31}kuanr^{55}
雅　安	接 tɕie^{55} 接（媳妇）tɕie^{55}ɕi^{55}fu^{214}	打发（女）ta^{42}fa^{55}ny^{42}	吃酒 ts'ɿ^{55}tɕiəu^{42}	新客 ɕin^{55}k'e^{55} 新郎倌 ɕin^{55}naŋ^{21}kuæ̃^{55}
汉　源	接 tɕie^{55} 接（媳妇）tɕie^{55}ɕi^{55}fu^{213}	打发（女）ta^{42}fa^{55}ȵy^{42}	吃酒 ts'ɿ^{55}tɕiəu^{42}	新客 ɕin^{55}k'e^{55} 新郎公 ɕin^{55}naŋ^{21}koŋ^{55}
泸　州	接 tɕie^{33}	打发女 ta^{42}fæ^{33}ȵy^{42} 交待女 tɕiau^{55}tai^{13}ȵy^{42}	过酒 ko^{13}tɕiəu^{42}	新郎倌 ɕin^{55}naŋ^{21}kuan^{55} 新客 ɕin^{55}k'e^{33}
眉　山	接（新媳妇儿） tɕie^{24}（ɕin^{55}ɕi^{24}fur^{13}） 接（新大姐） tɕie^{24}（ɕin^{55}ta^{13}tɕi^{53}）	打发女 ta^{53}fa^{24}ȵy^{53}	过酒 ko^{13}tɕiəu^{53}	新郎官儿ɕin^{55}naŋ^{31}kuãr^{55} 新客 ɕin^{55}k'ai^{24}
乐　山	接 tɕie^{44}	打发 ta^{43}fæ^{44}	过酒 ko^{13}tɕiəu^{43} 吃喜酒 ts'ə^{44}ɕi^{43}tɕiəu^{43}	新郎倌 ɕin^{55}naŋ^{21}kua^{n55} 新郎公 ɕin^{55}naŋ^{21}koŋ^{55}
西　昌	接 tɕie^{31}	打发 ta^{34}fa^{31}	办喜酒 pan^{11}ɕi^{34}tɕiəu^{44}	新郎倌 ɕin^{44}naŋ^{52}kuan^{44} 新女婿 ɕin^{44}ni^{34}ɕi^{31}
洛　带客	娶 tɕ'y^{31}	嫁妹子 ka^{53}moi^{53}tsɿ^{31}	点大蜡 tiɛn^{31}t'ai^{53}læʔ^{5}	新娘公 ɕin^{45}ȵiɔŋ^{13}kuŋ^{45}
仪　陇客	接□□tɕieʔ^{3}san^{33}p'ei^{33}	嫁妹子 ka^{13}mo^{13}tsɿ^{53}	正酒 tsan^{13}tɕiəu^{53}	新郎倌 ɕin^{13}lɔŋ^{21}kuan^{33}
永　兴湘	接 tɕie^{31} 接（媳妇）tɕie^{31}ɕi^{31}vu^{31}	打发（女） ta^{53}fa^{31}/fan^{31}（ȵyu^{53}）	点大蜡 tian^{53}d'a^{14}na^{31}	新郎公 ɕin^{55}nɑŋ^{31}koŋ^{55} 新郎官 ɕin^{55}nɑŋ^{31}kuan^{55}
安　仁湘	讨（新妇）t'e^{41}ɕin^{33}fu24 讨（婆孃）t'e^{41}po^{13}ȵiɑŋ^{13}	嫁女 ko^{55}ny^{41}	过酒 kɤ^{55}tɕiu^{41}	新旦公 ɕin^{33}tã^{24}koŋ$^{33/41}$
长　乐湘	讨婆娘 t'ɑu^{53}po^{21}niɑŋ^{21}	嫁女 tɕia^{35}ny^{53}	办酒 p'an^{35}tɕiou^{53} 过酒 ko^{35}tɕiou^{53}	新郎官 ɕin^{44}nɑŋ^{21}kuan^{44}

续表5－2

	七、婚育			八、寿辰、丧葬、祭祀
	新娘	坐月子的人	双胞胎	举办生日宴，庆祝生日
成　都	新媳妇$_{\text{儿}}$ ɕin^{55} ɕi$^{\cdot 21}$ fur^{213} 新娘子 ɕin^{55} ȵiaŋ^{21} tsɿ^{53}	月母子 ye^{21} mu^{53} tsɿ^{53}	双双（$_{\text{儿}}$） suaŋ^{55} suaŋ（r）^{55} 一对双$_{\text{儿}}$ i$^{\cdot 21}$ tuei$^{\cdot 213}$ suaŋr^{55}	做生 tsu^{213} sən^{55} 做生期酒 tsu^{213} sən^{55} tɕʻi^{55} tɕiəu^{53}
广　元	新媳妇$_{\text{儿}}$ ɕin^{55} ɕi^{21} fur^{214}	月母子 ye^{21} mu^{42} tsɿ^{53}	双生子 faŋ^{214} sən^{55} tsɿ^{42}	做生 tsu^{214} sən^{55}
达　州	新媳妇 ɕin^{55} ɕi^{12} fu^{12}	月母子 ye^{12} mu^{42} tsɿ^{42}	双生$_{\text{儿}}$ suaŋ^{55} sənr^{55}	办生 pan^{214} sən^{55}
遂　宁	新媳妇 ɕin^{55} ɕi^{21} fu^{21}	月母子 ye^{21} mu^{52} tsɿ^{52}	双胞胎 suaŋ^{55} pau^{55} tʻai^{55}	吃寿酒 tsɿ^{21} səu^{213} tɕiəu^{52}
自　贡	新娘子 ɕin^{55} ȵiaŋ^{31} tsɿ^{53} 新姑娘 ɕin^{55} ku^{55} ȵiaŋ$^{31-55}$	月母子 ye^{214} mu^{53} tsɿ^{53}	双双$_{\text{儿}}$ ʂuaŋ^{55} ʂuaŋr^{55} 一对双$_{\text{儿}}$ i$^{\cdot 214}$ tuei$^{\cdot 214}$ ʂuaŋr^{55}	过生日 ko^{214} ʂən^{55} zʅ^{214} 做生 tsu^{214} ʂən^{55}
荣　县	新媳妇$_{\text{儿}}$ ɕin^{55} ɕi$^{\cdot 214}$ fur^{55} 新姑娘$_{\text{儿}}$ ɕin^{55} ku^{55} ȵianr^{55}	月母子 ye^{214} mu^{42} tsɿ^{42}	双双$_{\text{儿}}$ suan^{55} suanr^{55} 双$_{\text{儿}}$ suanr^{55}	做生 tsu^{214} sən^{55}
雅　安	新媳妇$_{\text{儿}}$ ɕin^{55} ɕi$^{\cdot 55}$ fur^{214} 新人子 ɕin^{55} zən^{21} tsɿ^{42}	月母子 ye^{55} mu^{42} tsɿ^{42}	双胞胎 suaŋ^{55} pau^{55} tʻai^{55} 双双 suaŋ^{55} suaŋ^{55}	做生 tsu^{214} sən^{55} 做生期酒 tsu^{214} sən^{55} tɕʻi^{55} tɕiəu^{42}
汉　源	新媳妇$_{\text{儿}}$ ɕin^{55} ɕi$^{\cdot 55}$ fur^{213} 新客 ɕin^{55} kʻe^{55}	月母子 ye^{55} mu^{42} tsɿ^{42}	双胞胎 suaŋ^{55} pau^{55} tʻai^{55} 一对双双 i$^{\cdot 55}$ tuei$^{\cdot 21}$ suaŋ^{55} suaŋ^{55}	做生 tsu^{213} sən^{55} 做生期酒 tsu^{213} sən^{55} tɕʻi^{55} tɕiəu^{42}
泸　州	新姑娘$_{\text{儿}}$ ɕin^{55} ku^{55} ȵiaŋr^{55} 新媳妇$_{\text{儿}}$ ɕin^{55} ɕi^{33} fur^{13}	月母子 ye^{33} mu^{42} tsɿ^{42}	双双 suaŋ^{55} suaŋ^{55}	做生 tsu^{13} sən^{55} 请满期酒 tɕʻin^{42} man^{42} tɕʻi^{55} tɕiəu^{42}
眉　山	新媳妇$_{\text{儿}}$ ɕin^{55} ɕi$^{\cdot 24}$ fur^{13} 新大姐 ɕin^{55} ta^{13} tɕi$^{\cdot 53}$	月母子 ye^{24} mu^{53} tsɿ^{53} 月婆子 ye^{24} pʻu^{31} tsɿ^{53}	双双 suaŋ^{55} suaŋ$^{55-44}$	做生 tsu^{13} sən^{55}
乐　山	新姑娘 ɕin^{55} ku^{55} niaŋ^{55} 新媳妇 ɕin^{55} ɕie^{44} fu^{13}	月母子 yu^{44} mu^{43} tsɿ^{43}	一对双儿 ie^{44} tuei$^{\cdot 13}$ suaŋ^{55} ɚ^{55}	做生 tsu^{13} sən^{55}
西　昌	新媳妇$_{\text{儿}}$ ɕin^{44} ɕi^{31} fur^{11}	月母子 ie^{31} mu^{34} tsɿ^{34}	一对双$_{\text{儿}}$ i$^{\cdot 31}$ tuei^{11} ʂuaŋr^{44}	做生 tsu^{11} ʂən^{44} 祝寿 tʂu^{31} ʂəu^{11}
洛　带$_{\text{客}}$	新娘 ɕin^{45} ȵiɔŋ^{13}	月婆 ȵieʔ^{5} pʻo^{13}	双生 suŋ^{45} saŋ^{45} 双胞胎 sɔŋ^{45} pau^{45} tʻoi^{45}	做生日 tso^{53} saŋ^{45} ȵiʔ^{2}
仪　陇$_{\text{客}}$	新客 ɕin^{13} kʻaʔ^{3}	月婆 ieʔ^{5} pʻəu^{21}	双生子 suŋ^{33} saŋ^{33} tsɿ^{53}	办生日 pʻan^{53} saŋ^{33} iʔ^{3}
永　兴$_{\text{湘}}$	新姑娘 ɕin^{55} ku^{55} ȵiɑŋ^{55}	月婆子 ie^{31} bʻo^{31} tsɿ^{53}	双双 suaŋ^{55} suaŋ^{55}	做生 tsu^{14} sən^{55}
安　仁$_{\text{湘}}$	新妹娘 ɕin^{33} mai$^{\cdot 21}$ ȵioŋ^{55}	月母子 y^{55} mu^{55} tsɿ	双双儿 soŋ^{33} · soŋ^{21} ɚ^{21}	做生酒 tsɤu^{55} sən^{33} tɕiɤu^{41}
长　乐$_{\text{湘}}$	新媳妇 ɕin^{44} ɕi^{21} fu^{35}	月婆子 ye^{21} po^{21} tsɿ^{53}	双胞胎 suɑŋ^{44} pɑu^{44} tʻai^{44} 双把 suɑŋ^{44} pa^{53}	办生 pan^{35} sən^{44}

续表5－2

	八、寿辰、丧葬、祭祀			
	满整十岁的生日	非满整十岁的生日	人死	夭折
成　都	做大生 tsu^{213}ta^{213}sən^{55}	做生 tsu^{213}sən^{55} 做生期酒 tsu^{213}sən^{55}tɕ'i^{55}tɕiəu^{53}	过世 ko^{213}sɿ^{213} 翘杆$_{\text{儿}}$了 tɕ'iau^{55}ka^{n}r^{55}no^{21}	短嫩巅$_{\text{儿}}$ tua^{n53}nən^{213}tiɛ^{n}r^{55}
广　元			老了 nau^{42}no^{21}	打嫩巅$_{\text{儿}}$ta^{42}nən^{214}tia^{n}r^{55}
达　州	整生 tsən^{42}sən^{55}	零生 nin^{12}sən^{55}	过世 ko^{214}sɿ^{214} 走了 tsəu^{42}niau$^{42-212}$	短命 tuan^{42}min^{214}
遂　宁			过世 ko^{213}sɿ^{213} 走了 tsəu^{52}no^{52}	短命 tuan^{52}min^{213} 打嫩尖尖 ta^{52}nən^{213}tɕiɛn^{55}tɕiɛn^{55}
自　贡	满十 man^{53}ʂʅ^{214} 做大生 tsu^{214}ta^{214}ʂən^{55}	闲生 xan^{31}ʂən^{55}	走了 tsəu^{53}no^{31} 过世了 ko^{214}ʂʅ^{214}no^{31}	打嫩巅$_{\text{儿}}$ta^{53}nən^{214}tianr^{55} 短命 tuan^{53}min^{214}
荣　县			过世 ko^{214}tsɿ^{214} 不在了 pu^{31}tsai$^{\cdot 214}$no^{31}	短命 tuan^{42}min^{214}
雅　安	大生 ta^{214}sən^{55}	小生 ɕiau^{42}sən^{55}	过世 ko^{214}sɿ^{214} 不在了 pu^{55}tsai$^{\cdot 214}$ta^{42}	短嫩巅 tuæ̃^{42}nən^{214}tiɛ̃^{55}
汉　源	大生 ta^{213}sən^{55}	小生 ɕiau^{42}sən^{55}	过世 ko^{213}sɿ^{213} 不在了 pu^{55}tsai$^{\cdot 213}$no^{42}	短嫩巅 tua^{n42}nən^{213}tiɛ^{n55}
泸　州	大生 ta^{13}sən^{55} 整生 kən^{42}sən^{55}	生 sən^{55} 生期 sən^{55}tɕ'i^{55}	过世了 ko^{13}sɿ^{13}no^{42} 归天了 kuei^{55}t'iɛn^{55}no^{42}	打了嫩巅巅$_{\text{儿}}$ ta^{42}no^{42}nən^{13}tiɛn^{55}tiɛnr^{55} 短条条$_{\text{儿}}$ tuan^{42}t'iau^{21}t'iaur$^{21-55}$
眉　山	做大生 tsu^{13}ta^{13}sən^{55} 做整生 tsu^{13}kən^{53}sən^{55}	做生 tsu^{13}sən^{55}	过世了 ku^{13}sɿ^{13}no^{31} 打瓦片了 ta^{53}ua^{53}p'iɚ^{53}no^{31}	打嫩巅$_{\text{儿}}$ta^{53}nən^{13}tiɛ̃r^{55}
乐　山	整生 tsən^{21}sən^{55}		过世 ko^{13}sɿ^{13} 不在了 pʊ^{44}tsai$^{\cdot 13}$no^{21}	打嫩巅 ta^{43}nən^{13}tiɛ̃^{55}
西　昌			过世 ku^{11}ʂʅ^{11}	
洛　带$_{\text{客}}$	大生日 t'ai^{53}saŋ^{45}ȵiʔ^{2}	细生日 ɕie^{53}saŋ^{45}ȵiʔ^{2}	死 ɕi^{31}	短命 tɔn^{31}miaŋ^{53}
仪　陇$_{\text{客}}$	大生 t'ai^{53}saŋ^{33}	细生 se^{13}saŋ^{33}	唔在了 n̩^{21}ts'o^{53}lɛ^{21} 死不了 ɕi^{53}puʔ^{3}lɛ^{21}	短命 tuɔn^{53}miaŋ^{53}
永　兴$_{\text{湘}}$	大生 d'a^{14}sən^{55}	散生 san^{53}sən^{55}	过世 ko^{14}ʂʅ^{14}/sɿ^{14} 老寡了 nau^{53}kua^{31}niau^{53}	短命 tuan^{53}min^{14} 短苔苔 tuan^{53}d'ai^{31}d'ai^{31}
安　仁$_{\text{湘}}$			走过哩 tɕie^{41}ko$^{41-21}$nie^{41} 过世 kɤ^{55}sɿ^{55}	短命 tuõ^{41}miaŋ^{21} 口生子 ɸo^{24}/xo^{24}sən^{33}tsɿ
长　乐$_{\text{湘}}$	大生 ta^{35}sən^{44}	散生 san^{53}sən^{44} 小生 ɕiɑu^{53}sən^{44}	走了 tsou^{53}nɑu 见阎王去了 tɕian^{35}ian^{35}uɑŋ^{21}ke^{35}nɑu	短命鬼 tuan^{53}min^{35}kuei$^{\cdot 53}$ 打短命 ta^{53}tuan^{53}min^{35}

续表 5－2

	八、寿辰、丧葬、祭祀			
	棺材	鬼	男巫	女巫
成　都	枋子 faŋ^{55} tsɿ^{53}	鬼 kuei^{53} 二五子 ɚ^{213} u^{53} tsɿ^{53}	端公 tua^{n55} koŋ^{55}	降仙婆 tɕiaŋ^{213} ɕiɛ^{n55} p'o^{21} 神婆 sən^{21} p'o^{21}
广　元	金匣子 tɕin^{55} ɕia^{21} tsɿ^{53} 枋子 faŋ^{55} tsɿ^{53}	鬼 kuei^{42}		
达　州	寿木 səu^{214} mu^{12}	鬼 kuei^{42}	端公 tuan^{55} koŋ^{55} 神口儿 sən^{12} k'əur^{42}	神婆 sən^{12} p'o^{12}
遂　宁	寿木 səu^{213} mu^{213}	鬼 kuei^{52}	端公 tuan^{55} koŋ^{55}	
自　贡	枋子 faŋ^{55} tsɿ^{53} 木头 mu^{214} t'əu^{31}	鬼 kuei^{53}	道士 tau^{214} ʂʅ^{214}	仙婆儿 ɕiɛn^{55} p'or^{31}
荣　县	材子 ts'ai^{31} tsɿ^{42}	鬼 kuei^{42}		
雅　安	枋子 faŋ^{55} tsɿ^{42} 棺材 kuæ̃^{55} ts'ai^{21}	鬼 kuei^{42}	端公 tuæ̃^{55} koŋ^{55}	走阴婆 tsəu^{42} in^{55} p'o^{21}
汉　源	枋子 faŋ^{55} tsɿ42	鬼 kuei^{42}	端公 ta^{n55} koŋ^{55}	走阴婆 tsəu^{42} in^{55} p'o^{21}
泸　州	枋子 faŋ^{55} tsɿ^{42} 料 niau^{13}	鬼 kuei^{42} 鬼老二 kuei^{42} nau^{42} ɚ^{13}	端公 tuan^{55} koŋ^{55}	降仙婆 tɕiaŋ^{13} ɕiɛn^{55} p'o^{21} 神婆 sən^{21} p'o^{21}
眉　山	枋子 faŋ^{55} tsɿ^{53}	鬼 kuei^{53} 鬼老二 kuei^{53} nau^{53} ɚ^{13}	端公 tuã^{55} koŋ^{55}	降仙婆 tɕiaŋ^{13} ɕiẽ^{55} p'u^{31} 神婆 sən^{31} p'u^{31}
乐　山	棺材 kua^{n55} ts'ai^{21}	鬼老二 kuei^{43} nau^{43} ɚ^{13}	端公 tua^{n55} koŋ^{55}	巫婆 u^{55} p'o^{21}
西　昌	枋子 faŋ^{44} tsɿ^{34} 板子 pan^{34} tsɿ^{34}	鬼 kuei^{34}	端公 tuan^{44} koŋ^{44}	
洛　带客	枋子 fɔŋ^{45} tsɿ^{31}	骆猴儿 lo^{13} xəur^{13}	端公 tɔn^{45} kuŋ^{45}	仙婆 ɕiɛn^{45} p'o^{13}
仪　陇客	木头 muʔ^{3} t'ai^{21}	鬼 kuei^{53}	端公 tuɔn^{33} kuŋ^{33}	私娘子 sɿ^{13} iɔŋ^{21} tsɿ^{53}
永　兴湘	枋子 fɑŋ^{55} tsɿ^{53} 料 niɑu^{14} 老房子 nau^{53} vaŋ^{31} tsɿ^{53}	鬼 kuei^{53}	男观花 nan^{31} kuan^{55} fa^{55}	观花婆 kuan^{55} fa^{55} b'o^{31}
安　仁湘	料 nie^{21}	鬼 kuei^{41}	端公 tuõ^{33} koŋ$^{33/21}$	仙娘婆 ɕĩ^{33} ȵioŋ^{13} pu^{13}
长　乐湘	料 niɑu^{35}	鬼 kuei^{53}	端公 tuan^{44} kuŋ^{44} 道士 tɑu^{35} sɿ^{35}	桐子婆 tuŋ^{21} tsɿ^{53} po^{21} 先娘婆 ɕian^{44} niɑŋ^{21} po^{21}

续表 5－2

	九、人体			
	脑袋	脖子	眼珠	眼泪
成　都	脑壳 nau^{53}k‘o^{21}	颈项 tɕin^{53}xaŋ^{21}	眼儿珠珠 iɛ^{n53}ɚ^{21}tsu^{55}tsu^{55}	眼流水 iɛ^{n53}niəu^{21}suei^{53}
广　元	脑壳 nau^{42}k‘o^{21}	颈项 tɕin^{42}xaŋ^{21}	眼儿珠子 ȵiɛ^{n42}ɚ^{21}tsu^{55}tsɿ^{42}	眼流水 ȵiɛ^{n42}niəu^{21}suei^{42}
达　州	脑壳 nau^{42}k‘o^{12}	颈项 tɕin^{42}xaŋ^{12}	黑眼仁儿 xe^{12}iɛn^{42}zənr^{12}	眼泪水儿 iɛn^{42}nau^{42}sueir^{42}
遂　宁	脑壳 nau^{52}k‘o^{21}	颈项 tɕin^{52}xaŋ^{21}	眼仁儿 iɛn^{52}zənr^{21}	眼泪水 iɛn^{52}nu^{21}suei^{52}
自　贡	脑壳 nau^{53}k‘o^{214} 沙罐儿 ʂa^{55}kuanr^{214}	颈杆儿 tɕin^{53}kɛnr^{53} 颈项 tɕin^{53}xaŋ^{214}	眼珠珠儿 iɛn^{53}tʂu^{55}tʂur^{55}	眼流水 iɛn^{53}niəu^{31}ʂuei^{53} 马尿 ma^{53}ȵiau^{214}
荣　县	脑壳 nau^{42}k‘o^{214} 沙罐儿 sa^{55}kuanr^{214}	颈杆儿 tɕin^{42}kanr^{55}	眼睛珠珠儿 in^{42}tɕin^{55}tsu^{55}tsur^{55} 眼睛珠儿 in^{42}tɕin^{55}tsur^{55}	眼睛水 in^{42}tɕin^{55}suei^{42} 眼泪花 in^{42}nuei^{214}xua^{55}
雅　安	脑壳 nau^{42}k‘o^{55}	颈项 tɕin^{42}xaŋ^{214} 颈子 tɕin^{42}tsɿ^{42}	眼儿珠珠 iɛ̃^{42}ɚ^{21}tsu^{55}tsu^{55}	眼流子 iɛ̃^{42}niəu^{214}tsɿ^{42} 眼流水 iɛ̃^{42}niəu^{214}suei^{42}
汉　源	脑壳 nau42k‘o^{55}	颈项 tɕin^{42}xaŋ^{213} 颈子 tɕin^{42}tsɿ^{42}	眼流珠珠 iɛ^{n42}niəu^{21}tsu^{55}tsu^{55}	眼流水 iɛ^{n42}niəu^{213}suei42 眼流子 iɛ^{n42}niəu^{213}tsɿ42
泸　州	脑壳 nau^{42}k‘ə^{33} 沙罐儿贬称 sa^{55}kuanr^{13}	颈子 tɕin^{42}tsɿ^{42}	眼睛珠儿 iɛn^{42}tɕin^{55}tsur^{55}	眼泪儿水 iɛn^{42}nueir^{13}suei^{42}
眉　山	脑壳 nau^{53}k‘o^{24}	颈项 tɕin^{53}xaŋ^{13} 颈子 tɕin^{53}tsɿ^{53}	眼珠珠 iɛ̃^{53}tsu^{55}tsu$^{55-44}$	眼流子 iɛ̃^{53}niəu^{31}tsɿ^{53}
乐　山	脑壳 nau^{43}ke^{44}	颈项 tɕin^{43}xaŋ^{21}	黑眼仁 xe^{44}iɛ̃^{43}zən^{21}	眼泪水 iɛ̃^{43}nuei^{13}suei^{43}
西　昌	脑壳 nau^{34}k‘o^{31}	脖颈 tɕin^{34}po^{31}	眼仁 ian^{34}ʐən^{52}	眼泪水 ian^{34}nuei^{11}ʂuei^{34}
洛　带客	脑壳 lau^{13}k‘oʔ2 头那 t‘iəu^{13}la^{45}	颈茎 tɕiaŋ^{31}tɕin^{45}	眼珠 ŋan^{31}tsu^{45}	眼流水 ŋan^{31}liəu^{53}suei^{21}
仪　陇客	头那 t‘an^{21}ŋa^{21}	颈项 tɕiaŋ^{53}tɕin^{13}	眼珠 ŋan^{53}tsu^{33}	眼流水 ŋan^{53}liəu^{21}suei^{53}
永　兴湘	脑壳 nɑu^{53}k‘o^{31}	颈项 tɕin^{53}ɣaŋ^{31}	眼睛珠珠 ian^{53}tɕin^{55}tʂu^{55}tʂu^{55} 眼珠子 ian^{53}tʂu^{55}tsɿ^{53}	眼流水 ian^{53}niəu^{31}suei^{53} 眼泪水 ian^{53}nuei^{14}suei^{53}
安　仁湘	脑壳 ne^{41}k‘u^{55}	颈牯 tɕiaŋ^{41}ku$^{41/55}$	眼珠子 ŋã^{41}tɕy^{33} ·tsɿ	眼泪水 ŋã^{41}ni^{55}ɕy^{41}
长　乐湘	脑壳 nɑu^{53}k‘o^{21}	颈骨 tsiɑŋ^{53}ku^{21}	眼珠子 nian^{53}tɕy^{44}tsɿ^{53}	眼泪水 nian^{53}nuei^{35}ɕyei^{53}

续表5－2

	九、人体			
	上肢	手肘	手腕	拳头
成　都	手杆儿 səu^{53} ka^{n}r^{53}	倒拐子 tau^{213} kuai^{53} ʦɿ^{53} 手拐子 səu^{53} kuai^{53} ʦɿ^{53}	手弯弯 səu^{53} ua^{n55} ua^{n55}	皮砣子 p‘i^{21} t‘o^{21} ʦɿ^{53} 碇子 tin^{213} ʦɿ^{53}
广　元	手杆 səu^{42} ka^{n42}	倒拐子 tau^{214} kuai^{42} ʦɿ^{42}	手颈颈 səu^{42} tɕin^{42} tɕin^{42}	砣子 t‘o^{21} ʦɿ^{42} 碇子 tin^{214} ʦɿ^{42} 皮佗子 p‘i^{21} t‘o^{21} ʦɿ^{42}
达　州	手杆 səu^{42} kan^{42}	倒拐子 tau^{214} kuai^{42} ʦɿ^{42}	手颈儿 səu^{42} tɕinr^{42}	碇子 tin^{214} ʦɿ^{42}
遂　宁	手杆 səu^{52} kan^{52}	倒拐子 tau^{213} kuai^{52} ʦɿ^{52}	手颈颈 səu^{52} tɕin^{52} tɕin^{52}	碇子 tin^{213} ʦɿ^{52}
自　贡	手杆 ʂəu^{53} kan^{53} 膀子 paŋ^{53} ʦɿ^{53}	手倒拐儿 ʂəu^{53} tau^{53} kuair^{53}	手颈子 ʂəu^{53} tɕin^{53} ʦɿ^{53}	锭子 tin^{214} ʦɿ^{53}
荣　县	手杆儿 səu^{42} kanr^{55}	倒拐子 tau^{42} kuai^{42} ʦɿ^{42}	手弯儿 səu^{42} uan^{55} uanr^{55}	砣子 t‘o^{31} ʦɿ^{42} 碇子 tin^{31} ʦɿ^{42}
雅　安	手杆 səu^{42} kæ̃^{42}	手弯弯 səu^{42} uæ̃^{55} uæ̃^{55} 倒拐子 tau^{42} kuai^{42} ʦɿ^{42}	手颈颈 səu^{42} tɕin^{42} tɕin^{42}	砣子 t‘o^{21} ʦɿ^{42} 碇子 tin^{214} ʦɿ^{42}
汉　源	手杆 səu^{42} ka^{n42}	手弯弯 səu^{42} ua^{n55} ua^{n55} 倒拐子 tau^{42} kuai^{42} ʦɿ^{42}	手颈 səu^{42} tɕin^{42} 手颈颈 səu^{42} tɕin^{42} tɕin^{42}	砣子 t‘o^{21} ʦɿ^{42} 碇子 tin^{213} ʦɿ^{42}
泸　州	手杆 səu^{42} kan^{42} 手肚子 səu^{42} tu^{42} ʦɿ^{42}	手弯子 səu^{42} uan^{55} ʦɿ^{42} 手带拐儿 səu^{42} tai^{13} kuair^{42}	手颈 səu^{42} tɕin^{42} 手颈颈 səu^{42} tɕin^{42} tɕin$^{42-21}$	碇子 tin^{13} ʦɿ^{42}
眉　山	手杆 səu^{53} kã^{53}	倒拐子 tau^{13} kuai^{53} ʦɿ^{53} 手倒拐 səu^{53} tau^{13} kuai^{53}	手颈颈 səu^{53} tɕin^{53} tɕin^{53}	砣子 t‘o^{31} ʦɿ^{53} 掟子 tin^{13} ʦɿ^{53}
乐　山	手杆 səu^{43} ka^{n43}	倒拐子 tau^{13} kuai^{43} ʦɿ^{43} 手拐拐 səu^{43} kuai^{43} kuai$^{43-21}$	手颈颈 səu^{43} tɕin^{43} tɕin$^{43-21}$	砣子 t‘o^{21} ʦɿ^{43} 皮佗子 p‘i^{21} t‘o^{21} ʦɿ^{43}
西　昌	手杆 ʂəu^{34} kan^{34}	手倒拐 ʂəu^{34} tau^{11} kuai^{34}	手颈颈 ʂəu^{34} tɕin^{34} tɕin^{34}	掟子 tin^{11} ʦɿ^{34} 砣子 t‘o^{52} ʦɿ^{34} 皮砣子 p‘i^{52} t‘o^{52} ʦɿ^{34}
洛　带客	手梗 səu^{31} kuaŋ^{31}	倒拐子 tau^{53} kuai^{31} ʦɿ^{31}	手颈颈 səu^{31} tɕiaŋ^{31} tɕiaŋ^{31}	碇子 tin^{53} ʦɿ^{31}
仪　陇客	手梗 səu^{21} kuaŋ^{53}	倒拐子 təu^{13} kuai^{53} ʦɿ^{53}	手颈颈 səu^{53} tɕiaŋ^{53} tɕiaŋ^{53}	砣子 t‘o^{21} ʦɿ^{53} 碇子 tin^{13} ʦɿ^{53}
永　兴湘	手杆 ʂəu^{53} kan^{53}	手拐子 ʂəu^{53} kuai^{53} ʦɿ^{53} 手拐拐 ʂəu^{53} kuai^{53} kuai^{53}	手颈颈 ʂəu^{53} tɕin^{53} tɕin^{53}	碇子 tin^{14} ʦɿ^{53} （皮）砣子（bi^{31}）do^{31} ʦɿ^{53}
安　仁湘	手 ɕiɤu^{41} 手瓜子 ɕiɤu^{41} kua^{33} ·tʂɿ^{21}	倒拐子 te^{55} kua^{41} ʦɿ^{41}	手颈颈 ɕiɤu^{41} tɕioŋ^{41} tɕioŋ^{41}	碇子 tin^{55} ·ʦɿ
长　乐湘	手杆 sou^{53} kɑn^{53}	倒拐子 tɑu^{35} kuai^{53} ʦɿ^{53}	手腕子 sou^{53} uan^{53} ʦɿ^{53}	拳头 tɕ‘yan^{35} tou^{21}

续表 5－2

	九、人体			
	下肢	膝盖	脚腕	脚踝骨
成　都	脚杆$_{儿}$ tɕyo^{21} ka^{n}r^{53}	磕膝头$_{儿}$ k'e^{21} ɕi$^{\cdot 55}$ t'əur^{21}	脚颈项 tɕyo^{21} tɕin^{53} xaŋ^{21} 脚颈颈 tɕyo^{21} tɕin^{53} tɕin$^{53-21}$	螺丝骨 no^{21} sɿ^{55} ku^{21} 螺丝拐 no^{21} sɿ^{55} kuai$^{\cdot 53}$
广　元	腿杆 t'uei^{42} ka^{n42}	磕膝包$_{儿}$ k'e^{21} ɕi$^{\cdot 55}$ paur^{55}	脚颈颈 tɕio^{21} tɕin^{42} tɕin^{42}	螺丝拐 no^{21} sɿ^{55} kuai$^{\cdot 42}$
达　州	脚杆 tɕio^{12} kan^{42}	磕膝包 k'e^{12} ɕi^{12} pau^{55}	脚颈颈$_{儿}$ tɕio^{12} tɕin^{42} tɕinr^{42}	螺丝骨 no^{12} sɿ^{55} ku^{12}
遂　宁	脚杆 tɕio^{21} kan^{52}	磕膝头 k'e^{21} ɕi^{55} t'əu^{21}	脚颈颈 tɕio^{21} tɕin^{52} tɕin^{52}	螺丝骨 no^{21} sɿ^{55} ku^{21}
自　贡	脚杆 tɕyo^{214} kan^{53}	磕膝头$_{儿}$ k'e^{214} ɕi$^{\cdot 55}$ t'əur^{31}	脚杆窝$_{儿}$ tɕyo^{214} kan^{53} or^{55} 脚颈子 tɕyo^{214} tɕin^{53} tsɿ^{53}	螺丝拐 no^{31} sɿ^{55} kuai$^{\cdot 53}$
荣　县	脚杆$_{儿}$ tɕio^{42} kanr^{55}	磕膝脑壳 k'o^{31} ɕi$^{\cdot 55}$ lau^{42} k'o^{214}	脚颈颈$_{儿}$ tɕio^{214} tɕin^{42} tɕinr^{55}	螺丝骨 no^{31} sɿ^{55} ku^{214} 螺丝拐 no^{31} sɿ^{55} k'uai$^{\cdot 214}$
雅　安	脚杆 tɕyo^{55} kæ̃^{42}	磕膝头 k'e^{55} ɕi$^{\cdot 55}$ t'əu^{21} 磕膝包$_{儿}$ k'e^{55} ɕi$^{\cdot 55}$ paur^{55}	脚颈颈 tɕyo^{55} tɕin^{42} tɕin^{42}	螺丝骨 no^{21} sɿ^{55} ku^{55} 螺丝拐 no^{21} l sɿ^{55} kuai$^{\cdot 42}$
汉　源	脚杆 tɕio^{55} ka^{n42}	磕膝包$_{儿}$ k'e^{55} ɕi$^{\cdot 55}$ paur^{55} 磕膝头$_{儿}$ k'e^{55} ɕi$^{\cdot 55}$ t'əur^{21}	脚颈 tɕio^{55} tɕin^{42} 脚颈颈 tɕio^{55} tɕin^{42} tɕin^{42}	螺丝骨 no^{21} sɿ^{55} ku^{55} 螺丝拐 no^{21} l sɿ^{55} kuai$^{\cdot 42}$
泸　州	脚杆 tɕyɵ^{33} kan^{42} 腿子 t'uei$^{\cdot 42}$ tsɿ^{42}	磕膝头$_{儿}$ k'e^{33} ɕi$^{\cdot 55}$ t'əur^{21}	脚颈颈$_{儿}$ tɕyɵ^{33} tɕin^{42} tɕinr$^{42-21}$	脚拐拐$_{儿}$ tɕyɵ^{33} kuai$^{\cdot 42}$ kuair$^{42-21}$ 拐拐$_{儿}$ kuai$^{\cdot 42}$ kuair$^{42-21}$
眉　山	脚杆 tɕio^{24} kã^{53}	老和尚 nau^{53} xo^{31} saŋ^{13} 克膝头$_{儿}$ k'ai$^{\cdot 24}$ ɕi$^{\cdot 55}$ t'əur^{31}	脚颈颈 tɕio^{24} tɕin^{53} tɕin^{53}	螺狮拐 no^{31} sɿ^{55} kuai$^{\cdot 53}$ 脚拐拐 tɕio^{24} kuai$^{\cdot 53}$ kuai$^{\cdot 53}$
乐　山	脚杆 tɕyu^{44} ka^{n43}	磕膝头儿 ke^{44} ɕi$^{\cdot 55}$ t'əu^{21} ɚ^{55}	脚颈颈 tɕyu^{44} tɕin^{43} tɕin$^{43-21}$	螺丝拐 no^{21} sɿ^{55} kuai$^{\cdot 43}$ 脚拐拐 tɕyu^{44} kuai$^{\cdot 43}$ kuai$^{\cdot 43-21}$
西　昌	脚杆 tɕio^{31} kan^{34}	磕膝头$_{儿}$ k'ɛ^{31} ɕi$^{\cdot 31}$ t'əur^{52}	脚颈颈 tɕio^{31} tɕin^{34} tɕin^{34}	螺丝拐 no^{52} sɿ^{44} kuai$^{\cdot 34}$
洛　带$_{客}$	脚梗 tɕioʔ^{2} kuaŋ^{31}	膝头 tɕiʔ^{2} t'iəu^{13}	脚颈颈 tɕioʔ^{2} tɕiaŋ^{31} tɕiaŋ^{31}	螺丝拐 lo^{13} sɿ^{45} kuai$^{\cdot 31}$
仪　陇$_{客}$	脚梗 tɕioʔ^{3} kuaŋ^{53}	膝头包□ tɕ'iʔ^{3} t'ai$^{\cdot 21}$ po^{33} ləu^{33}	脚颈颈 tɕioʔ^{3} tɕiaŋ^{53} tɕiaŋ^{53}	螺丝骨 ləu^{21} sɿ^{33} kueiʔ^{3} 螺丝拐 ləu^{21} sɿ^{33} kuai$^{\cdot 53}$
永　兴$_{湘}$	脚杆 tɕyo^{31} kan^{53}	磕心头 k'e^{31} ɕin^{55} d'əu^{31}	脚颈颈 tɕyo^{31} tɕin^{53} tɕin^{53}	螺丝骨 no^{31} sɿ^{55} ku^{31}
安　仁$_{湘}$	脚瓜子 tɕyu^{55} kua^{33} tsɿ^{41}	膝□骨 tɕ'i^{55} nie^{55} ku^{41}	脚颈颈 tɕyu^{55} tɕiaŋ^{41} tɕioŋ$^{41-33}$	螺丝拐□ no^{13} sɿkuei$^{\cdot 41}$ nie^{55} 螺丝骨 no^{13} sɿ^{33} ku^{13}
长　乐$_{湘}$	腿杆 t'uei^{53} kan^{53}	磕膝盖 k'o^{21} ɕi$^{\cdot 21}$ kai^{35} 磕膝波罗 k'o^{21} ɕi$^{\cdot 21}$ po^{44} no^{21}	脚脖子 tɕyo^{21} po^{21} tsɿ^{53}	螺丝 no^{21} sɿ^{44}

续表 5－2

	九、人体		十、疾病、医药	
	肚子	屁股	身体不舒服	受凉
成　都	肚皮 tu^{213} p'i^{21}	尻子 kəu^{55} tsɿ^{53}	不好 pu^{21} xau^{53} 不安逸 pu^{21} ŋa^{n55} i$^{\cdot21}$	凉了 niaŋ^{21} nau^{21}
广　元	肚皮 tu^{214} p'i^{21}	尻子 kəu^{55} tsɿ^{42} 屁儿 p'i^{214} ɚ^{21}	不好 pu^{21} xau^{53} 不安逸 pu^{21} ŋa^{n55} i$^{\cdot21}$	凉着 niaŋ^{21} ts'uo^{21}
达　州	肚皮 tu^{214} p'i^{12}	尻子 kəu^{55} tsɿ^{42}	不安逸 pu^{12} ŋan^{55} i$^{\cdot12}$	凉了 niaŋ^{12} niau^{42}
遂　宁	肚皮 tu^{213} p'i^{21}	尻子 kou^{55} tsɿ^{52}	不安逸 pu^{21} ŋan^{55} i$^{\cdot21}$	凉了 niaŋ^{21} no^{52}
自　贡	肚皮 tu^{214} p'i^{31}	屁儿 p'i^{214} ɚ^{31}	不好 pu^{214} xau^{53} 不安逸 pu^{214} an^{55} i$^{\cdot214}$	感冒了 kan^{53} mau^{214} no^{31} 凉倒了 niaŋ^{31} tau^{53} no^{31}
荣　县	肚皮 tu^{55} p'i^{31}	尻子 kəu^{55} tsɿ^{42} 屁儿 p'i^{214} ɚ^{55}	不好 pu^{214} xau^{42}	凉了 nian^{31} no^{31} 凉倒了 nian^{31} tau^{214} no^{31}
雅　安	肚皮 tu^{214}/to^{214} p'i^{21}	尻子 kəu^{55} tsɿ^{42} 屁儿 p'i^{214} ɚ^{21}	不好 pu^{55} xau^{42}	凉倒了 niaŋ^{55} tau^{42} ta^{42}
汉　源	肚皮 tu^{213} p'i^{21}	尻子 kəu^{55} tsɿ^{42} 屁儿 p'i^{213} ɚ^{21}	不好 pu^{55} xau^{42} 不安逸 pu^{55} ŋa^{n55} i$^{\cdot213}$	凉了 niaŋ^{55} no^{42} 凉倒了 niaŋ^{55} tau^{42} no^{42}
泸　州	肚皮 tu^{13} p'i^{21}	屁儿 p'i^{13} ɚ^{42} 尻子 kəu^{55} tsɿ^{42}	不好 pɵ^{33} xau^{42}	凉了 niaŋ^{21} no^{21}
眉　山	肚皮 tu^{13} p'i^{31}	尻子 kəu^{55} tsɿ^{53} 屁儿 p'i^{13} ɚ^{53}	不好 pu^{24} xau^{53} 不安逸 pu^{24} ŋã^{55} i$^{\cdot13}$	凉了 niaŋ^{31} no^{31}
乐　山	肚皮 tu^{13} p'i^{21}	尻子 kəu^{55} tsɿ^{43} 屁儿 p'i^{13} ɚ^{21}	不舒服 pʊ^{44} su^{55} fʊ^{44}	凉了 niaŋ^{21} no^{21} 感冒了 ka^{n43} mau^{13} no^{21}
西　昌	肚皮 tu^{11} p'i^{52}	尻子 kəu^{44} tsɿ^{34}	不好 pu^{31} xau^{34} 不安生 pu^{31} ŋan^{44} ʂən^{44}	凉倒了 niaŋ^{52} tau^{34} no^{31}
洛　带客	肚□tu^{31} p'æʔ^{5}	尻子 kiəu^{45} tsɿ^{31}	唔好唔好 m̩^{31} xau^{31}	冷倒了 laŋ^{45} tau^{31} liau^{31}
仪　陇客	肚子 tu^{13} tsɿ^{53}	尻子 kɛ^{33} tsɿ^{53}	唔好 n̩^{21} xəu^{53} 唔舒服 n̩^{21} su^{13} fuʔ^{3}	冷住了 lan^{21} tsu^{53} lɛ^{21} 凉住了 liɔŋ^{21} tsu^{53} lɛ^{21}
永　兴湘	肚子 d'u^{14} tsɿ^{53}	尻子 kiəu^{55} tsɿ^{53} 屁儿 p'i^{14} ɚ^{31}	不好 pu^{31} xɑu^{53} 变狗 pian^{14} kiəu^{53} 不安逸 pu^{31} ŋan^{55} i$^{\cdot31}$	凉倒了 niɑŋ^{31} tɑu^{53} niɑu^{53}
安　仁湘	肚囊皮 tɤu^{41} noŋ^{13} pi^{13}	屁股 p'i^{24} ku^{41}	不安稳 n̩^{13} ŋã^{33} uən^{41}	凉哩 niɑŋ^{13} ni$^{\cdot41}$
长　乐湘	肚子 tou^{53} tsɿ^{53}	屁沟 p'i^{35} kou^{44}	不好了 pu^{35} xɑu^{53} nɑu	着凉 tso^{21} niɑŋ^{21}

续表5－2

	十、疾病、医药			
	鼻塞	腹泻	化脓	伤口愈合
成都	㧐 tsu^{21} 鼻子㧐 pi^{21} tsɿ^{53} tsu^{21}	屙稀 o^{55} ɕi^{55} 打标枪 ta^{53} piau^{55} tɕʻiaŋ^{55}	灌脓 kua^{n213} noŋ^{21}	告口 kau^{213} kʻəu^{53} 封口 foŋ^{55} kʻəu^{53}
广元	搒 tsəu^{214}	过肚子 ko^{214} tu^{214} tsɿ^{42}	灌脓 kua^{n214} noŋ^{21}	好了 xau^{42} no^{21}
达州	㧐 tsu^{12}	打标枪 ta^{42} piau^{55} tɕʻiaŋ^{55} 肚子屙 tu^{214} tsɿ^{42} o^{55}	灌 kuan^{214}	告口 kau^{214} kʻəu^{42}
遂宁	㧐 tsu^{21}	打标枪 ta^{52} piau^{55} tɕʻiaŋ^{55}	灌 kuan^{213}	封口 xoŋ^{55} kʻəu^{52}
自贡	㧐 tʂu^{214}	屙稀 o^{55} ɕi^{55} 屙肚皮 o^{55} tu^{214} pʻi^{31}	灌脓 kuan^{214} noŋ^{31}	好了 xau^{53} no^{31} 告口 kau^{214} kʻəu^{53}
荣县	㧐 tsu^{214}	打标枪 ta^{42} piau^{55} tɕian^{55} 拉稀 na^{55} ɕi^{55}	灌（脓）kuan^{31} noŋ^{31}	告口 kau^{31} kʻəu^{214}
雅安	㧐 tsu^{55}	打标枪 ta^{42} piau^{55} tɕʻiaŋ^{55} 拉稀 na^{55} ɕi^{55}	灌哒 kuæ̃^{214} ta^{42}	生拢哒 sən^{55} noŋ^{42} ta^{42} 告口 kau^{214} kʻəu^{42}
汉源	㧐 tsu^{55}	打标枪 ta^{42} piau^{55} tɕʻiaŋ^{55} 拉稀 na^{55} ɕi^{55}	灌了 kua^{n213} no^{42}	告口 kau^{213} kʻəu^{42}
泸州	㧐 tsu^{13}	屙肚皮 o^{55} tu^{13} pʻi^{21} 打标枪 ta^{42} piau^{55} tɕʻiaŋ^{55}	灌了 kuan^{13} no^{42} 灌脓 kuan^{13} noŋ^{21}	干疤疤$_{儿}$ kan^{55} pa^{55} par^{55}
眉山	㧐 tsu^{13}	打标枪 ta^{53} piau^{55} tɕʻiaŋ^{55} 拉稀 na^{55} ɕi^{55}	灌了 kuã^{13} no^{53}	告口 kau^{13} kʻəu^{53}
乐山	㧐 tsʊ^{44}	屙肚子 o^{55} tu^{13} tsɿ^{43} 拉稀 na^{55} ɕi^{55}	灌脓 kua^{n13} noŋ^{21}	告口 kau^{13} kʻəu^{43}
西昌	㧐 tʂu^{31}	肚子屙 tu^{11} tsɿ^{34} o^{44}	灌（脓）kuan^{11}（noŋ^{52}）	告口 kau^{11} kʻəu^{34}
洛带$_{客}$	鼻公奏 pʻi^{53} kuŋ^{45} tsəu^{53} 鼻公塞 pʻi^{53} kuŋ^{45} ɕieʔ^{2}	过肚□ko^{53} tu^{31} pʻæʔ^{5}	灌脓 kɔn^{53} luŋ^{13}	告口 kau^{53} xiəu^{31}
仪陇$_{客}$	鼻头塞 pʻi^{53} tʻai^{21} seʔ^{3} 鼻头奏 pʻi^{53} tʻai^{21} tsəu^{53}	屙稀 əu^{33} li^{13} 打标枪 ta^{53} piau^{33} tɕʻəŋ^{33}	灌（脓）kuan^{13}（luŋ^{21}）	告口子 kau^{13} kʻɛ^{53} tsɿ^{53}
永兴$_{湘}$	奏 tsu^{14} 拘 tɕyu^{31}	过肚子 ko^{14} tu^{14} tsɿ^{53} 打标枪 ta^{53} piɑu^{55} tɕʻiɑŋ^{55}	灌脓 kuan^{14} noŋ^{31}	告口 kɑu^{14} kʻiəu^{53}
安仁$_{湘}$	瓮 həŋ^{41}	屙痢 u^{33} ni^{21}	灌脓 kuõ^{55} noŋ^{13}	告口 ke^{55} tɕʻie^{41}
长乐$_{湘}$	奏 tsou^{35}	屙肚子 o^{44} tou^{53} tsɿ^{53}	化脓 fa^{35} nuŋ^{21}	结疤 tɕie^{21} pa^{44}

续表 5－2

	十、疾病、医药			
	雀斑	粉刺	有要呕吐的感觉	害疟疾
成　都	苍蝇儿屎 tsʻaŋ55 inr55 sɿ53 土痣子 tʻu53 tsɿ213 tsɿ53	火米籽 xo53 mi53 tsɿ53 骚子子 sau55 tsɿ53 tsɿ53-21	打干哕 ta53 kan55 ŋəu53 [疒反]胃 fan55 uei213	打摆子 ta53 pai53 tsɿ53
广　元	苍蝇儿屎 tɕʻaŋ55 inr55 sɿ42 苍蝇子屎 tsʻaŋ55 in55 tsɿ42 sɿ53	青春痘 tɕʻin55 tsʻun55 təu214	[疒反]胃 fan42 uei214	打摆子 ta42 pai42 tsɿ42
达　州	土痣 tʻu42 tsɿ214	骚籽籽 sau55 tsɿ42 tsɿ42-212	要吐不吐的 iau214 tʻu42 pu214 tʻu42 ti55	打瘟摆子 ta42 uən55 pai42 tsɿ42
遂　宁	土子子 tʻu52 tsɿ52 tsɿ52	青春籽 tɕʻin55 tsʻuən55 tsɿ52	打干呕 ta52 kan55 tsɿu52	打摆子 ta52 pai52 tsɿ52
自　贡	花斑 xua55 pan55 苍蝇儿屎 tsʻaŋ55 inr55 ʂɿ53	骚疮儿 ʂau55 tʂʻuaŋr55 骚痣痣儿 ʂau55 tʂɿ53 tʂɿr53-31	训 ɕyn214 打呕 ta53 ŋəu53	打摆子 ta53 pai53 tsɿ53
荣　县	土痣 tʻu42 tsɿ214 麻子点点儿 ma31 tsɿ42 tin42 tinr55	籽籽儿 tsɿ42 tsɿr55	发呕 fa31 ŋəu42 心头翻 ɕin55 tʻəu31 fan55	打摆子 ta42 pa42 tsɿ42
雅　安	土痣子 tʻu42 tsɿ214 tsɿ42 苍蝇儿屎 tsʻaŋ55 inr55 sɿ42	骚疙瘩 sau55 ke55 ta55 骚籽籽 sau55 tsi42 tsi42	发呕 fa55 ŋəu42 心头翻 ɕin55 tʻəu21 fæ̃55	打摆子 ta42 pai42 tsɿ42
汉　源	苍蝇儿屎 tsʻaŋ55 inr55 sɿ42 土痣子 tʻu42 tsɿ213 tsɿ42	骚疙瘩 sau55 ke55 ta55 骚籽籽 sau55 tsɿ42 tsɿ42	发呕 fa55 ŋəu42 心头翻 ɕin55 tʻəu21 fan55	打摆子 ta42 pai42 tsɿ42
泸　州	麻子子儿 ma21 tsɿ42 tsɿr42-21	火籽儿 xo42 tsɿr42	心头翻 ɕin55 tʻəu21 fan55	害寒气 xai13 xan21 tɕʻi13
眉　山	苍蝇儿屎 tsʻaŋ55 inr55 sɿ53 土子子 tʻu53 tsɿ53 tsɿ53	青春籽 tɕʻin55 tsʻuən55 tsɿ53	发呕 fa24 ŋəu53 打干哕 ta53 kã55 ŋəu53	打摆子 ta53 pai53 tsɿ53
乐　山	苍蝇儿屎ʻaŋ55 in55 ɚ55 sɿ43 土痣子 tʻu43 tsɿ13 tsɿ43	青春痘 tɕʻin55 tsʻuən55 təu13 骚籽籽 sau55 tsɿ43 tsɿ43-21	发呕 fæ44 ŋəu43 打干呕 ta43 kan55 tsɿu43	打摆子 ta43 pai43 tsɿ43
西　昌	雀斑儿 tɕʻio31 panr44	骚疙瘩 sau44 kɛ31 ka44	心翻 ɕin44 fan44	打摆子 ta34 pai34 tsɿ34
洛　带客	乌蝇屎 vu45 in13 sɿ31	骚颗颗 sau45 kʻo31 kʻo31	发呕 poʔ2 iəu31	打摆子 ta31 pai31 tsɿ31
仪　陇客	蚊子屎 mən33 tsɿ53 tsɿ53	骚籽籽 sau33 tsɿ53 tsɿ53	发呕 faʔ3 ai53	打摆子 ta53 pai53 tsɿ53
永　兴湘	土板 tʻu53 pan53	青春痘ʻin55 tsʻuən55 dʻəu14 颗颗 kʻo53 kʻo31	打干呕 ta53 kan55 ŋiəu53	打摆子 ta53 pai53 tsɿ53
安　仁湘	乌鸡斑 u33 tɕi33 pã33/41	骚刺 se33 tsɿ55	发翻 ɸa55 ɸã41 发呕 ɸa55 ŋɤu41	打摆子 ta41 pa41 ·tsɿ41
长　乐湘	雀斑 tɕʻyo35 pan44	酒刺 tɕiou53 tsʻɿ35	打腔口 ta53 tɕʻiaŋ44 kʻou53	打摆子 ta53 pai53 tsɿ53

续表 5－2

	十、疾病、医药		十一、饮食	
	跛子	独眼龙	粮食制成的饼状食品	面粉
成　都	跰子 pai^{55}tsɿ^{53} 跰跰$_{儿}$pai^{55}pair^{55}	边花$_{儿}$piɛ^{n55}xuar^{55} 独眼龙 tu^{21}iɛ^{n53}noŋ^{21}	粑 pa^{55} 馍馍 mo^{21}mo$^{21-55}$	灰面 xuei^{55}miɛ^{n213}
广　元	瘸子 tɕʻye^{21}tsɿ^{42}	边花$_{儿}$piɛ^{n55}xuar^{55}	干粮 ka^{n55}niaŋ^{21} 馍馍 mo^{21}mo$^{21-55}$	灰面 xuei^{55}miɛ^{n214}
达　州	跰子 pai^{55}tsɿ^{42} 瘸跰子 tɕʻye^{12}pai^{55}tsɿ^{42}	独眼龙 tu^{12}iɛn^{42}noŋ^{12} 半头房子 pan^{214}tʻəu^{12}faŋ^{12}tsɿ^{42}	粑粑 pa^{55}pa^{55}	灰面 xuei^{55}miɛn^{214}
遂　宁	跰子 pai^{55}tsɿ^{52}	独眼龙 tu^{21}iɛn^{52}noŋ^{21}	粑粑 pa^{55}pa^{55}	灰面 fei^{55}miɛn^{213}
自　贡	跰子 pai^{55}tsɿ^{53} 跰跰$_{儿}$pai^{55}pair^{55}	瞎子 ɕia^{214}tsɿ^{53}	粑 pa^{55} 粑粑$_{儿}$pa^{55}par^{55}	灰面 xuei^{55}miɛn^{214}
荣　县	跰跰$_{儿}$pai^{55}pair^{55}	独眼$_{儿}$龙 tu^{31}ianr^{42}loŋ^{31}	粑 pa^{55} 粑粑 pa^{55}pa^{55}	灰面 xuei^{55}min^{214}
雅　安	跰子 pai^{55}tsɿ^{42} 跰跰 pai^{55}pai^{55}	边花$_{儿}$piɛ̃^{55}xuar^{55} 独眼龙 tu^{55}iɛ̃^{42}noŋ^{21}	馍馍 mo^{21}mo^{55} 粑粑 pa^{55}pa^{55}	灰面 xuei^{55}miɛ̃^{214}
汉　源	跰子 pai^{55}tsɿ^{42}	独眼龙 tu^{55}iɛ^{n42}noŋ^{21} 边花$_{儿}$piɛ^{n55}xuar^{55}	馍馍 mo^{21}mo^{55}	灰面 xuei^{55}miɛ^{n213}
泸　州	跰子 pai^{55}tsɿ^{42}	独眼$_{儿}$tu^{33}iɛnr^{42}	粑粑 pa^{55}pa^{55}	灰面 xuei^{55}miɛn^{13}
眉　山	跰子 pai^{55}tsɿ^{53}	偏花$_{儿}$pʻiɛ̃^{55}xuar^{55}	粑粑 pa^{55}pa$^{55-44}$	灰面 xuei^{55}miɛ̃^{13}
乐　山	跰子 pai^{55}tsɿ^{43} 跰儿 pai^{55}ɚ^{21}	独眼龙 tʊ^{44}iɛ̃^{43}noŋ^{21}	粑 pa^{55}	灰面 xuei^{55}miɛ̃^{13}
西　昌	跰子 pai^{44}tsɿ^{34}	偏花$_{儿}$pʻian^{44}xuar^{44}	粑粑 pa^{44}pa^{44}	灰面 xuei^{44}mian^{11}
洛　带$_{客}$	跰子 pai^{45}tsɿ^{31}	独眼龙 tʻuʔ^{5}ŋan^{31}luŋ^{13}	米馃 mi^{31}ko^{31}	麦粉 mæʔ^{5}fən^{31}
仪　陇$_{客}$	跰子 pai^{33}tsɿ^{53}	独眼龙 tʻəuʔ^{5}ŋan^{53}luŋ^{21}	粑 pa^{33}	灰面 fo^{33}miɛn^{13}
永　兴$_{湘}$	跰子 pai^{55}tsɿ^{53}	独眼龙 dʻu^{31}ian^{53}noŋ^{31}	馍馍 mo^{31}mo^{31}	灰面 fei^{55}mian^{14}
安　仁$_{湘}$	跰子 pa^{33}·tsɿ^{31}	半边街 põ^{55}pĩ^{33}ka^{21}	蕉粑 tɕie^{33}po^{21}	灰面 ɸei^{33}mĩ^{24}
长　乐$_{湘}$	跰子 pai^{44}tsɿ^{53}	独眼龙 tou^{21}nian^{53}nuŋ^{21}	锅盔 ko^{44}kʻuei^{44} 烧饼 sɑu^{44}pin^{53}	灰面 fei^{44}mian^{35}

续表 5－2

	十一、饮食			
	馄饨	供发酵用的面	食用的牲畜舌头	食用的禽畜血
成　都	抄手$_{儿}$ ʦʻau^{55} səur^{53}	老面 nau^{53} miɛ^{n213} 酵面 ɕiau^{213} miɛ^{n213}	舌子 se^{21} ʦɿ^{53} 脷子 ni^{213} ʦɿ^{53}	血旺 ɕye^{21} uaŋ^{213} 血旺子 ɕye^{21} uaŋ^{213} ʦɿ^{53}
广　元	尖$_{儿}$ ʨiɛ^{n}r^{53} 抄手$_{儿}$ ʦʻau^{55} səur^{42}		舌头 se^{21} tʻəu^{21}	血旺子 ɕye^{21} uaŋ^{214} ʦɿ^{42}
达　州	包面 pau^{55} miɛn^{214}	老面 nau^{42} miɛn^{214}	舌子 se^{12} ʦɿ^{42}	血旺子 ɕye^{12} uaŋ^{214} ʦɿ^{42} 旺子 uaŋ^{214} ʦɿ^{42}
遂　宁	抄手$_{儿}$ ʦʻau^{55} səur^{52}	酵面 ɕiau^{213} miɛn^{213}	脷子 ni^{213} ʦɿ^{52}	血旺子 ɕye^{21} uaŋ^{213} ʦɿ^{52} 旺子 uaŋ^{213} ʦɿ^{52}
自　贡	抄手$_{儿}$ ʈʂʻau^{55} ʂəur$^{53-55}$	老面 nau^{53} miɛn^{214}	脷子 ni^{214} ʦɿ^{53}	旺子 uaŋ^{214} ʦɿ^{53} 血旺$_{儿}$ ɕye^{214} uaŋr^{214}
荣　县	抄手$_{儿}$ ʦʻau^{55} səur^{55}		脷子 ni^{31} ʦɿ^{42}	血旺$_{儿}$ ɕye^{31} uanr^{214} 旺子 uan^{214} ʦɿ^{42}
雅　安	抄手 ʦʻau^{55} səu^{42}	老面 nau^{42} miɛ̃^{214} 发面 fa^{55} miɛ̃^{214}	招财 ʦau^{55} ʦʻai^{21} 舌头$_{儿}$ se^{55} tʻəur^{21}	血旺子 ɕye^{55} uaŋ^{214} ʦɿ^{42}
汉　源	抄手 ʦʻau^{55} səu^{42}	老面 nau^{42} miɛ^{n213} 发面 fa^{55} miɛ^{n213}	招财 ʦau^{55} ʦʻai^{21} 舌头$_{儿}$ sai^{55} tʻəur^{21}	血旺子 ɕye^{55} uaŋ^{213} ʦɿ^{42}
泸　州	抄手$_{儿}$ ʦʻau^{55} səur^{42}	老面 nau^{42} miɛn^{13} 酵面 ɕiau^{13} miɛn^{13}	转头$_{儿}$ ʦuan^{13} tʻəur^{21}	旺子 uaŋ^{13} ʦɿ^{42} 黑豆花$_{儿}$ xe^{33} təu^{13} xuar^{55}
眉　山	抄手 ʦʻau^{55} səu^{53}	老面 nau^{53} miɛ̃^{13} 酵面 ɕiau^{13} miɛ̃^{13}	脷子 ni^{13} ʦɿ^{53} 口条 kʻəu^{53} tʻiau^{31}	血子 ɕye^{24} ʦɿ^{53} 血旺子 ɕye^{24} uaŋ^{13} ʦɿ^{53}
乐　山	抄手 ʦʻau^{55} səu^{43}	灰面 xuei^{55} miɛ̃^{13}	舌头 sæ^{44} tʻəu^{21}	血旺子 ɕyu^{44} uaŋ^{13} ʦɿ^{43} 旺子 uaŋ^{13} ʦɿ^{43}
西　昌	抄手 ʈʂʻau^{44} ʂəu^{34}	老面 nau^{34} mian^{11}	舌子 ʂe^{31} ʦɿ^{34}	血旺 ɕie^{31} uaŋ^{11}
洛　带$_{客}$	抄手 ʦʻau^{45} səu^{31}	种子 ʦuŋ^{31} ʦɿ^{31}	脷子 li^{53} ʦɿ^{31}	旺子 vɔŋ^{53} ʦɿ^{31}
仪　陇$_{客}$	抄手$_{儿}$ ʦau^{33} səur^{53} 包面 pau^{33} miɛn^{13}	酵娘 ʨiau^{13} iɔŋ^{21}	招财$_{儿}$ ʦau^{33} ʦʻair^{53}	血旺子 ɕyeʔ^{3} uɔŋ^{13} ʦɿ^{21}
永　兴$_{湘}$	抄手 ʦʻɑu^{55} ʂəu^{53}	发泡粉 fa^{31} pau^{14} fən^{53} 种子 ʦoŋ^{53} ʦɿ^{53}	脷子 li^{14} ʦɿ^{53} 舌条 ʐe^{31} dʻiau^{31}	血旺子 ʂue^{31} vaŋ^{14} ʦɿ^{53}
安　仁$_{湘}$	包面 pe^{33} mĩ^{24}	老面 ne^{41} mĩ^{21}	舌子 ɕi^{55} ʦɿ^{41}	血旺子 ɕy^{55} aŋ^{55} ʦɿ
长　乐$_{湘}$	抄手 ʦʻɑu^{44} sou^{53}	老酵 nɑu^{53} kɑu^{35}	舌条 se^{21} tiau^{21}	血 ɕye^{21}

续表 5－2

	十一、饮食			
	豆腐	豆腐乳	一起用餐，费用平摊	肉末
成都	豆腐 təu^{213}fu^{53}	豆腐乳 təu^{213}fu^{53}zu^{53}	打平伙 ta^{53}p'in^{21}xo^{53}	渣渣肉 ʦa^{55}ʦa^{55}zəu^{213}
广元	豆腐 təu^{214}fu^{42}		打平伙 ta^{42}p'in^{21}xo^{42}	肉渣渣 zəu^{214}ʦa^{55}ʦa^{55}
达州	水豆腐 suei^{42}təu^{214}fu^{42}	臭豆腐 ʦ'əu^{214}təu^{214}fu^{42} 霉豆腐 mei^{12}təu^{214}fu^{42}	打平伙 ta^{42}p'in^{12}xo^{42}	渣渣肉 ʦa^{55}ʦa^{55}zəu^{214} 肉渣渣 zəu^{214}ʦa^{55}ʦa^{55}
遂宁	水豆腐 suei^{52}təu^{213}fu^{52}	霉豆腐 mei^{21}təu^{213}fu^{52}	打平伙 ta^{52}p'in^{21}xo^{52}	绞肉 ʨiau^{52}zəu^{213}
自贡	豆花儿 təu^{214}xuar^{55} 灰末儿 xuei^{55}mor^{214}	豆腐儿 təu^{214}fur^{53}	打平伙 ta^{53}p'in^{31}xo^{53}	碎肉 suei^{214}ʐəu^{214} 瓤子肉 ʐaŋ^{31}ʦɿ^{53}ʐəu^{214}
荣县	豆腐 təu^{214}fu^{42}	香豆腐儿 ɕian^{55}təu^{214}fur^{55}	打平伙 ta^{42}p'in^{31}xo^{42}	肉渣渣儿 zu^{214}ʦa^{55}ʦar^{55}
雅安	豆腐 təu^{214}fu^{42}	豆腐乳 təu^{214}fu^{42}zu^{42}	打平伙 ta^{42}p'in^{21}xo^{42}	绞肉 ʨiau^{42}zəu^{214} 渣渣肉 ʦa^{55}ʦa^{55}zəu^{214}
汉源	豆腐 təu^{213}fu^{42}	豆腐肉 təu^{213}fu^{42}zu^{55} 霉豆腐 mei^{21}təu^{213}fu^{42}	打平伙 ta^{42}p'in^{21}xo^{42}	绞肉 ʨiau^{42}zəu^{213}
泸州	灰毛儿 xuei^{55}maur^{13}	红灰毛儿 xoŋ^{21}xuei^{55}maur^{13} 霉豆花儿 mei^{21}təu^{13}xuar^{55}	打平伙 ta^{42}p'in^{21}xo^{42}	肉瓤子 zu^{33}zaŋ^{21}ʦɿ^{42}
眉山	豆腐 təu^{13}fu^{53}	豆腐鱼 təu^{13}fu^{53}y^{31}	打平伙 ta^{53}p'in^{31}xo^{53} 碗头开花 uã^{53}t'əu^{31}k'ai^{55}xua^{55}	渣渣肉 ʦa^{55}ʦa$^{55-44}$zəu^{13}
乐山	豆腐 təu^{13}fu^{43}	豆腐鱼 təu^{13}fu^{43}y^{21}	打平伙 ta^{43}p'in^{21}xo^{43} 碗头开花 ua^{n43}t'əu^{21}k'ai^{55}xua^{55}	绞肉 ʨiau^{43}zəu^{13}
西昌	豆腐 təu^{11}fu^{34}	卤豆腐 nu^{34}təu^{11}fu^{34}	打平伙 ta^{34}p'in^{52}xo^{34}	绞肉 ʨiau^{34}ʐəu^{11}
洛带客	豆腐 t'iəu^{53}fu^{53}	豆腐衣 t'iəu^{53}fu^{53}i^{45}	打平伙 ta^{31}p'iaŋ^{13}fo^{31}	肉渣渣 ȵiuʔ^{2}ʦa^{45}ʦa^{45}
仪陇客	豆腐 t'ai^{53}fu^{53}	红豆腐 fuŋ^{21}t'ai^{53}fu^{53}	打平伙 ta^{53}p'iaŋ^{21}fəu^{53}	渣渣肉 ʦa^{33}ʦa^{33}iəuʔ^{3}
永兴湘	豆腐 d'əu^{14}vu^{31}	□豆腐 ɕiəu^{53}d'əu^{14}vu^{31}	打平伙 ta^{53}b'in^{31}xo^{53}	渣渣肉 ʦa^{55}ʦa^{55}ʐəu^{14} 肉渣渣 ʐəu^{14}ʦa^{55}ʦa^{55}
安仁湘	豆腐 tie^{21}fu^{41}	霉豆腐 mai^{13}tie^{21}fu^{41}	打平伙 ta^{41}piɑŋ^{13}/pin^{13}ɸo^{41}	肉泥泥 niɤu^{55}ni^{13}ni$^{13-33}$
长乐湘	豆腐 tou^{35}fu^{53}	豆腐乳 tou^{35}fu^{53}zu^{53}	打平伙 ta^{53}p'in^{21}xo^{53}	渣渣肉 ʦa^{44}ʦa^{44}ŋəu^{21}

续表 5－2

	十一、饮食		十二、房舍、服饰	
	带渣的江米酒	红糖	院子的大门	卧室
成　都	醪糟 nau^{21} ʦau^{55}	黄糖 xuaŋ^{21} t'aŋ^{21}	朝门 ʦ'au^{21} mən$^{21/55}$	房圈 faŋ^{21} ʨ'yɛ^{n55}
广　元	醪糟儿 nau^{21} ʦaur^{55}	红糖 xoŋ^{21} taŋ^{21}	大门 ta^{214} mən^{21}	歇房 ʨie^{21} faŋ^{21}
达　州	醪糟儿 nau^{12} ʦaur^{55}	沙糖 sa^{55} t'aŋ^{12} 甘蔗糖 kan^{55} ʦe^{12} t'aŋ^{12}	朝门 ʦ'au^{12} mən^{12}	房圈儿 faŋ^{12} ʨ'yɛnr^{55}
遂　宁	醪糟儿 nau^{21} ʦaur^{55}	黄糖 xuaŋ^{21} t'aŋ^{21}	朝门 ʦ'au^{21} mən^{21}	房间 faŋ^{21} kan^{55}
自　贡	醪糟儿 nau^{31} ʦaur^{55} 甜酒 t'iɛn^{31} ʨiəu^{53}	水糖 ʂuei^{53} t'aŋ^{31} 黄糖 xuaŋ^{31} t'aŋ^{31}	朝门 ʦ'au^{31} mən^{31}	歇房 ɕie^{214} faŋ^{31} 房圈儿 faŋ^{31} ʨ'yɛnr^{55}
荣　县	醪糟儿 nau^{31} ʦaur^{55}	黄糖 xuan^{31} t'an^{214}	朝门 ʦ'au^{31} mən^{31}	歇房 ɕie^{214} fan^{31}
雅　安	醪糟子 nau^{21} ʦau^{55} ʦɿ^{42}	黄糖 xuaŋ^{21} t'aŋ^{21}	龙门 noŋ^{21} mən^{21} 龙门子 noŋ^{21} mən^{55} ʦɿ^{42}	歇房 ɕie^{55} faŋ^{21} 房圈 faŋ^{21} ʨ'yɛ̃^{55}
汉　源	醪糟子 nau^{21} ʦau^{55} ʦɿ^{42}	黄糖 xuaŋ^{21} t'aŋ^{21}	龙门 noŋ^{21} mən^{21} 龙门子 noŋ^{21} mən^{21} ʦɿ^{42}	歇房 ɕie^{55} faŋ^{21} 歇房屋 ɕie^{55} faŋ^{21} u^{55}
泸　州	醪糟儿 nau^{21} ʦaur^{55}	水糖 suei^{42} t'aŋ^{21} 黄糖 xuaŋ^{21} t'aŋ^{21}	朝门 ʦ'au^{21} mən^{21}	房圈儿 faŋ^{21} ʨ'yɛnr^{55}
眉　山	醪糟儿 nau^{31} ʦaur^{55}	砂糖 sa^{55} t'aŋ^{31}	朝门 ʦ'au^{31} mən^{31}	房圈 faŋ^{31} ʨ'yɛ̃^{55}
乐　山	醪糟儿 nau^{21} ʦaur^{55}	沙塘 sa^{55} t'aŋ^{21} 黄糖 xuaŋ^{21} t'aŋ^{21}	朝门 ʦ'au^{21} mən^{21}	房圈 faŋ^{21} ʨ'yɛ̃^{55}
西　昌	甜酒 t'ian^{52} ʨiəu^{34}	碗碗糖 uan^{34} uan^{34} t'aŋ^{31} 砖糖 ʈʂuan^{44} t'aŋ^{31}	大门 ta^{11} men^{52}	房圈儿 faŋ^{52} ʨ'ianr^{44}
洛　带客	醪糟 lau^{13} ʦau^{45}	黄糖 vɔŋ^{13} t'ɔŋ^{13}	楼门子 liəu^{13} mən^{13} ʦɿ^{31}	间 kan^{45}
仪　陇客	醪糟儿 lau^{21} ʦaur^{33} 甜酒 t'iɛn^{21} ʨiəu^{53}	水糖 suei^{53} t'ɔŋ^{21}	朝门子 ʦ'əu^{21} mən^{21} ʦɿ^{53}	歇房 ɕieʔ^{5} fɔŋ^{21} 房间 fɔŋ^{21} kan^{33}
永　兴湘	甜酒 d'ian^{31} ʨiəu^{53}	黄糖 vɑŋ^{31} d'ɑŋ^{31} 水糖 suei^{53} d'ɑŋ^{31}	朝门 dz'ɑu^{31} mən^{31}	房圈 vaŋ^{31} ʈʂ'uan^{53}
安　仁湘	醪糟浮粱 ne^{13} ʦe^{33} fu^{21} niaŋ^{13}	水糖 ɕy^{41} toŋ^{21}	朝门 ʦe^{13} mən^{21}	房屋 hoŋ^{13} u^{55}
长　乐湘	醪糟 nɑu^{21} ʦɑu^{44}	水糖 ɕyei^{53} tɑŋ^{21}	大门 ta^{35} men^{44}	房屋 fɑŋ^{21} u^{21}

续表 5－2

	十二、房舍、服饰			
	厨房	高跟鞋	拖鞋	戒指
成　都	灶房 tsau^{213} faŋ^{21} 厨房 tsʻu^{21} faŋ^{21}	蹬蹬$_{儿}$鞋 tən^{53} tənr$^{53-21}$ xai^{21}	靸板$_{儿}$鞋 sa^{213} panr^{53} xai^{21}	箍子 kʻu^{55} tsɿ^{53}
广　元	灶房 tsau^{214} faŋ^{21}	高跟鞋 kau^{55} kən^{55} xai^{21}	拖鞋 tʻo^{55} xai^{21}	戒指 tɕie^{214} tsɿ^{42}
达　州	灶屋 tsau^{214} u^{12}	高跟鞋 kau^{55} kən^{55} xai^{12}	拖鞋 tʻo^{55} xai^{12}	箍子 kʻu^{55} tsɿ^{42}
遂　宁	灶房 tsau^{213} faŋ^{21}	蹬蹬鞋 tən^{52} tən^{52} xai^{21}	拖板$_{儿}$鞋 tʻo^{55} panr^{52} xai^{21}	箍子 kʻu^{55} tsɿ^{52}
自　贡	灶门前 tsau^{214} mən^{31} tɕʻiɛn$^{31-55}$	蹬蹬$_{儿}$鞋 tən^{53} tənr^{53} xai^{31} 高跟$_{儿}$鞋 kau^{55} kənr^{55} xai^{31}	拖拖鞋 tʻo^{55} tʻo^{55} xai^{31}	箍子 kʻu^{55} tsɿ^{53} 手箍子 ʂəu^{53} kʻu^{55} tsɿ^{53}
荣　县	灶门口$_{儿}$ tsau^{214} mən^{31} kʻəur^{55}	高跟$_{儿}$鞋 kau^{55} kənr^{55} xai^{31}	拖板$_{儿}$鞋 tʻo^{55} panr^{55} xai^{31}	箍子 kʻu^{55} tsɿ^{42}
雅　安	灶房 tsau^{214} faŋ^{21} 灶屋 tsau^{214} u^{55}	蹬蹬鞋 tən^{42} tən^{42} xai^{42}	拖鞋 tʻo^{55} xai^{42}	箍子 kʻu^{55} tsɿ^{42}
汉　源	灶房 tsau^{213} faŋ^{21} 灶屋 tsau^{213} u^{55}	蹬蹬鞋 tən^{42} tən^{42} xai^{42}	拖鞋 tʻo^{55} xai^{42}	箍子 kʻu^{55} tsɿ^{42}
泸　州	灶房 tsau^{13} faŋ^{21}	高底子鞋 kau^{55} ti^{42} tsɿ^{42} xai^{21}	拖板$_{儿}$鞋 tʻo^{55} panr^{42} xai^{21}	箍子 kʻu^{55} tsɿ^{42}
眉　山	灶房 tsau^{13} faŋ^{31}	蹬蹬$_{儿}$鞋 tən^{53} tənr^{53} xai^{31}	拖板$_{儿}$鞋 tʻu^{55} paãr^{55} xai^{31}	箍子 kʻu^{55} tsɿ^{53}
乐　山	灶房 tsau^{13} faŋ^{21}	蹬蹬儿鞋 tən^{55} tən^{55} ə^{55} xai^{21}	拖板$_{儿}$鞋 tʻo^{55} panr$^{43-55}$ xai^{21}	箍子 kʻu^{55} tsɿ^{43}
西　昌	灶房 tsau^{11} faŋ^{52}	高登$_{儿}$鞋 kau^{44} tənr^{44} xai^{52}	靸板$_{儿}$鞋 sa^{31} panr^{34} xai^{52}	箍子 kʻu^{44} tsɿ^{34}
洛　带$_{客}$	灶下 tsau^{53} xa^{45}	高蹬蹬鞋 kau^{45} tən^{31} tən^{31} xai^{13}	拖鞋 tʻo^{45} xai^{13}	箍子 kʻu^{45} tsɿ^{31}
仪　陇$_{客}$	灶下 tsəu^{13} xa^{33}	蹬蹬鞋 tən^{53} tən^{53} xai^{21}	拖鞋 tʻəu^{33} xai^{21}	戒子 kai^{13} tsɿ^{53}
永　兴$_{湘}$	灶屋 tsɑu^{14} vu^{55}	蹬蹬鞋 tən^{53} tən^{53} ɣai^{31}	拖把鞋 tʻo^{55} pa^{53} ɣai^{31} 口板鞋 nia^{55} pa^{53} ɣai^{31}	戒指 tɕiai^{14} tsɿ^{53}
安　仁$_{湘}$	灶屋 tse^{55} u^{55-}	高蹬蹬$_{儿}$鞋 ke^{33} tən^{33} tər^{31} ha^{13}	口板鞋 nia^{55} pã^{41} ha^{13} 拖板鞋 tʻo^{33} pã^{41} ha^{13}	戒指 tɕiai^{55} tsɿ^{41}
长　乐$_{湘}$	灶屋 tsɑu^{35} u^{21}	蹬蹬鞋 tən^{53} tən^{53} xai^{21}	拖鞋 tʻo^{44} xai^{21}	戒指 tɕie^{35} tsɿ^{53}

续表5－2

	十二、房舍、服饰			十三、农事
	内裤	手套	袖套	可以蓄水种稻的地
成　都	摇裤 iau^{21}k‘u^{213} 火摇裤 xo^{53}iau^{21}k‘u^{213}	手笼子 səu^{53}noŋ^{21}ʦɿ^{53}	袖笼子 ɕiəu^{213}noŋ^{21}ʦɿ^{53}	冬水田 toŋ^{55}suei^{53}t‘iɛ^{n21}
广　元	摇裤 iau^{21}k‘u^{214}	手套 səu^{42}t‘au^{214}	袖笼子 ɕiəu^{214}noŋ^{21}ʦɿ^{42}	存水田 ʦ‘ən^{21}suei^{42}t‘iɛ^{n21}
达　州	摇裤儿 iau^{12}k‘ur^{214}	手笼子 səu^{42}noŋ^{12}ʦɿ^{42}	袖笼子 ɕiəu^{214}noŋ^{12}ʦɿ^{42}	冬水田 toŋ^{55}suei^{42}t‘iɛn^{12}
遂　宁	摇裤 iau^{21}k‘u^{213}	手笼子 səu^{52}noŋ^{21}ʦɿ^{52}	袖笼子 ɕiəu^{213}noŋ^{21}ʦɿ^{52}	冬水田 toŋ^{55}suei^{52}t‘iɛn^{21}
自　贡	摇裤儿 iau^{31}k‘u^{214}ɚ^{31} 火摇裤 xo^{53}iau^{31}k‘u^{214}	手笼子 ʂəu^{53}noŋ^{31}ʦɿ^{53}	袖笼子 ɕiəu^{214}noŋ^{31}ʦɿ^{53}	水田 ʂuei^{53}t‘iɛn^{31}
荣　县	摇裤儿 iau^{31}k‘u^{214}ɚ^{31}	手笼子 səu^{42}noŋ^{31}ʦɿ^{42}	袖笼子 ɕiəu^{214}noŋ^{31}ʦɿ^{42}	冬水田 toŋ^{55}suei^{42}tin^{31}
雅　安	摇裤 iau^{21}k‘u^{214}	手笼子 səu^{42}noŋ^{21}ʦɿ^{42}	袖笼子 ɕiəu^{214}noŋ^{21}ʦɿ^{42}	冬水田 toŋ^{55}suei^{42}t‘iɛ̃^{21} 水田 suei^{42}t‘iɛ̃^{21}
汉　源	摇裤 iau^{21}k‘u^{213}	手笼子 səu^{42}noŋ^{21}ʦɿ^{42}	袖笼子 ɕiəu^{213}noŋ^{21}ʦɿ^{42}	冬水田 toŋ^{55}suei^{42}t‘iɛ^{n21} 水田 suei^{42}t‘iɛ^{n21}
泸　州	摇裤 iau^{21}k‘u^{13} 小衣 ɕiau^{42}i^{55}	手笼子 səu^{42}noŋ^{21}ʦɿ^{42}	袖笼子 ɕiəu^{13}noŋ^{21}ʦɿ^{42}	冬水田 toŋ^{55}suei^{42}t‘iɛn^{21}
眉　山	摇裤 iau^{31}k‘u^{13} 火摇裤 xo^{53}iau^{31}k‘u^{13}	手笼子 səu^{53}noŋ^{31}ʦɿ^{53}	袖笼子 ɕiəu^{13}noŋ^{31}ʦɿ^{53}	冬水田 toŋ^{55}suei^{53}t‘iɛ̃^{31}
乐　山	摇裤 iau^{21}k‘u^{13} 火摇裤 xo^{43}iau^{21}k‘u^{13}	手笼子 səu^{43}noŋ^{21}ʦɿ^{43}	袖笼子 ɕiəu^{13}noŋ^{21}ʦɿ^{43}	水田 suei^{43}t‘iɛ̃^{21} 冬水田 toŋ^{55}suei^{43}t‘iɛ̃^{21}
西　昌	摇裤儿 iɑu^{52}k‘ur^{11}	手套 ʂəu^{34}t‘au^{11}	袖套 ɕiəu^{11}t‘au^{11}	水田 ʂuei^{34}t‘ian^{52}
洛　带客	摇裤 iau^{13}fu^{53}	手笼子 səu^{31}luŋ^{13}ʦɿ^{31}	衫袖套套 san^{45}t‘iəu^{53}t‘au^{53}t‘au^{53}	冬水田 tuŋ^{45}suei^{31}t‘iɛn^{13}
仪　陇客	摇裤 iau^{21}ku^{13}	手笼子 səu^{53}luŋ^{21}ʦɿ^{53}	衫袖笼笼 san^{33}tɕ‘iəu^{53}luŋ^{21}luŋ^{21}	田 t‘iɛn^{21}
永　兴湘	摇裤 iɑu^{31}k‘u^{14}	手笼子 ʂəu^{53}noŋ^{31}ʦɿ^{53}	袖笼子 ɕiəu^{14}noŋ^{31}ʦɿ^{53} 袖套 ɕiəu^{14}t‘au^{14}	冬水田 toŋ^{55}suei^{53}d‘ian^{31}
安　仁湘	摇裤儿 ie^{13}k‘u^{24}ɚ^{13}	手笼子 ɕiɤu^{41}noŋ^{13}·ʦɿ	袖笼子 ɕiu^{55}noŋ^{13}·ʦɿ	冬水田 toŋ^{33}ɕy^{41}tĩ^{13}
长　乐湘	摇裤 iɑu^{21}k‘u^{35}	手笼子 sou^{53}nuŋ^{21}ʦɿ^{53}	袖笼子 ɕiou^{35}nuŋ^{21}ʦɿ^{53}	田 tian^{21}

续表5－2

	十三、农事			
	稻麦孕穗	稻麦穗	浇水或施水肥	玉米
成　都	含泡 xa^{n21} p‘au^{55}	吊吊 tiau^{213} tiau$^{213-55}$ 谷吊子 ku^{21} tiau^{213} ʦɿ^{53}	搊 in^{213}	玉麦 y^{213} me^{21}
广　元	腾泡$_{\text{儿}}$ t‘ən^{21} paur^{55}	麦穗 me^{21} xuei^{214}	灌水 kua^{n214} suei^{42} 上粪 saŋ^{214} fən^{214}	苞谷 pau^{55} ku^{21}
达　州	胀谷泡 tsaŋ^{214} ku^{12} p‘au^{55}	吊吊 tiau^{214} tiau$^{214-33}$ 谷吊子 ku^{12} tiau^{214} ʦɿ^{42}	淋 nin^{12}	苞谷 pau^{55} ku^{12}
遂　宁	打苞 ta^{52} pau^{55}	谷吊吊 ku^{21} tiau^{213} tiau$^{213-55}$	淋 nin^{21} 舀 iau^{52}	苞谷 pau^{55} ku^{21}
自　贡	含苞 xan^{31} p‘au^{55}	吊吊$_{\text{儿}}$ tiau^{55} tiaur^{55}	搊 in^{214}	包谷 pau^{55} ku^{214}
荣　县	含苞 xan^{31} pau^{55}	(谷)吊吊$_{\text{儿}}$ me^{214} tiau^{55} tiaur^{55}	搊 in^{214}	苞谷 pau^{55} ku^{214}
雅　安	含苞 xæ̃^{21} pau^{55} 打泡 ta^{42} p‘au^{42}	谷吊子 ku^{55} ʦɿ^{42} tiau^{214} 吊吊 tiau^{214} tiau$^{214-14}$	搊水 in^{214} suei^{42} 搊粪 in^{214} fən^{214}	玉麦 y^{214} me^{55} 苞谷 pau^{55} ku^{55}
汉　源	含苞 xa^{n21} pau^{55} 扎泡 tsa^{55} p‘au^{42}	谷吊子 ku^{55} ʦɿ^{42} tiau^{213} 吊吊 tiau^{213} tiau^{213}	搊水 in^{213} suei^{42} 搊粪 in^{213} fən^{213}	玉麦 y^{213} mai^{55} 苞谷 pau^{55} ku^{55}
泸　州	涨泡 tsaŋ^{13} p‘au^{55}	吊吊$_{\text{儿}}$ tiau^{55} tiaur^{55}	搊 in^{13}	苞谷 pau^{55} ku^{33}
眉　山	含苞 xan^{31} pau^{55} 打苞（ku^{24} ʦɿ^{53}） ta^{53} pau^{55}	谷吊子 ku^{24} tiau^{13} ʦɿ^{53}	搊 in^{13} suei^{53} 搊粪 in^{13} fən^{13}	玉麦 y^{13} mai^{31}
乐　山	含苞 xa^{n21} pau^{55} 打苞 ta^{43} pau^{55}	谷吊吊 kʊ^{44} tiau^{13} tiau^{13}	搊 in^{13}	苞谷 pau^{55} kʊ^{44}
西　昌	含泡$_{\text{用于麦子}}$ xan^{52} p‘au^{44} 扎泡$_{\text{用于稻子}}$ tʂa^{31} p‘au^{44}	谷吊$_{\text{儿}}$ ku^{31} tiaur^{11} 麦吊$_{\text{儿}}$ me^{31} tiaur^{11}	搊 in^{11}	包谷 pau^{44} ku^{31}
洛　带$_{\text{客}}$	含苞 xan^{45} p‘au^{45}	吊吊 tiau^{45} tiau^{45}	淋 lin^{13}	包粟 pau^{45} ɕiuʔ^{2}
仪　陇$_{\text{客}}$	□肚 kuan^{53} tu^{53}	吊吊 tiau^{33} tiau^{33}	灌 kuan^{13}	番粟 fan^{33} ɕiəu^{33}
永　兴$_{\text{湘}}$	含胎 ɤan^{31} t‘ai^{55}	谷吊吊 ku^{31} tiɑu^{14} tiɑu$^{14-44}$ 麦子吊吊 me^{31} ʦɿ^{53} tiɑu^{14} tiɑu$^{14-44}$ 麦子线线 me^{31} ʦɿ^{53} ɕian^{14} ɕian$^{14-44}$	淋 nin^{31} 淋粪 nin^{31} fən^{14} 上肥料 ʐaŋ^{14} vei^{31} niau^{14}	苞谷 pɑu^{55} ku^{31}
安　仁$_{\text{湘}}$	怀胎 ɸa^{13} t‘ai^{33}	谷星星 ku^{55} ɕin^{33} ɕin^{33} 谷吊子 ku^{55} tie^{33} · ʦɿ^{41}	浇水 tɕie^{33} ɕy^{41} 淋粪 nin^{13} ɸən^{55}	苞谷 pe^{33} ku^{55}
长　乐$_{\text{湘}}$	含泡 xan^{21} p‘ɑu^{44}	麦子吊吊 me^{21} ʦɿ^{53} tiɑu^{44} tiɑu^{44} 谷子吊吊 ku^{21} ʦɿ^{53} tiɑu^{44} tiɑu^{44}	淋 nin^{21} 上粪 saŋ^{35} fən^{35}	苞谷 pɑu^{44} ku^{21}

续表 5－2

	十三、农事			
	红薯	水稻	糯稻	籼稻
成　都	红苕 xoŋ^{21} sau^{21}	谷子 ku^{21} tsɿ^{53}	酒谷 tɕiəu^{53} ku^{21}	谷子 ku^{21} tsɿ^{53}
广　元	红苕 xoŋ^{21} sau^{21}	谷子 ku^{55} tsɿ^{42}/ku^{21} tsɿ^{42}	酒谷 tɕiəu^{42} ku^{55} 香谷 ɕiaŋ^{55} ku^{55}	饭谷 fa^{n214} ku^{55}
达　州	红苕 xoŋ^{12} sau^{12}	谷子 ku^{12} tsɿ^{42}	酒谷 tɕiəu^{42} ku^{12}	饭谷 fan^{214} ku^{12}
遂　宁	红苕 xoŋ^{21} sau^{21}	谷子 ku^{21} tsɿ^{52}	糯谷 no^{213} ku^{21}	粘谷 tsan^{55} ku^{21}
自　贡	红苕 xoŋ^{31} ʂau^{31}	谷子 ku^{214} tsɿ^{53}	酒谷 tɕiəu^{53} ku^{214}	饭谷 fan^{214} ku^{214}
荣　县	红苕 xoŋ^{31} sau^{42}	谷子 ku^{214} tsɿ^{42}	酒米谷 tɕiəu^{42} mi^{42} ku^{214}	饭谷 fan^{214} ku^{214}
雅　安	红苕 xoŋ^{21} sau^{21}	谷子 ku^{55} tsɿ^{42}	酒谷 tɕiəu^{42} ku^{55}	饭谷 fæ̃^{214} ku^{55} 籼谷 ɕiɛ̃^{55} ku^{55}
汉　源	红苕 xoŋ^{21} sau^{21}	谷子 ku^{55} tsɿ^{42}	酒谷 tɕiəu^{42} ku^{55}	饭谷 fa^{n213} ku^{55} 籼谷 ɕiɛ^{n55} ku^{55}
泸　州	红苕$_{儿}$ xoŋ^{21} saur^{21}	谷子 ku^{33} tsɿ^{42}	酒谷 tɕiəu^{42} ku^{33}	饭谷 fan^{13} ku^{33}
眉　山	红苕 xoŋ^{31} sau^{31}	谷子 ku^{24} tsɿ^{53}	酒谷 tɕiəu^{53} ku^{24}	饭谷 fã^{13} ku^{24}
乐　山	红苕 xoŋ^{21} sau^{21}	谷子 kʊ^{44} tsɿ^{43}	酒谷 tɕiəu^{43} kʊ^{44}	饭谷 fa^{n13} kʊ^{44}
西　昌	红苕 xoŋ^{52} ʂau^{34}	谷$_{儿}$ kur^{31}	酒谷 tɕiəu^{34} ku^{33}	饭谷 fan^{11} ku^{31}
洛　带$_{客}$	番薯 fan^{45} su^{13}	谷子 kuʔ^{2} tsɿ^{31}	酒谷 tɕiəu^{31} kuʔ^{2}	饭谷 fan^{53} kuʔ^{2}
仪　陇$_{客}$	红薯 xuŋ^{21} su^{53}	谷子 kuʔ^{3} tsɿ^{21}	酒谷 tɕiəu^{53} kuʔ^{3}	饭谷 fan^{53} kuʔ^{3}
永　兴$_{湘}$	红苕 ɣoŋ^{31} ʐɑu^{31}	谷子 ku^{31} tsɿ^{53}	酒谷 tɕiəu^{53} ku^{31}	饭谷 van^{14} ku^{31}
安　仁$_{湘}$	红萝卜 hoŋ^{13} no^{13} pu^{41}	秧 ioŋ^{33} 谷 ku^{55}	糯谷 no^{21} ku^{55}	粘谷 tsã^{33} ku^{55}
长　乐$_{湘}$	红苕 xuŋ^{21} sɑu^{21}	谷子 ku^{21} tsɿ^{53}	糯米 no^{35} mi^{53}	谷 ku^{44}

续表 5－2

	十三、农事			
	向日葵	结球甘蓝	番茄	辣椒
成　都	向儿葵 ɕiaŋ^{213} ɚ^{21} k'uei^{21}	莲花白 niɛ^{n21} xua^{55} pe^{21}	蕃茄 fa^{n55} tɕ'ye^{21} 洋海淑 iaŋ^{21} xai^{53} tɕiau^{55}	海椒 xai^{53} tɕiau^{55} 辣子 na^{21} tsɿ^{53}
广　元	向日葵 ɕiaŋ^{214} zɿ^{21} k'uei^{21}	包包菜 pau^{55} pau^{55} tsai^{214} 莲花白 niɛ^{n21} xua^{55} pe^{21}	番茄 fa^{n55} tɕ'ie^{21}	辣子 na^{55} tsɿ^{42}
达　州	向日葵 ɕiaŋ^{214} zɿ^{12} k'uei^{12}	包包菜 pau^{55} pau^{55} ts'ai^{214}	番茄 fan^{55} tɕ'ie^{12}	辣子 na^{12} tsɿ^{42}
遂　宁	向日葵 ɕiaŋ^{213} zɿ^{21} k'uei^{21}	莲花白 niɛn^{21} fa^{55} pe^{21}	番茄 fan^{55} tɕ'ie^{21}	海椒 xai^{52} tɕiau^{55}
自　贡	向儿葵 ɕiaŋ^{214} ɚ$^{31-55}$ k'uei^{31} 葵花籽 k'uei^{31} xua^{55} tsɿ^{53}	莲花白 niɛn^{31} xua^{55} pe^{214}	洋海椒 iaŋ^{31} xai^{53} tɕiau^{55} 番茄 fan^{55} tɕ'ye^{31}	海椒 xai^{53} tɕiau^{55} 辣椒 na^{214} tɕiau^{55}
荣　县	葵花 k'uei^{31} xua^{55} 太阳花 t'ai^{214} ian^{31} xua^{55}	莲花白 nin^{31} xua^{55} pei^{214}	番茄$_{\text{儿}}$ fan^{55} tɕyer^{214}	海椒 xai^{42} tɕiau^{55}
雅　安	葵瓜子 k'uei^{21} kua^{55} tsɿ^{42} 葵花子 k'uei^{21} xua^{55} tsɿ^{42}	包包菜 pau^{55} pau^{55} ts'ai^{214} 包包白 pau^{55} pau^{55} pe^{55}	番茄 fæ̃^{55} tɕ'ie^{21}	海椒 xai^{42} tɕiau^{55}
汉　源	舌儿粮 sai^{21} ɚ^{55} niaŋ^{55} 葵花子 k'uei^{21} xua^{55} tsɿ^{42}	包包菜 pau^{55} pau^{55} ts'ai^{213} 莲花白 niɛ^{n21} xua^{55} pai^{55}	番茄 fa^{n55} tɕ'ie^{21} 洋海椒 iaŋ^{21} xai^{42} tɕiau^{55}	海椒 xai^{42} tɕiau^{55}
泸　州	葵花子 k'uei^{13} xua^{55} tsɿ^{42}	包包菜 pau^{55} pau^{55} ts'ai^{13}	蕃茄 fan^{55} tɕ'i^{21}	海椒 xai^{42} tɕiau^{55}
眉　山	向儿葵 ɕiaŋ^{13} ɚ$^{21-55}$ k'uei^{31} 向儿回 ɕiaŋ^{13} ɚ$^{21-55}$ xuei^{31}	莲花白 niɛ̃^{31} xua^{55} pai^{24}	番茄 fã^{55} tɕ'i^{31}	海椒 xai^{53} tɕiau^{55}
乐　山	向儿葵 ɕiaŋ^{13} ɚ^{55} k'uei^{21} 葵瓜子 k'uei^{21} kua^{55} tsɿ^{43}	莲花白 niɛ̃^{21} xua^{55} pæ^{44} 包包菜 pau^{55} pau^{55} ts'ai^{13}	洋海椒 iaŋ^{21} xai^{43} tɕiau^{55}	海椒 xai^{43} tɕiau^{55}
西　昌	瓜子 kua^{44} tsɿ^{34}	包包白 pau^{44} pau^{44} pe^{31}	海柿子 xai^{34} ʂɿ^{11} tsɿ^{34}	海椒 xai^{34} tɕiau^{44}
洛　带$_{\text{客}}$	照木圆 tsau^{53} muʔ^{2} iɛn^{13}	莲白白 liɛn^{13} p'æʔ^{5} p'æʔ^{5}	洋鸡椒 iɔŋ^{13} kai^{45} tɕiau^{45}	鸡椒 kai^{45} tɕiau^{45}
仪　陇$_{\text{客}}$	向阳花 ɕiɔŋ 13iɔŋ^{21} fa^{33}	莲白白 liɛn^{21} p'aʔ^{3} p'aʔ^{3} 蓝菜 lan^{21} ts'o^{13}	洋番椒 iɔŋ^{21} fan^{33} tɕiau^{33}	番椒 fan^{33} tɕiau^{33}
永　兴$_{\text{湘}}$	太阳花 t'ai^{14} iɑŋ^{31} fa^{55} 葵花子 g'uei^{31} fa^{55} tsɿ^{53}	莲花白 nian^{31} fa^{55} b'e^{31}	洋海椒 iɑŋ^{31} xai^{53} tɕiɑu^{55}	海椒 xai^{53} tɕiɑu^{55}
安　仁$_{\text{湘}}$	向藿 ɕioŋ^{55} ho^{21} 向儿藿 ɕioŋ^{55} ɚ^{55} ho^{21}	莲花白 nĩ^{13} ɸo^{33} pai^{55}	番茄 ɸã^{33} tɕio^{13} /fã^{33} tɕio^{13}	辣子 na^{55} tɕi^{41} /na^{55} ·tsɿ
长　乐$_{\text{湘}}$	朝阳花 ts'ɑu^{21} iɑŋ^{21} fa^{44} 葵花子 k'uei^{21} fa^{44} tsɿ^{53}	包包白菜 pɑu^{44} pɑu^{44} pe^{21} ts'ai^{35}	番茄 fan^{44} tɕ'ie^{21}	辣子 fan^{44} tɕ'ie^{21} 海椒 xai^{53} tɕiɑu^{44}

续表 5－2

	十四、一般事物			
	蜘蛛网	卖剩下的东西，劣等品	小纸条	模棱两可、不确定的话
成 都	玻丝网 po^{55} sɿ^{55} uaŋ^{53}	罢脚货 pa^{213} tɕyo^{21} xo^{213} 脚货 tɕyo^{21} xo^{213}	飞飞$_{\text{儿}}$ fei^{55} feir^{55} 条条$_{\text{儿}}$ t'iau^{21} t'iaur$^{21-55}$	甩甩话 suai$^{\cdot 53}$ suai$^{\cdot 53-21}$ xua^{213}
广 元	蜘蛛网 tsɿ^{55} tsu^{55} uaŋ^{42}	罢脚货 pa^{214} tɕyo^{21} xo^{214}	纸飞飞$_{\text{儿}}$ tsɿ^{42} fei^{55} feir^{55} 溜溜$_{\text{儿}}$ niəu^{55} niəur^{55}	二不愣 ɚ^{214} pu^{21} nən^{214}
达 州	玻丝网$_{\text{儿}}$ po^{55} sɿ^{55} uaŋr$^{42-55}$	罢脚货 pa^{214} tɕio^{12} xo^{214} 簸落货 po^{42} no^{12} xo^{214}	纸条条 tsɿ^{42} t'iau^{12} t'iau$^{12-212}$	吊儿八百的话 tiau^{214} ɚ^{12} pa^{12} pie^{12} ti$^{\cdot 55}$ xua^{214}
遂 宁	玻丝网 po^{55} sɿ^{55} uaŋ^{52}	罢脚货 pa^{213} tɕio^{21} xo^{213}	纸条条 tsɿ^{52} t'iau^{21} t'iau$^{21-55}$	甩甩话 suai$^{\cdot 52}$ suai$^{\cdot 52}$ fa^{213}
自 贡	蜘蛛$_{\text{儿}}$网 tʂe^{55} tʂur^{55} uaŋ^{53}	罢脚$_{\text{儿}}$ pa^{214} tɕyor$^{214-55}$	纸飞飞$_{\text{儿}}$ tsɿ^{53} fei$^{\cdot 55}$ feir^{55} 溜溜$_{\text{儿}}$ niəu^{55} niəur^{55}	甩甩$_{\text{儿}}$话 ʂuai$^{\cdot 53}$ suair^{53} xua^{214}
荣 县	蛰蛛$_{\text{儿}}$网 tse^{31} tsur^{55} uan^{42}	崴货 uai$^{\cdot 42}$ xo^{214}	纸飞飞$_{\text{儿}}$ tsɿ^{42} fei$^{\cdot 55}$ feir^{55}	甩甩$_{\text{儿}}$话 suai$^{\cdot 42}$ suair^{55} xua^{214}
雅 安	蜘蛛网 tsɿ^{55} tsu^{55} uaŋ^{42} 玻丝网 po^{55} sɿ^{55} uaŋ^{42}	罢脚货 pa^{214} tɕyo^{55} xo^{214}	纸溜溜 tsɿ^{42} niəu^{55} niəu^{55}	两口话 niaŋ^{42} kəu^{42} xua^{214}
汉 源	蜘蛛网 tsɿ^{55} tsu^{55} uaŋ^{42}	罢脚货 pa^{213} tɕio^{55} xo^{213}	溜溜$_{\text{儿}}$ niəu^{55} niəur^{55}	两口话 niaŋ^{42} kəu^{42} xua^{213}
泸 州	啄蛛$_{\text{儿}}$网 tsua^{33} tsur^{55} uaŋ^{42}	罢脚子 pa^{13} tɕyɵ^{33} tsɿ^{42}	溜溜$_{\text{儿}}$ niəu^{55} niəur^{55}	甩甩话 suai$^{\cdot 42}$ suai$^{\cdot 42-21}$ xua^{13}
眉 山	玻丝网 pu^{55} sɿ^{55} uaŋ^{53}	罢脚货 pa^{13} tɕio^{24} xo^{13}	纸飞飞$_{\text{儿}}$ tsɿ^{53} fei$^{\cdot 55}$ feir$^{55-44}$	甩甩话 suai$^{\cdot 53}$ suai$^{\cdot 53}$ xua^{13}
乐 山	玻丝网儿 po^{55} sɿ^{55} uaŋ^{43} ɚ^{55}	脚罢儿 tɕyu^{44} pa^{13} ɚ^{55}	纸飞飞儿 tsɿ^{43} fei$^{\cdot 55}$ fei$^{\cdot 55}$ ɚ^{55}	活甩甩的 xo^{44} suai$^{\cdot 43}$ suai$^{\cdot 43}$ ni$^{\cdot 55}$
西 昌	蜇蛛网 tʂe^{31} tʂu^{44} uaŋ^{34}	罢脚子 pa^{11} tɕio^{31} tsɿ^{34}	纸溜溜$_{\text{儿}}$ tʂɿ^{34} niəu^{44} niəur^{44}	甩甩话 ʂuai$^{\cdot 34}$ ʂuai$^{\cdot 34}$ xua^{11} 水话 ʂuei$^{\cdot 34}$ xua^{11}
洛 带$_{\text{客}}$	□蠷网 la^{13} tɕ'ia^{13} miaŋ^{31}	罢脚子货 pa^{53} tɕioʔ^{2} tsɿ^{31} fo^{53}	纸飞飞 tsɿ^{31} fei$^{\cdot 45}$ fei$^{\cdot 45}$	吊甩甩话 tiau^{53} suai$^{\cdot 31}$ suai$^{\cdot 31}$ va^{53}
仪 陇$_{\text{客}}$	玻丝网网 pəu^{33} sɿ^{33} uaŋ^{53} uaŋ^{21} □□网网 la^{21} tɕ'ia^{21} uaŋ^{53} uaŋ^{21}	罢脚脚货 pa^{13} tɕioʔ^{3} tɕioʔ^{3} xəu^{13}	纸飞飞 tsɿ^{53} fei$^{\cdot 33}$ fei$^{\cdot 33}$	活甩甩个话 xoʔ^{5} suai$^{\cdot 53}$ suai$^{\cdot 53}$ kɛ^{53} va^{53}
永 兴$_{\text{湘}}$	玻丝网 po^{55} sɿ^{55} vaŋ^{53} 玻丝网网 po^{55} sɿ^{55} vaŋ^{53} vaŋ^{31}	歪货 uai$^{\cdot 53}$ xo^{14} □脚货 nia^{14} tɕyo^{31} xo^{14}	纸飞飞 tsɿ^{53} fei$^{\cdot 55}$ fei$^{\cdot 55}$	甩甩话 suai$^{\cdot 53}$ suai$^{\cdot 53}$ va^{14}
安 仁$_{\text{湘}}$	玻丝 pu^{33} sɿ^{33} 玻丝网 pu^{33} sɿ^{33} oŋ^{41}	罢脚货 po^{24} tɕy^{21} hɤ^{55}	纸飞飞儿 tsɿ^{41} ɸei$^{\cdot 33}$ ɸei$^{\cdot 33}$ ɚ^{21} （新）	水水话 ɕy^{41} ɕy^{41} o^{21} 黄话 hoŋ^{13} o^{21}
长 乐$_{\text{湘}}$	玻丝 po^{44} sɿ^{44}	孬东西 p'ie^{35} tuŋ^{44} ɕi^{44} 歪货 uai$^{\cdot 44}$ xo^{35}	纸飞飞 tsɿ^{53} fei$^{\cdot 44}$ fei$^{\cdot 44}$	吊儿活甩 tiɑu^{35} o^{21} xo^{21} suai$^{\cdot 53}$

续表5－2

	十四、一般事物			
	托辞	牢骚话	外行话	绳子
成　都	推口话 tʻuei^{55}kʻəu^{53}xua^{213}	二话 ɚ^{213}xua^{213} 吊话 tiau^{213}xua^{213}	黄腔 xuaŋ^{21}tɕʻiaŋ^{55}	绳绳$_{儿}$suən^{21}suənr$^{21-55}$
广　元	借口 tɕie^{214}kʻəu^{42}	二话 ɚ^{214}xua^{214}	黄腔 xuaŋ^{21}tɕʻiaŋ^{55}	绳绳 sən^{21}sən^{21}
达　州	推口话 tʻuei^{55}kʻəu^{42}xua^{214}	吊话 tiau^{214}xua^{214}	黄腔 xuaŋ^{12}tɕʻiaŋ^{55}	索索 so^{12}so$^{12-55}$ 索子 so^{12}tsɿ^{42}
遂　宁	推口话 tʻuei^{55}kʻəu^{52}fa^{213} 借口 tɕie^{213}kʻəu^{52}	二话 ɚ^{213}fa^{213}	黄腔 faŋ^{21}tɕʻiaŋ^{55}	索子 so^{21}tsɿ^{52}
自　贡	推口话 tʻuei^{55}kʻəu^{53}xua^{214}	二话 ɚ^{214}xua^{214}	黄腔 xuaŋ^{31}tɕʻiaŋ^{55}	索子 ʂo^{214}tsɿ^{53} 绳绳$_{儿}$ʂuən^{31}ʂuənr$^{31-55}$
荣　县	借口 tɕie^{31}kʻəu^{42}	二话 ɚ^{31}xua^{214}	黄腔 xuan^{31}tɕʻian^{55}	绳绳$_{儿}$suən^{31}suənr$^{31-55}$ 索索$_{儿}$so^{214}sor$^{214-55}$
雅　安	推口话 tʻuei^{55}kʻəu^{42}xua^{214}	二话 ɚ^{214}xua^{214}	黄腔 xuaŋ^{21}tɕʻiaŋ^{55}	索索 so^{55}so^{55} 绳绳 suən^{21}suən$^{21-55}$
汉　源	推口话 tʻuei^{55}kʻəu^{42}xua^{213}	二话 ɚ^{213}xua^{213} 吊话 tiau^{213}xua^{213}	黄腔 xuaŋ^{21}tɕʻiaŋ^{55}	索索 so^{55}so^{55} 绳绳 suən^{21}suən$^{21-55}$
泸　州	推口话 tʻuei^{55}kʻəu^{42}xua^{13}	二话 ɚ^{13}xua^{13}	黄腔 xuaŋ^{21}tɕiaŋ^{55}	索索 sɵ^{33}sɵ^{33}
眉　山	推口话 tuei^{55}kəu^{53}xua^{13}	吊话 tiau^{13}xua^{13}	黄腔 xuaŋ^{31}tɕʻiaŋ^{55}	索索 so^{24}so^{24}
乐　山	推口话 tʻuei^{55}kʻəu^{43}xua^{13}	发牢骚 fæ^{44}nau^{21}sau^{55}	黄腔 xuaŋ^{21}tɕʻiaŋ^{55}	绳绳儿 suən^{21}suən^{21}ɚ^{21} 索索 sʊ^{44}sʊ^{44}
西　昌	推口话 tʻuei^{44}kʻəu^{34}xua^{11}	二话 ɚ^{11}xua^{11}	黄腔 xuaŋ^{52}tɕʻiaŋ^{44}	索索$_{儿}$so^{31}sor$^{31-44}$
洛　带$_{客}$	推口话 tʻuei^{45}xiəu^{31}va^{53}	二话 ȵi^{53}va^{53}	黄腔 vɔŋ^{13}tɕʻiɔŋ^{45}	索嫲 soʔ^{2}ma^{13}
仪　陇$_{客}$	推口话 tʻuei^{33}kʻɛ^{53}va^{53}	二话 i^{53}va^{53}	黄腔 uɔŋ^{21}tɕʻiɔŋ^{33}	索子 soʔ^{3}tsɿ^{33}
永　兴$_{湘}$	推口话 tʻuei^{55}kʻiəu^{53}va^{14} 推子 tʻuei^{55}tsɿ^{53}	口话 ʐau^{31}va^{14}	黄腔 vɑŋ^{31}tɕʻiɑŋ^{55}	索索 so^{31}so^{31}
安　仁$_{湘}$	推辞话 te^{33}tsɿ^{13}o^{21}	讲二话 ɕioŋ^{41}ie^{24}o^{21}	黄腔 hoŋ^{13}tɕʻioŋ^{33}	索索 su^{55}su^{55}
长　乐$_{湘}$	推口话 tʻuei^{44}kʻou^{53}fa^{35}	讲二话 tɕiɑŋ^{53}o^{35}fa^{35}	黄腔 uɑŋ^{21}tɕʻiɑŋ^{44}	索索 so^{21}so^{21} 索子 so^{21}tsɿ^{53}

续表 5－2

	十四、一般事物		十五、一般动物、植物	
	火焰	不付出相应代价而得到的东西	狐狸	老鼠
成都	火焰子 xo^{53} iɛ^{n213} tsɿ^{53}	㶶和 p'a^{55} xo^{21} 魌头 tɕ'i^{55} t'əu^{21}	狐狸 fu^{21} ni^{53}	耗子 xau^{213} tsɿ^{53} 高客 kau^{55} k'e^{21}
广元	火浪子 xo^{42} naŋ^{214} tsɿ^{42}	魌头 tɕ'i^{55} t'əu^{21}	毛狗 mau^{21} kəu^{42}	高客 kau^{55} ke^{21} 耗子 xau^{214} tsɿ^{42}
达州	火烟子 xo^{42} iɛn^{55} tsɿ^{42}	㶶和 p'a^{55} xo^{12} 魌头 tɕ'i^{55} t'əu^{12}	毛狗 mau^{12} kəu^{42}	耗子 xau^{214} tsɿ^{42}
遂宁	火尾子 xo^{52} uei^{52} tsɿ^{52}	㶶和 p'a^{55} xo^{21}	毛狗 mau^{21} kəu^{52} 野狗 ie^{52} kəu^{52}	耗子 xau^{213} tsɿ^{52}
自贡	火尾子 xo^{53} uei^{53} tsɿ^{53}	便宜 p'iɛn^{31} i^{31}	狐狸 fu^{31} ni^{53}	耗子 xau^{214} tsɿ^{53}
荣县	火尾子 xo^{42} uei^{31} tsɿ^{42}	㶶合 p'a^{55} xo^{21} 便宜 p'in^{31} i^{214}	狐狸 fu^{31} ni^{42}	耗子 xau^{214} tsɿ^{42} 耗婆 xau^{214} p'o^{31}
雅安	火尾子 xo^{42} uei^{42} tsɿ^{42}	魌头 tɕ'i^{55} t'əu^{21}	毛狗 mau^{21} kəu^{42} 野狗 ie^{42} kəu^{42}	老水子 nau^{42} suei^{42} tsɿ^{42} 耗子 xau^{214} tsɿ^{42}
汉源	火尾子 xo^{42} uei^{42} tsɿ^{42}	魌头 tɕ'i^{55} t'əu^{21}	毛狗精 mau^{21} kəu^{42} tɕin^{55} 毛狗 mau^{21} kəu^{42}	老水子 nau^{42} suei^{42} tsɿ^{42} 耗子 xau^{213} tsɿ^{42}
泸州	火苗子 xo^{42} miau^{42} tsɿ^{42}	㶶㶶货 p'a^{55} p'a^{55} xo^{13}	毛狗 mau^{21} kəu^{42}	耗子 xau^{13} tsɿ^{42} 高客 kau^{55} k'e^{33}
眉山	火尾子 xo^{53} uei^{53} tsɿ^{53}	㶶㶶货 p'a^{55} p'a$^{55-44}$ xo^{13}	毛狗 mau^{31} kəu^{53}	耗子 xau^{13} tsɿ^{53} 高客 kau^{55} k'ai^{24}
乐山	火光 xo^{43} kuaŋ^{55} 火苗子 xo^{43} miau^{21} tsɿ^{43}	相因 ɕiaŋ^{55} in^{55} 㶶和 p'a^{55} xo^{21}	狐狸 fu^{21} ni^{43}	耗子 xau^{13} tsɿ^{43} 耗马儿 xau^{13} ma^{43} ɚ^{21}
西昌	火尾 xo^{34} uei^{34}	魌头$_{\text{儿}}$ tɕ'i^{44} t'əur^{52}	毛狗 mau^{52} kəu^{34}	耗子 xau^{11} tsɿ^{34}
洛带$_{\text{客}}$	火尾子 fo^{31} mei^{45} tsɿ^{31}	㶶和 p'a^{45} xo^{13}	狐狸 fu^{13} li^{13}	老鼠子 lau^{53} ts'u^{13} tsɿ^{31}
仪陇$_{\text{客}}$	火尾子 fəu^{53} mei^{33} tsɿ^{53}	㶶和 p'a^{33} xəu^{21} 魌头 tɕ'i^{13} t'ai^{21}	毛狗 mau^{21} kɛ^{53}	老鼠子 ləu^{53} ts'u^{21} tsɿ^{53}
永兴$_{\text{湘}}$	火尾子 xo^{53} vei^{53} tsɿ^{53}	捡便宜 tɕian^{53} b'ian^{31} i^{31}	毛狗 mɑu^{31} kiəu^{53}	老水子 nɑu^{53} suei^{53} tsɿ^{53}
安仁$_{\text{湘}}$	火尾子 ɸu^{41} uei^{41} ·tsɿ	魌头货 tɕ'i^{33} tie^{13} hɤ^{24}	毛狗 me^{13} tɕie^{41}	老鼠子 ne^{41} ɕy^{41} ·tsɿ
长乐$_{\text{湘}}$	火尾子 xo^{53} uei^{53} tsɿ^{53}	捡便宜 tɕian^{53} p'ian^{21} ni^{21} 起手 tɕ'i^{53} sou^{53}	毛狗 mɑu^{21} kou^{53}	老鼠子 nɑu^{53} tɕ'y^{44} tsɿ^{53} 尖嘴巴 tɕian^{44} tɕyei^{53} pa^{44}

续表 5－2

	十五、一般动物、植物			
	蛇	癞蛤蟆	蜻蜓	蝉
成　都	梭老二 so^{55} nau^{53} ɚ^{213} 蛇 se^{21}	癞疙宝 nai^{213} ke^{21} pau^{53}	丁丁猫$_{\text{儿}}$tin^{55} tin^{55} maur^{55} 羊颠颠$_{\text{儿}}$iaŋ^{21} tiɛ^{n55} tiɛ^{n}r^{55}	蝉 sa^{n21} 懒蝉子 na^{n53} sa^{n21} tsɿ^{53}
广　元	长虫 tsʻaŋ^{21} tsʻoŋ^{21}	癞疙宝 nai^{214} ke^{21} pau^{42}	蝉子 tsʻa^{n21} tsɿ^{42}	马蝉子 ma^{42} tsʻa^{n21} tsɿ^{42}
达　州	长虫 tsʻaŋ^{12} tsʻoŋ^{12}	癞疙宝 nai^{214} tɕʻie^{12} pau^{42}	羊丁丁$_{\text{儿}}$iaŋ^{12} tin^{55} tinr^{55}	嗯啦子 ŋən^{55} na^{55} tsɿ^{42}
遂　宁	梭老二 so^{55} nau^{52} ə^{213}	癞疙宝 nai^{213} kʻe^{21} pau^{52}	丁丁猫$_{\text{儿}}$tin^{55} tin^{55} maur^{55}	咪口子 mi^{55} ŋa^{55} tsɿ^{52}
自　贡	长虫 tʂʻaŋ^{31} tʂʻoŋ^{31}	癞疙宝 nai^{214} ke^{214} pau^{53}	马马灯$_{\text{儿}}$ma^{53} ma^{53} tənr^{55}	口口$_{\text{儿}}$ȵi^{55} ŋənr^{55}
荣　县	梭老二 so^{55} nau^{42} ɚ^{214} 长虫 tsʻan^{31} tsʻoŋ^{31}	癞疙宝 nai^{214} ke^{42} pau^{42} 癞蜞蚂$_{\text{儿}}$nai^{214} kʻe^{31} mar^{55}	蚂蚂噔 ma^{42} ma^{42} tən^{55}	呢口$_{\text{儿}}$ȵi^{55} ŋənr^{55}
雅　安	蛇 se^{21}	癞疙宝 nai^{214} ke^{55} pau^{42}	丁丁猫$_{\text{儿}}$tin^{55} tin^{55} maur^{55}	懒懒阳 næ̃^{42} næ̃^{42} iaŋ^{21}
汉　源	蛇 sai^{21}	癞疙宝 nai^{213} kʻe^{55} pau^{42}	巴郎子 pa^{55} naŋ^{55} tsɿ^{42} 丁丁猫$_{\text{儿}}$tin^{55} tin^{55} maur^{55}	发秧虫 fa^{55} iaŋ^{55} tsʻoŋ^{21} 懒虫子 na^{n42} tsoŋ^{21} tsɿ42
泸　州	干黄鳝 kan^{55} xuaŋ^{21} san^{13} 金串子 tɕin^{55} tsʻuan^{13} tsɿ^{42}	癞疙宝 nai^{13} ke^{33} pau^{42}	丁丁猫$_{\text{儿}}$tin^{55} tin^{55} maur^{55}	牵牛昂昂 tɕʻiɛn^{55} niəu^{21} ŋaŋ^{55} ŋaŋ^{55}
眉　山	梭老二 so^{55} nau^{53} ɚ^{13} 干黄鳝 kã^{55} xuaŋ^{31} sã^{13}	癞疙宝 nai^{13} kai^{24} pau^{53} 癞蜞蚂$_{\text{儿}}$nai^{13} tɕʻi^{31} mar^{55}	虰虰猫$_{\text{儿}}$ tin^{55} tin$^{55-44}$ maur^{55}	懒懒虫$_{\text{儿}}$nã^{53} nã^{53} tsʻoŋr^{31}
乐　山	干黄鳝 ka^{n55} xuaŋ^{21} sa^{n13} 长虫 tsʻaŋ^{21} tsʻoŋ^{21}	癞疙宝 nai^{13} ke^{44} pau^{43}	猫那$_{\text{儿}}$mau^{55} nar^{55}	口口 næ^{55} næ^{55}
西　昌	老梭 nau^{34} so^{44} 梭老二 so^{44} nau^{34} ɚ^{11}	癞疙宝 nai^{11} ke^{31} pau^{34}	丁丁猫$_{\text{儿}}$tin^{44} tin^{44} maur^{44}	树知了 ʂu^{11} tʂʅ^{44} niau^{34}
洛　带$_{\text{客}}$	蛇 sa^{13} 梭老二 so^{45} lau^{31} ȵi^{53}	癞疙宝 lai^{53} keʔ^{2} pau^{31}	龙蚁子 luŋ^{13} i^{45} tsɿ^{31}	蝉子 san^{13} tsɿ^{31}
仪　陇$_{\text{客}}$	长虫 tsʻɔŋ^{21} tsʻuŋ^{21} 蛇 sa^{21}	癞疙宝 lai^{13} kʻeʔ^{3} pau^{53}	羊咪咪 iɔŋ^{21} mi^{33} mi^{33}	懒蝉子 lan^{13} san^{21} tsɿ^{53}
永　兴$_{\text{湘}}$	梭老二 so^{55} nau^{53} ɚ^{14}	癞疙宝 nai^{14} ke^{31} pau^{53}	羊角米米 iaŋ^{21} ka^{55} mi^{55} mi^{55}	懒虫 nan^{53} dzʻoŋ^{31}
安　仁$_{\text{湘}}$	蛇 ɕio^{13}	癞疙蟆 na^{55} ke^{13} mo^{21} 癞子蟆牯 na^{55} tsɿmo^{13} ku^{41}	羊角丁丁 ioŋ^{13} ka$^{41-33}$ tin^{33} tin^{33} / ioŋ^{13} ka$^{41-33}$ ti^{33} ti^{33} 羊角咪咪 ioŋ^{13} ka^{41} mi^{33} mi^{33}	夷娘子 i^{13} ȵiaŋ^{33} ·tsɿ
长　乐$_{\text{湘}}$	蛇 se^{21}	癞蛤包 nai^{35} ke^{21} pau^{44}	纱羊 sa^{44} iaŋ^{21}	懒懒虫 nan^{53} nan^{53} tsuŋ^{21}

续表5－2

	十五、一般动物、植物			
	蚯蚓	蟑螂	蝙蝠	草绿龙晰
成　都	曲鳝儿 tɕʻy^{21} sua^{n}r^{213}	偷油婆 tʻəu^{55} iəu^{21} pʻo^{21}	檐老鼠儿 iɛ^{n21} nau^{53} sur^{53}	四脚蛇儿 sɿ^{213} tɕʻyo^{21} ser^{21}
广　元	曲鳝儿 tɕʻy^{21} sa^{n}r^{214}	偷油婆 tʻəu^{55} iəu^{21} pʻo^{21}	夜白飞 ie^{214} pia^{21} fei^{214}	脚蛇子 tɕyo^{21} se^{21} tsɿ^{42}
达　州	曲鳝儿 tɕʻy^{12} sanr^{55}	黄婆娘 xuaŋ^{12} pʻo^{12} iaŋ^{55} 猴三儿 xəu^{12} sanr^{55}	檐老鼠儿 iɛn^{12} nau^{42} sur^{42}	四脚蛇 sɿ^{214} tɕio^{12} se^{12}
遂　宁	曲鳝儿 tɕʻy^{21} sanr^{213}	偷油婆 tʻəu^{55} iəu^{21} pʻo^{21}	檐老鼠儿 iɛn^{21} nau^{52} sur^{52}	四脚蛇 sɿ^{213} tɕio^{21} se^{21}
自　贡	曲蟮儿 tɕʻy^{31} ʂanr^{214}	偷油婆 tʻəu^{55} iəu^{31} pʻo^{31}	檐老鼠儿 iɛn^{31} nau^{53} ʂur^{53}	四脚蛇 sɿ^{214} tɕyo^{214} ʂe^{31}
荣　县	曲鳝儿 tɕʻye^{31} sanr^{214}	偷油婆 tʻəu^{55} iəu^{31} pʻo^{31}	燕老鼠儿 in^{31} nau^{42} sur^{55}	四脚蛇 sɿ^{214} tɕio^{42} se^{31}
雅　安	曲鳝子 tɕʻy^{55} sæ̃^{214} tsɿ^{42}	偷油婆 tʻəu^{55} iəupʻo^{21}	燕老鼠 iɛ̃^{214} nau^{42} su^{42}	四脚蛇 sɿ^{214} tɕyo^{55} se^{21} 脚蛇子 tɕyo^{55} se^{21} tsɿ^{42}
汉　源	曲鳝子 tɕʻy^{55} sa^{n213} tsɿ^{42}	偷油婆 tʻəu^{55} iəupʻo^{21}	燕老鼠 iɛ^{n213} nau^{42} su^{42}	蛇太医 sai^{21} tai^{213} i^{55} 脚蛇子 tɕio^{55} sai^{21} tsɿ^{42}
泸　州	曲鳝儿 tɕʻy^{33} sanr^{13}	推移婆 tʻuei^{55} i^{21} pʻo^{21}	檐耗儿 iɛn^{21} xau^{13} ɚ^{21}	脚蛇儿 tɕyɵ^{33} sɚ^{21}
眉　山	曲鳝儿 tɕʻy^{24} sãr^{13}	偷油婆 tʻəu^{55} iəu^{31} pʻu^{31}	檐老许 iã^{31} nau^{53} ɕy^{53}	四脚蛇 sɿ^{13} tɕio^{24} sei^{31}
乐　山	曲鳝儿 tɕʻyu^{44} sa^{n13} ɚ^{55}	偷油婆 tʻəu^{55} iəu^{21} pʻo^{21}	檐老鼠 iɛ̃^{21} nau^{43} su^{43}	四脚蛇 sɿ^{13} tɕyu^{44} sei^{21} 壁虎儿 pie^{44} fur^{43}
西　昌	曲鳝儿 tɕʻi^{31} ʂan^{11}	灶马子 zau^{11} ma^{34} tsɿ^{34}	壁蝠儿 pi^{31} fur^{31} 燕壁蝠儿 ian^{52} pi^{31} fur^{31}	四脚蛇 sɿ^{11} tɕio^{31} ʂai^{52}
洛　带客	红蜣 fuŋ^{13} ɕiɛn^{53}	黄蚢 vɔŋ^{13} tsʻæʔ^{2}	飞老鼠 fei^{45} lau^{53} tsʻu^{13}	四脚蛇 ɕi^{53} tɕioʔ^{2} sa^{13}
仪　陇客	曲鳝儿 tɕʻy^{21} ɕyanr^{13}	偷油婆 təu^{33} iəu^{21} pʻəu^{21}	檐老鼠 iɛn^{21} ləu^{53} tsʻu^{21}	四脚蛇 ɕi^{13} tɕioʔ^{3} sa^{21}
永　兴湘	虫线 dzʻoŋ^{31} ɕian^{14}	偷油婆 tʻəu^{55} iəu^{31} bʻo^{31}	檐飞子 ian^{31} fei^{55} tsɿ^{53}	四脚蛇 sɿ^{14} tɕyo^{31} ʐe^{31}
安　仁湘	土蛇蚣 tʻɤu^{41} ɕio^{13} koŋ^{33}	偷口婆 tʻie^{33} nie^{21} pu^{33}	檐老鼠 ĩ^{13} ne^{41} ɕy^{55} 檐老鼠儿 ĩ^{13} ne^{41} ɕyr^{55}	狗步蛇 tɕie^{41} pu^{13} ɕio^{13}
长　乐湘	土鳝 tʻou^{54} san^{35}	烧家婆 sɑu^{44} ka^{44} po^{21}	檐老鼠 ian^{21} nɑu^{53} tɕʻy^{44}	爬壁虎 pa^{21} pi^{21} fu^{53}

续表 5－2

	十五、一般动物、植物			
	公牛	母牛	公狗	母狗
成　都	牯牛 ku^{53}ȵiəu^{21} 公牛 k‘oŋ^{55}niəu^{21}	騇牛 sa^{55}ȵiəu^{21} 母牛 mu^{53}ȵiəu^{21}	牙狗 ia^{21}kəu^{53} 公狗 koŋ^{55}kəu^{53}	母狗 mu^{53}kəu^{53}
广　元	骚牛未阉割 sau^{55}ȵiəu^{21} 牯牛已阉割 ku^{42}ȵiəu^{21}	牸牛 ʦɿ^{214}ȵiəu^{21}	牙狗 ia^{21}kəu^{42}	母狗 mu^{42}kəu^{42}
达　州	牯牛 ku^{42}iəu^{12}	騇牛 sa^{55}iəu^{12}	牙狗 ia^{12}kəu^{42}	草狗 ʦ‘au^{42}kəu^{42}
遂　宁	牯牛 k‘u^{55}niəu^{21}	騇牛 sa^{55}niəu^{21}	牙狗 ia^{21}kəu^{52}	草狗 ʦ‘au^{21}kəu^{52}
自　贡	牯牛 ku^{53}ȵiəu^{31}	騇牛 ʂa^{55}ȵiəu^{31}	牙狗 ia^{31}kəu^{53}	草狗 ʦ‘au^{53}kəu^{53}
荣　县	牯牛 ku^{42}ȵiəu^{31}	奶牛 nai^{42}ȵiəu^{31}	公狗 koŋ^{55}kəu^{42}	草狗 ʦ‘au^{42}kəu^{42}
雅　安	牯牛 ku^{42}niəu^{21}	母牛 mu^{42}niəu^{21}	牙狗 ia^{21}kəu^{42}	草狗 ʦ‘au^{42}kəu^{42}
汉　源	牯牛 ku^{42}ȵiəu^{21}	母牛 mu^{42}ȵiəu^{21}	牙狗 ia^{21}kəu^{42}	草狗 ʦ‘au^{42}kəu^{42}
泸　州	牯牛 ku^{42}ȵiəu^{21}	騇牛 sa^{55}ȵiəu^{21}	牙狗 ia^{21}kəu^{42}	草狗$_{\text{儿}}$ ʦ‘au^{42}kəur^{42}
眉　山	牯牛 ku^{53}ȵiəu^{31} 骚牯棒 sau^{55}ku^{53}paŋ^{13}	騇牛 sa^{55}ȵiəu^{31}	牙狗 ia^{31}kəu^{53}	草狗 ʦ‘au^{53}kəu^{53}
乐　山	牯牛 ku^{43}niəu^{21}	騇牛 sa^{55}niəu^{21}	牙狗 ia^{21}kəu^{43}	草狗儿 ʦ‘au^{43}kəu^{43}ɚ^{21}
西　昌	牯子 ku^{34}ʦɿ^{34}	騇騇 ʂa^{44}ʂa^{44}	牙狗 ia^{52}kəu^{34}	牙狗 ia^{52}kəu^{34} 草狗 ʦ‘au^{34}kəu^{34}
洛　带$_{\text{客}}$	牛公 ȵiəu^{13}kuŋ^{45} 牯牛 ku^{31}ȵiəu^{13}	牛嫲 ȵiəu^{13}ma^{13} 騇牛 sa^{45}ȵiəu^{13}	狗公 kiəu^{31}kuŋ^{45}	狗嫲 kiəu^{31}ma^{13}
仪　陇$_{\text{客}}$	脚牛 ʨioʔ^{3}ŋiɛ^{53} 公牛 kuŋ^{13}ŋiɛ^{53}	騇牛 sa^{13}ŋiɛ^{53} 母牛 mu^{53}ŋiɛ^{53}	牙狗 ia^{21}kɛ^{53}	母狗子 mu^{53}kɛ^{53}ʦɿ^{21}
永　兴$_{\text{湘}}$	牯牛 ku^{53}ȵiəu^{31}	沙牛 sa^{55}ȵiəu^{31}	牙狗 ia^{31}kiəu^{53}	草狗 ʦ‘ɑu^{53}kiəu^{53}
安　仁$_{\text{湘}}$	牯牛 ku^{41}niɤu^{13}	沙牛 so^{33}niɤu^{13}	牙狗 io^{13}ʨie^{41}	草狗 ʦ‘e^{41}ʨie^{41} 狗婆子 ʨie^{41}pu^{13}·ʦɿ
长　乐$_{\text{湘}}$	牯牛 ku^{53}niou^{21}	沙牛 sa^{44}niou^{21}	牙狗 ŋa^{21}kou^{53}	草狗 ʦ‘ɑu^{53}kou^{53}

续表 5－2

十五、一般动物、植物	公猪	母猪	雄猫	雌猫
成　都	牙猪 ia^{21} ʦu^{55}	母猪 mu^{53} ʦu^{55}	公猫儿 koŋ^{55} maur^{55}	母猫儿 mu^{53} maur^{55}
广　元	牙猪 ia^{21} ʦu^{55}	奶腾子阉割后 nai^{53} t'ən^{21} ʦɿ^{42} 老母猪 nau^{42} mu^{42} ʦu^{55}	男猫儿 na^{n21} maur^{55}	女猫儿 ȵy^{42} maur^{55}
达　州	牙猪 ia^{12} ʦu^{55}	母猪 mu^{42} ʦu^{55}	男猫儿 nan^{12} maur^{55}	女猫儿 y^{42} maur^{55}
遂　宁	牙猪 ia^{21} ʦu^{55}	母猪 mu^{52} ʦu^{55}	男猫 nan^{21} mau^{55}	女猫 ny^{52} mau^{55}
自　贡	脚猪 ʨyo^{214} tʂu^{55} 牙猪 ia^{31} tʂu^{55}	母猪 mu^{53} tʂu^{55}	公猫儿 koŋ^{55} maur^{55}	母猫儿 mu^{53} maur^{55}
荣　县	公猪 koŋ^{55} ʦu^{55}	老母猪 nau^{42} mu^{42} ʦu^{55}	男猫 nan^{31} mau^{55}	女猫 ȵy^{42} mau^{55}
雅　安	牙猪 ia^{21} ʦu^{55}	母猪 mu^{42} ʦu^{55}	男猫 næ̃^{21} mau^{55}	女猫 ny^{42} mau^{55}
汉　源	牙猪 ia^{21} ʦu^{55}	母猪 mu^{42} ʦu^{55}	男猫 na^{n21} mau^{55}	女猫 ȵy^{42} mau^{55}
泸　州	牙猪 ia^{21} ʦu^{55}	奶婕儿 nai^{42} ʨier^{42}	公猫儿 koŋ^{55} maur^{55}	母猫儿 mu^{42} maur^{55}
眉　山	牙猪 ia^{31} ʦu^{55}	老母猪 nau^{53} mu^{53} ʦu^{55}	男猫儿 nã^{31} maur^{55}	女猫儿 ȵy^{53} maur^{55}
乐　山	牙猪 ia^{21} ʦu^{55}	老母猪 nau^{43} mu^{43} ʦu^{55}	公猫儿 koŋ^{55} mau^{55} ɚ^{55}	母猫儿 mu^{43} mau^{55} ɚ^{55}
西　昌	牙猪 ia^{52} tʂu^{44}	母猪 mu^{34} tʂu^{44} 老海配种母猪 nau^{34} xai^{34}	男猫儿 nan^{52} maur^{44}	女猫 ni^{34} mau^{44}
洛　带客	猪公 ʦu^{45} kuŋ^{45}	猪嫲 ʦu^{45} ma^{13}	猫公 miau^{53} kuŋ^{45}	猫嫲 miau^{53} ma^{13}
仪　陇客	牙猪 ia^{21} ʦu^{33}	母猪 mu^{53} ʦu^{33} 猪嫲 ʦu^{13} ma^{53}	公猫 kuŋ^{13} miau^{13} 猫公 miau^{13} kuŋ^{33}	母猫 mu^{53} miau^{13} 猫嫲 miau^{13} ma^{21}
永　兴湘	牙猪 ia^{31} tʂu^{55} 脚猪 ʨyo^{31} tʂu^{55} 种猪 ʦoŋ^{53} tʂu^{55}	母猪 mu^{53} tʂu^{55} 母猪婆 mu^{53} tʂu^{55} b'o^{31}	牯猫 ku^{53} mɑu^{55}	母猫 mu^{53} mau^{55} 丝猫 sɿ^{55} mau^{55}
安　仁湘	牙猪 io^{13} ʨy$^{33/21}$ 罗公子配种的公猪 no^{21} koŋ^{33} · ʦɿ	猪婆子 ʨy^{33} pu^{13} · ʦɿ^{21} 母猪 mu^{41} · ʨy^{33}	牯猫儿 ku^{41} me^{13} ɚ^{21} 公猫儿 koŋ^{33} me^{13} ɚ^{21}	雌猫儿 sɿ^{13} me^{55} ɚ^{21} 母猫儿 mu^{41} me^{13} ɚ^{21}
长　乐湘	脚猪 ʨyo^{21} ʨy^{44}	母猪 mu^{53} ʨy^{44}	牯猫 ku^{53} mɑu^{44}	丝猫 sɿ^{44} mɑu^{44}

续表 5－2

	十五、一般动物、植物			
	公鸡	母鸡	孵蛋的鸡	雏鸡
成　都	鸡公 tɕi^{55}koŋ^{55}	鸡婆 tɕi^{55}p‘o^{21}	菢鸡婆 pau^{213}tɕi^{55}p‘o^{21}	鸡崽$_{儿}$ tɕi^{55}tsair^{53} 鸡儿 tɕi^{55}ɚ^{21}
广　元	公鸡 koŋ^{55}tɕi^{55}	母鸡 mu^{42}tɕi^{55}	菢母鸡 pau^{214}mu^{42}tɕi^{55}	乖乖 kuai^{55}kuai^{55}
达　州	鸡公 tɕi^{55}koŋ^{55}	鸡母 tɕi^{55}mu^{42}	菢鸡母 pau^{214}tɕi^{55}mu^{42}	鸡崽崽 tɕi^{55}tsai^{42}tsai^{42}
遂　宁	鸡公 tɕi^{55}koŋ^{55}	鸡母 tɕi^{55}mu^{52}	菢鸡婆 pau^{213}tɕi^{55}p‘o^{21}	小鸡崽崽 ɕiau^{52}tɕi^{55}tsai^{52}tsai^{52}
自　贡	叫鸡 tɕiau^{214}tɕi^{55} 鸡公 koŋ^{55}tɕi^{55}	鸡婆 tɕi^{55}p‘o^{31}	菢鸡婆 pau^{214}tɕi^{55}p‘o^{31}	小鸡儿 ɕiau^{53}tɕi^{55}ɚ^{31}
荣　县	叫鸡公 tɕiau^{214}tɕi^{55}koŋ^{55}	鸡婆 tɕi^{55}p‘o^{31}	赖菢鸡婆 nai^{31}pau^{214}tɕi^{55}p‘o^{31}	小鸡儿 ɕiau^{42}tɕi^{55}ɚ^{31}
雅　安	鸡公 tɕi^{55}koŋ^{55} 公鸡 koŋ^{55}tɕi^{55}	鸡婆 tɕi^{55}p‘o^{21} 母鸡 mu^{42}tɕi^{55}	菢鸡婆 pau^{214}tɕi^{55}p‘o^{21}	鸡儿子 tɕi^{55}ɚ^{21}tsɿ^{42}
汉　源	公鸡 koŋ^{55}tɕi^{55} 鸡公 tɕi^{55}koŋ^{55}	母鸡 mu^{42}tɕi^{55} 鸡婆 tɕi^{55}p‘o^{21}	菢鸡婆 pau^{213}tɕi^{55}p‘o^{21}	鸡儿子 tɕi^{55}ɚ^{21}tsɿ^{42}
泸　州	鸡公 tɕi^{55}koŋ^{55}	鸡母 tɕi^{55}mu^{42}	菢鸡婆 pau^{13}tɕi^{55}p‘o^{21}	鸡崽$_{儿}$ tɕi^{55}tsair^{42} 小鸡 ɕiau^{42}tɕi^{55}
眉　山	鸡公 tɕi^{55}koŋ^{55}	鸡婆 tɕi^{55}p‘u^{31}	抱鸡婆 pau^{13}tɕi^{55}p‘u^{31}	鸡崽$_{儿}$ tɕi^{55}tsair^{53} 小鸡 ɕiau^{53}tɕi^{55}
乐　山	鸡公 tɕi^{55}koŋ^{55}	鸡婆 tɕi^{55}p‘o^{21}	菢鸡婆 pau^{13}tɕi^{55}p‘o^{21}	鸡娃儿 tɕi^{55}ua^{21}ɚ^{55}
西　昌	公鸡 koŋ^{44}tɕi^{44}	母鸡 mu^{34}tɕi^{44}	老母鸡 nau^{34}mu^{34}tɕi^{44}	小鸡$_{儿}$ ɕiau^{34}tɕir^{44}
洛　带$_{客}$	鸡公 kai^{45}kuŋ^{45}	鸡嫲 kai^{45}ma^{13}	赖孵鸡 lai^{53}p‘u^{53}kai^{45} 菢鸡嫲 pau^{53}kai^{45}ma^{13}	细鸡 ɕie^{53}kai^{45}
仪　陇$_{客}$	鸡公 kɛ^{13}kuŋ^{33}	鸡嫲 kɛ^{13}ma^{21}	赖孵嫲 lai^{53}p‘u^{53}ma^{21}	细鸡 se^{13}kɛ^{13}
永　兴$_{湘}$	鸡公 tɕi^{55}koŋ^{55}	鸡婆 tɕi^{55}b‘o^{31}	菢鸡婆 p‘au^{14}tɕi^{55}b‘o^{31}	鸡崽崽 tɕi^{55}tsai^{53}tsai^{53}
安　仁$_{湘}$	鸡公 tɕi^{33}koŋ^{41}	鸡婆 tɕi^{33}pu^{13}	抱鸡婆 pe^{21}tɕi^{33}pu$^{13-55}$	鸡崽崽 tɕi^{33}tsai^{41}tsai$^{41-33}$
长　乐$_{湘}$	鸡公 tɕi^{44}kuŋ^{44}	鸡婆 tɕi^{44}po^{21}	菢鸡婆 pɑu^{35}tɕi^{55}po^{21}	鸡崽崽 tɕi^{44}tsai^{53}tsai^{53}

续表 5－2

	十五、一般动物、植物			
	公鸭	母鸭	榕树	藿麻
成 都	鸭青 ia^{21} tɕʻin^{55} 公鸭子 koŋ^{55} ia^{21} tsɿ^{53}	母鸭子 mu^{53} ia^{21} tsɿ^{53}	黄桷树 xuaŋ^{21} ko^{21} su^{213}	藿麻 xo^{213} ma^{21}
广 元			黄桷树 xuaŋ^{21} ko^{21} su^{214}	荨麻 ɕyn^{21} ma^{21}
达 州	鸭青 ia^{12} tɕʻin^{55}	鸭母 ia^{12} mu^{42}	黄桷树 xuaŋ^{12} ko^{12} su^{214}	青麻 tɕʻin^{55} ma^{12}
遂 宁	鸭青 ia^{21} tɕʻin^{55}	鸭婆 ia^{21} pʻo^{21}	黄桷树 faŋ^{21} ko^{21} su^{213}	藿麻 xo^{55} ma^{21}
自 贡	鸭青 ia^{214} tɕʻin^{55}	鸭婆$_{\text{儿}}$ ia^{214} pʻor^{31}	黄桷树 xuaŋ^{31} ko^{214} ʂu^{214}	藿麻 xo^{214} ma^{31}
荣 县	鸭青 ia^{31} tɕʻin^{55} 鸭公 ia^{31} koŋ^{55}	鸭婆 ia^{31} pʻo^{31}	黄桷树 xuan^{31} ko^{42} su^{55}	藿麻 xo^{214} ma^{31}
雅 安	公鸭 koŋ^{55} ia^{55}	母鸭 mu^{42} ia^{55}	黄桷树 xuaŋ^{21} ko^{55} su^{214}	藿麻 xo^{55} ma^{21}
汉 源	公鸭 koŋ^{55} ia^{55}	母鸭 mu^{42} ia^{55}	黄桷树 xuaŋ^{21} ko^{55} su^{213}	藿麻 xo^{55} ma^{21}
泸 州	鸭青 ia^{33} tɕʻin^{55}	鸭婆 ia^{33} pʻo^{21}	黄桷树 xuaŋ^{21} ko^{33} su^{13}	藿麻 xo^{13} ma^{21}
眉 山	鸭青 ia^{24} tɕʻin^{55} 鸭公 ia^{24} koŋ^{55}	鸭婆 ia^{24} pʻu^{31}	黄桷树 xuaŋ^{31} ko^{24} su^{13}	藿麻 xo^{13} ma^{31}
乐 山	鸭公 iæ^{44} koŋ^{55}	鸭婆 iæ^{44} pʻo^{21}	黄桷树 xuaŋ^{21} ke^{44} su^{13}	藿麻 xʊ^{44} ma^{21}
西 昌	老公鸭 nau^{34} koŋ^{44} ia^{31}	老母鸭 nau^{34} mu^{34} ia^{31}	黄桷树 xuaŋ^{52} ko^{31} ʂu^{11}	辣荨麻 na^{31} ɕin^{52} ma^{52}
洛 带$_{\text{客}}$	鸭公 æʔ^{2} kuŋ^{45}	鸭嫲 æʔ^{2} ma^{13}	黄桷树 vɔŋ^{13} koʔ^{2} su^{53}	藿麻 xoʔ^{5} ma^{13}
仪 陇$_{\text{客}}$	鸭青 aʔ^{3} tɕʻiaŋ^{33}	鸭嫲 aʔ^{3} ma^{21}	黄桷树 uɔŋ^{21} koʔ^{3} su^{53}	藿麻 xəu^{13} ma^{53}
永 兴$_{\text{湘}}$	鸭青 ia^{31} tɕʻin^{55}	鸭婆 ia^{31} bʻo^{31}	黄桷树 vɑŋ^{31} ko^{31} ʐu^{14}	藿麻 xo^{55} ma^{31}
安 仁$_{\text{湘}}$	鸭公 ŋo^{13} koŋ^{41}	鸭婆 ŋa^{13} pu^{13}	黄桷树 hoŋ^{13} ko^{13} ɕy^{21}	藿麻草 ho^{41} me^{13} tsʻe^{41}
长 乐$_{\text{湘}}$	鸭青 ia^{21} tɕʻin^{44}	鸭婆 ia^{21} po^{21}	黄桷树 uɑŋ^{21} ko^{21} ɕy^{35}	

续表 5－2

	十六、动作行为			
	聊天	开玩笑	骂	理睬，理会
成　都	冲壳子 ʦʻoŋ^{213}kʻo^{21}ʦɿ^{53}	涮坛子 sua^{n213}tʻa^{n21}ʦɿ^{53}	骂 ma^{213}	张 ʦaŋ^{55} 张识 ʦaŋ^{55}sɿ^{21}
广　元	冲壳子 ʦʻoŋ^{214}ko^{21}ʦɿ^{42} 摆龙门阵 pai^{42}noŋ^{21}mən^{55}ʦən^{214}	说笑 so^{21}ɕiau^{214}	噘 ʨye^{21}	耳识 ɚ^{42}sɿ^{21}
达　州	摆龙门阵 pai^{42}noŋ^{12}mən^{12}ʦən^{214} 冲壳子 ʦʻoŋ^{214}kʻo^{12}ʦɿ^{42}	涮坛子 suan^{214}tʻan^{12}ʦɿ^{42}	日娘捣母 zɿ^{12}iaŋ^{12}tau^{42}mu^{42}	张 ʦaŋ^{55}
遂　宁	摆龙门阵 pai^{52}noŋ^{21}mən^{21}ʦən^{213}	涮坛子 suan^{213}tʻan^{21}ʦɿ^{52}	日噘 zɿ^{21}ʨye^{52}	张识 ʦaŋ^{55}sɿ^{21}
自　贡	冲壳子 tʂʻoŋ^{214}ko^{214}ʦɿ^{53} 口白 nia^{214}pe^{214}	说笑话 ʂo^{214}ɕiau^{214}xua^{214} 讪谈子 san^{214}tʻan^{31}ʦɿ^{53}	叨 tʻau^{55}	张 tʂaŋ^{55} 张识 tʂaŋ^{55}ʂʅ^{214}
荣　县	冲壳子 ʦʻoŋ^{55}kʻo^{31}ʦɿ^{42} 吹牛皮 ʦʻuei^{55}ȵiəu^{31}pi^{31}	说耍儿的 so^{214}suar^{55}ne^{55}	叨 tʻau^{55} 日妈捣娘 zi^{214}ma^{55}tau^{42}ȵian^{31}	理 ni^{42}
雅　安	吹壳子 ʦʻuei^{55}kʻo^{55}ʦɿ^{42} 摆龙门阵 pai^{42}noŋ^{21}mən^{55}ʦən^{214}		啳 ʨyɛ̃^{42}	理 ni^{42}
汉　源	吹壳子 ʦʻuei^{55}kʻo^{55}ʦɿ^{42} 冲壳子 ʦʻoŋ^{55}kʻo^{55}ʦɿ^{42}		啳 ʨyɛ^{n42} 日妈捣娘 zɿ^{55}ma^{55}tau^{42}ȵiaŋ^{55}	理 ni^{42}
泸　州	吹壳子 ʦʻuei^{55}kʻɵ^{33}ʦɿ^{42} 说熊家婆 sɵ^{33}ɕyoŋ^{21}ka^{55}pʊ^{21}	扮灯儿 pan^{13}tənr^{55}	噘 ʨyɛn^{42} 日噘 zɘ^{33}ʨyɛn^{42}	张 ʦaŋ^{55} 张识 ʦaŋ^{55}sɿ^{21}
眉　山	日白 zɿ^{24}pai^{24} 摆龙门阵 pai^{53}noŋ^{31}mən$^{21-55}$ʦən^{13}	涮坛子 suã^{13}tʻã^{31}ʦɿ^{53}	噘 ʨyɛ̃^{53}	张 ʦaŋ^{55} 张识 ʦaŋ^{55}sɿ^{24}
乐　山	冲壳子 ʦʻoŋ^{13}ke^{44}ʦɿ^{43} 日白 zɘ^{44}pæ^{44}	扮灯 pa^{n13}tən^{55} 讪谈子 sa^{n13}tʻa^{n21}ʦɿ^{43}	噘 ʨye^{44}	来识 nai^{21}sɘ^{44}
西　昌	日白 ʐʅ^{31}pe^{31} 摆龙门阵 pai^{34}noŋ^{52}mən^{52}tʂən^{11}	涮坛子 suan^{11}tʻan^{31}ʦɿ^{34}	叨 tʻau^{44}	睬 ʦʻai^{34}
洛　带客	闲讲 ɕiɛn^{13}kɔŋ^{31} 摆龙门阵 pai^{31}luŋ^{13}mən^{13}ʦən^{53}	讲搞嫽子 kɔŋ^{31}kau^{31}liau^{53}ʦɿ^{31}	叨 tʻau^{45}	张识 ʦɔŋ^{45}sɿʔ^{5}
仪　陇客	吹壳子 ʦʻuei^{33}kʻoʔ^{5}ʦɿ^{21} 摆龙门阵 pai^{53}luŋ^{21}mən^{33}ʦən^{13}	开玩笑 kʻo^{33}uan^{21}ɕiau^{13}	噘人 ʨyɛʔ^{5}in^{21} □娘叨老子 seʔ^{5}iɔŋ^{21}tʻau^{33}ləu^{53}ʦɿ^{53}	张识 ʦɔŋ^{33}seʔ^{5}
永　兴湘	冲壳子 ʦʻoŋ^{14}kʻo^{31}ʦɿ^{53}	讲笑话 ʨiaŋ^{53}ɕiau^{14}va^{14}	日噘 ʐʅ^{31}ʥʻue^{31} □tʻau^{55}	张识 ʨiaŋ^{55}ʂʅ^{31} 张 ʨiaŋ^{55}
安　仁湘	日白 ɕi^{13}pai^{55} 摆龙门阵 pa^{41}nɑŋ^{13}mən^{21}ʨin^{55}	开玩笑 kʻai^{33}uõ^{24}ɕie^{55}	骂 mo^{21}	张识 ʨioŋ^{33}ɕi^{55}
长　乐湘	摆龙门阵 pai^{53}nuŋ^{21}mən^{44}ʦən^{35}	涮坛子 suan^{35}tʻan^{21}ʦɿ^{53}	日噘 zɿ^{21}ʨye^{35} 数蔑 su^{53}mie^{35}	张识 ʦɑŋ^{55}sɿ^{21}

续表 5－2

	十六、动作行为			
	踩	向前或向上推	用条状物抽打	扶
成都	叉 ʦʻa^{55}	挡 ʦʻəu^{55}	擁 ʦʻa^{n53}	掌 ʦaŋ^{53}
广元	踏 tʻa^{21}	挡 ʦʻəu^{55}	打 ta^{53}	掌 ʦaŋ^{42}
达州	叉 ʦʻa^{55}	挡 ʦʻəu^{55}	擁 ʦʻan^{42}	掌 ʦaŋ^{42}
遂宁	踏 tʻa^{21}	挡 ʦʻəu^{55}	擁 ʦʻan^{52}	掌 ʦaŋ^{52}
自贡	踩 ʈʂʻai^{53}	挡 ʈʂʻəu^{55}	擁 ʈʂʻan^{53}	掌 ʈʂaŋ^{53}
荣县	踩 ʦʻai^{42}	揎 ɕyn^{55} 捎 ɕiau^{55}	擁 ʦʻan^{42}	掌 ʦaŋ^{42}
雅安	踩 ʦʻai^{42}	挡 ʦʻəu^{55}	擁 ʦʻæ̃^{42}	掌 ʦaŋ^{42}
汉源	踩 ʦʻai^{42}	挡 ʦʻəu^{55}	擁 ʦʻa^{n42}	掌 ʦaŋ^{42}
泸州	叉 ʦʻa^{55}	挡 ʦʻəu^{55} 耸 soŋ^{42}	擁 ʦʻan^{42}	掌 ʦaŋ^{42}
眉山	叉 ʦʻa^{55}	揎 ɕyɛ̃ 挡 ʦʻəu^{55} 耸 soŋ^{53}	擁 ʦʻã^{53}	掌 ʦaŋ^{53}
乐山	叉 ʦʻa^{55}	揎 ɕyɛ̃^{55} 挡 ʦʻəu^{55}	擁 ʦʻa^{n43}	掌 ʦaŋ^{43}
西昌	叉 ʈʂʻa^{44}	挡 ʦʻəu^{44} 耸 soŋ^{34}	擁 ʦʻan^{34}	掌 ʦaŋ^{34}
洛带客	踩 ʦʻai^{31}	挡 ʦʻəu^{45}	擁 ʦʻan^{53}	掌 ʦaŋ^{31}
仪陇客	叉 ʦʻa^{33} 踩 ʦʻai^{53}	挡 ʦʻuŋ^{53}	打 ta^{53}	掌 ʦɔŋ^{53}
永兴湘	□pia^{53} 踩 ʦʻai^{53}	挡 ʦʻoŋ^{53}	擁 ʨʻian^{53}	掌 ʨiɑŋ^{53}
安仁湘	踩 ʦʻai^{41}	搊 ʨʻie^{33}	擁 ʦʻã^{41}	扶 fu^{13} 扶倒 fu^{13} te^{41}
长乐湘	踩 ʦʻai^{53}	搊 ʦʻou^{44} 揎 ɕyan^{44}	擁 ʦʻan^{53}	拉倒 na^{44} tɑu^{53}

续表 5－2

	十六、动作行为			
	揉	踢	扔，掷	跌
成　都	挼 zua^{21}	啄 ʦua^{21}	掟 tin^{213}	踧 ʦuai^{55} 跘 pa^{n213}
广　元	揣 ʦʻuai^{55}	啄 ʦua^{21}	撂 niau^{214}	滚 kuən^{42}
达　州	挼 zua^{12}	啄 ʦua^{12}	掟 tin^{214}	踧 ʦuai^{55} 跘 pan^{214}
遂　宁	挼 zua^{21}	啄 ʦua^{21}	掟 tin^{213}	跶 ta^{21} 踧 ʦʻuai^{55}
自　贡	挼 ʐua^{31}	啄 ʈʂua^{214}	甩 ʂuai^{53} 掟 tin^{214}	踧 ʈʂuai^{55}
荣　县	搓 ʦʻo^{55}	啄 sua^{214}	甩 ʦuai^{42} 丢 tiəu^{55}	踧 ʦuai^{55}
雅　安	挼 zua^{21}	啄 ʦua^{21}	甩 suai^{42} 丢 tiəu^{55}	跶 ta^{55} 跘 pæ̃^{214}
汉　源	挼 zua^{21}	啄 ʦua^{21}	甩 suai^{42}	跶 ta^{55} 跘 pa^{n213}
泸　州	挼 zua^{21}	啄 ʦua^{33}	丢 tiəu^{55} 甩 suai^{42}	跘 pan^{13}
眉　山	挼 zua^{31}	啄 ʦua^{24}	掟 tin^{13} □ʦai^{55}	跶 ta^{24} 踧 ʦuai^{55}
乐　山	挼 zua^{21}	啄 ʦuæ^{44}	甩 suai^{43}	跶 tæ^{44} 踧 ʦuai^{55}
西　昌	挼 ʐua^{31}	啄 ʦua^{31}	□ə^{44}	跶 ta^{31}
洛　带客	捋 lo^{13} 挼 zua^{13}	啄 ʦuæʔ^{2}	掟 taŋ^{45}	跘 pʻan^{45}
仪　陇客	挼 zua^{21}	啄 ʦuaʔ^{5}	掟 tan^{33}	跘 pʻan^{33}
永　兴湘	挼 ʐua^{31}	啄 ʦua^{31}	掟 tin^{14}	滚 kuən^{53} 跘 pa^{14}
安　仁湘	□ ɕio^{13}	踢 tʻia^{55}	甩 suai^{41} 锭 tiaŋ^{55} 拽 ʦuai^{24}	跘 pã^{24}
长　乐湘	揉 zou^{21}	踢 tʻi^{21}	甩 suai^{53} 丢 tiou^{44}	跘倒了 pan^{35} tɑu^{53} nɑu

续表 5－2

	十六、动作行为			
	蹲	采摘	盖	①触动②碰撞
成都	跍 kʻu^{21}	讨 tʻau^{53}	㝩 kʻaŋ^{53}	搒 pʻaŋ^{53}
广元	跍 ku^{55}	摘 tse^{21}	盖 kai^{214}	搒 pʻaŋ^{42}
达州	跍 kʻu^{12}	摘 tse^{21}	㝩 kʻaŋ^{42}	搒 pʻaŋ^{42}
遂宁	跍 ku^{55}/kʻu^{21}	摘 tse^{21}	㝩 kʻaŋ^{52}	搒 pʻaŋ^{52}
自贡	跍 kʻu^{31}	讨 tʻau^{53}	㝩 kʻaŋ^{53}	搒 pʻaŋ^{53}
荣县	跍 kʻu^{31}	讨 tʻau^{42}	㝩 kʻan^{42}	搒 pʻan^{42}
雅安	跍 ku^{55}	讨 tʻau^{42}	㝩 kʻaŋ^{42}	搒 pʻaŋ^{42}
汉源	跍 kʻu^{21}	讨 tʻau^{42}	㝩 kʻaŋ^{42}	搒 pʻaŋ^{42}
泸州	跍 kʻu^{21}	讨 tʻau^{42}	㝩 kʻaŋ^{42}	搒 pʻaŋ^{42}
眉山	跍 kʻu^{31}	讨 tau^{53}	㝩 kʻaŋ^{53}	搒 pʻaŋ^{53}
乐山	跍 kʻu^{21}	讨 tʻau^{43}	㝩 kʻaŋ^{43}	搒 pʻaŋ^{43}
西昌	跍 kʻu^{31}/ku^{55}	讨 tʻau^{34}	㝩 kʻaŋ^{34}	搒 pʻaŋ^{34}
洛带(客)	跍 kʻu^{13}	摘 tsæʔ^{2}	[illegible] kʻeʔ^{2} 㝩 kʻaŋ^{31}	搒 pʻɔŋ^{45}
仪陇(客)	跍 ku^{33}	摘 tsaʔ^{5}	□kʻo^{13}	碰 pʻən^{13}
永兴(湘)	跍 gʻu^{31}	摘 tse^{31}	㝩 kʻɑŋ^{53}	搒 pʻɑŋ^{53}
安仁(湘)	跍 ku^{33} 跍倒 ku^{33}te^{13}	讨 to^{55}	㝩 kʻoŋ^{41}	搒 pʻəŋ^{41}
长乐(湘)	跍 ku^{21}	搞 kɑu^{53} 掐 kʻa^{21}	㝩 kʻɑŋ^{53}	搒 pʻɑŋ^{53}

续表 5－2

	十六、动作行为			
	巴结，讨好	强迫，逼迫	试	认为，以为
成 都	舔肥 t'iɛ^{n53}fei^{21} 舔尻子 t'iɛ^{n53}kəu^{55}ʦɿ^{53}	估倒 ku^{53}tau^{21}/tau^{53} 恨倒 xən^{213}tau^{53}	校 kau^{213}	默倒 me^{21}tau^{53}
广 元	舔肥尻子 t'iɛ^{n42}fei^{21}kəu^{55}ʦɿ^{42} 团 t'ua^{n42}	估倒 ku^{42}tau^{42}	校 kau^{214}	默倒 me^{21}tau^{42}
达 州	舔肥 t'iɛn^{42}fei^{12}	估倒 ku^{42}tau^{42}	校 kau^{214}	默倒 mia^{42}tau^{42}
遂 宁	团 t'uan^{52}	估倒 ku^{52}tau^{52}	校 kau^{213}	默倒 me^{21}tau^{52}
自 贡	舔肥尻子 t'ian^{53}fei^{31}kəu^{55}ʦɿ^{53}	马倒 ma^{53}tau^{53} 估倒 ku^{53}tau^{53}	校 kau^{214}	默倒 me$^{214-55}$tau^{31}
荣 县	舔尻子 t'in^{42}kəu^{55}ʦɿ^{42}	估倒 ku^{42}tau^{31} 马倒 ma^{42}tau^{31}	校 kau^{214}	默倒 me^{214}tau^{42}
雅 安	团 t'uæ̃^{42} 舔肥 t'iɛ̃^{42}fei^{21}	恨倒 xən^{214}tau^{42} 估倒 ku^{42}tau^{42}	校 kau^{214}	默倒 me^{55}tau^{42}
汉 源	舔肥·iɛ^{n42}fei^{21} 舔尻子 t'iɛ^{n42}kəu^{55}ʦɿ^{42}	估倒 ku^{42}tau^{42} 马倒 ma^{42}tau^{42}	校 kau^{213}	默倒 mai^{55}tau^{42}
泸 州	团 t'uan^{42}	估倒 ku^{42}tau^{42} 马倒 ma^{42}tau^{42}	校 kau^{13}	默倒 me^{33}tau^{42}
眉 山	舔肥 t'iɛ̃^{53}fei^{31} 舔尻子 t'iɛ̃^{53}kəu^{55}ʦɿ^{53}	估倒 ku^{53}tau^{53} 马倒 ma^{53}tau^{53}	校 kau^{13}	默倒 me^{24}tau^{53}
乐 山	舔肥 t'iɛ̃^{43}fei^{21} 团 t'ua^{n43}	估倒 ku^{43}tau^{43} 马倒 ma^{43}tau^{43}	校 kau^{13}	默倒 mæ^{44}tau^{43}
西 昌	舔肥 t'ian^{34}fei^{52} 舔屁股 t'ian^{34}p'i^{11}ku^{34}	估倒 ku^{34}tau^{34}	校 kau^{34}	默倒 me^{31}tau^{34}
洛 带客	舔肥尻子 t'iɛn^{31}p'ei^{13}kiəu^{45}ʦɿ^{31}	估倒 ku^{31}tau^{31}	校 kau^{53}	默倒 mieʔ^{5}tau^{31}
仪 陇客	舔肥 t'iɛn^{53}p'ei^{21} 舔（肥）尻子 t'iɛn^{53}（p'ei^{21}）kɛ^{33}ʦɿ^{53}	估倒 ku^{53}təu^{53} 马倒 ma^{53}təu^{53}校 kau^{13}	默倒 meʔ^{3}təu^{21}	
永 兴湘	舔肥勾子 t'ian^{53}vei^{31}kiəu^{55}ʦɿ^{53} 捧大脚杆 p'oŋ^{53}d'a^{14}ʨyo^{31}kan^{53}	估倒 ku^{53}tau^{31}	校 kau^{14}	默倒 me^{53}tau^{53}
安 仁湘	舔口肥 nia^{41}o^{13}ɸei^{33} 抱大腿 pe^{21}tai^{21}t'ai^{41}	估倒 ku^{41}te$^{41-21}$ 恨倒 hən^{24}te$^{41-21}$	校 ke^{55}	默倒 me^{55}te^{21}
长 乐湘	巴结 pa^{44}ʨie^{21}	估倒 ku^{53}tɑu^{53}	校 kɑu^{35}	默倒 me^{21}tɑu^{53}

续表5－2

	十六、动作行为			
	估计，猜测	发牢骚	吵架	打瞌睡
成　都	谙 ŋa^{n21} 谙倒 ŋa^{n21} tau^{53}	说吊话 so^{21} tiau^{213} xua^{213}	扯筋 tsʻe^{53} tɕin^{55} 角逆 ko^{21} ȵie^{21}	跩瞌睡 tsuai^{55} kʻo^{21} suei^{213} 啄瞌睡 tsua^{21} ko^{21} suei^{213}
广　元	谙（倒）ŋa^{n21}（tau^{42}） 估谙 ku^{42} ŋa^{n21}	吊二话 tiau^{214} ɚ^{214} xua^{214} 说二话 so^{21} ɚ^{214} xua^{214}	闹场伙 nau^{214} tsʻaŋ^{21} xo^{42}	攒瞌睡 tsʻua^{n55} kʻo^{21} suei^{214}
达　州	谙 ŋan^{12} 谙倒 ŋan^{12} tau^{42}	吊二话 tiau^{214} ɚ^{214} xua^{214}	扯筋 tsʻe^{42} tɕin^{55}	啄瞌睡 tsua^{12} kʻo^{12} suei^{214} 穿瞌睡 tsʻuan^{55} kʻo^{12} suei^{214}
遂　宁	谙 ŋan^{21} 谙倒 ŋan^{21} tau^{52}	说吊话 so^{21} tiau^{52} fa^{52}	吵嘴 tsʻau^{52} tsuei^{52}	啄瞌睡 tsua^{21} kʻo^{52} suei^{213}
自　贡	估谙 ku^{53} ŋan^{21} 谙倒 ŋan^{21} tau^{53}	发脾气 fa^{214} pʻi^{31} tɕʻi^{214}	扯筋 tʂʻe^{53} tɕin^{55} 闹架 nau^{214} tɕia^{214}	跩瞌睡 tʂai^{55} kʻo^{21} ʂuei^{214} 啄瞌睡 tʂua^{214} kʻo^{21} ʂuei^{214}
荣　县	谙 ŋan^{31} 估谙 ku^{42} ŋan^{31}	吊二话 tiau^{214} ɚ^{31} xua^{214}	扯筋 tsʻe^{42} tɕin^{55} 闹架 nau^{214} tɕia^{214}	跩瞌睡 tsuai^{55} kʻo^{31} suei^{214} 啄瞌睡 tsua^{31} kʻo^{31} suei^{214}
雅　安	谙 ŋæ̃^{21} 谙倒 ŋæ̃^{21} tau^{42}	吊二话 tiau^{214} ɚ^{13} xua^{13} 说吊话 so^{55} tiau^{13} xua^{13}	吵嘴 tsʻau^{42} tsuei^{42} 扯筋 tsʻe^{42} tɕin^{55}	跩瞌睡 tsuai^{55} kʻo^{55} suei^{214}
汉　源	谙 ŋa^{n21} 谙倒 ŋa^{n21} tau^{42}	吊二话 tiau^{213} ɚ^{13} xua^{13} 说吊话 so^{55} tiau^{13} xua^{13}	吵嘴 tsʻau^{42} tsuei^{42} 扯筋 tsʻai^{42} tɕin^{55}	跩瞌睡 tsuai^{55} kʻo^{55} suei^{213}
泸　州	谙倒 ŋan^{21} tau^{42}	吊二话 tiau^{13} ɚ^{13} xua^{13}	扯筋 tsʻei^{42} tɕin^{55} 闹架 nau^{13} tɕia^{13}	啄瞌睡 tsua^{33} kʻo^{33} suei^{13}
眉　山	谙倒 ŋan^{31} tau^{53}	说吊话 so^{24} tiau^{13} xua^{13}	扯筋 tsʻei^{53} tɕin^{55} 吵嘴 tsʻau^{53} tsuei^{53}	跩瞌睡 tsuai^{55} kʻo^{24} suei^{13}
乐　山	谙 ŋa^{n21} 谙倒 ŋa^{n21} tau^{43}	发牢骚 fæ^{44} nau^{21} sau^{55}	吵架 tsʻau^{43} tɕia^{13} 扯筋 tsʻei^{43} tɕin^{55}	跩瞌睡 tsuai^{55} ke^{44} suei^{13}
西　昌	谙 ŋan^{52}	吊二话 tiau^{11} ɚ^{11} xua^{11}	吵嘴 tʂʻau^{34} tsuei^{34}	跩盹 tʂuai^{44} tən^{44}
洛　带客	谙 ŋan^{13} 谙倒 ŋan^{13} tau^{31}	吊二话 tiau^{53} ȵi^{53} va^{53}	扯筋 tsʻa^{31} tɕin^{45}	啄瞌睡 tsuæʔ^{2} kʻoʔ^{2} soi^{53}
仪　陇客	（估）谙（ku^{53}）ŋan^{21} 谙倒 ŋan^{21} təu^{21}	讲二话 kɔŋ^{21} i^{53} va^{53}	扯筋 tsʻa^{53} tɕin^{33}	戳眼睡 tuʔ^{3} ŋan^{53} so^{33}
永　兴湘	谙倒 ŋan^{31} tau^{53}		扯筋 tɕʻie^{53} tɕin^{55}	啄瞌睡 tsua^{31} kʻo^{31} suei^{14}
安　仁湘	估谙 ku^{41} ŋã^{24}	二话连天 ie^{24} o^{21} n ĩ^{13} tʻĩ^{33}	吵架 tʂʻe^{41} tɕio^{55}	八眼闭 pa^{55} ŋã^{41} pi^{55}
长　乐湘	想 ɕiɑŋ^{53} 谙倒 ŋan^{21} tɑu^{53}	发牢骚 fa^{21} nɑu^{21} sɑu^{44} 讲二话 tɕiɑŋ^{53} o^{35} fa^{35}	闹架 nɑu^{35} tɕia^{35}	跩瞌困 tsuai^{44} kʻo^{21} kʻuən^{35}

续表 5－2

	十六、动作行为			
	梦中踢脚，也比喻注意力不集中，思想开小差	铸	刁难	丢脸、使没面子
成　都	打梦脚 ta^{53} moŋ^{213} tɕio^{21} 啄梦脚 tsua^{21} moŋ^{213} tɕio^{21}	倒 tau^{213}	弯酸 ua^{n55} sua^{n55}	臊皮 sau^{213} pʻi^{21}
广　元	啄梦脚 tsua^{21} moŋ^{214} tɕyo^{21}	倒 tau^{214}		臊皮 sau^{214} pʻi^{21} 丧德 saŋ^{214} te^{21}
达　州	啄梦脚 tsua^{12} moŋ^{214} tɕyo^{12}	倒 tau^{214}	弯酸 uan^{55} suan^{55}	臊皮 sau^{214} pʻi^{12}
遂　宁	啄梦脚 tsua^{21} moŋ^{213} tɕio^{21}	倒 tau^{213}	弯酸 uan^{55} suan^{55}	丧德 saŋ^{213} te^{21}
自　贡	打梦脚 ta^{53} moŋ^{214} tɕyo^{214} 啄梦脚 tʂua^{214} moŋ^{214} tɕyo^{214}	倒 tau^{214}	弯酸 uan^{55} ʂuan^{55}	臊皮 ʂau^{214} pʻi^{31} 丧德 ʂaŋ^{214} te^{214}
荣　县	打梦脚 ta^{42} moŋ^{214} tɕio^{214} 啄梦脚 tsua^{214} moŋ^{214} tɕio^{214}	倒 tau^{214}	弯酸 uan^{55} suan^{55}	臊皮 sau^{214} pʻi^{31} 丧德 san^{214} te^{31}
雅　安	打梦脚 ta^{42} moŋ^{21} tɕyo^{55}	倒 tau^{214}	弯酸 uæ̃^{55} suæ̃^{55}	臊皮 sau^{214} pʻi^{21} 丧德 saŋ^{214} tai^{55}
汉　源	打梦脚 ta^{42} moŋ^{21} tɕio^{55}	倒 tau^{213}	弯酸 ua^{n55} sua^{n55}	臊皮 sau^{213} pʻi^{21} 丧德 saŋ^{213} tai^{55}
泸　州	打梦脚 ta^{42} moŋ^{13} tɕyɵ^{33}	倒 tau^{13}	弯酸 uan^{55} suan^{55}	臊皮 sau^{13} pʻi^{21}
眉　山	啄梦脚 tsua^{24} moŋ^{13} tɕio^{24}	倒 tau^{13}	弯酸 uã^{55} suã^{55}	臊皮 sau^{13} pʻi^{31}
乐　山	啄梦脚 tsuæ^{44} moŋ^{13} tɕyu^{44}	倒 tau^{13}	弯酸 ua^{n55} sua^{n55}	臊皮 sau^{13} pʻi^{21} 丧德 saŋ^{13} tæ^{44}
西　昌	啄梦脚 tʂua^{31} moŋ^{11} tɕio^{31}	倒 tau^{11}	弯酸 uan^{44} suan^{44} 羞 ɕiəu^{34}	葬德 zaŋ^{11} te^{31}
洛　带$_{客}$	打梦脚 ta^{31} muŋ^{53} tɕioʔ^{2}	倒 tau^{53}	弯酸 van^{45} sɔn^{45}	失面子 sɿʔ^{2} miɛn^{53} tsɿ^{31}
仪　陇$_{客}$	做梦打颠 tsəu^{13} muŋ^{13} ta^{21} tiɛn^{33}	倒 təu^{53}	弯酸 van^{33} suan^{33}	臊皮 sau^{13} pʻi^{21} 丧德 sɔŋ^{13} teʔ^{3}
永　兴$_{湘}$	啄梦脚 tsua^{31} moŋ^{14} tɕyo^{31}	倒 tau^{14}	弯酸 van^{55} suan^{55}	臊皮 ʂau^{14} bʻi^{31}
安　仁$_{湘}$	发梦冲 ɸa^{55} moŋ^{21} tsʻoŋ^{33}	倒 te^{55}	弯酸 uõ^{33} suõ^{41}	臊皮 se^{33} pi^{13} 丧德 soŋ^{33} te^{55}
长　乐$_{湘}$	啄梦脚 tsua^{21} muŋ^{35} tɕyo^{21}	倒 tɑu^{35}		臊皮 sɑu^{44} pʻi^{21} 丧德 sɑŋ^{35} te^{21}

续表 5－2

	十六、动作行为			
	（说话）不算数，（事情）告吹	追赶；驱逐	用语言贬低	揭老底
成都	水 suei^{53}	撵 ȵiɛn^{53}	踏屑 tʻa^{21} ɕye^{21}	抽底火 tsʻəu^{55} ti^{53} xo^{42} 抽老底子 tsəu^{55} nau^{53} ti^{53} tsɿ^{53}
广元	黄了 xuaŋ^{21} no^{21}	吆 iau^{55} 撵 ȵiɛn^{42}	踏屑 tʻa^{21} ɕye^{21}	抽底火 tsʻəu^{55} ti^{42} xo^{42} 抽老底子 tsəu^{55} nau^{42} ti^{42} tsɿ^{42}
达州	黄了 xuaŋ^{12} no^{12}	撵 iɛn^{42}	踏屑 ta^{12} ɕy^{12}	抽老窖 tsʻəu^{55} nau^{42} kau^{214}
遂宁	失信 sɿ^{21} ɕin^{213}	撵 niɛn^{52}	踏屑 tʻa^{21} ɕye^{21}	抽底火 tsʻəu^{55} ti^{52} xo^{52}
自贡	水 suei^{53} 黄 xuaŋ^{31}	吆 iau^{55} 撵 ȵian^{53}	看不起 kʻan^{214} pu^{214} tɕʻi^{53}	翻老底子 fan^{55} nau^{53} ti^{53} tsɿ^{53}
荣县	(放)黄(fan^{214}) xuan^{31} 放水 fan^{214} suei^{42}	吆 iau^{55} 撵 ȵin^{42}	踏屑 tʻa^{31} ɕye^{214}	揭老底 tɕie^{214} nau^{42} ti^{42}
雅安	(放)黄（faŋ^{214}） xuaŋ^{21} 放水 faŋ^{214} suei^{42}	吆 iau^{55} 撵 niẽ^{42}	转 tsuæ̃ 踏屑 tʻa^{55} ɕye^{55}	抽底火 tsʻəu^{55} ti^{42} xo^{42}
汉源	(放)黄(faŋ^{213}) xuaŋ^{21} 放水 faŋ^{213} suei^{42}	吆 iau^{55} 撵 ȵiɛn^{42}	踏屑 tʻa^{55} ɕye^{55}	抽底火 tsʻəu^{55} ti^{42} xo^{42}
泸州	放黄了 faŋ^{13} xuaŋ^{21} no^{42} 放水 faŋ^{13} suei^{42}	吆 iau^{55} 撵 ȵiɛn^{42}	踏屑 tʻæ^{55} ɕye^{33}	挖根根儿 ua^{55} kən^{55} kənr^{55}
眉山	放黄 faŋ^{13} xuaŋ^{31} 放水 faŋ^{13} suei^{53}	吆 iau^{55} 撵 ȵiẽ^{53}	踏屑 tʻa^{24} ɕye^{24}	抽底火 tsʻəu^{55} ti^{53} xo^{53}
乐山	放黄 faŋ^{13} xuaŋ^{21}	吆 iau^{55} 撵 niẽ^{43}	踏屑 tʻæ^{44} ɕyu^{44}	抽老底子 tsəu^{55} nau^{43} ti^{43} tsɿ^{43} 揭老底子 tɕie^{44} nau^{43} ti^{43} tsɿ^{43}
西昌	放水 faŋ^{11} ʂuei^{34}	吆 iau^{44}	踏屑 tʻa^{31} ɕie^{31} 转 tʂuan^{34}	抽底火 tʂʻəu^{44} ti^{34} xo^{34}
洛带客	放黄 fɔŋ^{53} vɔŋ^{13}	逐 tɕiuʔ^{5}	踏屑 tʻæʔ^{2} ɕioʔ^{2}	揭老底 tɕieʔ^{2} lau^{31} tai^{31}
仪陇客	放黄 fɔŋ^{13} uɔŋ^{21}	逐 tɕiəuʔ^{5}	踏屑 taʔ^{3} ɕyɛ^{33}	揭老底 tɕieʔ^{3} ləu^{53} tei^{53} 抽底火 tsʻəu^{33} tei^{53} fəu^{53}
永兴湘	放黄 faŋ^{14} vaŋ^{31}	吆 iau^{55} 撵 ȵian^{53}	踏削 tʻa^{31} ɕyo^{31}	抽老底子 tsəu^{55} nau^{53} ti^{53} tsɿ^{53} 锹老底子 tɕiau^{55} nau^{53} ti^{53} tsɿ^{53}
安仁湘	梭边边 sɤ^{33} bĩ^{33} bĩ^{33}	赶 ka$^{33/41}$	踏屑 tʻa^{55} ɕy^{55}	揭老底 tɕie^{33} ne^{13} ti^{21}
长乐湘	抽吊筒 tsʻou^{44} tiɑu^{35} tuŋ^{21} 甩色子 suai^{53} se^{21} tsɿ^{53}	撵 nian^{53} 吆 iɑu^{44}	踏屑 tʻa^{21} ɕie^{21}	盘根根 pʻan^{21} kən^{44} kən^{44} 撮伤疤 tsʻo^{21} sɑŋ^{44} pa^{44}

续表 5－2

	十六、动作行为			
	靠	搅动，翻动	结束；完毕	添加
成　都	凭 p‘ən^{55}	搅 k‘au^{21} 搐 ts‘au^{213}	煞搁 sa^{21}ko^{21}	□tsuaŋ^{53}
广　元	靠 k‘au^{214}	搐 ts‘au^{214}	煞搁 sa^{21}ko^{21}	加 tɕia^{55} 添 t‘iɛ^{n55}
达　州	凭 p‘ən^{55}	搐 ts‘au^{214}	煞搁 sa^{12}ko^{12}	□tsuaŋ^{42}
遂　宁	凭 p‘ən^{55}	和 xo^{213}	煞搁 sa^{21}ko^{21}	□tsuaŋ^{52}
自　贡	凭 p‘ən^{55}	搐 tʂ‘au^{214}	煞搁 sa^{214}ko^{214}	添 t‘iɛn^{55}
荣　县	凭 p‘ən^{55}	搐 ts‘au^{214} 搅 k‘au^{31}	煞搁 sa^{214}ko^{214}	□tsuan^{55}
雅　安	凭 p‘ən^{55}	搐 ts‘au^{214}	煞搁 sa^{55}ko^{55}	□tsuaŋ^{42}
汉　源	凭 p‘ən^{55}	搐 ts‘au^{213}	煞搁 sa^{55}ko^{55} 完了 ua^{n21}no^{42}	□tsuaŋ^{42}
泸　州	凭 p‘ən^{55}	搐 ts‘au^{13} 搅 kau^{42}	煞搁 sa^{21}kɵ^{33}	□起 tsuaŋ^{42}tɕi^{42}
眉　山	凭 p‘ən^{55}	搐 ts‘au^{13}	煞搁 sa^{31}ko^{24}	□tsuaŋ^{53}
乐　山	凭 p‘ən^{55}	搐 ts‘au^{213}	煞搁 sa^{55}ke^{44}	□tsuaŋ^{43} 加 tɕia^{55}
西　昌	凭 p‘ən^{44}	搐 ts‘au^{11}	煞搁 ʂa^{31}ko^{31}	□tʂuaŋ^{34}
洛　带客	凭 p‘iɛn^{53}	搐 ts‘au^{53}	煞角 sæʔ^{2}koʔ^{2}	添 t‘iɛn^{45} □tsuaŋ^{31}
仪　陇客	□p‘an^{53}	和 xəu^{13} 搅 tɕiau^{21}	煞角 saʔ^{3}koʔ^{5}	□tsuaŋ^{53}
永　兴湘	凭 p‘ən^{55}	和 ɤo^{14} 搅 g‘au^{31}	煞角 sa^{31}ko^{31}	□tsuɑŋ^{53}
安　仁湘	凭 p‘o^{33}	格 ke^{24} 搅 tɕie^{41}	煞尾 sa^{21}uei^{41}	添 t‘ĩ^{33}
长　乐湘	凭 p‘en^{44}	搞 kɑu^{53} 搐 ts‘ɑu^{21}	煞角 sa^{21}ko^{21}	□tsuɑŋ^{53}

续表5－2

	十六、动作行为			
	欺骗	占便宜	行贿	受贿
成　都	麻 ma^{21} 呵 xo^{55}	吃魋头 tsʻɿ^{21} tɕʻi^{55} tʻəu^{21} 捡炟和 tɕiɛ^{n53} pʻa^{55} xo^{21}	塞包袱 sai^{55} pau^{55} fu^{21}	抬包袱 tʻai^{55} pau^{55} fu^{21}
广　元	哄 xun^{42}	吃魋头 tsʻɿ^{21} tɕʻi^{55} tʻəu^{21} 捡魋头 tɕiɛ^{n42} tɕʻi^{55} tʻəu^{21}	塞包袱 se^{21} pau^{55} fu^{21}	抬包袱 tʻai^{55} pau^{55} fu^{21}
达　州	麻 ma^{12} 呵 xo^{55}	捡魋头 tɕiɛn^{42} tɕʻi^{55} tʻəu^{12} 捡炟合 tɕiɛn^{42} pʻa^{55} xo^{12}	塞包袱 sai^{55} pau^{55} fu^{12}	抬包袱 tʻai^{55} pau^{55} fu$^{12-55}$
遂　宁	麻 ma^{21}	捡炟合 tɕiɛn^{52} pʻa^{55} xo^{21}	塞包袱 se^{21} pau^{55} fu^{21}	抬包袱 tʻai^{55} pau^{55} fu^{21}
自　贡	麻 ma^{31} 呵 xo^{55}	捡相因 tɕiɛn^{53} ɕiaŋ^{55} in^{55}	塞包袱 sai^{55} pau^{55} fu^{214}	抬包袱 tʻai^{55} pau^{55} fu^{214}
荣　县	麻 ma^{31} 呵 xo^{55}	捡便宜 tɕin^{42} pʻin^{31} i^{214} 捡炟合 tɕin^{42} pʻa^{55} xo^{31}	塞包袱 sai^{55} pau^{55} fu^{214}	抬包袱 tʻai^{55} pau^{55} fu^{214}
雅　安	哄 xuen^{42} 麻 ma^{21}	吃魋头 tsʻɿ^{55} tɕʻi^{55} tʻəu^{21}	塞包袱 se^{55} pau^{55} fu^{55} 擩包袱 zu^{21} pau^{55} fu^{55}	抬包袱 tʻai^{55} pau^{55} fu^{55}
汉　源	哄 xoŋ^{42} 麻 ma^{21}	吃魋头 tsʻɿ^{55} tɕʻi^{55} tʻəu^{21}	塞包袱 sai^{55} pau^{55} fu^{55} 擩包袱 zu^{21} pau^{55} fu^{55}	抬包袱 tʻai^{55} pau^{55} fu^{55}
泸　州	呵 xo^{55}	捡炟炟$_{儿}$ tɕiɛn^{42} pʻa^{55} pʻar^{55}	塞包袱 se^{21} pau^{55} fu^{33}	抬包袱 tʻai^{55} pau^{55} fu^{33}
眉　山	麻 ma^{31} 呵 xo^{55}	吃魋头 tsʻɿ^{24} tɕʻi^{55} tʻəu^{31}	塞包袱 sai^{55} pau^{55} fu^{24}	抬包袱 tʻai^{55} pau^{55} fu^{24}
乐　山	麻 ma^{21} 烧 sau^{55}	吃魋头 tsʻɘ^{44} tɕʻi^{55} tʻəu^{21} 吃抹合 tsʻɘ^{44} mo^{43} xo^{21}	塞包袱 sæ^{44} pau^{55} fʊ^{44}	收包袱 səu^{55} pau^{55} fʊ^{44}
西　昌	麻 ma^{52}	占魋头 tʂan^{11} tɕi^{44} tʻəu^{52} 捡炟和 tɕian^{34} pʻa^{44} xo^{31}	塞包袱 sai^{44} pau^{44} fu^{31}	吃倒了 tʂʻɿ^{31} tau^{34} no^{44}
洛　带$_{客}$	拐 kuai^{31}	占魋头 tsan^{53} tɕʻi^{45} tʻiəu^{13}	塞包袱 ɕieʔ^{2} pau^{45} fuʔ^{5}	抬包袱 tʻai^{45} pau^{45} fuʔ^{5}
仪　陇$_{客}$	骗 pʻiɛn^{13} □tuŋ^{53}	占魋头 tsan^{13} tɕʻi^{21} tʻai^{53} 瞅魋头 tsʻəu^{53} tɕʻi^{21} tʻai^{53}	塞包袱 seʔ^{3} pau^{33} fuʔ^{5}	抬包袱 tʻai^{33} pau^{33} fuʔ^{5}
永　兴$_{湘}$	麻 ma^{31} 烧 ʂau^{55} 呵 xo^{55}	捡便宜 tɕian^{53} bʻian^{31} i^{31} 捡魋头 tɕian^{53} tɕʻi^{55} dʻəu^{31}	塞包袱 se^{31} pau^{55} vu^{31}	抬包袱 tʻai^{55} pau^{55} vu^{31}
安　仁$_{湘}$	欺骗 tɕʻi^{33} pʻĩ^{24}	捡魋头 tɕĩ^{41} tɕʻi^{33} te^{13}	塞包袱 sai^{55} pe^{33} fu^{55}	抬包袱 tʻai^{33} pe^{33} fu^{55}
长　乐$_{湘}$	麻 ma^{21} 哄 xuŋ^{53}	占起手 tsan^{35} tɕʻi^{53} sou^{53} 捡便宜 tɕian^{53} pʻian^{21} ni^{21}	行贿 ɕin^{21} fei^{44} 塞包袱 se^{21} pɑu^{44} fu^{21}	贪污 tʻan^{544} u^{44}

续表 5－2

	十七、性质、感觉、状态、颜色			
	舒服；痛快	舒服，舒适	软	仔细
成　都	安逸 ŋa^{n55}i$^{\cdot 21}$	安逸 ŋa^{n55}i$^{\cdot 21}$ 巴适 pa^{55}sɿ^{21}	粑 p‘a^{55} 粑和 p‘a^{55}xo^{21}	把细 pa^{53}ɕi$^{\cdot 213}$
广　元	安逸 ŋa^{n55}i$^{\cdot 214}$	安逸 ŋa^{n55}i$^{\cdot 214}$	粑 p‘a^{55}	下细 ɕia^{214}ɕi$^{214-55}$
达　州	安逸 ŋan^{55}i$^{\cdot 12}$	安逸 ŋan^{55}i$^{\cdot 12}$	粑 p‘a^{55}	架细 ʨia^{214}ɕi$^{\cdot 214}$
遂　宁	巴适 pa^{55}sɿ^{213} 安逸 ŋan^{55}i$^{\cdot 21}$	巴适 pa^{55}sɿ^{213} 安逸 ŋan^{55}i$^{\cdot 21}$	粑 p‘a^{55}	下细 ɕia^{213}ɕi$^{\cdot 213}$
自　贡	安逸 ŋan^{55}i$^{\cdot 214}$	安逸 ŋan^{55}i$^{\cdot 214}$	粑 p‘a^{55}	把细 pa^{53}ɕi$^{\cdot 214}$ 下细 ɕia^{214}ɕi$^{\cdot 214}$
荣　县	安逸 ŋa^{55}i$^{\cdot 214}$	安逸 ŋa^{55}i$^{\cdot 214}$	粑 p‘a^{55}	把细 pa^{42}ɕi$^{\cdot 214}$
雅　安	安逸 ŋæ̃^{55}i$^{\cdot 214}$ 巴适 pa^{55}sɿ^{214}	安逸 ŋæ̃^{55}i$^{\cdot 214}$ 巴适 pa^{55}sɿ^{214}	粑 p‘a^{55}	把细 pa^{42}ɕi$^{\cdot 214}$ 下细 ɕia^{21}ɕi$^{\cdot 214}$
汉　源	安逸 ŋa^{n55}i$^{\cdot 213}$ 巴适 pa^{55}sɿ^{213}	安逸 ŋa^{n55}i$^{\cdot 213}$ 巴适 pa^{55}sɿ^{213}	粑 p‘a^{55}	把细 pa^{42}ɕi$^{\cdot 213}$ 下细 ɕia^{21}ɕi$^{\cdot 213}$
泸　州	安逸 ŋan^{55}i$^{\cdot 33}$	巴适 pa^{55}sɿ^{33}	软粑粑 zuan^{42}p‘a^{55}p‘a^{55}	下细 ɕia^{13}ɕie^{13}
眉　山	安逸 ŋan^{55}i$^{\cdot 24}$	巴适 pa^{55}sɿ^{24}	粑 p‘a^{55}	把细 pa^{53}ɕi$^{\cdot 13}$ 下细 ɕia^{13}ɕi$^{\cdot 13}$
乐　山	安逸 ŋa^{n55}i$^{\cdot 21}$	巴适 pa^{55}sɘ^{44}	粑和 p‘a^{55}xo^{21}	把细 pa^{43}ɕi$^{\cdot 13}$ 下细 ɕia^{13}ɕi$^{\cdot 13}$
西　昌	安逸 ŋan^{44}i$^{\cdot 31}$	巴适 pa^{44s}ʂʅ^{31}？	粑 p‘a^{44}	把细 pa^{34}ɕi$^{\cdot 11}$
洛　带$_{客}$	安乐 ɔn^{45}loʔ^{5}	安乐 ɔn^{45}loʔ^{5}	粑软 ȵyən^{45} 粑 p‘a^{45}	把细 pa^{31}ɕie^{53}
仪　陇$_{客}$	安逸 uɔn^{33}iʔ^{5} 巴适 pa^{33}seʔ^{3}	安逸 uɔn^{33}iʔ^{5} 巴适 pa^{33}seʔ^{3}	粑 p‘a^{33}	把细 pa^{21}ɕi$^{\cdot 13}$
永　兴$_{湘}$	安逸 ŋan^{55}i$^{\cdot 31}$	安逸 ŋan^{55}i$^{\cdot 31}$	粑 p‘a^{55}	下细 ʐa^{14}ɕi^{14}
安　仁$_{湘}$	安逸 ŋã^{33}i$^{\cdot 55}$ 舒服 sɤu^{33}fu^{13}	安逸 ŋã^{33}i$^{\cdot 55}$	粑 p‘o^{33}	细心 ɕi$^{\cdot 55}$ɕin^{33}
长　乐$_{湘}$	舒瘾 su^{44}in^{53} 巴适 pa^{44}sɿ^{21}	安逸 ŋan^{44}i$^{\cdot 35}$	粑 p‘a^{44}	下细 ɕia^{35}ɕi$^{\cdot 35}$

续表 5－2

	十七、性质、感觉、状态、颜色			
	笔直	技艺差劲，质量低劣	健壮，结实	身材瘦长
成　都	笔端 pi^{21} tua^{n55}	拙 ʦʻo^{21}	墩笃 tən^{55} tu^{21}	单吊 ta^{n55} tiau^{213}
广　元	笔端 pi^{21} tua^{n55} 笔端端 pi^{21} tua^{n55} tua^{n55}	拙 ʦʻo^{21} 孬 pʻie^{214}	墩笃 tən^{55} tu^{21}	躿 naŋ^{55}
达　州	端正 tuan^{55} ʦən^{214}	孬 pʻie^{214}	蛮 man^{12} 拽实 ʦuai^{12} sɿ^{12}	单吊 tan^{55} tiau^{214}
遂　宁	笔伸 pi^{21} ʦʻən^{55}	狗屎 kəu^{52} sɿ^{52}	墩笃 tən^{55} tu^{21}	单吊 tan^{55} tiau^{213}
自　贡	笔伸 pi^{214} tʂʻən^{55}	狗屎 kəu^{53} ʂʅ^{53} 歪 uai^{53}	墩笃 tən^{55} tu^{214}	单吊 tan^{55} tiau^{214} 瘦高 ʂəu^{214} kau^{55}
荣　县	溜直 niəu^{55} ʦɿ^{214}	拙 ʦʻo^{214} 狗屎 kəu^{42} sɿ^{42}	憨实 xan^{55} sɿ^{214}	单吊 tan^{55} tiau^{214} 杆杆儿 kan^{55} kanr^{55}
雅　安	笔端 pi^{55} tuæ̃^{55}	孬 pʻie^{214}	墩笃 tən^{55} tu^{55}	单吊 tæ̃^{55} tiau^{214}
汉　源	笔端 pi^{55} tua^{n55}	孬 pʻie^{213}	墩笃 tən^{55} tu^{55}	单吊 ta^{n55} tiau^{213}
泸　州	笔端端 pie^{33} tuan^{55} tuan^{55} 立伸伸 ni^{33} ʦʻən^{55} ʦʻən^{55}	狗屎臭 kəu^{42} sɿ^{42} ʦʻəu^{13}	墩笃 tən^{55} tu^{21} 拽实 ʦuai^{21} sə^{33}	单吊 tan^{55} tiau^{13}
眉　山	笔端 pi^{24} tuã^{55}	拙 ʦʻo^{21}	彪 piau^{55} 拽实 ʦuai^{31} sɿ^{24}	单吊 tã^{55} tiau^{13}
乐　山	笔伸 pie^{44} ʦʻən^{55}	臭 ʦʻəu^{13} 狗屎 kəu^{43} sɿ^{43}	墩笃 tən^{55} tʊ^{44}	单吊 ta^{n55} tiau^{13} 竿竿一样 ka^{n55} ka^{n55} ie^{44} iaŋ^{13}
西　昌	直□ tʂʅ^{31} miau^{11}	拙火 tʂʻo^{31} xo^{34}	跩实 tʂuai^{52} ʂʅ^{31}	干巾巾 kan^{44} tɕin^{44} tɕin^{44} 瘦猫猴儿 ʂəu^{11} mau^{44} xəur^{52}
洛　带客	笔直 piʔ^{2} ʦʻɿʔ^{5}	鄙 pieʔ^{2}	拽实 ʦuai^{31} sɿʔ^{5}	躿 laŋ^{45}
仪　陇客	笔直 piʔ^{3} ʦʻeʔ^{5}	鄙 pʻiɛ^{13}	墩笃 tuən^{13} tu^{53} 拽实 ʦuai^{21} seʔ^{5}	躿条 lɔŋ^{13} tʻiau^{53}
永　兴湘	笔伸 pi^{31} tɕʻin^{55}	孬 pʻie^{14}	墩笃 tən^{55} tu^{31} 体实好 tʻi^{53} ʂʅ^{31} xau^{53}	单吊 tan^{55} tiau^{14} 高肠子 kau^{55} dʑʻiaŋ^{31} ʦɿ^{53} 千竿肠子 tɕʻian^{55} kan^{55} dʑʻiaŋ^{31} ʦɿ^{53}
安　仁湘	笔直 pi^{55} tɕʻi^{24}	歪 uai^{41}	墩笃 tən^{33} tɤu^{33}	瘦肠肠 ɕie^{55} tɕioŋ^{13} tɕioŋ^{33}
长　乐湘	展直 ʦan^{53} ʦɿ^{21}	打趴拾 ta^{53} pʻa^{53} sɿ^{21}	拽实 ʦuai^{21} sɿ^{21} 硬走 ŋən^{35} ʦou^{53}	高肠子 kɑu^{44} ʦʻɑŋ^{21} ʦɿ^{53} 千单 tɕʻian^{44} tan^{44}

续表 5－2

	十七、性质、感觉、状态、颜色			
	完成，完毕，结束	不懂行	结实牢固，经久耐用	坚硬
成　都	归一 kuei^{55}i^{21}	黄脚黄手 xuaŋ^{21}tɕyo^{21}xuaŋ^{21}səu^{42}	经事 tɕin^{55}sɿ^{213}	帮硬 paŋ^{55}ŋən^{213}
广　元	归一 kuei^{55}i^{55}	黄脚黄手 xuaŋ^{21}tɕyo^{21}xuaŋ^{21}səu^{42}	经事 tɕin^{55}sɿ^{214}	硬扎 ŋən^{214}tsa^{55} 硬肘 ŋən^{214}tsəu^{42}
达　州	归一 kuei^{55}i^{12}	黄脚黄手 xuaŋ^{12}tɕyo^{12}xuaŋ^{12}səu^{42}	经事 tɕin^{55}sɿ^{214}	硬肘 ŋen^{214}tsəu^{42}
遂　宁	归一 kuei^{55}i^{21}	黄手黄脚 xuaŋ^{21}səu^{52}xuaŋ^{21}tɕio^{21}	经事 tɕin^{55}sɿ^{213}	硬肘 ŋən^{213}tsəu^{52}
自　贡	归一 kuei^{55}i^{214}	黄手黄脚 xuaŋ^{31}ʂəu^{53}xuaŋ^{31}tɕyo^{214}	经事 tɕin^{55} ʂʅ^{214} 扎实 tʂa^{214} ʂʅ^{214}	帮硬 paŋ^{55}ŋən^{214} 硬扎 ŋən^{214}tʂa^{214}
荣　县	归一 kuei^{55}i^{214}	黄脚黄手 xuan^{31}tɕio^{214}xuan^{31}səu^{42}	经事 tsin^{55}sɿ^{214}	硬肘 ŋən^{214}tsəu^{42}
雅　安	（V）好哒 xau^{42}ta^{42}	黄脚黄手 xuaŋ^{21}tɕyo^{55}xuaŋ^{21}səu^{42}	经事 tɕin^{55}sɿ^{214}	硬扎 ŋən^{214}tsa^{55} 硬肘 ŋən^{214}tsəu^{42}
汉　源	（V）好了 xau^{42}no^{42}	黄脚黄手 xuaŋ^{21}tɕio^{55}xuaŋ^{21}səu^{42}	经事 tɕin^{55}sɿ^{213}	硬帮 ŋən^{213}paŋ^{55} 硬扎 ŋən^{213}tsa^{55}
泸　州	归一 kuei^{55}ie^{33}	黄脚黄手 xuaŋ^{21}tɕyɵ^{33}xuaŋ^{21}səu^{42}	经事 tɕin^{55}sɿ^{13}	硬扎 ŋən^{13}tsæ^{33}
眉　山	归一 kuei^{55}i^{24}	黄脚黄手 xuaŋ^{31}tɕio^{24}xuaŋ^{31}səu^{53}	经事 tɕin^{55}sɿ^{13}	硬扎 ŋən^{13}tsa^{24} 硬肘 ŋən^{13}tsəu^{53}
乐　山	归一 kuei^{55}ie^{44}	黄脚黄手 xuaŋ^{21}tɕyu^{44}xuaŋ^{21}səu^{43}	经事 tɕin^{55}sɿ^{13}	硬扎 ŋən^{13}tsæ^{44} 扎实 tsæ^{44}sə^{44}
西　昌	规矩 kuei^{44}tɕi^{34}	黄脚杆 xuaŋ^{52}tɕio^{31}kan^{34}	经劳 tɕin^{44}nau^{52}	硬帮 ŋən^{11}paŋ^{44}
洛　带$_{客}$	归一 kuei^{45}iʔ^{2}	黄手黄脚 vɔŋ^{13}səu^{31}vɔŋ^{13}tɕioʔ^{2}	扎实 tsæʔ^{2}sɿʔ^{5}	帮硬 paŋ^{45}ŋaŋ^{53}
仪　陇$_{客}$	归一 kuei^{33}iʔ^{3}	黄手黄脚 uɔŋ^{21}səu^{53}uɔŋ^{21}tɕioʔ^{3}	经事 tɕin^{33}sɿ^{53} 经用 tɕin^{33}iuŋ^{53}	帮硬 paŋ^{33}ŋaŋ^{53} 硬扎 ŋaŋ^{53}tsa^{53}
永　兴$_{湘}$	归一 kuei^{55}i^{31}	黄脚黄手 vaŋ^{31}tɕyo^{31}vaŋ^{31} ʂəu^{53}	经事 tɕin^{55}zɿ^{14}	帮硬 paŋ^{55}ŋin^{14}
安　仁$_{湘}$	归一 kuei^{33}i^{55}	黄气 hoŋ^{13}tɕi^{24} 黄脚撩膀咯 hoŋ^{13}tɕyu^{55}nie^{13}paŋ^{41}ke^{41}	经事 tɕin^{33}sɿ^{21}/tɕin^{33}zɿ^{21}	口固 ze^{13}ku^{55} 帮硬 poŋ^{33}ŋo^{21}
长　乐$_{湘}$	归一 kuei^{44}i^{21} 完 uan^{21}	黄棒 uaŋ^{21}paŋ^{35}	经用 tɕin^{44}yŋ^{35} 经事 tɕin^{44}sɿ^{35}	硬扎 ŋən^{35}tsa^{21} 硬走 ŋən^{35}tsou^{53}

续表 5－2

	十七、性质、感觉、状态、颜色			
	软和	鼓起劲头，强硬起来	错，差错，糟糕	晚
成 都	炮和 p‘a^{55} xo^{21}	雄起 ɕioŋ^{21} tɕ‘i^{53}	拐 kuai^{53}	晏 ŋa^{n213}
广 元	炮和 p‘a^{55} xo^{21}	雄起 ɕyoŋ^{21} tɕ‘i^{42}	拐 kuai^{42}	晏了 ŋa^{n214} no^{21}
达 州	炮和 p‘a^{55} xo^{12}	加油 tɕia^{55} iəu^{12}	拐 kuai^{42}	晚 uan^{42} 迟 ts‘ɿ^{12}
遂 宁	炮和 p‘a^{55} xo^{21}	雄起 ɕioŋ^{21} tɕ‘i^{52}	出拐了 ts‘u^{21} kuai^{52} no^{52}	晏 ŋan^{213}
自 贡	炮和 p‘a^{55} xo^{214}	雄起 ɕyoŋ^{31} tɕ‘i^{53}	拐了 kuai^{53} no^{31}	晏 ŋan^{214} 晚 uan^{53}
荣 县	炮和 p‘a^{55} xo^{31}	雄起 ɕyoŋ^{31} tɕ‘i^{42}	拐（了） kuai^{42} （no^{31}） 出拐 ts‘u^{214} kuai^{42}	晏 ŋan^{214}
雅 安	炮和 p‘a^{55} xo^{21}	雄起 ɕyoŋ^{21} tɕ‘i^{42}	拐 kuai^{42} 拐了 kuai^{42} no^{42}	晏 ŋæ̃^{214}
汉 源	炮和 p‘a^{55} xo^{21}	雄起 ɕioŋ^{21} tɕ‘i^{42}	拐 kuai^{42} 拐了 kuai^{42} no^{42}	晏 ŋa^{n213}
泸 州	炮和 p‘a^{55} xo^{21} 溜炮 niəu^{55} p‘a^{55}	雄起 ɕyoŋ^{21} tɕ‘i^{42}	拐了 kuai^{42} no^{21}	晏 ŋan^{13}
眉 山	炮和 p‘a^{55} xo^{31}	雄起 ɕyŋ^{31} tɕ‘i^{53}	拐了 kuai^{53} no^{31}	晏 ŋã^{13}
乐 山	炮和 p‘a^{55} xo^{21}	雄起 ɕyŋ^{21} tɕ‘i^{43}	出拐 ts‘ʊ^{44} kuai^{43}	迟 ts‘ɿ^{21}
西 昌	炮和 p‘a^{44} xo^{52}		拐 kuai^{34} 拙火掉了 tʂ‘o^{31} xo^{34} tiau^{11} no^{44}	迟 tʂɿ^{52}
洛 带$_{\text{客}}$	炮和 p‘a^{45} xo^{13}	雄等 iuŋ^{13} tiɛn^{31}	遭了 tsau^{13} liau^{31}	迟 tsɿ^{13}
仪 陇$_{\text{客}}$	炮和 p‘a^{55} xəu^{33}	硬起 ŋaŋ^{53} tɕ‘i^{53}	拐 kuai^{53}	晏了 ŋan^{13} lɛ^{21} 夜了 ia^{53} lɛ^{21}
永 兴$_{\text{湘}}$	炮和 p‘a^{55} ɤo^{31}	硬气 ŋin^{14} tɕ‘i^{14}	拐 kuai^{53}	晏 ŋan^{14}
安 仁$_{\text{湘}}$	炮和 p‘o^{33} ho^{13}	雄起 ɕioŋ^{13} tɕ‘i^{41}	拐口 kua^{41} tsu^{55}	晏 ŋã^{55} 晏嘞 ŋã^{55} ne^{13}
长 乐$_{\text{湘}}$	炮和 p‘a^{44} xo^{21}	搭力 ta^{21} ni^{21}	拐 kuai^{53} 扯拐 ts‘e^{53} kuai^{53}	晏 ŋɑŋ^{35}

续表 5－2

	十七、性质、感觉、状态、颜色	十八、教育、交际、娱乐		
	粉笔	卷笔刀	橡皮擦子	批改，批阅
成　都	白墨 pe^{21}me^{21}	车笔刀 tsʻe^{55}pi^{21}tau^{55} 车车刀 tsʻe^{55}tsʻe^{55}tau^{55}	擦子 tsʻa^{21}tsɿ^{53}	号 xau^{213}
广　元	白墨 pe^{21}me^{21}	刨笔刀 pau^{214}pi^{21}tau^{55}	擦子 tsʻa^{21}tsɿ^{42} 擦擦 tsʻa^{21}tsʻa$^{21-55}$	号 xau^{214}
达　州	白墨 pie^{12}mie$^{12-212}$	车笔刀 tsʻe^{55}pi^{12}tau^{55}	跐胶 tsʻɿ^{55}tɕiau^{55}	号 xau^{214}
遂　宁	白墨 pe^{21}me^{21}	车刀 tsʻe^{55}tau^{55}	擦子 tsʻa^{21}tsɿ^{52}	号 xau^{213}
自　贡	白墨 pe^{214}me^{214}	车笔刀$_{儿}$ tsʻe^{55}pi^{214}taur^{55}	擦擦$_{儿}$ tʂʻa^{214}tʂʻar$^{214-55}$ 擦子 tʂʻa^{214}tsɿ^{53}	改（卷子） kai^{53}（tɕyɛn^{214}tsɿ^{53}）
荣　县	白墨 pe^{31}me^{214}	车车$_{儿}$ tsʻe^{55}tsʻer^{55}	擦擦$_{儿}$ tsʻa^{214}tsʻar$^{214-55}$	号 xau^{214}
雅　安	白墨 pe^{55}mai^{55}	车笔刀 tsʻe^{55}pi^{55}tau^{55} 刨笔刀 pau^{214}pi^{55}tau^{55}	擦子 tsʻa^{55}tsɿ^{42}	号 xau^{214}
汉　源	白墨 pai^{55}mai^{55}	车笔刀 tsʻai^{55}pi^{55}tau^{55} 刨笔刀 pau^{213}pi^{55}tau^{55}	橡皮擦子 ɕiaŋ^{213}pʻi^{21}tsʻa^{55}tsɿ^{42}	号 xau^{213}
泸　州	墨墨$_{儿}$ me^{33}mer^{33}	车笔刀$_{儿}$ tsʻei^{55}pie^{33}taur^{55}	擦擦$_{儿}$ tsʻæ^{33}tsʻær^{33}	号 xau^{13}
眉　山	白墨 pai^{24}mai^{24}	车笔刀 tsʻei^{55}pi^{24}tau^{55}	擦圆 tsʻa^{24}yɛ̃^{31}	号 xau^{13}
乐　山	白墨 pæ^{44}mæ^{44}	车笔刀 tsʻei^{55}pie^{44}tau^{55}	擦子 tsʻæ^{44}tsɿ^{43}	号 xau^{13}
西　昌	白墨 pe^{31}me^{31}	车笔刀 tsʻe^{44}pi^{31}tau^{44} 铅笔车车 ian^{52}pi^{31}tʂʻe^{44}tʂʻe^{44}	擦头$_{儿}$ tʂʻa^{31}tʻəur^{52}	号 xau^{11}
洛　带$_{客}$	白墨 pʻæʔ^{5}mieʔ^{5}	车车刀 tsʻe^{45}tsʻe^{45}tau^{45}	擦子 tsʻæʔ^{2}tsɿ^{31}	号 xau^{53}
仪　陇$_{客}$	白墨 pʻa^{5}maʔ^{5}	车刀 tsʻe^{33}tau^{33}	擦子 tsʻaʔ^{5}tsɿ^{53}	号 xau^{53}
永　兴$_{湘}$	白墨 bʻe^{31}me^{31}	刨笔刀 bʻau^{31}pi^{31}tau^{55} 车车刀 tɕʻie^{55}tɕʻie^{55}tau^{55}	擦擦 tsʻa^{31}tsʻa^{31}	号 ɣau^{14}
安　仁$_{湘}$	白墨 pʻo^{13}me^{55}	卷笔刀$_{儿}$ tɕ ỹ^{55}pi$^{55-21}$ter$^{33/21}$	擦子 tsʻa^{55}tsɿ^{21}	号 he^{21}
长　乐$_{湘}$	粉笔 fən^{53}pi^{21} 白墨 pe^{21}me^{21}	车车刀 tsʻe^{44}tsʻe^{44}tɑu^{44} 车笔刀 tsʻe^{44}pi^{21}tɑu^{44}	擦子 tsʻa^{21}tsɿ^{53} 擦子胶 tsʻa^{21}tsɿ^{53}tɕiɑu^{44}	号 xɑu^{35} 阅 ye^{21}

续表 5－2

	十八、教育、交际、娱乐			
	留级	排名位居最末	请客	到亲友家作客
成都	降班 tɕiaŋ^{213} pa^{n55} 垮班 k'ua^{53} pa^{n55}	吆鸭子 iau^{55} ia^{21} tsɿ^{21}	办招待 pa^{n213} tsau^{55} tai^{213}	走人户 tsəu^{53} zən^{21} fu^{53}
广元	垮班 k'ua^{42} pa^{n55}	吆鸭儿 iau^{55} ia^{21} ɚ^{42}	办招待 pa^{n214} tsau^{55} tai^{214}	走人户 tsəu^{42} zən^{21} fu^{55}
达州	垮班 k'ua^{42} pan^{55}	吆鸭儿 iau^{55} ia^{12} ɚ^{12}	办招待 pan^{214} tsau^{55} tai^{214}	走人户 tsəu^{42} zen^{12} fu^{214}
遂宁	垮班 k'ua^{52} pan^{55}	吆鸭子 iau^{55} ia^{21} tsɿ^{52}	办招待 pan^{213} tsau^{55} tai^{213}	走人户 ts'u^{52} zən^{21} fu^{213}
自贡	梭班$_{儿}$ so^{55} panr^{55}	罗巴$_{儿}$名 no^{55} panr^{55} min^{31}	办招待 pan^{214} tʂau^{55} tai^{214}	走人户 tʂəu^{53} ʐən^{31} fu$^{214-55}$
荣县	垮班 k'ua^{42} pan^{55} 降级 tɕian^{42} tɕi^{214}	吆鸭子 iau^{55} ia^{31} tsɿ^{42}	办招待 pan^{42} tsau^{55} tai^{214}	走人户 tsəu^{42} zən^{31} fu^{55}
雅安	留级 niəu^{21} tɕi^{55}	吆鸭娃$_{儿}$ iau^{55} ia^{55} uar^{21}	办招待 pæ̃^{214} tsau^{55} tai^{214}	走人户 tsəu^{42} zən^{21} fu^{214}
汉源	留级 niəu^{21} tɕi^{55}	吆鸭子 iau^{55} ia^{55} tsɿ^{42}	办招待 pa^{n213} tsau^{55} tai^{213}	走人户 tsəu42zən^{21} fu^{213}
泸州	降班$_{儿}$ tɕiaŋ^{13} panr^{55}	吆班$_{儿}$ iau^{55} panr^{55}	办招待 pan^{13} tsau^{55} tai^{13}	走人户 tsəu^{42} zən^{21} fu^{13}
眉山	降班 tɕiaŋ^{13} pã^{55}	吆鸭子 iau^{55} ia^{24} tsɿ^{53}	办招待 pã^{13} tsau^{55} tai^{13}	走人户 tsəu^{53} zən^{31} fu^{13}
乐山	降班 tɕiaŋ^{13} pa^{n55}	吆鸭子 iau^{55} iæ^{44} tsɿ^{43}	办招待 pa^{n13} tsau^{55} tai^{13}	走人户 tsəu^{43} zən^{21} fu^{13}
西昌	降班 tɕiaŋ^{11} pan^{44}	吆鸭子 iau^{44} ia^{31} tsɿ^{34}	请客 tɕ'in^{34} k'e^{31}	走人户 tsəu^{34} ʐən^{52} fu^{11}
洛带$_{客}$	降班 tɕiɔŋ^{53} pan^{45}	吆鸭子 iau^{45} æʔ^{2} tsɿ^{31} 吆尾巴 iau^{45} mei^{45} pa^{45}	请客 tɕ'iaŋ^{31} k'æʔ^{2}	过家 ko^{53} ka^{45}
仪陇$_{客}$	垮班 k'ua^{53} pan^{33}	啰尾巴 lo^{33} mei^{33} pa^{33}	办招待 p'an^{53} tsau^{33} tai^{53}	过人家 ko^{13} in^{21} ka^{33}
永兴$_{湘}$	垮班 k'ua^{53} pan^{55}	啰巴狗 nyo^{55} pa^{55} kiəu^{53}	办招待 b'an^{14} tɕiau^{55} d'ai^{14}	走人户 tsəu^{53} ʐən^{31} vu^{14}
安仁$_{湘}$	垮班 ko^{41} pã^{33}	吆鸭婆 ie^{13} ŋa^{33} pu^{33}	请客 tɕ'iaŋ^{41} k'o^{55}	走人家 tɕie^{41} nin^{13} ka$^{33/41}$
长乐$_{湘}$	垮班 k'ua^{53} pan^{44}	吆鸭子 iɑu^{44} ia^{21} tsɿ^{53} 吆鸭儿 iɑu^{44} ia^{21} o^{21}	办招待 pan^{35} tsɑu^{44} tai^{35}	看人 k'an^{35} ŋən^{21} 拜望 pai^{35} uɑŋ^{35}

续表 5－2

	十八、教育、交际、娱乐			
	小儿模仿成人煮饭、吃饭、带孩子	捉迷藏	抽陀螺	玩空竹
成　都	扮客 pa^{n213} k‘e^{21} 扮姑姑筵$_{\text{儿}}$ pan^{213} ku^{55} ku^{55} iɛ^{n} r^{21}	藏猫$_{\text{儿}}$ ʦ‘aŋ^{21} maur^{55}	搃牛牛 ʦ‘a^{n53} ȵiəu^{21} ȵiɚ$^{21-55}$	扯响簧 ʦ‘e^{53} ɕiaŋ^{53} xuaŋ^{21}
广　元	煮假假饭 ʦu^{42} ʨia^{42} ʨia^{42} fa^{n214}	藏蒙蒙花$_{\text{儿}}$ ʨ‘iaŋ^{21} men^{21} men^{21} xuar^{55}	打地牯牛 ta^{42} ti^{214} ku^{55} ȵiəu^{21}	
达　州	煮假假饭 ʦu^{42} ʨia^{42} ʨia^{42} fan^{214}	藏猫 ʦ‘aŋ^{12} mau^{55}	搃陀螺 ʦ‘an^{42} t‘o^{12} no^{12}	扯响簧 ʦ‘e^{42} ɕiaŋ^{42} xuaŋ^{12}
遂　宁	扮锅锅筵$_{\text{儿}}$ pan^{213} ko^{55} ko^{55} ianr^{21}	躲猫$_{\text{儿}}$ to^{52} maur^{55}	搃地牯牛 ʦ‘an^{52} ti^{213} ku^{55} niəu^{21}	
自　贡	扮锅锅酒$_{\text{儿}}$ pan^{214} ko^{55} ko^{55} ʨiəur^{53}	藏猫$_{\text{儿}}$ ʦ‘aŋ^{31} maur^{55} 躲猫$_{\text{儿}}$ to^{53} maur^{55}	搃螺陀 ʦ‘an^{53} no^{214} t‘o^{31}	
荣　县	扮锅锅筵$_{\text{儿}}$ pan^{42} ko^{55} ko^{55} yinr^{55}	逮猫$_{\text{儿}}$ tai^{42} maur^{55} 藏猫$_{\text{儿}}$ ʨ‘ian^{31} maur^{55}	搃地转转$_{\text{儿}}$ ʨ‘an^{42} ti^{214} zuan^{214} zuanr^{55}	扯响簧 ʦ‘e^{42} ɕian^{42} xuan^{31}
雅　安	办姑姑筵$_{\text{儿}}$ pæ̃^{214} ku^{55} ku^{55} iɛ̃r^{214}	逮猫$_{\text{儿}}$ tai^{42} maur^{55} 藏猫$_{\text{儿}}$ ʨ‘iaŋ^{21} maur^{55}	搃灯$_{\text{儿}}$ ʦæ̃^{42} tənr^{55}	扯响簧 ʦ‘e^{42} ɕiaŋ^{42} xuaŋ^{21}
汉　源	办姑姑儿 pa^{n213} ku^{55} ku^{55} ɚ^{21}	逮猫$_{\text{儿}}$ tai^{42} maur^{55} 藏猫$_{\text{儿}}$ ʨ‘iaŋ^{21} maur^{55}	搃地□$_{\text{儿}}$ ʦa^{n42} ti^{213} nɚ^{55} 搃地转子 ʦa^{n42} ti^{213} ʦua^{n213} ʦɿ^{42}	扯响簧$_{\text{儿}}$ ʦ‘ai^{42} ɕiaŋ^{42} xuaŋr^{21}
泸　州	扮锅锅姐$_{\text{儿}}$ pan^{13} kɵ^{55} kɵ^{55} ʨir^{42}	捉猫$_{\text{儿}}$ ʦo^{21} maur^{55}	搃陀螺 ʦ‘an^{42} t‘o^{21} no^{21}	扯响簧 ʦ‘ei^{42} ɕiaŋ^{42} xuaŋ^{21}
眉　山	摆锅锅筵$_{\text{儿}}$ pai^{53} ku^{55} ku^{55} iɛ̃r^{13}	逮猫$_{\text{儿}}$ tai^{53} maur^{55} 藏猫$_{\text{儿}}$ ʨ‘aŋ^{31} maur^{55}	搃牛儿 ʦ‘ã^{53} ȵiəu^{31} ɚ^{55}	扯响簧 ʦ‘ei^{53} ɕiaŋ^{53} xuaŋ^{31}
乐　山	办姑姑宴$_{\text{儿}}$ pa^{n13} ku^{55} ku^{55} iɛ̃^{13} ɚ^{55}	藏猫儿 ʦ‘aŋ^{21} mau^{55} ɚ^{55}	搃地牯牛 ʦ‘a^{n43} ti^{13} ku^{43} niəu^{21}	扯响簧 ʦ‘ei^{43} ɕiaŋ^{43} xuaŋ^{21}
西　昌	扮锅锅筵$_{\text{儿}}$ pan^{11} ko^{44} ko^{44} ianr^{11}	蒙猫$_{\text{儿}}$ moŋ^{52} maur^{44}	打螺$_{\text{儿}}$ ta^{34} nor^{44}	
洛　带$_{\text{客}}$	办锅锅筵$_{\text{儿}}$ p‘an^{53} ko^{45} ko^{45} iɛnr^{13}	屏□子 piaŋ^{53} p‘u^{53} ʦɿ^{31} 屏猫 piaŋ^{53} maur^{45}	搃牛儿 ʦ‘an^{53} ȵiəu^{13} ɚ^{45}	扯响簧 ʦ‘a^{31} ɕiɔŋ^{31} vəŋ^{13}
仪　陇$_{\text{客}}$	煮假假饭 ʦu^{21} ka^{53} ka^{21} fan^{13}	屏猫猫 piaŋ^{13} miau^{33} miau^{33}	打木牛儿 ta^{53} məuʔ^{5} ŋiɛ^{21} ɚ^{33}	扯老麻风 ʦ‘a^{53} ləu^{53} ma^{21} fuŋ^{33}
永　兴$_{\text{湘}}$		躲猫猫 to^{53} mau^{55} mau^{55}	搃牛牛 ʨ‘ian^{53} ȵiəu^{31} ȵiəu^{31}	
安　仁$_{\text{湘}}$	拣棒客$_{\text{儿}}$ ʨĩ^{41} põ^{13} pĩr^{13}	躲猫儿 tu^{41} me^{13} ɚ^{21}	打头螺$_{\text{儿}}$ ta^{41} te^{21} nuor^{13}	
长　乐$_{\text{湘}}$	办家家 pan^{35} ka^{44} ka^{44} 家家游 ka^{44} ka^{44} iou^{21}	躲猫猫 to^{53} mɑu^{44} mɑu^{44}	搃牛牛儿 ʦ‘an^{53} niou^{21} niou^{21} o^{21}	

续表 5－2

十八、教育、交际、娱乐				
	滑梯	风筝	木偶	皮影
成都	梭梭板儿 so^{55} so^{55} pa^{n}r^{53}	风筝儿 foŋ^{55} təŋr^{55}	木偶偶儿 mu^{21} ŋəu^{53} ŋəur$^{53-21}$ 斤走走 tɕin^{55} tsəu^{53} tsəu$^{53-21}$	灯影儿 tən^{55} inr^{53} 皮灯影儿 pʻi^{21} tən^{55} inr^{55}
广元	梭梭板儿 so^{55} so^{55} pa^{n}r^{42}	风筝儿 foŋ^{55} tənr^{55}	木脑壳儿 mu^{21} nau^{42} kʻor^{55}	皮搭子 pʻi^{21} ta^{42} tsɿ^{42}
达州	梭梭板 so^{55} so^{55} pan^{42}	风筝儿 foŋ^{55} tənr^{55}	木脑壳 mu^{12} nau^{42} kʻo^{12}	灯影子 tən^{55} in^{42} tsɿ^{42}
遂宁	梭梭板儿 so^{55} so^{55} panr^{52}	风筝 xoŋ^{55} tən^{55}	木头人 mu^{21} tʻəu^{21} zən^{21}	皮灯影儿 pʻi^{21} tən^{55} inr^{52}
自贡	梭梭板儿 so^{55} so^{55} panr^{53}	风筝儿 foŋ^{55} tənr^{55}	木偶偶儿 mu^{214} ŋəu^{53} ŋəur^{53} 木走子 mu^{214} tʂəu^{53} tsɿ^{53}	皮影儿 pʻi^{31} iŋr^{53}
荣县	梭梭板儿 so^{55} so^{55} panr^{55}	风筝儿 foŋ^{55} tənr^{55}	木偶偶儿 mu^{214} ŋəu^{42} ŋəur^{55}	皮灯影儿 pʻi^{31} tən^{55} inr^{55} 灯影儿 tən^{55} inr^{55}
雅安	梭梭板 so^{55} so^{55} pæ̃^{42}	风筝儿 foŋ^{55} tənr^{55}	木走走 mu^{55} tsəu^{42} tsəu	皮灯影儿 pʻi^{31} tən^{55} inr^{55} 灯影儿 tən^{55} inr^{55}
汉源	梭梭板 so^{55} so^{55} pa^{n42}	风车子 foŋ^{55} tsʻai^{55} tsɿ^{42} 风筝 foŋ^{55} tən^{55}		皮灯影儿 pʻi^{21} tən^{55} inr^{55}
泸州	梭梭板儿 so^{55} so^{55} panr^{42}	风筝儿 foŋ^{55} tənr^{55}	木走子 mu^{33} tsəu^{42} tsɿ^{42}	皮灯影儿 pʻi^{21} tən^{55} inr^{55}
眉山	梭梭板 su^{55} su$^{55-44}$ pã^{53}	风筝儿 foŋ^{55} tənr^{55}	斤走走儿 tɕin^{55} tsəu^{53} tsəur^{53} 木偶偶儿 mu^{24} ŋəu^{53} ŋəur^{53}	灯影儿 tən^{55} inr^{53}
乐山	梭梭板 so^{55} so^{55} pa^{n43}	风筝 foŋ^{55} tən^{55}	木偶儿 mʊ^{44} ŋəu^{43} ɚ^{21}	皮影 pʻi^{21} in^{43}
西昌	梭梭板 so^{44} so^{44} pan^{34}	风筝 foŋ^{44} tʂən^{44}	木走走 mu^{31} tʂəu^{34} tʂəu^{34}	皮影 pʻi^{52} in^{34}
洛带客	梭梭板 so^{45} so^{45} pan^{31}	风筝 fuŋ^{45} tiɛn^{45}	斤走子 tɕin^{45} tsəu^{31} tsɿ^{31}	皮影 pʻi^{13} in^{53}
仪陇客	梭梭板 so^{33} so^{33} pan^{53}	风筝 fuŋ^{33} tsan^{33}	木脑壳 muʔ^{3} ləu^{53} kʻoʔ^{5}	皮灯影儿 pʻi^{21} tən^{33} inr^{53}
永兴湘	梭梭板 so^{55} so^{55} pan^{53}	风筝 xoŋ^{55} tən^{55}		灯影 tən^{55} in^{53}
安仁湘	梭梭板 su^{33} su^{33} paŋ^{41}	风筝 haŋ^{33} tin^{21}	木脑壳 mu^{24} ne^{41} kʻo^{55}	
长乐湘	梭梭板 so^{44} so^{44} pan^{53}	风筝 xuŋ^{44} tən^{44}	木偶 mu^{21} ou^{53}	灯影子 tən^{44} in^{53} tsɿ^{53}

续表 5－2

	十九、商业、交通、邮电			
	逢集	逢集的日子	不逢集的日子	赶集
成　都	赶场 ka^{n53} ʦʻaŋ^{21} 逢场 foŋ^{21} ʦʻaŋ^{21}	赶场天 ka^{n53} ʦʻaŋ^{21} tʻiɛ^{n55} 逢场天 foŋ^{21} ʦʻaŋ^{21} tʻiɛ^{n55}	闲天 xan^{21} tʻiɛ^{n55}	赶场 ka^{n53} ʦʻaŋ^{21}
广　元	逢场 foŋ^{21} ʦʻaŋ^{21}	逢场天 foŋ^{21} ʦʻaŋ^{21} ʦʻiŋ^{n55}	冷场 nən^{53} ʦʻaŋ^{21}	赶场 ka^{n42} ʦʻaŋ^{21}
达　州	当场 taŋ^{55} ʦʻaŋ^{12}	当场天 taŋ^{55} ʦʻaŋ^{12} tʻiɛn^{55}	冷场天 nən^{42} ʦʻaŋ^{12} tʻiɛn^{55}	赶场 kan^{42} ʦʻaŋ^{12}
遂　宁	逢场 xoŋ^{21} ʦʻaŋ^{21}	赶场天 kan^{52} ʦʻaŋ^{21} tʻiɛn^{55} 逢场天 xoŋ^{21} ʦʻaŋ^{21} tʻiɛn^{55}	闲天 xan^{21} tʻiɛn^{55}	赶场 kan^{52} ʦʻaŋ^{21}
自　贡	逢场 foŋ^{31} tʂʻaŋ^{31} 赶场 kan^{53} tʂʻaŋ^{31}	赶场天 kan^{53} tʂʻaŋ^{31} tʻiɛn^{55} 逢场天 foŋ^{31} tʂʻaŋ^{31} tʻiɛn^{55}	闲天 xan^{31} tʻiɛn^{55}	赶场 kan^{53} tʂʻaŋ^{31} 逢场 foŋ^{31} tʂʻaŋ^{31}
荣　县	逢场 foŋ^{31} ʦʻan^{31}	赶场天 kan^{42} ʦʻan^{31} tʻin^{55} 逢场天 foŋ^{31} ʦʻan^{31} tʻin^{55}	冷场 nən^{42} ʦʻan^{31} 冷场天 nən^{42} ʦʻan^{31} tʻin^{55}	赶场 kan^{42} ʦʻan^{31}
雅　安	逢场 foŋ^{21} ʦʻaŋ^{21}	赶场天 kæ̃^{42} ʦʻaŋ^{21} tʻiɛ̃^{55} 逢场天 foŋ^{21} ʦʻaŋ^{21} tʻiɛ̃^{55}	闲天 xæ̃^{21} tʻiɛ̃^{55} 闲场（天） xæ̃^{21} ʦʻaŋ^{21} （tʻiɛ̃^{55}）	赶场 kæ̃^{42} ʦʻaŋ^{21}
汉　源	逢场 foŋ^{21} ʦʻaŋ^{21}	赶场天 ka^{n42} ʦʻaŋ^{21} tʻiɛ^{n55} 逢场天 foŋ^{21} ʦʻaŋ^{21} tʻiɛ^{n55}	闲天 xa^{n21} tʻiɛ^{n55} 闲场（天） xa^{n21} ʦʻaŋ^{21} （tʻiɛ^{n55}）	赶场 ka^{n42} ʦʻaŋ^{21}
泸　州	赶场 kan^{42} ʦʻaŋ^{21}	逢场天 foŋ^{21} ʦʻaŋ^{21} tʻiɛn^{55}	闲场天 xan^{21} ʦʻaŋ^{21} tʻiɛn^{55}	赶场 kan^{42} ʦʻaŋ^{21}
眉　山	逢场 foŋ^{31} ʦʻaŋ^{31}	逢场天 foŋ^{31} ʦʻaŋ^{31} tʻiɛ̃^{55}	闲天 xã^{31} tʻiɛ̃^{55}	赶场 kã^{53} ʦʻaŋ^{31}
乐　山	逢场 foŋ^{21} ʦʻaŋ^{21}	赶场天 ka^{n43} ʦʻaŋ^{21} tʻiɛ̃^{55}	闲天 xa^{n21} tʻiɛ̃^{55}	赶场 ka^{n43} ʦʻaŋ^{21}
西　昌	赶场 kan^{34} ʦʻaŋ^{52} 逢场 foŋ^{52} ʦʻaŋ^{52}	赶场天 kan^{34} ʦʻaŋ^{52} tʻian^{44}	闲场天 ɕian^{52} tʂʻaŋ^{52} tʻian^{44}	赶场 kan^{34} ʦʻaŋ^{52}
洛　带客	逢场 fuŋ^{13} ʦʻɔŋ^{31}	逢场日子 fuŋ^{13} ʦʻɔŋ^{31} ȵiʔ^{2} ʦɿ^{31}	闲日子 xan^{13} ȵiʔ^{2} ʦɿ^{31}	赶场 kɔn^{31} ʦɔŋ^{31}
仪　陇客	当场 tɔŋ^{33} ʦʻɔŋ^{53}	当场日子 tɔŋ^{33} ʦʻɔŋ^{53} iʔ^{3} ʦɿ^{53} 逢场日子 fuŋ^{21} ʦʻɔŋ^{53} iʔ^{3} ʦɿ^{53}	冷场（日子） lan^{33} ʦʻɔŋ^{53} （iʔ^{3} ʦɿ^{53}）	赶场 kuɔn^{53} ʦʻɔŋ^{53}
永　兴湘	逢场 ɣoŋ^{31} ʥʻiaŋ^{31}	逢场天 ɣoŋ^{31} ʥʻiaŋ^{31} tʻian^{55}	冷场天 nən^{53} ʥʻiaŋ^{31} tʻian^{55}	逢场 ɣoŋ^{31} ʥʻiaŋ^{31}
安　仁湘	逢场 ɸoŋ^{13} ʨioŋ^{13}	赶场日子 kã^{41} ʨioŋ^{13} ni^{55} ʦɿ^{21}	冷场天 niaŋ^{41} ʨioŋ^{13} ni^{33}	逢场 ɸoŋ^{13} ʨioŋ^{13}
长　乐湘	赶场 kan^{53} ʦɑŋ^{21} 逢场 xuŋ^{21} ʦɑŋ^{21}	逢场天 xuŋ^{21} ʦɑŋ^{21} tʻian^{44} 赶场天 kan^{53} ʦɑŋ^{21} tʻian^{44}	寒天 xan^{21} tʻian^{44} 冷场天 nən^{53} ʦɑŋ^{21} tʻian^{44}	赶场 kan^{53} ʦɑŋ^{21} 逢场 xuŋ^{21} ʦɑŋ^{21}

续表 5－2

	十九、商业、交通、邮电			
	讨价还价	纸币	面值为“元”的人民币	面值为“角”的人民币
成　都	讲价 tɕiaŋ^{53} tɕia^{213}	票儿 pʻiau^{213} ɚ^{21} 票子 piau^{213} tsɿ^{53}	块块子 kʻuai^{53} kʻuai$^{53-21}$ tsɿ^{53}	角角子 tɕio^{21} tɕio$^{21-55}$ tsɿ^{53}
广　元	讨价还价 tʻau^{42} tɕia^{214} xua^{n21} tɕia^{214}		元元子 yɛ^{n21} yɛ$^{n21-55}$ tsɿ^{42} 块块子 kʻuai^{42} kʻuai^{42} tsɿ^{42}	角角子 tɕyo^{21} tɕyo^{21} tsɿ^{42}
达　州	讲价 tɕiaŋ^{42} tɕia^{214}	票子 piau^{214} tsɿ^{42}	元元子 yɛn^{12} yɛn$^{12-55}$ tsɿ^{42} 块块子 kʻuai^{42} kʻuai^{42} tsɿ^{42}	角角子 tɕyo^{12} tɕyo^{12} tsɿ^{42}
遂　宁	讲价钱 tɕiaŋ^{52} tɕia^{213} tɕʻiɛn^{21}	票子 pʻiau^{213} tsɿ^{52}	块块子 kʻuai^{52} kʻuai^{52} tsɿ^{52}	角角子 tɕio^{21} tɕio^{21} tsɿ^{52}
自　贡	讲价钱 tɕiaŋ^{53} tɕia^{214} tɕʻiɛn^{31}	票子 pʻiau^{214} tsɿ^{53}	块块子 kʻuai^{53} kʻuai^{53} tsɿ^{53}	角角钱 tɕyo^{214} tɕyo$^{214-55}$ tɕʻiɛn^{31}
荣　县	讨价还价 tʻau^{42} tɕia^{214} xuan^{31} tɕia^{214}	票子 pʻiau^{214} tsɿ^{42}	块块子 kʻuai^{42} kʻuai^{42} tsɿ^{42}	角角子 tɕio^{214} tɕio^{214} tsɿ^{42}
雅　安	讲价 tɕiaŋ^{42} tɕia^{214} 讲价钱 tɕiaŋ^{42} tɕia^{214} tɕʻiɛ̃^{21}	票子 pʻiau^{214} tsɿ^{42}	元元子 yɛ̃^{21} yɛ̃^{55} tsɿ^{42} 块块子 kʻuai^{42} kʻuai^{42} tsɿ^{42}	角角子 tɕyo^{55} tɕyo^{55} tsɿ^{42}
汉　源	讲价钱 tɕiaŋ^{42} tɕia^{213} tɕʻiɛ^{n21} 讨价还价 tʻau^{42} tɕia^{213} xua^{n21} tɕia^{213}	票子 pʻiau^{213} tsɿ^{42}	元元子 yɛ^{n21} yɛ^{n55} tsɿ^{42} 块块子 kʻuai^{42} kʻuai^{42} tsɿ^{42}	角角子 tɕio^{55} tɕio^{55} tsɿ^{42}
泸　州	讲价 tɕiaŋ^{42} tɕia^{13}	票子 pʻiau^{13} tsɿ^{42}	块块钱 kʻuai^{42} kʻuai$^{42-21}$ tɕʻiɛn^{21}	角角钱 tɕyɵ^{33} tɕyɵ^{33} tɕʻiɛn^{21}
眉　山	讲价 tɕiaŋ^{53} tɕia^{13}	票子 pʻiau^{13} tsɿ^{53}	元元子 yã^{31} yã$^{31-55}$ tsɿ^{53}	角角子 tɕio^{24} tɕio^{24} tsɿ^{53}
乐　山	讨价还价 tʻau^{43} tɕia^{13} xua^{n21} tɕia^{13} 讲价钱 tɕiaŋ^{43} tɕia^{13} tɕʻiŋ^{21}	票子 pʻiau^{13} tsɿ^{43} 票儿 pʻiau^{13} ɚ^{21}	元元子 yɛ̃^{21} yɛ̃$^{21-55}$ tsɿ^{43} 块块子 kuai^{43} kuai$^{43-21}$ tsɿ^{43}	角角子 tɕyu^{21} tɕyu^{21} tsɿ^{43} 角角儿 tɕyu^{21} tɕyu^{21} ɚ^{55}
西　昌	讲价钱 tɕiaŋ^{34} tɕia^{11} tɕʻian^{52}	票子 pʻiau^{11} tsɿ^{34}	块块子 kʻuai^{34} kʻuai^{34} tsɿ^{34}	角票 tɕio^{31} pʻiau^{11} 角角子 tɕio^{31} tɕio^{31} tsɿ^{34}
洛　带$_{客}$	讲价钱 kɔŋ^{31} ka^{53} tɕʻiɛn^{13}	纸票子 tsɿ^{31} pʻiau^{53} tsɿ^{31}	块块钱 kuai^{53} kuai^{53} tɕʻiɛn^{13}	角角子 tɕioʔ^{2} tɕioʔ^{2} tsɿ^{31}
仪　陇$_{客}$	讲价 kɔŋ^{53} ka^{13}	票子 pʻiau^{13} tsɿ^{53}	块块子 kʻuai^{13} kʻuai^{13} tsɿ^{53}	角角子 tɕioʔ^{3} tɕioʔ^{3} tsɿ^{53}
永　兴$_{湘}$	讲价 tɕiaŋ^{53} tɕia^{14}	票子 pʻiau^{14} tsɿ^{53}	元元子 ian^{31} ian^{31} tsɿ^{53} 块块子 kʻuai^{53} kʻuai^{53} tsɿ^{53}	角角子 tɕyo^{31} tɕyo^{31} tsɿ^{53}
安　仁$_{湘}$	讲价 ɕioŋ^{41} tɕio^{55}	票子 pʻie^{24} tsɿ^{21}	块块子 kua^{24} kua^{55} tsɿ^{21}	角角子 tɕio^{13} tɕio^{13} tsɿ^{21}
长　乐$_{湘}$	讨价 tʻɑu^{53} tɕia^{35} 讲价 tɕiɑŋ^{53} tɕia^{35} 讲价钱 tɕiɑŋ^{53} tɕia^{35} tɕian^{21}	票子 pʻiɑu^{35} tsɿ^{53}	块块钱 kʻuai^{53} kʻuai^{53} tɕian^{21}	角角钱 tɕyo^{21} tɕyo^{21} tɕian^{21}

续表 5－2

	十九、商业、交通、邮电			
	卖剩的东西趸买或趸卖	便宜	称秤时使分量不准	欠，差
成　都	打瓜 ta^{53}kua^{55} 趸 tuei^{53}	相因 ɕiaŋ^{55}in^{55}	要秤 sua^{53}tsʻən^{213}	争 tsən^{55}
广　元	打瓜 ta^{42}kuo^{55}	相因 ɕiaŋ^{55}in^{55}	要秤 sua^{42}tsʻən^{214}	争 tsən^{55}
达　州	卖堆堆货 mai^{214}tuei^{55}tuei^{55}xo^{214}	相因 ɕiaŋ^{55}in^{55}	整秤 tsən^{42}tsʻən^{214}	争 tsən^{55}
遂　宁	打瓜 ta^{52}kua^{55}	相因 ɕiaŋ^{55}in^{55}	要秤 sua^{52}tsʻən^{213}	争 tsən^{55}
自　贡	趸 tuei^{53}	相因 ɕiaŋ^{55}in^{55} 便宜 pʻiɛn^{31}ȵi^{31}	烧秤 ʂau^{55}tʂʻən^{214} 抠秤 kʻəu^{55}tsʻən^{214}	争 tʂən^{55}
荣　县	打包 ta^{42}pau^{55}	相因 ɕian^{55}in^{55}	要秤 suai^{42}tsʻən^{214}	争 tsən^{55}
雅　安	打瓜 ta^{42}kua^{55}	相因 ɕiaŋ^{55}in^{55}	要秤 sua^{42}tsʻən^{214}	争 tsən^{55}
汉　源	打瓜 ta^{42}kua^{55}	相因 ɕiaŋ^{55}in^{55}	要秤 sua^{42}tsʻən^{213}	争 tsən^{55}
泸　州	趸 tuei^{42}	相因 ɕiaŋ^{55}in^{55}	要秤杆$_{儿}$ sua^{42}tsʻən^{13}kanr^{42}	争 tsən^{55}
眉　山	打瓜 ta^{53}kua^{55} 趸 tuei^{53}	相因 ɕiaŋ^{55}in$^{55-44}$	要称 sua^{53}tsʻən^{13}	争 tsən^{55}
乐　山	脚罢儿 tɕyu^{44}pa^{13}ɚ^{55}	相因 ɕiaŋ^{55}in^{55}	烧秤 sau^{55}tsʻən^{13} 要秤 sua^{43}tsʻən^{13}	争 tsən^{55}
西　昌	打瓜 ta^{34}kua^{44}	相因 ɕiaŋ^{44}in^{44}	吃秤 tʂʅ^{31}tsʻən^{11}	争 tsən^{44}
洛　带$_{客}$	打趸 ta^{31}toi^{31}	相因 ɕiɔŋ^{45}in^{45}	要秤 sua^{31}tsʻən^{53}	争 tsaŋ^{45}
仪　陇$_{客}$	打趸批 ta^{53}tuei^{53}pʻai^{33}	相因 ɕiɔŋ^{33}in^{33}	要秤 suai^{13}tsʻən^{13}	争 tsan^{33}
永　兴$_{湘}$	打趸卖/买 ta^{53}tuei^{53}mai^{14}/mai^{53} 打股卖/买 ta^{53}ku^{53}mai^{14}/mai^{53}	相因 ɕiɑŋ^{55}in^{55}	烧秤 ʂɑu^{55}tɕʻin^{14}	争 tsən^{55}
安　仁$_{湘}$	打瓜 ta^{41}ko^{33} 打瓜卖 ta^{41}ko^{33}ma^{55}	相因 ɕiɑŋ^{33}·in^{33} 便宜 pĩ^{13}i^{13}	要秤 so^{41}tɕʻin^{24}	争 tsən^{33}
长　乐$_{湘}$	打瓜 ta^{53}kua^{44}	相因 ɕiɑŋ^{44}in^{44} 公道 kuŋ^{44}tɑu^{35}	要秤 sua^{21}tsʻən^{35}	该 kai^{44}

续表5－2

	十九、商业、交通、邮电			
	自行车	带边斗的自行车	机动三轮车	坐出租机动三轮车
成　都	洋马儿 iaŋ^{21} ma^{53} ɚ^{21} 脚踏车 tɕio^{21} tʻa^{21} tsʻe^{55}	炟耳朵 pʻa^{55} ɚ^{53} to^{55} 炟耳朵车 pʻa^{55} ɚ^{53} to^{55} tsʻe^{55}	火三轮$_{\text{儿}}$ xo^{53} sa^{n55} nənr^{21}	打火的 ta^{53} xo^{53} ti^{21}
广　元	洋马儿 iaŋ^{21} ma^{42} ɚ^{21}		电三轮 tiɛ^{n214} sa^{n55} nen^{21} 火三轮 xo^{42} sa^{n55} nen^{21}	坐三轮 tso^{214} sa^{n55} nən^{21}
达　州	洋马儿 iaŋ^{12} ma^{42} ɚ^{12}		三轮$_{\text{儿}}$ san^{55} nuənr^{12}	喊三轮$_{\text{儿}}$ xan^{42} san^{55} nənr^{12} 搭车 ta^{12} tsʻe^{55}
遂　宁	脚踏车 tɕio^{21} tʻa^{21} tsʻe^{55}	炟耳朵车 pʻa^{55} ə^{52} to^{55} tsʻe^{55}	火三轮$_{\text{儿}}$ xo^{52} san^{55} nənr^{21} 电三轮$_{\text{儿}}$ tiɛn^{213} san^{55} nənr^{21}	坐三轮$_{\text{儿}}$ tso^{213} san^{55} nənr^{21}
自　贡	自行车 tsɿ^{214} ɕin^{31} tʂʻe^{55} 洋马儿 iaŋ^{31} ma^{53} ɚ^{31}		三轮$_{\text{儿}}$车 san^{55} nənr^{31} tʂʻe^{55}	打三轮$_{\text{儿}}$ ta^{53} san^{55} nənr^{31}
荣　县	脚踏车 tɕio^{214} tʻa^{214} tsʻe^{55}	炟耳朵车 pʻa^{55} ɚ^{42} to^{55} tsʻe^{55}	火三轮 xo^{42} san^{55} lən^{31}	坐三轮 tso^{214} san^{55} nən^{31}
雅　安	洋马儿 iaŋ^{21} ma^{42} ɚ^{21}			坐三轮 tso^{214} sæ̃^{55} nən^{21}
汉　源	洋马儿 iaŋ^{21} ma^{42} ɚ^{21} 脚踏车 tɕio^{55} tʻa^{55} tsʻai^{55}			坐三轮 tso^{213} sa^{n55} nən^{21}
泸　州	洋马儿 iaŋ^{21} ma^{42} ɚ^{21}	炟耳朵车 pʻa^{55} ɚ^{42} to^{55} tsʻei^{55}	火三轮 xo^{42} san^{55} nən^{21}	打摩的 ta^{42} mo^{55} ti^{13}
眉　山	洋马儿 iaŋ^{31} ma^{53} ɚ^{31}	炟耳朵车 pʻa^{55} ɚ^{53} tu^{55} tsʻei^{55}	火三轮 xo^{53} sã^{55} nən^{31}	打火的 ta^{53} xo^{53} ti^{13}
乐　山	洋马儿 iaŋ^{21} ma^{43} ɚ^{21} 单车 ta^{n55} tsʻei^{55}	炟耳朵车 pʻa^{55} ɚ^{43} to^{55} tsʻei^{55}	火三轮 xo^{43} sa^{n55} nən^{21}	打摩的 ta^{43} mo^{55} tie^{44}
西　昌	洋马 iaŋ^{52} ma^{34}		电三轮 tian^{11} san^{44} nuən^{52}	坐电三轮$_{\text{儿}}$ tso^{11} tian^{11} san^{44} nən^{52}
洛　带$_{\text{客}}$	洋马子 iɔŋ^{13} ma^{45} tsɿ^{31}	炟耳朵车 pʻa^{45} ȵi^{31} to^{31} tsʻa^{45}	火三轮 fo^{31} san^{45} lən^{413}	坐火三轮 tsʻo^{45} fo^{31} san^{45} lən^{13}
仪　陇$_{\text{客}}$	洋马 iɔŋ^{21} ma^{33}		火三轮 fəu^{53} san^{33} luən^{21}	坐火三轮 tsəu^{13} fəu^{53} san^{33} luən^{21}
永　兴$_{\text{湘}}$	洋马儿 iaŋ^{31} ma^{53} ɚ^{31}	炟耳朵车 pʻa^{55} ɚ^{53} to^{53} tɕʻie^{55}	火三轮 xo^{53} san^{55} nən^{31}	坐火三轮 dzʻo^{14} xo^{53} san^{55} nən^{31}
安　仁$_{\text{湘}}$	洋马儿 ioŋ^{13} mo^{41} ɚ^{21}		三轮车 sã^{33} nən^{13} tɕʻio$^{33-21}$	打三轮车 ta^{41} sã^{33} nən^{13} tɕio$^{33-21}$
长　乐$_{\text{湘}}$	洋马儿 iɑŋ^{21} ma^{53} o^{21}		火三轮 xo^{53} san^{44} nən^{21}	搭火三轮 ta^{21} xo^{53} san^{44} nən^{21}

续表 5－2

	十九、商业、交通、邮电			
	坐出租摩托车	乘坐（汽车、轮船）	寄信	信封
成　都	打摩的 ta^{53} mo^{55} ti^{21}	赶 ka^{n53}	交信 tɕiau^{55} ɕin^{213} 打信 ta^{53} ɕin^{213}	信壳子 ɕin^{213} k'o^{21} tsɿ^{53}
广　元	打摩的 ta^{42} mo^{55} ti^{21}	赶 ka^{n42}	打信 ta^{42} ɕin^{214}	信壳子 ɕin^{214} ko^{21} tsɿ^{42}
达　州	坐摩托车 tso^{214} mo^{55} t'o^{12} ts'e^{55}	赶 kan^{42}	交信 tɕiau^{55} ɕin^{214}	信壳子 ɕin^{214} k'o^{12} tsɿ^{42}
遂　宁	打摩的 ta^{52} mo^{55} ti^{21}	赶 kan^{52}	打信 ta^{52} ɕin^{213}	信壳子 ɕin^{213} k'o^{21} tsɿ^{52}
自　贡	打摩托车 ta^{53} mo^{55} to^{31} tʂ'e^{55} 打两轮$_{儿}$ ta^{53} niaŋ^{53} nuənr^{31}	赶 kan^{53}	交信 tɕiau^{55} ɕin^{214}	信壳 ɕin^{214} k'o^{214}
荣　县	打摩的 ta^{42} mo^{55} ti^{214}	赶 kan^{42}	邮信 iəu^{31} ɕin^{214}	信封$_{儿}$ ɕin^{214} foŋr^{55}
雅　安		赶 kã^{42}	交信 tɕiau^{55} ɕin^{214}	信壳子 ɕin^{214} k'o^{55} tsɿ^{42}
汉　源		赶 ka^{n42}	交信 tɕiau^{55} ɕin^{213} 寄信 tɕi:^{213} ɕin^{213}	信壳子 ɕin^{213} k'o^{55} tsɿ^{42}
泸　州	打摩的 ta^{42} mo^{55} ti^{13}	赶 kan^{42}	打信 ta^{42} ɕin^{13}	信壳儿 ɕin^{13} k'ɵ^{33} ɚ$^{21-55}$
眉　山	打摩的 ta^{53} mo^{55} ti^{13}	赶 kã^{53}	打信 ta^{53} ɕin^{13}	信壳子 ɕin^{13} k'o^{24} tsɿ^{53}
乐　山	坐电三轮 tso^{13} tiɛ̃^{13} sa^{n55} nən^{21}	赶 ka^{n43}	寄信 tɕi:^{13} ɕin^{13}	信壳子 ɕin^{13} ke^{44} tsɿ^{43} 信壳壳 ɕin^{13} ke^{44} ke^{44}
西　昌	打摩的 ta^{53} mu^{55} ti^{13}	赶 kan^{34}	交信 tɕti^{11} ɕiau^{11}	信壳 ɕin^{11} k'o^{31}
洛　带$_{客}$	打摩的 ta^{31} mo^{45} ti^{31}	赶 kɔn^{31} 坐 ts'o^{45}	寄信 tɕi:^{53} ɕin^{53}	信壳子 ɕin^{53} xoʔ^{2} tsɿ^{31}
仪　陇$_{客}$	坐摩托 tsəu^{13} mo^{33} t'o^{21}	赶 kuɔn^{53}	寄信 tɕi:^{13} ɕin^{53}	信壳子 ɕin^{13} k'oʔ^{5} tsɿ^{53}
永　兴$_{湘}$	坐摩的 dz'o^{14} mo^{55} ti:^{31}	赶 kan^{53}	打信 ta^{53} ɕin^{14}	信壳子 ɕin^{14} k'o^{31} tsɿ^{53}
安　仁$_{湘}$	坐摩托 tso^{21} mɤ^{33} to^{21}	赶 kã^{41}	寄信 tɕi:^{55} ɕin^{24}	信壳子 ɕin^{24} k'u^{41} ·tsɿ^{21}
长　乐$_{湘}$	搭摩托 ta^{21} mo^{44} t'o^{21}	赶 kan^{53}	寄信 tɕi:^{35} ɕin^{35} 打信 ta^{53} ɕin^{35}	信壳子 ɕin^{35} k'o^{21} tsɿ^{53}

续表5－2

	十九、商业、交通、邮电	二十、指代		
	写好了信的信纸	大家，全体	自己	我
成都	信瓤子 ɕin^{213}zaŋ^{21}tsɿ^{53}	满盘 ma^{n53}p'a^{n21}	各人 ko^{21}zən^{21} 自家 tsɿ^{213}tɕia^{55}	我 ŋo^{53}
广元	信瓤子 ɕin^{214}zaŋ^{21}tsɿ^{42}	大家 ta^{214}tɕia^{55}	自家 tsɿ^{214}tɕia^{55} 各人 ko^{21}zən^{21}	我 ŋo^{42}
达州	信瓤子 ɕin^{214}zaŋ^{12}tsɿ^{42}	全部 tɕyɛn^{12}pu^{214}	各人 ko^{12}zen^{12} 各家 ko^{12}tɕia^{55}	我 uo^{42}
遂宁	信瓤子 ɕin^{213}zaŋ^{21}tsɿ^{52}	满盘 man^{52}p'an^{21}	各人 ko^{21}zən^{21}	我 ŋo^{52}
自贡	信纸 ɕin^{214}tsɿ^{53}	满盘 man^{53}p'an^{31}	各人 ko^{214}ʐən^{31} 自家 tsɿ^{214}tɕia^{55}	我 ŋo^{53}
荣县	信签儿纸 ɕin^{214}tɕinr^{55}tsɿ^{42}	满 man^{42}	自家 tsɿ^{214}tɕia^{55}	我 ŋo^{42}
雅安	信瓤子 ɕin^{214}zaŋ^{21}tsɿ^{42}	全部 tɕyɛ̃^{21}pu^{214}	各人 ko^{55}zən^{21} 自个 tsɿ^{214}ko^{214}	我 ŋo^{42}
汉源	信瓤子 ɕin^{213}zaŋ^{21}tsɿ^{42}	全部 tɕ'yɛ^{n21}pu^{213}	各人 ko^{55}zən^{21} 自个 tsɿ^{213}ko^{213}	我 ŋo^{42}
泸州	内瓤子 nuei^{13}zaŋ^{21}tsɿ^{42}	满盘 man^{42}p'an^{21}	各人个儿 koŋ^{21}kor^{13} 自家 tsɿ^{13}tɕia^{55}	我 ŋo^{42}
眉山	信瓤子 ɕin^{13}zaŋ^{31}tsɿ^{53}	满盘 mã^{53}p'ã^{31}	自家个儿 tsɿ^{13}tɕia^{55}kor^{55}	我 o^{53}/ŋo^{53}
乐山	信页子 ɕin^{13}ie^{44}tsɿ^{43}	全部 tɕ'yɛ̃^{21}pu^{13}	各人 ke^{44}zən^{21} 自家 tsɿ^{13}tɕia^{55} 自个儿 tsɿ^{13}ko^{13}ɚ^{55}	我 ŋo^{43}
西昌	信 ɕin^{11}	一盘揽 i^{31}p'an^{52}nan^{34} 大伙 ta^{11}xo^{34}	各人 ko^{52}ʐen^{44} 家个儿 tɕia^{44}kor^{11}	我 ŋo^{34}
洛带客	信瓤子 ɕin^{53}lɔŋ^{13}tsɿ^{31}	尽都 tɕ'in^{53}tiəu^{45}	自家 tɕ'i^{53}ka^{45}	偓 ŋai^{13}
仪陇客	信瓤子 ɕin^{13}lɔŋ^{21}tsɿ^{53}	大家 t'ai^{53}ka^{33}	各人 koʔ^{3}in^{21} 自家 tɕ'i^{21}ka^{33}	偓 ŋai^{21}
永兴湘	信页子 ɕin^{14}ie^{31}tsɿ^{53}	把令 pa^{53}nin^{14}	各人 ko^{31}ʐən^{31}	我 ŋo^{53}
安仁湘	信行纸写信的纸 ɕin^{55}hoŋ^{13}·tsɿ^{21}	口哩伙 po^{41}ni^{55}ho 大斯 ta^{21}sɿ^{33}	各人 ku^{55}nin^{13}	我 ŋɤ^{41}
长乐湘	信瓤子 ɕin^{35}ŋɑŋ^{53}tsɿ^{53} 内瓤子 nuei^{35}ŋɑŋ^{53}tsɿ^{53}	把人 pa^{53}ŋən^{21} 大家 ta^{13}ka^{44}	各人 ko^{21}ŋən^{21}	我 ŋo^{53}

续表 5－2

	二十、指代			
	我们	你	你们	他
成　都	我们 ŋo^{53}mən^{21}	你 ȵi^{53}	你们 ȵi^{53}mən^{21}	他 tʻa^{55}
广　元	我们 ŋo^{42}mən^{21}	你 ni^{42}	你们 ni^{42}mən^{21}	他 tʻa^{55}
达　州	我们 uo^{42}mən^{55}	你 i^{42}	你们 i^{42}mən^{12}	他 tʻa^{55}
遂　宁	我们 ŋo^{52}mən^{21}	你 ni^{52}	你们 ni^{52}mən^{21}	他 tʻa^{55}
自　贡	我们 ŋo^{53}mən^{31}	你 ȵi^{53}	你们 ȵi^{53}mən^{31}	他 tʻa^{55}
荣　县	我们 ŋo^{42}mən^{31}	你 ni^{42}	你们 ni^{42}men^{31}	他 tʻa^{55}/na^{55}
雅　安	我们 ŋo^{42}mən^{55}	你 ni^{42}	你们 ni^{42}men^{55}	他 tʻa^{55}
汉　源	我们 ŋo^{42}mən^{55}	你 ni^{42}	你们 ni^{42}mei^{55}	他 tʻa^{55}
泸　州	我们 ŋo^{42}m̩^{21}	你 ȵi^{42}	你们 ȵi^{42}n̩^{21}	他 tʻa^{55}/na^{55}
眉　山	我们 ŋo^{53}n̩^{21}/ŋo^{53}mən^{31}	你 ȵi^{53}	你们 ni^{53}mən^{31}	他 tʻa^{55}
乐　山	我们 ŋo^{43}mən^{21}	你 ni^{43}	你们 ni^{43}mən^{21}	他 tʻa^{55}
西　昌	我们 ŋo^{34}men^{52}	你 ni^{34}	你们 ni^{34}men^{52}	他 tʻa^{44}
洛　带客	𠊎们 ŋan^{13}lin^{45}	你 ȵi^{13}	你们 ȵin^{13}lin^{45}	佢 tɕi^{13}
仪　陇客	𠊎等 ŋan^{21}tan^{33}	你 ŋ̍^{21}	你等 ŋ̍^{21}tan^{33}	佢 tɕi^{21}
永　兴湘	我们 ŋo^{53}mən^{31} 我屋 ŋəu^{53}vu^{31}	你 ȵi^{53}	你们 ȵi^{53}mən^{31} 你屋 ȵi^{53}vu^{31}	他 tʻa^{55}
安　仁湘	我哩 ŋɤ^{41}ni$^{41/21}$	你 n̩^{41}	你哩 n̩^{41}ni$^{41-21}$	佢 tɕi^{41}
长　乐湘	我们 ŋo^{53}mən^{21}	你 ni^{53}	你们 ni^{53}mən^{21}	他 tʻa^{44}

续表 5－2

二十、指代

	他们	别人	谁	这
成　都	他们 tʻa^{55}mən^{21}	别个 pie^{21}ko^{21} 人家 zən^{21}tɕia^{55}	哪个 na^{53}ko^{213}	这 tse^{213}
广　元	他们 tʻa^{55}mən^{21}	别个（家） pie^{21}ko^{214}（tɕia^{55}） 人家 zən^{21}tɕia^{55}	哪个 na^{42}ko^{214}	这 tse^{214}
达　州	他们 tʻa^{55}mən^{12}	别个 pie^{12}ko^{12} 人家 zen^{12}tɕia^{55}	哪个 na^{42}ko^{12}	嘞 ne^{214}
遂　宁	他们 tʻa^{55}mən^{21}	别个 pe^{21}ko^{213}	哪个 na^{52}ko^{213}	这 tse^{213} 嘞 ne^{55}
自　贡	他们 tʻa^{55}/na^{55}mən^{31}	别个 pie^{214}ko^{214} 人家 ʐən^{31}tɕia^{55}	哪个 na^{53}ko^{214} 赛个 sai^{31}ko^{214}	这 tʂe^{214}
荣　县	他们 tʻa^{55}/na^{55}mən^{55}	别个 pie^{31}ko^{42} 人家 zən^{31}tɕia^{55}	哪个 na^{42}ko^{214} 赛个 sai^{31}ko^{214}	这 tse^{214}
雅　安	他们 tʻa^{55}mən^{55}	别人 pie^{55}zən^{21} 人家 zən^{21}tɕia^{55}	哪个 na^{42}ko^{214}	这 tse^{55}
汉　源	他们 tʻa^{55}mən^{55}	别人 pie^{55}zən^{21} 人家 zən^{21}tɕia^{55}	哪块 na^{42}kʻuai^{42}	这 tse^{55}
泸　州	他们 na^{55}n^{21}	人家个$_{儿}$ zən^{21}ȵia^{55}kor^{13} 别个 pie^{33}ko^{13}	哪个 na^{42}ko^{13}	这 tse^{13}/tsei^{13}
眉　山	他们 ta^{55}mən^{31}	别个 pie^{24}ko^{13} 人家 zən^{31}tɕia^{55}	哪块 na^{53}kʻuai^{53} 赛块 sai^{13}kʻuai^{53}	这 tsei^{13}
乐　山	他们 tʻa^{55}mən^{21}	别个 pie^{44}ko^{13} 人家 zən^{21}tɕia^{55}	哪个 na^{43}ko^{13} 哪块 na^{43}kai^{43}	这 tsə^{44}
西　昌	他们 tʻa^{44}men^{52}	别个 piɛ^{31}ko^{11} 人家 ʐən^{52}tɕia^{44} 别个家 piɛ^{31}ko^{11}tɕia^{44}	哪个 nai^{34}ko^{11}	这 tʂʅ^{11}
洛　带$_{客}$	佢们 tɕin^{13}lin^{45}	人家 ȵin^{13}ka^{45}	哪人 la^{31}ȵin^{13}	样 iaŋ^{13} 底 i^{31}
仪　陇$_{客}$	佢等 tɕi^{21}tan^{33}	人家 in^{21}ka^{33}	脉人 man^{33}in^{21} 哪一个 la^{21}iʔ^{3}kai^{13}	底 ti^{53}
永　兴$_{湘}$	他们 tʻa^{55}mən^{31} 他屋 tʻa^{55}vu^{31}	别个 bʻie^{31}ko^{14} 人家 ʐən^{31}tɕia^{55}	哪个 na^{53}ko^{14}	果 ko^{53} 这 tɕie^{14}
安　仁$_{湘}$	佢哩 tɕi^{41}ni$^{41-21}$	别个 pʻie^{24}kɤ^{55}	哪个 na^{41}kɤ^{55}	夷 i^{13}
长　乐$_{湘}$	他们 tʻa^{44}mən^{21}	别个 piɛ^{21}ko^{35}	哪个 na^{53}ko^{35}	嘞 ne^{35}

续表 5－2

	二十、指代			
	那	这个	那个	哪个
成　都	那 na^{213}/ne^{213}	□个 ʦe^{213}ko^{213}	那个 na^{213}ko^{213}	哪个 na^{53}ko^{213}
广　元	那 na^{214}	这个 ʦe^{214}ko^{214}	那个 na^{214}ko^{214}	哪个 na^{42}ko^{214}
达　州	那 na^{214}	嘞个 ne^{214}ko^{214} 嘞块 ne^{214}k‘uai^{42}	那块 na^{214}k‘uai^{42}	哪块 na^{42}k‘uai^{42}
遂　宁	那 na^{213}	嘞个 ne^{213}ko$^{213-55}$	那个 ne^{213}ko$^{213-55}$	哪个 ne^{52}ko^{213}
自　贡	那 nai^{214}	这个 tʂe^{214}ko^{214}	那个 na^{214}ko^{214}	哪个 na^{53}ko^{214}
荣　县	那 na^{214}	□个 ne^{55}ko^{42}	那块 na^{42}k‘uai^{42}	哪个 na^{42}ko^{214}
雅　安	那 nei^{55}	这个 ʦe^{55}ko^{214}	那个 ne^{55}ko^{214}	哪个 na^{42}ko^{214}
汉　源	那 nei^{55}	这个 ʦe^{55}ko^{213} 这块 ʦai^{55}k‘uai^{42}	那块 na^{42}k‘uai^{42}	哪块 na^{42}k‘uai^{42}
泸　州	那 nei^{13}/ne^{13}	这个 ʦe^{13}ko^{13}	那个 ne^{13}ko^{13}	啥个 sa^{13}ko^{13}
眉　山	那 nei^{13}	这块 ʦei^{13}k‘uai^{53}	那块 nei^{13}k‘uai^{53}	哪块 na^{53}k‘uai^{53}
乐　山	那 nai^{55}	这块 ʦə^{44}kai^{43}	那块 nai^{55}kai^{43}	哪个 na^{43}ko^{13}
西　昌	那 nai^{11}	这个 tʂʅ^{11}ko^{11}	那个 nai^{11}ko^{11}	哪个 nai^{34}ko^{11}
洛　带$_{客}$	个 kai^{53}	样个 iaŋ^{13}ke^{53} 底个 i^{53}ke^{53}	个子 kai^{53}ke^{53}	哪人 la^{31}ȵin^{13}
仪　陇$_{客}$	个 kai^{13}	底个 ti^{53}kai^{13}	个个 kai^{13}kai^{13}	脉人 man^{33}in^{21} 哪一个 la^{21}iʔ^{3}kai^{13}
永　兴$_{湘}$	那 na^{14}	果果 ko^{53}ko^{53} 这个 ʨie^{14}ko^{55}	那个 na^{14}ko^{55}	哪个 na^{53}ko^{14}
安　仁$_{湘}$	那 n̩^{55}	夷个 i^{13}kɤ^{55}	那个 n̩^{55}kɤ^{55}	哪个 na^{41}kɤ^{55}
长　乐$_{湘}$	那 na^{35}	嘞个 ne^{35}ko^{35}	那个 na^{35}ko^{35}	哪个 na^{53}ko^{35}

续表5－2

	二十、指代			
	这里	那里	哪里	什么
成　都	这$_{\text{儿}}$赶 ʦer$^{213-13}$ka^{n53}	那$_{\text{儿}}$赶 nɚ^{55}ka^{n53}	哪$_{\text{儿}}$赶 nɚ^{53}ka^{n53}	啥子 sa^{213}ʦɿ^{53}
广　元	这个塌塌 ʦe^{214}ko$^{214-55}$t‘a^{21}t‘a^{21} 这方 ʦe^{214}faŋ^{55}	那方 nai^{214}faŋ^{55} 那$_{\text{儿}}$nar^{55}	哪个塌塌 na^{53}ko^{214}t‘a^{21}t‘a^{21} 哪跟前 na^{214}kən^{55}ʨ‘iɛ^{n21}	哪样 na^{42}iaŋ^{214} 哪门 na^{42}mən^{55}
达　州	嘞里 ne^{214}ni^{55} 嘞下$_{\text{儿}}$ne^{214}xar^{12}	那下$_{\text{儿}}$na^{214}xar^{12} 那个凼 na^{214}ko^{12}taŋ^{214}	哪下$_{\text{儿}}$na^{42}xar^{12} 哪个凼 na^{42}ko^{214}taŋ^{214}	么子 mo^{42}ʦɿ^{42}
遂　宁	这下$_{\text{儿}}$ʦe^{213}xar^{55} 这个凼 ʦe^{213}ko$^{213-55}$taŋ^{213}	那个凼 na^{213}ko$^{213-55}$taŋ^{213}	哪个凼 na^{52}ko$^{213-55}$taŋ^{213}	啥子 sa^{21}ʦɿ^{52}
自　贡	这样个$_{\text{儿}}$ ʈʂe$^{214-55}$iaŋ^{214}kor$^{214-55}$ 这堂个$_{\text{儿}}$ʈʂei^{55}t‘aŋ^{31}kor^{55}	那堂个儿 ne$^{214-55}$t‘aŋ^{31}kor$^{214-55}$	哪里 na^{53}ni^{53}	啥子 ʂa^{214}ʦɿ^{53}
荣　县	这儿 ʦe^{55}ɚ^{55} 这方 ʦe^{55}fan^{55}	那儿 ne^{55}ɚ^{55}	哪儿 na^{42}ɚ^{55}	啥子 sa^{214}ʦɿ^{42}
雅　安	这$_{\text{儿}}$ʦer^{55} 这塌 ʦe^{55}t‘a^{55}	那$_{\text{儿}}$nar^{55}	哪里 na^{42}ni^{55}	啥子 sa^{214}ʦɿ^{42}
汉　源	这个塌塌 ʦe^{55}ko^{42}t‘a^{55}t‘a^{55} 这$_{\text{儿}}$ʦer^{55}	那$_{\text{儿}}$nar^{55}	哪里 na^{42}ni^{55}	啥子 sa^{213}ʦɿ^{42} 哪样 na^{42}iaŋ^{213}
泸　州	□□ne^{13}te^{21} 这个塌塌$_{\text{儿}}$ʦe^{13}ko^{13}t‘æ^{33}t‘ær^{33}	那□na^{13}te^{21} 那个塌塌$_{\text{儿}}$ne^{13}ko^{13}t‘æ^{33}t‘ær^{33}	哪□na^{42}te^{21} 哪个凼 na^{42}ko^{13}taŋ^{13}	啥子 sa^{13}ʦɿ^{42} 哪样 na^{42}iaŋ^{13}
眉　山	这方 ʦei^{13}faŋ^{55}	耐方 nai^{13}faŋ^{55}	赛方 sai^{13}faŋ^{55}	嬢$_{\text{儿}}$ȵiaŋr^{55}
乐　山	这儿 ʦɘ^{44}ɚ^{55} 这个塌塌 ʦɘ^{44}ko^{13}t‘æ^{44}t‘æ^{44}	那儿 nai^{55}ɚ^{55} 那个塌塌 nai^{55}ko^{13}t‘æ^{44}t‘æ^{44}	哪儿 na^{43}ɚ^{21} 哪方 na^{43}faŋ^{55}	啥子 sa^{13}ʦɿ^{43}
西　昌	这$_{\text{儿}}$ʈʂʅr^{11} 这$_{\text{儿}}$渣 ʈʂʅr^{11}ʈʂa^{44} 这$_{\text{儿}}$块$_{\text{儿}}$ʈʂʅr^{11}k‘uair^{34}	那$_{\text{儿}}$nair^{11} 那$_{\text{儿}}$块$_{\text{儿}}$nair^{11}k‘uair^{34}	哪个 nai^{34}ko^{11}	啥子 ʂa^{11}ʦɿ^{34} 哪起 nai^{34}ʨ‘i^{34}
洛　带$_{\text{客}}$	底子 i^{31}ʦɿ^{31} 样子 iaŋ^{13}ʦɿ^{31}	个子 kai^{53}ʦɿ^{31}	哪子 lai^{31}ʦɿ^{31}	么个 moʔ^{2}ke^{53}
仪　陇$_{\text{客}}$	底在 ti^{53}ʦai^{53} 底子 ti^{53}ʦɿ^{53}	个子 kai^{13}ʦɿ^{53}	哪在 lai^{53}ʦai^{53}	脉个 maʔ^{5}kɛ^{53}
永　兴$_{\text{湘}}$	果里 ko^{53}ni^{53} 这坨 ʨie^{14}d‘o^{31}	那个凼 na^{14}ko^{55}taŋ^{31} 那坨 na^{14}d‘o^{31}	哪个凼 na^{53}ko^{14}taŋ^{31} 哪坨 na^{53}d‘o^{31}	么果 mo^{53}ko^{53} 啥子 ʂa^{14}ʦɿ^{53}
安　仁$_{\text{湘}}$	夷里 i^{13}ni^{41} 夷个地点 i^{13}kɤ$^{55/21}$ti^{21}t ĩ^{41} 夷边 i^{13}pi$^{33/41}$	那个地点 n^{55}kɤ^{55}ti^{21}t ĩ^{41}	哪个凼 na^{41}kɤ^{55}toŋ^{24} 哪里 na^{41}ni^{41}	么个 mɤ^{41}kɤ^{21}／mɤ^{41}ke^{21}
长　乐$_{\text{湘}}$	嘞里 ne^{35}ni^{53}	那里 na^{35}ni^{53}	哪脱 na^{53}t‘o^{21} 哪夺 na^{53}to^{21}	□□xuŋ^{44}mo^{44} 哪样 na^{53}iɑŋ^{35}

续表 5－2

	二十、指代			二十一、方位
	怎么	这么	那么	上面
成　都	咋个 tsa^{21}ko^{21}	这们 tse^{213}mən^{55}	那们 na^{213}mən^{55}	高上 kau^{55}saŋ^{213} 上头 saŋ^{213}tʻəu^{21}
广　元	咋 tsa^{21} 咋个 tsa^{21}ko^{214}	这块起 tse^{214}kʻuai^{42}tɕʻi^{42}	那块起 na^{214}kʻuai^{42}tɕʻi^{42}	高头 kau^{55}tʻəu^{55}
达　州	啷哀 naŋ^{42}ŋai^{42}	啷个 naŋ^{214}ko^{55}	浪们 naŋ^{214}mən^{55} 浪个 naŋ^{214}ko^{55}	高上 kau^{55}saŋ^{55} 上头 saŋ^{214}tʻəu^{12}
遂　宁	哪们 na^{52}mən^{55}	这么个 tse^{213}mən^{55}ko^{213}	那们 na^{213}mən^{55}	上头 saŋ^{213}tʻəu^{21}
自　贡	咋个 tʂa^{214}ko^{214} 咋子 tʂa^{214}tsɿ^{53}	这么$_{儿}$tʂe^{214}mor^{55}	那么$_{儿}$na^{214}mor^{55}	高底 kau^{55}ti^{55}
荣　县	咋个 tsa^{31}ko^{214} 哪个 nan^{31}ko^{214}	仲个 tsoŋ^{31}ko^{55}	弄个 noŋ^{31}ko^{55}	高头 kau^{55}tʻəu^{31} 高底 kau^{55}ti^{42}
雅　安	咋法 tsa^{21}fa^{55}	众木 tsoŋ^{214}mu^{55}	浪木 naŋ^{214}mu^{55} 浪起 naŋ^{214}tɕʻi^{42}	高上 kau^{55}saŋ^{214} 上头 saŋ^{214}tʻəu$^{21-55}$
汉　源	咋儿 tsa^{21}ɚ^{55} 咋法 tsa^{21}fa^{55}	众木 tsoŋ^{213}mu^{55}	浪个 naŋ^{213}ko^{42} 浪个起 naŋ^{213}ko^{42}tɕʻi^{42}	上面 saŋ^{213}miɛ^{n213}
泸　州	咋个的 tsa^{21}ko^{13}ne^{55} 啷个 naŋ^{42}ko^{13}	□tsa^{55}	弄起 noŋ^{55}tɕʻi^{42}	高头 kau^{55}tʻəu^{21} 高底头 kau^{55}ti^{42}tʻəu^{21}
眉　山	咋个 tsa^{24}ko^{13}	纵么 tsoŋ^{13}mo^{55}	弄么 noŋ^{13}mo^{55}	高头 kau^{55}tʻəu^{31}
乐　山	咋个 tsa^{21}ko^{13}	好 xau^{43}	好 xau^{43}	高头 kau^{55}tʻəu^{21}
西　昌	咋个 tsa^{31}ko^{11}	这样 tʂa^{44}ia^{44}/tʂa^{44} 仲么 tʂoŋ^{11}mo^{44}	那样 na^{11}ia^{44}	上头 ʂaŋ^{11}tʻəu^{44}
洛　带$_{客}$	啷们子 liɔŋ^{31}mən^{45}tsɿ^{31}	咁 kan^{13} 咁们 kan^{13}mən^{45}	咁 kan^{13} 咁们 kan^{13}mən^{45}	顶高 taŋ^{31}kau^{45}
仪　陇$_{客}$	啷们（子） lɔŋ^{53}mən^{33}（tsɿ^{53}）	咁子 kan^{53}tsɿ^{53}	咁子 kan^{53}tsɿ^{21}	上背 sɔŋ^{53}po^{33} 岭头 liaŋ^{21}tʻai^{53}
永　兴$_{湘}$	哪们 na^{53}mən^{31}	这们 tɕie^{14}mən^{55}	那们 na^{14}mən^{55}	高头 kau^{55}dʻəu^{31}
安　仁$_{湘}$	么个 mɤ^{55}kɤ$^{41/21}$/mɤ^{55}ke$^{41/21}$	果里 kɤ^{41}ni^{41} 果里咯 kɤ^{41}ni^{41}ke^{21}	那个 n̩^{55}kɤ^{55} 那样 n̩^{55}ioŋ^{21}	高口 ke^{33}ni$^{41/55}$ 高口咯 ke^{33}ni^{41}ke^{21}
长　乐$_{湘}$	啷们 nan^{53}mən^{44}	嘞们 ne^{35}mən^{44}	那们 na^{35}mən^{44}	高上 kɑu^{55}sɑŋ^{35} 高头 kɑu^{44}tou^{21}

续表5－2

	二十一、方位			
	下面	旁边	中间	面前
成　都	底下 ti^{53} ɕia^{21} 下头 ɕia^{213} t'əu^{21}	侧边 tse^{21} piɛ^{n55}	半中间 pa^{n21} tsoŋ^{55} tɕiɛ^{n55} 当中 taŋ^{55} tsoŋ^{55}	当门 taŋ^{55} mən^{21} 面前 miɛ^{n213} tɕ'iɛ^{n21}
广　元	下头 ɕia^{214} t'əu^{21}	边边头 piɛ^{n55} piɛ^{n55} təu^{55}	当中 taŋ^{55} tsoŋ^{55} 半中拦腰 pa^{n214} tsoŋ^{55} na^{n21} iau^{55}	门前 mən^{21} tɕiɛ$^{n21-55}$
达　州	底脚 ti^{42} tɕio^{12} 下头 ɕia^{214} t'əu^{12}	侧边 tse^{12} piɛn^{55} 侧边 ts'e^{12} piɛn^{55}	半中拦腰 pan^{214} tsoŋ^{55} nan^{12} iau^{55}	当门 taŋ^{55} mən^{12} 门前 mən^{12} tɕ'iɛn^{12}
遂　宁	下头 ɕia^{213} t'əu^{21}	半边 pan^{213} piɛn^{55} 侧边 tse^{21} piɛn^{55}	半中拦腰 pan^{213} tsoŋ^{55} nan^{21} iau^{55} 半中间 pan^{213} tsoŋ^{55} tɕiɛn^{55}	当门 taŋ^{55} mən^{21}
自　贡	底下 ti^{53} ɕia^{31}	侧边 tse^{214} piɛn^{55}	当中 taŋ^{55} tʂoŋ^{55} 半中八腰 pan^{214} tʂoŋ^{55} pa^{214} iau^{55}	当门 taŋ^{55} mən^{31} 当门前 taŋ^{55} mən^{31} tɕ'iɛn^{31}
荣　县	脚底 tɕio^{214} ti^{42} 下头 ɕia^{214} t'əu^{31}	侧边 tse^{214} pin^{55}	半中拦腰 pan^{42} tsoŋ^{55} nan^{31} iau^{55}	当门 tan^{55} mən^{31}
雅　安	底下 ti^{42} ɕia^{214} 下头 ɕia^{214} t'əu$^{21-55}$	侧边 tse^{55} piɛ̃^{55}	半中拦腰 pã^{214} tsoŋ^{55} nã^{21} iau^{55}	当门 taŋ^{55} mən^{21}
汉　源	底下 ti42ɕia^{213} 下头 ɕia^{213} t'əu^{21}	侧边 tsai^{55} piɛ^{n55}	半中拦腰 pa^{n213} tsoŋ^{55} na^{n21} iau^{55}	当门 taŋ^{55} mən^{21}
泸　州	底脚 ti^{42} tɕyɵ^{33} 底底脚 ti^{42} ti^{42} tɕyɵ^{33}	半边 pan^{13} piɛn^{55}	半中拦腰 pan^{13} tsoŋ^{55} nan^{21} iau^{55}	当门 taŋ^{55} mən^{21}
眉　山	底头 ti^{53} t'əu^{31}	侧边 ts'ei^{24} piɛ̃^{55}	半中间 pã^{13} tsoŋ^{55} tɕiɛ̃^{55}	当门 taŋ^{55} mən^{31}
乐　山	底下 ti^{43} ɕia^{21}	侧边 tsæ^{44} piɛ̃^{55}	半中央 pa^{n13} tsoŋ^{55} iaŋ^{55} 半中腰 pa^{n13} tsoŋ^{55} iau^{55}	面前 miɛ̃^{13} tɕ'iɛ̃^{21} 当门前 taŋ^{55} mən^{21} tɕ'iɛ̃^{21}
西　昌	下头 ɕia^{11} t'əu^{44}	侧边 tse^{31} pian^{44}	半中拦腰 pan^{11} tʂoŋ^{44} nan^{31} iau^{44} 半中腰 pan^{11} tʂoŋ^{44} iau^{44}	前头 tɕ'ian^{52} t'əu^{44}
洛　带客	底下 tai^{31} xa^{45}	侧边 tɕieʔ^{2} piɛn^{45}	中间 tsuŋ^{45} kan^{45}	当门 toŋ^{45} mən^{13}
仪　陇客	底下 tei^{21} xa^{13}	侧边 tseʔ^{5} p'iɛn^{33}	中间 tsuŋ^{33} kan^{33}	前头 tɕ'iɛn^{21} t'ai^{21}
永　兴湘	底脚 ti^{53} tɕyo^{31} 底下 ti^{53} ʐa^{31}/ia^{31}	侧边 tse^{31} pian^{55}	半中间 pan^{14} tsoŋ^{55} tɕian^{55}	前头 dʑ'ian^{31} d'əu^{31}
安　仁湘	低下 ti^{33} ha^{24}	旁边 poŋ^{21} pĩ^{33}	中间 toŋ^{33} kã$^{33-21}$	前头 tɕĩ^{13} te^{13} 头前 te^{13} tɕĩ^{13}
长　乐湘	底脚 ti^{53} tɕyo^{21} 脚里 tɕyo^{21} ni^{53}	侧边 ts'e^{21} pian^{44}	中间 tsuŋ^{44} kan^{44} 当中 tɑŋ^{44} tsuŋ^{44}	面前 mian^{35} tɕian^{21} 当门 tɑŋ^{44} mən^{44}

续表 5－2

	二十一、方位			
	后面	里面	外面	周围
成　都	后头 xəu^{213} t‘əu^{21}	里头 ni^{53} t‘əu^{21} 后头 xəu^{53} t‘əu^{21}	外头 uai$^{\cdot 213}$ t‘əu^{21} / t‘əu$^{21-55}$	团转 t‘ua^{n21} ʦua^{n213} 周围团转 ʦəu^{55} uei$^{\cdot 21}$ t‘ua^{n21} ʦua^{n213}
广　元	后头 xəu^{214} t‘əu^{21}	以头 i^{53} t‘əu^{21} 里头 ni^{53} t‘əu^{21}	外头 uai$^{\cdot 214}$ t‘əu^{21} 外前 uai$^{\cdot 214}$ ʨiɛ$^{n21-55}$	团转 t‘ua^{n21} ʦua^{n214} 周围团转 ʦəu^{55} uei$^{\cdot 21}$ t‘ua^{n21} ʦua^{n214}
达　州	后头 xəu^{214} t‘əu^{12}	里头 i^{42} t‘əu^{12}	外头 uai$^{\cdot 214}$ t‘əu^{12}	周围团转 ʦəu^{55} uei$^{\cdot 12}$ t‘uan^{12} ʦuan^{214}
遂　宁	后头 xəu^{213} t‘əu^{21}	里头 ni^{52} t‘əu^{21}	外头 uai$^{\cdot 213}$ t‘əu^{21}	周围团转 ʦou^{55} uei$^{\cdot 21}$ t‘uan^{21} ʦuan^{213}
自　贡	后头 xəu^{214} t‘əu^{31}	里头 ni^{53} t‘əu^{31} 以头 i^{53} t‘əu^{31}	外头 uai$^{\cdot 214}$ t‘əu^{31} 外前 uai$^{\cdot 214}$ ʨ‘iɛn$^{31-55}$	团转 t‘uan^{31} ʈʂuan^{214} 周围团转 ʈʂəu^{55} uei$^{\cdot 31}$ t‘uan^{31} ʈʂuan^{214}
荣　县	后头 xəu^{214} t‘əu^{31}	里头 ni$^{\cdot 42}$ t‘əu^{31} 以头 i^{42} t‘əu^{31}	外头 uai$^{\cdot 214}$ t‘əu^{31}	周围团团 ʦəu^{55} uei$^{\cdot 31}$ t‘uan^{31} t‘uan^{55}
雅　安	后头 xəu^{214} t‘əu^{21}	里头 ni$^{\cdot 42}$ t‘əu^{21} 以头 i$^{\cdot 42}$ t‘əu^{21}	外头 uæ̃^{214} t‘əu^{21} 外前 uæ̃^{214} ʨ‘iæ̃$^{21-55}$	一围到处 i$^{\cdot 55}$ uei$^{\cdot 21}$ tau^{214} ʦ‘u^{214} 周围 ʦəu^{55} uei$^{\cdot 21}$
汉　源	后头 xəu^{213} t‘əu^{21}	里头 ni$^{\cdot 42}$ t‘əu^{21} 以头 i$^{\cdot 42}$ t‘əu^{21}	外头 ua^{n213} t‘əu^{21} 外前 ua^{n213} ʨ‘iɛ$^{n21-55}$	周围 ʦəu^{55} uei$^{\cdot 21}$
泸　州	后头 xəu^{13} t‘əu^{21}	以面 i$^{\cdot 42}$ miɛn^{13}	外先 uai^{13} ɕiɛn^{55}	周围团团儿 ʦəu^{55} uei$^{\cdot 21}$ t‘uan^{21} t‘uanr$^{21-55}$
眉　山	后头 xəu^{13} t‘əu^{31}	以头 i$^{\cdot 53}$ t‘əu^{31}	外头 uai$^{\cdot 13}$ t‘əu^{31}	团转 t‘uã^{31} ʦuã^{13}
乐　山	后头 xəu^{13} t‘əu^{21}	里头 ni$^{\cdot 43}$ t‘əu^{21} 以头 i$^{\cdot 43}$ t‘əu^{21}	外头 uai$^{\cdot 13}$ t‘əu^{21} 外前 uai$^{\cdot 13}$ ʨiɛ̃$^{21-55}$	团转 t‘ua^{n21} ʦua^{n13} 周围团转 ʦəu^{55} uei$^{\cdot 21}$ t‘ua^{n21} ʦua^{n13}
西　昌	后头 xəu^{11} t‘əu^{44}	里头 ni$^{\cdot 34}$ t‘əu^{44} 里首 ni$^{\cdot 34}$ ʂəu^{34}	外头 uai$^{\cdot 11}$ t‘əu^{44}	团转 t‘uan^{52} ʈʂuan^{11}
洛　带客	后背 xiəu^{53} poi$^{\cdot 53}$	里背 ti^{45} poi^{53}	外背 moi$^{\cdot 53}$ poi^{53}	团转 t‘ɔn^{13} ʦɔn^{53}
仪　陇客	后背 xai$^{\cdot 53}$ po^{33}	里背 ti$^{\cdot 33}$ po^{33} 里边 ti$^{\cdot 33}$ piɛn^{33}	外背 o^{53} po^{33}	团转 t‘uɔn^{21} ʦuɔn^{53}
永　兴湘	后头 ɤəu^{14} d‘əu^{31}	里头 ni$^{\cdot 53}$ d‘əu^{31}	外头 vai$^{\cdot 14}$ d‘əu^{31}	团转 d‘uan^{31} ʈʂuan^{14}
安　仁湘	背口 pe$^{55/24}$ ti$^{\cdot 41}$ 背头 pe$^{55/24}$ tie^{13}	内单 nai$^{\cdot 24}$ tã^{33}	门前 mən^{13} ʨĩ$^{\cdot 13}$	口口口口 ta^{41} ʨ‘i$^{\cdot 41}$ tən^{13} ʨyn^{33}
长　乐湘	后头 xou^{35} tou^{21}	以头 i$^{\cdot 53}$ tou^{21}	外头 uai$^{\cdot 35}$ tou^{21}	周围团圈 ʦou^{44} uei$^{\cdot 21}$ tuan^{21} ʨyan^{35}

第三章　各方言代表点语法比较

说明

1. 各方言点语法方面一致性最强，本章四川官话方言按照入声归阳、入声归去、入声归阴及入声独立的四种情况并结合方言点地理位置选取成都、达州、自贡、广元、雅安、泸州6个点进行对比。此外，为了显示移民方言跟官话方言的异同，同时列出两个客家方言点和3个湘方言点进行比较。

2. 所选比较项目为各方言点中语法方面较为普遍的特点，分为8个方面，共55项比较点。

3. 各语法比较项目普通话有相应说法的，以普通话的说法为标目，各方言点下列出当地的说法；普通话没有严格对应的说法的，直接以方言说法为标目。

4. 各方言点之下有方言特色的说法不一定是该点的唯一说法，跟普通话相同的说法原则上不再列出。

5. 安仁“长沙话”注音说明：

（1）异读用“/”表示。

（2）轻声音节不标调。

6. 方言实例中，若某一位置有多种说法，需要一并列出时，用符号“/”隔开。

下面从八个方面进行语法特点的比较。比较内容包括：

名词的构成和变化；代词的所属格；动词的体貌；形容词的生动形式；量词的形式和意义；特殊的副词；特殊的语气词；特殊短语和句式。

一、名词的构成和变化

（一）重叠式名词

1. 玻璃杯没有塑料杯结实。

成都：玻璃杯杯没得塑料杯杯经事。

po^{55}ni$^{\cdot 21}$pei$^{\cdot 55}$pei$^{\cdot 55}$mu^{21}te$^{21-55}$su^{213}niau^{213}pei$^{\cdot 55}$pei$^{\cdot 55}$ʨin^{55}sɿ^{213}。

达州：玻璃杯杯没得塑料杯杯经事。

po^{55}ni$^{\cdot 12}$pei$^{\cdot 55}$pei$^{\cdot 44}$me^{55}te^{12}su^{214}niau^{214}pei$^{\cdot 55}$pei$^{\cdot 44}$ʨin^{55}sɿ^{214}。

自贡：玻璃杯杯没得塑料杯杯经事。

po^{55}ni$^{\cdot 31}$pei$^{\cdot 55}$pei$^{\cdot 55}$me^{55}e^{31}su^{214}niau^{214}pei$^{\cdot 55}$pei$^{\cdot 55}$ʨin^{55}sɿ^{214}。

雅安：玻璃杯子没得塑料杯杯经事。

po^{55}ni$^{\cdot 21}$pei$^{\cdot 55}$tsɿ^{42}mu^{55}te^{55}su^{214}niau^{214}pei$^{\cdot 55}$pei$^{\cdot 55}$ʨin^{55}sɿ^{214}。

广元：玻璃杯杯没得塑料杯杯经事。

po^{55}ni$^{\cdot 21}$pei$^{\cdot 55}$pei$^{\cdot 55}$mo^{21}te^{21}su^{214}niau^{214}pei$^{\cdot 55}$pei$^{\cdot 55}$ʨin^{55}sɿ^{214}。

泸州：玻璃杯杯没得塑料杯杯经事。

po55 ni21 pei55 pei55 mei55 te33 su13 niau13 pei55 pei55 tɕin55 sɿ13。

洛带客：玻璃杯子无得塑料杯子扎实。

po45 li13 pei45 tsɿ31 mau13 tieʔ5 su53 liau53 pei45 tsɿ31 tsæʔ2 sɿʔ5。

仪陇客：玻璃杯杯就莫得塑料杯杯牢实。

pəu13 li21 pei33 pei33 tɕ'iəu53 mo21 teʔ3 su13 liau13 pei33 pei33 lau21 seʔ3。

永兴湘：玻璃杯杯没得塑料杯杯经事。

po55 ni31 pei55 pei55 mei31 te31 su14 niau14 pei55 pei55 tɕin55 zɿ14。

安仁湘：玻璃杯子没得塑料杯子口固。| 玻璃杯子没得塑料杯子硬扎。

pu33 ni13 pai33 ·tsɿme21 te55 sɤu55 nie21 pai33 tsɿze13 ku55。pu33 ni13 pai33 tsɿme21 te55 sɤu55 nie21 pai33 tsɿŋo21 tsa55。

长乐湘：玻璃杯杯没得塑料杯杯经用。

po44 ni21 pei44 pei44 mo21 te21 su35 niɑu35 pei44 pei44 tɕin44 yŋ35。

说明：四川官话方言和境内的某些客家方言点、湘方言点都用 AA 式的重叠方式构成名词。

（二）名词后缀“－子”

2. 他今年在山上种了些树，还养了几只羊。

成都：他今年子在山上种了些树子，还喂了几只羊子。

t'a55 tɕin55 ȵian21 tsɿ53 tsai213 san55 saŋ213 tsoŋ53 no53 tɕi53 tsɿ55 su213 tsɿ53，xai21 uei213 no53 tɕi53 tsɿ55 iaŋ21 tsɿ53。

达州：他今年子在山上栽了些树子，还喂了几个羊子。

t'a55 tɕin55 ian12 tsɿ42 tsai214 san55 saŋ214 tsai55 niau42 ɕie55 su214 tsɿ42，xai12 uei214 niau42 tɕi42 kə214 iaŋ12 tsɿ42。

自贡：他今年子在山上栽了些树子，还喂了几条羊子。

na55 tɕin55 ȵiɛn31 tsɿ53 tsai214 ʂan55 ʂaŋ214 tsai55 a53 ɕi55 ʂu55 tsɿ53，xai31 uei214 no53 tɕi53 t'iau31 iaŋ31 tsɿ53。

雅安：他今年子在山上栽了些树子，还喂了几只/个羊子。

t'a55 tɕin55 niɛ̃21 tsɿ42 tsai21 sæ̃55 saŋ21 tsai55 ta42 ɕi55 su214 tsɿ42，xai21 uei214 ta42 tɕi42 tsɿ55/ko214 iaŋ21 tsɿ42。

广元：他今年子在山上栽了些树子，还喂了几条羊子。

t'a55 tɕin55 ȵiɛn21 tsɿ42 tsai214 san55 saŋ214 tsai55 nau42 ɕi55 su214 tsɿ42，xai21 uei214 nau42 tɕi42 t'iau21 iaŋ21 tsɿ42。

泸州：他今年子在山上种了些树子，还养了几只羊子。

t'a55 tɕin55 ȵiɛn21 tsɿ42 tsai13 san55 saŋ13 tsoŋ42 no42 ɕi55 su13 tsɿ42，xai21 iaŋ42 no42 tɕi42 tsɿ55 iaŋ21 tsɿ42。

洛带客：佢今年子在山上种哩兜子树子，还喂哩几条羊子。

tɕi13 tɕin45 ȵiɛn13 tsɿ31 tsa53 san45 xɔŋ53 tsuŋ53 li13 tiəu45 tsɿ31 su53 tsɿ31，xai13 vei53 li13 tɕi31 t'iau13 iɔŋ13 tsɿ31。

仪陇客：佢今年子坡里种了几台树子，又养哩几条羊子。

tɕi21 tɕin13 iɛn21 tsɿ53 p'iaʔ3 li33 tsuŋ13 lɛ21 tɕi53 tai21 su53 tsɿ21，iəu53 tɕiuŋ13 li21 tɕi53 t'iau21 iɔŋ21 tsɿ53。

永兴湘：他今年子在山上栽寡些树子，还喂寡几条羊子。

t'a55 tɕin55 ȵian31 tsɿ53 dz'ai14 san55 ʐaŋ14 tsai55 kua55 ɕie55 ʐu14 tsɿ53，ɤai31 vei14 kua55 tɕi53 d'iau31 iaŋ31 tsɿ53。

安仁湘：佢今年子在山上栽过点树，还喂过几条羊子。

tɕi41 tɕin33 ĩ13 ·tsɿ21 tsai21 sã33 ɕioŋ21 tsai33 kɤ21 tĩ41 ɕy21，ha21 y24 kɤ21 tɕi41 tie13 ioŋ13 ·tsɿ。

长乐$_{湘}$：他今年在山上栽了些树子，还喂了几个羊子。

t'a^{44}ʨin^{44}nian^{21}ʦai^{35}san^{44}sɑŋ^{35}ʦai^{44}nɑuçie^{44}çy^{35}ʦɿ^{53}，xai^{21}uei^{35}nɑuʨi^{53}ko^{35}iɑŋ^{21}ʦɿ^{53}。

说明：四川官话方言及境内客家方言、湘方言名词后缀“子”有很强的构词能力。

（三）名词后缀“儿”

3. 家里养了五头猪。

成都：屋头喂得有五根猪。

u^{21}t'əu^{21}/t'əu$^{21-55}$uei^{213}te^{21}iəu^{53}u^{53}kən^{55}ʦu^{55}。

达州：家头喂了五根$_{儿}$猪。

u^{55}t'əu^{12}uei^{214}niau^{42}u^{42}kənr^{55}ʦu^{55}。

自贡：家头喂了五根猪儿。

ʨia^{55}t'əu^{31}uei^{214}ia^{53}u^{53}t'iau^{31}ʦu^{55}ɚ^{31}。

雅安：家/屋头喂了五个猪儿。

ʨia^{55}/u^{55}t'əu^{21}uei^{214}ta^{42}u^{42}ko^{214}ʦu^{55}ɚ^{21}。

广元：家头喂了五根猪儿。

ʨia^{55}t'əu^{21}uei^{214}nau^{42}u^{42}kən^{55}ʦu^{55}ɚ^{21}。

泸州：屋头养了五根猪儿。

u^{33}təu^{21}iaŋ^{42}no^{42}u^{42}kən^{55}ʦu^{55}ɚ^{21}。

洛带$_{客}$：屋下喂哩五条猪。

vuʔ^{2}xa^{45}vei^{53}li^{13}m̩^{31}t'iau^{13}ʦu^{45}。

仪陇$_{客}$：屋下喂了五条猪。

vuʔ^{3}k'ua^{33}vei^{53}lo^{21}n̩^{53}t'iau^{21}ʦu^{33}。

永兴$_{湘}$：屋里喂寡五根猪儿。

vu^{31}ni^{53}vei^{14}kua^{55}vu^{53}kin^{55}ʈʂu^{55}ɚ^{31}。

安仁$_{湘}$：屋里喂过五条猪。

u^{55}ni^{41}y^{24}kɤ^{21}u^{41}tie^{13}ʨy^{33}。

长乐$_{湘}$：家里喂嘎/起五个猪儿。

ka^{44}ni^{41}uei^{35}ka^{53}ʨ'i^{53}u^{53}ko^{35}ʨy^{44}o^{21}。

说明：普通话说“猪”，四川官话方言普遍说“猪儿”，儿尾有较强构词能力；双音节复合词，儿化也很常见，如：墨盘$_{儿砚台}$、边花$_{儿独眼}$、吼班$_{儿川剧后台的帮腔}$。

（四）重叠并儿化的名词

4. 买了一个锅，还有一些杯子、勺儿。

成都：买了一口锅，还有些杯杯、瓢羹$_{儿}$。

mai^{53}no^{53}i^{21}k'əu^{53}ko^{55}，xai^{21}iəu^{53}çi^{55}pei^{55}pei^{55}、p'iau^{21}kənr^{55}。

达州：买了个锅儿，还有些杯杯$_{儿}$、瓢羹$_{儿}$。

mai^{42}niau^{42}kə^{214}ko^{55}ɚ^{55}，xai^{12}iəu^{42}çie^{55}pei^{55}peir^{55}、p'iau^{12}kənr^{55}。

自贡：买了一个锅锅$_{儿}$，还有一些杯杯$_{儿}$、瓢瓢$_{儿}$。

mai^{53}no^{53}i^{214}ko^{214}ko^{55}kor^{55}，xai^{31}iəu^{53}i^{214}çi^{55}pei^{55}peir^{55}、p'iau^{31}kuər^{55}。

雅安：买了一个锅锅，还有一些杯杯、瓢瓢。

mai^{42}ta^{42}i^{55}ko^{214}ko^{55}ko^{55}，xai^{21}iəu^{42}i^{55}ɕi^{55}pei^{55}pei^{55}、p‘iau^{21}p‘iau$^{21-55}$。

广元：买了一个锅锅儿，还有一些杯杯$_{儿}$、瓢瓢$_{儿}$。

mai^{42}nau^{42}i^{21}ko^{214}ko^{55}kuor^{55}，xai^{21}iəu^{42}i^{21}ɕi^{55}pei^{55}peir^{55}、p‘iau^{21}p‘iaur^{55}。

泸州：买了一个锅儿，还有些杯杯、瓢羹$_{儿}$。

mai^{42}no^{42}i^{33}ko^{13}ko^{55}ɚ^{21}，xai^{21}iəu^{42}ɕi^{55}pei^{55}pei^{55}、p‘iau^{21}kənr^{55}。

洛带$_{客}$：买哩一只镬头，还有一兜杯子、调羹子。

mai^{45}li^{13}iʔ^{2}ʦæʔ^{2}voʔ^{5}t‘iəu^{13}，xai^{13}iəu^{45}iʔ^{2}tiəu^{45}pei^{45}ʦɿ^{31}，t‘iau^{13}kaŋ^{45}ʦɿ^{31}。

仪陇$_{客}$：买了一个锑锅$_{儿}$，还有几个杯子，瓢羹$_{儿}$。

mai^{33}lo^{21}ieʔ^{3}kai^{13}t‘i^{33}uor^{33}，xai^{21}iəu^{33}ʨi^{53}kai^{13}pei^{33}ʦɿ^{53}，p‘iau^{21}kənr^{33}。

永兴$_{湘}$：买寡一口锅，还有一些杯杯、瓢瓢。

mai^{53}kua^{55}i^{31}k‘iəu^{53}ko^{55}，ɣai^{31}iəu^{53}i^{31}ɕie^{55}pei^{55}pei^{55}，b‘iau^{31}b‘iau^{31}。

安仁$_{湘}$：买过一个锅子，还有一点杯子、瓢儿。

ma^{41}kɤ^{21}i^{55}kɤ^{55}kɤ^{33}ʦɿ，ha^{21}iɤu$^{41/13}$i^{55}t ĩ^{33}pai^{33}ʦɿ、pie^{13}ɚ^{21}。

长乐$_{湘}$：买嘎一口锅子，还有一些杯杯、瓢瓢。

mai^{53}ka^{53}i^{21}k‘ou^{53}ko^{44}ʦɿ^{53}，xai^{21}iou^{53}i^{21}ɕie^{44}pei^{44}pei^{44}、piɑu^{21}piɑu^{21}。

说明：四川官话方言中，好些方言点用重叠并儿化的方式构成名词。

（五）名词的复数形式

5. 家里的人都走了，孩子，还有养的猪、狗、羊谁管呢？

成都：屋头的人些都走了，娃娃，还有养的猪啊、狗啊、羊子的，哪个来管喃？

u^{21}t‘əu^{21}/t‘əu$^{21-55}$ne^{55}zən^{21}ɕie^{55}təu^{55}ʦəu^{53}no^{21}，ua^{21}ua$^{21-55}$，xai^{21}iəu^{53}iaŋ^{53}ne^{55}ʦu^{55}a^{55}、kəu^{53}a^{55}、iaŋ^{21}ʦɿ^{53}ne^{55}，na^{53}ko^{213}nai^{21}kua^{n53}na^{n55}？

达州：屋头的人些都走了，娃儿，还有喂的猪、狗、羊哪个管嘛？

u^{55}t‘əu^{12}ti^{55}zen^{12}ɕi^{55}təu^{55}ʦəu^{42}niau^{42}，ua^{12}ɚ^{12}，xai^{12}iəu^{42}uei^{214}ti^{55}ʦu^{55}、kəu^{42}、iaŋ^{12}，na^{42}ko^{214}kuan^{42}ma^{12}？

自贡：屋头的人些都走了，娃儿些，还有喂的猪些、狗些、羊子些哪个管嘛？

u^{214}t‘əu^{31}ni^{55}ʐən^{31}ɕi^{55}təu^{55}ʦəu^{53}no^{31}，ua^{31}ɚ$^{31-55}$ɕi^{55}，xai^{31}iəu^{53}uei^{214}ni^{55}ʦu^{55}ɕi^{55}、kəu^{53}ɕi^{55}、iaŋ^{31}ʦɿ^{53}ɕi^{55}na^{53}ko^{214}kuan^{53}ma^{31}？

雅安：屋头的人些都走了，娃儿些，还有喂的猪、狗、羊子些哪个管嘛？

u^{55}t‘əu^{21}ne^{55}zən^{21}ɕi^{55}təu^{55}ʦəu^{42}ta^{42}，ua^{21}ɚ$^{21-55}$ɕi^{55}，xai^{21}iəu^{42}uei^{214}ne^{55}ʦu^{55}、kəu^{42}、iaŋ^{21}ʦɿ^{42}ɕi^{55}na^{42}ko^{214}kuæ̃^{42}ma^{21}？

广元：屋头的人些都走了，娃儿些，还有喂的猪些、狗些、羊子些哪个管嘛？

u^{21}t‘əu^{21}ne^{55}zən^{21}ɕi^{55}təu^{55}ʦəu^{42}nau^{42}，ua^{21}ɚ$^{21-55}$ɕi^{55}，xai^{21}iəu^{42}uei^{214}ne^{55}ʦu^{55}ɕi^{55}、kəu^{42}ɕi^{55}、iaŋ^{21}ʦɿ^{42}ɕi^{55}na^{42}ko^{214}kua^{n42}ma^{21}？

泸州：屋头的人些都走了，娃儿些，还有养的猪些、狗些、羊子些哪个来管喃？

u^{33}t‘əu^{21}ni^{55}zən^{21}ɕi^{55}təu^{55}ʦəu^{42}no^{21}，ua^{21}ɚ$^{21-55}$ɕi^{55}，xai^{21}iəu^{42}iaŋ^{42}ni^{55}ʦu^{55}ɕi^{55}、kəu^{42}ɕi^{55}、iaŋ^{21}ʦɿ^{42}ɕi^{55}na^{42}ko^{13}nai^{21}kuan^{42}nan^{55}？

洛带$_{\text{客}}$：屋下个人都走嘿了，细子，还有个兜猪、狗摎羊子哪人管诶？

vuʔ^{2}xa^{45}ke^{53}ȵin^{13}tiəu^{45}ʦəu^{31}xe^{45}liau^{31}，ɕie^{53}ʦɿ^{3}，xai$^{\cdot 45}$iəu^{45}kai$^{\cdot 53}$tiəu^{45}ʦu^{45}、kiəu^{45}lau^{45}iɔŋ^{13}ʦɿ^{31}lai$^{\cdot 31}$ȵin^{13}kɔn^{31}e^{45}？

仪陇$_{\text{客}}$：屋下一兜人都走不了，娃儿、一兜猪、一兜狗、一兜羊没人管呢？

vuʔ^{3}k'ua^{33}ieʔ^{3}tai$^{\cdot 13}$in^{21}təu^{33}ʦai$^{\cdot 53}$pu^{33}lɛ^{21}，ua^{21}ɚ^{33}，ieʔ^{3}tai$^{\cdot 13}$ʦu^{33}、ieʔ^{3}tai$^{\cdot 213}$kɛ^{53}、ieʔ^{3}tai$^{\cdot 13}$iɔŋ^{21}man^{33}in^{21}kuɔn^{53}lɛ^{33}。

永兴$_{\text{湘}}$：屋里的人都走寡了，娃儿，还有喂的猪啊、狗啊、羊子那些哪个管嘛？

vu^{31}ni$^{\cdot 53}$ti$^{\cdot 31}$ʐən^{31}təu^{55}ʦəu^{53}kua^{55}niau^{53}，va^{31}ɚ^{31}，ɤai$^{\cdot 31}$iou^{53}vei$^{\cdot 14}$ti$^{\cdot 31}$ʈʂu^{55}a^{55}、kiəu^{53}a^{55}、iaŋ^{31}ʦɿ^{53}na^{14}ɕie^{55}na^{53}ko^{14}kuan^{53}ma^{31}？

安仁$_{\text{湘}}$：屋里咯人都走过哩，细嘎子还有喂咯那点猪、狗、羊子哪个来管嘞？

u^{55}ni$^{\cdot 41}$ke^{21}nin^{13}tɤu^{33}ʨie^{41}kɤ^{21}ni$^{\cdot 41}$，ɕi^{55}ka^{33}·ʨi$^{/55}$ha^{21}iɤu$^{41/13}$y^{24}ke^{21}n̩^{55}tĩ^{33}ʨy^{33}、ʨie^{41}、ioŋ^{13}·ʦɿ$^{/21}$na^{41}kɤ^{55}nai$^{\cdot 13}$kuõ^{41}nei$^{\cdot 33}$？

长乐$_{\text{湘}}$：屋头的人都走嘎了，娃儿、还有喂的那些猪儿、狗儿、羊子哪个管嘛？

u^{21}tou^{21}tiŋən^{21}tou^{44}ʦou^{53}ka^{53}nɑu，ua^{21}o^{21}、xai$^{\cdot 21}$iou^{53}uei$^{\cdot 35}$tina^{35}ɕie^{44}ʨy^{44}o^{21}、kou^{53}o^{21}、iɑŋ^{21}ʦɿ^{53}na^{53}ko^{35}kuan^{53}ma？

说明：四川官话方言常在名词后面加“些”表复数。

二、代词的所属格

6．他是我的儿子，我还有个女儿，是他的妹妹。

成都：他是我儿，我还有个女，是他妹$_{\text{儿}}$。

t'a^{55}sɿ^{213}ŋo^{53}ɚ^{21}，ŋo^{53}xai$^{\cdot 21}$iəu^{53}ko^{213}ȵy^{53}，sɿ^{213}t'a^{55}meir$^{\cdot 213}$。

达州：他是我娃儿嘞，我还有个女$_{\text{儿}}$，是他的妹。

t'a^{55}sɿ^{214}uo^{42}ua^{12}ɚ^{55}ne^{12}，uo^{42}xai$^{\cdot 12}$iəu^{42}ko^{214}yɚ^{42}，sɿ^{214}t'a^{55}ni$^{\cdot 55}$mei$^{\cdot 214}$。

自贡：他是我儿，我还有个女$_{\text{儿}}$，是他的妹妹。

na^{55}ʂɿ^{55}ŋo^{53}ɚ^{31}，ŋo^{53}xai$^{\cdot 31}$iəu^{53}ko^{214}ȵyr^{53}，ʂɿ^{55}na^{55}ne^{55}mei$^{\cdot 214}$。

雅安：他是我的儿子，我还有个女儿，是他的妹妹。

t'a^{55}sɿ^{214}ŋau^{55}ɚ^{21}ʦɿ^{42}，ŋo^{42}xai$^{\cdot 21}$iəu^{42}ko^{214}ny^{42}ɚ^{21}，sɿ^{213}t'au^{55}mei$^{\cdot 214}$mei$^{\cdot 214-55}$。

广元：他是我儿子，我还有个女子，是他的妹妹。

t'a^{55}sɿ^{214}ŋo^{42}ɚ^{21}ʦɿ^{42}，ŋo^{42}xai$^{\cdot 21}$iəu^{42}ko^{214}ny^{42}ʦɿ^{21}，sɿ^{214}t'a^{55}mei$^{\cdot 214}$mei$^{\cdot 214-55}$。

泸州：他是我的儿子，我还有个女$_{\text{儿}}$，是他妹妹。

na^{55}sɿ^{13}ŋo^{42}ne^{55}ɚ^{21}ʦɿ^{42}，ŋo^{42}xai$^{\cdot 21}$iəu^{42}ko^{13}ȵyr^{42}，sɿ^{13}na^{55}mei$^{\cdot 13}$mei$^{\cdot 13-55}$。

洛带$_{\text{客}}$：佢系倨倈子，倨还有只妹子，系佢个老妹。

ʨi$^{\cdot 13}$xe^{53}ŋa^{45}lai$^{\cdot 53}$ʦɿ^{31}，ŋai$^{\cdot 13}$xai$^{\cdot 13}$iəu^{45}ʦæʔ^{2}moi$^{\cdot 53}$ʦɿ^{31}，xe^{53}ʨi$^{\cdot 45}$ke^{53}lau^{31}moi$^{\cdot 53}$。

仪陇$_{\text{客}}$：佢系倨个倈子，倨还有只妹子，系佢个老妹。

ʨi$^{\cdot 21}$xe^{53}ŋa^{33}ke^{53}lai$^{\cdot 53}$ʦɿ^{21}，ŋai$^{\cdot 21}$xai$^{\cdot 21}$iəu^{33}ieʔ^{3}kai$^{\cdot 13}$mo^{13}ʦɿ^{53}，xe^{53}ʨi$^{\cdot 53}$kai$^{\cdot 13}$ləu^{53}mo^{13}。

永兴$_{\text{湘}}$：他是我的崽，我还有个女，是他的妹妹。

t'a^{55}zɿ^{14}ŋo^{53}ti$^{\cdot 31}$ʦai$^{\cdot 53}$，ŋo^{53}ɤai$^{\cdot 31}$iəu^{53}ko^{14}ȵyu^{53}，zɿ^{14}t'a^{55}ti$^{\cdot 31}$mei$^{\cdot 14}$mei$^{\cdot 14}$。

安仁$_{\text{湘}}$：佢是我咯崽，我还有一个妹子，是佢咯妹妹。

tɕi^{41} zɿ^{24} ŋɤ^{41} ke^{21} tsai^{41}，ŋɤ^{41} ha^{21} iɤu^{41} i^{55} kɤ^{55} mai^{21} tsɿ^{21}，zɿ^{24} tɕi^{41} ke^{21} mai^{21} mai^{33}。

长乐$_{\text{湘}}$：他是我的儿，我还有个女，是他妹妹。

tʻa^{44} sɿ^{35} ŋo^{53} tio^{21}，ŋo^{53} xai^{21} iou^{53} ko^{35} ny^{53}，sɿ^{35} tʻa^{44} mei^{35} mei^{35}。

说明：四川境内客家方言用“代词＋个”表示代词的领属格，跟官话方言“代词＋的”的表达格式不同。

7. 你有书吗？这是不是你的书？不是我的，是他的。

成都：你有书没得？这是不是你的书？不是我的，是他的。

ȵi^{53} iəu^{53} su^{55} pu^{21} te$^{21-55}$？tse^{213} sɿ^{213} pu^{21} sɿ^{213} ȵi^{53} ni^{55}？pu^{21} sɿ^{213} ŋo^{53} ni^{55}，sɿ^{213} tʻa^{55} ni^{55}。

达州：你有没得书哦？那个书是不是你的？不是我的，是他的。

i^{42} iəu^{42} mei^{55} te^{12} su^{55} o^{12}？ne^{214} ko^{55} su^{55} sɿ^{214} pu^{12} sɿ^{214} i^{42} ne^{55}？pu^{12} sɿ^{214} uo^{42} ti^{55}，sɿ^{214} tʻa^{55} ti^{55}。

自贡：你有没得书？这个书是不是你的？不是我的，是他的。

ȵi^{53} iəu^{53} mei^{55} te^{214} ʂu^{55}？tʂe^{55} ko^{214} ʂu^{55} ʂɿ^{55} pu^{214} ʂɿ^{55} ȵi^{53} ne^{55}？pu^{214} ʂɿ^{55} te^{214} ŋo^{53} ne^{55}，ʂɿ^{55} na^{55} ne^{55}。

雅安：你有书没得？这书是你的不？不是我的，是他的。

ni^{42} iəu^{42} su^{55} mu^{55} te^{55}？tse^{55} su^{55} sɿ^{214} ni^{42} ne^{55} pu^{55}？pu^{55} sɿ^{214} ŋau^{55} ne^{55}，sɿ^{214} na^{55} ne^{55}。

广元：你有书没得？这是不是你的？不是我的，是他的。

ni^{42} iəu^{42} su^{55} mo^{21} te^{21}？tse^{214} su^{55} sɿ^{214} pu^{21} sɿ^{214} ni^{42} ti^{21}？pu^{21} sɿ^{214} ŋo^{42} ti^{21}，sɿ^{214} ta^{55} ti^{21}。

泸州：你有书没得？这是不是你的？不是我的，是他的。

ȵi^{42} iəu^{42} su^{55} mei^{55} te^{21}？tse^{13} sɿ^{13} pu^{33} sɿ^{13} ȵi^{42} ni^{55}？pu^{33} sɿ^{13} ŋo^{42} ni^{55}，sɿ^{13} na^{55} ni^{55}。

洛带$_{\text{客}}$：你有无得书？底个系唔系你个书？唔系偓个，系佢个。

ȵi^{13} iəu^{45} mau^{13} tieʔ^{5} su^{45}？i^{31} ke^{53} xe^{53} m̩^{13} xe^{53} ȵi^{4} ke^{53} su^{45}？m̩^{13} pʻie^{53} ŋa^{45} ke^{53}，xe^{53} tɕi^{45} ke^{53}。

仪陇$_{\text{客}}$：你有无得书？底个系唔系你个书？唔系偓个，系佢个。

n̩^{21} iəu^{33} mau^{21} teʔ^{3} su^{33}？tɕi^{21} kai^{13} xe^{53} n̩^{21} xe^{53} ŋ^{53} kai^{13} su^{33}？n̩^{21} xe^{53} ŋa^{33} kai^{13}，xe^{53} tɕi^{33} kai^{13}。

永兴$_{\text{湘}}$：你有书没得？｜你有没有书？｜这个是不是你的书？｜不是我的，是他的。

ȵi^{53} iəu^{53} ʂu^{55} mei^{21} te^{31}？ȵi^{53} iəu^{53} mei^{31} iəu^{53} ʂu^{55}？tɕie^{14} ko^{55} zɿ^{14} pu^{31} zɿ^{14} ȵi^{53} ti^{55} ʂu^{55}？pu^{31} zɿ^{14} ŋo^{53} ti^{31}，zɿ^{14} tʻa^{55} ti^{55}。

安仁$_{\text{湘}}$：你有书吗？咦个是唔是你咯书？唔是我咯，是佢咯。

n̩^{41} iɤu^{41} ɕy^{33} ma^{33}？i^{13} kɤ^{21} zɿ^{24} n̩^{13} zɿ^{24} n̩^{41} ke^{21} ɕy^{33}？。n̩^{13} zɿ^{24} ŋɤ^{41} ke^{21}，zɿ^{24} tɕi^{41} ke^{21}。

长乐$_{\text{湘}}$：你有没有书？嘞是不是你的书？不是我的，是他的。

ni^{53} iou^{53} mo^{21} iou^{53} ɕy^{44}？ne^{35} sɿ^{35} pu^{35} sɿ^{35} ni^{53} ·tiɕy^{44}？pu^{35} sɿ^{35} ŋo^{53} ·ti，sɿ^{35} ta^{44} ·ti。

说明：官话方言“代词＋的”构成的“的”字短语，四川境内客家方言用“代词＋个”表示。

三、动词的体貌

8. 坐着比站着舒服

成都：坐倒比站倒舒服。

tso^{213} tau^{53} pi^{53} tsa^{n213} tau^{53} su^{55} fu^{21}。

达州：坐倒比站倒舒服。

ʦo^{214} tau^{42} pi·^{42} ʦan^{214} tau^{42} su^{55} fu^{12}。

自贡：坐倒比站倒舒服。

ʦo^{214} tau^{53} pi·^{53} ʈʂan^{214} tau^{53} ʂu^{55} fu^{214}。

雅安：坐倒比站倒舒服。

ʦo^{214} tau^{42} pi·^{42} ʦæ̃^{214} tau^{42} su^{55} fu^{55}/fu^{21}。

广元：坐倒比站倒舒服。

ʦo^{214} tau^{42} pi·^{42} ʦa^{n214} tau^{42} su^{55} fu^{21}。

泸州：坐倒比站倒舒服。

ʦo^{13} tau^{42} pi·^{42} ʦan^{13} tau^{42} su^{55} fu^{33}。

洛带客：坐倒比徛倒过安乐。

ʦʻo^{45} tau^{31} pi·^{31} ʨʻi·^{45} tau^{31} ko^{53} ɔn^{45} loʔ^{5}。

仪陇客：坐倒比徛倒舒服嘛。

ʦʻəu^{33} təu^{53} pi·^{53} ʨʻi·^{33} təu^{53} su^{13} fuʔ^{3} ma^{21}。

永兴湘：坐倒比站倒舒服。

ʣʻo^{14} tau^{53} pi·^{53} ʦan^{14} tau^{53} su^{55} fu^{31}。

安仁湘：坐倒比站倒安逸点。

ʦo^{21} te^{41} pi·^{41} ʦã^{55} te^{41} ŋã^{33} i·^{55} t ĩ^{41}。

长乐湘：坐倒起比站倒起安逸点。

ʦo^{35} tɑu^{53} ʨʻi·^{53} pi·^{53} ʦan^{35} tɑu^{53} ʨʻi·^{53} ŋan^{44} i·^{35} tian^{53}。

说明：四川官话方言及境内客家方言、湘方言普遍用“倒”表示动作持续或进行。

9．站住！

成都：站倒！｜站倒起！

ʦa^{n213} tau^{53}！ʈʂan^{213} tau^{53} ʨʻi·^{53}！

达州：站倒！｜站倒起！

ʦan^{214} tau^{42}！ʦan^{213} tau^{42} ʨʻi·^{12}！

自贡：站倒！

ʈʂan^{214} tau^{53}！

雅安：站倒！｜站倒起！

ʦæ̃^{214} tau^{42}！ʦæ̃^{214} tau^{42} ʨi·^{42}！

广元：站倒！｜站倒起！

ʦa^{n214} tau^{42}！ʦa^{n214} tau^{42} ʨʻi·^{42}！

泸州：站倒！

ʦan^{13} tau^{42}！

洛带客：徛倒！徛倒！

ʨʻi·^{45} tau^{31}！ʨʻi·^{45} tau^{31}！

仪陇客：徛倒起！

tɕʻi^{33}təu^{53}tɕʻi^{53}。

永兴$_{\text{湘}}$：站倒！｜站倒起！

tsan^{14}tau^{53}！tsan^{14}tau^{53}tɕʻi^{53}！

安仁$_{\text{湘}}$：站倒！｜站倒起！

tsã^{55}te^{41}！tsã^{55}te^{41}tɕʻi^{41}。

长乐$_{\text{湘}}$：站到起！莫跑！

tsan^{35}tɑu^{53}tɕʻi^{53}！mo^{21}pʻɑu^{53}！

说明：四川官话方言及境内客家方言、湘方言可用“倒”“倒起”表示要求停止在某一动作行为上，这是持续义的引申。

10. A：你吃饭没有？B：吃了。

成都：A：你吃了饭没有？B：吃了。A：ȵi^{53}tsʻɿ^{21}fa^{n213}mei^{55}iəu$^{53-55}$？B：tsʻɿ^{21}no^{21}。

达州：A：你吃了饭没有？B：吃了。A：ni^{42}tɕʻiɛ^{55}fan^{213}me^{55}iəu^{42}？B：tɕʻiɛ^{55}no^{42}。

自贡：A：你吃饭没得？B：吃了。A：ȵi^{53}tʂʻʅ^{214}fan^{214}mei^{55}te^{214}？B：tʂʻʅ^{214}a^{53}。

雅安：A：你吃（哒）饭没有？B：吃哒。A：ni^{42}tsʻɿ^{55}（ta^{42}）fæ̃^{214}mi^{55}iəu^{42}？B：tsʻɿ^{55}ta^{42}。

广元：A：你吃了饭没有？B：吃了。A：ni^{42}tsʻɿ^{21}fa^{n214}mei^{55}iəu^{42}？B：tsʻɿ^{21}nau^{42}。

泸州：A：你吃了饭没有？B：吃了。A：ȵi^{42}tsʻɿ^{33}no^{42}fa^{n13}mei^{13}iəu^{42}？B：tsʻɿ^{33}no^{21}。

洛带$_{\text{客}}$：A：食饭唔曾？B：食嘿了。A：sɿʔ^{5}fan^{53}m̩^{13}liɛn^{13}？B：sɿʔ^{5}xe^{45}liau^{31}。

仪陇$_{\text{客}}$：A：食饭唔曾？B：食不了。A：seʔ^{5}fan^{53}n̩^{21}liɛn^{21}。B：seʔ^{5}pu^{21}lɛ^{21}。

永兴$_{\text{湘}}$：A：饭吃寡没得？B：吃寡了。A：van^{14}tʂʻʅ^{31}kua^{31}mei^{31}te^{31}？B：tʂʻʅ^{31}kua^{31}niau^{53}。

安仁$_{\text{湘}}$：A：吃过饭没得？B：吃过哩。A：tɕio^{55}kɤ^{21}ɸã^{21}me^{21}tai^{55}？B：tɕio^{55}kɤ^{21}ni^{41}。

长乐$_{\text{湘}}$：A：吃嘎饭莫得？B：吃嘎了。A：tɕʻi^{21}ka^{53}fan^{35}mo^{35}tɛ？B：tɕʻi^{21}ka^{53}nɑu。

说明：四川官话某些方言点和境内某些湘方言点用助词“哒”或“嘎”表示动作完成。

11. A：走了吧。B：玩儿一会儿再说。

成都：A：走了嘛。B：要下哆。A：tsəu^{53}no^{21}ma^{21}。B：sua^{53}xa^{213}to^{55}。

达州：A：走了嘛。B：要哈$_{\text{儿}}$哆。A：tsəu^{42}niau^{42}ma^{12}。B：sua^{42}xar^{55}to^{55}。

自贡：A：走了嘛。B：要哈$_{\text{儿}}$哆。A：tsəu^{53}a^{53}ma^{53}。B：ʂua^{53}xar^{55}to^{55}。

雅安：A：走哒。B：要下哆。A：tsəu^{42}ta^{42}。B：sua^{42}xa^{214}to^{55}。

广元：A：走了嘛。B：要下哆。A：tsəu^{42}nau^{42}ma^{21}。B：sua^{42}xa^{214}to^{21}。

泸州：A：走了嘛。B：要下儿哆。A：tsəu^{42}no^{42}ma^{21}。B：sua^{42}xar^{55}to^{55}。

洛带$_{\text{客}}$：A：走了哟。B：嫽下子哆。A：tsəu^{31}lio^{13}。B：liau^{53}xa^{53}tsɿ^{31}to^{45}。

仪陇$_{\text{客}}$：A：走了嘛。B：嫽些在。A：tsai^{53}lo^{21}ma^{21}：B：liau^{53}ɕie^{33}tsʻai^{53}。

永兴$_{\text{湘}}$：A：走了嘛。B：要下哆。A：tsəu^{53}niau^{53}ma^{31}。B：ʂua^{53}xa^{14}/ia^{14}to^{55}。

安仁$_{\text{湘}}$：A：走了嘛。B：要一下嘛。A：tɕie^{41}nie^{21}ma$^{41/21}$。B：so^{41}i^{55}ho^{21}ma$^{41/21}$。

长乐$_{\text{湘}}$：A：走了嘛/回去了嘛。B：还要杠杠崽/还要下下儿哒/再嗨一下下儿。A：tsou^{53}nɑuma/fei^{21}kʻe^{35}nɑuma。B：xai^{21}sua^{53}kɑŋ^{53}kɑŋ^{53}tsai^{53}。/xai^{21}sua^{53}xa^{21}xɚ^{21}ta/tsai^{35}xai^{44}i^{21}xa^{21}xɚ^{21}。

说明：四川官话方言及境内某些客家方言点、湘方言点可用“哆”表示先行体。

12. 衣服没洗干净，重洗一下就是了。

成都：衣服没洗干净，洗过就是了。

i^{55}fu^{21}mei^{55}ɕi^{53}ka^{n55}tɕin^{213}ua^{55}？ɕi^{53}ko^{213}tɕiəu^{213}sɿ^{213}no^{21}。

达州：衣服没洗干净，再洗一下。

i^{55}fu^{12}mei^{55}ɕi^{42}kan^{55}tɕin^{214}，tsai^{214}ɕi^{42}i^{12}xa^{214}。

自贡：衣服没洗干净，重洗过就是了。

i^{55}fu^{214}mei^{53}ɕi^{53}kan^{55}tɕin^{214}，tʂʻoŋ^{31}ɕi^{53}ko^{214}tɕiəu^{214}ʂʅ^{55}a^{53}。

雅安：衣服没有洗干净，洗过就是了。

i^{55}fu^{55}mi^{55}iəu^{55}ɕi^{42}kæ̃^{55}tɕin^{21}，ɕi^{42}ko^{214}tɕiəu^{214}sɿ^{214}ta^{42}。

广元：衣服没洗干净，洗过就是了。

i^{55}fu^{21}mo^{21}ɕi^{42}ka^{n55}tɕin^{214}，ɕi^{42}ko^{214}tɕiəu^{214}sɿ^{214}nau^{42}。

泸州：衣服没洗干净嗦，洗过就是了嘛。

i^{55}fu^{33}mei^{13}ɕi^{42}kan^{55}tɕin^{13}so^{21}，ɕi^{42}ko^{13}tɕiəu^{13}sɿ^{13}no^{42}ma^{21}。

洛带客：衫裤唔曾洗干净嘢，重新洗下就系了。

san^{45}fu^{53}m̩^{13}liɛn^{13}ɕie^{31}kɔn^{45}tɕʻiaŋ^{53}me^{31}，tsʻuŋ^{13}ɕin^{45}ɕie^{31}xa^{53}tɕʻiəu^{53}xe^{53}liau^{31}。

仪陇客：衫唔曾洗干净，再洗一道。

san^{33}n̩^{21}liɛn^{21}se^{53}kuɔn^{33}tɕʻiaŋ^{53}，tsai^{53}se^{53}ieʔ^{3}təu^{13}。

永兴湘：衣服没洗干净，再洗下就是了。

i^{55}fu^{31}mei^{31}ɕi^{53}kan^{55}dʑʻin^{14}，dʑʻai^{14}ɕi^{53}ia^{14}dʑʻiəu^{14}zɿ^{14}niau^{53}。

安仁湘：衣裳唔洗洁丽吗？重洗一下就是哩。

i^{33}saŋ^{21}n̩^{13}ɕi^{41}tɕie$^{13/41}$ni^{55}ma^{33}，tsoŋ^{13}ɕi^{41}i^{55}ho^{21}tɕiɤu^{21}zɿ^{21}ni$^{41/33}$。

长乐湘：衣服没洗干净哪？再洗一道都是了嘛。

i^{44}fu^{21}mei^{53}ɕi^{53}kan^{44}tɕin^{35}na^{53}？tsai^{35}ɕi^{53}i^{21}tɑu^{35}tou^{44}sɿ^{35}nɑuma。

说明：四川官话方言在动词后加"过"表重复体。

四、形容词的生动形式

13. 他穿一件雪白的衬衣。

成都：他穿了一件迅白的衬衣。

tʻa^{55}tsʻua^{n55}no^{53}i^{21}tɕia^{n213}ɕyn^{213}pe^{21}ne^{55}tsʻən^{213}i^{55}。

达州：他穿一件迅白的衬衫。

tʻa^{55}tsʻuan^{55}i^{12}tɕian^{214}ɕyn^{213}pe^{12}ti^{55}tsʻen^{214}san^{55}。

自贡：他穿一件迅白的衬衣。

na^{55}tʂʻuan^{55}i^{214}tɕiɛn^{214}ɕyn^{214}pe^{214}ne^{55}tsʻən^{214}i^{55}。

雅安：他穿一件迅白的衬衣。

tʻa^{55}tsuæ̃^{55}i^{55}tɕiɛ̃^{214}ɕyn^{214}pe^{55}ne^{55}tsʻən^{214}i^{55}。

广元：他穿一件迅白的衬衣。

tʻa^{55}tsʻua^{n55}i^{21}tɕiɛ^{n214}ɕyn^{214}pe^{21}ti^{21}tsʻən^{214}i^{55}。

泸州：他穿的是一件迅白的衬衣。

t‘a^{55} ʦ‘uan^{55} ni^{55} sɿ^{13} i^{33} ʨiɛn^{13} ɕyn^{13} pe^{33} ni^{55} ʦ‘ən^{13} i^{55} 。

洛带客：佢着一眼雪白个衬衫。

ʨi^{13} ʦoʔ^{2} iʔ^{2} ŋan^{31} ɕieʔ^{2} p‘æʔ^{5} ke^{53} ʦ‘uən^{53} san^{45} 。

仪陇客：他着一件雪白个衬衣。

ʨi^{21} ʦoʔ^{3} ieʔ^{3} ʨ‘iɛn^{53} xyeʔ^{5} p‘aʔ^{5} kɛ^{21} ʦ‘aŋ^{13} i^{13} 。

永兴湘：他穿一件讯白的衬衣。

t‘a^{55} ʈʂ‘uan^{55} i^{31} ʥ‘ian^{14} ʂuən^{14} b‘e^{31} ti^{31} ʦ‘ən^{14} i^{55} 。

安仁湘：佢穿一褂很白咯衬衣。

ʨi^{41} ʨyẽ^{33} i^{55} k‘ua^{24} hin^{41} p‘o^{13} ke^{21} ʦ‘ən^{24} i$^{33/41}$ 。

长乐湘：他穿起一件好/嘿白的里肉衣/衬衣。

t‘a^{44} ʦuan^{44} ʨ‘i^{53} i^{21} ʨian^{35} xɑu^{53}/he^{21} pe^{21} tini^{53} ŋou^{35} i^{44}/ʦ‘ən^{35} i^{44} 。

14. 他长得白白的。

成都：他长得白白净净的。

t‘a^{55} ʦaŋ^{53} te^{21} pe^{21} pe^{21} ʨin^{213} ʨin^{213} ne^{55} 。

达州：他长得白白生生的。

t‘a^{55} ʦaŋ^{42} te^{12} pe^{12} pe^{12} sen^{55} sen^{55} ti^{55} 。

自贡：他长得白生生的。

na^{55} ʈʂaŋ^{53} te^{214} pe^{214} sən^{55} sən^{55} ne^{55} 。

雅安：他长得白白生生的。

t‘a^{55} ʦaŋ^{42} te^{55} pe^{55} pe^{55} sən^{55} sən^{55} ne^{55} 。

广元：他长得白白生生的。

t‘a^{55} ʦaŋ^{42} te^{21} pe^{21} pe^{21} sən^{55} sən^{55} ti^{21} 。

泸州：他长得白白生生的。

t‘a^{55} ʦaŋ^{42} te^{33} pe^{33} pe^{33} sən^{55} sən^{55} ni^{55} 。

洛带客：佢长得白白净净哩个。

ʨi^{13} ʦaŋ^{31} tieʔ^{2} p‘æʔ^{5} p‘æʔ^{5} ʨ‘iaŋ^{53} ʨ‘iaŋ^{53} li^{13} ke^{53} 。

仪陇客：佢长得白白漂漂个。

ʨi^{21} ʦɔŋ^{21} teʔ^{3} p‘aʔ^{5} p‘aʔ^{5} p‘iau^{13} p‘iau^{13} kɛ^{21} 。

永兴湘：他长得白生生的。

t‘a^{55} ʨiaŋ^{53} te^{31} b‘e^{31} sən^{55} sən^{55} ti^{31} 。

安仁湘：佢长得白白净净咯。

ʨi^{41} ʨioŋ^{41} te$^{55/21}$ p‘o^{13} p‘o^{13} ʨiaŋ^{24} ʨiaŋ^{24} ke^{21} 。

长乐湘：他生得白白净净的。/他生得嘿白。

t‘a^{44} sən^{44} te^{21} pe^{21} pe^{21} ʨin^{35} ʨin^{35} dɛ。/t‘a^{44} sən^{44} te^{21} xe^{21} pe^{21} 。

说明：四川官话方言“迅白”“白生生”都是“白”的生动形式，生动形式的构成方式跟普通话有差异。

15. 英语学得半通不通的。

成都：英语学得二通二通的。

in^{55}y^{53}ɕyo^{21}te^{21}ɚ^{213}t'oŋ^{55}ɚ^{213}t'oŋ^{55}ne^{55}。

达州：英语学得二通二通的。

in^{55}y^{42}ɕyo^{12}te^{12}ɚ^{214}t'oŋ^{55}ɚ^{214}t'oŋ^{55}ti^{55}。

自贡：英语学得二通二通的。

in^{55}y^{53}ɕyo^{214}te^{214}ɚ^{31}t'oŋ^{55}ɚ^{31}t'oŋ^{55}ne^{55}。

雅安：英语学得二通二通的。

in^{55}y^{42}ɕyo^{55}te^{55}ɚ^{214}t'oŋ^{55}ɚ^{214}t'oŋ^{55}ne^{55}。

广元：英语学得二通二通的。

in^{55}y^{42}ɕyo^{21}te^{21}ɚ^{214}t'oŋ^{55}ɚ^{214}t'oŋ^{55}ti^{21}。

泸州：英语学得二通二通的。

in^{55}y^{42}ɕyɵ^{33}te^{33}ɚ^{13}t'oŋ^{55}ɚ^{13}t'oŋ^{55}ni^{55}。

洛带客：英语学得倒通唔通个。

in^{45}y^{31}xoʔ^{5}tieʔ^{2}tau^{53}t'uŋ^{45}m̩^{13}t'uŋ^{45}ke^{53}。

仪陇客：英语学得里扯火。

in^{33}y^{53}xoʔ^{5}teʔ^{3}li^{33}ʦ'a^{53}fəu^{53}。

永兴湘：英语学得二通二通的。

in^{55}yu^{53}ʂo^{31}te^{31}ɚ^{14}t'oŋ^{55}ɚ^{14}t'oŋ^{55}ti^{31}。

安仁湘：英语学得半通不通咯。

in^{33}y^{41}ho^{55}te^{55}po^{55}t'oŋ^{33}n̩^{13}t'oŋ^{33}ke^{21}。

长乐湘：英语学得半罐水。

in^{44}y^{53}ɕyo^{21}te^{21}pan^{35}kuan^{35}ɕyei^{53}。

说明：四川官话方言及境内某些湘方言点有“二A二A”的形容词生动形式，相当于普通话“半A不A”的格式义。

五、量词的形式和意义

（一）特有的量词

16. 砣，也写作“坨”，用于成团状或成块状的东西，也比喻聚成一堆或结成一伙：

成都：一砣肉 i^{21}t'o^{21}zəu^{213} | 一砣泥巴 i^{21}t'o^{21}ȵi^{21}pa^{55} | 一砣纸 i^{21}t'o^{21}ʦɿ^{53} | 那个单位的职工不团结，分成了三砣。na^{213}ko$^{213-55}$ta^{n55}uei^{213}ne^{55}ʦɿ^{21}koŋ^{55}pu^{21}t'ua^{n21}ʨie^{21}，fən^{55}ʦ'ən^{21}no^{21}sa^{n55}t'o^{21}。

达州：一砣肉 i^{12}t'o^{12}zəu^{214} | 一砣泥巴 i^{12}t'o^{12}i^{12}pa^{55} | 一砣纸 i^{12}t'o^{12}ʦɿ^{42} | 那个单位的职工不团结，分成了三砣。na^{214}ko^{214}tan^{55}uei^{214}ti^{55}ʦɿ^{12}koŋ^{55}pu^{12}t'uan^{21}ʨie^{12}，fən^{55}ʦ'ən^{12}niau^{42}san^{55}t'o^{12}。

自贡：一砣肉 i^{214}t'o^{31}ʐu^{214} | 一砣泥巴 i^{214}t'o^{31}ȵi^{31}pa^{55} | 一砣纸 i^{214}t'o^{31}ʈʂʅ^{53} | 那个单位的职工不团结，分成了三砣。nei^{55}ko^{214}tan^{55}uei^{214}ne^{55}ʈʂʅ^{214}koŋ^{55}pu^{214}t'uan^{31}ʨie^{214}，fən^{55}ʈʂ'ən^{31}na^{53}san^{55}t'o^{31}。

雅安：一砣肉 i^{55}t'o^{21}zəu^{214} | 一砣泥巴 i^{55}t'o^{21}ni^{21}pa^{55} | 一砣纸 i^{55}t'o^{21}ʦɿ^{42} | 那个单位的职工不团结，分成了三砣。ne^{55}ko^{214}tæ̃^{55}uei^{214}ne^{55}ʦɿ^{55}koŋ^{55}pu^{55}t'uæ̃^{21}ʨie^{55}，fən^{55}ʦ'ən^{21}ta^{42}sæ̃^{55}t'o^{21}。

广元：一砣肉 i^{21}t'o^{21}zəu^{214} | 一砣泥巴 i^{21}t'o^{21}ni^{21}pa^{55} | 一砣纸 i^{21}t'o^{21}ʦɿ^{42} | 那个单位的职工不团

结，分成了三砣。na^{214}ko^{214}ta^{n55}uei^{214}ti^{21}tsɿ^{21}koŋ^{55}pu^{55}t'ua^{n21}tɕie^{21}，fən^{55}ts'ən^{21}nau^{21}sa^{n55}t'o^{21}。

泸州：一砣肉 i^{33}t'o^{21}ʐu^{33}/zəu^{13} | 一砣泥巴 i^{33}t'o^{21}ȵi^{21}pa^{55} | 一砣纸 i^{33}t'o^{21}tsɿ^{53} | 那个单位的职工不团结，分成了三砣。na^{214}ko^{214}ta^{n55}uei^{214}ne^{55}tsɿ^{33}koŋ^{55}pu^{33}t'ua^{n21}tɕie^{33}，fən^{55}ts'ən^{21}no^{42}sa^{n55}t'o^{21}。

洛带客：一砣肉 iʔ^{2}t'o^{13}ȵiuʔ^{2} | 一砣泥巴 iʔ^{2}t'o^{13}lai^{13}pa^{45} | 一砣纸 iʔ^{2}t'o^{13}tsɿ^{31} | 個个单位个职工唔团结，分成了三砣 kai^{53}ke^{53}tan^{45}vei^{53}ke^{53}tsəʔ^{2}kuŋ^{45}m̩^{13}t'ɔn^{13}tɕieʔ^{2}，fən^{13}saŋ^{13}liau^{31}san^{45}t'o^{13}。

仪陇客：一砣肉 ieʔ^{3}t'əu^{21}iəuʔ^{5} | 一砣泥巴 ieʔ^{3}t'əu^{21}lei^{21}pa^{33}。个个单位个工人唔团结，分成三砣。kai^{13}ke^{53}tan^{33}vei^{53}kɛ^{21}kuŋ13in21 n̩^{13}t'uən^{21}tɕieʔ^{3}，fən^{33}ts'ən^{21}san^{33}t'əu^{53}。

永兴湘：一砣肉 i^{31}d'o^{31}ʐəu^{14} | 一砣泥巴 i^{31}d'o^{31}ȵi^{31}pa^{55} | 一砣纸 i^{31}d'o^{31}tsɿ^{53}。

安仁湘：一砣肉 i^{55}to^{13}niɤu^{55} | 一砣泥巴 i^{55}to^{13}ni^{13}po^{33} | 一砣豆腐 i^{55}to^{13}tie^{21}fu^{41} | 一砣纸 i^{55}to^{13}tsɿ^{41}。

长乐湘：一坨肉 i^{21}t'o^{21}ŋou^{35} | 一坨泥巴 i^{21}t'o^{21}ni^{21}pa^{44} | 一坨纸 i^{21}t'o^{21}tsɿ^{53}

17. 墩，也写作“登”，用于带方形的有一定厚度的东西：

成都：一墩豆腐 i^{21}tən^{55}təu^{213}fu^{53} | 两墩肉 niaŋ^{53}tən^{55}zəu^{213} | 一墩房子 i^{21}tən^{55}faŋ^{21}tsɿ^{53}。

达州：一墩儿豆腐 i^{12}tənr^{55}təu^{214}fu^{42} | 两墩儿肉 niaŋ^{42}tənr^{55}zəu^{214} | 一墩儿房子 i^{12}tənr^{55}faŋ^{12}tsɿ^{42}。

自贡：一墩房子 i^{214}tən^{55}faŋ^{31}tsɿ^{53}。

雅安：一墩豆腐 i^{55}tən^{55}təu^{214}fu^{42} | 两墩肉 niaŋ^{42}tən^{55}zəu^{214} | 一墩房子 i^{55}tən^{55}faŋ^{21}tsɿ^{42}。

广元：一墩豆腐 i^{21}tən^{55}təu^{214}fu^{42} | 两墩肉 niaŋ^{42}tən^{55}zəu^{214} | 一墩房子 i^{21}tən^{55}faŋ^{21}tsɿ^{42}。

泸州：一墩豆腐 i^{33}tən^{55}təu^{13}fu^{42} | 两墩肉 niaŋ^{42}tən^{55}ʐu^{33}/zəu^{214} | 一墩楼 i^{33}tən^{55}nəu^{21}。

洛带客：一墩豆腐 iʔ^{2}tən^{45}t'əu^{53}fu^{53} | 两墩肉 lioŋ^{31}tən^{45}ȵiuʔ^{2} | 一墩屋 iʔ^{2}tən^{45}vuʔ^{2}。

仪陇客：一墩豆腐 ieʔ^{3}tuən^{45}t'ai^{53}fu^{53} | 一墩肉 ieʔ^{3}təu^{21}iəuʔ^{5} | 一墩屋 ieʔ^{3}tuən^{33}vəu^{5}。

永兴湘：一墩豆腐 i^{31}tən^{55}d'əu^{14}vu^{31} | 两 niaŋ^{53}tən^{55}ʐəu^{14} | 一墩大石头 i^{31}tən^{55}d'a^{14}ʂɿ^{31}d'əu^{31} | 一墩房子 i^{31}tən^{55}vaŋ^{31}tsɿ^{53}。

安仁湘：一墩豆腐 i^{55}tən^{33}tie^{21}fu^{41} | 两墩肉 niaŋ^{41}tən^{33}niɤu^{55} | 一墩大□□石头 i^{55}tən^{33}ta^{21}ɕyo^{55}nie^{55}。

长乐湘：一墩豆腐 i^{21}tən^{44}tou^{35}fu^{53} | 一墩肉 i^{21}tən^{44}ŋou^{35} | 一墩房子 i^{21}tən^{44}faŋ^{21}tsɿ^{53}。

18. 溜，用于狭窄的条状物。也可儿化，或附加自成音节的儿尾；还可重叠之后儿化，或重叠之后附加自成音节的儿尾：

成都：一溜溜儿纸 i^{21}niəu^{55}niəur^{55}tsɿ^{53} | 一溜溜儿布 i^{21}niəu^{55}niəur^{55}pu^{213}。

达州：一溜儿纸 i^{12}niəur^{55}tsɿ^{42} | 一溜儿布 i^{12}niəur^{55}pu^{214}。

自贡：一溜纸 i^{214}niəu^{55}tʂɿ^{53} | 一溜布 i^{214}niəu^{55}pu^{214}。

雅安：一溜溜儿纸 i^{55}niəu^{55}niəu^{55}ɚ^{21}tsɿ^{42} | 一溜溜儿布 i^{55}niəu^{55}niəu^{55}ɚ^{21}pu^{214}。

广元：一溜儿纸 i^{21}niəur^{55}tsɿ^{42} | 一溜儿布 i^{21}niəur^{55}pu^{214}。

泸州：一溜溜儿纸 i^{33}niəu^{55}niəur^{55}tsɿ^{42} | 一溜溜儿布 i^{33}niəu^{55}niəur^{55}pu^{13}。

洛带客：一溜纸 iʔ^{2}liəu^{45}tsɿ^{31} | 一溜布 iʔ^{2}liəu^{45}pu^{53}。

仪陇客：一溜纸 ieʔ^{3}liəu^{33}tsɿ^{53} | 一溜布 ieʔ^{3}liəu^{33}pu^{13}。

永兴湘：一溜纸 i^{31}niəu^{55}tsɿ^{53} | 一溜布 i^{31}niəu^{55}pu^{14}。

安仁湘：一溜溜儿 i^{55}niɤu^{55}niɤu^{55}ɚ^{21}。

长乐湘：一溜纸 i^{21}niou^{35}tsɿ^{53} | 一溜布 i^{21}niou^{35}pu^{35} | 一溜儿肉 i^{21}niɚ^{35}ŋou^{35}。

19. 𤆵拉，用于成堆成串的事物，有贬义色彩：

成都：一𤆵拉牢骚话 i^{21}p‘a^{55}na^{55}nau^{21}sau^{55}xua^{213} | 一𤆵拉事情 i^{21}pa^{55}na^{55}sɿ^{213}tɕ‘in^{21}。

达州：一𤆵拉牢骚话 i^{12}p‘a^{55}na^{55}nau^{12}sau^{55}xua^{214} | 一𤆵拉事情 i^{12}pa^{55}na^{55}sɿ^{214}tɕ‘in^{12}。

自贡：一𤆵拉牢骚话 i^{214}p‘a^{55}na^{55}nau^{31}sau^{55}xua^{214} | 一𤆵拉事情 i^{214}pa^{55}na^{55} ʂɿ^{214}tɕ‘in^{31}。

雅安：一𤆵拉牢骚话 i^{55}p‘a^{55}na^{55}nau^{21}sau^{55}xua^{214} | 一𤆵拉事情 i^{55}p‘a^{55}na^{55}sɿ^{214}tɕ‘in^{21}。

广元：一𤆵拉牢骚话 i^{21}p‘a^{55}na^{55}nau^{21}sau^{55}xua^{214} | 一𤆵拉事情 i^{21}p‘a^{55}na^{55}sɿ^{214}tɕ‘in^{21}。

泸州：一𤆵拉 i^{33}p‘a^{55}na^{55}nau^{21}sau^{55}xua^{13} | 一𤆵拉事情 i^{33}p‘a^{55}na^{55}sɿ^{13}tɕ‘in^{21}。

洛带$_{客}$：一𤆵拉个二话 iʔ^{2}p‘a^{45}la^{45}ke^{53}ȵi^{53}va^{53} | 一𤆵拉个事情 iʔ^{2}p‘a^{45}la^{45}ke^{53}sɿ^{53}tɕ‘in^{13}。

仪陇$_{客}$：一𤆵拉二话 ieʔ^{3}p‘a^{33}la^{33}i^{53}va^{53} | 一𤆵拉事情 ieʔ^{3}p‘a^{33}la^{33}sɿ^{53}tɕ‘in^{21}。

永兴$_{湘}$：一□拉牢骚话。i^{31}p‘ia^{53}na^{55}nau^{31} ʂau^{55}va^{14} | 一□拉事情 i^{31}p‘ia^{53}na^{55}zɿ^{14}dʑ‘in^{31}。

安仁$_{湘}$：一𤆵拉二话 i^{55}p‘o^{33}no^{33}ie^{24}o^{21} | 一𤆵拉事情 i^{55}p‘o^{33}no^{33}sɿ^{21}/zɿ^{21}tɕin^{13}。

长乐$_{湘}$：那一𤆵𤆵人都没讨到好下场。na^{35}i^{21}p‘a^{44}p‘a^{44}ŋən^{21}tou^{44}mei^{21}t‘ɑu^{53}tɑu^{35}xɑu^{53}ɕia^{35}tsɑŋ^{21} | 那一𤆵拉二十四的全遭起了。na^{35}i^{21}p‘a^{44}na^{44}o^{35}sɿ^{21}sɿ^{35} ·dɛtɕ‘yan^{21}tsɑu^{44}tɕ‘i^{53}nɑu。

说明：四川官话方言及境内客家方言、湘方言有一些量词是普通话所没有的，上文的“砣”“墩”“溜”“𤆵拉”即为其中四例。

（二）与普通话用法有差异的量词

20. 匹，可用于某些长条形的并有一定平面的东西：

成都：一匹山 i^{21}p‘i^{21}sa^{n55} | 一匹叶子 i^{21}p‘i^{21}ie^{21}tsɿ^{53} | 一匹砖 i^{21}p‘i^{21}tsua^{n55} | 一匹肋巴骨 i^{21}p‘i^{21}ne^{21}pa^{55}ku^{21}。

达州：一匹山 i^{12}p‘i^{12}san^{55} | 一匹草 i^{12}p‘i^{12}ts‘au^{42} | 一匹菜叶子 i^{12}p‘i^{12}ts‘ai^{214}ie^{12}tsɿ^{42} | 一匹肋巴 i^{12}p‘i^{12}ne^{12}pa^{55} | 一匹砖 i^{12}p‘i^{12}tsuan^{55} | 一匹瓦 i^{12}p‘i^{12}ua^{42}。

自贡：一匹山 i^{214}p‘i^{31} ʂan^{55} | 一匹菜叶子 i^{214}p‘i^{31}ts‘ai^{214}ie^{214}tsɿ^{53} | 一匹肋巴骨 i^{214}p‘i^{31}ne^{214}pa^{55}ku^{214} | 一匹砖 i^{214}p‘i^{31}tʂuan^{55} | 一匹瓦 i^{214}p‘i^{31}ua^{53}。

雅安：一匹山 i^{55}p‘i^{21}sæ^{55} | 一匹坡 i^{55}p‘i^{21}p‘o^{55} | 一匹菜叶子 i^{55}p‘i^{21}ts‘ai$^{214-24}$ie^{55}tsɿ^{42} | 一匹肋巴骨 i^{55}p‘i^{21}ne^{55}pa^{55}ku^{55} | 一匹砖 i^{55}p‘i^{21}tsuæ̃^{55} | 一匹瓦 i^{55}p‘i^{21}ua^{42}。

广元：一匹山 i^{21}p‘i^{21}sa^{n55} | 一匹坡 i^{2}p‘i^{21}p‘o^{55} | 一匹草 i^{21}p‘i^{21}ts‘au^{42} | 一匹菜叶子 i^{2}p‘i^{21}ts‘ai^{214}ie^{21}tsɿ^{42} | 一匹肋巴骨 i^{21}p‘i^{21}ne^{21}pa^{55}ku^{21} | 一匹鸡毛 i^{21}p‘i^{21}tɕi^{55}mau^{21} | 一匹砖 i^{21}p‘i^{21}tsua^{n55} | 一匹瓦 i^{21}p‘i^{21}ua^{42} | 一匹耗子 i^{21}p‘i^{21}xau^{214}tsɿ^{42}。

泸州：一匹山 i^{33}p‘i^{21}san^{55} | 一匹叶子 i^{33}p‘i^{21}ie^{33}tsɿ^{42} | 一匹砖 i^{33}p‘i^{21}tsuan^{55} | 一匹肋巴骨 i^{33}p‘i^{21}ne^{33}pa^{55}ku^{33} | 一匹马 i^{33}p‘i^{21}ma^{42} | 一匹鸡毛 i^{33}p‘i^{21}tɕi^{55}mau^{21} | 一匹瓦 i^{33}p‘i^{21}ua^{42}。

洛带$_{客}$：一匹山 iʔ^{2}p‘i^{13}san^{45} | 一匹坡 iʔ^{2}p‘i^{13}p‘o^{45} | 一匹菜叶子 iʔ^{2}p‘i^{13}ts‘oi^{53}ieʔ^{5}tsɿ^{31} | 一匹肋巴骨 iʔ^{2}p‘i^{13}lieʔ^{5}pa^{45}kuʔ^{2} | 一匹鸡毛 iʔ^{2}p‘i^{13}kai^{45}mau^{45} | 一匹砖 iʔ^{2}p‘i^{13}tsɔn^{45} | 一匹瓦 iʔ^{2}p‘i^{13}ŋa^{31}。

仪陇$_{客}$：一匹山 ieʔ^{3}p‘i^{21}san | 一匹草 ieʔ^{3}p‘i^{21}ts‘əu^{53} | 一匹菜叶子 ieʔ^{3}p‘i^{21}ts‘o^{213}ieʔ^{3}tsɿ^{53} | 一匹肋巴骨 ieʔ^{3}pi^{21}leʔ^{5}pa^{33}kueiʔ^{5} | 一匹鸡毛 ieʔ^{3}pi^{21}kei^{33}mau^{33} | 一匹砖 ieʔ^{3}pi^{21}tsuɔn^{33} | 一匹瓦 ieʔ^{3}pi^{21}ŋa^{53}。

永兴$_{湘}$：一匹山 i^{31}b‘i^{31}san^{55} | 一匹草 i^{31}b‘i^{31}ts‘au^{53} | 一匹菜叶子 i^{31}b‘i^{31}ts‘ai^{14}ie^{31}tsɿ^{53} | 一匹肋巴骨 i^{31}b‘i^{31}ne^{31}pa^{55}ku^{31} | 一匹鸡毛 i^{31}b‘i^{31}tɕi^{55}mau^{31} | 一匹砖 i^{31}b‘i^{31}tʂuan^{55} | 一匹瓦 i^{31}b‘i^{31}va^{53}。

安仁$_{湘}$：一匹菜叶子 i^{55}pi^{13}ts‘ai^{24}i^{55} ·tsɿ | 一匹□□□□$_{肋巴骨}$/□□□□$_{肋巴骨儿}$i^{55}pi^{13}pa^{21}sɿ^{21}gui^{33}ni^{55}/

pa^{21}sɿ^{21}k‘e^{33}nar^{33} | 一匹鸡毛 i^{55}pi^{13}tɕi^{33}me^{13} | 一匹砖 i^{55}pi^{13}tɕyɛ̃^{33} | 一匹瓦 i^{55}pi^{13}o^{41}。

长乐$_{\text{湘}}$：一匹布 i^{21}p‘i^{21}pu^{35} | 一匹岩坎 i^{21}p‘i^{21}ŋai^{21}k‘an^{53}。

21. 架，可用于床、车辆、桥等：

成都：一架车子 i^{21}tɕia^{213}ʦ‘e^{55}。

达州：一架床 i^{12}tɕia^{214}ʦ‘uaŋ^{12} | 一架梯子 i^{12}tɕia^{214}t‘i^{55}ʦɿ^{42} | 一架木桥 i^{12}tɕia^{214}mu^{12}tɕ‘iau^{12}。

自贡：一架行军床 i^{214}tɕia^{214}ɕin^{31}tɕyn^{55}tʂ‘uaŋ^{31} | 一架梯子 i^{214}tɕia^{214}t‘i^{55}ʦɿ^{53} | 一架木桥 i^{214}tɕia^{214}mu^{214}tɕ‘iau^{31} | 一架收音机 i^{214}tɕia^{214}səu^{55}in^{55}tɕi^{55} | 一架自行车 i^{214}tɕia^{214}ʦɿ^{214}ɕin^{31}tɕ‘e^{55} | 一架十轮卡车 i^{214}tɕia^{214}ʂʅ^{214}nən^{31}k‘a^{53}ʦ‘e^{55}。

雅安：一架竹梯子 i^{55}tɕia^{214}ʦu^{55}t‘i^{55}ʦɿ^{42} | 一架缝纫机 i^{55}tɕia^{214}foŋ^{21}nən^{42}tɕi^{55} | 一架自行车 i^{55}tɕia^{214}ʦɿ^{214}ɕin^{21}ʦ‘e^{55}。

广元：一架行军床 i^{21}tɕia^{214}ɕin^{21}tɕyn^{55}ʦ‘uaŋ^{21} | 一架竹梯子 i^{21}tɕia^{214}ʦu^{21}t‘i^{55}ʦɿ^{42} | 一架木桥 i^{21}tɕia^{214}mu^{21}tɕ‘iau^{21} | 一架收音机 i^{21}tɕia^{214}səu^{55}in^{55}tɕi^{55} | 一架缝纫机 i^{21}tɕia^{214}foŋ^{21}zən^{21}tɕi^{55} | 一架自行车 i^{21}tɕia^{214}ʦɿ^{214}ɕin^{21}ʦ‘e^{55} | 一架十轮卡车 i^{21}tɕia^{214}sɿ^{21}nən^{21}k‘a^{42}ʦ‘e^{55}。

泸州：一架车子 i^{33}tɕia^{13}ʦ‘ei^{55}ʦɿ^{42} | 一架行军床 i^{33}tɕia^{13}ɕin^{21}tɕyn^{55}ʦ‘uaŋ^{21} | 一架竹梯子 i^{33}tɕia^{13}ʦu^{33}t‘i^{55}ʦɿ^{42} | 一架木桥 i^{33}tɕia^{13}mu^{33}tɕ‘iau^{21} | 一架收音机 i^{33}tɕia^{13}səu^{55}in^{55}tɕi^{55} | 一架缝纫机 i^{33}tɕia^{13}foŋ^{21}zən^{42}tɕi^{55} | 一架自行车 i^{33}tɕia^{13}ʦɿ^{13}ɕin^{21}ʦ‘ei^{55}。

洛带$_{\text{客}}$：一架行军床 iʔ^{2}ka^{53}ɕin^{45}tɕyn^{45}ʦ‘ɔŋ^{13} | 一架竹梯子 iʔ^{2}ka^{53}ʦuʔ^{2}t‘oi^{45}ʦɿ^{31} | 一座木桥 iʔ^{2}ʦo^{53}muʔ^{2}tɕ‘iau^{13} | 一架收音机 iʔ^{2}ka^{53}səu^{45}in^{45}tɕi^{45} | 一架缝纫机 iʔ^{2}ka^{53}fuŋ^{13}zən^{53}tɕi^{45} | 一挂洋马子$_{\text{自行车}}$iʔ^{2}kua^{53}iɔŋ^{13}ma^{45}ʦɿ^{31} | 一挂十个滚子$_{\text{轮子}}$个卡车 iʔ^{2}kua^{53}sɿʔ^{5}ke^{53}k‘uən^{31}ʦɿ^{31}ke^{53}k‘a^{31}ʦ‘a^{45}。

仪陇$_{\text{客}}$：一架行军床 ieʔ^{3}ka^{13}ɕin^{21}tɕyn^{33}ʦ‘ɔŋ^{21} | 一架梯子 ieʔ^{3}ka^{13}t‘o^{33}ʦɿ^{53} | 一架洋马$_{\text{自行车}}$ieʔ^{3}ka^{13}iɔŋ^{21}ma^{33} | 一架十轮车子 ieʔ^{3}ka^{13}seʔ^{5}lən^{21}ʦ‘a^{33}ʦɿ^{21}。

永兴$_{\text{湘}}$：一架行军床 i^{31}tɕia^{14}ɕin^{31}tɕyn^{55}ʣ‘uaŋ^{31} | 一架竹梯子 i^{31}tɕia^{14}ʦu^{31}t‘i^{55}ʦɿ^{53} | 一架木桥 i^{31}tɕia^{14}mu^{31}ʥ‘iau^{31} | 一架收音机 i^{31}tɕia^{14}ʂəu^{55}in^{55}tɕi^{55} | 一架缝纫机 i^{31}tɕia^{14}ɤoŋ^{31}ʐən^{31}tɕi^{55} | 一架自行车 i^{31}tɕia^{14}ʦɿ^{14}ɕin^{31}tɕ‘ie^{55} | 一架十轮卡车 i^{31}tɕia^{14}ʂʅ^{31}nən^{31}k‘a^{53}tɕ‘ie^{55}。

安仁$_{\text{湘}}$：一架行军床 i^{55}tɕio^{55}ɕin^{13}tɕ ỹ^{33}ʦoŋ^{13} | 一杆$_{\text{架}}$楼梯子 i^{55}kã^{33}nie^{13}t‘i^{33}·ʦɿ。

长乐$_{\text{湘}}$：一架飞机 i^{21}tɕia^{35}fei^{44}tɕi^{44}。

22. 路，可用于成行的东西：

成都：黑板上有一路大字，一路小字。xe^{21}pa^{n42}saŋ^{214}iəu^{53}i^{21}nu^{213}ta^{213}ʦɿ^{213}，i^{21}nu^{213}ɕiau^{53}ʦɿ^{213} | 那路秧子栽歪了。na^{213}nu^{213}iaŋ^{55}ʦɿ^{53}ʦai^{55}uai^{55}no^{21}。

达州：黑板上有一路大字，一路小字。xe^{21}pan^{42}saŋ^{214}iəu^{42}i^{21}nu^{214}ta^{214}ʦɿ^{214}，i^{21}nu^{214}ɕiau^{42}ʦɿ^{214} | 那路秧子栽歪了。na^{214}nu^{214}iaŋ^{55}ʦɿ^{42}ʦai^{55}uai^{55}niau^{42}。

自贡：黑板上有一路大字，一路小字。xe^{214}pan^{53}ʂaŋ^{214}iəu^{53}i^{214}nu^{55}ta^{214}ʦɿ^{214}，i^{214}nu^{55}ɕiau^{53}ʦɿ^{214}。| 那路秧子栽歪了。nei^{55}nu^{55}iaŋ^{55}ʦɿ^{53}ʦai^{55}uai^{55}ia^{53}。

雅安：黑板上有一路大字，一路小字。xe^{55}pæ̃^{42}saŋ^{214}iəu^{42}i^{55}nu^{214}ta^{214}ʦɿ^{214}，i^{55}nu^{214}ɕiau^{42}ʦɿ^{214}。| 那路秧子栽歪了 ne^{55}nu^{214}iaŋ^{55}ʦɿ^{42}ʦai^{55}uai^{55}ta^{42}。

广元：黑板上有一路大字，一路小字。xe^{21}pa^{n42}saŋ^{214}iəu^{42}i^{21}nu^{214}ta^{214}ʦɿ^{214}，i^{21}nu^{214}ɕiau^{42}ʦɿ^{214}。|

那路秧子栽歪了。na^{214}nu$^{214\cdot}$iaŋ^{55}ʦɿ^{42}ʦai$^{\cdot 55}$uai$^{\cdot 55}$nau^{42}。

泸州：黑板上有一路大字，一路小字 xe^{33}pan^{42}saŋ^{13}iəu$^{42\cdot 33}$i^{33}nu^{13}ta^{13}ʦɿ^{13}，i$^{\cdot 33}$nu^{13}ɕiau^{42}ʦɿ^{13}。丨那路秧子栽歪了。ne^{13}nu$^{13\cdot}$iaŋ^{55}ʦɿ^{42}ʦai$^{\cdot 55}$uai$^{\cdot 55}$no^{42}。

洛带$_{客}$：黑板顶高有一路大字，一路细字。xeʔ^{2}pan^{31}taŋ^{31}kau^{31}iəu^{45}iʔ^{2}lu^{53}t'ai$^{\cdot 53}$sɿ^{53}，iʔ^{2}lu^{53}ɕie^{53}sɿ^{53}。丨个路秧子栽弯嘿了。kai$^{\cdot 53}$lu^{53}iɔŋ^{45}ʦɿ^{31}ʦai$^{\cdot 45}$van^{45}xe^{45}liau^{31}。

仪陇$_{客}$：墨板墨上有一路大字，一路细字 meʔ^{5}pan^{53}me^{33}sɔŋ^{33}iəu^{33}ieʔ^{3}lu^{53}t'ai$^{\cdot 53}$sɿ^{53}，ieʔ^{3}lu^{53}se^{13}sɿ^{53}丨个路秧子栽歪了 kai^{13}lu^{53}iɔŋ^{33}ʦɿ^{53}ʦai$^{\cdot 33}$uai$^{\cdot 33}$lɛ^{21}。

永兴$_{湘}$：黑板上有一路大字，一路小字 xe^{31}pan^{53}ʐaŋ^{14}iəu$^{53\cdot 31}$i^{31}nu^{14}d'a^{14}zɿ^{14}，i$^{\cdot 31}$nu^{14}ɕiau^{53}zɿ^{14}丨马路边边上栽寡两路柳树 ma^{53}nu^{14}pian^{44}pian^{44}ʐaŋ^{14}ʦai$^{\cdot 55}$kua^{31}niaŋ^{53}nu^{14}niəu^{53}ʐu^{14}丨那路秧子栽歪寡了。na^{14}nu$^{14\cdot}$iaŋ^{55}ʦɿ^{53}ʦai$^{\cdot 55}$vai$^{\cdot 55}$kua^{55}niau^{53}。

安仁$_{湘}$：黑板有一路大字，一路细字 hai^{55}pã^{41}iɤu$^{41\cdot 55}$i^{55}nɤu^{21}ta^{21}ʦɿ^{21}/zɿ^{21}，i$^{\cdot 55}$nɤu^{21}ɕie^{41}ʦɿ^{21}/zɿ^{21}丨口$_{那}$路秧子栽歪过哩。n̩^{55}nɤu^{21}ioŋ^{33}·ʦɿ$^{/21/41}$ʦai$^{\cdot 33}$uai$^{\cdot 33}$kɤ^{21}ni$^{\cdot 41}$。

长乐$_{湘}$：黑板上有一行/排大字，一行/排小字。xe^{21}ban^{53}sɑŋ^{35}iou$^{53\cdot 21}$i^{21}xɑŋ^{21}/p'ai$^{\cdot 21}$ta^{35}ʦɿ^{35}，i$^{\cdot 21}$xɑŋ^{21}/p'ai^{21}ɕiɑu^{53}ʦɿ^{35}。丨那行/王/路秧子栽歪了。na^{35}xɑŋ^{21}/uɑŋ^{21}/nou$^{35\cdot}$iɑŋ^{44}ʦɿ^{53}ʦai$^{\cdot 44}$uai$^{\cdot 44}$nɑu。

23．道，可用作动量词，相当于“遍”：

成都：这篇文章我又改了两道。

ʦe^{214}p'ia^{n55}uən^{21}ʦaŋ^{55}ŋo$^{42\cdot}$iəu^{214}kai$^{\cdot 53}$no^{53}niaŋ^{53}tau^{213}。

达州：这篇文章我又改了两道。

ne^{214}p'ian^{55}uen^{12}ʦaŋ^{55}uo$^{42\cdot}$iəu^{214}kai$^{\cdot 42}$niau^{42}niaŋ^{42}tau^{214}。

自贡：这篇文章我又改了两道。丨泡茶的时候头道水不要。

ʦ̢ei$^{\cdot 55}$p'iɛn^{55}uən^{31}ʦ̢aŋ^{55}ŋo$^{53\cdot}$iəu^{214}kai$^{\cdot 53}$a^{53}niaŋ^{53}tau^{214}。p'au^{214}ʦ̢'a^{31}ni$^{\cdot 55}$sɿ^{31}xəu^{214}t'əu^{31}tau^{214}ʂuei$^{\cdot 53}$pu$^{214\cdot}$iau^{214}。

雅安：这篇文章我又改了两道。丨话说三回准，篾缠三道稳（紧）。丨话说三回准，篾缠三圈稳（紧）。丨泡茶的时候头道水不要。

ʦe^{214}p'iɛ̃^{55}uən^{21}ʦaŋ^{55}ŋo$^{42\cdot}$iəu^{214}kai$^{\cdot 53}$ta^{42}niaŋ^{53}tau^{213}。xua^{214}so^{55}sæ̃^{55}xuei$^{\cdot 21}$ʦuən^{42}，mi$^{\cdot 55}$ʦ'æ̃^{21}sæ̃^{55}tau^{214}uən^{42}（ʨin^{42}）。xua^{214}so^{55}sæ̃^{55}xuei$^{\cdot 21}$ʦuən^{42}，mi$^{\cdot 55}$ʦ'æ̃^{21}sæ̃^{55}ʨ'yɛ̃^{55}uən^{42}（ʨin^{42}）。p'au^{214}ʦ'a^{21}ne^{55}sɿ^{21}xəu^{214}t'əu^{21}tau^{214}suei$^{\cdot 42}$pu$^{55\cdot}$iau^{214}。

广元：这篇文章我又改了两道。丨话说三道准，篾缠三道稳。丨泡茶的时候头道水不要。

ʦe^{214}p'iɛ^{n55}uən^{21}ʦaŋ^{55}ŋo$^{42\cdot}$iəu^{214}kai$^{\cdot 42}$nau^{42}niaŋ^{42}tau^{214}。xua^{214}so^{21}sa^{n55}tau^{214}ʦuən^{42}，mi$^{\cdot 21}$ʦ'a^{n21}sa^{n55}tau^{214}uən^{42}。p'au^{214}ʦ'a^{21}ti$^{\cdot 21}$sɿ^{21}xəu^{214}t'əu^{21}tau^{214}suei$^{\cdot 42}$pu$^{21\cdot}$iau^{214}。

泸州：给他说了好几道丨这篇文章已经改了三道了。丨话说三道准，篾缠三道稳。丨泡茶的时候头道水不要。

ke^{55}t'a^{55}sɵ^{33}no^{42}xau^{42}ʨi$^{\cdot 42}$tau^{13}。ʦei$^{\cdot 55}$p'iɛn^{55}uən^{21}ʦaŋ^{55}i$^{\cdot 42}$ʨin^{55}kai$^{\cdot 42}$no^{42}san^{55}tau^{13}no^{21}。xua^{13}sɵ^{33}san^{55}tau^{13}ʦuən^{42}，mie^{33}ʦ'an^{21}san^{55}tau^{13}uən^{42}。p'au^{13}ʦ'a^{21}ni$^{\cdot 55}$sɿ^{21}xəu^{13}t'əu^{21}tau^{13}suei$^{\cdot 42}$pu^{33}iau^{13}。

洛带$_{客}$：样篇文章偓又改嘿两道。丨话讲三道准，篾缠三道稳。丨泡茶个时候头道水唔爱。

iaŋ^{13}p'iɛn^{45}vən^{13}ʦɔŋ^{45}ŋai$^{\cdot 13}$iəu^{31}kai$^{\cdot 31}$xe^{45}liɔŋ^{31}tau^{53}。va^{53}kɔŋ^{31}san^{45}tau^{53}ʦuən^{31}，mieʔ^{5}ʦ'an^{13}san^{45}tau^{53}vən^{31}。p'au^{53}ʦ'a^{13}ke^{53}sɿ^{13}xiəu^{53}t'iəu^{13}tau^{53}suei$^{\cdot 31}$m̩^{13}moi$^{\cdot 45}$。

仪陇$_{\text{客}}$：底篇文章偓又改了两道。｜话讲三道准，篾缠三道稳。｜泡茶个时候头道水唔爱。

tɕi^{53}p‘iɛn^{33}uən^{21}tsɔŋ^{33}ŋai$^{\cdot 21}$iəu^{53}kai$^{\cdot 53}$lo^{21}liɔŋ^{53}təu^{13}。va^{53}kɔŋ^{53}san^{33}təu^{13}tsuən^{53}，mieʔ^{3}ts‘an^{21} san^{33}təu^{13}uən^{53}。p‘au^{13}ts‘a^{21}kɛ^{21}sɿ^{21}xai$^{\cdot 13}$tai$^{\cdot 21}$təu^{13}suei$^{\cdot 53}$ n̩^{53}mo^{33}。

永兴$_{\text{湘}}$：这篇文章我又改寡两道。｜话说三道准，篾缠三道稳。｜泡茶的时候头道水不要。

tɕie^{14}p‘ian^{55}vən^{31}tʂaŋ^{55}/tɕiaŋ^{55}ŋo^{53}iəu^{14}kai^{53}kua^{31}niaŋ^{53}tau^{14}va^{14}ʂo^{31}san^{55}tau^{14}tsuən^{53}，mie^{31}dʑ‘ian^{31}san^{55}tau^{14}vən^{53}p‘au^{14}dz‘a^{31}ti$^{\cdot 31}$ʂʅ^{31}ɤəu^{14}d‘əu^{31}tau^{14}suei$^{\cdot 53}$pu^{31}iau^{14}。

安仁$_{\text{湘}}$：咦篇文章我又改过两道。｜话说三道准，篾缠三道稳。｜泡茶咯时候头道水唔要。

i$^{\cdot 13}$p‘ĩ$^{\cdot 33}$uən^{13}tɕioŋ^{33}ŋɤ^{41}iɤu^{21}kai$^{\cdot 41}$kɤ^{21}niaŋ^{41}te^{24}。o^{21}ɕioŋ^{55}sã^{33}te^{21}tɕyn^{41}，mi^{55}tɕĩ$^{\cdot 13}$sã^{33}te^{21}uən^{41}。p‘e^{24}tso^{13}ke^{21}sɿ^{13}he^{21}tie^{13}te^{21}ɕy^{41} n̩^{13}ie$^{\cdot 55}$。

长乐$_{\text{湘}}$：嘞篇文章再改一道。

ne^{35}p‘ian^{44}uən^{35}tsɑŋ^{44}tsai^{35}kai$^{\cdot 53}$i$^{\cdot 21}$tɑu^{35}。

说明：量词"匹""架""道"四川官话方言、境内的客家方言、湘方言和普通话都说，但是用法有差异。"匹""架"在不同方言和普通话中主要表现为搭配对象不同，即使在四川官话方言内部的不同方言点，其搭配对象宽窄也不相同；跟普通话相比，"道"的语法功能不完全相同，在四川官话方言和境内的客家方言、湘方言中，"道"除了作物量词之外，还作动量词。

（三）数量短语的重叠

24. 每次数五个，要快一些。

成都：五个五个地数，要快些。

u^{53}ko^{213}u^{53}ko^{213}ne^{55}su^{53}，iau^{213}k‘uai$^{\cdot 213}$ɕi$^{\cdot 55}$。

达州：五个五个地数，要快些。

u^{42}ko^{214}u^{42}ko^{214}ti$^{\cdot 12}$su^{42}，iau^{214}k‘uai$^{\cdot 214}$ɕie^{55}。

自贡：五个五个地数，要快一些。

u^{53}ko^{214}u^{53}ko^{214}ne^{55}su^{53}，iau^{214}k‘uai$^{\cdot 214}$i$^{\cdot 214}$ɕi$^{\cdot 55}$。

雅安：五个五个地数，要快性些。｜五个五个地数，要快当些。

u^{42}ko$^{214-24}$u^{42}ko$^{214-24}$ne^{55}su^{42}，iau$^{214-24}$k‘uai$^{\cdot 214-24}$ɕin$^{214-24}$ɕi$^{\cdot 55}$。u^{42}ko$^{214-24}$u^{42}ko$^{214-24}$ne^{55}su^{42}，iau$^{214-24}$k‘uai$^{\cdot 214-24}$taŋ$^{214-24}$ɕi$^{\cdot 55}$。

广元：五个五个地数，要快一些。

u^{42}ko^{214}u^{42}ko^{214}ti$^{\cdot 21}$su^{42}，iau^{214}k‘uai$^{\cdot 214}$i$^{\cdot 21}$ɕi^{55}。

泸州：五个五个地数，要快些。

u^{42}ko^{13}u^{42}ko^{13}ni$^{\cdot 55}$su^{42}，iau^{13}k‘uai$^{\cdot 13}$ɕi$^{\cdot 55}$。

洛带$_{\text{客}}$：五个五个个数，过快滴子。

m̩^{31}ke^{53}m̩^{31}ke^{53}ke^{53}su^{31}，ko^{53}k‘uai$^{\cdot 53}$ti$^{\cdot 45}$tsɿ^{31}。

仪陇$_{\text{客}}$：每道数五个，要快兜。｜五个五个个数，要快兜。

mei$^{\cdot 21}$təu^{13}su^{53} n̩^{53}kai$^{\cdot 13}$，o^{53}k‘uai$^{\cdot 13}$tiɛ^{21}。n̩^{53}kai$^{\cdot 13}$ n̩^{53}kai$^{\cdot 13}$kɛ^{21}su^{53}，o^{53}k‘uai$^{\cdot 13}$tiɛ^{21}。

永兴$_{\text{湘}}$：五个五个地数，要快一些。

vu^{53}ko^{14}vu^{53}ko^{13}ti$^{\cdot 31}$su^{53}，iau^{14}k‘uai$^{\cdot 14}$i$^{\cdot 31}$ɕie^{55}。

安仁$_{\text{湘}}$：每回五个五个咯数，要快一点。

mei^{41} uai^{13} u^{41} kɤ^{55} u^{41} kɤ^{55} ke^{21} sɤu^{41}，ie^{55} k‘ua^{24} i^{55} tĩ$^{41/33}$。

长乐$_{湘}$：每道数五个，要快点。| 五个一下地数，要快点。

mei^{53} tɑu^{35} su^{53} u^{53} ko^{35}，iɑu^{35} k‘uai^{35} tian^{53}。u^{53} ko^{35} i^{21} xa^{21} ti^{21} su^{53}，iɑu^{35} k‘uai^{35} tian^{53}。

说明：四川官话方言及境内某些客家方言点、湘方言点可将数量短语重叠作方式状语，表依次或轮番。

25. 一个一个地说。

成都：个一个地说。

ko^{213} i^{21} ko^{213} ne^{55} so^{21}。

达州：个一个地说。| 个是个的说。

ko^{214} i^{12} ko^{214} ti^{12} so^{12}。ko^{214} sɿ^{12} ko^{214} ti^{12} so^{12}。

自贡：一个一个地说。

i^{214} ko^{214} i^{214} ko^{214} ne^{55} ʂo^{214}。

雅安：一个一个地说。

i^{55} ko$^{214-24}$ i^{55} ko$^{214-24}$ ne^{55} so^{55}。

广元：个一个地说。| 个是个的说。

ko^{214} i^{21} ko^{214} ti^{21} so^{21}。ko^{214} sɿ^{214} ko^{214} ti^{21} so^{21}。

泸州：个是个地说。

ko^{13} sɿ^{13} ko^{13} ni^{55} sɵ^{33}。

洛带$_{客}$：一个一个个讲。

iʔ^{2} ke^{53} iʔ^{2} ke^{53} ke^{53} kɔŋ^{31}。

仪陇$_{客}$：一个个个讲。

ieʔ^{3} kai^{13} kai^{13} kɛ^{21} kɔŋ^{53}。

永兴$_{湘}$：个一个地说。

ko^{14} i^{31} ko^{14} ti^{31} ʂo^{31}。

安仁$_{湘}$：个一个咯讲嘛。

kɤ^{55} i^{55} kɤ^{55} ke^{21} ɕioŋ^{55} ma^{41}。

长乐$_{湘}$：个一个一地讲。

ko^{35} i^{21} ko^{35} i^{21} ti^{21} tɕiɑŋ^{53}。

说明：数量短语重叠作方式状语，且数词为“一”时，四川官话方言及境内某些湘方言点可将第一个“一”省略，如上述例句中的“个一个”一些方言点还说“个是个”或“个是一个”。

（四）量词的特殊组合

26. 这家卖的小笼包子个头大些。

成都：这家卖的小笼包子大个些。

tse^{213} tɕia^{55} mai^{213} ne^{55} ɕiau^{53} noŋ^{21} pau^{55} tsɿ^{53} ta^{213} ko^{213} ɕie^{55}。

达州：这家卖的小笼包子要大些。

ne^{214} tɕia^{55} mai^{214} ti^{55} ɕiau^{42} noŋ^{12} pau^{55} tsɿ^{42} iau^{214} ta^{214} ɕie^{55}。

自贡：这家卖的小笼包子大个些。

tʂei^{55} tɕia^{55} mai^{214} ne^{55} ɕiau^{53} noŋ^{31} pau^{55} tsɿ^{53} ta^{214} ko^{214} ɕi^{55}。

雅安：这家卖的小笼包子大块些。

tse^{55} tɕia^{55} mai$^{214-24}$ ne^{55} ɕiau^{42} noŋ^{21} pau^{55} tsɿ^{42} ta$^{214-24}$ k'uai^{42} ɕi^{55}。

广元：这家卖的小笼包子大个些。

tse^{214} tɕia^{55} mai^{214} ti^{21} ɕiau^{42} noŋ^{21} pau^{55} tsɿ^{42} ta^{214} ko^{214} ɕi^{55}。

泸州：这家卖的小笼包子大块些。

tsei^{55} tɕia^{55} mai^{13} ni^{55} ɕiau^{42} noŋ^{21} pau^{55} tsɿ^{42} ta^{13} k'uai^{42} ɕi^{55}。

洛带客：底家卖个小笼包子过大。

i^{31} ka^{45} mai^{53} ke^{53} ɕiau^{31} luŋ^{13} pau^{45} tsɿ^{31} ko^{53} t'ai^{53}。

仪陇客：底个卖个细笼包子大兜。

tɕi^{53} kai^{13} mai^{53} kɛ^{53} se^{13} luŋ^{21} pau^{33} tsɿ^{53} t'ai^{53} tai^{13}。

永兴湘：这家卖的小笼包子大个些。

tɕie^{14} tɕia^{55} mai^{14} ti^{31} ɕiau^{53} noŋ^{31} pau^{55} tsɿ^{53} d'a^{14} ko^{14} ɕie^{55}。

安仁湘：咦个屋里卖咯细笼包子个头大点。

i^{13} ke^{55} u^{55} ni^{41} ma^{55} ke^{21} ɕie^{41} noŋ^{13} pe^{33} · tsɿ^{41} kɤ^{55} tɤu$^{13/21}$ ta^{21} tĩ$^{41/33}$

长乐湘：嘞家卖的小笼包子大个些。

ne^{35} ka^{44} mai^{35} tiɕiɑu^{53} nuŋ^{21} pɑu^{44} tsɿ^{53} ta^{35} ko^{35} ɕie^{44}。

说明：四川官话方言及境内某些湘方言点可用“大”“小”等形容词跟量词组合，构成特殊的“形＋量”式形容词。

（五）主观量的表达方式

27. 我一点儿酒都不喝，一杯酒怎么喝得下？

成都：我滴酒不沾，杯打杯酒咋个喝得下嘛？

ŋo^{53} ti^{21} tɕiəu^{53} təu^{55} pu^{21} tsa^{n55}，pei^{55} ta^{21} pei^{55} tɕiəu^{53} tsa^{21} ko^{213} xo^{55} te^{21} ɕia^{213} ma^{21}。

达州：我不喝酒，杯打杯酒，我啷们喝得下嘛？

uo^{42} pu^{12} xo^{55} tɕiəu^{42}，pei^{55} ta^{42} pei^{55} tɕiəu^{42}，uo^{42} naŋ^{42} men^{55} xo^{55} te^{12} ɕia^{214} ma^{12}？

自贡：我滴酒不沾，杯打杯酒我咋子喝得下嘛？

ŋo^{53} ti^{214} tɕiəu^{53} pu^{214} tʂan^{55}，pei^{55} ta^{53} pei^{55} tɕiəu^{53} ŋo^{53} tsa^{214} tsɿ^{53} xo^{55} te^{214} ɕia^{214} ma^{31}？

雅安：我滴酒不沾，仲多酒我咋法喝得下去哦？

ŋo^{42} ti^{55} tɕiəu^{42} pu^{55} tsæ̃^{55}，tsoŋ$^{214-24}$ to^{55} tɕiəu^{42} ŋo^{42} tsa^{21} fa^{55} xo^{55} te^{55} ɕia$^{214-24}$ tɕi^{21} o^{21}。

广元：我滴酒不沾，杯打杯/杯哪杯酒我咋个喝得下嘛？

ŋo^{42} ti^{21} tɕiəu^{42} pu^{21} tsa^{n55}，pei^{55} ta^{21} pei^{55} /pei^{55} na^{21} pei^{55} tɕiəu^{42} ŋo^{42} tsa^{21} ko^{214} xo^{55} te^{21} ɕia^{214} ma^{21}。

泸州：我是一点儿酒都不喝的，这杯打杯酒我咋个喝得下嘛？

ŋo^{42} sɿ^{13} i^{33} tiɛnr^{42} tɕiəu^{42} təu^{55} pu^{33} xo^{55} ni^{55}，tsei^{55} pei^{55} ta^{42} pei^{55} tɕiəu^{42} ŋo^{42} tsa^{21} ko^{13} xo^{55} te^{33} ɕia^{13} ma^{21}？

洛带客：偓一滴酒都唔沾，杯打杯酒啷们子喝得下去？

ŋai^{13} iʔ^{2} tiʔ^{2} tɕiəu^{31} tiəu^{45} m̩^{13} tsan^{45}，pei^{45} ta^{31} pei^{45} tɕiəu^{31} liɔŋ^{31} mən^{45} tsɿ^{31} xo^{45} tieʔ^{2} xa^{45} ɕi^{53}？

仪陇客：偓滴酒都唔沾，杯打杯酒偓啷们啜得下？

ŋai^{21} tieʔ^{5} tɕiəu^{53} tiəu^{33} n̩^{21} tsan^{33}，pei^{33} ta^{53} pei^{33} tɕiəu^{53} ŋai^{21} lɔŋ^{53} mən^{33} ts'oʔ^{3} te/^{3} xa^{33}？

永兴湘：我滴酒不沾，杯打杯酒我哪门喝得下去嘛？

ŋo^{53}tie^{31}kər^{55}tsai^{53}tɕiəu^{53}pu^{31}tsan^{55}，pei^{55}ta^{53}pei^{55}tɕiəu^{53}ŋo^{53}na^{53}mən^{31}xo^{55}te^{31}ʐa^{14}tɕ‘ie^{55}ma^{31}？

安仁湘：我一滴口儿酒都唔沾，果里这么一大杯子酒么个喝得下去唉？

ŋɤ^{41}i^{55} tia^{55} kər^{55} tɕiɤu^{41} tɤu^{33} n̩^{13}tsã^{33}，kɤ^{41} ni^{41} i^{55} ta$^{21/24}$ pai^{33} · tsɿ^{41} tɕiɤu^{41} mo^{55} kɤ^{21} ɸu^{33}/ho^{21}te$^{55/21}$ho^{21}tɕ‘i^{24}ai^{33}？

长乐湘：我点儿酒都喝不得，一杯杯唧个喝得下去嘛？

ŋo^{53}tiə^{53}tɕiou^{53}tou^{44}xo^{44}pu^{21}te^{21}，i^{21}pei^{44}pei^{44}naŋ^{53}ko^{35}xo^{44}te^{21}ɕia^{35}k‘e^{35}ma？

说明：四川官话方言及境内客家方言、某些湘方言点可在量词的重叠式中间插入助词“打”或“哪”表示主观量大。

28．一盒儿盒饭就去了十块钱，多贵呀！

成都：一盒盒饭就花了十打十块钱，好贵哟！

i^{21}xo^{21}xo^{21}fa^{n213}tɕiəu^{213}xua^{55}no^{53}sɿ^{21}ta^{53}sɿ^{21}k‘uai^{53}tɕ‘ia^{n21}，xau^{53}kuei^{213}yo^{21}！

达州：一盒盒饭就着了十打十块钱，好贵哟！

i^{12}xo^{12}xo^{12}fan^{214}tɕiəu^{214}tsau^{12}niau^{55}sɿ^{12}ta^{12}sɿ^{12}k‘uai^{42}tɕian^{12}，xau^{42}kuei^{214}io^{12}！

自贡：一盒盒饭就着了十打十块钱，好贵哟！

i^{214}xo^{31}xo^{31}fan^{214}tɕiəu^{214}tʂau^{31}a^{53} ʂʅ^{214}ta^{53} ʂʅ^{214}k‘uai^{53}tɕ‘iɛn^{31}，xau^{53}kuei^{214}yo^{53}！

雅安：一盒盒饭就去了十打十块钱，好贵哦！

i^{55}xo^{21}xo^{21}fæ̃^{21}tɕiəu^{214}tɕi^{214}ta^{42}sɿ^{55}ta^{42}sɿ^{55}k‘uai^{42}tɕ‘iɛ̃^{21}，xau^{42}kuei^{214}o^{21}！

广元：一盒盒饭就着了十打十/十哪十块钱，好贵哟！

i^{21}xo^{21}xo^{21}fa^{n214}tɕiəu^{214}tsau^{21}nau^{21}sɿ^{21}ta^{21}sɿ^{21}/sɿ^{21}na^{21}sɿ^{21}k‘uai^{42}tɕ‘iɛ^{n21}，xau^{42}kuei^{214}yo^{21}！

泸州：一盒盒饭就着了十打十块钱，好贵哟！

i^{33}xo^{33}xo^{33}fan^{13}tɕiəu^{13}tsau^{21}no^{42} ʂʅ^{33}ta^{42} ʂʅ^{33}k‘uai^{42}tɕ‘iɛn^{21}，xau^{42}kuei^{13}yo^{21}！

洛带客：一盒盒饭就遭嘿十打十块钱，咁们贵！

iʔ^{2}xoʔ^{5}xoʔ^{5}fan^{53}tɕ‘iəu^{53}tsau^{13}xe^{45}sɿʔ^{5}ta^{31}sɿʔ^{5}k‘uai^{53}tɕ‘iɛn^{13}，kan^{13}mən^{45}kuei^{53}！

仪陇客：一盒盒饭就遭了十打十块钱，好贵哦！

ieʔ^{3}xoʔ^{3}xoʔ^{3}fan^{53}tɕ‘iəu^{53}tsau^{21}lo^{21}seʔ^{5}ta^{21}seʔ^{5}k‘uai^{53}tɕ‘iɛn^{21}，xəu^{53}kuei^{13}o^{21}。

永兴湘：一盒盒饭就着寡十打十块钱，好贵哟！

i^{31}ɣo^{31}ɣo^{31}van^{14}dʑ‘iəu^{14}tɕiau^{55}kua^{31} ʂʅ^{31}ta^{53} ʂʅ^{31}k‘uai^{53}dʑ‘ian^{31}，xau^{53}kuei^{14}yo^{31}！

安仁湘：一盒盒饭就去过十块钱，好贵呀！

i^{55}ho$^{13/55}$ho^{55}ɸã^{21}tɕiɤu^{21}tɕ‘i^{13}kɤ^{21}ɕi^{55}k‘ua$^{55/24}$tɕĩ^{13}，he^{41}kuei^{55}ia^{21}！

长乐湘：一盒盒饭就遭嘎十块钱，好贵哟！

i^{21}xo^{21}xo^{21}fan^{35}tɕiou^{35}tsɑu^{44}ka^{53}sɿ^{21}k‘uai^{53}tɕian^{21}，xɑu^{53}kuei^{35}yo^{21}！

说明：四川官话方言及境内客家方言、某些湘方言点在“位数＋量词”的格式中，如“十块”，可将位数重叠，并在中间插入助词“打”或“哪”表示主观量大。

29．他酒量大得很，就那么一杯酒怎么够喝？

成都：他酒量大得很，杯把杯酒咋个够他喝哦？

t‘a^{55}tɕiəu^{53}niaŋ^{213}ta^{213}te^{21}xən^{53}，pei^{55}pa^{53}pei^{55}tɕiəu^{53}tsa^{21}ko^{213}kəu^{213}t‘a^{55}xo^{55}o^{21}？

达州：他酒量大得很，点把点酒唧个够喝嘛？

t‘a^{55} tɕiəu^{42} niaŋ^{214} ta^{214} te^{12} xen^{42}，tian^{42} pa^{12} tian^{42} tɕiəu^{42} naŋ^{42} ko^{214} kəu^{214} xo^{55} ma^{12}？

自贡：他酒量大得很，杯把杯酒咋够喝嘛？

na^{55} tɕiəu^{53} niaŋ^{214} ta^{214} te^{214} xən^{53}，pei^{55} pa^{31} pei^{55} tɕiəu^{53} tsa^{214} tsɿ^{31} kəu^{214} xo^{55} ma^{31}？

雅安：他酒量大得很，仲多酒咋法够喝嘛？

t‘a^{55} tɕiəu^{42} niaŋ^{214} ta^{214} te^{55} xən^{42}，tsoŋ$^{214-24}$ to^{55} tɕiəu^{42} tsa^{21} fa^{55} kəu^{214} xo^{55} ma^{21}？

广元：他酒量大得很，杯把杯酒咋个够喝嘛？

t‘a^{55} tɕiəu^{42} niaŋ^{214} ta^{214} te^{21} xən^{42}，pei^{55} pa^{21} pei^{55} tɕiəu^{42} tsa^{21} ko^{214} kəu^{214} t‘a^{55} xo^{55} ma^{21}。

泸州：他酒量大得很，杯把杯酒咋个够他喝哦？

t‘a^{55} tɕiəu^{42} niaŋ^{13} ta^{13} te^{33} xən^{42}，pei^{55} pa^{42} pei^{55} tɕiəu^{42} tsa^{21} ko^{13} kəu^{13} t‘a^{55} xo^{55} o^{21}？

洛带$_{客}$：佢酒量大得很，杯把子酒唧们子够喝嘛？

tɕi^{13} tɕiəu^{31} liɔŋ^{53} t‘ai^{53} tieʔ^{2} xiɛn^{13}，pei^{45} pa^{31} tsɿ^{31} tɕiəu^{31} liɔŋ^{31} mən^{45} tsɿ^{31} kiəu^{53} xo^{45} ma^{31}？

仪陇$_{客}$：佢酒量大得很，杯把酒唧们啜得够？

tɕi^{21} tɕiəu^{53} liɔŋ^{13} t‘ai^{53} teʔ^{3} xan^{53}，pei^{33} pa^{53} tɕiəu^{53} lɔŋ^{53} mən^{33} ts‘oʔ^{5} teʔ^{3} kɛ^{13}？

永兴$_{湘}$：他酒量大得很，杯把杯酒哪门够喝嘛？

t‘a^{55} tɕiəu^{53} niaŋ^{14} d‘a^{14} te^{31} xən^{53}，pei^{55} pa^{53} pei^{55} tɕiəu^{53} na^{53} mən^{31} kiəu^{14} xo^{55} ma^{31}？

安仁$_{湘}$：佢酒量大得很，杯把酒么个够喝？

tɕi^{41} tɕiɤu^{41} niaŋ^{13} ta^{21} te^{55} hin^{41}，pai^{33} po^{41} tɕiɤu^{41} mo^{55} kɤ^{21} kɤu^{55} ɸu^{33}？

长乐$_{湘}$：他酒量大得很，杯把酒唧个够喝？｜他酒量大得很，杯把酒哪们够喝？

t‘a^{44} tɕiou^{53} niɑŋ^{35} ta^{35} te^{21} xən^{53}，pei^{44} pa^{53} tɕiou^{53} naŋ^{53} ko^{35} kou^{35} xo^{44}？t‘a^{44} tɕiou^{53} niɑŋ^{35} ta^{35} te^{21} xən^{53}，pei^{44} pa^{53} tɕiou^{53} na^{53} mən^{44} kou^{35} xo^{44}？

说明：四川官话方言及境内某些客家方言点、湘方言点可在量词的重叠式中间插入助词“把”表示主观量小。

六、特殊的副词

（一）范围副词

30. 两样东西一共一百元。

成都：两样东西一下一百元。

niaŋ^{53} iaŋ^{213} toŋ^{55} ɕi^{55} i^{21} xa^{213} i^{21} pe^{21} ya^{n21}。

达州：两样东西一下一百块。

niaŋ^{42} iaŋ^{214} toŋ^{55} ɕi^{55} i^{12} xa^{214} i^{12} pe^{12} k‘uai^{42}。

自贡：两样东西一下一百块。

niaŋ^{53} iaŋ^{214} toŋ^{55} ɕi^{55} i$^{214-31}$ xa^{55} i^{214} pe^{214} kuai^{31}。

雅安：两样东西一下一百元。

niaŋ^{42} iaŋ^{214} toŋ^{55} ɕi^{55} i^{55} xa^{214} i^{55} pe^{55} yɛ̃^{21}。

广元：两样东西一下一百元。

niaŋ^{42} iaŋ^{214} toŋ^{55} ɕi^{55} i^{21} xa^{214} i^{21} pe^{55} yɛ^{n21}。

泸州：两样东西一下一百元。

niaŋ^{42}iaŋ^{13}toŋ^{55}ɕi$^{\cdot 55}$i$^{\cdot 33}$xa^{13}i$^{\cdot 33}$pe^{33}yɛn^{21}。

洛带客：两样东西一下一百元。

liɔŋ^{31}iɔŋ^{53}tuŋ^{45}ɕi$^{\cdot 45}$iʔ^{2}xa^{53}iʔ^{2}pæʔ^{2}yɛn^{13}。

仪陇客：两样东西一下一百元。

liɔŋ^{53}iɔŋ^{13}tuŋ^{33}ɕi$^{\cdot 33}$ieʔ^{3}xa^{53}ieʔ^{3}paʔ^{5}yɛn^{21}。

永兴湘：两样东西一下一百块。

niaŋ^{53}iaŋ^{14}toŋ^{55}ɕi$^{\cdot 55}$i$^{\cdot 31}$ia^{14}i$^{\cdot 31}$pe^{31}k'uai^{53}。

安仁湘：两样口口东西一下一百块。

niaŋ^{41}ioŋ^{21}niaŋ^{13}ɕin^{21}i$^{\cdot 55}$ho$^{24/21}$i$^{\cdot 55}$pai^{55}k'ua$^{55/24}$。

长乐湘：两样东西一下一百块。

niɑŋ^{53}iɑŋ^{35}tuŋ^{44}ɕi$^{\cdot 44}$i$^{\cdot 21}$xa^{35}i$^{\cdot 21}$pe^{21}k'uai^{35}。

31. 这些钱你通通拿去。

成都：这些钱你一下拿去。

ʦe^{213}ɕi$^{\cdot 55}$ʨ'ia^{n21}ȵi$^{\cdot 53}$i$^{\cdot 21}$xa^{213}na^{21}ʨ'ie^{213}。

达州：这些钱你一下拿去。

ne^{214}ɕie^{55}ʨian^{12}i$^{\cdot 42}$i$^{\cdot 12}$xa^{214}na^{12}ʨ'i$^{\cdot 214}$。

自贡：这些钱你一下拿去。

ʦ̢e^{214}ɕi$^{\cdot 55}$ʨ'iɛn^{31}ȵi$^{\cdot 53}$i$^{\cdot 214}$xa^{55}na^{31}ʨi$^{\cdot 214}$。

雅安：这些钱你一下拿去。

ʦe^{55}ʨi$^{\cdot 55}$ʨ'iɛ̃^{21}ni$^{\cdot 42}$i$^{\cdot 55}$xa^{214}na^{21}ʨi$^{\cdot 214}$。

广元：这些钱你一下拿去。

ʦe^{214}ɕi$^{\cdot 55}$ʨ'iɛ^{n21}ni$^{\cdot 42}$i$^{\cdot 21}$xa^{214}na^{21}ʨ'i$^{\cdot 214}$。

泸州：这些钱你一下拿去。

ʦei$^{\cdot 55}$ɕi$^{\cdot 55}$ʨ'iɛn^{21}ȵi$^{\cdot 42}$i$^{\cdot 33}$xa^{13}na^{21}ke^{13}。

洛带客：样兜钱你一下拿等去。

iaŋ^{13}tiəu^{45}ʨ'iɛn^{13}ȵi$^{\cdot 13}$iʔ^{2}xa^{53}la^{45}tiɛn^{31}ʨ'i$^{\cdot 53}$。

仪陇客：底个钱你一下拿去。

ʨi$^{\cdot 53}$kai^{13}ʨ'iɛn^{21}ŋ̍^{21}ieʔ^{3}xa^{53}la^{33}ʨ'ie^{13}。

永兴湘：这些钱你一下拿起去。

ʨie^{14}ɕie^{55}ʥ'ian^{31}ȵi$^{\cdot 53}$i$^{\cdot 31}$ia^{14}na^{31}ʨ'i$^{\cdot 53}$ʨ'ie^{14}。

安仁湘：咦点钱你口口口全部、一下拿得去。

i$^{\cdot 13}$t ĩ^{41} ʨ ĩ^{13} n̩^{41}po^{41}ni$^{\cdot 55}$ho^{21}nai$^{\cdot 55}$te^{21}ʨ'ie^{24}。

长乐湘：嘞些钱你通通拿去。

ne^{35}ɕie^{44}ʨian^{21}ni$^{\cdot 53}$t'uŋ^{44}t'uŋ^{44}na^{21}k'e^{35}。

说明："一下"在四川官话方言和境内客家方言、湘方言作范围副词，表示总共、全部。

（二）时间、频率副词

32. 他有时候来一下。

成都：他要不要来一下。

t‘a^{55}iau^{213}pu^{21}iau^{213}nai^{21}i^{21}xa^{213}。

达州：他时不时来一回。

t‘a^{55}sɿ^{12}pu^{12}sɿ^{12}nai^{12}i^{12}xuei^{12}。

自贡：他要不要来一下。

na^{55}iau^{214}pu^{214}iau^{214}nai^{31}i^{214}xa^{55}。

雅安：他要不要来一下。

t‘a^{55}iau^{214}pu^{55}iau^{214}nai^{21}i^{55}xa^{214}。

广元：他要不要来一下。

t‘a^{55}iau^{214}pu^{21}iau^{214}nai^{21}i^{21}xa^{214}。

泸州：他要不要来一下。

t‘a^{55}iau^{13}pu^{33}iau^{13}nai^{21}i^{33}xa^{13}。

洛带$_{\text{客}}$：佢爱唔爱来下子。

ʨi^{13}oi^{53}m̩^{13}oi^{53}loi^{13}xa^{53}ʦɿ^{31}。

仪陇$_{\text{客}}$：佢要不要来一回。

ʨi^{21}o^{13}n̩^{21}o^{13}lo^{21}ieʔ^{3}fei^{21}。

永兴$_{\text{湘}}$：他要不要来一下。

t‘a^{55}iau^{14}pu^{31}iau^{14}nai^{31}i^{31}ia^{14}。

安仁$_{\text{湘}}$：佢要么来一下。

ʨi^{41}ie^{55}mɤ^{33}nai^{13}i^{55}ho^{24}。

长乐$_{\text{湘}}$：他要们来一下。

t‘a^{44}iɑu^{35}mən^{44}nai^{21}i^{21}xa^{35}。

说明：四川官话方言和境内某些客家方言点用“要不要”表频率，表“有时候”或“时不时”的意思。

33．这段时间老下雨

成都：这一向紧倒下雨。

ʦe^{213}i^{21}ɕiaŋ^{214}ʨin^{53}tau^{53}ɕia^{213}y^{53}。

达州：这一向紧/紧倒落雨。

ne^{214}i^{12}ɕiaŋ^{214}ʨin^{42}/ʨin^{42}tau^{12}no^{12}y^{42}。

自贡：这一向紧/紧倒下雨。

ʈʂei^{55}i^{214}ɕiaŋ^{214}ʨin^{53}/ʨin^{53}tou^{53}ɕia^{214}y^{53}。

雅安：这一向紧倒下雨。

ʦe^{55}i^{55}ɕiaŋ^{214}ʨin^{42}tau$^{42-55}$ɕia^{214}y^{42}。

广元：这一向紧/紧倒下雨。

ʦe^{214}i^{21}ɕiaŋ^{214}ʨin^{42}/ʨin^{42}tau^{42}ɕia^{214}y^{42}。

泸州：这一向紧/紧倒下雨。

ʦei^{55}i^{33}ɕiaŋ^{13}ʨin^{42}/ʨin^{42}tau^{42}ɕia^{13}y^{42}。

洛带$_{\text{客}}$：样段时间紧倒落水。

iaŋ^{13}t‘ɔn^{53}sɿ^{13}kan^{45}tɕin^{31}tau^{31}loʔ^{5}suei^{31}。

仪陇$_{\text{客}}$：底季紧/紧倒落水。

tɕi^{53}tɕi^{13}tɕin^{53}/tɕin^{53}təu^{53}loʔ^{3}suei^{53}。

永兴$_{\text{湘}}$：这一向紧/紧倒落雨。

tɕie^{14}i^{31}ɕiaŋ^{14}dʑ‘in^{14}no^{31}yu^{53}/tɕin^{53}tau^{14}no^{31}yu^{53}。

安仁$_{\text{湘}}$：咦段时间常常落雨。

i^{13}tuõ^{21}sɿ^{13}ĩ^{33}tɕ‘ioŋ^{13}tɕ‘ioŋ^{33}nu^{55}y^{41}。

长乐$_{\text{湘}}$：勒段时间跟生下雨。

ne^{35}tuan^{35}sɿ^{21}tɕian^{55}kən^{44}sən^{44}ɕia^{35}y^{53}。

说明：四川官话方言和境内某些湘方言点用“这一向”表时段，指近时；普遍用“紧”或“紧倒”表频率，表示“一直不停地”的意思。

（三）程度副词

34．汶川大地震非常厉害。

成都：汶川大地震好凶哦！

uən^{21}ts‘ua^{n55}ta^{213}ti^{213}tsən^{53}xau^{53}ɕyoŋ^{55}o^{21}！

达州：汶川大地震好凶哟！

uən^{12}ts‘uan^{55}ta^{214}ti^{214}tsən^{214}xau^{42}ɕyŋ^{55}io^{12}。

自贡：汶川大地震好凶哦！

uən^{31}tʂ‘uan^{55}ta^{214}ti^{214}tʂən^{214}xau^{53}ɕyoŋ^{55}o^{31}。

雅安：汶川大地震好凶哦！

uən^{21}ts‘uæ̃^{55}ta^{214}ti^{214}tsən^{42}xau^{42}ɕyoŋ^{55}o^{21}！

广元：汶川大地震好凶哟！

uən^{21}ts‘ua^{n55}ta^{214}ti^{214}tsən^{42}xau^{42}ɕyoŋ^{55}yo^{21}。

泸州：汶川大地震好凶哦。

uən^{21}ts‘uan^{55}ta^{13}ti^{13}tsən^{42}xau^{42}ɕyoŋ^{55}o^{21}。

洛带$_{\text{客}}$：汶川大地震凶得很！

vən^{53}ts‘uan^{45}t‘ai^{53}t‘i^{53}tsən^{53}ɕiuŋ^{45}tieʔ^{2}xiɛn^{13}。

仪陇$_{\text{客}}$：汶川大地震好凶哦！

vən^{13}ts‘uɔn^{33}t‘ai^{53}t‘i^{53}tsən^{53}xəu^{53}ɕioŋ^{33}o^{21}。

永兴$_{\text{湘}}$：汶川大地震好凶哦！

vən^{31}tʂ‘uan^{55}d‘a^{14}ti^{14}tʂən^{53}xau^{53}ɕyoŋ^{55}ŋo^{31}。

安仁$_{\text{湘}}$：汶川大地震好凶啊！

uən^{21}tɕ‘yẽ^{33}ta^{21}ti^{21}tsən^{41}he^{41}ɕioŋ^{33}a^{41}。

长乐$_{\text{湘}}$：汶川大地震好凶哦！｜汶川大地震嘿们凶！

uən^{21}ts‘uan^{44}ta^{35}ti^{35}tsən^{53}tsən^{53}te^{21}xɑu^{53}ɕyŋ^{44}o^{21}。uən^{21}ts‘uan^{44}ta^{35}ti^{35}tsən^{53}xe^{21}mən^{44}ɕyŋ^{44}。

说明：四川官话方言及境内客家方言、湘方言可用“好”表程度高。

35. 那个人挺爱说大话。

成都：那个人飞爱说大话。

ne^{213}ko^{213}zen^{21}fei^{55}ŋai^{213}so^{21}ta^{213}xua^{213}。

达州：那个人很爱冲壳子。

na^{214}ko^{214}zen^{12}xe^{55}/xen^{42}ŋai^{214}tsʻoŋ^{214}kʻo^{12}tsɿ^{42}。

自贡：那个人多爱冲壳子。

na^{214}ko^{214}ʐən^{31}to^{55}ŋai^{214}tʂʻoŋ^{55}ko^{214}tsɿ^{53}。

雅安：那个人多爱吹牛。

ne^{55}ko^{214}zən^{21}to^{55}ŋai^{214}tsʻuei^{55}niəu^{21}。

广元：那个人多/嘿/嘿们爱冲壳子。

na^{214}ko^{214}zən^{21}to^{55}/xe^{42}/xe^{42}mən^{55}ŋai^{214}tsʻoŋ^{214}kʻo^{21}tsɿ^{42}。

泸州：那个人嘿爱吹牛皮。

ne^{55}ko^{13}zen^{21}xe^{42}ŋai^{13}tsʻuei^{55}ȵiəu^{21}pʻi^{21}。

洛带$_{客}$：个个人最爱吹牛。

kai^{53}ke^{53}ȵin^{13}tsuei^{31}ŋai^{53}tsʻuei^{45}ȵiəu^{13}。

仪陇$_{客}$：个个人爱扯把子。

kai^{13}kɛ^{53}in^{21}ai^{13}tsʻa^{53}pa^{53}tsɿ^{53}。

永兴$_{湘}$：那个人很爱冲壳子。

na^{14}ko^{14}ʐən^{31}xən^{53}ŋai^{14}tsʻoŋ^{14}ko^{31}tsɿ^{53}。

安仁$_{湘}$：嗯个人最爱冲壳子。

n̩^{55}kɤ^{21}nin^{13}tsuei^{55}ŋai^{55}tsʻoŋ^{33}kʻo^{55}·tsɿ^{41}。

长乐$_{湘}$：那个人爱吹牛儿。

na^{35}ko^{35}ŋən^{21}ŋai^{35}tsʻuei^{44}niɚ^{21}。

说明：四川官话方言常用“多”表程度高，一些方言点也说“嘿”“嘿们”。

（四）语气副词

36. 我实在撑不住了。

成都：我靠实着不住了。

ŋo^{53}kʻau^{213}sɿ^{21}tsau^{21}pu^{21}tsu^{213}no^{53}。

达州：我硬是娄不起了。

uo^{42}ŋen^{214}sɿ^{12}nəu^{55}pu^{12}tɕʻi^{42}niau^{42}。

自贡：我硬是着不住了。

ŋo^{53}ŋən^{214}ʂɿ^{55}tsau^{31}pu^{214}tʂu^{55}a^{53}。

雅安：我硬是着不住了。

ŋo^{42}ŋən^{214}sɿ^{214}tsau^{21}pu^{55}tsu^{214}ta^{42}。

广元：我靠实/硬是乘不住了。

ŋo^{42}kʻau^{214}sɿ^{21}/ŋən^{214}sɿ^{42}tsau^{21}pu^{21}tsu^{214}nau^{42}。

泸州：我靠实承不住了。

ŋo^{42} k'au^{13} sʅ^{33} sən^{21} pu^{33} tsu^{13} no^{21} 。

洛带客：我硬系遭唔住了。

ŋai^{13} ŋaŋ^{31} xe^{45} tsau^{13} m̩^{13} ts'u^{53} liau^{31} 。

仪陇客：偃硬系乘唔住了。

ŋai^{21} ŋaŋ^{53} xe^{53} sən^{21} n̩^{21} ts'u^{53} lo^{21} 。

永兴湘：我靠实/硬是乘不住了。

ŋo^{53} k'au^{14} ʂʅ^{31} / ŋin^{14} zʅ^{14} ʂən^{31} pu^{31} tʂu^{14} niau^{53} 。

安仁湘：我硬是撑唔住哩。

ŋɤ^{41} ŋo^{21} sɿ^{55} ts'ən^{33} n̩^{13} tɕy^{21} ni^{41} 。

长乐湘：我硬是受不了了。

ŋo^{53} ŋən^{35} sɿ^{35} sou^{35} pu^{21} niɑu^{53} nɑu。

说明：四川官话方言和境内某些客家方言点、湘方言点用“靠实”“硬是”表语气，相当于普通话“实在”“确实”的意思，有较强烈的主观色彩。

37. 他无论如何都不答应。

成都：他高矮都不答应。

t'a^{55} kau^{55} ŋai^{53} təu^{55} pu^{21} ta^{21} in^{213} 。

达州：他高矮/横顺/红黑都不答应。| 他硬是不答应。

t'a^{55} kau^{55} ŋai^{42} / xuan^{12} suən^{214} / xoŋ^{12} xe^{12} / ŋən^{214} sɿ^{12} təu^{55} pu^{12} ta^{12} in^{214} 。t'a^{55} ŋən^{214} sɿ^{12} pu^{12} ta^{12} in^{214} 。

自贡：他高矮/横顺都不答应。| 他硬是不答应。

na^{55} kau^{55} ŋai^{53} / xuan^{31} ʂuən^{214} təu^{55} pu^{214} ta^{214} in^{214} 。t'a^{55} ŋən^{214} ʂʅ^{55} pu^{214} ta^{214} in^{214} 。

雅安：他高矮/咋法/横顺都不答应。| 他硬是不答应。

t'a^{55} kau^{55} ŋai^{42} / tsa^{21} fa^{55} təu^{55} / xuæ̃^{21} suən^{214} / təu^{55} pu^{55} tæ̃^{55} in^{214} 。t'a^{55} ŋən^{214} sɿ^{214} pu^{55} tæ̃^{55} in^{214} 。

广元：他高矮/横顺/红黑都不答应。| 他硬（是）不答应。

t'a^{55} kau^{55} ŋai^{42} / xuən^{21} suən^{214} / xoŋ^{21} xe^{21} təu^{55} pu^{21} ta^{21} in^{214} 。t'a^{55} ŋən^{214} （sɿ^{214}） pu^{21} ta^{21} in^{214} 。

泸州：他高矮/横顺/红黑都不答应。| 他硬是不答应。

t'a^{55} kau^{55} ŋai^{42} / xuan^{21} suen^{13} təu^{55} / xoŋ^{21} xe^{33} təu^{55} pu^{33} tæ^{33} in^{13} 。t'a^{55} ŋən^{13} sɿ^{13} pu^{33} tæ^{33} in^{13} 。

洛带客：佢高矮都唔答应。

tɕi^{13} kau^{45} ai^{31} tiəu^{45} m̩^{13} tæʔ^{2} in^{53} 。

仪陇客：佢看哪们子都唔答应。| 佢硬系唔答应。

tɕi^{21} k'ɔŋ^{13} lɔŋ^{53} mən^{33} tsɿ^{53} tiəu^{33} n̩^{21} taʔ^{5} in^{33} 。tɕi^{21} ŋaŋ^{53} xe^{53} n̩^{21} taʔ^{5} in^{33} 。

永兴湘：他高矮都不答应。| 他硬不答应。| 他硬是不答应。

t'a^{55} kau^{55} ŋai^{53} təu^{55} pu^{31} ta^{31} in^{14} 。t'a^{55} ŋin^{14} pu^{31} ta^{31} in^{14} 。t'a^{55} ŋin^{14} zʅ^{14} pu^{31} ta^{31} in^{14} 。

安仁湘：佢口口口都不答应。

tɕi^{41} k'aŋ^{24} mo^{41} ke^{21} tɤu^{33} n̩^{13} ta^{55} in^{55} 。

长乐湘：他在你哪们都不同意。

t'a^{44} tsai^{35} ni^{53} na^{53} mən^{44} tou^{44} pu^{21} t'uŋ^{21} i^{35} 。

说明：表示排除一切条件的“无论如何”，在四川官话方言（甚至四川官话方言内部的一个点）

和境内客家方言、湘方言中有多种说法。

38. 价钱好便宜，恐怕是假冒伪劣商品。

成都：价钱好相因，害怕/耽怕是歪货哦。

tɕia^{213} tɕia^{n21} xau^{53} ɕiaŋ^{55}·in^{55}，xai$^{\cdot 213-55}$ p'a^{213}/ta^{n55} p'a^{213} sɿ^{213} uai$^{\cdot 53}$ xo^{213} o^{21}。

达州：价钱好相因，只怕是歪货。

tɕia^{214} tɕ'ian^{12} xau^{42} ɕiaŋ^{55}·in^{55}，tsɿ^{42} p'a^{214} sɿ^{214} uai$^{\cdot 42}$ xo^{214}。

自贡：价钱好相因，害怕是歪货哟。

tɕia^{214} tɕ'iɛn^{31} xau^{53} ɕiaŋ^{55}·in^{55}，xai$^{\cdot 214-55}$ p'a^{214} ʂʅ^{55} uai$^{\cdot 53}$ xo^{214} yo^{53}。

雅安：价钱好相因，担心是歪货哟。

tɕia^{214} tɕ'iɛ̃^{21} xau^{42} ɕiaŋ^{55}·in^{55}，tæ̃^{55} ɕin^{55} sɿ^{214} uai$^{\cdot 42}$ xo^{214} o^{21}。

广元：价钱好相因，害怕/耽怕/只怕是歪货哟。

tɕia^{214} tɕiɛ^{n21} xau^{42} ɕiaŋ^{55}·in^{55}，xai$^{\cdot 214-55}$ p'a^{214}/ta^{n55} p'a^{214}/tsɿ^{42} p'a^{214} sɿ^{214} uai$^{\cdot 42}$ xo^{214} o^{21}。

泸州：价钱好相应，只怕是歪货哦。

tɕia^{13} tɕ'iɛn^{21} xau^{42} ɕiaŋ^{55}·in^{55}，tsɿ^{42} p'a^{13} sɿ^{13} uai$^{\cdot 42}$ xo^{13} o^{21}。

洛带$_{客}$：价钱咁相因，怕系歪货哟。

ka^{53} tɕ'iɛn^{13} kan^{13} ɕiɔŋ^{45}·in^{45}，p'a^{53} xe^{53} vai$^{\cdot 31}$ fo^{53}·io^{53}。

仪陇$_{客}$：价钱好相因，恐怕系歪货哦。

ka^{13} tɕ'iɛn^{21} xəu^{53} ɕiɔŋ^{33}·in^{33}，k'uŋ^{53} pa^{13} xe^{53} uai$^{\cdot 53}$ xəu^{13} o^{21}。

永兴$_{湘}$：价钱好相因，害怕/只怕是歪货哟。

tɕia^{14} dʑ'ian^{31} xau^{53} ɕiɑŋ^{55}·in^{55}，ɣai^{14} p'a^{14}/tsɿ^{53} p'a^{14} zɿ^{14} vai$^{\cdot 53}$ xo^{14} yo^{31}。

安仁$_{湘}$：价钱好相因/便宜，口$_{那}$个怕是歪咯口口$_{东西}$。

tɕio^{55} tɕĩ^{13} he^{41} ɕiɑŋ^{33} in^{21}/pĩ^{13} i$^{\cdot 13}$，n̩^{13} kɤ^{55} p'o^{24} sɿ^{21} uai$^{\cdot 41}$ ke^{21} ɲiaŋ^{13} ɕi$^{\cdot 21}$。

长乐$_{湘}$：价钱嘿相因，恐怕是歪货。| 价钱嘿相因，恐怕是孬东西。

tɕia^{35} tɕian^{21} xe^{21} ɕiɑŋ^{44}·in^{44}，k'uŋ^{53} p'a^{35} sɿ^{35} uai$^{\cdot 53}$ xo^{35}。tɕia^{35} tɕian^{21} xe^{21} ɕiɑŋ^{44}·in^{44}，k'uŋ^{53} p'a^{35} sɿ^{35} p'ie^{35} tuŋ^{44} ɕi$^{\cdot 44}$。

说明：表示推测语气，并含担心的主观色彩，除了“恐怕”，四川官话方言和境内某些客家方言点、湘方言点还说“害怕”“眈怕”“只怕”。

（五）情态副词

39. 他使劲儿跑，一下儿就跑不见了。

成都：他架势跑，一下就不见了。

t'a^{55} tɕia^{213} sɿ^{213} p'au^{53}，i$^{\cdot 21}$ xa^{213} tɕiəu^{213} pu^{21} tɕia^{n213} no^{21}。

达州：他嘿起跑，一下就跑不见了。

t'a^{55} xe^{42} tɕ'i$^{\cdot 12}$ p'au^{42}，i$^{\cdot 12}$ xa^{214} tɕiəu^{214} p'au^{42} pu^{12} tɕian^{214} niau^{42}。

自贡：他嘿势跑，一趟子就跑不在了。

na^{55} xe^{31} ʂʅ^{55} p'au^{53}，i$^{\cdot 214}$ t'aŋ^{214} tsɿ^{53} tɕiəu^{214} p'au^{53} pu^{214} tsai$^{\cdot 214}$·ia^{53}。

雅安：他架势跑，一趟子就跑来看不倒了。

t'a^{55} tɕia^{214} sɿ^{214} p'au^{42}，i$^{\cdot 55}$ t'aŋ^{214} tsɿ^{42} tɕiəu^{214} pau^{42} nai$^{\cdot 21}$ k'æ̃^{214} pu^{55} tau^{42} ta^{42}。

广元：他架势/摔起（势）跑，一趟子就跑不见了。

t‘a^{55}tɕia^{214}sɿ^{214}/suai^{42}tɕ‘i^{42}（sɿ^{21}）p‘au^{42}，i^{21}t‘aŋ^{214}tsɿ^{42}tɕiəu^{214}pau^{42}pu^{21}tɕiɛ^{n214}nau^{42}。

泸州：他架势/摔起势跑，一趟子就跑不见了。

t‘a^{55}tɕia^{13}sɿ^{13}/suai^{42}tɕ‘i^{42}sɿ^{13}p‘au^{42}，i^{33}t‘aŋ^{13}tsɿ^{42}tɕiəu^{13}p‘au^{42}pu^{33}tɕ‘iɛn^{13}no^{21}。

洛带$_{客}$：佢架势猋，一下子就看唔倒了。

tɕia^{13}ka^{53}sɿ^{53}piau^{45}，iʔ^{2}xa^{53}tsɿ^{31}tɕ‘iəu^{53}k‘ən^{53}m̩^{13}tau^{31}liau^{31}。

仪陇$_{客}$：佢振劲/架起势子/搂起跑，一趟子就唔见了。

tɕi^{21}tsan^{53}tɕin^{13}/ka^{13}tɕ‘i^{53}sɿ^{13}tsɿ^{53}/ləu^{53}tɕ‘i^{53}p‘au^{53}，ieʔ^{3}t‘ɔŋ^{13}tsɿ^{53}tɕ‘iəu^{53}n̩^{21}tɕiɛn^{53}lɛ^{21}。

永兴$_{湘}$：他架势/摔起/摔起实跑，一趟子就跑不见寡了。

t‘a^{55}tɕia^{14}ʂʅ^{14}/suai^{55}tɕ‘i^{53}/suai^{55}tɕ‘i^{53}ʂʅ^{31}p‘au^{53}，i^{31}t‘aŋ^{14}tsɿ^{53}dʑiəu^{14}p‘au^{53}pu^{31}tɕian^{14}kua^{55}niau^{53}。

安仁$_{湘}$：佢架起雾势/嘿起跑，一下子就跑得唔看见哩。

tɕi^{41}tɕio^{55}tɕ‘i^{41}u^{55}sɿ^{55}/he^{24}tɕ‘i^{41}p‘e^{41}，i^{55}ho^{21}·tsɿ$^{21/41}$tɕiɤu^{21}p‘e^{41}te^{55}n̩^{13}k‘ã^{24}tɕĩ^{55}ni^{41}。

长乐$_{湘}$：他搂起跑，杠杠崽都跑得没在了。

t‘a^{44}nou^{53}tɕ‘i^{53}p‘ɑu^{53}，kɑŋ^{53}kɑŋ^{53}tsai^{53}tou^{44}p‘ɑu^{53}te^{21}mei^{21}tsai^{35}nɑu。

说明：表情态的副词“使劲”四川官话方言也说。此外，四川官话方言和境内客家方言、湘方言还有多种说法，如“架势/架起势”“摔起/摔势/摔起势”“搂起/搂势/搂起势”等。

40．他特意留给你吃的。

成都：他利边留给你吃的。

t‘a^{55}ni^{213}pia^{n55}niəu^{21}ke^{55}ȵi^{53}ts‘ɿ^{21}ni^{55}。

达州：他料杯$_{儿}$留给你吃的。

t‘a^{55}niau^{55}peir^{55}niəu^{12}ke^{55}i^{42}tɕ‘ie^{12}ti^{55}。

自贡：他刁生留给你吃的。

na^{55}t‘iau^{55}ʂən^{55}niəu^{31}kən^{55}ȵi^{53}tʂ‘ʅ^{214}ne^{55}。

雅安：他晾实留给你吃的。

t‘a^{55}niaŋ^{214}sɿ^{55}niəu^{21}ke^{55}ni^{42}ts‘ɿ^{55}ne^{55}。

广元：他刁子/刁住留给你吃的。

t‘a^{55}tiau^{55}tsɿ^{42}/tiau^{55}tsu^{214}niəu^{21}ke^{55}ni^{42}ts‘ɿ^{21}ti^{21}。

泸州：他利边留给你吃的。

t‘a^{55}ni^{13}piɛn^{55}niəu^{21}ke^{55}ȵi^{42}ts‘ɿ^{33}ni^{55}。

洛带$_{客}$：佢利边留倒分你食个。

tɕi^{13}li^{53}piɛn^{45}liəu^{13}tau^{31}pən^{45}ȵi^{13}sɿʔ^{5}ke^{53}。

仪陇$_{客}$：佢利边/利许/挑自留给你个。

tɕi^{21}li^{13}piɛn^{33}/li^{13}ɕy^{53}/liau^{33}tsɿ^{53}liəu^{21}ke^{33}ŋ̍^{21}kɛ^{21}。

永兴$_{湘}$：他利边/刁至留给你吃的。

t‘a^{55}ni^{14}pian^{55}/tiau^{55}tsɿ^{55}niəu^{31}ke^{55}ȵi^{53}tʂ‘ʅ^{31}ti^{31}。

安仁$_{湘}$：佢刁至留口给你吃咯。

tɕi^{41}tie^{33}tsɿ^{55}niɤu^{13}sa^{55}n̩^{41}tɕ‘io^{55}ke^{41}。

长乐$_{湘}$：他专门留倒你吃的。

t‘a^{44}ʦuan^{44}mən^{21}niou^{21}tou^{53}ni$^{\cdot53}$ʨ‘i$^{\cdot21}$ti。

说明：表示“特意”，四川境内方言具有共性而又说法不一。大致“利边”“利许”可为一组“刁生”“挑自”可为一组。均理据不明，类单纯词，所以念法写法很分歧。

七、特殊的语气词

41. 得，表示确认，有时略带夸张意：

成都：才不是那么回事得。丨我才懒得管得。

ʦ‘ai$^{\cdot21}$pu^{21}sɿ^{214}na^{214}mo^{55}xuei$^{\cdot21}$sɿ^{214}te^{21}。ŋo^{42}ʦ‘ai$^{\cdot21}$na^{n42}te^{21}kua^{n42}te^{21}。

达州：才不是唧哎的。

ʦ‘ai$^{\cdot12}$pu^{12}sɿ^{12}naŋ^{214}ŋai$^{\cdot42}$ti$^{\cdot55}$。

自贡：才不是弄个子嘞。丨我才懒得管得。

ʦ‘ai$^{\cdot31}$pu^{214}ʂʅ^{55}noŋ^{214}ko^{214}ʦɿ^{31}ne^{55}。ŋo^{53}ʦ‘ai$^{\cdot31}$nan^{53}te^{214}kuan^{53}te^{214}。

雅安：才不是浪回事得。丨我才懒管得。

ʦ‘ai$^{\cdot21}$pu^{55}sɿ^{214}naŋ^{214}xuei$^{\cdot21}$sɿ^{214}te^{21}。ŋo^{42}ʦ‘ai$^{\cdot21}$næ̃^{42}kuæ̃^{42}te^{55}

广元：才不是那么回事得。丨我才懒得管得。

ʦ‘ai$^{\cdot21}$pu^{21}sɿ^{214}na^{214}mən^{55}xuei$^{\cdot21}$sɿ^{214}te^{21}。ŋo^{42}ʦ‘ai$^{\cdot21}$na^{n42}kua^{n42}te^{21}。

泸州：才不是那们回事得。丨我才懒得管得。

ʦ‘ai$^{\cdot21}$pu^{33}sɿ^{13}na^{13}mən^{55}xuei$^{\cdot21}$sɿ^{13}te^{55}。ŋo^{42}ʦ‘ai$^{\cdot21}$nan^{42}te^{21}kuan^{42}te^{21}。

洛带$_{客}$：正唔系咁回事得哦。丨偓正懒得管得。

ʦaŋ^{53}m̩^{13}p‘ie^{53}kan^{13}fei$^{\cdot13}$sɿ^{53}tieʔ^{2}o^{31}。ŋai$^{\cdot13}$ʦaŋ^{53}lan^{45}tieʔ^{2}kɔn^{31}tieʔ^{2}。

仪陇$_{客}$：正唔系咁回事哦。丨偓才懒得管呢。

ʦaŋ^{53}n̩^{13}xe^{53}kan^{13}fei$^{\cdot21}$sɿ^{53}o^{21}。ŋai$^{\cdot21}$ʦ‘ai$^{\cdot21}$lan^{21}teʔ^{3}kuɔn^{53}lɛ^{21}。

永兴$_{湘}$：才不是那们回事。丨我才懒得管。

ʥ‘ai$^{\cdot31}$pu^{31}zɿ^{14}na^{14}mən^{31}vei$^{\cdot31}$zɿ^{14}。/ŋo^{53}ʥ‘ai$^{\cdot31}$nan^{53}te^{31}kuan^{53}。

安仁$_{湘}$：我懒得管。

ŋɤ^{41}nã^{41}tai$^{\cdot21}$kuõ^{41}。

长乐$_{湘}$：不是那们回事。丨我才难得管。

pu^{35}sɿ^{35}na^{35}mən^{44}fei$^{\cdot21}$sɿ^{35}。ŋo^{53}ʦ‘ai$^{\cdot21}$nan^{21}te^{21}kuan^{53}。

说明：语气词“得”主要用于表明说话人的否定态度。

42. 哈，表申辩、提醒、告诫等：

成都：这话我没说过哈，你不要乱说哈。

ʦe^{214}xua^{214}ŋo^{42}mei$^{\cdot55}$so^{21}ko^{214}xa^{53}，ȵi$^{\cdot53}$pu$^{21\cdot}$iau^{214}nua^{n214}so^{21}xa^{53}。

达州：这话我没说过的哟，你不要乱说。

ʦe^{12}xua^{214}ŋo^{42}mei$^{\cdot55}$so^{12}ko^{12}ti$^{\cdot55\cdot}$io^{12}，ni$^{\cdot42}$pu$^{12\cdot}$iau^{12}nuan^{12}so^{21}。

自贡：这个话我没有说过哈，你不要乱说哈。

ʈʂe^{55}ko^{214}xua^{214}ŋo^{53}mei$^{\cdot53\cdot}$iəu^{31}ʂo^{214}ko^{214}xa^{53}，ȵi$^{\cdot53}$pu$^{214\cdot}$iau^{214}nuan^{214}ʂo^{214}xa^{53}。

雅安：这话我没有说过伙，你不要乱说伙。

tse^{55} xua^{214} ŋo^{42} mi^{55} iəu^{42} so^{55} ko^{214} ne^{55} xo^{42}，ni^{42} pu^{55} iau^{214} nuæ̃^{214} so^{55} xo^{42}。

广元：这话我没说过哈，你不要乱说哈。

tse^{214} xua^{214} ŋo^{42} mo^{21} so^{21} ko^{214} xa^{42}，ni^{42} pu^{21} iau^{214} nua^{n214} so^{21} xa^{42}。

泸州：这话我没说过哈，你不要乱说哈。

tsei^{55} xua^{13} ŋo^{42} mei^{55} sɵ^{33} ko^{13} xa^{42}，ȵi^{42} pu^{33} iau^{13} nuan^{13} sɵ^{33} xa^{42}。

洛带客：样个话倨唔曾讲过哈，你唔爱怪倒倨哦。

iaŋ^{13} ke^{53} va^{53} ŋai^{13} m̩^{13} liɛn^{13} kɔŋ^{31} ko^{53} xa^{31}，ȵi^{13} moi^{45} kuai^{53} tau^{31} ŋai^{13} o^{53}。

仪陇客：底个话倨唔曾讲过哈，你唔爱乱讲。

tɕi^{21} kɛ^{21} va^{53} ŋai^{21} n̩^{21} liɛn^{21} kɔŋ^{21} kəu^{13} xau^{53}，ŋ̍^{21} n̩^{21} mo^{33} luɔn^{53} kɔŋ^{53}。

永兴湘：这话我没说过哈，你莫怪倒我脑壳高头。

tɕie^{14} va^{14} ŋo^{53} mei^{31} ʂo^{31} ko^{14} xa^{55}，ȵi^{53} mo^{31} kuai^{14} tau^{14} ŋo^{53} nau^{53} k'o^{31} kau^{55} d'əu^{31}

安仁湘：咦个话我没讲过，莫怪倒我脑壳高口。

i^{13} kɤ^{55} o^{21} ŋɤ^{41} me^{21} ɕioŋ$^{41/55}$ kɤ^{55}，mu^{55} kua^{55} te^{41} ŋɤ^{41} ne^{41} k'o^{55} ke^{33} ni^{55}。

长乐湘：嘞话我没讲过，你莫乱讲喔。

ne^{35} fa^{35} ŋo^{53} mei^{53} tɕiɑŋ^{53} ko^{35}，ni^{53} mo^{35} nuan^{35} tɕiɑŋ^{53} o。

说明：语气词“哈”在四川官话方言中使用较普遍，境内客家方言也说。

43. 得嘛，有解释、申辩的意思：

成都：我是四川人得嘛。

ŋo^{53} sɿ^{213} sɿ^{213} ts'ua^{n55} zən^{21} te^{21} ma^{21}。

达州：我是四川人哆嘛。

ŋo^{42} sɿ^{214} sɿ^{214} ts'uan^{55} zən^{12} to^{12} ma^{12}。

自贡：我是四川人哒。

ŋo^{53} ʂʅ^{55} sɿ^{214} ts'uan^{55} ʐən^{31} ta^{31}。

雅安：我是四川人得啊。

ŋo^{42} sɿ^{214} sɿ^{214} ts'uæ̃^{55} zən^{21} te^{21} a^{21}。

广元：我是四川人得嘛。

ŋo^{42} sɿ^{214} sɿ^{214} ts'ua^{n55} zən^{21} te^{21} ma^{21}。

泸州：我是四川人哆嘛。

ŋo^{42} sɿ^{13} sɿ^{13} ts'uɛn^{55} zən^{21} to^{13} ma^{21}。

洛带客：倨系四川人得嘛。

ŋai^{13} xe^{53} ɕi^{53} ts'ɔn^{45} ȵin^{13} tieʔ^{2} ma^{31}。

仪陇客：倨系四川人哆嘛。

ŋai^{21} xe^{53} ɕi^{13} ts'uɔn^{33} in^{21} to^{21} ma^{21}。

永兴湘：我是四川人得嘛。

ŋo^{53} zɿ^{14} sɿ^{14} tʂ'uan^{55} ʐən^{31} te^{31} ma^{31}。

安仁湘：我是四川人。

ŋɤ^{41} sɿ^{21} sɿ^{55} tɕ‘yẽ^{33} nin^{13}。

长乐$_{湘}$：我是四川人呢。

ŋo^{53} sɿ^{35} sɿ^{35} tɕ‘yan^{44} ŋən^{21} ne。

说明：语气词“得嘛”刹尾的句子有解释说明的含义，因此可在下文添加由此推论出来的结果，如：“我是四川人得嘛，当然不怕辣哦。”

44. 噻，也写作“吣”，表示确认事实或事理：

成都：钱给够了的噻。

tɕ‘ia^{n21} ke^{55} kəu^{214} no^{53} ni^{55} sæ^{55}。

达州：钱给够了的噻。

tɕ‘ian^{21} ke^{55} kəu^{214} nau^{42} ti^{55} sæ^{55}。

自贡：钱给够了的噻。

tɕ‘iɛn^{31} ke^{55} kəu^{214} no^{53} ne^{55} ʂæ^{55}。

雅安：无语气词“噻”。

广元：钱给够了的噻。

tɕ‘iɛ^{n21} ke^{55} kəu^{214} nau^{42} ti^{21} se^{21}。

泸州：钱给够了的噻。

tɕ‘iɛn^{21} ke^{55} kəu^{13} no^{42} ne^{55} san^{55}。

洛带$_{客}$：钱给够了噻。

tɕ‘iɛn^{13} ke^{45} kiəu^{53} liau^{31} se^{45}。

仪陇$_{客}$：钱给够了噻。

tɕ‘iɛn^{21} ke^{33} kɛ^{13} lo^{21} san^{33}。

永兴$_{湘}$：无语气词“噻”。

安仁$_{湘}$：无语气词“噻”。

长乐$_{湘}$：无语气词“噻”。

说明：语气词“噻”主要用于四川官话方言，似有流行趋势，尤其是四川青少年的网络语言。

45. 嗦，含有推测语气，有时有恍然大悟的意思：

成都：你是重庆人嗦？满嘴的重庆话。

ȵi^{53} sɿ^{213} ʦ‘oŋ^{21} tɕ‘in^{214} zən^{21} so^{21}？ma^{n53} ʦuei^{53} ni^{55} ʦ‘oŋ^{31} tɕ‘in^{214} xua^{214}。

达州：你是重庆人嗦？满嘴重庆话。

ni^{42} sɿ^{214} ʦ‘oŋ^{42} tɕ‘in^{214} zən^{42} so^{42}，man^{42} ʦuei^{42} ʦ‘oŋ^{42} tɕ‘in^{214} xua^{214}。

自贡：你是重庆人哦？满口重庆话。

ȵi^{53} ʂɿ^{55} ʈʂ‘oŋ^{31} tɕ‘in^{214} ʐən^{31} o^{31}？man^{53} k‘əu^{53} ʈʂ‘oŋ^{31} tɕ‘in^{214} xua^{214}。

雅安：你是重庆人嗦？一口的重庆话。

ni^{42} sɿ^{214} ʦ‘oŋ^{21} tɕ‘in^{214} zən^{21} so^{21}，i^{55} k‘əu^{42} ne^{55} ʦ‘oŋ^{21} tɕ‘in^{214} xua^{214}。

广元：你是重庆人嗦？满嘴巴的重庆话。

ni^{42} sɿ^{214} ʦ‘oŋ^{21} tɕ‘in^{214} zən^{21} so^{21}，ma^{n42} ʦuei^{42} pa^{55} ti^{21} ʦ‘oŋ^{21} tɕ‘in^{214} xua^{214}。

泸州：你是重庆人嗦？一口的重庆话。

ȵi^{42}sɿ^{13}ʦ‘oŋ^{21}ʨ‘in^{13}zən^{21}so^{21}？i^{33}k‘əu^{42}ne^{55}ʦ‘oŋ^{21}ʨ‘in^{13}xua^{13}。

洛带$_{\text{客}}$：无语气词“嗦”。

仪陇$_{\text{客}}$：无语气词“嗦”。

永兴$_{\text{湘}}$：无语气词“嗦”。

安仁$_{\text{湘}}$：无语气词“嗦”。

长乐$_{\text{湘}}$：无语气词“嗦”。

说明：语气词“嗦”主要用于四川官话方言，境内客家方言和湘方言都不说“嗦”。

46. 嘎，表示求得证实，有“该是这样的吧”的意思：

成都：你今天下午没得事嘎？

ȵi^{53}ʨin^{55}t‘ia^{n55}ɕia^{214}u^{53}mo^{21}te^{55}sɿ^{214}ka^{53}？

达州：你今天下午没得事嘛？

ni^{42}ʨin^{55}t‘ian^{55}ɕia^{214}u^{42}mei^{55}te^{12}sɿ^{214}ma^{12}？

自贡：你今天下午没得事嘎？

ȵi^{53}ʨin^{55}t‘ian^{55}ɕia^{214}u^{53}mei^{55}te^{214}ʂɿ^{214}ka^{53}？

雅安：你今天下午没得事嘎？

ni^{42}ʨin^{55}t‘iɛ̃^{55}ɕia^{214}u^{42}mu^{55}te^{55}sɿ^{214}kau^{42}？

广元：你今天下午没得事嘎？

ni^{42}ʨin^{55}t‘iɛ^{n55}ɕia^{214}u^{42}mo^{21}te^{21}sɿ^{214}ka^{21}？

泸州：你今天下午没得事嘎？

ȵi^{42}ʨin^{55}t‘iɛn^{55}ɕia^{214}u^{42}mei^{55}te^{33}sɿ^{13}ka^{42}？

洛带$_{\text{客}}$：你下昼无得事嘎？

ȵi^{13}xa^{45}ʦəu^{53}mau^{13}tieʔ^{5}sɿʔ^{53}ka^{53}？

仪陇$_{\text{客}}$：你今下昼莫得事哈？

n̩^{21}ʨin^{33}xa^{33}ʦəu^{13}mau^{21}teʔ^{3}sɿ^{53}xa^{53}？

永兴$_{\text{湘}}$：他是四川人，嘎？

t‘a^{55}zɿ^{14}sɿ^{14}ʈʂ‘uan^{55}ʐən^{31}，ka^{31}？

安仁$_{\text{湘}}$：无“嘎”，用“吗/啊 ma^{55}/a^{21}”表示求证意，或不用语气词。

长乐$_{\text{湘}}$：今下午有没得事？

ʨin^{44}ɕia^{35}u^{53}iou^{53}mei^{53}te^{21}sɿ^{35}？

说明：“嘎”在四川官话方言中使用较普遍，用于疑问句，但疑问语气很弱。

八、特殊短语和句式

（一）被动式

47. 房子被地震震垮了。

成都：房子着地震震垮了。

faŋ^{21}ʦɿ^{53}ʦau^{21}ti^{213}ʦən^{53}ʦən^{53}k‘ua^{53}no^{21}。

达州：房子着地震震垮了。

faŋ^{12}ʦɿ^{42}ʦau^{12}ti^{214}ʦən^{214}ʦən^{214}k'ua^{42}niau^{42}。

自贡：房子着地震震垮了。

faŋ^{31}ʦɿ^{53}tʂau^{55}ti^{214}tʂən^{214}tʂən^{214}k'ua^{53}ia^{53}。

雅安：房子着/拿跟地震震垮了。

faŋ^{21}ʦɿ^{42}ʦau^{21}/na^{21}kən^{55}ti^{214}ʦən^{42}ʦən^{42}k'ua^{42}ta^{42}。

广元：房子着/拿跟地震震垮了。

faŋ^{21}ʦɿ^{42}ʦau^{21}/na^{21}kən^{55}ti^{214}ʦən^{42}ʦən^{42}k'ua^{42}nau^{42}。

泸州：房子着地震震垮了。

faŋ^{21}ʦɿ^{42}ʦau^{21}ti^{13}ʦən^{42}ʦən^{42}k'ua^{42}no^{42}。

洛带$_{\text{客}}$：屋拿分地震震垮嘿了。

vuʔ^{2}la^{45}pən^{45}t'i^{53}ʦən^{53}ʦən^{53}k'ua^{31}xe^{45}liau^{31}。

仪陇$_{\text{客}}$：屋遭地震震垮了。

vəuʔ^{5}ʦau^{21}t'i^{53}ʦən^{53}ʦən^{53}k'ua^{53}lɛ^{21}。

永兴$_{\text{湘}}$：房子着震垮寡了。

vaŋ^{31}ʦɿ^{53}tɕiau^{31}tʂən^{14}k'ua^{53}kua^{55}niau^{53}。

安仁$_{\text{湘}}$：房被震垮过哩。

u^{55}pe^{24}ʦən^{41}k'o^{41}kɤ^{21}ni^{41}。

长乐$_{\text{湘}}$：房子遭震垮嘎了。

fɑŋ^{21}ʦɿ^{53}ʦɑu^{44}ʦən^{53}k'ua^{53}ka^{53}nɑu.

说明：四川官话方言和境内客家方言、湘方言普遍用“着”引进动作行为施事构成被动句。

48. 房子被震垮了。

成都：房子着震垮了。

faŋ^{21}ʦɿ^{53}ʦau^{21}ʦən^{53}k'ua^{53}no^{21}。

达州：房子着震垮了。

faŋ^{12}ʦɿ^{42}ʦau^{12}ʦən^{214}k'ua^{42}niau^{42}。

自贡：房子着震垮了。

faŋ^{31}ʦɿ^{53}tʂau^{31}tʂən^{214}k'ua^{53}ia^{53}。

雅安：房子着震垮了。

faŋ^{21}ʦɿ^{42}ʦau^{21}ʦən^{42}k'ua^{42}ta^{42}。

广元：房子着震垮了。

faŋ^{21}ʦɿ^{42}ʦau^{21}ʦən^{42}k'ua^{42}nau^{42}。

泸州：房子着震垮了。

faŋ^{21}ʦɿ^{42}ʦau^{21}ʦən^{42}k'ua^{42}no^{42}。

洛带$_{\text{客}}$：屋遭震垮嘿了。

vuʔ^{2}ʦau^{13}ʦən^{53}k'ua^{31}xe^{45}liau^{31}。

仪陇$_{\text{客}}$：屋遭震垮了。

vəuʔ^{5}ʦau^{21}ʦən^{53}k'ua^{53}lɛ^{21}。

永兴$_{\text{湘}}$：房子着震垮寡了。

vaŋ^{31} tsɿ^{53} tɕiau^{31} tʂən^{14} k‘ua^{53} kua^{55} niau^{53}。

安仁$_{\text{湘}}$：房被震垮过哩。

u^{55} pe^{24} tsən^{41} k‘o^{41} kɤ^{21} ni^{41}。

长乐$_{\text{湘}}$：房子遭震垮嘎了。

fɑŋ^{21} tsɿ^{53} tsɑu^{44} tsən^{53} k‘ua^{53} ka^{53} nɑu.

说明：四川官话方言和境内客家方言、湘方言普遍用“着”直接附加在动词前构成被动句。

（二）处置式

49. 把门关上。

成都：给门关倒。

ke^{55} mən^{21} kua^{n55} tau^{53}。

达州：把门关倒。

pa^{12} mən^{12} kuan^{55} tau^{12}。

自贡：把门关倒。

pa^{53} mən^{31} kuan^{55} tau^{53}。

雅安：把门关起/倒。| 跟门关起/倒。

pa^{42} mən^{21} kuæ̃^{55} tɕi^{42}/tau^{42}。kən^{55} mən^{21} kuæ̃^{55} tɕi^{42}/tau^{42}。

广元：把门关倒。

pa^{42} mən^{21} kua^{n55} tau^{42}

泸州：把门关倒起。

pa^{42} mən^{21} kuan^{55} tau^{42} tɕ‘i^{42}。

洛带$_{\text{客}}$：把门关倒。| 把门关等。

pa^{31} mən^{13} kuan^{45} tau^{31}。pa^{31} mən^{13} kuan^{45} t‘iɛn^{31}。

仪陇$_{\text{客}}$：把门关等。

pa^{53} mən^{21} kuan^{33} tən^{53}。

永兴$_{\text{湘}}$：把门关到。

pa^{53} mən^{31} kuan^{55} tau^{53}。

安仁$_{\text{湘}}$：把门关倒。| 把门关倒起。

po^{41} mən^{13} kuõ^{33} te^{41} po^{41} mən^{13} kuõ^{33} te^{41} tɕ‘i^{41}。

长乐$_{\text{湘}}$：把门关倒。| 把门关起。| 把门关倒起。

pa^{53} mən^{21} kuan^{44} tɑu^{53}。pa^{53} mən^{21} kuan^{44} tɕ‘i^{53}。pa^{53} mən^{21} kuan^{44} tɑu^{53} tɕ‘i^{53}。

说明：某些官话方言点用“给”引进受动对象。

（三）比较句

50. 前几天，小菜比猪肉还贵。

成都：前几天，小菜赶猪肉还贵。

tɕ‘ia^{n21} tɕi^{53} t‘ia^{n55}，ɕiau^{53} ts‘ai^{213} ka^{n53} tsu^{55} zəu^{213} xai^{21} kuei^{213}。

达州：前几天，小菜比猪肉还贵。

tɕʻian^{12}tɕi^{42}tʻian^{55}，ɕiau^{42}tsʻai^{214}pi^{42}tsu^{55}zəu^{214}xai^{12}kuei^{214}。

自贡：前几天，小菜比猪肉贵。

tɕʻiɛn^{31}tɕi^{53}tʻiɛn^{55}，ɕiau^{53}tsai^{214}pi^{53}tʂu^{55}ʐu^{214}kuei^{214}。

雅安：前几天，小菜比猪肉还贵。

tɕʻiɛ̃^{21}tɕi^{42}tʻiɛ̃^{55}，ɕiau^{42}tsʻai^{214}pi^{42}tsu^{55}zəu^{214}xai^{21}kuei^{214}。

广元：前几天，小菜赶猪肉还贵。

tɕʻiɛ^{n21}tɕi^{42}tʻiɛ^{n55}，ɕiau^{42}tsʻai^{214}ka^{n42}tsu^{55}zəu^{214}xai^{21}kuei^{214}。

泸州：前几天，小菜比猪肉还贵。

tɕʻiɛn^{21}tɕi^{42}tʻiɛn^{55}，ɕiau^{42}tsʻai^{13}pi^{42}tsu^{55}zəu^{13}xai^{21}kuei^{13}。

洛带$_{客}$：前几日，小菜比猪肉过贵。

tɕʻiɛn^{13}tɕi^{31}ȵiʔ^{2}，ɕiau^{31}tsʻoi^{53}pi^{31}tsu^{45}ȵiuʔ^{2}ko^{53}kuei^{53}。

仪陇$_{客}$：前几日，菜比肉还贵。

tɕʻiɛn^{21}tɕi^{21}ieʔ^{3}，tsʻo^{13}pi^{21}iəuʔ^{5}xai^{21}kuei^{13}。

永兴$_{湘}$：前几天，小菜比猪肉还贵。

dʑʻian^{31}tɕi^{53}tʻian^{55}，ɕiau^{53}tsʻai^{14}pi^{53}tʂu^{55}ʐəu^{14}ɣai^{31}kuei^{14}。

安仁$_{湘}$：前几天，小菜比猪肉还贵点。

tɕ ĩ^{13}tɕi^{41}tʻĩ^{33}，ɕie^{41}tsai^{24}/tsʻai^{24}pi^{41}tɕy^{33}niɣu^{55}ha^{21}kuei^{55}tĩ^{33}。

长乐$_{湘}$：前头几天，小菜比猪嘎嘎/嘎儿/肉还贵。

tɕian^{53}tou^{21}tɕi^{53}tʻian^{44}，ɕiɑu^{53}tsʻai^{35}pi^{53}tɕy^{44}ka^{53}ka^{53}/ka^{53}o^{21}xai^{21}kuei^{35}。

说明：成都话、广元等地，比较句可用“赶”作介词，引进比较对象。

（四）取予句

51. 借点儿钱给我。

成都：借点$_{儿}$钱给我。

tɕie^{213}tia^{n}r^{53}tɕʻia^{n21}ke^{55}ŋo^{53}。

达州：借点$_{儿}$钱给我。

tɕie^{214}tianr^{42}tɕʻian^{12}ke^{12}o^{42}。

自贡：借点钱给我。

tɕie^{214}tiɛn^{53}tɕʻiɛn^{31}kən^{55}ŋo^{53}。

雅安：借点子钱跟我。

tɕie^{214}tiɛ̃^{42}tsɿ^{42}tɕʻiɛ̃^{21}kən^{55}ŋo^{42}。

广元：借点儿钱我。

tɕie^{214}tiɛ^{n}r^{42}tɕʻiɛ^{n21}ŋo^{42}。

泸州：借点$_{儿}$钱给我。

tɕie^{13}tiɛnr^{42}tɕʻiɛn^{21}ke^{55}ŋo^{42}。

洛带$_{客}$：借滴子钱分佢。

tɕia^{53}ti^{45}tsɿ^{31}tɕʻiɛn^{13}pən^{45}ŋai^{13}。

仪陇$_{客}$：借点子钱跟佢。

tɕie^{13}tian^{53}tsɿ^{21}tɕʻiɛn^{21}kən^{33}ŋai^{21}。

永兴$_{湘}$：借点钱给我。

tɕie^{14}tian^{53}dʑʻian^{31}ke^{55}ŋo^{53}。

安仁$_{湘}$：借点钱口$_{给}$我。

tɕia^{55}tĩ^{33}tɕĩ^{13}sa^{55}ŋɤ^{41}。

长乐$_{湘}$：借点钱我嘛。

tɕie^{35}tian^{53}tɕian^{21}ŋo^{53}ma。

52. 借给我点儿钱。

成都：借给我点$_{儿}$钱。

tɕie^{213}ke^{55}ŋo^{53}tia^{n}r^{53}tɕʻia^{n21}。

达州：借给我点$_{儿}$钱。

tɕie^{214}ke^{55}o^{42}tianr^{42}tɕʻian^{12}。

自贡：借给我点钱。

tɕie^{214}ke^{55}ŋo^{53}tiɛn^{53}tɕʻiɛn^{31}。

雅安：借跟我点钱。

tɕie^{214}kən^{55}ŋo^{42}tiɛ̃^{42}tɕʻiɛ̃^{21}。

广元：借我点儿钱。

tɕie^{214}ŋo^{42}tiɛ^{n}r^{42}tɕʻiɛ^{n21}。

泸州：借点$_{儿}$钱给我。| 借给我点$_{儿}$钱。

tɕie^{13}tiɛnr^{42}tɕʻiɛn^{21}ke^{55}ŋo^{42}。tɕie^{13}ke^{55}ŋo^{42}tiɛnr^{42}tɕʻiɛn^{21}。

洛带$_{客}$：借分倨滴子钱。

tɕia^{53}pən^{45}ŋai^{13}ti^{45}tsɿ^{31}tɕʻiɛn^{13}。

仪陇$_{客}$：把钱借点儿跟倨。

pa^{53}tɕʻiɛn^{21}tɕie^{13}tian^{53}tsɿ^{21}kən^{33}ŋai^{21}。

永兴$_{湘}$：借我点钱。

tɕie^{14}ŋo^{53}tian^{53}dʑʻian^{31}。

安仁$_{湘}$：无。

长乐$_{湘}$：借我点钱嘛。

tɕie^{35}tian^{53}ŋo^{53}tɕian^{21}ma。

说明：四川官话方言和湘方言的某些点，以“借”为动词的取予句可按组合顺序区分借入和借出：动词＋直接宾语＋间接宾语“借点儿钱我”表借入；动词＋间接宾语＋直接宾语“借我点儿钱”表借出。

（五）表程度的特殊格式

53. 九寨沟好玩儿得不得了。

成都：九寨沟好耍腾了。

tɕiəu^{53}tsai^{213}kəu^{55}xau^{53}sua^{53}tʻən^{21}no^{21}。

达州：九寨沟好耍惨了。

ʨiəu^{42}ʦai^{214}kəu^{55}xau^{42}sua^{42}ʦʻan^{42}niau^{55}。

自贡：九寨沟好耍$_{儿}$惨了。

ʨiəu^{53}tʂai^{214}kəu^{55}xau^{53}ʂuar^{53}ʦʻan^{53}na^{53}。

雅安：九寨沟好耍惨了。

ʨiəu^{42}ʦai^{214}kəu^{55}xau^{42}sua^{42}ʦʻæ̃^{42}ta^{42}。

广元：九寨沟好耍腾$_{儿}$/惨了。

ʨiəu^{42}ʦai^{214}kəu^{55}xau^{42}sua^{42}tənr^{21}/ʦʻa^{n42}nau^{42}。

泸州：九寨沟好耍惨了。

ʨiəu^{42}ʦai^{13}kəu^{55}xau^{42}sua^{42}ʦʻan^{42}no^{42}。

洛带$_{客}$：九寨沟好嫽得很。

ʨiəu^{31}ʦai^{53}kiəu^{45}xau^{31}liau^{53}tieʔ^{2}xiɛn^{13}。

仪陇$_{客}$：九寨沟好嫽得很。

ʨiəu^{53}ʦai^{13}kɛ^{33}xəu^{53}liau^{53}teʔ^{3}xan^{53}。

永兴$_{湘}$：九寨沟好耍得很。| 九寨沟好耍惨了。

ʨiəu^{53}ʦai^{14}kiəu^{55}xau^{53}ʂua^{53}te^{31}xən^{53}。ʨiəu^{53}ʦai^{14}kiəu^{55}xau^{53}ʂua^{53}ʦʻan^{53}niau^{53}。

安仁$_{湘}$：九寨沟好好耍哟。| 九寨沟好耍得唔得了。

ʨiɤu^{41}ʦai^{55}kɤu^{33}he^{41}he^{41}so^{41}io^{21}。ʨiɤu^{41}ʦai^{55}kɤu^{33}he^{41}so^{41}te$^{55/21}$n̩^{13}te$^{55/21}$nie^{41}。

长乐$_{湘}$：九寨沟好耍得很。| 九寨沟嘿们好耍。| 九寨沟嘿们好嗨。

ʨiou^{53}ʦai^{35}kou^{44}xɑu^{53}sua^{53}te^{21}xən^{53}。ʨiou^{53}ʦai^{35}kou^{44}xe^{21}mən^{44}xɑu^{53}sua^{53}。ʨiou^{53}ʦai^{35}kou^{44}xe^{21}mən^{44}xɑu^{53}xai^{44}。

54. 那个人笨得要命。

成都：那个人笨得要死。

ne^{213}ko$^{213-55}$zən^{21}pən^{213}te^{21}iau^{213}sɿ^{53}。

达州：那个人笨惨了。

na^{214}ko^{214}zən^{12}pən^{214}ʦʻan^{42}niau^{55}。

自贡：那个人哈得伤心。| 那个人哈到了住。

nei^{55}ko^{214}ʐən^{31}xa^{31}te^{214}ʂaŋ^{55}ɕin^{55}。nei^{55}ko^{214}ʐən^{31}xa^{31}tau^{214}a^{53}tʂu^{214}。

雅安：那人笨得伤心。| 那人笨得不得了。

ne^{55}zən^{21}pən^{214}te^{55}saŋ^{55}ɕin^{55}ne^{55}zən^{21}pən^{214}te^{55}pu^{55}te^{55}niau^{42}。

广元：那个人笨得伤心。| 那个人笨得心慌。| 那个人笨疼儿了。| 那个人笨惨了。

na^{214}ko^{214}zən^{21}pən^{214}te^{21}saŋ^{55}ɕin^{55}。na^{214}ko^{214}zən^{21}pən^{214}te^{21}ɕin^{55}xuaŋ^{55}。na^{214}ko^{214}zən^{21}pən^{214}tənr^{21}nau^{42}。na^{214}ko^{214}zən^{21}pən^{214}ʦʻa^{n42}nau^{42}。

泸州：那个人笨得要死。| 那个人笨得伤心。

ne^{13}ko^{13}zən^{21}pən^{13}te^{33}iau^{13}sɿ^{42}。ne^{13}ko^{13}zən^{21}pən^{13}te^{33}saŋ^{55}ɕin^{55}。

洛带$_{客}$：个只人笨得爱死。

kai^{53}ʦæʔ^{2}ȵin^{13}pən^{53}tieʔ^{2}oi^{53}ɕi^{31}。

仪陇$_{客}$：个个人笨得伤心。| 个个人笨得爱命。| 那个人笨得很。

kai^{13}kɛ^{21}in^{21}pən^{13}teʔ^{3}sɔŋ^{33}ɕin^{33}。kai^{13}kɛ^{21}in^{21}pən^{13}teʔ^{3}o^{13}miaŋ^{53}。kai^{13}kɛ^{21}in^{21}pən^{13}teʔ^{3}xan^{53}。

永兴$_{\text{湘}}$：那个人笨得伤心。| 那个人笨得心慌。

na^{14}ko^{14}ʐən^{31}b‘ən^{14}te^{31}saŋ^{55}ɕin^{55}。na^{14}ko^{14}ʐən^{31}b‘ən^{14}te^{31}ɕin^{55}faŋ^{55}。

安仁$_{\text{湘}}$：口$_{\text{那}}$个人笨得咬人。| 口$_{\text{那}}$个人笨得吓人。

n̩^{55}kɤ^{55}nin^{13}pən^{24}te^{55}ŋa^{55}nin^{13} n̩^{55}kɤ^{55}nin^{13}pən^{24}te^{55}ho^{55}nin^{13}。

长乐$_{\text{湘}}$：那个人笨得要死。| 那个人傻撮撮的。| 那个憨包儿。

na^{35}ko^{35}ŋən^{21}pən^{35}te^{21}iɑu^{35}sɿ^{53}。na^{35}ko^{35}ŋən^{21}xa^{53}ʦ‘o^{21}ʦ‘o^{21}dɛ。na^{35}ko^{35}ŋən^{21}xan^{44}pɚ^{44}。

说明：四川官话方言程度补语有多种表达形式，常见单音节形式有“腾”“惨”等，双音节形式有“要死”“要命”“伤心”“心慌”“吓人”等。“腾”“惨”虚化程度最高，只表程度义，组合对象不分褒贬；“要死”“要命”虚化程度较高，组合对象主要是贬义词语；“伤心”“心慌”“吓人”虚化程度较低，做程度补语只跟贬义词语组合，并保留着相应的词汇意义。

55. 这辣椒辣得不能再辣了。

成都：这海椒只有那么辣了。

ʦe^{213}xai^{53}ʨiau^{55}ʦɿ^{53}iəu^{53}ne^{213}mo^{55}na^{21}no^{21}。

达州：这辣子只有浪们辣了。

ne^{214}na^{12}ʦɿ^{42}ʦɿ^{42}iəu^{42}naŋ^{214}mən^{12}na^{12}niau^{55}。

自贡：这海椒只有恁辣了。

ʦei^{55}xai^{53}ʨiau^{55}ʦʅ^{53}iəu^{53}nən^{255}na^{214}ia^{53}。

雅安：这海椒只有仲辣了。

ʦe^{55}xai^{42}ʨiau^{55}ʦɿ^{42}iəu^{42}ʦoŋ^{214}na^{55}ta^{42}。

广元：这海椒只有那么辣了。

ʦe^{214}xai^{42}ʨiau^{55}ʦɿ^{42}iəu^{42}na^{214}mo^{55}na^{21}nau^{42}。

泸州：这海椒辣惨了。

ʦei^{55}xai^{42}ʨiau^{55}næ^{33}ʦ‘an^{42}no^{21}。

洛带$_{\text{客}}$：样个鸡椒咁辣。

iaŋ^{13}ke^{53}kai^{45}ʨiau^{45}kan^{13}læʔ^{5}。

仪陇$_{\text{客}}$：底个番椒只有咁辣了。

ʨi^{53}ko^{13}fan^{33}ʨiau^{33}ʦɿ^{53}iəu^{33}kan^{21}laʔ^{3}lɛ^{21}。

永兴$_{\text{湘}}$：这海椒只有那们辣了。

ʨie^{14}xai^{53}ʨiau^{55}ʦɿ^{53}iəu^{53}na^{14}mən^{31}na^{31}niau^{53}。

安仁$_{\text{湘}}$：咦个辣子好辣哟。

i^{13}kɤ^{55}na^{55}·ʦɿ^{21}he^{41}na^{55}io^{21}。

长乐$_{\text{湘}}$：勒海椒辣得很。

ne^{35}xai^{53}ʨiɑu^{44}na^{35}te^{21}xən^{53}。

说明：四川官话方言和境内某些客家方言点、湘方言点都可用“只有那么 + 形容词 + 了”表示程度极高。

四川省志·方言志

第六篇　方　言　地　图

一、说明

（一）本篇共涉及四川境内136个方言点。其中包括汉族居住区域的全部市、县120个方言点和阿坝藏族羌族自治州、甘孜藏族自治州、凉山彝族自治州所辖市、县16个方言点。民族地区的语言使用情况较为复杂，所辖市、县未全部列入地图，选录方言点以中国社会科学院语言研究所黄雪贞的《西南官话的分区（稿）》① 为依据。

（二）方言地图共14幅。图1、图2为方言分布分区图；图3—图14为西南官话的语音、词汇、语法项目地图，其中语音地图4幅，词汇地图6幅，语法地图2幅。

（三）地图采用空心和实心三角形、菱形标记语言现象，每幅地图设图例，具体说明符号的含义。

二、目录

① 黄雪贞．西南官话的分区（稿）．方言，1986（4）．

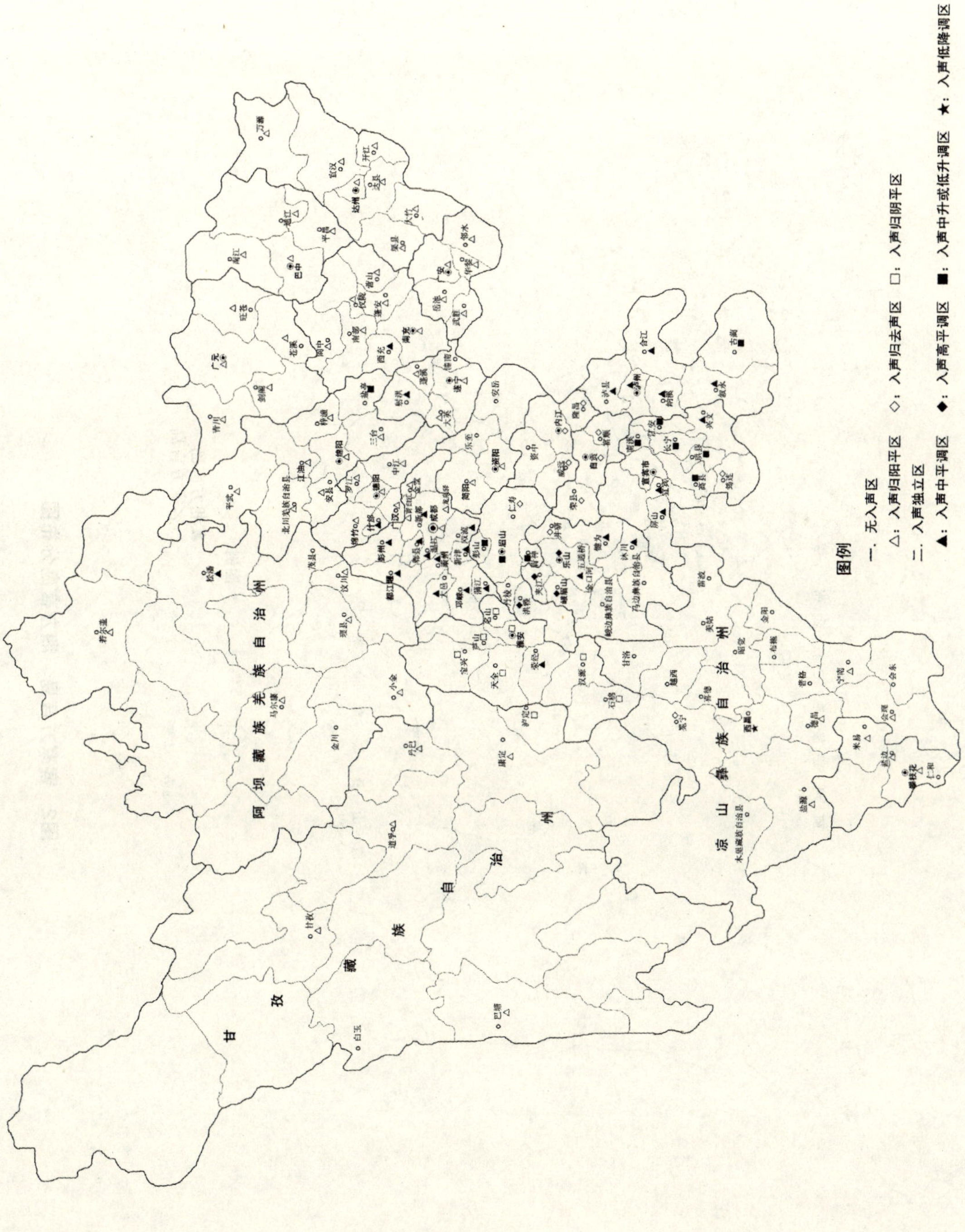
图例
一、无入声区
△：入声归阳平区　◇：入声归去声区　□：入声归阴平区
二、入声独立区
▲：入声中平调区　◆：入声高平调区　■：入声中升或低升调区　★：入声低降调区
阿坝藏族羌族自治州
甘孜藏族自治州
凉山彝族自治州

图1　西南官话分区图

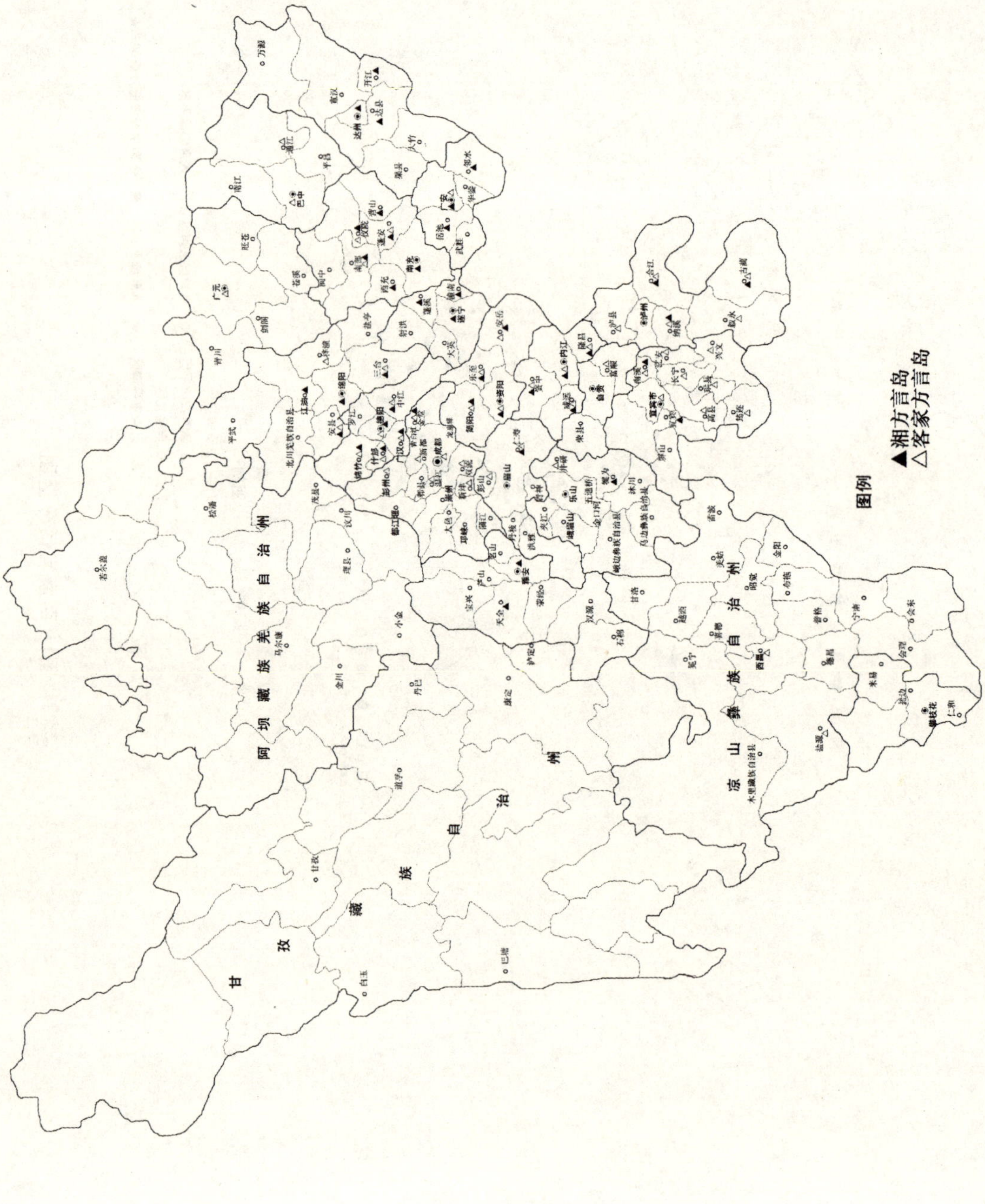

图2 客家方言岛、湘方言岛分布图

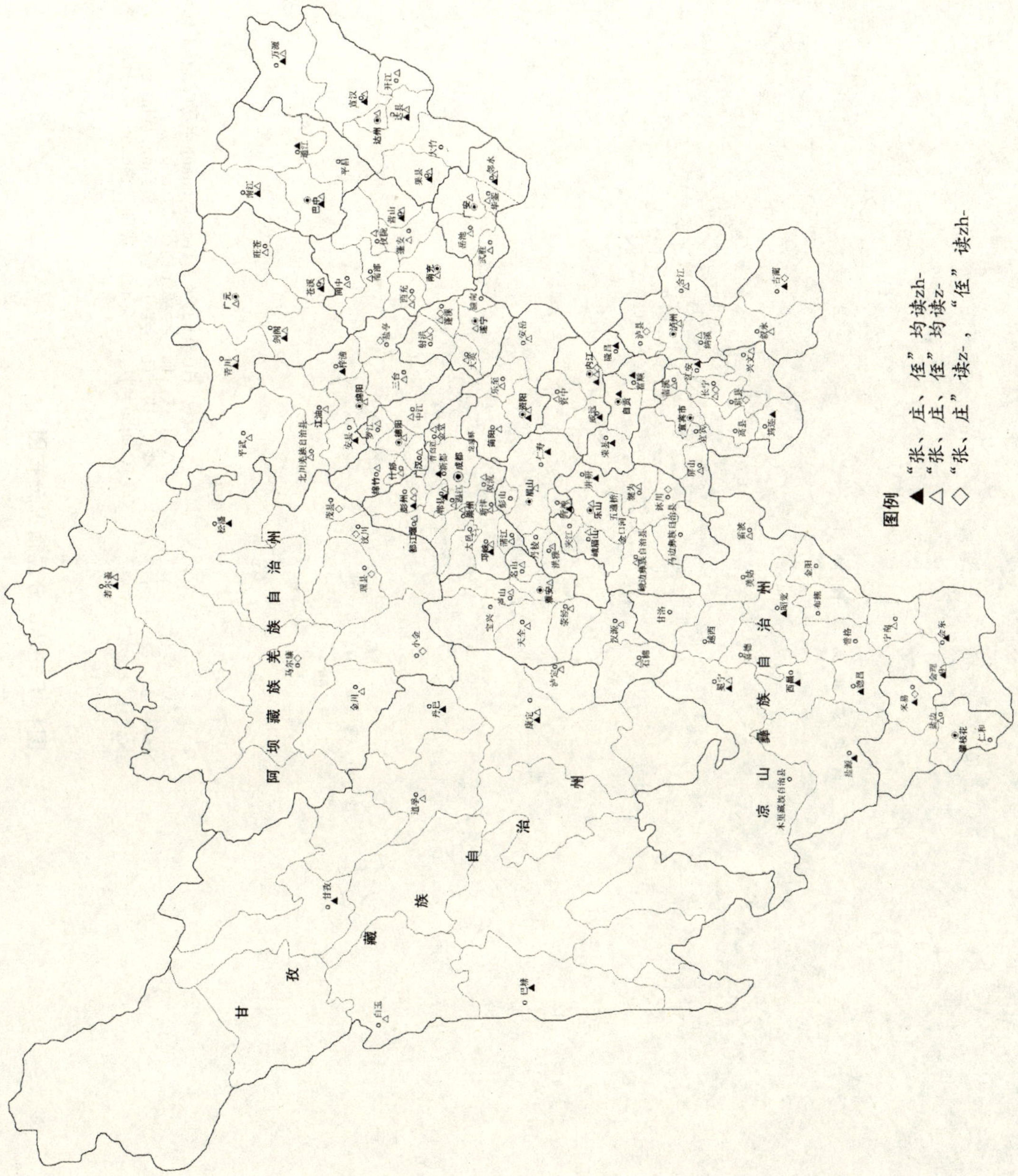

图3 "张庄侄"发音情况分布图

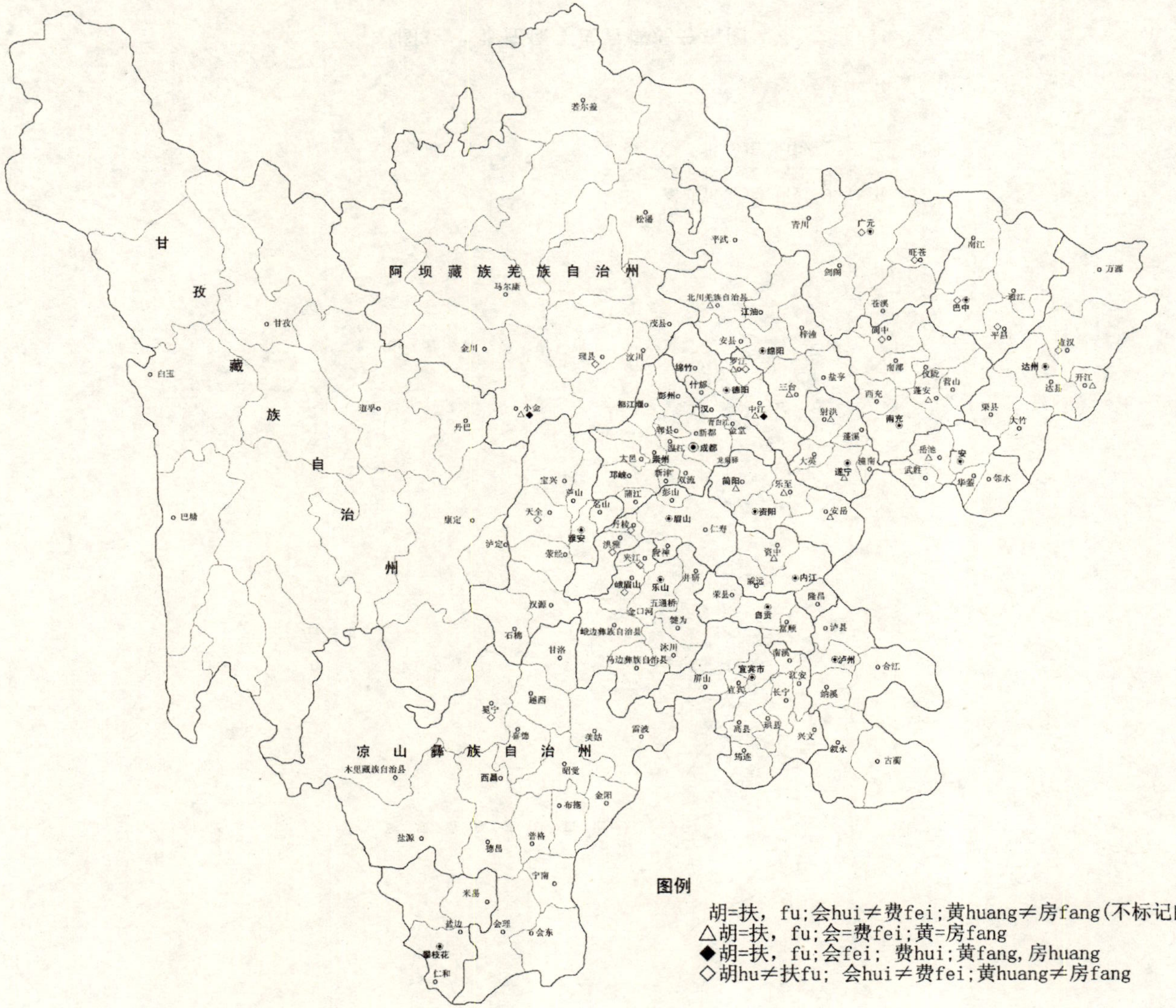

图例

胡=扶，fu;会hui≠费fei;黄huang≠房fang(不标记的点为此类)
△胡=扶，fu;会=费fei;黄=房fang
◆胡=扶，fu;会fei；费hui;黄fang,房huang
◇胡hu≠扶fu；会hui≠费fei;黄huang≠房fang

图4　f — hu 分混情况分布图

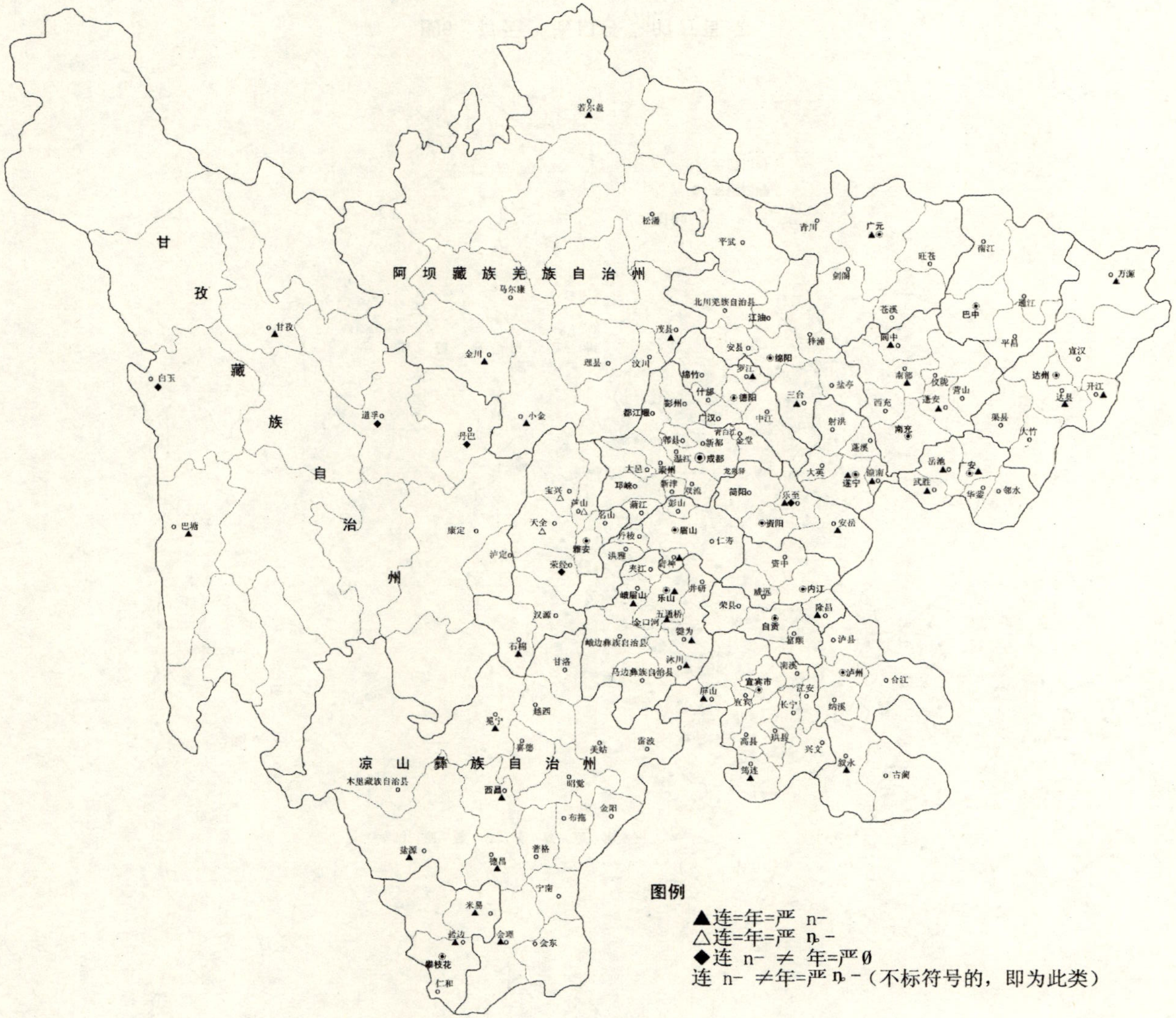

图5 “连”“年”“严”发音情况分布图

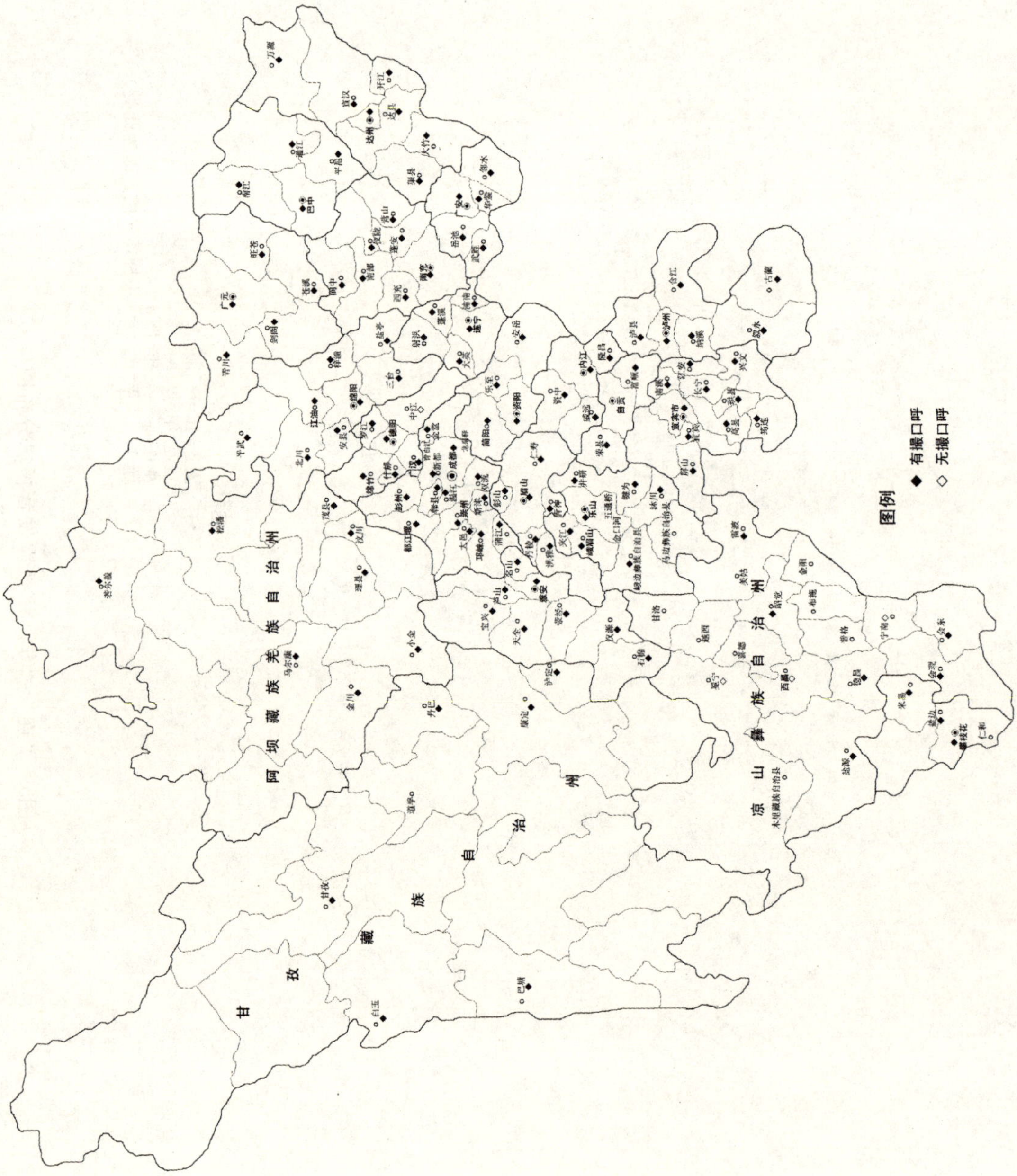

图6 有无"撮口呼"的方言点

图7　"祖父"说"公"的方言点

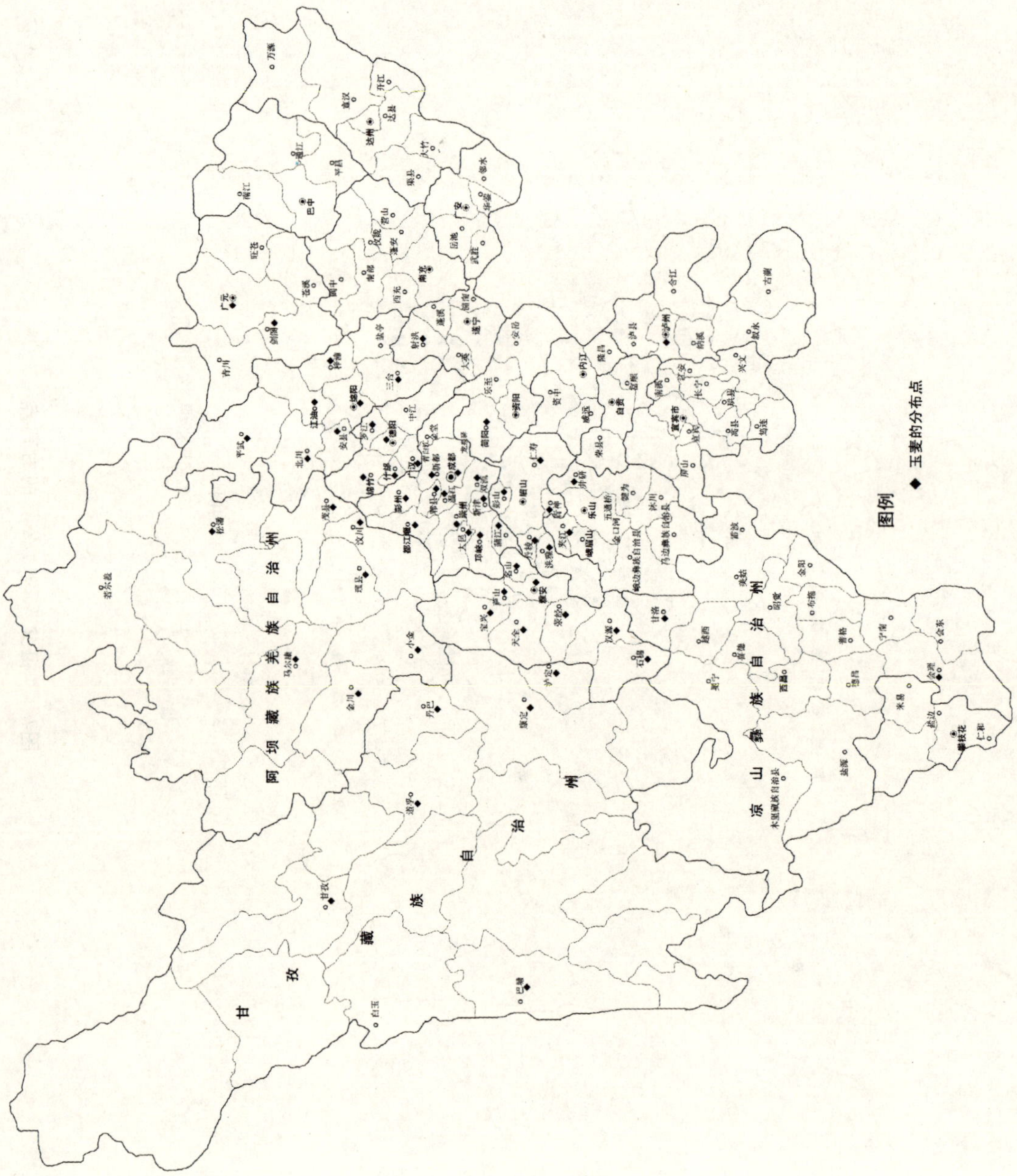

图8 “玉米”说“玉麦”的方言点

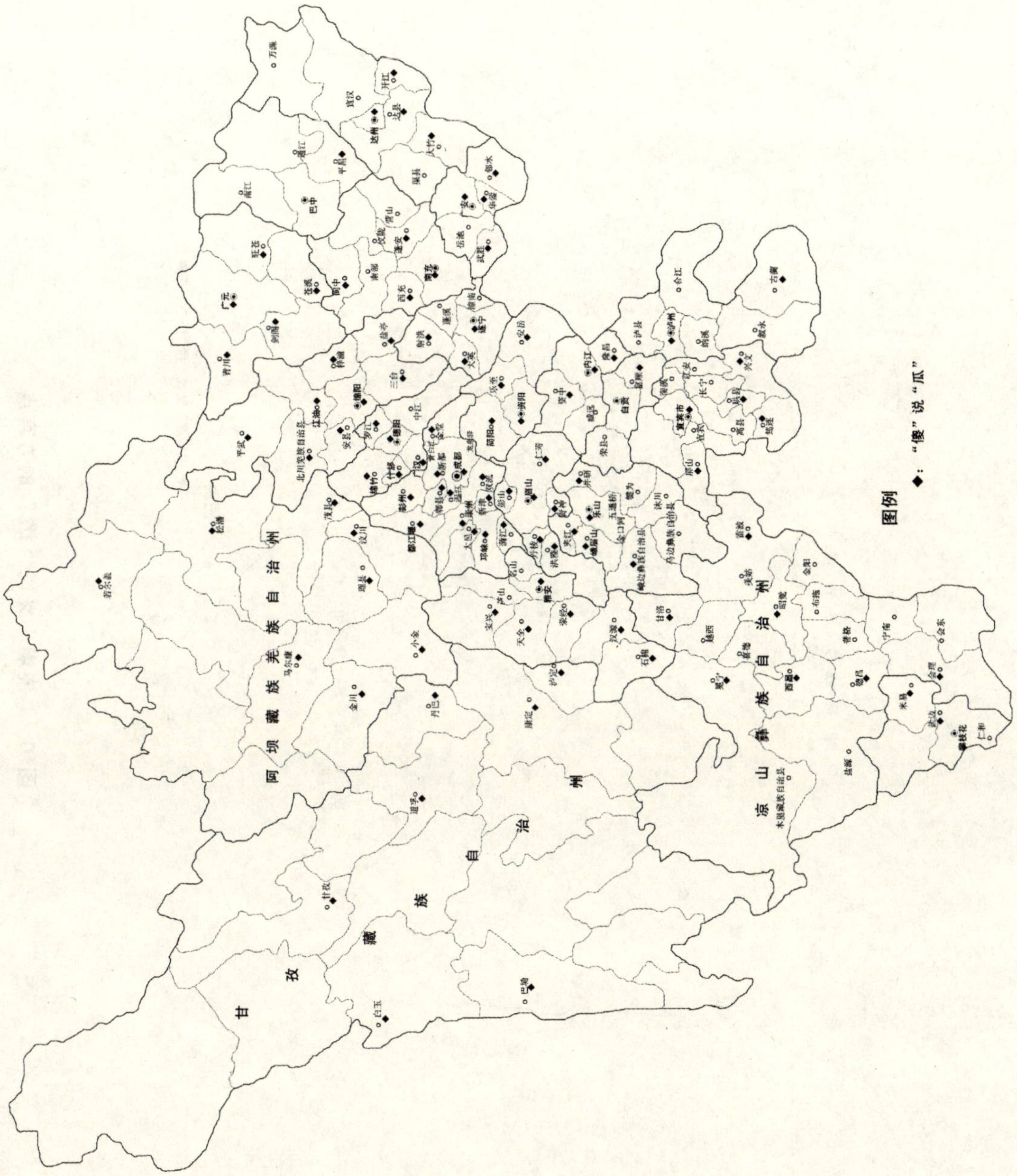

图9　“傻”说“瓜”的方言点

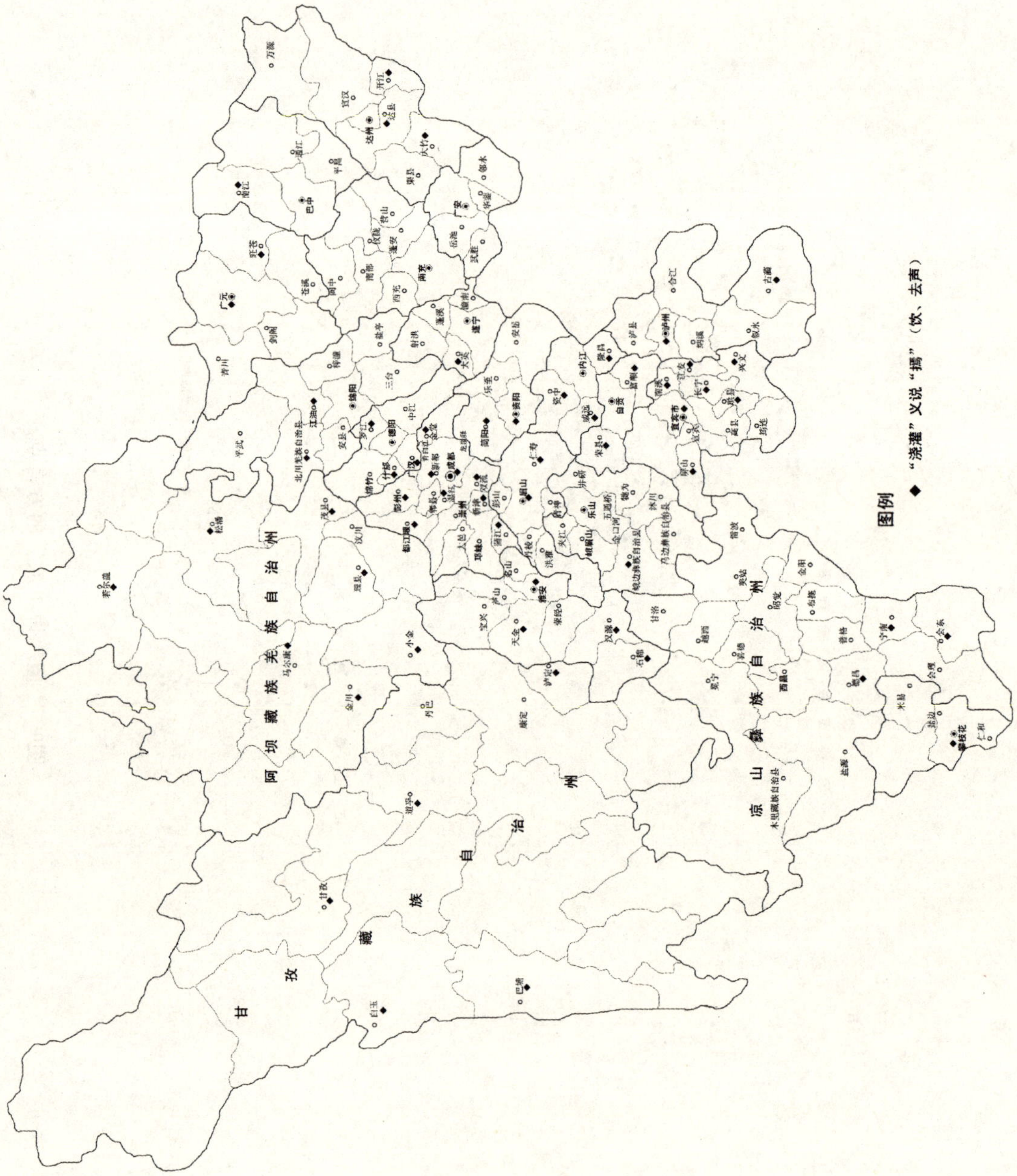

图例
◆ "浇灌"义说"⿰扌焉"（饮、去声）

图10 "浇灌"义说"⿰扌焉"的方言点

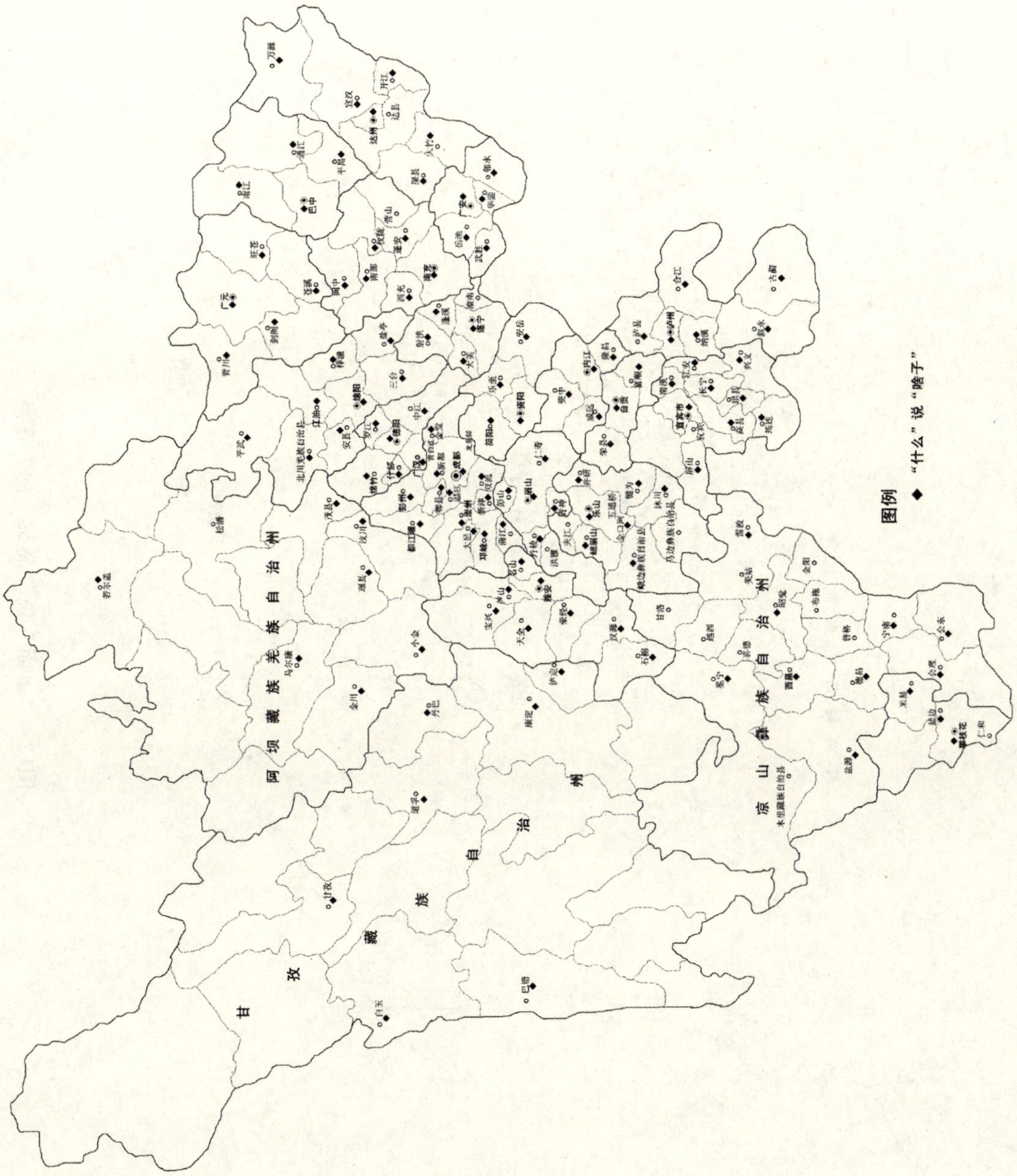

图11　“什么”说“啥子”的方言点

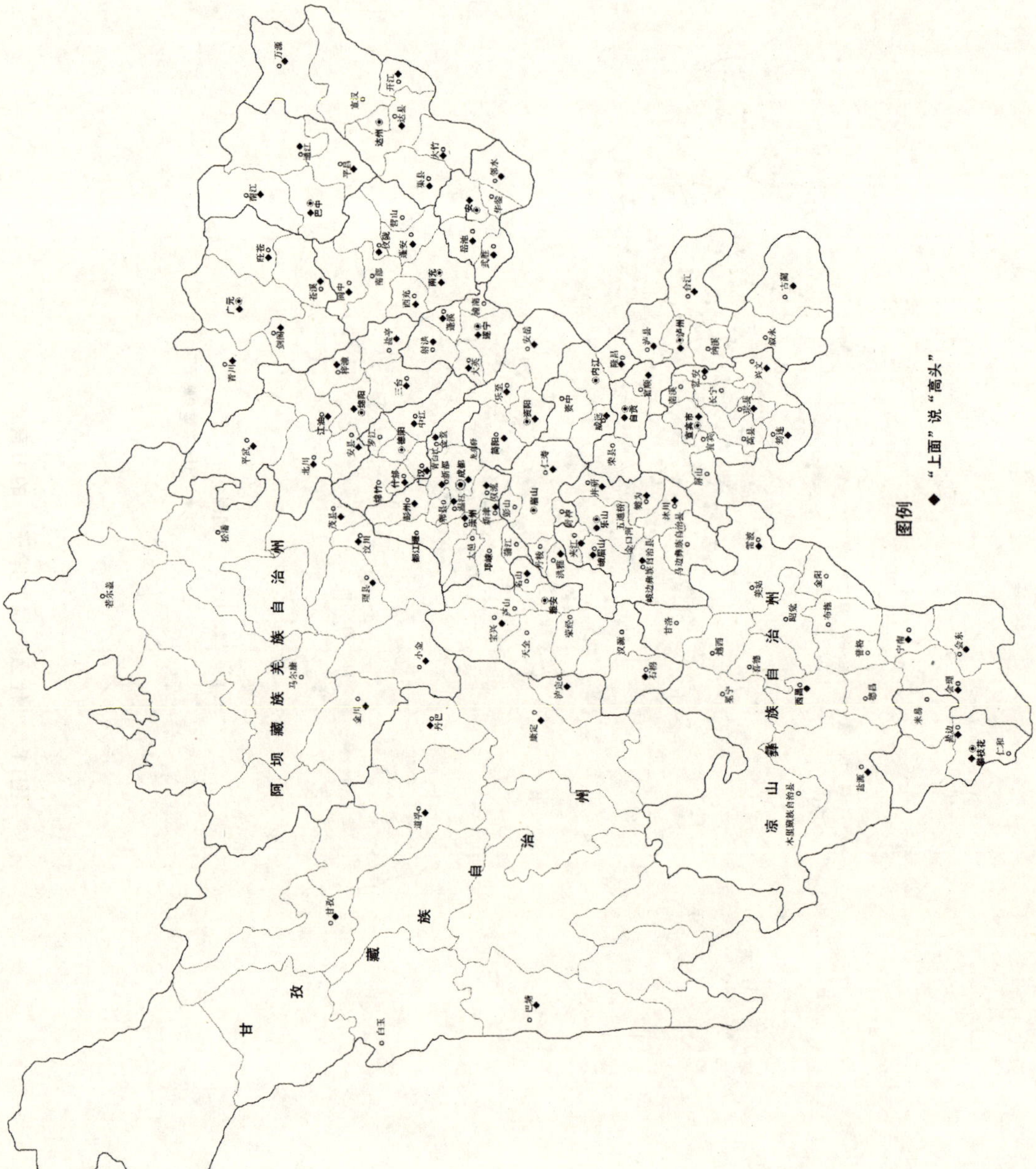

图12 "上面"说"高头"的方言点

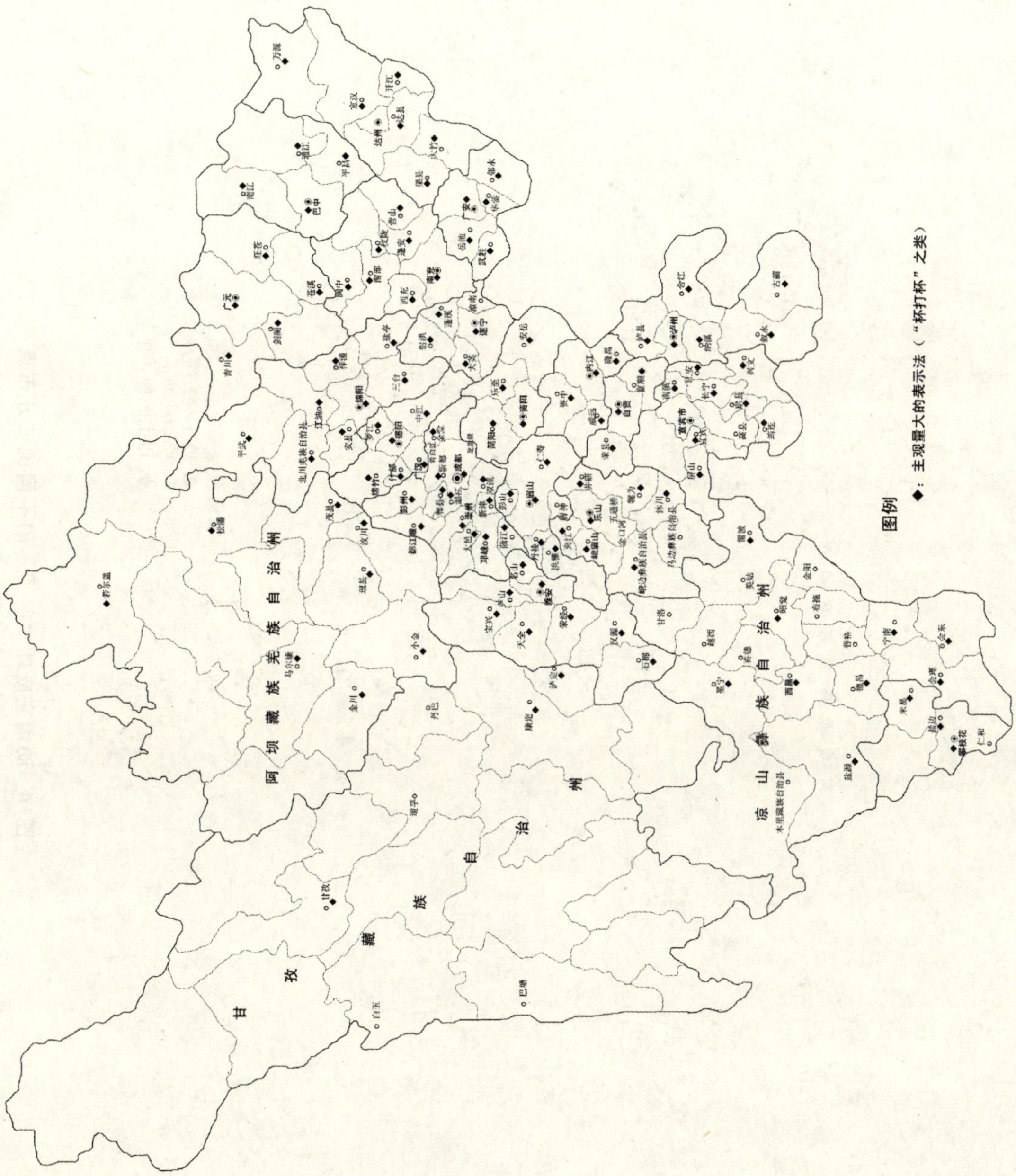

图13　用“杯打杯”的组成格式表示主观量大的方言点

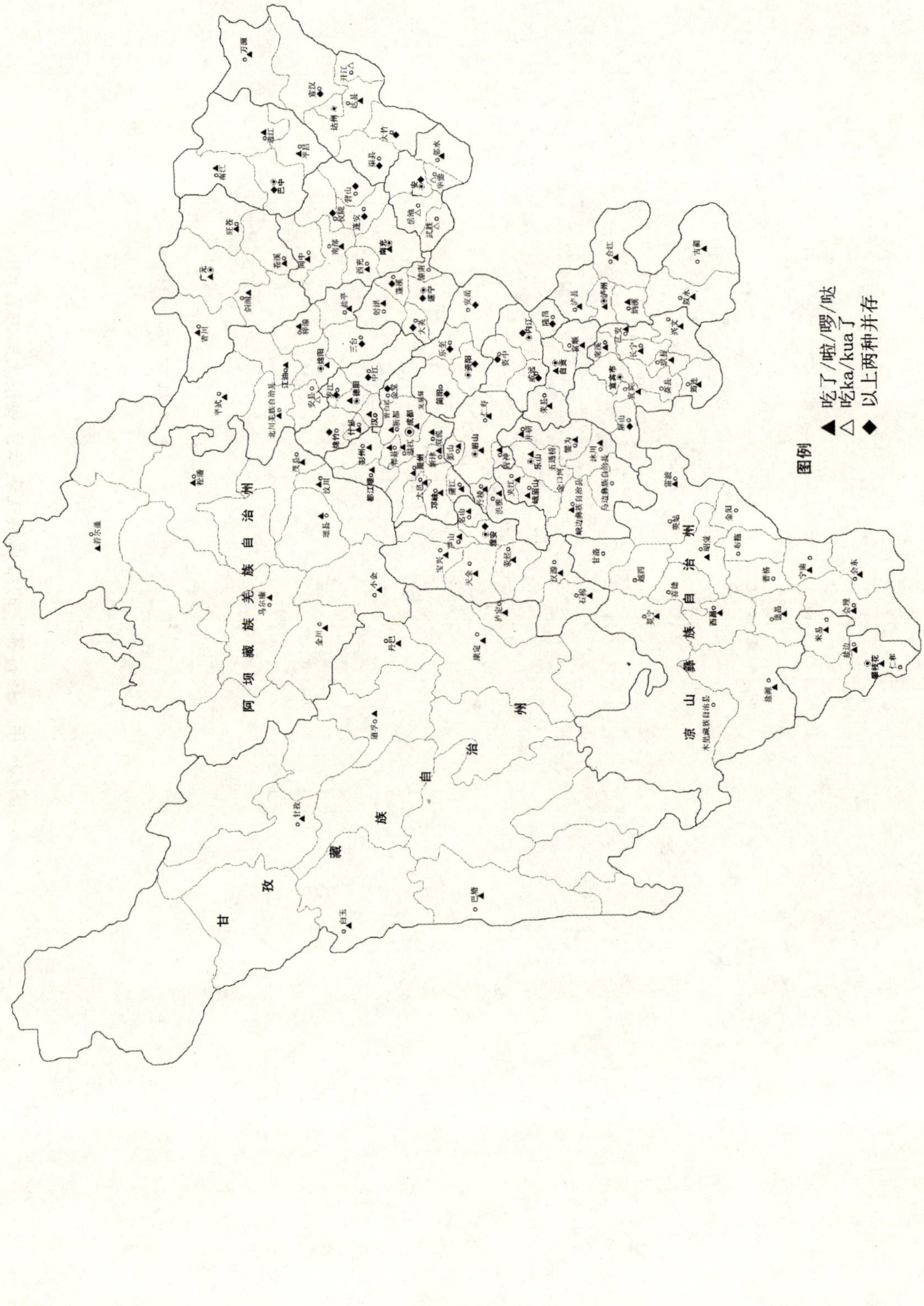

图14 动词完成体“吃了”的不同说法分布点

第七篇　四川境内汉语方言的研究历史

蜀地学者自古有重视方言，搜集、整理、研究方言的传统。自西汉扬雄至今，四川境内汉语方言研究的文献极为丰富。当代学者崔荣昌等从不同角度对四川方言研究的情况做过说明①。今依据古今文献，参考各家“综述”，对四川境内汉语方言，包括四川境内的官话方言、客家方言和湘方言的研究情况按历史线索加以陈述，以供研究者参考②。

---

① 崔荣昌．四川方言研究述评．中国语文，1994（6）；汪启明．近十年（1997—2007）四川方言研究综述．楚雄师范学院学报，2008（8）；汪启明，程曾．近十年（1997—2007）四川方言市县话研究综述．乐山师范学院学报，2008（7）．

② 按照丛书统一规定，本书研究时限止于2005年。

第一章　古蜀方言到现代四川官话方言的研究

在华夏大地，古有巴、蜀、梁、益、蜀汉、西蜀等地域称谓，其所指范围，历史上多有变迁，但都与今四川所辖地域有关。今以成都为行政中心的四川省，其所辖范围主要处于古称蜀地的区域内，迄今，四川简称川或蜀，而巴蜀作为一个相对模糊的地域概念，则成为重庆和四川的合称。蜀地方言有一脉相承的关系，论及四川方言的研究，本节使用了古蜀方言、蜀方言和四川话（或四川方言）三个不同的术语，所指未作严格界定，主要用以大致区分不同时期的四川方言研究。

四川方言的研究历史分为三个主要的时期：一是宋元以前的研究；二是明代至20世纪中叶的研究；三是20世纪中叶至当今的研究。分期的主要依据是不同时期的研究特点。

第一个时期是古蜀方言研究时期，这一时期，虽偶有文献提及“蜀语”，如东晋葛洪《抱朴子·内篇·道意》“后有一人姓李名宽，到吴而蜀语，能祝水治病颇愈”，但从总体情况看，尚无专门而固定的术语指称蜀地方言，各种文献中涉及的内容只有蜀地方言词语的零星记载和扼要说明。

第二个时期以明代李实的《蜀语》为标志，出现了对四川方言词汇的全面记载与说明，这一时期虽然对四川方言尚无统一指称，但出现了“蜀语”“蜀方言”“西蜀方言”等专门称谓，表明研究对象有了明确指向。与第一时期的研究显著不同：今人可以从相关文献中较为全面地观察到当时方言的基本面貌。

第三个时期以丁声树、董同龢、周法高、杨时逢、刘念和于20世纪40年代对四川方言的普查为标志性起点，这一时期，“四川方言”这一术语被普遍使用。较之前两个阶段，这一时期的研究明显受到现代语言学理论的影响，其研究内容十分广泛，深入到方言的语音、词汇、语法等不同领域。这一时期又可以“文化大革命”时期为界，分为前后两个阶段。

第一节　宋元以前古蜀方言的研究

这一时期的研究主要是古蜀方言词语的零星记录和扼要说明。

上古和中古时期，四川境内的语言或方言状况如何，没有专门文献或系统论著，只是在一些文献中有一些零星的记载，其中主要是对古代巴蜀疆域内方言词语的记录和说明。

一、西汉扬雄的《方言》

最早载有古蜀方言的文献是扬雄所著《方言》。扬雄（公元前53—公元18），字子云，西汉末年的著名学者，蜀郡成都人。《方言》乃《輶轩使者绝代语释别国方言》的简称，是中国最早的一部比较方言词汇著作，也是世界上第一部方言著作。原书十五卷，收录九千余字，今本《方言》十三卷，收11900多字，大约后人有所增补，所收词目675条。

《方言》为探求古蜀方言的词汇留下了重要的线索和依据。

《方言》中有16处记载了“梁益之间”或“西南蜀汉”，即今陕西汉中和四川地区的语言材料，有的词保存至今，如“梁益之间，……其肥腻谓之膿”（卷二），今四川方言形容肥腻食物仍说“膿”，称“腻人”为“膿人”；有的词发生变化或完全消失，如“蚍蜉，……西南梁益之间谓之玄蚼”（卷十二）；又如“肖，类，法也。……西南梁益之间凡言相类者亦谓之肖”（卷七）；又如“水中可居為洲，……蜀汉谓之檗”。（卷十二）

此外，《方言》所载词语有一值得注意的现象，就是文献中标注为其他地域的一些词语，今天却在四川通行，如“凡饮药傅药而毒……北燕朝鲜之间谓之痨”（卷三）。今四川话称“毒药”为“痨 nau^{213}药”，说“毒人”为“痨人”，这或许为不同地域之间方言词语的传播和影响留下了线索。

《方言》关于词目的地域说明为我们探求古蜀方言的与其他方言之间的关系有重要启发。

巴蜀地处梁益，《方言》中多以“梁益”并举，据此可以推断，汉代梁、益一带的方言已比较接近，应该同属一个方言①。另一方面，《方言》又多以梁益与秦晋并举，而秦晋方言以都城长安为中心，是“通语”的基础方言，据此可以推断，汉代蜀地方言跟当时的“通语”有很大的一致性，是秦晋方言下面的一支次方言②。

《方言》是汉语方言学史上的一座丰碑，在语言学史上亦属首创。其记录的词语和释义是中国历史文献中不可多得的宝贵资料。当代著名语言学家罗常培为《方言校笺及通检》作序，称扬雄《方言》为“中国语言史上一部‘悬日月不刊’的奇书”③。

二、其他零星记载

扬雄之后，对蜀语的记录没有间断过。许慎《说文解字》、郑玄注群经、郭璞注《尔雅》《方言》、唐代李商隐集《蜀语》（《蜀尔雅》）等都有对古蜀方言词语的记载。如东汉许慎《说文解字·女部》：“姐，蜀人谓母曰姐”。此外，《说文》还有30余处直接提到巴蜀的名物、方言和风俗，这对于探讨四川方言的历史颇具价值。其中涉及巴蜀地名的最多，包括江名、山名、县名等达20条。如“郫县”“什邡”和“阆中”，3个行政区域犹存，3个地名依旧。此外，涉及动植物名称的6条，涉及族名、人名（包括称谓）、物名及其他名称的10条，另有形容词2条、语音1条。

西晋郭璞注《尔雅·释器》：“蜀人呼笔为不律也，语之变转。”这直接反映了当时蜀地语言跟其他方言之间的差异。

北齐颜之推《颜氏家训·勉学篇》“皂”字下也记载有蜀方言词“豆逼”（即“豆粒”）的解说。

《广韵·祃韵》：“坝，蜀人谓平川为坝。”“坝”沿用至今。

此外，梁顾野王《玉篇》、唐玄应和慧琳《一切经音义》、宋《集韵》，以及历代文人的诗文、诗文自注等，都零星地记载了一些古蜀方言词语。

---

① 参赵振铎．古蜀语词汇论纲．云南师范大学学报，2009（1）；李恕豪．杨雄《方言》与方言地理学研究．成都：巴蜀书社，2003.

② 参见刘君惠等．扬雄方言研究．成都：巴蜀书社，1992：141.

③ 参见周祖谟，吴晓铃．方言校笺及通检．罗常培．“序”．北京：科学出版社，1956.

第二节 明末清初至20世纪中叶的蜀方言研究

跟上古和中古时期四川方言词语的零星记录不同，这一时期的四川方言研究出现了系统汇集四川方言词汇的著述。明代李实的《蜀语》、清人张慎仪的《蜀方言》和现代人唐枢的《蜀籁》就四川方言的词汇做了大量的搜集、整理和诠释工作。清人张澍的《蜀典》、傅崇矩的《成都通览》以及地方志中的方言志，也都记录和保存了一大批蜀方言词语。

一、第一部“断域为书”的方言词汇专著《蜀语》

如果说扬雄的《方言》是中国现存第一部汉语方言词汇著作的话，那么，明代李实的《蜀语》则是我国第一部“断域为书”的方言词汇专书，由李调元收入《函海》刊行于世。清末学者张慎仪在其《蜀方言·凡例》中说：“扬子《方言》兼采异国殊语，不限一域；断域为书，始于明李实《蜀语》。”

李实（1598—1676），字如石，别号镜庵，明末四川遂宁人，崇祯十六年（1644年）中进士，选长洲（今江苏苏州）令。关于《蜀语》，李实在自序中说：“实生长蜀田间，习闻蜀谚，眩于点画不暇考；留滞长洲，闲得以考之。”

《蜀语》共收词语563条，征引古籍68种，引用材料180多条。当今其他文献中看不见的亡逸韵书《中原雅音》，《蜀语》中亦保存了两条：“日中曰晌午。《中原雅音》，晌，音赏。”“手掘曰乞。乞，《广韵》，乌八切。又《中原雅音》，于寡切，音瓦。”

《蜀语》所收词语中有近二百条至今还在使用，有的词使用频率还很高。例如：“村市曰场，入市交易曰赶场。”“腹泻曰过。”“有所碍曰隐，隐，音恩，上声”。

《蜀语》中有注音的词目454条，一般采用直音，如：“篱音力”，“醪音劳”；少数用反切或反切加直音、读如的，如：“瀰，绵婢切”，“牦，莫褒切，音毛”，“大，他达切，读若阏”。《蜀语》的音注材料十分珍贵，可以据此探寻明末四川方言的语音面貌和四川方言语音的演变历史。

比如，现代四川方言古全浊声母字已经完全清化；古精、见两组的细音字已经合流，产生了舌面音声母j、q、x；除灌赤片的岷江小片之外，入声已经完全消失。但是，《蜀语》中几乎没有全浊声母字和送气清声母字互为音注的，可见当时全浊声母的清化尚未完成；见、精两组字也几乎没有互为音注的，可见，见、精两组声母的的合流也还没有开始。《蜀语》音注材料明确显示当时入声依然存在，如：“蟆，入声，音莫”，此外，以入声字为入声字做直音或反切下字的倾向性也很明显；但是，与此同时，《蜀语》中也有舒声、促声互为音注的例子，如：“篱音力”，“玉读若遇”。这些材料说明：一方面当时确实存在入声，但另一方面入声正在发生变化，正处于走向消失的阶段。

《蜀语》中还有一些非西南官话词语。如闽语词，“馄饨曰匾食”（同福州话）；如湘语词，“呼父曰大大”；如客方言词，“快走曰猋”等。从元代末年起，即有东南各省移民入蜀，《蜀语》收录的这类词语可能反映了社会变迁造成的方言事实。

此外，在探求词源、考定本字、记录四川风土人情诸方面，也都显示出《蜀语》的特色。

1990年，巴蜀书社出版黄仁寿、刘家和《〈蜀语〉校注》，该书以李调元所刊函海为底本，参校影印丛书集成本、光绪刻本，有校有注，为今人研究《蜀语》提供了方便。

二、辑录四川历史文化风物民俗的典籍《蜀典》

《蜀典》，编撰者张澍（1776—1847 年），字百瀹（一作伯瀹）、寿谷、字时霖，号介侯、鸠民、介白，凉州府武威（今甘肃省武威市）人，清嘉庆四年（1799 年）中进士，曾任四川屏山、兴文、大足、铜梁、南溪知县。

张澍一生著述甚丰，《蜀典》成书于清嘉庆二十三年（1818 年），以自刻本的形式刊行，清光绪二年（1876）三月尊经书院重刊。《蜀典》全面记载了巴蜀文化的起源、演变和发展。全书四册十二卷，分堪舆、人物、居寓、宦迹、故事、风俗、方言、器物、动植、著作、姓氏 11 个大类，共 1107 个小类。

《蜀典》之中，取材最为广泛、考证最为详实的类别当数风俗、方言、器物、姓氏四大类，它们集中体现了巴蜀文化显著而独特的内涵和特点。其中“方言类”收词目 104 条，其解说往往旁征博引。如“瞿塘”：“《夔州府志》：瞿，大也，塘水所聚也。又秋冬水落为瞿，春夏水涨为塘。”又称“按《乐府解题》云：瞿，盛也，塘陂池水也。言盛水其中可以行舟，又云夏则为瞿，冬则为塘。”又如：“锉，《广韵》：‘蜀呼钴锛为锉’。按：杜甫诗‘土锉冷疏烟’注，锉音挫。蜀人呼釜为锉。”《蜀典》“方言类”所收词目多见之古典文献，因而仅就其语料价值看，不如李实的《蜀语》等。

三、清末民初张慎仪的《蜀方言》

清末民初学者张慎仪（1846—1921 年），字淑威，号芋圃，晚年又号厩叟，四川成都人，祖籍江苏阳湖，一生著述甚丰，《蜀方言》为其中之一。《蜀方言》有四川人民出版社 1987 年出版的张永言点校本，此版本还包括《续方言新校补》二卷、《方言别录》四卷。《蜀方言》原名《今蜀俚语类录》，分上下两卷，收词 803 条，其条目主要是“见于记载而当时仍然行用的四川方言词语，一一考其‘本字’，注其出处，征引相当广博①。”

张永言指出：“这三种书所搜集的语言材料对于我们今天研究汉语方言和语言历史都能有所裨益。”一是有助于考求方言的本字，例如卷下：“铸铜铁器曰铸”，下‘铸’字今音若‘到’。古从‘寿’得声之字有作‘到’音者，如‘翿’‘擣’‘祷’诸字是也。二是有助于探求古今方言词语，如卷上：“疥疮曰干疙瘩。《集韵》：瘑瘩，疥疮也。”这对于解释《水浒传》第一回所说“招纳四方干隔涝汉子”的“干隔涝”一词的语源就有启发②。

《蜀方言》所记是通行于蜀地的词语，但其中不少属于通语，也通行于外地。如“月曰月亮”“灭火曰熄”“水渍物曰浸”“船夫曰水手”“同力共事曰火（伙）计”“常相交易曰主顾”“侍婢曰丫头”“体肥曰胖”等。这说明蜀方言中通语占了很大比重，就整体而言，蜀方言跟北方话的一致性很强。此外，《蜀方言》也记录了一些非西南官话的词语，如客方言“牝猫曰女猫”，闽方言“馄饨曰扁食”“谓客曰人客”等，反映了方言相互影响的事实。

四、一部关于成都的百科全书《成都通览》

《成都通览》又名《说成都》，清末宣统元年（1909 年）至宣统二年间由成都通俗报社出版，2006 年 1 月，成都时代出版社再版。编撰者傅崇矩，字樵村（1875—1917 年），四川简阳人。青年

---

① 张永言．续方言新校补方言别录蜀方言．“点校前言”．成都：四川人民出版社，1987：2.

② 张永言．续方言新校补方言别录蜀方言．“点校前言”．成都：四川人民出版社，1987：3.

时随父迁成都，一生以成都人自诩。

《成都通览》是记录清末成都社会万象的一部百科全书，洋洋七十万言。沈秉堃为该书作《序》称：“举凡山川气候、风土人情、农工商业、饮食、方言、居家事物，凡百价目、水陆程途，靡不毕载，诚人生必用之书也。”

该书分为180多类，其中“成都之小儿女歌谣”“成都之普通应酬话”“成都之口前话”“成都之歇后语”“成都之土语土言”“成都之双声土语”“成都之谜语言子”“成都之呼物土名”“成都之呼物混名”“成都之各行人买卖通用言词”“成都之袍哥话”“成都之江湖言词”等十多类专门收录成都方言俗语，其余类别中也记录了很多方言俗语。该书对研究成都话颇具文献价值，是研究一百年前成都话词汇的重要资料。同时，该书尽可能按当时的口头读音记录词语，恰如辑录者《自叙》所说：“书内之百物名称，多从成都人之口音口号”，因此，不少语料还负载了当时的语音信息，成为研究当时成都话语音特点的重要材料。

《成都通览》所录词语有一千多条，内容丰富、形式多样。有词，如“不睬（不怕也）、撇脱（不拘也）、赔党（赔钱也）”；惯用语，如：“毬说书（胡说也）、屁不疼（不要紧也）、讪坛子（说笑也）”；歇后语，如：“话不投（鸡也）、大年初（一也）、四喜发（财也）”，又如：“矮子爬楼梯（步步升高）、缺牙吧坐上席（体面无涯）”，后一类歇后语，《通览》归为“成都之谜语言子”。不少词语还提供了成都语音演变的一些实例，例如：“菜苔打得六月六，买把扇子遮油头”，“六、头”相押，表明“六”的韵母可能是əu，而不是今天的u。在“成都之双声土语”中，记录了“上下字同而音异者”，主要是AA式重叠名词或叠音名词，相关语料为清末成都语音的变调提供了翔实的材料。如阳平字的重叠：糖汤$_{\text{糖}}$、盘潘$_{\text{盘子}}$、船川$_{\text{船}}$、圆冤$_{\text{圆圈}}$、槽操$_{\text{槽}}$、鸽戈$_{\text{鸽子}}$、墙枪$_{\text{墙}}$、婆坡$_{\text{奶奶}}$、羊央$_{\text{羊}}$、虫冲$_{\text{虫}}$、毛猫$_{\text{毛}}$、芽丫$_{\text{芽儿}}$、坛滩$_{\text{坛子}}$、瓶拼$_{\text{瓶子}}$、盆烹$_{\text{盆子}}$、条挑$_{\text{条子}}$。阳平字重叠，第二音节变为阴平，与今成都话同。此外书中还详细记录了上声重叠和去声重叠的变调。

个别词语及其读音反映了成都市郊客家话的客观事实，如“八九七十二，口中晒暖气”，“二、气”相押，表明“二”读ȵi。词汇方面有“嗨玩几天，即顽耍也”，“嗨玩”是湘语的常用词，表明湘语对四川话的影响。另外，“成都之会馆公所”和“成都之成都人”从移民来源和数量上加以比较，也有助于探讨成都方言的形成和特点。

五、四川方言的熟语专集《蜀籁》

《蜀籁》，编撰者唐枢（林皋），四川遂宁人。《蜀籁》最初刊行于民国19年（1930年），其后于1962年和1982年由四川人民出版社两次再版。《蜀籁》是一本四川方言的熟语汇编，全书四卷，按部首归类，① 同一类之中，又以首字归并，首字相同者，则按熟语字数由少到多分组排序。四川人民出版社的再版本增补了部首检字索引，从“一”到“鼎”凡151部，为检索提供了方便。

《蜀籁》的作者广泛采集，搜罗翔实，比如，书中以“一”为首字的熟语就有16组，其中3字组就有29条，如：“一片毡$_{\text{一片模糊}}$、一根笋$_{\text{一直以来}}$、一包糟$_{\text{一团糟}}$”等；4字组竟达220余条，如：“一个二个、一抽一搓、一跰一跛、一跌三窜”等。

《蜀籁》所收条目，拿今天的标准来看，有惯用语、歇后语、俗成语②和谚语、流行俗语。一些

① 川版《蜀籁》用简化汉字印刷，故正文难以显示原著的部首排序。

② 邓英树，张一舟主编. 四川方言词汇研究. 北京：中国社会科学出版社，2009：170.

俗语描画世态十分生动，例如“三个学生会倒着说书，三个屠户会倒着说猪”“三千与你好，八百与他交”“三天不害人，走路莫没有精神”。但是，《蜀籁》中有些条目实际上属于通语，如：“三言两语、三头六臂、三年五载、一毛不拔、一窍不通”等，都是通语中相沿袭用的成语。

《蜀籁》所收条目不解说，无用例，故一些条目今天已经很难理解，如：“一笔高挥、一吃落听、三朵花儿开”；有些熟语可能就是今天四川流行的棋牌行话，如：“一炮三响、一碰三家滥”；有的词可能原本流行蜀地，后渐淹没，近年又从其他方言区引进，如“老公”，《蜀籁》有条目“一年嫁十二个老公，还找不到老公过年”。这些条目为我们提供了四川方言词汇的演变线索，对于研究方言词汇史无疑是有意义的。

六、英国传教士 Adam Grainger 撰写的教科书《西蜀方言》

《西蜀方言》（《西蜀方言 Western Mandarin or the Spoken Language of West China》）作者是中国（基督教）内地会传教士英国人 Adam Grainger，其汉名为钟秀芝（？—1921 年）。从 1890 年开始，钟秀之就在基督教徒的协作下着手编写《西蜀方言》，此书于 1900 年付梓，由上海 American Presbyterian Mission Press 出版。

《西蜀方言》专收口语中常用词语，供传教士学习，以便深入群众传播教义。全书收字头 3786 个（包括 112 个异体字），用例 13484 条（包含成语 401 条，不注音）。释义举例都以口语为准，不收文言词、外来词。全书内容分七部分：1. 前言，2. 汉字部首索引，3. 有字词，按部首排列，以字统词，4. 无字词，按字母顺序排列，5. 亲属称谓表，6. 音节索引，7. 英语索引。

《西蜀方言》的字头都准照方言口语用拉丁字母注音，以阿拉伯数字 1、2、3、4、5 标记声调，其音注详细准确，使得这部书成为研究 19 世纪后期成都语音极为重要的文献；同时，《西蜀方言》所记词语也十分丰富，从中可以发现方言词汇发展演变的重要信息。

七、清段玉裁《说文解字注》的词语考证

段玉裁（1735—1815 年），清代文字学家、训诂学家、经学家，字若膺，号懋堂，乾隆举人。乾隆三十七年（1772 年）段玉裁入川为官，先后任富顺、南溪和巫山县知事，历 10 年，熟稔四川风物、方言。其《说文解字注》引用了一些四川的方言词和名物词以印证古语古物，罗宪华、经本植撰文指出，段氏所采用的具体方法如下①：

第一，以目验印证古物。例如：“魧，刺鱼也。”段注：“《释鱼》曰：‘鲵大者谓之鰕。’郭云：‘今鲵鱼似鱼鲇，四脚，前似弥猴，后似狗，声如小儿啼，大者长八九尺，别名鱼鰕。按，此鱼见书传者，不下数十处，而人不之信，少见则多怪也。余在雅州亲见之。”（十一篇下鱼部）

第二，以方言印证古语。例如：“机，机木也。”段注：“按，盖即桤木。今成都桤木树，读若岂，平声。扬雄《蜀都赋》曰：‘春机杨柳’，机、桤古今字。桤见杜诗，王安石诗以桤滋移为韵，《韵会》音丘其切，与蜀语合。”（六篇上木部）《山海经·北山经》：“单狐之山多机木”，郭璞注：“机木似榆，可烧以粪稻田，出蜀中，音饥。”但不知其为何木。段氏以成都话加以对照，并引《韵会》的注音为证，说明“机木”即“桤木”。唐宋以来，成都有种桤木的习俗，《益部方物略记》：“民家莳之不三年，材可倍常。”杜甫《凭何十一少府邕觅桤木数百栽》：“饱闻桤木三年大，与致溪

① 罗宪华，经本植.《说文解字注》与四川的方言和名物. 四川大学学报，1982（3）.

边十亩阴。”王安石《桤木诗》：“濯锦江边木有桤。”直到今天，桤木在成都平原仍处处可见。

第三，探索四川地名词的由来。例如：原属四川、今为重庆所辖的“垫江县”，汉时为临江县，而汉时的垫江县应为今之合川县，且“垫”字应作“褺”。八篇上衣部“褺”字条和十一篇上水部“潼”字条，对此均有论述。

第四，以四川地名词正文献之谬。例如：六篇下邑部“鄂”字条，对“存”的解释，段氏以对“存鄂”遗址的调查，证明《汉书·地理志》作“郁鄂”系因偏旁类推所误。

在《说文解字注》中，涉及四川方言的语料数量甚微，却弥足珍贵。段氏以方言证古语，十分精准，具有方法论的价值，对方言词汇和汉语词汇史的研究也具有十分重要的意义。

八、地方志记载的方言材料

明清两代及民国时期四川各地编撰的一些方志，也都零星地记载了部分方言资料。其中，有记述方言名称及来源的。例如：

民国22年（1933年）《安县志》：“前清时，县属民皆由各省客民占籍，声音多从其本俗。同一意义之俗语，各处发音不同。有所谓广东腔者，有所谓陕西腔者，有所谓湖广宝庆腔者、永州腔者，音皆多浊。近数十年交通便利，声音皆入于清，而各省之人腔调渐归一致，音皆多清而浊者少矣”。

民国20年（1931年）《三台县志》：“邑人遭明季寇猕，两湖两粤之民插入县籍者，子孙继述犹习宝庆乡谈，祭祖祝辞不改广东土语，其多数普通方言则与明李实所撰《蜀语》十符八九”。

嘉庆十九年（1815年）《三台县志》：“二月二日种瓜蓏。谚云：二月二，王瓜葫芦齐落地”，“二地”相押，“二”读ȵi，“黄王”不分，“王瓜”即“黄瓜”，正是广东土语（客家话）的特点，三台有客家话，其明征也。

民国20年（1931年）《三台县志·食货志·物产》：“包谷，即御麦。《图经》云，谷中之奇者，曾经进御，故曰御麦。黔曰玉蜀黍，西域曰番麦，南人曰包果。”“蕃豆，人呼落花生，见《三农纪》。种于初夏，成于仲冬。因开花时得露气则花须之，针入于地下而生，故名花生。”这些记载探讨了物产名称及其来源。

民国22年（1933年）《灌县志·礼俗纪·方言》：“苏气，苏奢丽也。苏州风物奢丽，他处因谓奢丽曰苏气，或曰姑苏。苏气，言其有苏州习气”。“刀头，还愿赛神之肉也。古诗：何当大刀头？刀头有环（圆）义，还（愿）之隐语。方言本此”。

这些资料虽少也不集中，但却为追溯四川方言的源流，提供了可贵的线索①。

第三节　20世纪中叶以后的四川方言研究

从20世纪40年代至现在，是四川方言研究的第三个时期。这个时期由两次四川方言的普查拉开序幕，从此，四川方言的研究开始明显受到现代语言学理论的影响，研究领域深入到方言的语音、词汇、语法各个方面，同时，以“四川方言”指称四川境内的现代官话方言，“四川方言”逐渐代替“蜀语”“蜀方言”等旧称。

---

① 上述资料引自崔荣昌《四川方言与巴蜀文化》. 成都：四川大学出版社，1996.

这一时期可以分为前后两个阶段：前一阶段从20世纪40年代到60年代；后一阶段从20世纪80年代到现在。

一、现代语言学理论指导下的四川方言调查

这一时期的研究呈现出不同于前一时期的鲜明特点：

第一，跟传统的词语辑录和考释不同，理论上明显地受到西方人类学和语言学的影响，走出了一条新的研究路子；

第二，注重鲜活的口语，采用田野调查的方法，对获得的材料采用系统分析对比的方法进行梳理，整理出完整的音系，并揭示其相关规律；

第三，涉及面之广泛前所未有，均依靠群体力量合作完成，均有学贯中西的学者担纲，起点很高；

第四，两次方言语音普查是这一时期的标志性事件，《四川方言音系》① 是这一时期问世的里程碑式的成果。

20世纪40年代和50年代，学者们对四川境内的汉语方言分别开展了两次规模空前的普查。

第一次普查时间是20世纪40年代。

1940年冬，当时的“中央研究院”历史语言研究所因抗日战争迁移到四川南溪县李庄镇（现属宜宾市）。随迁学者丁声树、董同龢、周法高、杨时逢、刘念和，于1941年10月、11月和1946年4月、5月、6月，对四川方言进行了第一次全面普查。调查范围涉及当时134县，因为有的县调查地点不止一个，所以一共涉及182个调查点。这次方言普查全面深入，规模空前，手段科学，是运用现代语言学理论和手段研究四川方言的开创性的工作，成为现代方言学意义的四川方言研究的标志性事件之一。无论是它的规模、方法，还是结论，在四川方言研究史上都具有划时代的意义。

同一时期，杨时逢还对李庄方言做了专门调查。

两次调查的成果见《成都音系略记》②《四川李庄方言略记》③《四川方言声调分布》④《四川方言调查报告》⑤ 和《李庄方言记》⑥。

四川方言的第二次普查时间是20世纪50年代。

1955年，“现代汉语规范化问题学术会议”在北京召开，确定了现代汉语规范化的标准。次年，为大力推广普通话，中央教育部和高等教育部向全国各高等院校发布了开展方言调查的指示。在四川，由省教育厅、四川大学、西南师范学院（今西南大学）和四川师范学院（今四川师范大学）组成四川方言调查工作组，对四川汉族地区的150个县（市）展开了全面的方言普查。这次调查是现代方言学意义的四川方言研究的又一标志性事件。之后，四川大学甄尚灵、郝锡炯、陈绍龄将调查结果整理成《四川方言音系》，发表于《四川大学学报》1960年3期专号，署名“四川大学方言工作组”。

---

① 四川大学方言工作组. 四川方言音系. 四川大学学报（专号），1960（3）.

② 杨时逢. 成都音系略记. 台北：“中央研究院”历史语言研究所集刊之23上，1951：289—302.

③ 杨时逢. 四川李庄方言略记. 台北：“中央研究院”历史语言研究所集刊之28上，1956：283—317.

④ 杨时逢. 四川方言声调分布. 庆祝董作宾先生六十五岁论文集（上册）. 台北：“中央研究院”历史语言研究所集刊外编第四种，1960：359—388.

⑤ 杨时逢. 四川方言调查报告. 台北：“中央研究院”历史语言研究所专刊之82，1984.

⑥ 杨时逢. 李庄方言记. 台北：“中央研究院”历史语言研究所专刊之87，1987.

《四川方言音系》的正文共5部分：四川方言的音类和音值、四川方言的声韵结合、25个代表点方音字表、四川方音的分区、方言地图。

《四川方言语系》采用了描写语言学的方法，注重活的口语，用国际音标记音，客观记录方言面貌；运用了历史比较语言学的理论，注意比较不同方言点材料的异同，探讨古今语音的演变。它第一次将四川方言语音的面貌全面细致地展示出来；它第一次为四川方言语音的调查研究建立了一个科学的理论框架；它第一次以科学的标准提出了四川方言内部小片的划分。《四川方言音系》科学、系统、清晰、简明，为四川方言研究积累了珍贵的方言史料，成为后来四川方言语音研究的经典文献和重要基础，堪称四川方言研究史上的一座丰碑。

直至“文化大革命”之前，这一时期大陆的四川方言研究成果还有11项。就其研究领域来看，涉及语音本体研究的论文两篇：甄尚灵《成都语音的初步研究》（《四川大学学报》1958年1期），陈绍龄、郝锡炯《峨眉音系》（《四川大学学报》1959年1期）；词汇研究论文两篇：曹德明《四川话的“阴”》（《中国语文》1962年1期）、彭湃《四川奉节方言分类词汇》（《方言与普通话集刊·7》，文字改革出版社，1959年）；语法研究论文3篇：李龄《四川邛崃话里的后加成分“儿”和“儿子”》（《中国语文》1959年1期）、范继淹《重庆方言名词的重叠和儿化》（《中国语文》1962年12期）、《重庆方言表动量的“下儿”和表时量的“下儿”》（《中国语文》1965年6期）。田元的《四川犍乐方音和北京语音》（《方言与普通话集刊·3》，文字改革出版社，1958年）讨论学习普通话的方法；丁声树（署名沈子平）《读〈四川方言音系〉》（《中国语文》1961年9期）是对《四川方言音系》的评介。其中，有的文章显然跟推广普通话有直接关系，而对后来的语音研究较有影响是甄尚灵和陈绍龄、郝锡炯的两篇文章。

此外，这一时期还出版了三部重要著作：袁家骅等人的《汉语方言概要》（文字改革出版社，1960年）、北京大学中国语言文学系语言学教研室《汉语方音字汇》（文字改革出版社，1962年）、《汉语方言词汇》（文字改革出版社，1964年）。这些著作虽然并不是专门以四川方言为研究对象，但是其中包含了大量四川方言本体的研究信息，如《汉语方言词汇》就辑录了成都话的字汇2700余字、词汇905条和部分语法材料。

值得注意的是，李龄、范继淹的研究已突破语音、词汇的范围，触及川渝官话方言的语法问题，可惜，随之而来的“文化大革命”却使整个研究陷于停顿。

二、四川方言研究的新发展

随着“文化大革命”的开展，1966年之后的10年间，四川方言的调查和研究一度停滞不前，研究陷于沉寂。历经十年，“文化大革命”结束，终于迎来“科学的春天”。1979年2月，《方言》杂志创刊，这是第一本专门研究汉语方言的学术刊物，它有力促进了汉语方言研究的繁荣，并有力促进了汉语方言学的发展。四川方言的调查和研究也随着新时期的到来而迈开了新的步子。进入80年代后，四川方言的研究进入一个新的时期，出现多角度、全方位的局面。这一时期的研究可以分为80年代的复苏期和90年代以后的繁荣期。

（一）20世纪80年代四川方言研究的复苏期

十年“文化大革命”的严酷历史，使广大学者心有余悸。学术研究并未因这场运动结束而立即复兴。“文化大革命”结束后的三年多时间之中，四川方言研究仅有范继淹的《重庆方言“下”字的分化》（《方言》，1979年2期）和林昭德的《诗词曲中四川方言例释（一）》（《西南师范学院学报》，1979 年 1 期）两篇文章问世。

随着理论上的拨乱反正，正本清源，学术研究迅速复苏。20 世纪 80 年代的 10 年当中，四川方言研究有 5 部专著，近 50 篇论文问世。

1. 四川大学的学者群

在复苏期，四川方言研究的主力军是四川大学的学者群，50 项研究成果中，川大学者占有一半。其中甄尚灵陆续发表论文 6 篇：《遂宁方言里的“有”和“没有”》（《方言》1981 年 3 期）、《四川方言代词初探》（《方言》1983 年 1 期）、《四川方言的鼻尾韵》（《方言》1983 年 4 期）、《遂宁方言形容词的生动形式》（《方言》1984 年 1 期）、《〈西蜀方言〉与成都语音》（《方言》1988 年 3 期）、《四川方言代词二事》（《四川大学学报丛刊 · 汉语论丛》第 22 辑，1984 年），其研究内容涉及语音、词汇、语法及方言语音史；张清源《成都话中的语气助词“得（在嘞）”》（《四川大学学报丛刊 · 汉语论丛》第 22 辑，1984 年）、周家筠《成都话的“得”》（《四川大学学报》1983 年 1 期）、《成都口语语法二则》（《四川大学学报丛刊 · 汉语论丛》第 22 辑，1984 年），将关注点主要集中在成都话的语法方面，对成都话的语法现象作了深入细致的描写分析；崔荣昌《四川方言的形成》（《方言》1985 年 1 期）将关注点投向四川方言的形成，他后来的相关研究在这里已显露端倪；梁德曼《四川省渡口市方言的现状和未来》（《方言》1985 年 3 期）从社会语言学的角度对渡口市（今攀枝花市）的方言进行了调查和剖析；张一舟《四川话口语几个常用虚词的用法》（《四川大学学报》1983 年 1 期）、《垫江话的连读变调》（《四川大学学报丛刊 · 汉语论丛》1984 年第 22 辑）、《从中兴话古全浊声母字的读音看全浊声母的演变》（《四川大学学报》1987 年 1 期），研究涉及语音、语法问题。而赵振铎的《〈广韵〉音系和成都话》（《四川大学学报丛刊 · 汉语论丛》第 22 辑，1984 年）和罗宪华、经本植的《〈说文解字注〉与四川的方言和名物》（《四川大学学报》1982 年 3 期）则是结合古代文献探讨四川方言的问题；张永言的《简论〈续方言新校补〉、〈方言别录〉和《蜀方言〉》（《四川大学学报丛刊 · 汉语论丛》第 22 辑，1984 年）对点校清末民初学者张慎仪方言著述的分析说明。

除论文之外，四川大学的学者还出版了 3 部各有特色的专著：梁德曼《四川方言与普通话》（四川人民出版社，1982 年），这是第一部全面对比四川方言和普通话异同的著作，语料丰富，说明详细，对四川人学习普通话，对四川省内高等院校中文系现代汉语教学起到了积极的推动作用。张永言点校张慎仪的《续方言新校补 方言别录 蜀方言》（四川人民出版社，1987 年），该点校本的出版，为今人研究清末四川方言提供了方便。王文虎、张一舟、周家筠《四川方言词典》（四川人民出版社，1987 年），该词典汇集了四川方言中与普通话不同且现代常用的词语共 7000 余条，条目采集艰辛，多以川籍作家的作品用例为书证，注释精准，注音准确，既为一般读者所喜闻乐见，又为四川方言词汇的进一步研究打下了基础。

2. 其他学者的研究

语音研究有郝锡炯《从古入声的演变谈根据四川方言辨认古入声字》（《四川师范学院学报》1980 年 3 期）、鲁国尧《宋代苏轼等四川词人用韵考》（《语言学论丛》第八辑，商务印书馆 1981 年、李国正《四川话流、蟹两摄读鼻音尾字的分析》（《中国语文》1984 年 6 期）和《四川话儿化词问题初探》（《中国语文》1986 年 5 期）、龙晦《大足石刻韵文与四川方音》（《四川文物》1986 年 S1）、丁隆永《自贡卷舌音源流》（《自贡师范高等专科学校学报》1987 年 1 期）、郑有仪《北京话和成都话、重庆话的儿化比较》（《重庆师范学院学报》1987 年 2 期）、李岗《论现代成都方言中的

〈广韵〉影母字》(《西南师范大学学报》1988 年 S1)、江一《南充市方言记略——语音部分》(《南充师院学报》1989 年 1 期)。

鲁国尧的《宋代苏轼等四川词人用韵考》、龙晦的《大足石刻韵文与四川方音》,均通过对古代韵文的用韵考察,揭示方言语音的分合流变,这一研究思路明显影响到 90 年代及以后的方言语音历时研究。

词汇研究有田懋勤《四川话的"安逸"》(《方言》1980 年 4 期)、林昭德《诗词曲中四川方言例释(二)》(《西南师范学院学报》1981 年 1 期)、巴言《重庆方言既说"啥人"又说"哪个"》(《中国语文》1984 年 6 期)。

语法研究有田懋勤《四川话的"倒"和"起"》(《西南民族学院学报》1983 年 4 期)、杨欣安《四川方言语法初探》(《西南师范学院学报》1984 年增刊)、刘自力《仁寿方言名词的重叠式》(《方言》1987 年 2 期)、冷玉龙《成都话名词重叠式研究》(《南充师院学报》1987 年 2 期)、郑有仪《四川话的几种句法结构》(《重庆师范学院学报》,1989 年 2 期)。

其他方面的研究有郝锡炯、胡淑礼《关于四川方言的语音分区问题》(《四川大学学报》1985 年 2 期)、黄雪贞《西南官话的分区(稿)》(《方言》1986 年 3 期)、吴雨时《社会语言学和成都话中的有关问题举隅》(《文史杂志》1989 年 2 期)。

这一时期大陆还有两部专著:缪树晟《四川方言词语汇释》(重庆出版社,1981 年 1 月)、罗韵希等《成都话方言词典》(四川省社会科学院出版社,1987 年),这些词典有搜集整理之功劳,记录了方言词汇的面貌,为进一步研究打下了基础,而且今天看来,它们还将正处于消失状况中的一些方言词留下了永久的踪迹。

3. 台湾学者的研究

在台湾,杨时逢从 20 世纪 70 年代中期开始,历经 10 年,潜心整理 40 年代在四川调查方言所获得的材料,先后正式出版《四川方言中的几个常用的语汇》(台北,"中央研究院"历史语言研究所专刊之 53,1982 年)、《四川方言调查报告》(台北,"中央研究院"历史语言研究所专刊之 82,1984 年)和《李庄方言记》(台北,"中央研究院"历史语言研究所专刊之 87,1987 年)。

对于《四川方言调查报告》,崔荣昌曾有较为详细的评介,他指出:

《四川方言调查报告》的正文包括分地报告和综合报告。分地报告有 97 县,其内容分为六部分:发音人履历、声韵调表、声韵调描写、与古音比较、同音字表、音韵特点。综合报告列出 134 个方言点,其内容为三部分:综合材料、四川方言特点及概说、四川方言地图。综合材料收集了两种,一是标记出 134 点的读音;二是极常用词汇共 53 条,将 134 点的说法列表对照。四川方言特点及概说,一是分析特点表,以中古音(切韵系统)为依据,选用成都、青神、隆昌、云阳四处为代表,指出四川方音演变的倾向,分析并列出声、韵、调方面的若干特点;二是分区概说,根据方言特点,将四川方言分为 4 个区。四川方言地图 47 幅,其中分区地图 1 幅,声母 7 幅,韵母 13 幅,声调 7 幅,特字 5 幅,词类 15 幅。《四川方言调查报告》审音严密,记音准确,分析精当,概括简明,材料丰富[①]。

大陆的《四川方言音系》与台北的《四川方言调查报告》,就学术价值而论,可谓双峰并峙,但是由于海峡两岸的阻隔,使得《四川方言调查报告》在当时未能充分发挥其影响。

---

① 崔荣昌. 四川方言研究述评. 中国语文,1994(6).

（二）20 世纪 90 年代以后的繁荣期

20 世纪 90 年代开始，四川方言的研究不断向纵深发展。其显著特点是：中青年学者迅速成长，队伍更为壮大；研究领域进一步扩展，不仅涉及方言本体研究的各个方面，同时还涉及语用研究、方言与文化、方言的源流等；三是论著数量大，成果丰硕，据我们不完全的统计，从 1990—2006 年之间已经公开发表的成果达 200 余项。

1. 四川方言的语音研究

这一时期语音方面的研究有论文 58 篇，其中历时研究 23 篇，共时研究 35 篇。

（1）方言语音的历时研究

方言语音的历时研究探讨明代以前四川方言语音的面貌，或对语音现象做纵向考察，探究其演变规律。

20 世纪 80 年代鲁国尧、龙晦考察古代川籍文人韵文的的用韵，探究四川方言的语音流变，同类研究还有唐作藩《苏轼诗韵考》（《王力先生纪念论文集》，商务印书馆，1990 年）。这一方法在随后的研究中被广泛运用，并取得一系列研究成果。这方面的论文共 13 篇，计有李文泽《史炤〈资治通鉴释文〉与宋代四川方音》（《四川大学学报》2000 年 4 期）、罗立方《陈子昂诗歌用韵考》（《四川师范学院学报》2002 年 6 期）、郭莉《花蕊夫人诗用韵考》（《四川师范学院学报》2003 年 3 期）、陈娟《薛涛、鱼玄机诗用韵概况》（《淮北煤炭师范学院学报》2003 年 4 期）、刘晓南与罗雪梅合著《宋代四川诗人用韵及宋代通语音变若干问题》（《四川大学学报》2004 年 6 期）、罗立方《陈子昂诗歌用韵考》（《四川师范学院学报》2002 年 6 期）、彭金祥、黎昌友《两汉西蜀方言的韵部音值》（《西华大学学报》）2005 年 5 期）及钱毅考察“潼川府路诗韵”撰写的 6 篇系列论文。

钱毅 2001 年完成硕士论文《宋代潼川府路诗人用韵考》，论文穷尽考察宋代潼川府路 81 家诗人 4434 首诗的用韵情况，归纳出宋代四川诗人用韵的韵部系统，及用韵透露出的分合演变信息。钱毅 2005 年及随后公开发表的系列论文《潼川府路诗韵的阴入通押现象分析》（《南华大学学报》2005 年 4 期）等是在其硕士论文《宋代潼川府路诗人用韵考》基础上形成的系列成果。罗雪梅于 2003 年完成硕士论文《宋代四川诗人用韵研究》，论文穷尽考察宋代四川 408 家诗人22 248首诗的用韵情况，其结论与钱毅《宋代潼川府路诗人用韵考》相互映证，《宋代四川诗人用韵及宋代通语音变若干问题》一文则是刘晓南、罗雪梅根据《宋代四川诗人用韵研究》的材料和观点公开发表的第一篇论文。

李文泽的《史炤〈资治通鉴释文〉与宋代四川方音》通过对宋人史炤（今四川眉山人）《资治通鉴释文》的反切与《广韵》和胡三省《通鉴释文辨误》的反切进行比较，讨论了宋代四川方言语音演变的四个方面：浊上变去、浊音清化、平上作去、韵尾混并。认为这些音变现象反映了宋代四川方音在历时演变过程中的一些特征，从中可以看到宋代四川方言语音的演变与共同语语音的发展基本上是同步的，但同时也具有自己独特之处。

彭金祥《两汉西蜀方言的韵部音值》、罗立方《陈子昂诗歌用韵考》和柯蔚南著，韩子京、郭建荣译《西汉蜀语的韵母演变》（载《语言学论文集》，山西人民出版社，1990 年）将蜀方言语音史的研究上推至两汉时期，彭文对司马相如、王褒、扬雄、李尤等汉代四川文学家的作品进行研究，分析了汉代四川方言韵部系统，并构拟了各韵部音值；罗文则是对陈子昂诗歌用韵的专门考察；柯文研究了西汉时期古蜀方言的韵母演变。

明代李实《蜀语》因其丰富的音注材料成为研究明代语音面貌的重要文献。坂井健一、王昌平

《〈蜀语〉声类之研究》（《四川职业技术学院学报》1991年2期）研究《蜀语》中所反映的声类。黄尚军《〈蜀语〉所反映的明代四川方音的两个特征》（《方言》1995年4期）指出明代四川方音的两个特征：一是古入声字的归调不一致，二是［m］韵尾的消失。杜克华、陈静《〈蜀语〉——中国现存第一部断域方言词典》（《文史杂志》2002年5期）根据《蜀语》的音注材料讨论其声母、韵母、声调特征，并说明其语音演变规律。

赵振铎、黄峰《〈方言〉里的秦晋陇冀梁益方言》（《四川大学学报》1998年3期）则探讨了古蜀方言的形成，并指出秦晋陇冀梁益在汉代就可以看作一个方言区了。

这一时期，历时研究方面还有以下论文：金勇《四川合江话韵母 -n、-ŋ 尾的来源》（《宜宾学院学报》2004年1期）、兰玉英《释四川方言的一些例外字》（《北京化工大学学报（社会科学版）》2002年4期）、彭金祥《四川方音在宋代以后的发展》（《乐山师范学院学报》2006年3期）、汪坤玉《从南充方言语音看古今音变的规律性》（《四川师范学院学报》1993年1期）、周及徐《巴蜀方言中"虽遂"等字的读音及历史演变》（《中华文化论坛》2005年4期）。

（2）方言语音的共时研究

方言语音的共时研究涉及的内容较为广泛，主要有地点方言音系的静态描写与分析、连续音变规律的动态分析，还有方言之间、方言跟普通话、方言跟其他语言之间的语音对比分析，以及采用社会语言学的方法，研究语音的演变等。

地点方言语音的描写分析是共时研究的重点，陈若愚、曹晋英、黄尚军、彭金祥、王琛、肖玲玲等人的研究涉及内江、西昌、成都、乐山、大邑、平昌、南充、西充、荣县、自贡等方言点的语音研究①。继梁德曼80年代对攀枝花（原名渡口市）方言进行研究之后，何永斌、彭德惠、邹吉辉对攀枝花城区及农村县区做了较为全面的调查，发表了《攀枝花市城区现代汉语方音研究》（《攀枝花学院学报》2002年1期）、《攀枝花市现行汉语语音特点探析》（《西南民族大学学报》2003年12期）、《攀枝花市农村县区现代汉语方音研究》（《攀枝花学院学报》2002年4期）等系列成果。

部分研究开始关注言语中的语音动态变化，如：赖先刚《谈谈乐山方言语音的偏移》（《天府新论》2004年6期）、赖先刚、张静《乐山人的气质与相应的方言语音因素》（《乐山师范学院学报》2002年5期）、谭伦华《四川（平昌）方言的连读变调》（《西南民族学院学报》1998年3期）、廖庆《成都话延长词重音现象研究》（《德阳教育学院学报》2005年3期）。对四川方言语流音变的研究还有张磊的《四川方言"儿化"研究》（四川大学对外汉语教学中心王文虎主编《对外汉语教学论丛》第一辑，四川大学出版社，1998）。

结合社会语言学的方法，考察不同社会群体的语音差异，揭示方言语音的发展变化趋势。

在此类研究中，张一舟、杨骊《成都话语音的共时变异及相关思考》（《汉语学报》2010年第三期）是一篇颇具代表性的论文。作者分析了成都话的两种语音演变：音系内部的结构调整和部分词语读音向普通话靠拢的趋势。文章对成都话语音演变的特点和原因做了深入分析，其本体说明和理论分析都具有很高的水平。这类研究还有肖娅曼的《关于成都话舌尖后音声母的调查》（《四川大学学报》1999年6期）、周及徐的《20世纪成都话音变研究——成都话在普通话影响下的语音变化及规律》（《四川师范大学学报》2001年4期）。肖文认为，成都话中的舌尖后音声母还残存在部分六

① 详见附录二"四川境内官话方言、客家方言、湘方言研究文献索引"。

七十岁以上老年人的口音中，其保存范围与不同社会控制因素如年龄、民族、性别、居住区域之间有密切关系；周文调查了成都话老中青三代的语音变化，归纳了成都话的音变现象，并在在此基础上总结出成都话语音变化的规律和特点。此外，以共时系统为对象，研究语音变动的成果还有夏中易的《近四十年成都话语音变动现象考论》（《成都大学学报》2002 年 4 期）。

部分研究成果结合不同方言，围绕普通话学习和普通话水平测试展开讨论。如：林晔《四川方言区普通话学习中的声调问题》（《四川师范大学学报》1999 年 3 期）、邓海琼《浅谈四川省南充市顺庆区方言与普通话语音的比较》（《中共成都市委党校学报》2007 年 4 期）、兰玉英《简析汉字声母在四川方言中的歧异读音》（《西南民族学院学报》2001 年 7 期）、王春玲《西充人学普通话的难点音分析》（《四川教育学院学报》2004 年 3 期）、廖峻澜《从四川德阳人的语言观预测四川“推普”前景》（《四川政报》2002 年 36 期）、王蜀苏《从普通话诊断看四川方言区的韵母难点——论普通话韵母 e [ɣ]、uo [uo] 在川话中的对应》（《西华大学学报》2005 年 4 期）、王文虎《四川口音普通话的语音特征》（《四川大学学报》1994 年 3 期）、魏功《如何由四川话的读音去推出普通话的声调》（《语文知识》1996 年 7 期）、杨绍林《彭县方音辨正》（《成都师专学报》1992 年 1 期）、《彭州话入声字分析》（《四川师范大学学报》1994 年 4 期）、《成都话与普通话儿化韵发音之比较——兼论普通话水平测试中儿化韵读音正误的判定》（《成都师专学报》2002 年 1 期）、杨梅与崔荣昌《成都话例外字音析释》（《成都大学学报》1998 年 4 期）。

翟时雨《成都、重庆话在四川方言分区中的地位》（《西南师范大学学报》1993 年第 3 期）根据四川各地方言的语音特征，提出以保持古音多少为界定标准，可以将四川方言分为新、老两派。川西、川南区大都有入声，部分地区有 zh 组声母，是老派四川方言。川东、川北区古人声已消失，古“知系”与“精组”洪音（zh—z）合并成一类，是新派四川方言。成都虽然地处川西，但它也和重庆一样：无人声，古入声字归今阳平调，无 zh 组声母。两者都只能代表新派四川方言，因而不能认为只要举出成都、重庆话就能代表整个四川方言。

共时语音研究还有以下论文：

崔荣昌、宋伶俐《普通话对成都话语音的影响》（《语文建设》1999 年 6 期）、马川冬、谭伦华《四川方言音系与英语音系的初步比较研究》（《四川师范学院学报》1998 年 3 期）、汪坤玉《从南充方言语音看古今音变的规律性》（《四川师范学院学报》1993 年 1 期）、王春林《西充方言中的安徽语音成分探源》（《重庆三峡学院学报》2000 年 4 期）、肖娅曼《四川方言志语音编写中存在的问题》（《西南民族学院学报》2002 年 S4）、袁苹《论四川郫县方音中的存古倾向》（《西华大学学报》2005 年 5 期）。

2. 四川方言的词汇研究

这方面的研究包括词语考释、文艺作品中的方言词汇考察、方言词汇与民俗文化的结合研究及方言词汇的结构、语义、语用分析。这一时期的成果检索到 53 项，其中，论文 48 篇，专著 5 部。

（1）方言词语考释

方言词语考释属于词汇的历时研究，主要是借助于文献、民俗等，探求方言词语源流和方言词语本字。在这类研究中，蒋宗福《四川方言词语考释》（巴蜀书社，2002 年）是第一部对四川方言词语进行深入而系统考释的专著，共考释词语 1970 条，凡 65 万字。该著作引证文献广博，方法科学，考释填密，探索方言词语源流，力图揭示这些词语在历史上与汉语文学语言错综复杂的关系，为构建科学完备的汉语方言史提供了文献依据。

这方面的研究论文有邓章应《〈跻春台〉婚嫁丧葬类方言词语续考》(《西华大学学报》2005年6月，第3期)、董志翘《四川方言中的“老几”，“几娘”》(《方言》2000年1期)、郝志伦《巴渠方言俚俗词考释》(《达州师范高等专科学校学报》2001年1期)、《巴蜀俚语“魁头”及相关语词的文化考释》(《达州师范高等专科学校学报》2003年1期)、胡继明《巴蜀方言词源举隅》(《宜宾学院学报》2003年2期)、黄尚军《四川话部分词语本字考》(四川大学学报丛刊第七十辑《语言学论集》1995年)、罗韵希《四川方言中保留的古语》(《南充师院学报》1987年第2期)、毛远明《释四川方言词“老革”》(《方言》2001年3期)、宋子然《四川方言词义考释》(《四川师范大学学报》，2000年6期)、王启涛《四川方言的佛教语词拾零》(《文史杂志》2001年3期)、《司马相如赋与四川方言》(《四川师范大学学报》2005年2期)、鲜于煌《四川方言词“乡坝佬”考释》(《古汉语研究》2002年3期)、杨小平《南充方言词语考释》(《四川师范大学学报》，2001年1期)、《四川方言词义考释》(《绵阳师范学院学报》2004年3期)、曾德祥《关于几个四川方言词语的本字》(《成都师范高等专科学校学报》1994年3期)、张俊之等《四川方言形容词古语遗存举隅》(《西昌学院学报》2005年3期)、郑春汛《川方言中的“雄起”一词探源》(《襄樊学院学报》2004年1期)、周俊勋《四川方言“起”“展”与词汇史研究》(《西南民族大学学报》2003年3期)。

(2) 结合本土作家的文学作品或地方戏曲考察方言词汇

这方面的论文有黄泽佩《〈女神〉中的方言词语》(《阅读与写作》1994年2期)、《〈女神〉中的方言词语补漏》(《阅读与写作》1994年6期)、《〈女神〉中的乐山方言词语》(《郭沫若学刊》1997年4期)、李怡《从文化的角度看现代四川文学中的方言》(《西南民族学院学报》1998年2期)、毛远明《四川方言词语杂释——兼及方言词语的文学记录》(《乐山师范学院学报》2001年2期)、谭永康《四川方言电视剧中人物对白字幕的方言词语处理》(《四川戏剧》2007年1期)、杨文全、邹雪《川剧单音词异读情况初探》(《乐山师范学院学报》2006年2期)、曾德祥《〈暴风雨前〉中的四川方言词初释》(《成都师范高等专科学校学报》1995年1期)、张明军《浅论郭沫若书面语言中的乐山口语现象》(《郭沫若学刊》1998年1期)。

(3) 结合文化与民俗探索方言词汇的地域特征

这方面的论文有陈正平《巴渠民间谚语、歇后语、谜语—“巴渠民间文学与民俗研究”之十一》(《达州师范高等专科学校学报》2001年4期)、黄尚军《四川话民俗词语举例》(《方言》1998年11期)、《四川人的禁忌语》(《西华大学学报》2006年5期)、谭伦华《四川平昌方言的亲属称谓》(《西南民族学院学报》2001年S2)、王松柏《浅析部分四川方言词语的民俗语源》(《达州师范高等专科学校学报》2000年3期)、徐适端《四川方言“窑裤”“幺台”考——兼及方言文化的传承保留作用》(《西南师范大学学报》1997年1期)、杨文全、鲁科颖《当代成都方言新词汇例释—兼论其造词心理与民间文化意蕴》(《西华师范大学学报》2005年5期)、尹强儒、胡永康《〈蜀语〉与四川民俗》(《四川职业技术学院学报》1991年2期)、张桂英、傅远碧《四川方言中的言语禁忌》(《绵阳师范学院学报》2006年6期)、张厉冰《四川方言中的“苏气”》(《文史杂志》2004年2期)。

(4) 地点方言词汇的结构、语义、语用分析

这方面的论文有刘瑞明《成都方言词的隐实示虚》(《成都大学学报》2002年4期)、任瑚琏《由广安话“在行”的意义说起》(《西南民族大学学报》2003年8期)、任志萍《四川方言中的类

成语短语分析》（《乐山师范学院学报》2001年2期）、谭伦华《达州方言词语记略（一）》（《达州师范高等专科学校学报》2001年1期）、王大纬《四川方言鉴赏偶得》（《民主与科学》1993年6期）、王南冰《四川方言中"不存在"的语用意义》（《西华师范大学学报》2005年1期）、文洁《成都话与普通话及各方言词汇的比较》（《华中师范大学学报》1996年2期）、张老侃《说说巴蜀方言中的吃》（《四川烹饪》2003年11期）、张正霞《释忠县方言特征词"嘴"》（《重庆教育学院学报》2003年2期）、周作明、马友平《四川方言中的"各人"》（《重庆社会科学》2006年11期）、邹吉辉、彭德惠、何永斌《攀枝花市城区现代汉语方言词汇研究》（《攀枝花学院学报》2002年2期）、邹吉辉、彭德惠、何永斌《攀枝花市农村县区现代汉语方言词汇研究》（《攀枝花学院学报》2002年3期）、彭德惠、何永斌、陈奎彦《攀枝花方言词类考察》（《攀枝花学院学报》2003年5期）[①]。

（5）方言词汇研究专著

词汇研究的专著，除前述蒋宗福《四川方言词语考释》之外，还有梁德曼、黄尚军《成都方言词典》（江苏教育出版社，1998年），该著作是李荣主编《现代汉语方言大词典》的一个分卷，按整个《现代汉语方言大词典》体例编写，词典搜罗翔实，解释简明、注音精准。查中林《四川方言词和汉语同族词研究》（巴蜀书社，2002年）对汉语同族词做了理论分析，并具体探讨了"解""辟"等词族。注重对现代方言口语词的分析并以之同古代词语比较互证，成为此书的特点之一。杨武能、邱沛篁主编的《成都大词典》（四川辞书出版社，1995年）是一部关于成都的百科全书，由市政篇、地理篇、文教篇、方言篇等13部分组成，"方言篇"搜集了成都话中一些非常流行的特征方言词。非文《川渝口头禅》（西南财经大学出版社，2000年）共三集，是一部关于川渝流行语汇的通俗读物，马识途为此书题写书名并作"序"，全书收入川渝流行语汇700余条，以"摆龙门阵"的方式说明其意义、用法和来源，包括俗词源。

3．四川方言语法的研究

20世纪90年代以后的15年间，四川官话方言语法的研究受到关注，语法研究的成果共69项，涉及词法、句法各个领域，其中专著一部，论文68篇。

（1）方言语法的系统研究

张一舟、张清源、邓英树《成都方言语法研究》（巴蜀书社，2001年5月）是第一部对成都话语法进行全面、系统研究的方言语法专著。全书十五章，论及形态、实词、虚词、结构诸方面的问题。聂敏熙书评指出，该专著有两个明显特点：一是描写分析全面系统，清晰地展现了成都方言语法的基本面貌；二是描写和分析细致、深入，从语音、语义、语法、语用等多个平面对一系列方言语法现象进行考察，指出其特点和规律。此书在作共时描写和对比分析的同时，还就成都话的某些语法现象进行了历时的有益探讨，对好些语法现象还在充分描写和分析基础上，作出了很有见地的解释[②]。

（2）方言词的构词方式和构形变化研究

词缀和重叠可以看作汉语的形态，而形态是反映语法功能的，因此，深入发掘方言词的构词和构形变化，可以揭示方言语法的特点，显示方言语法跟共同语的异同，这方面的研究论文一共有14篇。

---

① 此文以词类为纲，讨论方言语汇，故放此处。

② 聂敏熙.《成都方言语法研究》读后. 西南民族学院学报（哲学社会科学版），2002（5）.

名词形态特征的研究有刘自力《仁寿方言名词的重叠式》(《方言》1987年2期)、杨月蓉《四川方言的三字格重叠式名词》(《西南民族大学学报》2003年12期)、谢群霞《成都方言名词重叠的类型、表义及成因》(《成都大学学报》2006年3期)、祝崧《成都方言中名词的加"子"和"儿化"》(《文史杂志》2002年3期)、梁德曼《成都方言名词的重叠式》(《方言》1987年2期)。

形容词形态特征的研究有邓英树《成都话的BA式形容词》(《西南民族学院学报》2002年10期)、武小军《川北方言"ABB"式叠字摹状与语义例释》(《西华大学学报》2005年6期)、杨绍林《成都方言ABB式形容词的特点》(《方言》1995年1期)、《彭州方言中形容词的生动形式》(《西南民族大学学报》2005年6期)、杨扬《浅析成都方言的ABB式形容词性结构》(《现代语文》2008年5期)。

动词形态特征的研究有谭伦华《四川方言动词的重叠式》(《西华大学学报》2006年2期)、杨玲《成都话动词重叠格式的句法和语义特征》(《成都大学学报》2005年2期)。

综合讨论构词和构形特征的有吕志新《自贡话的重叠式构词》(《自贡师范高等专科学校学报》1989年4期)、彭德惠、何永斌、陈奎彦《攀枝花方言词形研究》(《攀枝花学院学报》2003年1期)。

(3)方言实词语法功能的研究

实词研究主要集中在形容词、副词、数词、量词几个类别,研究内容涉及实词的形式、意义、表达诸方面,一共有论文23篇。

形容词的研究有纪国泰《郫县方言表示形容词程度的几种方式》(《成都师范高等专科学校学报》1995年3期)、《四川话形容词的结构类型及其语法意义》(《西华大学学报》2006年6期)、李梅《隆昌方言表示形容词程度的几种方法》(《内江师范学院学报》1993年1期)、徐尚聪《成都方言形容词的"级"》(《贵州民族学院学报》1985年1期)、张俊之、龙小琴、汤永和《四川方言形容词古语遗存举隅》(《西昌学院学报》2005年3期)。

副词的研究有陈千百《泸州方言点程度副词》(四川大学学报丛刊第七十辑《语言学论集》,1995年)、干红梅《浅析四川话中表示程度深的副词"少"》(《四川师范大学学报》2003年5期)、胡利权《内江方言的程度副词"很少"》(《内江师范学院学报》2004年3期)、林晔《四川方言与普通话副词关系探析》(《电子科技大学学报》2004年3期)、罗韵希《成都方言程度副词研究》(《西华师范大学学报》1990年2期)、杨绍林《四川彭州方言副词研究》(《西华大学学报》2005年2期)、张一舟《谈谈成都话表过去时段的副词"再"的共时特点和历史来源》(《西南民族学院学报》2001年12期)、周勤《简阳方言的程度副词"多""少""多少"》(《乐山师范学院学报》2001年5期。

数词和量词的研究,张一舟有系列论文探讨,其中,《成都话"一+量词"的省略式使用情况考察》(《方言》2001年1期)对成都话"一+量词"组合的分布、来源等作了全面的考察,《成都话量词的两个语法特点》(《西南民族学院学报》2000年9期)指出成都话形容词跟量词结合、数词跟量词结合有不同于普通话的显著特点,《成都话主观量范畴的特殊表达形式》(《四川大学学报》2001年5期)考察助词"打"和"把"在数量结构中的使用情况,指出成都话中有主观量范畴,详细分析了主观量的表达形式和组合规律。《成都话数词的几个语法特点》(《西南民族学院学报》2000年12期)揭示了成都话序数和概数不同于普通话的表达形式。

数词和量词的相关研究还有邓帮云《"盘"量词用法探究》(《乐山师范学院学报》2004年7期)、《量词"盘"在四川方言中的一个较特殊用法》(《西华大学学报》2006年4期)、陈家春、李进《自贡话量词研究》(《自贡师范高等专科学校学报》2003 年 2 期)、赖先刚《四川话中“两个”的特殊用法及所在句式的形成》(《乐山师范学院学报》1998 年 1 期)、唐瑛《武胜方言量词初探》(《阿坝师范高等专科学校学报》2001 年 2 期)、朱习文《遂宁话量词的“A 是 A”重叠式》(《乐山师范学院学报》2001 年 3 期。

(4) 方言虚词的研究

虚词是表达语法意义的重要手段，因而也是语法研究的关注对象，四川方言虚词的研究有 18 篇论文。

张清源对成都话虚词有深入研究。其《成都话的动态助词“倒”和“起”》(《中国语言学报》，商务印书馆，1991 年第四期) 区分了成都话中的“$倒_1$”“$起_1$”和“$倒_2$”“$起_2$”，根据“$倒_1$”“$起_1$”的组合特征，指出“V + $倒_1$”主要表示动作进行态，“V + $起_1$”主要表示动作持续态。《成都话动态助词“过”的一个用法——“VO 过”》(《中国语言学报》，商务印书馆，1995 年第六期) 讨论了成都话助词“过”附着在 VO 之后的结构、语义、语用特点，指出“VO 过”在成都话中正趋于消失，但它反映了历史上“VOC”结构的遗痕。《成都话里虚化的“得”》(胡明扬主编《汉语方言体貌论文集》，江苏教育出版社，1886 年) 讨论了成都话的“得”，详细分析了该词作为动词、助动词、结构助词、语气词及复合词构成要素的不同用法。《论成都话“在”的趋向位移用法——兼论普通话动词后“在”与“到”的性质》(《中国语文》1997 年 6 期) 讨论了成都话“在”出现的几种句式、早期白话中的用例及相关用法产生的理据，指出成都话这个“在”既不是“到”，也不是“著”的变体。普通话“V + 在/到 + NL”里的“在”也可如此解释。这些论文对相关虚词的描写解释都非常细致深入，对方言虚词的研究方法有重要的启发意义。

虚词方面的研究还有邓英树《仁寿话的语气词“哆”和“喔”》(《四川师范大学学报》1996 年 3 期)、袁雪梅《雅安话中的“起”》(《四川师范大学学报》1998 年增刊)、高廉平《川北三县市语气词“的”》(《四川师范学院学报》2002 年 1 期)、赖先刚《乐山话中的一些句法和语用成分》(《乐山师范学院学报》2000 年 4 期)、《四川方言中几个语气词的语法化问题》(《宜宾学院学报》2006 年 3 期)、李海霞《四川方言的被动式和“着”》(《西南师范大学学报》1994 年 1 期)、李润生《苍溪方言中的“嗒”》(《乐山师范学院学报》2001 年 6 期)、廖强《达州大树乡方言“呱”的用法分析》(《达州师范高等专科学校学报》2003 年 1 期)、林晔《乐至话中“咯了”与普通话的对应关系》(《西南民族学院学报 (哲学社会科学版)》，1999 年 5 期)、任志萍《乐山话中的“dai^{13}”和“da^{42}”》(《乐山师范学院学报》2003 年 2 期)、鲜丽霞《成都话中的语气助词“在”》(《四川师范大学学报》2002 年 4 期)、杨绍林《彭州话中的“得”》(《成都师范高等专科学校学报》2001 年 1 期)、张一舟《四川话口语几个常用虚词的用法》(《四川大学学报》1983 年 1 期)、赵军梅《成都话含“疼”的一种句法形式》(《成都师范高等专科学校学报》1999 年 3 期)、左福光的《说“着”道“遭”》(《文史杂志》2006 年 2 期)。

(5) 句法结构和句型研究

主要论文如下：

何永斌、彭德惠、陈奎彦《攀枝花方言句类摭谈》(《攀枝花学院学报》2004 年 3 期)、何永斌、彭德惠、陈奎彦《试论攀枝花方言比较句型探析》(《攀枝花学院学报》2006 年 1 期)、何永斌、彭德惠、陈奎彦《攀枝花方言比较句型探析》(《攀枝花学院学报》2006 年 1 期)、李海霞《四川方言的被动式和"着"》(《西南师范大学学报》1994年1期)、聂敏熙《四川话的"只有"和含"只有"的一种句法形式》(《四川师范大学学报》1992)、杨梅《成都话中的"AP/VP+很了"句式》(《成都大学学报》2003年3期)、张清源《成都话的"V起来、V起去"和"V起xy"》(《方言》1998年2期)、郑剑平《试论四川方言的"倒X不X/Y"结构》(《西昌师范高等专科学校学报》2003年2期)、郑剑平《试论四川方言的"V都Vp了"结构》(《西昌学院学报》2005年1期)、《西昌方言的"X把Y"格式》(《西昌师范高等专科学校学报》2003年3期)、《试论西昌方言的"X打X(/Y) + (L)"格式》(《西华师范学院学报》2003年4期)、左福光《四川宜宾方言的被动句和处置句》(《方言》2005年4期)。

4. 地点方言的综合研究

这方面的研究成果有6项，包括5部著作和一篇论文。

对某一地点方言作全面调查研究的有高廉平《苍溪方言与普通话》(西南师范大学出版社，1993年7月)、赖先刚《乐山方言》(巴蜀书社，2000年)、李国正《四川泸州方言研究》(台北市洪叶文化事业公司，1997年)、杨绍林《彭州方言研究》(巴蜀书社，2005年)。这些著作的共同特点是对某一地点方言做全面调查研究，描写分析其全貌，指出其语音、词汇、语法方面的特点。申向阳《九寨沟方言研究(词汇语法部分)》(《阿坝师范高等专科学校学报》2001年1期)分析了九寨沟方言词汇语法的一些重要现象。

赖先刚《语言研究论稿》(学林出版社，2005年)不是单纯研究方言的专门著作，而是以专题和散记的形式探讨各种语言现象，全书分语法篇、修辞篇、方言文化篇三部分。"方言文化篇"的研究涉及以下问题：方言语法；方言词汇与文化；方言语音与文化；方言与文学作品。

5. 方言研究的多维视角

除了方言本体之外，四川方言的研究视角进一步拓展，主要内容涉及以下诸领域：方言源流、发展趋势；结合历史、文化等，对四川方言做了多角度、多侧面的探讨；四川方言与其他民族语言的接触与交流；对重要方言典籍的专门研究；对四川方言研究的回顾与评述。

(1) 四川方言源流及演变趋势

结合地理、历史、人文研究四川方言的形成发展，崔荣昌《四川方言与巴蜀文化》(四川大学出版社，1996年)是一部很有影响的著作。此书将语言研究扩展及文化，开拓了四川方言研究的新领域。张永言在为此书所作的"序"中指出：作者认为，四川方言是在巴蜀地区和巴蜀文化的背景下孕育和形成的，所以在分别讨论四川境内的官话、客话、湘语和闽语之前先介绍四川的地理、历代行政区划和人口源流，作者利用了大量的方志史料和177份珍贵的族谱，揭示移民入川的原因、经过、时间、分布地区、民情风俗等重要历史事实，进而论述四川地名与巴蜀文化。概括说来，本书揭示了巴蜀语言文化本身及其与华夏语言文化的融合过程，阐明了四川方言的形成与历史上中华民族几次大移民的关系以及兄弟民族之间的交往对四川境内语言的影响，这全都是富有新意的①。

崔荣昌《巴蜀语言的分化、融合与发展》(《四川师范大学学报》1997年1期)梳理论证了古代巴人、蜀人的语言经分化融合演化为今四川方言的历时过程，认为后来的蜀语或蜀方言，以至明朝、清朝所形成的四川方言，正是沿着巴蜀语言和巴蜀方言的轨道发展变化的。

---

① 见张永言为崔荣昌《四川方言与巴蜀文化》所作"序"，成都：四川大学出版社，1996.

汪坤玉、梁德曼的《四川西南部彝族使用汉语的历史和现状》（《南充师院学报》1988 年 1 期）将视野扩展到少数民族的语言使用情况，对彝族使用汉语的情况及彝汉语言的相互影响做了很有意义的探索。

这方面的研究论文还有黄尚军《湖广移民对四川方言形成的影响》（《达县师范高等专科学校学报》1997 年 1 期）；杨波《四川官话入声现象的历史文化透视辨——论合江方言的形成与发展》（《西南师范大学》1997 年 5 期）、段英《四川西昌方言的现状及发展趋势》（《语文研究》1998 年 3 期）。

（2）四川方言与区域文化

黄尚军《四川方言与民俗》（四川人民出版社，1996 年初版，2002 年增订）是将方言与民俗结合起来进行研究的一部专著。本书注重阐说四川民俗对四川方言词语的影响，挖掘方言词语的民俗语源，确定部分方言词语的本字，清理古代典籍中记载的许多四川方言词语，并对四川方言形成的诸多原因进行探讨。该著作整理公布了四川地区一百部族谱的有关材料，以及一大批四川方志中记载的方言和民俗词语，这对于四川方言和民俗的研究具有重要价值。向熹在为此书所作的“序”中指出：这本书内容广泛，既强调语言分析，又注重调查研究；即着力于平面的描写，又用心于历史的追踪和相邻方言的比较；源流并重，纵横兼顾。这使得全书具有相应的学术深度和广度①。

张绍诚《巴蜀方言浅说》（巴蜀书社，2005 年）是一部关于四川方言和地域文化的纵横谈，内容广泛，行文生动，文字通俗，从中可以看到四川方言的古往今来、语言风格，以及跟语言相关的风俗民情。

这方面的研究还有黄尚军《四川民俗与四川方言》（《文史杂志》1994 年 2 期）、眇生《黄蜡丁·四川方言·民俗》（《文史杂志》1997 年 1 期）、崔荣昌《成都街名的文化内涵》（《文史杂志》2000 年 1 期）、段英《从西昌方言词看其饮食文化》（《广东教育学院学报》2000 年 5 期）、张一舟《说说四川话》（《文史知识》2001 年 7 期）、唐世贵《山海经与巴蜀文化》（中国文史出版社，2004 年）、钱玉趾《古蜀地存在过拼音文字》（《四川文物》1988 年第 6 期）、《古蜀人的语言和文字》（屈小强、李殿元、段渝主编《三星堆文化》第十七章，四川人民出版社 1993 年）。

（3）四川方言研究的的回顾与评说

这方面的论文有崔荣昌《四川方言研究述评》（《中国语文》1994 年第 6 期）、《九十年代出版的四川方言论著》（《成都大学学报》2000 年 4 期）、李蓝《六十年来西南官话的调查与研究》（《方言》1997 年 4 期）、农学冠《读〈四川方言与民俗〉》（《广西民族学院学报》1997 年第 3 期）、缪树晟、缪钢珠、陈玉清《谈四川人编四川方言辞书》（《辞书研究》2002 年 4 期）。

（4）方言典籍的整理和研究

方言典籍的点校整理两部：张永言点校张慎仪《续方言新校补　方言别录　蜀方言〉》（四川人民出版社，1987 年）、黄仁寿与刘家和《蜀语校注》（巴蜀书社，1990 年）。

方言典籍研究有刘君惠、李恕豪、杨钢、华学诚《扬雄方言研究》（巴蜀书社，1992 年），全书分为三编：扬雄与他的《方言》、《方言》与方言地理学、《方言》注家述评。该书不仅全面研究了《方言》本身的内容，还系统地评介了历代学者对《方言》所作的整理、研究和注疏工作，客观公正地指出了他们的成绩和不足。

---

① 见向熹为黄尚军《四川方言与民俗》所作“序”，成都：四川人民出版社，1996.

《跻春台》为清末四川中江人刘省三编撰的惩恶扬善的故事书，原书成于清末，1993 年 3 月江苏古籍出版社出蔡敦勇点校本，收入《中国话本大系》，此书在方言学上有重要研究价值。张一舟先后就《跻春台》发表三篇颇有见地的研究论文。《从〈跻春台〉的校点看方言古籍的整理》（《方言》1995 年第 2 期）分析《跻春台》校点之误与方言有关的问题，同时讨论方言作品整理的有关注意事项。《〈跻春台〉与四川中江话》（《方言》1998 年第 3 期）从语音、词汇、语法三方面归纳出《跻春台》的语言特点，并比较它同今中江话的异同，以揭示出一个世纪之前中江话的基本面貌，并考察它一百年来的发展变化。《〈跻春台〉的性质、特点、语言学价值及蔡校本校点再献疑》（《西南民族学院学报》1999 年第 1 期）讨论《跻春台》一书的性质、特点，指出其在研究一个世纪以前的四川方言方面有重要的语言学价值，并就蔡校本中的某些问题提出了作者的看法。

明代李实的《蜀语》是研究明代末年四川方言的重要文献，甄尚灵、张一舟等经研究发表了一系列重要成果，主要有：张一舟《〈蜀语〉音注材料分析》（《语言研究增刊》1994 年）、甄尚灵，张一舟《蜀语词语的记录方式》，（《方言》1992 年）、《〈蜀语〉词语的记录方式与〈蜀语〉音注所反映的音类》（《李实学术研讨会文集》，语文出版社，1996 年）。

其他研究论文还有蒋均涛《李实蜀语简论》（《四川教育学院学报》1994 年第 1 期）、刘川民《〈蜀语〉引〈方言〉考》（《川北教育学院学报》1996 年第 1 期）、张美兰《〈蜀语校注〉补证》（《古籍整理研究学刊》1997 年第 2 期）[①]。

小结

四川方言研究，跨越 2000 余年的历史，研究领域涉及语音、词汇、语法、语用等不同方面，可谓硕果累累，成绩斐然。不过纵观上述成果，今后的研究依然任重道远。

从历时方面看，宋元以前的四川方言面貌还很不清晰，需要广泛梳理文献，并结合古代巴蜀的历史，做艰苦细致的研究探索。

从共时方面看，语音的研究相对完备一些，词汇、语法还有很大的研究空间。由于共同语在方言区的交际功能日益增强，并由于空前强大的传播媒介和空前发展的城市化进程，一些特征方言词正在迅速消失，需要做抢救性的搜集整理工作。方言语法的研究还相对薄弱，需要进一步深入。

从研究方法来看，描写的工作十分扎实，这一工作非常必要，非常重要，但与此同时，解释的工作却相对薄弱。四川方言的演变有哪些规律？如何着手去发掘这些规律？形成演变的内在条件和外部动因有哪些？这些问题都有待深入研究。

从方言之间、方言与少数民族语言之间的相互影响来看，四川境内除官话方言之外，还有湘方言、客家方言；四川又是一个多民族的省份，除汉族之外，还有藏族、羌族、彝族、苗族等。这些方言和语言，对四川境内的西南官话有哪些影响？这样的课题涉及语言、历史、文化，甚至经济等多学科领域，还有待探索。

此外，四川方言的源流，现代四川方言跟宋元以前的蜀方言是否有传承关系等问题，近年颇受关注，一些重大问题还需要深入考察论证。

---

① 另有部分关于方言典籍的研究论文已根据其内容写入了其他部分。

第二章　四川境内非官话方言的研究

四川境内非官话方言的研究始于20世纪40年代。进入20世纪80年代之后，一批蜀地学者致力于该领域的研究，取得了引人注目的成果。

第一节　四川境内客家方言的研究

四川客家方言的研究是在四川客家被“发现”之后才有的。1933年，罗香林在《客家研究导论》中首先指出四川有客家方言分布①。1941年，钟禄元第一次向外界报道了成都近郊客家人的奇风异俗②。1946年春，时“中央研究院”历史语言研究所开展第二次四川方言调查工作，其间董同龢对成都华阳凉水井客家方言进行了调查，四川客家方言研究即肇始于董同龢《华阳凉水井客家话记音》，到20世纪80年代以后，研究成果渐多，主要针对四川客家方言的调查研究。下面以此为重点进行概要说明。

一、四川客家方言的调查研究

董同龢《华阳凉水井客家话记音》是关于四川客家方言研究的最早的一部记录地点方言口语的调查报告。原载1948年上海商务印书馆发行的《历史语言研究所集刊》第19本，1956年8月北京科学出版社重印出版。全书11.7万字，分前言、标音说明、记音正文和语汇四个部分。作者在前言中说明调查的主旨是供给材料；在记音部分用国际音标记录了20段自成片段的语料，包括对话、独白、祷词、童谣、故事等，同时用国语加以译注；语汇部分收录了多达3500个词语，词语按音序排列，附有“国语”对应词语或释文。记音材料保存了60多年前凉水井客家话活生生的语言面貌，成为客家方言研究的宝贵文献。《凉水井客家话记音》不是依据预先选定出来的字进行调查，而是采用“把汉字丢掉，踏踏实实的依照语言研究的基本步骤，去记录一种汉语”③ 的方法，其调查方法很独特。同时，由于调查的主旨是供给材料，作者没有主观的研究结论，表现了纯粹的描写语言学的立场。

继董同龢对凉水井客家方言的调查近40年之后，中国社会科学院语言所黄雪贞到当时成都金牛

① 罗香林．客家研究导论．上海：上海文艺出版社，1933/1992：97.

② 钟禄元．蜀北民族风光．文史教学月刊，1941（3）.

③ 董同龢．华阳凉水井客家话记音．北京：科学出版社，1956.

区所辖的龙潭寺（今属成都市成华区管辖）进行实地调查，发表了论文《成都市郊龙潭寺的客家话》①（1986），文章主要包括“龙潭寺的客家人”“龙潭寺方言的声韵调及语音特点”“龙潭寺客话与闽粤客话词汇的异同”三部分内容。该文归纳了龙潭寺客家话的音系，从七个方面揭示了龙潭寺客家话语音的特点。论文用比较研究的方法显示龙潭寺客家话跟闽粤客家话的异同，得出这样一些重要的结论：龙潭寺客家话中有许多词，尤其是代词和亲属称谓与闽粤客家方言是相同的；龙潭寺客家话的人称代词单数与闽粤客家话相同，但表示复数的词缀不同；龙潭寺客家话表示小称的词缀与闽粤客家话不同；龙潭寺客家话由于受四川官话的影响“公、牯、嫲”的使用范围缩小，仅用于动物与没性别的事物，不用于人；龙潭寺客家话受成都官话的影响，重叠式较多。

四川大学崔荣昌在四川客家方言研究领域建树颇丰。从20世纪80年代以来，他除了对自己的家乡话威远石坪客家话进行全面调查之外，还对成都合兴、仪陇、西昌几地的客家方言进行了调查，形成了一系列的四川方言调查报告。各个点的调查都以中国社会科学院语言研究所《方言调查字表》和中国社会科学院语言研究所方言组《方言调查词汇表》（包括所列的语法例句）为依据，全面报告了这些客家方言点的音系、音变、声韵调配合关系、同音字汇、3000个词语的读音和词形以及90余项语法内容，全面描写了这些客家方言点的语言面貌。其调查深入，呈现了四川多个客家方言点的丰富而鲜活的方言语料，在范围上大大拓展了四川客家方言的单点研究，即将出版的《四川境内的客方言》②，集作者毕生客家方言研究之大成，为开展四川客家方言内部的比较研究与跟闽粤赣客家方言的比较研究打下了坚实的基础。

内江师院陈若愚在1994年对当时内江县（后改县设东兴区）境内的客家话进行了调查研究，归纳了内江县永东乡客家方言的音系并揭示了其语音特点③。

西昌学院李瑞禾曾致力于西昌黄联关客家方言的研究，1996发表了《西昌市黄联乡的客家话》④，反映了西昌客家方言的概貌，包括黄联客家话的分布、音系、黄联客家话与粤客家话字音对照、黄联客家话与粤客家话词汇对照、黄联客家话基本词汇举例等内容，重点揭示了黄联客家话的语音特点和基本词汇的面貌，李瑞禾还跟曹晋英合作发表了《西昌黄联客家话同音字汇》⑤，该文主要整理了同音字汇。

自20世纪以来，成都信息工程学院兰玉英涉足四川客家方言研究。在四川客家方言的调查研究方面，先后对成都洛带、泰兴两个客家方言点进行了田野调查，出版了《洛带客家方言研究》⑥、《泰兴客家方言研究》（合著）⑦。《洛带客家方言研究》较全面地揭示了成都洛带客家方言在语音、词汇和语法几方面的面貌。在导论中探讨了成都客家方言的形成，还提出了两个重要的观点：一是成都东山客家方言是在四川官话方言的影响下，经过来自闽粤赣客家话的交混和整合而形成的；二是广东客家话尤其是五华话曾经对成都东山客家方言产生过重要的影响，是在成都东山客家方言

---

① 黄雪贞．成都市郊龙潭寺的客家话．方言，1986（2）．
② 崔荣昌．四川境内的客方言．成都：四川客家研究中心，2006．
③ 四川省内江市东兴区志编纂委员会．内江县志．成都：巴蜀书社，1994：767—768．
④ 李瑞禾．西昌市黄联乡的客家话．西昌高等师范专科学校学报 1996（4）．
⑤ 李瑞禾，曹晋英．西昌高等师范专科学校学报，2001（2）．
⑥ 兰玉英．洛带客家方言研究．成都：四川人民出版社，2005．
⑦ 兰玉英，曾为志，李瑞禾．泰兴客家方言研究．北京：中国社会科学出版社，2007．

形成过程中影响力最大的方言[①]。《泰兴客家方言研究》，在详细调查的基础上分析整理了成都泰兴客家方言音系、声韵调配合关系和同音字汇，并在共时上把泰兴音与北京音作了比较，在历时上把泰兴音与《广韵》音系作了比较，揭示了泰兴客家方言与《广韵》音系的继承关系，跟普通话音系的对应关系。在词汇方面指出了泰兴客家方言词汇在词形、词义、词语来源以及造词理据方面的特点，列举了3200余条比较有特色的词语。在语法方面讨论了泰兴客家方言语法在词法和句法方面的基本面貌和特点。黄尚军、曾为志《四川新都客家话音系》[②] 记录了四川新都客家话音系，对该音系声韵调特点及其配合规律进行了探讨。这些研究，继续丰富着四川客家方言单点研究的材料，挖掘到了更多的四川客家方言特色词，同时对四川客家方言特点有了更多的发现。

二、其他相关研究

（一）四川客家方言的来源和分布等研究

崔荣昌《四川的客家人和客家方言岛》（1984）、《客家人“谓母曰姐”》（1991）、《四川方言与巴蜀文化》（1996）等一系列成果，揭示了四川客家的来源、分布；四川客家方言在语音、词汇和语法等方面的特点。其中专著《四川方言与巴蜀文化》特辟专章“四川客话”研究四川客家方言，其内容包括：（1）四川客话及其源流；（2）四川客家人与客家话的分布；（3）四川客家人的传统习俗；（4）四川客家话的特点。关于四川客家方言的分布，在罗香林、刘丽川、张卫东的研究基础上，崔荣昌根据他自己掌握的文献和实地考察，提出“截止1993年年底，四川境内的客方言已多达46个”[③]。该著作从语音、词汇和语法几方面概括了四川客家方言的特点。此著关于四川客家方言面貌的重要学术观点是：“四川的客家话与粤东北客家话有极大的一致性，具有客家方言相通的特点，说明它确确实实是客家方言的嫡系；另一方面又表现出它同客家方言的差异性，具有一些西南官话的特色，表明其入川以后所受四川官话的影响”[④]。

李文泽《四川的客家人和客家方言》[⑤]，主要探讨了四川客家人的来源和四川客家话的特征，认为四川客家人大多是在清代初年迁徙而来的，迁徙的初始动机是由于为生活所迫，四川客家话保持了较多的中古汉语特征。兰玉英在《四川客家》（2005）第九章客家方言与巴蜀文化中对四川客家方言的流行情况、四川客家方言的沟通度、四川客家方言保存的原因和某些客家方言文化现象进行了探讨，并就四川几大客家方言点所处的位置和特点提出将四川客家方言分成川西东山片、川南内江片、川西南黄联片、川北仪陇片[⑥]。

（二）四川客家方言跟有关方言的比较研究

自20世纪前后，有一些年轻的研究者进入到四川客家方言研究的队伍中，他们着重把四川客家话跟梅县客家话和西南官话进行比较研究。段英《四川西昌黄联关客家话与梅县客家话的比较》[⑦]（2002）一文在归纳黄联关客家话音系的基础上重点比较了西昌黄联关客家话与梅县客家话在声韵调

① 兰玉英．洛带客家方言研究．成都：四川人民出版社，2005：4—12．
② 黄尚军，曾为志．四川新都客家话音系．重庆三峡学院学报．2007（4）．
③ 崔荣昌．四川方言与巴蜀文化．成都：四川大学出版社，1996：172．
④ 崔荣昌．四川方言与巴蜀文化．成都：四川大学出版社，1996：181．
⑤ 李文泽．四川的客家人和客家方言．中国典籍与文化，1995（1）．
⑥ 陈世松主编．四川客家．桂林：广西师范大学出版社，2005：235．
⑦ 段英．四川黄联关客家话与梅县客家话的比较．汕头大学学报，2002（4）．

几个方面的共同性和差异性。其主要内容有："黄联关客家话岛的人文背景""黄联关客家话声母及其与梅县客家话声母的比较""黄联关客家话韵母及其与梅县客家话韵母的比较""黄联关客家话声调及其与梅县客家话声调的比较""黄联关客家话的文白异读"。曾为志的硕士论文《新都客家话与梅县客家话及成都官话词汇比较研究》① 以自己的母语新都泰兴客家话为研究对象，选取1275条词语，运用比较研究的方法把新都客家话跟梅县客家话、成都官话和新都官话进行比较研究，认为新都客家话和梅县客家话具有很大的一致性，新都客家话保留了很多客家话的特征词，同时也受到了强势方言——成都官话的影响，借入了一批相当数量的官话词语。

王庆《龙潭寺客家话语音研究》②，全面描写和分析了龙潭寺客家话的语音系统，还通过与闽西、粤东、赣南客家话以及成都官话的比较，揭示了龙潭寺客家话语音的构成和来源，还探讨了龙潭寺客家话受成都官话影响而产生的语音现象与成都官话影响的方式和途径，认为龙潭寺客家话是一个"融合式"的方言语言群落，该文还分析了方言岛存在的条件。王庆《论成都龙潭寺客家话的ʈʂ、ʈʂ‘、ʂ》③，通过对龙潭寺客家话与梅州客家话的比较分析，认为这三个音类是受成都话的影响而产生的并随成都话的发展而转变为ʦ、ʦ‘、s的。

在比较研究方面的成果还有：兰玉英、闵卫东《凉水井客家话与成都方言的通用方言词及其分析》④，选择了"把细""厹"等75个在凉水井客家方言与成都官话中都共用的词语进行比较，通过考察这些词语大量地出现在凉水井周边及以远的西南官话方言点却极少出现在其他客家方言点的情况，认为成都官话对成都客家方言词汇带来了较大的影响。兰玉英《〈凉水井客家话记音〉译注献疑》⑤，结合上下文和词语的音义关系辨析了《凉水井客家话记音》中的几个国语译注，指出了原译注的不妥之处。

（三）四川客家方言文化研究

兰玉英《成都东山客家方言中关于生命的民俗语言现象诠释》⑥，以成都客家方言中的民俗词为研究对象，诠释了成都客家人所信奉的送子娘娘、童子、月亮、秧根、寄生、喊魂等民俗语言现象，指出这是万物有灵观的产物和残存，同时还指出了客家繁复的丧葬习俗所反映的灵魂观。兰玉英《成都东山客家方言中"公、嫲"的语言解读和文化解读》⑦，梳理了"公、嫲"的义项并讨论了"公、嫲"用作命名的理据，还进一步分析了由"公、嫲"构成的词语所反映的生殖崇拜等思想。

四川客家方言的研究有这样三个突出的特点：第一，重视单点材料的调查和描写；第二，注重比较研究，通过把研究对象跟客家基本住地尤其是跟梅县客家方言和当地西南官话进行比较研究，揭示出该地点客家方言在传承与变异两方面的具体情形；第三，比较重视客家方言的文化阐释。其中跟当地西南官话的比较，立足于方言接触的视角所进行的研究，以及在文化语言学理论指导下的四川客家方言文化的研究拓宽了四川客家方言研究的视野。

---

① 四川师范大学2006年硕士论文.

② 西南大学2006年硕士论文.

③ 王庆. 论成都龙潭寺客家话的ʈʂ、ʈʂ‘、ʂ. 西华大学学报，2007（3）.

④ 兰玉英，闵卫东. 凉水井客家话与成都方言的通用方言词及其分析. 西南民族大学学报，2004（3）.

⑤ 兰玉英.《凉水井客家话记音》译注献疑. 四川师范大学学报，2004（4）.

⑥ 兰玉英. 成都东山客家方言中关于生命的民俗语言现象诠释. 西华大学学报，2005（3）.

⑦ 兰玉英. 成都东山客家方言中"公、嫲"的语言解读和文化解读. 中华文化论坛，2005（1）.

小结

四川客家方言研究起步较晚，尽管已取得了比较显著的成绩，但是仍有很多问题值得研究。

关于四川客家方言分布的调查。据 2001 年的材料，新四川客家方言分布点总数为 49 个。时过十年后，需进一步确认的是：这些分布点是否都还保存着客家方言、哪些点有客家人但已无人能说客家方言、是否还有新的客家方言点。这些问题有待于经过艰苦细致的调查来弄清楚。

关于四川客家方言的单点调查和描写。四川客家方言分布点很多，但现有成果集中在成都、西昌、仪陇这几个客家方言岛内的数个地点，这些地点的客家方言面貌已经比较清楚，而更多地点的客家方言面貌则还不甚明了。有必要对其他客家方言分布点进行调查，写出详细的方言调查报告，以进一步丰富四川客家方言点的素材，进而进一步深入研究四川客家方言。

关于四川客家方言的内外部比较研究。内部比较研究，是指四川客家方言与祖籍方言的比较研究和四川各地客家方言之间的比较研究；外部比较研究，是指四川客家方言与四川官话方言的比较研究。通过这些内外比较研究，回答四川客家方言传承和变异的途径、规律、原因、条件等理论问题，提升四川客家方言研究的层次和水准。

第二节　四川境内湘方言的研究

四川境内湘方言的研究始于 20 世纪 80 年代中期，起因于对四川方言源流的研究而引发的对四川境内西南官话以外汉语方言的调查。最初将研究视野投向四川境内湘方言的是崔荣昌，此后引起其他学者的关注，陆续发表一系列成果。

一、湘方言研究的缘起和崔荣昌的系列成果

崔荣昌在《方言》1985 年第 1 期上发表《四川方言的形成》，该文根据语言实际并结合族谱、地方志得出了四川境内有西南官话方言、客家方言和湘方言三大类汉语方言的新结论，指出“四川方言受湖广话的影响，除了主要指湖北话以外，还有湖南的湘方言。”文章简要指出达县存在“长沙话”，并首次对仪陇县新城乡保存的湘方言“永州腔”的语言特点，做了简要介绍。该文开启了四川境内湘方言的研究。

1986 年，《方言》第 3 期上同时发表崔荣昌的《四川省西南官话以外的汉语方言》以及崔荣昌、李锡梅合作的《四川境内的“老湖广话”》。《四川省西南官话以外的汉语方言》一文，除在《四川方言的形成》中研究介绍过的“永州腔”“长沙话”以外，又提出一种新的湘方言类型“老湖广话”。该文将湘方言分为“老湖广话”“永州腔”“长沙话”三类，并在“四川省西南官话以外的汉语方言分布图”上，标示出这三种湘方言在四川 25 个县的分布。《四川境内的“老湖广话”》一文是首篇关于湘方言点的调查报告。该文以族谱为依据，对四川境内的“老湖广话”的分布、来源作了论述和论证，在此基础上，以中江县永兴话片和金堂县竹篙话片作为“老湖广话”的代表点，重点描写了“老湖广话”保留浊声母这一主要语音特点，该文重点阐述了中江县永兴话浊塞音声母和浊塞擦音声母各分两套，即都有送气与不送气的对立。该文还对永兴话和竹篙话与中古音系的关系作了扼要的归纳总结。

崔荣昌发表在《方言》1988 年第 1 期上的《四川乐至县“靖州腔”音系》一文，对在四川境内

发现的湘方言新类型“靖州腔”的音系作了描写。次年（1989 第 1 期，《方言》），崔荣昌又发表《四川达县“长沙话”记略》，对湘方言研究开初提到的“长沙话”，从分布、来源、语音特点、常用词汇几个方面作了具体介绍，介绍了达县安仁“长沙话”去声字分去声甲、去声乙、去声丙的特殊现象。这两篇文章还着重分析了四川的“靖州腔”和“长沙话”至今还保留着湖南湘语的某些特点，并得出了四川的“靖州腔”和“长沙话”属于新湘语的结论。

《方言》1993 第 4 期发表崔荣昌的《四川湘语记略》，该文全面综述了四川湘语的源流，将湘方言的分布由最初的 25 个县增加为 44 个点。并根据新的调查研究结果，将原来的“老湖广”“永州腔”“长沙话”三种湘方言分类，重新概括为“老派”“新派”“川派”三类，并据此全面总结了湘方言的语音特点。

二、湘方言研究的深入和拓展

崔荣昌关于四川湘方言的系列研究文章，引发了对四川境内湘方言的研究，此后不断有对四川境内湘方言的研究成果发表或完成，这些成果可以分为三类：

第一类是四川湘方言点的研究。这是关于四川境内各地湘方言点的田野调查报告，也有在调查的基础上进行的共时和历时的对比性研究。以硕士论文和博士论文为主。例如：杨荣华《四川安岳大平话音系研究》，饶冬梅《四川德阳黄许话音系调查研究》。这些研究成果扩展了对四川境内湘方言各种现存状况的具体了解。

韩子京的《四川营山县“安化腔”与祖籍方言（湖南温塘）的对比研究》，对新发现的营山县石塆村的“安化腔”的音系进行了描写，并对石塆的“安化腔”与祖籍方言湖南温塘的“安化腔”进行了对比。吴萍《仪陇（新城）“永州话”语音词汇研究》，在崔荣昌研究的基础上，将新城的“永州腔”与湖南的“永州腔”进行了声韵调的对比。湖南师范大学尹蔚的博士学位论文《四川达县新胜“长沙话”语音研究》，对达县新胜的“长沙话”语音进行了全面描写，并且在此基础上进行了几个比较：①新胜“长沙话”与中古音的比较。②新胜“长沙话”与湖南长益片长沙话及娄邵片双峰话的比较。③将达县的新胜的“长沙话”与崔荣昌调查的安仁“长沙话”比较。④将新胜“长沙话”与属于老湘语的湖南新化话与属于新湘语的湖南长沙话的词汇进行比较。该文认为，新胜“长沙话”与安仁“长沙话”有所不同，新胜“长沙话”与老湘语娄邵片有着更多底层的相通之处。

曾晓舸发表的《四川岳池顾县话的音系》《四川岳池顾县话的词汇》《四川岳池顾县话的语法》一组文章，是对四川南充湘方言点顾县话的语音、词汇、语法的系统调查报告。

除此之外，网络等媒体也有对四川境内湘方言点的语言特征及历史来源的报道，例如，四川新闻网消息（2007—04—14　10：17：08）《宜宾王场“方言岛”300 年湘音未改》。

第二类是四川湘方言的综合研究。崔荣昌《四川境内的湘方言》（台湾“中央研究院”历史语言研究所，1996 年）一书，对四川境内湘方言作了点面结合的全面描写，是崔荣昌与其弟子关于四川湘方言研究的汇集。该书以 8 幅地图标示了四川境内湘方言的分布以及湘语区入川移民在湖南祖居地的分布。第一章概说将四川湘方言的源流、地域分布置于四川的近代历史和地理条件的背景下，以 56 份族谱等对四川境内湘方言的来源、最初的分布和变迁做了考释，并对当时已经发现的四川湘方言的语言特点作了全面描写。第二章至第五章对四川湘方言的老派、新派各自的两种不同类型的方言代表点（老派选取中江、金堂“老湖广话”，营山“安化腔”；新派选取达县“长沙话”，乐至“靖州腔”），从语音、词汇、语法进行了全面描写。全书资料丰富，不仅有各方言点的同音字汇表，浊声母字汇和浊声母共时、历时对照表，还附有成都话、湖南长沙话与四川“老湖广话”“长沙话”

“靖州腔”的词汇对照表，共收词语960条。

曾晓舸《南充方言研究》一书，在全面描写南充市的各种西南官话和客家方言的同时，对南充境内的两种湘方言类型“靖州腔”和“永州腔”进行了系统描写。该书首次较为全面地反映了南充长乐话（“靖州腔”代表点）和新城话（“永州腔”代表点）的语音、词汇、语法的特点。

第三类是四川湘方言的延伸研究。张一舟在《方言》（1987年）上发表《从中兴话古全浊声母字的读音看全浊声母的演变》一文。该文由“中古全浊声母字在中兴话里的读音表”和“关于全浊声每演变情况的几点推测”两个部分组成。“中古全浊声母字在中兴话里的读音表”，根据对老湘语点中兴话保存古全浊声母的调查研究，反映了中古全浊声母字在20世纪90年代的中兴话里的保存情况。“关于全浊声每演变情况的几点推测”部分，在调查研究的基础上，从“古全浊声母的清化跟声母发音方法的关系”“浊音清化跟声调平仄的关系”“浊音清化跟使用频率的关系”等三个方面，探讨了古全浊声母清化的一般规律。

何大安的《论永兴方言的送气浊声母》（1986）、《方音接触与语言层次——以达县长沙话三类去声为例》（1990）、《何大安．论达县长沙话三类去声的语言层次》（1991），是在崔荣昌的四川湘方言调查研究的基础上，对相关的语言演变问题所做的理论性探讨。《论永兴方言的送气浊声母》一文，认为永兴方言的送气浊声母是受西南官话浊母清化后平声送气的影响产生的。该文还认为，永兴许多字都有两读或三读，可以看出不同层面的演变正在进行，还认为这也是造成永兴话音韵上一些特点的原因。《方音接触与语言层次——以达县长沙话三类去声为例》一文，以达县长沙话三类去声为例，从方言接触和和语言层次两个方面进行深入剖析，认为方言接触所带来的语言层的交叠以及种种出人意外的演变方向，不能仅仅从音韵条件的“规则性”来考虑，抛开了“社会”和“系统外”的角度，就无法完整了解语言历史的真相。这些观点，对正确分析和全面认识汉语诸方言的亲疏关系，对深入研究四川境内各方言的源流及特点，具有启发性。

小结

湖南湘方言传入四川已经数百年，但对四川境内湘方言的发现与研究是近20多年的事。对四川湘方言的研究起于对各湘语点的田野调查，田野调查报告是四川湘方言研究的第一批成果。这些田野报告，对保存迅速消亡中的四川各种湘语的资料具有重要价值。

在田野调查的基础上，对四川湘语音系的研究从横向和纵向两个维度展开。根据其语音特点，横向研究的成果体现为将四川各种不同湘语分为“老派”“新派”“川派”三类。纵向研究将今天湘语的音系与中古音系进行了对比，不仅基本摸清了四川湘语保留古音的现状，还在语音演变的规律上做了有益的探索。

四川各湘语的语音情况比较复杂，在声韵调系统中，对声、韵尤其是声母的研究相对较多，但对调类系统的研究相对缺乏。而四川湘语中那些既不同于四川话又不同于其来源地湖南湘方言的复杂声调的成因是什么，这不仅对认识调类系统本身的演变规律十分重要，也对全面认识四川湘语语音系统的演变是非常重要的。

与对四川湘语音系的研究相比，对四川湘语的词汇和语法研究比较缺乏。

四川省志·方言志

附　　录

附录一　四川方言常用词语例释

说明：

1. 本例释收录四川方言常用词语（包括方言俗语）1038 条（跨类条目按所跨类别计数，每类算一条）。条目按意义分为五类，意义跨类的词语，相关义类均予收录，并以“另见”标明所跨类别。如“动作行为”类“麻”下的“另见性质状态”；“性质状态”类“麻”下的“另见动作行为”。方言俗语（包括歇后语、谚语及某些习用的固定语句），另成一类。

2. 形同而音义不同者，分立条目。如动作行为类的“【冲】$cong^{53}$怂恿，挑拨”；“【冲】$cong^{213}$（往上）冒，长”。同形同音词分立条目。若其意义同属一类，则在条目右上角标上阿拉伯数字，以示区别，如动作行为类的“【摆^{1}】bai^{53}有意制造（事端）”和“【摆^{2}】bai^{53}谈；聊”；若其意义分属不同类别，条目上则不标数码，如动作行为类的“【潮】cao^{21}”和性质状态类的“【潮】cao^{21}”。

3. 有不同说法的条目，以“也说”引出，列于用例之后；若该“也说”只适于某个义项，则列于该义项番号之后。

4. 条目书写原则同本书通例。条目后面圆括号内为该条目的其他书写形式。若该书写形式只适合于某个义项，则在该字前标上该义项的番号，如“【马（抹、②码）】”。若条目中只是某字有不同写法，则将其不同写法列于该字之后，如“【担（耽）怕】”。

5. 方言词语中的“儿”词缀，儿化者，用其下标形式表示，如“老孃$_{儿}$；独立成音节的“儿”则不变，如“娃儿”。必须儿化者，条目中出现词缀“儿”，如名物指称类的“架架$_{儿}$”；可儿化可不儿化者，条目中不出现“儿”，只在释义之前加“（～$_{儿}$）”表示，如动作行为类的“【打条】da^{53} $tiao^{21}$（～$_{儿}$）”。若只有某个义项可儿化，则在该义项番号后加“（～$_{儿}$）”，如动作行为类的“【闷】men^{55}①（～$_{儿}$）”。

6. 注音同本书通例，以成都话为准，成都话不说的条目，按相应的对应规律折合成成都话语音。为便于按音序查检，本例释用汉语拼音字母注音，拼写规则同汉语拼音方案。为适应成都话音系，以字母 r 表示舌尖前浊擦音［z］；以字母组合 gn 表示舌面前浊鼻音［ȵ］，如性质状态类的“【拧筋】$gnin^{21}jin^{55}$”中“拧 $gnin^{21}$”的声母 gn；e 单独作韵母，表舌面前半高不圆唇元音［e］，而不表舌面后半高不圆唇元音［ɤ］，如动作行为类的【车】ce^{55}。

7. 释义只释方言义，与普通话相同的义项不予列出。同时，分属不同义类的条目，在不同义类中只列出与该义类相应的义项。释义之前的“（～的）”“（～了）”，表示该条目使用时常带“的”或“了”。其中“的”表“的”“地”两个结构助词，只在例句中加以区分。释义之前加“〈贬〉”的，表示义项含有贬义。若释义本身已显示出贬义，则不加。

8. 例句一般采自口语，少数为书例，为节省篇幅，书例不注出处。例子用的是比喻义者，前加

◇号表示；若释义已表明是比喻义，则不加◇号。例中的~代表所释条目。

9. 各义类内的条目，按首字注音的拼音字母顺序排列；首字相同者，按第二字注音的字母顺序排列；首字同音者，按笔画多少排列，笔画少者在前；笔画数相同者，按笔顺排列。

（一）动作行为

【巴】ba^{55}①张贴；粘贴：墙上~了一张布告。｜信封上还没有~邮票。②粘上；紧贴：馒头掉在地上，~了好多灰。｜一排房子~河边，一排房子~山脚。｜你们~倒墙站成一排。③（手）搭在……上：他把手~在弟弟的肩膀上。｜你一只手~倒栏杆，一只手~倒墙，就摔不倒了。④跟……亲近：这个娃娃怪，~他老汉，不~他妈。⑤巴结：这个人爱去~领导。⑥贴补：你不送礼也就算了，连酒也舍不得~一点？

【罢脚】$ba^{213}juo^{21}$季节性农产品卖过季：杏子~了，明年才有卖的了。有的地方说“罢市”。

【攋（坝）】ba^{213}铺，垫：床上~了一床席子。“坝”另见计量单位。

【踫】bai^{55}跛：他一只脚有残疾，走路~一~的。

【摆¹】bai^{53}有意制造（事端）：跟他~点事，看他咋个收拾。

【摆²】bai^{53}谈；聊：他的笑话三天三夜都~不完。｜你们两个~了半天，~些啥子？

【摆龙门阵】$bai^{53}nong^{21}men^{21/55}zen^{213}$①闲聊：几个老人坐在太阳坝边喝茶，边~。②讲故事：摆个警察抓小偷的龙门阵来听嘛。

【扳】ban^{55}①使固定的东西分离：包谷秆上还有包谷没~下来。｜快去竹林头~几根笋子来吃。②争辩：这个问题就这么定了，不要再~来~去了。｜这点小事也值得~个输赢？③压低（价钱）：买主些很会挑剔，一分一厘地~价钱。

【䟴（板、扳）】ban^{53}①乱动：这娃娃睡觉东~西~的，差点儿~到床底下了。②挣扎：这条鱼没死，丢在锅头还在~。◇不过喃，想盖新房子，恐怕还够~几年呢。③抵赖；反抗：人证物证铁证如山，再他咋个说也~不脱了。

【䟴命】$ban^{53}min^{213}$动物临死时的挣扎：这只鸡颈项挨了一刀还在~。

【坌（拚）】ben^{213}蘸：糍粑~上白糖黄豆面，又甜又香。｜海椒辣，~点醋就没得好辣啰。

【䟴子】$ban^{53}zi^{53}$鱼产卵，鱼产卵常用力蹦跳：池塘里头的鲤鱼在~，搞得水哗哗哗的响。

【办灯儿】$ban^{213}denr^{55}$见“讪谈子”。

【编】$bian^{55}$①找理由说服别人答应某事：我本来都不想去的，就是他东~西~的，把我说动了。｜媒婆今天来~你妈，明来天~你妈，要你妈答应这门亲事。②找理由弄到（钱财）：他要我想办法找领导~几千块钱出来做活动经费。

【编排（派）】$bian^{55}pai^{21}$捏造；编造：我哪有这些事情？都是他~的。

【㨐】$bian^{53}$①打骂：他把自行车搞丢了，挨老爸狠狠~了一顿。②玩弄；要弄：猫逮到耗子总要东~西~，~够了才吃。③整治，折磨：文革期间，当权派着造反派~得好凶哟。

【猋】$biao^{55}$①快速奔跑：号令一响，运动员像箭一样~了出去。②液体喷射或迅猛地流：手着刀子划了个口子，血直往外~。｜这一阵急得我冷汗长~。③没有中的：你不要像押宝，万一押~了，咋个办？｜这次考试，他又猜题，哪晓得按~了，一道题都没猜倒。

【冰】bin^{55}用凉水浸泡：西瓜放在冷水头~起，吃起凉快。｜烫稀饭用冷水~一下，就吃得了。

【冰口】$bin^{55}kou^{53}$裂开：才铺的水泥地不保养好，就会~，起裂缝。｜一到冬天，我的手就要～。另见名物指称。

【殡】bin[213]把种子或做种的红薯等埋入地里，待其发芽后移栽：～海椒秧｜～红苕。

【绷】bong[55]硬撑，硬充：～面子。｜房子都是租的，～啥子有钱人嘛？

【掸】can[53]①用条状物抽打：～耳巴子｜不准用条子～娃娃的屁股。②用条状物驱赶（蚊蝇）、去除（灰尘）：～蚊子｜～灰尘。

【潮】cao[21]①像潮水似地涌：过年的时候要龙灯，街上的人多得很，～过去，～过来，一直要耍到后半夜。②哄传：前一阵有人在～，粮食要涨价了。另见性质状态。

【擂】cao[213] 搅动；翻动；翻寻：把锅里的菜～转，不要糊了。｜你在找啥子吗？咋个把衣柜～得这样乱啊？

【燥热】cao[213]re[21]中医指使热性上来；狗肉～，冬天吃了不怕冷。

【车】ce[55]转；转动：把脑壳～过来看倒黑板。｜墨水瓶盖子要～紧，墨水才不会漏出来。

【扯】ce[53]①拉开，延展：逢场的时候，街上的地摊一～就是百多米长。｜这个果园横顺～起里打里路宽。②张挂：树子上～起了一条横幅。③挪；弄；搞（钱）：把买电视机的钱～来先用倒。｜看倒就要开学了，你看去哪里～点儿钱来给娃儿交学费。④吸：饼干装好密封，免得～潮气。｜晚上放在院子里～点露水。另见性质状态。

【扯把（靶）子】ce[53]ba[53]zi[53]①撒谎：他想逃课，扯了个把子，说是肚皮痛，上不得课。②说大话；吹牛皮：你不要听他吹得凶，他是～的。

【扯伸】ce[53]cen[55]见“拉伸”。

【扯地皮风】ce[53]di[213]pi[21]fong[55]哄传毫无根据的事：哪会发生大地震嘛，～的。｜九眼桥垮了？乱说！肯定是～！

【扯垛子】ce[53] do[53] zi[53] 找借口；借故：还没到下班时间，他就扯个垛子溜了。｜他生啥子病嘛，～的。

【扯拐】ce[53]guai[53]①出故障：钟～了，不走了。｜今年天气不～，可以说是风调雨顺。②闹别扭：大家劝你半天你都不听，你硬是安心～么？

【扯霍（火）闪】ce[53]ho[21]san[213]发生闪电：～了，要落雨了。

【扯回销】ce[53]hui[21]xiao[55]给回音，回复：我们报上去好久了，上级还没给我们～。

【扯横筋】ce[53]hun[21]jin[55]蛮不讲理地争辩，争吵：我们讲道理，不要～！

【扯噗鼾】ce[53]pu[21]han[213]打鼾：他睡眠好，一挨枕头就～。也说“打噗鼾”。

【扯指拇儿】ce[53]zi[53]mur[53]扳着指头计划或计算，多指经济拮据：才发工资你就～了，咋会呢？

【撑】cen[53]用手或指头按、压：他肚皮痛，手～倒肚皮走进急诊室。｜民警一下子扑上去，把犯罪嫌疑人～在地板上。

【撑[1]】cen[213]手撑着物体站或坐（起来）：他从椅子上～起身来，在书架上取了一本书。｜病人勉强～起来，向查病房的护士点了一下头。

【撑[2]】cen[213]态度生硬地争辩；顶嘴：他脾气不好，动不动就跟顾客～起来。另见性质状态。

【吃福喜】ci[21]fu[21]xi[53]吃白食；占便宜：他习惯了～，有便宜绝不放过。

【吃梗笼心肺】ci[21]gen[53]nong[21]xin[55]fei[213]梗，整个的。比喻利益独吞，不与他人分享：见者有份，你想～是不得行的。

【吃挂面】$ci^{21}gua^{213}mian^{213}$挂面挂着晾干，借指上吊自杀，含诙谑味：那坏蛋畏罪自杀，~了。

【吃混糖（堂）锅盔】$ci^{21}hun^{213}tang^{21}go^{55}kui^{55}$混糖锅盔，一种混合食糖制作成的烧饼。指趁着混乱讨便宜：你们再闹嘛，~的来了。

【吃笋子炒肉】$ci^{21}sen^{53}zi^{53}cao^{53}rou^{213}$笋子炒肉，也说“笋子熬肉”，本是川菜名菜之一，这里借笋子指体罚用的竹片。指受竹片打屁股的体罚：你再不听话，就请你~了。

【刺$_{儿}$（采$_{儿}$、釆$_{儿}$）】cir^{53}讽刺，挖苦：我不是啥子模范，你不要说些话来~我。

【戳（出）拐】$co^{21}guai^{53}$出毛病；出差错：这电动车才骑几天就~了，质量太差了。｜开出的方子分量那么重，医不好病不说，还会戳大拐哩！｜怪喃！你自己戳了拐，倒怪起我来！

【戳火】$co^{21}ho^{53}$①同“戳拐”。②差劲：这个房子太~了，到处都在漏水。

【冲】$cong^{53}$怂恿，挑拨：他也老糊涂了，为这样眼屎大的事情，也要~起人家去打架！｜拿跟鬼~起了嗦？你要跟亲兄弟动武？

【冲】$cong^{213}$（往上）冒；长：火苗~得好高哟。｜这娃儿今年又~了好大一截，长高了三公分。另见性质状态。

【冲壳子】$cong^{213}ko^{21}zi^{53}$①闲聊：你们冲了半天壳子，是不是该做正事了？②吹牛：他哪有那么大的本事嘛，~的。也说“吹壳子”。

【挡（抽、搊）】cou^{55}①推；掀：前面是上坡路，你在车子前头拉，我在后头~。｜你好坏，要~他下坎嗦！②扶；扶持：柜子要倒了，快给我~倒起。｜老总这样~我，我一定要好好工作，回报公司！

【挡和】$cou^{55}ho^{21}$①扶持；帮助：没有他的~，我哪有今天？｜小伙子唱完歌，把拳一抱：“各位，~一下，有钱的请丢几个。”②恭维：大家夸奖她的孩子，都说像妈妈的多，这等于直接在~她。

【出脱】$cu^{21}to^{21}$丢掉；断送：他一出国学习，乌纱帽就~了。｜我今天遇到了车祸，老命都差点~了。｜“老子今天要~你！”“啥话？……你要杀人？”

【杵（触、处）】cu^{53}①顶撞：我还没有说完，他就~我，弄得我开不起腔。｜这些话他要当倒我说，非~他几句不可。②接触；挨近：小孩说：“阿姨跟叔叔鼻子~鼻子，他们在做啥子？”｜眼睛不要~那么拢，你不怕得近视眼嗦？

【吹壳子】$cui^{55}ko^{21}zi^{53}$见“冲壳子”。

【跶】da^{21}跌；摔：他从自行车上~下来，腿~断了。

【跶仆爬】$da^{21}pu^{21}pa^{21}$摔跟斗：你看倒路走，谨防~。｜路好滑，才走几步，就跶了两仆爬。

【打蹿蹿脚】$da^{53}bai^{55}bai^{55}juo^{21}$蹿蹿，跛子。打蹿蹿脚，指单脚跳，儿童常见游戏：我们比赛~。

【打帮锤】$da^{53}bang^{55}cui^{21}$帮别人吵架或打架：他跟你毫无关系，你何必给他~嘛。

【打标枪】$da^{53}biao^{55}qiang^{55}$泻肚时大便像水一样喷射而出：昨天下午吃了不干净的东西，晚上就~了。

【打波$_{儿}$】$da^{53}bor^{55}$亲嘴：两个人躲在树子底下~。

【打不燃火】$da^{53}bu^{21}ran^{21}ho^{53}$①机器不能发动，打火机不能打火：摩托车坏了，~了。｜汽车点火装置出毛病了，怎么也~。②不能联系成功；不能办成事情：那个单位他不熟，派他去怕~。肯定式是“打得燃火”。

【打杵】da^{53}cu^{53}①指以竹竿或木棍撑住背着的或抬着的重物在原地休息：峨眉山上背起东西的背二哥正在路边～。②比喻事情受挫搁浅：那么好的事情咋个到了这个部门就～，办不成了呢？另见名物指称。

【打锤】da^{53}cui^{21}打架：这是他在街上跟别个～打伤了的。

【打得粗】da^{53}de^{21}cu^{55}能过比较艰苦的生活；能适应比较恶劣的环境：这娃娃不娇气，～。｜米兰这种花～，对水、肥要求都不高。

【打得燃火】da^{53}de^{21}ran^{21}ho^{53} “打不燃火”的肯定式，见“打不燃火”。

【打掟子】da^{53}din^{213}zi^{53}考前猜题：要全面复习，不要～。｜这回掟子没打准，不及格了。

【打肚皮官司】da^{53}du^{213}pi^{21}guan^{55}si^{55}有意见口头不说，在心里嘀咕：他们两个打了好久的肚皮官司，最近才消除了隔阂的。

【打堆】da^{53}dui^{55}同……聚在一起：他脾气太坏，大家都不爱同他～。｜现在会场里，两起不同的人，各打各的堆，各就各的位，对照鲜明。

【打发】da^{53}fa^{21}①赠予；施舍：她准备了些礼品，好～给来拜年的小孩儿。｜你们咋个拿烂家烂伙来～人？是～讨口子嗦？②嫁出：三个女～了两个，还剩一个也快结婚了。

【打翻天印】da^{53}fan^{55}tian^{55}yin^{213}弟子出师、学生成材后反过来攻击师傅、老师；也指领导栽培、提拔的人得势后以怨报德：武林中的人最忌讳徒弟忘恩负义，打师傅的翻天印。｜没想到他还会～，攻击把他栽培成材的领导。

【打胡乱说】da^{53}fu^{21}nuan^{213}so^{21}胡说八道：不晓得情况就不要～。

【打瓜】da^{53}gua^{55}卖剩的东西（主要是农产品）趸卖或趸买：嫩萝卜，～卖，两角钱一斤！｜我来～，全部买了。

【打广子】da^{53}guang^{53}zi^{53}①闲逛：吃了饭就出去～，啥子事情都不做。②分散注意力：老师讲课你不专心听，在下头～，学习咋个搞得好嘛。

【打黑摸】da^{53}he^{21}mo^{55}摸黑行动：今天晚上停电，只有～了。

【打伙】da^{53}ho^{53}共同使用；合伙：这个房间你们三个～用。｜椅子不够，只有两个人～坐。｜他们～做生意，赚了一笔钱。

【打和声】da^{53}ho^{213}sen^{55}随声附和：你自己要动脑筋，不要随便～。

【打急抓】da^{53}ji^{21}zua^{55}事到临头才急急忙忙地赶着做：平时不着急，要交差了才～，质量咋个有保障嘛。

【打假岔（叉）】da^{53}jia^{53}ca^{213}故意说话或做事，以岔开话头或引开别人注意力：我们在问你那天到底在哪里，你不要～，转移话题。｜小偷打了个假岔，趁我不注意，就把手机给我偷走了。｜眼看就要打起来了，他上前打了个假岔，才把那两口子岔开了。

【打脚】da^{53}juo^{21}鞋不合脚，使脚疼痛，磨破：鞋买小了点$_{儿}$，～。

【打空手】da^{53}kong^{213}sou^{53}空着手走路或上门做客：你提那么多东西，我～，多不好意思。｜我总不能～进门嘛，所以买了点小东西遮手。

【打冒诈】da^{53}mao^{213}za^{213}用假话试探以套出真情：他听出她并没有掌握什么真凭实据，刚才的话是～的。

【打麻烦】da^{53}ma^{21}fan^{21}添麻烦：我今天要打你的麻烦，拜托你帮我个忙。

【打梦脚（觉、足）】da^{53}mong^{213}juo^{21}梦中踢脚，借指思想开小差：你上课～，老师讲的，你当然不懂。也说“啄梦脚”。

【打来吃起】da^{53}nai^{21}ci^{21}qi^{53}截住别人的东西，据为己有：你把政府发给我的补贴～，我要告你。

【打烂条】da^{53}nan^{213}tiao^{21}（～儿）出坏主意：他们学会了苏秦、张仪那套舌辩之术，专会给人出谋划策、～。

【打烂仗】da^{53}nan^{213}zang^{213}过穷愁潦倒、落魄失意的生活：他打了多年的烂仗，现在才混出点人样来。

【打脑壳】da^{53}nao^{53}ko^{21}①使脑袋发晕：这酒质量差，喝了～。②费脑子；伤脑筋：这本书太深了，看起～。｜那件事情复杂得很，想起都～。

【打理扯】da^{53}ni^{53}ce^{53}扯皮：事先说清楚，免得事后～。

【打啰啰】da^{53}no^{55}no^{55}啰啰，口齿不清的声音。①指说话含混不清：不要再劝他酒了，他醉了，说话都～了。｜他不想说清楚，故意～应付你。②指随声附和：你咋不动脑筋，跟倒别个～呢？

【打偏偏】da^{53}pian^{55}pian^{55}行走不稳，偏偏倒倒的：他生了一场大病，还没完全好，走路还～。

【打漂漂（飘飘）】da^{53}piao^{55}piao^{55}（～儿）①一种游戏，用片状石块斜着掷向水面，使其漂向前方，石块漂得远者胜：来，我们两个捡点石头～。②当儿戏：大家集资的钱是大家的血汗钱，你不要拿去～哦。③走路不稳，东偏西倒的：不要再喝酒了，你走路都～了。④比喻付诸东流：养老金就这样～了，后半辈子咋个办？

【打平伙（瓶夥、拼伙）】da^{53}pin^{21}ho^{53}一起吃饭，费用平摊：我们今天晚上一起吃个饭，不是～，是我请客。

【打铺盖】da^{53}pu^{55}gai^{213}睡着时把被子掀在一旁：他妈怕他～受凉，一晚上要起来看他好几次。

【打燃火】da^{53}ran^{21}ho^{53}怒火发作；动气：你最近脾气变坏了，动不动就跟人家～。

【打让手】da^{53}rang^{213}sou^{53}作出让步：我是批量购买，你打个让手，一斤少一毛钱，我们就成交。

【打条】da^{53}tiao^{21}（～儿）出主意，多含贬义：是哪个给经理打的条？简直是馊主意。｜他各人有主意，不要你去～。

【打掉（调）】da^{53}tiao^{53}相互对换位置：我们两个打个掉，我当你的男人，你当我的婆娘。｜班子换届以后，他同老王在分工上打个了掉，老王管他原来管的工业，他管老王原来管的文教。

【打头子】da^{53}tou^{21}zi^{53}粗暴地打断别人的话：你总爱打我的头子，不让我把话说完。

【打围鼓】da^{53}wei^{21}gu^{53}川剧业余爱好者围桌清唱，过去是四川农村常见的娱乐形式：那边坝子头在～，那个花脸才唱得好哦。

【打牙祭】da^{53}ya^{21}ji^{213}本指旧时店主或雇主每月月初、月中给员工吃一次有荤菜的饭，后泛指偶尔吃一次荤腥饭菜：今天中午～，我吃得太饱了。

【打野】da^{53}ye^{53}①无固定的正式工作，到处找活干：～不是法子，还是找个正式的工作好。②利用业余时间挣外快：你月薪这么多了，还用得着到处～挣外快？③有外遇：老婆把他管得严，不要说在外面～，就连平时多看女同事几眼也都不允许。

【打整】da^{53}zen^{53}①收拾；整理：原来零乱肮脏不堪的院子，已经被～得干干净净的了。｜明天休假一满，家里这一摊子哪个来～？②对付；整治：他又歪又恶，才不好～哩！

【打总成】da^{53}zong^{53}cen^{21}成全；使事情成功：我来打个总成，你们双方各自退一步，不就成了吗？｜你只能~，不能搞破坏。

【带账】dai^{213}zang^{213}欠账：生意亏本，带了10万元的账。

【担（耽）怕】dan^{55}pa^{213}害怕；担心：这几天你大哥像掉了魂似的，我~要弄出个大事。另见方式程度。

【炟】dan^{53}烹饪术语，焯：菠菜~一下凉拌。

【倒桩】dao^{53}zuang^{55}武林术语。桩，指身体。本指比武时倒地，也比喻病得不起；死亡：他这一段时间蔫梭梭的，今天早上~了，爬不起来了。｜我这个年龄说不定一旦倒了桩，这件事将会更是没有人知道喽！

【得行】de^{21}xin^{21}可以：并不是有钱就~，没得钱就不~。｜不给钱就把东西拿走，咋个~呢？另见性质状态。

【蹬打（登跶）】den^{55}da^{53}对付；应付：他家里人口多，收入低，日常生活，零碎开支，~不开，只好到沿海打工。｜他如今在商场上也~得风车斗转，要多体面有多体面！｜那人能力强，什么工作都~得开。

【扽】den^{213}（底部朝下）放置（器物）：咋个把锅~在地下呢？｜吃饭的时候把碗端在手上，不要~在桌子上。｜地不平，背篼~不稳。｜过道上~了几个凳子，把路都挡完了。

【抵拢】di^{53}nong^{53}①到了（某一时候，某一地点）：你硬是要~六点才走嗦？｜快啰！再二十多里就~成都西门啦！②到尽头，到终点：你对直去，~倒右手，走过挂长灯笼的悦来店就看得见了。｜家住牛市口，~倒拐，一问便知。

【垫背】dian^{213}bei^{213}作铺垫，当陪衬：这回提工资呀，两个提上去了，其余六个~。｜他垫了几回背了，这回该提拔上去了。

【盯】din^{21}①看：咦，你咋个连~都不~呢！｜~倒路，前面是个急转弯，小心！②看守；监视：我们游泳去了，你把衣服~倒！｜你咋个总是把我~倒呢？我又没有作弊。③理睬：他一贯说得好听，事后不~，跟他咋个搞得好嘛。

【掟】din^{213}扔；掷：捡个石头来~狗。｜是哪个该死的~了一坨泥巴过来，刚好~倒我的脑壳。

【堕】do^{213}放置器物，多用于容器：把锅~在灶上烧水。｜药罐是烫的，~在地板上会把地板烫坏。｜把装肉的碗直接~在锅头，用猛火蒸。

【动】dong^{21}将物体放入液体中略动一下即行取出：帚帕拖脏了，他放在水头~了一下，又取出继续拖地。｜衣服领子都没洗干净，你只是在水头~了一下嗦？

【懂窍】dong^{53}qiao^{213}开窍，懂奥妙：你硬不~啊，老二那句话就是暗示你走开，你还憨痴痴地站倒做啥子！

【抖（兜、逗）】dou^{213}①凑；拼凑：我们先~一下情况，再研究对策。｜小田结婚，办公室的同事每人~了一百块钱送礼。②连接；对上：他的肩关节脱了臼，医生已经给他~上了。｜榫头脱了的桌子脚，我已经~起了。｜发票跟现金~不拢，还差好大一截。另见性质状态。

【烌】du^{21}烹饪术语，菜、肉加作料一起煮：肉~豆腐。｜多~一下，菜才会进盐味。

【短】duan^{53}①截断（话语）：你不要~他的话头，让他说下去。②拦截：警察在小路上埋伏下来，终于~住了逃犯。③阻拦：父亲说准备戒烟，但戒烟之前要过几天饱瘾，所以要猛抽几天，理由充足，我们都不好~他。

【发】fa^{21}①东西受潮、热而变质，不能再用：香烟~了，咋个抽嘛。｜火柴~了，划了几根都没有划燃。②生火：这回买的蜂窝煤不好烧，尽倒~不燃。

【发狠】fa^{21}hen^{53}狠下决心；发奋：以前，穷困人家为了少受人欺侮，也常~学个三拳两腿以图自卫。｜我今天晚上发个狠，把这书一口气看完。

【发火】fa^{21}ho^{53}（给炉灶）生火：炉子里的火早就熄了，要重新~。

【发梦癫】fa^{21}mong^{213}dian^{55}说梦话，梦魇；梦游：我昨晚上~，从床上起来在房间头乱走。

【翻坎】fan^{55}kan^{53}①越过坎$_{儿}$：下了一整夜大雨，塘里的水~了。②越过一定的界限：他是个四十~的中年人。｜现在是1999年12月31号，~就是新世纪了。｜他的病就怕感染，能翻过感染这个坎，就有希望了。

【翻梢】fan^{55}sao^{55}①赌场用语，指输家由输变赢：昨晚上打麻将，他输了想~，结果越打越输。②泛指改变落后面貌或不利处境：人心齐，泰山移，只要我们团结奋斗，总有一天要~！｜我不信，我就穷一辈子，永远都翻不了梢。

【方】fang^{55}给人难堪：莫拿这些臭排场来~我！我不是官，我懂不起那些过场！｜他在会上点名要我表态，把我~起了，弄得我差点下不了台。

【赶】gan^{53}①扒；拨：他一上吃饭桌就往自己碗里~菜。②（急忙）叫，派：我们没法，所以才~人给你们报信。③乘（车、船等）：~哪一路公共汽车？｜火车都开了，你咋个~得倒？｜我没有~过船哦！④赶赴（礼仪、宴席）：~婚礼｜~生期酒。⑤接连：他一句~一句的恭维话，说得别人都不好意思了。

【赶场】gan^{53}cang^{21}赶集：今天~，街上人多。

【干】gan^{213}同意，愿意：兄弟，二哥有一事相商，你~就点头，不~就摇头。

【校】gao^{213}试：这双鞋你~一下，看穿不穿得。｜自行车修好了，我~了的，没得问题。

【告口】gao^{213}kou^{53}伤口或疮愈合：你的疮还有脓，一时还不能~。

【窖】gao^{213}用窖收藏：天冷了，红薯该~起来了，放在外面容易烂。

【哽（梗）】gen^{53} ①（喉咙被食物）堵塞，噎住：你吃慢点$_{儿}$，莫~倒了。◇我们谈了一阵，遇到个难题，~起了，谈不下去了。｜有牢骚你就发出来，~在心头，会~起病的。②困难地吞咽：他一口吃了几块饼干，~了半天都~不下去。

【撵】gnian^{53}追赶：小偷在前面跑，民警在后面~。｜跑远了，~不倒了。

【撵脚】gnian^{53}juo^{21}小孩儿跟随大人，不肯离开：妈去上班，你不要~。｜你都上幼儿园大班了，还~，离不得大人？也说“撵路”。

【角逆】go^{21}gnie^{21}吵嘴打架：两兄弟年纪还小，都不懂事，经常~。

【过^{1}】go^{213}传染：他得的是肺结核，会~人。｜我的感冒还不是你~起的。

【过^{2}】go^{213}用在别的动词前，表示采用某种方式、办法：教育小孩儿要~说服，不能~打。｜买这种东西只有~碰，专门去买，不一定有。｜这排骨~小火炖，不要~高压锅压。

【过^{3}】go^{213}透；尽。只用作补语：这截木头太粗了，烧了半天都还没有烧~。｜红苕烤~了，成了木炭了。

【过^{4}】go^{213}腹泻：~肚皮。

【过话】go^{213}hua^{213}把闲话、坏话传给当事人：我不是爱~的人，不会把你说的话传给他的。

【拱】gong^{53}①突起；冒出：他的额头不小心碰到柱子上，马上就~起一个大包。②采用不正当的手段使人失去某种地位或出局：他才提拔不久，就着人~下来了。｜他本来已经上了提工资的名单的，有人去~他，就着刷下来了。

【勾】gou^{55}使（头）低下；使（腰）弯曲：他把头~了一下，算是鞠了一个躬。｜脑壳抬起来，不要~倒！｜不要~腰杆，挺起腰来！

【跍（沽）】gu^{55}/ku^{21}①蹲：他~在地上看蚂蚁搬家。②呆；闲居：你一天到晚~在屋头，不出去走一下，会生病的。｜他都在家头~了一年多了，还没有找倒工作。

【估倒】gu^{53}dao^{53}①强迫；逼迫：我根本不愿意去，是他~我去的。｜你只要态度坚决点儿，哪个也估不倒你。也说“估逼”。②执意：他今天~请客，肯定有原因。

【估谙】gu^{53}ngan^{21}估计；揣测：今天这天气我~要下雨。｜大家都~她要请病假，哪晓得她带病坚持上班。

【刮】gua^{21}见“刮胡子”：工长见了废品，大发脾气，狠狠~了我们一顿。

【刮胡子】gua^{21}fu^{21}zi^{53}批评；责骂，训斥：他上班吊儿郎当的，班长经常刮他的胡子。也省为“刮”。

【剐】gua^{53}使（皮、衣等从主体）剥离：~兔子｜把猪板油~下来。

【剐油】gua^{53}you^{21}减少、去除油腻：顿顿不吃油荤，光吃~的青菜，连吃半个月，包你减肥。

【观（关）火】guan^{55}ho^{53}（说话、做事）起决定作用：我们学校还是书记~，校长说了都不一定行。

【管得】guan^{53}de^{21}表示强烈的否定。①不管；不顾：有的人做生意，只要能够赚钱，可以不择手段，~你什么商业道德。②别管：星期天该我休息，你~我做啥子。｜你~他的，他都这么大了，该懂事了。

【惯失（使、侍）】guan^{213}si^{21}娇惯；溺爱：这娃娃不爱学习，不爱劳动，都是你~的。｜娃娃要啥你就给他啥，太~了嘛。

【灌脓】guan^{213}nong^{21}化脓：不要沾生水，沾了要~。也说“灌”。

【鬼扯】gui^{53}ce^{53}不着边际地谈论；胡扯：他们天南地北地~了半天，没扯过啥名堂出来。｜~！你莫在这里跟我乱造谣！我啥时候说过喜欢他来？

【哈】ha^{55}扒拉；翻动：鸡在垃圾头东~西~，想找东西吃。｜锅头菜糊了！你快~一下。

【哈不开】ha^{55}bu^{21}kai^{55}扒拉不开，比喻能力不及，担当不了某方面的工作：那个单位问题成堆，他当领导怕是~！

【海】hai^{55}挥霍；摆阔气；显排场：我们今天到芙蓉餐厅去~一盘。｜钱都没得，我~不起。

【喊黄】han^{53}huang^{21}因承受不了外界的某种压力或对某项工作胜任不了而说翻悔的话；叫苦：任务一再加码，哪个得干，哪个不~？｜他这样黑起良心说话呀！我不得依，要~啦！

【薅刨】hao^{55}pao^{21}①薅草、刨地，泛指耕作：隔几天，那~过的莴笋又该浇粪了。②多方捞取（钱财、好处）：他家又种庄稼又养猪，还做生意，当穿穿儿，最会~钱了。

【号】hao^{213}（教师）批改；评定：作业~出来了，可以发给同学了。｜老师正在~期末考试的卷子。｜我明明全部都答对了，老师咋个只给我~95分呢？

【恨倒】hen^{213}dao^{53}强迫：以前，在这儿做生意，黑道上的人每个月都要~收你啥子保护费。｜

你打烂了我的碗，愿意赔就赔几个钱，不愿意赔，我也不～你赔。

【呵】ho^{55}骗：他没说实话，～你的。｜可我真正没得吃的了嘛！～了你们，我是乌龟。｜连我娘屋里陪嫁的几个钱你都给我～出去赌钱，还没还我呢。

【伙倒】ho^{53}dao^{53}合在一起；与……合伙：这几笔钱～还是一个大数字。｜这几件衣服要掉色，不要～那些衣服洗。｜你愿意～我们干，你就留下。

【齁】hou^{55}气喘：你咋个有点儿～呢？是不是哮喘病发了？

【换手抠背】huan^{213}sou^{53}kou^{55}bei^{213}抠，搔痒。比喻换工：我们两家～，你帮我家割麦子，我帮你家栽秧子。

【回潮】hui^{21}cao^{21}比喻手艺回生：这点小毛病都修不好，大师傅的手艺～了嗦？

【回润】hui^{21}run^{213}已经晒干或晾干的东西又变湿润：有太阳的时候衣服是干的，天一黑就～了。

【假打】jia^{53}da^{53}假意打击，泛指虚张声势，走过场，做形式：这次的安全检查不是～，你们要注意哟。｜好几回的全民健身运动都是～，搞搞形式就过去了。

【架势】jia^{213}si^{213}①鼓劲；下决心：你今天要洗好多哟？莫非你想泡一整天么？架这么大的势！｜这里离城太远了，今天太阳又大，喊我进城我还架不起势呢。②开头；开始：你的秧子都栽完了，我的才～呢。｜设计交下来了几年了，架了几回势都没有搞成器。另见名物指称。

【尖】jian^{55}加楔子，使接榫的地方牢固不活动：凳子脚脚松了，要～一下。另见性质状态。

【捡】jian^{53}①用筷子取物：两岁多的儿子在学大人从菜碗里～菜，筷子不听使，要～的菜老在菜碗里跑。②拾缀：你真是衣来伸手，饭来张口，吃了饭连碗都不～一下。｜桌子上的东西太乱了，～一下嘛。③收藏：把钱～好，不要让小偷看见了。｜她把珠宝～在保险柜里了。④学；模仿：人家好的地方你～不倒，人家毛病你样样～倒了。⑤生（小孩）；产（卵）：她那么大个肚皮，等不倒好久要～娃儿了。｜人多不洗碗，鸭多不～蛋。⑥对付；制服：这点儿活路算得啥，我随～。｜你算老几，他随便就把你～了。

【捡脚子】jian^{53}juo^{21}zi^{53}〈贬〉收拾残局：他把这个单位整得稀烂，还要别人给他～。

【捡顺】jian^{53}sun^{213}①拾掇整齐：你把屋头的东西～，到处摆起，好烦嘛。②对付了；制服了：那件事怕只有他去才能～。｜他是个不好打整的人，你去怕捡不顺啰。

【见子打子】jian^{213}zi^{53}da^{53}zi^{53}本珠算口诀，指算盘上是几就加上几，比喻头痛医头，脚痛医脚：做事情要有长计划，短安排，不能～。

【将就】jiang^{55}jiu^{213}顺着（某人心意）；迁就：有时，他不睬我，我还厚起脸皮去～他。｜我像～老人一样，啥事都依他的意见办。

【焦人】jiao^{55}ren^{21}使人心焦，烦躁：只怕地震半夜发生，逃不脱，才～哩！｜车还不来，等得～。

【焦心】jiao^{55}xin^{55}为……着急；焦虑：她不～吃，不～穿，就是～女儿的婚事。另见名物指称。

【嚼蛆】jiao^{21}qu^{55}信口胡说（骂人语）：你～呀！哪有这些事！｜“这些钩子麻搭事情，老娘早就弄得清清楚楚的了。”“你乱嚼些啥子蛆呀！”

【经佑】jin^{55}you$^{55/213}$侍候，照料：她要服侍病人，～小孩儿，还要～菜地，咋个忙得过来嘛。

【惊叫唤】jin^{55}jiao^{213}huan^{213}大声叫喊：他从自行车上摔下来，痛得～。

【紧】jin^{53}烹饪术语，把供食用的动物肉、内脏、血等略煮至表皮收缩，以除去血腥味或臭味：

鸭血不要~老了。|肚子要先~一下再烧，吃起来才没有腥臭味。

【龂（噤、惊）】jin^{213}牙齿因受酸、冷等食物的刺激而感到酸痛：我不吃泡菜，吃起牙齿~。|人倒霉了喝水都~牙齿。

【纠】jiu^{53}①拧：墨水瓶盖子要~紧点儿。|话说~起了。②把两股以上的条状物扭一起：~麻花|晚上你趁着火光~索子，我就坐在侧边纳鞋底，纺棉花。

【锔】ju^{55}（针、刺之类锐物）刺：针把手指拇~倒了。|钉子把鞋底都~穿了，差点$_{\text{儿}}$~倒脚板。

【踡】juan^{55}使身体或四肢弯曲：随后他把身子~成一团，在地上滚来滚去，哇哇地发出欢乐的喊叫。|那只狗~在狗窝里睡觉。

【卡（梯）拿】ka^{55}na^{21}为难；刁难：你处处都~我，我开个小饭馆，你不是通知食品站不要卖肉给我，就是喊税务所来罚我的款。

【开亲】kai^{55}qin^{55}订婚；结亲：过去在山里，尤其是女孩要过了十八、二十还没~，那简直就成了嫁不出去的老黄花了。|他们两个表兄表妹开的亲，生的娃儿有点瓜。

【开条】kai^{55}tiao^{21}（~$_{\text{儿}}$）出主意：他祖父当师爷出身，专门替东家~，打主意，办过多少疑难事情。|这个究竟是哪些烂心肺开的条$_{\text{儿}}$呵？

【看白】kan^{213}be^{21}（~了）（把人）看得一钱不值：你不要太吝啬，让人~了。

【看菲】kan^{213}fei^{53}（~了）看轻；小看，多用于否定句：他的生意是不大，但是，你千万莫~了，小小生意赚大钱。|钱虽是不多，你倒是不要~了，积少成多嘛。

【看人】kan^{213}ren^{21}①本指婆婆看媳妇，现多指一般的相亲：从前的婚俗，要看“八字”，“八字”很好而且合得，这就该“~”了，“~”是很重要的一环。所谓~并不是娶妻的丈夫看，而是讨媳妇的老人婆看。|人家给他介绍了个对象，他今天~去了。②照看小孩，有个老年人在屋头才好呢，不说别的，看下人也好嘛。③〈贬〉看人说话，即不一视同仁，因人而异：他对待同事是屠夫提刀，~。

【看笑神$_{\text{儿}}$】kan^{213}xiao^{213}senr^{21}看笑话：他不提醒我，就是想看我的笑神$_{\text{儿}}$。

【康】kang^{53}①（用盖子之类东西）盖：把锅~严。|拿个鸡罩把鸡~倒。②掩盖：有啥事对大家公开，不要~倒蒙倒的。

【康不严】kang^{53}bu^{21}gnian^{21}盖不严密，比喻处理不好：那件事情太复杂了，他去怕~。

【炕】kang^{213}①加热使物体干燥；烘烤：干辣椒节在锅内~起，待其~出糊香味时，铲起用刀铡细。②暴晒（土地）：我们村里的苕饭田，这两天都犁来~起了。③（用烟）熏制：~腊肉|兄弟也没啥好回敬，幸得过年杀的猪~好了，打主意办一台“春酒”。

【敲棒棒】kao^{55}bang^{213}bang$^{213-55}$棒棒，棒子。敲竹杠：他狠狠敲了你一棒棒，让你多花一千多元。

【靠】kao^{213}用手或腿等触动：年轻的那个，拿手肘~了一下同伴，细声提示着。|他向我递眼色，又用腿子~我。

【肯信】ken^{53}xin^{213}用作反语，意思是不信，含强烈的不以为然意：我~缺你红萝卜就办不成席！

【搁平】ko^{213}pin^{21}比喻把问题、纷争处理好，使大家没意见：双方都怕把事情整滥了脱不到手，所以都想互相让步，把事情~。|你的事只有找总经理才搁得平。也说“摆平”。

【抠】kou^{55}搔；抓：他感到背上痒，一只手伸到背上～。｜他几天没洗头了，老在那里～脑壳。另见性质状态。

【抠个个钱】kou^{55}go^{213}go^{213}qian^{21}个个钱，一个一个的钱。形容十分吝啬，锱铢必较：他最爱～，一分一厘都不得让别人的。｜他的家是～发起来的。

【扣手】kou^{213}sou^{53}相互配合（做某事）：只要打下手的～，做起来还是快。｜我看他有志气，有能力，跟你可以扣起手来干一番事业。

【箍】ku^{55}①指用竹篾或金属条捆紧：拿丝篾条～粪桶。｜打个铁箍～脚盆。②比喻约束，管束：哪家好你到哪家去，反正这个家是～不住你的。｜小伙子天性好动，你硬把他～在家头，他心头总是不安逸。

【垮】kua^{53}①减少；降低：可怜那位老实的，急需钱用的老太婆，经不住顾客这番踏屑，终于～了价钱。②下垂；降下：他不高兴了，两道浓眉一下～下来，脸黑得象锅底。◇她～下脸，嘟起嘴，大有得不到依从就吹的架势。③脱；褪：你没得钱，就把衣服～下来抵账。｜你穿裤子不扎皮带，裤子～了咋办？

【垮杆】kua^{53}gan^{53}①衰落，衰败：从前，他父亲因为烧鸦片烟，把家当烧～了，只好去当跟班，侍候别人。｜去年天时不正，好些养牛户垮了杆。②垮台：你们那样搞下去，我们的合作社，要～。

【垮皮】kua^{53}pi^{21}①使皮剥离：兔子还没～。②比喻脱离干系，中间多插入“得倒”“不倒”表肯定与否定：我有真凭实据，看他咋个～。｜证据确凿，你咋垮得倒皮？｜做了坏事就垮不倒皮。

【款】kuan^{53}①绊；挡：他走路没注意，着路边的树枝～了一下，摔倒了。｜门不要关死了，拿把椅子～倒一下就行。②事情受阻：那件事不晓得在哪个环节着～起了。③扣留：他把上级配的化肥～倒起，不拿出来卖。｜违章车着公安局～起了。

【狂】kuang^{21}恣意地嬉戏、打闹：两个人高兴得像小孩儿一样在院子里～了半天。｜三娃子，你再～我给你两巴掌哈！

【盔（亏）】kui^{55}严格地管束，教育：要考试了，把娃儿～紧点儿。｜师傅一直到把她～顺，使她基本功大有长进，方才放心。

【魁（箍）】kui^{55}从里面撑起：这双鞋大，像你那样的大脚穿起才～得起。｜一天两顿饭都没有吃饱过，肚儿～不圆，哪有气力做活路嘛。

【麻】ma^{21}蒙蔽；欺骗：总之，有人以为，是外国儒者说的就～得住人。｜你想～我？办不到！我啥子都晓得。另见性质状态。

【马（抹、②码）】ma^{53}①（面部）表情严肃；沉下（脸）来：你看他的样子哟，昂着头，～着脸，半天不则一声，比我们老总的架子还大！｜他经常～起一张脸，好像人人都对他不起一样。②强迫，欺压：他经常把大家～倒～倒的，大家都讨厌他。

【码】ma^{53}烹饪术语。把待烹饪的肉、鱼等拌合上盐、豆粉等：肉丝要～豆粉，吃起来才嫩。｜把鱼先～点盐，放一下再下锅，这样才入味。

【码不实在】ma^{53}bu^{21}si^{21}zai^{213}琢磨不清；估摸不准：黑板上的字太小，写的到底是不是他的名字，他也～。

【冒靶】mao^{213}ba^{53}比喻（说话）出格，说漏嘴：到那里说话要注意，不要尽～。｜没想到不注意就～，得罪人了。

【默】me^{21} ①考虑，估量：他仔细～了～，觉得有搞头，可以做。|让我～一下。这事好像风险大，容易吃力不讨好。②默记：这些事我都～在心头的。

【默倒（到、道）】$me^{21}dao^{53}$ ①以为（一般用在主观设想与客观实际不相符合的情况下）：你～人人都像你，天不怕地不怕的！|～自己弄得多就整到了。屁，祸事才整到了！②打算（做某事）（一般用在打算未能实现的情况下）：你们光～赚钱，好松活么！|他～想溜，才走几步就着抓到了。

【闷】men^{55} ①（～儿）不说话；不吭声：有想不通的，不要～在心头，说出来还好过些。|爹骂我像野人，一起床就跑了！我也一声不响，就那么～起。②小睡：彭胖打了呵欠，又揩揩口涎："你们才来么？我才～一会儿。"另见性质状态。

【眯】mi^{55} ①闭上眼皮：快把眼睛～倒，谨防灰尘吹到眼睛头。②小睡，打吨儿：让他～一下，昨黑了十二点多才睡，今天早晨三点就起来了。|好不容易昏昏沉沉～着不久，忽然堂上大喊大叫起来。

【面】$mian^{213}$ 铺；垫：这里的所谓街道，尚不似正经街道～有红砂石板。|戏台前面的广场成为操场，～着一片银白的细沙。另见性质状态。

【搣】mie^{55} ①（把较软的东西）掰开：把面包～一半给弟娃儿。②剖析道理、文章：你讲的问题太深奥了，应该～烂点大家才容易懂。|课文～得太烂了也不见得好，还是要让学生动点脑筋。

【明砍】min^{21} kan^{53} 明白地说；挑明：朋友之间有啥子事，你应该～，不要说一句，留半句的。|你要想跟她好，就给人家一个准信儿；不想跟她好，也要跟她～！

【摸包儿】$mo^{55}baor^{55}$ 窃取别人身上的财物：他在公交车上～，着民警抓了。

【没得】mo^{21} $de^{21/55}$ 有的地方读 $mei^{55}de^{21}$。没有：都听懂了，～问题。

【没搞】$mo^{21}gao^{53}$ 没有希望，没有办法：这火～了，煮不好饭了。|他的病～，治不好。

【拉伸】$na^{55}cen^{55}$ 本指拉直。①引申指放开（脚步）；一口气：他～脚步，径直向周老汉的屋子走去。|眼看要迟到了，我只得～一趟子，朝学校跑。②不加干扰（做某事）：他加了几天班，累了，让他～了睡一觉。|这点活路，～了干，一个星期没问题。③通盘；拉通（计算）：饭菜、酒水～算，看一共花了多少钱。|一个月一个月的～算，不要一天天的算。也说"扯伸"。

【拿脉】$na^{21}me^{21}$ ①诊脉：那里有名老中医～主方，所以病人很多。|我连一点点医理也不懂，更不用提给自己～看病了。②看火候：我们家里，啥事都是我老婆～主火，我一概不管，落得清闲。

【浪】$nang^{213}$ 摇荡；晃荡：那索桥很长，人走在上面～来～去的。|端好！看碗里的水～了出来。

【挠】nao^{53} ①扛：他左肩头挎一个小包袱，右肩头～一根梭镖。②抬，举（腿、手）：手一～，金手表就亮出来了。|把脚杆～起，我好扫地。③拿：你咋个～起笔乱画？|你们可曾听见我～起嘴巴说过你们啥子秘密话来？

【抡】nen^{55} 捻：（他）取下一根纸烟，用手～了～，又在膝头上顿一顿，凑在嘴上。|（他）还将一把计数目的毛钱，从枣木钱盘上抓到左掌上，右手几根指头非常灵巧地～着，数着。

【□】nga^{55} 压；挤压；哎哟，你的板凳脚～倒我的脚指拇了。|把核桃放在门槛那里，门一关过来，就～烂了。

【挨边】$ngai^{55}bian^{55}$ 靠近；接近：～四十岁的人，真犯不着还这样的瞎闹！|夏天闷热的夜晚，～十点钟了，还没有一点儿凉意。

【挨倒】ngai^{55}dao^{53}挨着，靠近：好热哦，你不要~我坐。|望江公园~川大的，走拢川大，望江公园就不远了。

【挨】ngai^{21}①碰到不幸；出事：要是用水养着，河虾早就~了，泛白了。|黑娃~了!”“为啥~了?”“偷东西，着抓到了。”②“挨打”的省文：你费嘛，我看你欠~！|你硬不听话？当真好久没~，想~了嗦？③骂人的粗话，“挨球”的省文：你~哟！爬开点！

【矮】ngai^{53}〈贬〉低下（身子）：他身体一~蹲到地上，双手抱着自己脑壳直揉直搓。|你得罪了他，只有去~起磕头赔礼。

【安顿】ngan^{55}den^{213}准备；打算；你请我们到你家头去耍，你~哪个招待我们嘛？|今年考理科没考起，明年子我~考文科。

【安心】ngan^{55}xin^{55}下决心；存心（不限于坏事）：~要把我们当成显客来待啦！|他恐怕是安了心的，眼睛里毫无怯意。|大美人$_{儿}$，你~把三河镇的姑娘眼浅死呀！

【安逸】ngan^{55}yi^{21}对……感到高兴，对……感到满意（多用于否定句或反问句中）：他接任到现在，规则多如牛毛，动辄记过扣分，大家早就不~他了。|到了年底，一分钱的奖金都没有，你心头会不会~他嘛？另见性质状态。

【谙】ngan^{21}估计；推测：就是他干的嘛，我一~就~到它八成。|他估计女儿会答应，不~她会有这个态度。|“我不会病的！”“那咋个~得到。”

【谙倒】ngan^{21}dao^{53}估摸着（干）；适可而止（地干）：谁也没见过那旗子，几个人商量之下，只好本着~做的原则，用两段窄土布拼成一幅三尺四寸见方的旗子。|你~点儿，整凶了要出事。

【按】ngan^{213}扑：保路同志军~进城来啦。|那老虎一耸身向武松~过来。

【嗝（盎）】ngang^{55}发出（响亮的）声音：早上，广播一~，他就起床。另见性质状态。

【傲（熬）】ngao^{55}①坚持（高价，高条件）：本来可以~一~价钱，可你这黄瓜摘晚了两天，老了，~不起价了。|那些乡巴佬的猪多了，屠宰场有资格~了，想收就收，不想收就不收。②拿架子：钱又没得几个，你~啥子嘛。

【拗】ngao^{213}①用扁担、棍棒之类工具的一端挑起东西：他把一对箩筐用扁担~在光膀子上。|迎面过来一个老汉，肩上一把锄头，~着两个篼篼。②泛指拿着、扛着或含着长条物的一端：肩头上~根长扁担。|人群中有个缺牙巴老头~着一根叶子烟杆。③撬：~开地板一处处找，还是没有！

【梗（隐）^{1}】ngen^{53}硌：路上好多碎石，把我脚~得好痛。|床没有铺平，睡倒好~人。

【梗^{2}】ngen^{53}①说话有顾虑，不愿痛快吐露：他想把话说完，但说了一句又~了一下。|有话就说出来，不要~在心头。②彼此有隔阂，关系不融洽：他们两个~起好久了，不晓得矛盾在哪里。

【欧起】ngou^{55}qi^{53}拿架子，摆谱：你是长辈，你就要~，看他咋个办。

【怄（慪）】ngou^{213}①怄气；生气：珍珍的嘴撅起来了，爷爷说，莫~莫~，给你买。②使生气：他连连跺脚道：“你还要~我！”|那边落雨这边晴，你看~人不~人。③伤心：同你分别后，天天阴倒~！越~人越瘦。

【立】ni^{21}站：今天太阳大，不要~在太阳坝头。

【理抹】ni^{53}ma^{21}①清理，清查：他记的账一塌糊涂，该~一下了。|你承佃倒石桥那一股田的主人家厚道，从没有到县里来~过你，天干水涝，全凭你一句话。②处理；惩治：不要打，不要打，问清楚再~他！|并不是要把凡是搞那些名堂的农民，一个个都弄来~，打整。

【□】nia^{21}①滑；掉：眼镜脚脚松了，戴不稳，一会儿又往下头～。｜你一天到黑光耍，莫把皮耍～了。②比喻推卸（责任）：这件事情要集体负责，哪个都莫想～脱。

【□肥】nia^{53}fei^{21}巴结、讨好有钱有势的人：他最爱～，心目中哪有平头老百姓。｜他一得势，马上就有人去～了。

【敹】niao^{55}①用手工缝、补：你衬衣划破了个口子，我来给你～几针。②专指一种缝衣法，略近于挑花的挑，针仅从衣料的反面挑起很少几根纱。这种缝衣法可使衣料正面上的针脚不明显，多用来缝合袖边、脚边等：～脚边。

【潦】niao^{21}烹饪术语，水烧开后放入蔬菜煮至合适，再捞起进一步加工：青菜～烂了，可以捞起来炒了。

【落】no^{21}①（雨、雪等）降落：～雪｜在我们童年的时候，每逢～雨，我们总爱偷偷戴了大人的斗笠，赤了脚，在街石上走着玩。②遗失，遗漏："是托通信站转的，信里还夹了一张相片。""是吗？那恐怕是寄～了。"｜你抄～了一段话。

【落屋】no^{21}wu^{21}着家；回家：一天到晚不～，只晓得在外头耍。

【圞】nuan^{21}（舌头）转动：你不好好吃东西，舌头在嘴巴头～来～去干啥？

【圞不转】nuan^{21}bu^{21}zuan^{213}①（舌头）转动不了：你嘴巴不要含那么多饭，不然舌头～。②口齿不清：他是大舌头，说话～。③比喻不能说清楚：你背着人搞的那些丑事，你当然～啰。

【排轮子】pai^{21}nen^{21}zi^{53}排队：啥子东西那么俏？还要～买！

【盘】pan^{21}①辛勤抚育；培养：她省吃俭用，好不容易才～大了两个娃娃。｜他把三个娃娃都～成大学生了。②种植：庄稼经我念了几十年，还～不好这儿亩地的包谷么？另见计量单位。

【搒】pang^{53}触动；碰撞：他用手肘把坐在身边的工兵排长～了一下。｜他望起脑壳走路，～倒墙了，～起多大个包。

【泡汤】pao^{213}tang^{55}正在酝酿或正在进行的事情告吹；落空：那件事看来就只有～，办不成啰？｜这席酒怕是吃不稳了，礼钱算泡了汤了！

【凴】pen^{55}①靠：依靠；扁担～在门后头的。｜你～倒树子站起，就不得跶扑爬了。②挨近，靠近；沿：你～倒阶沿走，不得遭雨打湿。｜你～河边走，就不得走错了。③巴结：他还没当上官，就有人去～他了。④靠着物体打盹儿，也泛指小睡：你就在沙发上～一会嘛。｜昨天晚上熬了夜，现在精神不好，想～一下儿。

【片（揙）】pian^{53}用刀、斧头等削：这棒棒太粗了，～小点儿。另见计量单位。

【谝】pian^{53}①用言辞讨好；人家会～，当官的又听得进，咋不该他吃糖嘛。②厚着脸皮死死纠缠着说，用好话哄骗：就凭我这三寸不烂舌，不把他～得服服帖帖的不算人。｜你会说，你就去，我不信你就把他～得过去。

【飘】piao^{55}打赌："今天这场球赛，我说红队会赢，敢不敢～嘛？""～就～，红队赢了我请客，红队输了你请客。"

【抨^{1}】pin^{55}无偿地给予：大师傅，把你的茶～口我喝。｜"你有那么多个，把你用不完的～一个给我嘛。""说得安逸，～给你？拿钱买。"

【抨^{2}】pin^{55}用刀横切成薄片，也泛指切少许：把瘦肉～下来炒肉片。｜师傅，请你再～点儿精瘦肉给我。

【泼烦】po^{21}fan^{21}厌烦：你不要提钱字，我听倒就~你。|他倒不~钱，就是~做事情。

【埄】pong^{55}①（尘土）飞扬；（烟、火）冒，涌：洒点儿水再扫地，灰尘就不得~。|火尾子~起好高。|啥子东西燃起来了，烟子到处~。②扑；蜂拥而至：他硬要~起进去打人家，拉都拉不住。|街上出一点儿屁大的事，看热闹的人马上就~起过来了。

【仆】pu^{21}俯：~起睡不好，会压迫内脏。|把那个碗~起放，不要仰起。|（背书）要是第三天还背不得，学生就要自己脱了裤子~在板凳上由私塾老师用竹板子打屁股。

【起】qi^{53}①把附着在物体上的片状物成片取下：我用小刀子在墙上把还没有撕下来的一块纸~了下来。②用像刨子样的工具，把刀、剪表面一层刮掉：~刀子|~菜刀。③长出（可用于植物）：黄瓜还没~蒂蒂。④形成（某种样子）：人多得~堆堆|马路上的汽车~串串。另见计量单位。

【卡】qia^{55}①夹在中间，不能活动，因为瘦羊肉~住了牙齿，他习惯成自然地用筷子尖在牙缝里掏。②塞；插；他又走过去，拾起帽子，小心地~在用尼龙索做的裤腰带上。|他把手枪~在牛皮腰带里。③使为难：一个钱~死英雄汉。

【卡位】qia^{55}wei^{213}加塞$_{儿}$：到后面去排队，不要~。也说“卡轮子”。

【欠】qian^{213}片状物一部分向上卷起：伤湿止痛膏没巴紧，~起一个角了。

【忺】qian^{213}想念；思念；牵挂：他第一次离家外出上学，过了一个学期，还~家，~妈妈。

【俏】qiao^{213}炒菜时加点俏头：肉片里头~点木耳。

【亲候】qin^{55}hou^{213}①亲自问候；拜访；事是有一点，不过主要目的是来~你三小姐的。◇夜深了，黄鼠狼和山耗子喜欢来~蹼鸭儿，放鸭人就要特别放把细点。②收拾；处罚：不听话嘛，我要来~你哈。

【覰】quo^{53}看，特指探头探脑地看：我进去办点事，你给我~倒一下自行车。|那人贼眉贼眼到处~，怕是在找目标下手哦。

【认黄】ren^{213}huang^{21}①认帐；承担责任：我自己说的话，做的事，当然要~的哟。②讲信义；讲交情：在生死存亡关头，对朋友他也只好不~了。|把我惹毛了我不~的哟！

【日白】ri^{21}be^{21}①聊天：吃了饭就出去~，啥事都不做。②吹牛；夸口；说谎：他~的，一年收入哪有那么多嘛。|他平素最爱~扯谎，莫得人信他的。

【挼】rua^{21}①揉；搓；~泥巴。|一些小碟子里面盛着~好了的各种颜色的面。|你咋个把报纸~成一团啰？②说话、写文章时整理、糅合分散的、凌乱的材料：这篇文章材料不少，就是还没~拢来。

【软火】ruan^{53}ho^{53}①中途火力变小：炸油条软不得火。②比喻中途泄劲：前面有个坡坡，不能~，软了火车子就拉不上去。

【杀（煞）偏锋（风）】sa^{21}pian^{55}fong^{55}没有说到正题或有意转移话题：他听了别人的发言才意识到自己刚才的话远离会议主题，~了。|他多次~，想转移话题。

【杀贴】sa^{21}tie^{21}①收拾；整理：屋头乱七八糟的，你~一下。②比喻为了管束、惩罚等，使吃苦头：前几年硬是遭四人帮~够了。|不听话嘛，等我空了再来~你！

【靸（趿）】sa^{21}穿鞋时不把鞋后帮提起来而踩在脚下；穿（拖鞋）：鞋子穿好，~起穿容易把鞋后跟穿变形。|一听到敲门声，他来不及穿戴整齐，~起拖鞋就去开门。

【煞搁（果）】sa^{21}go^{21}①结束，完毕：别个话还没~，你就不要接倒说。|闹~，工钱没涨一

分，还挨了这一顿打，实在想不过！②末了；最后：到底该怎么做才对呢？~还是没说出一个所以然来。｜这种事情只有两回，起头一回，~一回。

【撒葱花儿】sa53 cong55 huar55 撒葱花儿可以提味儿，比喻说奉承话：你多撒点儿葱花儿他就高兴了。

【塞包袱】sai55 bao55 fu21 行贿：他塞了好多包袱，才得到了这个职位。

【闪火】san53 ho53 本指煮东西时，中途火力变小或熄火，比喻松劲：前头要上坡了，大家鼓点劲，闪不得火哟。｜去年秋季接手的一个重点班，刚刚扶上正轨，倘若中途~，后果就不堪设想。

【烧】sao55 ①抽（烟）：田颂尧正坐在椅子上~水烟。｜他烟瘾大得很，一天要~一包。②愚弄；捉弄；坑害：董事长千辛万苦跑来，难道是想~大家么？｜人家打伙求财，还讲个信用。而今~内伙子，那啷个要得啊！③含沙射影，旁敲侧击地攻击：你发言就发言，莫一会儿~这个，一会儿~那个。

【烧火】sao55 ho53 指公公跟儿媳通奸：那老不死的，去烧媳妇儿的火，真不要脸。

【骚搅】sao55 kao21 乱搅动：你少在那里~，一锅稀饭着你搅成了稀汤汤。◇好端端一个单位，着他一~，就乱糟糟的了。

【臊皮】sao213 pi21 ①丢脸：这件事弄得我好~，我都没脸见人了。②使伤面子；使丢脸：叫他搽起脂粉游街，臊他的老皮！｜任你官家小姐，平日架子再大，一旦被痞子臊起皮来，依然没办法，只好受欺负。

【赊些话来说】se55 xie55 hua213 nai21 so21 无话找话说：事情早就弄清楚了，你现在说七说八的，不是~吗？

【折财免灾】se21 cai21 mian53 zai55 虽然折了钱财，但却免遭了灾害。迷信认为运气不好的人，不折财，就遭灾，多用来安慰钱财受损的人：车子掉了没关系，~嘛。

【生】sen55 ①粘住：搅一下，稀饭~锅了。｜这两种东西~不拢，要多刷点胶水，不然不相~。②无中生有：没得那些事，你偏要给我~一坨。

【乘】sen21 承受；承担：这么大的责任，要我一个人来~，不行啰。｜绳子这么细，~不起人。

【乘火】sen21 ho53 承担责任：你老弟说的啥子话？现在还没有闹到叫你出来~的时候。｜老板是个乘得起火的歪人，天不怕，地不怕的。

【识相】si21 xiang213 会看别人的神色行事；知趣：大路不平旁人铲，~的各自收刀捡卦。｜村里情况也变了，以后他应该~点，各自滚远些。

【梭】so55 ①滑动；滑行：那是个斜坡坡，东西放上去要~的。｜山路被林木隐没，宛如巨蟒~进了林中。｜那娃儿马上~下牛背，把牛拴在竹子上进来了。②悄悄地走；溜：他趁天黑的时候，悄悄地~到房子外边的小树林里去了。｜他硬是~得快，会还没开完，就溜走了。

【收刀捡卦】sou55 dao55 jian53 gua213 "刀"指"司刀"，刀、卦都是端公跳神的法器。本指收拾行头，不再装神弄鬼，比喻收敛、约束自己，不再胡闹：几个卖假药的，看到执法人员来了，才~，悄悄溜走了。

【收荒】sou55 huang55 收购废旧物品：他爸爸、妈妈在城头一边打工，一边~，供他上学。也说"收荒货"。

【收捡】sou55 jian53 收拾；收藏：旅店服务员正在~客人用过的铺盖。｜刚才从银行取回来的钱，你~好没有？

【收拾】sou[55]si[21]打扮：～打扮｜他经常把自己～得漂漂亮亮的。｜你不看见她那身打扮，还不晓得一个人还可以这样～。

【收手】sou[55]sou[53]洗手不干；罢手：他当过几年小偷，从牢里放出来后才～的。｜你要见好就～。

【耍】sua[53]①玩儿；玩耍：城头的娃儿不肯同我们一块去～。｜方芳和她～得很好，活像亲密无间的姐妹一样。②休假：～国庆大假｜她才生了娃儿，在～产假｜庄稼人不像机关单位，从来不兴～礼拜。｜她把假期存起集中～。③闲居：他辞职以后一直没找到工作，都在家里～了一年多了。

【耍秤】sua[53]cen[213]在称秤时耍花招，使分量不准：我称的秤，只有多的，绝不～！｜到王鸭子那里去提个肥鸭子，跟他说是我老龙要的，莫～！｜这人心术不正，帮国家收购东西还要农民的秤。

【耍横】sua[53]hun[21]表现出蛮横的态度：他最爱～，不讲道理。

【耍朋友】sua[53]pong[21]you[53]结交异性朋友，指找对象；谈恋爱：中学生不要～。｜他才20岁，就耍过3个朋友了。｜老二原来对我还好点儿，耍了朋友就变了。

【甩】suai[53]①丢；抛弃：你手里的蘑菇有毒，还不快点～了！｜他又把女朋友～了，一年里头，耍了三个，～了三个。②（垂着的东西）摆动：挂在屋檐下的一串串红辣椒，在风中～来～去。③比喻不落实，不安稳：地震过去几个月了，如果救灾措施还不到位，灾民的心头，当然会是～的。

【讪（涮）谈（坛）子】suan[213]tan[21]zi[53]开玩笑：我们说正经事，不要～。有的地方说“散谈子”，有的地方说“办灯儿”。

【踏屑（削、亵）】ta[21]xue[21]故意贬低：他经常～别人，抬高自己。

【抬（胎）】tai[55]①掂量：你～一下看，大概有好重？②（不情愿地）承担：这件事哪个来～倒都是祸事！｜这是他该上的课，咋个由我们～倒呢？③衬：你那件上衣，肩头上～布没有？④“胎包袱”的省文，有“揩油”的意思：头一回人家给了四千二，你给了我五百块；二一回是三千，你给了我三百块，前前后后你就～了我好多啊！

【抬（胎）包袱】tai[55]bao[55]fu[21]受贿：他当个小小的村官，就胎了别个好多包袱，最后事发，进了牢房。

【汤】tang[55]遭遇：～倒他这样的坏蛋，不说你，连我们旁的人都生气哪。｜要是我～倒你这样的事情，我不跟他吵个大翻身！

【烫】tang[213]欺骗；诈骗：这是假货，你着～了。｜我是他朋友，未必他还会～我？另见性质状态。

【淘】tao[21]无人指教，自己摸索学习：两人乘飞机去杭州，打算参观某塑料彩印包装厂，先～工艺。｜他从此尝到不少吃官家饭的甜头，也多少～出些官场经验。

【讨】tao[53]摘：这茄子是才在菜地头～的，新鲜得很。｜他心想～朵花来戴，脑壳上又没得毛。

【□】ten[213]互相观望，采取同等的行动：你～我，我～你，大家～倒起，都不想先动手。｜挣不到钱算了，大家～倒耍嘛。｜娃儿家懂啥子，你不要跟他一个见识，～倒闹。

【提劲】ti[21]jin[213]鼓劲，引申为说大话，逞威风：没有落到自己头上，可以～，自己碰个头破血流就晓得厉害了。｜这些人在乡里称王称霸，在场上～提惯了的，谁惹得起？另见性质状态。

【舔肥】tian[53]fei[21]“舔肥屁股”的省文，拍马屁，巴结：他的朋友老杨当官以后，他怕人家说自己～，就主动疏远了老杨。｜我说你好，不是舔你的肥，是因为你确实为大家做了好事。也说“舔屁股”。

【贴】tie^{21}巴结：他～当官的，当官的当然要照顾他。| 老经理下台了，他又去～新经理。

【贴起】tie^{21}qi^{53}①紧紧跟着：老总走前头，两个保镖跟他～。②支持着：不要怕，你放手去闯，有我们跟你～。

【听壁脚】tin^{55}bi^{21}juo^{21}在壁下、窗外隔墙偷听，也泛指偷听：他没有～的习惯，是偶然听到他们的密谈的。| 他晓得窗子外头有人在～，他是故意说给他们听的。也说“听壁根脚”“听墙脚”“听墙根$_{儿}$”

【拖】to^{55}①拉；抢夺：一把～过他手中的棍子。②带领（队伍）转移：前好多天他就把队伍～往别处去了。③组建（队伍）：兄弟这次回来，是要～点队伍。| ～一营人是个营长，～一连人就是个连长。④（大略地、初步地）写：我先～个稿子，你再改。| 你先～个名单出来，我们再研究。

【脱】to^{21}掉落，失掉，可单用，也常用于动词之后表动作行为的结果：这衣服才洗一水，颜色就～了。| 他旷工半个月，着老板辞退，工作整～了。| 他的笑话多，把大家的牙齿都笑得～。

【脱不了爪爪】to^{21}bu^{21}niao^{53}zao^{53}zao$^{53-21}$爪爪，谑指手。指脱不了干系：不能贪污，贪污～的。

【亸（軃）】to^{53}下垂：裙子～到地上了。| 他自己晓得做错了事，站在老爸面前，手～起，脑壳也不敢抬。

【偷人】tou^{55}ren^{21}与人私通：都说他～，着人家老公逮倒整了一顿。| 他今天偷你的鸡你不管，只怕以后要偷你家头的人。

【抖】tou^{53}①揍：你小子咋搞的？看我～你的排骨！②踢：～你一脚，看你龟儿还歪不歪？③吐气；嘘气：～了一口气。

【团】tuan^{21}聚合；使聚集：他还经常把班上的战友～在一堆，给大家读报纸。| 他决定把投军的学生～在一起，另自成立一支学生军。

【抟】tuan^{53}①讨好；巴结：三儿真厉害，公然把蔡掌柜娘～上了！②拢络；拉拢：他决定翻转来，把这个几乎被他撵走的革命党，好好地～一～。③聚合：吴凤梧只～了三千人不到，也退回新津县城，帮同周鸿勋死守。

【搲】wa^{53}舀取：～一碗米 | ～两瓢水来。

【搲油】wa^{53}you^{21}舀取油，比喻揩油：这道题我做不起，看一下你咋个做的，我好搲点$_{儿}$油。

【外搭】wai^{213}da^{21}另外加上：他一个晚上就输掉了身上带的全部钱，～一只瑞士表。

【弯酸】wan^{55}suan^{55}①挑剔；刁难，宾语通常指人：他今天翻来覆去挑刺，真把我们～够了！| 那个时候，肉是凭票供应，他在卖肉，经常～我们。②讥诮；挖苦：一个供销社的干部看到我的苦楚，～我说：“老哥，你咋个还在外头受这份苦？” | 说～话我不要你教。

【玩格】wan^{21}ge^{21}闹享受；摆排场：他的命好，该他～，我就将就他一点又算啥？| 你这一趟天南海北，～玩安逸了嘛。| 那个时候，虽然香烟一盒才四、五角钱，我却一直没玩过那洋格。

【王逛】wang^{21}guang^{213}不做事情，闲逛：吃了饭就出去～，样啥都不做。

【网】wang^{53}〈贬〉①束缚：他的话没说清楚，自己把自己～起了。②交往；结交：大队长在外头关系广，～得宽，哪方的人他不认得？| 哪晓得，他跟几个女知青～起，惹莉莉生气，闹吹了。③兜揽；招揽：吃了饭，你挑箩筐下山，去～生意，态度要拿好点。另见计量单位。

【卫向（相）】wei^{213}xiang^{213}偏向；偏袒：妈妈是～外婆，还是～爸爸？| 这些话我是～你才跟你

说的，你不要到处传哈。

【稳起】wen^{53}qi^{53}沉住气，不动声色：大家都等他发言，他～不开腔。｜该你出牌了，你～做啥子？

【洗刷】xi^{53}sua^{21}羞辱；斥责：我们结婚是冲破双方家庭重重阻碍的，还一直闹上了法庭，晚报还把我们双方的父母～了一顿。｜哪个叫你违反工作纪律？着领导～活该！

【下梗楼梯】xia^{213}gen^{53}nou^{21}ti^{55}梗，整。一步下完几步梯子或台阶，或一步下完整个梯子或台阶，比喻做事不循序渐进：做事情要循序渐进，～是要摔跤子的。

【下烂药】xia^{213}nan^{213}yuo^{21}说坏话，使坏主意：老板处罚我，是有人在他面前下了我的烂药。也说“放烂药”“弹烂药”。

【下粑蛋】xia^{213}pa^{55}dan^{213}粑蛋，软壳蛋，比喻变得软弱；示弱：小伙子，不敢了嘛，在自己女朋友面前～了嘛。｜看见有人报警了，那几个歪人就～，跑了。

【香】xiang^{55}有意惹人羡慕、向往：我不是故意说来～你。我们那里确实山清水秀，比你们成都的那几个大公园漂亮多啦。｜哥哥故意不把糖吃完，留倒～弟弟。

【相】xiang^{213}看；盯：大家你～倒我，我～倒你，不晓得该咋办。｜人家在吃饭，你～倒做啥子？

【晓得】xiao^{53}de^{21}知道，其否定式有的地方是“不晓得”，有的地方是“晓不得”：我不～他叫啥子名字。

【歇】xie^{21}住宿；投宿：今天晚上就在这家旅店～。｜过去从成都到重庆，坐汽车都要～一晚上才能到。另见计量单位。

【歇嘴】xie^{21}zui^{53}①停止吃东西：该～了，吃多了不消化。②停止说话：还在乱说，祸从口出，还不～呀？

【写】xie^{53}①租赁（房屋、土地）：我在街上～了间铺子做生意。｜解放前，他家～了地主几亩田来种。②承揽：这笔生意有赚头，可以～倒。

【炊（炘、⑥疜）】xin^{213}①火气炙人；烤：火势太大，站在几十米以外，都～得乘不住。②用微火使变热：在蜂窝煤炉子上～点儿水来洗脸。｜饼子冷了不好吃，放在锅头～一下。③映照：晚霞～红了半边天空。｜你看，那边天那么亮，那是山林大火～起的。④映衬：你的文章写得那么好，跟我们的放在一起，不是把我们辖区～倒了吗？｜他怕我把他～丑了，从来不准我跟他一起上街。⑤遮盖；荫蔽：树子下头的庄稼，着树子～倒了，长不好。⑥由病变而引起（某种感觉）：我有点儿～寒冷，怕是感冒了。｜我昨天衣服穿少了，今天一早就～寒～冷的。

【雄起】xiong^{21}qi^{53}①本指雄鸡打架时昂首振翅，血脉喷张的样子，借指做着争吵的架势；争吵：我又没有惹你，你凭啥子跟我～？｜那个人脾气火爆，来不来就跟人～。②鼓起劲头：加油：全兴队，～！｜中国队，～！

【熊】xiong^{53}训斥：我又没有做错事，老师～我干啥子？｜老板当着顾客的面把伙计～了一顿。

【虚】xu^{55}心中无底，害怕：你再歪我也不～你，不信我们试一下嘛。｜我没复习好，有点儿～这回子的考试。

【掞】yan^{213}撒（粉状物）：医生在他伤口上～了点儿药面儿。｜凉拌菜上再～些花椒面。

【幺（腰、夭）台】yao^{55}tai^{21}①本指戏收场，引申指结束；完毕：我看，事情还没有～，你还要注意点儿。②摆脱困境，结束某种局面：你闯这么大的祸，看咋个～。｜他到处惹是生非，弄得自己也差点幺不倒台。

【吆（抎）】yao^{55}赶；驱赶：把鸡～到坝子头去。｜不把他～回老家，我们四川人唧个过日子哟！

【吆鸭子】yao^{55}ya^{21}zi^{53}本指赶鸭子，赶鸭子的人总在最后，引申指排名最末：今年的大、中专升学考试，我县的成绩很不理想，和兄弟县比较起来，几乎吆了鸭子。｜他又～了，跑了个倒数第一。

【要得】yao^{213}de^{21}行，可以。否定式是“要不得”：我想了个法子，你看～不？｜“今天晚上吃抄手，要不要得？”“～。”

【引】yin^{53}①带领：把妹妹～去看划龙船。②照看（孩子）：我们两口子上班都很忙，只有把老丈母请来～娃儿。

【搵（饮）^{1}】yin^{213}浇：隔壁在给花～粪，怪不得好臭！｜这一阵天干，水～勤一点儿。

【搵（扚）^{2}】yin^{213}量（多少、大小、长短等）：～一下，看这块布有好长。｜过去，他家是大斗～进，小斗～出。

【扎（拃）起】za^{53}qi^{53}本袍哥用语，指撑腰；做后台：有老总给你～，你怕啥子？｜我们都跟你～，你放手去搞。

【鲊】za^{53}①用盐或盐加米粉等腌制：把这块肉～起过年吃。｜～点儿胡豆吃。②盐、碱等刺激，使不舒服：你带双手套，免得石灰把手～倒。｜手着碱～得好痛。｜糖吃多了～心。③沤：娃儿的胯着湿尿布～烂了，要擦点儿药。｜地下室太潮了，一双布鞋才放几天就～烂了。

【宰】zai^{53}砍；剁：把排骨～断。｜这块肉～细了做丸子。｜猪草要～一下，才下锅煮。

【展（搌）】zan^{53}①移动；挪动：把桌子～到窗子那个地方去。｜这窝树子是从那边～过来的。②特指搬家，迁居：～家｜新房子装修好了，下半年就要～过去住了。

【张】zang^{55}理睬；理会，多用于否定句：我好心好意请人打牌，鬼也没一个～我的。｜大家都不～他，把他孤立起来了。也说“张识”“张理”。

【□】zang^{21}砸：他捡了个石头～核桃。｜一锤～下去，～得稀烂。

【长醒】zang^{53}xin^{53}长大成熟：这黄瓜还没～，咋个不嫩嘛。｜这不过是一只没～的小母鸡，还不会下蛋。｜你都二十岁了，还那么不懂事，永远长不醒嗦？

【掌^{1}】zang^{53}扶；握：～倒，～倒，自行车要倒了。｜你骑车子，两只手都不～龙头，危险！

【掌^{2}】zang^{53}（用皮子或废旧轮胎）钉补（鞋底）：～皮鞋｜鞋底磨穿了，～一块皮子上去。

【涨】zang^{53}液体沸腾：水烧～了，冒好大的泡儿了。｜水～了才把挂面丢下锅煮。

【着（遭）】zao^{21}遭遇到不好的事：二娃～了，他偷东西，警察把他抓起来了。｜我的自行车又～掉了。

【争】zen^{55}欠；差：做生意没赚倒钱不说，倒～一屁股的账。｜我们班的同学还～几个没有来。｜花了～点儿一千元钱。

【整冤枉】zen^{53}yuan^{55}wang^{53}捉弄人；使人吃苦头：你要我嘛，我总有一天要整你一个冤枉。｜你是不是整我冤枉哟？害得我跑了好多空路。｜他想到一桌子酒菜要付钱的问题，而请他吃饭的人一去就不回来，总不会是～吧？

【跐】zi^{55}用手擦拭或用脚掌在地上前后蹂擦，或贴着物体表面移动：你的脚不要在地上～来～去的。｜又不是铅笔写的字，橡皮擦子～不脱。

【走展】zou^{53}zan^{53}变动：质量没得问题，价钱也不能～。｜期限是定好了的，～一丝一毫都不行。

【抓屎糊脸】zua^{55}si^{53}fu^{21}nian^{53}比喻硬把不光彩的事硬往自己身上扯：李老栓，你借钱不还，还～。

【啄】zua^{21}①用鹤嘴镐一类工具挖，掘：就从这儿往下～，要～深一点儿。②使（头）向下移动一下立即恢复原位：他不住～脑壳，表示同意。③下垂：脑壳抬起来，不要～起。④踢：～足球｜你为啥子～我一脚？

【啄瞌睡】zua^{21}ko^{21}sui^{213}打瞌睡：报告太长了，听得人硬是想～。也说“拽zuai^{55}瞌睡”。

【啄梦脚】zua^{21}mong^{213}juo^{21}见“打梦脚”：书记在大会上讲了，你咋个不晓得呢？～去了？

【拽】zuai^{55}勉强别人接受东西：你卖不脱的菜～起～起卖给我，我不要。

【拽】zuai^{213}扔：捡个石头来～狗。｜他把砖～到那边去了。

【跩】zuai^{55}摔：他没站稳，从楼梯上～了下来。

【跩瞌睡】zuai^{55}ko^{21}sui^{213}见“啄瞌睡”：打起精神来，不要～。

【装疯迷窍】zuang^{55}fong^{55}mi^{21}qiao^{213}故意装作糊涂的样子：你少在我面前～的，你明明晓得，还说不晓得。

【装怪】zuang^{55}guai^{213}故意不配合：他～，明明晓得，就是不跟你讲。

（二）性质状态

【巴谱】ba^{55}pu^{53}靠谱，指说话不离题：你说话咋那么不～哦！也说“巴脉”。

【巴适】ba^{55}si^{21}①舒服：住这个小区～得很。②漂亮，用于物：这间屋布置得好～！③妥帖：书稿装订得很不～，页码都是乱的。④合适：这双鞋子肥了点$_{儿}$，穿起点$_{儿}$都不～。

【把细】ba^{53}xi^{213}①仔细：公司的会计一向～，没有什么漏洞逃得过他的眼睛。②当心；谨慎：路上黑，你要～点！

【饱米】bao^{53}mi^{53}种子子实饱满：这黄豆荚扁的，很不～。｜颗颗花生都很大，很～。

【宝器】bao^{53}qi^{213}出洋相或傻乎乎的样子：你看他那样子，才～哦。也说“宝”。另见名物指称。

【宝塞塞】bao^{53}sai^{55}sai^{55}（～的）傻乎乎的，或说话、做事不得体的样子：他说话～的，别人经常笑话他。｜西装裤子配旅游鞋，是不是有点～的？

【白眉白眼】be^{21}mi^{21}be^{21}yan^{53}（～的）①形容饭菜无色无味：这菜～的，点$_{儿}$都不好吃。②无事可做：一天到黑，～地坐起，有啥意思嘛。③平白无故：～地就让人家打了，没那么便宜。④毫无动静：一个冬落了几颗雨啦？直到现在老天爷还～的，不像要落雨的样子！⑤毫无代价：你敢！你娃娃投过一个钱的资没有？～的，就想拐走人家的女娃子！

【笔端端】bi^{21}duan^{55}duan^{55}笔直的：～一条路｜高速公路～的。｜～往前走，抵拢倒拐就到了。

【冰清】bin^{55}qian^{213}冰冷：洗脚要用热水，～的水洗脚不好。｜你手咋个～的呢？是不是要了雪人？

【冰人】bin^{55}ren^{21}冰凉：你脚～得很，不要挨倒我。｜这水烧了半天，咋个还是～的呢？

【不胎孩】bu^{21}tai^{55}hai^{21}没出息；不正经：几十岁的人了，还做这种不要脸的事，真是老～。

【奓（岔）】ca^{53}阔；大：你问他嘴巴有好～呀？四个汤元排起来不打挤。｜这衣服下摆太～了。

【潮】cao^{21}（技艺）低劣：当地医生手艺～，只好到城里去另求良医。另见动作行为。

【燥热】cao^{213}re^{21}中医指使热性上来：狗肉太～了，夏天吃了不好。

【燥（躁）辣】cao^{213}na^{21}①（脾气）凶悍而不讲理：她脾气～古怪，没人敢惹。②（手段）厉害，凶狠：这个人手段～得很，好多人都着他整过。③棘手：这件事好～，没人敢接手。

【扯】ce^{53}①（说话、表情）好笑；不庄重：你的话才～呢，开玩笑嗦？②蛮横，不讲道理：那个人～得很，他不会跟你讲理的。另见动作行为。

【伸（撑）】cen^{55}多做补语。①直；平展：把手打～，不要弯起。｜衣服皱的，没扯～。②清楚：你还欠我的工，大家把帐理～算了。｜陈古八十年的事情，哪个扯得～哦？

【伸抖】cen^{55}tou^{53}①舒展：伸伸抖抖过日子｜那时候兵荒马乱的，随时都提心吊胆，日子没有一天～过！②漂亮：虽是长得～点，也是各人的福气。｜那娃儿伸伸抖抖的，追的人多。③清楚：话都说不～，推销啥子保险哦？

【伸展】cen^{55}zan^{53}①平展：这件衣服熨得很～。②舒展：人家妈老汉$_{儿}$有钱，日子当然过得～哦。③清楚：几十块钱，数了半天都没有数～。④漂亮：去见女朋友嗦？穿得那么～。

【撑】cen^{213}①（关节）发硬，不灵便：他觉得两只脚有点～，跨过门坎都有点吃力。②口气生硬，不和气：小伙子，说话和气点，咋那么～呢?。另见动作行为。

【拙】co^{21}孬；差劲：一身穿得那么～，还讲啥排场，绷啥阔气。｜升学率相对低一些的学校，是不是就办得～，教育质量就不好呢？不能看得那么绝对。

【戳火】co^{21}ho^{53}差劲：这个房子太～了，到处都在漏水。

【冲】cong^{213}①脾气暴躁，性情鲁莽：他原本是个～家伙，平常没事还像吃了炸药一样。｜人家话还没说完你就闹，你咋个那么～嘛！②爱出头露面，表现自己：事事她都要出头，你不觉得这人太～了点吗？另见动作行为。

【打挤】da^{53}ji^{53}拥挤：房间比较大，住四个人也不～。｜春运的时候，火车上好～，站都没得地方站。

【得行】de^{21}xin^{21}能干；厉害：他才～，做活路一个人顶两个人。｜你英语好～啰，口语简直跟老外一样！另见动作行为。

【敦笃】den^{55}du^{21}身材粗壮，结实：这娃娃～，壮得像条牛。｜他身体好，长得敦敦笃笃的。

【抠（逗）】dou^{213}吝啬：他一贯～得很，喊他捐钱，像割他心头肉。另见动作行为。

【抠（逗）硬】dou^{213}ngen^{213}坚持原则：这儿不是水场合，样样都～。｜说来骗人的，他们一直不坚持原则，从来没抠过硬。

【笃实】du^{21}si^{21}①壮实，结实：他长得～，气力很大。②沉重：这挑湿谷子好～，他怕担不起。

【端】duan^{55}①直（与“曲”相对）：～走莫倒拐，就到城门口了。②正（跟“歪”“斜”“偏”相对）：他们先找两根材料，把倾斜的房顶撑～｜升了总经理，这下位子摆～了，是名副其实的白领。③对；准（与“错”相对）：只要有本钱，弄～了，半年保证你翻一番！｜搞～了，一天能打三、四百斤鱼。

【对头】dui^{213}tou^{21}①正确；正常：这个数字才～，那个数字不～，差几千。｜那两个人脚跟脚的尾随在他后头，他觉得有些不～。｜年纪大了，眼睛不～了，穿针都困难了。②合适：要是觉得～，下回再来照顾我的生意哈。③应答用语，表肯定：“前面那位是王老师吧？”“～，是他。”

【二恍恍】er^{213}huang^{53}huang^{53}（～的）粗枝大叶，不踏实，不认真：做事情不能～的，你咋个总是不听啊？另见名物指称。

【二麻二麻】$er^{213}ma^{21}er^{213}ma^{21}$（~的）形容喝酒微醉的样子：他都~的了，不能再喝了。

【二甩甩】$er^{213}suai^{53}suai^{53}$（~的）①（话、事情）不肯定：你说得~的，叫我咋个相信你？②吊儿郎当：你看他，一副~的样子，哪里像个正派人？

【二通二通】$er^{213}tong^{55}er^{213}tong^{55}$（~的）半通不通：写个发言稿都~的，还要出书？

【烦】fan^{21}①混乱，脏乱，令人心烦：那段时间，火车站广场~得很，骗子到处都是。|好~哟！这个哭那个闹的。|屋头几天不打扫，~得很。②烦恼：拿不到工钱，咋回家嘛？想起心头就~。

【肥实】$fei^{21}si^{21}$①含脂肪多：这块肉膘好厚，~得很。②收入多，富裕：他这几年做生意，搞~了。|这家人才~，别墅就有好几套。

【费】fei^{213}顽皮：娃娃都很小，~得不得了。|随便好~的娃娃，在李老师面前都规规矩矩的。有的地方说“迁翻$_{儿}$”，有的地方说“哗”。

【干】gan^{55}①干旱：妈妈同我讲，说她小时候家乡天~，饿死人了，她们是逃荒逃到四川来的。②净；白白地：结果县太爷收了捐税四万元，~赚一万元。|动工那天，甚至有慕名的人跑来帮~忙，他也不拒绝。③枯瘦：这人好~，一身尽是骨头。④缺钱：这两天~得很，哪里有钱请客哦？

【拧筋】$gnin^{21}jin^{55}$不随和；乖戾：他~得很，很难将就，好多人都跟他处不好。|在他家头打过工的保姆，都说他过场多，~，咋个做都不合他的意。

【拧（凝）筋掼（灌）骨】$gnin^{21}jin^{55}guan^{213}gu^{21}$同“拧筋”，语意更重：你咋个~的哟，你咋个说，我咋个做，做好了你又说不对。

【过筋（经）过脉】$go^{213}jin^{55}go^{213}me^{21}$比喻关键的、要害的：讲到~的地方，总要反复强调几次。

【勾腰驼背】$gou^{55}yao^{55}to^{21}bei^{213}$勾，弯曲。形容腰、背不直的样子：你~的，脊柱有毛病嗦？

【瓜】gua^{55}傻：其实那时候，我~得很，这几年才算学精灵了。|花两千块钱买条烂裤子，你是~的嗦？有的地方说“哈”。

【刮（寡）毒】$gua^{21}du^{21}$狠毒：清朝末年，赵屠夫赵尔丰才~，杀了好多四川人！

【寡】gua^{53}未受精的（蛋）：~鸡蛋|这鸭蛋是~的，咋个抱得出鸭儿嘛。另见方式程度。

【寡淡】$gua^{53}dan^{213}$很淡，没有咸味：你炒的菜~，像没放盐一样。

【寡孽】$gua^{53}gnie^{21}$绝情寡义：他好~哟，把自己的亲戚都往死里整。

【拐】$guai^{53}$①错；差：咋个越走越远呢？是不是方向搞~了？|你听爹妈的话不得~。②（~了）坏；糟糕：~了，锅又烧干了。|~了，钱都没带，买啥东西嘛。

【光生】$guang^{55}sen^{55}$①光滑；光洁：墙壁上的水泥抹得很~，蚂蚁都爬不上去。|肯信你一家人，就个个长得漂亮~？②光彩，体面：他为集体办大事，名声好，你脸面也~。

【归一】$gui^{55}yi^{21}$表示完成或达到完善的地步：早点穿~，免得走时再换。|我们先把话说~，事情办不成你不要怪我。

【哈】ha^{53}傻：真是俗话说得好，老实人干~事！|经常都在上当受骗，你咋个那么~呢？有的地方说“瓜”。

【行势】$hang^{21}si^{21}$能干：大嫂才~，那么大个家，管得巴巴适适的。

【好生】$hao^{53}sen^{55}$小心在意，好好儿：~！你看倒路走，不要东张西望的。|你~站倒，免得跌跤。|你走路~点儿嘛，把我的脚踩倒了。

【黑脸董嘴】$he^{21}nian^{53}dong^{53}zui^{53}$（~的）董嘴，撅着嘴。形容脸色不好，很不高兴的样子：女儿~的，爸妈晓得她心头有气。| 有话好好说，不要~的拿脸色给人看。

【活甩甩】$ho^{21}suai^{53}suai^{53}$（~的）①不牢靠，不稳固：这棚棚搭得~的，一刮风就会倒。②不可靠，没有定准儿：这门亲事影响很大，你不要~的哟！开不得玩笑哈！

【红火】$hong^{21}ho^{53}$①火辣辣：今天太阳好~呀！②兴旺发达：他有房子，有汽车，有存款，小日子要好~有好~！| 他们的公司办得才~，规模越来越大。

【哗】hua^{21}调皮：你不听话，~嘛，总要挨板子嘛。有的地方说"费"。

【黄】$huang^{21}$外行：我们的手艺~得很，不敢班门弄斧。| 他一拿势开打，就显出是~的，歪歪斜斜乱舞一样。

【黄脚黄手】$huang^{21}juo^{21}huang^{21}sou^{53}$（~的）形容不懂行而举止失措的样子：锯个木头都~的，还说自己是木匠师傅。| 小心点，~的，碰倒了东西要赔的哈。

【恍】$huang^{53}$①粗心大意：这娃娃~得很，莫把钱搞掉了哈。②糊涂：娃儿，你咋个不睁眼看看，现在是什么时候了，你还这样~。| ~了20多年，脑壳才开了窍。③行为不检点，浪荡，特指胡嫖乱赌：刘三恍子从前家资富足，可是就因为~，几年家业便凋零了。

【恍兮惚兮】$huang^{53}xi^{55}fu^{21}xi^{55}$（~的）①粗心，不在意：我那时候啥事都~的，连我们住的地方，连爹爹的名字，都弄不明白。②精神恍惚：这一棒真把我打瓜了，一连多少天，做什么事都~的。| 体温39度，都烧得~的了。

【昏】hun^{55}（~了）用于动词、形容词之后作补语，表示程序很深：吓~了。| 忙~了。| 盼盼心里十分明白，就是身体软得不能动弹，像瞌睡来~了一样。| 你又着急~了，那么远的路，咋能说来就来嘛？

【夹】jia^{21}①吝啬：他好~呀，找他要口水喝都不得行。有的地方说"啬"，有的地方说"抠"。②怯场；怯生：你硬是个乡巴佬，做得那么~，人多怕啥子，又没得哪个吃你。

【假】jia^{53}过分讲究吃、穿；讲排场：现在的娃儿太~了，这也不吃，那也不穿。| 非怪公爷~，有钱该玩格。

【尖】$jian^{55}$聪明；狡黠：这家伙~得很，一踩九头翘。| 老实厚道的人都学~了。另见动作行为。

【贱】$jian^{213}$不娇气，生活条件要求不高：这娃儿带得~，打得粗。| 这个品种的小麦，性最~，肥料少点也关系不大。

【僵】$jiang^{55}$形容（手脚）因冻而不灵活：北风停止了，不觉得很冷，只是手指有点~。| 他的鞋已经破了，陷在雪里脚不~么？

【讲礼】$jiang^{53}ni^{53}$客气，也说讲礼信：你太~了，快吃菜呀！

【交】$jiao^{55}$遍；全，用在动词后，作补语：母亲死后，催着吴嫂赶做的三双素面鞋，全换~了。| 那么多地方，你三天三夜也跑不~。

【椒盐】$jiao^{55}ian^{21}$带不纯正口音的：~四川话 | "是，总司令！"这句是用~普通话回答的——学他老子的份儿。

【狡】$jiao^{21}$能言善辩；强辩：你嘴巴~，我说不赢你。| 留分头的小伙脸上一红，但是嘴巴上还是~，说出口的话比石条还硬撑。

【叫话】jiao^{213}hua^{213}像话：你两个太莫名堂，尽干些不~的事。

【结实】jie^{21}si^{21}分量重，力量大：大家结结实实的批评了他一顿，他才不捣乱了。｜县大老爷很是生气，本想~捶他一个不逊的，却不料他忽然大喊，自称是教民。

【经事】jin^{55}si^{213}结实牢固，经久耐用：这种布料看起来很薄，其实很~。◇从前的人真~，七八十岁活得硬帮帮的。

【经用】jin^{55}yong^{213}经得起花费、消耗：你的钱硬是~哈，几百块钱的工资还有存款。｜为什么擦黄腊？那擦起才~，摇起车子转得快。川东多说“经用”，川西也说“经使”。

【惊风火扯】jin^{55}fong^{55}ho^{21}ce^{53}（~的）〈贬〉咋咋唬唬：他多远就~地喊道：“李书记，几时回来的？”｜女人见识，没见过世面，芝麻大点事就~的。

【惊抓抓】jin^{55}zua^{55}zua^{55}（~的）〈贬〉形容大声吼叫、喧嚷：小女娃儿躺在地上，~的哭喊。｜小声点要得不？~的，闹啥子？

【筋筋绊绊】jin^{55}jin^{55}pan^{213}pan^{213}（~的）形容有东西拦住或缠住，使行走不便的情况：那边是建筑工地，~的，不好走。◇方案定出来几个月了，~的硬是通不过。

【筋筋网网】jin^{55}jin^{55}wang^{53}wang^{53}（~的）形容破烂不完整的样子：一件衣服烂得~的了，还穿哪？｜这块肉割得不好，~的。另见名物指称。

【精蹦】jin^{55}bong^{213}形容精力旺盛的样子：你八十多岁的人，还骑自行车，这么~，真不简单。

【精灵】jin^{55}nin^{21}聪明：这个娃儿~得很，每次考试都得100分。｜你以为个个都是瓜的，只有你一个人~完了。

【紧火】jin^{53}ho^{53}①紧急；紧张：在这种~关头，你咋能袖手旁观呢？｜这几天正是农村收进拿出的时候，活路~得很。②不充足；不宽裕：因为各项作物都空前大丰收，所以晒场晒席特别~。｜这点工资还要供娃娃读书，~哟！

【紧卷】jin^{53}juan^{213}①房屋、院落格局紧凑：这个院坝只有一个门进出，~得很，不容易掉东西。②捆扎得紧：把铺盖卷捆~点儿才好背。③（穿着）利索，整齐：她身上收拾得很~。

【劲仗（涨）】jin^{213}zang^{213}有劲头；厉害：好~的烟！这不是你平时抽的那种哈。

【净瓣（办）】jin^{213}ban^{213}不搀杂别的成分的；纯净的：这米好~，一点儿稗子、谷子都没得。｜人家的带骨肉也要卖十块，我才卖九块，而且肉又~。

【卡白】ka^{53}/qia^{53}be^{21}①形容没有血色，多指因病、体弱或因害怕而肤色发白：他的手~，哪像健康人的手嘛。｜女人一脸~，吓得已经说不出话了。②泛白，多指不该发白的东西发白了：一件蓝颜色的衣裳，洗得~了，还穿起走人户。

【砍截（切）】kan^{53}qie^{21}形容说话、做事直截了当；干脆：~点说出来，吞吞吐吐地做啥子？｜整个过程简单而~，没有丝毫的繁琐哲学。

【靠呆】kao^{213}ngai^{21}（~了）确定无疑：他长两级工资是~了的，棒棒都打不脱了。

【抠】kou^{55}斤斤计较；吝啬：她那个女婿~得很，丈母娘过生都舍不得送个红包。另见动作行为。

【眍眉凹眼】kou^{55}mi^{21}wa^{213}yan^{53}（~的）眼眶深陷的样子：他长得~的，像个老外。

【哭哭嗡嗡】ku^{21}ku^{21}ngang^{55}gnang^{55}（~的）哭哭啼啼的样子：你咋个~的呢，哪个欺负你了吗？

【狂眉狂眼】kuang^{21}mi^{21}kuang^{21}yan^{53}（~的）①形容瞠目结舌，不知所措的样子：刚才，他着吓

了一大跳，吓得～的。②形容洋洋自得的样子：他～的，得意慌了。

【浑】kun^{21}形容形体完整，多指食品：早上吃了两个～鸡蛋。｜红苕蒸～的，不切开。｜用～鸡～鸭招待客人。

【浑董董】kun^{21}dong^{53}dong^{53}（～的）①形容形体完整：～一个鸡蛋，你吞得下去？②比喻不加分析的：你那话～的，大家还没完全弄懂。｜～一篇文章，你不讲细点儿，学生咋个懂得倒嘛。

【麻】ma^{21}形容饮酒过量，微醉而神智不很清醒的神情或感觉：你都喝～了，再喝就要发酒疯了。｜我今天喝多了点，喝得有点儿～了，但是还说不上醉。另见动作行为。

【麻乎$_{儿}$乎$_{儿}$】ma^{21}fur^{55}fur^{55}形容微明或快黑时的天色：天～亮，我约隔壁子的肖娃，一路去赶早场。｜天才～的，他们就爬到山顶了。

【麻杂（炸）】ma^{21}za^{53}①花纹杂乱，形象不清楚：这种布花子～得很，不好看。｜天要黑了，远处的东西看起来有点儿～了。②稀里糊涂，不清不楚：这个账目有点儿～。｜他故意不交待清楚，话说得很～。③马虎，不负责任：他平时就很～，这事交给他不放心。④特指男女之间关系不正常：他两个早就有点～，大家已经议论纷纷了。

【满】man^{53}排行最末的：～妹子｜～姨妈｜～舅娘｜～舅舅。

【满荡荡】man^{53}dang^{21}dang^{21}（～的）满满的：苏二哥～的三十岁了，还没有耍朋友。｜那里已经～摆了一桌菜。｜他端来一碗醪糟荷包蛋，～的五个。

【莽】mang^{55}①粗壮；粗笨：他长得牛高马壮的，人家叫他～娃。｜这棒棒太～了，要打磨一下。②憨厚；傻：人家叫你跳岩，你也跳岩，那么～嗦？③鲁莽：虽然有老四、老九、田征葵在壮胆，但两个是混蛋，一个是～汉，成事不足，坏事则都有余。

【毛（茅）焦火辣】mao^{21}jiao^{55}ho^{53}na^{21}形容十分焦躁：几说几激，把老杜搞得～。

【霉】mei^{21}倒霉：老子要看到你～得来衣裳裤儿都没得穿的。｜买了股票就天天跌，你说～不～？

【霉不醒】mei^{21}bu^{21}xin^{53}倒霉或糊涂到极点：你硬是～了啊，平地走路都在摔筋斗。｜～喽，哪个愿意嫁给他这种人哟！

【霉绰绰】mei^{21}co^{21}co^{21}（～的）①发霉的样子：这屋太潮了，一双鞋放几天就～的了。②颜色深暗，不鲜艳的样子：这布～的，颜色太老气了。③倒霉的样子：前几年他～的，这两年才翻了身。④无精打采的样子：你咋个一天到晚～的，硬提不起精神来？

【霉登顶】mei^{21}den^{55}din^{53}（～了）倒霉到极点：我这一向硬是～，一连掉了两架车子。

【闷】men^{55}不聪明；不灵活：你咋个那么～呢？打酱油的钱就打不得醋嗦？另见动作行为。

【闷人】men^{213}zen^{21}①使人感到不透气：这屋门窗关得死死的，好～！②食物中油脂过多，使人感到油腻：这肉太肥了，～得很。

【闷油】men^{213}you^{21}不想吃油腻的东西：我这几天感冒了，～，不想吃肉。

【绵】mian^{21}①软而韧，不脆：这简直像皮糖，好～哦。｜花生没炒脆，吃起～得很。②拖塌，疲塌：厂里八点上班，他总要～够七点三十五才起床。③磨；消耗时间：要赚畜牲钱，跟倒畜牲～。

【绵扯扯】mian^{21}ce^{53}ce^{53}（～的）①“绵①”的生动形式，较软而韧，不脆：这东西吃起来～的，一点都不脆。②“绵②”的生动形式，程度较轻：他生成一个～的性子，做啥子事都不着急。③形容缠绵：又不是生离死别，～的，半天走不出门。

【面】mian[213]指某些含多量淀粉和糖分的食物，纤维少而柔软：这南瓜又甜又～。｜这苹果是脆的，不～。｜板栗吃起来很～。另见动作行为。

【摸】mo[55]做事拖沓，动作迟缓；磨蹭：你换件衣服就花了半个多钟头，咋个这么～哦？

【木】mu[213]反应迟钝，头脑愚笨：脑壳大，心头～，拿到活路不晓得做。｜咋个那么～哦，教了半天都学不会。

【木楚楚】mu[213]cu[53]cu[53]（～的）①形容呆板、痴呆无表情：两个年轻小伙子，～的脸上，看不见一点动静。｜这种～的、犹豫和胆怯的神情，跟他那粗笨的身坯很不相称的。②物体表面不光滑：这桌面～的，不光生。

【烂眉烂眼】nan[213]mi[21]nan[213]yan[53]（～的）①形容眼眵很多，或得了火眼的样子：他的眼睛咋个了？～的。②形容破破烂烂的样子：～一件衣服，还要穿起进城呀？③形容无精打采的样子：你起床半天了，咋个还～的，一点精神都没有？

【躿】nang[55]①瘦弱：他看起来那么～，力气还不小呢！②细长：这根棒棒太～了，抬不起那么重的东西。

【躿䠶】nang[55]zang[21]弱小：没得别的法子，只有冲过去，我们有四百多人，也不～！另见名物指称。

【恼火】nao[53]ho[53]①严重；厉害；你把人家打得那样～，叫那小女娃子依靠哪个嘛！｜他妈妈的病越来越～，怕是医不好啰。｜重庆的夏天热得才～。②难；不易做好：数学考得好～哦，恐怕我六十分都得不到。｜这个活路看起来容易，其实～得很。③（令人）烦恼，窝火：拿不到工钱，大家心头都很～。｜说了半天都不明白，你们这些人咋个那么～哦？｜坐轿的人固然颠得难受，抬轿的人又何尝不～呢？

【爱好】ngai[213]hao[53]讲究衣著、打扮：她很～，一天要换三次衣服。｜你娃是个技术员啰，那么不～！你看你脚上那双鞋，烂了个洞，老子都比你娃讲究！

【安逸】ngan[55]yi[21]①舒服；舒畅：她更知道当太太的、奶奶的、少奶奶的、小姐的、姑娘的、姨太太的，是那么舒服～。｜这个周末耍得好～哦。②优点多，令人满意：这些玩具做得好～哦。③特指健康；病情好转（多用于否定句中）：今天我人不～，头痛得要命。｜前几天我得了重感冒，这两天才～了点儿。④用在动词或形容词之后作补语，表示程序深，厉害：他们把我说～了。｜这海椒把我辣～了。｜前几天降温，把我冷～了。另见动作行为。

【晏】ngan[213]晚；迟：这时候并不算～，寻常人家不过才吃过晌午饭。｜短袖衫不快地睁开眼睛，情不自禁地打了一个呵欠："昨晚睡～了。"

【㗂（盎）】ngang[55]响亮：办公楼的人，基本搞忘了山顶上这个脾气爆，喉咙～的怪老头。｜哪一回不是说得凶，闹得～，过几天就水了？◇这件事情大家都说～了，你还装做不晓得呢。另见动作行为。

【拗】ngao[213]（担子、杠杆之类两头不平衡，轻的那头）向上翘：担子～的，不好挑。｜秤杆～起那么高，太旺了。

【硬铮】ngen[213]cen[213]①硬：这纸不～，相当软和。｜这布有点～，做内衣咋个要得？②（性格）刚强：蔡大哥脑壳打破了，但到底是男人家，还～，一声不响。③（言语、态度）生硬；粗暴：留分头的小伙脸一红，但嘴巴上还是狡，说出口的话比石条子还～。｜你咋个那么～，两句话不对就

吵起来了。④过硬的：他说场合不~，要了手脚，烫了他。|人家后台~，当然能得到好处。

【硬火】ngen^{213}ho^{53}质量好的；有分量的：你的货不~，傲不起大价钱。|不要吹了，拿点~的本事出来露一手！

【硬扎】ngen^{213}za^{21}①坚硬；结实：这木头还~，做柱子要得。|我年岁不轻，可手脚还~。②比喻强硬；有骨气：他心底坦荡，说出来的话也很~。|他们虽然家境贫困，却也穷得~。③比喻能力强，质量高：像我们厂，主要矛盾在领导班子，只有班子~了，才能领导大家进一步改革。|货物~，才卖得起好价钱。

【硬肘】ngen^{213}zou^{53}①坚硬；结实：这石头~，做磨子好得很。|他八十岁了，身体还多~的。②有骨气：穷要穷得~，饿要饿得志气！

【欧起欧起】ngou^{55}qi^{53}ngou^{55}qi^{53}（~的）〈贬〉形容说话有意带外地腔调，也泛指拿架子，装腔作势的样子：你~的做啥子？哪个不晓得你的底细嗦？

【里扯】ni^{53}ce^{53}①说话不算话；办事不认真，不负责任：你好~哟！昨天答应得好好的，今天又不兑现了。|他最~了，莫找他办啥子事。②质量差的：这提包才~，用几天就坏了。

【理扯火】ni^{53}ce^{53}ho^{53}同“理扯”：你咋个这么~哟。另见名物指称。

【脸红筋胀】nian^{53}hong^{21}jin^{55}zang^{213}（~的）形容因发急、发怒或因害羞、剧烈运动而面部、颈部红胀：说话和气点嘛，~的做啥子？|她~地回骂。|他已经~的了，再笑他，他更不好意思。|他跑得~，气都喘不过来。

【灵醒】nin^{21}xin^{53}①机灵；清醒：此人脑袋极其~，最会随机应变。|这几年，别人越活越~，你就越活越糊涂！②灵活；灵便：我妈呢，眼睛又不~，做不得针线活了。

【溜】niu^{55}（路）滑：那是农村的土路，一下雨就很~。|那天下大雨，他不会走乡间的土路，一下就~到路边的水沟里了。

【落教】no^{21}jiao^{213}通情达理；讲交情，守信用：干部也不能一概而论，比如队长就很~！|张三娃借钱不还，很不~。

【啰连】no^{53}nian^{21}①絮烦；啰嗦：你哪个这么~，一句话颠来倒去半天还说不清楚。②不注意整洁、美观：身上好~，衣领都没扯伸展。|你咋个这么~，头不梳，脸不洗，靸起两片鞋。

【偻】nou^{21}①肮脏，川东多只有此义：你一身好~，换下来洗了嘛。②乱，很不整齐：像个鸡窝，好~嘛。③寒碜；不体面；丢脸：他穿得太~，也不怕人笑话。|那么大个人了，还去要人家的东西吃，才~哦！也说“偻撇”“偻垮”。

【圞[1]】nuan^{21}球形的：这坨石头是~的，好像皮球。

【圞[2]】nuan^{21}土气：看他那样子，好~嘛，简直是个乡巴佬。

【耙】pa^{55}①软（跟“硬”相对）：到肉~、菜熟时，即下水豆粉。|烧白蒸得好~，筷子都拈不起来。②发软，没有力气：干起活来~得很，总是那么提不起劲。|刚刚生了一场病，脚~手软的。

【耙和】pa^{55}ho^{21}①软和：新都姜糖吃起来~、滋润、香甜细嫩。|这床棉絮才弹的，很~。②软弱；懦弱：以为我们好~，可以随便欺负。另见名物指称。

【泡】pao^{213}虚松，松软；不坚硬：洒琪玛离不了用蛋，但只能用鸡蛋，因为鸭蛋有腥味，鹅蛋翻硬，不~。|这石头太~了，做磨子要不得。

【泡和】pao^{213}ho^{21}①宽裕；宽绰：那个地方在河边，水当然～。｜屋后头有个树林子，柴草很～。②宽打宽用，不节约：他的钱用得太～了，硬是像发了大财的人。

【屁眼儿黑】pi^{213}yanr^{53}he^{21}心肠坏：那人硬是～，要防倒他黑整人。

【撇（劈）脱】pie^{21}to^{21}①不拘泥，洒脱：他并不怎么拘泥，倒比别的一些人来得～，来得天真。｜铁民本就是个～人，断不会为这件事情多心。②简单；简便：说～点，形势、任务，叶书记已经讲过无数遍了，就看我们有没有决心了！｜我全买，我也图个～嘛。③轻松；容易：这回没这么～，不怕他伍大郎屁眼儿黑，老子们认了！｜早点抓，你说得那么～，那几年有“四人帮”在上头给他几爷子扎起的。

【仆爬跟斗儿】pu^{21}pa^{21}gen^{55}dour^{53}（～的）形容急急忙忙的样子：我怕火车开了，～的赶起来。｜你～的，要赶到哪儿去？

【七股（古）八杂】qi^{21}gu^{53}ba^{21}za^{21}（～的）多而杂：筒子楼走廊上放了好多～的东西。｜这几天，家里头～的事情多得很。

【七拱八翘】qi^{21}gong^{53}ba^{21}qiao^{213}（～的）①形容板子之类不平，高高低低的样子：实木地板没铺好，一受潮就～的。②形容集体里意见不统一，闹矛盾：干部做了很多工作，大家还是～，意见统一不起来。也说“七翘八拱”。

【迁翻儿】qian^{55}fanr^{55}调皮：你再～，罚你晚上不看动画片！有的地方说“费”，有的地方说“哗”。

【浸人】qin^{213}ren^{21}（东西）使人感到凉、冷：雪水好～啦。｜这水烧了半天还是～的。

【然瓦】ran^{21}wa^{53}做事不干脆，不痛快：他那个人哪，～得很，半天拿不定主意。

【瓤】rang^{21}①（布、纸等）很薄很软；不结实：这纸太～了；经不起铅笔画。②软弱无力，没有精神：拉了一天车，周身都是～的。｜我每天赶了安乐寺回来，说真话，硬是人要～半天，才缓得过气来。

【热烙】re^{21}no^{21}①暖和；热：他本想叫幺师去买一碗汤元来吃的，一转念，不如自己去，倒吃得～些。｜刀头不在大小，总要～。②亲热；热情：只要话说得～，吃点亏我也认了。

【绒】rong^{21}多作补语。①形容烂、软如绒状或糊状：要把蒜泥舂得很～才好。②比喻因害怕或疲乏而瘫软：我才咳一声嗽，就把好多人吓～了。

【肉扯扯】rou^{213}ce^{53}ce^{53}（～的）办事不干脆，不果断：他做啥子事都是～的，半天拿不定主意。

【塞边打网】sai^{55}bian^{55}da^{53}wang^{53}无关紧要的，不着边际的：说正事，不要说些～的话。

【苕】sao^{21}本指红薯，形容土气，俗气：他嫌乡下姑娘～，不答应这门亲事。｜你看她那身打扮哟，大红大绿的，硬是～得很。

【神】sen^{21}①特别高超或出奇；神奇（可单独作谓语）：他要的魔术好～哦。｜他的预报是在省台广播预报前十天报出的，这就～了。②入神，走神；发愣：哎呀，看人家的新娘子都看～了！｜三小子，快跑呀，～起做啥子！③神经质的：我们没有说你，你咋个那么～嘛，东怀疑西怀疑。④形容说话漫无边际或无根据：他们边走边～扯着。｜“有人写信到县里，把你们那位伍同志告下啦。”“～说！”“欺哄了你，把我脑壳锯下来。”

【神戳戳】sen^{21}co^{21}co^{21}（～的）神经质的，莫明其妙的：他一天到黑～的，是不是脑子有毛病？｜你又没有过错，道啥子歉嘛，～的。

【松活】song^{55}ho^{21}①不感到有负担；轻松：行李都给骡子驮起了，走起路来很～。｜他很照顾这个小兄弟，总是安排些～的事情让他去干。②宽绰；宽裕：就这么个车，坐几十号客，人要不穿衣服就好了，要不，人都是衣服就更～了。｜打从嫁到王家，她总算过了十打十年～日子！③松驰；不严格：工地上管理～得很，所以常有小偷来光顾。

【㞞】song^{21}①馋；贪嘴：盯倒别人吃饭，好～。②寒碜；寒酸：那么有钱还要捡废纸卖，做得那么～。｜穿得烂稀稀的，～得很。

【苏（舒）气】su^{55}qi^{213}①漂亮；好看：哎哟，今天的三娃$_{儿}$才打扮得～喃！｜好漂亮，好～的妹崽$_{儿}$啰，看花了眼，还当是下凡的七仙姑哩。②大方，脱俗：与一般乡下新娘子，见了生人，便死死把头埋着，一万个不开口，比并起来，自然她就～多了。③痛快：这个星期天就看了三部大片，还不～呀！④有气派：钱家哩，却是个世家，而钱亲翁又在官多年，自然是～到底的了。

【随】sui^{21}①熟练自如：这个有点“神”的动作，他显得很“～”，因此，在别人眼里就愈加莫测高深。②很容易：他算老几，我～捡。｜这点活路我～做。

【水】sui^{53}①说话不算话；办事敷衍塞责：他～惯了，说的话信不得。｜他最～，上课经常迟到早退。｜自从当了个芝麻官，全村最～的李二娃也一本正经起来。②单位、组织纪律松驰；办事不坚持原则：政治学习要考勤，我不敢～。｜那个学校才～，只要交钱，就发文凭。｜哪一回不是说得凶，闹得凶，过几天就～了？

【水垮垮】sui^{53}kua^{53}kua^{53}（～的）〈贬〉①形容水淋淋的样子：这东西～的，装在衣兜里要不得。②形容词“水”的生动形式：他做事～的，要把他盯紧点儿。｜他经常～的，他的话怕靠不住。｜我们班～的，别人都有意见了。

【烫】tang^{213}厉害；棘手：现时而今，～得很，没事还能给你说一坨来摆起哩！｜这种事情～得很哦，你不要去自找麻烦。另见动作行为。

【提劲】ti^{21}jin^{213}（～$_{儿}$）帅，拔尖$_{儿}$：她是全班长得最～$_{儿}$的。｜他那两刷子才～哦，没得几个人赶得倒。另见动作行为。

【跳颤】tiao^{213}zan^{213}①活蹦乱跳的样子：这娃娃那么～的，有啥子病哦？②〈贬〉过于活跃，好出风头：他那个人很～，啥事都要出头显示一番！

【歪】wai^{55}凶狠，厉害：说得那么吓人，比老虎还～。｜你别看这不过是一个芝麻大的官，在乡下却～得很哩。

【歪浑】wai^{55}kun^{21}（～了）浑，作补语，表示达到很高的程度。指很厉害、凶狠：他蛮不讲理，简直～了。

【歪】wai^{53}①假冒的；质量低劣的：～阿迪达斯｜他在地摊上买了一双耐克鞋，哪晓得是～的，假名牌。｜这车子才～哟，骑了几天就扯拐了。②非正规的；不讲原则，不负责任的：～中介公司｜这培训班好～嘛，没得教室，也没得教师。｜这次的考试才～，监考老师都不设。

【汪实】wang^{55}si^{21}（份量）很多、很足：我要吃三碗饭，泡菜拈～点，好下饭。｜他们的菜味道又好，份量又～，所以生意很好。

【亡命】wang^{21}min^{213}不顾性命；不顾危险：我打架最～，那些娃儿都不敢惹我。｜带病加班，好～！你们的加班费肯定高。｜工作不要太～，身体也要紧。

【瘟（温）】wen^{55}愚笨；低能：敌人飞行员技术太～，没把炸弹投中目标。也说“瘟症”。

【瘟症】wen^{55}zen^{213}同“瘟”。另见名物指称。

【五马六道】wu^{53}ma^{53}nu^{21}dao^{213}霸道，蛮不讲理：我看你比土匪还要～。丨那李三娃仗着有个当镇长的爹，居然也是～，抓拿骗吃。

【武辣】wu^{53}na^{21}泼辣：你太斯文了，要是～一点，我更喜欢。

【虾】xia^{55}胆小怕事：你好～呀，遇到点儿小事你就连话都不敢说。

【相因（应）】xiang^{55}yin$^{55/213}$便宜：质量又好，价钱又～，多买点。丨不要只图～，～无好货。

【熁人】xie^{21}ren^{21}火气炙人：火势太大，不要走拢了，走拢了好～。

【心厚】xin^{55}hou^{213}贪心：他太～了，得了那么多，他还嫌少，巴不得个人独吞。

【心欠欠】xin^{55}qian^{213}qian^{213}（～的）心里没有得到满足：这顿饭吃是好吃，就是分量少了点儿，吃得～的。

【新色】xin^{55}se^{21}成色新的：这件衣服～些，穿这件好。丨那架比较～的车子才开两年。

【新鲜】xin^{55}xuan^{55}精神爽朗：他眼睛还眨巴眨巴的，不歇气的打哈欠，好像还没睡～。丨我一连加了几天班，精神咋个会～嘛。

【醒^{1}】xin^{53}①母鸡结束孵卵状态：这抱鸡婆早就～了，还抱啥子蛋嘛。②禽蛋开始变质，蛋黄不成形；粥等由稠变稀：鸡蛋～了，煮不起荷包蛋了。丨稀饭不要老是搅，老是搅容易～。丨浆糊～了，没得粘性了。

【醒^{2}】xin^{53}诙谐，滑稽逗趣：他好～哦，逗得大家哈哈大笑。丨你太～了，严肃点。

【醒豁】xin^{53}ho^{21}①清醒：骗子都跑了，他才～过来。②清楚；明白：看～哈，这是你亲自写给我的借条。丨你搞～，风水轮流转，现在不是我求你的时候了。

【醒豁豁】xin^{53}ho^{21}ho^{21}（～的）诙谐逗趣，爱开玩笑：他经常～的，你不要太跟他认真。

【醒事】xin^{53}si^{213}成熟；懂事：都快三十的人了，还不～！

【□】xir^{55}（质地、质量）等很差劲：他的体质～得很，稍微受点凉就感冒。丨这床才～，睡几天就散架了。

【朽】xiu^{53}腐烂：这木头长期泡在水里，已经～了。也说“朽杆$_{\text{儿}}$”。

【悬吊吊】xuan^{21}diao^{213}diao^{213}（～的）①悬空的：高空作业～的，你要注意安全。②心里不踏实，无着落：任务没有完成，心头～的。

【牙尖】ya^{21}jian^{55}形容爱说人长短，搬弄是非：那个女娃子～得很，不要跟她打堆。

【洋盘】yang^{21}pan^{21}（～$_{\text{儿}}$）洋气；时髦：打扮得再～，还是脱不倒原来那种俗气。丨有两个钱了，穿金戴银地显～。

【洋歪歪】yang^{21}wai^{53}wai^{53}（～的）洋洋得意的样子：才考第三名嘛，～的做啥子？

【幺】yao^{55}排行最末的：他是他妈的～儿子，从小娇生惯养。丨我的～妹子小我10岁。

【妖艳$_{\text{儿}}$】yao^{55}yanr^{213}〈贬〉①妖冶，艳丽：你看她那一身穿戴，好～哦。②故意捣蛋：只要紧箍咒一念，哪个还敢～？③摆阔；拿架子：人家有钱，该他～。

【铻】yu^{213}因摩擦而磨损：石头的棱角磨来磨去，早就～了，变得很光滑了。丨才穿一个月，鞋底板上的花纹就磨～了。

【遇缘】yu^{213}yuan^{21}（～$_{\text{儿}}$）恰好碰在某种机缘上；正好：你要找他，真来得～！他平时都不来，今天正好来了。丨硬是不～，回回促销活动我都没赶上。

【渣渣瓦瓦】za^{55}za^{55}wa^{53}wa^{53}（~的）①零碎；琐碎：每天都有很多~的事情做不完。②爱说闲言碎语的：这个人~的，你不要理他。

【扎实】za^{21}si^{21}（疾病）严重：他病得好~，都进重症监护室了。|你不要小病不医，等拖~了才去看病。

【造孽】zao^{213}gnie^{21}可怜：他从小父母双亡，~得很。

【正南其北】zen^{213}nan^{21}qi^{21}be^{21}（~的）正式的；正经八百的：大家都有~的证明。|人家是~的大学生，你不要小看了。|我~告诉你，这样做行不通。

【周吴郑王】Zou^{55}Wu^{21}Zen^{213}Wang^{21}（~的）原为《百家姓》上的一句话，谐“周正”。①正式地：他走上讲台，~地宣讲自己设计的方案。②（穿戴）齐整：小王今天要去相亲，穿得~的。参看“周正”。

【周正（整）】zou^{55}zen^{213}①（位置或长相）端正：那幅油画没有挂~。|小伙子长得很~。②（穿戴）齐整：今天小陈要上台领奖，西装领带的，穿得好~哦。③纯正：这瓶酒的味道很~。|这是好久的剩菜？味道不~了。

【拽实】zuai^{21}si^{21}①壮实；健壮：他经常锻炼身体，长得好~。②粗壮；粗大：这棵树子才~，两个人都怕合抱不了。

【贼呵呵】zui^{21}ho^{55}ho^{55}（~的）贼头贼脑的样子：那人~的到处看，怕是小偷在踩点啰。

（三）名物指称

【坝坝】ba^{213}ba$^{213-55}$空的平地：球场~|几个老年人在~头晒太阳。也说“坝子”。

【坝坝电影】ba^{213}ba$^{213-55}$dian^{213}yin^{53}露天电影。

【坝坝戏】ba^{213}ba$^{213-55}$xi^{213}露天演出的戏。

【坝子】ba^{213}zi^{53}①平原；平川：川西~，沃野千里。②同“坝坝”。

【罢脚货】ba^{213}juo^{21}ho^{213}卖剩下的东西：都是~了，还要卖这么贵呀？

【㩗单】ba^{213}dan^{55}床单：床上铺了一床旧~。

【跰子】bai^{55}zi^{53}跛子。也说“跰跰”。

【棒老二】bang^{213}nao^{53}er^{213}旧时称土匪：~抢人了。也叫“棒客”。

【包包】bao^{55}bao^{55}①装东西的口袋：这~太重，我提不动。②（~儿）衣裤口袋：他从内衣~里拿出来一个手机。③（~儿）花苞；芽苞：月季又发了几个小~。④身体或物体上鼓起的疙瘩：娃娃的脑壳上长了一个~。

【包谷】bao^{55}gu^{21}玉米。有的地方又称“玉麦”。

【宝器（气）】bao^{53}qi^{213}爱出洋相的人；活宝一样的傻瓜：大家都拿他当~，常常逗着他玩儿。另见性质状态。

【抱（菢）鸡婆】bao^{213}ji^{55}po^{21}孵蛋的母鸡。有的地方说“抱鸡母”。

【白墨】be^{21}me^{21}粉笔：一堂课下来，衣袖上尽是~灰。|给老师拿几支彩色~来。

【鼻子】bi^{21}zi^{53}可指鼻涕：他感冒了，清~不断流。|你看那娃娃，~流到嘴巴头了。

【编编匠】bian^{55}bian^{55}jiang^{213}本指编竹器的匠人。编，谐“编造”的“编”，编编匠，借指用胡编乱造手段骗人的人：那个~厉害哦，大学生都上他当了。

【别个】bie^{21}go^{213}别人：上车的，等~下了车再上。

【冰口】$\text{bin}^{55}\text{kou}^{55}$皮肤因冷冻而起的裂口，也泛指裂口：他的手到了冬天就满是~。另见动作行为。

【簸箕】$\text{bo}^{53}\text{ji}^{55}$一种竹篾编制的圆形器具，形似筛子，底部无孔，直径可有一米左右，用来簸谷物或摊晒东西。普通话的“簸箕”，四川话叫“撮箕”，四川话中“簸箕”与“撮箕”是两种形状、功用都不一样的器具：拿个~来簸麦子。|盐白菜晒在~头的。参看“撮箕”。也说“簸簸”“簸盖”。

【抄手】$\text{cao}^{55}\text{sou}^{53}$（~儿）馄饨。因包馅时要将两边的面皮向中间抄过来，犹如抄着手一样而得名，成都有名小吃“龙抄手”：清汤~|红油~。有的地方又叫“包面”。

【燥性】$\text{cao}^{213}\text{xin}^{213}$中医指热性：辣椒带~，少吃点。|咳嗽、喉痛忌刺激性~食物。

【车笔刀】$\text{ce}^{55}\text{bi}^{21}\text{dao}^{55}$刨笔刀：买把~削铅笔。

【扯谎坝】$\text{ce}^{53}\text{huang}^{53}\text{ba}^{213}$（~儿）指旧时摆摊售物、算命、江湖医生治病、艺人搞杂耍等的地方，因这些地方的生意人往往胡编乱吹，糊弄顾客，所以有此名：我这不是~的生意，我说的都是实话。

【撑花儿】$\text{cen}^{55}\text{huar}^{55}$伞：落雨了，买把~遮雨。也说“撑子”。

【陈麻婆豆腐】$\text{cen}^{21}\text{ma}^{21}\text{po}^{21}\text{dou}^{213}\text{fu}^{53}$见“麻婆豆腐”。

【吃白墨灰灰的】$\text{ci}^{21}\text{be}^{21}\text{me}^{21}\text{hui}^{55}\text{hui}^{55}\text{ne}^{55}$白墨灰灰，粉笔粉末。谐指教师：我要是挣得倒大钱，还当一辈子~呀。

【撮撮】$\text{co}^{21}\text{co}^{21-55}$①撮箕：买个~来撮垃圾。②帽檐：他那帽子有~，可以遮一下太阳。

【撮撮帽】$\text{co}^{21}\text{co}^{21-55}\text{mao}^{213}$带帽檐的帽子：他戴的~叫棒球帽。

【撮箕】$\text{co}^{21}\text{ji}^{55}$簸箕，三方有边，一方敞开，多用竹篾编成：那个大~是撮粮食用的，小~才是撮垃圾的。参看“簸箕”。

【戳锅漏】$\text{co}^{21}\text{go}^{55}\text{nou}^{213}$存心或总是把事情搞坏的人：我晓得有人在背后当~，你千万不要信那些话啊！

【穿穿儿】$\text{cuan}^{55}\text{cuanr}^{55}$①倒卖紧俏物品的人：他在~手头买的火车票，一张票多花几十元。②中介人；商业掮客：他辞职后当起了房屋~。|他是个钱~，专门倒卖外汇。也有人说“窜窜儿”。

【铲铲】$\text{cuan}^{53}\text{cuanr}^{53-21}$①铲子。②也说“球”，粗俗语，表示强烈否定，相当于“屁”：饭都吃完了才喊我们吃，吃个~！

【串串香】$\text{cuan}^{213}\text{cuan}^{213-55}\text{xiang}^{55}$一种类似火锅而更平民化的食品，因肉、菜品用竹签穿成串，放入有类似火锅底料的锅中烫着吃而得名：南门外的~，经常有好多学生去吃。

【炊二哥】$\text{cui}^{55}\text{er}^{213}\text{go}^{55}$炊事员，含谐谑味：他是食堂的~，头上戴顶白帽子。也说“炊哥”。

【锤子】$\text{cui}^{21}\text{zi}^{53}$粗俗语。①男阴。②表强烈否定，相当于“屁”，但更粗俗：闹闹！闹个~！

【打杵】$\text{da}^{53}\text{cu}^{53}$背、抬重物行走时用以拄路或休息时用以支撑重物的丁字形工具，多用结实的木棍、竹棍制成。另见动作行为。

【打卦婆】$\text{da}^{53}\text{gua}^{213}\text{po}^{21}$本指打卦的神婆子，她们要解释吉凶祸福，常说个不停，比喻话多的人：他经常无话找话说，像个~。

【大嘴老鸹】$\text{da}^{213}\text{zui}^{53}\text{nao}^{53}\text{wa}^{55}$比喻贪吃、贪心的人：你简直是个~，那么多饭都吃完了。|他是个~，礼物送少了，他看不上眼。|他虽说算不上~，可吃起炽和来也不拘礼啦！

【带头】dai^{213}dou^{21}〈贬〉①搭配的人或物：各个班都不能净挑入口成绩好的学生，都要搭点～，要几个成绩不好的学生。｜这块肉是净瘦肉，是要搭一点～才卖啊！②指女人改嫁带去的孩子：在旧社会，搭～的孩子，总少不了受歧视、欺负的。

【灯影子】den^{55}yin^{53}zi^{53}皮影戏，有时也指其皮影：今天晚上放～，我们去看。

【颠颠（巅巅）】dian^{55}dian^{55}植物的末梢；物体的顶端：猫儿爬到树子～上去了。｜他才走到半山腰，离山～还远。

【电马儿】dian^{55}ma^{53}er^{21}电动车：他骑的是摩托车，不是～。

【夺客】do^{21}ke^{21}挑拨双方，使事情不能成功的人，与“说客”相对：本来两个人相互都有好感的，就是有人当～，他们才没耍成朋友的。

【抠（逗）角】dou^{213}juo^{21}吝啬鬼：他是个～，哪舍得花大钱？有的地方说“啬婆”“啬家子”。

【启启（屡屡、屡屡）】du^{21}du$^{21-55}$器物底部：锅～是黑的，不要把锅放在桌子上。｜碗的～没洗干净，翻过来再洗一下。

【肚肚】du^{53}du$^{53-21}$坛子类容器中间突出的部分：这坛子～很大，东西装得多。

【儿娃子】er^{21}wa$^{21/55}$zi^{53}男孩子，与“女娃子”相对：你是～，要让女娃子。｜我们班50个学生，只有几个是～。也说“男娃子”。

【二杆子】er^{213}gan^{53}zi^{53}粗野、莽撞的人：他是个有名的～，说话、做事经常得罪人。

【二话】er^{213}hua^{213}牢骚话：他一贯服从组织分配，不管安排他搞什么工作，他都从来不说～，

【二恍恍】er^{213}huang^{53}huang$^{53-21}$粗心大意的人：张莽娃是个～，牛牵绳都没解开，就想把牛牵起走。另见性质状态。

【二回】er^{213}hui^{21}下次；以后：这回没整对，～重新来过。｜欢迎各位～再来照顾我们的生意。也说“二回子”。

【二天】er^{213}tian^{55}以后：今天不批条子了，～再说。｜你不要那么凶，老子～才找你娃算账。

【方脑壳】fang^{55}nao^{53}ko^{21}脑筋死板，不谙人情世故的人：你咋个去求那个～？他懂不起这些事情的。｜他是个～，社会上的好多事情他都搞不懂。

【方向】fang^{55}xiang^{213}着落：我带的钱昨天就用光了，今天的早饭，还没得～呢。｜娃儿的学费要交了，有～没得？

【房圈】fang^{21}quan^{55}卧室：妈，你那小箱箱的钥匙是不是在你～里的枕头底下，我给你拿啊？也说“房圈屋”“歇房”或“歇房屋”。

【夫妻肺片】fu^{55}qi^{55}fei^{213}pian^{213}成都风味小吃。牛头皮、牛肚、牛舌、牛肉等煮熟切片，拌以调料而成，本是街头摆摊售卖的平民小吃，据说为某夫妻二人创制，故名。

【街妹儿】gai^{55}meir^{213}街头女小混混，与“街娃儿”相对。

【街娃儿】gai^{55}war^{21}街头男小混混，与“街妹儿”相对，有时泛指街头小混混：那些～吃饱了没得事，又在打群架了。

【盖面菜】gai^{213}mian^{213}cai^{213}①放在碗面上作面子的、质量最好的菜，也泛指席桌上最好的菜：只有面上的～才是肉，下面的全是小菜。②喻头等的人或物：无论讲资格，讲地位，讲威望，他都算得上这块偏僻小镇的头一块～，所以经常都是他代表镇上抛头露面。

【干疮】gan^{55}cuang^{55}疥疮：他一身长了好多～，痒得不得了。

【干人】gan^{55}ren^{21}穷人，现已不常用：在旧社会，他无房无地，啥子都没得，是个～。

【赶场天】gan^{53}cang^{21}tian^{55}赶集的日子：今天是～，街上热闹得很。

【杠杠】gang^{213}gang$^{213-55}$①直线条：过马路还要看路面上有没有白～。②指某种规定、规格：对于才能超拨的人物，大可悉心委任，何必死扣～？更何必任意提高～，挑剔一些不相干的毛病？

【女娃儿】gnü^{53}wa^{21}er^{213}女孩子，与“男娃儿”相对，有的地方也指女朋友或妻子：她生了两个～,还想生个男娃儿。｜他跟他～才耍半年，就说要结婚了。｜他才结婚几个月，就把～丢在家头，自己跑到深圳打工去了。

【女娃子】gnü^{53}wa^{21}er^{213}女孩子，与“男娃子”相对。有的地方说“女娃儿”。

【锅盔（魁、块）】go^{55}kui^{55}①一种烧饼，有白面、椒盐、混糖、肉馅等品种，白面的可在中间夹凉粉、凉面、卤肉等，是常见的大众化快餐食品。②比喻手表，含谐谑味：我又没戴～，不晓得现在几点了。

【各人】go^{21}ren^{21}①自己（复指前面的人或事物）：～的事～晓得。｜你给客人拈肉，别光顾～吃！｜你不动瓶子，瓶子～会倒哇？②每人（逐诣）：炊事员给老李和小文～弄来一钵红苕干饭。

【过场】go^{213}cang^{21}〈贬〉①（有意为难人的）名堂；花样：这个人一会$_{儿}$提个要求，～多得很。②有意做给人看的言语行为：假～｜做～。

【公子】gong^{55}zi^{53}雄性的禽畜（与“母子”相对）：喂～做啥子？又不下崽$_{儿}$。

【沟（尻）子】gou^{55}zi^{53}屁股的粗俗说法：你娃～上有屎，不怕他抓你把柄吗？

【谷子】gu^{21}zi^{53}①水稻：～扬花了。②稻谷：他挑了一挑～去打米。

【瓜娃子】gua^{55}wa^{21}zi^{53}傻瓜：你又不是～，咋会上骗子的当呢？

【寡母子】gua^{53}mu^{53}zi^{53}〈贬〉寡妇，有的地方指不能生孩子的女人：老公死了她一直没结婚，当了多年的～。｜她结婚好多年了，还没得娃儿，是不是个～哟？

【寡蛋】gua^{53}dan^{213}未受精而又孵过的蛋：这蛋抱过的，你买倒～了。

【鬼八卦】gui^{53}ba^{21}gua^{213}①诡计：他的～多，你不要轻信他的话。②小聪明：老李这人，狡猾是狡猾，可也有些～。

【哈包$_{儿}$】ha^{53}baor^{55}哈，傻。指傻瓜。有的地方说“哈儿”。

【海椒】hai^{53}jiao^{55}辣椒。

【闲场天】han^{21}cang^{21}tian^{55}不逢集的日子：今天是～，街上卖菜的农民很少。也说“闲天”。

【黑了】he^{21}no^{53}晚上：今～我只夜班。｜这趟火车，要开两个～，一个白天。

【火的】ho^{53}di^{21}“的”，“的士”的“的”。指载客的“火三轮”。

【火三轮】ho^{53}san^{55}nen^{21}（～$_{儿}$）机动三轮车。

【红油海椒】hong^{21}you^{21}hai^{53}jiao^{55}川菜常用调料。菜油煎熟趁热倒入辣椒粉中制成。也说“熟油海椒”“熟油辣子”“油辣子”。

【灰灰】hui^{55}hui^{55}①灰，粉末：桌子上好多～。②常与“末末”连用，指隔了多代的后代：他至多算是苏轼的～末末了。

【灰面】hui^{55}mian^{213}面粉。

【回锅肉】hui^{21}go^{55}rou^{213}家常川菜，带皮猪肉煮至6成熟，切成薄片，放回锅中加调料煎炒而成。也说“熬锅肉”。

【鸡婆】ji^{55}po^{21}母鸡。有的地方说“鸡母”。

【几娘母】ji^{53}gniang^{21}mu^{53}母亲和几个子女的总称：男人在外头打工，~在家头种庄稼。

【几爷子】ji^{53}ye^{21}zi^{53}①父亲和几个子女的总称：和一般生活俭朴，人口又多的农家一样，平常头发长了，~就换手搔背地互相理发。②〈贬〉几个人；一伙人：都关了店门了，~还跑来打门，硬把老板从铺盖里喊起来。｜怕只怕事情败露，那~就只有栽崖了！

【记认】ji^{213}ren^{213}帮助识别、辩认的记号、特征：他养的宠物狗，是有~的，掉了也容易找回来。

【架架$_{儿}$】jia^{213}jiar$^{213-55}$贴身穿的背心儿：他脱掉衬衣，露出了里面穿的~。

【架势】jia^{213}si^{213}势头：看他那~，今天好像要大干一场的样子。另见动作行为。

【謇巴$_{儿}$】jian^{53}bar^{55}口吃的人：他是~，说话结巴得很。也说“謇巴郎”，有的地方说“夹舌条”“结子”。

【焦心】jiao^{55}xin^{55}焦虑的心情：他这一向~太重了，人都瘦了。另见动作行为。

【筋筋网网】jin^{55}jin^{55}wang^{53}wang$^{53-21}$①像筋像网的东西：割块肉尽是~，切菜都不好切。｜棉絮都烂成~了，咋个盖哟，卖给收荒匠算了。②比喻互相牵连、互相纠缠的东西：事情太复杂了，那些麻麻杂杂的~太难理伸展了。另见性质状态。

【酒谷】jiu^{53}gu^{21}糯稻。

【酒米】jiu^{53}mi^{53}糯米，因常用来酿制江米酒而得名。

【脚脚】juo^{21}juo$^{21-55}$①人或动物的脚：你那么大个个子，这么小个~。｜你咋个不吃鸡肉光啃~？②器物的腿：桌子~｜板凳~｜他上穿阴丹布马褂，下穿毛织贡大~裤子。③某些蔬菜的根：豆芽要掐了~才好吃。④残渣；剩余的东西：你不要尽把好的吃了，光给人家留些~。｜人家在街上买不到小菜——连小菜~都买不到。⑤也说“脚子”。指液体里残留在容器底部的沉淀：这水壶烧出来的开水~太多了。

【看田缺水的】kan^{213}tian^{21}que^{21}sui^{53}ne^{55}田缺，水田田埂上放水的缺口。看田缺水，指管理农田。旧时种田的多是男子，看田缺水的，借指男孩（与下条相对）：她想个女儿，哪想到生下来还是个~。

【看甑脚水的】kan^{213}zen^{213}juo^{21}sui^{53}ne^{55}用甑子蒸饭要随时观察甑子下面的水是否已干。看甑脚水，借指做家务活。看甑脚水的，借指女孩（与上条相对）：她想个女儿，生下来正好是个~。

【刻刻】ke^{213}ke$^{213-55}$①刻划而留下的痕迹：他在船上用刀子刻了个~，表示剑是从那儿掉下河里的。②比喻规定的范围、限度：还是定个~，没到一百三十斤的猪不收。｜再自由也有~，天黑人稀的转竹林，也自由得么？

【壳子[1]】ko^{21}zi^{53}①无关紧要的话：你们~也吹够了，该做点儿正经事了。②大话，夸口话：如此说来，有房产是冲的~，有汽车也是~了！③喜欢闲聊或吹牛的人：老张是著名的张~，惯会遇事生风，乱吹壳子。

【壳子[2]】ko^{21}zi^{53}①封皮：拿张厚纸做练习本~。②书刊封面：这本《大众电影》~都被人撕走了。｜把你名字写在练习本的~上。

【壳子客】ko^{21}zi^{53}ke^{21}喜欢闲聊、或吹牛的人：他是个有名的~，他的话不可全信。

【瞌睡虫】ko^{21}sui^{213}cong^{21}①使人瞌睡的虫，含谐谑味，源于《西游记》中孙悟空拔毫毛变瞌睡虫放到人身上，催其入睡，所以瞌睡了，谐称为“瞌睡虫来了”：这娃儿～来了，吃饭都在啄瞌睡。②比喻贪睡的人：你简直是个～，一天睡到黑都像睡不醒。

【口口】kou^{53}kou$^{53-21}$①口儿；口子：这瓶子～是破的。｜手着割了一条～。｜街～上有一家中国银行。②刀、剑、剪刀等的刃：幸好是菜刀背背，万一是菜刀～的话，哎哟！才不得了！｜这把剪刀～都剪缺了，不磨咋个用?

【款款】kuan^{53} kuan$^{53-21}$ ①用以绊住物件的东西：门上～都没得，光溜溜的，咋个款得倒嘛。②数儿；限度：究竟要花多少钱，他心头也没得～。｜话说到哪种程度，应该有个～。

【麻辣烫】ma^{21}na^{21}tang^{213}成都风味小吃。把蔬菜、肉、动物内脏、禽蛋等用竹签穿好，放入装有类似火锅底料的汁水的锅中烫着吃，一般认为“串串香”即由此演变而成：吃点儿～，打点儿小麻将。

【麻婆】ma^{21}po^{21}〈贬〉脸上有麻子的人，不限于女性：他脸上有几颗麻子，人家就叫他～。

【麻婆豆腐】ma^{21}po^{21}dou^{213}fu^{53}传统川菜，全名陈麻婆豆腐，嫩豆腐切块和肉末、调料一起烹制而成。相传为前清同治年间成都一陈姓麻脸妇女创制，故名。

【码目】ma^{53}mu^{21}数儿；底儿：其实偷钱那件事，大家心头当时就有～，晓得不是我，只不过不愿给我撑起，想看我的笑神$_{儿}$罢了。

【馍馍】mang^{55}mang^{55}饭（多为儿语）：乖乖不要哭，一会儿就吃～！｜只见锅内煮～，哪见锅内煮文章。

【莽子】mang^{55}zi^{53}①身材粗壮的人；胖子：～娃儿胖嘟嘟，就像我家大白猪。②很憨厚或不爱动脑筋的人：二～其实并不莽，只不过脾气很犟。｜他这人绰号～，是不大会用思想的。有的地区只有①义，有的则只有②义。

【毛（帽）根$_{儿}$】mao$^{21/213}$genr^{55}发辫：她脑壳上梳了个独～。

【毛（帽）根$_{儿}$朋友】mao$^{21/213}$genr^{55}pong^{21}you^{53}孩童时代就要好的朋友：他两个本是同族兄弟，又自小一起长大，算是～。也说“偏毛根$_{儿}$朋友”。

【帽（冒）儿头】mao^{213}er$^{21/55}$tou^{21}帽儿，帽子。帽儿头，旧时普通饭馆里卖饭的单位。把平平的两碗饭扣在一个碗里即成一碗帽儿头，因饭冒出碗口，像戴的帽子，所以有此说法：从前，下力人吃饭，都爱吃～，一碗顶两碗。｜老板，～垒高点哈。

【妹崽$_{儿}$】mei^{213}zair^{53}女孩子：她已经生了一个儿，还想要个～。

【米米】mi^{53}mi$^{53-21}$①泛指去壳或皮后的种子，多指可以吃的：花生～。｜包谷才挂上了红胡须，还没长～。②小而硬的粒状物：石头～。③痱子样的小疙瘩：颈项上长满了～，又不像是痱子。

【摸哥（跟）$_{儿}$】mo^{55}gor^{55}扒手儿；小偷儿：手机放好，公交车上～多。

【抹豁】mo^{53}ho^{21}（～$_{儿}$）不应得而得或不付代价而白得的东西：吃了别个好多～。｜～拿多了要不得，吃进去好，吐出来恼火。

【磨心】mo^{213}xin^{55}①指磨子的轴，用木棍或铁棍作成：这磨子～都磨小了。②比喻跟矛盾各方面都有牵扯，夹在中间的人：遇到婆媳干仗，他自己只有当～的份儿，两个都不能得罪。

【某人三四】mong^{53}ren^{21}san^{55}si^{213}①泛指某个不确定的人：用别个的东西要打个招呼嘛：～，我用下你的笔嘛。②用在“我”之后，代替自己的名字：这么说，你们这些城里人信得过我～喽！

【木脑壳】mu^{21}nao^{53}go^{21}（～$_{儿}$）①木偶：从前，遇到天旱，要给龙王爷供个猪头，敬杯水酒，请～唱几本“目莲戏”。②比喻无头脑，任人摆布的人：可惜我不是～，不想进你那圈套。有的地方说“木走走（肘肘）”。

【母子】mu^{53}zi^{53}①雌性的禽兽，跟“公子”相对：捉个～喂起下崽。｜这鸡太小了，分不清是不是～。②作种子用的块茎或块根：红苕～｜芋头～。③含有酵母的面团、酒酿：酒～。④比喻赌钱的本钱：我现在惨就惨在钱输光了，没有～了。不过，话也说回来，牌——这个东西太害人了，不能再打了！

【男娃儿】nan^{21}wa^{21}er^{213}男孩子，与“女娃儿”相对，有的地方也指男朋友或丈夫：她已经生了两个～，还想要个女娃儿。｜她的～是个做生意的，他们好了一年多，准备结婚了。｜结婚才半年，她～就到深圳打工去了。

【男娃子】nan^{21}wa$^{21/55}$zi^{53}男孩子，与“女娃子”相对。也说“儿娃子”，有的地方说“男娃儿”。

【烂脑壳】nan^{213}nao^{53}ko^{21}头脑灵，主意多的人，多含贬意：他是个～，鬼点子多得很。

【烂龙门阵】nan^{213}nong^{21}men$^{21/55}$zen^{213}没有意思，没有听头的故事：我是自找苦吃，要听我的～么？｜又在摆你那～了，摆了好多回，有啥意思嘛！

【烂药】nan^{213}yuo^{21}①比喻鬼点子，坏主意：他想利用大家急于发财的心理，放点儿～，把众人引上邪路。②比喻爱使坏的人：他觉得自己如果不听那个～同事的话，就不会上当。

【烂友儿】nan^{213}your^{53}流氓；痞子：他是个～，正经女娃子都不想跟他耍朋友。也说“烂眼儿”。

【躴巴儿】nang^{55}bar^{55}①瘦弱的人或动物：他是个～，担得起那么重的担子呀？｜一挑鱼大的卖完了，只剩些～了。②专指小指头：大指拇儿，二指弟，中三娘，王伙计，请你～吃个屁。

【躴瓤】nang^{55}rang^{21}通融的余地：这些事情没啥子可说的，一点～都没得，要逗硬。另见性质状态。

【捞捞】nao^{55}nao^{55}①笊篱之类捞取东西的工具：拿个～捞面。②值得捞取的东西：这汤清汤寡水的，没得啥子～。◇这生意跑一趟才赚几十块钱，有啥～嘛。

【老把子】nao^{53}ba^{53}zi^{53}①对老年男子的尊称，多用于不相识的人，尊敬意不很强：～——不！不！老人家。多谢你了。②指父亲，多含谐谑味：～，妈喊你吃饭啰。

【老果果】nao^{53}go^{53}go$^{53-21}$①年纪大的人：我们这些～，哪能跟年轻人比哟。②老手：他从小就在市场上混饭吃，几十年来已算得上～了，可以说无往不胜，无往不利。

【老儿】nao^{53}ji^{53}①打招呼的话，对年龄相近的、不相识的成年男子的称呼，含亲密而略带轻佻意，已不常用：～，你听说了吗？东南西北四路的同志军都要杀进城来了？②略等于“家伙”，指人（含轻视或玩笑意）：那几个～算啥子？我随捡！｜你这～才笑人呢，自家人还这么客气。

【老坎】nao^{53}kan^{53}①吝啬的人：他是个有名的～，咋个舍得出这个钱嘛。②土包子；傻瓜：城里的规矩大，不懂就多开腔，不要像个～的样子。｜肯信你几爷子都是猪，都是～，由人家整，由人家烫么？③〈贬〉指农民：你莫以为天还早，卖菜的～早都进城来了。

【老孃儿】nao^{53}gniangr^{55}（名）老年妇女，跟“老头儿”相对。

【老娘们】nao^{53}gniangr^{21}men^{55}中老年妇女自称，含很强自负义：～哪个都敢骂。

【老牛筋】nao^{53}gniu^{21}jin^{55}①固执、保守的人：你晓得那个人是全厂出名的～。他说的话八匹马都拉不动的。②吝啬鬼：爸爸嘛，一个天生的～！啥子都好，就只拿出钱来便心疼。

【老人公】nao^{53}ren^{21}gong^{55}公公。

【老人婆】nao^{53}ren^{21}po^{21}婆婆。有的地方称“婆婆娘”。

【老子们】nao^{53}zi^{53}men^{55}说话人自称（不限于男性），有强烈的自负义：～有钱就该住别墅，开宝马。

【脑壳】nao^{53}ko^{21}①头；脑袋：狗～｜猪～｜若真地挨上这一拳头，他的～怕真地要破面开花了。②脑筋；头脑：碰到这种事情，他那灵动的～，油滑无比的舌头，一时也全失去了作用。｜你平时显得很有～，咋个今天就没得办法了呢！③脑子，脑海：他～里一再出现刚才的事情。｜昨天那件事，总是在我～头打转转。④指头发，与剪、剃、洗、梳、吹、烫等动词连用：剪～｜剃～｜梳～｜我三个月烫一回～。⑤某些器物的顶端；植物的与末梢相对的部分或根部：烟杆～｜锄～｜菜～｜他吃莴笋只吃～，不吃颠颠和叶子。

【礼信】ni^{53}xin^{213}①礼物：我妹子坐月，连个～都没有送，叫我脸皮往哪里放！②礼节：他很讲～,逢年过节总要送点儿礼去。｜有来有往嘛，说起来那原是一种～呀！

【溜路】niu^{55}nu^{213}很滑的路：我不会走～，一走就要绊倒。

【刘全进】Niu^{21}Quan^{21}jin^{213}指傻瓜。本为歇后语，由《西游记》中“刘全进瓜”的故事变来。说话人要说的是“瓜”，谐“瓜娃子”的“瓜”，意思是傻瓜：我跟你这种～说不清楚！｜你简直是个～，这个道理都懂不起！有的地方讹变为“刘前进”。

【溜肩膀】niu$^{53/55}$jian^{55}bang^{53}比喻推卸责任的人：不要出了事就当～，生怕担责任！

【龙门阵】nong^{21}men$^{21/55}$zen^{213}①故事：这可是几十年前武林中的一件真事情，你可不要把它当成一般的～来听啊！②闲谈的话：这期间，他们经常一起下象棋，吹～，成了忘年交。｜那是酒席上的～，你不要太认真了。

【圞二】nuan^{21}er^{213}〈贬〉农民。也说“圞二哥”。

【内伙子】nui^{213}ho^{53}zi^{53}内部成员：他们～不说出来，外人咋个晓得？

【炟的】pa^{55}di^{21}的，“的士”的“的”，指载客的“炟耳朵车”。坐出租炟耳朵车称“打炟的”。参看“炟耳朵车”。

【炟耳朵】pa^{55}er^{53}do^{55}指惧内的人。炟，软，惧内的人耳朵很软，什么都听老婆的：他是个～，在婆娘面前说不起话。

【炟耳朵车】pa^{55}er^{53}do^{55}ce^{55}一种由自行车改装而成的交通工具。最早是在自行车后面的衣架旁，装上可以坐人的边斗而成的，所以叫“边斗车”。又因它往往是丈夫骑着，载上妻子外出、上街的工具，所以后来谑称为“炟耳朵车”。现在也指一种可以载人的老年三轮车。

【炟和】pa^{55}ho^{21}容易获取的或不需要付出相应劳动的东西；便宜：他钱花得少，默倒买了个～，哪晓得买倒个假货。｜这任务简单，你还是把它接到手，说不定你捡了个～呢。｜我这儿没～好吃，主要是跟大石块打交道，活路可是有点重。另见性质状态。

【婆娘】po^{21}gniang^{55}〈贬〉①已婚的女人：“哪个背时～喊你来的?”“你妈喊我来的！②老婆：我～回娘屋去了，把娃娃也带走了。｜那娃儿三十岁了，朋友都没耍，哪得～嘛。

【婆】po^{21}有的地方用以称祖母，与“公”相对。

【婆婆娘】po^{21}po$^{21-55}$gniang^{21}婆婆。

【仆爬】pu^{21}pa^{21}因失去平衡而摔倒的动作：脚下一滑，摔了一～。

【魌（欺）头】qi^{55}tou^{21}指价钱便宜的东西；不应得的小利；不劳而获的好处：这猪儿买到～了，

少说要值三十六、七块。｜他两个知道，水不搅浑，是摸不到鱼的，他们想望～，不制造点事端，吃不到嘴。｜草堆堆头的蛋是人家的鸡生的，你咋个见到～就想伸手呢？

【俏头】qiao213 tou21 炒菜时为了增加滋味或色泽而附加进去的东西：肉片用木耳做～。

【俏荤菜】qiao213 hun55 cai213 加少许肉一起炒的菜：这是～，比素菜好吃。

【撬杆儿】qiao213 ganr53 入室偷盗的人：门锁撬坏了，～进屋了。

【青沟（尻）子】qin55 gou55 zi53 本指有青色胎记的屁股，引申指年纪不大的，不懂世事的人：他还是个～娃娃，懂得啥子嘛？｜总而言之，是这个眼空四海的～大学生，打乱了三江镇的平静，秩序，和气。

【青头姑娘】qin55 tou21 gu55 gniang55（～儿）黄花女儿：媳妇是～嫁过来的，不是啥子二婚嫂。

【球】qiu21 粗俗语，同“锤子”，但粗俗味不及“锤子”强烈。

【缺牙巴】que21 ya21 ba55 牙齿缺损的人：他门牙缺了一颗，是个～。

【缺嘴】que21 zui53 ①唇裂的人：他那娃娃，生下来是个～，去年才做手术把嘴唇补好的。②嘴儿有缺损的器物：那把壶是个～。

【让手】rang213 sou53 可能退让的余地，可以商量的余地：“就是这个价吗？有～没有？”“没～！一分都不少！”｜你没看见有的落实政策的干部，在我们招待所来住起，条件一是一，二是二，不得打一点点～。

【靸（趿）板儿鞋】sa21 banr53 hai21 拖鞋。也说“靸（趿）片儿pianr53鞋”。

【攋话】sai21 hua213 ①无关紧要的话：那个老师上课总爱先说一阵～，才转到正题上。②讽刺、挖苦的话：有意见就直说，不要尽说～，说～伤感情。③开玩笑的话：这么严肃的场合，不要说～。

【晒坝】sai213 ba213 用来晒粮食的平坦场地，多为三合土地或水泥地：包谷晒在～头的。

【晒簟】sai213 dian213 铺在地上用来晒粮食的竹席。有的地方说“晒席”。

【三只手儿】san55 zi55 sour53 小偷，扒手。

【烧白】sao55 be21 即“扣肉”，传统川菜名。底子是芽菜、冬菜之类的称“咸烧白”，底子是糯米的称“甜烧白”。

【啬家子】se21 jia55 zi53 吝啬的人：他是个有名的～，你想叫他捐钱，恐怕难办。也说“啬婆”，有的地方说“抠（逗）角”。

【舌条儿】se21 tiaor55 舌头。

【声气】sen55 qi213 声音：咋个没得～了，是不是睡着了？｜你上课～好大，马路上都听得到。

【说客】so21 ke21 说合双方，使事情成功的人，与“夺客”相对：十个～，抵不倒一个夺客。

【收荒匠】sou55 huang55 jiang213 收废品的人：喊个～来把破烂收走。｜那个～就靠收废品挣钱养家，供娃儿上学。

【熟油】su21 you21 煎熟的菜油。

【熟油海椒】su21 you21 hai53 jiao55 见“红油海椒”。也说“熟油辣子”“油辣子”。

【太婆】tai213 po21 对老年妇女的尊称：请给这位～让个座。

【天棒】tian55 bang213〈贬〉鲁莽的，不怕事的人：他是个～，说话、做事很冲动，不动脑筋。也说“天棒槌儿”。

【贴心豆瓣】tie21 xin55 dou213 ban213（～儿）心腹，亲信：你不能只相信你那几个～。

【胎神】tai^{55}sen^{21}〈贬〉有点神经质，遇事反映迟缓，行为异于常人的人：绿灯都亮了，你咋不开车呢？～！

【弹（軃）神】to^{53}sen^{21}指游手好闲的游民、二流子。弹，下垂。因游手好闲的人，常闲游市井之中，无所事事，两手常弹，所以称之为弹神：你不找点儿正经事做，一天到晚游手好闲，简直就是个～。

【头】tou^{21}用于名词性词语之后表方位，相当于“里”：锅～有了，碗～也有了。｜大教室～坐满了学生。｜车子停在大楼右边的那个坝子～。另见计量单位。

【头回】tou^{21}hui^{21}上次：～你答应得好好的，咋个今天就变了？也说“头回子”。

【头头】tou^{21}tou$^{21-55}$①植物的根茎部分：甘蔗～比颠颠甜。｜“你们连莴笋叶叶都舍不得丢!”“小菜好贵哟，还敢尽吃～？”②物体的端头部分：我们小区的～上经常有农民在那儿卖菜。｜现在已经是农历二月～上了。

【娃儿】wa^{21}er^{213}小孩儿：她生了三个～，都是儿娃子。

【歪人】wai^{55}ren^{21}凶狠、厉害，蛮不讲理的人：他是个出了名的～，哪个敢惹他？

【旺子】wang^{213}zi^{53}供食用的动物血：猪～。有的地方说“血旺”“血豆腐”。

【瘟（温）症】wen^{55}zen^{213}不能干、低能的人：这件事情交给他那个～，绝对办不好。｜那小偷是个～，不晓得那是监控摄像头，主动走到它面前去。另见性质状态。

【虾米】xia^{55}mi^{53}①小虾。②比喻无足轻重的人：罪魁祸首你不抓，尽抓些～干啥？

【虾笆（爬）】xia^{55}pa^{21}①竹篾丝编成的捕鱼捞虾的工具，略似畚箕。②同虾子②：你这个～，那么怕事！

【虾子】xia^{55}zi^{53}①虾，不指虾卵。②胆小怕事的人：你个～，出点事你就当缩头乌龟。

【下饭菜】xia^{213}fan^{213}cai^{213}本指佐餐的菜肴。比喻①可以随意处置的人：我又不是你的～，你想咋个整就咋个整嗦？②对手：对方是赫赫有名的麻大胆，你老人家斯文呆呆的，恐怕不是他的～吧？

【闲条】xian^{21}tiao^{21}无关紧要的话：吃了饭啥子事情都不做，只晓得摆～。｜～扯够了没有？该谈点正事了。

【乡坝头】xiang^{55}ba^{213}tou^{21}乡下；乡村：～空气新鲜，城里人周末都喜欢来。

【乡巴（坝）佬】xiang^{55}ba^{55}nao^{53}〈贬〉乡下人：你真是～进城，啥子都觉得稀奇。

【小菜】xiao^{53}cai^{213}蔬菜：这顿饭只有～，没得肉。

【心子】xin^{55}zi^{53}①食用动物的心脏：猪～｜卤鸡～。②馅儿；某些事物的中心部分：汤圆～｜这包子是白糖～，不是肉～。｜这个枕头是人造棉～。

【醒场合】xin^{53}cang^{21}ho^{21}不严肃，不认真的场合：大家注意点儿，这不是啥子～，严肃点儿。

【兄弟伙】xiong^{55}di^{213}ho^{53}①旧时袍哥称自己组织中的成员：他把龙头大爷、仁义两堂的～都清来了。②泛指自己小集团中的成员；哥们儿：争斗双方都叫来了自己的～，差点酿成一场大械斗。｜大家都是～，何必客气嘛。

【血旺】xue^{21}wang^{213}供食用的动物血。有的地方叫“旺子”“血豆腐”。

【眼火】yan^{53}ho^{53}希望；着落：买不倒了，摊摊儿都收了，没～了。｜你这么晏才来，有啥子～嘛。

【眼睛水】yan^{53}jin^{213}sui^{53}泪水：～都没得，干哭。

【眼子】yan^{53}zi^{53}着落；办法：修房子的砖瓦水泥，我已经有～了。｜商量了半天，还是啥子～都没得。

【油大】you^{21}da^{213}荤腥菜肴：过去肉食定量供应，一个月才吃一回～，现在好了，天天都有～，就是吃不得了。

【油辣子】you^{21}na^{21}zi^{53}见“红油海椒”。

【玉麦】yu^{213}me^{21}玉米。有的地方说“包谷”。

【崽儿】zai^{53}er^{21}〈贬〉男青少年：重庆～｜那两个小～，站倒！｜姓高的～，各人值几个钱，你应该心头有数。

【崽崽】zai^{53}zai$^{53-21}$①小孩儿：她丈夫出去打工，她一个人带两个～。｜那个鬼～又把我的花掐走了。②也说“崽$_{\text{儿}}$”，指幼畜：猫猫下了三个～。｜私房银子不拿出来用干啥子呀？未必放在箱箱里头会下～呀？

【颤花$_{\text{儿}}$】zan^{213}huar^{55}爱出风头，好表现的人：满屋子人都那样讲，你偏要这样讲，人家不说你是～呀？｜你七姐的“那个”来了，是一个留小胡子的～，讨厌死了！也说“颤花$_{\text{儿}}$婆”、颤灵子”。

【蘸水】zan^{213}shui^{53}供吃菜时蘸着食用的液态调料，用多种调味品调制而成，可以根据食用者的喜好，调成不同口味：茄子蒸熟了，打点儿～蘸起吃。

【跐胶】zi^{55}jiao^{55}跐，擦。指橡皮擦子：把你的～借给我跐一下。

【走展】zou^{53}zan^{53}可以改变、退让的余地：这是原则，不能有丝毫～。

【竹根亲】zu^{21}gen^{55}qin^{55}竹子根多而纵横交错。比喻关系复杂交错，血缘关系疏远的亲戚：那不是他的亲哥哥，只是因为同姓就攀的亲戚，连～都说不上。

【啄啄】zua^{21}zua$^{21-55}$①鹤嘴锄一类工具：拿个～把地啄开。②物体上突出的部分：那山崖顶部朝前突出，形成一个～。｜（脑壳）前啄金，后啄银，没得～怄死人。

（四）方式程度

【八方】ba^{21}fang^{55}到处；各方（“四面八方”的省文）：为了孩子上学的事情，两口子不得不～求人。

【不犯于】bu^{21}fan^{213}yu^{21}不必，表示不值得有某种行为：那种蛮不讲理的人，你～跟他计较。｜这种投资不可能带来回报，我们～去花那些冤枉钱。｜为这点事情生气，～哈！

【大声武气】da^{213}sen^{55}wu^{53}qi^{213}（～的）嗓门提得很高地说话：光听见他～地闹麻了，不晓得闹的啥子。｜不要～地吼，轻言细语的我听得见。

【单另】dan^{55}nin^{213}单独，另外：这个是坏的，你～拿一个。｜传染病人不要同其他病人住在一起，～住一间。｜这本书我看过的，你～借一本给我。

【担（耽）怕】dan^{55}pa^{213}恐怕，表推测、估计：这场比赛，～中国队要输。｜像他那样赌博，～金山、银山都要着他赌光。｜国外证券市场都在暴跌，～中国A股也稳不起。另见动作行为。

【对直】dui^{213}zi^{21}①直直地：把汽车～开过去，不要转拐。｜她～向老汉走来。②直接：你也不必再跟爸妈商量，要考的时候～去考就是了。

【飞叉叉】fei^{55}ca^{55}ca^{55}速度迅猛，带贬义：看见几个女生在排练舞蹈，他～地跑过去看闹热。｜他肚皮痛，～地朝茅厕头跑。

【跟倒】gen^{55}dao^{53}①马上，立刻：打完这圈麻将，我～就来。｜号令一响，运动员～就冲了出

去。②即将，接着：大暑过了好几天了，~就要到立秋了。|不要着急，打了针，吃了药，病~就会好的。

【格外】ge^{21}wai^{213}另外，在所说范围之外：他一个人来的，~没有人来。|除了酱油，~还买点啥子不？|算错了没来头，~算一遍嘛。

【高矮】gao^{55}ngai^{53}无论如何：任命书都下了，他~不上任。|大家都不同意，他还是~要坚持自己的意见。

【寡】gua^{53}只：~说不做|你~吃菜，不吃饭，哪得那么多菜给你吃？另见性质状态。

【寡是】gua^{53}si^{213}只是：你~说，又不动手做，那咋个行呢？|不要~喝酒，多吃点菜。

【何犯于】ho^{21}fan^{213}yu^{21}何必，犯不着：你一个大人，~跟娃娃生气？|这件事跟你没有关系，你~去承担责任？|明明晓得会败诉，偏要去打官司，~嘛。

【红黑】hong^{21}he^{21}无论如何：他~都不去，我也没得办法。

【横顺】huan^{21}sun^{213}①反正：等我回家吃了饭，梳了辫子，亲自送去好了。我~有点事要找他的。|~没有客人来，我就给你摆一摆嘛。②无论如何：这女人第一难惹，~不讲道理。|说了半天，他~听不进去。

【尽都】jin^{213}dou^{55}全部，一定范围内无例外：年轻人~打工去了，家头尽是老家伙。|这个消息~晓得了，还用你说。

【久不久】jiu^{53}bu^{21}jiu^{53}隔不了多久；不时：如果不是~还有点会议伙食吃的话，那喉咙简直就要生锈了。|两口子~地要大吵一场。

【紧（尽）倒】jin^{53}dao^{53}一直，老是；不停地：老天~不下雨，庄家都干死完了。|早一点去，不要让人家~等。|~走，~走！脚都走痛了。也说“紧”。

【脚跟脚】juo^{21}gen^{55}juo^{21}形容紧紧跟随或紧接着某人的行动而行动：认都认不倒的女娃子，你~地在后头撵啥子？|这个娃娃懒得很，大人一出门，他~地就梭出去耍。

【看倒】kan^{213}dao^{53}眼看着；马上：~就要下雨了，咋不带把伞喃？|~房子就要垮了，还不愿意搬家。|~人家都要哭了，还在说啥子嘛。

【靠实】kao^{213}si^{21}确实；实在：丢了工作，这个家我~撑不下去了。|那么不守信用的人，我~不想理他了。

【老实】nao^{53}si^{21}①确实；的确：我~像哪个？你说！|“不要你了，快快出去。”“~不要我？”“不要不要。”②尽量；着实地：天下衣服只有两种，穿着又方便，看起来又不碍眼，就是一种~宽大，一种~窄小。|我把第二辆自行车也搞丢了，老爸~说了我一顿。|这娃儿太气人了，~给我打。

【挨一挨二】ngai^{55}yi^{21}ngai^{55}er^{213}逐个，按次序一个个地：几千人呵！~地点起名来，你想想要费好多时候？|大爷双手拉住船索，让大家~地登上船。

【硬是】ngen^{213}si^{213}①偏；就：病得那么恼火，他~不去医院。|喊他做作业，他~要打游戏。②确实；果然：你还不信嗦？人家~得了第一名。|你不要理他，这个人~麻烦得很。|说起下雨，~就下起来了得嘛。

【利边】ni^{213}bian^{55}有意，特地：媳妇不是~说这些话来气婆婆的，婆婆也不要生气。|那家人~把狗放出去咬人。|售楼部~捂盘，故意不拿出来卖。

【取总】qu^{53}zong^{53}从来，多用于否定句：我还～没有看见过这么怪的事情。丨两个人像仇人一样，见了面～不说一句话。

【甩起实】suai^{53}qi^{53}si^{21}竭力，使劲地：运动员～地跑。丨大家～地做，不准偷懒哈！丨当真不买单的哇？硬是～地吃哈。

【完】wan^{21}（～了）用于形容词之后作补语，表示程序达到了极点：对～了｜好～了｜干净～了｜体面～了｜明明做错了，还一副对～了的样子。｜你哥子平时精灵～了的，咋个会上当受骗喃？

【未必】wei^{213}bi^{21}难道，用于加强反诘语气：大风大浪都过来了，～还会在阴沟里翻船？丨怪了，～还要我这个当老汉的去给娃娃赔罪嗦？丨都大学生了，～你还不会用电脑？也说“未必然”。

【喜（希）得好】xi$^{53/55}$de^{21}hao^{53}幸好，幸亏：那是一伙搞非法传销的骗子，你～没有跟他们去哦。丨天气一下降温了，～我带了一件毛衣。丨～没有签这个合同，不然的话就亏多了。也说“幸喜得好”“幸得好”。

【先不先】xian^{55}bu^{21}xian^{55}先，首先：话都不听清楚，就～地闹起来。丨～动手打人，就应受到处罚。丨不要～地乱表态，等情况调查清楚再说。

【一根笋】yi^{21}gen^{55}sen^{53}从来，一直，一向：我～就没有听说过这种道理。丨到了冬天，他的气管炎～没有好过。丨我那点钱，～是只顾得到吃顾不到穿。

【一下】yi^{21}ha^{213}①通通，全部：这些钱你～拿去，我一分钱都不要。丨那半瓶酒，你把它～喝了。②总共：住五天酒店，～花了不到两千块钱。丨会议室里头～坐了三十多个人。

【已（以）宁】yi^{53}nin^{21}干脆；索性：多的时间都等过去了，～再等他一阵嘛。

【眼鼓鼓】yan^{53}gu^{53}gu^{53}急切地看着事情发生而无可奈何：他这个月请了三天事假，月底只有～地看着别人领奖金。丨大家没有看清楚车牌号，～地看着肇事车逃跑了。

【要不要】yao^{213}bu^{12}yao^{213}有时；偶尔：～地喝点酒，也没多大关系。丨他～地写篇文章投到报社去发表。丨身体情况还好，只是～地感冒一下。

【阴倒】yin^{55}dao^{53}①跟表面情况相反或不同：这个工作看起来轻巧，其实～恼火。丨不要看他精神好，～病多得很。丨看不出来哈，这幅画～贵得很哦。②背地里；偷偷地：这种小人，就是喜欢～挑拨是非。丨当心哈，有人～去告你的状哦。丨会还没有开完，他就～梭起走了。

【再】zai^{213}从来；一直：走廊上的灯～没有关过，一直开起。｜我老爸～不为这些事情打我。

【早不早】zao^{53}bu^{21}zao^{53}说话之前较久的时间，或比某个时候靠前的时间：门都没有开，你～跑来等起做啥子？丨他们～就托了熟人，当然好办事情啰。丨结婚年龄都没到，咋～就办结婚证？

【直见】zi^{21}jian^{213}不停地，不间断地：你～朝我这边挤啥子？丨我不好意思不开口，他在那里～问。

【自不然】zi^{213}bu^{21}ran^{21}理所当然；合乎常情；自然：只要待遇好，～有人来应聘。丨你学习那么努力，成绩～会提高。丨火车要是晚点，～会通知乘客。

【昼时】zou^{213}si^{21}随时；经常：住在大路边上，～不得清静。丨太婆身体不好，身边～离不得人。

【左还】zo^{53}huan^{21}反正：～你要去书店，就顺便帮我买一本回来嘛。丨～在下雨，你就再耍一下才走嘛。丨～没有人报名，就让他去参加。

（五）计量单位

【坝】ba^{213}用于地面成片的东西，数词多为“一”：那里修了一～房子。｜地震遇难者的遗体摆了～。另见动作行为。

【饼】bin[53]用于饼状的东西：一～火炮｜糖化了，粘成了一～了。

【道】dao[213]①物量词，结合面比普通话宽：河上有一～桥。②动量词，相当于“遍”：这篇文章改了两～了。｜这么简单的问题，说了三～他都没有听懂。｜话说三～准，篾缠三～稳。

【墩】den[55]用于呈方形、有一定厚度的东西：①一～肉｜一～豆腐｜修那道河坎用了八～石头。②用于叠在一起、有一定厚度的东西：桌上堆了一～书｜那～票子好厚哦，可能有好几万呢。③用于楼房：一～房子｜一～教学楼｜那～宿舍住新生。

【杆】gan[55]用于烟：一～叶子烟｜两～红塔山。

【根】gen[55]可用于条形事物、动物，组合面比普通话宽：一～鱼｜一～蛇｜两～板凳｜几～树子｜顺着那～小路走。｜每～田坎上都种了豆子。

【架】jia[213]与普通话一样都用于有支架的东西，但结合面比普通话广，可用于床、桥、车辆等：一～床｜两～临时铺｜三～梯子｜一～抽水机｜修一～天桥｜买了一～自行车。｜停了几～大卡车。

【块】kuai[53]某些地方可用于人：我们家五～人。｜人些到哪里去了？鬼影子都没有看到一～。

【溜】niu[55]用于狭窄的条状物：一～纸｜一～布｜一～木条条｜把面团切成一～一～的。

【泡】pa[55]用于排泄物：一～口水｜一～尿｜不小心踩到一～屎。

【粑拉】pa[55] na[55]用于杂乱、成串的人或事物，数词多用“一”，常用于事情、话语等：说了一～,没有听出个名堂。｜屋头还有一～事等我回去做。｜刚打发走了一～闹事的，接倒又来了一～。

【盘】pan[21]可用作动量词，相当于“次”“回”，不限于棋类、球类比赛：我想打麻将，来一～不？｜走，到馆子吃一～！｜反正今天不上班，就陪你耍一～。另见动作行为。

【匹】pi[21]①用于条形、片状物：一～叶子｜两～篾条｜一～鸡毛｜一～肋巴骨。②用于砖、瓦：一～砖｜三～瓦。③用于山：一～山｜翻过那～大山就到了。

【片】pian[53]用于切削、剥离、分离下来的片状物：一～回锅肉｜一～土豆｜把海带切成一～一～的。｜把白菜叶子分两～下来。也读pian[213]”，与普通话“片pian[51]”同。另见动作行为。

【泼】po[21]①用于成群或成批的人：商店开门就来了一～买主。｜家里来了一～客人。｜今天走了两～实习生。②用于雨、露：刚才下了一～大雨。｜把它放在露天坝头，晚上扯几～露水。

【起】qi[53]用于人或物，相当于“种”或“类”：我的年龄要算是最幼的一～，体操的次序我是站在倒数第三的。｜我从来不用那～纸写信。另见动作行为。

【台】tai[21]用于酒席，请一次客人吃酒席为“一台”：一～酒席摆了30桌。｜给娃娃做满月都摆了两～席。｜结婚的时候，城里头摆了一～席，回乡下去又摆了一～席。

【筒】tong[21]用于圆筒状的东西。①用于原木：这～木料可以改板子。②用于卷成筒状的东西：把地板胶卷成一～。｜他肩头上扛了一～草席。③用于人，含贬义：立起那么大一～了，还不醒事。

【头】tou[21]用于人的高度，数词多用“一”：咋个哥哥比弟弟还矮一～哦？｜这个娃娃又涨了一～。另见名物指称。

【坨（砣）】to[21]①用于团状或块状的东西：一～肉｜一～石头｜一～泥巴｜他把稿子挼成一～。②用于聚在一起或结成一伙的人：那边围了一～人。｜因为意见不合，一个单位的人分成了三～。

【窝】o[55]①用于一胎所生或一次孵出的动物：这一～猪生了五个。｜这～狗儿有白的，有花的。

丨这三~鸡全部出壳了。②用于植物，多以生长、栽培点为单位：菜园里长了几~草。丨一~秧子有三、四根。丨在院子里栽了几~柳树。丨这~白菜有5斤重。

【网】wang^{53}集合量词，用于网状或大片掉落的东西：把那几~烂布巾巾拿出去丢了！丨头发一~一~地掉。丨外墙上垮下来一~墙砖。丨坡上跨下来一~泥巴。另见动作行为。

【歇】xie^{21}①物量词，指干活过程中，以歇息分开的时段：每天上午干两~活路。丨一~活路差不多两个小时。丨都干了三~了，咋一点进展都没有喃？②动量词，只跟动词“歇”组合，相当于“次”：你咋个那么偷懒喃？锯一块木板就歇了两~。丨这捆书太重了，我歇了三~才提到办公室。另见动作行为。

【撮】zo^{21}用于粉状或小颗粒状的东西，指少量：在碗里放了一~盐。丨勾一~芡粉在汤里面。丨他觉得米少了，又加了一~。

（六）方言俗语

【爬地草变的——独立不起】ba^{55}di^{213}cao^{53}bian^{213}ne^{55}——du^{21}ni^{21}bu^{21}qi^{53}爬地草，一种紧挨地面生长的小草。独立不起，字面指不能独立站立，运用中指不能独立生活：你是~嗦？离了家头就没法生活。

【把秤砣踩扁了】ba^{53}cen^{213}to^{21}cai^{53}bian^{53}no^{21}秤砣不会被踩扁，极言其无损于人，多用于否定句：我又没把哪个的秤砣踩扁了，你发那么大的火做啥？

【把脸来抹下来揣起】ba^{53}nian^{53}ma^{21}xia^{213}nai^{21}cuai^{55}qi^{53}把脸抹下来放着。比喻无脸见人：跟他这个标兵比，我们只有~了。

【跰子端公——坐地使法】bai^{55}zi^{53}duan^{55}gong^{55}——zo^{213}di^{213}si^{53}fa^{21}跰子，跛子。端公，男巫。比喻不亲自出面，只在背后使阴谋诡计。

【半天云头挂口袋——装风】ban^{213}tian^{55}yun^{21}tou^{21}gua^{213}kou^{53}dai^{213}——zuang^{55}fong^{55}在半天云里挂口袋，自然是为了装风，谐装疯。

【半夜吃桃子——按倒炬的捏】ban^{213}ye^{213}ci^{21}tao^{21}zi^{53}——ngan^{213}dao^{53}pa^{55}ne^{55}nie^{55}半夜吃桃$_{儿}$，看不见哪个熟，只好用手捏，挑软的吃。比喻专选弱者欺负。

【绊倒不怄，爬起来才怄】ban^{213}dao^{53}bu^{21}ngou^{213}，pa^{21}qi^{53}nai^{21}cai^{21}ngou^{213}怄，生气。摔倒的时候不生气，爬起来的时候才生气。比喻事后失悔或想不通。

【抱起元宝跳井——舍命不舍财】bao^{213}qi^{53}yuan^{21}bao^{53}tiao^{213}jin^{53}——se^{53}min^{213}bu^{21}se^{53}cai^{21}元宝，金银锭。讥笑人是财迷。

【抱鸡婆抓糠壳——搞空事】bao^{213}ji^{55}po^{21}zua^{55}kang^{55}ko^{21}——gao^{53}kong^{213}si^{213}菢鸡婆，孵蛋鸡。糠壳，稻子外壳。比喻做无意义的、无结果的事。

【龅牙齿咬虱子——碰端了】bao^{213}ya^{21}ci^{53}gniao^{53}se^{21}zi^{53}——pong^{213}duan^{55}no^{21}龅牙突出嘴唇外，不易咬住东西。碰端，碰巧。比喻事情成功，纯属偶然：你这回考了一百分，完全是~。也说“龅牙齿咬虼ge^{21}蚤——碰倒了”，“缺牙巴咬虱子——碰端了”。

【白毛猪儿家家有】be^{21}mao^{21}zu^{55}er^{21}jia^{55}jia^{55}you^{53}同样的、平常的东西谁都可能有。意指并非某人专有。也说：“黑毛猪儿家家有”。

【白市驿的板鸭——干绷】Be^{21}si^{213}yi^{21}ne^{55}ban^{53}ya^{21}——gan^{55}pong^{55}白市驿，重庆地名，以产板鸭著称。干绷，字面指制作板鸭时要将鸭子绷着晾干，运用中指硬撑场面：你不要~。

【《百家姓》读脱头个字——开口就是钱】《Be^{21}jia^{55}xin^{213}》du^{21}to^{21}tou^{21}go^{213}zi^{213}——kai^{55}kou^{53}

jiu^{213} si^{213} qian^{21}读脱，读掉。头个，第一个。《百家姓》第一句是“赵钱孙李”，所以有此说。钱，字面上指姓氏钱，运用中指金钱：你这人硬是～。

【背起娃娃找娃娃】bei^{55} qi^{53} wa^{21} wa$^{21-55}$ zao^{53} wa^{21} wa$^{21-55}$犹如说“骑马找马”。

【壁头上挂团鱼——四脚无靠】bi^{21} tou$^{21/55}$ sang^{213} gua^{213} tuan^{21} yu^{21}——si^{213} juo^{21} wu^{21} kao^{213}字面上指墙壁是光滑的，团鱼挂在墙上，四只脚无所依凭，比喻无依无靠：我现在是～，找不倒个人帮忙。

【比倒箍箍买鸭蛋】bi^{53} dao^{53} ku^{55} ku^{55} mai^{53} ya^{21} dan^{213}比倒，比着，照着。箍箍，箍儿，这里指规格、规章。字面上指比照着箍儿买跟它一样大小的鸭蛋。，运用中比喻照某种要求办事，也比喻不知变通：他喊买三块钱一斤的橘子，我只有～了。｜～嗦？哪有那么合适的？不能灵活一点儿吗？

【扁担挑缸钵——两头都滑脱】bian^{53} dan^{213} tiao^{55} gang^{55} bo^{21}——niang^{53} tou^{21} dou^{55} hua^{21} to^{21}缸钵，陶制圆形容器，口大底小，无耳。用两端光滑的扁担去担缸体，很容易两端都滑掉而打碎，比喻两头落空。

【逼倒牯牛下儿】bie^{55} dao^{53} gu^{53} gniu^{21} xia^{213} er^{21}逼着公牛生小牛，比喻强迫人做不可能做到的事：他字都认不倒几个，你叫他去写论文，不是～吗？

【不大不小，将将管倒】bu^{21} da^{213} bu^{21} xiao^{53}，jiang^{55} jiang^{55} guan^{53} dao^{53}将将，正好。既不大，也不小，正好管着。指正好能管着某人：他的官虽是不大，但是～，你有啥子法嘛。

【不图锅巴吃，哪个肯围倒锅边转】bu^{21} tu^{21} go^{55} ba^{55} ci^{21}，na^{53} go^{213} ken^{53} wei^{21} dao^{53} go^{55} bian^{55} zuan^{213}围倒，围着。比喻定有所图。

【茶铺头的龙门阵——想到哪儿说到哪儿】ca^{21} pu^{213} tou^{21} ne^{55} nong^{21} men$^{21/55}$ zen^{213}——xiang^{53} dao^{213} nar^{53} so^{21} dao^{213} nar^{53}龙门阵，闲聊的话。比喻未经事先准备，随意说话：我这是～，你不要介意。

【裁缝的脑壳——荡针】cai^{21} fong^{55} ne^{55} nao^{53} ko^{21}——dang^{213} zen^{55}荡针，本指针尖子不好使了，临时在头发上来回擦擦，以提高其穿透力。谐“当真。”

【蚕子牵丝——自己弄来网起】can^{21} zi^{53} qian^{55} si^{55}——zi^{213} ji^{53} nong^{213} nai^{21} wang^{53} qi^{53}牵丝，吐丝。网起，束缚着。犹如说“作茧自缚”。

【场背后落雨——街背湿】cang^{21} bei^{213} hou^{213} no^{21} yu^{53}——gai^{55} bei^{213} si^{21}场，指场镇，街上。街读gai^{55}，街背湿，谐“该背时”，即该倒霉。

【扯谎坝的医生——专卖假药】ce^{53} huang^{53} ba^{213} ne^{55} yi^{55} sen^{55}——zuan^{55} mai^{213} jia^{53} yuo^{21}扯谎坝的医生多是江湖医生，他们多售假药，故有此说。

【睁起眼睛跳崖】cen^{55} qi^{53} yan^{53} jin^{55} tiao^{213} ngai^{21}〈贬〉明知事情有危险，却偏偏要去做：你明明晓得那是陷阱，又没得人逼你，你咋个～呢？

【城隍庙的瓜槌——一对】cen^{21} huang^{21} miao^{213} ne^{55} gua^{55} cui^{21}——yi^{21} dui^{213}比喻两个人经常在一起，又比喻一丘之貉：他两个真好，简直是～。

【趁浑水打虾笆】cen^{213} hun^{55} sui^{53} da^{53} xia^{55} pa^{21}虾笆，竹制捕虾工具。犹如说“浑水摸鱼”：你想～,捞点好处，想得美！

【吃包谷粑打呵嗐——张口黄】ci^{21} bao^{55} gu^{21} ba^{55} da^{53} ho^{55} hai^{213}包谷粑，玉米饼。呵嗐，哈欠。玉米饼是黄色的，吃进嘴后打哈欠，只见满嘴黄色。黄，谐黄腔，即外行话的“黄”。意思是一开口就说外行话。

【吃得亏，打得堆】ci^{21} de^{21} kui^{55}，da^{53} de^{21} dui^{55}打堆，在一起相处。不怕吃亏的人，别人才能同他相处。

【吃屎的反倒把屙屎的估倒】ci^{21} si^{53} ne^{55} fan^{53} dao^{53} ba^{53} o^{55} si^{53} ne^{55} gu^{53} dao^{53}估倒，强迫人做某事。比

喻受惠者反而欺负施惠者。

【吃竹子屙箩篼——肚皮头编的】ci^{21} zu^{21} zi^{53} o^{55} no^{21} dou^{55}——du^{213} pi^{21} tou^{21} bian^{55} ne^{55} 箩篼，箩筐，竹编用具。吃下的是竹子，拉出来的却是箩筐，这显然是在肚子里编织的。编，谐编造的“编”。指胡编乱造：哪有那些事？都是他们~。

【刺芭林头的斑鸠——不知春秋】ci^{213} ba^{55} nin^{21} tou^{21} ne^{55} ban^{55} jiu^{55}——bu^{21} zi^{55} cun^{55} qiu^{55} 刺芭林，有刺的灌木林。斑鸠总爱生活在灌木林中。多用来指不识时务：你简直是~，现在是啥子世道了？你还包办女儿婚事。也说“六月间的斑鸠——不知春秋”。

【出头桷子先遭难】cu^{21} tou^{21} go^{21} zi^{53} xian^{55} zao^{55} nan^{213} 桷子，椽子。出头的椽子因为没有屋瓦的遮盖，往往遭雨淋湿而先烂。比喻冒尖的人往往先遭受打击：你那么积极做啥子？晓不晓得~？也说出“出林笋子先遭难”。

【穿钉鞋拄拐棍——把稳又把稳】cuan^{55} din^{55} hai^{21} cu^{53} guai^{53} gun^{213}——ba^{53} wen^{53} you^{213} ba^{53} wen^{53} 钉鞋，过去一种鞋底钉有铁钉的防滑鞋。把稳，稳当。穿上钉鞋又拄着拐棍，自然十分稳当。比喻十分稳妥可靠，多形容人小心谨慎：你放心，他是个~的人，不会出事的。

【大家马儿大家骑】da^{213} jia^{55} ma^{53} er^{21} da^{213} jia^{55} qi^{21} 比喻利益均沾。

【刀头不在大小，只要热络】dao^{55} tou^{21} bu^{21} zai^{213} da^{213} xiao^{53}，zi^{53} yao^{213} re^{21} no^{21} 刀头，用作祭品的整块熟猪肉。热络，热，暖和。比喻礼品不在多少，只要情谊深。

【灯影子抠背——牛皮作痒】den^{55} yin^{53} zi^{53} kou^{55} bei^{213}——gniu^{21} pi^{21} zo^{21} yang^{213} 灯影子，皮影戏中的皮影，通常用牛皮制成。抠，搔。牛皮作痒，骂人想挨打：你又调皮，~了？

【地皮子都没踩热】di^{213} pi^{21} zi^{53} dou^{55} mei^{55} cai^{53} re^{21} 地皮子，地皮。犹如说“初来乍到”：你才来几天，~，不要轻易插手这件事。

【吊起锅儿打噹噹】diao^{213} qi^{53} go^{55} er^{21} da^{53} dang^{21} dang^{21} “噹噹”，敲锣声。打噹噹，即当锣打。比喻无米下锅，断炊：工资没到月底就用完了，~了。

【丁丁猫变的——除了眼睛没得脸】din^{55} din^{55} mao^{55} bian^{213} ne^{55}——cu^{21} no^{21} yan^{53} jin^{213} mo^{21} de$^{21/55}$ nian^{53} 丁丁猫，蜻蜓。蜻蜓眼睛特别大，占去头部的大半，所以说“除了眼睛没得脸”。比喻不要脸。

【掟子舂海椒——辣手】din^{213} zi^{53} cong^{213} hai^{53} jiao^{55}——na^{21} sou^{53} 掟子，拳头。海椒，辣椒。辣手，字面指手辣，比喻事情难办，棘手。

【东挑西拣，拣了个漏灯盏】dong^{55} tiao^{55} xi^{55} jian^{53}，jian^{53} no^{21} go^{213} nou^{213} den^{55} zan^{53} 比喻过于挑剔的人反而适得其反（多指求偶）。

【豆腐盘成肉价钱】dou^{213} fu^{53} pan^{21} cen^{21} rou^{213} jia^{213} qian^{21} 盘，运。比喻长途贩运，使贱价品成为高价品。

【豆芽上蒸笼——踡起脚脚受气】dou^{213} ya^{21} sang^{213} zen^{55} nong^{21}——juan^{55} qi^{53} juo^{21} juo$^{21-55}$ sou^{213} qi^{213} 脚脚，脚。豆芽蜷曲着脚在蒸笼里受蒸气蒸，比喻受窝囊气。

【豆芽长齐天，还是小菜】dou^{213} ya^{21} zang^{53} qi^{21} tian^{55}，hai^{21} si^{213} xiao^{53} cai^{213} 小菜，蔬菜。比喻小人物再这么也改变不了自己的身份。

【肚脐眼$_{儿}$打屁——腰里腰气】du^{213} ji^{213} yanr^{53} da^{53} pi^{213}——yao^{55} ni^{53} yao^{55} qi^{213} 肚脐眼$_{儿}$，肚脐。腰里腰气，谐“妖里妖气”。

【端起刀头找不到庙门】duan^{55} qi^{53} dao^{55} tou^{21} zao^{53} bu^{21} dao^{53} miao^{213} men^{21} 刀头，敬神的肉。比喻拿着

礼品不知该送给谁，指送礼求人帮忙找不到所求对象。

【二姐打破碗，大姐挨板板】er^{213} jie^{53} da^{53} po^{213} wan^{53}，da^{213} jie^{53} ngai^{21} ban^{53} ban$^{53-21}$ 比喻替人受罚：事情是他搞糟了的，你咋个骂我呢？真是~。

【翻过来牛皮鲊，翻过去鲊牛皮】fan^{55} go^{213} nai^{21} gniu^{21} pi^{21} za^{53}，fan^{55} go^{213} qie^{213} za^{53} gniu^{21} pi^{21} 鲊，粉蒸食品。指翻来覆去地重复同一内容。

【喷嚏都打不出来】fen^{213} ti^{213} dou^{55} da^{53} bu^{21} cu^{21} nai^{21} 上当或吃亏后不便说出，有口难言：他因为贪小便宜吃了大亏，害得自己~来。

【跟倒沟子打和声】gen^{55} dao^{53} gou^{55} zi^{53} da^{53} ho^{213} sen^{55} 跟倒，跟着。沟子，屁股。跟在别人后面随声附和：你不动脑筋，只晓得~。

【你是你，我是我，猫儿不跟狗打伙】gni^{53} si^{213} gni^{53}，ngo^{53} si^{213} ngo^{53}，mao^{55} er^{21} bu^{21} gen^{55} gou^{53} da^{53} ho^{53} 打伙，合伙。猫跟狗合不到一块儿。比喻人以群分，界限分明。

【狗屎做的鞭——闻也闻不得，舞也舞不得】gou^{53} si^{53} zu^{213} ne^{55} bian^{55}——wen^{21} ye^{53} wen^{21} bu^{21} de^{21}，wu^{53} ye^{53} wu^{53} bu^{21} de^{21} “闻”“舞”，谐“文”“武”。既不能文，也不能武，指什么事也做不了。

【狗坐篼篼——不识抬举】gou^{53} zo^{213} yuan^{55} dou^{55}——bu^{21} si^{21} tai^{21} ju^{53} 篼篼，竹篾做成的类似畚箕一样的盛物用具。狗通常是自己走路，让它坐在篼篼里抬它，好比让人坐轿。常用来骂人不识抬举，不接受或不珍视别人对自己的好意。

【管他白猫黑猫，逮得倒耗子的就是好猫】guan^{53} ta^{55} be^{21} mao^{55} he^{21} mao^{55}，dai^{53} de^{21} dao^{53} hao^{213} zi^{53} ne^{55} jiu^{213} si^{213} hao^{53} mao^{55} 管他，不管，不论。表示评价某种事物，应该根据其实际价值，而不是根据某些外在的、表面的东西。

【管他牛打死马，还是马打死牛】guan^{53} ta^{55} gniu^{21} da^{53} si^{53} ma^{53}，hai^{21} si^{213} ma^{53} da^{53} si^{53} gniu^{21} 比喻不介入与己无关的斗争、矛盾。

【罐罐头发豆芽——没得一根伸展的】guan^{213} guan$^{213-55}$ tou^{21} fa^{21} dou^{213} ya^{21}——mo^{21} de^{21} yi^{21} gen^{55} cen^{55} zan^{53} ne^{55} 伸展，本指平展、舒展，引申指漂亮。字面上指豆芽在罐子里舒展不开，运用中比喻没有一个像样的：那些家伙，~。

【贵州骡子学马叫】Gui^{213} zou^{55} no^{21} zi^{53} xuo^{21} ma^{53} jiao^{213} 嘲笑人不说本地话而说外地话或外语：我不想听你学成都话，简直像~。

【和尚有本经，道士有本忏】ho^{21} sang^{213} you^{53} ben^{53} jin^{55}，dao^{213} si^{213} you^{53} ben^{53} can^{213} 经、忏指僧道所念经文。比喻各有各的章法、章程：~，我们公司有我们公司的办事原则。

【伙倒伙倒把寿拜】ho^{53} dao^{53} ho^{53} dao^{53} ba^{53} sou^{213} bai^{213} 伙倒，伙着。比喻混杂、掺和其间做某事。有“滥竽充数”的意味，有时也指浑水摸鱼。

【火葬场开后门儿——专烧熟人】ho^{53} zang^{213} cang^{21} kai^{55} hou^{213} menr^{21}——zuan^{55} sao^{55} su^{21} ren^{21} 烧，字面上指火化，运用中指哄骗、愚弄、坑害。意思是专门欺骗、坑害熟人：你不要找你那朋友帮忙，他是~。

【红眉毛，绿眼睛】hong^{21} mi^{21} mao$^{21/213}$，nu^{21} yan^{53} jin^{213} 形容横眉怒目，怒气冲冲的样子：有话好好说，何必这么~的。

【皇帝爱长子，百姓爱幺儿】huang^{21} di^{213} ngai^{213} zang^{53} zi^{53}，be^{21} xin^{213} ngai^{213} yao^{55} er^{21} 幺儿，排行最小的儿子。指普通人往往疼爱自己最小的孩子。

【黄瓜还没有起蒂蒂】huang^{21} gua^{55} hai^{21} mei^{55} you^{53} qi^{53} di^{213} di$^{213-55}$ 起蒂蒂，长出瓜蒂。比喻事情还没

有开头，离成功还远。

【黄泥巴糊裤裆——不是屎也是屎】huang^{21}gni^{21}ba^{55}fu^{21}ku^{213}dang^{55}——bu^{21}si^{213}si^{53}ye^{53}si^{213}si^{53}黄泥巴跟屎看起来差不多，黄泥糊在裤裆上，就像裤子上有屎，比喻有了容易令人误解的东西，而又不容易解释清楚，多指背了坏名声，说不清楚：就因为我去过那里就说我有偷盗嫌疑，真是~。

【鸡公屙屎头节硬】ji^{55}gong^{55}o^{55}si^{53}tou^{21}jie^{21}ngen^{213}字面上指公鸡拉屎只有第一节干而硬，后面则是稀的。比喻做事虎头蛇尾。

【鸡脚神戴眼罩——假充正神】ji^{55}juo^{21}sen^{21}dai^{213}yan^{53}zao^{213}——jia^{53}cong^{55}zen^{213}sen^{21}鸡脚神，旧时城隍庙里有脚像鸡脚的恶神。眼罩，本指给牲畜戴的遮眼的东西，这里指眼镜。旧时所谓正人君子的绅士常戴上眼镜（或墨镜），以装腔作势，借以吓人。比喻假充好人，假充正人君子。

【肩头上搁烘笼——挠火】jian^{55}tou^{21}sang^{213}ko^{213}hong^{55}nong^{21}——nao^{53}ho^{53}烘笼，取暖器具，竹编，内置陶钵，装上燃着的木炭等，供人取暖。挠，扛。烘笼大的放在地上，小的可提在手里，从不放在肩上，这里是为了引出“挠火”，谐事情费力难办，令人头疼、烦恼的“恼火”：这件事情麻烦多，~得很。

【捡倒封皮就是信】jian^{53}dao^{53}fong^{55}pi^{21}jiu^{213}si^{213}xin^{213}捡倒，拾着。封皮，信封。比喻轻易相信某件事。

【捡根芭茅花就杀进大营】jian^{53}gen^{55}ba^{55}mao^{21}hua^{55}jiu^{213}sa^{21}jin^{213}da^{213}yun^{21}芭茅花，芦苇花。犹如说“拣根鸡毛当令箭”：他是说来堵别人的嘴的，你不要~，把它当真了

【见人屙屎屁股痒】jian^{213}ren^{21}o^{55}si^{53}pi^{213}gu^{53}yang^{53}见到别人做啥，自己也想做啥。比喻自己缺乏主见，随意随人行动：你莫~，别个炒股，你也去炒股。

【建昌鸭儿——嘴壳硬】Jian^{213}cang^{55}ya^{21}er^{21}zui^{53}ko^{21}ngen^{213}建昌，四川西昌。建昌鸭，四川名鸭。嘴壳，禽类的嘴。嘴壳硬，即嘴硬，骂人语：说你你还顶嘴，~！

【姜子牙的婆娘——姜何氏】Jiang^{55}Zi^{53}ya^{21}ne^{55}po^{21}gniang^{55}——Jiang^{55}ho^{21}si^{213}婆娘，指老婆。旧时妇女出嫁随夫姓，传说姜子牙的老婆姓何，所以叫“姜何氏”，谐“将合式”，即“刚合式”：这鞋子不大不小，~。

【叫化子贬成讨口子】jiao^{213}hua$^{213/55}$zi^{53}bian^{53}cen^{21}tao^{53}kou^{53}zi^{53}叫化子就是讨口子，无所谓贬。比喻境况再差也不过像现在这样。

【较场坝的土地——管得宽】jiao^{213}cang^{21}ba^{213}ne^{55}tu^{53}di^{213}——guan^{53}de^{21}kuan^{55}较场坝，即较场。较场很宽敞，所以说“管得宽”。运用中指多管闲事：该管你也管，不该管你也管，硬是~。

【久走夜路总要撞倒鬼】jiu^{53}zou^{53}ye^{213}nu^{213}zong^{53}yao^{213}cuang^{53}dao^{53}gui^{53}撞倒，碰到。比喻久做坏事者终究要倒霉：~，他不会有好果子吃的。

【卷起舌头说黄话】juan^{53}qi^{53}se^{21}tou$^{21/55}$so^{21}huang^{21}hua^{213}形容故意说不合事实的话。

【砍了树子免得老鸹叫】kan^{53}no^{21}su^{213}zi^{53}mian^{53}de^{21}nao^{53}wa$^{21/55}$jiao^{213}老鸹，乌鸦。有了树常引来老鸹歇息、做窝。比喻从根本上去除引人觊觎的东西：~，干脆把这个职位撤了，省得大家都来争。

【看倒稀饭化成水】kan^{213}dao^{53}xi^{55}fan^{213}hua^{213}cen^{21}sui^{53}比喻眼看着到手的利益落空而无可奈何。

【扣鼻胛屎吃】kou^{55}bi^{21}jia^{21}si^{53}ci^{21}鼻胛屎，鼻屎。形容人极其吝啬。

【口里蜜蜜甜，心头锯锯镰】kou^{53}ni^{53}min^{55}min^{55}tian^{21}，xin^{55}tou^{21}ju^{213}ju$^{213-55}$nian^{21}锯锯镰，有锯齿的镰刀。犹如说“口蜜腹剑”。

【口袋头装茄子——叽叽咕咕】kou^{53}dai^{213}tou^{21}zuang^{55}qie^{21}zi^{53}——ji^{55}ji^{55}gu^{55}gu^{55}口袋里装上茄子，

一动就叽咕作响。指小声嘀咕，也指互相闹意见：有话拿到桌面上说，不要在下面～的。

【麻绳子偏往细处断】ma^{21} sun^{21} zi^{53} pian^{55} wang^{53} xi^{213} cu^{213} duan^{213} 比喻最担心出问题的地方偏偏出问题。

【卖灰面的见不得卖石灰的】mai^{213} hui^{55} mian^{213} ne^{55} jian^{213} bu^{21} de^{21} mai^{213} si^{21} hui^{55} ne^{55} 灰面，面粉。卖面粉的误以为卖石灰的也是在卖面粉，同他竞争，所以“见不得”。比喻同行间互相嫉妒，猜忌。

【卖灰面遇倒旋头风】mai^{213} hui^{55} mian^{213} yu^{213} dao^{513} xuan^{213} tou^{21} fong^{55} 遇倒，碰到。旋头风，旋风。《封神演义》说，姜子牙时运不济时，做事总是倒霉，卖面粉偏偏遇上刮旋风。比喻运气不好。

【猫$_{儿}$扳甑子——替狗赶膳】maor^{55} ban^{55} zen^{213} zi^{53}——ti^{213} gou^{53} gan^{53} san^{213} 猫扳倒甑子，原本为了替自己找吃的，谁知反被狗吃了。比喻自己出了力，成果反被别人占：我们想方设法弄来的钱，拿给他们去用，那不是～了？

【猫$_{儿}$抓糍粑——脱不倒爪爪】maor^{55} zua^{55} ci^{21} ba^{55}——to^{21} bu^{21} dao^{53} zao^{53} zao$^{53-21}$ 爪爪，爪子。字面指糍粑很黏，猫爪子如果抓上了，就很难弄掉，比喻脱不了干系：他干的坏事，证据凿凿，～了。

【茅坑里的石头——又臭又硬】mao^{21} ken^{55} ni^{53} ne^{55} si^{21} tou$^{21/55}$——you^{213} cou^{213} you^{213} ngen^{213} 指固执得令人生厌。

【茅厕坎撊铺——离屎不远】mao^{21} si^{53} kan^{53} ba^{213} pu^{213}——ni^{21} si^{53} bu^{21} yuan^{53} 茅厕坎，茅坑边。撊铺，铺床。屎谐“死”，离屎不远，即离死不远：那鬼子挨了这一刀，怕是～。

【霉得起冬瓜灰】mei^{21} de^{21} qi^{53} dong^{55} gua^{55} hui^{55} 冬瓜灰，字面上指冬瓜成熟后表面的白粉，因其形状像霉，所以运用中指霉，谐“倒霉”或“糊涂”的“霉”，形容倒霉到极点或糊涂到极点：我一连掉了两个手机，硬是～。

【篾匠的货——编的】mie^{21} jiang^{213} ne^{55} ho^{213}——bian^{55} ne^{55} 编，字面指编织，运用时指编造，即无中生有。

【磨子上睡觉——响转了】mo^{213} zi^{53} sang^{213} sui^{53} jiao^{213}——xiang^{53} zuan^{213} no^{21} 响转了，字面上指磨子推动起来又响又转，运用中指想通了。

【腊肉骨头——有咸味，没啃头】na^{21} rou^{213} gu^{21} tou$^{21/55}$——you^{53} han^{21} wei^{213}，mo^{21} ken^{53} tou^{21} 比喻没有多大实际价值。

【哪个虫下哪个蛋，哪个窑烧哪个罐】na^{53} go^{213} cong^{21} xia^{213} na^{53} go^{213} dan^{213}，na^{53} go^{213} yao^{21} sao^{55} na^{53} go^{213} guan^{213} 意思是有什么样的父母、家庭，就有什么样的子女。

【哪里黑，哪里歇】na^{53} ni^{53} he^{21}，na^{53} ni^{53} xie^{21} 走到哪里天黑了，就在哪里住宿。比喻办事无计划，随意行事：你要有长计划，短安排，不要～。

【哪里见倒哪里发财】na^{53} ni^{53} jian^{213} dao^{53}，na^{53} ni^{53} fa^{21} cai^{21} 发财，指采取某种行动。意为不分场合，只要有机会，就对某人采取某种行为。

【癞疙宝变的——夺一下，跳一下】nai^{213} ge^{21} bao^{53} bian^{213} ne^{55}——do^{21} yi^{21} ha^{213}，tiao^{213} yi^{21} ha^{213} 癞疙宝，癞蛤蟆。夺，戳。癞蛤蟆行动迟缓，见人也不立即避去，往往戳一下才跳一下，比喻做事不主动，需人不断督促。

【癞疙宝坐圈椅——该得麻哥玩格】nai^{213} ge^{21} bao^{53} zo^{213} quan^{55} yi^{53}——gai^{55} de^{21} ma^{21} go^{55} wan^{21} ge^{21} 圈椅，过去是高档家具，能坐圈椅是一种享受，所以说玩格。麻哥，字面指癞蛤蟆，因其身体表面有许多疙瘩。该得麻哥玩格，指应该某人享受，含贬义：他有钱，该住别墅，～嘛。

【懒牛懒马屎尿多】nan^{53}gniu^{21}nan^{53}ma^{53}si^{53}gniu^{213}do^{55}骂人借解便偷懒。

【老孃儿吃腊肉——横起扯】nao^{53}gniangr^{55}ci^{21}na^{21}rou^{213}——huan^{21}qi^{53}ce^{53}老太婆牙齿不好，咬不动腊肉，只好用牙横着扯。借指①故意把话扯到一边：你咋个～？我们说东，你说西。②耍横：你要讲道理，不要～。

【冷水烫猪——不来气】nen^{53}sui^{53}tang^{213}zu^{55}——bu^{21}nai^{21}qi^{213}烫猪，宰猪以后用开水浇烫，以便去毛。不来气，指没有反应，或不予搭理：我找他谈了半天，他还是～。

【离了红萝卜不成席】ni^{21}no^{21}hong^{21}no^{21}bu^{213}bu^{21}cen^{21}xi^{21}红萝卜，胡萝卜。反话，因红萝卜是普通蔬菜，不会因离它而不成宴席。常用于反诘或否定式：他不答应就算了，他以为～嗦？

【刘备的江山——哭出来的】Niu^{21}Bi^{213}ne^{55}jiang^{55}san^{55}——ku^{21}cu^{21}nai^{21}ne^{55}《三国演义》上写刘备打了败仗，总要流泪自责，所以有此说法。指人以哭为手段达到目的。

【刘备的兄弟——红黑都是对的】Niu^{21}Bi^{213}ne^{55}xiong^{55}di^{213}——hong^{21}he^{21}dou^{55}si^{213}dui^{213}ne^{55}红黑，字面上指刘备的兄弟关羽、张飞一个是红脸，一个是黑脸，实际是无论怎么的意思。对的，指相处很好，感情融洽。《三国演义》写不管刘备境遇如何，关、张都很讲义气，一心协助刘备，所以说"红黑都是对的"。运用中①指患难之交：我们两兄弟同舟共济，患难与共，人家都说我们是～。②红黑，指无论如何，横竖：他咋个说都有道理，硬～。

【聋子的耳朵——摆设】nong^{55}zi^{53}ne^{55}er^{53}do^{55}——bai^{53}se^{21}比喻徒具形式，没有实用价值的东西：他说这个副职是～。

【六月间的鸡蛋——醒的】nu^{21}yue^{21}jian^{55}ne^{55}ji^{55}dan^{213}——xin^{53}ne^{55}字面指旧历六月天气炎热，鸡蛋变质了，运用中"醒"谐不严肃，不认真的"醒"：他是～，他的话你不要都信。

【六月间的包谷——抹不脱】nu^{21}yue^{21}jian^{55}ne^{55}bao^{55}gu^{21}——ma^{21}bu^{21}to^{21}抹，指用手脱粒。抹不脱，字面指玉米尚未成熟，不易把玉米粒抹下来，运用中指脱不了干系：你整拐了又不认帐，办不到，～！

【六月间生的——没把脚手包好】nu^{21}yue^{21}jian^{55}sen^{55}ne^{55}——mei^{55}ba^{53}juo^{21}sou^{53}bao^{55}hao^{53}没把脚手包好，字面指六月间生的婴儿，因天热未能像四川农村的习惯，将其手脚包裹严实，运用中指手脚不干净，爱小偷小摸：是哪个～，这么点小东西都要偷。

【泡儿都没□一个】paor^{213}dou^{55}mei^{55}cu^{55}yi^{21}go^{213} □cu^{55}，指冒（泡儿），象声词，象冒泡儿的声音。比喻毫无动静，毫无影响：花了那么大一笔钱去开后门，结果～。

【屁股上有巴巴】pi^{213}gu^{53}sang^{213}you^{53}ba^{53}ba$^{53-21}$巴巴，屎，儿语。比喻有可被人利用的把柄：你～，咋个说得起硬话嘛。｜我又不是～，不怕他整我。

【人不宜好，狗不宜饱】ren^{21}bu^{21}gni^{21}hao^{53}，gou^{53}bu^{21}gni^{21}bao^{53}不宜给人以好的生活条件，免得他不珍惜；不宜让狗吃饱，免得它不好好看家。骂人不知珍惜某种条件。

【人多不洗碗，鸭多不捡蛋】ren^{21}do^{55}bu^{21}xi^{53}wan^{53}，ya^{21}do^{55}bu^{21}jian^{53}dan^{213}捡蛋，生蛋。指人多了容易互相观望，不主动做事：一到周末，大家都回家来了，但连地都没人扫了，真是～。

【人多好种田，人少好过年】ren^{21}do^{55}hao^{53}zong^{213}tian^{21}，ren^{21}sao^{53}hao^{53}go^{213}gnian^{21}人多就劳动力多，所以说好种田；人少筹办年货就少费财力、人力，所以说好过年。

【人看从小，马看蹄爪】ren^{21}kan^{213}cong^{21}xiao^{53}，ma^{53}kan^{213}ti^{21}zao^{53}一个人是否有出息，看他小时候就知道了；一匹马是否会跑路，看它的蹄子就知道了。常用来推断小孩儿长大后是否有出息。

【人是桩桩，全靠衣裳】ren^{21}si^{213}zuang^{55}zuang^{55}，quan^{21}kao^{213}yi^{55}sang$^{21/55}$人好比桩子，全靠衣服打

扮、装饰。常用以形容人穿上漂亮服装就好看了。

【人心隔肚皮】ren^{21} xin^{55} ge^{21} du^{213} pi^{21} 肚皮，肚子。指人心难测。

【如来讲经——佛说】Ru^{21} nai^{21} jiang^{53} jin^{55}——Fu^{21} so^{21} 四川方言里“佛、胡”同音，佛说，谐“胡说”。

【三六九赶场——看人】san^{55} nu^{21} jiu^{53} gan^{53} cang^{21}——kan^{213} ren^{21} 赶场，赶集。三六九，泛指赶集的日子。四川农村通常是三天一赶集，即总是逢一、四、七或二、五、八或三、六、九才赶集。看人，字面上指看赶集的人，运用中指看人说话，即根据亲疏贵贱分别对待，不一视同仁。

【三十晚上看皇历——没得日子了】san^{55} si^{21} wan^{53} sang^{53} kan^{213} huang^{21} ni^{21}——mo^{21} de^{21} ri^{21} zi^{53} no^{21} 年三十晚上才查看皇历，挑黄道吉日，自然是没有可挑的日子了。比喻时间紧迫：过两天就要考试了，你才来复习功课，~。

【三十晚上的案板——不得空】san^{55} si^{21} wan^{53} sang^{53} ne^{55} ngan^{213} ban^{53}——bu^{21} de^{21} kong^{213} 年三十晚上的案板，正忙着做年夜饭，所以没空。指没有空闲。

【三张纸画个人脑壳——好大的脸面】san^{55} zang^{55} zi^{53} hua^{213} go^{213} ren^{21} nao^{53} ko^{21}——hao^{53} da^{213} ne^{55} nian^{53} mian^{213} 脸面，字面上指人脸，运用中指“爱面子”的“面子”。好大的脸面，即好大的面子，多用作反语。

【艄公多了打烂船】sao^{55} gong^{55} do^{55} no^{21} da^{53} nan^{213} cuan^{21} 比喻人多了意见不容易集中，不容易服从统一指挥，所以不容易办好事情。

【十处打锣九处在】si^{21} cu^{213} da^{53} no^{21} jiu^{53} cu^{213} zai^{213} 比喻凡出事的地方往往有某人在。常形容人爱惹是生非：他太爱惹事了，~。

【十个说客，抵不倒一个夺客】si^{21} go^{213} so^{21} ke^{21}，di^{53} bu^{21} dao^{53} yi^{21} go^{213} do^{21} ke^{21} 十个来说合的人，抵不了一个来拆台的人。

【屎胀了挖茅厕】si^{53} zang^{213} no^{21} wa^{55} mao^{21} si^{53} 比喻临渴掘井。

【死鱼鳅也有饿老鸹来啄】si^{53} yu^{21} qiu^{55} ye^{53} you^{53} o^{213} nao^{53} wa$^{21/55}$ nai^{21} zua^{21} 鱼鳅，泛指鱼。①比喻再丑、再嫁不出去的女子也有人娶。②比喻再差的货物也有急需该物的人来买。

【说得轻巧，挠根灯草】so^{21} de^{21} qin^{55} qiao^{53}，nao^{53} gen^{55} din^{55} cao^{53} 挠，扛。形容说得太轻松，与实际不符：“依我说，这事好办得很。”“你~。”

【说得凶，捞垮松】so^{21} de^{21} xiong^{55}，nao^{55} kua^{53} song^{55} 凶，厉害。捞垮松，极稀松。指声势造得很大，说得厉害，其实稀松：哪回不是~，过几天提都不提了？

【说的风吹过，打的才是货】so^{21} ne^{55} fong^{55} cui^{55} go^{213}，da^{53} ne^{55} cai^{21} si^{213} ho^{213} 说的话不过像风吹过一样就没有了，打的伤才是实实在在的。意思是光挨骂还不要紧，常用来宽解挨了骂的人。

【说起风，就是雨】so^{21} qi^{53} fong^{55}，jiu^{213} si^{213} yu^{53} 才说起要做某事，就像真要做某事一样行动。形容太过着急，太过认真：才说抽个时间进城，你就去发动车子了，真是~。

【书读到牛屁股头去了】su^{55} du^{21} dao^{213} gniu^{21} pi^{213} gu^{53} tou^{21} qie^{213} no^{21} 骂人读书越读越蠢，不懂规矩：你咋个骂长辈呢？枉自读了那么多书！你简直~。

【顺倒毛毛抹】sun^{213} dao^{53} mao^{21} mao$^{21-55}$ ma^{53} 顺着某人心意、脾气说话或做事。

【歪竹子生正笋子】wai^{55} zu^{21} zi^{53} sen^{55} zen^{213} sen^{53} zi^{53} 比喻不好的出身或在不好的环境中也能产生好人。

【歪嘴婆娘照镜子——当面丢底】wai^{55} zui^{53} po^{21} gniang^{55} zao^{213} jin^{213} zi^{53}——dang^{55} mian^{213} diu^{55} di^{53} 婆娘，泛指已婚妇女。比喻当面丢丑或露馅。

【外头绷面子，屋头搅糨子】wai^{213} tou$^{21/55}$ pong^{55} mian^{213} zi^{53}，wu^{21} tou$^{21/55}$ kao^{21} jiang^{213} zi^{53} 屋头，屋里。糨子，这里指粥类食物。过去，以粥类充饥，是穷人的生活。讥笑人硬撑面子，外面搞得体面，家里生活却很差。

【王大娘的皮蛋——说变就变】Wang^{21} da^{213} gniang^{21} ne^{55} pi^{21} dan^{213}——so^{21} bian^{213} jiu^{213} bian^{213} 形容变化无常：刚才不是说好了的吗？你咋个像～啰？

【乌龟有肉在肚皮头】wu^{55} gui^{55} you^{53} rou^{213} zai^{213} du^{213} pi^{21} tou^{21} 肚皮头，肚子里。比喻聪明才智或心计藏而不露。

【瞎子打婆娘——丢不得手】xia^{21} zi^{53} da^{53} po^{21} gniang^{55}——diu^{55} bu^{21} de^{21} sou^{53} 瞎子打老婆，丢了手，就打不着了。比喻事情丢不开，或不能放开不管。

【香香棍儿搭桥——难过】xiang^{55} xiang^{55} gunr^{213} da^{21} qiao^{21}——nan^{21} go^{213} 香香棍儿，指做香的细小竹签儿。难过，字面上指行人难以过去，运用中指难以过活或难受。

【心头有个打米碗】xin^{55} tou^{21} you^{53} go^{213} da^{53} mi^{53} wan^{53} 比喻心中有数。

【一根肠子通屁股】yi^{21} gen^{55} cang^{21} zi^{53} tong^{55} pi^{213} gu^{53} 比喻心性耿直：他是个直性子人，～，很好打交道。

【一个螺蛳打十二碗汤】yi^{21} go^{213} no^{21} si^{55} da^{53} si^{21} er^{213} wan^{53} tang^{55} 比喻只图数量多，不管质量如何。

【一篙竿打一船人】yi^{21} hao^{21} gan^{55} da^{53} yi^{21} cuan^{21} ren^{21} 篙竿，撑船的竹竿或木杆。比喻说话不当，伤及众人：你莫～，我们几个就是规规矩矩的人。

【一抹不梗手】yi^{21} ma^{21} bu^{21} ngen^{53} sou^{53} 梗，硌。比喻毫无阻碍：他有了权以后，办起事来～。

【一挑砂罐儿滚下崖——没得一个好的】yi^{21} tiao^{55} sa^{55} guanr^{213} gun^{53} xia^{213} ngai^{21}——mo^{21} de$^{21/55}$ yi^{21} go^{213} hao^{53} ne^{55} 字面指砂罐儿滚下山崖，全都摔坏了，运用中比喻没有一个好人：那伙人是～。

【月亮坝耍刀——明砍】yue^{21} niang^{213} ba^{213} sua^{53} dao^{55}——min^{21} kan^{53} 明砍，字面上指在明处砍，运用中指明说，即打开窗子说亮话的意思。

【找不倒地方擦痒】zao^{53} bu^{21} dao^{53} di^{213} fang^{55} ca^{21} yang^{53} 擦痒，指牛、猪等皮肤发痒时找地方摩擦皮肤以止痒。骂人随便找人发泄怒气：你不要惹他，他正～呢。

【在生不吃死了吃，死了含口龅牙齿】zai^{213} sen^{55} bu^{21} ci^{53} si^{53} no^{21} ci^{21}，si^{53} no^{21} han^{21} kou^{53} bao^{213} ya^{21} ci^{21} 指该吃的在生就吃，不然，死了就空有一副牙齿，想吃也吃不了。泛指该享受的，在生就享受。

【正做不做，豆腐坌醋】zen^{213} zu^{213} bu^{21} zu^{213}，dou^{213} fu^{53} ben^{213} cu^{213} 坌，蘸。用豆腐做菜通常不放醋，借指正该做的事情不做，不该做的偏要做。

【这儿不生肌，那儿不告口】zer^{213} bu^{21} sen^{55} ji^{55}，nar^{213} bu^{21} gao^{213} kou^{53} 告口，指伤口或疮愈合；生肌，长出肌肉。①比喻身体到处都不对劲儿：这几天我胃病翻了，又得了重感冒，～。②比喻机器到处出毛病：这车子修了好几次，还是～，干脆淘汰了算了。③比喻到处出问题：厂子里总是～，生产咋个上得去嘛。

【自己的稀饭都吹不冷】zi^{213} ji^{53} ne^{55} xi^{55} fan^{213} dou^{55} cui^{55} bu^{21} nen^{53} 比喻自己的事情都弄不好。多用来提醒人家少管别人的闲事或说明自己无力管别人的事：～，你还去管人家的事。|我～，哪有精力管别人的事哟。

附录二 四川境内汉语方言研究文献索引

说明：

1. 文献著录时限为1949年至2005年，早于此时限的文献参见正文第七章。

2. 文献按20世纪50年代至60年代、20世纪70年代至80年代、20世纪90年代至2005年三个阶段排列，与正文第七章的分期一致。

3. 同一阶段内的文献，先排著作，后排论文；具体论著按作者姓名的音序排列。第三阶段论文较多，按语音、词汇、语法等分类排列，再按作者姓名的音序排列，以便检索。

4. 研究生学位论文排列在相关部分后面，由于未公开发表，可能有遗漏。

一、西南官话

（一）20世纪50—60年代

1. 北京大学中国语言文学系语言学教研室．汉语方音字汇．北京：文字改革出版社，1962.

2. 北京大学中国语言文学系语言学教研室．汉语方言词汇．北京：文字改革出版社，1964.

3. 李运益，苏运中．四川人怎样学习普通话．重庆：重庆人民出版社，1956.

4. 袁家骅等．汉语方言概要．北京：语文出版社，2001.

5. 陈绍龄，郝锡炯．峨眉音系．四川大学学报，1959（1）.

6. 曹德明．四川话的“阴”．中国语文，1962（1）.

7. 范继淹．重庆方言名词的重叠和儿化．中国语文，1962（12）.

8. 范继淹．重庆方言表动量的“下儿”和表时量的“下儿”．中国语文，1965（6）.

9. 李　龄．四川邛崃话里的后加成分“儿”和“儿子”．中国语文，1959（1）.

10. 彭　湃．四川奉节方言分类词汇．方言与普通话集刊·7．北京：文字改革出版社，1959.

11. 沈子平．读《四川方言音系》．中国语文，1961（9）.

12. 四川大学方言工作组．四川方言音系．四川大学学报，1960（3）.

13. 田　元．四川犍乐方音和北京语音．//方言与普通话集刊·3．北京：文字改革出版社，1958.

14. 甄尚灵．成都语音的初步研究．四川大学学报，1958（1）.

（二）20世纪70—80年代

15. 梁德曼．四川方言与普通话．成都：四川人民出版社，1982.

16. 罗韵希．成都话方言词典．成都：四川省社会科学院出版社，1987.

17. 缪树晟．四川方言词语汇释．重庆：重庆出版社，1989.

18. 王文虎，张一舟，周家筠．四川方言词典．成都：四川人民出版社，1987.
19. 张慎仪．续方言新校补方言别录蜀方言．张永言点校．成都：四川人民出版社，1987.
20. 巴　言．重庆方言既说“啥人”又说“哪个”．中国语文，1984（6）.
21. 陈若愚．内江话语音的几个问题．内江师范学院学报，1988（2）.
22. 崔荣昌．编地方志中有关方言志的几个问题．文史杂志，1986（3）.
23. 崔荣昌．四川方言的形成．方言，1985（1）.
24. 崔荣昌．四川方言的类别．文史杂志，1987（1）.
25. 丁隆永．自贡卷舌音源流．四川理工学院学报，1987（1）.
26. 范继淹．重庆方言“下”字的分化．方言，1979（2）.
27. 郝锡炯，胡淑礼．关于四川方言的语音分区问题．四川大学学报，1985（2）.
28. 郝锡炯．从古入声的演变谈根据四川方言辨认古入声字．四川师范学院学报，1980（3）.
29. 黄雪贞．西南官话的分区（稿）．方言，1986（3）.
30. 江　一．南充市方言记略——语音部分．西华师范大学学报，1989（1）.
31. 冷玉龙．成都话名词重叠式研究．西华师范大学学报，1987（2）.
32. 李　岗．论现代成都方言中的《广韵》影母字．西南师范大学学报，1988（1）.
33. 李国正．四川话儿化词问题初探．中国语文，1986（5）.
34. 李国正．四川话流、蟹两摄读鼻音尾字的分析．中国语文，1984（6）.
35. 梁德曼．四川省渡口市方言的现状和未来．方言，1985（3）.
36. 梁德曼．成都方言名词的重叠式．方言，1987（2）.
37. 林昭德．诗词曲中四川方言例释（一）．西南师范学院学报，1979（1）.
38. 林昭德．诗词曲中四川方言例释（二）．西南师范学院学报，1981（1）.
39. 刘自力．仁寿方言名词的重叠式．方言，1987（2）.
40. 龙　晦．大足石刻韵文与四川方音．四川文物，1986（S1）.
41. 鲁国尧．宋代苏轼等四川词人用韵考．//语言学论丛．第八辑．北京：商务印书馆，1981.
42. 罗韵希．四川方言中保留的古语，南充师院学报，1987（2）.
43. 罗宪华，经本植．《说文解字注》与四川的方言和名物．四川大学学报，1982（3）.
44. 吕志新．自贡话的重叠式构词．自贡师范高等专科学校学报，1989（4）.
45. 彭永昭．重庆方言中的几个语气词．重庆师范大学学报，1988（2）.
46. 钱玉趾．古蜀地存在过拼音文字．四川文物，1988（6）.
47. 田懋勤．四川话的“安逸”．方言，1980（4）.
48. 田懋勤．四川话的“倒”和“起”．西南民族学院学报，1983（4）.
49. 汪坤玉，梁德曼．四川西南部彝族使用汉语的历史和现状．南充师院学报，1988（1）.
50. 吴雨时．社会语言学和成都话中的有关问题举隅．文史杂志，1989（2）.
51. 杨时逢．四川方言中的几个常用的语汇．台北：“中央研究院”历史语言研究所集刊（53）．1982.
52. 杨时逢．四川方言调查报告．台北：“中央研究院”历史语言研究所，1984.
53. 杨时逢．李庄方言记．台北：“中央研究院”历史语言研究所，1987.

54．杨欣安．四川方言语法初探．西南师范学院学报，1984（增刊）．

55．余　纪．重庆方言中的“嘿”“惨”“只有恁个了”．西南师范学院学报，1984（2）．

56．喻遂生．重庆话的附缀形容词．语言学论丛第九辑．北京：北京大学出版社，1982．

57．张健康．谈简阳方言“把 nv 了它”．西华大学学报，1988（3）．

58．张清源．成都话中的语气助词“得（在嘞）”．四川大学学报丛刊·汉语论丛，1984（22）．

59．张一舟．四川话口语几个常用虚词的用法．四川大学学报，1983（1）．

60．张一舟．垫江话的连读变调．四川大学学报丛刊·汉语论丛，1984（22）．

61．张一舟．从中兴话古全浊声母字的读音看全浊声母的演变．四川大学学报丛刊·汉语论丛，1987（1）．

62．张永言．简论《续方言新校补》、《方言别录》和《蜀方言》．四川大学学报丛刊·汉语论丛，1984（22）．

63．赵振铎．《广韵》音系和成都话．四川大学学报丛刊·汉语论丛，1984（22）．

64．甄尚灵．遂宁方言里的“有”和“没有”．方言，1981（3）．

65．甄尚灵．四川方言代词初探．方言，1983（1）．

66．甄尚灵．四川方言的鼻尾韵．方言，1983（4）．

67．甄尚灵．遂宁方言形容词的生动形式．方言，1984（1）．

68．甄尚灵．《西蜀方言》与成都语音．方言，1988（3）．

69．甄尚灵．四川方言代词二事．四川大学学报丛刊·汉语论丛，1984（22）．

70．郑有仪．北京话和成都话、重庆话的儿化比较．重庆师范学院学报，1987（2）．

71．郑有仪．四川话的几种句法结构．重庆师范大学学报，1989（2）．

72．周家筠．成都口语语法二则．四川大学学报丛刊·汉语论丛，1984（22）．

73．周家筠．成都话的“得”．四川大学学报，1983（1）．

74．周家筠．成都口语语法二则．四川大学学报丛刊·汉语论丛，1984（22）．

（三）20 世纪 90 年代—2005 年

语音

75．坂井健一，王昌平．《蜀语》声类之研究．四川职业技术学院学报，1991（2）．

76．曹晋英．西昌方言语音．西南民族大学学报，2004（11）．

77．陈　娟．薛涛、鱼玄机诗用韵概况．淮北煤炭师范学院学报，2003（4）．

78．陈若愚．四川内江话韵母的几个问题．内江师范学院学报，2003（3）．

79．崔荣昌，宋伶俐．普通话对成都话语音的影响．语文建设，1999（6）．

80．丁治民．宋代川籍诗人用韵中的歌豪通押新证．语文研究，2005（1）．

81．郭　莉．花蕊夫人诗用韵考．四川师范学院学报，2003（3）．

82．何永斌，彭德惠，邹吉辉．攀枝花市农村县区现代汉语方音研究．攀枝花学院学报，2002（4）．

83．何永斌，彭德惠，邹吉辉．攀枝花市城区现代汉语方音研究．攀枝花大学学报，2002（1）．

84．黄尚军．《蜀语》所反映的明代四川方音的两个特征．方言，1995（4）．

85．金　勇．四川合江话韵母 -n、-ŋ 尾的来源．宜宾学院学报，2004（1）．

86．柯蔚南著，韩子京，郭建荣译．西汉蜀语的韵母演变．//语言学论文集．太原：山西人民出版社，1990.

87. 赖先刚. 谈谈乐山方言语音的偏移. 天府新论，2004（6）.

88. 赖先刚，张静. 乐山人的气质与相应的方言语音因素. 乐山师范学院学报，2002（5）.

89. 兰玉英. 简析汉字声母在四川方言中的歧异读音. 西南民族学院学报，2001（7）.

90. 兰玉英. 释四川方言的一些例外字. 北京化工大学学报，2002（4）.

91. 李文泽. 史炤《资治通鉴释文》与宋代四川方音. 四川大学学报，2000（4）.

92. 廖 庆. 成都话延长词重音现象研究. 德阳教育学院学报，2005（3）.

93. 林 晔. 四川方言区普通话学习中的声调问题. 四川师范大学学报，1999（3）.

94. 刘晓南，罗雪梅. 宋代四川诗人用韵及宋代通语音变若干问题. 四川大学学报，2004（6）.

95. 罗立方. 陈子昂诗歌用韵考. 四川师范学院学报，2002（6）.

96. 马川冬，谭伦华. 四川方言音系与英语音系的初步比较研究. 四川师范学院学报，1998（3）.

97. 彭德惠，何永斌. 攀枝花市现行汉语语音特点探析. 西南民族大学学报，2003（12）.

98. 彭金祥. 大邑方言音系. 达州师范高等专科学校学报，2004（6）.

99. 彭金祥. 四川方音在宋代以后的发展. 乐山师范学院学报，2006（3）.

100. 彭金祥，黎昌友. 两汉西蜀方言的韵部音值. 西华大学学报，2005（5）.

101. 钱 毅. 潼川府路诗韵的阴入通押现象分析. 南华大学学报，2005（4）.

102. 钱 毅. 宋代潼川诗韵特殊韵字分析. 邵阳学院学报，2005（2）.

103. 钱毅. 宋代潼川诗韵中阳声韵尾的混押及其语音性质. 广西社会科学，2005（11）.

104. 唐作藩. 苏轼诗韵考. //王力先生纪念论文集，北京：商务印书馆，1990.

105. 谭伦华. 四川（平昌）方言的连读变调. 西南民族学院学报，1998（3）.

106. 汪坤玉. 从南充方言语音看古今音变的规律性. 西华师范大学学报，1993（1）.

107. 王春林. 西充方言中的安徽语音成分探源. 重庆三峡学院学报，2000（4）.

108. 王春玲. 西充人学普通话的难点音分析. 四川教育学院学报，2004（3）.

109. 王蜀苏. 从普通话诊断看四川方言区的韵母难点——论普通话韵母 e［ɤ］、uo［uo］在川话中的对应. 西华大学学报，2005（4）.

110. 王文虎. 四川口音普通话的语音特征. 四川大学学报，1994（3）.

111. 魏 功. 如何由四川话的读音去推出普通话的声调. 语文知识，1996（7）.

112. 夏中易. 近四十年成都话语音变动现象考论. 成都大学学报，2002（4）.

113. 萧玲玲. 自贡方言音系. 四川大学学报，1995（4）.

114. 肖娅曼. 关于成都话舌尖后音声母的调查. 四川大学学报，1999（6）.

115. 肖娅曼. 四川方言志语音编写中存在的问题. 西南民族学院学报，2002（S4）.

116. 杨 梅，崔荣昌. 成都话例外字音析释. 成都大学学报，1998（4）.

117. 杨绍林. 彭县方音辨正. 西华大学学报，1992（1）.

118. 杨绍林. 彭州话入声字分析. 四川师范大学学报，1994（4）.

119. 杨绍林. 成都话与普通话儿化韵发音之比较——兼论普通话水平测试中儿化韵读音正误的判定. 成都师专学报，2002（1）.

120. 喻遂生. 重庆方言的“倒”和“起”. 方言，1990（3）.

121. 袁 苹．论四川郫县方音中的存古倾向．西华大学学报，2005（5）．

122. 张 磊．四川方言“儿化”研究．四川大学对外汉语教学中心王文虎主编对外汉语教学论丛（第一辑）．成都：四川大学出版社，1998．

123. 赵振铎，黄峰．扬雄《方言》里的秦晋陇冀梁益方言．四川大学学报，1998（3）．

124. 周及徐．巴蜀方言中“虽遂”等字的读音及历史演变．中华文化论坛，2005（4）．

125. 周及徐．20 世纪成都话音变研究——成都话在普通话影响下的语音变化及规律．四川师范大学学报，2001（4）．

词汇

126. 非 文．川渝口头禅．成都：西南财经大学出版社，2000．

127. 蒋宗福．四川方言词语考释．成都：巴蜀书社，2002．

128. 梁德曼，黄尚军．成都：成都方言词典．江苏教育出版社，1998．

129. 杨武能，邱沛篁．成都：成都大词典．四川辞书出版社，1995．

130. 查中林．成都：四川方言词和汉语同族词研究．巴蜀书社，2002．

131. 陈正平．巴渠民间谚语、歇后语、谜语．达州师范高等专科学校学报，2001（4）．

132. 邓应章．《跻春台》婚嫁丧葬类方言词语续考．西华大学学报，2005（3）．

133. 董志翘．四川方言中的“老几”“几娘”．方言，2000（1）．

134. 郝志伦．巴渠方言俚俗词考释．达州师范高等专科学校学报，2001（1）．

135. 郝志伦．巴蜀俚语“魃头”及相关语词的文化考释．达州师范高等专科学校学报，2003（1）．

136. 胡继明．巴蜀方言词源举隅．宜宾学院学报，2003（2）．

137. 黄尚军．四川话部分词语本字考．四川大学学报丛刊（70）．语言学论集．1995．

138. 黄尚军．四川话民俗词语举例．方言，1998（11）．

139. 黄泽佩．《女神》中的方言词语．阅读与写作，1994（2）．

140. 黄泽佩．《女神》中的方言词语补漏．阅读与写作，1994（6）．

141. 黄泽佩．《女神》中的乐山方言词语．郭沫若学刊，1997（4）．

142. 李 怡．从文化的角度看现代四川文学中的方言．西南民族学院学报，1998（2）．

143. 刘瑞明．成都方言词的隐实示虚．成都大学学报，2002（4）．

144. 毛远明．四川方言词语杂释——兼及方言词语的文学记录．乐山师范学院学报，2001（2）．

145. 毛远明．释四川方言词“老革”．方言，2001（3）．

146. 任瑚琏．由广安话“在行”的意义说起．西南民族大学学报，2003（8）．

147. 任志萍．四川方言中的类成语短语分析．乐山师范学院学报，2001（2）．

148. 宋子然．四川方言词义考释．四川师范大学学报，2000（6）．

149. 谭伦华．达州方言词语记略（一）．达州师范高等专科学校学报，2001（1）．

150. 谭伦华．四川平昌方言的亲属称谓．西南民族学院学报，2001（S2）．

151. 谭永康．四川方言电视剧中人物对白字幕的方言词语处理．四川戏剧，2007（1）．

152. 王南冰．四川方言中“不存在”的语用意义．西华师范大学学报，2005（1）．

153. 王启涛．四川方言的佛教语词拾零．文史杂志，2001（3）．

154. 王启涛. 司马相如赋与四川方言. 四川师范大学学报，2005（2）.
155. 王松柏. 浅析部分四川方言词语的民俗语源. 达州师范高等专科学校学报，2000（3）.
156. 文 洁. 成都话与普通话及各方言词汇的比较. 华中师范大学学报，1996（2）.
157. 鲜于煌. 四川方言词“乡坝佬”考释. 古汉语研究，2002（3）.
158. 徐适端. 四川方言“窑裤”“幺台”考——兼及方言文化的传承保留作用. 西南师范大学学报，1997（1）.
159. 杨文全，鲁科颖. 当代成都方言新词汇例释—兼论其造词心理与民间文化意蕴. 西华师范大学学报，2005（5）.
160. 杨小平. 南充方言词语考释. 四川师范大学学报，2001（1）.
161. 杨小平. 四川方言词义考释. 绵阳师范学院学报，2004（3）.
162. 曾德祥.《暴风雨前》中的四川方言词初释. 成都师范高等专科学校学报，1995(1).
163. 曾德祥. 关于几个四川方言词语的本字. 成都师范高等专科学校学报，1994（3）.
164. 张桂英，傅远碧. 四川方言中的言语禁忌. 绵阳师范学院学报，2006（6）.
165. 张俊之. 四川方言形容词古语遗存举隅. 西昌学院学报，2005（3）.
166. 张厉冰. 四川方言中的“苏气”. 文史杂志，2004（2）.
167. 张明军. 浅论郭沫若书面语言中的乐山口语现象. 郭沫若学刊，1998（1）.
168. 张正霞. 释忠县方言特征词“嘴”. 重庆教育学院学报，2003（2）.
169. 郑春汛. 川方言中的“雄起”一词探源. 襄樊学院学报，2004（1）.
170. 周俊勋. 四川方言“起”“展”与词汇史研究. 西南民族大学学报，2003（3）.
171. 周作明，马友平. 四川方言中的“各人”. 重庆社会科学，2006（11）.
172. 邹吉辉，彭德惠，何永斌. 攀枝花市城区现代汉语方言词汇研究. 攀枝花大学学报，2002（2）.
173. 邹吉辉，彭德惠，何永斌. 攀枝花市农村县区现代汉语方言词汇研究. 攀枝花大学学报，2002（3）.

语法·实词

174. 陈家春，李进. 自贡话量词研究. 自贡师范高等专科学校学报，2003（2）.
175. 陈千百. 泸州方言点程度副词. 四川大学学报丛刊（77）. 语言学论集，1995.
176. 邓帮云.“盘”量词用法探究. 乐山师范学院学报，2004（7）.
177. 邓英树. 成都话的BA式形容词. 西南民族学院学报，2002（10）.
178. 干红梅. 浅析四川话中表示程度深的副词”少”. 四川师范大学学报，2003（5）.
179. 胡利权. 内江方言的程度副词“很少”. 内江师范学院学报，2004（3）.
180. 纪国泰. 郫县方言表示形容词程度的几种方式. 成都师范高等专科学校学报，1995（3）.
181. 赖先刚. 四川话中”两个”的特殊用法及所在句式的形成. 乐山师范学院学报，1998（1）.
182. 李梅的. 隆昌方言表示形容词程度的几种方法. 内江师范学院学报，1993（1）.
183. 林 晔. 四川方言与普通话副词关系探析. 电子科技大学学报，2004（3）.
184. 罗韵希. 成都方言程度副词研究. 西华师范大学学报，1990（2）.
185. 彭德惠，何永斌，陈奎彦. 攀枝花方言词类考察. 攀枝花学院学报，2003（5）.

186. 唐 瑛. 武胜方言量词初探. 阿坝师范高等专科学校学报，2001（2）.
187. 武小军. 川北方言“ABB”式叠字摹状与语义例释. 西华大学学报，2005（6）.
188. 徐尚聪. 成都方言形容词的”级”. 贵州民族学院学报，1985（1）.
189. 杨 玲. 成都话动词重叠格式的句法和语义特征. 成都大学学报，2005（2）.
190. 杨绍林. 成都方言ABB式形容词的特点. 方言，1995（1）.
191. 杨绍林. 彭州方言中形容词的生动形式. 西南民族大学学报，2005（6）.
192. 杨绍林. 四川彭州方言副词研究. 西华大学学报，2005（2）.
193. 杨月蓉. 四川方言的三字格重叠式名词. 西南民族大学学报，2003（12）.
194. 袁雪梅. 雅安话中的“起”. 四川师范大学学报增刊，1998.
195. 张俊之，龙小琴，汤永和. 四川方言形容词古语遗存举隅. 西昌学院学报，2005（3）.
196. 张一舟. 谈谈成都话表过去时段的副词”再”的共时特点和历史来源. 西南民族学院学报，2001（12）.
197. 张一舟. 成都话数词的几个语法特点. 西南民族学院学报，2000（12）.
198. 张一舟. 成都话量词的两个语法特点. 西南民族学院学报，2000（9）.
199. 张一舟. 成都话”一＋量词”的省略式使用情况考察. 方言，2001（1）.
200. 张一舟. 成都话主观量范畴的特殊表达形式. 四川大学学报，2001（5）.
201. 周 勤. 简阳方言的程度副词“多”“少”“多少”. 乐山师范学院学报，2001（5）.
202. 朱习文. 遂宁话量词的“A是A”重叠式. 乐山师范学院学报，2001（3）.
203. 祝 崧. 成都方言中名词的加“子”和“儿化”. 文史杂志，2002（3）.

语法·虚词

204. 邓英树. 仁寿话的语气词“哆”和“喔”. 四川师范大学学报，1996（3）.
205. 高廉平. 川北三县市语气词“的”. 四川师范学院学报，2002（1）.
206. 李海霞. 四川方言的被动式和“着”. 西南师范大学学报，1994（1）.
207. 李润生. 苍溪方言中的“嗒”. 乐山师范学院学报，2001（6）.
208. 廖 强. 达州大树乡方言“呱”的用法分析. 达州师范高等专科学校学报，2003（1）.
209. 林 晔. 乐至话中“咯了”与普通话的对应关系. 西南民族学院学报，1999（5）.
210. 彭德惠，何永斌，陈奎彦. 攀枝花方言词形研究. 攀枝花学院学报，2003（1）.
211. 任志萍. 乐山话中的“dai^{13}”和“da^{42}”. 乐山师范学院学报，2003（2）.
212. 鲜丽霞. 成都话中的语气助词“在”. 四川师范大学学报，2002（4）.
213. 杨绍林. 彭州话中的“得”. 成都师范高等专科学校学报，2001（1）.
214. 赵军梅. 成都话含“疼”的一种句法形式. 成都师范高等专科学校学报，1999（3）.

语法·结构

215. 何永斌，彭德惠，陈奎彦. 攀枝花方言句类摭谈. 攀枝花学院学报，2004（3）.
216. 何永斌，彭德惠，陈奎彦. 试论攀枝花方言比较句型探析. 攀枝花学院学报，2006（1）.
217. 赖先刚. 乐山话中的一些句法和语用成分. 乐山师范学院学报，2000（4）.

218. 李海霞. 四川方言的被动式和“着”. 西南师范大学学报, 1994 (1).

219. 马　真. 南充话里的反复问句与“没得”和“没有”. 语言学论丛. 北京：商务印书馆. 第16辑. 1991.

220. 聂敏熙. 四川话的“只有”和含“只有”的一种句法形式. 四川师范大学学报, 1992.

221. 王南冰. 四川方言中“不存在”的语用意义. 西华师范大学学报, 2005 (1).

222. 杨　梅. 成都话中的“AP/VP+很了”句式. 成都大学学报, 2003 (3).

223. 张清源. 成都话的“V起来、V起去”和“V起xy”. 方言, 1998 (2).

224. 张一舟, 张清源, 邓英树. 成都方言语法研究. 成都：巴蜀书社, 2001.

225. 郑剑平. 试论四川方言的“倒X不X/Y”结构. 西昌师范高等专科学校学报, 2003 (2).

226. 郑剑平. 试论四川方言的“V都Vp了”结构. 西昌学院学报, 2005 (1).

227. 郑剑平. 西昌方言的“X把Y”格式. 西昌师范高等专科学校学报, 2003 (3).

228. 郑剑平. 试论西昌方言的“X打X (/Y) + (L)”格式. 西华师范学院学报, 2003 (4).

229. 左福光. 四川宜宾方言的被动句和处置句. 方言, 2005 (4).

综合研究

230. 高廉平. 苍溪方言与普通话, 重庆：西南师范大学出版社, 1993.

231. 赖先刚. 语言研究论稿, 上海：学林出版社, 2005.

232. 赖先刚. 乐山方言, 成都：巴蜀书社, 2000.

233. 李国正. 四川泸州方言研究, 台北：台北市洪叶文化事业公司, 1997.

234. 申向阳. 九寨沟方言研究 (词汇语法部分). 阿坝师范高等专科学校学报, 2001 (1).

235. 杨绍林. 彭州方言研究, 成都：巴蜀书社, 2005.

其他研究

236. 崔荣昌. 四川方言与巴蜀文化, 成都：四川大学出版社, 1996.

237. 崔荣昌. 巴蜀语言的分化、融合与发展. 四川师范大学学报, 1997 (1).

238. 崔荣昌. 九十年代出版的四川方言论著. 成都大学学报 (社会科学版), 2000 (4).

239. 杜克华, 陈静. 《蜀语》中国现存第一部断域方言词典. 文史杂志, 2002 (5).

240. 段　英. 四川西昌方言的现状及发展趋势. 语文研究, 1998 (3).

241. 段　英. 从西昌方言词看其饮食文化. 广东教育学院学报, 2000 (5).

242. 何承桂. 《蜀语》散论. //李实学术研讨会文集. 北京：语文出版社, 1996.

243. 黄尚军. 四川方言与民俗, 成都：四川人民出版社, 1996, 2002.

244. 黄尚军. 四川民俗与四川方言. 文史杂志, 1994 (2).

245. 黄尚军. 略论《蜀语》对四川方言本字考辨的意义. //李实学术研讨会文集. 北京：语文出版社, 1996.

246. 蒋均涛. 李实《蜀语》简论. 四川教育学院学报, 1994 (1).

247. 蒋均涛. 从汉语方言学史看《蜀语》的价值和影响. //李实学术研讨会文集. 北京：语文出版社, 1996.

248. 李 蓝. 六十年来西南官话的调查与研究. 方言，1997（4）.

249. 李实著. 黄仁寿，刘家和校注.《蜀语》校注，成都：巴蜀书社，1990.

250. 梁国均.《蜀语》疏解（选录）. //李实学术研讨会文集. 北京：语文出版社，1996.

251. 刘君惠，李恕豪等. 扬雄《方言》研究，成都：巴蜀书社，1992.

252. 刘廷武.《蜀语》释要. //李实学术研讨会文集. 北京：语文出版社，1996.

253. 廖峻澜. 从四川德阳人的语言观预测四川“推普”前景. 四川政报，2002（36）.

254. 刘川民.《蜀语》引《方言》考. 川北教育学院学报，1996（1）.

255. 刘瑞明. 成都方言词的隐实示虚. 成都大学学报，2002（4.）

256. 缪树晟，缪钢珠，陈玉清. 谈四川人编四川方言辞书. 辞书研究，2002（4）.

257. 眇 生. 黄蜡丁·四川方言·民俗. 文史杂志，1997（1）.

258. 农学冠. 读《四川方言与民俗》. 广西民族学院学报，1997（3）.

259. 钱玉趾. 古蜀人的语言和文字. 三星堆文化. 成都：四川人民出版社，1993.

260. 王大纬. 四川方言鉴赏偶得. 民主与科学，1993（6）.

261. 唐世贵. 山海经与巴蜀文化，北京：中国文史出版社，2004.

262. 尹强儒，胡永康.《蜀语》与四川民俗. 四川职业技术学院学报，1991（2）.

263. 羊玉祥.《蜀语》语音与现代四川方音. //李实学术研讨会文集. 北京：语文出版社，1996.

264. 杨 波. 四川官话入声现象的历史文化透视——论合江方言的形成与发展. 西南师范大学，1997（5）.

265. 喻遂生.《蜀语》今踪——南江方言中所见之《蜀语》词语. //李实学术研讨会文集. 北京：语文出版社，1996.

266. 翟时雨. 成都、重庆话在四川方言分区中的地位. 西南师范大学学报，1999（2）.

266. 张老侃. 说说巴蜀方言中的吃. 四川烹饪，2003（11）.

267. 张美兰.《蜀语校注》补证. 古籍整理研究学刊，1997（2）.

269. 张绍诚. 巴蜀方言浅说，成都：巴蜀书社，2005.

270. 张一舟. 说说四川话. 文史知识，2001（7）.

271. 张一舟. 从《跻春台》的校点看方言古籍的整理. 方言，1995（2）.

272. 张一舟.《跻春台》与四川中江话. 方言，1998（3）.

273. 张一舟.《跻春台》的性质、特点、语言学价值及蔡校本再献疑. 西南民族学院学报，1999（1）.

274. 张一舟.《蜀语》音注材料分析. 语言研究增刊，1994.

275. 张一舟. 近代白话资料中所见四川方言俗语举例. //首届官话方言国际学术讨论会论文集. 青岛：青岛出版社，2000.

276. 张一舟.《〈金瓶梅〉方言俗语汇释》商补. 汉语史研究集刊第5辑，成都：巴蜀书社，2002.

277. 张一舟.《成都通览》所反映的一百年前的成都话. 四川师范大学学报社科版增刊，2008.

278. 张子开.《蜀语校注》舛误例证. //李实学术研讨会文集. 北京：语文出版社，1996.

279. 赵振铎. 读李实《蜀语》. //李实学术研讨会文集. 北京：语文出版社，1996.

280. 甄尚灵，张一舟.《蜀语》词语的记录方式与《蜀语》音注所反映的音类. //李实学术研讨会文集. 北京：语文出版社，1996.

281. 甄尚灵，张一舟.《蜀语》词语的记录方式. 方言，1992（1）.

学位论文

282. 洪　流. 涪陵市方言志. 四川大学（硕士），1989.

283. 高　伟. 成都方言研究. 四川大学（硕士），1989.

284. 郭莉莎. 西蜀方言词汇研究. 四川师范大学（硕士），2003.

285. ［韩］金庆珉. 四川彭山方言语音记略. 四川大学（硕士），2004.

286. 金小梅. 中古入声字在南充方言中的读音研究. 西南师范大学（硕士），2003.

287. 李　霞. 西南官话语音研究. 上海师范大学（硕士），2004.

288. 刘川民. 成都方言的语法研究. 四川大学（硕士），1995.

289. 罗家国. 渠县方言词语研究. 厦门大学（硕士），2002.

290. 罗雪梅. 宋代四川诗人用韵考. 湖南师范大学（硕士），2003.

291. 苗春华. 南江方言研究. 西南师范大学（硕士），2004.

292. 彭锦维. 重庆话的语气词. 四川大学（硕士），2000.

293. 钱　毅. 宋代潼川府路诗人用韵考. 湖南师范大学（硕士），2001.

294. 苏华强. 四川天全话语音记略. 四川大学（硕士），2000.

295. 唐　莉. 近三百年来四川方言词语的留存与演变. 暨南大学（博士），1999.

296. 肖娅曼. 关于成都话语音的两项调查. 四川大学（硕士），1994.

297. 杨　梅. 成都方言的语音研究. 四川大学（硕士），1995.

298. 杨　真. 四川井研话的语气词. 四川大学（硕士），1992.

299. 叶　南. 五通桥城区方言的儿尾. 四川大学（硕士），1994.

300. 于　虹. 关于成都语音的三项调查［J］. 四川大学（硕士），1990.

301. 余　霞. 蜀语词语在当今四川的存留与演变. 西南师范大学（硕士），1997.

302. 余　江. 四川官话雅棉小片入声归阴平研究. 汕头大学（硕士），2004.

303. 袁　萍. 郫县语音的初步研究. 四川师范大学（硕士），2003.

304. 殷润林. 自贡方言语法研究. 云南师范大学（硕士），2005.

305. 张玺乾. 宜宾方言入声研究. 四川大学（硕士），1994.

306. 仲　春. 自贡方言志. 四川大学（硕士），1990.

二、客家方言

1. 崔荣昌. 四川方言与巴蜀文化. 成都：四川大学出版社，1996.

2. 陈世松主编. 四川客家. 桂林：广西师范大学出版社，2005.

3. 兰玉英. 洛带客家方言研究. 成都：四川人民出版社，2005.

4. 罗香林. 客家研究导论. 上海：上海文艺出版社，1992.

5. 董同龢. 华阳凉水井客家话记音. //历史语言研究所集刊. 上海：上海商务印书馆，1948.

6. 段 英. 四川黄联关客家话与梅县客家话的比较. 汕头大学学报，2002（4）.

7. 黄雪贞. 成都市郊龙潭寺的客家话. 方言，1986（2）.

8. 李瑞禾. 西昌市黄联乡的客家话. 西昌高等师范专科学校学报，1996（4）.

9. 李瑞禾，曹晋英. 西昌黄联客家话同音字汇. 西昌高等师范专科学校学报，2001（2）.

10. 李文泽. 四川的客家人和客家方言. 中国典籍与文化，1995（1）.

11. 兰玉英，闵卫东. 凉水井客家话与成都方言的通用方言词及其分析. 西南民族大学学报，2004（3）.

12. 兰玉英.《凉水井客家话记音》译注献疑. 四川师范大学学报，2004（4）.

13. 兰玉英. 成都东山客家方言中关于生命的民俗语言现象诠释. 西华大学学报，2005（3）.

14. 兰玉英. 成都东山客家方言中“公、嫲”的语言解读和文化解读. 中华文化论坛，2005（1）.

15. 钟禄元. 蜀北民族风光. 文史教学月刊，1941（3）.

16. 刘起昆. 客家方言词源考索，四川大学（硕士），2007.

17. 饶冬梅. 四川德阳黄许话音系调查研究，四川师范大学（硕士），2007.

18. 曾为志. 新都客家话与梅县客家话及成都官话词汇比较研究. 四川师范大学（硕士），2006.

三、湘方言

1. 鲍厚星等. 长沙方言研究. 长沙：湖南教育出版社，1999.

2. 崔荣昌. 四川方言与巴蜀文化. 成都：四川大学出版社，1996.

3. 崔荣昌. 四川境内的湘方言. 台北：“中央研究院”历史语言研究所，1996.

4. 湖南省地方志编纂委员会编. 湖南省志·方言志. 湖南人民出版社，2002.

5. 李永明. 长沙方言，长沙：湖南出版社，1991.

6. 杨时逢. 湖南方言调查报告. 台北：“中央研究院”历史语言研究所，1974.

7. 杨时逢. 四川方言调查报告. 台北：“中央研究院”历史语言研究所，1984.

8. 曾晓舸. 南充方言研究，成都：四川人民出版社，2009.

9. 侯精一. 现代汉语方言概论，上海：上海教育出版社，2002.

10. 詹伯慧. 汉语方言及方言调查，武汉：湖北教育出版社，1991.

11. 赵振铎. 音韵学纲要，成都：巴蜀书社，1990.

12. 鲍厚星，彦森. 湖南方言的分区. 方言，1986（4）.

13. 崔荣昌. 四川方言的形成. 方言，1985（1）.

14. 崔荣昌. 四川省西南官话以外的汉语方言. 方言，1986（3）.

15. 崔荣昌. 李锡梅. 四川境内的“老湖广话”. 方言，1986（3）.

16. 崔荣昌. 四川方言的类别. 文史杂志，1987（1）.

17. 崔荣昌. 四川乐至县“靖州腔”音系. 方言，1988（1）.

18. 崔荣昌. 四川达县“长沙话”记略. 方言，1989（1）.

19. 崔荣昌. 四川湘语记略. 方言，1993（4）.

20. 崔荣昌. 巴蜀语言的分化、融合与发展. 四川师范大学学报，1997（1）.

21. 曹志耘. 湘西方言概述. 语文研究，2007（1）.

22. 韩子京. 四川石湾话和湖南温塘话声调比较——一种方言从原籍到移民地后的演变轨迹.

重庆师院学报哲社版，2002（2）.

23．韩子京．四川营山县“安化腔”与其祖籍方言音系的对比研究．重庆广播电视大学学报，1999（4）.

24．何大安．方音接触与语言层次——以达县长沙话三类去声为例，台北：历史语言研究所集刊（61），1990.

25．何大安．论达县长沙话三类去声的语言层次。台北：声韵论丛（3）1991.

26．何大安．论永兴方言的送气浊声母，台北：“中央研究院”历史语言研究所集刊（第57本），1986.

27．李新梯．安仁音系简介．湖南师范大学学报·湖南方言专辑．1983.

28．刘海燕．黄丹．重庆潼南龙形土话探略，重庆文理学院学报，2007（2）.

29．彭金祥．达县安仁长沙话调查记要．达县师范高等专科学校学报，2005（11）.

30．田范芳．近代长沙话声母特点及演变．语言研究，2008（3）.

31．向　熹．湖南双锋县方言．语言学论丛，1960（4）.

32．徐中舒．古代楚蜀的关系．文物，1981（6）.

33．徐中舒．古代都江堰睛况探原．四川文物，1984（1）.

34．杨时逢．湖南方言极常用的语汇．//庆祝李济先生七十岁论文集（下册），1967.

35．曾晓舸．四川池顾县话的音系．四川师范学院学报（哲学社会科学版），2000（2）.

36．曾晓舸．四川岳池顾县话的词汇，四川师范学院学报，2001（3）.

37．曾晓舸．四川岳池顾县话的语法，四川师范学院学报，2003（3）.

38．张大旗．长沙话的特殊语序现象．湖南师范大学学报·湖南方言专辑，1985.

39．张一舟．《跻春台》与四川中江话．方言，1998（3）.

40．张一舟．从中兴话古全浊声母字的读音看全浊声母的演变．四川大学学报，1987（1）.

41．甄尚灵，张一舟．《蜀语》词语的记录方式．方言，1992（1）.

42．周振鹤，游汝杰．湖南省方言区画及其历史背景．方言，1985（4）.

43．韩子京．四川营山县“安化腔”与祖籍方言（湖南温塘）的对比研究．四川大学（硕士），1989.

44．彭建国．湘语音韵历史层次研究．上海师范大学（博士），2006.

45．饶冬梅．四川德阳黄许话音系调查研究．四川师范大学（硕士），2007.

46．吴立友．重庆开县话语音记略．四川师范大学（硕士），2001.

47．吴　萍．仪陇（新城）“永州话”语音词汇研究．湖南师范大学（硕士），2005.

48．杨荣华．四川安岳大平话音系研究，四川师范大学（硕士），2006.

49．尹　蔚．四川达县新胜“长沙话”语音研究．湖南师范大学（博士），2005.

50．周赛红著．湘方言音韵比较研究．湖南师范大学（博士），2005.

主要参考文献

一、著作

[汉] 扬 雄. 輶轩使者绝代语释别国方言. [晋] 郭璞注. 丛书集成初编本. 北京：中华书局，1983.

[东汉] 许 慎. 说文解字. 北京：中华书局，1963.

[晋] 常 璩. 华阳国志. 刘琳. 华阳国志校注. 成都：巴蜀书社，1984.

[宋] 陈彭年. 钜宋广韵. 影宋刻本. 上海：上海古籍出版社，1983.

[明] 李 实. 蜀语. 黄仁寿，刘家和等. 蜀语校注. 成都：巴蜀书社，1990.

[明] 宋 濂，王袆. 元史. 北京：中华书局，1976.

[清] 张廷玉等. 明史. 北京：中华书局，1974.

[清] 段玉裁. 说文解字注. 上海：上海古籍出版社，1981.

[清] 张 澍. 蜀典. 上海：上海古籍出版社，2005.

[清] 傅崇矩. 成都通览. 成都：巴蜀书社，1987.

[清] 张慎仪. 续方言新校补. 方言别录. 蜀方言. 张永言点校. 成都：四川人民出版社，1987.

[英国] Adam Grainger（钟秀芝）. 西蜀方言. American Presbyterian Mission Press（上海美国长老会），1900.

（以下按作者姓氏拼音为序）

北京大学中国语言文学系语言学教研室. 汉语方音字汇. 北京：文字改革出版社，1962.

北京大学中国语言文学系语言学教研室. 汉语方言词汇. 北京：文字改革出版社，1964.

曹志耘. 汉语方言地图集·语音卷. 北京：商务印书馆，2008.

汉语方言地图集·词汇卷. 北京：商务印书馆，2008.

汉语方言地图集·语法卷. 北京：商务印书馆，2008.

陈世松主编. 四川客家. 桂林：广西师范大学出版社，2005.

崔荣昌. 四川境内的湘方言. 台北："中央研究院"历史语言研究所，1996.

四川方言与巴蜀文化. 成都：四川大学出版社，1996.

四川境内的客方言. 成都：四川客家研究中心，2006.

董绍克. 汉语方言词汇差异比较研究. 北京：民族出版社，2002.

董同龢. 华阳凉水井客家话记音. 北京：科学出版社，1956.

邓英树，张一舟. 四川方言词汇研究. 北京：中国社会科学出版社，2009.

邓章应.《跻春台》方言词语研究.成都：巴蜀书社，2006.
高廉平.苍溪方言研究.重庆：西南师范大学出版社，1993.
湖南省地方志编纂委员会.湖南省志·方言志.长沙：湖南人民出版社，2002.
黄尚军.四川方言与民俗.增订版.成都：四川人民出版社，2002.
黄雪贞.梅县方言词典.南京：江苏教育出版社，1995.
侯精一，崔荣昌.成都话音档.上海：上海教育出版社，1994.
蒋宗福.四川方言词语考释.成都：巴蜀书社，2002.
赖先刚.乐山方言.成都：巴蜀书社，2000.
兰玉英.洛带客家方言研究.成都：四川人民出版社，2005.
兰玉英，曾为志，李瑞禾.泰兴客家方言研究.北京：中国社会科学出版社，2007.
李国正.四川泸州方言研究.台北：台北市洪叶文化事业公司，1997.
李　荣.汉语方言调查手册.北京：科学出版社，1957.
　　　　现代汉语方言大词典.南京：江苏教育出版社，2002.
李如龙.汉语方言特征词研究.厦门：厦门大学出版社，2002.
　　　　汉语方言学.北京：高等教育出版社，2001.
　　　　汉语方言的比较研究.北京：商务印书馆，2003.
李如龙，张双庆.客赣方言调查报告.厦门：厦门大学出版社，1992.
李如龙，周日健.客家方言研究.广州：暨南大学出版社，1998.
李如龙，邓晓华.客家方言研究.福州：福建人民出版社，2009.
李运益.重庆人怎样学标准音.重庆：重庆人民出版社，1956.
李运益，苏运中.四川人怎样学习普通话.重庆：重庆人民出版社，1956.
梁德曼.四川方言与普通话.成都：四川人民出版社，1982.
梁德曼，黄尚军.成都方言词典.南京：江苏教育出版社，1998.
刘俐李.现代汉语方言核心词·特征词集.南京：凤凰出版社，2007.
刘纶鑫.客赣方言比较研究.北京：中国社会科学出版社，2000.
　　　　江西客家方言概况.南昌：江西人民出版社，2001.
刘君惠等.扬雄《方言》研究.成都：巴蜀书社，1992.
刘义章，陈世松.成都东山客家方言氏族志.成都：四川人民出版社，2001.
　　　　　　　　四川客家历史与现状调查.成都：四川人民出版社，2001.
罗美珍，林立芳，饶长溶主编.客家话通用词典.广州：中山大学出版社，2004.
罗韵希，冷玉龙等.成都话方言词典.成都：四川省社会科学院，1987.
缪树晟.四川方言词语汇释.重庆：重庆出版社，1989.
钱曾怡.汉语方言研究的方法与实践.北京：商务印书馆，2002.
唐世贵.山海经与巴蜀文化.北京：中国文史出版社，2004.
唐　枢.蜀籁.成都：四川人民出版社，1982.
汪国胜.汉语方言语法研究.武汉：华中师范大学出版社，2007.
王福堂.汉语方言论集.北京：商务印书馆，2010.

王文虎，张一舟，周家筠．四川方言词典．成都：四川人民出版社，1987．
武小军．青川民间语言语汇研究．成都：巴蜀书社，2007．
项梦冰．连城客家话语法研究．北京：语文出版社，1997．
谢留文．客家方言语音研究．北京：社会科学出版社，2003．
许宝华．汉语方言大词典．北京：中华书局，1999．
杨绍林．彭州方言研究．成都：巴蜀书社，2005．
杨时逢．湖南方言调查报告．台北："中央研究院"历史语言研究所，1974．
四川方言调查报告．台北："中央研究院"历史语言研究所，1984．
李庄方言记．台北："中央研究院"历史语言研究所，1987．
杨武能等．成都大词典．成都：四川辞书出版社，1995．
杨月蓉．重庆方言里俗语研究．北京：中国文史出版社，2004．
意西微萨·阿错．倒话研究．北京：民族出版社，2004．
袁家骅等．汉语方言概要．北京：文字改革出版社，1960．
曾晓舸．南充方言研究．成都：四川人民出版社，2009．
曾晓渝．重庆方言词典．重庆：西南师范大学出版社，1996．
查中林．四川方言词和汉语同族词研究．成都：巴蜀书社，2002．
四川方言词语之语素研究．成都：巴蜀书社，2008．
张绍诚．巴蜀方言浅说．成都：巴蜀书社，2005．
张一舟，张清源，邓英树．成都方言语法研究．成都：巴蜀书社，2001．
赵尔巽主编．清史稿（中华书局本）．北京：中华书局，1977．
赵振铎主编．四川百科全书．成都：四川辞书出版社，1997．
赵振铎．中国语言学史．石家庄：河北教育出版社，2000．
周祖谟．方言校笺及通检．北京：科学出版社，1956．

二、期刊论文

鲍厚星，彦森．湖南方言的分区．方言，1986（4）．
鲍厚星．二十世纪湖南方言研究概述．方言，2000（1）．
曹德明．四川话的"阴"．中国语文，1962（1）．
曹晋英．西昌方言语音．西南民族大学学报，2004（11）．
陈家春．四川自贡方言语音调查．现代语文．语言研究版，2008（3）．
陈千百．四川泸州方音概述．泸州职业技术学院学报，2009（3）．
陈若愚．内江话语音的几个问题．内江师范学院学报，1988（2）．
四川内江话韵母的几个问题．内江师范学院学报，2003（3）．
陈绍龄，郝锡炯．峨眉音系．四川大学学报，1959（1）．
陈　燕．西昌新派方言声母、韵母的特点．西昌学院学报，2008（1）．
陈　寅．西昌老派城关话韵母的类变现象．成都纺织高等专科学校学报，2010（4）．
陈志刚．清代四川雅安"麻城县孝感乡"传说的兴起与传播．社会科学研究，2010（3）．
崔荣昌．四川方言的形成．方言，1985（1）．

四川省西南官话以外的汉语方言．方言，1986（3）．
编地方志中有关方言志的几个问题．文史杂志，1986（3）．
四川方言的类别．文史杂志，1987（1）．
四川乐至县“靖州腔”音系．方言，1988（1）．
四川达县“长沙话”记略．方言，1989（1）．
四川湘语记略．方言，1993（4）．
四川方言研究述评．中国语文，1994（6）．
巴蜀语言的分化、融合与发展．四川师范大学学报，1997（1）．
九十年代出版的四川方言论著．成都大学学报，2000（4）．
崔荣昌，李锡梅．四川境内的“老湖广话”．方言，1999（3）．
邓帮云．“盘”量词用法探究．乐山师范学院学报，2004（7）．
邓英树．仁寿话的语气词“哆”和“喔”．四川师范大学学报，1996（3）．
成都话的 BA 式形容词．西南民族学院学报，2002（10）．
邓章应．《跻春台》婚嫁丧葬类方言词语续考．西华大学学报，2005（3）．
丁隆永．自贡卷舌音源流．四川理工学院学报，1987（1）．
丁治民．宋代川籍诗人用韵中的歌豪通押新证．语文研究，2005（1）．
董志翘．四川方言中的“老几”，“老娘”．方言，2000（1）．
段　英．四川西昌方言的现状及发展趋势．语文研究，1998（3）．
范继淹．重庆方言名词的重叠和儿化．中国语文，1962（12）．
重庆方言表动量的“下儿”和表时量的“下儿”．中国语文，1965（6）．
重庆方言“下”字的分化．方言，1979（2）．
干红梅．浅析四川话中表示程度深的副词”少”．四川师范大学学报，2003（5）．
甘甲才．中山客家话代词系统．华南师范大学学报，2003（6）．
高廉平．川北三县市语气词“的”．四川师范学院学报，2002（1）．
顾　盼．四川绵阳方言音系分析．绵阳师范学院学报，2010（10）．
郝锡炯．从古入声的演变谈根据四川方言辨认古入声字．四川师范学院学报，1980（3）．
郝锡炯，胡淑礼．关于四川方言的语音分区问题．四川大学学报，1985（2）．
韩子京．四川营山县“安化腔”与其祖籍方言音系的对比研究．重庆广播电视大学学报，1999（4）．
四川石湾话和湖南温塘话声调比较——一种方言从原籍到移民地后的演变轨迹．重庆师范学院院学报，2002．（2）．
何大安．方音接触与语言层次－以达县长沙话三类去声为例．历史语言研究所集刊．第 61 本，1990．
论达县长沙话三类去声的语言层次．声韵论丛．第 3 本，1991．
论永兴方言的送气浊声母．“中央研究院”历史语言研究所集刊．第 57 本，1986．
何　靖．传承巴蜀正声的《近代巴蜀诗钞》．岷峨诗稿，2006（1）．
何永斌，彭德惠，邹吉辉．攀枝花市城区现代汉语方音研究．攀枝花大学学报，2002（1）．
攀枝花市农村县区现代汉语方音研究．攀枝花学院学报，2002（4）．

何永斌，彭德惠，陈奎彦．攀枝花方言句类摭谈．攀枝花学院学报，2004（3）．
攀枝花方言比较句型探析．攀枝花学院学报，2006（1）．
试论攀枝花方言比较句型探析．攀枝花学院学报，2006（1）．
胡利权．内江方言的程度副词“很少”．内江师范学院学报，2004（3）．
内江方言的辅音声母脱落现象．内江师范学院学报，2010（7）．
黄布凡．川西藏区的语言关系．中国藏学，1988（3）．
黄灵燕．再论钟秀芝《西蜀方言》的入声和基础音系问题．语言科学，2010（4）．
黄权生．四川移民地名与“湖广填四川”——四川移民地名空间分布和移民的省籍比例探讨．西南师范大学学报，2005（3）．
黄尚军．《蜀语》所反映的明代四川方音的两个特征．方言，1995（4）．
四川话民俗词语举例．方言，1998（11）．
成都话音系．西华大学学报，2006（1）．
四川人的禁忌语．西华大学学报，2006（5）．
黄雪贞．成都市郊龙潭寺的客家话．方言，1986（2）．
西南官话的分区（稿）．方言，1986（4）．
客家方言的词汇和语法．方言，1994（4）．
客家方言古入声字的分化条件．方言，1997（4）．
纪国泰．郫县方言表示形容词程度的几种方式．成都师范高等专科学校学报，1995（3）．
四川话形容词的结构类型及其语法意义．西华大学学报，2006（6）．
吉克跃林．四川民汉双语教学及其成效研究．西南民族大学学报，2010（10）．
金小梅．论重庆方言中的古入声字演变．西南师范大学学报，2005（3）．
赖先刚．四川话中”两个”的特殊用法及所在句式的形成．乐山师范学院学报，1998（1）．
乐山话中的一些句法和语用成分．乐山师范学院学报，2000（4）．
谈谈乐山方言语音的偏移．天府新论，2004（6）．
四川方言中几个语气词的语法化问题．宜宾学院学报，2006（3）．
兰玉英．简析汉字声母在四川方言中的歧异读音．西南民族学院学报，2001（7）．
释四川方言的一些例外字．北京化工大学学报，2002（4）．
《凉水井客家话记音》译注献疑．四川师范大学学报，2004（4）．
凉水井客家话与成都方言的通用方言词及其分析．西南民族大学学报，2004（3）．
成都东山客家方言中“公、嫲”的语言解读和文化解读．中华文化论坛，2005（1）．
成都客家方言词汇与文化简论．成都信息工程学院学报，2008（5）．
攀枝花本土方言的被动“着”字句和处置“给”字句．西华大学学报，2010（4）．
蓝　勇．清代四川土著和移民分布的地理特征研究．中国历史地理论丛，1995（2）．
老四川区域的文化特征及其形成原因．成都大学学报，1999（2）．
黎新第．官话方言全浊清化的一颗活化石——四川境内的现代“老湖广话”及其他．古汉语研究，1994（2）．
李　岚．论现代成都方言中的《广韵》影母字．西南师范大学学报，1988（1）．

李国正. 四川话儿化词问题初探. 中国语文，1986（5）.
李海霞. 四川方言的被动式和“着”. 西南师范大学学报，1994（1）.
李　蓝. 六十年来西南官话的调查与研究. 方言，1997（4）.
现代汉语方言差比句的语序类型. 方言，2003（3）.
汉语的人称代词复数表示法. 方言，2008（3）.
西南官话的分区（稿）. 方言，2009（1）.
四川木里汉语方言记略. 方言，2010（2）.
李　龄. 四川邛崃话里的后加成分“儿”和“儿子”. 中国语文，1959（1）.
四川话流、蟹两摄读鼻音尾字的分析. 中国语文，1984（6）.
李　进，陈家春. 自贡话量词研究. 自贡师范高等专科学校学报，2003（2）.
李　梅. 隆昌方言表示形容词程度的几种方法. 内江师范学院学报，1993（1）.
李文泽，史炤.《资治通鉴释文》与宋代四川方音. 四川大学学报，2000（4）.
李锡梅. 江津方言词尾“头”和方位词“高”. 方言，1990（1）.
李小凡. 汉语方言连读变调的层级和类型. 方言，2004（1）.
李新梯. 安仁音系简介. 湖南师范大学学报·湖南方言专辑，1983.
李映发. 四川客家人的信仰与习俗. 寻根，2009（2）.
廖　强. 达县大树乡方言“呱”的用法分析. 达县师范高等专科学校学报，2003（1）.
练春招. 客家方言“粄”类词与客家民俗. 暨南大学学报，2010（1）.
梁德曼. 成都方言名词的重叠式. 方言，1987（2）.
四川省渡口市方言的现状和未来. 方言，1985（3）.
林昭德. 诗词曲中四川方言例释（一）. 西南师范学院学报，1979（1）.
诗词曲中四川方言例释（二）. 西南师范学院学报，1981（1）.
刘瑞明. 成都方言词的隐实示虚. 成都大学学报，2002（4）.
刘晓南. 宋代四川诗人用韵及宋代通语音变若干问题. 四川大学学报，2004（2）.
宋代四川方音概貌及“闽蜀相近”现象. 语文研究，2008（2）.
从历史文献看宋代四川方言. 四川大学学报，2008（2）.
试论宋代巴蜀方言与现代四川方言的关系——兼谈文献考证的一个重要功用：追寻失落的方言. 语言科学，2009（6）.
刘正刚. 清代福建移民在四川分布考——兼补罗香林四川客家人说. 中国历史地理论丛，1995（3）.
清代广东移民在四川分布考——兼补罗香林四川客家人分布说. 暨南学报，1996（1）.
刘自力. 仁寿方言名词的重叠式. 方言，1987（2）.
龙　晦. 大足石刻韵文与四川方音. 四川文物，1986（1）.
罗立方. 陈子昂诗歌用韵考. 四川师范学院学报，2002（6）.
罗宪华，经本植.《说文解字注》与四川的方言和名物. 四川大学学报，1982（3）.
罗韵希. 成都方言程度副词研究. 西华师范大学学报，1990（2）.
马　光. 古巴蜀土著语与四川方言的形成. 中国社会科学院研究生院学报，2007（5）.

毛远明．释四川方言词“老革”．方言，2001（3）．

四川方言词语杂释——兼及方言词语的文学记录．乐山师范学院学报，2001（2）．

缪树晟，缪钢珠，陈玉清．谈四川人编四川方言辞书．辞书研究，2002（4）．

聂敏熙．四川话的”只有”和含”只有”的一种句法形式．四川师范大学学报，1992（6）．

彭春林．四川乐至方言中的“咖”．现代语文．语言研究版，2008（7）．

彭金祥．大邑方言音系．达县师范高等专科学校学报，2004（6）．

达县安仁长沙话调查记要．达县师范高等专科学校学报，2005（11）．

彭锦维．重庆话语气词的特点．西南民族学院学报，2001（2）．

彭金祥，黎昌友．两汉西蜀方言的韵部音值．西华大学学报，2005（5）．

彭永昭．重庆方言中的几个语气词．重庆师范大学学报，1988（2）．

钱　毅．宋代潼川诗韵特殊韵字分析．邵阳学院学报，2005（2）．

宋代潼川诗韵中阳声韵尾的混押及其语音性质．广西社会科学，2005（11）．

潼川府路诗韵的阴入通押现象分析．南华大学学报，2005（4）．

任瑚琏．由广安话“在行”的意义说起．西南民族大学学报，2003（8）．

山述兰．关于四川话中的“该是哈”．西华大学学报，2008（6）．

沈子平．读《四川方言音系》．中国语文，1961（9）．

四川大学方言调查工作组．四川方言音系．四川大学学报，1960（3）．

宋伶俐，朴正俸．成都客家方言岛词汇使用现状调查——以“华阳凉水井客家话”为例．暨南大学学报，2010（1）．

苏东来．关于四川客家的几个问题．中华文化论坛，2008（1）．

索德洁．峡江地区汉代移民初步研究．中华文化论坛，2008（2）．

田懋勤．四川话的“安逸”．方言，1980（4）．

四川话的“倒”和“起”．西南民族学院学报，1983（4）．

田　元．四川犍乐方音和北京语音．方言与普通话集刊．第3本．北京：文字改革出版社，1958．

田　原．四川方言中的“拢”．现代语文．语言研究版，2009（1）．

王春林．西充方言中的安徽语音成分探源．重庆三峡学院学报，2000（4）．

汪坤玉，梁德曼．四川西南部彝族使用汉语的历史和现状．西华师范大学学报，1988（1）．

汪坤玉．从南充方言语音看古今音变的规律性．西华师范大学学报，1993（1）．

汪启明．近十年（1997—2007）四川方言研究综述．楚雄师范学院学报，2008（8）．

汪启明．“蜀语”名义阐微．云南师范大学学报，2009（1）．

王南冰．四川方言中“不存在”的语用意义．西华师范大学学报，2005（1）．

吴　萍．四川省仪陇县新城方言的湘语特征．现代语文．语言研究版，2009（2）．

吴雨时．社会语言学和成都话中的有关问题举隅．文史杂志，1989（2）．

武小军．川北方言“ABB”式叠字摹状与语义例释．西华大学学报，2005（6）．

鲜丽霞．成都话中的语气助词”在”．四川师范大学学报，2002（4）．

鲜于煌．四川方言词“乡坝佬”考释．古汉语研究，2002（3）．

向　熹. 湖南双峰县方言. 语言学论丛（第四辑），北京：商务印书馆，1960.
向学春. 四川方言中的古巴蜀土著语研究. 重庆三峡学院学报，2008（5）.
萧玲玲. 自贡方言音系. 四川大学学报，1995（4）.
肖娅曼. 关于成都话舌尖后音声母的调查. 四川大学学报，1999（6）.
四川方言志语音编写中存在的问题. 西南民族学院学报，2002（4）.
谢群霞. 成都方言名词重叠的类型、表义及成因. 成都大学学报，2006（3）.
谢元鲁. 唐五代移民入蜀考. 中国社会经济史研究，1987（4）.
熊正辉，张振兴. 汉语方言的分区. 方言，2008（2）
徐适端. 四川方言“窑裤”“幺台”考——兼及方言文化的传承保留作用. 西南师范大学学报，1997（1）.
杨　波. 四川官话入声现象的历史文化透视——论合江方言的形成与发展. 西南师范大学学报，1997（5）.
杨　梅，崔荣昌. 成都话例外字音析释. 成都大学学报，1998（4）.
杨　梅. 成都话中的“AP/VP + 很了”句式. 成都大学学报，2003（3）.
杨荣华. 四川安岳“辰州话”记略. 西华师范大学学报，2007（5）.
杨绍林. 彭县方音辨正. 西华大学学报，1992（1）.
彭州话入声字分析. 四川师范大学学报，1994（4）.
成都方言 ABB 式形容词的特点. 方言，1995（1）.
彭州话中的“得”. 成都师专学报，2001（1）.
成都话与普通话儿化韵发音之比较——兼论普通话水平测试中儿化韵读音正误的判定. 成都师专学报，2002（1）.
四川彭州方言副词研究. 西华大学学报，2005（2）.
彭州方言中形容词的生动形式. 西南民族大学学报，2005（6）.
四川彭州方言的合音词. 方言，2007（3）.
杨时逢. 湖南方言极常用的语汇. 庆祝李济先生七十岁论文集（下册），1967.
四川方言中的几个常用的语汇. “中央研究院”历史语言研究所集刊. 第53本，1982.
杨欣安. 四川方言语法初探. 西南师范学院学报，1984（5）.
杨月蓉. 重庆话量词研究. 四川大学学报丛刊. 第32辑，2000.
四川方言的三字格重叠式名词. 西南民族大学学报，2003（12）.
余　纪. 重庆方言中的“嘿”“惨”“只有恁个了”. 西南师范学院学报，1984（2）.
喻遂生. 重庆话的附缀形容词. 语言学论丛. 第九辑. 北京：北京大学出版社，1982.
重庆方言的“倒”和“起”. 方言，1990（3）.
翟时雨. 成都、重庆话在四川方言分区中的地位. 西南师范大学学报，1999（2）.
张大旗. 长沙话的特殊语序现象. 湖南师范大学学报. 湖南方言专辑，1985.
张富翠，取比尔莲. 论凉山彝语对普通话习得的负迁移. 四川师范大学学报，2010（5）.
张清源. 成都话的语气助词“得（在、嘞）”. 四川大学学报丛刊. 第22辑，1984.
成都话的动态助词“倒”和“起”. 中国语言学报，1991（4）.

成都话的“v起来、v起去”和“v起xy”. 方言，1998（2）.

张一舟. 四川话口语几个常用虚词的用法. 四川大学学报，1983（1）.

垫江话的连读变调. 四川大学学报丛刊. 第22辑，1984.

从中兴话古全浊声母字的读音看全浊声母的演变. 四川大学学报，1987（1）.

《跻春台》与四川中江话. 方言，1998（3）.

成都话量词的两个语法特点. 西南民族学院学报，2000（9）.

成都话数词的几个语法特点. 西南民族学院学报，2000（12）.

成都话”一＋量词”的省略式使用情况考察. 方言，2001（1）.

成都话主观量范畴的特殊表达形式. 四川大学学报，2001（5）.

谈谈成都话表过去时段的副词”再”的共时特点和历史来源. 西南民族学院学报，2001（12）.

重庆话的先行体. //戴庆厦主编. 中国民族语言文字研究论集2（语言专集）. 北京：民族出版社，2002.

《成都通览》所反映的一百年前的成都话. 四川师范大学学报增刊，2008.

成都话比较句中不带介词“比”的差比句. 四川师范大学文理学院. 学院论坛，成都：四川大学出版社，2010.

四川方言几种连读音变现象研究. 语言研究，2011（3）.

张一舟，杨彇. 成都话语音的共时变异及相关思考. 汉语学报，2010（3）.

张永言. 简论《续方言新校补》、《方言别录》和《蜀方言》. 四川大学学报丛刊. 第22辑，1984.

赵振铎，黄峰. 扬雄《方言》中的秦晋梁益方言. 四川大学学报，1998（3）.

赵振铎.《广韵》音系和成都话. 四川大学学报丛刊. 第22辑，1984.

赵振铎. 古蜀语词汇论纲. 云南师范大学学报，2009（1）.

曾晓舸. 四川岳池顾县话的音系. 四川师范学院学报，2000（2）.

四川岳池顾县话的词汇. 四川师范学院学报，2001（3）.

四川岳池顾县话的语法. 四川师范学院学报，2003（3）.

左福光. 四川宜宾方言的被动句和处置句. 方言，2005（4）.

说“着”道“遭”. 文史杂志，2006（2）.

甄尚灵. 成都语音的初步研究. 四川大学学报，1958（1）.

遂宁方言里的“有”和“没有”. 方言，1981（3）.

四川方言代词初探. 方言，1983（1）.

四川方言的鼻尾韵. 方言，1983（4）.

四川方言代词二事. 四川大学学报丛刊. 第22辑，1984.

遂宁方言形容词的生动形式. 方言，1984（1）.

《西蜀方言》与成都语音. 方言，1988（3）.

甄尚灵，张一舟.《蜀语》词语的记录方式. 方言，1992（1）.

周　勤. 简阳方言的程度副词“多”“少”“多少”. 乐山师范学院学报，2001（5）.

周及徐．20世纪成都话音变研究——成都话在普通话影响下的语音变化及规律．四川师范大学学报，2001（4）．
巴蜀方言中“虽遂”等字的读音及历史演变．中华文化论坛，2005（4）．
周家筠．成都话的“得”．四川大学学报，1983（1）．
成都口语语法二则．四川大学学报论丛．第22辑，1984．
周作明，马友平．四川方言中的“各人”．重庆社会科学，2006（11）．
郑有仪．北京话和成都话、重庆话的儿化比较．重庆师范学院学报，1987（2）．
钟维克．谈重庆话的”倒”字用法．西南民族大学学报，2003（9）．

三、学位论文

陈　瑶．官话方言方位词比较研究．暨南大学（博士），2001．
韩子京．四川营山县“安化腔”与祖籍方言（湖南温塘）的对比研究．四川大学（硕士），1989．
何　宁．长沙方言副词研究．西南大学（硕士），2005．
何　婉．四川成都话音系调查研究．四川师范大学（硕士），2008．
黄　璇．自贡仲权话音系研究．四川师范大学（硕士），2007．
李　琴．宜宾大坪方音研究．西南大学（硕士），2010．
刘起昆．客家方言词源考索．四川大学（硕士），2007．
鲁科颖．四川方言程度副词研究．四川大学（硕士），2007．
苗春华．南江方言研究．西南师范大学（硕士），2004．
饶冬梅．四川德阳黄许话音系调查研究．四川师范大学（硕士），2007．
王晓先．四川新津话音系调查研究．四川师范大学（硕士），2009．
王　琛．荣县方言语音系统及内部差异研究．贵州大学（硕士），2006．
吴　萍．仪陇（新城）“永州话”语音词汇研究．湖南师范大学（硕士），2005．
吴立友．重庆开县话语音记略．四川师范大学（硕士），2001．
向学春．《蜀语》与四川方言词汇研究，四川大学（硕士），2008．
杨荣华．四川安岳大平话音系研究．四川师范大学（硕士），2006．
尹　蔚．四川达县新胜“长沙话”语音研究．湖南师范大学（博士），2005．
余　江．四川官话雅棉小片入声归阴平研究．汕头大学（硕士），2004．
曾为志．新都客家话与梅县客家话及成都官话词汇比较研究．四川师范大学（硕士），2006．
张惠淑．江津方言研究．西南师范大学（硕士），2002．
赵媛媛．成都方言语气词研究．四川大学（硕士），2006．
周　冀．隆昌客家话语音研究．西南大学（硕士），2008．
周赛红．湘方言音韵比较研究．湖南师范大学（博士），2005．
周艳波．四川彭山方言音系调查研究．四川师范大学（硕士），2009．

四、地方志

[清] 道光十四年（1834 年）《石泉县志》

[清] 道光二十一年（1841 年）《安岳县志》

[清] 道光二十三年（1843 年）《石柱厅新志》

[清] 同治九年（1870 年）《营山县志》

[清] 同治十年（1871 年）《合江县志》

[清] 同治十二年（1873 年）《成都重修》

[清] 光绪二年（1876 年）《南川县志》

[清] 光绪二十九年（1903 年）《江油县志》

[清] 光绪三十二年（1906 年）《乐至县乡土志》

[清] 光绪末年（1908 年）《江北厅乡土志》

民国 9 年（1920 年）《绵竹县志》

民国 10 年（1921 年）《双流县志》

民国 10 年（1921 年）《合川县志》

民国 13 年（1924 年）《乐山县志》

民国 17 年（1928 年）《大竹县志》

民国 17 年（1928 年）《苍溪县志》

民国 19 年（1930 年）《大邑县志》

民国 20 年（1931 年）《三台县志》

民国 20 年（1931 年）《达县志》

民国 21 年（1932 年）《万源县志》

民国 22 年（1933 年）《安县志》

民国 22 年（1933 年）《灌县志》

民国 24 年（1935 年）《古宋县志》

民国 26 年（1937 年）《犍为县志》

民国 27 年（1938 年）《泸县志》

民国 27 年（1938 年）《长宁县志》

民国 31 年（1942 年）《西昌县志》

民国 33 年（1944 年）《汶川县志》

民国 33 年（1944 年）《长寿县志》

民国 36 年（1947 年）《郫县志》

编后记

2005年12月，四川省委、省政府决定全面开展四川省第二轮修志工作，编纂大型丛书《四川省志》。该丛书卷轶浩繁，《四川省志·方言志》为其中之第79卷。2008年4月，张一舟、邓英树分别代表四川师范大学巴蜀文化研究中心、四川师范大学文学院同四川省地方志编纂委员会签署协议，负责编纂《四川省志·方言志》。至2012年5月，历经四年时间，编撰组成员终于完成课题，将此书奉献给四川父老乡亲，奉献给关注方言、关注历史、关注四川地域文化的人们。

编纂《四川省志·方言志》是一项艰巨的任务。

远古时期，蜀地方言已不可考。寻踪史籍，最早可从西汉扬雄《方言》中窥见蜀地方言的冰山一角，沧桑岁月，迄今已跨越两千余年。作为行政区域，历史上的“蜀地”多有变迁，定格为今天的四川，其辖域包括18个地级市、3个自治州，共计180余个县级行政区。在广袤的蜀山蜀水，栖息着汉、藏、彝、羌、苗等民族，语言呈现多样性；历史上曾经的战乱、饥馑导致移民迁徙，带来不同的地域文化，也导致不同语言和方言的接触、融合，从而形成境内方言的复杂性。编纂《四川省志·方言志》，我们要面对的就是这样的时间、空间和复杂对象。

编纂《四川省志·方言志》是一项浩大的工程。

梳理文献、田野调查，是撰写《方言志》的两项极为重要的前期工作。尤其是田野调查，其结果将直接关乎整个工作的成败和成果的质量。为完成田野调查，直接和间接参与者近1000人。调查人员中有在大学执教的老中青三代学者，有四川师范大学“四川方言研究创新团队”，有四川师范大学文学院、四川大学文学与新闻学院的硕士研究生，人数近50人，一共调查方言点土著居民100余人；此外，还有四川师范大学文学院2009级本科生200余人、四川师范大学文理学院09级本科生150余人，西南民族大学09级本科生50余人，四川大学锦江学院09级学生50余人，四川师范大学文学院“三州（阿坝州、甘孜州、凉山州）语文课程改革培训班”学员100余人、各市州县地方志办公室工作人员180余人，他们既是问卷调查的对象，又是问卷相关问题的调查者。

编纂《四川省志·方言志》，需要扎实的理论基础和良好的专业能力。

文献梳理，需要良好的专业素养，这一点自不待言；方言调查与整理，绝非将语言现象一鳞半爪地信手拈来，这一工作对调查者有严格的理论和技能要求，调查人员需要具备语音学、方言学的基本理论和基本知识，需要具备听音、辨音、记音和整理音系、词汇、语法的良好技能。培训调查人员是完成项目的极为重要的基础工作。在四川师范大学文学院的大力支持下，我们针对课题为该院07级语言学及应用语言学专业的硕士研究生开设了“语音学、方言学与方言调查”的选修课，由张一舟教授主讲。同时，又对四川大学文学与新闻学院的部分硕士研究生进行了集中培训。培训结束后，对调查人员的相关能力逐一做了测试，以保证调查工作顺利进行。

编纂这样一部方言志，要对四川的父老乡亲负责，要对历史负责，要对学术质量负责，这是我们自始至终坚持的信念，也是我们面对书稿时，深感骄傲之处。然而这一工作毕竟是以我们渺小的力量去挑战广袤而流动的时空、复杂而流动的语言，我们深感语言现象之难以穷尽，惟希望能抓住其关键，将它展示出来。同样的原因，书中肯定存在着种种疏漏，不敢辞其咎，恭请方家和广大读者指正。

《四川省志·方言志》是一部方志类方言专业志书，其对象为四川境内主要汉语方言，包括官话方言、客家方言和湘方言。全书旨在说明各方言的发展沿革、共时面貌，充分显示各方言在语音、词汇、语法方面的基本特征。全书有正文七篇，附录两个，包括以下内容：

1. 概述

简要介绍四川人文、地理和历史沿革。

2. 历时描写

从历时角度，说明四川境内方言的形成和发展变化，主要见于全书第一篇。

3. 共时特点的描写和说明

这一部分包括本书的第二篇、第三篇和第四篇。按照方言志的编写通例，这一部分是全书的重点和主体，分篇说明官话方言、客家方言和湘方言的分区（以语言的内部差异为依据），描述其语音、词汇和语法方面的特点，完整列出方言代表点的语音系统。

4. 特点比较

这一部分为本书的第五篇。

其中第一章是方言代表点字音的比较。共列出方言点17个，例字862个，例字选取标准一是参照中国社会科学院语言研究所《汉语方言调查字表》，二是结合四川境内汉语方言语音从中古到今音的演变情况。例字按中古十六摄的顺序排列。

第二章是各方言代表点词语的比较。一共选取常用词328个，分为天文、地理、人品、称谓等21类。列表说明各方言点的相应说法。

第三章是各方言代表点的语法比较。由于各官话方言点语法方面的一致性最强，所以本篇只选择了六个方言代表点进行比较，选择标准主要是四川官话方言的语言特征，同时兼顾方言点的地理位置。此外，为了显示移民方言跟官话方言的异同，同时列出了两个客家方言点（粤东、粤北）和三个湘方言点（老湖广话、长沙话、靖州腔）进行比较。比较项目为各方言点中语法方面较为普遍的特点，比较内容概括为8个方面：名词的构成和变化；代词的所属格；动词的体貌；形容词的生动形式；量词的形式和意义；特殊的副词；特殊的语气词；特殊短语和句式，总共53个比较项。

5. 方言地图

方言地图为本书第六篇。本篇包括方言地图14幅，详细列出官话方言的小片分区，客家方言、湘方言的分布点，及官话方言某些语音、词汇、语法特征的分布点。

6. 四川方言研究历史概说

这一部分为本书第七篇，分为三章，试图简要而客观地说明四川境内官话方言、客家方言、湘方言的研究历程和研究成果。

7. 附录

书末列两个附录：四川方言常用词语例释、四川境内汉语方言研究文献。

本书主要编纂人员的分工与责任如下：

一、全卷主编张一舟、邓英树：负责项目设计、调查培训、工作运行、审读书稿、全书统稿，并直接参与调查与撰写。

二、西南官话部分主编袁雪梅、副主编陈颖、黄晓冬，客家方言部分主编兰玉英、副主编曾为志，湘方言部分主编肖娅曼、副主编曾晓舸，他们分别负责相关部分方言调查的组织工作，审读调查报告，并直接参与调查与撰写。

三、撰稿人员，除上述诸君，还有杜合明负责设计制作方言地图，舒治军、王浩、幸文静、袁莉容、张爽、郑伟也承担了部分撰写任务。

四、文献检索与整理：舒治军、王浩。

五、方言调查与整理：四川师范大学、四川大学硕士研究生，部分高校教师，共40余人，负责方言调查，并整理方言音系、词汇、语法调查报告。

本课题得到了各个方面的关心、支持和帮助。

本书的编撰，一直受到甄尚灵先生的关心和支持，先生年近百岁高龄，却以其深厚的学养、敏锐的观察、清晰的思路给我们提出宝贵的意见；崔荣昌先生就湘方言和客家方言问题给我们提出了宝贵的研究思路，甚至将他交付台北出版的书稿提供给了我们。梁德曼先生两次接见我们均处于病中，她不仅给我们提出宝贵意见，还无私的向我们提供资料。先生们的风范令人感佩不已。

借此机会，我们要向德高望重的赵振铎教授、聂敏熙教授表示最崇高的敬意。作为此项目的学术顾问，两位先生始终关心项目的进展，在理论和实践方面悉心指导、严格把关，并审阅了初稿和定稿，给我们提供了宝贵的建议和修改意见。

语言学界的老一辈学者张清源教授、张振德教授和同行专家周永惠教授、杨绍林教授等审阅了书稿，并莅临项目初评会；史学界的知名学者谭继和教授、陈世松教授、陈庭湘教授等审阅了《四川省志·方言志》的终审稿，并莅临项目终审会议。他们一方面高度评价项目成果所取得成绩，同时以严格的学术眼光提出了很有见地的宝贵意见。责任编辑杨宗义先生，以资深编辑的广博学识和敏锐眼光，为书稿最后把关，进一步保证了书稿的质量。四川省地方志编纂委员会的马小彬主任、秦安禄同志、陶利辉同志等、四川省委党校王友平同志，他们从史学角度、志书编纂的规范角度给我们提供了许多宝贵的意见。谨在此一并致谢！

还有那些接受调查的土著居民、本科学生、培训班学员、地方志办公室的工作人员，他们为此书做出了奉献，遗憾的是书中没有留下他们的姓名，谨在此向他们表示感谢，并致歉意。

最后还要感谢四川省地方志编纂委员会、四川师范大学科研处、四川师范大学巴蜀文化研究中心、四川大学文学与新闻学院、四川师范大学文学院、四川师范大学文理学院，是他们的支持，给完成项目提供了有力的保证。

今天，书稿终于呈现在我们面前，回顾编纂过程，所经历的种种困难都已渐渐淡化远去，但有两件事情却令我们难以忘怀。一是我们的田野调查正值“5·12汶川特大地震”之后，其时余震不断，兼有自贡所处断裂带、凉山所处断裂带的地震，面对这一特殊形势，编纂组成员仍克服重重困难，冒着危险和酷暑，利用暑假分赴调查点获取第一手资料，其间所历之艰辛，至今仍历历在目。二是在向“三州（阿坝州、甘孜州、凉山州）语文课程改革培训班”学员调查方言时，一位阿坝州的小学教师告诉我们：民族地区的语文教育，跟民族语言和汉语方言都有密切联系，我们期待你们的成果，可惜那些在灾难中逝去的生命已经不能受益于这样的成果了。听此一番情真意切之语，令人唏嘘感叹。谨记于此，纪念那些在灾难中逝去的园丁、凋谢的花朵和所有的亲人。

《四川省志·方言志》编纂办公室

2012年11月于成都外东狮子山